U0908316

按病组（DRG）付费分组方案

（2.0版）

（下 册）

国家医疗保障局 组织编写

中国协和医科大学出版社
北 京

目　录

上　册

按病组（DRG）付费分组方案（2.0版）编制说明

按病组（DRG）付费分组方案（2.0版）分组方案

下 册

六、疾病诊断相关分组（DRGs）列表

（一）严重合并症或并发症（MCC）

表6-1-1　严重合并症或并发症（MCC）

疾病编码	疾病名称	排除内容
A00.100x001	埃尔托生物型霍乱	表6-3-1
A02.100	沙门菌脓毒症	表6-3-1
A02.100x002	鼠伤寒沙门菌脓毒症	表6-3-1
A02.101	猪霍乱沙门菌脓毒症	表6-3-1
A02.201+J17.0*	沙门菌肺炎	表6-3-1
A02.202+M01.3*	沙门菌关节炎	表6-3-1
A02.203+G01*	沙门菌脑膜炎	表6-3-1
A02.204+M90.2*	沙门菌骨髓炎	表6-3-1
A02.205+N16.0*	沙门菌性肾小管-间质病变	表6-3-1
A02.900x002	鼠伤寒沙门菌感染	表6-3-1
A02.900x003	沙门菌属食物中毒	表6-3-1
A02.900x004	亚利桑那菌感染	表6-3-1
A02.901	猪霍乱沙门菌感染	表6-3-1
A03.200x001	鲍氏志贺菌痢疾	表6-3-1
A04.500	弯曲菌肠炎	表6-3-1
A04.600	小肠结肠耶尔森菌性小肠炎	表6-3-1
A04.600x001	耶尔森菌肠炎	表6-3-1
A04.700	艰难梭状芽孢杆菌性小肠结肠炎	表6-3-1
A04.700x002	抗生素相关性肠炎	表6-3-1
A04.701	艰难梭状芽孢杆菌性食物中毒	表6-3-1
A04.702	伪膜性结肠炎	表6-3-1
A05.300	食物媒介的副溶血性弧菌食物中毒	表6-3-1
A05.300x001	副溶血性弧菌食物中毒	表6-3-1
A05.400	食物媒介的蜡样芽孢杆菌食物中毒	表6-3-1
A05.400x001	蜡样芽胞杆菌食物中毒	表6-3-1
A05.800	食物中毒，其他特指的细菌性	表6-3-1
A05.900	细菌性食物中毒	表6-3-1
A06.200	阿米巴非痢疾性结肠炎	表6-3-1
A06.200x001	非痢疾性阿米巴结肠炎	表6-3-1
A06.300	肠道阿米巴瘤	表6-3-1
A06.300x001	阿米巴肉芽肿	表6-3-1

续 表

疾病编码	疾病名称	排除内容
A06.400+K77.0*	阿米巴肝脓肿	表6-3-1
A06.700	皮肤阿米巴病	表6-3-1
A15.701	原发性呼吸道结核，病理（+）	表6-3-2
A15.702	肺原发性结核性复征，细菌学（+）	表6-3-2
A15.703	肺原发性结核性复征，病理（+）	表6-3-2
A16.300x002	结核性支气管淋巴瘘	表6-3-2
A16.300x003	胸壁淋巴结结核	表6-3-2
A16.300x007	结核性乳糜胸	表6-3-2
A16.301	肺门淋巴结结核	表6-3-2
A16.302	胸内淋巴结结核	表6-3-2
A16.303	气管支气管淋巴结结核	表6-3-2
A16.304	支气管淋巴结结核	表6-3-2
A16.305	纵隔淋巴结结核	表6-3-2
A19.100	多个部位的急性粟粒型结核	表6-3-2
A20.000	腺鼠疫［腹股沟淋巴结鼠疫］	表6-3-3
A20.000x001	腺鼠疫	表6-3-3
A20.100	蜂窝织皮下型鼠疫	表6-3-3
A20.101	皮肤型鼠疫	表6-3-3
A20.200	肺鼠疫	表6-3-3
A20.700	脓毒症型鼠疫	表6-3-3
A20.800x004	肠鼠疫	表6-3-3
A20.800x005	眼鼠疫	表6-3-3
A20.801	顿挫性鼠疫	表6-3-3
A20.802	无症状鼠疫	表6-3-3
A20.803	轻型鼠疫	表6-3-3
A22.100x003	职业性炭疽	表6-3-3
A22.102+J17.0*	炭疽肺炎	表6-3-3
A22.700	炭疽性脓毒症	表6-3-3
A23.800	布氏菌病，其他的	表6-3-3
A26.000	皮肤类丹毒	表6-3-3
A26.700	丹毒丝菌脓毒症	表6-3-3
A26.700x001	类丹毒脓毒症	表6-3-3
A27.000	出血性黄疸钩端螺旋体病	表6-3-3
A28.801	人感染猪链球菌	表6-3-3
A31.900x001	分枝杆菌病	表6-3-4
A31.901	非典型分枝杆菌感染	表6-3-4
A32.700	利斯特菌脓毒症	表6-3-4
A32.701	单核细胞增多性利斯特菌脓毒症	表6-3-4
A37.900	百日咳	表6-3-4
A37.900x003	百日咳肺不张	表6-3-4

续　表

疾病编码	疾病名称	排除内容
A37.900x004	百日咳肺气肿	表6-3-4
A37.900x005	百日咳脑病	表6-3-4
A37.901+J17.0*	百日咳肺炎	表6-3-4
A39.400	脑膜炎球菌血症	表6-3-4
A40.000	A族链球菌性脓毒症	表6-3-4
A40.100	B族链球菌性脓毒症	表6-3-4
A40.200	D族链球菌和肠球菌所致脓毒症	表6-3-4
A40.300	肺炎链球菌性脓毒症	表6-3-4
A40.800	链球菌性脓毒症，其他的	表6-3-4
A40.900	链球菌性脓毒症	表6-3-4
A40.901+N08.0*	链球菌性脓毒症性肾小球病变	表6-3-4
A40.903+N16.0*	链球菌性脓毒症性肾小管-间质病变	表6-3-4
A41.000	金黄色葡萄球菌性脓毒症	表6-3-4
A41.100x002	表皮葡萄球菌脓毒症	表6-3-4
A41.101	凝固酶阴性葡萄球菌脓毒症	表6-3-4
A41.200	葡萄球菌性脓毒症	表6-3-4
A41.300	流感嗜血杆菌性脓毒症	表6-3-4
A41.400	厌氧菌性脓毒症	表6-3-4
A41.400x001	产气荚膜杆菌脓毒症	表6-3-4
A41.500x083	革兰阴性杆菌脓毒症	表6-3-4
A41.500x087	粘球杆菌脓毒症	表6-3-4
A41.501	大肠杆菌脓毒症	表6-3-4
A41.502	铜绿假单胞菌脓毒症	表6-3-4
A41.503	克雷伯杆菌脓毒症	表6-3-4
A41.504	阴沟肠杆菌脓毒症	表6-3-4
A41.505	变形杆菌脓毒症	表6-3-4
A41.506	不动杆菌属性脓毒症	表6-3-4
A41.800x002	JK组棒状杆菌脓毒病	表6-3-4
A41.801	枯草杆菌脓毒症	表6-3-4
A41.802	类酵母菌脓毒症	表6-3-4
A41.803	新型隐球菌脓毒症	表6-3-4
A41.804	真菌脓毒症	表6-3-4
A41.805	革兰阳性菌脓毒症	表6-3-4
A41.806	微球菌属性脓毒症	表6-3-4
A41.807	肠球菌性脓毒症	表6-3-4
A41.900	脓毒症	表6-3-4
A41.900x004	内毒素血症	表6-3-4
A41.902+N08.0*	脓毒症性肾小球病变	表6-3-4
A41.904+N16.0*	脓毒症性肾小管-间质病变	表6-3-4
A42.700	放线菌病性脓毒症	表6-3-4

续 表

疾病编码	疾病名称	排除内容
A42.800x002	放线菌皮肤感染	表6-3-4
A42.800x003+G01*	放线菌脑膜炎	表6-3-4
A42.801	涎腺放线菌病	表6-3-4
A42.802	乳腺放线菌病	表6-3-4
A42.803	肝放线菌病	表6-3-4
A42.804	盆腔放线菌病	表6-3-4
A42.805	阴道放线菌病	表6-3-4
A42.900	放线菌病	表6-3-4
A43.100	皮肤诺卡菌病	表6-3-4
A43.900	诺卡菌病	表6-3-4
A44.000	全身性巴尔通体病	表6-3-4
A48.000	气性坏疽	表6-3-4
A48.200	非肺炎性军团病［庞蒂亚克热］	表6-3-4
A48.300	中毒性休克综合征	表6-3-4
A48.800	细菌性疾病，其他特指的	表6-3-4
A48.800x002	坏死性杆菌病	表6-3-4
A48.801	鼻硬结病	表6-3-4
A49.000	葡萄球菌感染	表6-3-4
A49.001	葡萄球菌感染性菌血症	表6-3-4
A49.002	耐甲氧西林金黄色葡萄球菌感染	表6-3-4
A49.003	耐甲氧西林凝固酶阴性葡萄球菌感染	表6-3-4
A49.004	甲氧西林敏感金黄色葡萄球菌感染	表6-3-4
A49.900	细菌性感染	表6-3-4
A49.901	菌血症	表6-3-4
A49.902	革兰阴性杆菌感染	表6-3-4
A50.000	有症状的早期先天性梅毒	表6-3-5
A50.000x001+H32.0*	早期先天性梅毒性脉络膜视网膜炎	表6-3-5
A50.000x002+K77.0*	早期先天性梅毒性肝炎	表6-3-5
A50.001+H58.8*	早期先天性梅毒性眼病	表6-3-5
A51.300x002	二期早发梅毒疹	表6-3-5
A51.300x003	二期晚发梅毒疹	表6-3-5
A51.300x004	二期复发梅毒疹	表6-3-5
A51.300x005	二期梅毒湿疣	表6-3-5
A51.301	皮肤二期梅毒	表6-3-5
A51.302	黏膜二期梅毒	表6-3-5
A51.303	皮肤梅毒	表6-3-5
A51.304	外阴扁平湿疣	表6-3-5
A52.000+I98.0*	心血管梅毒	表6-3-5
A52.000x001+I52.0*	梅毒性冠状动脉口狭窄	表6-3-5
A52.000x006+I39.1*	梅毒性主动脉瓣狭窄	表6-3-5

续 表

疾病编码	疾病名称	排除内容
A52.000x007+I39.1*	梅毒性主动脉瓣狭窄关闭不全	表6-3-5
A52.000x011+I39.0*	梅毒性二尖瓣狭窄	表6-3-5
A52.001+I68.1*	梅毒性大脑动脉炎	表6-3-5
A52.002+I79.1*	梅毒性主动脉炎	表6-3-5
A52.003+I79.0*	梅毒性主动脉瘤	表6-3-5
A52.004+I39.1*	梅毒性主动脉瓣关闭不全	表6-3-5
A52.005+I52.0*	梅毒性心脏病	表6-3-5
A52.006+I39.8*	梅毒性心内膜炎	表6-3-5
A52.007+I41.0*	梅毒性心肌炎	表6-3-5
A52.008+I32.0*	梅毒性心包炎	表6-3-5
A52.009+I39.3*	梅毒性肺动脉反流	表6-3-5
A54.001	淋球菌性膀胱炎	表6-3-5
A54.002	淋球菌性尿道炎	表6-3-5
A54.003	淋球菌性宫颈炎	表6-3-5
A54.004	淋球菌性阴道炎	表6-3-5
A54.005	淋球菌性外阴阴道炎	表6-3-5
A54.200x004+N74.3*	淋球菌性输卵管炎	表6-3-5
A54.201+N74.3*	淋球菌性女性盆腔炎性疾病	表6-3-5
A54.202+N51.0*	淋球菌性前列腺炎	表6-3-5
A54.203+N51.1*	淋球菌性睾丸炎	表6-3-5
A54.204+N51.1*	淋球菌性附睾炎	表6-3-5
A54.600x001	淋球菌性直肠炎	表6-3-5
A54.601	直肠淋球菌感染	表6-3-5
A54.602	肛门淋球菌感染	表6-3-5
A54.801+G07*	淋球菌性脑脓肿	表6-3-5
A54.802+I39.8*	淋球菌性心内膜炎	表6-3-5
A54.803+G01*	淋球菌性脑膜炎	表6-3-5
A54.804+I41.0*	淋球菌性心肌炎	表6-3-5
A54.805+I32.0*	淋球菌性心包炎	表6-3-5
A54.806+J17.0*	淋球菌性肺炎	表6-3-5
A54.807+K67.1*	淋球菌性腹膜炎	表6-3-5
A54.808	淋球菌性脓毒症	表6-3-5
A54.809	淋球菌性皮肤病	表6-3-5
A63.000	肛门生殖器（性病性）疣	表6-3-5
A63.001	肛门生殖器尖锐湿疣	表6-3-5
A63.002	外阴尖锐湿疣	表6-3-5
A63.003	喉尖锐湿疣	表6-3-5
A63.800	主要为性传播的疾病，其他特指的	表6-3-5
A66.200	雅司病的其他早期皮肤损害	表6-3-6
A68.100	蜱媒介的回归热	表6-3-6

续 表

疾病编码	疾病名称	排除内容
A69.200	莱姆病	表6-3-6
A69.200x002+G63.0*	莱姆病性神经病	表6-3-6
A69.800	螺旋体感染，其他特指的	表6-3-6
A75.000x002	轻型斑疹伤寒	表6-3-8
A75.000x003	典型斑疹伤寒	表6-3-8
A75.000x004	重型斑疹伤寒	表6-3-8
A75.001	流行性斑疹伤寒	表6-3-8
A79.800x002	人粒细胞无形体病	表6-3-8
A79.801	附红细胞体病	表6-3-8
A80.300x001	脊髓灰质炎瘫痪型	表6-3-9
A80.301	急性麻痹性脊髓灰质炎	表6-3-9
A81.000	克罗伊茨费尔特-雅各布病	表6-3-9
A81.000x002	亚急性海绵状脑病	表6-3-9
A81.000x004	可传播性海绵状脑病	表6-3-9
A81.000x006	常染色体显性遗传朊蛋白病	表6-3-9
A81.000x007	家族性致死性睡眠症	表6-3-9
A81.001+F02.1*	克罗伊茨费尔特-雅各布病性痴呆	表6-3-9
A81.800	中枢神经系统其他的非典型病毒感染	表6-3-9
A81.800x001	库鲁病［新几内亚震颤病］	表6-3-9
A81.801	朊蛋白病	表6-3-9
A84.000	远东蜱媒介的脑炎［俄罗斯春-夏型脑炎］	表6-3-9
A84.000x001	森林脑炎	表6-3-9
A84.100	中部欧洲蜱媒介的脑炎	表6-3-9
A85.100+G05.1*	腺病毒性脑炎	表6-3-9
A85.101+G05.1*	腺病毒性脑脊髓炎	表6-3-9
A87.800	病毒性脑膜炎，其他的	表6-3-9
A87.801	乙脑病毒性脑膜炎	表6-3-9
A95.100	城市黄热病	表6-3-10
A96.100	马丘波出血热	表6-3-10
A96.100x001	玻利维亚出血热	表6-3-10
A96.200	拉沙热	表6-3-10
A96.800	沙粒病毒性出血热，其他的	表6-3-10
A97.100	登革热伴预警	表6-3-10
A98.100	鄂木斯克出血热	表6-3-10
A98.300	马尔堡病毒病	表6-3-10
B00.400+G05.1*	疱疹病毒性脑炎	表6-3-11
B00.400x001+G05.1*	单纯疱疹病毒性脑炎	表6-3-11
B00.401+G05.1*	疱疹病毒性脑膜脑炎	表6-3-11
B01.000+G02.0*	水痘脑膜炎	表6-3-11
B01.000x001+G02.0*	水痘性脑膜炎	表6-3-11

续 表

疾病编码	疾病名称	排除内容
B05.800x001+H19.2*	麻疹并发角膜结膜炎	表6-3-11
B05.800x003+K77.0*	麻疹并发肝炎	表6-3-11
B05.800x008	麻疹综合征	表6-3-11
B05.800x009	麻疹合并上呼吸道感染	表6-3-11
B05.800x010	重型麻疹	表6-3-11
B05.801	麻疹并发喉炎	表6-3-11
B05.802	麻疹并发支气管炎	表6-3-11
B05.803	麻疹并发心肌炎	表6-3-11
B15.000	甲型肝炎，伴有肝昏迷	表6-3-12
B15.001	急性甲型病毒性肝炎伴肝昏迷	表6-3-12
B15.002	急性重型甲型病毒性肝炎伴肝昏迷	表6-3-12
B15.003	亚急性重型甲型病毒性肝炎伴肝昏迷	表6-3-12
B16.000	急性乙型肝炎，伴有δ因子（共同感染），并伴有肝昏迷	表6-3-12
B16.000x001	病毒性肝炎乙型丁型亚急性重型	表6-3-12
B16.001	急性乙型丁型病毒性肝炎伴肝昏迷	表6-3-12
B17.900	急性病毒性肝炎	表6-3-12
B17.900x002	病毒性肝炎急性淤胆型	表6-3-12
B17.900x004	病毒性肝炎急性无黄疸型	表6-3-12
B17.900x005	病毒性肝炎急性重型（暴发型）	表6-3-12
B17.900x006	病毒性肝炎亚急性重型	表6-3-12
B17.902	急性黄疸型病毒性肝炎	表6-3-12
B17.903	急性传染性肝炎，未特指	表6-3-12
B17.904	急性肝炎，未特指	表6-3-12
B19.000	病毒性肝炎，伴有肝昏迷	表6-3-12
B19.001	急性重型病毒性肝炎伴肝昏迷	表6-3-12
B19.002	亚急性重型病毒性肝炎伴肝昏迷	表6-3-12
B20.000x001	艾滋病伴分枝杆菌感染	表6-3-13
B20.001	人类免疫缺陷病毒病性结核菌感染	表6-3-13
B20.002	人类免疫缺陷病毒病性颈淋巴结结核	表6-3-13
B20.003	人类免疫缺陷病毒病性肺结核	表6-3-13
B20.004	人类免疫缺陷病毒病性结核性胸膜炎	表6-3-13
B20.005	人类免疫缺陷病毒病性肠结核	表6-3-13
B20.006	人类免疫缺陷病毒病性结核性腹膜炎	表6-3-13
B20.100x001	艾滋病伴细菌感染	表6-3-13
B20.200x001	艾滋病伴巨细胞病毒感染	表6-3-13
B20.300x001	艾滋病伴病毒感染	表6-3-13
B20.301	人类免疫缺陷病毒病性带状疱疹	表6-3-13
B20.400x001	艾滋病伴念珠菌病	表6-3-13
B20.500x001	艾滋病伴真菌病	表6-3-13
B20.600x001	艾滋病伴卡氏肺孢子虫肺炎	表6-3-13

续　表

疾病编码	疾病名称	排除内容
B20.700x001	艾滋病伴多发性感染	表6-3-13
B20.801	人类免疫缺陷病毒病性弓形虫病	表6-3-13
B20.901	人类免疫缺陷病毒病造成寄生虫病	表6-3-13
B21.000x001	艾滋病伴卡波西肉瘤	表6-3-13
B21.100x001	艾滋病伴伯基特淋巴瘤	表6-3-13
B21.200x001	艾滋病伴非霍奇金淋巴瘤	表6-3-13
B21.300	人类免疫缺陷病毒［HIV］病造成的淋巴造血和有关组织的其他恶性肿瘤	表6-3-13
B21.700	人类免疫缺陷病毒［HIV］病造成的多发性恶性肿瘤	表6-3-13
B21.800	人类免疫缺陷病毒［HIV］病造成的其他恶性肿瘤	表6-3-13
B21.900	人类免疫缺陷病毒［HIV］病造成的恶性肿瘤	表6-3-13
B22.000x001	艾滋病相关的脑病	表6-3-13
B22.000x003	艾滋病性脑炎	表6-3-13
B22.000x004	艾滋病性脑膜炎	表6-3-13
B22.000x005	艾滋病性脑膜脑炎	表6-3-13
B22.001+F02.4*	人类免疫缺陷病毒病性痴呆	表6-3-13
B22.100	人类免疫缺陷病毒［HIV］病造成的淋巴组织间质性肺炎	表6-3-13
B22.200	人类免疫缺陷病毒［HIV］病造成的消瘦综合征	表6-3-13
B22.700	人类免疫缺陷病毒［HIV］病造成的分类于他处的多种疾病	表6-3-13
B22.701	人类免疫缺陷病毒病性多发性疾病	表6-3-13
B23.000	急性人类免疫缺陷病毒［HIV］感染综合征	表6-3-13
B23.100	人类免疫缺陷病毒［HIV］病造成的（持续的）全身性淋巴结病	表6-3-13
B23.100x001	持续性全身淋巴结肿大综合征	表6-3-13
B23.100x002	HIV感染的不典型皮肤淋巴细胞增生性疾病	表6-3-13
B23.200	人类免疫缺陷病毒［HIV］病造成的不可归类在他处的血液学和免疫学的异常	表6-3-13
B23.201	人类免疫缺陷病毒病造成免疫学异常	表6-3-13
B23.800	人类免疫缺陷病毒［HIV］病造成的其他特指的情况	表6-3-13
B23.800x001	空泡样脊髓病	表6-3-13
B23.800x002	艾滋病神经综合征	表6-3-13
B23.801	免疫重建炎症综合征	表6-3-13
B25.000+J17.1*	巨细胞病毒性肺炎	表6-3-14
B25.800x001	巨细胞病毒血症	表6-3-14
B25.800x002+H19.2*	巨细胞病毒性角膜炎	表6-3-14
B25.801+G05.1*	巨细胞病毒性脑炎	表6-3-14
B25.802+H32.0*	巨细胞病毒性视网膜炎	表6-3-14
B25.803+I41.1*	巨细胞病毒性心肌炎	表6-3-14
B26.200+G05.1*	流行性腮腺炎性脑炎	表6-3-14
B26.201+G05.1*	流行性腮腺炎性脑膜脑炎	表6-3-14
B26.202+G05.1*	流行性腮腺炎性脑脊髓炎	表6-3-14
B27.100	巨细胞病毒性单核细胞增多症	表6-3-14
B33.200	病毒性心炎	表6-3-14

续 表

疾病编码	疾病名称	排除内容
B33.200x001+I32.1*	柯萨奇病毒性心包炎	表6-3-14
B33.200x002+I39.8*	柯萨奇病毒性心内膜炎	表6-3-14
B33.200x004+I41.1*	柯萨奇病毒性心肌炎	表6-3-14
B33.201+I41.1*	新生儿无菌性心肌炎	表6-3-14
B33.400x001+J17.1*	汉坦病毒心肺综合征	表6-3-14
B37.700	念珠菌性脓毒症	表6-3-15
B37.700x001	念珠菌脓毒症	表6-3-15
B37.800x083	呼吸道念珠菌感染	表6-3-15
B37.800x084	念珠菌性唇炎	表6-3-15
B37.800x085	脑念珠菌感染	表6-3-15
B37.800x088	念珠菌性扁桃体炎	表6-3-15
B37.800x089+M01.6*	念珠菌性髋关节炎	表6-3-15
B37.800x090	腰椎念珠菌感染	表6-3-15
B37.800x091	念珠菌性腹膜炎	表6-3-15
B37.801	念珠菌性眼内炎	表6-3-15
B37.802	念珠菌性中耳炎	表6-3-15
B37.803	支气管念珠菌感染	表6-3-15
B37.804	食管念珠菌病	表6-3-15
B37.805	胃肠道念珠菌感染	表6-3-15
B37.806	肠道念珠菌病	表6-3-15
B37.807+H48.8*	视神经念珠菌感染	表6-3-15
B37.808	播散性念珠菌病	表6-3-15
B37.900	念珠菌病	表6-3-15
B37.900x001	克柔念珠菌感染	表6-3-15
B37.900x002	近平滑念珠菌感染	表6-3-15
B37.900x003	光滑念珠菌感染	表6-3-15
B37.901	热带白色念珠菌感染	表6-3-15
B39.000	急性肺荚膜组织胞浆菌病	表6-3-15
B39.000x001+J17.2*	急性肺荚膜组织胞浆菌肺炎	表6-3-15
B39.100	慢性肺荚膜组织胞浆菌病	表6-3-15
B39.100x001+J17.2*	慢性肺荚膜组织胞浆菌肺炎	表6-3-15
B42.900	孢子丝菌病	表6-3-15
B43.900	着色真菌病	表6-3-15
B44.700	播散性曲霉病	表6-3-15
B45.300	骨隐球菌病	表6-3-15
B46.000x001+J99.8*	肺毛霉菌病	表6-3-15
B46.200x001+K93.8*	胃肠型毛霉菌病	表6-3-15
B46.800x001	蝇疫霉病	表6-3-15
B46.800x002	虫霉病	表6-3-15
B47.900	足菌肿	表6-3-15

续 表

疾病编码	疾病名称	排除内容
B53.000x001	卵形疟	表6-3-16
B58.100+K77.0*	弓形虫肝炎	表6-3-16
B60.800x001	肺蠊缨滴虫感染	表6-3-16
B65.100x001	曼氏血吸虫病	表6-3-17
B65.101	慢性结肠血吸虫病	表6-3-17
B65.800x001	湄公血吸虫病	表6-3-17
B65.800x002	间插血吸虫病	表6-3-17
B65.800x003	异位血吸虫病	表6-3-17
B66.800x001	棘口吸虫病	表6-3-17
B66.800x002	异形吸虫病	表6-3-17
B66.800x003	后殖吸虫病	表6-3-17
B66.800x004	隐孔吸虫病	表6-3-17
B66.800x005	沃森吸虫病	表6-3-17
B66.800x006	横川吸虫病	表6-3-17
B66.800x007	胰阔盘吸虫病	表6-3-17
B67.600x001	肺泡型棘球蚴病	表6-3-17
B67.600x002	脑泡型棘球蚴病	表6-3-17
B67.600x003	骨泡型棘球蚴病	表6-3-17
B67.601	多部位多房棘球蚴感染	表6-3-17
B68.100	牛肉绦虫的绦虫病	表6-3-17
B77.000x001+K93.8*	肠蛔虫病	表6-3-17
B77.001+K93.8*	蛔虫性肠穿孔	表6-3-17
B81.300	肠道血管圆线虫病	表6-3-17
B81.400	混合型肠道蠕虫病	表6-3-17
B83.300	比翼（线虫）病	表6-3-17
B83.900	蠕虫病	表6-3-17
B87.100	伤口蝇蛆病	表6-3-18
B88.100	潜蚤病［沙蚤侵染］	表6-3-18
B88.200x001	肠蜣螂病	表6-3-18
B88.300	外部水蛭病	表6-3-18
B94.900	传染病或寄生虫病的后遗症	表6-3-19
D01.000	结肠原位癌	表6-3-34
D01.100	直肠乙状结肠连接处原位癌	表6-3-34
D01.200	直肠原位癌	表6-3-34
D01.700	消化器官其他特指的原位癌	表6-3-34
D01.701	胰腺原位癌	表6-3-34
D02.200x002	肺原位癌	表6-3-34
D02.201	支气管原位癌	表6-3-34
D04.100x001	眼皮肤原位癌	表6-3-34
D04.101	眦原位癌	表6-3-34

续 表

疾病编码	疾病名称	排除内容
D07.100	外阴原位癌	表6-3-34
D07.100x002	外阴上皮内瘤变Ⅲ级［VIN Ⅲ级］	表6-3-34
D07.301	卵巢原位癌	表6-3-34
D07.302	输卵管原位癌	表6-3-34
D07.303	子宫体原位癌	表6-3-34
D07.304	女性生殖器官原位癌	表6-3-34
D09.700	原位癌，其他特指部位的	表6-3-34
D09.700x001	骶尾原位癌	表6-3-34
D09.700x002	腹腔原位癌	表6-3-34
D09.701	颊原位癌	表6-3-34
D37.300x001	阑尾交界性肿瘤	表6-3-35
D37.301	阑尾肿瘤	表6-3-35
D41.200x001	输尿管交界性肿瘤	表6-3-35
D41.201	输尿管肿瘤	表6-3-35
D41.300x001	尿道交界性肿瘤	表6-3-35
D41.301	尿道肿瘤	表6-3-35
D42.900x001	脑脊膜交界性肿瘤	表6-3-35
D42.900x002	硬膜下交界性肿瘤	表6-3-35
D42.901	脑脊膜肿瘤	表6-3-35
D44.500x001	松果体交界性肿瘤	表6-3-35
D44.500x003	松果体区交界性肿瘤	表6-3-35
D44.501	松果体肿瘤	表6-3-35
D44.600x002	颈动脉体交界性肿瘤	表6-3-35
D44.601	颈动脉体肿瘤	表6-3-35
D46.200	难治性贫血伴有胚细胞过多	表6-3-35
D46.201x001	难治贫血伴有胚细胞过多-Ⅰ型	表6-3-35
D46.203	难治性贫血伴有胚细胞过多-Ⅱ型	表6-3-35
D47.000	动态未定和动态未知的组织细胞和肥大细胞瘤	表6-3-35
D47.001	懒性系统性肥大细胞增多症	表6-3-35
D47.002	肥大细胞肿瘤，未特指	表6-3-35
D47.003	肥大细胞瘤，未特指	表6-3-35
D47.004	非肥大细胞系的造血系统增生疾病	表6-3-35
D47.200	意义未明的单克隆丙种球蛋白病	表6-3-35
D47.200x003	单克隆免疫球蛋白沉积病	表6-3-35
D47.200x004+G63.1*	副蛋白血症相关神经病	表6-3-35
D47.200x005+G63.1*	神经病伴副蛋白血症	表6-3-35
D47.500	慢性嗜酸性粒细胞白血病	表6-3-35
D47.700	淋巴、造血和有关组织其他特指的动态未定或动态未知的肿瘤	表6-3-35
D47.700x005	B淋巴细胞克隆性疾病	表6-3-35
D47.700x006	原发性系统性淀粉样变性	表6-3-35

续　表

疾病编码	疾病名称	排除内容
D47.700x007	Castleman病	表6-3-35
D47.700x008	儿童Castleman病	表6-3-35
D47.700x009	局限性Castleman病	表6-3-35
D47.700x010	多中心性Castleman病	表6-3-35
D47.700x011	血管滤泡性淋巴细胞增生病	表6-3-35
D47.701	血管中心性免疫增生性损害	表6-3-35
D47.702	血管免疫母细胞淋巴结病	表6-3-35
D47.703	T-γ淋巴组织增生性疾病	表6-3-35
D47.900	淋巴、造血和有关组织的动态未定或动态未知的肿瘤	表6-3-35
D47.900x001	淋巴细胞增殖性疾病	表6-3-35
D47.900x002	移植后淋巴增殖性疾病	表6-3-35
D48.100x003	骶前结缔组织交界性肿瘤	表6-3-35
D48.100x006	滑膜交界性肿瘤	表6-3-35
D48.100x007	结缔组织交界性肿瘤	表6-3-35
D48.100x008	颈静脉交界性肿瘤	表6-3-35
D48.100x009	软组织交界性肿瘤	表6-3-35
D48.100x018	腹部结缔组织交界性肿瘤	表6-3-35
D48.100x020	盆腔结缔组织交界性肿瘤	表6-3-35
D48.100x021	背部结缔组织交界性肿瘤	表6-3-35
D48.100x023	脑血管交界性肿瘤	表6-3-35
D48.100x024	血管交界性肿瘤	表6-3-35
D48.100x025	肢端结缔组织交界性肿瘤	表6-3-35
D48.101	头部结缔组织动态未定肿瘤	表6-3-35
D48.102	头部结缔组织肿瘤	表6-3-35
D48.103	面结缔组织动态未定肿瘤	表6-3-35
D48.104	面结缔组织肿瘤	表6-3-35
D48.105	耳结缔组织动态未定肿瘤	表6-3-35
D48.106	耳结缔组织肿瘤	表6-3-35
D48.107	颈部结缔组织动态未定肿瘤	表6-3-35
D48.108	颈部结缔组织肿瘤	表6-3-35
D48.109	躯干结缔组织动态未定肿瘤	表6-3-35
D48.110	躯干结缔组织肿瘤	表6-3-35
D48.111	腋下结缔组织动态未定肿瘤	表6-3-35
D48.112	腋下结缔组织肿瘤	表6-3-35
D48.113	肩结缔组织动态未定肿瘤	表6-3-35
D48.114	肩结缔组织肿瘤	表6-3-35
D48.115	胸壁结缔组织动态未定肿瘤	表6-3-35
D48.116	胸壁结缔组织肿瘤	表6-3-35
D48.117	腹壁结缔组织动态未定肿瘤	表6-3-35
D48.118	腹壁结缔组织肿瘤	表6-3-35

续 表

疾病编码	疾病名称	排除内容
D48.119	腰结缔组织动态未定肿瘤	表6-3-35
D48.120	腰结缔组织肿瘤	表6-3-35
D48.121	腹股沟结缔组织动态未定肿瘤	表6-3-35
D48.122	腹股沟结缔组织肿瘤	表6-3-35
D48.123	骶结缔组织动态未定肿瘤	表6-3-35
D48.124	骶结缔组织肿瘤	表6-3-35
D48.125	臀结缔组织动态未定肿瘤	表6-3-35
D48.126	臀结缔组织肿瘤	表6-3-35
D48.127	会阴结缔组织动态未定肿瘤	表6-3-35
D48.128	会阴结缔组织肿瘤	表6-3-35
D48.129	直肠阴道隔结缔组织动态未定肿瘤	表6-3-35
D48.130	直肠阴道隔结缔组织肿瘤	表6-3-35
D48.131	上肢结缔组织动态未定肿瘤	表6-3-35
D48.132	上肢结缔组织肿瘤	表6-3-35
D48.133	下肢结缔组织动态未定肿瘤	表6-3-35
D48.134	下肢结缔组织肿瘤	表6-3-35
D51.900	维生素B12缺乏性贫血	表6-3-36
D51.901+G32.0*	维生素B12缺乏性贫血性脊髓后侧索硬化	表6-3-36
D55.200	糖酵解酶代谢紊乱性贫血	表6-3-37
D55.201	遗传性非球形细胞性溶血性贫血Ⅱ型	表6-3-37
D55.202	己糖激酶缺乏性贫血	表6-3-37
D55.203	磷酸丙糖异构酶缺乏性贫血	表6-3-37
D55.204	丙酮酸激酶缺乏性贫血	表6-3-37
D55.900	酶代谢紊乱性贫血	表6-3-37
D56.300	地中海贫血特性	表6-3-37
D56.301	（β型）地中海贫血轻型	表6-3-37
D57.300	镰状细胞特性	表6-3-37
D57.301	杂合血红蛋白S病	表6-3-37
D57.302	血红蛋白S病	表6-3-37
D59.000	药物性自身免疫性溶血性贫血	表6-3-37
D59.300x001	溶血-尿毒综合征	表6-3-37
D59.301	非典型溶血性尿毒症	表6-3-37
D59.600	血红蛋白尿，其他外因性溶血症引起的	表6-3-37
D59.600x004	外因性溶血性血红蛋白尿	表6-3-37
D59.601	劳力性血红蛋白尿	表6-3-37
D59.602	行军性血红蛋白尿	表6-3-37
D59.603	阵发性冷性血红蛋白尿	表6-3-37
D59.604	血红蛋白尿伴溶血性贫血	表6-3-37
D60.100x001	短暂后天性纯红细胞再生障碍性贫血	表6-3-38
D61.000	体质性再生障碍性贫血	表6-3-38

续 表

疾病编码	疾病名称	排除内容
D61.000x006	全血细胞减少症伴畸形	表6-3-38
D61.001	先天性纯红细胞再生障碍性贫血	表6-3-38
D61.002	婴儿纯红细胞再生障碍性贫血	表6-3-38
D61.003	原发性纯红细胞再生障碍性贫血	表6-3-38
D61.004	布拉克凡-戴蒙德综合征	表6-3-38
D61.005	家族性再生不良性贫血	表6-3-38
D61.006	先天性再生障碍性贫血	表6-3-38
D61.007	范科尼贫血	表6-3-38
D61.200x002	外因性再生障碍性贫血	表6-3-38
D61.201	中毒性贫血	表6-3-38
D61.202	放疗后骨髓抑制	表6-3-38
D61.900	再生障碍性贫血	表6-3-38
D61.900x001	骨髓抑制	表6-3-38
D61.901	骨髓抑制性贫血	表6-3-38
D61.902	慢性再生障碍性贫血	表6-3-38
D61.903	全血细胞减少	表6-3-38
D61.904	增生低下性贫血	表6-3-38
D61.905	重度再生障碍性贫血	表6-3-38
D61.906	急性骨髓造血功能抑制	表6-3-38
D61.907	全骨髓病	表6-3-38
D61.908	髓性再生不良	表6-3-38
D61.909	急性再生障碍性贫血	表6-3-38
D68.100x001	血浆凝血致活酶前质缺乏	表6-3-39
D68.101	血友病C型	表6-3-39
D68.300	循环抗凝物引起的出血性疾患	表6-3-39
D68.300x001	因子Ⅷ抗体形成	表6-3-39
D68.300x003	血循环中抗凝物质存在	表6-3-39
D68.300x004	抗凝血酶增多	表6-3-39
D68.301	高肝素血症	表6-3-39
D68.302	抗凝血酶增多导致的出血症	表6-3-39
D68.303	长期使用抗凝剂引起的出血	表6-3-39
D68.500	原发性血栓形成倾向	表6-3-39
D68.501	抗活化蛋白C症	表6-3-39
D68.502	抗凝血酶原Ⅲ缺乏症	表6-3-39
D68.503	遗传性蛋白C缺陷症	表6-3-39
D68.504	遗传性蛋白S缺陷症	表6-3-39
D68.505	凝血酶原基因突变	表6-3-39
D68.801	凝血因子缺乏	表6-3-39
D69.500	继发性血小板减少	表6-3-39
D69.500x003	症状性血小板减少性紫癜	表6-3-39

续 表

疾病编码	疾病名称	排除内容
D69.501	继发性血小板减少性紫癜	表6-3-39
D69.502	药物性血小板减少症	表6-3-39
D69.503	药物性血小板减少性紫癜	表6-3-39
D69.504	获得性巨细胞性血小板减少症	表6-3-39
D72.000	白细胞遗传性异常	表6-3-40
D72.001	佩尔格-许特综合征	表6-3-40
D72.900	白细胞疾患	表6-3-40
D73.300	脾脓肿	表6-3-40
D74.800x001	后天性高铁血红蛋白血症伴硫化血红蛋白血症	表6-3-40
D74.800x003	硫化血红蛋白血症	表6-3-40
D74.801	中毒性高铁血红蛋白血症	表6-3-40
D76.200	噬红细胞综合征，与感染有关的	表6-3-40
D80.601	免疫缺陷伴高免疫球蛋白血症	表6-3-41
D81.000	重症联合免疫缺陷［SCID］伴有网状组织发育不全	表6-3-41
D81.000x002	网状组织发育不全	表6-3-41
D81.100	重症联合免疫缺陷［SCID］伴有低数量的T和B细胞	表6-3-41
D81.800	联合免疫缺陷，其他的	表6-3-41
D81.801	生物素依赖羧化酶缺乏	表6-3-41
D81.802	全羧化酶合成酶缺乏症	表6-3-41
D81.803	生物素酶缺乏症	表6-3-41
D82.000	威斯科特-奥尔德里奇综合征	表6-3-41
D82.200	免疫缺陷伴有短肢身材	表6-3-41
D83.800	常见变异型免疫缺陷，其他的	表6-3-41
D84.100	补体系统中的缺陷	表6-3-41
D84.100x002	遗传性血管神经性水肿	表6-3-41
D84.100x005	补体缺陷综合征	表6-3-41
D84.101	补体成分缺乏	表6-3-41
D84.102	补体1酯酶抑制剂［C1-INH］缺乏	表6-3-41
D84.103	遗传性血管水肿	表6-3-41
D84.800	免疫缺陷，其他特指的	表6-3-41
D84.800x001	细胞免疫缺陷	表6-3-41
D86.300	皮肤结节病	表6-3-41
D86.300x002	冻疮样狼疮型皮肤结节病	表6-3-41
D89.000	多克隆高丙球蛋白血症	表6-3-41
D89.000x003	良性高丙球蛋白血症性紫癜	表6-3-41
D89.000x004	多克隆丙球蛋白病	表6-3-41
D89.001	高球蛋白血症性紫癜	表6-3-41
D89.002	多克隆免疫球蛋白增多症	表6-3-41
D89.200	高丙球蛋白血症	表6-3-41
D89.900	涉及免疫机制的疾患	表6-3-41

续　表

疾病编码	疾病名称	排除内容
E00.100	先天性碘缺乏综合征，黏液水肿型	表6-3-42
E00.100x002	粘液水肿型地方性呆小病	表6-3-42
E00.100x003	甲状腺功能减退型地方性呆小病	表6-3-42
E03.000	先天性甲状腺功能减退症伴有弥漫性甲状腺肿	表6-3-42
E03.000x002	先天性非毒性甲状腺肿	表6-3-42
E03.000x004	先天性实质的甲状腺肿	表6-3-42
E03.001	先天性甲状腺肿	表6-3-42
E03.500	黏液性水肿昏迷	表6-3-42
E04.200	非毒性多结节性甲状腺肿	表6-3-42
E04.200x001	囊性甲状腺肿	表6-3-42
E04.200x003	非毒性多个甲状腺结节	表6-3-42
E04.201	甲状腺肿伴囊性变	表6-3-42
E05.300	来自异位甲状腺组织的甲状腺毒症	表6-3-42
E05.301	异位甲状腺肿	表6-3-42
E05.302	纵隔甲状腺肿	表6-3-42
E06.200	慢性甲状腺炎伴有短暂性甲状腺毒症	表6-3-42
E06.500x001	慢性侵袭性甲状腺炎	表6-3-42
E06.500x002	慢性纤维性甲状腺炎	表6-3-42
E06.500x004	甲状腺炎性包块	表6-3-42
E06.501	里德尔甲状腺炎	表6-3-42
E06.502	慢性甲状腺炎	表6-3-42
E07.100	激素生成障碍性甲状腺肿	表6-3-42
E07.100x002	彭德莱综合征［家族性呆小聋哑症］	表6-3-42
E07.100x003	家族性激素生成障碍性甲状腺肿	表6-3-42
E10.000	1型糖尿病伴有昏迷	表6-3-43
E10.000x001	1型糖尿病性高渗性高血糖状态昏迷	表6-3-43
E10.000x002	1型糖尿病性高血糖状态昏迷	表6-3-43
E10.000x005	1型糖尿病性乳酸性酸中毒并昏迷	表6-3-43
E10.000x006	1型糖尿病性酮症酸中毒和乳酸性酸中毒并昏迷	表6-3-43
E10.001	1型糖尿病性高渗性昏迷	表6-3-43
E10.002	1型糖尿病性低血糖昏迷	表6-3-43
E10.003	1型糖尿病性酮症酸中毒昏迷	表6-3-43
E10.100	1型糖尿病伴有酮症酸中毒	表6-3-43
E10.100x012	1型糖尿病性酮症	表6-3-43
E10.100x031	1型糖尿病性乳酸性酸中毒	表6-3-43
E10.100x051	1型糖尿病性酮症酸中毒和乳酸性酸中毒	表6-3-43
E10.100x061	成人晚发自身免疫性糖尿病酮症	表6-3-43
E10.101	1型糖尿病性酮症酸中毒	表6-3-43
E10.102	1型糖尿病性乳酸酸中毒	表6-3-43
E10.103	1型糖尿病酮症	表6-3-43

续 表

疾病编码	疾病名称	排除内容
E10.400x021+G63.2*	1型糖尿病性多发性神经病	表6-3-43
E10.400x022+G63.2*	1型糖尿病性胰岛素相关性神经炎	表6-3-43
E10.400x024+G63.2*	1型糖尿病性远端对称性周围神经病	表6-3-43
E10.400x025+G63.2*	1型糖尿病性小神经纤维周围神经病	表6-3-43
E10.400x026+G63.2*	1型糖尿病性感觉运动性周围神经病	表6-3-43
E10.400x110+G59.0*	1型糖尿病性单神经病	表6-3-43
E10.400x111+G59.0*	1型糖尿病性胸神经根病	表6-3-43
E10.400x112+G59.0*	1型糖尿病性躯干神经根病	表6-3-43
E10.400x121+G73.0*	1型糖尿病性肌无力综合征	表6-3-43
E10.400x130+G59.0*	1型糖尿病性脑神经麻痹	表6-3-43
E10.400x140+G59.0*	1型糖尿病性动眼神经麻痹	表6-3-43
E10.400x150+G59.0*	1型糖尿病性外展神经麻痹	表6-3-43
E10.400x160+G59.0*	1型糖尿病性股神经病	表6-3-43
E10.400x170+G59.0*	1型糖尿病性多发性单神经病	表6-3-43
E10.400x180+G59.0*	1型糖尿病性眼肌麻痹	表6-3-43
E10.400x190+G59.0*	1型糖尿病性神经根病	表6-3-43
E10.400x191+G59.0*	1型糖尿病腰骶神经根神经丛病	表6-3-43
E10.400x310+G99.0*	1型糖尿病性出汗异常	表6-3-43
E10.400x311+G99.0*	1型糖尿病性体位性低血压	表6-3-43
E10.400x330+G99.0*	1型糖尿病性腹泻	表6-3-43
E10.400x340+G99.0*	1型糖尿病性肛门直肠功能障碍	表6-3-43
E10.400x350+G99.0*	1型糖尿病性食管功能障碍	表6-3-43
E10.400x360+G99.0*	1型糖尿病性性无能	表6-3-43
E10.400x370+G99.0*	1型糖尿病性胃轻瘫	表6-3-43
E10.400x380+G99.0*	1型糖尿病性膀胱张力减弱	表6-3-43
E10.400x381+N33.8*	1型糖尿病神经源性膀胱炎	表6-3-43
E10.400x390+G99.0*	1型糖尿病性神经性水肿	表6-3-43
E10.400x901+G99.0*	1型糖尿病性脊髓病	表6-3-43
E10.400x910+G63.2*	1型糖尿病伴神经系统并发症	表6-3-43
E10.401+G63.2*	1型糖尿病性周围神经病	表6-3-43
E10.402+G99.0*	1型糖尿病性自主神经病变	表6-3-43
E10.403+G63.2*	1型糖尿病性神经炎	表6-3-43
E10.404+G99.0*	1型糖尿病性神经源性膀胱	表6-3-43
E10.405+G73.0*	1型糖尿病性肌萎缩	表6-3-43
E11.000	2型糖尿病伴有昏迷	表6-3-43
E11.000x001	2型糖尿病性高渗性高血糖状态昏迷	表6-3-43
E11.000x005	2型糖尿病性乳酸性酸中毒并昏迷	表6-3-43
E11.000x006	2型糖尿病性酮症酸中毒和乳酸性酸中毒并昏迷	表6-3-43
E11.001	2型糖尿病性高渗性昏迷	表6-3-43
E11.002	2型糖尿病性低血糖性昏迷	表6-3-43

续 表

疾病编码	疾病名称	排除内容
E11.003	2型糖尿病性酮症酸中毒昏迷	表6-3-43
E11.100x051	2型糖尿病性酮症酸中毒和乳酸性酸中毒	表6-3-43
E11.101	2型糖尿病性酮症酸中毒	表6-3-43
E11.102	2型糖尿病性乳酸酸中毒	表6-3-43
E11.103	2型糖尿病性酮症	表6-3-43
E12.000	营养不良相关性糖尿病伴有昏迷	表6-3-43
E12.100	营养不良相关性糖尿病伴有酮症酸中毒	表6-3-43
E13.000	糖尿病伴有昏迷，其他特指的	表6-3-43
E13.101	继发性糖尿病性酮症酸中毒	表6-3-43
E13.102	继发性糖尿病性酮症	表6-3-43
E14.000	糖尿病伴有昏迷	表6-3-43
E14.000x001	糖尿病性高渗性高血糖状态昏迷	表6-3-43
E14.000x002	糖尿病性高血糖状态昏迷	表6-3-43
E14.000x003	糖尿病性低血糖昏迷	表6-3-43
E14.000x004	糖尿病性酮症酸中毒并昏迷	表6-3-43
E14.000x005	糖尿病性乳酸性酸中毒并昏迷	表6-3-43
E14.000x006	糖尿病性酮症酸中毒和乳酸性酸中毒并昏迷	表6-3-43
E14.100	糖尿病伴有酮症酸中毒	表6-3-43
E14.100x012	糖尿病性酮症	表6-3-43
E14.100x031	糖尿病性乳酸性酸中毒	表6-3-43
E14.100x051	糖尿病性酮症酸中毒和乳酸性酸中毒	表6-3-43
E16.300	高血糖素分泌增多	表6-3-44
E16.300x001	胰腺内分泌细胞增生伴胰升糖素过多	表6-3-44
E16.300x002	胰升糖素分泌过多	表6-3-44
E16.300x003+L54.8*	坏死松解性游走性红斑	表6-3-44
E16.301	胰高血糖素血症	表6-3-44
E16.900x002	胰腺内分泌细胞增生	表6-3-44
E16.901	胰岛细胞增生症	表6-3-44
E20.000	特发性甲状旁腺功能减退症	表6-3-45
E21.500	甲状旁腺的疾患	表6-3-45
E23.100	药物性垂体功能减退症	表6-3-45
E23.200	尿崩症	表6-3-45
E23.200x003	中枢性尿崩症	表6-3-45
E23.200x005	完全性尿崩症	表6-3-45
E23.201	脑外伤后尿崩症	表6-3-45
E23.202	部分性垂体性尿崩症	表6-3-45
E23.203	完全性垂体性尿崩症	表6-3-45
E23.204	继发性尿崩症	表6-3-45
E23.300x001	垂体功能不良	表6-3-45
E23.301	垂体功能紊乱	表6-3-45

续　表

疾病编码	疾病名称	排除内容
E23.302	下丘脑综合征	表6-3-45
E24.300	异位促肾上腺皮质激素综合征	表6-3-45
E27.100x003	自身免疫性肾上腺炎	表6-3-45
E27.101	艾迪生病	表6-3-45
E27.300	药物性肾上腺皮质功能减退症	表6-3-45
E28.000	雌激素过多	表6-3-45
E28.300x001	早发绝经	表6-3-45
E28.300x002	卵巢功能减退	表6-3-45
E28.300x005	女性性腺功能低下	表6-3-45
E28.300x008	抗卵巢综合征	表6-3-45
E28.301	卵巢早衰	表6-3-45
E28.302	雌激素减少	表6-3-45
E28.303	卵巢功能衰竭	表6-3-45
E28.800x002	卵巢功能亢进	表6-3-45
E28.900	卵巢功能障碍	表6-3-45
E29.900	睾丸功能障碍	表6-3-45
E31.000	自身免疫性多腺体衰竭	表6-3-45
E31.001	施密特综合征	表6-3-45
E31.002	自身免疫性多内分泌腺病综合征	表6-3-45
E32.100	胸腺脓肿	表6-3-45
E34.000	类癌瘤综合征	表6-3-45
E50.100x001+H13.8*	少年儿童的比托斑点	表6-3-46
E50.100x002+H13.8*	维生素A缺乏伴比托斑点及结膜干燥症	表6-3-46
E50.800x002+L86*	维生素A缺乏伴毛囊角化病	表6-3-46
E50.801+L86*	维生素A缺乏合并皮肤干燥病	表6-3-46
E51.100	脚气病	表6-3-46
E51.100x002+G63.4*	糙皮病性多神经病	表6-3-46
E51.100x003+G63.4*	脚气病性多神经炎	表6-3-46
E51.100x005+I98.8*	湿性脚气病	表6-3-46
E51.100x006	干性脚气病	表6-3-46
E56.000	维生素E缺乏病	表6-3-46
E61.800	营养元素缺乏，其他特指的	表6-3-46
E64.200	维生素C缺乏后遗症	表6-3-46
E64.300	佝偻病后遗症	表6-3-46
E67.800	营养过度，其他特指的	表6-3-47
E71.000	槭糖尿病	表6-3-48
E72.200x002	一过性高氨血症	表6-3-48
E72.200x004	精氨酸血症	表6-3-48
E72.200x007	先天性高氨血症	表6-3-48
E72.200x008	尿素循环障碍	表6-3-48

续 表

疾病编码	疾病名称	排除内容
E72.201	高氨血症	表6-3-48
E72.202	瓜氨酸血症	表6-3-48
E72.203	精氨基琥珀酸尿症	表6-3-48
E72.204	精氨酸酶缺乏症	表6-3-48
E72.205	N-乙酰谷氨酸合成酶缺乏症	表6-3-48
E73.000	先天性乳糖缺乏	表6-3-48
E74.300x001	葡萄糖及半乳糖吸收不良	表6-3-48
E74.300x002	肠二糖酶缺乏及二糖吸收不良	表6-3-48
E74.300x003	蔗糖酶缺乏	表6-3-48
E75.300	神经鞘脂贮积症	表6-3-48
E76.900x001	氨基葡聚糖代谢紊乱	表6-3-48
E83.000	铜代谢紊乱	表6-3-48
E83.000x005	毛发纽结型门克病	表6-3-48
E83.000x006	坚硬发型门克病	表6-3-48
E83.001	肝豆状核变性	表6-3-48
E83.002	门克斯综合征	表6-3-48
E83.003+F02.8*	肝豆状核变性痴呆	表6-3-48
E83.401	低镁血症	表6-3-48
E83.402	高镁血症	表6-3-48
E83.403	遗传性低镁血症	表6-3-48
E87.001	高钠血症	表6-3-48
E88.202	疼痛性脂肪过多症	表6-3-48
E88.203	脂肪堆积	表6-3-48
E88.300	肿瘤溶解综合征	表6-3-48
E89.300x002	医源性垂体功能减退症	表6-3-48
E89.300x003	放射后垂体功能减退症	表6-3-48
E89.301	手术后垂体功能减退	表6-3-48
E89.302	后天性垂体缺失	表6-3-48
E89.303	手术后尿崩症	表6-3-48
E89.400x001	放射后卵巢功能衰竭	表6-3-48
E89.400x002	手术后卵巢功能衰竭	表6-3-48
E89.401	医源性卵巢功能衰竭	表6-3-48
E89.900	内分泌和代谢紊乱，操作后的	表6-3-48
F01.000	急性发作的血管性痴呆	表6-3-49
F01.800x001	出血性痴呆	表6-3-49
F05.000	谵妄，描述为并非附加于痴呆的	表6-3-49
F05.000x001	药物中毒性意识障碍（包括谵妄状态）	表6-3-49
F05.001	老年性谵妄	表6-3-49
F05.900	谵妄	表6-3-49
F05.901	感染性精神病	表6-3-49

续 表

疾病编码	疾病名称	排除内容
F05.902	急性脑病综合征	表6-3-49
F06.000	器质性幻觉症	表6-3-49
F06.100	器质性紧张性障碍	表6-3-49
F06.700	轻度认知障碍	表6-3-49
F07.000	器质性人格障碍	表6-3-49
F07.001	额叶综合征	表6-3-49
F10.600	使用酒精引起的遗忘综合征	表6-3-50
F10.600x002	酒精中毒性科尔萨科夫综合征	表6-3-50
F10.601	慢性酒精性谵妄	表6-3-50
F11.000	急性阿片类物质中毒引起的精神和行为障碍	表6-3-50
F11.000x001	阿片类药急性中毒	表6-3-50
F13.000	急性镇静剂或催眠剂中毒引起的精神和行为障碍	表6-3-50
F13.000x001	镇静剂或催眠剂急性中毒	表6-3-50
F13.100	有害性使用镇静剂或催眠剂引起的精神和行为障碍	表6-3-50
F13.100x001	镇静剂或催眠剂的有害使用	表6-3-50
F13.500	使用镇静剂或催眠剂引起的精神性障碍	表6-3-50
F15.300x001	含有咖啡因的兴奋剂戒断状态	表6-3-50
F15.300x002	咖啡因戒断状态	表6-3-50
F15.300x003	苯丙胺类兴奋剂戒断状态	表6-3-50
F15.300x004	氯胺酮戒断状态	表6-3-50
F15.500x001	含有咖啡因的兴奋剂所致的精神病性障碍	表6-3-50
F15.500x002	咖啡因所致的精神病性障碍	表6-3-50
F15.500x003	苯丙胺类兴奋剂所致的精神病性障碍	表6-3-50
F15.500x004	氯胺酮所致的精神病性障碍	表6-3-50
F15.501	苯丙胺类中毒性精神病	表6-3-50
F15.800	使用其他兴奋剂（包括咖啡因）引起的其他精神和行为障碍	表6-3-50
F16.500	使用致幻剂引起的精神性障碍	表6-3-50
F18.000	使用挥发性溶剂急性中毒引起的精神和行为障碍	表6-3-50
F18.000x001	挥发性溶剂急性中毒	表6-3-50
F19.100	有害性使用多种药物和其他精神活性物质引起的精神和行为障碍	表6-3-50
F19.100x004	多种药物和其他精神活性物质的有害使用	表6-3-50
F19.800	使用多种药物和其他精神活性物质引起的其他精神和行为障碍	表6-3-50
F20.400	精神分裂症后抑郁	表6-3-51
F22.900	持久妄想性障碍	表6-3-51
F23.300x001	偏执性反应	表6-3-51
F23.300x002	心因性偏执性精神障碍	表6-3-51
F23.300x003	以妄想为主的急性精神病性障碍	表6-3-51
F23.301	急性偏执性反应状态	表6-3-51
F25.000	分裂情感性障碍，躁狂型	表6-3-51
F25.000x001	分裂情感性障碍躁狂发作	表6-3-51

续　表

疾病编码	疾病名称	排除内容
F25.800	分裂情感性障碍，其他的	表6-3-51
F30.800x002	兴奋状态	表6-3-52
F30.900	躁狂发作	表6-3-52
F30.901	兴奋躁动状态	表6-3-52
F31.700	双相情感障碍，目前为缓解状态	表6-3-52
F31.800x001	复发性躁狂发作	表6-3-52
F31.800x002	双相情感障碍2型	表6-3-52
F31.800x003	难治性双相情感障碍	表6-3-52
F31.801	慢性躁狂症	表6-3-52
F31.802	双相情感障碍，快速循环型	表6-3-52
F31.803	非典型双相情感障碍	表6-3-52
F34.900	心境［情感］障碍，持久的	表6-3-52
F40.000	广场恐怖	表6-3-53
F40.100	社交恐怖	表6-3-53
F40.200x001	高空恐怖	表6-3-53
F40.200x002	动物恐怖	表6-3-53
F40.200x003	幽闭恐怖	表6-3-53
F40.200x004	单纯恐怖	表6-3-53
F41.300x001	混合性焦虑障碍	表6-3-53
F42.800	强迫性障碍，其他的	表6-3-53
F42.800x001	难治性强迫症	表6-3-53
F44.300	昼游和附体障碍	表6-3-53
F44.301	附体综合征	表6-3-53
F44.600	分离性感觉麻木和感觉丧失	表6-3-53
F44.600x002	心因性耳聋	表6-3-53
F44.601	癔病性耳聋	表6-3-53
F44.602	癔症性失明	表6-3-53
F44.603	癔症性视觉模糊	表6-3-53
F44.700	混合性分离［转换］性障碍	表6-3-53
F45.100	未分化的躯体形式障碍	表6-3-53
F48.801	精神衰弱	表6-3-53
F48.802	混合型神经症	表6-3-53
F50.000	神经性厌食	表6-3-54
F50.401	心因性暴食	表6-3-54
F50.900	进食障碍	表6-3-54
F51.400	睡惊症［夜惊症］	表6-3-54
F51.800	非器质性睡眠障碍，其他的	表6-3-54
F52.000	性欲减退或缺失	表6-3-54
F52.001	性欲缺失	表6-3-54
F52.500	非器质性阴道痉挛	表6-3-54

续 表

疾病编码	疾病名称	排除内容
F52.900	性功能障碍，非由器质性障碍或疾病引起的	表6-3-54
F60.600	焦虑［回避］型人格障碍	表6-3-55
F63.300	拔毛狂	表6-3-55
F63.800	习惯和冲动障碍，其他的	表6-3-55
F63.800x001	病理性网络使用	表6-3-55
F63.801	青少年网络成瘾	表6-3-55
F63.900	习惯和冲动障碍	表6-3-55
F66.000	性成熟障碍	表6-3-55
F66.900	性心理发育障碍	表6-3-55
F70.900	轻度精神发育迟缓，未提及行为缺陷的	表6-3-56
F71.900	中度精神发育迟缓，未提及行为缺陷的	表6-3-56
F72.900	重度精神发育迟缓，未提及行为缺陷的	表6-3-56
F73.800	极重度精神发育迟缓，其他行为缺陷	表6-3-56
F78.000	其他的精神发育迟缓，无或轻微行为缺陷的	表6-3-56
F78.800	其他精神发育迟缓，其他行为缺陷的	表6-3-56
F80.000	特定性言语构音障碍	表6-3-57
F80.200	感受性语言障碍	表6-3-57
F80.201	感觉性失语	表6-3-57
F80.202	韦尼克失语	表6-3-57
F80.203	先天性听力无知觉	表6-3-57
F80.204	接受型言语障碍或失语症	表6-3-57
F80.205	辨语聋	表6-3-57
F81.000	特定性阅读障碍	表6-3-57
F81.300	混合性学习技能障碍	表6-3-57
F91.300	对立违抗性障碍	表6-3-58
F93.000	童年离别焦虑障碍	表6-3-58
F95.000	一过性抽动障碍	表6-3-58
F95.100	慢性运动或发声抽动障碍	表6-3-58
F95.101	慢性运动抽动障碍	表6-3-58
F95.200	发声和多种运动联合抽动障碍［德拉图雷特综合征］	表6-3-58
F95.201	抽动秽语综合征	表6-3-58
F98.100	非器质性遗粪症	表6-3-58
F98.101	功能性遗粪症	表6-3-58
F98.400	刻板性运动障碍	表6-3-58
G04.800	脑炎、脊髓炎和脑脊髓炎，其他的	表6-3-59
G04.800x003	化脓性脊髓炎	表6-3-59
G04.800x004	抗NMDA受体脑炎	表6-3-59
G04.800x005	脱髓鞘性脊髓炎	表6-3-59
G04.800x007	边缘叶脑炎	表6-3-59
G04.800x008	肺炎支原体性脑炎	表6-3-59

续 表

疾病编码	疾病名称	排除内容
G04.800x009	猫抓性脑炎	表6-3-59
G04.800x010	感染性边缘叶脑炎	表6-3-59
G04.800x012	免疫介导性脑脊髓炎	表6-3-59
G04.800x013	免疫介导性脑炎	表6-3-59
G04.800x014	免疫介导性脊髓炎	表6-3-59
G04.800x015	免疫介导性脊髓神经根神经病	表6-3-59
G04.800x016	免疫介导性脑干脑炎	表6-3-59
G04.801	自体免疫性脑炎	表6-3-59
G04.802	感染后脑炎	表6-3-59
G04.803	感染后脑脊髓炎	表6-3-59
G04.804	变态反应性脑炎	表6-3-59
G04.805	化脓性脑炎	表6-3-59
G04.807	化脓性脑膜脑炎	表6-3-59
G04.808	化脓性脑室炎	表6-3-59
G04.900x001	非特异性脑炎	表6-3-59
G04.900x005	脊髓神经根病	表6-3-59
G04.900x010	脑干脑炎	表6-3-59
G04.900x011	脑脊髓神经根炎	表6-3-59
G04.900x019	散发性脑炎	表6-3-59
G04.900x021	脑室管膜炎	表6-3-59
G04.900x024	急性脑膜脑炎	表6-3-59
G04.900x025	急性小脑炎	表6-3-59
G04.900x027	大脑性脑室炎	表6-3-59
G04.900x031	脊髓神经根炎	表6-3-59
G04.902	急性上行性脊髓炎	表6-3-59
G04.903	脑室炎	表6-3-59
G04.904	中枢神经系统感染	表6-3-59
G04.905	急性神经根脊髓炎	表6-3-59
G04.906	室管膜炎	表6-3-59
G04.907	局灶性脑炎	表6-3-59
G04.908	脊髓炎	表6-3-59
G04.909	急性脊髓炎	表6-3-59
G04.910	上行性脊髓炎	表6-3-59
G04.911	脑脊髓炎	表6-3-59
G04.912	神经根脊髓炎	表6-3-59
G04.913	脑炎	表6-3-59
G04.914	脑膜脑炎	表6-3-59
G04.915	脑炎性假瘤	表6-3-59
G04.916	脑炎性肿物	表6-3-59
G04.917	脑炎性病变	表6-3-59

续 表

疾病编码	疾病名称	排除内容
G04.918	椎管内炎性肿物	表6-3-59
G04.919	小脑炎	表6-3-59
G04.920	复发性多灶性炎性脑病	表6-3-59
G04.921	脑干炎	表6-3-59
G04.922	脑性发热	表6-3-59
G06.000x001	小脑脓肿	表6-3-59
G06.000x002	额叶脓肿	表6-3-59
G06.000x003	顶叶脓肿	表6-3-59
G06.000x004	颞叶脓肿	表6-3-59
G06.000x005	枕叶脓肿	表6-3-59
G06.000x007	基底节脓肿	表6-3-59
G06.000x008	丘脑脓肿	表6-3-59
G06.000x009	下丘脑脓肿	表6-3-59
G06.000x011	半卵圆中心脓肿	表6-3-59
G06.000x012	胼胝体脓肿	表6-3-59
G06.000x013	中脑脓肿	表6-3-59
G06.000x014	脑桥脓肿	表6-3-59
G06.000x015	延髓脓肿	表6-3-59
G06.000x018	颅内硬脑膜外肉芽肿	表6-3-59
G06.000x020	颅内硬脑膜下肉芽肿	表6-3-59
G06.000x021	侧窦周围脓肿	表6-3-59
G06.000x022	耳源性脑脓肿	表6-3-59
G06.001	脑脓肿	表6-3-59
G06.002	脑肉芽肿	表6-3-59
G06.003	海绵窦脓肿	表6-3-59
G06.004	颅内脓肿	表6-3-59
G06.005	颅内炎性肉芽肿	表6-3-59
G06.006	颅内感染	表6-3-59
G06.008	硬脑膜下脓肿	表6-3-59
G06.009	硬脑膜外脓肿	表6-3-59
G06.200	硬膜外和硬膜下脓肿	表6-3-59
G06.200x003	硬脑膜下炎性肉芽肿	表6-3-59
G06.201	硬膜下脓肿	表6-3-59
G06.202	硬膜下肉芽肿	表6-3-59
G06.203	硬膜外脓肿	表6-3-59
G11.000	先天性非进行性共济失调	表6-3-60
G11.000x002	小脑性发育不良及发育不全	表6-3-60
G11.000x003	先天性小脑性共济失调	表6-3-60
G11.000x004	先天性小脑性共济失调双侧瘫痪	表6-3-60
G11.000x005	先天性小脑蚓部发育不全	表6-3-60

续 表

疾病编码	疾病名称	排除内容
G11.000x006	先天性小脑颗粒细胞发育不全	表6-3-60
G11.000x007	先天性共济失调，精神发育迟缓及部分无虹膜	表6-3-60
G11.000x008	先天性平衡失调综合征	表6-3-60
G11.400	遗传性痉挛性截瘫	表6-3-60
G11.400x001	遗传性痉挛性截瘫［Strumpell-Lorrain病］	表6-3-60
G12.000	婴儿脊髓性肌萎缩，Ⅰ型［韦德尼希-霍夫曼］	表6-3-60
G12.100	肌萎缩，其他遗传性脊髓性的	表6-3-60
G12.100x001	成人型脊髓性肌萎缩（Ⅳ型）	表6-3-60
G12.100x003	幼年型进行性球麻痹［Fazio-Londe病］	表6-3-60
G12.100x004	远端型脊髓性肌萎缩	表6-3-60
G12.100x008	青年上肢远端肌萎缩症［平山病］	表6-3-60
G12.101	肩腓型脊髓性肌萎缩	表6-3-60
G12.102	少年型脊髓性肌萎缩，Ⅲ型	表6-3-60
G12.103	婴儿型脊髓性肌萎缩，Ⅱ型	表6-3-60
G12.104	成人型进行性脊髓性肌萎缩	表6-3-60
G21.100	帕金森综合征，其他药物性继发性的	表6-3-61
G21.101	中毒性帕金森综合征	表6-3-61
G21.102	药源性静坐不能	表6-3-61
G21.200	继发性帕金森综合征，其他外部因素引起的	表6-3-61
G21.201	外伤性帕金森综合征	表6-3-61
G23.000	哈勒沃登-施帕茨病	表6-3-61
G23.000x002	进行性苍白球变性	表6-3-61
G23.000x003	苍白球黑质红核色素变性	表6-3-61
G23.200	帕金森型多系统萎缩	表6-3-61
G24.100	特发性家族性张力失常	表6-3-61
G24.101	扭转痉挛	表6-3-61
G24.102	特发性肌张力异常	表6-3-61
G24.103	多巴胺反应性肌张力障碍	表6-3-61
G24.104	特发性扭转性肌张力障碍	表6-3-61
G24.105	原发性肌张力障碍	表6-3-61
G24.106	原发性遗传性肌张力不全	表6-3-61
G24.300	痉挛性斜颈	表6-3-61
G24.300x002	痉挛性颈后倾	表6-3-61
G24.300x003	痉挛性颈前倾	表6-3-61
G24.300x004	痉挛性颈侧倾	表6-3-61
G25.400	药物性舞蹈症	表6-3-61
G30.800	阿尔茨海默病，其他的	表6-3-62
G30.800x001	阿尔茨海默病（混合型）	表6-3-62
G30.800x003+F00.2*	混合性痴呆	表6-3-62
G30.801+F00.2*	混合型阿尔茨海默病性痴呆伴幻觉妄想状态	表6-3-62

续 表

疾病编码	疾病名称	排除内容
G30.802+F00.2*	混合型阿尔茨海默病性痴呆伴抑郁状态	表6-3-62
G36.800	急性播散性脱髓鞘，其他特指的	表6-3-63
G36.900	急性播散性脱髓鞘	表6-3-63
G36.901	急性脱髓鞘性脊髓病	表6-3-63
G37.200	中枢性脑桥髓鞘破坏	表6-3-63
G37.200x001	脑桥中央髓鞘溶解症	表6-3-63
G37.200x002	脑桥外髓鞘溶解症	表6-3-63
G37.300	中枢神经系统脱髓鞘病的急性横贯性脊髓炎	表6-3-63
G37.301	急性横贯性脊髓炎	表6-3-63
G41.801	慢波睡眠中持续棘慢复合波癫痫	表6-3-64
G41.802	全面性癫痫持续状态	表6-3-64
G41.806	局灶性癫痫持续状态	表6-3-64
G41.807	局灶性癫痫持续性先兆	表6-3-64
G44.300	慢性创伤后头痛	表6-3-64
G50.100	非典型性面部痛	表6-3-65
G52.000	嗅神经疾患	表6-3-65
G52.300	舌下神经疾患	表6-3-65
G52.301	舌下神经痛	表6-3-65
G52.302	舌下神经麻痹	表6-3-65
G54.500	神经痛性肌萎缩	表6-3-65
G54.600	幻肢综合征伴有疼痛	表6-3-65
G58.700	多发性单神经炎	表6-3-65
G58.900	单神经病	表6-3-65
G58.900x002	神经功能障碍	表6-3-65
G58.900x003	神经麻痹	表6-3-65
G60.100	植烷酸贮积症	表6-3-66
G62.200	毒性物质引起的多神经病，其他的	表6-3-66
G62.200x001	化学性多神经病	表6-3-66
G62.200x003	中毒性多神经病	表6-3-66
G62.201	有机磷中毒迟发性神经病	表6-3-66
G62.800x005	感觉神经元病	表6-3-66
G62.800x007	血管炎相关神经病	表6-3-66
G62.800x008	轴索性周围神经病	表6-3-66
G62.800x009	小纤维神经病	表6-3-66
G62.803	放射性多神经病	表6-3-66
G62.804	运动性周围神经病	表6-3-66
G62.805	混合性周围神经病	表6-3-66
G62.806	感染性周围神经病	表6-3-66
G62.807	免疫相关性周围神经病	表6-3-66
G62.808	缺血性周围神经病	表6-3-66

续 表

疾病编码	疾病名称	排除内容
G62.809	创伤性周围神经病	表6-3-66
G62.810	后天获得性周围神经病	表6-3-66
G70.800x001	非癌性肌无力综合征	表6-3-67
G71.300	线粒体肌病，不可归类在他处者	表6-3-67
G71.300x001	线粒体脑肌病伴高乳酸血症和卒中样发作	表6-3-67
G71.300x003	线粒体肌病	表6-3-67
G71.301	线粒体脑肌病	表6-3-67
G72.100	酒精性肌病	表6-3-67
G72.800x001	肌麻痹	表6-3-67
G72.800x002	血管源性肌病	表6-3-67
G72.800x003	缺血缺氧性肌病	表6-3-67
G72.800x006	风湿免疫病合并肌病	表6-3-67
G72.800x007	杆状体肌病	表6-3-67
G72.800x008	还原体肌病	表6-3-67
G72.800x009	肌管肌病	表6-3-67
G72.800x010	肌球蛋白缺乏性肌病	表6-3-67
G72.800x011	肌小管肌病	表6-3-67
G72.800x012	远端性肌病	表6-3-67
G72.800x013	指印体肌病	表6-3-67
G82.400	痉挛性四肢瘫痪	表6-3-68
G82.400x011	急性痉挛性四肢瘫	表6-3-68
G82.400x031	急性完全性痉挛性四肢瘫	表6-3-68
G82.400x041	慢性完全性痉挛性四肢瘫	表6-3-68
G82.400x051	急性不完全性痉挛性四肢瘫	表6-3-68
G82.400x061	慢性不完全性痉挛性四肢瘫	表6-3-68
G82.401	慢性痉挛性四肢瘫	表6-3-68
G83.600	上运动神经元性面瘫	表6-3-68
G90.800x001	交感神经炎	表6-3-69
G90.800x002	直立不耐受	表6-3-69
G90.800x003	直立性调节障碍	表6-3-69
G90.800x004	β受体亢进综合征［β受体过敏综合征］	表6-3-69
G90.800x005	胆碱能神经功能亢进	表6-3-69
G90.801	交感神经链综合征	表6-3-69
G91.000	交通性脑积水	表6-3-69
G91.000x002	颅内出血后脑积水	表6-3-69
G91.000x003	感染性脑积水	表6-3-69
G91.100	梗阻性脑积水	表6-3-69
G91.100x002	中脑导水管梗阻	表6-3-69
G91.100x003	孤立性第四脑室［第四脑室积水］	表6-3-69
G91.900	脑积水	表6-3-69

续 表

疾病编码	疾病名称	排除内容
G93.501	脑疝	表6-3-69
G93.600	脑水肿	表6-3-69
G93.600x002	脑干水肿	表6-3-69
G93.600x003	血管源性脑水肿	表6-3-69
G93.600x004	细胞性脑水肿［细胞毒性脑水肿］	表6-3-69
G93.600x005	脑积水性脑水肿［间质性脑水肿］	表6-3-69
G93.600x006	缺血性脑水肿	表6-3-69
G93.600x007	渗透压性脑水肿	表6-3-69
G93.600x008	粒细胞性脑水肿	表6-3-69
G93.600x009	离子性脑水肿	表6-3-69
G96.100	脑脊膜疾患，不可归类在他处者	表6-3-69
G96.100x001	脊髓蛛网膜粘连	表6-3-69
G96.100x002	蛛网膜粘连	表6-3-69
G96.100x003	马尾粘连	表6-3-69
G96.100x004	脊髓粘连	表6-3-69
G96.100x005	脑膜粘连	表6-3-69
G96.100x007	髓外硬膜外囊肿	表6-3-69
G96.100x008	硬脊膜外粘连	表6-3-69
G96.100x009	椎管内胆脂瘤	表6-3-69
G96.100x010	椎管内蛛网膜囊肿	表6-3-69
G96.100x013	硬脊膜内囊肿	表6-3-69
G96.101	脊膜粘连	表6-3-69
G96.103	脑室粘连	表6-3-69
G96.104	硬膜外囊肿	表6-3-69
G97.800x001	手术后马尾神经损伤	表6-3-69
G97.800x002	手术后脑膜膨出	表6-3-69
G97.800x003	手术后肢体功能障碍	表6-3-69
G97.800x004	手术后瘫痪	表6-3-69
G97.800x005	手术后颅内积气	表6-3-69
G97.800x006	手术后脑积水	表6-3-69
G97.800x008	手术后脑神经损伤	表6-3-69
G97.800x009	脑部手术后皮下积液	表6-3-69
G97.801	操作后缺氧性脑损害	表6-3-69
G97.802	脑血管造影后脑血管痉挛	表6-3-69
G97.803	裂隙脑室综合征	表6-3-69
H01.801	眼睑瘘	表6-3-70
H01.802	眼睑肉芽肿	表6-3-70
H02.900	眼睑疾患	表6-3-70
H02.900x003	眼睑细胞组织增生症	表6-3-70
H02.901	眼睑肿物	表6-3-70

续 表

疾病编码	疾病名称	排除内容
H04.000	泪腺炎	表6-3-70
H04.000x004	慢性泪腺肥大	表6-3-70
H04.001	急性泪腺炎	表6-3-70
H04.002	慢性泪腺炎	表6-3-70
H04.003	泪腺炎性假瘤	表6-3-70
H05.300	眼眶畸形	表6-3-70
H05.300x003	眼眶外生骨疣	表6-3-70
H05.301	眼眶萎缩	表6-3-70
H05.500	眼眶贯通伤后残留（陈旧性）异物	表6-3-70
H05.500x001	陈旧性眶内异物	表6-3-70
H05.500x002	陈旧性球后异物	表6-3-70
H10.400	慢性结膜炎	表6-3-71
H10.401	结膜肉芽肿	表6-3-71
H18.900	角膜疾患	表6-3-72
H18.901	角膜肿物	表6-3-72
H20.200	晶体诱发性虹膜睫状体炎	表6-3-72
H20.200x001	晶状体相关性葡萄膜炎	表6-3-72
H21.300x005	炎症渗出性虹膜囊肿	表6-3-72
H21.300x006	外伤植入性虹膜囊肿	表6-3-72
H21.300x007	寄生虫性虹膜囊肿	表6-3-72
H21.300x008	炎症渗出性睫状体囊肿	表6-3-72
H21.300x009	外伤植入性睫状体囊肿	表6-3-72
H21.300x010	寄生虫性睫状体囊肿	表6-3-72
H21.300x011	炎症渗出性前房囊肿	表6-3-72
H21.300x012	外伤植入性前房囊肿	表6-3-72
H21.300x013	寄生虫性前房囊肿	表6-3-72
H21.301	虹膜囊肿	表6-3-72
H21.302	睫状体囊肿	表6-3-72
H21.303	前房囊肿	表6-3-72
H21.400	瞳孔膜	表6-3-72
H21.401	瞳孔闭锁	表6-3-72
H21.402	瞳孔闭合	表6-3-72
H21.403	虹膜膨隆	表6-3-72
H25.200	老年性白内障，莫尔加尼型	表6-3-73
H27.800	晶状体其他特指的疾患	表6-3-73
H27.800x001	真性晶状体囊膜剥脱	表6-3-73
H30.100	播散性脉络膜视网膜炎	表6-3-74
H30.100x002	播散性视网膜炎	表6-3-74
H30.100x003	播散性脉络膜炎	表6-3-74
H30.900	脉络膜视网膜炎	表6-3-74

续 表

疾病编码	疾病名称	排除内容
H30.900x001	陈旧性脉络膜视网膜炎	表6-3-74
H30.900x002	结节性脉络膜炎	表6-3-74
H30.901	视神经视网膜炎	表6-3-74
H30.902	脉络膜炎	表6-3-74
H30.903	视网膜炎	表6-3-74
H31.200	遗传性脉络膜营养障碍	表6-3-74
H31.200x002	无脉络膜症	表6-3-74
H31.200x003	中心小区性脉络膜营养不良	表6-3-74
H31.200x004	广泛性脉络膜营养不良	表6-3-74
H31.200x005	视乳头周围脉络膜营养不良	表6-3-74
H31.200x006	回旋状脉络膜萎缩	表6-3-74
H31.300	脉络膜出血和破裂	表6-3-74
H31.300x004	驱逐性脉络膜出血	表6-3-74
H31.301	脉络膜破裂	表6-3-74
H31.302	脉络膜出血	表6-3-74
H31.400	脉络膜脱离	表6-3-74
H31.400x003	化脓性脉络膜脱离	表6-3-74
H31.401	出血性脉络膜脱离	表6-3-74
H31.402	手术后脉络膜脱离	表6-3-74
H31.403	创伤性脉络膜脱离	表6-3-74
H31.404	渗出性脉络膜脱离	表6-3-74
H33.100	视网膜劈裂症及视网膜囊肿	表6-3-74
H33.100x004	假性视网膜囊肿	表6-3-74
H33.100x005	寄生虫性视网膜囊肿	表6-3-74
H33.100x006	锯齿缘囊肿	表6-3-74
H33.101	视网膜囊肿	表6-3-74
H33.102	视网膜劈裂症	表6-3-74
H33.300	视网膜断裂不伴有脱离	表6-3-74
H33.300x006	视网膜撕裂	表6-3-74
H33.301	视网膜缺损	表6-3-74
H33.302	创伤性视网膜裂孔	表6-3-74
H33.303	视网膜破裂	表6-3-74
H33.304	视网膜裂孔	表6-3-74
H35.200	增生性视网膜病变，其他的	表6-3-74
H35.200x001	外伤性增殖性视网膜病	表6-3-74
H35.400	周围性视网膜变性	表6-3-74
H35.400x001	视网膜变性	表6-3-74
H35.400x003	视网膜格状变性	表6-3-74
H35.400x004	视网膜微囊样变性	表6-3-74
H35.400x005	视网膜栅栏状变性	表6-3-74

续　表

疾病编码	疾病名称	排除内容
H35.400x006	视网膜铺路石状变性	表6-3-74
H35.400x007	视网膜网状变性	表6-3-74
H35.500	遗传性视网膜变性	表6-3-74
H35.500x003	遗传性视网膜营养障碍	表6-3-74
H35.500x004	眼底黄色斑点症［Stargardt病］	表6-3-74
H35.500x005	色素性视网膜炎	表6-3-74
H35.500x006	毯样视网膜营养障碍	表6-3-74
H35.500x007	白点状视网膜营养障碍	表6-3-74
H35.500x008	色素性视网膜营养障碍	表6-3-74
H35.500x009	卵黄性视网膜营养障碍	表6-3-74
H35.501	视网膜色素变性	表6-3-74
H35.502	视网膜营养障碍	表6-3-74
H35.503	施塔加特病	表6-3-74
H40.400	继发于眼部炎症的青光眼	表6-3-75
H40.401	虹膜睫状体炎继发性青光眼	表6-3-75
H40.403	青光眼睫状体炎综合征	表6-3-75
H44.800	眼球的其他疾患	表6-3-76
H44.801	眼内出血	表6-3-76
H44.802	眼球脱位	表6-3-76
H44.803	眼球粘连	表6-3-76
H47.400	视交叉疾患	表6-3-77
H47.401	视交叉综合征	表6-3-77
H49.000	第三［动眼］神经麻痹	表6-3-78
H49.001	动眼神经炎	表6-3-78
H49.100	第四［滑车］神经麻痹	表6-3-78
H49.200	第六［展］神经麻痹	表6-3-78
H49.201	展神经炎	表6-3-78
H49.400	进行性眼外肌麻痹	表6-3-78
H49.400x001	慢性进行性眼外肌麻痹	表6-3-78
H49.900	麻痹性斜视	表6-3-78
H49.901	先天性麻痹性斜视	表6-3-78
H50.200	垂直斜视	表6-3-78
H50.200x004	下斜肌亢进	表6-3-78
H50.200x006	分离性水平性偏斜	表6-3-78
H50.201	上斜视	表6-3-78
H50.202	下斜视	表6-3-78
H50.500	隐斜	表6-3-78
H50.500x002	内隐斜	表6-3-78
H50.500x003	外隐斜	表6-3-78
H50.500x004	交替性上隐斜	表6-3-78

续 表

疾病编码	疾病名称	排除内容
H50.800x002	急性肌炎性斜视	表6-3-78
H50.800x003	痉挛性斜视	表6-3-78
H50.800x006	盲点综合征	表6-3-78
H50.800x007	A-V征	表6-3-78
H50.800x010	固定性斜视	表6-3-78
H50.801	外斜V征	表6-3-78
H50.802	眼球后退综合征	表6-3-78
H50.803	外斜A征	表6-3-78
H50.804	Helveston综合征	表6-3-78
H50.805	失用性斜视	表6-3-78
H50.806	内斜V征	表6-3-78
H50.807	内斜A征	表6-3-78
H51.200	核间性眼肌瘫痪	表6-3-78
H60.200	恶性外耳炎	表6-3-81
H70.800	乳突炎和有关情况，其他的	表6-3-82
H70.800x001	岩尖病变	表6-3-82
H70.800x002	颞部感染	表6-3-82
H73.800x005	血鼓室	表6-3-82
H73.801	鼓室粘连	表6-3-82
H73.802	鼓膜炎	表6-3-82
H73.803	鼓室炎	表6-3-82
H73.804	鼓膜萎缩	表6-3-82
H74.201	听骨链中断	表6-3-82
H74.900	中耳和乳突疾患	表6-3-82
H80.100x001	闭塞性耳硬化累及前庭窗	表6-3-83
H80.100x002	闭塞性镫骨耳硬化	表6-3-83
H80.200	耳蜗性耳硬化症	表6-3-83
H83.100	迷路瘘管	表6-3-83
H83.101	半规管瘘	表6-3-83
H90.000	双侧传导性听觉丧失	表6-3-84
H90.700	单侧混合性传导性和感音神经性听觉丧失，对侧听觉不受限制	表6-3-84
I01.200	急性风湿性心肌炎	表6-3-85
I05.800	二尖瓣疾病，其他的	表6-3-86
I09.100x001	慢性风湿性心内膜炎	表6-3-86
I09.100x002	慢性风湿性心瓣膜炎	表6-3-86
I10.x02	恶性高血压	表6-3-87
I10.x06	高血压危象	表6-3-87
I10.x10	高血压急症	表6-3-87
I11.001	高血压性心力衰竭	表6-3-87
I11.002	高血压心脏病伴心力衰竭	表6-3-87

续 表

疾病编码	疾病名称	排除内容
I12.000x001	高血压性肾衰竭	表6-3-87
I13.000x001	高血压性心脏病和肾脏病伴心力衰竭	表6-3-87
I13.100x001	高血压性心脏病和肾脏病伴肾衰竭	表6-3-87
I13.200x001	高血压性心脏病和肾脏病伴心力衰竭和肾衰竭	表6-3-87
I15.800x001	口服避孕药性高血压	表6-3-87
I15.800x002	大动脉炎性高血压	表6-3-87
I15.800x003	医源性高血压	表6-3-87
I15.800x004	围手术期高血压	表6-3-87
I15.800x006	阻塞性睡眠呼吸暂停低通气综合征性高血压	表6-3-87
I21.300x003	手术后心肌梗死	表6-3-88
I21.300x004	急性ST段抬高型心肌梗死	表6-3-88
I21.300x005	围手术期心肌梗死	表6-3-88
I21.300x008	支架内血栓相关性心肌梗死	表6-3-88
I21.302	冠状动脉旁路术后心肌梗死	表6-3-88
I21.303	冠状动脉介入治疗术后心肌梗死	表6-3-88
I21.400x003	急性小灶心肌梗死	表6-3-88
I21.401	急性非ST段抬高型心肌梗死	表6-3-88
I21.402	非透壁性心肌梗死	表6-3-88
I22.900x001	急性再发心肌梗死	表6-3-88
I25.300	心脏动脉瘤	表6-3-88
I25.300x005	室间隔动脉瘤	表6-3-88
I25.300x006	左心室假性室壁瘤	表6-3-88
I25.300x007	左心室前壁心尖假性室壁瘤	表6-3-88
I25.300x008	左心室前壁心尖室壁瘤	表6-3-88
I25.300x009	左心室室壁瘤	表6-3-88
I25.300x010	左心室下壁假性室壁瘤	表6-3-88
I25.300x011	左心室下壁室壁瘤	表6-3-88
I25.300x012	右室室壁瘤	表6-3-88
I25.300x013	假性室壁瘤	表6-3-88
I25.301	心室壁瘤	表6-3-88
I25.302	心房壁瘤	表6-3-88
I26.900x001	肺栓塞	表6-3-89
I26.900x002	肺动脉血栓形成	表6-3-89
I26.900x003	肺血栓栓塞症	表6-3-89
I26.900x005	大面积肺血栓栓塞症	表6-3-89
I26.900x006	次大面积肺血栓肺栓塞症	表6-3-89
I26.900x007	非血栓性肺栓塞症	表6-3-89
I26.900x008	肺梗死	表6-3-89
I26.900x009	慢性肺动脉栓塞	表6-3-89
I26.900x010	急性肺栓塞	表6-3-89

续　表

疾病编码	疾病名称	排除内容
I26.900x011	急性大面积肺血栓栓塞症	表6-3-89
I26.900x012	急性次大面积肺血栓栓塞症	表6-3-89
I26.900x013	急性低风险性肺血栓栓塞症	表6-3-89
I26.900x015	急性肺血栓栓塞症	表6-3-89
I26.900x016	慢性肺血栓栓塞急性再发	表6-3-89
I26.900x017	感染性肺栓塞	表6-3-89
I26.900x018	肺动脉菌栓栓塞	表6-3-89
I26.901	肺血栓形成	表6-3-89
I26.902	慢性肺血栓栓塞症	表6-3-89
I27.100	脊柱后侧凸性心脏病	表6-3-89
I30.100	感染性心包炎	表6-3-90
I30.100x005	肺炎球菌性心包炎	表6-3-90
I30.100x006	急性感染心包积液	表6-3-90
I30.100x007	链球菌性心包炎	表6-3-90
I30.100x008	葡萄球菌性心包炎	表6-3-90
I30.101	化脓性心包炎	表6-3-90
I30.102	细菌性心包炎	表6-3-90
I30.103	病毒性心包炎	表6-3-90
I34.800x002	二尖瓣裂	表6-3-90
I34.800x003	手术后二尖瓣狭窄伴关闭不全	表6-3-90
I34.800x005	心内膜炎并二尖瓣穿孔	表6-3-90
I34.800x006	二尖瓣钙化	表6-3-90
I34.801	非风湿性二尖瓣狭窄伴关闭不全	表6-3-90
I34.802	二尖瓣腱索断裂	表6-3-90
I34.803	二尖瓣退行性变	表6-3-90
I37.200	肺动脉瓣狭窄伴有关闭不全	表6-3-90
I40.100	孤立性心肌炎	表6-3-90
I42.600	酒精性心肌病	表6-3-90
I44.500	左后分支传导阻滞	表6-3-90
I44.700	左束支传导阻滞	表6-3-90
I45.000	右分支传导阻滞	表6-3-90
I45.300	三分支传导阻滞	表6-3-90
I48.100	持续性心房颤动	表6-3-90
I48.100x002	永久性心房颤动	表6-3-90
I48.100x003	长程持续性心房颤动	表6-3-90
I48.200	慢性心房颤动	表6-3-90
I48.300	典型心房扑动	表6-3-90
I48.301	Ⅰ型心房扑动	表6-3-90
I48.400	非典型心房扑动	表6-3-90
I48.401	Ⅱ型心房扑动	表6-3-90

续 表

疾病编码	疾病名称	排除内容
I50.000	充血性心力衰竭	表6-3-90
I50.000x005	右心室衰竭（继发于左心衰竭）	表6-3-90
I50.000x006	急性右心衰竭	表6-3-90
I50.001	右心衰竭	表6-3-90
I50.002	全心衰竭	表6-3-90
I50.100	左心室衰竭	表6-3-90
I50.100x006	左心衰竭	表6-3-90
I50.101	急性左心衰竭	表6-3-90
I50.102	左心房衰竭	表6-3-90
I50.103	左心衰竭合并肺水肿	表6-3-90
I50.104	心源性哮喘	表6-3-90
I50.105	慢性左心功能不全	表6-3-90
I50.900	心力衰竭	表6-3-90
I50.900x001	低心排综合征	表6-3-90
I50.900x002	心功能不全	表6-3-90
I50.900x007	心功能Ⅱ级（NYHA分级）	表6-3-90
I50.900x008	心功能Ⅲ级（NYHA分级）	表6-3-90
I50.900x009	心功能Ⅱ--Ⅲ级（NYHA分级）	表6-3-90
I50.900x010	心功能Ⅳ级（NYHA分级）	表6-3-90
I50.900x014	Killip Ⅱ级	表6-3-90
I50.900x015	Killip Ⅲ级	表6-3-90
I50.900x016	Killip Ⅳ级	表6-3-90
I50.900x017	难治性心力衰竭	表6-3-90
I50.900x018	慢性心功能不全急性加重	表6-3-90
I50.900x019	舒张性心力衰竭	表6-3-90
I50.906	心肌损害	表6-3-90
I50.907	急性心力衰竭	表6-3-90
I50.908	慢性心力衰竭	表6-3-90
I51.301	心室血栓	表6-3-90
I51.302	心房血栓	表6-3-90
I51.303	心耳血栓	表6-3-90
I51.304	心尖部血栓	表6-3-90
I51.500x002	心肌劳损	表6-3-90
I51.500x006	老年性心肌病	表6-3-90
I51.501	老年性心肌变性	表6-3-90
I51.502	心肌脂肪变性	表6-3-90
I60.000	颈动脉弯管和杈的蛛网膜下出血	表6-3-91
I60.000x001	颈内动脉虹吸弯和分叉部蛛网膜下腔出血	表6-3-91
I60.000x002	颈内动脉分叉段动脉瘤破裂伴蛛网膜下腔出血	表6-3-91
I60.000x003	颈内动脉眼动脉段动脉瘤破裂伴蛛网膜下腔出血	表6-3-91

续 表

疾病编码	疾病名称	排除内容
I60.000x004	脉络膜前动脉动脉瘤破裂伴蛛网膜下腔出血	表6-3-91
I60.000x006	颈内动脉海绵窦段动脉瘤破裂伴蛛网膜下腔出血	表6-3-91
I60.000x007	颈内动脉床突段动脉瘤破裂伴蛛网膜下腔出血	表6-3-91
I60.000x008	颈内动脉背侧动脉瘤破裂伴蛛网膜下腔出血	表6-3-91
I60.001	颈动脉动脉瘤破裂伴蛛网膜下隙出血	表6-3-91
I60.100	大脑中动脉的蛛网膜下出血	表6-3-91
I60.101	大脑中动脉瘤破裂伴蛛网膜下腔出血	表6-3-91
I60.200	前交通动脉的蛛网膜下出血	表6-3-91
I60.200x002	大脑前-前交通动脉瘤破裂伴蛛网膜下腔出血	表6-3-91
I60.200x003	大脑前动脉近侧段（A1）动脉瘤破裂伴蛛网膜下腔出血	表6-3-91
I60.200x004	大脑前动脉近侧段（A2）动脉瘤破裂伴蛛网膜下腔出血	表6-3-91
I60.200x005	大脑前动脉远侧段（A2-A5）动脉瘤破裂伴蛛网膜下腔出血	表6-3-91
I60.200x007	胼胝体动脉瘤破裂伴蛛网膜下腔出血	表6-3-91
I60.201	前交通动脉瘤破裂伴蛛网膜下腔出血	表6-3-91
I60.300	后交通动脉的蛛网膜下出血	表6-3-91
I60.301	后交通动脉瘤破裂伴蛛网膜下腔出血	表6-3-91
I60.400	基底动脉的蛛网膜下出血	表6-3-91
I60.400x002	椎动脉与基底动脉结合部动脉瘤破裂伴蛛网膜下腔出血	表6-3-91
I60.400x003	基底动脉顶端动脉瘤破裂伴蛛网膜下腔出血	表6-3-91
I60.400x004	基底动脉干动脉瘤破裂伴蛛网膜下腔出血	表6-3-91
I60.401	基底动脉瘤破裂伴蛛网膜下腔出血	表6-3-91
I60.500x003	椎动脉动脉瘤破裂伴蛛网膜下腔出血	表6-3-91
I60.500x004	脊髓前动脉瘤破裂伴蛛网膜下腔出血	表6-3-91
I60.600x001	大脑后动脉动脉瘤破裂伴蛛网膜下腔出血	表6-3-91
I60.600x003	小脑前下动脉动脉瘤破裂伴蛛网膜下腔出血	表6-3-91
I60.600x004	小脑上动脉动脉瘤破裂伴蛛网膜下腔出血	表6-3-91
I60.600x005	迷路动脉动脉瘤破裂伴蛛网膜下腔出血	表6-3-91
I60.600x006	多发颅内动脉瘤破裂伴蛛网膜下腔出血	表6-3-91
I60.600x007	颅内镜像动脉瘤破裂伴蛛网膜下腔出血	表6-3-91
I60.600x008	脑干前非动脉瘤出血［中脑周围非动脉瘤性出血］	表6-3-91
I60.601	小脑后下动脉动脉瘤破裂伴蛛网膜下隙出血	表6-3-91
I60.602	垂体上动脉动脉瘤破裂伴蛛网膜下腔出血	表6-3-91
I60.700x001	脑动脉瘤破裂伴蛛网膜下腔出血	表6-3-91
I60.701	颅内动脉瘤破裂伴蛛网膜下隙出血	表6-3-91
I60.900x004	脑实质出血继发蛛网膜下腔出血	表6-3-91
I60.900x005	感染性颅内动脉瘤破裂伴蛛网膜下腔出血	表6-3-91
I60.900x006	蛛网膜下腔出血	表6-3-91
I60.902+H45.0*	眼-脑综合征	表6-3-91
I61.000x006	胼胝体出血	表6-3-91
I61.000x007	尾状核头出血	表6-3-91

续 表

疾病编码	疾病名称	排除内容
I61.000x008	壳核出血	表6-3-91
I61.000x009	尾状核出血	表6-3-91
I61.000x011	最外囊出血	表6-3-91
I61.001	豆状核出血	表6-3-91
I61.004	基底节出血	表6-3-91
I61.005	内囊出血	表6-3-91
I61.006	外囊出血	表6-3-91
I61.100x001	顶叶出血	表6-3-91
I61.100x002	多处脑叶出血	表6-3-91
I61.100x003	额叶出血	表6-3-91
I61.100x004	额颞叶出血	表6-3-91
I61.100x005	枕叶出血	表6-3-91
I61.100x006	颞叶出血	表6-3-91
I61.100x007	额顶叶脑出血	表6-3-91
I61.100x008	顶枕叶脑出血	表6-3-91
I61.100x009	额顶枕叶脑出血	表6-3-91
I61.100x010	额颞顶叶脑出血	表6-3-91
I61.100x011	额颞顶枕叶脑出血	表6-3-91
I61.100x012	额颞枕叶脑出血	表6-3-91
I61.100x013	颞顶叶脑出血	表6-3-91
I61.100x014	颞枕叶脑出血	表6-3-91
I61.101	脑叶出血	表6-3-91
I61.200x001	大脑半球出血	表6-3-91
I61.300x002	脑干出血	表6-3-91
I61.300x003	延髓出血	表6-3-91
I61.300x004	中脑出血	表6-3-91
I61.301	脑桥出血	表6-3-91
I61.400x001	小脑出血	表6-3-91
I61.400x002	小脑扁桃体出血	表6-3-91
I61.400x003	小脑蚓部出血	表6-3-91
I61.500x002	侧脑室出血	表6-3-91
I61.500x003	第三脑室出血	表6-3-91
I61.500x004	第四脑室出血	表6-3-91
I61.500x005	多个脑室出血	表6-3-91
I61.500x006	继发性脑室出血	表6-3-91
I61.500x007	原发性脑室出血	表6-3-91
I61.500x008	脑室出血	表6-3-91
I61.600x001	多灶性脑出血	表6-3-91
I61.800x001	脑穿支动脉出血	表6-3-91
I61.801	间脑出血	表6-3-91

续 表

疾病编码	疾病名称	排除内容
I61.802	丘脑出血	表6-3-91
I61.803	丘脑下部出血	表6-3-91
I61.900x002	脑出血	表6-3-91
I61.900x004	脑出血血肿扩大	表6-3-91
I61.900x005	脑静脉闭塞后出血	表6-3-91
I61.900x006	脑血管炎性脑出血	表6-3-91
I61.900x007	脑肿瘤卒中	表6-3-91
I61.900x008	凝血功能障碍性脑出血	表6-3-91
I61.901	大脑中动脉出血	表6-3-91
I61.902	高血压脑出血	表6-3-91
I61.903	脑血肿	表6-3-91
I61.904	出血性脑软化	表6-3-91
I61.905	脑血管破裂	表6-3-91
I62.900x001	非创伤性颅内出血	表6-3-91
I63.600x001	非生脓性大脑静脉血栓形成引起的脑梗死	表6-3-91
I67.000x001	脑动脉夹层	表6-3-91
I67.000x002	大脑前动脉夹层	表6-3-91
I67.000x003	大脑中动脉夹层	表6-3-91
I67.000x005	颅内颈内动脉夹层	表6-3-91
I67.000x007	脉络膜前动脉夹层	表6-3-91
I67.000x009	颅内椎动脉夹层	表6-3-91
I67.000x010	大脑后动脉夹层	表6-3-91
I67.100x001	脑动脉瘤	表6-3-91
I67.100x005	脑膜动静脉瘘	表6-3-91
I67.100x007	海绵窦动静脉瘘	表6-3-91
I67.100x008	垂体上动脉瘤	表6-3-91
I67.100x010	颅内多发动脉瘤	表6-3-91
I67.100x011	脉络膜前动脉瘤	表6-3-91
I67.100x012	细菌性颅内动脉瘤	表6-3-91
I67.100x013	前循环动脉瘤	表6-3-91
I67.100x017	颅内巨大动脉瘤	表6-3-91
I67.100x018	颅内镜像动脉瘤	表6-3-91
I67.100x019	颈内动脉分叉段动脉瘤	表6-3-91
I67.100x020	大脑前-前交通动脉瘤	表6-3-91
I67.100x021	大脑前动脉近侧段（A1）动脉瘤	表6-3-91
I67.100x023	大脑前动脉远侧段（A2-A5）动脉瘤	表6-3-91
I67.100x026	椎动脉与基底动脉结合部动脉瘤	表6-3-91
I67.100x029	小脑前下动脉动脉瘤	表6-3-91
I67.100x030	小脑后下动脉动脉瘤	表6-3-91
I67.100x032	后循环动脉瘤	表6-3-91

续 表

疾病编码	疾病名称	排除内容
I67.100x033	大脑后动脉动脉瘤	表6-3-91
I67.100x035	小脑上动脉动脉瘤	表6-3-91
I67.101	脑动静脉瘘，后天性	表6-3-91
I67.103	后交通动脉瘤	表6-3-91
I67.106	颈内动脉海绵窦瘘	表6-3-91
I67.107	前交通动脉瘤	表6-3-91
I67.108	大脑中动脉瘤	表6-3-91
I67.109	脑假性动脉瘤	表6-3-91
I67.110	颅内动脉瘤	表6-3-91
I67.111	小脑动脉瘤	表6-3-91
I67.400x001	高血压性脑病	表6-3-91
I67.700x001	脑动脉炎	表6-3-91
I67.700x002	中枢神经系统原发性血管炎	表6-3-91
I71.100	胸主动脉瘤破裂	表6-3-92
I71.300	腹主动脉瘤破裂	表6-3-92
I71.400x002	腹主动脉瘤	表6-3-92
I71.401	腹主动脉假性动脉瘤	表6-3-92
I71.402	腹主动脉扩张	表6-3-92
I71.600x001	胸腹主动脉瘤	表6-3-92
I71.600x004	胸腹主动脉假性动脉瘤	表6-3-92
I71.600x005	胸腹主动脉扩张	表6-3-92
I72.300	髂动脉瘤伴夹层	表6-3-92
I72.300x003	髂动脉夹层	表6-3-92
I72.300x006	髂动脉瘤	表6-3-92
I72.300x012	髂总动脉假性动脉瘤	表6-3-92
I72.300x013	髂总动脉夹层	表6-3-92
I72.300x021	髂内动脉瘤	表6-3-92
I72.300x022	髂内动脉假性动脉瘤	表6-3-92
I72.300x023	髂内动脉夹层	表6-3-92
I72.300x031	髂外动脉瘤	表6-3-92
I72.300x032	髂外动脉假性动脉瘤	表6-3-92
I72.300x033	髂外动脉夹层	表6-3-92
I72.301	髂总动脉瘤	表6-3-92
I72.302	髂动脉假性动脉瘤破裂	表6-3-92
I72.303	髂动脉假性动脉瘤	表6-3-92
I72.304	髂动脉瘤破裂	表6-3-92
I72.305	髂动脉扩张	表6-3-92
I72.600	椎动脉瘤伴夹层	表6-3-92
I72.600x002	椎动脉动脉瘤	表6-3-92
I73.901	间歇性跛行	表6-3-92

续 表

疾病编码	疾病名称	排除内容
I73.902	血管痉挛	表6-3-92
I73.903	动脉痉挛	表6-3-92
I77.400	腹腔动脉压迫综合征	表6-3-92
I80.001	下肢浅表静脉炎	表6-3-93
I80.002	下肢化脓性浅表血栓静脉炎	表6-3-93
I80.100x003	髂股静脉炎	表6-3-93
I80.101	股静脉炎	表6-3-93
I80.102	股静脉血栓性静脉炎	表6-3-93
I80.103	髂股静脉血栓形成	表6-3-93
I80.104	股静脉血栓形成	表6-3-93
I80.300x005	下肢静脉闭塞	表6-3-93
I80.300x006	下肢静脉肌间血栓形成	表6-3-93
I80.301	下肢静脉炎	表6-3-93
I80.302	下肢血栓性静脉炎	表6-3-93
I80.303	下肢静脉血栓形成	表6-3-93
I82.200x001	腔静脉栓塞	表6-3-93
I82.201	腔静脉瘤栓	表6-3-93
I82.202	上腔静脉血栓形成	表6-3-93
I82.203	下腔静脉血栓形成	表6-3-93
I82.204	下腔静脉栓塞	表6-3-93
I82.300x001	肾静脉栓塞	表6-3-93
I82.301	肾静脉血栓形成	表6-3-93
I82.302	肾静脉瘤栓	表6-3-93
I82.800x002	脾静脉栓塞	表6-3-93
I82.800x003	髂静脉栓塞	表6-3-93
I82.800x004	髂内静脉栓塞	表6-3-93
I82.800x005	髂外静脉栓塞	表6-3-93
I82.800x009	腋静脉栓塞	表6-3-93
I82.801	颈内静脉血栓形成	表6-3-93
I82.802	颈静脉血栓形成	表6-3-93
I82.803	锁骨下静脉血栓形成	表6-3-93
I82.804	腋静脉血栓形成	表6-3-93
I82.805	上肢深静脉血栓形成	表6-3-93
I82.806	上肢静脉血栓形成	表6-3-93
I82.900x001	静脉栓塞	表6-3-93
I82.900x002	静脉血栓形成	表6-3-93
I82.900x003	非化脓性血栓形成	表6-3-93
I82.900x004	静脉血栓栓塞症	表6-3-93
I86.300	外阴静脉曲张	表6-3-93
I97.100x004	手术后心力衰竭伴肺水肿	表6-3-94

续 表

疾病编码	疾病名称	排除内容
I97.101	瓣膜置换术后心脏功能衰竭	表6-3-94
I97.102	心脏手术后心力衰竭	表6-3-94
I97.200	乳房切除术后淋巴水肿综合征	表6-3-94
I97.800x001	动脉导管未闭结扎术后残余分流	表6-3-94
I97.800x002	动脉导管未闭封堵术后残余分流	表6-3-94
I97.800x004	上肢动脉穿刺后痉挛	表6-3-94
I97.800x005	室间隔缺损修补术后残余分流	表6-3-94
I97.800x006	手术后腹主动脉阻塞	表6-3-94
I97.800x008	房间隔缺损修补术后残余分流	表6-3-94
I97.800x009	右室外管道狭窄	表6-3-94
I97.800x010	右室流出道疏通术后残余狭窄	表6-3-94
I97.800x011	左室流出道疏通术后残余狭窄	表6-3-94
I97.800x013	心脏瓣膜置换术后瓣周漏	表6-3-94
I97.800x014	房间隔缺损封堵术后残余分流	表6-3-94
I97.800x015	室间隔缺损封堵术后残余分流	表6-3-94
I97.800x016	心脏机械瓣膜置换术后功能障碍	表6-3-94
I97.800x017	生物瓣膜置换术后功能衰竭	表6-3-94
I97.800x018	手术后乳糜胸	表6-3-94
I97.800x020	二尖瓣闭式扩张术后再狭窄	表6-3-94
I97.801	手术后淋巴水肿	表6-3-94
I97.802	手术后会阴部静脉回流障碍	表6-3-94
I97.803	手术后心力衰竭	表6-3-94
I97.804	人工动静脉瘘瘤形成	表6-3-94
J02.000	链球菌性咽炎	表6-3-95
J02.801	病毒性咽炎	表6-3-95
J02.802	病毒性咽喉痛	表6-3-95
J03.000	链球菌性扁桃体炎	表6-3-95
J11.000x001	未知病毒的流感性肺炎	表6-3-96
J12.100	呼吸道合胞体病毒肺炎	表6-3-96
J15.000	肺炎杆菌性肺炎	表6-3-96
J15.000x002	克雷伯杆菌肺炎	表6-3-96
J15.100	假单胞菌性肺炎	表6-3-96
J15.101	铜绿假单胞菌性肺炎	表6-3-96
J15.200	葡萄球菌性肺炎	表6-3-96
J15.300	B族链球菌性肺炎	表6-3-96
J15.500	大肠杆菌性肺炎	表6-3-96
J15.600x002	革兰阴性细菌性肺炎	表6-3-96
J15.600x003	粘质沙雷菌性肺炎	表6-3-96
J15.600x005	鲍曼不动杆菌性肺炎	表6-3-96
J15.600x006	坂崎肠杆菌性肺炎	表6-3-96

续 表

疾病编码	疾病名称	排除内容
J15.601	变形杆菌性肺炎	表6-3-96
J15.602	阴沟杆菌性肺炎	表6-3-96
J18.200	坠积性肺炎	表6-3-96
J20.200	链球菌急性支气管炎	表6-3-97
J20.400	副流感病毒急性支气管炎	表6-3-97
J20.500	呼吸道合胞体病毒急性支气管炎	表6-3-97
J30.200	季节性变应性鼻炎，其他的	表6-3-98
J33.800x002	额窦息肉	表6-3-98
J33.801	鼻窦息肉	表6-3-98
J33.802	鼻甲息肉	表6-3-98
J33.803	蝶窦息肉	表6-3-98
J33.804	筛窦息肉	表6-3-98
J33.805	上颌窦息肉	表6-3-98
J38.500	喉痉挛	表6-3-98
J39.300	上呼吸道过敏反应	表6-3-98
J41.000	单纯性慢性支气管炎	表6-3-99
J41.800	混合的单纯性和黏液脓性慢性支气管炎	表6-3-99
J43.000	麦克劳德综合征	表6-3-99
J43.000x003	透明肺	表6-3-99
J43.001	单侧肺气肿	表6-3-99
J63.200	铍中毒	表6-3-100
J63.201	铍肺	表6-3-100
J63.400	肺铁末沉着病	表6-3-100
J66.000	棉屑沉着病	表6-3-100
J68.400	化学制剂、气体、烟雾和蒸气引起的慢性呼吸性情况	表6-3-100
J69.000	食物和呕吐物引起的肺炎	表6-3-100
J69.000x002	吸入胃分泌物引起的肺炎	表6-3-100
J69.000x004	吸入奶引起的肺炎	表6-3-100
J69.001	吸入性肺炎	表6-3-100
J69.100x001	吸入油引起的肺炎	表6-3-100
J69.101	脂质性肺炎	表6-3-100
J84.000x003	弥漫性肺泡出血综合征	表6-3-101
J84.001	肺泡蛋白沉积症	表6-3-101
J84.002	肺泡微结石症	表6-3-101
J86.000	脓胸伴有瘘	表6-3-102
J86.000x006	支气管胃瘘	表6-3-102
J86.000x012	肝胆支气管瘘	表6-3-102
J86.000x013	支气管胆管瘘	表6-3-102
J86.001	肝胸膜瘘	表6-3-102
J86.002	结肠胸腔瘘	表6-3-102

续 表

疾病编码	疾病名称	排除内容
J86.003	气管食管瘘	表6-3-102
J86.004	食管纵隔瘘	表6-3-102
J86.005	食管胸腔瘘	表6-3-102
J86.006	食管胸膜皮肤瘘	表6-3-102
J86.007	食管支气管瘘	表6-3-102
J86.008	食管胃支气管瘘	表6-3-102
J86.009	手术后支气管胸膜瘘	表6-3-102
J86.010	胸腹瘘	表6-3-102
J86.011	胸胃瘘	表6-3-102
J86.012	胸壁瘘	表6-3-102
J86.013	胸壁窦道	表6-3-102
J86.014	支气管肝脓肿瘘	表6-3-102
J86.015	支气管胃结肠瘘	表6-3-102
J86.016	支气管瘘	表6-3-102
J86.017	支气管胸膜瘘	表6-3-102
J86.018	支气管内脏瘘	表6-3-102
J86.019	纵隔瘘	表6-3-102
J86.020	纵隔支气管瘘	表6-3-102
J93.800x001	包裹性气胸	表6-3-103
J94.000	乳糜性渗出	表6-3-103
J95.000	气管造口术功能不全	表6-3-104
J95.000x001	气管造口术后吻合口脓毒病	表6-3-104
J95.000x002	气管切开术后拔管困难	表6-3-104
J95.000x007	气管造口术后口出血	表6-3-104
J95.001	气管造口术后气管皮肤瘘	表6-3-104
J95.002	气管造口感染	表6-3-104
J95.003	气管造口术后狭窄	表6-3-104
J95.004	气管造口术后气管食管瘘	表6-3-104
J95.005	气管造口术后气道阻塞	表6-3-104
J95.100	胸腔手术后的急性肺功能不全	表6-3-104
J95.200	非胸腔手术后的急性肺功能不全	表6-3-104
J95.300	手术后慢性肺功能不全	表6-3-104
J96.000	急性呼吸衰竭	表6-3-104
J96.100	慢性呼吸衰竭	表6-3-104
J96.900x001	呼吸衰竭	表6-3-104
J96.900x002	Ⅰ型呼吸衰竭	表6-3-104
J96.900x003	Ⅱ型呼吸衰竭	表6-3-104
J98.901	胸腔肿物	表6-3-104
K09.100x001	腭骨囊肿	表6-3-105
K09.100x003	球上颌囊肿	表6-3-105

续 表

疾病编码	疾病名称	排除内容
K09.100x004	口腔发育性（非牙源性）囊肿	表6-3-105
K09.100x006	鼻腭囊肿	表6-3-105
K09.102	鼻牙槽囊肿	表6-3-105
K09.103	鼻腭管囊肿	表6-3-105
K09.800x005	爱泼斯坦小结［口底皮样囊肿］	表6-3-105
K09.801	腮腺淋巴上皮囊肿	表6-3-105
K09.804	颏部皮样囊肿	表6-3-105
K09.805	颊囊肿	表6-3-105
K09.806	口腔表皮样囊肿	表6-3-105
K09.807	口腔皮样囊肿	表6-3-105
K09.808	口腔黏液腺囊肿	表6-3-105
K09.809	口腔淋巴上皮囊肿	表6-3-105
K10.200	颌的炎性情况	表6-3-105
K10.200x009	新生儿颌骨骨髓炎	表6-3-105
K10.201	放射性颌骨坏死	表6-3-105
K10.202	颌骨骨髓炎	表6-3-105
K10.203	颌骨放射性骨髓炎	表6-3-105
K10.204	颌骨炎性增生	表6-3-105
K10.205	颌骨骨炎	表6-3-105
K10.206	颌骨死骨	表6-3-105
K10.207	化脓性颌骨髓炎	表6-3-105
K10.208	髁状突炎	表6-3-105
K10.209	慢性下颌骨边缘性骨髓炎	表6-3-105
K10.210	慢性下颌骨中央性骨髓炎	表6-3-105
K10.211	慢性颌骨炎	表6-3-105
K10.212	下颌炎性窦道	表6-3-105
K10.213	下颌骨局限坏死	表6-3-105
K10.214	翼腭窝炎	表6-3-105
K13.000x001	感染性口角炎	表6-3-105
K13.000x006	剥脱性唇炎	表6-3-105
K13.000x007	腺性唇炎	表6-3-105
K13.000x012	唇表皮化	表6-3-105
K13.000x014	唇黏液囊肿	表6-3-105
K13.000x016	烧伤后唇畸形	表6-3-105
K13.000x017	变应性接触性唇炎	表6-3-105
K13.000x018	唇脓肿	表6-3-105
K13.000x023	唇结节病	表6-3-105
K13.001	唇瘘	表6-3-105
K13.002	唇瘢痕	表6-3-105
K13.003	唇肥厚	表6-3-105

续 表

疾病编码	疾病名称	排除内容
K13.004	唇畸形	表6-3-105
K13.005	唇溃疡	表6-3-105
K13.006	唇囊肿	表6-3-105
K13.007	唇息肉	表6-3-105
K13.008	唇外翻	表6-3-105
K13.009	唇肉芽肿	表6-3-105
K13.010	唇部肿物	表6-3-105
K13.011	唇蜂窝织炎	表6-3-105
K13.012	唇鳞状上皮增生	表6-3-105
K13.013	唇炎	表6-3-105
K13.014	口角炎	表6-3-105
K13.015	唇皲裂	表6-3-105
K13.016	唇疼	表6-3-105
K13.400	口腔黏膜肉芽肿和类肉芽肿损害	表6-3-105
K13.400x001	口腔黏膜结节病	表6-3-105
K13.400x002	口腔黏膜浆细胞肉芽肿	表6-3-105
K13.400x004	口腔黏膜化脓性肉芽肿	表6-3-105
K13.401	口腔黏膜肉芽肿	表6-3-105
K13.402	口腔黏膜嗜酸性肉芽肿	表6-3-105
K13.403	口腔黏膜疣状黄瘤	表6-3-105
K14.400	舌乳头萎缩	表6-3-105
K14.400x001	光面舌	表6-3-105
K14.401	萎缩性舌炎	表6-3-105
K14.500x001	裂纹舌	表6-3-105
K14.500x002	沟纹舌	表6-3-105
K14.600x001	舌痛症	表6-3-105
K21.001	反流性食管炎	表6-3-106
K25.100x001	胃溃疡伴急性穿孔	表6-3-106
K25.200x001	胃溃疡伴出血和急性穿孔	表6-3-106
K26.000	急性十二指肠溃疡伴有出血	表6-3-106
K26.001	急性十二指肠球部溃疡并出血	表6-3-106
K26.100	急性十二指肠溃疡伴有穿孔	表6-3-106
K26.200x001	十二指肠溃疡伴出血和急性穿孔	表6-3-106
K26.200x002	十二指肠球部溃疡伴出血和急性穿孔	表6-3-106
K27.100x001	消化性溃疡伴急性穿孔	表6-3-106
K27.200	急性消化性溃疡伴有出血和穿孔	表6-3-106
K27.300	急性消化性溃疡不伴有出血和穿孔	表6-3-106
K27.400	慢性消化性溃疡伴有出血	表6-3-106
K27.400x001	多发性溃疡伴出血	表6-3-106
K27.400x002	复合性溃疡伴出血	表6-3-106

续 表

疾病编码	疾病名称	排除内容
K27.400x004	消化性溃疡伴出血	表6-3-106
K27.401	应激性溃疡伴出血	表6-3-106
K27.700x001	慢性消化性溃疡	表6-3-106
K27.900x001	多发性复合性溃疡	表6-3-106
K27.900x002	复合性溃疡	表6-3-106
K27.900x005	NSAIDs相关溃疡	表6-3-106
K27.901	消化性溃疡	表6-3-106
K27.902	应激性溃疡	表6-3-106
K28.100	急性胃空肠溃疡伴有穿孔	表6-3-106
K28.200	急性胃空肠溃疡伴有出血和穿孔	表6-3-106
K29.200	酒精性胃炎	表6-3-106
K31.000	急性胃扩张	表6-3-106
K31.600x004	胃小肠结肠瘘	表6-3-106
K31.600x005	胃瘘	表6-3-106
K31.601	胃空肠结肠瘘	表6-3-106
K31.602	胃结肠瘘	表6-3-106
K31.603	胃腹壁瘘	表6-3-106
K31.604	十二指肠瘘	表6-3-106
K31.605	手术后食管胃瘘	表6-3-106
K31.606	手术后胃瘘	表6-3-106
K31.607	手术后胃小肠瘘	表6-3-106
K31.608	手术后胃大肠瘘	表6-3-106
K31.609	手术后十二指肠瘘	表6-3-106
K38.900	阑尾疾病	表6-3-107
K40.100x001	双侧腹股沟疝伴坏疽	表6-3-108
K40.101	双侧腹股沟斜疝伴坏死	表6-3-108
K40.102	双侧腹股沟直疝伴坏死	表6-3-108
K41.400x001	单侧股疝伴坏疽	表6-3-108
K44.100x001	坏疽性膈疝	表6-3-108
K46.900	腹疝，不伴有梗阻或坏疽	表6-3-108
K46.900x002	腹内疝	表6-3-108
K46.900x003	输入袢内疝	表6-3-108
K46.900x004	网膜裂孔疝	表6-3-108
K46.900x012	大肠疝	表6-3-108
K46.901	肠系膜裂孔疝	表6-3-108
K46.902	肠系膜内疝	表6-3-108
K46.903	阑尾疝	表6-3-108
K46.905	小肠疝	表6-3-108
K51.300	慢性溃疡性直肠乙状结肠炎	表6-3-109
K51.301	溃疡性直肠乙状结肠炎，轻度	表6-3-109

续 表

疾病编码	疾病名称	排除内容
K51.302	溃疡性直肠乙状结肠炎，中度	表6-3-109
K51.303	溃疡性直肠乙状结肠炎，重度	表6-3-109
K52.800x003	嗜酸细胞性小肠炎	表6-3-109
K52.801	胶原性结肠炎	表6-3-109
K52.802	淋巴细胞性结肠炎	表6-3-109
K52.803	嗜酸性细胞性胃炎	表6-3-109
K52.804	嗜酸细胞性胃肠炎	表6-3-109
K55.002	急性缺血性肠坏死	表6-3-110
K55.007	肠系膜静脉血栓形成伴肠坏死	表6-3-110
K55.009	肠系膜动脉栓塞伴肠坏死	表6-3-110
K55.900	肠血管疾患	表6-3-110
K55.900x004	缺血性肠病伴出血	表6-3-110
K55.901	缺血性小肠炎	表6-3-110
K55.902	缺血性肠病	表6-3-110
K56.600x001	肠绞窄坏死	表6-3-110
K59.000	便秘	表6-3-110
K59.002	粪便潴留	表6-3-110
K59.003	慢传输型便秘	表6-3-110
K59.200	神经源性肠	表6-3-110
K59.200x002	神经源性直肠	表6-3-110
K59.200x003	神经源性肠道功能障碍	表6-3-110
K61.100	直肠脓肿	表6-3-110
K61.101	直肠周围脓肿	表6-3-110
K61.200	肛门直肠脓肿	表6-3-110
K61.300	坐骨直肠窝脓肿	表6-3-110
K62.500x001	直肠出血	表6-3-110
K62.501	肛门出血	表6-3-110
K63.200	肠瘘	表6-3-110
K63.200x003	盲管瘘	表6-3-110
K63.200x008	盆腔腹壁瘘	表6-3-110
K63.201	腹壁肠瘘	表6-3-110
K63.202	腹壁盲肠瘘	表6-3-110
K63.203	腹壁窦道	表6-3-110
K63.204	结肠瘘	表6-3-110
K63.205	手术后结肠瘘	表6-3-110
K63.206	手术后盲肠瘘	表6-3-110
K63.207	手术后空肠瘘	表6-3-110
K63.208	手术后回肠瘘	表6-3-110
K63.209	手术后肠腹壁瘘	表6-3-110
K63.210	手术后肠吻合口瘘	表6-3-110

续 表

疾病编码	疾病名称	排除内容
K63.211	手术后小肠结肠瘘	表6-3-110
K63.212	手术后结肠直肠瘘	表6-3-110
K63.213	手术后肠瘘	表6-3-110
K63.214	腹壁瘘	表6-3-110
K63.215	手术后大肠瘘	表6-3-110
K63.216	手术后小肠瘘	表6-3-110
K66.200	腹膜后纤维化	表6-3-111
K66.201	奥蒙德病	表6-3-111
K66.901	腹膜后肿物	表6-3-111
K70.400x002	亚急性酒精性肝衰竭	表6-3-112
K70.401	急性酒精性肝衰竭	表6-3-112
K70.402	慢性酒精性肝衰竭	表6-3-112
K70.403	酒精性肝衰竭伴肝昏迷	表6-3-112
K72.000x004	慢加急性肝衰竭	表6-3-112
K72.000x005	慢加亚急性肝衰竭	表6-3-112
K72.000x013	重症肝炎	表6-3-112
K72.001	亚急性肝衰竭	表6-3-112
K72.002	急性黄色肝萎缩	表6-3-112
K72.003	急性肝衰竭	表6-3-112
K72.004	急性非病毒性肝炎	表6-3-112
K72.005	晚发性肝衰竭	表6-3-112
K72.100	慢性肝衰竭	表6-3-112
K72.900x001	肝功能衰竭	表6-3-112
K72.900x003+G94.3*	肝性脑病	表6-3-112
K72.902	肝萎缩	表6-3-112
K72.904	肝坏死	表6-3-112
K73.000x001	慢性迁延性肝炎	表6-3-112
K73.200x002	慢性活动性肝炎	表6-3-112
K74.300	原发性胆汁型肝硬化	表6-3-112
K74.300x005+I98.2*	原发性胆汁型肝硬化伴胃底静脉曲张	表6-3-112
K74.300x006+I98.3*	原发性胆汁型肝硬化伴胃底静脉曲张破裂出血	表6-3-112
K74.300x007+I98.2*	原发性胆汁型肝硬化伴食管胃底静脉曲张	表6-3-112
K74.300x008+I98.3*	原发性胆汁型肝硬化伴食管胃底静脉曲张破裂出血	表6-3-112
K74.301+I98.2*	原发性胆汁性肝硬化伴食管静脉曲张	表6-3-112
K74.302+I98.3*	原发性胆汁性肝硬化伴食管静脉曲张破裂出血	表6-3-112
K75.100	门静脉炎	表6-3-112
K75.200	非特异反应性肝炎	表6-3-112
K75.400	自身免疫性肝炎	表6-3-112
K75.401	狼疮性肝炎	表6-3-112
K82.000	胆囊梗阻	表6-3-113

续 表

疾病编码	疾病名称	排除内容
K82.000x003	胆囊管残株炎	表6-3-113
K82.001	胆囊管梗阻	表6-3-113
K82.300	胆囊瘘	表6-3-113
K82.301	胆囊肠瘘	表6-3-113
K82.302	胆囊胃瘘	表6-3-113
K82.303	胆囊十二指肠瘘	表6-3-113
K82.304	胆囊结肠瘘	表6-3-113
K82.305	手术后胆囊瘘	表6-3-113
K82.306	胆囊腹壁瘘	表6-3-113
K83.100	胆管梗阻	表6-3-113
K83.100x001	肝管狭窄	表6-3-113
K83.100x008	肝内胆管狭窄	表6-3-113
K83.101	胆囊内胆汁淤积	表6-3-113
K83.102	胆汁淤积症	表6-3-113
K83.103	肝管梗阻	表6-3-113
K83.104	肝胆管狭窄	表6-3-113
K83.105	胆管狭窄	表6-3-113
K83.106	胆管闭塞	表6-3-113
K83.107	胆总管狭窄	表6-3-113
K83.108	胆总管梗阻	表6-3-113
K83.109	梗阻性黄疸	表6-3-113
K83.901	胆管肿物	表6-3-113
K83.902	胆总管肿物	表6-3-113
K85.200	酒精性急性胰腺炎	表6-3-113
K85.201	急性酒精性胰腺炎，轻症	表6-3-113
K85.202	急性酒精性胰腺炎，重症	表6-3-113
K85.800x001	化脓性胰腺炎	表6-3-113
K85.800x002	急性出血坏死性胰腺炎	表6-3-113
K85.800x003	胰腺脓肿	表6-3-113
K85.801	急性操作后胰腺炎，轻症	表6-3-113
K85.802	急性创伤性胰腺炎，轻症	表6-3-113
K85.803	急性复发性胰腺炎，轻症	表6-3-113
K85.807	急性水肿性胰腺炎，轻症	表6-3-113
K85.808	急性手术后胰腺炎，轻症	表6-3-113
K85.809	急性自身免疫性胰腺炎，轻症	表6-3-113
K85.813	急性操作后胰腺炎，重症	表6-3-113
K85.814	急性出血性胰腺炎，重症	表6-3-113
K85.815	急性创伤性胰腺炎，重症	表6-3-113
K85.816	急性复发性胰腺炎，重症	表6-3-113
K85.817	急性化脓性胰腺炎，重症	表6-3-113

续 表

疾病编码	疾病名称	排除内容
K85.818	急性坏死性胰腺炎，重症	表6-3-113
K85.821	急性手术后胰腺炎，重症	表6-3-113
K85.822	急性自身免疫性胰腺炎，重症	表6-3-113
K86.000	酒精性慢性胰腺炎	表6-3-113
K86.800x001	胰腺肿大	表6-3-113
K86.800x002	胰胆管扩张	表6-3-113
K86.800x013	胰腺囊性纤维性变	表6-3-113
K86.800x015	胰腺功能不全并中性粒细胞减少综合征［Shwachman-Diamond综合征］	表6-3-113
K86.801	胰腺坏死	表6-3-113
K86.802	胰腺纤维化	表6-3-113
K86.803	胰岛组织硬化	表6-3-113
K86.804	胰管狭窄	表6-3-113
K86.805	胰腺组织增生	表6-3-113
K86.806	胰腺钙化	表6-3-113
K86.807	胰管痉挛	表6-3-113
K86.808	胰管扩张	表6-3-113
K86.809	胰管结石	表6-3-113
K86.810	胰瘘	表6-3-113
K86.811	胰管梗阻	表6-3-113
K86.812	胰腺脂肪浸润	表6-3-113
K86.813	胰腺肉芽肿	表6-3-113
K86.814	胰腺功能不全	表6-3-113
K86.815	手术后胰腺瘘	表6-3-113
K86.816	胰腺积液	表6-3-113
K86.817	胰腺萎缩	表6-3-113
K86.818	胰-心综合征	表6-3-113
K90.900x002	肠吸收障碍	表6-3-114
K90.901	小肠吸收不良综合征（非手术性）	表6-3-114
K91.800x007	手术后食管破裂	表6-3-114
K91.800x102	残胃炎伴出血	表6-3-114
K91.800x103	残胃溃疡伴出血	表6-3-114
K91.800x106	胃肠吻合口炎伴出血	表6-3-114
K91.800x111	胃肠吻合术后输入袢梗阻	表6-3-114
K91.800x116	手术后胃缺血性坏死	表6-3-114
K91.800x117	手术后急性胃扩张	表6-3-114
K91.800x206	手术后结肠-直肠瘘	表6-3-114
K91.800x301	肝断面胆道残端漏	表6-3-114
K91.800x304	手术后肝外胆管狭窄	表6-3-114
K91.800x401	胆肠吻合口反流	表6-3-114
K91.800x402	胆道吻合口漏	表6-3-114

续 表

疾病编码	疾病名称	排除内容
K91.800x403	胆道吻合口狭窄	表6-3-114
K91.800x407	胆囊切除术后粘连	表6-3-114
K91.800x411	手术后缺血性胆道病	表6-3-114
K91.800x412	手术后胆肠吻合口炎	表6-3-114
K91.800x501	胰腺空肠吻合口溃疡伴出血	表6-3-114
K91.800x601	手术后造瘘口旁疝	表6-3-114
K91.800x602	手术后造瘘口狭窄	表6-3-114
K91.800x702	人工肛门出血	表6-3-114
K91.801	胰胃吻合口狭窄	表6-3-114
K91.802	残胃吻合口炎	表6-3-114
K91.803	肠代食管吻合口狭窄	表6-3-114
K91.804	肠造瘘术后肠黏膜脱垂	表6-3-114
K91.805	胆囊空肠吻合口狭窄	表6-3-114
K91.806	胆总管空肠吻合口狭窄	表6-3-114
K91.807	胆漏	表6-3-114
K91.808	结肠吻合口炎	表6-3-114
K91.809	食管胃吻合口狭窄	表6-3-114
K91.810	食管胃吻合口瘘	表6-3-114
K91.811	食管胃吻合口炎	表6-3-114
K91.812	食管空肠吻合口狭窄	表6-3-114
K91.813	食管空肠吻合口瘘	表6-3-114
K91.814	食管空肠吻合口炎	表6-3-114
K91.815	食管吻合口瘘	表6-3-114
K91.816	食管十二指肠吻合口瘘	表6-3-114
K91.817	食管结肠吻合口狭窄	表6-3-114
K91.818	手术后胃肠功能紊乱	表6-3-114
K91.819	手术后胃肠吻合口狭窄	表6-3-114
K91.820	手术后肠粘连	表6-3-114
K91.821	手术后肠吻合口炎	表6-3-114
K91.822	手术后胆管狭窄	表6-3-114
K91.823	手术后胆管十二指肠吻合口狭窄	表6-3-114
K91.824	手术后肛门括约肌失禁	表6-3-114
K91.825	手术后肝衰竭	表6-3-114
K91.826	手术后肝总管狭窄	表6-3-114
K91.827	手术后肝管-空肠吻合口狭窄	表6-3-114
K91.828	手术后胃排空障碍	表6-3-114
K91.829	手术后胃肠吻合口炎	表6-3-114
K91.830	手术后胃瘫综合征	表6-3-114
K91.831	手术后幽门梗阻	表6-3-114
K91.832	胃肠吻合口功能障碍	表6-3-114

续 表

疾病编码	疾病名称	排除内容
K91.833	胃肠吻合口水肿	表6-3-114
K91.834	胃肠吻合口炎	表6-3-114
K91.835	胃肠道手术后腹泻	表6-3-114
K91.836	输入袢综合征	表6-3-114
K91.837	手术后腹膜炎	表6-3-114
K91.839	肠吻合口狭窄	表6-3-114
K91.840	手术后胆管闭锁	表6-3-114
K91.841	手术后肝管狭窄	表6-3-114
K91.842	胃肠吻合术后输出袢梗阻	表6-3-114
K91.900	消化系统的操作后疾患	表6-3-114
L02.300	臀部皮肤脓肿、疖和痈	表6-3-115
L03.300	躯干蜂窝织炎	表6-3-115
L03.301	胸壁蜂窝织炎	表6-3-115
L03.302	背部蜂窝织炎	表6-3-115
L03.303	腹壁蜂窝织炎	表6-3-115
L03.304	腹股沟蜂窝织炎	表6-3-115
L03.305	脐部蜂窝织炎	表6-3-115
L03.306	会阴蜂窝织炎	表6-3-115
L04.200	上肢急性淋巴结炎	表6-3-115
L04.201	急性肩淋巴结炎	表6-3-115
L04.202	急性腋下淋巴结炎	表6-3-115
L04.900	急性淋巴结炎	表6-3-115
L04.900x002	坏死性淋巴结炎	表6-3-115
L04.900x005	淋巴结坏死	表6-3-115
L04.900x007	亚急性坏死性淋巴结炎	表6-3-115
L04.901	急性化脓性淋巴结炎	表6-3-115
L04.902	组织细胞坏死性淋巴结炎	表6-3-115
L05.000	藏毛囊肿伴有脓肿	表6-3-115
L05.000x001	先天性胸壁皮肤窦道伴脓肿	表6-3-115
L08.100	红癣	表6-3-115
L10.100	增生型天疱疮	表6-3-116
L10.800	天疱疮，其他特指的	表6-3-116
L10.800x001	副肿瘤性天疱疮	表6-3-116
L10.800x002	家族性良性慢性天疱疮	表6-3-116
L10.801	疱疹样天疱疮	表6-3-116
L11.000	后天性毛囊角化病	表6-3-116
L11.800	皮肤棘层松解性疾患，其他特指的	表6-3-116
L11.900	皮肤棘层松解性疾患	表6-3-116
L13.800	大疱性疾患，其他特指的	表6-3-116
L23.200	化妆品引起的变应性接触性皮炎	表6-3-117

续 表

疾病编码	疾病名称	排除内容
L23.500	化学产品引起的变应性接触性皮炎，其他的	表6-3-117
L23.501	水泥变应性接触性皮炎	表6-3-117
L23.502	塑料变应性接触性皮炎	表6-3-117
L23.503	橡胶变应性接触性皮炎	表6-3-117
L23.504	杀虫剂变应性接触性皮炎	表6-3-117
L25.200	染料引起的接触性皮炎	表6-3-117
L25.201	染发性皮炎	表6-3-117
L25.500	植物引起的接触性皮炎，除外食物	表6-3-117
L27.100	药物和药剂引起的局限性皮疹	表6-3-117
L27.101	固定性药疹	表6-3-117
L30.400	擦烂红斑	表6-3-117
L30.400x004	色素性玫瑰疹	表6-3-117
L41.801	斑状副银屑病	表6-3-118
L43.300	亚急性（活动性）扁平苔藓	表6-3-118
L43.301	热带扁平苔藓	表6-3-118
L44.400	婴儿丘疹性肢皮炎［詹诺托-克罗斯蒂］	表6-3-118
L50.200	冷和热引起的荨麻疹	表6-3-119
L50.201	寒冷性荨麻疹	表6-3-119
L50.202	热性荨麻疹	表6-3-119
L50.400	振动荨麻疹	表6-3-119
L51.100	大疱型多形性红斑	表6-3-119
L51.802	渗出性多形红斑	表6-3-119
L56.800	紫外线辐射引起的其他特指的急性皮肤改变	表6-3-120
L58.000	急性放射性皮炎	表6-3-120
L58.100	慢性放射性皮炎	表6-3-120
L58.101	放射性皮肤溃疡	表6-3-120
L58.900	放射性皮炎	表6-3-120
L70.200	痘样痤疮	表6-3-121
L70.201	额面痤疮	表6-3-121
L70.202	粟粒坏死性痤疮	表6-3-121
L70.203	萎缩性痤疮	表6-3-121
L70.500	表皮脱落性痤疮	表6-3-121
L70.900	痤疮	表6-3-121
L70.900x002	成簇性眼眶周围痤疮	表6-3-121
L73.100	须部假性毛囊炎	表6-3-121
L73.900	毛囊疾患	表6-3-121
L74.300	痱	表6-3-121
L75.100	色汗症	表6-3-121
L75.900	顶浆分泌汗腺疾患	表6-3-121
L81.100	黄褐斑	表6-3-122

续 表

疾病编码	疾病名称	排除内容
L89.900	受压区压疮	表6-3-122
L92.100	脂质渐进性坏死，不可归类在他处者	表6-3-122
L92.200	面部肉芽肿［皮肤嗜酸细胞肉芽肿］	表6-3-122
L92.901	皮下组织肉芽肿	表6-3-122
L92.903	皮肤肉芽肿	表6-3-122
L94.900	局限性结缔组织疾患	表6-3-122
L98.900x002	胶样粟丘疹	表6-3-122
M00.200x001	链球菌性多关节炎	表6-3-123
M00.200x011	链球菌性肩关节炎	表6-3-123
M00.200x021	链球菌性肘关节炎	表6-3-123
M00.200x031	链球菌性腕关节炎	表6-3-123
M00.200x051	链球菌性髋关节炎	表6-3-123
M00.200x061	链球菌性膝关节炎	表6-3-123
M00.200x071	链球菌性踝关节炎	表6-3-123
M00.200x091	链球菌性关节炎	表6-3-123
M05.000	费尔蒂综合征	表6-3-124
M05.200	类风湿性脉管炎	表6-3-124
M05.200x092	类风湿性血管炎	表6-3-124
M05.800	血清反应阳性的类风湿性关节炎，其他的	表6-3-124
M06.100	成年型斯蒂尔病	表6-3-124
M08.100	幼年型关节强硬性脊椎炎	表6-3-124
M08.100x092	幼年型脊椎关节炎	表6-3-124
M08.400	少关节性幼年型关节炎	表6-3-124
M08.900	幼年型关节炎	表6-3-124
M10.400	继发性痛风，其他的	表6-3-124
M11.800x093	假性痛风性关节炎	表6-3-124
M11.801	焦磷酸盐结晶性关节炎（病）	表6-3-124
M11.802	磷酸二钙结晶性关节炎（病）	表6-3-124
M12.000	慢性风湿病后关节病［雅库综合征］	表6-3-124
M15.200	布沙尔结节（伴有关节病）	表6-3-125
M16.000	原发性双侧髋关节病	表6-3-125
M16.200	发育异常导致的双侧髋关节病	表6-3-125
M16.301	发育异常性单侧髋关节病	表6-3-125
M16.701	继发性单侧髋关节病	表6-3-125
M18.101	单侧第一腕掌关节原发性关节病	表6-3-125
M18.301	单侧第一腕掌关节创伤后关节病	表6-3-125
M19.900	关节病	表6-3-125
M19.900x092	重度骨关节病	表6-3-125
M19.900x093	指骨关节病	表6-3-125
M19.900x094	趾骨关节病	表6-3-125

续 表

疾病编码	疾病名称	排除内容
M19.900x095	跖骨关节病	表6-3-125
M19.900x096	距下关节骨性关节病	表6-3-125
M19.900x097	跖趾关节骨性关节病	表6-3-125
M19.901	肩关节关节病	表6-3-125
M19.902	肘关节关节病	表6-3-125
M19.903	腕关节关节病	表6-3-125
M19.904	手骨间关节病	表6-3-125
M19.905	踝关节关节病	表6-3-125
M19.906	足关节关节病	表6-3-125
M19.907	肥厚性关节炎	表6-3-125
M19.908	老年性关节炎	表6-3-125
M19.909	变形性关节炎	表6-3-125
M19.910	萎缩性关节炎	表6-3-125
M20.000	手指变形	表6-3-126
M20.000x004	拇外展功能障碍	表6-3-126
M20.000x005	后天性拇变形	表6-3-126
M20.000x011	后天性槌状指	表6-3-126
M20.002	后天性手指畸形	表6-3-126
M20.003	后天性手指重叠	表6-3-126
M20.005	手指挛缩	表6-3-126
M20.006	手指钮孔状变形	表6-3-126
M20.007	手指天鹅颈状变形	表6-3-126
M20.301	后天性踇内翻	表6-3-126
M20.302	后天性槌状趾	表6-3-126
M21.100x011	后天性肩内翻	表6-3-126
M21.100x051	后天性髋内翻	表6-3-126
M21.100x072	后天性踝内翻	表6-3-126
M21.101	弓形腿	表6-3-126
M21.102	后天性肘内翻	表6-3-126
M21.103	髋关节内翻变形	表6-3-126
M21.104	后天性膝内翻	表6-3-126
M21.105	后天性足内翻	表6-3-126
M21.301	后天性腕下垂	表6-3-126
M21.302	后天性足下垂	表6-3-126
M24.401	复发性肩关节脱位	表6-3-126
M24.402	复发性肩关节不全脱位	表6-3-126
M24.403	复发性肘关节脱位	表6-3-126
M24.404	复发性肘关节不全脱位	表6-3-126
M24.405	复发性腕关节脱位	表6-3-126
M24.406	复发性腕关节不全脱位	表6-3-126

续 表

疾病编码	疾病名称	排除内容
M24.407	复发性手骨间关节脱位	表6-3-126
M24.408	复发性手骨间关节不全脱位	表6-3-126
M24.409	复发性髋关节脱位	表6-3-126
M24.410	复发性髋关节不全脱位	表6-3-126
M24.411	复发性膝关节脱位	表6-3-126
M24.412	复发性膝关节不全脱位	表6-3-126
M24.414	复发性踝关节脱位	表6-3-126
M24.415	复发性踝关节不全脱位	表6-3-126
M24.416	关节习惯性脱位	表6-3-126
M24.417	关节习惯性不全脱位	表6-3-126
M25.100	关节瘘	表6-3-126
M25.100x011	肩关节瘘	表6-3-126
M25.100x021	肘关节瘘	表6-3-126
M25.100x031	腕关节瘘	表6-3-126
M25.100x051	髋关节瘘	表6-3-126
M25.100x061	膝关节瘘	表6-3-126
M25.100x071	踝关节瘘	表6-3-126
M30.000	结节性多动脉炎	表6-3-127
M30.001+G73.7*	结节性多动脉炎性肌病	表6-3-127
M30.002+G63.5*	结节性多动脉炎性多神经病	表6-3-127
M30.003+G63.5*	结节性多动脉炎性周围神经病	表6-3-127
M30.004	多脉管炎	表6-3-127
M30.005+F02.8*	结节性多动脉炎性痴呆	表6-3-127
M30.100	多动脉炎伴有肺受累［丘格-斯特劳斯］	表6-3-127
M30.100x001	嗜酸性肉芽肿性血管炎	表6-3-127
M30.101	变应性肉芽肿性血管炎	表6-3-127
M30.200	幼年型多动脉炎	表6-3-127
M30.300	黏膜皮肤淋巴结综合征［川崎病］	表6-3-127
M30.301	IVIG无应答型川崎病	表6-3-127
M30.801	多脉管炎重叠综合征	表6-3-127
M31.000	过敏性血管炎	表6-3-127
M31.000x002	免疫性血管炎	表6-3-127
M31.000x005	变应性皮肤血管炎	表6-3-127
M31.001	古德帕斯丘综合征	表6-3-127
M31.002+N08.5*	抗肾小球基底膜抗体病	表6-3-127
M31.003+N08.5*	肺出血肾炎综合征相关肾小球肾炎	表6-3-127
M31.100	血栓性微血管病	表6-3-127
M31.101	血栓性血小板减少性紫癜	表6-3-127
M31.102+N08.5*	血栓性血小板减少性紫癜相关肾小球肾炎	表6-3-127
M31.300	韦格纳肉芽肿病	表6-3-127

续 表

疾病编码	疾病名称	排除内容
M31.300x002	坏死性呼吸道肉芽肿病	表6-3-127
M31.301	口腔黏膜韦格纳肉芽肿	表6-3-127
M31.302+J99.1*	韦格纳肉芽肿病累及肺	表6-3-127
M31.304+J99.1*	多发性血管炎性肉芽肿病累及肺	表6-3-127
M31.305+N08.5*	肉芽肿性血管炎相关肾小球肾炎	表6-3-127
M31.400	主动脉弓综合征［高安病］	表6-3-127
M31.500	巨细胞动脉炎伴有风湿性多肌痛	表6-3-127
M31.600	巨细胞动脉炎，其他的	表6-3-127
M31.700	显微镜下多脉管炎	表6-3-127
M31.701+N08.5*	ANCA相关性肾炎	表6-3-127
M31.702+G63.5*	显微镜下多血管炎性周围神经病	表6-3-127
M31.703+N08.5*	血管炎性肾小球肾炎	表6-3-127
M31.801	HCV感染相关血管炎	表6-3-127
M31.802	ANCA相关性血管炎	表6-3-127
M31.803	低补体血症血管炎	表6-3-127
M31.804	系统性血管炎	表6-3-127
M31.900x001	坏死性脉管炎	表6-3-127
M32.000	药物性系统性红斑狼疮	表6-3-127
M32.800	系统性红斑狼疮，其他形式的	表6-3-127
M32.900	系统性红斑狼疮	表6-3-127
M32.901	隐匿性系统性红斑狼疮	表6-3-127
M33.000	幼年型皮肌炎	表6-3-127
M33.001+J99.1*	幼年型皮肌炎累及肺	表6-3-127
M33.100x001	儿童皮肌炎	表6-3-127
M33.100x004	成人皮肌炎	表6-3-127
M33.101	皮肌炎	表6-3-127
M33.102+G63.5*	皮肌炎性周围神经病	表6-3-127
M33.103+J99.1*	皮肌炎性肺间质纤维化	表6-3-127
M33.104	无肌病性皮肌炎	表6-3-127
M33.105	异色皮肌炎	表6-3-127
M33.200	多肌炎	表6-3-127
M33.201+J99.1*	多肌炎伴肺间质纤维化	表6-3-127
M33.900	皮多肌炎	表6-3-127
M33.901+J99.1*	皮多肌炎累及肺	表6-3-127
M34.000	进行性全身性硬皮病	表6-3-127
M34.100	全身性钙质沉着综合征［CR（E）ST］	表6-3-127
M34.200	药物和化学物质诱发的全身性硬皮病	表6-3-127
M34.800x001+J99.1*	系统性硬化症性肺病变	表6-3-127
M34.800x002+G73.7*	系统性硬化症性肌病	表6-3-127
M34.800x004+N08.5*	系统性硬化症肾脏危象	表6-3-127

续 表

疾病编码	疾病名称	排除内容
M34.800x005+G53.8*	系统性硬化症累及脑神经	表6-3-127
M34.800x006+K23.8*	系统性硬化症累及食管	表6-3-127
M34.800x007+N08.5*	系统性硬化症肾损害	表6-3-127
M34.800x009+I52.8*	系统性硬化症心脏损害	表6-3-127
M34.801+J99.1*	硬皮病性肺间质纤维化	表6-3-127
M34.802	布施克硬肿病	表6-3-127
M34.803	蒂比耶日-魏森巴赫综合征	表6-3-127
M34.804+G73.7*	全身性硬化性肌病	表6-3-127
M34.805	肢端硬肿病	表6-3-127
M34.806+G63.5*	全身性硬化性多神经病变	表6-3-127
M34.900	全身性硬皮病	表6-3-127
M34.900x001	系统性硬化症	表6-3-127
M35.000	干燥综合征［舍格伦］	表6-3-127
M35.001	继发性干燥综合征	表6-3-127
M35.002+J99.1*	干燥综合征伴肺间质纤维化	表6-3-127
M35.003+K77.8*	干燥综合征性肝损害	表6-3-127
M35.004+G73.7*	干燥综合征性肌病	表6-3-127
M35.005+H19.3*	干燥综合征性角膜结膜炎	表6-3-127
M35.006+N16.4*	干燥综合征性肾小管间质肾炎	表6-3-127
M35.007+N16.4*	干燥综合征性肾盂肾炎	表6-3-127
M35.008+G94.8*	干燥综合征性中枢神经损害	表6-3-127
M35.009+G63.5*	干燥综合征性周围神经病	表6-3-127
M35.101	混合性结缔组织病	表6-3-127
M35.102	混合性结缔组织病肾损害	表6-3-127
M35.200	贝赫切特［贝切特］病	表6-3-127
M35.201	贝赫切特病性关节炎	表6-3-127
M35.202+N77.8*	贝赫切特病性外阴溃疡	表6-3-127
M35.203	神经贝赫切特病	表6-3-127
M35.300	风湿性多肌痛	表6-3-127
M35.400	弥漫性（嗜酸细胞性）筋膜炎	表6-3-127
M35.500	多病灶性纤维硬化病	表6-3-127
M35.600	复发性脂膜炎［韦伯-克里斯琴］	表6-3-127
M35.700	过度活动综合征	表6-3-127
M35.701	家族性韧带松弛	表6-3-127
M35.800x001	抗合成酶综合征	表6-3-127
M35.801	嗜酸性粒细胞增多-肌痛综合征	表6-3-127
M35.802	近端指间关节周围胶原沉积症	表6-3-127
M35.900x002+G63.5*	胶原病性神经炎	表6-3-127
M35.900x006+G63.5*	继发于结缔组织病的周围神经病	表6-3-127
M35.900x007	高IgD综合征	表6-3-127

续　表

疾病编码	疾病名称	排除内容
M35.900x011	Satoxoshi综合征	表6-3-127
M35.901	结缔组织病	表6-3-127
M35.902	胶原病	表6-3-127
M35.903+G63.5*	胶原血管性多神经病	表6-3-127
M35.904+J99.1*	结缔组织病肺间质纤维化	表6-3-127
M35.905	抗J0-1综合征	表6-3-127
M35.906	IgG4相关疾病	表6-3-127
M35.907	自身免疫病	表6-3-127
M40.200x021	颈椎后凸	表6-3-128
M40.200x041	胸椎后凸	表6-3-128
M40.200x061	腰椎后凸	表6-3-128
M40.201	脊柱后凸	表6-3-128
M41.200	特发性脊柱侧弯，其他的	表6-3-128
M41.300	胸源性脊柱侧弯	表6-3-128
M42.000x091	卡尔韦病	表6-3-128
M42.002	幼年椎骨骺骨软骨病	表6-3-128
M43.100x011	后天性寰枢椎滑脱	表6-3-128
M43.100x021	颈椎前移	表6-3-128
M43.100x041	胸椎前移	表6-3-128
M43.100x061	腰椎前移	表6-3-128
M43.100x062	后天性腰椎滑脱	表6-3-128
M43.100x071	腰骶脊椎前移	表6-3-128
M43.100x091	后天性脊椎滑脱	表6-3-128
M43.101	创伤性脊椎前移	表6-3-128
M43.102	变性性脊椎前移	表6-3-128
M43.400	复发性寰枢不完全性脱位，其他的	表6-3-128
M43.801	脊柱旋转不足	表6-3-128
M43.802	腰骶关节畸形	表6-3-128
M43.803	骶髂关节畸形	表6-3-128
M43.804	骶骨畸形	表6-3-128
M43.805	尾骨畸形	表6-3-128
M46.300	椎间盘感染（脓性）	表6-3-129
M46.300x021	颈椎间盘感染	表6-3-129
M46.300x041	胸椎间盘感染	表6-3-129
M46.300x061	腰椎间盘感染	表6-3-129
M46.301	化脓性胸椎间盘感染	表6-3-129
M46.302	化脓性腰椎间盘感染	表6-3-129
M48.100	强直性骨肥厚［福雷斯蒂尔］	表6-3-129
M48.100x091	弥漫性特发性骨肥厚［DISH病］	表6-3-129
M53.000	颈颅综合征	表6-3-130

续 表

疾病编码	疾病名称	排除内容
M53.001	颈后交感神经综合征	表6-3-130
M53.002	颅椎综合征	表6-3-130
M53.801	脊柱强直	表6-3-130
M53.802	脊柱关节僵硬	表6-3-130
M54.100	神经根病	表6-3-130
M54.100x021	颈神经根炎	表6-3-130
M54.101	臂丛神经炎	表6-3-130
M54.102	胸神经根炎	表6-3-130
M54.103	腰神经根炎	表6-3-130
M54.104	腰骶神经根炎	表6-3-130
M54.105	神经根炎	表6-3-130
M54.106	神经根痛	表6-3-130
M54.107	神经根综合征	表6-3-130
M60.000	感染性肌炎	表6-3-131
M60.000x051	大腿感染性肌炎	表6-3-131
M60.000x061	小腿感染性肌炎	表6-3-131
M60.000x092	热带化脓性肌炎	表6-3-131
M60.000x093	肌肉脓肿	表6-3-131
M60.001	肩区感染性肌炎	表6-3-131
M60.002	上臂感染性肌炎	表6-3-131
M60.003	前臂感染性肌炎	表6-3-131
M60.004	手感染性肌炎	表6-3-131
M60.005	大腿肌间脓肿	表6-3-131
M60.006	膝关节肌间脓肿	表6-3-131
M60.007	足感染性肌炎	表6-3-131
M60.008	腰大肌脓肿	表6-3-131
M60.100	间质性肌炎	表6-3-131
M60.800x061	腓肠肌炎	表6-3-131
M60.800x081	腹壁慢性肌炎	表6-3-131
M60.801	坏死性肌炎	表6-3-131
M60.802	陈旧性肌炎	表6-3-131
M60.803	腰大肌炎	表6-3-131
M60.804	增生性肌炎	表6-3-131
M60.805	姿势性肌炎	表6-3-131
M61.000	外伤性骨化性肌炎	表6-3-131
M61.000x051	髋关节创伤后骨化性肌炎	表6-3-131
M61.100	进行性骨化性肌炎	表6-3-131
M61.101	进行性骨化性纤维发育不良	表6-3-131
M61.102	弥漫性进行性骨化性多肌炎	表6-3-131
M61.201	肌肉麻痹性骨化	表6-3-131

续 表

疾病编码	疾病名称	排除内容
M61.301	烧伤后肌肉骨化	表6-3-131
M62.200	肌肉缺血性梗死	表6-3-131
M62.200x001	骨筋膜室综合征	表6-3-131
M62.202	非创伤性腔隙综合征	表6-3-131
M62.203	肌间隙综合征	表6-3-131
M62.300	不动综合征（截瘫性）	表6-3-131
M62.901	肌肉肿物	表6-3-131
M66.400	肌腱的自发性破裂，其他的	表6-3-132
M67.100x041	掌腱膜挛缩	表6-3-132
M67.100x051	髂胫束挛缩	表6-3-132
M67.101	肌腱挛缩	表6-3-132
M67.102	腓肠肌腱膜挛缩症	表6-3-132
M67.103	拇指屈肌肌腱挛缩	表6-3-132
M67.104	足跖腱膜挛缩	表6-3-132
M70.600	转子滑囊炎	表6-3-133
M70.600x001	转子腱炎	表6-3-133
M70.901	体位性劳损	表6-3-133
M70.902	职业性滑囊炎	表6-3-133
M72.600	坏死性筋膜炎	表6-3-133
M72.601	肩区坏死性筋膜炎	表6-3-133
M72.602	上臂坏死性筋膜炎	表6-3-133
M72.603	前臂坏死性筋膜炎	表6-3-133
M72.604	手坏死性筋膜炎	表6-3-133
M72.605	骨盆区坏死性筋膜炎	表6-3-133
M72.606	大腿坏死性筋膜炎	表6-3-133
M72.607	小腿坏死性筋膜炎	表6-3-133
M72.608	踝坏死性筋膜炎	表6-3-133
M72.609	足坏死性筋膜炎	表6-3-133
M75.400	肩撞击综合征	表6-3-133
M76.300	髂胫带综合征	表6-3-133
M76.301	涉及髂胫带弹响髋	表6-3-133
M76.302	涉及髂胫带弹响膝	表6-3-133
M77.200	腕关节周围炎	表6-3-133
M80.100	卵巢切除术后骨质疏松伴有病理性骨折	表6-3-134
M81.100	卵巢切除术后骨质疏松	表6-3-134
M81.300	手术后吸收不良性骨质疏松	表6-3-134
M83.900	成人骨软化症	表6-3-134
M83.900x091	骨软化症	表6-3-134
M84.801	颅骨分离	表6-3-134
M86.100	急性骨髓炎，其他的	表6-3-135

续 表

疾病编码	疾病名称	排除内容
M86.200	亚急性骨髓炎	表6-3-135
M88.000	颅骨佩吉特病	表6-3-135
M89.100	骨骺生长停止	表6-3-135
M89.101	骺横线	表6-3-135
M89.500	骨质溶解	表6-3-135
M89.500x091	大块溶骨病	表6-3-135
M89.800x501	股骨非骨化性纤维瘤	表6-3-135
M89.800x601	膝关节籽骨炎	表6-3-135
M89.800x906	蜡油样骨病	表6-3-135
M89.800x908	骨瘢痕	表6-3-135
M89.802	肩胛擦响症	表6-3-135
M89.803	肩胛痛	表6-3-135
M89.804	肱骨破坏	表6-3-135
M89.808	股骨头变平	表6-3-135
M89.810	胫骨非骨化性纤维瘤	表6-3-135
M89.813	足副舟骨痛	表6-3-135
M89.816	肋骨滑脱	表6-3-135
M89.817	非骨化性纤维瘤	表6-3-135
M89.818	骨质破坏	表6-3-135
M89.819	婴儿型骨皮质肥厚	表6-3-135
M89.820	骨外露	表6-3-135
M89.821	创伤后骨膜下骨化	表6-3-135
M89.823	骨痛	表6-3-135
M89.824	骨膜下出血	表6-3-135
M89.825	骨膜骨赘形成	表6-3-135
M91.200	扁平髋	表6-3-136
M91.201	幼年骨软骨病性髋关节畸形	表6-3-136
M93.000	股骨上端（非创伤性）骨骺滑脱	表6-3-136
M95.501	扁骨盆	表6-3-137
M95.502	后天性骨盆畸形	表6-3-137
M95.503	后天性骨盆倾斜	表6-3-137
M95.504	后天性骨盆狭窄	表6-3-137
M95.505	后天性漏斗骨盆	表6-3-137
M95.506	内格勒骨盆	表6-3-137
M95.507	尖骨盆	表6-3-137
M95.508	婴儿型骨盆	表6-3-137
M95.509	后天性髂骨畸形	表6-3-137
M95.510	后天性坐骨畸形	表6-3-137
M95.801	后天性躯干畸形	表6-3-137
M95.802	后天性腹壁畸形	表6-3-137

续 表

疾病编码	疾病名称	排除内容
M96.500	放射后脊柱侧弯	表6-3-137
M99.800	生物力学损害，其他的	表6-3-137
M99.900	生物力学损害	表6-3-137
N00.301	急性系膜增殖性肾小球肾炎	表6-3-138
N00.400	急性肾炎综合征伴有弥漫性毛细血管内增生性肾小球肾炎	表6-3-138
N00.500	急性肾炎综合征伴有弥漫性肾小球系膜毛细血管性肾小球肾炎	表6-3-138
N00.600	急性肾炎综合征伴有密集沉积物病	表6-3-138
N00.700	急性肾炎综合征伴有弥漫性新月形肾小球肾炎	表6-3-138
N00.800x001	急性肾炎伴坏死性肾小球肾炎损害	表6-3-138
N00.801	急性肾小球肾炎，IgA肾病	表6-3-138
N00.802	急性增殖性肾小球肾炎	表6-3-138
N01.300x001	急进型肾炎综合征，弥漫性肾小球膜性增生性肾小球肾炎	表6-3-138
N01.800	急进型肾炎综合征，其他的	表6-3-138
N02.201	IgA肾病，膜性肾小球损害	表6-3-138
N02.203	血尿，弥漫性膜性肾小球损害	表6-3-138
N02.900	复发性和持续性血尿	表6-3-138
N02.900x001	复发性血尿	表6-3-138
N02.900x002	持续性血尿	表6-3-138
N05.600	肾炎综合征伴有密集沉积物病	表6-3-138
N07.000	遗传性肾病伴有轻微的肾小球异常，不可归类在他处者	表6-3-138
N07.100	遗传性肾病伴有局灶性和节段性肾小球损害，不可归类在他处者	表6-3-138
N07.800	遗传性肾病，其他的，不可归类在他处者	表6-3-138
N17.000	急性肾衰竭伴有肾小管坏死	表6-3-140
N17.001	急性肾小管坏死	表6-3-140
N17.002	缺血性肾病	表6-3-140
N17.100	急性肾衰竭伴有急性肾皮质坏死	表6-3-140
N17.101	急性肾皮质坏死	表6-3-140
N17.200	急性肾衰竭伴有肾髓质坏死	表6-3-140
N17.200x002	急性髓质乳头状坏死	表6-3-140
N17.200x003	肾乳头坏死	表6-3-140
N17.800	急性肾衰竭，其他的	表6-3-140
N17.900	急性肾衰竭	表6-3-140
N17.900x002	急性肾功能不全尿毒症期	表6-3-140
N17.900x003	急性肾功能不全	表6-3-140
N17.900x004	急性肾功能不全氮质血症期	表6-3-140
N17.901	急性肾损害	表6-3-140
N18.400	慢性肾脏病4期	表6-3-140
N18.400x001+D63.8*	慢性肾脏病4期相关性贫血	表6-3-140
N25.900	肾小管功能损害所致的疾患	表6-3-141
N27.100	双侧小肾	表6-3-141

续 表

疾病编码	疾病名称	排除内容
N32.000	膀胱颈梗阻	表6-3-142
N32.001	膀胱颈挛缩	表6-3-142
N32.002	膀胱颈狭窄	表6-3-142
N32.004	女性前列腺病	表6-3-142
N32.200	膀胱瘘，不可归类在他处者	表6-3-142
N32.201	膀胱腹壁瘘	表6-3-142
N32.202	膀胱输尿管瘘	表6-3-142
N32.203	膀胱尿道瘘	表6-3-142
N32.204	膀胱会阴瘘	表6-3-142
N34.300	尿道综合征	表6-3-142
N35.100x001	感染后尿道狭窄	表6-3-142
N39.100	持续性蛋白尿	表6-3-142
N39.200	直立性蛋白尿	表6-3-142
N39.400	尿失禁，其他特指的	表6-3-142
N39.401	充盈性尿失禁	表6-3-142
N39.402	创伤后尿失禁	表6-3-142
N39.403	混合性尿失禁	表6-3-142
N39.404	解剖性尿失禁	表6-3-142
N39.405	紧迫性尿失禁	表6-3-142
N39.800	泌尿系统其他特指的疾患	表6-3-142
N39.800x001	心肾综合征	表6-3-142
N42.101	前列腺充血	表6-3-143
N42.102	前列腺出血	表6-3-143
N45.000	睾丸炎、附睾炎和附睾-睾丸炎，伴有脓肿	表6-3-143
N45.001	附睾脓肿	表6-3-143
N45.002	睾丸脓肿	表6-3-143
N48.300	阴茎异常勃起	表6-3-143
N48.301	阴茎痛性勃起	表6-3-143
N49.101	精索炎	表6-3-143
N49.102	鞘膜脓肿	表6-3-143
N49.103	鞘膜炎	表6-3-143
N49.104	输精管炎	表6-3-143
N50.100x001	精索血肿	表6-3-143
N50.101	睾丸血肿	表6-3-143
N50.102	血精	表6-3-143
N50.103	阴囊血肿	表6-3-143
N64.803	乳房血肿	表6-3-144
N64.804	乳头变性	表6-3-144
N64.805	乳液囊肿	表6-3-144
N73.201	盆腔蜂窝织炎	表6-3-145

续 表

疾病编码	疾病名称	排除内容
N73.202	子宫韧带炎	表6-3-145
N73.203	子宫周围炎	表6-3-145
N76.300x001	亚急性外阴炎	表6-3-145
N76.301	慢性外阴炎	表6-3-145
N80.401	直肠阴道隔子宫内膜异位症	表6-3-146
N81.500	阴道小肠膨出	表6-3-146
N81.500x002	小肠阴道疝	表6-3-146
N81.500x003	阴道后疝	表6-3-146
N82.000	膀胱阴道瘘	表6-3-146
N82.100x001	子宫输尿管瘘	表6-3-146
N82.101	尿道阴道瘘	表6-3-146
N82.102	输尿管阴道瘘	表6-3-146
N82.103	子宫膀胱瘘	表6-3-146
N83.600	输卵管血肿	表6-3-146
N83.601	输卵管出血	表6-3-146
N88.200x001	子宫颈狭窄	表6-3-146
N88.201	宫颈闭锁	表6-3-146
N89.901	阴道肿物	表6-3-146
N92.400	绝经前期出血过多	表6-3-146
N92.400x001	更年期月经过多	表6-3-146
N92.400x003	绝经期子宫不规则出血	表6-3-146
N92.400x004	更年前期月经过多	表6-3-146
N92.401	绝经期出血	表6-3-146
N93.801	功能障碍性子宫出血	表6-3-146
N93.900	异常的子宫和阴道出血	表6-3-146
N93.901	异常子宫出血	表6-3-146
N94.000	经间痛	表6-3-146
N94.100	性交疼痛	表6-3-146
N94.200	阴道痉挛	表6-3-146
N94.900	与女性生殖器官和月经周期有关的情况	表6-3-146
N95.900x001	绝经后卵巢可扪及综合征	表6-3-146
N97.200x001	子宫粘连性不孕	表6-3-146
N97.200x002	卵子不植入	表6-3-146
N97.300	宫颈起因的女性不孕症	表6-3-146
N99.000	操作后肾衰竭	表6-3-147
N99.001	手术后肾衰竭	表6-3-147
N99.200	阴道手术后粘连	表6-3-147
N99.201	手术后阴道狭窄	表6-3-147
N99.500	泌尿道外口功能不良	表6-3-147
O00.000	腹腔妊娠	表6-3-148

续 表

疾病编码	疾病名称	排除内容
O00.001	大网膜妊娠	表6-3-148
O03.001	不完全性自然流产并发盆腔感染	表6-3-148
O03.002	不完全自然流产并发生殖道感染	表6-3-148
O03.100x001	不完全自然流产并发播散性血管内凝血	表6-3-148
O03.101	不完全性自然流产并发过度出血	表6-3-148
O03.102	不完全性自然流产并发延迟出血	表6-3-148
O03.200x001	不完全自然流产并发栓塞	表6-3-148
O03.701	完全性自然流产并发栓塞	表6-3-148
O03.702	自然流产并发栓塞	表6-3-148
O04.200x001	不完全医疗性流产并发栓塞	表6-3-148
O04.600x001	医疗性流产并发出血	表6-3-148
O04.601	医疗性流产并发播散性血管内凝血	表6-3-148
O04.602	早期医疗性流产并发过度出血	表6-3-148
O04.700x001	医疗性流产并发栓塞	表6-3-148
O04.701	医疗性流产并发羊水栓塞	表6-3-148
O05.200	不完全性流产，其他的，并发栓塞	表6-3-148
O05.700	完全性流产，其他的，并发栓塞	表6-3-148
O06.100	不完全性流产，并发延迟或过度出血	表6-3-148
O06.200	不完全性流产，并发栓塞	表6-3-148
O06.500	完全性流产，并发生殖道和盆腔感染	表6-3-148
O06.600	完全性流产，并发延迟或过度出血	表6-3-148
O06.700	完全性流产，并发栓塞	表6-3-148
O06.900	完全性流产，无并发症	表6-3-148
O07.000	医疗性流产失败，并发生殖道和盆腔感染	表6-3-148
O07.000x001	医疗性流产失败并发盆腔感染	表6-3-148
O07.000x002	医疗性流产失败并发生殖道感染	表6-3-148
O07.100x001	医疗性流产失败并发出血	表6-3-148
O07.200x001	医疗性流产失败并发栓塞	表6-3-148
O07.300	医疗性流产失败，伴有其他的并发症	表6-3-148
O07.300x001	医疗性流产失败并发代谢紊乱	表6-3-148
O07.300x002	医疗性流产失败并发休克	表6-3-148
O07.500	企图流产失败，其他或未特指的，并发生殖道和盆腔感染	表6-3-148
O07.600	企图流产失败，其他的，并发延迟或过度出血	表6-3-148
O07.700	企图流产失败，其他的，并发栓塞	表6-3-148
O07.800	企图流产失败，其他的，伴有其他的并发症	表6-3-148
O07.900x001	企图流产失败	表6-3-148
O08.200x001	流产后栓塞	表6-3-148
O08.200x002	异位妊娠后栓塞	表6-3-148
O08.200x003	葡萄胎妊娠后栓塞	表6-3-148
O08.202	流产后羊水栓塞	表6-3-148

续 表

疾病编码	疾病名称	排除内容
O08.203	流产后空气栓塞	表6-3-148
O08.204	流产后肺栓塞	表6-3-148
O08.300x003	流产后循环性虚脱	表6-3-148
O08.300x004	葡萄胎妊娠后休克	表6-3-148
O08.301	流产后休克	表6-3-148
O08.302	异位妊娠后休克	表6-3-148
O08.400x003	流产后肾小管坏死	表6-3-148
O08.400x004	异位妊娠后肾衰竭	表6-3-148
O08.400x005	葡萄胎妊娠后肾衰竭	表6-3-148
O08.401	流产后肾衰竭	表6-3-148
O08.500	流产、异位妊娠和葡萄胎妊娠后的代谢疾患	表6-3-148
O08.600x004	流产后子宫颈裂伤	表6-3-148
O08.600x005	异位妊娠后子宫破裂	表6-3-148
O08.600x006	流产后盆腔器官损伤	表6-3-148
O08.601	人工流产后肠穿孔	表6-3-148
O08.602	人工流产后子宫穿孔	表6-3-148
O08.603	人工流产后子宫韧带血肿	表6-3-148
O08.604	人工流产并发穹隆穿孔	表6-3-148
O08.700	流产、异位妊娠和葡萄胎妊娠后的其他静脉并发症	表6-3-148
O08.900	流产、异位妊娠和葡萄胎妊娠后的并发症	表6-3-148
O10.101	妊娠合并原有高血压性心脏病	表6-3-149
O10.301	妊娠合并原有高血压性心脏病和肾病	表6-3-149
O10.401	妊娠合并原有继发性高血压	表6-3-149
O12.100	妊娠蛋白尿	表6-3-149
O15.001	产前子痫	表6-3-149
O15.201	产后子痫	表6-3-149
O20.900	妊娠早期出血	表6-3-150
O22.900	妊娠期静脉并发症	表6-3-150
O22.901	妊娠期静脉炎	表6-3-150
O22.902	妊娠期静脉血栓形成	表6-3-150
O23.400	妊娠期泌尿道感染	表6-3-150
O24.000	妊娠期伴原有的1型糖尿病	表6-3-150
O24.000x021	妊娠合并原有1型糖尿病（胰岛素治疗）	表6-3-150
O28.000	孕产妇产前筛查的血液学异常所见	表6-3-150
O30.200	四胎妊娠	表6-3-151
O32.401	初产头浮	表6-3-151
O33.700	为其他胎儿变形引起的胎盆不称给予的孕产妇医疗	表6-3-151
O33.700x004	胎儿脊髓脊膜膨出引起胎盆不称	表6-3-151
O33.700x005	胎儿骶部畸胎瘤引起胎盆不称	表6-3-151
O33.700x006	胎儿肿瘤引起胎盆不称	表6-3-151

续 表

疾病编码	疾病名称	排除内容
O34.900	为盆腔器官异常给予的孕产妇医疗	表6-3-151
O35.002	胎儿侧脑室增宽	表6-3-151
O35.003	胎儿脊柱裂	表6-3-151
O35.004	胎儿脑发育异常	表6-3-151
O35.005	胎儿脑积水	表6-3-151
O35.006	胎儿脑脊膜膨出	表6-3-151
O35.007	胎儿脑囊肿	表6-3-151
O35.008	胎儿神经管缺陷	表6-3-151
O35.009	胎儿无脑畸形	表6-3-151
O35.010	胎儿Dandy-walker综合征	表6-3-151
O35.300x002	为妊娠合并风疹病毒感染所致胎儿的（可疑）损害给予的孕产妇医疗	表6-3-151
O35.300x003	为妊娠合并巨细胞病毒感染所致胎儿的（可疑）损害给予的孕产妇医疗	表6-3-151
O35.700x001	羊膜穿刺后的孕产妇医疗	表6-3-151
O35.700x002	活组织检查后的孕产妇医疗	表6-3-151
O35.700x003	侵入性胎儿手术后的孕产妇医疗	表6-3-151
O35.700x006	手术对胎儿损害的孕产妇医疗	表6-3-151
O35.701	胎儿损害由于子宫内避孕器妊娠	表6-3-151
O35.900	为（可疑）胎儿异常和损害给予的孕产妇医疗	表6-3-151
O36.001	Rh血型不合	表6-3-151
O36.002	Rh阴性抗D抗体异常	表6-3-151
O36.900	为胎儿问题给予的孕产妇医疗	表6-3-151
O45.801	子宫胎盘卒中	表6-3-151
O46.801	胎盘边缘血窦破裂	表6-3-151
O62.400x005	协调性子宫收缩过强	表6-3-152
O62.400x006	子宫痉挛性狭窄环	表6-3-152
O62.400x007	不协调性子宫收缩过强	表6-3-152
O62.401	高张力子宫功能不良	表6-3-152
O62.402	宫颈痉挛	表6-3-152
O62.403	子宫病理性收缩环	表6-3-152
O62.404	子宫难产	表6-3-152
O62.405	子宫强直性收缩	表6-3-152
O62.406	先兆子宫破裂	表6-3-152
O64.401	肩先露难产	表6-3-152
O64.501	复合先露难产	表6-3-152
O65.000x001	扁平骨盆难产	表6-3-152
O65.000x002	类人猿骨盆难产	表6-3-152
O65.001	变形骨盆难产	表6-3-152
O65.800	母体骨盆异常引起的梗阻性分娩，其他的	表6-3-152
O66.800	梗阻性分娩，其他特指的	表6-3-152
O66.901	难产	表6-3-152

续 表

疾病编码	疾病名称	排除内容
O67.800	产时出血，其他的	表6-3-152
O67.900	产时出血	表6-3-152
O68.800	产程和分娩并发胎儿应激反应的其他证据	表6-3-152
O70.300	分娩时Ⅳ度会阴裂伤	表6-3-152
O70.300x001	分娩时会阴裂伤累及肛门粘膜	表6-3-152
O70.300x002	分娩时会阴裂伤累及直肠粘膜	表6-3-152
O71.001	分娩前子宫破裂	表6-3-152
O71.100x001	分娩期子宫破裂	表6-3-152
O71.101	分娩中不完性子宫破裂	表6-3-152
O72.000	第三产程出血	表6-3-152
O72.000x003	胎盘嵌顿伴出血	表6-3-152
O72.001	胎盘粘连伴出血	表6-3-152
O72.002	胎盘滞留伴出血	表6-3-152
O72.003	胎盘植入伴出血	表6-3-152
O72.100	即刻产后出血，其他的	表6-3-152
O72.101	产后即时出血	表6-3-152
O72.201	胎膜滞留伴出血	表6-3-152
O72.202	延迟性产后出血	表6-3-152
O74.000x001	分娩期麻醉引起的吸入性肺炎	表6-3-152
O74.000x002	分娩期麻醉相关的门德尔松综合征	表6-3-152
O75.101	产科休克	表6-3-152
O75.200	产程期间发热，不可归类在他处者	表6-3-152
O75.900	产程和分娩并发症	表6-3-152
O81.000	低位产钳术	表6-3-153
O81.301	产钳助产	表6-3-153
O81.401	吸引器助产分娩	表6-3-153
O83.200	手法助产的分娩，其他的	表6-3-153
O84.900	多胎分娩	表6-3-153
O86.100x002	产褥期子宫颈炎	表6-3-154
O86.101	产褥期输卵管-卵巢炎	表6-3-154
O86.102	产褥期阴道炎	表6-3-154
O87.000	产褥期血栓性浅静脉炎	表6-3-154
O87.100	产褥期深静脉血栓形成	表6-3-154
O87.801	产褥期外阴静脉曲张	表6-3-154
O87.802	产褥期下肢静脉曲张	表6-3-154
O88.000	产科空气栓塞	表6-3-154
O88.100	羊水栓塞	表6-3-154
O88.101	妊娠过敏样综合征	表6-3-154
O88.200	产科血凝块栓塞	表6-3-154
O88.201	产科肺栓塞	表6-3-154

续 表

疾病编码	疾病名称	排除内容
O88.300x001	产科脓血性栓塞	表6-3-154
O88.300x002	产科脓毒性栓塞	表6-3-154
O88.800x001	产科脂肪栓塞	表6-3-154
O89.400	产褥期中脊髓和硬膜外麻醉诱发的头痛	表6-3-154
O89.900	产褥期中麻醉并发症	表6-3-154
O90.000	剖宫产术的伤口破裂	表6-3-154
O90.201	产后会阴伤口血肿	表6-3-154
O90.202	产后阴道伤口血肿	表6-3-154
O90.400	产后急性肾衰竭	表6-3-154
O90.400x002	产褥期肝肾综合征	表6-3-154
O91.100x001	妊娠期化脓性乳腺炎	表6-3-154
O91.101	产褥期乳腺脓肿	表6-3-154
O91.102	产褥期化脓性乳腺炎	表6-3-154
O92.300	无乳	表6-3-154
P00.401	母体营养不良新生儿	表6-3-156
P00.900	胎儿和新生儿受母体情况的影响	表6-3-156
P01.200	胎儿和新生儿受羊水过少的影响	表6-3-156
P01.501	双胎儿	表6-3-156
P01.502	三胎儿	表6-3-156
P02.200	胎儿和新生儿受胎盘其他形态和功能异常的影响	表6-3-156
P03.601	母体宫缩乏力新生儿	表6-3-156
P04.101	母体服抗凝药新生儿	表6-3-156
P04.102	母体癌症化疗新生儿	表6-3-156
P05.001	低体重儿	表6-3-157
P05.200	胎儿营养不良	表6-3-157
P07.000	极低出生体重（小于999克）	表6-3-157
P07.001	极低出生体重儿（500-999克）	表6-3-157
P07.002	极低出生体重儿（小于499克）	表6-3-157
P10.400	产伤引起的脑幕撕裂	表6-3-158
P10.800	产伤引起的其他颅内撕裂和出血	表6-3-158
P11.000	产伤引起的脑水肿	表6-3-158
P11.200	产伤引起的脑损害	表6-3-158
P11.500x002	新生儿脊髓损伤	表6-3-158
P11.500x003	新生儿脊柱损伤	表6-3-158
P12.000x001	新生儿头颅血肿	表6-3-158
P12.900	头皮产伤	表6-3-158
P13.200	股骨产伤	表6-3-158
P13.400	产伤引起的锁骨骨折	表6-3-158
P13.900	骨骼产伤	表6-3-158
P14.300	臂丛神经的产伤，其他的	表6-3-158

续 表

疾病编码	疾病名称	排除内容
P15.100	脾的产伤	表6-3-158
P15.600	产伤引起的皮下脂肪坏死	表6-3-158
P15.800x004	新生儿软组织挤压伤	表6-3-158
P15.801	产伤致新生儿咽部损伤	表6-3-158
P15.802	产伤致新生儿肛门裂伤	表6-3-158
P15.803	产伤致新生儿足挫伤	表6-3-158
P15.804	产伤致新生儿皮肤损伤	表6-3-158
P21.900	出生窒息	表6-3-159
P21.900x002	新生儿低氧血症	表6-3-159
P22.900	新生儿的呼吸窘迫	表6-3-159
P23.000x001	新生儿病毒性肺炎	表6-3-159
P23.200	葡萄球菌性先天性肺炎	表6-3-159
P23.800	先天性肺炎，其他病原体引起的	表6-3-159
P26.000	起源于围生期的气管支气管出血	表6-3-159
P26.100	起源于围生期的大量肺出血	表6-3-159
P26.900	起源于围生期的肺出血	表6-3-159
P27.000	威尔逊-米基迪综合征	表6-3-159
P27.000x001	肺发育未成熟	表6-3-159
P27.900	起源于围生期的慢性呼吸性疾病	表6-3-159
P28.000	新生儿原发性肺不张	表6-3-159
P28.400	新生儿的其他呼吸暂停	表6-3-159
P28.401	阻塞性新生儿呼吸暂停	表6-3-159
P28.402	早产儿呼吸暂停	表6-3-159
P28.500	新生儿呼吸衰竭	表6-3-159
P29.000	新生儿心力衰竭	表6-3-159
P35.400	先天性寨卡病毒病	表6-3-160
P35.401	先天性寨卡病毒病引起的小头畸形	表6-3-160
P35.900	先天性病毒性疾病	表6-3-160
P35.900x001	新生儿病毒血症	表6-3-160
P36.000	B族链球菌性新生儿脓毒症	表6-3-160
P36.101	链球菌性新生儿脓毒症	表6-3-160
P36.200	金黄色酿脓葡萄球菌性新生儿脓毒症	表6-3-160
P36.301	葡萄球菌性新生儿脓毒症	表6-3-160
P36.400	大肠杆菌性新生儿脓毒症	表6-3-160
P36.500	厌氧菌性新生儿脓毒症	表6-3-160
P36.800x001	新生儿铜绿假单胞菌脓毒症	表6-3-160
P36.800x002	新生儿肺炎克雷伯菌脓毒症	表6-3-160
P36.800x003	新生儿阴沟肠杆菌脓毒症	表6-3-160
P36.800x004	新生儿不动杆菌脓毒症	表6-3-160
P36.800x005	新生儿枸橼酸杆菌脓毒症	表6-3-160

续 表

疾病编码	疾病名称	排除内容
P36.900	新生儿的细菌性脓毒症	表6-3-160
P36.901	新生儿脓毒症	表6-3-160
P36.902	新生儿菌血症	表6-3-160
P50.000	前置血管所致的胎儿失血	表6-3-161
P50.200	胎盘所致的胎儿失血	表6-3-161
P51.801	新生儿脐带结扎滑脱	表6-3-161
P51.900	新生儿的脐带出血	表6-3-161
P52.300	胎儿和新生儿的脑室内（非创伤性）出血	表6-3-161
P54.000	新生儿呕血	表6-3-161
P54.200	新生儿直肠出血	表6-3-161
P55.000x002	新生儿Rh血型不合溶血性贫血	表6-3-161
P55.001	新生儿抗D抗体增高	表6-3-161
P55.002	新生儿RH溶血症	表6-3-161
P58.000	挫伤引起的新生儿黄疸	表6-3-161
P58.300	红细胞增多引起的新生儿黄疸	表6-3-161
P59.301	新生儿母乳性黄疸	表6-3-161
P61.200	早产性贫血	表6-3-161
P61.601	新生儿低凝血酶原血症	表6-3-161
P61.800	围生期血液疾患，其他特指的	表6-3-161
P70.400x001	新生儿低血糖症	表6-3-162
P70.400x002	新生儿短暂性低血糖症	表6-3-162
P70.401	新生儿顽固性低血糖	表6-3-162
P70.801	新生儿高血糖症	表6-3-162
P70.900	胎儿和新生儿的暂时性碳水化合物代谢疾患	表6-3-162
P72.000	新生儿甲状腺肿，不可归类在他处者	表6-3-162
P74.100	新生儿脱水	表6-3-162
P76.000	胎粪堵塞综合征	表6-3-163
P78.300x001	新生儿非感染性腹泻	表6-3-163
P78.300x002	非感染新生儿性肠炎	表6-3-163
P78.300x003	新生儿生理性腹泻	表6-3-163
P78.300x005	非感染性新生儿结肠炎	表6-3-163
P80.900	新生儿低温症	表6-3-164
P81.901	新生儿脱水热	表6-3-164
P81.902	新生儿发热	表6-3-164
P91.500	新生儿昏迷	表6-3-165
P91.700	后天性新生儿脑积水	表6-3-165
P91.900	新生儿大脑障碍	表6-3-165
P91.900x001	围生期脑损伤	表6-3-165
P92.000	新生儿呕吐	表6-3-165
P92.001	新生儿贲门松弛	表6-3-165

续 表

疾病编码	疾病名称	排除内容
P92.500	新生儿母乳喂养困难	表6-3-165
P92.800x001	新生儿喂养不当	表6-3-165
P92.800x003	新生儿喂养不耐受	表6-3-165
P94.000	短暂性新生儿重症肌无力	表6-3-165
P94.100x001	先天性肌张力增高	表6-3-165
P96.000x001	先天性肾功能衰竭	表6-3-165
P96.000x002	新生儿尿毒症	表6-3-165
P96.300	新生儿宽颅缝	表6-3-165
P96.301	新生儿颅骨软化	表6-3-165
P96.801	新生儿多器官功能损害	表6-3-165
Q01.000	额部脑膨出	表6-3-166
Q03.101	第四脑室外侧孔闭锁	表6-3-166
Q03.102	第四脑室孔闭塞综合征	表6-3-166
Q03.103	第四脑室正中孔闭锁	表6-3-166
Q04.100	无嗅脑畸形	表6-3-166
Q05.300	骶段脊柱裂伴有脑积水	表6-3-166
Q05.300x002	骶段脊髓脊膜膨出伴脑积水	表6-3-166
Q05.600	胸段脊柱裂不伴有脑积水	表6-3-166
Q05.600x002	胸段脊髓脊膜膨出	表6-3-166
Q06.200	脊髓纵裂	表6-3-166
Q06.400	脊髓积水	表6-3-166
Q06.400x002	先天性椎管积水	表6-3-166
Q06.800x002	双脊髓畸形	表6-3-166
Q06.800x003	先天性脊髓低位	表6-3-166
Q06.800x005	椎管内肠源性囊肿	表6-3-166
Q06.801	先天性脊髓栓系综合征	表6-3-166
Q10.400	泪器缺如或发育不全	表6-3-167
Q10.401	先天性泪器发育不全	表6-3-167
Q10.402	先天性泪点缺失	表6-3-167
Q10.403	先天性泪小点闭锁	表6-3-167
Q10.404	先天性鼻泪管缺如	表6-3-167
Q10.700	眼眶先天性畸形	表6-3-167
Q10.701	先天性眶距增宽症	表6-3-167
Q11.200	小眼畸形	表6-3-167
Q11.200x001	先天性小眼球	表6-3-167
Q11.201	眼发育不全	表6-3-167
Q11.202	隐眼	表6-3-167
Q11.203	真性小眼球	表6-3-167
Q12.200	晶状体缺损	表6-3-167
Q13.000	虹膜缺损	表6-3-167

续　表

疾病编码	疾病名称	排除内容
Q13.100	虹膜缺如	表6-3-167
Q13.101+H42.8*	无虹膜青光眼	表6-3-167
Q13.201	先天性瞳孔闭锁	表6-3-167
Q13.202	先天性瞳孔大小不等	表6-3-167
Q13.203	先天性瞳孔异位	表6-3-167
Q13.801	里格尔异常	表6-3-167
Q13.802	永存瞳孔膜	表6-3-167
Q13.803	阿克森费尔德-里格尔综合征	表6-3-167
Q14.801	眼底缺损	表6-3-167
Q14.900	眼后段先天性畸形	表6-3-167
Q15.900	眼先天性畸形	表6-3-167
Q16.000	先天性无（耳）郭	表6-3-167
Q16.101	先天性外耳道缺如	表6-3-167
Q16.102	先天性外耳道闭锁	表6-3-167
Q16.103	先天性外耳道狭窄	表6-3-167
Q16.200	无咽鼓管	表6-3-167
Q16.400	中耳其他的先天性畸形	表6-3-167
Q16.401	中耳缺失	表6-3-167
Q18.500	小口畸形	表6-3-167
Q20.200	左心室双出口	表6-3-168
Q20.200x002	先天性左心室瘘	表6-3-168
Q20.400	双入口心室	表6-3-168
Q20.500	房室连接不协调	表6-3-168
Q20.500x001	心室反位	表6-3-168
Q20.600	心耳异构	表6-3-168
Q20.600x001	心房异构	表6-3-168
Q20.601	先天性心耳畸形	表6-3-168
Q22.900	三尖瓣先天性畸形	表6-3-168
Q25.400x009	先天性主动脉憩室	表6-3-168
Q25.400x010	先天性主动脉骑跨	表6-3-168
Q25.400x012	先天性主动脉窦畸形	表6-3-168
Q25.400x013	先天性主动脉左房分流	表6-3-168
Q25.401	先天性高主动脉弓	表6-3-168
Q25.402	先天性双主动脉弓	表6-3-168
Q25.403	先天性主动脉窦动脉瘤破裂	表6-3-168
Q25.404	先天性主动脉弓断离	表6-3-168
Q25.405	先天性主动脉弓发育不良	表6-3-168
Q25.406	先天性主动脉扩张	表6-3-168
Q25.407	先天性主动脉右位	表6-3-168
Q25.408	主动脉窦动脉瘤	表6-3-168

续　表

疾病编码	疾病名称	排除内容
Q26.400	肺静脉连接异常	表6-3-168
Q26.600	门静脉-肝动脉瘘	表6-3-168
Q27.000	先天性脐动脉缺如和发育不全	表6-3-168
Q27.001	先天性脐动脉缺如	表6-3-168
Q27.200x002	先天性肾动脉畸形	表6-3-168
Q27.200x003	多肾动脉	表6-3-168
Q30.800x003	先天性鼻头肥大	表6-3-169
Q30.800x004	上颌梨状孔发育不良	表6-3-169
Q30.800x005	先天性副鼻	表6-3-169
Q30.800x006	先天性鼻正中瘘	表6-3-169
Q30.800x007	先天性鼻瘘	表6-3-169
Q30.800x008	鼻神经胶质瘤	表6-3-169
Q30.801	鼻窦发育异常	表6-3-169
Q30.802	鼻窦异常骨间隔	表6-3-169
Q30.804	鼻中隔气化	表6-3-169
Q30.805	鼻翼畸形	表6-3-169
Q31.301	先天性喉囊肿	表6-3-169
Q34.000	胸膜异常	表6-3-169
Q35.100	硬腭裂	表6-3-170
Q35.101	双侧部分硬腭裂	表6-3-170
Q35.300	软腭裂	表6-3-170
Q35.301	软腭穿孔	表6-3-170
Q35.302	隐性腭裂	表6-3-170
Q36.000	双侧唇裂	表6-3-170
Q36.001	双侧完全唇裂	表6-3-170
Q36.002	双侧混合型唇裂	表6-3-170
Q36.003	双侧不完全唇裂	表6-3-170
Q36.004	双侧Ⅰ度唇裂	表6-3-170
Q36.005	双侧Ⅱ度唇裂	表6-3-170
Q36.006	双侧Ⅲ度唇裂	表6-3-170
Q36.900	单侧唇裂	表6-3-170
Q36.900x003	先天性唇裂术后继发畸形	表6-3-170
Q36.901	单侧完全唇裂	表6-3-170
Q36.902	单侧不完全唇裂	表6-3-170
Q36.903	隐性单侧唇裂	表6-3-170
Q36.904	单侧Ⅰ度唇裂	表6-3-170
Q36.905	单侧Ⅱ度唇裂	表6-3-170
Q36.906	单侧Ⅲ度唇裂	表6-3-170
Q38.400	涎腺和导管先天性畸形	表6-3-171
Q38.400x001	先天性唾液腺瘘	表6-3-171

续　表

疾病编码	疾病名称	排除内容
Q38.400x002	先天性唾液腺畸形	表6-3-171
Q38.500x002	先天性无悬雍垂	表6-3-171
Q38.500x003	先天性腭畸形	表6-3-171
Q38.500x005	悬雍垂过长	表6-3-171
Q38.500x006	高腭弓	表6-3-171
Q38.500x007	先天性软腭缺如	表6-3-171
Q38.500x009	先天性腭咽闭合过度	表6-3-171
Q38.501	软腭发育不全	表6-3-171
Q38.502	先天性腭瘘	表6-3-171
Q39.200x011	先天性气管食管瘘	表6-3-171
Q39.900	食管先天性畸形	表6-3-171
Q40.300	胃先天性畸形	表6-3-171
Q40.900	上消化道先天性畸形	表6-3-171
Q41.101	先天性空肠狭窄	表6-3-171
Q41.102	先天性空肠闭锁	表6-3-171
Q41.103	苹果皮综合征	表6-3-171
Q41.104	先天性空肠缺如	表6-3-171
Q44.300	先天性胆管狭窄	表6-3-171
Q44.301	先天性胆管闭塞性黄疸	表6-3-171
Q45.900	消化系统先天性畸形	表6-3-171
Q50.300x101	先天性卵巢条索状	表6-3-172
Q50.301	副卵巢	表6-3-172
Q50.302	卵巢异位	表6-3-172
Q50.303	小卵巢	表6-3-172
Q50.400	输卵管胚胎性囊肿	表6-3-172
Q50.401	苗勒管囊肿	表6-3-172
Q51.300	双角子宫	表6-3-172
Q51.501	先天性宫颈缺如	表6-3-172
Q51.502	先天性宫颈不发育	表6-3-172
Q51.600	宫颈胚胎性囊肿	表6-3-172
Q51.701	先天性子宫尿道瘘	表6-3-172
Q51.702	先天性子宫直肠瘘	表6-3-172
Q51.900	子宫和宫颈先天性畸形	表6-3-172
Q51.901	先天性宫颈畸形	表6-3-172
Q52.000	先天性无阴道	表6-3-172
Q52.400x006	阴道苗勒管囊肿	表6-3-172
Q52.400x007	阴道加特纳囊肿	表6-3-172
Q52.401	阴道腺病	表6-3-172
Q52.402	先天性阴道闭锁	表6-3-172
Q52.403	先天性阴道狭窄	表6-3-172

续 表

疾病编码	疾病名称	排除内容
Q52.404	先天性阴道努克管囊肿	表6-3-172
Q52.405	处女膜过长	表6-3-172
Q52.406	尿道口处女膜病	表6-3-172
Q52.407	伞状尿道口处女膜病	表6-3-172
Q52.408	先天性处女膜增厚	表6-3-172
Q52.700x003	先天性阴唇肥厚	表6-3-172
Q52.700x004	先天性外阴缺如	表6-3-172
Q52.700x005	先天性直肠会阴瘘	表6-3-172
Q52.701	女性会阴发育异常	表6-3-172
Q52.702	女性外阴发育异常	表6-3-172
Q52.703	先天性外阴囊肿	表6-3-172
Q53.200	双侧睾丸未降	表6-3-172
Q53.200x001	双侧睾丸下降不全	表6-3-172
Q53.201	双侧腹腔型隐睾	表6-3-172
Q53.202	双侧腹股沟型隐睾	表6-3-172
Q54.300	会阴部尿道下裂	表6-3-172
Q55.900	男性生殖器官先天性畸形	表6-3-172
Q55.901	男性生殖器官发育不全	表6-3-172
Q56.200	女性假两性畸形，不可归类在他处者	表6-3-172
Q56.300	假两性畸形	表6-3-172
Q60.300	单侧肾发育不全	表6-3-173
Q60.600	波特综合征	表6-3-173
Q61.000	先天性单个肾囊肿	表6-3-173
Q64.700x201	先天性膀胱脱垂	表6-3-173
Q64.700x601	先天性巨尿道	表6-3-173
Q64.700x701	巨膀胱-巨输尿管综合征	表6-3-173
Q64.700x801	先天性尿道空洞性脊髓突出	表6-3-173
Q64.700x901	先天性脐膀胱瘘	表6-3-173
Q64.700x902	先天性膀胱疝	表6-3-173
Q64.700x904	先天性尿道粘膜脱垂	表6-3-173
Q64.701	先天性尿道畸形	表6-3-173
Q64.702	双尿道	表6-3-173
Q64.703	双尿道口	表6-3-173
Q64.704	先天性尿道直肠瘘	表6-3-173
Q64.705	先天性尿道憩室	表6-3-173
Q64.706	异位尿道口	表6-3-173
Q64.707	双膀胱	表6-3-173
Q64.708	先天性尿道膨出	表6-3-173
Q65.000	先天性髋脱位，单侧	表6-3-174
Q65.100	先天性髋脱位，双侧	表6-3-174

续 表

疾病编码	疾病名称	排除内容
Q65.300	先天性髋半脱位，单侧	表6-3-174
Q66.300	足的其他先天性内翻变形	表6-3-174
Q68.300	先天性股骨弯曲	表6-3-174
Q68.300x001	先天性弓形股骨	表6-3-174
Q68.300x002	先天性股骨短缩畸形	表6-3-174
Q70.100	蹼状指	表6-3-174
Q71.000	上肢先天性完全缺如	表6-3-174
Q71.200x001	先天性前臂缺如	表6-3-174
Q71.200x002	先天性手缺如	表6-3-174
Q72.300x302	先天性单足缺如	表6-3-174
Q72.800x002	先天性股骨发育不良	表6-3-174
Q72.800x003	股骨滑车发育不良	表6-3-174
Q73.100	四肢短肢［海豹肢畸形］	表6-3-174
Q75.100	颅面骨发育不全	表6-3-174
Q75.101	克鲁宗病	表6-3-174
Q75.200	器官距离过远	表6-3-174
Q75.200x001	眶距增宽症	表6-3-174
Q76.100	先天性短颈综合征	表6-3-174
Q76.100x004	先天性环枕融合	表6-3-174
Q76.800	胸廓的其他先天性畸形	表6-3-174
Q77.000	软骨成长不全	表6-3-174
Q77.700	脊椎骨骺发育不良	表6-3-174
Q77.701	进行性假性类风湿发育不良症	表6-3-174
Q77.900	骨软骨发育不良伴有管状骨和脊柱发育缺陷	表6-3-174
Q78.200	骨硬化症	表6-3-174
Q78.201	播散性骨硬化病	表6-3-174
Q79.101	先天性膈畸形	表6-3-174
Q79.102	先天性膈膨升	表6-3-174
Q79.103	先天性膈缺如	表6-3-174
Q79.500	腹壁的其他先天性畸形	表6-3-174
Q79.501	先天性脐畸形	表6-3-174
Q81.000	单纯性大疱性表皮松解症	表6-3-175
Q81.200	营养不良性大疱性表皮松解症	表6-3-175
Q83.000	先天性无乳房和乳头	表6-3-175
Q83.200	无乳头	表6-3-175
Q85.100	结节性硬化症	表6-3-175
Q85.801	息肉-色素沉着-脱发-爪甲营养不良综合征	表6-3-175
Q85.802	波伊茨-耶格综合征	表6-3-175
Q85.804	冯·希佩尔-林道综合征	表6-3-175
Q85.805	斯特奇-卡利舍-韦伯综合征	表6-3-175

续 表

疾病编码	疾病名称	排除内容
Q85.806	脑膜血管瘤病	表6-3-175
Q87.400	马方综合征	表6-3-175
Q87.500	其他先天性畸形综合征，伴有其他骨改变	表6-3-175
Q91.200	三体性18，易位，爱德华兹综合征	表6-3-176
Q91.700	帕套综合征	表6-3-176
Q92.200	常染色体大部分三体性	表6-3-176
Q92.400	常染色体仅出现于前中期的重复	表6-3-176
Q95.000	正常个体中平衡易位和插入	表6-3-176
Q96.000	核型45，X，特纳综合征	表6-3-176
Q98.500	核型47，XYY	表6-3-176
Q99.100	46，XX真两性同体	表6-3-176
Q99.100x003	46，XY性发育异常	表6-3-176
Q99.101	单纯性性腺发育不全	表6-3-176
Q99.102	单纯性性腺发育障碍症	表6-3-176
R04.900	呼吸道出血	表6-3-177
R06.805	呼吸暂停	表6-3-177
R09.200	呼吸停止	表6-3-177
R09.201	心脏呼吸衰竭	表6-3-177
R29.400	弹响髋	表6-3-178
R29.600	跌倒倾向，不可归类在他处者	表6-3-178
R30.000	排尿困难	表6-3-179
R30.000x002	痛性尿淋漓	表6-3-179
R39.000	尿外渗	表6-3-179
R40.100	木僵	表6-3-180
R40.100x002	中昏迷	表6-3-180
R40.100x003	浅昏迷	表6-3-180
R40.100x005	亚木僵	表6-3-180
R40.200	昏迷	表6-3-180
R40.200x002	一过性意识丧失	表6-3-180
R40.200x004	深昏迷	表6-3-180
R40.200x005	意识模糊	表6-3-180
R40.201	意识丧失	表6-3-180
R41.100	顺行性遗忘	表6-3-180
R41.300x001	遗忘	表6-3-180
R41.800x002	逻辑障碍	表6-3-180
R41.801	智能减退	表6-3-180
R44.000	幻听	表6-3-180
R44.300	幻觉	表6-3-180
R47.000x001	失语	表6-3-181
R47.000x005	完全性失语	表6-3-181

续 表

疾病编码	疾病名称	排除内容
R47.000x006	传导性失语	表6-3-181
R47.000x008	丘脑性失语	表6-3-181
R47.001	语言困难	表6-3-181
R47.002	命名性失语	表6-3-181
R47.003	运动性失语	表6-3-181
R47.004	混合性失语	表6-3-181
R48.100	失认	表6-3-181
R49.000	发声困难	表6-3-181
R49.001	声嘶	表6-3-181
R49.100	失声	表6-3-181
R50.200	药物性发热	表6-3-182
R50.800x002	发热伴强直	表6-3-182
R50.801	发热伴恶寒	表6-3-182
R50.802	发热伴寒颤	表6-3-182
R50.803	持续性发热	表6-3-182
R52.000	急性疼痛	表6-3-182
R57.000	心源性休克	表6-3-182
R57.100	血容量不足性休克	表6-3-182
R57.101	失血性休克	表6-3-182
R57.200	脓毒性休克	表6-3-182
R57.800x003	内毒素性休克	表6-3-182
R57.801	梗阻性休克	表6-3-182
R57.802	血管舒张性休克	表6-3-182
R57.803	神经源性休克	表6-3-182
R57.900	休克	表6-3-182
R57.900x002	周围循环衰竭	表6-3-182
R57.901	循环衰竭	表6-3-182
R65.000	传染性病因的全身炎症反应综合征不伴有器官衰竭	表6-3-182
R65.100	传染性病因的全身炎症反应综合征伴有器官衰竭	表6-3-182
R65.101	重症脓毒症	表6-3-182
R65.301	非感染性多器官功能障碍综合征（MODS）	表6-3-182
R68.000	低温，与低温环境无关	表6-3-182
R68.800x001	多脏器功能衰竭	表6-3-182
R68.800x002	衰弱状态	表6-3-182
R68.801	毒血症	表6-3-182
R76.900	血清免疫学异常所见	表6-3-183
R77.000	清蛋白［白蛋白］异常	表6-3-183
R78.700	血中发现重金属水平异常	表6-3-183
R78.900	血中发现通常不出现的物质	表6-3-183
R82.600x001	尿中重金属水平异常	表6-3-184

续　表

疾病编码	疾病名称	排除内容
R82.700	尿的微生物学检查的异常所见	表6-3-184
R82.800	尿的细胞学和组织学检查的异常所见	表6-3-184
R83.400	脑脊液异常的免疫学所见	表6-3-185
R84.800	呼吸器官和胸腔标本的其他异常所见	表6-3-185
R87.400	女性生殖器官标本的异常的免疫学所见	表6-3-185
R87.500	女性生殖器官标本的异常的微生物学所见	表6-3-185
R87.700	女性生殖器官标本的异常的组织学所见	表6-3-185
R87.800	女性生殖器官标本的其他异常所见	表6-3-185
R89.600	器官、系统和组织标本的异常的细胞学所见，其他的	表6-3-185
S06.204	创伤性脑疝	表6-3-187
S06.400	硬膜外出血	表6-3-187
S06.401	创伤性闭合性硬膜外血肿	表6-3-187
S06.500	创伤性硬膜下出血	表6-3-187
S06.500x002	创伤性硬脑膜下血肿	表6-3-187
S06.500x004	急性创伤性硬脑膜下血肿	表6-3-187
S06.500x005	亚急性创伤性硬脑膜下出血	表6-3-187
S06.500x006	亚急性创伤性硬脑膜下血肿	表6-3-187
S06.500x007	慢性创伤性硬脑膜下出血	表6-3-187
S06.501	创伤性急性硬膜下出血	表6-3-187
S06.502	创伤性慢性硬膜下血肿	表6-3-187
S06.700	颅内损伤伴有延长的昏迷	表6-3-187
S06.700x001	闭合性颅脑损伤轻型	表6-3-187
S06.700x002	闭合性颅脑损伤中型	表6-3-187
S06.700x003	闭合性颅脑损伤重型	表6-3-187
S06.700x004	闭合性颅脑损伤特重型	表6-3-187
S06.700x005	开放性颅脑损伤轻型	表6-3-187
S06.700x006	开放性颅脑损伤中型	表6-3-187
S06.700x007	开放性颅脑损伤重型	表6-3-187
S06.700x008	开放性颅脑损伤特重型	表6-3-187
S06.710	开放性颅内损伤伴长时间昏迷	表6-3-187
S06.800x002	创伤性脑内血肿	表6-3-187
S06.800x004	创伤性小脑血肿	表6-3-187
S06.800x007	创伤性颅内血肿	表6-3-187
S06.801	创伤性小脑出血	表6-3-187
S06.802	创伤性脑出血	表6-3-187
S06.804	创伤性颅内出血	表6-3-187
S08.800	头部其他部位的创伤性切断	表6-3-187
S08.801	创伤性鼻切断	表6-3-187
S10.801	会厌浅表损伤	表6-3-188
S14.001	颈部脊髓水肿	表6-3-188

续 表

疾病编码	疾病名称	排除内容
S14.002	颈部脊髓震荡	表6-3-188
S14.100x011	颈部脊髓完全损伤	表6-3-188
S14.100x021	颈部脊髓中央损伤综合征	表6-3-188
S14.100x022	脊髓中央管综合征	表6-3-188
S14.100x031	颈部脊髓前索综合征	表6-3-188
S14.100x032	颈部脊髓不完全损伤	表6-3-188
S14.100x033	颈部脊髓后索综合征	表6-3-188
S14.100x701	颈部脊髓功能损伤	表6-3-188
S14.100x711	颈部脊髓功能损伤C1	表6-3-188
S14.100x721	颈部脊髓功能损伤C2	表6-3-188
S14.100x731	颈部脊髓功能损伤C3	表6-3-188
S14.100x741	颈部脊髓功能损伤C4	表6-3-188
S14.100x751	颈部脊髓功能损伤C5	表6-3-188
S14.100x761	颈部脊髓功能损伤C6	表6-3-188
S14.100x771	颈部脊髓功能损伤C7	表6-3-188
S14.100x781	颈胸段脊髓功能损伤	表6-3-188
S14.101	颈部脊髓损伤	表6-3-188
S14.200	颈椎棘突神经根的损伤	表6-3-188
S14.200x001	颈脊神经根损伤	表6-3-188
S14.300	臂丛损伤	表6-3-188
S14.400	颈部周围神经损伤	表6-3-188
S14.500	颈部交感神经损伤	表6-3-188
S14.601	颈部神经损伤	表6-3-188
S20.700	胸部多处浅表损伤	表6-3-189
S22.000x003	胸椎压缩性骨折	表6-3-189
S22.000x005	胸椎神经弓骨折	表6-3-189
S22.000x006	胸椎棘突骨折	表6-3-189
S22.000x007	胸椎横突骨折	表6-3-189
S22.000x009	胸椎椎弓骨折	表6-3-189
S22.000x011	胸椎骨折T1/T2	表6-3-189
S22.000x021	胸椎骨折T3/T4	表6-3-189
S22.000x031	胸椎骨折T5/T6	表6-3-189
S22.000x041	胸椎骨折T7/T8	表6-3-189
S22.000x051	胸椎骨折T9/T10	表6-3-189
S22.000x061	胸椎骨折T11/T12	表6-3-189
S22.010	开放性胸椎骨折	表6-3-189
S25.000	胸主动脉损伤	表6-3-189
S25.001	创伤性胸主动脉瘤	表6-3-189
S25.100x002	无名动脉损伤	表6-3-189
S25.101	锁骨下动脉损伤	表6-3-189

续 表

疾病编码	疾病名称	排除内容
S25.200x001	腔静脉损伤	表6-3-189
S25.201	创伤性上腔静脉破裂	表6-3-189
S25.300x001	无名静脉损伤	表6-3-189
S25.301	锁骨下静脉损伤	表6-3-189
S25.400	肺血管损伤	表6-3-189
S25.401	创伤性肺动脉破裂	表6-3-189
S26.000x001	创伤性心包积血	表6-3-189
S26.000x002	创伤性心包填塞	表6-3-189
S26.010	开放性心包积血	表6-3-189
S26.800x011	心脏挫伤	表6-3-189
S26.800x021	心脏撕裂伤	表6-3-189
S26.800x031	心脏撕裂伤伴心室穿透	表6-3-189
S26.800x082	心脏穿透性损伤	表6-3-189
S26.800x083	创伤性心脏破裂	表6-3-189
S26.801	创伤性心包破裂	表6-3-189
S26.810	开放性心脏特指损伤	表6-3-189
S26.811	开放性心脏穿通伤	表6-3-189
S26.812	开放性心脏破裂	表6-3-189
S26.813	心脏异物	表6-3-189
S26.900	心脏损伤	表6-3-189
S26.910	开放性心脏损伤	表6-3-189
S27.100	创伤性血胸	表6-3-189
S27.110	开放性血胸	表6-3-189
S27.200	创伤性血气胸	表6-3-189
S27.210	开放性血气胸	表6-3-189
S27.300x012	肺血肿	表6-3-189
S27.301	肺挫伤	表6-3-189
S27.302	创伤性肺破裂	表6-3-189
S27.303	创伤性肺韧带撕裂	表6-3-189
S27.310	开放性肺特指损伤	表6-3-189
S27.311	开放性肺破裂	表6-3-189
S27.312	开放性肺内异物	表6-3-189
S27.313	肺穿透伤	表6-3-189
S28.000	胸部挤压伤	表6-3-189
S28.100	胸的部分创伤性切断	表6-3-189
S30.700	腹部、下背和骨盆多处浅表损伤	表6-3-190
S30.800x001	臀部浅表损伤	表6-3-190
S30.800x002	腹上部浅表损伤	表6-3-190
S30.800x003	外生殖器浅表损伤	表6-3-190
S30.800x004	胁腹浅表损伤	表6-3-190

续 表

疾病编码	疾病名称	排除内容
S30.801	腹壁浅表异物	表6-3-190
S34.000x002	腰部脊髓震荡	表6-3-190
S34.001	腰部脊髓水肿	表6-3-190
S34.100x001	腰部脊髓损伤	表6-3-190
S34.100x002	腰部脊髓完全损伤	表6-3-190
S34.100x003	腰部脊髓不完全损伤	表6-3-190
S34.100x701	腰部脊髓功能损伤	表6-3-190
S34.100x711	腰部脊髓功能损伤L1	表6-3-190
S34.100x721	腰部脊髓功能损伤L2	表6-3-190
S34.100x731	腰部脊髓功能损伤L3	表6-3-190
S34.100x741	腰部脊髓功能损伤L4	表6-3-190
S34.100x751	腰部脊髓功能损伤L5	表6-3-190
S34.100x761	骶部脊髓功能损伤	表6-3-190
S35.000	腹主动脉损伤	表6-3-190
S35.001	创伤性腹主动脉瘤	表6-3-190
S35.100	下腔静脉损伤	表6-3-190
S35.100x003	肝静脉损伤	表6-3-190
S35.101	创伤性下腔静脉破裂	表6-3-190
S35.102	创伤性肝静脉破裂	表6-3-190
S35.200x001	腹腔动脉损伤	表6-3-190
S35.200x003	胃十二指肠动脉损伤	表6-3-190
S35.200x004	肝动脉损伤	表6-3-190
S35.200x005	肠系膜下动脉损伤	表6-3-190
S35.200x006	肠系膜上动脉损伤	表6-3-190
S35.200x007	脾动脉损伤	表6-3-190
S35.201	肠系膜动脉损伤	表6-3-190
S35.202	胃动脉损伤	表6-3-190
S35.203	创伤性胃动脉破裂	表6-3-190
S35.204	创伤性肝动脉破裂	表6-3-190
S35.205	创伤性脾动脉破裂	表6-3-190
S35.300x001	门静脉损伤	表6-3-190
S35.300x002	脾静脉损伤	表6-3-190
S35.300x003	肠系膜下静脉损伤	表6-3-190
S35.300x004	肠系膜上静脉损伤	表6-3-190
S35.300x005	肠系膜静脉损伤	表6-3-190
S35.301	创伤性肠系膜静脉破裂	表6-3-190
S35.302	创伤性脾静脉破裂	表6-3-190
S35.400x001	肾动脉损伤	表6-3-190
S35.400x002	肾静脉损伤	表6-3-190
S35.401	创伤性肾静脉破裂	表6-3-190

续　表

疾病编码	疾病名称	排除内容
S35.402	创伤性肾动脉破裂	表6-3-190
S35.500x001	髂动脉损伤	表6-3-190
S35.500x002	创伤性髂总动脉血栓形成	表6-3-190
S35.500x003	创伤性髂动静脉瘘	表6-3-190
S35.500x004	髂静脉损伤	表6-3-190
S35.500x005	子宫动脉损伤	表6-3-190
S35.500x006	子宫静脉损伤	表6-3-190
S35.500x007	下腹动脉损伤	表6-3-190
S35.500x008	下腹静脉损伤	表6-3-190
S35.501	创伤性髂动脉破裂	表6-3-190
S35.502	创伤性髂静脉破裂	表6-3-190
S35.503	创伤性子宫动静脉破裂	表6-3-190
S35.700x001	腹部和下背及骨盆多处血管损伤	表6-3-190
S35.700x003	骶前静脉丛损伤	表6-3-190
S35.700x004	肠系膜血管损伤	表6-3-190
S35.701	腹部多处血管损伤	表6-3-190
S35.800x001	卵巢动脉损伤	表6-3-190
S35.800x002	卵巢静脉损伤	表6-3-190
S35.801	卵巢动静脉损伤	表6-3-190
S36.000	脾损伤	表6-3-190
S36.000x021	脾被膜撕裂	表6-3-190
S36.000x031	脾撕裂伴软组织损伤	表6-3-190
S36.000x081	脾穿透伤	表6-3-190
S36.001	创伤性脾血肿	表6-3-190
S36.002	创伤性脾破裂	表6-3-190
S36.011	开放性脾破裂	表6-3-190
S36.100x001	肝损伤	表6-3-190
S36.100x011	肝挫伤	表6-3-190
S36.100x013	创伤性肝血肿	表6-3-190
S36.100x021	肝撕裂伤	表6-3-190
S36.100x031	肝轻度撕裂伤	表6-3-190
S36.100x041	肝中度撕裂伤	表6-3-190
S36.100x051	肝重度撕裂伤	表6-3-190
S36.100x081	胆管损伤	表6-3-190
S36.101	胆囊损伤	表6-3-190
S36.102	创伤性肝破裂	表6-3-190
S36.103	创伤性胆总管破裂	表6-3-190
S36.110	开放性肝破裂	表6-3-190
S36.111	开放性胆囊损伤	表6-3-190
S36.112	开放性胆管损伤	表6-3-190

续 表

疾病编码	疾病名称	排除内容
S36.113	开放性胆总管损伤	表6-3-190
S36.200	胰损伤	表6-3-190
S36.200x001	胰腺损伤	表6-3-190
S36.200x011	胰头损伤	表6-3-190
S36.200x021	胰体损伤	表6-3-190
S36.200x031	胰尾损伤	表6-3-190
S36.200x091	胰管损伤	表6-3-190
S36.200x092	胰腺和胰管损伤	表6-3-190
S36.201	创伤性胰腺破裂	表6-3-190
S36.202	胰腺包膜撕裂	表6-3-190
S36.210	开放性胰损伤	表6-3-190
S36.300	胃损伤	表6-3-190
S36.301	创伤性胃破裂	表6-3-190
S36.310	开放性胃破裂	表6-3-190
S36.400	小肠损伤	表6-3-190
S36.400x091	空肠损伤	表6-3-190
S36.400x093	回肠损伤	表6-3-190
S36.400x095	小肠多处损伤	表6-3-190
S36.401	创伤性十二指肠破裂	表6-3-190
S36.402	创伤性空肠破裂	表6-3-190
S36.403	创伤性回肠破裂	表6-3-190
S36.404	创伤性小肠破裂	表6-3-190
S36.405	十二指肠损伤	表6-3-190
S36.411	开放性小肠破裂	表6-3-190
S36.412	开放性十二指肠破裂	表6-3-190
S36.413	开放性空肠破裂	表6-3-190
S36.414	开放性回肠破裂	表6-3-190
S36.500	结肠损伤	表6-3-190
S36.500x011	升结肠损伤	表6-3-190
S36.500x021	横结肠损伤	表6-3-190
S36.500x031	降结肠损伤	表6-3-190
S36.500x041	乙状结肠损伤	表6-3-190
S36.500x091	结肠多处损伤	表6-3-190
S36.500x092	阑尾损伤	表6-3-190
S36.500x093	盲肠损伤	表6-3-190
S36.501	创伤性结肠破裂	表6-3-190
S36.511	开放性结肠破裂	表6-3-190
S36.600	直肠损伤	表6-3-190
S36.600x003	直肠多处损伤	表6-3-190
S36.601	创伤性直肠破裂	表6-3-190

续 表

疾病编码	疾病名称	排除内容
S36.611	开放性直肠破裂	表6-3-190
S36.700	多个腹内器官损伤	表6-3-190
S36.701	创伤性腹内多器官破裂	表6-3-190
S36.800x022	肠系膜损伤	表6-3-190
S36.801	腹膜损伤	表6-3-190
S36.802	肠系膜裂伤	表6-3-190
S36.803	创伤性腹膜后血肿	表6-3-190
S36.810	开放性特指腹内器官损伤	表6-3-190
S36.811	开放性肠系膜血肿	表6-3-190
S36.812	开放性肠系膜裂伤	表6-3-190
S36.813	开放性腹膜后血肿	表6-3-190
S36.814	开放性大网膜破裂	表6-3-190
S36.900	腹内器官的损伤	表6-3-190
S36.901	创伤性肠破裂	表6-3-190
S36.910	开放性腹内器官损伤	表6-3-190
S37.000	肾损伤	表6-3-190
S37.000x012	肾囊挫伤	表6-3-190
S37.000x013	肾盂挫伤	表6-3-190
S37.000x015	肾包膜下血肿	表6-3-190
S37.000x016	肾盂积血	表6-3-190
S37.000x022	肾囊破裂	表6-3-190
S37.000x023	肾盂裂伤	表6-3-190
S37.000x031	肾粉碎伤	表6-3-190
S37.000x032	肾蒂损伤	表6-3-190
S37.001	创伤性肾破裂	表6-3-190
S37.002	肾挫伤	表6-3-190
S37.003	创伤性肾血肿	表6-3-190
S37.004	创伤性肾周血肿	表6-3-190
S37.010	开放性肾损伤	表6-3-190
S37.011	开放性肾破裂	表6-3-190
S37.100	输尿管损伤	表6-3-190
S37.101	创伤性输尿管断裂	表6-3-190
S37.111	开放性输尿管断裂	表6-3-190
S37.200	膀胱损伤	表6-3-190
S37.200x011	膀胱挫伤	表6-3-190
S37.200x022	腹膜外膀胱破裂	表6-3-190
S37.200x023	腹膜内膀胱破裂	表6-3-190
S37.200x024	混合型膀胱破裂	表6-3-190
S37.200x081	膀胱裂伤	表6-3-190
S37.201	创伤性膀胱破裂	表6-3-190

续 表

疾病编码	疾病名称	排除内容
S37.211	开放性膀胱破裂	表6-3-190
S37.300	尿道损伤	表6-3-190
S37.300x004	尿道完全断裂	表6-3-190
S37.300x005	尿道部分断裂	表6-3-190
S37.300x011	尿道膜部损伤	表6-3-190
S37.300x021	尿道阴茎部损伤	表6-3-190
S37.300x031	尿道前列腺部损伤	表6-3-190
S37.300x081	尿道球部断裂	表6-3-190
S37.300x082	尿道球部挫裂伤	表6-3-190
S37.300x083	后尿道损伤	表6-3-190
S37.301	创伤性尿道断裂	表6-3-190
S37.302	尿道挫伤	表6-3-190
S37.303	尿道损伤伴狭窄	表6-3-190
S37.310	开放性尿道损伤	表6-3-190
S37.400	卵巢损伤	表6-3-190
S37.410	开放性卵巢损伤	表6-3-190
S37.500	输卵管损伤	表6-3-190
S37.510	开放性输卵管损伤	表6-3-190
S37.600	子宫损伤	表6-3-190
S37.600x002	创伤性子宫破裂	表6-3-190
S37.601	创伤性宫颈裂伤	表6-3-190
S37.602	创伤性子宫穿孔	表6-3-190
S37.610	开放性子宫损伤	表6-3-190
S37.700	多个盆腔器官损伤	表6-3-190
S37.710	开放性盆腔多个器官损伤	表6-3-190
S37.801	输精管损伤	表6-3-190
S37.802	精囊损伤	表6-3-190
S37.803	肾上腺损伤	表6-3-190
S37.804	前列腺损伤	表6-3-190
S37.810	开放性特指盆腔器官损伤	表6-3-190
S37.811	开放性输精管损伤	表6-3-190
S37.813	开放性肾上腺损伤	表6-3-190
S37.814	开放性前列腺损伤	表6-3-190
S38.000	外生殖器挤压伤	表6-3-190
S38.001	阴茎挤压伤	表6-3-190
S38.100x002	腹部挤压伤	表6-3-190
S38.100x003	下背挤压伤	表6-3-190
S38.100x004	骨盆挤压伤	表6-3-190
S38.101	腹部、下背和骨盆挤压伤	表6-3-190
S38.200x001	大阴唇切断	表6-3-190

续 表

疾病编码	疾病名称	排除内容
S38.200x002	小阴唇切断	表6-3-190
S38.200x003	阴茎离断	表6-3-190
S38.200x004	阴囊离断	表6-3-190
S38.200x005	睾丸离断	表6-3-190
S38.200x006	外阴切断	表6-3-190
S38.300x001	躯干切断	表6-3-190
S38.300x002	腹部切断	表6-3-190
S38.301	创伤性腹背部切断	表6-3-190
S38.302	创伤性下背切断	表6-3-190
S38.303	创伤性骨盆切断	表6-3-190
S48.000	肩关节处创伤性切断	表6-3-191
S48.100x001	上臂切断	表6-3-191
S48.900	在肩和上臂水平的创伤性切断	表6-3-191
S58.000x001	肘创伤性切断	表6-3-192
S58.100x001	肘和腕关节之间水平创伤性切断	表6-3-192
S58.900x001	前臂创伤性切断	表6-3-192
S68.000x002	拇指不全切断	表6-3-193
S68.001	拇指完全切断	表6-3-193
S68.100x001	单指不全切断	表6-3-193
S68.100x002	单指完全离断	表6-3-193
S68.200x001	多指不全切断	表6-3-193
S68.201	多手指完全切断	表6-3-193
S68.300	手指（一部分）伴有腕和手其他部分的合并创伤性切断	表6-3-193
S68.400x001	手腕部创伤性切断	表6-3-193
S68.800x001	掌部创伤性切断	表6-3-193
S68.900	腕和手水平的创伤性切断	表6-3-193
S70.800x011	髋部擦伤	表6-3-194
S70.800x012	股部擦伤	表6-3-194
S70.800x021	髋部水泡	表6-3-194
S70.800x022	股部水泡	表6-3-194
S70.800x031	髋部虫咬伤	表6-3-194
S70.800x032	股部虫咬伤	表6-3-194
S70.800x041	髋部浅表异物	表6-3-194
S70.800x042	股部浅表异物	表6-3-194
S98.000x001	踝部切断	表6-3-196
S98.100x001	单趾切断	表6-3-196
S98.200x001	两趾切断	表6-3-196
S98.200x002	多趾切断	表6-3-196
S98.300	足其他部位的创伤性切断	表6-3-196
S98.400	足创伤性切断	表6-3-196

续 表

疾病编码	疾病名称	排除内容
T02.110	开放性多发性躯干骨折	表6-3-197
T02.600x011	上肢伴下肢多发性开放性骨折	表6-3-197
T02.710	开放性胸部伴有下背和骨盆及四肢骨折	表6-3-197
T04.000x001	头和颈挤压伤	表6-3-197
T04.100x001	躯干挤压伤	表6-3-197
T04.200x001	上肢多处挤压伤	表6-3-197
T04.300x001	下肢多处挤压伤	表6-3-197
T04.400x001	上肢和下肢多处挤压伤	表6-3-197
T04.700x001	胸伴腹和下背及骨盆四肢挤压伤	表6-3-197
T04.800x001	身体复合部位的挤压伤	表6-3-197
T04.901	全身性挤压伤	表6-3-197
T05.000	双手创伤性切断	表6-3-197
T05.100x001	手和对侧臂创伤性切断	表6-3-197
T05.200x001	双臂创伤性切断	表6-3-197
T05.300	双足创伤性切断	表6-3-197
T05.300x002	双足部分创伤性切断	表6-3-197
T05.400x001	足和对侧小腿创伤性切断	表6-3-197
T05.500x001	双小腿创伤性切断	表6-3-197
T05.600x001	上肢和下肢创伤性切断	表6-3-197
T05.800x001	胸部创伤性切断	表6-3-197
T05.800x002	腹部创伤性切断	表6-3-197
T05.800x003	身体复合部位的创伤性切断	表6-3-197
T05.900	多处创伤性切断	表6-3-197
T06.000x001	脑神经损伤伴颈神经和脊髓损伤	表6-3-197
T06.500x001	胸内器官伴腹内及盆腔器官开放性损伤	表6-3-197
T17.200	咽内异物	表6-3-199
T17.200x001	鼻咽内异物	表6-3-199
T17.900	呼吸道内异物	表6-3-199
T17.901	异物吸入性窒息	表6-3-199
T19.000	尿道内异物	表6-3-199
T19.100	膀胱内异物	表6-3-199
T20.000	头和颈的烧伤	表6-3-200
T20.000x002	头部烧伤	表6-3-200
T20.000x003	颈部烧伤	表6-3-200
T20.000x004	头皮烧伤	表6-3-200
T20.000x006	鼻部烧伤	表6-3-200
T20.000x007	颞部烧伤	表6-3-200
T20.000x008	唇部烧伤	表6-3-200
T20.000x010	眼伴头烧伤	表6-3-200
T20.000x011	眼伴颈烧伤	表6-3-200

续 表

疾病编码	疾病名称	排除内容
T20.000x012	眼伴面烧伤	表6-3-200
T20.002	耳烧伤	表6-3-200
T20.003	面部烧伤	表6-3-200
T20.100	头和颈一度烧伤	表6-3-200
T20.100x002	头部一度烧伤	表6-3-200
T20.100x003	颈部一度烧伤	表6-3-200
T20.100x004	头皮一度烧伤	表6-3-200
T20.100x005	面部一度烧伤	表6-3-200
T20.100x006	鼻部一度烧伤	表6-3-200
T20.100x007	颞部一度烧伤	表6-3-200
T20.100x008	唇部一度烧伤	表6-3-200
T20.100x009	耳部一度烧伤	表6-3-200
T20.100x010	眼伴头一度烧伤	表6-3-200
T20.100x011	眼伴颈一度烧伤	表6-3-200
T20.100x012	眼伴面一度烧伤	表6-3-200
T20.200	头和颈二度烧伤	表6-3-200
T20.200x002	头部二度烧伤	表6-3-200
T20.200x003	颈部二度烧伤	表6-3-200
T20.200x004	头皮二度烧伤	表6-3-200
T20.200x006	鼻部二度烧伤	表6-3-200
T20.200x007	颞部二度烧伤	表6-3-200
T20.200x008	唇部二度烧伤	表6-3-200
T20.200x009	耳部二度烧伤	表6-3-200
T20.200x010	眼伴头二度烧伤	表6-3-200
T20.200x011	眼伴颈二度烧伤	表6-3-200
T20.200x012	眼伴面二度烧伤	表6-3-200
T20.201	面部二度烧伤	表6-3-200
T20.300	头和颈三度烧伤	表6-3-200
T20.300x002	头部三度烧伤	表6-3-200
T20.300x003	颈部三度烧伤	表6-3-200
T20.300x004	头皮三度烧伤	表6-3-200
T20.300x005	面部三度烧伤	表6-3-200
T20.300x006	鼻部三度烧伤	表6-3-200
T20.300x007	颞部三度烧伤	表6-3-200
T20.300x008	唇部三度烧伤	表6-3-200
T20.300x009	耳部三度烧伤	表6-3-200
T20.300x010	眼伴头三度烧伤	表6-3-200
T20.300x011	眼伴颈三度烧伤	表6-3-200
T20.300x012	眼伴面三度烧伤	表6-3-200
T20.400	头和颈腐蚀伤	表6-3-200

续　表

疾病编码	疾病名称	排除内容
T20.400x002	头部腐蚀伤	表6-3-200
T20.400x003	颈部腐蚀伤	表6-3-200
T20.400x004	头皮腐蚀伤	表6-3-200
T20.400x005	面部腐蚀伤	表6-3-200
T20.400x006	鼻部腐蚀伤	表6-3-200
T20.400x007	颞部腐蚀伤	表6-3-200
T20.400x008	唇部腐蚀伤	表6-3-200
T20.400x009	耳部腐蚀伤	表6-3-200
T20.400x010	眼伴头腐蚀伤	表6-3-200
T20.400x011	眼伴颈腐蚀伤	表6-3-200
T20.400x012	眼伴面腐蚀伤	表6-3-200
T20.401	耳化学性烧伤	表6-3-200
T20.500	头和颈一度腐蚀伤	表6-3-200
T20.500x002	头部一度腐蚀伤	表6-3-200
T20.500x003	颈部一度腐蚀伤	表6-3-200
T20.500x004	头皮一度腐蚀伤	表6-3-200
T20.500x005	面部一度腐蚀伤	表6-3-200
T20.500x006	鼻部一度腐蚀伤	表6-3-200
T20.500x007	颞部一度腐蚀伤	表6-3-200
T20.500x008	唇部一度腐蚀伤	表6-3-200
T20.500x009	耳部一度腐蚀伤	表6-3-200
T20.500x010	眼伴头一度腐蚀伤	表6-3-200
T20.500x011	眼伴颈一度腐蚀伤	表6-3-200
T20.500x012	眼伴面一度腐蚀伤	表6-3-200
T20.600	头和颈二度腐蚀伤	表6-3-200
T20.600x002	头部二度腐蚀伤	表6-3-200
T20.600x003	颈部二度腐蚀伤	表6-3-200
T20.600x004	头皮二度腐蚀伤	表6-3-200
T20.600x005	面部二度腐蚀伤	表6-3-200
T20.600x006	鼻部二度腐蚀伤	表6-3-200
T20.600x007	颞部二度腐蚀伤	表6-3-200
T20.600x008	唇部二度腐蚀伤	表6-3-200
T20.600x009	耳部二度腐蚀伤	表6-3-200
T20.600x010	眼伴头二度腐蚀伤	表6-3-200
T20.600x011	眼伴颈二度腐蚀伤	表6-3-200
T20.600x012	眼伴面二度腐蚀伤	表6-3-200
T20.700	头和颈三度腐蚀伤	表6-3-200
T20.700x002	头部三度腐蚀伤	表6-3-200
T20.700x003	颈部三度腐蚀伤	表6-3-200
T20.700x004	头皮三度腐蚀伤	表6-3-200

续 表

疾病编码	疾病名称	排除内容
T20.700x005	面部三度腐蚀伤	表6-3-200
T20.700x006	鼻部三度腐蚀伤	表6-3-200
T20.700x007	颞部三度腐蚀伤	表6-3-200
T20.700x008	唇部三度腐蚀伤	表6-3-200
T20.700x009	耳部三度腐蚀伤	表6-3-200
T20.700x010	眼伴头三度腐蚀伤	表6-3-200
T20.700x011	眼伴颈三度腐蚀伤	表6-3-200
T20.700x012	眼伴面三度腐蚀伤	表6-3-200
T21.000	躯干烧伤	表6-3-200
T21.000x011	乳房烧伤	表6-3-200
T21.000x021	胸壁烧伤	表6-3-200
T21.000x031	腹壁烧伤	表6-3-200
T21.000x032	胁腹烧伤	表6-3-200
T21.000x033	腹股沟烧伤	表6-3-200
T21.000x041	臀部烧伤	表6-3-200
T21.000x042	背部烧伤	表6-3-200
T21.000x043	肩胛间区烧伤	表6-3-200
T21.000x051	大阴唇烧伤	表6-3-200
T21.000x052	小阴唇烧伤	表6-3-200
T21.000x053	阴茎烧伤	表6-3-200
T21.000x054	会阴烧伤	表6-3-200
T21.000x055	阴囊烧伤	表6-3-200
T21.000x056	睾丸烧伤	表6-3-200
T21.000x057	外阴烧伤	表6-3-200
T21.000x091	肛门烧伤	表6-3-200
T21.100	躯干一度烧伤	表6-3-200
T21.100x011	乳房一度烧伤	表6-3-200
T21.100x021	胸壁一度烧伤	表6-3-200
T21.100x031	腹壁一度烧伤	表6-3-200
T21.100x032	胁腹一度烧伤	表6-3-200
T21.100x033	腹股沟一度烧伤	表6-3-200
T21.100x041	臀部一度烧伤	表6-3-200
T21.100x042	背部一度烧伤	表6-3-200
T21.100x043	肩胛间区一度烧伤	表6-3-200
T21.100x051	大阴唇一度烧伤	表6-3-200
T21.100x052	小阴唇一度烧伤	表6-3-200
T21.100x053	阴茎一度烧伤	表6-3-200
T21.100x054	会阴一度烧伤	表6-3-200
T21.100x055	阴囊一度烧伤	表6-3-200
T21.100x056	睾丸一度烧伤	表6-3-200

续 表

疾病编码	疾病名称	排除内容
T21.100x057	外阴一度烧伤	表6-3-200
T21.100x091	肛门一度烧伤	表6-3-200
T21.200	躯干二度烧伤	表6-3-200
T21.200x011	乳房二度烧伤	表6-3-200
T21.200x021	胸壁二度烧伤	表6-3-200
T21.200x031	腹壁二度烧伤	表6-3-200
T21.200x032	胁腹二度烧伤	表6-3-200
T21.200x033	腹股沟二度烧伤	表6-3-200
T21.200x041	臀部二度烧伤	表6-3-200
T21.200x042	背部二度烧伤	表6-3-200
T21.200x043	肩胛间区二度烧伤	表6-3-200
T21.200x051	大阴唇二度烧伤	表6-3-200
T21.200x052	小阴唇二度烧伤	表6-3-200
T21.200x053	阴茎二度烧伤	表6-3-200
T21.200x054	会阴二度烧伤	表6-3-200
T21.200x055	阴囊二度烧伤	表6-3-200
T21.200x056	睾丸二度烧伤	表6-3-200
T21.200x057	外阴二度烧伤	表6-3-200
T21.200x091	肛门二度烧伤	表6-3-200
T21.300	躯干三度烧伤	表6-3-200
T21.300x011	乳房三度烧伤	表6-3-200
T21.300x021	胸壁三度烧伤	表6-3-200
T21.300x031	腹壁三度烧伤	表6-3-200
T21.300x032	胁腹三度烧伤	表6-3-200
T21.300x033	腹股沟三度烧伤	表6-3-200
T21.300x041	臀部三度烧伤	表6-3-200
T21.300x042	背部三度烧伤	表6-3-200
T21.300x043	肩胛间区三度烧伤	表6-3-200
T21.300x051	大阴唇三度烧伤	表6-3-200
T21.300x052	小阴唇三度烧伤	表6-3-200
T21.300x053	阴茎三度烧伤	表6-3-200
T21.300x054	会阴三度烧伤	表6-3-200
T21.300x055	阴囊三度烧伤	表6-3-200
T21.300x056	睾丸三度烧伤	表6-3-200
T21.300x057	外阴三度烧伤	表6-3-200
T21.300x091	肛门三度烧伤	表6-3-200
T21.400	躯干腐蚀伤	表6-3-200
T21.400x011	乳房腐蚀伤	表6-3-200
T21.400x021	胸壁腐蚀伤	表6-3-200
T21.400x031	腹壁腐蚀伤	表6-3-200

续 表

疾病编码	疾病名称	排除内容
T21.400x032	胁腹腐蚀伤	表6-3-200
T21.400x033	腹股沟腐蚀伤	表6-3-200
T21.400x041	臀部腐蚀伤	表6-3-200
T21.400x042	背部腐蚀伤	表6-3-200
T21.400x043	肩胛间区腐蚀伤	表6-3-200
T21.400x051	大阴唇腐蚀伤	表6-3-200
T21.400x052	小阴唇腐蚀伤	表6-3-200
T21.400x053	阴茎腐蚀伤	表6-3-200
T21.400x054	会阴腐蚀伤	表6-3-200
T21.400x055	阴囊腐蚀伤	表6-3-200
T21.400x056	睾丸腐蚀伤	表6-3-200
T21.400x057	外阴腐蚀伤	表6-3-200
T21.400x091	肛门腐蚀伤	表6-3-200
T21.500	躯干一度腐蚀伤	表6-3-200
T21.500x011	乳房一度腐蚀伤	表6-3-200
T21.500x021	胸壁一度腐蚀伤	表6-3-200
T21.500x031	腹壁一度腐蚀伤	表6-3-200
T21.500x032	胁腹一度腐蚀伤	表6-3-200
T21.500x033	腹股沟一度腐蚀伤	表6-3-200
T21.500x041	臀部一度腐蚀伤	表6-3-200
T21.500x042	背部一度腐蚀伤	表6-3-200
T21.500x043	肩胛间区一度腐蚀伤	表6-3-200
T21.500x051	大阴唇一度腐蚀伤	表6-3-200
T21.500x052	小阴唇一度腐蚀伤	表6-3-200
T21.500x053	阴茎一度腐蚀伤	表6-3-200
T21.500x054	会阴一度腐蚀伤	表6-3-200
T21.500x055	阴囊一度腐蚀伤	表6-3-200
T21.500x056	睾丸一度腐蚀伤	表6-3-200
T21.500x057	外阴一度腐蚀伤	表6-3-200
T21.500x091	肛门一度腐蚀伤	表6-3-200
T21.600	躯干二度腐蚀伤	表6-3-200
T21.600x011	乳房二度腐蚀伤	表6-3-200
T21.600x021	胸壁二度腐蚀伤	表6-3-200
T21.600x031	腹壁二度腐蚀伤	表6-3-200
T21.600x032	胁腹二度腐蚀伤	表6-3-200
T21.600x033	腹股沟二度腐蚀伤	表6-3-200
T21.600x041	臀部二度腐蚀伤	表6-3-200
T21.600x042	背部二度腐蚀伤	表6-3-200
T21.600x043	肩胛间区二度腐蚀伤	表6-3-200
T21.600x051	大阴唇二度腐蚀伤	表6-3-200

续 表

疾病编码	疾病名称	排除内容
T21.600x052	小阴唇二度腐蚀伤	表6-3-200
T21.600x053	阴茎二度腐蚀伤	表6-3-200
T21.600x054	会阴二度腐蚀伤	表6-3-200
T21.600x055	阴囊二度腐蚀伤	表6-3-200
T21.600x056	睾丸二度腐蚀伤	表6-3-200
T21.600x057	外阴二度腐蚀伤	表6-3-200
T21.600x091	肛门二度腐蚀伤	表6-3-200
T21.700	躯干三度腐蚀伤	表6-3-200
T21.700x011	乳房三度腐蚀伤	表6-3-200
T21.700x021	胸壁三度腐蚀伤	表6-3-200
T21.700x031	腹壁三度腐蚀伤	表6-3-200
T21.700x032	胁腹三度腐蚀伤	表6-3-200
T21.700x033	腹股沟三度腐蚀伤	表6-3-200
T21.700x041	臀部三度腐蚀伤	表6-3-200
T21.700x042	背部三度腐蚀伤	表6-3-200
T21.700x043	肩胛间区三度腐蚀伤	表6-3-200
T21.700x051	大阴唇三度腐蚀伤	表6-3-200
T21.700x052	小阴唇三度腐蚀伤	表6-3-200
T21.700x053	阴茎三度腐蚀伤	表6-3-200
T21.700x054	会阴三度腐蚀伤	表6-3-200
T21.700x055	阴囊三度腐蚀伤	表6-3-200
T21.700x056	睾丸三度腐蚀伤	表6-3-200
T21.700x057	外阴三度腐蚀伤	表6-3-200
T21.700x091	肛门三度腐蚀伤	表6-3-200
T22.000x001	肩和上肢烧伤	表6-3-200
T22.000x002	上肢烧伤	表6-3-200
T22.000x003	肩部烧伤	表6-3-200
T22.000x004	肩胛区烧伤	表6-3-200
T22.000x005	臂烧伤	表6-3-200
T22.000x006	腋烧伤	表6-3-200
T22.100x001	肩和上肢一度烧伤	表6-3-200
T22.100x002	上肢一度烧伤	表6-3-200
T22.100x003	肩部一度烧伤	表6-3-200
T22.100x004	肩胛区一度烧伤	表6-3-200
T22.100x005	臂一度烧伤	表6-3-200
T22.100x006	腋一度烧伤	表6-3-200
T22.200x001	肩和上肢二度烧伤	表6-3-200
T22.200x002	上肢二度烧伤	表6-3-200
T22.200x003	肩部二度烧伤	表6-3-200
T22.200x004	肩胛区二度烧伤	表6-3-200

续　表

疾病编码	疾病名称	排除内容
T22.200x005	臂二度烧伤	表6-3-200
T22.200x006	腋二度烧伤	表6-3-200
T22.300x001	肩和上肢三度烧伤	表6-3-200
T22.300x002	上肢三度烧伤	表6-3-200
T22.300x003	肩部三度烧伤	表6-3-200
T22.300x004	肩胛区三度烧伤	表6-3-200
T22.300x005	臂三度烧伤	表6-3-200
T22.300x006	腋三度烧伤	表6-3-200
T22.400x001	肩和上肢腐蚀伤	表6-3-200
T22.400x002	上肢腐蚀伤	表6-3-200
T22.400x003	肩部腐蚀伤	表6-3-200
T22.400x004	肩胛区腐蚀伤	表6-3-200
T22.400x005	臂腐蚀伤	表6-3-200
T22.400x006	腋腐蚀伤	表6-3-200
T22.500x001	肩和上肢一度腐蚀伤	表6-3-200
T22.500x002	上肢一度腐蚀伤	表6-3-200
T22.500x003	肩部一度腐蚀伤	表6-3-200
T22.500x004	肩胛区一度腐蚀伤	表6-3-200
T22.500x005	臂一度腐蚀伤	表6-3-200
T22.500x006	腋一度腐蚀伤	表6-3-200
T22.600x001	肩和上肢二度腐蚀伤	表6-3-200
T22.600x002	上肢二度腐蚀伤	表6-3-200
T22.600x003	肩部二度腐蚀伤	表6-3-200
T22.600x004	肩胛区二度腐蚀伤	表6-3-200
T22.600x005	臂二度腐蚀伤	表6-3-200
T22.600x006	腋二度腐蚀伤	表6-3-200
T22.700x001	肩和上肢三度腐蚀伤	表6-3-200
T22.700x002	上肢二度腐蚀伤	表6-3-200
T22.700x003	肩部三度腐蚀伤	表6-3-200
T22.700x004	肩胛区三度腐蚀伤	表6-3-200
T22.700x005	臂三度腐蚀伤	表6-3-200
T22.700x006	腋三度腐蚀伤	表6-3-200
T23.000x001	腕和手烧伤	表6-3-200
T23.000x002	腕部烧伤	表6-3-200
T23.000x003	手部烧伤	表6-3-200
T23.000x004	手掌烧伤	表6-3-200
T23.000x005	拇指烧伤	表6-3-200
T23.000x006	手指烧伤	表6-3-200
T23.000x007	指甲烧伤	表6-3-200
T23.100	腕和手一度烧伤	表6-3-200

续 表

疾病编码	疾病名称	排除内容
T23.100x002	腕部一度烧伤	表6-3-200
T23.100x003	手部一度烧伤	表6-3-200
T23.100x004	手掌一度烧伤	表6-3-200
T23.100x005	拇指一度烧伤	表6-3-200
T23.100x006	手指一度烧伤	表6-3-200
T23.100x007	指甲一度烧伤	表6-3-200
T23.200	腕和手二度烧伤	表6-3-200
T23.200x002	腕部二度烧伤	表6-3-200
T23.200x003	手部二度烧伤	表6-3-200
T23.200x004	手掌二度烧伤	表6-3-200
T23.200x005	拇指二度烧伤	表6-3-200
T23.200x006	手指二度烧伤	表6-3-200
T23.200x007	指甲二度烧伤	表6-3-200
T23.300	腕和手三度烧伤	表6-3-200
T23.300x002	腕部三度烧伤	表6-3-200
T23.300x003	手部三度烧伤	表6-3-200
T23.300x004	手掌三度烧伤	表6-3-200
T23.300x005	拇指三度烧伤	表6-3-200
T23.300x006	手指三度烧伤	表6-3-200
T23.300x007	指甲三度烧伤	表6-3-200
T23.400	腕和手腐蚀伤	表6-3-200
T23.400x002	腕部腐蚀伤	表6-3-200
T23.400x003	手部腐蚀伤	表6-3-200
T23.400x004	手掌腐蚀伤	表6-3-200
T23.400x005	拇指腐蚀伤	表6-3-200
T23.400x006	手指腐蚀伤	表6-3-200
T23.400x007	指甲腐蚀伤	表6-3-200
T23.500	腕和手一度腐蚀伤	表6-3-200
T23.500x002	腕部一度腐蚀伤	表6-3-200
T23.500x003	手部一度腐蚀伤	表6-3-200
T23.500x004	手掌一度腐蚀伤	表6-3-200
T23.500x005	拇指一度腐蚀伤	表6-3-200
T23.500x006	手指一度腐蚀伤	表6-3-200
T23.500x007	指甲一度腐蚀伤	表6-3-200
T23.600	腕和手二度腐蚀伤	表6-3-200
T23.600x002	腕部二度腐蚀伤	表6-3-200
T23.600x003	手部二度腐蚀伤	表6-3-200
T23.600x004	手掌二度腐蚀伤	表6-3-200
T23.600x005	拇指二度腐蚀伤	表6-3-200
T23.600x006	手指二度腐蚀伤	表6-3-200

续 表

疾病编码	疾病名称	排除内容
T23.600x007	指甲二度腐蚀伤	表6-3-200
T23.700	腕和手三度腐蚀伤	表6-3-200
T23.700x002	腕部三度腐蚀伤	表6-3-200
T23.700x003	手部三度腐蚀伤	表6-3-200
T23.700x004	手掌三度腐蚀伤	表6-3-200
T23.700x005	拇指三度腐蚀伤	表6-3-200
T23.700x006	手指三度腐蚀伤	表6-3-200
T23.700x007	指甲三度腐蚀伤	表6-3-200
T24.000x001	髋和下肢烧伤	表6-3-200
T24.000x002	髋部烧伤	表6-3-200
T24.000x003	下肢烧伤	表6-3-200
T24.000x004	小腿烧伤	表6-3-200
T24.100x001	髋和下肢一度烧伤	表6-3-200
T24.100x002	髋部一度烧伤	表6-3-200
T24.100x003	下肢一度烧伤	表6-3-200
T24.100x004	小腿一度烧伤	表6-3-200
T24.200x001	髋和下肢二度烧伤	表6-3-200
T24.200x002	髋部二度烧伤	表6-3-200
T24.200x003	下肢二度烧伤	表6-3-200
T24.200x004	小腿二度烧伤	表6-3-200
T24.300x001	髋和下肢三度烧伤	表6-3-200
T24.300x002	髋部三度烧伤	表6-3-200
T24.300x003	下肢三度烧伤	表6-3-200
T24.300x004	小腿三度烧伤	表6-3-200
T24.400x001	髋和下肢腐蚀伤	表6-3-200
T24.400x002	髋部腐蚀伤	表6-3-200
T24.400x003	下肢腐蚀伤	表6-3-200
T24.400x004	小腿腐蚀伤	表6-3-200
T24.500x001	髋和下肢一度腐蚀伤	表6-3-200
T24.500x002	髋部一度腐蚀伤	表6-3-200
T24.500x003	下肢一度腐蚀伤	表6-3-200
T24.500x004	小腿一度腐蚀伤	表6-3-200
T24.600x001	髋和下肢二度腐蚀伤	表6-3-200
T24.600x002	髋部二度腐蚀伤	表6-3-200
T24.600x003	下肢二度腐蚀伤	表6-3-200
T24.600x004	小腿二度腐蚀伤	表6-3-200
T24.700x001	髋和下肢三度腐蚀伤	表6-3-200
T24.700x002	髋部三度腐蚀伤	表6-3-200
T24.700x003	下肢三度腐蚀伤	表6-3-200
T24.700x004	小腿三度腐蚀伤	表6-3-200

续 表

疾病编码	疾病名称	排除内容
T25.000	踝和足烧伤	表6-3-200
T25.000x002	踝部烧伤	表6-3-200
T25.000x003	足部烧伤	表6-3-200
T25.100	踝和足一度烧伤	表6-3-200
T25.100x002	踝部一度烧伤	表6-3-200
T25.100x003	足部一度烧伤	表6-3-200
T25.200	踝和足二度烧伤	表6-3-200
T25.200x002	踝部二度烧伤	表6-3-200
T25.200x003	足部二度烧伤	表6-3-200
T25.300	踝和足三度烧伤	表6-3-200
T25.300x002	踝部三度烧伤	表6-3-200
T25.300x003	足部三度烧伤	表6-3-200
T25.400	踝和足腐蚀伤	表6-3-200
T25.400x002	踝部腐蚀伤	表6-3-200
T25.400x003	足部腐蚀伤	表6-3-200
T25.500	踝和足一度腐蚀伤	表6-3-200
T25.500x002	踝部一度腐蚀伤	表6-3-200
T25.500x003	足部一度腐蚀伤	表6-3-200
T25.600	踝和足二度腐蚀伤	表6-3-200
T25.600x002	踝部二度腐蚀伤	表6-3-200
T25.600x003	足部二度腐蚀伤	表6-3-200
T25.700	踝和足三度腐蚀伤	表6-3-200
T25.700x002	踝部三度腐蚀伤	表6-3-200
T25.700x003	足部三度腐蚀伤	表6-3-200
T26.000	眼睑和眼周区烧伤	表6-3-201
T26.001	眼睑烧伤	表6-3-201
T26.002	眼周区烧伤	表6-3-201
T26.100x001	角膜和结膜烧伤	表6-3-201
T26.100x003	结膜烧伤	表6-3-201
T26.101	角膜烧伤	表6-3-201
T26.102	结合膜囊烧伤	表6-3-201
T26.200x001	眼部烧伤伴眼球破裂	表6-3-201
T26.301	巩膜烧伤	表6-3-201
T26.400	眼和附器烧伤	表6-3-201
T26.400x001	眼部烧伤	表6-3-201
T26.401	眼球烧伤	表6-3-201
T26.500	睑和眼周区腐蚀伤	表6-3-201
T26.500x002	眼睑腐蚀伤	表6-3-201
T26.500x003	眼周区腐蚀伤	表6-3-201
T26.600x001	角膜和结膜腐蚀伤	表6-3-201

续 表

疾病编码	疾病名称	排除内容
T26.600x002	角膜腐蚀伤	表6-3-201
T26.600x003	结膜腐蚀伤	表6-3-201
T26.601	角膜伴结膜酸性烧伤	表6-3-201
T26.602	角膜化学性烧伤	表6-3-201
T26.603	角膜碱性烧伤	表6-3-201
T26.604	角膜酸性烧伤	表6-3-201
T26.605	结膜酸性烧伤	表6-3-201
T26.700x001	眼部腐蚀伤伴眼球破裂	表6-3-201
T26.800x001	巩膜腐蚀伤	表6-3-201
T26.900	眼和附器腐蚀伤	表6-3-201
T26.900x001	眼部腐蚀伤	表6-3-201
T26.901	眼球酸性烧伤	表6-3-201
T26.902	眼球碱性烧伤	表6-3-201
T27.000x002	喉部烧伤	表6-3-201
T27.000x003	气管烧伤	表6-3-201
T27.100x001	喉和气管及肺烧伤	表6-3-201
T27.200x001	胸腔烧伤	表6-3-201
T27.300	呼吸道烧伤	表6-3-201
T27.401	喉化学性烧伤	表6-3-201
T27.402	气管化学性烧伤	表6-3-201
T27.500x001	喉和气管及肺腐蚀伤	表6-3-201
T27.600x001	胸腔腐蚀伤	表6-3-201
T27.700	呼吸道腐蚀伤	表6-3-201
T28.000x002	口腔烧伤	表6-3-201
T28.000x003	咽部烧伤	表6-3-201
T28.100	食管烧伤	表6-3-201
T28.200x001	胃部烧伤	表6-3-201
T28.200x002	消化道烧伤	表6-3-201
T28.300	泌尿生殖器官内部烧伤	表6-3-201
T28.300x001	阴道和子宫烧伤	表6-3-201
T28.300x002	阴道烧伤	表6-3-201
T28.300x003	子宫烧伤	表6-3-201
T28.401	内部器官烧伤	表6-3-201
T28.501	口腔黏膜化学性烧伤	表6-3-201
T28.502	咽化学性烧伤	表6-3-201
T28.600	食管腐蚀伤	表6-3-201
T28.700x002	消化道腐蚀伤	表6-3-201
T28.701	胃化学性烧伤	表6-3-201
T28.702	肠道的腐蚀伤	表6-3-201
T28.800	泌尿生殖器官内部腐蚀伤	表6-3-201

续　表

疾病编码	疾病名称	排除内容
T28.800x001	阴道和子宫腐蚀伤	表6-3-201
T28.800x002	阴道腐蚀伤	表6-3-201
T28.800x003	子宫腐蚀伤	表6-3-201
T28.901	内部器官化学性烧伤	表6-3-201
T29.000	多个部位烧伤	表6-3-202
T29.100x001	多处一度烧伤	表6-3-202
T29.200x001	多处二度烧伤	表6-3-202
T29.300x001	多处三度烧伤	表6-3-202
T29.400	多个部位腐蚀伤	表6-3-202
T29.500x001	多处一度腐蚀伤	表6-3-202
T29.600x001	多处二度腐蚀伤	表6-3-202
T29.700x001	多处三度腐蚀伤	表6-3-202
T30.000	身体烧伤	表6-3-202
T30.100	一度烧伤	表6-3-202
T30.200	二度烧伤	表6-3-202
T30.300	三度烧伤	表6-3-202
T30.400	身体腐蚀伤	表6-3-202
T30.500	一度腐蚀伤	表6-3-202
T30.600	二度腐蚀伤	表6-3-202
T30.700	三度腐蚀伤	表6-3-202
T31.000	累及体表10%以下的烧伤	表6-3-202
T31.100	累及体表10%~19%的烧伤	表6-3-202
T31.200	累及体表20%~29%的烧伤	表6-3-202
T31.300	累及体表30%~39%的烧伤	表6-3-202
T31.400	累及体表40%~49%的烧伤	表6-3-202
T31.500	累及体表50%~59%的烧伤	表6-3-202
T31.600	累及体表60%~69%的烧伤	表6-3-202
T31.700	累及体表70%~79%的烧伤	表6-3-202
T31.800	累及体表80%~89%的烧伤	表6-3-202
T31.900	累及体表90%及以上的烧伤	表6-3-202
T32.000	累及体表10%以下的腐蚀伤	表6-3-202
T32.100	累及体表10%~19%的腐蚀伤	表6-3-202
T32.200	累及体表20%~29%的腐蚀伤	表6-3-202
T32.300	累及体表30%~39%的腐蚀伤	表6-3-202
T32.400	累及体表40%~49%的腐蚀伤	表6-3-202
T32.500	累及体表50%~59%的腐蚀伤	表6-3-202
T32.600	累及体表60%~69%的腐蚀伤	表6-3-202
T32.700	累及体表70%~79%的腐蚀伤	表6-3-202
T32.800	累及体表80%~89%的腐蚀伤	表6-3-202
T32.900	累及体表90%及以上的腐蚀伤	表6-3-202

续 表

疾病编码	疾病名称	排除内容
T33.000	头部浅表冻伤	表6-3-203
T33.300x001	腹壁浅表冻伤	表6-3-203
T33.300x002	背部浅表冻伤	表6-3-203
T33.300x003	骨盆浅表冻伤	表6-3-203
T33.500x002	腕部浅表冻伤	表6-3-203
T33.500x003	手部浅表冻伤	表6-3-203
T34.000	头部冻伤伴有组织坏死	表6-3-203
T34.500x002	腕部冻伤伴组织坏死	表6-3-203
T34.500x003	手部冻伤伴组织坏死	表6-3-203
T35.400	上肢的冻伤	表6-3-203
T35.500	下肢的冻伤	表6-3-203
T36.000	青霉素类中毒	表6-3-204
T36.800	全身性抗生素中毒，其他的	表6-3-204
T37.000	磺胺类中毒	表6-3-204
T37.300	抗原虫药中毒，其他的	表6-3-204
T37.300x001	抗原生动物药中毒	表6-3-204
T37.800	全身性抗感染药和抗寄生虫药中毒，其他特指的	表6-3-204
T37.800x001	羟基喹啉衍生物中毒	表6-3-204
T37.900x001	全身性抗感染药中毒	表6-3-204
T37.900x002	全身性抗寄生虫药中毒	表6-3-204
T38.200	抗甲状腺药中毒	表6-3-204
T39.100	4-氨基苯酚衍生物中毒	表6-3-204
T39.101	对乙酰氨基酚中毒	表6-3-204
T39.900	非阿片样镇痛药、解热药和抗风湿药中毒	表6-3-204
T39.901	非阿片样镇痛药中毒	表6-3-204
T39.902	解热药中毒	表6-3-204
T40.400	合成的麻醉品中毒，其他的	表6-3-204
T40.400x002	马兜铃（万丈龙）中毒	表6-3-204
T40.401	杜冷丁中毒	表6-3-204
T42.100	亚氨基二苯乙烯类中毒	表6-3-204
T42.101	卡马西平中毒	表6-3-204
T42.200x001	恶唑烷二铜类中毒	表6-3-204
T42.200x002	琥珀酰亚胺类中毒	表6-3-204
T42.400	苯二氮类中毒	表6-3-204
T42.401	安定中毒	表6-3-204
T42.402	佳静安定中毒	表6-3-204
T42.403	舒乐安定中毒	表6-3-204
T42.404	利眠宁中毒	表6-3-204
T42.405	硝基安定中毒	表6-3-204
T42.406	氯氮平中毒	表6-3-204

续 表

疾病编码	疾病名称	排除内容
T43.300	酚噻嗪抗精神病药和精神安定剂中毒	表6-3-204
T43.300x001	奋乃静中毒	表6-3-204
T43.300x003	酚噻嗪基类安定药中毒	表6-3-204
T43.301	非那根中毒	表6-3-204
T43.302	氯丙嗪中毒	表6-3-204
T43.800	对精神有影响的药物中毒，其他的，不可归类在他处者	表6-3-204
T43.900	对精神有影响的药物中毒	表6-3-204
T45.900	主要为全身性和血液学制剂中毒	表6-3-204
T46.700	周围血管扩张剂中毒	表6-3-204
T46.700x001	复方降压片中毒	表6-3-204
T46.700x002	烟酸中毒	表6-3-204
T48.500	抗感冒药中毒	表6-3-204
T48.701	呼吸系统制剂中毒	表6-3-204
T49.400x001	角质层分离药中毒	表6-3-204
T49.400x002	角质层增生药中毒	表6-3-204
T49.400x003	毛发治疗的药物和制剂中毒	表6-3-204
T49.500	眼科用药和制剂中毒	表6-3-204
T50.000	盐（肾上腺）皮质激素类及其拮抗剂中毒	表6-3-204
T50.200	碳酸脱水酶抑制剂、苯并噻二嗪类和其他利尿剂中毒	表6-3-204
T50.200x001	乙酰醋胺中毒	表6-3-204
T50.200x002	汞利尿药类中毒	表6-3-204
T50.400x001	尿酸代谢药中毒	表6-3-204
T50.700x001	兴奋药中毒	表6-3-204
T50.700x002	阿片样物质受体拮抗剂中毒	表6-3-204
T50.800	诊断性制剂中毒	表6-3-204
T51.100	甲醇的毒性效应	表6-3-205
T52.000	石油产品的毒性效应	表6-3-205
T52.000x002	石脑油中毒	表6-3-205
T52.000x003	煤油中毒	表6-3-205
T52.000x004	汽油中毒	表6-3-205
T52.000x005	醚中毒	表6-3-205
T52.000x006	石油精中毒	表6-3-205
T52.101	苯中毒	表6-3-205
T52.400	酮类的毒性效应	表6-3-205
T54.900	腐蚀性物质的毒性效应	表6-3-205
T54.900x002	卤水中毒	表6-3-205
T56.100x002	汞化合物中毒	表6-3-205
T56.101	汞中毒	表6-3-205
T56.400x002	铜化合物中毒	表6-3-205
T56.401	铜中毒	表6-3-205

续　表

疾病编码	疾病名称	排除内容
T56.900	金属的毒性效应	表6-3-205
T56.900x002	金属烟热	表6-3-205
T56.900x003	金属蒸气中毒	表6-3-205
T57.800	无机物质的毒性效应，其他特指的	表6-3-205
T57.800x002	钡化合物中毒	表6-3-205
T57.800x003	钡中毒	表6-3-205
T59.100	二氧化硫的毒性效应	表6-3-205
T59.101	烟雾中毒	表6-3-205
T59.200	甲醛的毒性效应	表6-3-205
T59.300	催泪气体的毒性效应	表6-3-205
T59.500x001	氟气中毒	表6-3-205
T59.500x002	氟化合物中毒	表6-3-205
T60.000x003	辛硫磷中毒	表6-3-205
T60.000x004	氨基甲酸酯杀虫剂中毒	表6-3-205
T60.001	有机磷中毒	表6-3-205
T60.002	敌敌畏中毒	表6-3-205
T60.200	杀虫剂的毒性效应，其他未特指的	表6-3-205
T60.200x001	杀蟑螂药中毒	表6-3-205
T60.300x001	除莠剂中毒	表6-3-205
T60.300x002	杀真菌药中毒	表6-3-205
T60.300x003	氯乙酸中毒	表6-3-205
T62.100x001	浆果类中毒	表6-3-205
T65.000	氰化物的毒性效应	表6-3-205
T67.300	脱水性中暑衰竭	表6-3-206
T67.300x001	中暑脱水	表6-3-206
T67.300x002	脱水性中暑虚脱	表6-3-206
T67.400	盐缺失引起的中暑衰竭	表6-3-206
T67.400x001	盐缺失性中暑虚脱	表6-3-206
T67.500	中暑衰竭	表6-3-206
T67.500x001	中暑虚脱	表6-3-206
T67.900	热和光的效应	表6-3-206
T67.901	中暑	表6-3-206
T69.100	冻疮	表6-3-206
T69.100x002	耳廓冻疮	表6-3-206
T69.100x003	足部冻疮	表6-3-206
T69.100x004	面部冻疮	表6-3-206
T69.100x005	手部冻疮	表6-3-206
T69.900	降温的效应	表6-3-206
T70.000	航空中耳炎	表6-3-206
T70.100	航空鼻窦炎	表6-3-206

续 表

疾病编码	疾病名称	排除内容
T70.200x005	气压伤	表6-3-206
T70.200x006	阿尔卑斯山病	表6-3-206
T70.200x007	高原性心脏病	表6-3-206
T70.201	高原性肺水肿	表6-3-206
T70.202	高原性高血压	表6-3-206
T70.203	高原性脑水肿	表6-3-206
T70.204	高山病	表6-3-206
T70.205	航空病	表6-3-206
T70.206	飞行员病（由于飞行气压改变引起的）	表6-3-206
T70.207	高海拔效应	表6-3-206
T73.300	过度劳累引起的衰竭	表6-3-206
T75.300	晕动病	表6-3-206
T75.300x002	空晕病［晕机病］	表6-3-206
T75.300x003	晕船病	表6-3-206
T75.300x004	晕车病	表6-3-206
T75.400	电流效应	表6-3-206
T75.400x001	电击伤	表6-3-206
T75.800x001	异常重力效应	表6-3-206
T75.800x002	失重效应	表6-3-206
T78.000	有害食物反应引起的过敏性休克	表6-3-206
T78.200	过敏性休克	表6-3-206
T78.201	赫克斯海默反应	表6-3-206
T79.400	创伤性休克	表6-3-207
T79.600	创伤性肌肉缺血	表6-3-207
T79.600x003	腔隙综合征	表6-3-207
T79.600x004	上肢骨筋膜室综合征	表6-3-207
T79.600x006	下肢骨筋膜室综合征	表6-3-207
T79.601	创伤性骨筋膜室综合征	表6-3-207
T79.602	福耳克曼缺血性挛缩	表6-3-207
T79.603	腹腔间隔室综合征	表6-3-207
T79.900	创伤的早期并发症	表6-3-207
T80.000	输注、输血和治疗性注射后的空气栓塞	表6-3-208
T80.000x001	输注后空气栓塞	表6-3-208
T80.100	输注、输血和治疗性注射后的血管并发症	表6-3-208
T80.100x001	输注后血栓性静脉炎	表6-3-208
T80.100x002	输注后静脉炎	表6-3-208
T80.200	输注、输血和治疗性注射后的感染	表6-3-208
T80.200x001	腹膜透析相关性腹膜炎	表6-3-208
T80.200x003	治疗性注射后脓毒症性休克	表6-3-208
T80.200x004	输注后感染	表6-3-208
T80.201	输注后脓毒症	表6-3-208

续 表

疾病编码	疾病名称	排除内容
T80.202	输液后感染	表6-3-208
T80.203	造影后胆道感染	表6-3-208
T80.500	血清引起的过敏性休克	表6-3-208
T80.500x001	血清过敏反应	表6-3-208
T81.000x001	操作后出血	表6-3-208
T81.000x002	操作后颅内血肿	表6-3-208
T81.000x004	操作后胸腔出血	表6-3-208
T81.000x005	操作后扁桃体出血	表6-3-208
T81.000x009	操作后血肿	表6-3-208
T81.000x010	操作后阴道残端出血	表6-3-208
T81.000x011	操作后膀胱出血	表6-3-208
T81.000x013	操作后腹腔出血	表6-3-208
T81.000x014	操作后前列腺出血	表6-3-208
T81.000x018	操作后腹壁出血	表6-3-208
T81.000x019	操作后腹腔血肿	表6-3-208
T81.000x020	操作后肛门出血	表6-3-208
T81.000x021	操作后宫颈出血	表6-3-208
T81.000x022	操作后尿道出血	表6-3-208
T81.000x023	操作后切口出血	表6-3-208
T81.000x024	操作后眼底出血	表6-3-208
T81.000x026	动静脉瘘破裂出血	表6-3-208
T81.000x027	操作后眼前房出血	表6-3-208
T81.000x028	操作后视网膜出血	表6-3-208
T81.000x029	操作后鼻出血	表6-3-208
T81.000x030	操作后咽出血	表6-3-208
T81.000x031	操作后甲状腺出血	表6-3-208
T81.000x032	操作中肺出血	表6-3-208
T81.000x033	操作后胃出血	表6-3-208
T81.000x034	操作后胃吻合口出血	表6-3-208
T81.000x035	操作后胆管出血	表6-3-208
T81.000x036	操作后胆囊出血	表6-3-208
T81.000x037	操作后盆腔出血	表6-3-208
T81.000x038	操作后肾出血	表6-3-208
T81.000x039	肠造口出血	表6-3-208
T81.000x041	操作后肝出血	表6-3-208
T81.000x042	操作后胰腺出血	表6-3-208
T81.001	手术后硬脑膜外出血	表6-3-208
T81.002	手术后眼前房出血	表6-3-208
T81.003	手术后视网膜出血	表6-3-208
T81.004	手术后鼻出血	表6-3-208
T81.005	手术后扁桃体出血	表6-3-208

续 表

疾病编码	疾病名称	排除内容
T81.006	手术后咽出血	表6-3-208
T81.007	手术后甲状腺出血	表6-3-208
T81.008	手术后胸腔出血	表6-3-208
T81.009	手术中肺出血	表6-3-208
T81.010	手术后腹腔出血	表6-3-208
T81.011	手术后胃出血	表6-3-208
T81.012	手术后胃吻合口出血	表6-3-208
T81.013	手术后胆管出血	表6-3-208
T81.014	手术后胆囊出血	表6-3-208
T81.015	手术后肠出血	表6-3-208
T81.016	手术后肠吻合口出血	表6-3-208
T81.017	手术后盆腔出血	表6-3-208
T81.018	手术后肾出血	表6-3-208
T81.019	手术后膀胱出血	表6-3-208
T81.020	手术后尿道出血	表6-3-208
T81.021	手术后前列腺出血	表6-3-208
T81.022	手术后伤口出血	表6-3-208
T81.023	手术后颅内血肿	表6-3-208
T81.024	手术后切口血肿	表6-3-208
T81.025	操作后十二指肠乳头出血	表6-3-208
T81.026	操作后肠出血	表6-3-208
T81.027	拔牙创口出血	表6-3-208
T81.028	食管静脉曲张术后出血	表6-3-208
T81.029	结肠造口出血	表6-3-208
T81.030	膀胱造口出血	表6-3-208
T81.031	治疗后宫颈出血	表6-3-208
T81.032	肾穿刺后血肿	表6-3-208
T81.033	血管穿刺后血肿	表6-3-208
T81.034	手术后肝出血	表6-3-208
T81.035	手术后子宫出血	表6-3-208
T81.036	手术后胰腺出血	表6-3-208
T81.301	手术后伤口裂开	表6-3-208
T82.100	心脏电子装置的机械性并发症	表6-3-208
T82.100x002	起搏器起搏功能不良	表6-3-208
T82.100x003	起搏器感知功能不良	表6-3-208
T82.100x005	心房导线穿孔	表6-3-208
T82.100x006	心室导线穿孔	表6-3-208
T82.100x007	心脏电子装置电极导线绝缘层破裂	表6-3-208
T82.100x008	心脏电子装置电极导线脱位	表6-3-208
T82.100x009	心脏电子装置电极导线断裂	表6-3-208
T82.100x010	除颤器起搏功能不良	表6-3-208

续 表

疾病编码	疾病名称	排除内容
T82.100x011	除颤器感知功能不良	表6-3-208
T82.100x012	心脏电子装置周围组织慢性疼痛	表6-3-208
T82.100x013	心脏电子装置囊袋血肿	表6-3-208
T82.100x014	心脏电子装置囊袋积液	表6-3-208
T82.100x015	心脏电子装置囊袋破溃	表6-3-208
T82.101	心脏起搏器导线突出	表6-3-208
T82.102	心脏起搏器电极功能异常	表6-3-208
T82.103	心脏起搏器电极移位	表6-3-208
T82.201	冠状动脉搭桥术机械性并发症	表6-3-208
T82.202	瓣膜移植物机械性并发症	表6-3-208
T82.700	心脏和血管装置、植入物和移植物引起的感染和炎症性反应，其他的	表6-3-208
T82.700x001	血管导管相关性感染	表6-3-208
T82.700x002	起搏器周围组织感染	表6-3-208
T82.700x003	心脏导管相关性感染	表6-3-208
T82.700x004	心脏电子装置感染	表6-3-208
T82.700x005	心脏电子装置囊袋感染	表6-3-208
T82.700x007	肾透析的动静脉瘘感染	表6-3-208
T82.700x008	肾透析的静脉导管感染	表6-3-208
T82.700x009	肾透析的血管通路感染	表6-3-208
T82.700x010	肾透析的人造血管感染	表6-3-208
T82.700x011	肾透析的移植血管感染	表6-3-208
T82.701	化疗泵植入感染	表6-3-208
T82.702	人工血管感染	表6-3-208
T82.703	心脏起搏器植入感染	表6-3-208
T82.704	支架植入感染	表6-3-208
T82.900x001	心脏假体装置植入物和移植物的并发症	表6-3-208
T82.900x002	血管假体装置植入物和移植物的并发症	表6-3-208
T82.901	人工心脏瓣膜失常	表6-3-208
T82.903	心脏起搏器失灵	表6-3-208
T82.904	起搏器综合征	表6-3-208
T83.000x001	泌尿系导管引起的机械性并发症	表6-3-208
T83.001	肾盂引流管阻塞	表6-3-208
T83.002	肾造瘘管移位	表6-3-208
T83.003	膀胱造瘘管阻塞	表6-3-208
T83.004	导尿管阻塞	表6-3-208
T83.100	泌尿系装置和植入物的机械性并发症，其他的	表6-3-208
T83.100x001	泌尿系支架引起的机械性并发症	表6-3-208
T83.100x002	泌尿系电子刺激装置引起的机械性并发症	表6-3-208
T83.100x003	泌尿系括约肌植入物引起的机械性并发症	表6-3-208
T83.100x004	尿道悬吊术后引起的机械性并发症	表6-3-208
T83.101	输尿管支架断裂	表6-3-208

续 表

疾病编码	疾病名称	排除内容
T83.102	输尿管支架移位	表6-3-208
T83.103	输尿管支架管阻塞	表6-3-208
T83.400	生殖道中其他假体装置、植入物和移植物的机械性并发症	表6-3-208
T83.400x001	阴道植入物脱出	表6-3-208
T83.401	阴茎假体引起的并发症	表6-3-208
T84.100	肢骨内部固定装置的机械性并发症	表6-3-208
T84.500	内部关节假体引起的感染和炎症性反应	表6-3-208
T84.500x002	关节假体引起的感染	表6-3-208
T84.501	髋关节假体植入感染	表6-3-208
T84.502	膝关节假体植入感染	表6-3-208
T84.503	肩关节假体植入物感染	表6-3-208
T84.504	肘关节假体植入物感染	表6-3-208
T84.600	内部固定装置［任何部位］引起的感染和炎症性反应	表6-3-208
T84.600x003	内固定装置引起的感染	表6-3-208
T84.601	舌骨固定物植入感染	表6-3-208
T84.602	下颌骨内固定物植入感染	表6-3-208
T84.603	脊柱内固定物植入感染	表6-3-208
T84.604	骨折内固定物植入感染	表6-3-208
T84.605	肌肉内固定物的感染	表6-3-208
T84.700	矫形外科假体装置、植入物和移植物引起的感染和炎症性反应，其他内部的	表6-3-208
T84.700x001	矫形外科假体装置植入物和移植物引起的感染	表6-3-208
T84.701	下颌骨假体植入感染	表6-3-208
T85.700	假体装置、植入物和移植物引起的感染和炎症性反应，其他内部的	表6-3-208
T85.700x103	腹膜透析导管隧道感染	表6-3-208
T85.700x104	腹膜透析导管外口感染	表6-3-208
T85.700x804	胸部硅胶板植入感染	表6-3-208
T85.700x808	植入装置后感染	表6-3-208
T85.700x809	鼻假体植入后感染	表6-3-208
T85.701	脑室腹腔分流管置入感染	表6-3-208
T85.702	人工硬脑膜植入感染	表6-3-208
T85.703	导管相关性感染	表6-3-208
T85.704	巩膜硅胶带环扎植入感染	表6-3-208
T85.705	人工耳蜗植入感染	表6-3-208
T85.706	鼻硅胶植入感染	表6-3-208
T85.708	胆道造影术后感染	表6-3-208
T85.709	腹腔插管感染	表6-3-208
T85.710	腹膜透析中腹腔感染	表6-3-208
T85.711	腹膜透析后腹膜炎	表6-3-208
T85.712	皮肤扩张器植入感染	表6-3-208
T85.713	颅骨人工骨板植入感染	表6-3-208
T87.100	下肢再植（部位）的并发症	表6-3-208

续 表

疾病编码	疾病名称	排除内容
T87.101	下肢再植术后感染	表6-3-208
T87.300	截断术残端的神经瘤	表6-3-208
T87.300x001	创伤性神经瘤	表6-3-208
T87.300x002	指创伤性神经瘤	表6-3-208
T87.400	截断术残端的感染	表6-3-208
T88.200	麻醉引起的休克	表6-3-208
T88.600	适当应用正确药物或药剂的有害效应引起的过敏性休克	表6-3-208
T88.601	药物过敏性休克	表6-3-208
T91.400	胸内器官损伤后遗症	表6-3-209
T91.401	陈旧性胸内器官损伤	表6-3-209
T91.500x001	腹内器官损伤后遗症	表6-3-209
T91.500x003	盆腔器官损伤后遗症	表6-3-209
T91.501	陈旧性腹内器官损伤	表6-3-209
T91.502	陈旧性盆腔器官损伤	表6-3-209
T95.000x001	外耳道烧伤后遗症	表6-3-209
T95.000x002	外耳道冻伤后遗症	表6-3-209
T95.000x003	外耳道腐蚀伤后遗症	表6-3-209
T95.000x004	头和颈烧伤后遗症	表6-3-209
T95.000x005	头部烧伤后遗症	表6-3-209
T95.000x006	颈部烧伤后遗症	表6-3-209
T95.000x007	头和颈冻伤后遗症	表6-3-209
T95.000x008	头部冻伤后遗症	表6-3-209
T95.000x009	颈部冻伤后遗症	表6-3-209
T95.000x010	头和颈腐蚀伤后遗症	表6-3-209
T95.000x011	头部腐蚀伤后遗症	表6-3-209
T95.000x012	颈部腐蚀伤后遗症	表6-3-209
T95.001	陈旧性耳化学烧伤	表6-3-209
T95.002	陈旧性外耳道烧伤	表6-3-209
T98.300x001	闸门综合征	表6-3-209
T98.300x002	眼植入物暴露的后遗症	表6-3-209
T98.300x003	手术后坐骨神经损伤的后遗症	表6-3-209
T98.300x004	手术后心脏异物残留的后遗症	表6-3-209
T98.300x005	人工耳蜗植入后电极脱出的后遗症	表6-3-209
T98.300x006	手术后颌骨异物残留的后遗症	表6-3-209
T98.300x007	手术后缺氧性脑损害的后遗症	表6-3-209
T98.301	陈旧性手术后缺氧性脑损害	表6-3-209
Z22.100	肠道传染病带菌者，其他的	表6-3-210
Z22.101	阿米巴病带菌者	表6-3-210
Z22.102	鼠伤寒带菌者	表6-3-210
Z22.103	霍乱带菌者	表6-3-210
Z22.700	潜伏性结核	表6-3-210

（二）合并症或并发症（CC）

表6-2-1　合并症或并发症（CC）

疾病编码	疾病名称	排除内容
A01.200	副伤寒乙	表6-3-1
A02.000	沙门菌肠炎	表6-3-1
A02.000x005	婴儿沙门菌肠炎	表6-3-1
A02.000x006	C群沙门菌肠炎	表6-3-1
A02.000x007	B群沙门菌肠炎	表6-3-1
A02.000x009	沙门菌小肠炎	表6-3-1
A02.000x010	猪霍乱沙门菌肠炎	表6-3-1
A02.001	阿哥拉沙门菌肠炎	表6-3-1
A02.002	沙门菌伦敦血清型肠炎	表6-3-1
A02.003	沙门菌胃肠炎	表6-3-1
A02.004	鼠伤寒沙门菌肠炎	表6-3-1
A03.800x001	不定型志贺菌痢疾	表6-3-1
A03.800x002	菌痢混合感染	表6-3-1
A04.400x003	新生儿肠粘附性大肠杆菌肠炎	表6-3-1
A04.400x004	肠粘附性大肠杆菌肠炎	表6-3-1
A04.401	大肠杆菌性肠炎	表6-3-1
A04.402	新生儿大肠杆菌肠炎	表6-3-1
A04.800x001	吡邻单胞菌肠炎	表6-3-1
A04.800x003	产气杆菌肠炎	表6-3-1
A04.800x006	副溶血弧菌肠炎	表6-3-1
A04.800x007	金黄色葡萄球菌肠炎	表6-3-1
A04.800x010	嗜水气单胞菌肠炎	表6-3-1
A04.801	变形杆菌肠炎	表6-3-1
A04.802	铜绿假单胞菌肠炎	表6-3-1
A04.803	厌氧菌肠炎	表6-3-1
A05.000	食物媒介的葡萄球菌性食物中毒	表6-3-1
A05.000x001	葡萄球菌食物中毒	表6-3-1
A05.200	食物媒介的产气荚膜梭状芽孢杆菌［韦尔希梭状芽孢杆菌］食物中毒	表6-3-1
A05.200x002	急性出血性坏死性肠炎	表6-3-1
A05.202	急性坏死性肠炎	表6-3-1
A06.100	慢性肠阿米巴病	表6-3-1
A06.100x002	阿米巴肠溃疡	表6-3-1
A06.600+G07*	阿米巴脑脓肿	表6-3-1
A06.800x001	阿米巴膀胱炎	表6-3-1
A06.800x002	阿米巴阑尾炎	表6-3-1
A06.800x003	阿米巴精囊炎	表6-3-1
A06.800x004+N51.2*	阿米巴龟头炎	表6-3-1

续　表

疾病编码	疾病名称	排除内容
A06.801	眼阿米巴病	表6-3-1
A06.900	阿米巴病	表6-3-1
A07.200	隐孢子虫病	表6-3-1
A07.300	等孢球虫病	表6-3-1
A07.300x002	肠道球虫病	表6-3-1
A07.800x002	肉孢子虫病	表6-3-1
A07.801	肠道滴虫病	表6-3-1
A08.500	肠道感染，其他特指的	表6-3-1
A09.900x003	急性肠炎	表6-3-1
A09.900x004	急性小肠炎	表6-3-1
A09.900x005	新生儿腹泻	表6-3-1
A09.900x006	肠炎	表6-3-1
A09.900x007	腹泻	表6-3-1
A09.901	胃肠炎	表6-3-1
A09.902	结肠炎	表6-3-1
A09.903	婴儿腹泻	表6-3-1
A09.904	出血性肠炎	表6-3-1
A15.400x001	肺门淋巴结结核（细菌学和组织学证实）	表6-3-2
A15.401	肺门淋巴结结核，病理（+）	表6-3-2
A15.402	气管支气管淋巴结结核，细菌学（+）	表6-3-2
A15.403	气管支气管淋巴结结核，病理（+）	表6-3-2
A15.404	胸内淋巴结结核，细菌学（+）	表6-3-2
A15.405	胸内淋巴结结核，病理（+）	表6-3-2
A15.406	纵隔淋巴结结核，细菌学（+）	表6-3-2
A15.407	纵隔淋巴结结核，病理（+）	表6-3-2
A15.408	支气管淋巴结结核，细菌学（+）	表6-3-2
A15.409	支气管淋巴结结核，病理（+）	表6-3-2
A15.500x001	喉结核（细菌学和组织学证实）	表6-3-2
A15.500x002	气管结核（细菌学和组织学证实）	表6-3-2
A15.500x003	支气管结核（细菌学和组织学证实）	表6-3-2
A15.500x004	声带结核（细菌学和组织学证实）	表6-3-2
A15.500x010	支气管结核（初治，单耐药）涂阳培阳	表6-3-2
A15.500x011	支气管结核（初治，单耐药）涂阴培阳	表6-3-2
A15.500x012	支气管结核（初治，多耐药）涂阳培阳	表6-3-2
A15.500x013	支气管结核（初治，多耐药）涂阴培阳	表6-3-2
A15.500x014	支气管结核（初治，广泛耐药）涂阳培阳	表6-3-2
A15.500x015	支气管结核（初治，广泛耐药）涂阴培阳	表6-3-2
A15.500x016	支气管结核（初治，耐多药）涂阳培阳	表6-3-2
A15.500x017	支气管结核（初治，耐多药）涂阴培阳	表6-3-2
A15.500x018	支气管结核（初治，药物敏感）涂阳培阳	表6-3-2

续　表

疾病编码	疾病名称	排除内容
A15.500x019	支气管结核（初治，药物敏感）涂阴培阳	表6-3-2
A15.500x020	支气管结核（复治，单耐药）涂阳培阳	表6-3-2
A15.500x021	支气管结核（复治，单耐药）涂阴培阳	表6-3-2
A15.500x022	支气管结核（复治，多耐药）涂阳培阳	表6-3-2
A15.500x023	支气管结核（复治，多耐药）涂阴培阳	表6-3-2
A15.500x024	支气管结核（复治，广泛耐药）涂阳培阳	表6-3-2
A15.500x025	支气管结核（复治，广泛耐药）涂阴培阳	表6-3-2
A15.500x026	支气管结核（复治，耐多药）涂阳培阳	表6-3-2
A15.500x027	支气管结核（复治，耐多药）涂阴培阳	表6-3-2
A15.500x028	支气管结核（复治，药物敏感）涂阳培阳	表6-3-2
A15.500x029	支气管结核（复治，药物敏感）涂阴培阳	表6-3-2
A15.501	喉结核，病理（+）	表6-3-2
A15.502	会厌结核，细菌学（+）	表6-3-2
A15.503	会厌结核，病理（+）	表6-3-2
A15.504	声带结核，细菌学（+）	表6-3-2
A15.505	声带结核，病理（+）	表6-3-2
A15.506	气管结核，细菌学（+）	表6-3-2
A15.507	气管结核，病理（+）	表6-3-2
A15.508	支气管结核，细菌学（+）	表6-3-2
A15.509	支气管结核，病理（+）	表6-3-2
A15.800x001	鼻咽结核性肉芽肿（组织学证实）	表6-3-2
A15.801	结核性鼻窦炎，细菌学（+）	表6-3-2
A15.802	结核性鼻窦炎，病理（+）	表6-3-2
A15.803	鼻中隔结核，细菌学（+）	表6-3-2
A15.804	鼻中隔结核，病理（+）	表6-3-2
A15.805	鼻咽结核，细菌学（+）	表6-3-2
A15.806	鼻咽结核，病理（+）	表6-3-2
A15.807	鼻结核，细菌学（+）	表6-3-2
A15.808	鼻结核，病理（+）	表6-3-2
A15.809	扁桃体结核，细菌学（+）	表6-3-2
A15.810	扁桃体结核，病理（+）	表6-3-2
A15.811	咽部结核，细菌学（+）	表6-3-2
A15.812	咽部结核，病理（+）	表6-3-2
A15.813	纵隔结核，细菌学（+）	表6-3-2
A15.814	纵隔结核，病理（+）	表6-3-2
A16.400x005	孤立性气管支气管结核	表6-3-2
A16.400x010	结核性气管狭窄	表6-3-2
A16.400x011	结核性支气管狭窄	表6-3-2
A16.401	会厌结核	表6-3-2
A16.402	气管结核	表6-3-2

续 表

疾病编码	疾病名称	排除内容
A16.403	声带结核	表6-3-2
A16.405	结核性支气管胸膜瘘	表6-3-2
A16.406	喉结核	表6-3-2
A16.500x001	结核性干性胸膜炎	表6-3-2
A16.500x004	结核性胸膜炎	表6-3-2
A16.500x008	结核性胸膜炎（初治）	表6-3-2
A16.500x009	结核性胸膜炎（复治）	表6-3-2
A16.500x010	结核性包裹性脓胸	表6-3-2
A16.501	结核性脓胸	表6-3-2
A16.503	结核性渗出性胸膜炎	表6-3-2
A16.504	胸膜结核瘤	表6-3-2
A16.505	结核性脓气胸	表6-3-2
A17.800x007+G05.0*	结核性脊髓脊膜炎	表6-3-2
A17.801+G07*	脑结核瘤	表6-3-2
A17.802+G07*	结核性脑肉芽肿	表6-3-2
A17.803+G05.0*	结核性脑膜脑炎	表6-3-2
A17.804+G05.0*	结核性脑炎	表6-3-2
A17.805+G07*	结核性脑脓肿	表6-3-2
A17.806+G07*	脊髓结核	表6-3-2
A17.807+G94.0*	结核性脑积水	表6-3-2
A18.200x002	颌下淋巴结结核	表6-3-2
A18.200x005	颏下淋巴结结核	表6-3-2
A18.200x006	淋巴结结核	表6-3-2
A18.200x010	周围淋巴结结核	表6-3-2
A18.201	头颈部结核性淋巴结炎	表6-3-2
A18.202	颊淋巴结结核	表6-3-2
A18.203	腮腺淋巴结结核	表6-3-2
A18.205	颈淋巴结结核	表6-3-2
A18.206	锁骨上淋巴结结核	表6-3-2
A18.207	腋下淋巴结结核	表6-3-2
A18.208	食管旁淋巴结结核	表6-3-2
A18.209	闭孔淋巴结结核	表6-3-2
A18.210	腹股沟淋巴结结核	表6-3-2
A18.211	结核性淋巴管炎	表6-3-2
A18.212	全身多发淋巴结结核	表6-3-2
A18.300x006+K67.3*	髂窝结核	表6-3-2
A18.300x009+K93.0*	腹腔结核	表6-3-2
A18.300x013+K93.0*	结核性胃结肠瘘	表6-3-2
A18.300x014+K93.0*	结核性直肠瘘	表6-3-2
A18.300x015+K93.0*	膈下结核性脓肿	表6-3-2

续 表

疾病编码	疾病名称	排除内容
A18.300x016	腹膜后结核	表6-3-2
A18.301	肝门淋巴结结核	表6-3-2
A18.302+K93.0*	阑尾结核	表6-3-2
A18.303+K93.0*	肠结核	表6-3-2
A18.304+K93.0*	结核性肠炎	表6-3-2
A18.305+K93.0*	结肠结核瘤	表6-3-2
A18.306+K93.0*	结核性肛瘘	表6-3-2
A18.307+K93.0*	肛周结核	表6-3-2
A18.308	腹腔淋巴结结核	表6-3-2
A18.309	结核性腹腔积液	表6-3-2
A18.310	腹膜后淋巴结结核	表6-3-2
A18.311+K93.0*	腹膜结核	表6-3-2
A18.312+K93.0*	腹部结核性脓肿	表6-3-2
A18.313+K93.0*	腹部结核性窦道	表6-3-2
A18.314+K67.3*	结核性腹膜炎	表6-3-2
A18.315+K93.0*	肠系膜结核	表6-3-2
A18.316+K93.0*	肠系膜淋巴结结核	表6-3-2
A18.317	髂窝结核性脓肿	表6-3-2
A18.318	髂窝淋巴结结核	表6-3-2
A18.800x001	肺外结核	表6-3-2
A18.800x006+K93.8*	唇结核	表6-3-2
A18.800x010+M63.0*	肌结核	表6-3-2
A18.800x014+K23.0*	食管结核	表6-3-2
A18.800x022+M63.0*	上臂内侧横纹肌结核	表6-3-2
A18.800x025+K93.8*	牙龈结核	表6-3-2
A18.800x027+M63.0*	腰大肌结核性脓肿	表6-3-2
A18.800x028+M63.0*	腰肌结核	表6-3-2
A18.800x034+K93.8*	结核性口腔溃疡	表6-3-2
A18.801+E35.8*	垂体结核	表6-3-2
A18.802+K93.8*	舌结核	表6-3-2
A18.803+M63.0*	咀嚼肌结核	表6-3-2
A18.804+K93.8*	腮腺结核	表6-3-2
A18.805+K93.8*	颌下腺结核	表6-3-2
A18.806+E35.0*	甲状腺结核	表6-3-2
A18.807+K23.0*	结核性食管炎	表6-3-2
A18.808+I32.0*	结核性心包炎	表6-3-2
A18.809+I32.0*	结核性心包积液	表6-3-2
A18.810+M63.0*	胸大肌结核	表6-3-2
A18.811	乳腺结核	表6-3-2
A18.812+K93.8*	胃结核	表6-3-2

续 表

疾病编码	疾病名称	排除内容
A18.813+D77*	脾结核	表6-3-2
A18.814+K77.0*	肝结核	表6-3-2
A18.815+K87.0*	胆管结核	表6-3-2
A18.816+K87.0*	胆囊结核	表6-3-2
A18.817+K87.1*	胰腺结核	表6-3-2
A18.818+I79.8*	结核性腹主动脉炎	表6-3-2
A18.819+M36.8*	结缔组织结核	表6-3-2
A18.820+I39.8*	心内膜结核	表6-3-2
A18.821+I41.0*	心肌结核	表6-3-2
A18.822+I68.1*	结核性脑动脉炎	表6-3-2
A21.100	眼腺型土拉菌病	表6-3-3
A21.900x001	兔热病	表6-3-3
A22.801+G01*	炭疽脑膜炎	表6-3-3
A22.900	炭疽	表6-3-3
A23.200	猪布氏菌病	表6-3-3
A24.400	类鼻疽	表6-3-3
A26.800x001	播散性类丹毒	表6-3-3
A27.800	钩端螺旋体病，其他形式的	表6-3-3
A27.800x001	流感伤寒型钩端螺旋体病	表6-3-3
A28.900	动物源性细菌性疾病	表6-3-3
A30.000x001	未定类（I）麻风	表6-3-4
A30.100x001	结核样型（TT）麻风	表6-3-4
A30.100x003	麻风性穿孔性足溃疡	表6-3-4
A30.800	麻风，其他形式的	表6-3-4
A31.800x001	猿猴分枝杆菌感染	表6-3-4
A31.800x002	瘰疬分枝杆菌感染	表6-3-4
A31.800x003	偶然分枝杆菌感染	表6-3-4
A31.800x004	龟分枝杆菌感染	表6-3-4
A31.800x005	土地分枝杆菌感染	表6-3-4
A31.800x006	鸟分枝杆菌感染	表6-3-4
A31.800x007	脓肿分枝杆菌感染	表6-3-4
A31.801	淋巴结分枝杆菌感染	表6-3-4
A31.802	足分枝杆菌病	表6-3-4
A31.803	播散性非结核分枝杆菌病	表6-3-4
A32.000	皮肤利斯特菌病	表6-3-4
A36.100	鼻咽白喉	表6-3-4
A36.300	皮肤白喉	表6-3-4
A36.800x005+N33.8*	白喉性膀胱炎	表6-3-4
A36.800x006+H22.8*	白喉性虹膜麻痹	表6-3-4
A36.801+H13.1*	白喉性结膜炎	表6-3-4

续 表

疾病编码	疾病名称	排除内容
A36.802+I41.0*	白喉性心肌炎	表6-3-4
A36.803+G63.0*	白喉性多神经炎	表6-3-4
A36.804+N16.0*	白喉性肾小管-间质病变	表6-3-4
A37.000	百日咳博德特杆菌性百日咳	表6-3-4
A37.100	副百日咳博德特杆菌性百日咳	表6-3-4
A39.300	慢性脑膜炎球菌血症	表6-3-4
A39.801+H13.1*	脑膜炎球菌性结膜炎	表6-3-4
A39.802+G05.0*	脑膜炎球菌性脑炎	表6-3-4
A39.803+G05.0*	脑膜炎球菌性脊髓脊膜炎	表6-3-4
A39.804+M01.0*	脑膜炎球菌性关节炎	表6-3-4
A39.805+M03.0*	脑膜炎球菌感染后关节炎	表6-3-4
A43.800x001	播散性奴卡菌病	表6-3-4
A43.801	脑诺卡菌病	表6-3-4
A43.802	肾诺卡菌病	表6-3-4
A44.900	巴尔通体病	表6-3-4
A48.100	军团病	表6-3-4
A48.100x001	嗜肺军团菌肺炎	表6-3-4
A48.100x003	军团菌性脑炎	表6-3-4
A49.200	流感嗜血杆菌感染	表6-3-4
A49.201	流感嗜血杆菌感染性菌血症	表6-3-4
A50.100	潜伏性早期先天性梅毒	表6-3-5
A50.400	晚期先天性神经梅毒［青少年神经梅毒］	表6-3-5
A50.400x001	晚期先天性神经梅毒［幼年型神经梅毒］	表6-3-5
A50.400x002+G01*	晚期先天性梅毒性脑膜炎	表6-3-5
A50.400x003+G05.0*	晚期先天性梅毒性脑炎	表6-3-5
A50.400x004+G63.0*	晚期先天性梅毒性多神经病	表6-3-5
A50.401	幼年型麻痹性痴呆	表6-3-5
A50.402+G01*	先天性梅毒性脑膜炎	表6-3-5
A50.900	先天性梅毒	表6-3-5
A51.100x001	肛门梅毒	表6-3-5
A52.100	有症状性神经梅毒	表6-3-5
A52.100x005+G22*	梅毒性帕金森病	表6-3-5
A52.100x006+G59.8*	梅毒性神经炎	表6-3-5
A52.100x007+G05.0*	梅毒性脑炎	表6-3-5
A52.100x008+G63.0*	梅毒性多神经病	表6-3-5
A52.100x009+G01*	梅毒性脑膜炎	表6-3-5
A52.100x010+G05.0*	梅毒性脑膜脑炎	表6-3-5
A52.100x011	梅毒性痉挛性截瘫	表6-3-5
A52.100x012+H48.1*	梅毒相关性视神经炎	表6-3-5
A52.101	脊髓痨	表6-3-5

续　表

疾病编码	疾病名称	排除内容
A52.102+H58.0*	阿-罗瞳孔	表6-3-5
A52.103+M14.6*	夏科关节病	表6-3-5
A52.104+F02.8*	麻痹性痴呆	表6-3-5
A52.105+G01*	三期梅毒性脑膜炎	表6-3-5
A52.106+H48.0*	视神经梅毒	表6-3-5
A52.300	神经梅毒	表6-3-5
A52.800	潜伏性晚期梅毒	表6-3-5
A52.801	潜伏性三期梅毒	表6-3-5
A56.000x003	衣原体性尿道炎	表6-3-5
A56.001	衣原体性膀胱炎	表6-3-5
A56.002	衣原体性宫颈炎	表6-3-5
A56.003	衣原体性阴道炎	表6-3-5
A56.004	衣原体性外阴阴道炎	表6-3-5
A56.400	咽的衣原体感染	表6-3-5
A69.000	坏死性溃疡性口炎	表6-3-6
A69.000x002	走马疳	表6-3-6
A69.900	螺旋体感染	表6-3-6
A69.900x002+M01.8*	螺旋体感染性关节炎	表6-3-6
A74.000+H13.1*	衣原体结膜炎	表6-3-7
A75.200x001	地方性斑疹伤寒	表6-3-8
A75.900	斑疹伤寒	表6-3-8
A80.900	急性脊髓灰质炎	表6-3-9
A81.100	亚急性硬化性全脑炎	表6-3-9
A81.101	亚急性包涵体脑炎	表6-3-9
A81.200	进行性多灶性白质脑病	表6-3-9
A81.200x001	播散性坏死性脑白质病	表6-3-9
A82.000	森林狂犬病	表6-3-9
A82.900	狂犬病	表6-3-9
A83.800	蚊媒介病毒性脑炎，其他的	表6-3-9
A85.000+G05.1*	肠病毒性脑炎	表6-3-9
A85.000x002+G05.1*	柯萨奇病毒性脑炎	表6-3-9
A85.000x003+G05.1*	埃可病毒性脑炎	表6-3-9
A85.001+G05.1*	肠病毒性脑脊髓炎	表6-3-9
A87.000+G02.0*	肠病毒性脑膜炎	表6-3-9
A87.000x001+G02.0*	肠道病毒性脑膜炎	表6-3-9
A87.000x002+G02.0*	柯萨奇病毒性脑膜炎	表6-3-9
A87.000x003+G02.0*	埃可病毒性脑膜炎	表6-3-9
A92.800	蚊媒介的病毒性发热，其他特指的	表6-3-10
A97.000	登革热不伴预警	表6-3-10
A98.400	埃博拉病毒病	表6-3-10

续 表

疾病编码	疾病名称	排除内容
A98.400x001	埃博拉出血热	表6-3-10
B00.300+G02.0*	疱疹病毒性脑膜炎	表6-3-11
B00.801+L99.8*	疱疹病毒性瘭疽	表6-3-11
B00.802+K77.0*	疱疹病毒性肝炎	表6-3-11
B00.803+K77.0*	EB病毒性肝炎	表6-3-11
B00.804+L99.8*	疱疹病毒性甲沟炎	表6-3-11
B01.200+J17.1*	水痘肺炎	表6-3-11
B01.800x001+I41.1*	水痘并发心肌炎	表6-3-11
B01.800x002+N08.0*	水痘并发肾炎	表6-3-11
B01.800x004	痘感染相关性视神经炎	表6-3-11
B01.801	水痘肝炎	表6-3-11
B06.800	风疹伴有其他并发症	表6-3-11
B06.801+J17.1*	风疹性肺炎	表6-3-11
B06.802+M01.4*	风疹性关节炎	表6-3-11
B06.900x001	风疹	表6-3-11
B08.100	传染性软疣	表6-3-11
B08.300	传染性红斑［第五病］	表6-3-11
B08.800x004	流行性粟疹热	表6-3-11
B08.800x006	传染性水疱病	表6-3-11
B08.800x007	柯萨奇湿疹	表6-3-11
B08.801	口蹄疫	表6-3-11
B08.802	肠病毒性淋巴结咽炎	表6-3-11
B17.200	急性戊型肝炎	表6-3-12
B17.200x004	病毒性肝炎戊型急性无黄疸型	表6-3-12
B17.200x005	病毒性肝炎戊型急性重型	表6-3-12
B17.202	急性黄疸型戊型病毒性肝炎	表6-3-12
B17.203	急性淤胆型戊型病毒性肝炎	表6-3-12
B17.204	急性重型戊型病毒性肝炎	表6-3-12
B17.205	亚急性重型戊型病毒性肝炎	表6-3-12
B17.800x001	病毒性肝炎重叠感染	表6-3-12
B17.800x002	病毒性肝炎双重感染	表6-3-12
B17.800x003	病毒性肝炎三重感染（三重以上）	表6-3-12
B17.801	急性病毒性肝炎混合感染	表6-3-12
B17.803	急性重叠型黄疸型病毒性肝炎	表6-3-12
B26.800x001+M01.5*	流行性腮腺炎性关节炎	表6-3-14
B26.800x003+G63.0*	流行性腮腺炎性多神经病	表6-3-14
B26.800x004	流行性腮腺炎并发胸骨前水肿	表6-3-14
B26.800x008+N08.0*	流行性腮腺炎性肾炎	表6-3-14
B26.800x009+N74.8*	流行性腮腺炎并发卵巢炎	表6-3-14
B26.800x010	流行性腮腺炎并发乳腺炎	表6-3-14

续　表

疾病编码	疾病名称	排除内容
B26.800x011	流行性腮腺炎并发甲状腺炎	表6-3-14
B26.801+H13.1*	流行性腮腺炎性结膜炎	表6-3-14
B26.802+K77.0*	流行性腮腺炎性肝炎	表6-3-14
B26.803+I41.1*	流行性腮腺炎并心肌炎	表6-3-14
B26.804	流行性腮腺炎伴颌下腺炎	表6-3-14
B26.805+N08.0*	流行性腮腺炎性肾小球病变	表6-3-14
B27.800	传染性单核细胞增多症，其他的	表6-3-14
B30.000+H19.2*	腺病毒性角膜结膜炎	表6-3-14
B30.001+H19.2*	流行性角膜结膜炎	表6-3-14
B30.200+H13.1*	病毒性咽结膜炎	表6-3-14
B30.201+H13.1*	咽结膜热	表6-3-14
B33.100	罗斯河病	表6-3-14
B33.300x001	逆转录病毒感染	表6-3-14
B34.400	乳头多瘤空泡病毒感染	表6-3-14
B34.400x001	乳头状瘤多型空泡病毒感染	表6-3-14
B34.400x002	人乳头瘤病毒感染	表6-3-14
B35.500	叠瓦癣	表6-3-15
B35.901	黄癣	表6-3-15
B36.901	皮肤真菌感染	表6-3-15
B36.902+H62.2*	耳真菌病	表6-3-15
B36.903+H62.2*	真菌性外耳道炎	表6-3-15
B37.500+G02.1*	念珠菌性脑膜炎	表6-3-15
B38.100	慢性肺球孢子菌病	表6-3-15
B38.100x001+J17.2*	慢性肺球孢子菌肺炎	表6-3-15
B38.300	皮肤球孢子菌病	表6-3-15
B38.900	球孢子菌病	表6-3-15
B40.100	慢性肺芽生菌病	表6-3-15
B41.800x001	内脏型副球孢子菌病	表6-3-15
B41.800x002	皮肤型副球孢子菌病	表6-3-15
B41.800x003	淋巴管型副球孢子菌病	表6-3-15
B42.800	孢子丝菌病，其他形式的	表6-3-15
B44.000x001+J99.8*	侵袭性肺曲霉菌病	表6-3-15
B44.100x003	曲霉球	表6-3-15
B44.101+J99.8*	变态反应性支气管肺曲霉病	表6-3-15
B44.102+J17.2*	曲霉菌性肺炎	表6-3-15
B44.200x001+J99.8*	扁桃体曲霉菌病	表6-3-15
B45.100	大脑隐球菌病	表6-3-15
B45.100x002+G02.1*	新型隐球菌脑膜炎	表6-3-15
B45.101+G02.1*	隐球菌性脑膜炎	表6-3-15
B45.102+G05.2*	隐球菌性脑炎	表6-3-15

续 表

疾病编码	疾病名称	排除内容
B45.800x001	胆道隐球菌病	表6-3-15
B45.800x002	前列腺隐球菌病	表6-3-15
B45.801	眼新型隐球菌病	表6-3-15
B48.000	瘢痕疙瘩性芽生菌病	表6-3-15
B48.000x001	洛博芽生菌病	表6-3-15
B48.500+J17.2*	肺孢子菌病	表6-3-15
B48.501+J17.2*	卡氏肺孢子虫病	表6-3-15
B48.502+J17.2*	耶氏肺孢子虫病	表6-3-15
B48.700	机会性真菌病	表6-3-15
B51.900	间日疟原虫疟疾不伴有并发症	表6-3-16
B56.100x001	布氏罗得西亚锥虫病［东非睡眠病］	表6-3-16
B60.100x002+H13.1*	棘阿米巴性结膜炎	表6-3-16
B60.100x003+H19.2*	棘阿米巴性角膜结膜炎	表6-3-16
B60.100x004+H19.2*	棘阿米巴性角膜炎	表6-3-16
B65.200x001	日本血吸虫病	表6-3-17
B65.202+K77.0*	血吸虫病性肝硬化	表6-3-17
B66.000	后睾吸虫病	表6-3-17
B66.000x001	猫后睾吸虫病	表6-3-17
B66.400	并殖吸虫病	表6-3-17
B66.400x001	皮下组织并殖吸虫病	表6-3-17
B66.401+J99.8*	肺吸虫病	表6-3-17
B67.000x001+K77.0*	肝细粒棘球蚴病	表6-3-17
B67.200x001+M90.2*	骨细粒棘球蚴病	表6-3-17
B67.301	多部位细粒棘球蚴感染	表6-3-17
B67.302+E35.0*	甲状腺细粒棘球蚴病	表6-3-17
B67.500x001+K77.0*	肝泡型棘球蚴病	表6-3-17
B68.900x002	脑绦虫病	表6-3-17
B68.900x003	肠绦虫病	表6-3-17
B68.900x004	带绦虫病	表6-3-17
B68.901	马尾绦虫肉芽肿	表6-3-17
B69.000x002+G94.8*	马尾神经囊虫病	表6-3-17
B69.001+G94.8*	脑囊虫病	表6-3-17
B69.002+G94.8*	囊虫病癫痫	表6-3-17
B69.100	眼囊虫病	表6-3-17
B69.800x003	肌肉囊虫病	表6-3-17
B69.800x004	皮下组织囊虫病	表6-3-17
B69.800x005	脊髓囊虫病	表6-3-17
B69.800x008	胸膜包囊虫症	表6-3-17
B69.801	肺囊尾蚴病	表6-3-17
B69.802	肝囊虫病	表6-3-17

续 表

疾病编码	疾病名称	排除内容
B69.803	骨囊虫病	表6-3-17
B69.804	肌肉囊尾蚴病	表6-3-17
B69.805	皮肤囊尾蚴病	表6-3-17
B69.900x001	囊虫病［囊尾蚴病］	表6-3-17
B74.000x001	班氏丝虫病	表6-3-17
B74.000x002	班氏丝虫性象皮肿	表6-3-17
B74.000x003	班氏丝虫性乳糜尿	表6-3-17
B74.900	丝虫病	表6-3-17
B74.900x003	丝虫性外阴象皮肿	表6-3-17
B74.900x005	淋巴丝虫病	表6-3-17
B74.901	丝虫病性乳糜尿	表6-3-17
B74.902	丝虫性象皮病	表6-3-17
B76.800	钩虫病，其他的	表6-3-17
B78.000	肠道类圆线虫病	表6-3-17
B78.901	粪类圆线虫感染	表6-3-17
B78.902+N08.0*	类圆线虫病性肾小球病变	表6-3-17
B81.000	异尖线虫病	表6-3-17
B81.100	肠道毛细线虫病	表6-3-17
B87.000x001+L99.8*	皮肤蝇蛆病	表6-3-18
B88.800x001	舌形虫病	表6-3-18
B88.800x002	蛇舌状虫病	表6-3-18
B88.800x004	蚰蜒皮炎	表6-3-18
B88.900x001	皮肤病虫侵染	表6-3-18
B88.900x002	螨侵染	表6-3-18
B88.900x003	皮肤寄生虫侵染	表6-3-18
B90.200	骨和关节结核的后遗症	表6-3-19
B90.200x002	陈旧性关节结核	表6-3-19
B90.200x003	陈旧性脊柱结核	表6-3-19
B90.201	陈旧性骨关节结核病	表6-3-19
B90.202	陈旧性骨结核病	表6-3-19
B94.100	病毒性脑炎的后遗症	表6-3-19
B94.101	流行性乙型脑炎后遗症	表6-3-19
C00.000	外上唇恶性肿瘤	表6-3-20
C00.001	外上唇口红区恶性肿瘤	表6-3-20
C00.002	外上唇唇红缘恶性肿瘤	表6-3-20
C00.100	外下唇恶性肿瘤	表6-3-20
C00.101	外下唇口红区恶性肿瘤	表6-3-20
C00.102	外下唇唇红缘恶性肿瘤	表6-3-20
C00.200	外唇的恶性肿瘤	表6-3-20
C00.200x002	外唇唇红缘恶性肿瘤	表6-3-20

续 表

疾病编码	疾病名称	排除内容
C00.300	上唇内面恶性肿瘤	表6-3-20
C00.301	上唇内面颊侧面恶性肿瘤	表6-3-20
C00.302	上唇内面系带恶性肿瘤	表6-3-20
C00.303	上唇内面黏膜恶性肿瘤	表6-3-20
C00.304	上唇内面口腔面恶性肿瘤	表6-3-20
C00.400	下唇内面恶性肿瘤	表6-3-20
C00.401	下唇内面颊侧面恶性肿瘤	表6-3-20
C00.402	下唇内面系带恶性肿瘤	表6-3-20
C00.403	下唇内面黏膜恶性肿瘤	表6-3-20
C00.404	下唇内面口腔面恶性肿瘤	表6-3-20
C00.500	唇内面的恶性肿瘤	表6-3-20
C00.500x002	唇内面黏膜恶性肿瘤	表6-3-20
C00.500x003	唇内面口腔面恶性肿瘤	表6-3-20
C00.500x004	唇内面系带恶性肿瘤	表6-3-20
C00.500x005	唇内面颊侧面恶性肿瘤	表6-3-20
C00.600	唇连合的恶性肿瘤	表6-3-20
C00.800	唇交搭跨越恶性肿瘤的损害	表6-3-20
C00.900	唇恶性肿瘤	表6-3-20
C02.000	舌背面恶性肿瘤	表6-3-20
C02.000x002	舌前三分之二背面恶性肿瘤	表6-3-20
C02.100	舌缘恶性肿瘤	表6-3-20
C02.100x001	舌尖及侧缘的恶性肿瘤	表6-3-20
C02.101	舌尖恶性肿瘤	表6-3-20
C02.200	舌腹面恶性肿瘤	表6-3-20
C02.200x002	舌前三分之二腹面恶性肿瘤	表6-3-20
C02.201	舌系带恶性肿瘤	表6-3-20
C02.300	舌前三分之二部位的恶性肿瘤	表6-3-20
C02.300x002	舌中三分之一恶性肿瘤	表6-3-20
C02.300x003	舌活动部分恶性肿瘤	表6-3-20
C02.400	舌扁桃体恶性肿瘤	表6-3-20
C02.800	舌交搭跨越恶性肿瘤的损害	表6-3-20
C02.900	舌恶性肿瘤	表6-3-20
C02.900x002	舌多处恶性肿瘤	表6-3-20
C03.000	上牙龈恶性肿瘤	表6-3-20
C03.000x002	上颌恶性肿瘤	表6-3-20
C03.001	上颌软组织恶性肿瘤	表6-3-20
C03.100	下牙龈恶性肿瘤	表6-3-20
C03.100x002	下颌恶性肿瘤	表6-3-20
C03.101	下颌软组织恶性肿瘤	表6-3-20
C03.900	牙龈恶性肿瘤	表6-3-20

续 表

疾病编码	疾病名称	排除内容
C03.900x001	颌结缔组织恶性肿瘤	表6-3-20
C03.901	颌软组织恶性肿瘤	表6-3-20
C04.000	口底前部恶性肿瘤	表6-3-20
C04.100	口底侧部恶性肿瘤	表6-3-20
C04.800	口底交搭跨越恶性肿瘤的损害	表6-3-20
C04.900	口底恶性肿瘤	表6-3-20
C05.000	硬腭恶性肿瘤	表6-3-20
C05.100	软腭恶性肿瘤	表6-3-20
C05.200	悬雍垂恶性肿瘤	表6-3-20
C05.800	腭交搭跨越恶性肿瘤的损害	表6-3-20
C05.900	腭恶性肿瘤	表6-3-20
C05.900x002	口顶恶性肿瘤	表6-3-20
C06.000	颊黏膜恶性肿瘤	表6-3-20
C06.001	颊内部恶性肿瘤	表6-3-20
C06.100	口前庭恶性肿瘤	表6-3-20
C06.100x002	上颊沟恶性肿瘤	表6-3-20
C06.100x003	下颊沟恶性肿瘤	表6-3-20
C06.100x004	上唇沟恶性肿瘤	表6-3-20
C06.100x005	下唇沟恶性肿瘤	表6-3-20
C06.101	颊龈沟恶性肿瘤	表6-3-20
C06.102	唇龈沟恶性肿瘤	表6-3-20
C06.200	磨牙后区恶性肿瘤	表6-3-20
C06.800	口的其他和未特指部位交搭跨越恶性肿瘤的损害	表6-3-20
C06.900	口恶性肿瘤	表6-3-20
C06.901	小涎腺恶性肿瘤	表6-3-20
C06.902	口腔黏膜恶性肿瘤	表6-3-20
C08.000	下颌下腺恶性肿瘤	表6-3-20
C08.100	舌下腺恶性肿瘤	表6-3-20
C08.800	大涎腺交搭跨越恶性肿瘤的损害	表6-3-20
C08.800x001	舌下腺及下颌下腺恶性肿瘤	表6-3-20
C08.900	大涎腺恶性肿瘤	表6-3-20
C08.900x001	唾液腺恶性肿瘤	表6-3-20
C09.000	扁桃体窝恶性肿瘤	表6-3-20
C09.100	扁桃体柱恶性肿瘤（前）（后）	表6-3-20
C09.100x001	舌腭弓恶性肿瘤	表6-3-20
C09.100x002	前扁桃体柱恶性肿瘤	表6-3-20
C09.100x003	后扁桃体柱恶性肿瘤	表6-3-20
C09.800	扁桃体交搭跨越恶性肿瘤的损害	表6-3-20
C09.900	扁桃体恶性肿瘤	表6-3-20
C09.901	咽门扁桃体恶性肿瘤	表6-3-20

续　表

疾病编码	疾病名称	排除内容
C09.902	腭扁桃体恶性肿瘤	表6-3-20
C10.000	会厌谷恶性肿瘤	表6-3-20
C10.100	会厌前面恶性肿瘤	表6-3-20
C10.101	会厌边缘恶性肿瘤	表6-3-20
C10.102	舌会厌褶恶性肿瘤	表6-3-20
C10.200	口咽侧壁恶性肿瘤	表6-3-20
C10.300	口咽后壁恶性肿瘤	表6-3-20
C10.400	鳃裂恶性肿瘤	表6-3-20
C10.800	口咽交搭跨越恶性肿瘤的损害	表6-3-20
C10.800x002	口咽连接部恶性肿瘤	表6-3-20
C10.900	口咽恶性肿瘤	表6-3-20
C11.000	鼻咽上壁恶性肿瘤	表6-3-20
C11.001	鼻咽顶恶性肿瘤	表6-3-20
C11.100	鼻咽后壁恶性肿瘤	表6-3-20
C11.101	腺样体恶性肿瘤	表6-3-20
C11.102	咽扁桃体恶性肿瘤	表6-3-20
C11.200	鼻咽侧壁恶性肿瘤	表6-3-20
C11.200x002	罗森米窝恶性肿瘤	表6-3-20
C11.201	咽鼓管开口恶性肿瘤	表6-3-20
C11.202	咽隐窝恶性肿瘤	表6-3-20
C11.300	鼻咽前壁恶性肿瘤	表6-3-20
C11.300x001	鼻中隔后缘恶性肿瘤	表6-3-20
C11.300x004	软腭的鼻咽后面恶性肿瘤	表6-3-20
C11.300x005	软腭的鼻咽上面恶性肿瘤	表6-3-20
C11.300x006	鼻后缘恶性肿瘤	表6-3-20
C11.301	鼻咽底恶性肿瘤	表6-3-20
C11.302	鼻后孔恶性肿瘤	表6-3-20
C11.800	鼻咽交搭跨越恶性肿瘤的损害	表6-3-20
C11.801	鼻咽多壁恶性肿瘤	表6-3-20
C11.900	鼻咽恶性肿瘤	表6-3-20
C11.901	鼻咽壁恶性肿瘤	表6-3-20
C13.000	环状软骨后部恶性肿瘤	表6-3-20
C13.100x001	杓状会厌褶恶性肿瘤	表6-3-20
C13.100x002	杓状会厌褶边缘区恶性肿瘤	表6-3-20
C13.101	咽下面恶性肿瘤	表6-3-20
C13.200	下咽后壁恶性肿瘤	表6-3-20
C13.800	下咽交搭跨越恶性肿瘤的损害	表6-3-20
C13.900	下咽恶性肿瘤	表6-3-20
C13.901	下咽壁恶性肿瘤	表6-3-20
C14.000	咽恶性肿瘤	表6-3-20

续 表

疾病编码	疾病名称	排除内容
C14.001	咽喉恶性肿瘤	表6-3-20
C14.002	咽侧壁恶性肿瘤	表6-3-20
C14.003	咽后壁恶性肿瘤	表6-3-20
C14.200	瓦尔代尔扁桃体环恶性肿瘤	表6-3-20
C14.800	唇、口腔和咽交搭跨越恶性肿瘤的损害	表6-3-20
C14.800x001	颊部及牙龈恶性肿瘤	表6-3-20
C14.800x002	舌根及咽部恶性肿瘤	表6-3-20
C14.800x003	舌根和咽部及喉部恶性肿瘤	表6-3-20
C14.800x004	舌部及口底恶性肿瘤	表6-3-20
C14.800x005	口腔及咽部恶性肿瘤	表6-3-20
C14.800x006	腭部及咽部恶性肿瘤	表6-3-20
C14.800x007	舌下腺及舌根恶性肿瘤	表6-3-20
C15.000	颈部食管恶性肿瘤	表6-3-21
C15.100	胸部食管恶性肿瘤	表6-3-21
C15.100x002	食管胸上段恶性肿瘤	表6-3-21
C15.100x003	食管胸中段恶性肿瘤	表6-3-21
C15.100x004	食管胸下段恶性肿瘤	表6-3-21
C15.200	腹部食管恶性肿瘤	表6-3-21
C15.300	食管上三分之一的恶性肿瘤	表6-3-21
C15.400	食管中三分之一的恶性肿瘤	表6-3-21
C15.500	食管下三分之一的恶性肿瘤	表6-3-21
C15.800x001	食管颈部及腹部恶性肿瘤	表6-3-21
C15.800x002	食管颈部及胸部恶性肿瘤	表6-3-21
C15.800x003	食管胸部及腹部恶性肿瘤	表6-3-21
C15.800x004	食管颈部和胸部及腹部恶性肿瘤	表6-3-21
C15.801	食管中上段恶性肿瘤	表6-3-21
C15.802	食管中下段恶性肿瘤	表6-3-21
C15.900	食管恶性肿瘤	表6-3-21
C15.900x003	食管多处恶性肿瘤	表6-3-21
C16.000	贲门恶性肿瘤	表6-3-21
C16.000x003	贲门口恶性肿瘤	表6-3-21
C16.000x004	胃角恶性肿瘤	表6-3-21
C16.001	食管贲门连接处恶性肿瘤	表6-3-21
C16.002	食管胃连接处恶性肿瘤	表6-3-21
C16.100	胃底恶性肿瘤	表6-3-21
C16.200	胃体恶性肿瘤	表6-3-21
C16.301	胃窦恶性肿瘤	表6-3-21
C16.400	幽门恶性肿瘤	表6-3-21
C16.401	幽门前恶性肿瘤	表6-3-21
C16.402	幽门管恶性肿瘤	表6-3-21

续 表

疾病编码	疾病名称	排除内容
C16.500	胃小弯恶性肿瘤	表6-3-21
C16.600	胃大弯恶性肿瘤	表6-3-21
C16.800	胃交搭跨越恶性肿瘤的损害	表6-3-21
C16.800x002	胃体和胃窦及胃大弯恶性肿瘤	表6-3-21
C16.800x003	胃底及胃体恶性肿瘤	表6-3-21
C16.801	贲门胃底恶性肿瘤	表6-3-21
C16.802	贲门胃体恶性肿瘤	表6-3-21
C16.803	胃窦胃体恶性肿瘤	表6-3-21
C16.804	胃底胃体恶性肿瘤	表6-3-21
C16.900	胃恶性肿瘤	表6-3-21
C16.900x003	胃多处恶性肿瘤	表6-3-21
C16.902	胃溃疡癌变	表6-3-21
C16.903	残胃恶性肿瘤	表6-3-21
C17.000	十二指肠恶性肿瘤	表6-3-21
C17.100	空肠恶性肿瘤	表6-3-21
C17.200	回肠恶性肿瘤	表6-3-21
C17.300	麦克尔憩室恶性肿瘤	表6-3-21
C17.800	小肠交搭跨越恶性肿瘤的损害	表6-3-21
C17.801	十二指肠及空肠恶性肿瘤	表6-3-21
C17.900	小肠恶性肿瘤	表6-3-21
C17.900x002	小肠多处恶性肿瘤	表6-3-21
C18.000	盲肠恶性肿瘤	表6-3-21
C18.001	回盲部恶性肿瘤	表6-3-21
C18.100	阑尾恶性肿瘤	表6-3-21
C18.200	升结肠恶性肿瘤	表6-3-21
C18.300	结肠肝曲恶性肿瘤	表6-3-21
C18.400	横结肠恶性肿瘤	表6-3-21
C18.500	结肠脾曲恶性肿瘤	表6-3-21
C18.600	降结肠恶性肿瘤	表6-3-21
C18.700	乙状结肠恶性肿瘤	表6-3-21
C18.800x002	盲肠及升结肠恶性肿瘤	表6-3-21
C18.801	降结肠乙状结肠恶性肿瘤	表6-3-21
C18.802	升结肠横结肠恶性肿瘤	表6-3-21
C18.803	横结肠降结肠恶性肿瘤	表6-3-21
C18.900	结肠恶性肿瘤	表6-3-21
C18.900x001	结肠多处恶性肿瘤	表6-3-21
C18.901	结肠腺瘤恶变	表6-3-21
C21.000	肛门恶性肿瘤	表6-3-21
C21.100	肛管恶性肿瘤	表6-3-21
C21.101	肛门括约肌恶性肿瘤	表6-3-21

续 表

疾病编码	疾病名称	排除内容
C21.200	泄殖腔肛源区恶性肿瘤	表6-3-21
C21.800	直肠、肛门和肛管交搭跨越恶性肿瘤的损害	表6-3-21
C21.801	直肠肛管恶性肿瘤	表6-3-21
C21.802	直肠肛门恶性肿瘤	表6-3-21
C22.000	肝细胞癌	表6-3-21
C22.001	肝恶性细胞瘤	表6-3-21
C22.100	肝内胆管癌	表6-3-21
C22.101	胆管癌	表6-3-21
C22.200	肝母细胞瘤	表6-3-21
C22.300	肝血管肉瘤	表6-3-21
C22.301	肝巨噬细胞肉瘤	表6-3-21
C22.400	肝的其他肉瘤	表6-3-21
C22.700	肝恶性肿瘤，其他特指的	表6-3-21
C22.900	肝恶性肿瘤	表6-3-21
C24.000	肝外胆管恶性肿瘤	表6-3-21
C24.000x007	肝门胆管恶性肿瘤	表6-3-21
C24.001	肝管恶性肿瘤	表6-3-21
C24.002	胆管恶性肿瘤	表6-3-21
C24.003	胆总管恶性肿瘤	表6-3-21
C24.004	胆囊管恶性肿瘤	表6-3-21
C24.100	法特壶腹恶性肿瘤	表6-3-21
C24.101	法特壶腹周围恶性肿瘤	表6-3-21
C24.800	胆道交搭跨越恶性肿瘤的损害	表6-3-21
C24.800x001	肝内及肝外胆管恶性肿瘤	表6-3-21
C24.900	胆道恶性肿瘤	表6-3-21
C25.000	胰头恶性肿瘤	表6-3-21
C25.100	胰体恶性肿瘤	表6-3-21
C25.200	胰尾恶性肿瘤	表6-3-21
C25.300	胰管恶性肿瘤	表6-3-21
C25.400	胰腺内分泌的恶性肿瘤	表6-3-21
C25.401	胰岛恶性肿瘤	表6-3-21
C25.701	胰颈恶性肿瘤	表6-3-21
C25.800x001	胰头和胰颈及胰体恶性肿瘤	表6-3-21
C25.801	胰体胰尾部恶性肿瘤	表6-3-21
C25.802	胰颈胰体部恶性肿瘤	表6-3-21
C25.803	胰头胰颈部恶性肿瘤	表6-3-21
C25.900	胰恶性肿瘤	表6-3-21
C26.000	肠道部位的恶性肿瘤	表6-3-21
C26.100	脾恶性肿瘤	表6-3-21
C26.800	消化系统交搭跨越恶性肿瘤的损害	表6-3-21

续 表

疾病编码	疾病名称	排除内容
C26.800x001	小肠及结肠恶性肿瘤	表6-3-21
C26.800x002	胃体及横结肠恶性肿瘤	表6-3-21
C26.800x003	胆管及胆囊恶性肿瘤	表6-3-21
C26.900	消化系统部位不明确的恶性肿瘤	表6-3-21
C26.901	胃肠道恶性肿瘤	表6-3-21
C30.000	鼻腔恶性肿瘤	表6-3-22
C30.001	鼻软骨恶性肿瘤	表6-3-22
C30.002	鼻甲恶性肿瘤	表6-3-22
C30.003	内鼻恶性肿瘤	表6-3-22
C30.004	鼻中隔恶性肿瘤	表6-3-22
C30.005	鼻前庭恶性肿瘤	表6-3-22
C30.100	中耳恶性肿瘤	表6-3-22
C30.101	咽鼓管恶性肿瘤	表6-3-22
C30.102	乳突恶性肿瘤	表6-3-22
C30.103	内耳恶性肿瘤	表6-3-22
C31.000	上颌窦恶性肿瘤	表6-3-22
C31.100	筛窦恶性肿瘤	表6-3-22
C31.200	额窦恶性肿瘤	表6-3-22
C31.300	蝶窦恶性肿瘤	表6-3-22
C31.800	鼻旁窦交搭跨越恶性肿瘤的损害	表6-3-22
C31.801	筛窦蝶窦恶性肿瘤	表6-3-22
C31.900x001	鼻窦恶性肿瘤	表6-3-22
C32.000	声门恶性肿瘤	表6-3-22
C32.001	声带恶性肿瘤	表6-3-22
C32.100	声门上恶性肿瘤	表6-3-22
C32.100x004	会厌后面（喉面）恶性肿瘤	表6-3-22
C32.101	会厌恶性肿瘤	表6-3-22
C32.102	喉外部恶性肿瘤	表6-3-22
C32.103	假声带恶性肿瘤	表6-3-22
C32.104	喉室带恶性肿瘤	表6-3-22
C32.200	声门下恶性肿瘤	表6-3-22
C32.300	喉软骨恶性肿瘤	表6-3-22
C32.800	喉交搭跨越恶性肿瘤的损害	表6-3-22
C32.900	喉恶性肿瘤	表6-3-22
C34.000	主支气管恶性肿瘤	表6-3-22
C34.000x002	左主支气管恶性肿瘤	表6-3-22
C34.000x003	右主支气管恶性肿瘤	表6-3-22
C34.001	肺门恶性肿瘤	表6-3-22
C34.100x003	左肺上叶恶性肿瘤	表6-3-22
C34.100x004	右肺上叶恶性肿瘤	表6-3-22

续 表

疾病编码	疾病名称	排除内容
C34.101	肺上叶恶性肿瘤	表6-3-22
C34.102	肺上沟恶性肿瘤	表6-3-22
C34.201	肺中叶恶性肿瘤	表6-3-22
C34.300x003	左肺下叶恶性肿瘤	表6-3-22
C34.300x004	右肺下叶恶性肿瘤	表6-3-22
C34.301	肺下叶恶性肿瘤	表6-3-22
C34.800	支气管和肺交搭跨越恶性肿瘤的损害	表6-3-22
C34.800x001	右肺中上叶恶性肿瘤	表6-3-22
C34.800x002	右肺中下叶恶性肿瘤	表6-3-22
C34.800x003	左肺上下叶恶性肿瘤	表6-3-22
C34.801	肺中上叶恶性肿瘤	表6-3-22
C34.802	肺中下叶恶性肿瘤	表6-3-22
C34.803	肺上下叶恶性肿瘤	表6-3-22
C34.900x001	肺恶性肿瘤	表6-3-22
C34.900x004	左肺恶性肿瘤	表6-3-22
C34.900x005	右肺恶性肿瘤	表6-3-22
C34.900x006	双肺恶性肿瘤	表6-3-22
C34.900x008	肺多处恶性肿瘤	表6-3-22
C34.901	支气管恶性肿瘤	表6-3-22
C34.902	细支气管恶性肿瘤	表6-3-22
C38.000	心脏恶性肿瘤	表6-3-22
C38.000x004	心室恶性肿瘤	表6-3-22
C38.001	心包恶性肿瘤	表6-3-22
C38.002	心房恶性肿瘤	表6-3-22
C38.100	前纵隔恶性肿瘤	表6-3-22
C38.200	后纵隔恶性肿瘤	表6-3-22
C38.300	纵隔恶性肿瘤	表6-3-22
C38.400	胸膜恶性肿瘤	表6-3-22
C38.400x003	胸膜脏层恶性肿瘤	表6-3-22
C38.401	胸膜壁层恶性肿瘤	表6-3-22
C38.800	心脏、纵隔和胸膜交搭跨越恶性肿瘤的损害	表6-3-22
C39.000	上呼吸道的恶性肿瘤	表6-3-22
C39.800	呼吸和胸腔内器官交搭跨越恶性肿瘤的损害	表6-3-22
C39.801	鼻腔，鼻窦恶性肿瘤	表6-3-22
C39.900x001	呼吸系统恶性肿瘤	表6-3-22
C40.000x006	肩关节恶性肿瘤	表6-3-23
C40.001	肩胛骨恶性肿瘤	表6-3-23
C40.002	肱骨恶性肿瘤	表6-3-23
C40.003	尺骨恶性肿瘤	表6-3-23
C40.004	桡骨恶性肿瘤	表6-3-23

续 表

疾病编码	疾病名称	排除内容
C40.005	肘关节恶性肿瘤	表6-3-23
C40.100x006	腕关节恶性肿瘤	表6-3-23
C40.100x007	手关节恶性肿瘤	表6-3-23
C40.101	腕骨恶性肿瘤	表6-3-23
C40.102	指骨恶性肿瘤	表6-3-23
C40.103	掌骨恶性肿瘤	表6-3-23
C40.200x005	膝关节恶性肿瘤	表6-3-23
C40.201	股骨恶性肿瘤	表6-3-23
C40.202	胫骨恶性肿瘤	表6-3-23
C40.203	腓骨恶性肿瘤	表6-3-23
C40.300x003	踝骨恶性肿瘤	表6-3-23
C40.300x004	距骨恶性肿瘤	表6-3-23
C40.300x005	跟骨恶性肿瘤	表6-3-23
C40.300x009	足骨恶性肿瘤	表6-3-23
C40.300x010	踝关节恶性肿瘤	表6-3-23
C40.300x011	足关节恶性肿瘤	表6-3-23
C40.301	髌骨恶性肿瘤	表6-3-23
C40.302	跗骨恶性肿瘤	表6-3-23
C40.303	趾骨恶性肿瘤	表6-3-23
C40.304	跖骨恶性肿瘤	表6-3-23
C40.800	四肢骨和关节软骨交搭跨越恶性肿瘤的损害	表6-3-23
C40.900x001	四肢骨恶性肿瘤	表6-3-23
C40.901	四肢关节软骨恶性肿瘤	表6-3-23
C41.000x018	颅骨恶性肿瘤	表6-3-23
C41.000x019	斜坡恶性肿瘤	表6-3-23
C41.000x020	舌骨恶性肿瘤	表6-3-23
C41.000x021	犁骨恶性肿瘤	表6-3-23
C41.000x023	颚骨恶性肿瘤	表6-3-23
C41.000x025	鼻甲骨恶性肿瘤	表6-3-23
C41.000x027	颌面骨恶性肿瘤	表6-3-23
C41.001	面骨恶性肿瘤	表6-3-23
C41.002	额骨恶性肿瘤	表6-3-23
C41.003	顶骨恶性肿瘤	表6-3-23
C41.004	枕骨恶性肿瘤	表6-3-23
C41.005	蝶骨恶性肿瘤	表6-3-23
C41.006	筛骨恶性肿瘤	表6-3-23
C41.007	颞骨恶性肿瘤	表6-3-23
C41.008	眶骨恶性肿瘤	表6-3-23
C41.009	鼻骨恶性肿瘤	表6-3-23
C41.010	颧骨恶性肿瘤	表6-3-23

续 表

疾病编码	疾病名称	排除内容
C41.011	上颌骨恶性肿瘤	表6-3-23
C41.012	眉弓恶性肿瘤	表6-3-23
C41.100	下颌骨恶性肿瘤	表6-3-23
C41.100x002	髁突恶性肿瘤	表6-3-23
C41.200x005	椎骨恶性肿瘤	表6-3-23
C41.201	颈椎恶性肿瘤	表6-3-23
C41.202	胸椎恶性肿瘤	表6-3-23
C41.203	腰椎恶性肿瘤	表6-3-23
C41.300x002	锁骨恶性肿瘤	表6-3-23
C41.301	胸骨恶性肿瘤	表6-3-23
C41.302	肋骨恶性肿瘤	表6-3-23
C41.400x008	髋关节恶性肿瘤	表6-3-23
C41.400x009	髋臼恶性肿瘤	表6-3-23
C41.401	盆骨恶性肿瘤	表6-3-23
C41.402	髋骨恶性肿瘤	表6-3-23
C41.403	骶骨恶性肿瘤	表6-3-23
C41.404	耻骨恶性肿瘤	表6-3-23
C41.405	尾骨恶性肿瘤	表6-3-23
C41.406	髂骨恶性肿瘤	表6-3-23
C41.800	骨和关节软骨交搭跨越恶性肿瘤的损害	表6-3-23
C41.800x001	腰椎及骶椎恶性肿瘤	表6-3-23
C41.900x001	骨恶性肿瘤	表6-3-23
C41.901	关节软骨恶性肿瘤	表6-3-23
C43.000	唇恶性黑色素瘤	表6-3-24
C43.100x001	眼睑恶性黑色素瘤	表6-3-24
C43.101	眦恶性黑色素瘤	表6-3-24
C43.200x001	耳廓恶性黑色素瘤	表6-3-24
C43.200x003	耳恶性黑色素瘤	表6-3-24
C43.201	外耳道恶性黑色素瘤	表6-3-24
C43.300	面部恶性黑色素瘤	表6-3-24
C43.302	鼻恶性黑色素瘤	表6-3-24
C43.400x002	头皮恶性黑色素瘤	表6-3-24
C43.401	颈部恶性黑色素瘤	表6-3-24
C43.500	躯干恶性黑色素瘤	表6-3-24
C43.501	乳房恶性黑色素瘤	表6-3-24
C43.502	胸壁恶性黑色素瘤	表6-3-24
C43.503	腹壁恶性黑色素瘤	表6-3-24
C43.504	腹股沟恶性黑色素瘤	表6-3-24
C43.505	背部恶性黑色素瘤	表6-3-24
C43.506	臀部恶性黑色素瘤	表6-3-24

续　表

疾病编码	疾病名称	排除内容
C43.507	肛门恶性黑色素瘤	表6-3-24
C43.508	肛周恶性黑色素瘤	表6-3-24
C43.600	上肢（包括肩）恶性黑色素瘤	表6-3-24
C43.600x002	手指恶性黑色素瘤	表6-3-24
C43.601	肩部恶性黑色素瘤	表6-3-24
C43.602	上臂恶性黑色素瘤	表6-3-24
C43.603	前臂恶性黑色素瘤	表6-3-24
C43.604	肘部恶性黑色素瘤	表6-3-24
C43.605	腕部恶性黑色素瘤	表6-3-24
C43.606	手恶性黑色素瘤	表6-3-24
C43.700x001	下肢恶性黑色素瘤	表6-3-24
C43.701	髋恶性黑色素瘤	表6-3-24
C43.702	大腿恶性黑色素瘤	表6-3-24
C43.703	小腿恶性黑色素瘤	表6-3-24
C43.704	膝部恶性黑色素瘤	表6-3-24
C43.705	腘部恶性黑色素瘤	表6-3-24
C43.706	踝部恶性黑色素瘤	表6-3-24
C43.707	足部恶性黑色素瘤	表6-3-24
C43.800	皮肤交搭跨越的恶性黑色素瘤	表6-3-24
C43.900	皮肤恶性黑色素瘤	表6-3-24
C43.900x003	恶性雀斑样痣	表6-3-24
C43.901	恶性蓝痣	表6-3-24
C44.000	唇皮肤恶性肿瘤	表6-3-24
C44.100x002	眼睑恶性肿瘤	表6-3-24
C44.100x003	内眦恶性肿瘤	表6-3-24
C44.100x004	外眦恶性肿瘤	表6-3-24
C44.101	眦恶性肿瘤	表6-3-24
C44.102	睑板腺恶性肿瘤	表6-3-24
C44.200x001	耳部皮肤恶性肿瘤	表6-3-24
C44.201	外耳道皮肤恶性肿瘤	表6-3-24
C44.300	面部皮肤恶性肿瘤	表6-3-24
C44.300x005	颞部皮肤恶性肿瘤	表6-3-24
C44.300x006	鼻翼皮肤恶性肿瘤	表6-3-24
C44.302	额部皮肤恶性肿瘤	表6-3-24
C44.304	鼻部皮肤恶性肿瘤	表6-3-24
C44.305	颌下皮肤恶性肿瘤	表6-3-24
C44.306	鼻唇沟恶性肿瘤	表6-3-24
C44.307	颏部恶性肿瘤	表6-3-24
C44.400x004	头皮恶性肿瘤	表6-3-24
C44.401	颈部皮肤恶性肿瘤	表6-3-24

续 表

疾病编码	疾病名称	排除内容
C44.500	躯干皮肤恶性肿瘤	表6-3-24
C44.501	乳房皮肤恶性肿瘤	表6-3-24
C44.502	胸部皮肤恶性肿瘤	表6-3-24
C44.503	腹部皮肤恶性肿瘤	表6-3-24
C44.504	背部皮肤恶性肿瘤	表6-3-24
C44.505	肩胛区皮肤恶性肿瘤	表6-3-24
C44.506	臀部皮肤恶性肿瘤	表6-3-24
C44.507	肛门皮肤恶性肿瘤	表6-3-24
C44.508	肛周皮肤恶性肿瘤	表6-3-24
C44.509	腹股沟皮肤恶性肿瘤	表6-3-24
C44.600	上肢（包括肩）皮肤恶性肿瘤	表6-3-24
C44.601	肩部皮肤恶性肿瘤	表6-3-24
C44.602	上臂皮肤恶性肿瘤	表6-3-24
C44.603	前臂皮肤恶性肿瘤	表6-3-24
C44.604	肘部皮肤恶性肿瘤	表6-3-24
C44.605	腕部皮肤恶性肿瘤	表6-3-24
C44.606	手皮肤恶性肿瘤	表6-3-24
C44.700	下肢（包括髋）皮肤恶性肿瘤	表6-3-24
C44.701	髋部皮肤恶性肿瘤	表6-3-24
C44.702	大腿皮肤恶性肿瘤	表6-3-24
C44.703	小腿皮肤恶性肿瘤	表6-3-24
C44.704	膝部皮肤恶性肿瘤	表6-3-24
C44.705	腘窝皮肤恶性肿瘤	表6-3-24
C44.706	踝部皮肤恶性肿瘤	表6-3-24
C44.707	足皮肤恶性肿瘤	表6-3-24
C44.800	皮肤交搭跨越恶性肿瘤的损害	表6-3-24
C44.900	皮肤恶性肿瘤	表6-3-24
C44.901	汗腺恶性肿瘤	表6-3-24
C45.000	胸膜间皮瘤	表6-3-25
C45.100	腹膜间皮瘤	表6-3-25
C45.100x005	腹膜壁层间皮瘤	表6-3-25
C45.101	肠系膜间皮瘤	表6-3-25
C45.102	结肠系膜间皮瘤	表6-3-25
C45.103	网膜间皮瘤	表6-3-25
C45.200	心包间皮瘤	表6-3-25
C45.700	间皮瘤，其他部位的	表6-3-25
C45.700x002	腹膜后间皮瘤	表6-3-25
C45.700x005	直肠间皮瘤	表6-3-25
C45.701	肺间皮瘤	表6-3-25
C45.702	纵隔间皮瘤	表6-3-25

续 表

疾病编码	疾病名称	排除内容
C45.703	胃间皮瘤	表6-3-25
C45.704	肝间皮瘤	表6-3-25
C45.705	结肠间皮瘤	表6-3-25
C45.706	盆腔间皮瘤	表6-3-25
C45.900	间皮瘤	表6-3-25
C46.000	皮肤卡波西肉瘤	表6-3-25
C46.100	软组织卡波西肉瘤	表6-3-25
C46.200	腭卡波西肉瘤	表6-3-25
C46.300	淋巴结卡波西肉瘤	表6-3-25
C46.700	卡波西肉瘤，其他部位的	表6-3-25
C46.700x001	外阴卡波西肉瘤	表6-3-25
C46.701	肺卡波西肉瘤	表6-3-25
C46.800	多器官的卡波西肉瘤	表6-3-25
C46.900	卡波西肉瘤	表6-3-25
C46.900x002	非洲型卡波西肉瘤	表6-3-25
C46.900x003	经典（欧洲）型卡波西肉瘤	表6-3-25
C46.900x004	同种异质移植型卡波西肉瘤	表6-3-25
C47.000x001	头部周围神经和自主神经恶性肿瘤	表6-3-25
C47.000x002	面部周围神经和自主神经恶性肿瘤	表6-3-25
C47.000x003	颈部周围神经和自主神经恶性肿瘤	表6-3-25
C47.000x004	耳部周围神经和自主神经恶性肿瘤	表6-3-25
C47.000x005	颞下窝周围神经和自主神经恶性肿瘤	表6-3-25
C47.000x006	翼腭窝周围神经和自主神经恶性肿瘤	表6-3-25
C47.000x007	咽旁间隙周围神经和自主神经恶性肿瘤	表6-3-25
C47.000x008	咽后间隙周围神经和自主神经恶性肿瘤	表6-3-25
C47.000x009	眼睑周围神经和自主神经恶性肿瘤	表6-3-25
C47.000x010	鼻部周围神经和自主神经恶性肿瘤	表6-3-25
C47.000x011	颈丛恶性肿瘤	表6-3-25
C47.100x001	上肢周围神经和自主神经恶性肿瘤	表6-3-25
C47.100x004	腕周围神经和自主神经恶性肿瘤	表6-3-25
C47.100x005	臂神经恶性肿瘤	表6-3-25
C47.100x006	臂丛恶性肿瘤	表6-3-25
C47.100x007	正中神经恶性肿瘤	表6-3-25
C47.100x008	桡神经恶性肿瘤	表6-3-25
C47.100x009	尺神经恶性肿瘤	表6-3-25
C47.101	肩部神经恶性肿瘤	表6-3-25
C47.102	手神经恶性肿瘤	表6-3-25
C47.200x001	下肢周围神经和自主神经恶性肿瘤	表6-3-25
C47.200x004	髂部周围神经和自主神经恶性肿瘤	表6-3-25
C47.200x005	踝部周围神经和自主神经恶性肿瘤	表6-3-25

续 表

疾病编码	疾病名称	排除内容
C47.200x006	股神经恶性肿瘤	表6-3-25
C47.200x007	闭孔神经恶性肿瘤	表6-3-25
C47.200x008	坐骨神经恶性肿瘤	表6-3-25
C47.201	髋神经恶性肿瘤	表6-3-25
C47.202	足神经恶性肿瘤	表6-3-25
C47.300	胸部周围神经恶性肿瘤	表6-3-25
C47.300x002	腋部周围神经和自主神经恶性肿瘤	表6-3-25
C47.300x003	膈部周围神经和自主神经恶性肿瘤	表6-3-25
C47.300x004	肩胛区周围神经和自主神经恶性肿瘤	表6-3-25
C47.300x005	肋间神经恶性肿瘤	表6-3-25
C47.400	腹部周围神经恶性肿瘤	表6-3-25
C47.400x002	脐部周围神经和自主神经恶性肿瘤	表6-3-25
C47.500	盆腔周围神经恶性肿瘤	表6-3-25
C47.500x001	骨盆周围神经和自主神经恶性肿瘤	表6-3-25
C47.500x002	臀部周围神经和自主神经恶性肿瘤	表6-3-25
C47.500x004	会阴周围神经和自主神经恶性肿瘤	表6-3-25
C47.500x005	骶部周围神经和自主神经恶性肿瘤	表6-3-25
C47.500x006	骶尾周围神经和自主神经恶性肿瘤	表6-3-25
C47.500x007	直肠膀胱隔周围神经和自主神经恶性肿瘤	表6-3-25
C47.500x008	直肠阴道隔周围神经和自主神经恶性肿瘤	表6-3-25
C47.500x009	直肠周围神经和自主神经恶性肿瘤	表6-3-25
C47.500x010	坐骨直肠窝周围神经和自主神经恶性肿瘤	表6-3-25
C47.500x012	腰骶丛恶性肿瘤	表6-3-25
C47.500x013	骶神经恶性肿瘤	表6-3-25
C47.500x014	骶丛恶性肿瘤	表6-3-25
C47.501	腹股沟神经恶性肿瘤	表6-3-25
C47.600	躯干周围神经恶性肿瘤	表6-3-25
C47.600x002	背部周围神经和自主神经恶性肿瘤	表6-3-25
C47.600x003	腰部周围神经和自主神经恶性肿瘤	表6-3-25
C47.800	周围神经和自主神经系统交搭跨越恶性肿瘤的损害	表6-3-25
C47.900	周围神经和自主神经系统恶性肿瘤	表6-3-25
C48.000	腹膜后腔恶性肿瘤	表6-3-25
C48.000x002	肾上腺周围组织恶性肿瘤	表6-3-25
C48.001	肾周恶性肿瘤	表6-3-25
C48.100	腹膜特指部位的恶性肿瘤	表6-3-25
C48.100x006	直肠子宫陷凹恶性肿瘤	表6-3-25
C48.101	肠系膜恶性肿瘤	表6-3-25
C48.102	结肠系膜恶性肿瘤	表6-3-25
C48.103	盆腔腹膜恶性肿瘤	表6-3-25
C48.104	网膜恶性肿瘤	表6-3-25

续 表

疾病编码	疾病名称	排除内容
C48.105	腹膜壁层恶性肿瘤	表6-3-25
C48.200	腹膜恶性肿瘤	表6-3-25
C48.201	腹膜腔恶性肿瘤	表6-3-25
C48.800	腹膜后腔和腹膜交搭跨越恶性肿瘤的损害	表6-3-25
C49.000x004	颞部结缔组织恶性肿瘤	表6-3-25
C49.000x005	头部结缔组织恶性肿瘤	表6-3-25
C49.001	面部结缔组织和软组织恶性肿瘤	表6-3-25
C49.002	颈部结缔组织和软组织恶性肿瘤	表6-3-25
C49.003	睑结缔组织恶性肿瘤	表6-3-25
C49.004	耳部结缔组织恶性肿瘤	表6-3-25
C49.005	翼腭窝结缔组织恶性肿瘤	表6-3-25
C49.100x001	上肢结缔组织恶性肿瘤	表6-3-25
C49.100x002	上肢软组织恶性肿瘤	表6-3-25
C49.100x006	腕部结缔组织恶性肿瘤	表6-3-25
C49.101	肩结缔组织和软组织恶性肿瘤	表6-3-25
C49.102	肘结缔组织恶性肿瘤	表6-3-25
C49.103	手结缔组织恶性肿瘤	表6-3-25
C49.200x001	下肢结缔组织恶性肿瘤	表6-3-25
C49.200x002	下肢软组织恶性肿瘤	表6-3-25
C49.200x005	膝部结缔组织和软组织恶性肿瘤	表6-3-25
C49.200x006	踝部结缔组织恶性肿瘤	表6-3-25
C49.201	髋结缔组织和软组织恶性肿瘤	表6-3-25
C49.202	足结缔组织恶性肿瘤	表6-3-25
C49.300x001	横膈恶性肿瘤	表6-3-25
C49.300x002	肩胛区结缔组织恶性肿瘤	表6-3-25
C49.300x003	胸部结缔组织恶性肿瘤	表6-3-25
C49.300x006	上腔静脉恶性肿瘤	表6-3-25
C49.301	腋下结缔组织恶性肿瘤	表6-3-25
C49.302	膈结缔组织恶性肿瘤	表6-3-25
C49.400	腹部结缔组织和软组织恶性肿瘤	表6-3-25
C49.400x003	腹壁结缔组织恶性肿瘤	表6-3-25
C49.401	季肋部结缔组织恶性肿瘤	表6-3-25
C49.402	下腔静脉恶性肿瘤	表6-3-25
C49.500	盆腔结缔组织和软组织恶性肿瘤	表6-3-25
C49.500x001	骶前结缔组织恶性肿瘤	表6-3-25
C49.500x008	直肠周围结缔组织恶性肿瘤	表6-3-25
C49.501	臀部结缔组织恶性肿瘤	表6-3-25
C49.502	腹股沟结缔组织恶性肿瘤	表6-3-25
C49.503	会阴结缔组织恶性肿瘤	表6-3-25
C49.504	骶结缔组织恶性肿瘤	表6-3-25

续 表

疾病编码	疾病名称	排除内容
C49.505	直肠阴道隔结缔组织恶性肿瘤	表6-3-25
C49.600	躯干结缔组织和软组织的恶性肿瘤	表6-3-25
C49.601	背部结缔组织恶性肿瘤	表6-3-25
C49.800	结缔组织和软组织交搭跨越恶性肿瘤的损害	表6-3-25
C49.900x001	结缔组织恶性肿瘤	表6-3-25
C49.900x003	软组织恶性肿瘤	表6-3-25
C49.901	淋巴管恶性肿瘤	表6-3-25
C50.000	乳头和乳晕恶性肿瘤	表6-3-26
C50.000x001	乳头恶性肿瘤	表6-3-26
C50.001	乳晕恶性肿瘤	表6-3-26
C50.100	乳房中央部恶性肿瘤	表6-3-26
C50.200	乳房上内象限恶性肿瘤	表6-3-26
C50.300	乳房下内象限恶性肿瘤	表6-3-26
C50.400	乳房上外象限恶性肿瘤	表6-3-26
C50.500	乳房下外象限恶性肿瘤	表6-3-26
C50.600	乳房腋尾部恶性肿瘤	表6-3-26
C50.800	乳房交搭跨越恶性肿瘤的损害	表6-3-26
C50.800x005	异位乳腺恶性肿瘤	表6-3-26
C50.801	乳腺恶性肿瘤，上部	表6-3-26
C50.802	乳腺恶性肿瘤，下部	表6-3-26
C50.803	乳腺恶性肿瘤，内侧	表6-3-26
C50.804	乳腺恶性肿瘤，外侧	表6-3-26
C50.900	乳房恶性肿瘤	表6-3-26
C50.900x005	双侧乳腺恶性肿瘤	表6-3-26
C50.901	男性乳腺恶性肿瘤	表6-3-26
C50.902	副乳腺恶性肿瘤	表6-3-26
C51.000	大阴唇恶性肿瘤	表6-3-27
C51.001	前庭大腺恶性肿瘤	表6-3-27
C51.100	小阴唇恶性肿瘤	表6-3-27
C51.200	阴蒂恶性肿瘤	表6-3-27
C51.800	外阴交搭跨越恶性肿瘤的损害	表6-3-27
C51.900	外阴恶性肿瘤	表6-3-27
C53.000	宫颈内膜恶性肿瘤	表6-3-27
C53.100	外宫颈恶性肿瘤	表6-3-27
C53.800	宫颈交搭跨越恶性肿瘤的损害	表6-3-27
C53.801	宫颈残端恶性肿瘤	表6-3-27
C53.900	宫颈恶性肿瘤	表6-3-27
C54.000	子宫峡部恶性肿瘤	表6-3-27
C54.001	子宫下段恶性肿瘤	表6-3-27
C54.100	子宫内膜恶性肿瘤	表6-3-27

续 表

疾病编码	疾病名称	排除内容
C54.200	子宫肌层恶性肿瘤	表6-3-27
C54.300	子宫底部恶性肿瘤	表6-3-27
C54.800	子宫体交搭跨越恶性肿瘤的损害	表6-3-27
C54.900	子宫体恶性肿瘤	表6-3-27
C57.000	输卵管恶性肿瘤	表6-3-27
C57.000x002	双侧输卵管恶性肿瘤	表6-3-27
C57.100	阔韧带恶性肿瘤	表6-3-27
C57.101	卵巢冠恶性肿瘤	表6-3-27
C57.200	圆韧带恶性肿瘤	表6-3-27
C57.300	子宫旁组织恶性肿瘤	表6-3-27
C57.300x001	子宫骶骨韧带恶性肿瘤	表6-3-27
C57.301	子宫韧带恶性肿瘤	表6-3-27
C57.400	子宫附件恶性肿瘤	表6-3-27
C57.700	女性生殖器官，其他特指的恶性肿瘤	表6-3-27
C57.701	女性沃尔夫体恶性肿瘤	表6-3-27
C57.702	女性沃尔夫管恶性肿瘤	表6-3-27
C57.800x004	子宫颈及阴道恶性肿瘤	表6-3-27
C57.800x005	子宫及输卵管恶性肿瘤	表6-3-27
C57.801	输卵管卵巢恶性肿瘤	表6-3-27
C57.802	子宫卵巢恶性肿瘤	表6-3-27
C57.803	阴道外阴恶性肿瘤	表6-3-27
C57.900	女性生殖器官恶性肿瘤	表6-3-27
C60.000	包皮恶性肿瘤	表6-3-28
C60.100	阴茎头恶性肿瘤	表6-3-28
C60.200	阴茎体恶性肿瘤	表6-3-28
C60.201	海绵体恶性肿瘤	表6-3-28
C60.800	阴茎交搭跨越恶性肿瘤的损害	表6-3-28
C60.900	阴茎恶性肿瘤	表6-3-28
C60.901	阴茎皮肤恶性肿瘤	表6-3-28
C62.000	睾丸未降部的恶性肿瘤	表6-3-28
C62.001	异位睾丸恶性肿瘤	表6-3-28
C62.100	睾丸下降部的恶性肿瘤	表6-3-28
C62.900	睾丸恶性肿瘤	表6-3-28
C62.901	男性绒毛膜癌	表6-3-28
C63.000	附睾恶性肿瘤	表6-3-28
C63.100	精索恶性肿瘤	表6-3-28
C63.200	阴囊恶性肿瘤	表6-3-28
C63.201	阴囊皮肤恶性肿瘤	表6-3-28
C63.700	男性生殖器官，其他特指的恶性肿瘤	表6-3-28
C63.701	精囊恶性肿瘤	表6-3-28

续 表

疾病编码	疾病名称	排除内容
C63.702	鞘膜恶性肿瘤	表6-3-28
C63.800	男性生殖器官交搭跨越恶性肿瘤的损害	表6-3-28
C63.801	阴茎阴囊恶性肿瘤	表6-3-28
C63.900	男性生殖器官恶性肿瘤	表6-3-28
C67.000	膀胱三角区恶性肿瘤	表6-3-29
C67.100	膀胱顶恶性肿瘤	表6-3-29
C67.200	膀胱侧壁恶性肿瘤	表6-3-29
C67.300	膀胱前壁恶性肿瘤	表6-3-29
C67.400	膀胱后壁恶性肿瘤	表6-3-29
C67.500	膀胱颈恶性肿瘤	表6-3-29
C67.501	尿道内口恶性肿瘤	表6-3-29
C67.600	输尿管口恶性肿瘤	表6-3-29
C67.700	脐尿管恶性肿瘤	表6-3-29
C67.800	膀胱交搭跨越恶性肿瘤的损害	表6-3-29
C67.900	膀胱恶性肿瘤	表6-3-29
C67.900x002	膀胱多处恶性肿瘤	表6-3-29
C68.000	尿道恶性肿瘤	表6-3-29
C68.100	尿道旁腺恶性肿瘤	表6-3-29
C68.800	泌尿器官交搭跨越恶性肿瘤的损害	表6-3-29
C68.800x003	膀胱和尿道及前列腺恶性肿瘤	表6-3-29
C68.801	肾输尿管恶性肿瘤	表6-3-29
C68.802	肾盂膀胱恶性肿瘤	表6-3-29
C68.803	膀胱尿道恶性肿瘤	表6-3-29
C68.804	输尿管膀胱恶性肿瘤	表6-3-29
C68.805	肾盂输尿管恶性肿瘤	表6-3-29
C68.900	泌尿器官恶性肿瘤	表6-3-29
C69.000x001	结膜恶性肿瘤	表6-3-30
C69.100	角膜恶性肿瘤	表6-3-30
C69.200	视网膜恶性肿瘤	表6-3-30
C69.300	脉络膜恶性肿瘤	表6-3-30
C69.400	睫状体恶性肿瘤	表6-3-30
C69.400x005	虹膜恶性肿瘤	表6-3-30
C69.401	葡萄膜恶性肿瘤	表6-3-30
C69.500x003	泪管恶性肿瘤	表6-3-30
C69.501	泪腺恶性肿瘤	表6-3-30
C69.502	泪囊恶性肿瘤	表6-3-30
C69.503	鼻泪管恶性肿瘤	表6-3-30
C69.600	眶恶性肿瘤	表6-3-30
C69.600x001	眶内恶性肿瘤	表6-3-30
C69.601	眶结缔组织恶性肿瘤	表6-3-30

续 表

疾病编码	疾病名称	排除内容
C69.602	眶周神经恶性肿瘤	表6-3-30
C69.603	眼外肌恶性肿瘤	表6-3-30
C69.604	眼球后组织恶性肿瘤	表6-3-30
C69.800	眼和附器交搭跨越恶性肿瘤的损害	表6-3-30
C69.900	眼恶性肿瘤	表6-3-30
C69.900x001	眼内恶性肿瘤	表6-3-30
C69.901	眼球恶性肿瘤	表6-3-30
C70.000	脑膜恶性肿瘤	表6-3-30
C70.000x002	硬脑膜恶性肿瘤	表6-3-30
C70.100x001	脊膜恶性肿瘤	表6-3-30
C70.100x003	硬脊膜恶性肿瘤	表6-3-30
C70.900	脑脊膜恶性肿瘤	表6-3-30
C70.901	硬膜下恶性肿瘤	表6-3-30
C71.000	大脑（除外脑叶和脑室）恶性肿瘤	表6-3-30
C71.000x001	下丘脑恶性肿瘤	表6-3-30
C71.000x004	岛叶恶性肿瘤	表6-3-30
C71.000x006	基底节恶性肿瘤	表6-3-30
C71.000x007	脑白质恶性肿瘤	表6-3-30
C71.001	幕上恶性肿瘤	表6-3-30
C71.002	丘脑恶性肿瘤	表6-3-30
C71.003	胼胝体恶性肿瘤	表6-3-30
C71.100	额叶恶性肿瘤	表6-3-30
C71.200	颞叶恶性肿瘤	表6-3-30
C71.300	顶叶恶性肿瘤	表6-3-30
C71.400	枕叶恶性肿瘤	表6-3-30
C71.500	脑室恶性肿瘤	表6-3-30
C71.500x003	侧脑室恶性肿瘤	表6-3-30
C71.500x004	第三脑室恶性肿瘤	表6-3-30
C71.501	脉络丛恶性肿瘤	表6-3-30
C71.600	小脑恶性肿瘤	表6-3-30
C71.601	小脑蚓部恶性肿瘤	表6-3-30
C71.602	小脑扁桃体恶性肿瘤	表6-3-30
C71.700	脑干恶性肿瘤	表6-3-30
C71.701	脑桥恶性肿瘤	表6-3-30
C71.702	延髓恶性肿瘤	表6-3-30
C71.703	第四脑室恶性肿瘤	表6-3-30
C71.704	幕下恶性肿瘤	表6-3-30
C71.705	中脑恶性肿瘤	表6-3-30
C71.800	脑交搭跨越恶性肿瘤的损害	表6-3-30
C71.800x006	额颞岛叶恶性肿瘤	表6-3-30

续 表

疾病编码	疾病名称	排除内容
C71.800x007	额叶和丘脑及胼胝体恶性肿瘤	表6-3-30
C71.800x008	大脑皮层多处恶性肿瘤	表6-3-30
C71.801	额顶叶恶性肿瘤	表6-3-30
C71.802	额颞顶叶恶性肿瘤	表6-3-30
C71.803	顶枕叶恶性肿瘤	表6-3-30
C71.804	顶颞叶恶性肿瘤	表6-3-30
C71.805	颞顶枕叶恶性肿瘤	表6-3-30
C71.806	额颞叶恶性肿瘤	表6-3-30
C71.807	颞叶脑岛恶性肿瘤	表6-3-30
C71.808	颞枕叶恶性肿瘤	表6-3-30
C71.809	脑桥小脑角恶性肿瘤	表6-3-30
C71.900	脑恶性肿瘤	表6-3-30
C71.900x001	蝶鞍上恶性肿瘤	表6-3-30
C71.900x002	颅内恶性肿瘤	表6-3-30
C71.900x005	颅前窝恶性肿瘤	表6-3-30
C71.900x006	颅底恶性肿瘤	表6-3-30
C71.900x007	颅中窝恶性肿瘤	表6-3-30
C71.900x008	颅后窝恶性肿瘤	表6-3-30
C71.900x009	翼腭窝恶性肿瘤	表6-3-30
C71.900x010	颞下窝恶性肿瘤	表6-3-30
C71.901	鞍上区恶性肿瘤	表6-3-30
C71.902	蝶鞍区恶性肿瘤	表6-3-30
C71.903	颅底交通性恶性肿瘤	表6-3-30
C72.000	脊髓恶性肿瘤	表6-3-30
C72.000x006	骶髓恶性肿瘤	表6-3-30
C72.001	脊髓颈段恶性肿瘤	表6-3-30
C72.002	脊髓圆锥恶性肿瘤	表6-3-30
C72.003	脊髓胸段恶性肿瘤	表6-3-30
C72.004	脊髓腰段恶性肿瘤	表6-3-30
C72.100	马尾恶性肿瘤	表6-3-30
C72.200	嗅神经恶性肿瘤	表6-3-30
C72.201	嗅球恶性肿瘤	表6-3-30
C72.300	视神经恶性肿瘤	表6-3-30
C72.400	听神经恶性肿瘤	表6-3-30
C72.500	脑神经恶性肿瘤	表6-3-30
C72.501	动眼神经恶性肿瘤	表6-3-30
C72.502	滑车神经恶性肿瘤	表6-3-30
C72.503	三叉神经恶性肿瘤	表6-3-30
C72.504	展神经恶性肿瘤	表6-3-30
C72.505	面神经恶性肿瘤	表6-3-30

续 表

疾病编码	疾病名称	排除内容
C72.506	前庭蜗神经恶性肿瘤	表6-3-30
C72.507	舌咽神经恶性肿瘤	表6-3-30
C72.508	迷走神经恶性肿瘤	表6-3-30
C72.509	副神经恶性肿瘤	表6-3-30
C72.510	舌下神经恶性肿瘤	表6-3-30
C72.800	脑和中枢神经系统其他部位交搭跨越恶性肿瘤的损害	表6-3-30
C72.800x001	颅眶沟通恶性肿瘤	表6-3-30
C72.800x002	颅底沟通恶性肿瘤	表6-3-30
C72.800x003	颅鼻眶沟通恶性肿瘤	表6-3-30
C72.900	中枢神经系统恶性肿瘤	表6-3-30
C72.900x004	椎管内恶性肿瘤	表6-3-30
C72.900x005	蝶鞍旁恶性肿瘤	表6-3-30
C72.900x006	颈静脉孔区恶性肿瘤	表6-3-30
C72.901	硬膜外恶性肿瘤	表6-3-30
C74.000	肾上腺皮质恶性肿瘤	表6-3-31
C74.100	肾上腺髓质恶性肿瘤	表6-3-31
C74.900	肾上腺恶性肿瘤	表6-3-31
C75.000	甲状旁腺恶性肿瘤	表6-3-31
C75.100	垂体恶性肿瘤	表6-3-31
C75.200	颅咽管恶性肿瘤	表6-3-31
C75.300	松果体恶性肿瘤	表6-3-31
C75.400	颈动脉体恶性肿瘤	表6-3-31
C75.500x001	主动脉体恶性肿瘤	表6-3-31
C75.501	节旁体恶性肿瘤	表6-3-31
C75.800	累及多个腺体的恶性肿瘤	表6-3-31
C75.900	内分泌腺恶性肿瘤	表6-3-31
C76.000x002	头部恶性肿瘤	表6-3-32
C76.000x007	颌下恶性肿瘤	表6-3-32
C76.001	面部恶性肿瘤	表6-3-32
C76.002	颈部恶性肿瘤	表6-3-32
C76.003	颊恶性肿瘤	表6-3-32
C76.004	鼻恶性肿瘤	表6-3-32
C76.005	颌下恶性肿瘤	表6-3-32
C76.006	颏下恶性肿瘤	表6-3-32
C76.100	胸部恶性肿瘤	表6-3-32
C76.100x003	胸腔恶性肿瘤	表6-3-32
C76.101	腋恶性肿瘤	表6-3-32
C76.200	腹部恶性肿瘤	表6-3-32
C76.200x002	髂窝恶性肿瘤	表6-3-32
C76.300	盆腔恶性肿瘤	表6-3-32

续 表

疾病编码	疾病名称	排除内容
C76.300x001	骶前恶性肿瘤	表6-3-32
C76.300x009	骨盆恶性肿瘤	表6-3-32
C76.301	膀胱直肠隔恶性肿瘤	表6-3-32
C76.302	骶恶性肿瘤	表6-3-32
C76.303	会阴部恶性肿瘤	表6-3-32
C76.304	腹股沟恶性肿瘤	表6-3-32
C76.305	骶尾部恶性肿瘤	表6-3-32
C76.306	臀部恶性肿瘤	表6-3-32
C76.307	直肠阴道隔恶性肿瘤	表6-3-32
C76.400	上肢恶性肿瘤	表6-3-32
C76.401	肩恶性肿瘤	表6-3-32
C76.402	手部恶性肿瘤	表6-3-32
C76.500	下肢恶性肿瘤	表6-3-32
C76.501	髋恶性肿瘤	表6-3-32
C76.502	腘窝恶性肿瘤	表6-3-32
C76.503	足恶性肿瘤	表6-3-32
C76.700	恶性肿瘤，其他不明确部位的	表6-3-32
C76.700x002	腰部恶性肿瘤	表6-3-32
C76.701	躯干部恶性肿瘤	表6-3-32
C76.702	背部恶性肿瘤	表6-3-32
C76.800	交搭跨越恶性肿瘤的损害，其他和不明确部位的	表6-3-32
C76.801	不明确部位交搭跨越恶性肿瘤	表6-3-32
C77.000x005	头部淋巴结继发恶性肿瘤	表6-3-32
C77.001	面部淋巴结继发恶性肿瘤	表6-3-32
C77.002	颈部淋巴结继发恶性肿瘤	表6-3-32
C77.003	颏下淋巴结继发恶性肿瘤	表6-3-32
C77.004	颌下淋巴结继发恶性肿瘤	表6-3-32
C77.005	腮腺淋巴结继发恶性肿瘤	表6-3-32
C77.006	耳淋巴结继发恶性肿瘤	表6-3-32
C77.007	锁骨上淋巴结继发恶性肿瘤	表6-3-32
C77.008	气管食管沟淋巴结继发恶性肿瘤	表6-3-32
C77.100	胸腔内淋巴结继发性的恶性肿瘤	表6-3-32
C77.100x004	支气管淋巴结继发恶性肿瘤	表6-3-32
C77.101	胸骨旁淋巴结继发恶性肿瘤	表6-3-32
C77.102	肺门淋巴结继发恶性肿瘤	表6-3-32
C77.103	纵隔淋巴结继发恶性肿瘤	表6-3-32
C77.104	气管淋巴结继发恶性肿瘤	表6-3-32
C77.105	气管支气管淋巴结继发恶性肿瘤	表6-3-32
C77.106	食管淋巴结继发恶性肿瘤	表6-3-32
C77.107	膈淋巴结继发恶性肿瘤	表6-3-32

续　表

疾病编码	疾病名称	排除内容
C77.200	腹腔内淋巴结继发性的恶性肿瘤	表6-3-32
C77.200x001	贲门淋巴结继发恶性肿瘤	表6-3-32
C77.201	胃淋巴结继发恶性肿瘤	表6-3-32
C77.202	脾淋巴结继发恶性肿瘤	表6-3-32
C77.203	肝淋巴结继发恶性肿瘤	表6-3-32
C77.204	胰淋巴结继发恶性肿瘤	表6-3-32
C77.205	腹膜后淋巴结继发恶性肿瘤	表6-3-32
C77.206	主动脉旁淋巴结继发恶性肿瘤	表6-3-32
C77.207	肠系膜淋巴结继发恶性肿瘤	表6-3-32
C77.208	肠周淋巴结继发恶性肿瘤	表6-3-32
C77.300	腋下和上肢淋巴结继发性的恶性肿瘤	表6-3-32
C77.300x001	腋窝淋巴结继发恶性肿瘤	表6-3-32
C77.300x003	肱骨内上髁淋巴结继发恶性肿瘤	表6-3-32
C77.301	腋下淋巴结继发恶性肿瘤	表6-3-32
C77.302	锁骨下淋巴结继发恶性肿瘤	表6-3-32
C77.303	胸壁淋巴结继发恶性肿瘤	表6-3-32
C77.400x001	腹股沟淋巴结继发恶性肿瘤	表6-3-32
C77.401	下肢淋巴结继发恶性肿瘤	表6-3-32
C77.500	盆腔内淋巴结继发性的恶性肿瘤	表6-3-32
C77.500x003	子宫旁淋巴结继发恶性肿瘤	表6-3-32
C77.501	髂淋巴结继发恶性肿瘤	表6-3-32
C77.502	骶骨淋巴结继发恶性肿瘤	表6-3-32
C77.503	耻骨联合前淋巴结继发恶性肿瘤	表6-3-32
C77.800	多个部位淋巴结继发性的恶性肿瘤	表6-3-32
C77.900	淋巴结恶性肿瘤	表6-3-32
C77.900x001	淋巴结继发恶性肿瘤	表6-3-32
C78.000	肺部继发性恶性肿瘤	表6-3-32
C78.000x003	支气管软骨继发恶性肿瘤	表6-3-32
C78.001	支气管继发恶性肿瘤	表6-3-32
C78.002	主支气管继发恶性肿瘤	表6-3-32
C78.003	气管支气管继发恶性肿瘤	表6-3-32
C78.100	纵隔继发性恶性肿瘤	表6-3-32
C78.200	胸膜继发性恶性肿瘤	表6-3-32
C78.201	恶性胸腔积液	表6-3-32
C78.300x004	咽鼓管继发恶性肿瘤	表6-3-32
C78.300x005	上颌窦继发恶性肿瘤	表6-3-32
C78.300x006	声带继发恶性肿瘤	表6-3-32
C78.300x008	乳突继发恶性肿瘤	表6-3-32
C78.300x010	会厌继发恶性肿瘤	表6-3-32
C78.301	鼻窦继发恶性肿瘤	表6-3-32

续 表

疾病编码	疾病名称	排除内容
C78.302	鼻腔继发恶性肿瘤	表6-3-32
C78.303	中耳继发恶性肿瘤	表6-3-32
C78.304	气管继发恶性肿瘤	表6-3-32
C78.305	喉继发恶性肿瘤	表6-3-32
C78.306	呼吸器官继发恶性肿瘤	表6-3-32
C78.400	小肠继发性恶性肿瘤	表6-3-32
C78.401	十二指肠继发恶性肿瘤	表6-3-32
C78.402	空肠继发恶性肿瘤	表6-3-32
C78.403	回肠继发恶性肿瘤	表6-3-32
C78.500x004	乙状结肠继发恶性肿瘤	表6-3-32
C78.500x006	直肠乙状结肠连接部继发恶性肿瘤	表6-3-32
C78.500x008	肛门继发恶性肿瘤	表6-3-32
C78.501	直肠继发恶性肿瘤	表6-3-32
C78.502	盲肠继发恶性肿瘤	表6-3-32
C78.503	阑尾继发恶性肿瘤	表6-3-32
C78.504	结肠继发恶性肿瘤	表6-3-32
C78.505	肛管继发恶性肿瘤	表6-3-32
C78.600x004	腹膜继发恶性肿瘤	表6-3-32
C78.601	腹膜后继发恶性肿瘤	表6-3-32
C78.602	大网膜继发恶性肿瘤	表6-3-32
C78.603	肠系膜继发恶性肿瘤	表6-3-32
C78.604	恶性腹水	表6-3-32
C78.605	道格拉斯陷凹继发恶性肿瘤	表6-3-32
C78.700	肝部和肝内胆管继发性恶性肿瘤	表6-3-32
C78.800x005	胃肠道继发恶性肿瘤	表6-3-32
C78.800x009	胰头继发恶性肿瘤	表6-3-32
C78.800x010	胃底继发恶性肿瘤	表6-3-32
C78.800x013	胃食管连接部继发恶性肿瘤	表6-3-32
C78.800x014	贲门食管连接部继发恶性肿瘤	表6-3-32
C78.801	食管继发恶性肿瘤	表6-3-32
C78.802	胃继发恶性肿瘤	表6-3-32
C78.803	贲门继发恶性肿瘤	表6-3-32
C78.804	壶腹继发恶性肿瘤	表6-3-32
C78.805	脾继发恶性肿瘤	表6-3-32
C78.806	胰腺继发恶性肿瘤	表6-3-32
C78.807	胆囊继发恶性肿瘤	表6-3-32
C78.808	胆管继发恶性肿瘤	表6-3-32
C78.809	消化器官继发性恶性肿瘤	表6-3-32
C79.000x001	肾继发恶性肿瘤	表6-3-32
C79.001	肾盂继发恶性肿瘤	表6-3-32

续 表

疾病编码	疾病名称	排除内容
C79.100x002	泌尿系统继发恶性肿瘤	表6-3-32
C79.101	膀胱继发恶性肿瘤	表6-3-32
C79.102	输尿管继发恶性肿瘤	表6-3-32
C79.103	尿道继发恶性肿瘤	表6-3-32
C79.200	皮肤继发性恶性肿瘤	表6-3-32
C79.200x001	腹壁皮肤继发恶性肿瘤	表6-3-32
C79.200x002	眼睑继发恶性肿瘤	表6-3-32
C79.200x005	臀部皮肤继发恶性肿瘤	表6-3-32
C79.200x006	颌部皮肤继发恶性肿瘤	表6-3-32
C79.200x007	乳房皮肤继发恶性肿瘤	表6-3-32
C79.200x008	颏部皮肤继发恶性肿瘤	表6-3-32
C79.201	头部皮肤继发恶性肿瘤	表6-3-32
C79.202	面部皮肤继发恶性肿瘤	表6-3-32
C79.203	颈部皮肤继发恶性肿瘤	表6-3-32
C79.204	躯干皮肤继发恶性肿瘤	表6-3-32
C79.205	四肢皮肤继发恶性肿瘤	表6-3-32
C79.300	脑和脑膜继发性恶性肿瘤	表6-3-32
C79.300x002	脑继发恶性肿瘤	表6-3-32
C79.300x006	颅窝继发恶性肿瘤	表6-3-32
C79.300x011	颅内继发恶性肿瘤	表6-3-32
C79.300x012	颅内静脉窦继发恶性肿瘤	表6-3-32
C79.300x013	颈静脉孔区继发恶性肿瘤	表6-3-32
C79.300x016	脑白质继发恶性肿瘤	表6-3-32
C79.300x017	硬脑膜下继发恶性肿瘤	表6-3-32
C79.300x018	岛叶继发恶性肿瘤	表6-3-32
C79.300x019	侧脑室继发恶性肿瘤	表6-3-32
C79.300x020	第三脑室继发恶性肿瘤	表6-3-32
C79.300x021	基底节继发恶性肿瘤	表6-3-32
C79.300x023	胼胝体继发恶性肿瘤	表6-3-32
C79.300x024	中脑继发恶性肿瘤	表6-3-32
C79.300x025	脑桥继发恶性肿瘤	表6-3-32
C79.300x026	延髓继发恶性肿瘤	表6-3-32
C79.300x027	第四脑室继发恶性肿瘤	表6-3-32
C79.300x028	小脑幕上继发恶性肿瘤	表6-3-32
C79.300x029	小脑幕下继发恶性肿瘤	表6-3-32
C79.300x030	癌性脑膜炎	表6-3-32
C79.300x031	颅底继发恶性肿瘤	表6-3-32
C79.300x032	颅前窝继发恶性肿瘤	表6-3-32
C79.300x033	颅中窝继发恶性肿瘤	表6-3-32
C79.300x034	颅后窝继发恶性肿瘤	表6-3-32

续 表

疾病编码	疾病名称	排除内容
C79.301	脑膜继发恶性肿瘤	表6-3-32
C79.302	大脑继发恶性肿瘤	表6-3-32
C79.303	额叶继发恶性肿瘤	表6-3-32
C79.304	顶叶继发恶性肿瘤	表6-3-32
C79.305	枕叶继发恶性肿瘤	表6-3-32
C79.306	颞叶继发恶性肿瘤	表6-3-32
C79.307	脑岛继发恶性肿瘤	表6-3-32
C79.308	海马回继发恶性肿瘤	表6-3-32
C79.309	小脑继发恶性肿瘤	表6-3-32
C79.310	脑干继发恶性肿瘤	表6-3-32
C79.311	丘脑继发恶性肿瘤	表6-3-32
C79.400x012	硬膜外继发恶性肿瘤	表6-3-32
C79.400x013	椎管内继发恶性肿瘤	表6-3-32
C79.400x014	泪管继发恶性肿瘤	表6-3-32
C79.400x018	马尾继发恶性肿瘤	表6-3-32
C79.400x019	上肢周围神经继发恶性肿瘤	表6-3-32
C79.400x020	下肢周围神经继发恶性肿瘤	表6-3-32
C79.400x021	交感神经继发恶性肿瘤	表6-3-32
C79.400x022	周围神经继发恶性肿瘤	表6-3-32
C79.401	中枢神经系统继发恶性肿瘤	表6-3-32
C79.402	脑神经继发恶性肿瘤	表6-3-32
C79.403	脊髓继发恶性肿瘤	表6-3-32
C79.404	脊膜继发恶性肿瘤	表6-3-32
C79.405	眼继发恶性肿瘤	表6-3-32
C79.406	眶内继发恶性肿瘤	表6-3-32
C79.407	眼球继发恶性肿瘤	表6-3-32
C79.408	眼外肌继发恶性肿瘤	表6-3-32
C79.409	脉络膜继发恶性肿瘤	表6-3-32
C79.500x001	骨继发恶性肿瘤	表6-3-32
C79.500x004	上颌骨继发恶性肿瘤	表6-3-32
C79.500x006	椎体继发恶性肿瘤	表6-3-32
C79.500x007	斜坡继发恶性肿瘤	表6-3-32
C79.500x008	指骨继发恶性肿瘤	表6-3-32
C79.500x009	髂骨继发恶性肿瘤	表6-3-32
C79.500x010	股骨继发恶性肿瘤	表6-3-32
C79.500x011	关节继发恶性肿瘤	表6-3-32
C79.500x012	桡骨继发恶性肿瘤	表6-3-32
C79.500x013	胸骨继发恶性肿瘤	表6-3-32
C79.500x016	眶骨继发恶性肿瘤	表6-3-32
C79.500x021	肋骨继发恶性肿瘤	表6-3-32

续 表

疾病编码	疾病名称	排除内容
C79.500x022	锁骨继发恶性肿瘤	表6-3-32
C79.500x024	盆骨继发恶性肿瘤	表6-3-32
C79.500x025	骶骨继发恶性肿瘤	表6-3-32
C79.500x026	尾骨继发恶性肿瘤	表6-3-32
C79.500x028	舌骨继发恶性肿瘤	表6-3-32
C79.500x030	颈椎继发恶性肿瘤	表6-3-32
C79.500x031	胸椎继发恶性肿瘤	表6-3-32
C79.500x032	腰椎继发恶性肿瘤	表6-3-32
C79.501	骨髓继发恶性肿瘤	表6-3-32
C79.502	颅骨继发恶性肿瘤	表6-3-32
C79.503	面骨继发恶性肿瘤	表6-3-32
C79.504	颌骨继发恶性肿瘤	表6-3-32
C79.505	下颌骨继发恶性肿瘤	表6-3-32
C79.506	躯干骨继发恶性肿瘤	表6-3-32
C79.507	上肢骨继发恶性肿瘤	表6-3-32
C79.508	下肢骨继发恶性肿瘤	表6-3-32
C79.509	脊柱继发恶性肿瘤	表6-3-32
C79.600	卵巢继发性恶性肿瘤	表6-3-32
C79.700	肾上腺继发性恶性肿瘤	表6-3-32
C79.800x202	输卵管继发恶性肿瘤	表6-3-32
C79.800x205	子宫角继发恶性肿瘤	表6-3-32
C79.800x206	子宫体继发恶性肿瘤	表6-3-32
C79.800x209	子宫颈继发恶性肿瘤	表6-3-32
C79.800x211	子宫旁继发恶性肿瘤	表6-3-32
C79.800x213	子宫下段继发恶性肿瘤	表6-3-32
C79.800x214	子宫韧带继发恶性肿瘤	表6-3-32
C79.800x215	子宫圆韧带继发恶性肿瘤	表6-3-32
C79.800x216	子宫阔韧带继发恶性肿瘤	表6-3-32
C79.800x218	子宫卵巢韧带继发恶性肿瘤	表6-3-32
C79.800x219	子宫骶骨韧带继发恶性肿瘤	表6-3-32
C79.800x220	子宫内膜继发恶性肿瘤	表6-3-32
C79.800x222	子宫附件继发恶性肿瘤	表6-3-32
C79.800x223	子宫肌层继发恶性肿瘤	表6-3-32
C79.800x228	生殖器官继发恶性肿瘤	表6-3-32
C79.800x231	精索继发恶性肿瘤	表6-3-32
C79.800x233	附睾继发恶性肿瘤	表6-3-32
C79.800x804	躯干继发恶性肿瘤	表6-3-32
C79.800x806	头部继发恶性肿瘤	表6-3-32
C79.800x807	心包继发恶性肿瘤	表6-3-32
C79.800x809	胸壁继发恶性肿瘤	表6-3-32

续 表

疾病编码	疾病名称	排除内容
C79.800x811	腋下继发恶性肿瘤	表6-3-32
C79.800x812	颌部继发恶性肿瘤	表6-3-32
C79.800x813	锁骨上继发恶性肿瘤	表6-3-32
C79.800x816	臀部继发恶性肿瘤	表6-3-32
C79.800x817	下肢继发恶性肿瘤	表6-3-32
C79.800x818	骶尾区继发恶性肿瘤	表6-3-32
C79.800x819	腹主动脉继发恶性肿瘤	表6-3-32
C79.800x824	悬雍垂继发恶性肿瘤	表6-3-32
C79.800x825	腭部继发恶性肿瘤	表6-3-32
C79.800x826	臼齿后区继发恶性肿瘤	表6-3-32
C79.800x828	鼻咽继发恶性肿瘤	表6-3-32
C79.800x829	胸腺继发恶性肿瘤	表6-3-32
C79.800x830	血管继发恶性肿瘤	表6-3-32
C79.800x831	皮下继发恶性肿瘤	表6-3-32
C79.800x833	面部继发恶性肿瘤	表6-3-32
C79.800x834	腹股沟继发恶性肿瘤	表6-3-32
C79.800x835	上肢继发恶性肿瘤	表6-3-32
C79.800x836	肌肉继发恶性肿瘤	表6-3-32
C79.800x837	鞘膜继发恶性肿瘤	表6-3-32
C79.800x838	胸导管继发恶性肿瘤	表6-3-32
C79.800x839	松果体继发恶性肿瘤	表6-3-32
C79.800x840	唇部继发恶性肿瘤	表6-3-32
C79.800x843	齿龈继发恶性肿瘤	表6-3-32
C79.800x844	颊黏膜继发恶性肿瘤	表6-3-32
C79.800x845	颊龈沟继发恶性肿瘤	表6-3-32
C79.800x847	髂窝继发恶性肿瘤	表6-3-32
C79.800x862	癌性淋巴管炎	表6-3-32
C79.800x863	恶性心包积液	表6-3-32
C79.801	口腔继发恶性肿瘤	表6-3-32
C79.802	舌继发恶性肿瘤	表6-3-32
C79.803	咽继发恶性肿瘤	表6-3-32
C79.804	扁桃体继发恶性肿瘤	表6-3-32
C79.805	甲状腺继发恶性肿瘤	表6-3-32
C79.806	乳腺继发恶性肿瘤	表6-3-32
C79.807	胸腔继发恶性肿瘤	表6-3-32
C79.808	心脏继发恶性肿瘤	表6-3-32
C79.809	腹腔继发恶性肿瘤	表6-3-32
C79.810	膈继发恶性肿瘤	表6-3-32
C79.811	盆腔继发恶性肿瘤	表6-3-32
C79.812	子宫继发恶性肿瘤	表6-3-32

续 表

疾病编码	疾病名称	排除内容
C79.813	附件继发恶性肿瘤	表6-3-32
C79.814	阴道继发恶性肿瘤	表6-3-32
C79.815	输精管继发恶性肿瘤	表6-3-32
C79.816	精囊继发恶性肿瘤	表6-3-32
C79.817	睾丸继发恶性肿瘤	表6-3-32
C79.818	前列腺继发恶性肿瘤	表6-3-32
C79.819	阴囊继发恶性肿瘤	表6-3-32
C79.820	阴茎继发恶性肿瘤	表6-3-32
C79.821	会阴继发恶性肿瘤	表6-3-32
C79.822	外阴继发恶性肿瘤	表6-3-32
C79.823	前庭大腺继发恶性肿瘤	表6-3-32
C79.824	直肠阴道隔继发恶性肿瘤	表6-3-32
C79.825	垂体继发恶性肿瘤	表6-3-32
C79.826	淋巴管继发恶性肿瘤	表6-3-32
C79.827	结缔组织继发恶性肿瘤	表6-3-32
C79.828	神经节继发恶性肿瘤	表6-3-32
C79.829	骶尾部继发恶性肿瘤	表6-3-32
C79.830	颌下腺继发恶性肿瘤	表6-3-32
C79.831	腮腺继发恶性肿瘤	表6-3-32
C79.832	拉特克囊继发恶性肿瘤	表6-3-32
C79.833	纳博特腺继发恶性肿瘤	表6-3-32
C79.834	颈部继发性恶性肿瘤	表6-3-32
C79.835	舌下腺继发恶性肿瘤	表6-3-32
C79.900	继发恶性肿瘤，未特指部位	表6-3-32
C79.900x001	广泛转移性恶性肿瘤	表6-3-32
C80.000	恶性肿瘤	表6-3-32
C80.000x001	恶性肿瘤复发	表6-3-32
C80.000x002+G13.1*	癌性脑白质病	表6-3-32
C80.000x003+G13.1*	癌性脑病	表6-3-32
C80.001	恶性恶病质	表6-3-32
C80.002+G63.1*	恶性肿瘤性周围神经病	表6-3-32
C80.004+G73.1*	伊顿-兰伯特综合征	表6-3-32
C80.900	恶性肿瘤，原发部位未特指	表6-3-32
C80.901	癌，未特指	表6-3-32
C80.902	恶性上皮肿瘤，未特指	表6-3-32
C80.903	恶性肿瘤，未特指	表6-3-32
C80.904	恶性肿瘤恶病质，未特指	表6-3-32
C80.905	复合癌，未特指	表6-3-32
C81.000	结节性淋巴细胞为主型霍奇金淋巴瘤	表6-3-33
C81.100	结节性硬化型（经典型）霍奇金淋巴瘤	表6-3-33

续 表

疾病编码	疾病名称	排除内容
C81.200	混合细胞型（经典型）霍奇金淋巴瘤	表6-3-33
C81.300	淋巴细胞减少型（经典型）霍奇金淋巴瘤	表6-3-33
C81.400	富淋巴细胞性（经典型）霍奇金淋巴瘤	表6-3-33
C81.700	经典型霍奇金淋巴瘤，其他类型的	表6-3-33
C81.701	霍奇金副肉芽肿	表6-3-33
C81.702	霍奇金肉芽肿	表6-3-33
C81.703	霍奇金肉瘤	表6-3-33
C81.900	霍奇金淋巴瘤，未特指	表6-3-33
C81.900x005	皮肤霍奇金淋巴瘤	表6-3-33
C82.000	滤泡性淋巴瘤Ⅰ级	表6-3-33
C82.100	滤泡性淋巴瘤Ⅱ级	表6-3-33
C82.200	滤泡性淋巴瘤Ⅲ级	表6-3-33
C82.300	滤泡性淋巴瘤Ⅲa级	表6-3-33
C82.400	滤泡性淋巴瘤Ⅲb级	表6-3-33
C82.500	弥漫性滤泡中心细胞淋巴瘤	表6-3-33
C82.600	皮肤滤泡中心细胞淋巴瘤	表6-3-33
C82.700	滤泡性淋巴瘤，其他类型的	表6-3-33
C82.701	恶性淋巴瘤，淋巴细胞性，高分化，结节性	表6-3-33
C82.702	恶性淋巴瘤，淋巴细胞性，中分化，结节性	表6-3-33
C82.703	恶性淋巴瘤，淋巴细胞性，低分化，结节性	表6-3-33
C82.704	恶性淋巴瘤，中心母细胞性，滤泡性	表6-3-33
C82.900	滤泡性淋巴瘤	表6-3-33
C82.901	恶性淋巴瘤，滤泡中心性	表6-3-33
C82.903	结节性淋巴瘤，未特指	表6-3-33
C83.000	小B细胞淋巴瘤	表6-3-33
C83.001	淋巴浆细胞性淋巴瘤	表6-3-33
C83.002	结节边缘区淋巴瘤	表6-3-33
C83.003	脾缘区淋巴瘤	表6-3-33
C83.004	非白血病B-CLL变异	表6-3-33
C83.100	曼特尔细胞淋巴瘤	表6-3-33
C83.101	中心细胞性淋巴瘤	表6-3-33
C83.102	恶性淋巴瘤性息肉病	表6-3-33
C83.300	弥漫性大B细胞淋巴瘤	表6-3-33
C83.300x006	原发中枢神经系统弥漫大B细胞淋巴瘤	表6-3-33
C83.300x007	原发皮肤弥漫大B细胞淋巴瘤（腿型）	表6-3-33
C83.300x008	老年人EBV阳性弥漫大B细胞淋巴瘤	表6-3-33
C83.300x009	与慢性炎症相关弥漫大B细胞淋巴瘤	表6-3-33
C83.301	间变型弥漫大B细胞淋巴瘤	表6-3-33
C83.302	中心母细胞型弥漫大B细胞淋巴瘤	表6-3-33
C83.303	浆母细胞性弥漫大B细胞淋巴瘤	表6-3-33

续 表

疾病编码	疾病名称	排除内容
C83.304	免疫母细胞型弥漫大B细胞淋巴瘤	表6-3-33
C83.305	未特指亚型的弥漫大B细胞淋巴瘤	表6-3-33
C83.306	富T细胞弥漫大B细胞淋巴瘤	表6-3-33
C83.307	CD30阳性弥漫大B细胞淋巴瘤	表6-3-33
C83.500	原淋巴细胞（弥漫性）淋巴瘤	表6-3-33
C83.501	前体B细胞淋巴瘤	表6-3-33
C83.502	B淋巴母细胞性淋巴瘤	表6-3-33
C83.503	淋巴母细胞性淋巴瘤NOS	表6-3-33
C83.504	T淋巴母细胞性淋巴瘤	表6-3-33
C83.505	前体T细胞淋巴瘤	表6-3-33
C83.700	伯基特淋巴瘤	表6-3-33
C83.702	伯基特样淋巴瘤	表6-3-33
C83.703	非典型伯基特淋巴瘤	表6-3-33
C83.800	其他非滤泡性淋巴瘤	表6-3-33
C83.800x006	脾红髓弥漫小B细胞淋巴瘤	表6-3-33
C83.800x008	恶性淋巴瘤，淋巴浆细胞性	表6-3-33
C83.800x009	起源于HHV8相关多中心性Castleman病的大B细胞淋巴瘤	表6-3-33
C83.801	原发渗出性淋巴瘤	表6-3-33
C83.802	血管内大B细胞淋巴瘤	表6-3-33
C83.803	淋巴样肉芽肿病	表6-3-33
C83.900	非滤泡（弥漫性）淋巴瘤，未特指	表6-3-33
C84.000	蕈样真菌病	表6-3-33
C84.000x002	原发性皮肤T细胞淋巴瘤［蕈样肉芽肿］	表6-3-33
C84.000x003	嗜毛囊性蕈样肉芽肿	表6-3-33
C84.100	塞扎里病	表6-3-33
C84.400	周围T细胞淋巴瘤，不可分类在他处	表6-3-33
C84.400x001	成熟T细胞淋巴瘤	表6-3-33
C84.401	血管免疫母细胞性T-细胞淋巴瘤	表6-3-33
C84.402	外周T-细胞淋巴瘤，多形性小细胞	表6-3-33
C84.403	外周T-细胞淋巴瘤，多形性中等细胞和大细胞	表6-3-33
C84.404	间变大细胞T-细胞淋巴瘤，ALK阴性	表6-3-33
C84.405	外周T-细胞淋巴瘤，AILD	表6-3-33
C84.406	Lennert淋巴瘤	表6-3-33
C84.407	淋巴上皮样淋巴瘤	表6-3-33
C84.500	其他成熟的T/NK细胞淋巴瘤	表6-3-33
C84.500x004	儿童系统性EBV阳性T细胞增殖性疾病	表6-3-33
C84.500x012	原发皮肤外周T细胞淋巴瘤（罕见类型）	表6-3-33
C84.500x016	原发皮肤CD4+小/中多形性T细胞淋巴瘤	表6-3-33
C84.502	皮肤淋巴瘤	表6-3-33
C84.600	间变性大细胞淋巴瘤，ALK阳性	表6-3-33

续　表

疾病编码	疾病名称	排除内容
C84.601	间变性大细胞淋巴瘤，CD30阳性	表6-3-33
C84.700	间变性大细胞淋巴瘤，ALK阴性	表6-3-33
C84.800	皮肤T细胞淋巴瘤，未特指	表6-3-33
C84.900	成熟T/NK细胞淋巴瘤，未特指	表6-3-33
C84.901	T/NK细胞淋巴瘤，未特指	表6-3-33
C85.100	B-细胞淋巴瘤	表6-3-33
C85.100x010	富T细胞/富组织细胞大B细胞淋巴瘤	表6-3-33
C85.100x017	ALK+大B细胞淋巴瘤	表6-3-33
C85.100x021	原发皮肤B细胞淋巴瘤	表6-3-33
C85.200	纵膈（胸腺）大B细胞淋巴瘤	表6-3-33
C85.700	非霍奇金淋巴瘤的其他特指类型	表6-3-33
C85.700x004	慢性NK细胞淋巴增殖性疾病	表6-3-33
C85.700x016	皮下NK细胞淋巴瘤	表6-3-33
C85.701	单核细胞样B细胞淋巴瘤	表6-3-33
C85.704	血管中心性T-细胞淋巴瘤	表6-3-33
C85.705	大细胞（ki-1+）淋巴瘤	表6-3-33
C85.707	NK/T-细胞淋巴瘤	表6-3-33
C85.709	间变大细胞淋巴瘤	表6-3-33
C85.715	血管内皮瘤病	表6-3-33
C85.900	非霍奇金淋巴瘤	表6-3-33
C85.900x001	鼻窦淋巴瘤	表6-3-33
C85.900x002	鼻腔淋巴瘤	表6-3-33
C85.900x003	扁桃体淋巴瘤	表6-3-33
C85.900x004	肠淋巴瘤	表6-3-33
C85.900x005	肠系膜淋巴瘤	表6-3-33
C85.900x006	淋巴瘤	表6-3-33
C85.900x008	肺淋巴瘤	表6-3-33
C85.900x009	腹膜后淋巴瘤	表6-3-33
C85.900x010	腹腔淋巴瘤	表6-3-33
C85.900x011	肝淋巴瘤	表6-3-33
C85.900x012	睾丸淋巴瘤	表6-3-33
C85.900x013	纵隔淋巴瘤	表6-3-33
C85.900x014	回盲部淋巴瘤	表6-3-33
C85.900x015	结肠淋巴瘤	表6-3-33
C85.900x016	卵巢淋巴瘤	表6-3-33
C85.900x017	盲肠淋巴瘤	表6-3-33
C85.900x019	脑淋巴瘤	表6-3-33
C85.900x020	脾淋巴瘤	表6-3-33
C85.900x022	舌淋巴瘤	表6-3-33
C85.900x023	胃淋巴瘤	表6-3-33

续 表

疾病编码	疾病名称	排除内容
C85.900x024	小肠淋巴瘤	表6-3-33
C85.900x025	眼淋巴瘤	表6-3-33
C85.900x026	硬膜外淋巴瘤	表6-3-33
C85.900x027	肢体淋巴瘤	表6-3-33
C85.900x028	直肠淋巴瘤	表6-3-33
C85.900x029	骨淋巴瘤	表6-3-33
C85.900x030	腹股沟淋巴瘤	表6-3-33
C85.900x031	乳腺淋巴瘤	表6-3-33
C85.900x034	周围神经血管内淋巴瘤	表6-3-33
C85.900x036	甲状腺淋巴瘤	表6-3-33
C85.900x037	脊髓淋巴瘤	表6-3-33
C85.900x038	淋巴瘤结内侵及	表6-3-33
C85.900x039	淋巴瘤结外侵及	表6-3-33
C85.900x040	颈淋巴瘤	表6-3-33
C85.900x041	心脏淋巴瘤	表6-3-33
C85.900x042	胰腺淋巴瘤	表6-3-33
C85.900x043	肾淋巴瘤	表6-3-33
C85.901	复合性霍奇金和非霍奇金淋巴瘤	表6-3-33
C86.000	结外NK/T细胞淋巴瘤，鼻型	表6-3-33
C86.100	肝脾T细胞淋巴瘤	表6-3-33
C86.200	肠型T细胞淋巴瘤	表6-3-33
C86.300	皮下血管炎样T细胞淋巴瘤	表6-3-33
C86.400	原始NK细胞淋巴瘤	表6-3-33
C86.500	血管免疫母细胞性T细胞淋巴瘤	表6-3-33
C86.600	原发性皮肤CD30阳性T细胞增殖性病变	表6-3-33
C86.601	淋巴瘤样丘疹病	表6-3-33
C86.602	原发性皮肤间变性大细胞淋巴瘤	表6-3-33
C86.603	原发性皮肤CD30+间变性大细胞淋巴瘤	表6-3-33
C88.000	瓦尔登斯特伦巨球蛋白血症	表6-3-33
C88.000x002	高粘滞综合征	表6-3-33
C88.000x011	巨球蛋白血症伴缓解	表6-3-33
C88.000x012	高粘滞综合征伴缓解	表6-3-33
C88.200	其他重链病	表6-3-33
C88.200x011	γ重链病伴缓解	表6-3-33
C88.200x012	富兰克林病伴缓解	表6-3-33
C88.201	富兰克林病	表6-3-33
C88.202	γ重链病	表6-3-33
C88.203	Mμ重链病	表6-3-33
C88.300	免疫增生性小肠病	表6-3-33
C88.301	地中海淋巴瘤	表6-3-33

续 表

疾病编码	疾病名称	排除内容
C88.302	α重链病	表6-3-33
C88.400	MALT-淋巴瘤	表6-3-33
C88.401	与黏膜有关的淋巴样组织淋巴瘤	表6-3-33
C88.402	与支气管有关的淋巴样组织淋巴瘤	表6-3-33
C88.403	与皮肤有关的淋巴样组织淋巴瘤	表6-3-33
C88.700	恶性免疫增生性疾病，其他的	表6-3-33
C88.700x002	重链病	表6-3-33
C88.700x003	μ重链病	表6-3-33
C88.700x012	重链病伴缓解	表6-3-33
C88.700x013	μ重链病伴缓解	表6-3-33
C88.701	血管中心性免疫增生性病变，恶性	表6-3-33
C88.900	恶性免疫增生性疾病	表6-3-33
C88.900x001	原发性免疫疾病相关性淋巴增殖性疾病	表6-3-33
C90.000	多发性骨髓瘤	表6-3-33
C90.000x004	卡勒病	表6-3-33
C90.000x005	浆细胞病	表6-3-33
C90.000x008+M90.6*	多发性骨髓瘤引起的变形性骨炎	表6-3-33
C90.000x009	多发性骨髓瘤髓外浸润	表6-3-33
C90.000x011	多发性骨髓瘤伴缓解	表6-3-33
C90.000x012	浆细胞性骨髓瘤伴缓解	表6-3-33
C90.000x014	卡勒病伴缓解	表6-3-33
C90.000x021	多发性骨髓瘤（IgGλ型）	表6-3-33
C90.000x022	多发性骨髓瘤（IgG κ 型）	表6-3-33
C90.000x023	多发性骨髓瘤（轻链λ型）	表6-3-33
C90.000x024	多发性骨髓瘤（轻链 κ 型）	表6-3-33
C90.000x025	多发性骨髓瘤（无分泌型）	表6-3-33
C90.000x026	多发性骨髓瘤（IgDλ型）	表6-3-33
C90.000x027	多发性骨髓瘤（IgAλ型）	表6-3-33
C90.000x028	多发性骨髓瘤（IgA κ 型）	表6-3-33
C90.000x029	多发性骨髓瘤（IgD κ 型）	表6-3-33
C90.000x030	多发性骨髓瘤（DS分期Ⅰ期）	表6-3-33
C90.000x031	多发性骨髓瘤（DS分期Ⅱ期B组）	表6-3-33
C90.000x032	多发性骨髓瘤（DS分期Ⅱ期）	表6-3-33
C90.000x033	多发性骨髓瘤（DS分期Ⅲ期B组）	表6-3-33
C90.000x034	多发性骨髓瘤（DS分期Ⅲ期）	表6-3-33
C90.000x035	多发性骨髓瘤（DS分期Ⅰ期B组）	表6-3-33
C90.000x036	多发性骨髓瘤（ISS分期Ⅲ期）	表6-3-33
C90.000x037	多发性骨髓瘤（ISS分期Ⅲ期B组）	表6-3-33
C90.000x038	多发性骨髓瘤（ISS分期Ⅱ期）	表6-3-33
C90.000x039	多发性骨髓瘤（ISS分期Ⅱ期B组）	表6-3-33

续 表

疾病编码	疾病名称	排除内容
C90.000x040	多发性骨髓瘤（ISS分期I期）	表6-3-33
C90.000x041	多发性骨髓瘤（ISS分期I期B组）	表6-3-33
C90.001	骨髓瘤病	表6-3-33
C90.002	浆细胞性骨髓瘤	表6-3-33
C90.004+N16.1*	多发性骨髓瘤伴肾小管间质病	表6-3-33
C90.005+N08.1*	骨髓瘤伴肾小球病变	表6-3-33
C90.100	浆细胞白血病	表6-3-33
C90.100x002	继发性浆细胞白血病	表6-3-33
C90.100x011	浆细胞白血病伴缓解	表6-3-33
C90.200	髓外浆细胞瘤	表6-3-33
C90.200x008	软组织浆细胞瘤	表6-3-33
C90.200x009	原发皮肤浆细胞瘤	表6-3-33
C90.200x013	髓外的浆细胞瘤伴缓解	表6-3-33
C90.300	孤立性浆细胞瘤	表6-3-33
C90.300x001	浆细胞瘤伴缓解	表6-3-33
C90.300x002	浆细胞肉瘤伴缓解	表6-3-33
C90.300x003	浆细胞肉瘤	表6-3-33
C90.300x004	孤立性骨髓瘤伴缓解	表6-3-33
C90.301	局限性恶性浆细胞瘤	表6-3-33
C90.302	浆细胞瘤	表6-3-33
C90.303	孤立性骨髓瘤	表6-3-33
C91.000	急性淋巴细胞白血病	表6-3-33
C91.000x006	前B细胞急性淋巴细胞白血病	表6-3-33
C91.000x007	前T细胞急性淋巴细胞白血病	表6-3-33
C91.000x009	B淋巴母细胞性白血病/淋巴瘤	表6 3 33
C91.000x012	急性淋巴细胞白血病L1伴缓解	表6-3-33
C91.000x013	急性淋巴细胞白血病L2伴缓解	表6-3-33
C91.000x014	急性淋巴细胞白血病L3伴缓解	表6-3-33
C91.000x015	慢性粒细胞性白血病伴缓解（急淋变）	表6-3-33
C91.000x016	T淋巴母细胞白血病/淋巴瘤	表6-3-33
C91.000x017	前T细胞急性淋巴细胞白血病伴缓解	表6-3-33
C91.001	急性淋巴细胞性白血病，L1型	表6-3-33
C91.002	急性淋巴细胞性白血病，L2型	表6-3-33
C91.003	急性淋巴细胞性白血病，L3型	表6-3-33
C91.004	慢性粒细胞性白血病，急淋变	表6-3-33
C91.006	急性淋巴细胞白血病，完全缓解	表6-3-33
C91.007	成人Ph+急性淋巴细胞白血病（ALL）	表6-3-33
C91.008	成人Ph-急性淋巴细胞白血病（ALL）	表6-3-33
C91.100	B细胞型慢性淋巴细胞白血病	表6-3-33
C91.100x011	慢性淋巴细胞白血病伴缓解	表6-3-33

续 表

疾病编码	疾病名称	排除内容
C91.100x012	慢性淋巴细胞性白血病，急性变	表6-3-33
C91.101	淋巴浆细胞性白血病	表6-3-33
C91.102	Richter综合征	表6-3-33
C91.300	幼淋巴细胞白血病，B细胞型	表6-3-33
C91.400	多毛细胞白血病	表6-3-33
C91.400x004	毛细胞白血病（变异型）	表6-3-33
C91.400x013	毛细胞白血病伴缓解	表6-3-33
C91.401	白血病性网状内皮细胞增多症	表6-3-33
C91.500	成人T-细胞淋巴瘤/白血病［HTLV-1-相关性］	表6-3-33
C91.500x011	成人T细胞白血病伴缓解	表6-3-33
C91.600	T细胞型早幼粒细胞白血病	表6-3-33
C91.700	淋巴样白血病，其他的	表6-3-33
C91.701	非白血性淋巴细胞性白血病	表6-3-33
C91.704	T-细胞大颗粒淋巴细胞白血病	表6-3-33
C91.800	伯基特型成熟B细胞白血病	表6-3-33
C91.900	淋巴样白血病	表6-3-33
C91.901	淋巴细胞白血病	表6-3-33
C92.000	急性髓细胞白血病	表6-3-33
C92.000x003	急性粒细胞性白血病	表6-3-33
C92.000x006	急性嗜碱性粒细胞白血病	表6-3-33
C92.000x011	急性粒细胞性白血病未分化型伴缓解（M1型）	表6-3-33
C92.000x012	急性粒细胞性白血病部分分化型伴缓解（M2型）	表6-3-33
C92.000x013	急性粒细胞性白血病伴缓解	表6-3-33
C92.000x014	急性髓系白血病，伴有异常的骨髓嗜酸性粒细胞	表6-3-33
C92.000x015	急性髓系白血病，最低分化	表6-3-33
C92.000x016	急性髓系白血病，伴有成熟	表6-3-33
C92.000x017	急性髓系白血病，完全缓解	表6-3-33
C92.000x018	急性髓系白血病，t (6; 9)(p23; q34); DEK::NUP214	表6-3-33
C92.001	急性髓细胞白血病，微分化型	表6-3-33
C92.002	急性髓细胞白血病，不伴有成熟	表6-3-33
C92.003	急性髓细胞白血病，1/ETO型	表6-3-33
C92.004	急性髓细胞白血病，M0型	表6-3-33
C92.005	急性髓细胞白血病，M1型	表6-3-33
C92.006	急性髓细胞白血病，M2型	表6-3-33
C92.007	急性髓细胞白血病，t（8；21）	表6-3-33
C92.008	急性髓细胞白血病（没有FAB分类），未特指	表6-3-33
C92.009	转化过程中难治性贫血伴原始细胞增多	表6-3-33
C92.100	慢性髓系白血病（CML），BCR/ABL阳性	表6-3-33
C92.100x001	慢性粒细胞性白血病	表6-3-33
C92.100x002	慢性粒细胞性白血病（急性变）	表6-3-33

续　表

疾病编码	疾病名称	排除内容
C92.100x004	慢性髓单核细胞性白血病	表6-3-33
C92.100x011	慢性粒细胞性白血病伴缓解	表6-3-33
C92.100x012	慢性粒细胞性白血病伴缓解（急性变）	表6-3-33
C92.100x014	慢性髓单核细胞性白血病伴缓解	表6-3-33
C92.100x016	慢性髓系白血病伴缓解	表6-3-33
C92.100x017	慢性髓系白血病，急性发作	表6-3-33
C92.100x018	慢性中幼粒细胞性白血病	表6-3-33
C92.100x019	慢性髓系白血病，BCR/ABL阳性	表6-3-33
C92.101	费城染色体（Ph1）阳性慢性粒细胞白血病	表6-3-33
C92.102	慢性粒细胞白血病伴t (9: 22)(q34; q11)	表6-3-33
C92.103	慢性粒细胞白血病原始细胞危象	表6-3-33
C92.200	非典型性慢性髓系白血病，BCR/ABL阴性	表6-3-33
C92.200x001	慢性粒细胞白血病（加速期）	表6-3-33
C92.200x011	慢性粒细胞白血病伴缓解（加速期）	表6-3-33
C92.201	亚急性粒细胞性白血病	表6-3-33
C92.300	髓样肉瘤	表6-3-33
C92.300x001	绿色瘤	表6-3-33
C92.300x003	粒细胞肉瘤	表6-3-33
C92.300x011	绿色瘤伴缓解	表6-3-33
C92.300x013	粒细胞肉瘤伴缓解	表6-3-33
C92.400x011	急性早幼粒细胞白血病伴缓解（M3型）	表6-3-33
C92.401	急性早幼粒细胞性白血病，完全缓解	表6-3-33
C92.402	急性髓细胞白血病，M3型	表6-3-33
C92.403	急性髓细胞白血病，M3伴t (15; 17)伴多样型	表6-3-33
C92.500x011	急性粒单核细胞白血病伴缓解（M4型）	表6 3 33
C92.501	急性髓细胞白血病，M4型	表6-3-33
C92.502	急性髓细胞白血病，M4伴t (16; 16)伴多样型	表6-3-33
C92.600	急性髓系白血病伴11q23异常	表6-3-33
C92.601	急性髓系白血病伴MLL基因变异	表6-3-33
C92.700	髓样白血病，其他的	表6-3-33
C92.700x006	唐氏综合征相关的髓系白血病	表6-3-33
C92.700x012	嗜碱细胞性白血病伴缓解	表6-3-33
C92.700x013	嗜酸细胞性白血病伴缓解	表6-3-33
C92.701	非白血性髓系白血病	表6-3-33
C92.703	嗜碱细胞白血病	表6-3-33
C92.706	嗜酸细胞白血病	表6-3-33
C92.800	急性髓系白血病伴多系增生异常	表6-3-33
C92.900	髓样白血病	表6-3-33
C92.900x001	低增生性粒细胞性白血病	表6-3-33
C92.900x011	低增生性粒细胞性白血病伴缓解	表6-3-33

续 表

疾病编码	疾病名称	排除内容
C92.901	粒细胞白血病	表6-3-33
C93.000x011	急性单核细胞性白血病伴缓解（M5型）	表6-3-33
C93.000x016	急性单核细胞白血病伴缓解	表6-3-33
C93.001	急性髓细胞白血病，M5a型	表6-3-33
C93.002	急性髓细胞白血病，M5b型	表6-3-33
C93.003	急性髓细胞白血病，M5型	表6-3-33
C93.100	慢性粒单核细胞白血病	表6-3-33
C93.100x011	慢性单核细胞白血病伴缓解	表6-3-33
C93.100x012	慢性单核细胞白血病，急性加重	表6-3-33
C93.100x013	慢性粒单核细胞性白血病伴缓解	表6-3-33
C93.101	慢性单核细胞白血病	表6-3-33
C93.102	慢性粒单核细胞白血病-1	表6-3-33
C93.103	慢性粒单核细胞白血病-2	表6-3-33
C93.104	慢性粒单核细胞白血病伴嗜酸粒细胞增多	表6-3-33
C93.300	幼年型骨髓单核细胞白血病	表6-3-33
C93.300x001	幼年型粒单核细胞白血病伴缓解	表6-3-33
C93.700	单核细胞白血病，其他的	表6-3-33
C93.701	非白血性单核细胞白血病	表6-3-33
C93.900	单核细胞白血病	表6-3-33
C93.901	组织细胞白血病	表6-3-33
C94.000x001	急性红白血病（M6型）	表6-3-33
C94.000x011	急性红白血病伴缓解（M6型）	表6-3-33
C94.001	红白血病	表6-3-33
C94.004	急性髓系白血病，M6（a）(b）	表6-3-33
C94.200	急性原巨核细胞白血病	表6-3-33
C94.200x011	急性巨核细胞白血病伴缓解（M7型）	表6-3-33
C94.201	急性巨核细胞性白血病	表6-3-33
C94.202	急性髓系白血病，M7	表6-3-33
C94.300	肥大细胞白血病	表6-3-33
C94.300x011	肥大细胞白血病伴缓解	表6-3-33
C94.400	急性全骨髓增殖症伴骨髓纤维化	表6-3-33
C94.400x001	急性骨髓纤维化	表6-3-33
C94.600	骨髓增生异常和骨髓增生性疾病，不可归类在他处者	表6-3-33
C94.700	白血病，其他特指的	表6-3-33
C94.700x004	中枢神经系统白血病	表6-3-33
C94.700x014	中枢神经系统白血病伴缓解	表6-3-33
C94.702	急性嗜碱细胞性白血病	表6-3-33
C94.703	侵袭性NK细胞白血病	表6-3-33
C95.000	急性白血病	表6-3-33
C95.000x002	急性白血病髓外复发	表6-3-33

续 表

疾病编码	疾病名称	排除内容
C95.000x003	急性非淋巴细胞性白血病	表6-3-33
C95.000x015	急性白血病（谱系未定）	表6-3-33
C95.000x016	B淋巴细胞和髓系混合表型急性白血病	表6-3-33
C95.000x017	T淋巴细胞和髓系混合表型急性白血病	表6-3-33
C95.000x018	NK细胞淋巴母细胞性白血病/淋巴瘤	表6-3-33
C95.000x101	急性白血病伴缓解	表6-3-33
C95.000x102	急性白血病髓外复发伴缓解	表6-3-33
C95.000x115	急性白血病伴缓解（谱系未定）	表6-3-33
C95.000x116	B淋巴细胞和髓系混合表型急性白血病伴缓解	表6-3-33
C95.000x117	T淋巴细胞和髓系混合表型急性白血病伴缓解	表6-3-33
C95.000x118	NK细胞淋巴母细胞性白血病/淋巴瘤伴缓解	表6-3-33
C95.002	干细胞白血病	表6-3-33
C95.003	未分化细胞白血病	表6-3-33
C95.004	急性双系白血病	表6-3-33
C95.005	急性混合型单系白血病	表6-3-33
C95.006	急性双表型白血病	表6-3-33
C95.100	慢性白血病	表6-3-33
C95.100x011	慢性白血病伴缓解	表6-3-33
C95.100x012	慢性白血病急性加重	表6-3-33
C95.700x001	高白细胞白血病	表6-3-33
C95.700x002	先天性白血病	表6-3-33
C95.700x003	皮肤白血病	表6-3-33
C95.700x011	高白细胞白血病伴缓解	表6-3-33
C95.900	白血病	表6-3-33
C95.900x003+M36.1*	白血病性关节病	表6-3-33
C95.900x005	难治性白血病	表6-3-33
C95.900x007+N16.1*	白血病致肾小管间质疾患	表6-3-33
C95.900x012	混合细胞性白血病伴缓解	表6-3-33
C95.900x013+M36.1*	白血病性关节病伴缓解	表6-3-33
C95.900x015	难治性白血病伴缓解	表6-3-33
C95.900x017+N16.1*	白血病致肾小管间质疾患伴缓解	表6-3-33
C95.901	混合细胞性白血病	表6-3-33
C96.000	莱特雷尔-西韦病	表6-3-33
C96.002	急性分化性进行性组织细胞增多症	表6-3-33
C96.004	组织细胞增生症X，多系统	表6-3-33
C96.200	恶性肥大细胞瘤	表6-3-33
C96.200x005	全身性肥大细胞病	表6-3-33
C96.200x006	皮肤外肥大细胞病	表6-3-33
C96.200x013	肥大细胞肉瘤伴缓解	表6-3-33
C96.201	侵袭性系统性肥大细胞增生症	表6-3-33

续 表

疾病编码	疾病名称	排除内容
C96.202	肥大细胞肉瘤	表6-3-33
C96.400	树突细胞肉瘤	表6-3-33
C96.400x001	滤泡树突状细胞肉瘤	表6-3-33
C96.400x002	未定型树突细胞瘤	表6-3-33
C96.400x003	母细胞性浆细胞样树状突细胞肿瘤	表6-3-33
C96.400x004	指突状树突细胞肉瘤	表6-3-33
C96.401	交错树突细胞肉瘤	表6-3-33
C96.402	朗格汉斯细胞肉瘤	表6-3-33
C96.403	小结树突细胞肉瘤	表6-3-33
C96.500	朗格汉斯细胞组织细胞增生症，多病灶和单系统性	表6-3-33
C96.501	汉-许-克病	表6-3-33
C96.502	组织细胞增生症X，多病灶	表6-3-33
C96.600	朗格汉斯细胞组织细胞增生症，单病灶	表6-3-33
C96.601	嗜酸细胞性肉芽肿	表6-3-33
C96.602	组织细胞增生症X，单病灶	表6-3-33
C96.603	组织细胞增生症XNOS	表6-3-33
C96.604	朗格汉斯细胞组织细胞增生症NOS	表6-3-33
C96.700	淋巴、造血和有关组织其他特指的恶性肿瘤	表6-3-33
C96.704	原发皮肤γδ-T细胞淋巴瘤	表6-3-33
C96.705	种痘样水疱病样淋巴瘤	表6-3-33
C96.800	组织细胞肉瘤	表6-3-33
C96.801	恶性组织细胞增生症	表6-3-33
C96.900	淋巴、造血和有关组织的恶性肿瘤	表6-3-33
D00.100	食管原位癌	表6-3-34
D00.200	胃原位癌	表6-3-34
D00.200x002	贲门食管连接部原位癌	表6-3-34
D00.200x003	胃角原位癌	表6-3-34
D01.401	肠原位癌	表6-3-34
D01.402	小肠原位癌	表6-3-34
D01.403	空肠原位癌	表6-3-34
D01.404	回肠原位癌	表6-3-34
D01.405	十二指肠原位癌	表6-3-34
D03.200x002	耳原位黑色素瘤	表6-3-34
D03.201	外耳道原位黑色素瘤	表6-3-34
D03.400x002	头皮原位黑色素瘤	表6-3-34
D03.401	颈部原位黑色素瘤	表6-3-34
D03.500	躯干原位黑色素瘤	表6-3-34
D03.500x002	肛门原位黑色素瘤	表6-3-34
D03.501	乳房原位黑色素瘤	表6-3-34
D03.502	肛门边缘原位黑色素瘤	表6-3-34

续 表

疾病编码	疾病名称	排除内容
D03.503	肛门皮肤原位黑色素瘤	表6-3-34
D03.504	肛周原位黑色素瘤	表6-3-34
D03.700x001	下肢原位黑色素瘤	表6-3-34
D03.700x002	下肢端原位黑色素瘤	表6-3-34
D03.701	髋原位黑色素瘤	表6-3-34
D04.500	躯干皮肤原位癌	表6-3-34
D04.501	乳房皮肤原位癌	表6-3-34
D04.502	肛门边缘皮肤原位癌	表6-3-34
D04.503	肛门皮肤原位癌	表6-3-34
D04.504	肛周皮肤原位癌	表6-3-34
D04.700x001	下肢皮肤原位癌	表6-3-34
D04.701	髋皮肤原位癌	表6-3-34
D05.000	乳房小叶原位癌	表6-3-34
D05.900	乳房的原位癌	表6-3-34
D06.000	宫颈内膜原位癌	表6-3-34
D06.100	宫颈外膜原位癌	表6-3-34
D07.500	前列腺原位癌	表6-3-34
D09.200	眼原位癌	表6-3-34
D09.201	眼球原位癌	表6-3-34
D09.202	角膜原位癌	表6-3-34
D37.200x001	十二指肠交界性肿瘤	表6-3-35
D37.200x002	小肠交界性肿瘤	表6-3-35
D37.200x003	空肠交界性肿瘤	表6-3-35
D37.200x004	回肠交界性肿瘤	表6-3-35
D37.201	小肠肿瘤	表6-3-35
D37.202	十二指肠动态未定肿瘤	表6-3-35
D37.203	十二指肠肿瘤	表6-3-35
D37.204	空肠动态未定肿瘤	表6-3-35
D37.205	空肠肿瘤	表6-3-35
D37.206	回肠动态未定肿瘤	表6-3-35
D37.207	回肠肿瘤	表6-3-35
D37.600x001	胆囊交界性肿瘤	表6-3-35
D37.600x002	法特壶腹交界性肿瘤	表6-3-35
D37.600x003	肝交界性肿瘤	表6-3-35
D37.600x004	肝胆管交界性肿瘤	表6-3-35
D37.601	肝肿瘤	表6-3-35
D37.602	胆囊动态未定肿瘤	表6-3-35
D37.603	胆囊肿瘤	表6-3-35
D37.604	胆管动态未定肿瘤	表6-3-35
D37.605	胆管肿瘤	表6-3-35

续 表

疾病编码	疾病名称	排除内容
D37.606	壶腹部动态未定肿瘤	表6-3-35
D37.607	壶腹部肿瘤	表6-3-35
D38.500x001	鼻腔交界性肿瘤	表6-3-35
D38.500x003	鼻窦交界性肿瘤	表6-3-35
D38.500x004	鼻软骨交界性肿瘤	表6-3-35
D38.500x005	中耳交界性肿瘤	表6-3-35
D38.501	鼻腔动态未定肿瘤	表6-3-35
D38.502	鼻腔肿瘤	表6-3-35
D38.503	鼻旁窦动态未定肿瘤	表6-3-35
D38.504	鼻旁窦肿瘤	表6-3-35
D38.505	鼻软骨动态未定肿瘤	表6-3-35
D38.506	鼻软骨肿瘤	表6-3-35
D38.507	中耳动态未定肿瘤	表6-3-35
D38.508	中耳肿瘤	表6-3-35
D38.509	鼻颅底交通性肿瘤	表6-3-35
D40.700x001	附睾交界性肿瘤	表6-3-35
D40.700x002	精囊交界性肿瘤	表6-3-35
D40.700x003	阴茎纤维瘤病	表6-3-35
D40.701	阴茎动态未定肿瘤	表6-3-35
D40.702	阴茎肿瘤	表6-3-35
D40.703	男性生殖器官皮肤动态未定肿瘤	表6-3-35
D40.704	男性生殖器官皮肤肿瘤	表6-3-35
D40.900x001	男性生殖器官交界性肿瘤	表6-3-35
D40.901	男性生殖器官肿瘤	表6-3-35
D42.000x001	脑膜交界性肿瘤	表6-3-35
D42.000x002	硬脑膜下交界性肿瘤	表6-3-35
D42.001	脑膜肿瘤	表6-3-35
D42.002	硬脑膜下动态未定肿瘤	表6-3-35
D42.003	硬脑膜下肿瘤	表6-3-35
D43.700	中枢神经系统其他部位动态未定或动态未知的肿瘤	表6-3-35
D44.800	累及多个腺体动态未定或动态未知的肿瘤	表6-3-35
D44.800x002	多内分泌腺瘤病	表6-3-35
D44.801	累及多个腺体肿瘤	表6-3-35
D44.802	多发性内分泌腺瘤病	表6-3-35
D46.500	难治性贫血伴多系病态造血	表6-3-35
D46.600	MDS-5q-综合症	表6-3-35
D46.900	骨髓增生异常综合征	表6-3-35
D46.900x002	骨髓增生异常性贫血	表6-3-35
D46.900x004	骨髓发育不良综合征	表6-3-35
D46.900x006	治疗相关性AML和MDS	表6-3-35

续 表

疾病编码	疾病名称	排除内容
D46.901	白血病前期综合征	表6-3-35
D47.100	慢性骨髓增生性疾病	表6-3-35
D47.100x004	慢性骨髓增殖性肿瘤	表6-3-35
D47.100x007	慢性骨髓增殖性疾病（不能分型）	表6-3-35
D47.100x008	骨髓增生异常性/骨髓增殖性肿瘤（不能分型）	表6-3-35
D47.100x009	唐氏综合征相关的骨髓增殖性疾病	表6-3-35
D47.100x017	慢性骨髓增殖性疾病伴缓解（不能分型）	表6-3-35
D47.100x018	骨髓增生异常性/骨髓增殖性肿瘤伴缓解（不能分型）	表6-3-35
D47.100x019	慢性中性粒细胞性白血病伴缓解	表6-3-35
D47.101	慢性中性粒细胞白血病	表6-3-35
D51.000	内在因子缺乏引起的维生素B12缺乏性贫血	表6-3-36
D51.001	恶性贫血	表6-3-36
D51.002	亨特舌炎	表6-3-36
D51.003+G32.0*	内在因子缺乏引起维生素B12缺乏性贫血性脊髓后侧索硬化	表6-3-36
D51.200	转钴胺素Ⅱ缺乏	表6-3-36
D51.200x001	转钴胺素Ⅱ缺乏性贫血	表6-3-36
D51.300	饮食性维生素B12缺乏性贫血，其他的	表6-3-36
D51.301	绝对素食者贫血	表6-3-36
D51.302+G32.0*	饮食性维生素B12缺乏性贫血性脊髓后侧索硬化	表6-3-36
D51.800	维生素B12缺乏性贫血，其他的	表6-3-36
D52.000x001	营养性大细胞性贫血	表6-3-36
D52.000x003	饮食性叶酸缺乏性贫血	表6-3-36
D52.001	营养性巨幼细胞性贫血	表6-3-36
D52.100	药物性叶酸盐缺乏性贫血	表6-3-36
D52.800	叶酸缺乏性贫血，其他的	表6-3-36
D52.900x001	叶酸缺乏性贫血	表6-3-36
D53.000	蛋白缺乏性贫血	表6-3-36
D53.001	乳清酸尿性贫血	表6-3-36
D53.002	氨基酸缺乏性贫血	表6-3-36
D55.100x001	谷胱甘肽代谢紊乱性贫血	表6-3-37
D55.100x003	已糖磷酸盐酶缺乏性贫血	表6-3-37
D55.101	遗传性非球形细胞性溶血性贫血Ⅰ型	表6-3-37
D58.200x002	异常的血红蛋白	表6-3-37
D58.200x004	血红蛋白病	表6-3-37
D58.200x006	不稳定血红蛋白溶血病	表6-3-37
D58.201	血红蛋白-C病	表6-3-37
D58.202	血红蛋白-D病	表6-3-37
D58.203	血红蛋白-E病	表6-3-37
D58.204	先天性海因茨小体性贫血	表6-3-37
D58.205	血红蛋白增高	表6-3-37

续 表

疾病编码	疾病名称	排除内容
D58.206	不稳定血红蛋白病	表6-3-37
D58.900	遗传性溶血性贫血	表6-3-37
D58.901	溶血性贫血	表6-3-37
D59.200	药物性非自身免疫性溶血性贫血	表6-3-37
D59.201	药物性酶缺乏性贫血	表6-3-37
D59.800	后天性溶血性贫血，其他的	表6-3-37
D60.800	后天性纯红细胞再生障碍，其他的	表6-3-38
D60.900x001	纯红细胞再生障碍性贫血	表6-3-38
D61.101	化疗后骨髓抑制	表6-3-38
D61.102	药物性骨髓抑制	表6-3-38
D64.200	由药物和中毒引起的继发性铁粒幼细胞贫血	表6-3-38
D64.800x002	多红细胞的高粘稠综合征	表6-3-38
D64.801	婴儿假白血病性贫血	表6-3-38
D64.802	混合性贫血	表6-3-38
D64.803	幼白红细胞贫血	表6-3-38
D68.200x001	凝血酶原缺乏	表6-3-39
D68.200x005	先天性纤维蛋白原缺乏血症	表6-3-39
D68.200x006	AC球蛋白缺乏	表6-3-39
D68.200x007	低前转变素血症	表6-3-39
D68.200x008	奥夫伦病	表6-3-39
D68.200x009	前加速因子缺乏	表6-3-39
D68.200x010	先天性异常纤维蛋白原血症	表6-3-39
D68.201	纤维蛋白原缺乏血症	表6-3-39
D68.202	凝血因子Ⅰ缺乏症	表6-3-39
D68.203	凝血因子Ⅱ缺乏症	表6-3-39
D68.204	凝血因子Ⅴ缺乏症	表6-3-39
D68.205	凝血因子Ⅶ缺乏症	表6-3-39
D68.206	凝血因子Ⅹ缺乏症	表6-3-39
D68.207	凝血因子Ⅻ缺乏症	表6-3-39
D68.208	凝血因子XⅢ缺乏症	表6-3-39
D68.600x003	高凝状态	表6-3-39
D68.601	抗心磷脂抗体综合征	表6-3-39
D68.602	易栓症	表6-3-39
D68.603	抗磷脂综合征	表6-3-39
D68.604	狼疮抗凝物质出现	表6-3-39
D68.605	抗磷脂抗体综合征	表6-3-39
D69.100x001	血小板病	表6-3-39
D69.100x002	出血性血小板功能不全	表6-3-39
D69.100x003	贝尔纳德-苏利耶综合征［Bernard-Soulier综合征］	表6-3-39
D69.100x004	格兰茨曼病	表6-3-39

续 表

疾病编码	疾病名称	排除内容
D69.101	血小板功能不全	表6-3-39
D69.102	巨大血小板综合征	表6-3-39
D69.103	灰色血小板综合征	表6-3-39
D69.800	出血性情况，其他特指的	表6-3-39
D69.800x002	血管性假血友病	表6-3-39
D69.801	卡-梅综合征	表6-3-39
D69.802	毛细血管脆弱	表6-3-39
D73.000	脾功能减退症	表6-3-40
D73.001	脾萎缩	表6-3-40
D73.002	后天性脾缺失	表6-3-40
D73.100	脾功能亢进	表6-3-40
D76.100x003	除朗格汉斯细胞外的单核吞噬细胞的组织细胞增多症	表6-3-40
D76.100x004	家族性噬血细胞淋巴组织细胞增生症	表6-3-40
D76.100x005	噬血细胞淋巴组织细胞增生症	表6-3-40
D76.101	噬血细胞综合征	表6-3-40
D76.102	家族性噬红细胞性网状细胞增多	表6-3-40
D80.100	非家族性低丙球蛋白血症	表6-3-41
D80.100x003	无丙球蛋白血症伴载有免疫球蛋白的B型淋巴细胞	表6-3-41
D80.101	低丙种球蛋白血症	表6-3-41
D80.102	普通易变型无丙球蛋白血症	表6-3-41
D80.200x001	lgA缺乏	表6-3-41
D80.500	伴有免疫球蛋白M［IgM］增多的免疫缺陷	表6-3-41
D81.600	主要组织相容性复合体一级缺乏	表6-3-41
D81.601	淋巴细胞稀少综合征	表6-3-41
D82.400	高免疫球蛋白E［IgE］综合征	表6-3-41
D83.100	常见变异型免疫缺陷伴有显著的免疫调节的T细胞疾患	表6-3-41
D83.200	常见变异型免疫缺陷伴有对B或T细胞的自身抗体	表6-3-41
D86.900	结节病	表6-3-41
D86.901	伯克结节病	表6-3-41
E04.100	非毒性单个甲状腺结节	表6-3-42
E04.100x005	非毒性单结节性甲状腺肿	表6-3-42
E04.101	甲状腺结节	表6-3-42
E04.102	甲状腺囊肿	表6-3-42
E04.103	胸骨后甲状腺囊肿	表6-3-42
E04.104	胶性结节甲状腺肿	表6-3-42
E05.400	人为甲状腺毒症	表6-3-42
E05.400x001	医源性甲状腺功能亢进症	表6-3-42
E06.300	自身免疫性甲状腺炎	表6-3-42
E06.300x001	短暂性桥本甲状腺毒症	表6-3-42
E06.300x004	淋巴瘤性甲状腺肿	表6-3-42

续 表

疾病编码	疾病名称	排除内容
E06.300x005	淋巴细胞性甲状腺炎	表6-3-42
E06.301	淋巴细胞性甲状腺肿	表6-3-42
E06.302+G94.8*	桥本脑病	表6-3-42
E06.303	淋巴瘤性甲状腺瘤	表6-3-42
E06.304	桥本甲状腺炎	表6-3-42
E07.000	降钙素分泌过多	表6-3-42
E07.000x001	高降钙素血症	表6-3-42
E07.000x002	甲状腺降钙素分泌过多	表6-3-42
E07.001	甲状腺C细胞增生	表6-3-42
E10.300x011+H36.0*	1型糖尿病性背景性视网膜病	表6-3-43
E10.300x012+H36.0*	1型糖尿病性背景性出血性视网膜病	表6-3-43
E10.300x013+H36.0*	1型糖尿病性背景性硬性渗出物性视网膜病	表6-3-43
E10.300x014+H36.0*	1型糖尿病性背景性小动脉瘤视网膜病	表6-3-43
E10.300x015+H36.0*	1型糖尿病性背景性静脉扩张性视网膜病	表6-3-43
E10.300x021+H36.0*	1型糖尿病性增殖性前期视网膜病	表6-3-43
E10.300x022+H36.0*	1型糖尿病性增殖性前期视网膜内微血管异常性视网膜病	表6-3-43
E10.300x023+H36.0*	1型糖尿病性增殖性前期絮状斑点性视网膜病	表6-3-43
E10.300x024+H36.0*	1型糖尿病性增殖性前期出血性视网膜病	表6-3-43
E10.300x025+H36.0*	1型糖尿病性增殖性前期局部缺血性视网膜病	表6-3-43
E10.300x031+H36.0*	1型糖尿病性增殖性视网膜病	表6-3-43
E10.300x032+H36.0*	1型糖尿病性增殖性出血性视网膜病	表6-3-43
E10.300x033+H36.0*	1型糖尿病性增殖性视网膜前出血性视网膜病	表6-3-43
E10.300x034+H36.0*	1型糖尿病性增殖性玻璃体出血性视网膜病	表6-3-43
E10.300x035+H36.0*	1型糖尿病性增殖性新生血管化性视网膜病	表6-3-43
E10.300x036+H36.0*	1型糖尿病性增殖性视网膜牵引性视网膜病	表6-3-43
E10.300x041+H36.0*	1型糖尿病性斑点性视网膜病	表6-3-43
E10.300x042+H36.0*	1型糖尿病性局部的水肿斑点性视网膜病	表6-3-43
E10.300x043+H36.0*	1型糖尿病性全面的水肿斑点性视网膜病	表6-3-43
E10.300x044+H36.0*	1型糖尿病性星状的斑点性视网膜病	表6-3-43
E10.300x045+H36.0*	1型糖尿病性环状的黄斑病性视网膜病	表6-3-43
E10.300x046+H36.0*	1型糖尿病性缺血性黄斑病性视网膜病	表6-3-43
E10.300x047+H36.0*	1型糖尿病性视网膜增厚性视网膜病	表6-3-43
E10.300x051+H42.0*	1型糖尿病性新生血管性青光眼	表6-3-43
E10.300x052+H22.1*	1型糖尿病性虹膜红变症	表6-3-43
E10.300x053+H36.0*	1型糖尿病性牵拉性视网膜脱离	表6-3-43
E10.300x091+H28.0*	1型糖尿病性早发的年龄相关性白内障	表6-3-43
E10.301+H36.0*	1型糖尿病性视网膜病变	表6-3-43
E10.302+H28.0*	1型糖尿病性白内障	表6-3-43
E10.303+H22.1*	1型糖尿病性虹膜炎	表6-3-43
E10.500x021+I79.2*	1型糖尿病性周围血管病及坏疽	表6-3-43

续 表

疾病编码	疾病名称	排除内容
E10.500x043	1 型糖尿病性下肢溃疡	表 6-3-43
E10.500x044	1 型糖尿病性足坏疽	表 6-3-43
E10.500x045	1 型糖尿病性急性皮肤坏疽	表 6-3-43
E10.500x046	1 型糖尿病性细菌性坏疽	表 6-3-43
E10.500x047	1 型糖尿病性溶血性坏疽	表 6-3-43
E10.500x048	1 型糖尿病性富尼埃坏疽	表 6-3-43
E10.500x049	1 型糖尿病性曼莱尼坏疽	表 6-3-43
E10.500x051	1 型糖尿病性下肢感染	表 6-3-43
E10.501+I79.2*	1 型糖尿病性周围血管病变	表 6-3-43
E10.502+I79.2*	1 型糖尿病性心肌病	表 6-3-43
E10.503	1 型糖尿病性足病	表 6-3-43
E10.504	1 型糖尿病性溃疡	表 6-3-43
E10.505	1 型糖尿病性坏疽	表 6-3-43
E10.600x011+M14.6*	1 型糖尿病性夏科关节病	表 6-3-43
E10.600x012+M14.2*	1 型糖尿病性手关节综合征	表 6-3-43
E10.600x014+M14.2*	1 型糖尿病性手掌筋膜纤维瘤病	表 6-3-43
E10.600x015+M14.2*	1 型糖尿病性肩关节周围炎	表 6-3-43
E10.600x021	1 型糖尿病性大疱症	表 6-3-43
E10.600x023	1 型糖尿病性红斑	表 6-3-43
E10.600x024	1 型糖尿病性潮红	表 6-3-43
E10.600x025	1 型糖尿病性皮肤硬化	表 6-3-43
E10.600x026	1 型糖尿病性皮肤增厚	表 6-3-43
E10.600x027+L99.8*	1 型糖尿病性糖尿病脂性渐进性坏死	表 6-3-43
E10.600x028	1 型糖尿病性甲周毛细血管扩张	表 6-3-43
E10.600x031	1 型糖尿病性急性牙周脓肿	表 6-3-43
E10.600x032	1 型糖尿病性牙周炎	表 6-3-43
E10.600x042	1 型糖尿病性低血糖性癫痫发作	表 6-3-43
E10.600x043	1 型糖尿病性低血糖症	表 6-3-43
E10.600x051	1 型糖尿病伴血糖控制不佳	表 6-3-43
E10.600x910	1 型糖尿病性肌坏死	表 6-3-43
E10.600x911	1 型糖尿病性坏死性筋膜炎	表 6-3-43
E10.600x920	1 型糖尿病性无菌性肌坏死	表 6-3-43
E10.600x930	1 型糖尿病性缺血性肌坏死	表 6-3-43
E10.600x970	1 型糖尿病性乳腺纤维化病变	表 6-3-43
E10.601+M14.2*	1 型糖尿病性关节病	表 6-3-43
E10.602+M14.6*	1 型糖尿病神经病性关节病	表 6-3-43
E10.603+L99.8*	1 型糖尿病性皮肤病	表 6-3-43
E10.700	1 型糖尿病伴有多个并发症	表 6-3-43
E10.700x011	1 型糖尿病性多发性微血管并发症	表 6-3-43
E10.700x021	1 型糖尿病性胰岛素抵抗	表 6-3-43

续 表

疾病编码	疾病名称	排除内容
E10.700x022	1型糖尿病性高血压	表6-3-43
E10.700x023	1型糖尿病性肥胖症性高血压	表6-3-43
E10.700x024	1型糖尿病性内脏脂肪沉积增加	表6-3-43
E10.700x025	1型糖尿病性黑棘皮症或血脂障碍或高胰岛素血症或肥胖症	表6-3-43
E10.700x031	1型糖尿病性足溃疡和周围血管病	表6-3-43
E10.700x032	1型糖尿病性足溃疡和周围神经病	表6-3-43
E11.400	2型糖尿病伴有神经的并发症	表6-3-43
E11.400x021+G63.2*	2型糖尿病性多发性神经病	表6-3-43
E11.400x022+G63.2*	2型糖尿病性胰岛素相关性神经炎	表6-3-43
E11.400x024+G63.2*	2型糖尿病性远端对称性周围神经病	表6-3-43
E11.400x025+G63.2*	2型糖尿病性小神经纤维周围神经病	表6-3-43
E11.400x026+G63.2*	2型糖尿病性感觉运动性周围神经病	表6-3-43
E11.400x110+G59.0*	2型糖尿病性单神经病	表6-3-43
E11.400x111+G59.0*	2型糖尿病性胸神经根病	表6-3-43
E11.400x112+G59.0*	2型糖尿病性躯干神经根病	表6-3-43
E11.400x121+G73.0*	2型糖尿病性肌无力综合征	表6-3-43
E11.400x130+G59.0*	2型糖尿病性脑神经麻痹	表6-3-43
E11.400x140+G59.0*	2型糖尿病性动眼神经麻痹	表6-3-43
E11.400x150+G59.0*	2型糖尿病性外展神经麻痹	表6-3-43
E11.400x160+G59.0*	2型糖尿病性股神经病	表6-3-43
E11.400x170+G59.0*	2型糖尿病性多发性单神经病	表6-3-43
E11.400x180+G59.0*	2型糖尿病性眼肌麻痹	表6-3-43
E11.400x190+G59.0*	2型糖尿病性神经根病	表6-3-43
E11.400x191+G59.0*	2型糖尿病腰骶神经根神经丛病	表6-3-43
E11.400x310+G99.0*	2型糖尿病性出汗异常	表6-3-43
E11.400x311+G99.0*	2型糖尿病性体位性低血压	表6-3-43
E11.400x330+G99.0*	2型糖尿病性腹泻	表6-3-43
E11.400x340+G99.0*	2型糖尿病性肛门直肠功能障碍	表6-3-43
E11.400x350+G99.0*	2型糖尿病性食管功能障碍	表6-3-43
E11.400x360+G99.0*	2型糖尿病性性无能	表6-3-43
E11.400x380+G99.0*	2型糖尿病性膀胱张力减弱	表6-3-43
E11.400x381+N33.8*	2型糖尿病神经源性膀胱炎	表6-3-43
E11.400x390+G99.0*	2型糖尿病性神经性水肿	表6-3-43
E11.400x901+G99.0*	2型糖尿病性脊髓病	表6-3-43
E11.401+G63.2*	2型糖尿病性周围神经病	表6-3-43
E11.402+G99.0*	2型糖尿病性自主神经病变	表6-3-43
E11.403+G63.2*	2型糖尿病性神经炎	表6-3-43
E11.404+G99.0*	2型糖尿病性神经源性膀胱	表6-3-43
E11.405+G73.0*	2型糖尿病性肌萎缩	表6-3-43
E11.406+G99.0*	2型糖尿病性胃轻瘫	表6-3-43

续 表

疾病编码	疾病名称	排除内容
E11.500x021+I79.2*	2型糖尿病性周围血管病及坏疽	表6-3-43
E11.500x043	2型糖尿病性下肢溃疡	表6-3-43
E11.500x044	2型糖尿病性足坏疽	表6-3-43
E11.500x045	2型糖尿病性急性皮肤坏疽	表6-3-43
E11.500x046	2型糖尿病性细菌性坏疽	表6-3-43
E11.500x047	2型糖尿病性溶血性坏疽	表6-3-43
E11.500x048	2型糖尿病性富尼埃坏疽	表6-3-43
E11.500x049	2型糖尿病性曼莱尼坏疽	表6-3-43
E11.500x051	2型糖尿病性下肢感染	表6-3-43
E11.501+I79.2*	2型糖尿病性周围血管病变	表6-3-43
E11.502+I79.2*	2型糖尿病性心肌病	表6-3-43
E11.503	2型糖尿病足病	表6-3-43
E11.504	2型糖尿病性溃疡	表6-3-43
E11.505	2型糖尿病性坏疽	表6-3-43
E11.600x011+M14.6*	2型糖尿病性夏科关节病	表6-3-43
E11.600x012+M14.2*	2型糖尿病性手关节综合征	表6-3-43
E11.600x014+M14.2*	2型糖尿病性手掌筋膜纤维瘤病	表6-3-43
E11.600x015+M14.2*	2型糖尿病性肩关节周围炎	表6-3-43
E11.600x021	2型糖尿病性大疱症	表6-3-43
E11.600x023	2型糖尿病性红斑	表6-3-43
E11.600x024	2型糖尿病性潮红	表6-3-43
E11.600x025	2型糖尿病性皮肤硬化	表6-3-43
E11.600x026	2型糖尿病性皮肤增厚	表6-3-43
E11.600x027+L99.8*	2型糖尿病性糖尿病脂性渐进性坏死	表6-3-43
E11.600x028	2型糖尿病性甲周毛细血管扩张	表6-3-43
E11.600x031	2型糖尿病性急性牙周脓肿	表6-3-43
E11.600x032	2型糖尿病性牙周炎	表6-3-43
E11.600x042	2型糖尿病性低血糖性癫痫发作	表6-3-43
E11.600x043	2型糖尿病性低血糖症	表6-3-43
E11.600x051	2型糖尿病伴血糖控制不佳	表6-3-43
E11.600x910	2型糖尿病性肌坏死	表6-3-43
E11.600x911	2型糖尿病性坏死性筋膜炎	表6-3-43
E11.600x920	2型糖尿病性无菌性肌坏死	表6-3-43
E11.600x930	2型糖尿病性缺血性肌坏死	表6-3-43
E11.600x970	2型糖尿病性乳腺纤维化病变	表6-3-43
E11.601+M14.2*	2型糖尿病性关节病	表6-3-43
E11.602+M14.6*	2型糖尿病神经病性关节病	表6-3-43
E11.603+L99.8*	2型糖尿病性皮肤病	表6-3-43
E11.700x011	2型糖尿病性多发性微血管并发症	表6-3-43
E11.700x021	2型糖尿病性胰岛素抵抗	表6-3-43

续　表

疾病编码	疾病名称	排除内容
E11.700x022	2型糖尿病性高血压	表6-3-43
E11.700x023	2型糖尿病性肥胖症性高血压	表6-3-43
E11.700x024	2型糖尿病性内脏脂肪沉积增加	表6-3-43
E11.700x025	2型糖尿病性黑棘皮症或血脂障碍或高胰岛素血症或肥胖症	表6-3-43
E11.700x031	2型糖尿病性足溃疡和周围血管病	表6-3-43
E11.700x032	2型糖尿病性足溃疡和周围神经病	表6-3-43
E11.700x033	2型糖尿病伴多个并发症	表6-3-43
E12.200	营养不良相关性糖尿病伴有肾的并发症	表6-3-43
E12.400	营养不良相关性糖尿病伴有神经的并发症	表6-3-43
E12.400x001+G99.0*	营养不良相关性糖尿病伴自主神经病变	表6-3-43
E12.400x002+N33.8*	营养不良相关性糖尿病伴神经源性膀胱炎	表6-3-43
E12.500	营养不良相关性糖尿病伴有周围循环并发症	表6-3-43
E12.600	营养不良相关性糖尿病伴有其他特指的并发症	表6-3-43
E12.700	营养不良相关性糖尿病伴有多个并发症	表6-3-43
E13.200x521+N08.3*	青少年发病的成人型糖尿病性肾病	表6-3-43
E13.201+N08.3*	脂肪萎缩性糖尿病性肾病	表6-3-43
E13.500x241+I79.2*	继发性糖尿病大血管病变	表6-3-43
E13.500x541+I79.2*	青少年发病的成人型糖尿病大血管病变	表6-3-43
E13.600	糖尿病伴有其他特指的并发症，其他特指的	表6-3-43
E13.700	糖尿病伴有多个并发症，其他特指的	表6-3-43
E14.300x011+H36.0*	糖尿病性背景性视网膜病	表6-3-43
E14.300x012+H36.0*	糖尿病性背景性出血性视网膜病	表6-3-43
E14.300x013+H36.0*	糖尿病性背景性硬性渗出物性视网膜病	表6-3-43
E14.300x014+H36.0*	糖尿病性背景性小动脉瘤视网膜病	表6-3-43
E14.300x015+H36.0*	糖尿病性背景性静脉扩张性视网膜病	表6-3-43
E14.300x021+H36.0*	糖尿病性增殖性前期视网膜病	表6-3-43
E14.300x022+H36.0*	糖尿病性增殖性前期视网膜内微血管异常性视网膜病	表6-3-43
E14.300x023+H36.0*	糖尿病性增殖性前期絮状斑点性视网膜病	表6-3-43
E14.300x024+H36.0*	糖尿病性增殖性前期出血性视网膜病	表6-3-43
E14.300x025+H36.0*	糖尿病性增殖性前期局部缺血性视网膜病	表6-3-43
E14.300x031+H36.0*	糖尿病性增殖性视网膜病	表6-3-43
E14.300x032+H36.0*	糖尿病性增殖性出血性视网膜病	表6-3-43
E14.300x033+H36.0*	糖尿病性增殖性视网膜前出血性视网膜病	表6-3-43
E14.300x034+H36.0*	糖尿病性增殖性玻璃体出血性视网膜病	表6-3-43
E14.300x035+H36.0*	糖尿病性增殖性新生血管化性视网膜病	表6-3-43
E14.300x036+H36.0*	糖尿病性增殖性视网膜牵引性视网膜病	表6-3-43
E14.300x041+H36.0*	糖尿病性斑点性视网膜病	表6-3-43
E14.300x042+H36.0*	糖尿病性局部的水肿斑点性视网膜病	表6-3-43
E14.300x043+H36.0*	糖尿病性全面的水肿斑点性视网膜病	表6-3-43
E14.300x044+H36.0*	糖尿病性星状的斑点性视网膜病	表6-3-43

续 表

疾病编码	疾病名称	排除内容
E14.300x045+H36.0*	糖尿病性环状的黄斑病性视网膜病	表6-3-43
E14.300x046+H36.0*	糖尿病性缺血性黄斑病性视网膜病	表6-3-43
E14.300x047+H36.0*	糖尿病性视网膜增厚性视网膜病	表6-3-43
E14.300x051+H42.0*	糖尿病性新生血管性青光眼	表6-3-43
E14.300x052+H22.1*	糖尿病性虹膜红变症	表6-3-43
E14.300x053+H36.0*	糖尿病性牵拉性视网膜脱离	表6-3-43
E14.300x054+H22.1*	糖尿病性虹膜炎	表6-3-43
E14.300x061+H28.0*	糖尿病性白内障	表6-3-43
E14.300x071+H36.0*	糖尿病性视网膜病变	表6-3-43
E14.300x091+H28.0*	糖尿病性早发的年龄相关性白内障	表6-3-43
E14.500x011+I79.2*	糖尿病性周围血管病	表6-3-43
E14.500x021+I79.2*	糖尿病性周围血管病及坏疽	表6-3-43
E14.500x031+I43.8*	糖尿病性缺血性心肌病	表6-3-43
E14.500x032+I43.8*	糖尿病性心肌病	表6-3-43
E14.500x041	糖尿病性溃疡	表6-3-43
E14.500x042	糖尿病性坏疽	表6-3-43
E14.500x043	糖尿病性下肢溃疡	表6-3-43
E14.500x044	糖尿病性足坏疽	表6-3-43
E14.500x045	糖尿病性急性皮肤坏疽	表6-3-43
E14.500x046	糖尿病性细菌性坏疽	表6-3-43
E14.500x047	糖尿病性溶血性坏疽	表6-3-43
E14.500x048	糖尿病性富尼埃坏疽	表6-3-43
E14.500x049	糖尿病性曼莱尼坏疽	表6-3-43
E14.500x050	糖尿病足	表6-3-43
E14.500x051	糖尿病性下肢感染	表6-3-43
E14.600x011+M14.6*	糖尿病性夏科关节病	表6-3-43
E14.600x012+M14.2*	糖尿病性手关节综合征	表6-3-43
E14.600x014+M14.2*	糖尿病性手掌筋膜纤维瘤病	表6-3-43
E14.600x015+M14.2*	糖尿病性肩关节周围炎	表6-3-43
E14.600x016+M14.2*	糖尿病性骨关节病	表6-3-43
E14.600x021	糖尿病性大疱症	表6-3-43
E14.600x022	糖尿病性皮肤病	表6-3-43
E14.600x023	糖尿病性红斑	表6-3-43
E14.600x024	糖尿病性潮红	表6-3-43
E14.600x025	糖尿病性皮肤硬化	表6-3-43
E14.600x026	糖尿病性皮肤增厚	表6-3-43
E14.600x027+L99.8*	糖尿病性糖尿病脂性渐进性坏死	表6-3-43
E14.600x028	糖尿病性甲周毛细血管扩张	表6-3-43
E14.600x031	糖尿病性急性牙周脓肿	表6-3-43
E14.600x032	糖尿病性牙周炎	表6-3-43

续 表

疾病编码	疾病名称	排除内容
E14.600x042	糖尿病性低血糖性癫痫发作	表6-3-43
E14.600x043	糖尿病性低血糖症	表6-3-43
E14.600x051	糖尿病伴血糖控制不佳	表6-3-43
E14.600x910	糖尿病性肌坏死	表6-3-43
E14.600x911	糖尿病性坏死性筋膜炎	表6-3-43
E14.600x920	糖尿病性无菌性肌坏死	表6-3-43
E14.600x930	糖尿病性缺血性肌坏死	表6-3-43
E14.600x970	糖尿病性乳腺纤维化病变	表6-3-43
E14.700	糖尿病伴有多个并发症	表6-3-43
E14.700x011	糖尿病性多发性微血管并发症	表6-3-43
E14.700x021	糖尿病性胰岛素抵抗	表6-3-43
E14.700x022	糖尿病性高血压	表6-3-43
E14.700x023	糖尿病性肥胖症性高血压	表6-3-43
E14.700x024	糖尿病性内脏脂肪沉积增加	表6-3-43
E14.700x025	糖尿病性黑棘皮症或血脂障碍或高胰岛素血症或肥胖症	表6-3-43
E14.700x031	糖尿病性足溃疡和周围血管病	表6-3-43
E14.700x032	糖尿病性足溃疡和周围神经病	表6-3-43
E16.100x001	反应性低血糖症［餐后低血糖症］	表6-3-44
E16.100x002	高胰岛素血症	表6-3-44
E16.100x004	胰岛β细胞增生	表6-3-44
E16.100x005	功能性非高胰岛素性低血糖	表6-3-44
E16.100x006	功能性胰岛素分泌过多	表6-3-44
E16.100x010	自身免疫性胰岛素综合征	表6-3-44
E16.100x013	婴儿持续性高胰岛素血症性低血糖	表6-3-44
E16.101	反应性低血糖症	表6-3-44
E16.102	自身免疫性低血糖症	表6-3-44
E16.103	功能性高胰岛素血症	表6-3-44
E16.104	功能性非胰岛素性低血糖	表6-3-44
E16.105	胰岛素自身免疫综合征	表6-3-44
E16.106	婴儿低血糖症	表6-3-44
E16.107+G94.8*	低血糖昏迷性脑病	表6-3-44
E16.108+G94.8*	低血糖性脑病	表6-3-44
E16.109	酒精性低血糖症	表6-3-44
E16.110	先天性高胰岛素性低血糖血症	表6-3-44
E16.111+G94.3*	低血糖性脑昏迷	表6-3-44
E16.112	先天性高胰岛素血症	表6-3-44
E16.400	胃泌素分泌异常	表6-3-44
E16.400x003	促胃液素分泌异常	表6-3-44
E16.401	高胃泌素血症	表6-3-44
E16.402	佐林格-埃利森综合征	表6-3-44

续 表

疾病编码	疾病名称	排除内容
E20.100	假性甲状旁腺功能减退症	表 6-3-45
E20.801	继发性甲状旁腺功能减退症	表 6-3-45
E20.802	先天性甲状旁腺功能减退症	表 6-3-45
E21.000	原发性甲状旁腺功能亢进症	表 6-3-45
E21.000x007	股骨囊性纤维性骨炎	表 6-3-45
E21.001	甲状旁腺增生	表 6-3-45
E21.002	全身囊性纤维性骨炎	表 6-3-45
E21.003	下颌骨囊性纤维性骨炎	表 6-3-45
E21.004	脊柱囊性纤维性骨炎	表 6-3-45
E21.005	上肢骨囊性纤维性骨炎	表 6-3-45
E21.006	下肢骨囊性纤维性骨炎	表 6-3-45
E24.200	药物性皮质醇增多症	表 6-3-45
E24.200x001	正确用药所致药物性皮质醇增多症	表 6-3-45
E24.201	医源性库欣综合征	表 6-3-45
E24.202	类库欣综合征	表 6-3-45
E26.800x002	高肾素性醛固酮增多症	表 6-3-45
E26.801	家族性醛固酮增多症	表 6-3-45
E26.802	巴特综合征	表 6-3-45
E26.803	吉特尔曼综合征	表 6-3-45
E27.000x001	肾上腺皮质功能亢进	表 6-3-45
E27.000x002	促肾上腺皮质激素生成过多	表 6-3-45
E27.000x003	肾上腺皮质功能亢进危象	表 6-3-45
E27.000x011	肾上腺来源高雄激素血症	表 6-3-45
E27.001	肾上腺皮质功能亢进，与库欣综合征无关	表 6-3-45
E27.901	肾上腺肿物	表 6-3-45
E29.000	睾丸功能亢进	表 6-3-45
E29.000x002	男性性腺功能亢进	表 6-3-45
E29.001	睾丸激素分泌过多	表 6-3-45
E29.002	雄激素分泌过多	表 6-3-45
E29.100	睾丸功能减退症	表 6-3-45
E29.100x002	男性性腺功能低下	表 6-3-45
E29.100x004	睾丸雄激素生物合成障碍	表 6-3-45
E29.101	原发性睾丸功能减退症	表 6-3-45
E29.102	继发性睾丸功能减退症	表 6-3-45
E29.103	幼稚型睾丸	表 6-3-45
E29.104	高促性腺激素性性腺功能减退症	表 6-3-45
E29.105	5α-还原酶缺陷症	表 6-3-45
E29.106	雄激素部分缺乏综合征	表 6-3-45
E30.000	青春期延迟	表 6-3-45
E30.000x003	性发育迟缓	表 6-3-45

续　表

疾病编码	疾病名称	排除内容
E30.001	第二性征发育不全	表6-3-45
E30.002	幼稚型子宫	表6-3-45
E31.100	多腺体功能亢进	表6-3-45
E31.900	多腺体功能障碍	表6-3-45
E31.901	多发性内分泌腺病	表6-3-45
E34.400	体质性高身材	表6-3-45
E34.900x003	激素失调	表6-3-45
E34.901+G73.5*	内分泌病性肌病	表6-3-45
E34.902+M82.1*	内分泌病性骨质疏松	表6-3-45
E34.903	内分泌功能障碍	表6-3-45
E50.400x001+H19.8*	维生素A缺乏伴角膜软化	表6-3-46
E51.200+G32.8*	韦尼克脑病	表6-3-46
E53.800x003+G32.0*	侧索联合变性病	表6-3-46
E53.800x010	叶酸盐缺乏	表6-3-46
E53.800x011	生物素缺乏	表6-3-46
E53.800x012	氰钴胺素缺乏	表6-3-46
E53.800x013	泛酸缺乏	表6-3-46
E53.800x014+G32.0*	维生素B12缺乏性贫血性脊髓后侧索硬化症	表6-3-46
E53.801+G32.0*	脊髓亚急性联合变性	表6-3-46
E53.802	叶酸缺乏症	表6-3-46
E53.803+G63.4*	维生素B12缺乏性周围神经病	表6-3-46
E53.804	维生素B12缺乏症	表6-3-46
E53.805+F02.8*	维生素B12缺乏性痴呆	表6-3-46
E53.900	维生素B缺乏病	表6-3-46
E53.900x002+G63.4*	维生素B缺乏性周围神经病	表6-3-46
E53.901	复合性维生素B缺乏症	表6-3-46
E55.900	维生素D缺乏病	表6-3-46
E56.900	维生素缺乏病	表6-3-46
E56.900x003+G63.4*	维生素缺乏性周围神经病	表6-3-46
E56.901+G63.4*	维生素缺乏性多神经炎	表6-3-46
E61.000	铜缺乏	表6-3-46
E61.300	锰缺乏	表6-3-46
E63.100	摄入食物结构失衡	表6-3-46
E63.800	营养缺乏，其他特指的	表6-3-46
E64.900	营养缺乏后遗症	表6-3-46
E66.200	极度肥胖症伴有小泡性肺换气不足	表6-3-47
E66.201	极度肥胖伴低通气综合征	表6-3-47
E66.801	病态性肥胖	表6-3-47
E66.900	肥胖症	表6-3-47
E66.900x001	单纯性肥胖	表6-3-47

续 表

疾病编码	疾病名称	排除内容
E66.901	重度肥胖	表6-3-47
E66.902+N08.4*	肥胖相关性肾病	表6-3-47
E67.200	大剂量维生素B6综合征	表6-3-47
E72.100x003	胱硫醚尿症	表6-3-48
E72.100x004	高胱氨酸尿症	表6-3-48
E72.100x005	蛋氨酸血症	表6-3-48
E72.100x006	亚硫酸盐氧化酶缺乏症	表6-3-48
E72.100x007	同型半胱氨酸尿症	表6-3-48
E72.101	高同型半胱氨酸血症	表6-3-48
E72.102	同型半胱氨酸血症	表6-3-48
E72.400	鸟氨酸代谢紊乱	表6-3-48
E72.400x001	鸟氨酸血症Ⅰ型	表6-3-48
E72.400x002	鸟氨酸血症Ⅱ型	表6-3-48
E72.401	高鸟胺酸血症-高氨血症-高瓜胺酸血症候群	表6-3-48
E72.402	鸟氨酸氨甲酰基转移酶缺乏症	表6-3-48
E72.800x001	脲环代谢紊乱	表6-3-48
E72.800x002	直链氨基酸代谢障碍	表6-3-48
E72.800x004	β氨基酸代谢紊乱	表6-3-48
E72.800x005	γ氨基酸代谢紊乱	表6-3-48
E74.100	果糖代谢紊乱	表6-3-48
E74.100x002	原发性果糖尿症	表6-3-48
E74.100x004	果糖-1，6-二磷酸缺乏	表6-3-48
E74.101	遗传性果糖不耐受症	表6-3-48
E74.200	半乳糖代谢紊乱	表6-3-48
E74.200x002	半乳糖激酶缺乏	表6-3-48
E74.201	半乳糖血症	表6-3-48
E75.600x001	脂贮积病	表6-3-48
E75.600x002+G32.8*	全身性脂贮积症性大脑变性	表6-3-48
E75.601+G73.6*	脂质沉积性肌病	表6-3-48
E75.602+F02.8*	脑脂质沉积性痴呆	表6-3-48
E76.000	黏多糖贮积症，Ⅰ型	表6-3-48
E76.300	黏多糖贮积症	表6-3-48
E76.300x002+I52.8*	粘多糖贮积性心脏病	表6-3-48
E77.801	低蛋白血症	表6-3-48
E80.300x001	过氧化氢酶缺乏	表6-3-48
E80.301	过氧化物酶缺乏	表6-3-48
E80.302	δ-氨基酮戊酸脱水酶缺陷型卟啉病	表6-3-48
E83.500x001	低钙血性惊厥	表6-3-48
E83.500x006+H28.1*	低钙血性白内障［手足搐搦性白内障］	表6-3-48
E83.500x007	特发性高钙尿症	表6-3-48

续 表

疾病编码	疾病名称	排除内容
E83.500x008	家族性低尿钙性高钙血症	表6-3-48
E83.500x009	钙质沉着症	表6-3-48
E83.500x011	肿瘤样钙盐沉着症	表6-3-48
E83.501	高钙危象	表6-3-48
E83.502	高钙血症	表6-3-48
E83.503	低钙血症	表6-3-48
E83.504	高钙尿症	表6-3-48
E83.505+F02.8*	高钙血症性痴呆	表6-3-48
E85.100x002	淀粉样多发性神经病变	表6-3-48
E85.101+G63.3*	淀粉样变性周围神经病	表6-3-48
E85.300x002	继发性淀粉样变性	表6-3-48
E85.300x003	透析相关性淀粉样变病	表6-3-48
E85.400x004	脾淀粉样变性	表6-3-48
E85.400x005	上呼吸道淀粉样变性	表6-3-48
E85.400x006	咽淀粉样变性	表6-3-48
E85.400x008+G99.0*	淀粉样变性性周围神经病	表6-3-48
E85.400x012	脑淀粉样变	表6-3-48
E85.400x014	局限性淀粉样变性	表6-3-48
E85.401	淀粉样变声带损害	表6-3-48
E85.402	淀粉样变鼻咽损害	表6-3-48
E85.403	淀粉样变膀胱损害	表6-3-48
E85.404	淀粉样变支气管损害	表6-3-48
E85.405	淀粉样变齿龈损害	表6-3-48
E85.406	淀粉样变甲状腺损害	表6-3-48
E85.407	淀粉样变气管损害	表6-3-48
E85.408	淀粉样变血管损害	表6-3-48
E85.409	淀粉样变喉损害	表6-3-48
E85.410	淀粉样变胸膜损害	表6-3-48
E85.411+N29.8*	淀粉样变肾损害	表6-3-48
E85.412+J99.8*	淀粉样变肺损害	表6-3-48
E85.413+L99.0*	淀粉样变皮肤损害	表6-3-48
E85.414+I68.0*	淀粉样变脑血管损害	表6-3-48
E85.415+K77.8*	淀粉样变肝损害	表6-3-48
E85.416+I43.1*	淀粉样变心脏损害	表6-3-48
E85.417+K93.8*	淀粉样变肠道损害	表6-3-48
E85.418	眼睑淀粉样变性	表6-3-48
E85.800	淀粉样变，其他的	表6-3-48
E85.900	淀粉样变	表6-3-48
E85.900x003	斑疹性淀粉样变性	表6-3-48
E85.901	原发性淀粉样变性	表6-3-48

续 表

疾病编码	疾病名称	排除内容
E87.600	低钾血症	表6-3-48
E87.600x002	低钾性抽搐	表6-3-48
E87.600x003	钾缺乏	表6-3-48
E87.600x004	低钾性肌病	表6-3-48
E88.100x001	部分性脂肪营养不良	表6-3-48
E88.100x002	进行性脂肪营养不良	表6-3-48
E88.100x004	脂肪营养不良	表6-3-48
E88.100x005	胰岛素性脂肪营养不良	表6-3-48
E88.100x006	蛋白酶抑制剂相关性脂肪营养不良	表6-3-48
E88.101	全身性脂肪营养不良	表6-3-48
E88.900x010	先天性遗传代谢病［先天性代谢缺陷］	表6-3-48
E88.901	代谢障碍	表6-3-48
E88.902+M90.8*	代谢性骨病	表6-3-48
E88.903	遗传性代谢病	表6-3-48
E88.904+G99.2*	代谢性脊髓病	表6-3-48
E88.905+G99.0*	代谢性周围神经病	表6-3-48
E88.906+H28.1*	代谢性白内障	表6-3-48
E88.907+I43.1*	代谢性心肌病	表6-3-48
E88.908+G73.6*	代谢性肌病	表6-3-48
E89.100	操作后血内胰岛素不足	表6-3-48
E89.101	手术后低血糖昏迷	表6-3-48
E89.102	手术后低胰岛素血症	表6-3-48
E89.200x001	甲状旁腺缺失性手足搐搦	表6-3-48
E89.201	手术后甲状旁腺功能减退	表6-3-48
E89.601	手术后肾上腺皮质功能减退	表6-3-48
F01.900	血管性痴呆	表6-3-49
F01.901	动脉硬化性痴呆	表6-3-49
F01.902	脑动脉硬化性精神病	表6-3-49
F06.300	器质性心境［情感］障碍	表6-3-49
F06.300x002	器质性躁狂障碍	表6-3-49
F06.300x010	器质性双相障碍	表6-3-49
F06.300x020	器质性抑郁障碍	表6-3-49
F06.300x021	卒中后抑郁	表6-3-49
F06.300x030	器质性混合型情感障碍	表6-3-49
F06.301	癫痫性情感障碍	表6-3-49
F06.302	颅脑外伤性情感障碍	表6-3-49
F07.100	脑炎后综合征	表6-3-49
F10.000	急性酒精中毒引起的精神和行为障碍	表6-3-50
F10.001	急性酒精中毒	表6-3-50
F10.002	病理性醉酒	表6-3-50

续 表

疾病编码	疾病名称	排除内容
F10.003	复杂性醉酒	表6-3-50
F10.300	使用酒精引起的戒断状态	表6-3-50
F11.200	使用阿片类物质引起的依赖综合征	表6-3-50
F11.200x001	杜冷丁药物依赖	表6-3-50
F11.200x003	镇痛药物成瘾	表6-3-50
F11.201	吗啡型药物瘾	表6-3-50
F11.202	哌替啶药物瘾	表6-3-50
F11.203	咖啡型药物瘾	表6-3-50
F11.204	海洛因药物瘾	表6-3-50
F11.500	使用阿片类物质引起的精神性障碍	表6-3-50
F12.900	使用大麻类物质引起的精神和行为障碍	表6-3-50
F13.300	使用镇静剂或催眠剂引起的戒断状态	表6-3-50
F14.200	使用可卡因引起的依赖综合征	表6-3-50
F16.000	使用致幻剂急性中毒引起的精神和行为障碍	表6-3-50
F16.000x002	致幻剂急性中毒	表6-3-50
F18.800	使用挥发性溶剂引起的其他精神和行为障碍	表6-3-50
F19.200	使用多种药物和其他精神活性物质引起的依赖综合征	表6-3-50
F19.200x001	A.P.C药物成瘾	表6-3-50
F19.201	镇痛药物瘾	表6-3-50
F19.400	使用多种药物和其他精神活性物质引起的戒断状态伴有谵妄	表6-3-50
F19.400x001	伴有谵妄的多种药物和其他精神活性物质戒断状态	表6-3-50
F19.900	使用多种药物和其他精神活性物质引起的精神和行为障碍	表6-3-50
F19.900x002	A.P.C中毒致精神障碍	表6-3-50
F19.900x003	阿的平中毒致精神障碍	表6-3-50
F19.900x004	合霉素中毒致精神障碍	表6-3-50
F19.900x005	激素类药物致精神障碍	表6-3-50
F19.900x006	眠尔通中毒致精神障碍	表6-3-50
F19.900x007	药物源性精神障碍	表6-3-50
F19.900x008	抗帕金森药物所致精神障碍	表6-3-50
F19.900x009	利血平所致精神障碍	表6-3-50
F23.000	不伴有精神分裂症症状的急性多形性精神病性障碍	表6-3-51
F23.001	妄想阵发，急性妄想发作	表6-3-51
F23.002	周期性精神病	表6-3-51
F25.100	分裂情感性障碍，抑郁型	表6-3-51
F25.100x001	分裂情感性障碍抑郁发作	表6-3-51
F25.200	分裂情感性障碍，混合型	表6-3-51
F25.200x001	周期性精神病性障碍	表6-3-51
F25.200x002	分裂情感性障碍混合发作	表6-3-51
F25.900	分裂情感性障碍	表6-3-51
F30.000	轻躁狂	表6-3-52

续 表

疾病编码	疾病名称	排除内容
F30.200	伴有精神病性症状的躁狂	表6-3-52
F30.200x001	伴有精神病性症状的躁狂发作	表6-3-52
F30.200x002	躁狂性木僵	表6-3-52
F30.201	谵妄性躁狂症	表6-3-52
F31.100	双相情感障碍，目前为不伴有精神病性症状的躁狂发作	表6-3-52
F31.400	双相情感障碍，目前为不伴有精神病性症状的重度抑郁发作	表6-3-52
F31.500	双相情感障碍，目前为伴有精神病性症状的重度抑郁发作	表6-3-52
F31.600	双相情感障碍，目前为混合性发作	表6-3-52
F32.000x002	不伴有躯体症状的轻度抑郁发作	表6-3-52
F32.000x011	伴有躯体症状的轻度抑郁发作	表6-3-52
F33.200	复发性抑郁障碍，目前为不伴有精神病性症状的重度发作	表6-3-52
F33.300	复发性抑郁障碍，目前为伴有精神病性症状的重度发作	表6-3-52
F33.400	复发性抑郁障碍，目前为缓解状态	表6-3-52
F34.000	环性气质	表6-3-52
F34.001	环性心境人格	表6-3-52
F34.002	情感性人格障碍	表6-3-52
F34.100	恶劣心境	表6-3-52
F34.101	神经官能性抑郁症	表6-3-52
F34.102	抑郁性人格障碍	表6-3-52
F34.800	持久的心境［情感］障碍，其他的	表6-3-52
F38.800	心境［情感］障碍，其他特指的	表6-3-52
F40.900	恐怖性焦虑障碍	表6-3-53
F40.901	恐怖状态	表6-3-53
F41.800	焦虑障碍，其他特指的	表6-3-53
F42.000	以强迫思维或穷思竭虑为主	表6-3-53
F42.001	强迫性思维	表6-3-53
F42.003	强迫状态	表6-3-53
F42.100	以强迫动作［强迫仪式］为主	表6-3-53
F42.101	强迫性动作	表6-3-53
F42.200	混合性强迫思维和动作	表6-3-53
F44.000	分离性遗忘	表6-3-53
F44.100	分离性神游	表6-3-53
F44.800x002	甘泽综合征［Ganser综合征］	表6-3-53
F44.800x011	双重人格障碍	表6-3-53
F44.800x012	多重人格障碍	表6-3-53
F44.800x021	见于儿童和青少年的短暂分离［转换］性障碍	表6-3-53
F44.801	心因性精神错乱	表6-3-53
F44.802	心因性意识障碍	表6-3-53
F44.804	癔症性情感暴发	表6-3-53
F44.805	分离型癔症	表6-3-53

续 表

疾病编码	疾病名称	排除内容
F45.000	躯体化障碍	表6-3-53
F45.300	躯体形式的自主神经功能紊乱	表6-3-53
F45.300x021	躯体化的自主神经功能障碍，上消化道	表6-3-53
F45.300x022	咽异感症	表6-3-53
F45.300x031	躯体化的自主神经功能障碍，下消化道	表6-3-53
F45.300x041	躯体化的自主神经功能障碍，呼吸系统	表6-3-53
F45.300x051	躯体化的自主神经功能障碍，泌尿生殖系统	表6-3-53
F45.300x091	躯体化的自主神经功能障碍，多种器官系统	表6-3-53
F45.301	心因性多尿症	表6-3-53
F45.302	换气过度综合征	表6-3-53
F45.303	功能性咳嗽	表6-3-53
F45.304	心血管性神经官能症	表6-3-53
F45.305	心因性吞气症	表6-3-53
F45.306	心脏神经官能症	表6-3-53
F45.307	心因性呃逆	表6-3-53
F45.308	胃肠神经官能症	表6-3-53
F45.309	肠神经官能症	表6-3-53
F45.310	胃神经官能症	表6-3-53
F45.900	躯体形式障碍	表6-3-53
F45.901	心因性幻觉症	表6-3-53
F48.100	人格解体-现实解体综合征	表6-3-53
F48.100x002	解离状态	表6-3-53
F50.300	非典型神经性贪食	表6-3-54
F50.501	心因性呕吐	表6-3-54
F50.502	神经性呕吐	表6-3-54
F51.500	梦魇	表6-3-54
F52.200	生殖器反应丧失	表6-3-54
F52.200x002	女性性唤起障碍	表6-3-54
F52.201	心因性阳痿	表6-3-54
F52.202	男性勃起障碍	表6-3-54
F52.300	性高潮功能障碍	表6-3-54
F52.800	性功能障碍，非由器质性障碍或疾病引起，其他的	表6-3-54
F53.100x001	与产褥期有关的重度精神和行为障碍	表6-3-54
F53.101	产褥期精神病	表6-3-54
F53.800	精神和行为障碍，其他与产褥期有关的不可归类在他处者	表6-3-54
F60.000	偏执型人格障碍	表6-3-55
F60.800x001	情感性人格	表6-3-55
F60.800x002	抑郁性人格	表6-3-55
F60.800x003	躁狂性人格	表6-3-55
F60.801	妄想狂样人格障碍	表6-3-55

续　表

疾病编码	疾病名称	排除内容
F60.802	自恋型人格障碍	表6-3-55
F62.100	精神科疾病后持久性人格改变	表6-3-55
F63.000	病理性赌博	表6-3-55
F63.200	病理性偷窃［偷窃狂］	表6-3-55
F64.000x001	易性症，男	表6-3-55
F64.000x002	易性症，女	表6-3-55
F64.100	双重异装症	表6-3-55
F66.100	自我不和谐的性取向	表6-3-55
F68.000	由于心理原因渲染的躯体症状	表6-3-55
F68.000x001	赔偿神经症	表6-3-55
F68.800	成人人格和行为障碍，其他特指的	表6-3-55
F70.800	轻度精神发育迟缓，其他行为缺陷	表6-3-56
F71.100	中度精神发育迟缓，需要加以关注或治疗的显著行为缺陷	表6-3-56
F72.000	重度精神发育迟缓，无或轻微行为缺陷的	表6-3-56
F72.000x001	重度精神发育迟滞	表6-3-56
F72.800	重度精神发育迟缓，其他行为缺陷	表6-3-56
F73.900	极重度精神发育迟缓，未提及行为缺陷的	表6-3-56
F78.100	其他精神发育迟缓，需要加以关注或治疗的显著行为缺陷	表6-3-56
F79.800	精神发育迟缓引起的，其他的	表6-3-56
F80.800	言语和语言发育障碍，其他的	表6-3-57
F81.200	特定性计算技能障碍	表6-3-57
F81.201	格斯特曼综合征	表6-3-57
F81.800	发育障碍，其他学习技能	表6-3-57
F84.100	不典型孤独症	表6-3-57
F84.800	弥漫性［综合性］发育障碍，其他的	表6-3-57
F91.100	非社会化的品行障碍	表6-3-58
F91.100x002	孤独攻击性品行障碍	表6-3-58
F93.300	同胞竞争障碍	表6-3-58
F93.800	童年情绪障碍，其他特指的	表6-3-58
F94.900	童年社会功能障碍	表6-3-58
F95.800	抽动障碍，其他的	表6-3-58
F95.801	眨眼症	表6-3-58
F98.000	非器质性遗尿症	表6-3-58
F98.001	功能性遗尿	表6-3-58
F98.200	婴儿和儿童期的喂养障碍	表6-3-58
G00.100	肺炎球菌性脑膜炎	表6-3-59
G00.200	链球菌性脑膜炎	表6-3-59
G03.000	非化脓性脑膜炎	表6-3-59
G03.001	无菌性脑膜炎	表6-3-59
G03.002	局限性脑膜炎	表6-3-59

续 表

疾病编码	疾病名称	排除内容
G03.800	脑膜炎，其他特指原因引起的	表6-3-59
G03.800x003	肥厚性硬脑膜炎	表6-3-59
G03.800x004	肥厚性硬脊膜炎	表6-3-59
G03.800x005	肥厚性硬脑脊膜炎	表6-3-59
G03.801	化学性脑膜炎	表6-3-59
G03.802	反应性脑膜炎	表6-3-59
G03.900	脑膜炎	表6-3-59
G03.900x008	脑脊膜炎	表6-3-59
G03.901	颅底蛛网膜炎	表6-3-59
G03.902	脊髓蛛网膜炎	表6-3-59
G03.903	硬脑膜炎	表6-3-59
G03.904	蛛网膜炎	表6-3-59
G03.905	原发性肥厚性硬脑膜炎	表6-3-59
G03.906	非特异性脑脊膜炎	表6-3-59
G03.907	急性脑膜炎	表6-3-59
G04.100	人类T细胞淋巴病毒相关脊髓病	表6-3-59
G04.101	热带痉挛性截瘫	表6-3-59
G04.200	细菌性脑膜脑炎和脊髓脊膜炎，不可归类在他处者	表6-3-59
G04.201	绿脓杆菌性脑膜脑炎	表6-3-59
G06.100x002	椎管内脓肿	表6-3-59
G06.100x003	脊髓脓肿	表6-3-59
G06.100x004	脊髓肉芽肿	表6-3-59
G06.100x006	硬脊膜外肉芽肿	表6-3-59
G06.100x008	硬脊膜下肉芽肿	表6-3-59
G06.100x009	椎管内感染	表6-3-59
G06.101	椎管内肉芽肿	表6-3-59
G06.102	硬脊膜下脓肿	表6-3-59
G06.103	硬脊膜外脓肿	表6-3-59
G11.100	早期发病的小脑性共济失调	表6-3-60
G11.100x002	脊髓小脑性共济失调	表6-3-60
G11.100x003	早发型小脑性共济失调增加遗传性共济失调-侏儒-智力缺陷综合征［Marinesco-Sjogren综合征］	表6-3-60
G11.100x004	周期性共济失调［发作性共济失调］	表6-3-60
G11.100x005	肌阵挛小脑性共济失调［Ramsay-Hunt综合征］	表6-3-60
G11.100x006	反射保留型Friedreich共济失调	表6-3-60
G11.101	X-连锁隐性遗传脊髓小脑性共济失调	表6-3-60
G11.102	弗里德赖希共济失调	表6-3-60
G11.200	晚期发病的小脑性共济失调	表6-3-60
G11.200x002	进行性小脑共济失调［橄榄体脑桥小脑萎缩］	表6-3-60
G11.200x004	晚发型Friedreich共济失调	表6-3-60
G11.201	遗传性小脑性共济失调［Marie共济失调］	表6-3-60

续 表

疾病编码	疾病名称	排除内容
G11.300	小脑共济失调伴有脱氧核糖核酸［DNA］修复缺陷	表6-3-60
G11.300x001	共济失调性毛细血管扩张症	表6-3-60
G11.300x002	小脑性共济失调，伴有脱氧核糖核酸修复缺陷［Kearn-Sayre综合征］	表6-3-60
G11.301	路易斯-巴尔综合征	表6-3-60
G12.200	运动神经元病	表6-3-60
G12.200x002	继发性侧索硬化	表6-3-60
G12.200x005	进行性肌萎缩	表6-3-60
G12.200x007	遗传性运动神经元病	表6-3-60
G12.200x008	进行性假性延髓麻痹	表6-3-60
G12.200x009	运动神经元变性病	表6-3-60
G12.200x010	连枷臂综合征	表6-3-60
G12.200x011	上运动神经元综合征	表6-3-60
G12.200x012	真性球麻痹	表6-3-60
G12.200x013	下运动神经元综合征	表6-3-60
G12.200x015	免疫介导性运动神经元病	表6-3-60
G12.200x016	假性延髓麻痹	表6-3-60
G12.201	肌萎缩侧索硬化症（ALS）	表6-3-60
G12.202	锥体束变性	表6-3-60
G12.203	球麻痹	表6-3-60
G12.204	进行性球麻痹	表6-3-60
G12.205	原发性侧索硬化症	表6-3-60
G12.206	进行性脊髓性肌萎缩	表6-3-60
G12.207	家族性运动神经元病	表6-3-60
G12.208	假性球麻痹	表6-3-60
G12.209	脊髓延髓肌萎缩症［肯尼迪病］	表6-3-60
G21.400	血管性帕金森综合征	表6-3-61
G21.401	动脉硬化性帕金森综合征	表6-3-61
G23.300	小脑型多系统萎缩	表6-3-61
G23.800	基底核变性疾病，其他特指的	表6-3-61
G23.800x005	家族性特发性基底节钙化症［Fahr病］	表6-3-61
G23.800x006	齿状红核苍白球丘脑底核萎缩症	表6-3-61
G23.800x007	关岛肌萎缩侧索硬化-帕金森-痴呆综合征	表6-3-61
G23.801	橄榄体脑桥小脑萎缩	表6-3-61
G23.802	原发性基底节钙化	表6-3-61
G23.803	皮质基底节变性	表6-3-61
G23.804	神经源性直立性低血压	表6-3-61
G24.900	张力失常	表6-3-61
G24.900x003	肌张力障碍	表6-3-61
G24.901	迟发性运动障碍	表6-3-61
G24.902	运动障碍	表6-3-61

续　表

疾病编码	疾病名称	排除内容
G25.200	震颤，其他特指型的	表6-3-61
G25.200x002	小脑性震颤	表6-3-61
G25.200x003	任务特异性震颤	表6-3-61
G25.200x004	原发性书写震颤	表6-3-61
G25.200x005	直立性震颤	表6-3-61
G25.200x006	周围神经病性震颤	表6-3-61
G25.200x007	肌张力障碍性震颤	表6-3-61
G25.200x008	静止性震颤	表6-3-61
G25.200x009	姿势性震颤	表6-3-61
G25.201	意向性震颤	表6-3-61
G25.202	动作性震颤	表6-3-61
G25.600	药物性抽搐和其他器质性原因的抽搐	表6-3-61
G25.600x001	药物性抽搐	表6-3-61
G25.601	面肌抽搐	表6-3-61
G25.800x001	不安腿综合征［不宁腿综合征］	表6-3-61
G25.800x004	器质性书写痉挛	表6-3-61
G25.800x005	非药物性静坐不能	表6-3-61
G25.802	僵人综合征	表6-3-61
G25.803	静坐不能（药物引起）（治疗引起）	表6-3-61
G30.100	阿尔茨海默病伴有晚期发病	表6-3-62
G30.100x002+F00.1*	家族性阿尔茨海默病性痴呆（老年型）	表6-3-62
G30.100x003+F00.1*	阿尔茨海默病性痴呆（老年型）	表6-3-62
G30.900	阿尔茨海默病	表6-3-62
G30.901+F00.9*	阿尔茨海默病性痴呆	表6-3-62
G31.000	局限性脑萎缩	表6-3-62
G31.000x003	进行性孤立性失语症	表6-3-62
G31.000x005+F02.8*	额颞叶痴呆	表6-3-62
G31.000x006+F02.8*	语义性痴呆	表6-3-62
G31.001	皮克病	表6-3-62
G31.002+F02.0*	皮克病性痴呆	表6-3-62
G31.200	酒精性神经系统变性	表6-3-62
G31.200x001	慢性酒精中毒性神经系统损害	表6-3-62
G31.200x005	酒精性大脑变性	表6-3-62
G31.201	酒精中毒性小脑共济失调	表6-3-62
G31.202	酒精性小脑变性	表6-3-62
G31.203	酒精中毒性脑病	表6-3-62
G37.100	胼胝体中枢性脱髓鞘	表6-3-63
G37.100x002	原发性胼胝体变性	表6-3-63
G37.500	同心性硬化［鲍洛］	表6-3-63
G40.400	全身性癫痫和癫痫综合征，其他的	表6-3-64

续 表

疾病编码	疾病名称	排除内容
G40.400x001	婴儿痉挛症［West综合征］	表6-3-64
G40.400x002	伦诺克斯-加斯托综合征［Lennox-Gastaut综合征］	表6-3-64
G40.400x003	早发性肌阵挛性脑病	表6-3-64
G40.400x005	早期婴儿癫痫性脑病伴暴发抑制	表6-3-64
G40.400x008	肌阵挛癫痫伴破碎肌红纤维	表6-3-64
G40.401	儿童期弥漫性慢棘-慢波（小发作变异型）癫痫性脑病	表6-3-64
G40.402	婴儿早期肌阵挛性脑病	表6-3-64
G40.403	肌阵挛站立不能发作性癫痫	表6-3-64
G40.404	婴儿严重肌阵挛性癫痫	表6-3-64
G40.405	韦斯特综合征	表6-3-64
G40.406	大田原综合征	表6-3-64
G40.800x003	简单部分性癫痫伴躯体感觉症状	表6-3-64
G40.800x004	症状性癫痫［继发性癫痫］	表6-3-64
G40.800x008	呕吐型癫痫	表6-3-64
G40.800x010	反射性癫痫光敏性发作	表6-3-64
G40.800x013	觉醒时伴有全面强直阵挛性发作的癫痫	表6-3-64
G40.801	反射性癫痫	表6-3-64
G40.802	视觉敏感性癫痫	表6-3-64
G40.803	原发性阅读性癫痫	表6-3-64
G40.804	婴儿游走性部分性发作	表6-3-64
G40.805	难治性癫痫	表6-3-64
G41.200	复杂部分性癫痫持续状态	表6-3-64
G41.200x002	癫痫偏侧抽搐状态伴偏侧轻瘫	表6-3-64
G41.200x003	边缘叶性癫痫持续状态	表6-3-64
G41.200x004	癫痫单纯部分性发作持续状态	表6-3-64
G45.800	短暂性大脑缺血性发作和相关的综合征，其他的	表6-3-64
G45.800x002	无名动脉盗血综合征	表6-3-64
G45.800x003	锁骨下盗血综合征伴锁骨下动脉闭塞	表6-3-64
G45.800x004	锁骨下盗血综合征伴锁骨下动脉狭窄	表6-3-64
G45.801	锁骨下动脉盗血综合征	表6-3-64
G45.802	脑血管供血不足伴短暂性局灶性神经症状	表6-3-64
G45.900	短暂性大脑缺血性发作	表6-3-64
G45.901	脑动脉痉挛	表6-3-64
G47.200	睡眠-觉醒节律障碍	表6-3-64
G47.200x002	延迟睡眠阶段综合征	表6-3-64
G47.200x003	日节律性睡眠障碍	表6-3-64
G47.300	睡眠呼吸暂停	表6-3-64
G47.300x001	睡眠呼吸暂停低通气综合征	表6-3-64
G47.300x031	睡眠低通气综合征	表6-3-64
G47.300x033	混合性睡眠呼吸暂停低通气综合征	表6-3-64

续 表

疾病编码	疾病名称	排除内容
G47.300x034	原发性肺泡低通气综合征	表6-3-64
G47.300x035	中枢性低通气综合征	表6-3-64
G47.300x036	中枢性睡眠呼吸暂停低通气综合征	表6-3-64
G47.300x037	阻塞性睡眠呼吸暂停低通气综合征	表6-3-64
G47.301	阻塞性睡眠呼吸暂停综合征	表6-3-64
G47.302	中枢性睡眠呼吸暂停综合征	表6-3-64
G47.303	混合性睡眠呼吸暂停综合征	表6-3-64
G47.304	上气道阻力综合征	表6-3-64
G47.400x002	发作性睡病	表6-3-64
G47.400x003	昏睡	表6-3-64
G47.401	猝倒发作	表6-3-64
G47.800x001	周期性瞌睡［Kleine-Levin综合征］	表6-3-64
G47.800x002	快动眼睡眠行为障碍	表6-3-64
G47.801	发作性嗜睡强食综合征	表6-3-64
G50.801	味觉性出汗综合征	表6-3-65
G50.802	三叉神经麻痹	表6-3-65
G50.803	三叉神经炎	表6-3-65
G51.200	梅尔克松综合征	表6-3-65
G51.201	梅尔克松-罗森塔尔综合征	表6-3-65
G51.900	面神经疾患	表6-3-65
G52.200	迷走神经疾患	表6-3-65
G52.201	喉返神经麻痹	表6-3-65
G52.202	喉返神经疾患	表6-3-65
G52.203	迷走神经麻痹	表6-3-65
G52.204	喉返神经炎	表6-3-65
G52.205	迷走神经功能亢进	表6-3-65
G52.700	多发脑神经疾患	表6-3-65
G52.700x005	维拉雷综合征	表6-3-65
G52.701	多发性脑神经麻痹	表6-3-65
G52.702	多发性脑神经炎	表6-3-65
G52.703	多发性脑神经损害	表6-3-65
G52.704	颈静脉孔综合征	表6-3-65
G52.705	眶尖综合征	表6-3-65
G54.000	臂丛疾患	表6-3-65
G54.000x001	臂丛神经损害	表6-3-65
G54.000x004	颈肋综合征	表6-3-65
G54.000x006	过度外展综合征	表6-3-65
G54.001	肋锁综合征	表6-3-65
G54.002	胸廓出口综合征	表6-3-65
G54.003	臂丛神经麻痹	表6-3-65

续　表

疾病编码	疾病名称	排除内容
G54.004	前斜角肌综合征	表6-3-65
G54.200	颈神经根疾患，不可归类在他处者	表6-3-65
G54.200x001	颈神经根损害	表6-3-65
G54.201	颈神经根囊肿	表6-3-65
G54.300	胸神经根疾患，不可归类在他处者	表6-3-65
G54.300x001	胸神经根损害	表6-3-65
G54.800x003	手术后神经根粘连	表6-3-65
G54.800x004	脊神经嵌压综合征	表6-3-65
G54.801	骶神经根囊肿	表6-3-65
G56.100	正中神经的其他损害	表6-3-65
G56.100x001	正中神经损害	表6-3-65
G56.100x002	正中神经卡压综合征	表6-3-65
G56.100x003	骨间背侧神经卡压综合征	表6-3-65
G56.100x004	旋前圆肌综合征	表6-3-65
G56.101	正中神经麻痹	表6-3-65
G56.800x001	指间神经瘤	表6-3-65
G56.900	上肢单神经病	表6-3-65
G57.300	外腘神经损害	表6-3-65
G57.300x001	腓深神经麻痹	表6-3-65
G57.300x005	腓总神经损害	表6-3-65
G57.301	腓神经麻痹	表6-3-65
G57.302	腓神经损害	表6-3-65
G57.303	腓总神经麻痹	表6-3-65
G57.304	腓浅神经卡压	表6-3-65
G57.800x001	趾间神经瘤	表6-3-65
G57.800x002	手术后下肢神经粘连	表6-3-65
G58.800x001	膈神经麻痹	表6-3-65
G58.800x004	手术后皮神经粘连	表6-3-65
G58.800x006	肩胛上卡压综合征	表6-3-65
G58.800x007	胸长神经麻痹	表6-3-65
G58.800x008	耳大神经痛	表6-3-65
G58.801	枕大神经痛	表6-3-65
G60.900	遗传性和特发性神经病	表6-3-66
G60.900x001	遗传性周围神经病	表6-3-66
G61.800x003	获得性多灶性感觉运动神经病	表6-3-66
G61.800x004	急性感觉运动神经病	表6-3-66
G61.800x005	亚急性感觉神经病	表6-3-66
G61.800x006	亚急性或慢性感觉运动神经病	表6-3-66
G61.801	慢性炎症性脱髓鞘性多发性神经病	表6-3-66
G61.900	炎性多神经病	表6-3-66

续　表

疾病编码	疾病名称	排除内容
G62.100	酒精性多神经病	表6-3-66
G62.100x002	慢性酒精中毒性神经病	表6-3-66
G62.101	酒精中毒性周围神经病	表6-3-66
G62.900	多神经病	表6-3-66
G62.900x002	末梢神经病［末梢神经炎］	表6-3-66
G62.900x003	末稍神经退行性改变	表6-3-66
G62.900x004	炎性和中毒性神经病	表6-3-66
G62.900x011	痛性周围神经病	表6-3-66
G62.901	周围神经病	表6-3-66
G62.908	多灶性感觉运动神经病	表6-3-66
G62.909	多灶性运动神经病	表6-3-66
G71.100	肌强直性疾患	表6-3-67
G71.101	神经性肌强直	表6-3-67
G71.102	萎缩性肌强直	表6-3-67
G71.103	营养不良性肌强直	表6-3-67
G71.104	先天性肌强直	表6-3-67
G71.105	先天性副肌强直	表6-3-67
G71.106	非营养不良性肌强直综合征	表6-3-67
G71.200	先天性肌病	表6-3-67
G71.200x002	先天性肌营养不良	表6-3-67
G71.200x003	多微小轴空病	表6-3-67
G71.200x004	先天性肌纤维类型不均衡	表6-3-67
G71.200x005	中央轴空病	表6-3-67
G71.800	肌肉的其他原发性疾患	表6-3-67
G71.800x002	肌-眼-脑病	表6-3-67
G71.801	肌萎缩	表6-3-67
G72.000	药物性肌病	表6-3-67
G80.200	痉挛性偏侧脑瘫	表6-3-68
G80.200x001	婴儿性偏瘫	表6-3-68
G81.100	痉挛性偏瘫	表6-3-68
G81.900	偏瘫	表6-3-68
G81.900x002	轻偏瘫	表6-3-68
G81.901	交替性偏瘫	表6-3-68
G81.902	完全性偏瘫	表6-3-68
G81.903	不完全性偏瘫	表6-3-68
G82.000	松弛性截瘫	表6-3-68
G82.000x011	急性驰缓性截瘫	表6-3-68
G82.000x021	慢性驰缓性截瘫	表6-3-68
G82.000x031	急性完全性驰缓性截瘫	表6-3-68
G82.000x041	慢性完全性驰缓性截瘫	表6-3-68

续 表

疾病编码	疾病名称	排除内容
G82.000x051	急性不完全性驰缓性截瘫	表6-3-68
G82.000x061	慢性不完全性驰缓性截瘫	表6-3-68
G82.100	痉挛性截瘫	表6-3-68
G82.100x021	慢性痉挛性截瘫	表6-3-68
G82.100x031	急性完全性痉挛性截瘫	表6-3-68
G82.100x041	慢性完全性痉挛性截瘫	表6-3-68
G82.100x051	急性不完全性痉挛性截瘫	表6-3-68
G82.100x061	慢性不完全性痉挛性截瘫	表6-3-68
G82.101	急性痉挛性截瘫	表6-3-68
G82.300	松弛性四肢瘫痪	表6-3-68
G82.300x021	慢性驰缓性四肢瘫	表6-3-68
G82.300x031	急性完全性驰缓性四肢瘫	表6-3-68
G82.300x041	慢性完全性驰缓性四肢瘫	表6-3-68
G82.300x051	急性不完全性驰缓性四肢瘫	表6-3-68
G82.300x061	慢性不完全性驰缓性四肢瘫	表6-3-68
G82.301	急性弛缓性四肢瘫	表6-3-68
G82.500	四肢瘫痪	表6-3-68
G82.500x031	急性完全性四肢瘫	表6-3-68
G82.500x041	慢性完全性四肢瘫	表6-3-68
G82.501	急性四肢瘫	表6-3-68
G82.502	慢性四肢瘫	表6-3-68
G82.503	急性不完全性四肢瘫	表6-3-68
G82.504	慢性不完全性四肢瘫	表6-3-68
G83.000	双上肢瘫	表6-3-68
G83.000x002	完全性双上肢瘫	表6-3-68
G83.000x003	不完全性双上肢瘫	表6-3-68
G83.400	马尾综合征	表6-3-68
G83.500	闭锁综合征	表6-3-68
G83.800x001	脊髓半切综合征［布朗-塞卡尔氏综合征］	表6-3-68
G83.800x003	交叉性瘫痪	表6-3-68
G83.801	布朗-塞卡尔综合征	表6-3-68
G83.802	脊髓完全性瘫痪	表6-3-68
G83.803	托德瘫痪	表6-3-68
G83.900	麻痹［瘫痪］综合征	表6-3-68
G83.900x001	痉挛性瘫痪［中枢性瘫痪］	表6-3-68
G83.900x002	瘫痪	表6-3-68
G83.900x003	完全性瘫痪	表6-3-68
G83.900x004	不完全性瘫痪	表6-3-68
G83.900x005	弛缓性瘫痪［周围性瘫痪］	表6-3-68
G83.901	轻度瘫痪	表6-3-68

续 表

疾病编码	疾病名称	排除内容
G90.000	特发性周围自主神经病	表6-3-69
G90.001	颈动脉窦性晕厥	表6-3-69
G90.200	霍纳综合征	表6-3-69
G90.600	复杂性区域疼痛综合征Ⅱ型	表6-3-69
G91.200	正常压力脑积水	表6-3-69
G93.200	良性颅内高压	表6-3-69
G93.200x003	弥漫性颅内压增高	表6-3-69
G93.200x004	局限性颅内压增高	表6-3-69
G93.201	良性颅内压增高综合征	表6-3-69
G95.100	血管性脊髓病	表6-3-69
G95.100x003	脊髓前动脉栓塞	表6-3-69
G95.100x004	脊髓前动脉血栓形成	表6-3-69
G95.100x007	缺血性脊髓病	表6-3-69
G95.100x008	缺血性脊髓血管病	表6-3-69
G95.100x013	缺氧缺血性脊髓病	表6-3-69
G95.101	脊髓出血	表6-3-69
G95.102	急性脊髓梗死	表6-3-69
G95.103	脊髓缺血	表6-3-69
G95.104	脊髓坏死	表6-3-69
G95.105	脊髓动脉血栓形成	表6-3-69
G95.106	脊髓水肿	表6-3-69
G95.107	脊髓后动脉综合征	表6-3-69
G95.108	脊髓栓塞	表6-3-69
G95.109	脊髓前动脉闭塞综合征	表6-3-69
G96.900	中枢神经系统疾患	表6-3-69
G96.900x002	脑脊髓神经病	表6-3-69
G96.900x003	脑脊髓神经根病	表6-3-69
G96.900x004	中枢神经系统并发症	表6-3-69
G96.901	脑脊髓病	表6-3-69
G96.902	中枢性疼痛	表6-3-69
G97.200	脑室分流后颅内低压	表6-3-69
H00.100	睑板腺囊肿	表6-3-70
H02.100	睑外翻	表6-3-70
H02.101	麻痹性睑外翻	表6-3-70
H02.102	瘢痕性睑外翻	表6-3-70
H02.103	老年性睑外翻	表6-3-70
H02.700	眼睑和眼周区域的其他变性性疾患	表6-3-70
H02.700x001	睑板腺脂肪变性	表6-3-70
H02.700x008	眼睑白癜风	表6-3-70
H02.702	眼睑萎缩	表6-3-70

续 表

疾病编码	疾病名称	排除内容
H02.703	眼睑坏死	表6-3-70
H02.704	眼睑黄褐斑	表6-3-70
H02.705	眼睑睫毛脱落	表6-3-70
H04.200	溢泪	表6-3-70
H04.600	泪道的其他改变	表6-3-70
H04.600x003	泪囊粘液囊肿	表6-3-70
H04.601	泪囊囊肿	表6-3-70
H04.602	泪囊瘘	表6-3-70
H04.603	泪小管瘘	表6-3-70
H04.604	泪管肉芽肿	表6-3-70
H04.900	泪器系疾患	表6-3-70
H04.900x001	泪腺肿物	表6-3-70
H04.901	泪囊肿物	表6-3-70
H10.500	睑缘结膜炎	表6-3-71
H10.500x001	眼眦脓肿	表6-3-71
H11.200	结膜瘢痕	表6-3-71
H11.201	睑球粘连	表6-3-71
H11.300	结膜出血	表6-3-71
H11.301	结膜下出血	表6-3-71
H15.000	巩膜炎	表6-3-72
H15.000x002	巩膜脓肿	表6-3-72
H15.001	巩膜溃疡	表6-3-72
H15.900	巩膜疾患	表6-3-72
H18.000	角膜色素沉着和沉着物	表6-3-72
H18.000x004	角膜Kayser-Fleischer环［凯泽-弗莱舍尔环］	表6-3-72
H18.000x005	克鲁肯贝格梭	表6-3-72
H18.000x006	施特里线	表6-3-72
H18.001	角膜沉着物	表6-3-72
H18.002	角膜黑变病	表6-3-72
H18.003	角膜血染	表6-3-72
H18.200	角膜水肿，其他的	表6-3-72
H18.700	角膜畸形，其他的	表6-3-72
H18.700x005	角膜突出	表6-3-72
H18.701	角膜葡萄肿	表6-3-72
H18.702	角膜后弹性层膨出	表6-3-72
H20.000x003	前房积脓	表6-3-72
H20.000x004	急性虹膜睫状体炎	表6-3-72
H20.001	亚急性虹膜睫状体炎	表6-3-72
H20.002	复发性虹膜睫状体炎	表6-3-72
H20.003	变态反应性虹膜睫状体炎	表6-3-72

续 表

疾病编码	疾病名称	排除内容
H20.004	前房积脓性虹膜睫状体炎	表6-3-72
H20.800	虹膜睫状体炎，其他的	表6-3-72
H20.801	眼色素层脑膜炎	表6-3-72
H20.802	创伤性虹膜睫状体炎	表6-3-72
H20.803	Fuchs综合征	表6-3-72
H20.804	虹膜脓肿	表6-3-72
H21.100	虹膜和睫状体的其他血管疾患	表6-3-72
H21.101	虹膜新生血管	表6-3-72
H21.102	虹膜红变	表6-3-72
H21.103	睫状体新生血管	表6-3-72
H21.104	前房角新生血管	表6-3-72
H21.200	虹膜和睫状体变性	表6-3-72
H21.200x005	缩瞳性瞳孔囊肿	表6-3-72
H21.200x006	虹膜半透明	表6-3-72
H21.200x007	瞳孔缘变性	表6-3-72
H21.200x008	特发性虹膜萎缩	表6-3-72
H21.200x009	进行性虹膜萎缩	表6-3-72
H21.201	虹膜萎缩	表6-3-72
H21.202	虹膜变性	表6-3-72
H21.203	虹膜劈裂症	表6-3-72
H21.204	睫状体变性	表6-3-72
H21.800	虹膜和睫状体其他特指的疾患	表6-3-72
H21.800x001	前房积液	表6-3-72
H21.801	虹膜前增殖膜	表6-3-72
H21.802	虹膜脱出	表6-3-72
H21.900	虹膜和睫状体疾患	表6-3-72
H21.901	虹膜肿物	表6-3-72
H26.000x001	早老性白内障	表6-3-73
H26.000x002	青年期白内障	表6-3-73
H26.000x005	发育性白内障	表6-3-73
H26.001	婴儿期白内障	表6-3-73
H26.002	幼年性白内障	表6-3-73
H26.003	老年前期白内障	表6-3-73
H27.900	晶状体疾患	表6-3-73
H30.000	局灶性脉络膜视网膜炎	表6-3-74
H30.000x002	渗出性脉络膜炎	表6-3-74
H30.000x004	局灶性脉络膜炎	表6-3-74
H30.000x005	局灶性视网膜炎	表6-3-74
H30.001	近乳头性脉络膜视网膜炎	表6-3-74
H31.000	脉络膜视网膜瘢痕	表6-3-74

续 表

疾病编码	疾病名称	排除内容
H31.000x001	视网膜瘢痕	表6-3-74
H31.000x002	日光性视网膜病	表6-3-74
H31.000x004	炎症后黄斑瘢痕	表6-3-74
H31.000x005	外伤后黄斑瘢痕	表6-3-74
H33.000	视网膜脱离伴视网膜断裂	表6-3-74
H33.000x005	巨大裂孔性视网膜脱离	表6-3-74
H33.000x006	脉络膜脱离型视网膜脱离	表6-3-74
H33.000x007	黄斑裂孔性视网膜脱离	表6-3-74
H33.001	孔源性视网膜脱离	表6-3-74
H33.002	锯齿缘离断	表6-3-74
H34.200	视网膜动脉阻塞，其他的	表6-3-74
H34.200x002	视网膜血管痉挛	表6-3-74
H34.200x004	视网膜粥样栓塞［侯兰荷思特斑］	表6-3-74
H34.200x005	视网膜微栓塞	表6-3-74
H34.201	视网膜部分性动脉阻塞	表6-3-74
H34.202	视网膜分支动脉阻塞	表6-3-74
H34.203	视网膜动脉供血不足	表6-3-74
H34.204	视网膜动脉栓塞	表6-3-74
H35.700	视网膜层分离	表6-3-74
H35.700x005	视网膜神经上皮层脱离	表6-3-74
H35.701	中心性浆液性脉络膜视网膜病变	表6-3-74
H35.702	视网膜色素上皮脱离	表6-3-74
H35.703	创伤性脉络膜视网膜病	表6-3-74
H40.600	药物性青光眼	表6-3-75
H40.600x002	糖皮质激素性青光眼	表6-3-75
H40.800x002	血影细胞性青光眼	表6-3-75
H40.800x004	发育性青光眼	表6-3-75
H40.800x005	分泌过多性青光眼	表6-3-75
H40.801	混合型青光眼	表6-3-75
H43.100	玻璃体积血	表6-3-76
H43.100x003	蛛网膜下腔出血合并玻璃体积血［Terson综合征］	表6-3-76
H44.400	低眼压症	表6-3-76
H44.401	角膜瘘	表6-3-76
H44.402	巩膜瘘	表6-3-76
H49.300	全部（外部）眼肌麻痹	表6-3-78
H50.400	斜视，其他和未特指的	表6-3-78
H50.401	旋转斜视	表6-3-78
H50.402	分离性垂直斜视	表6-3-78
H50.403	微斜视	表6-3-78
H50.404	单眼固定综合征	表6-3-78

续 表

疾病编码	疾病名称	排除内容
H50.405	共同性斜视	表6-3-78
H51.000	同向性注视麻痹	表6-3-78
H51.000x001	先天性水平注视麻痹	表6-3-78
H51.800	双眼运动疾患，其他特指的	表6-3-78
H51.801	眼球运动障碍	表6-3-78
H52.000	远视	表6-3-78
H52.400	老视	表6-3-78
H52.600	屈光的其他疾患	表6-3-78
H53.300	双眼视力的其他疾患	表6-3-79
H53.300x001	异常视网膜对应	表6-3-79
H53.300x002	融合及立体视觉障碍	表6-3-79
H53.300x003	同步性视觉感受不伴融合	表6-3-79
H53.300x004	双眼视觉抑制	表6-3-79
H54.600	中度视力缺损，单眼	表6-3-79
H54.601	单眼视力低下	表6-3-79
H59.900	眼和附器的操作后疾患	表6-3-80
H60.000	外耳脓肿	表6-3-81
H60.000x002	外耳道脓肿	表6-3-81
H60.000x004	耳廓痈	表6-3-81
H60.000x005	耳廓疖	表6-3-81
H60.001	外耳疖	表6-3-81
H60.002	外耳痈	表6-3-81
H60.400	外耳胆脂瘤	表6-3-81
H60.400x004	外耳道胆脂瘤	表6-3-81
H60.401	外耳肉芽肿	表6-3-81
H61.000	外耳软骨膜炎	表6-3-81
H61.001	慢性结节性耳轮软骨皮炎	表6-3-81
H61.901	外耳道肿物	表6-3-81
H61.902	后天性外耳道闭锁	表6-3-81
H65.000x002	急性分泌性中耳炎	表6-3-82
H65.101	蓝鼓膜综合征	表6-3-82
H65.102	急性变应性中耳炎	表6-3-82
H65.200	慢性浆液性中耳炎	表6-3-82
H65.900	非化脓性中耳炎	表6-3-82
H65.900x001	分泌性中耳炎	表6-3-82
H65.901	浆液性中耳炎	表6-3-82
H68.100	咽鼓管阻塞	表6-3-82
H68.100x003	咽鼓管受压	表6-3-82
H68.101	咽鼓管狭窄	表6-3-82
H70.000	急性乳突炎	表6-3-82

续　表

疾病编码	疾病名称	排除内容
H70.000x007	乳突脓肿	表6-3-82
H70.000x009	急性乳突积脓	表6-3-82
H70.001	耳后脓肿	表6-3-82
H70.002	急性化脓性乳突炎	表6-3-82
H70.003	颈部贝佐尔德脓肿	表6-3-82
H70.004	乳突囊肿	表6-3-82
H72.200	鼓膜其他边缘性穿孔	表6-3-82
H72.800	鼓膜的其他穿孔	表6-3-82
H74.000	鼓室硬化	表6-3-82
H81.200	前庭神经元炎	表6-3-83
H81.400	中枢性眩晕	表6-3-83
H81.400x003	中枢性位置性眼球震颤	表6-3-83
H90.300	双侧感音神经性听觉丧失	表6-3-84
H90.400	单侧感音神经性听觉丧失，对侧听觉不受限制	表6-3-84
H90.500	感音神经性听觉丧失	表6-3-84
H90.501	先天性耳聋	表6-3-84
H90.502	非综合征性耳聋	表6-3-84
H91.000	耳毒性听觉丧失	表6-3-84
H91.001	药物性耳聋	表6-3-84
H92.000	耳痛	表6-3-84
H92.200	耳出血	表6-3-84
H93.300	听神经疾患	表6-3-84
H93.301	听神经炎	表6-3-84
I02.000x001	风湿性舞蹈病伴急性风湿性心脏病	表6-3-85
I02.900x001	风湿性舞蹈症［小舞蹈症］	表6-3-85
I02.900x003	慢性风湿性舞蹈症	表6-3-85
I05.100	风湿性二尖瓣关闭不全	表6-3-86
I05.200	二尖瓣狭窄伴有关闭不全	表6-3-86
I05.200x001	风湿性二尖瓣狭窄伴关闭不全	表6-3-86
I06.000	风湿性主动脉瓣狭窄	表6-3-86
I06.200	风湿性主动脉瓣狭窄伴有关闭不全	表6-3-86
I06.800x001	其他风湿性主动脉瓣疾病	表6-3-86
I07.900	三尖瓣疾病	表6-3-86
I07.900x001	风湿性三尖瓣病	表6-3-86
I08.200	主动脉瓣和三尖瓣的疾患	表6-3-86
I08.200x001	风湿性主动脉瓣三尖瓣联合瓣膜病	表6-3-86
I08.200x002	风湿性主动脉瓣及三尖瓣关闭不全	表6-3-86
I08.201	主动脉瓣及三尖瓣关闭不全	表6-3-86
I08.800	多个心瓣膜疾病，其他的	表6-3-86
I08.800x002	风湿性二尖瓣狭窄伴三尖瓣关闭不全及肺动脉瓣关闭不全	表6-3-86

续 表

疾病编码	疾病名称	排除内容
I08.800x003	风湿性二尖瓣狭窄及关闭不全肺动脉瓣关闭不全	表6-3-86
I08.801	二尖瓣狭窄及关闭不全肺动脉瓣关闭不全	表6-3-86
I08.900	多个心瓣膜疾病	表6-3-86
I08.901	风湿性联合瓣膜病	表6-3-86
I12.900x001	动脉硬化性肾病	表6-3-87
I12.900x002	动脉硬化性肾炎	表6-3-87
I12.900x003	高血压性肾病	表6-3-87
I12.900x005	肾萎缩伴高血压	表6-3-87
I12.900x006	小动脉性肾病	表6-3-87
I12.900x008	恶性肾小动脉硬化症	表6-3-87
I12.900x009	良性肾小动脉硬化症	表6-3-87
I12.902	肾动脉硬化	表6-3-87
I12.904	肾小动脉硬化症	表6-3-87
I13.900x001	高血压性心脏病和肾脏病	表6-3-87
I15.000	肾血管性高血压	表6-3-87
I15.200x001	原发性醛固酮增多症性高血压	表6-3-87
I15.200x002	肾上腺皮质醇增多症性高血压	表6-3-87
I15.200x003	肾上腺髓质增生性高血压	表6-3-87
I15.200x004	糖皮质激素增多综合征性高血压	表6-3-87
I15.200x005	嗜铬细胞瘤性高血压	表6-3-87
I15.900	继发性高血压	表6-3-87
I22.000x001	急性前壁再发心肌梗死	表6-3-88
I22.000x002	急性广泛前壁再发心肌梗死	表6-3-88
I22.000x003	急性前间壁再发心肌梗死	表6-3-88
I22.000x004	急性前尖壁再发心肌梗死	表6-3-88
I22.000x005	急性前侧壁再发心肌梗死	表6-3-88
I23.000x001	急性心肌梗死后心脏破裂伴心包积血	表6-3-88
I23.200x001	急性心肌梗死后室间隔穿孔	表6-3-88
I23.300x001	急性心肌梗死后心脏破裂	表6-3-88
I23.601	急性心肌梗死后心室附壁血栓形成	表6-3-88
I24.100x001	心肌梗死后综合征［德雷斯勒综合征］［Dressler综合征］	表6-3-88
I26.001	急性肺源性心脏病	表6-3-89
I28.800x003	肺小静脉炎	表6-3-89
I28.800x005	肺毛细血管瘤样病变	表6-3-89
I28.800x007	肺血管炎	表6-3-89
I28.800x008	特发性肺动脉扩张	表6-3-89
I28.800x010	肺动脉闭塞	表6-3-89
I28.801	肺动脉扩张	表6-3-89
I28.802	肺静脉狭窄	表6-3-89
I28.803	后天性肺动脉狭窄	表6-3-89

续 表

疾病编码	疾病名称	排除内容
I28.804	肺静脉闭塞症	表6-3-89
I30.000	急性非特异性特发性心包炎	表6-3-90
I30.801	纤维蛋白性心包炎	表6-3-90
I30.900	急性心包炎	表6-3-90
I30.900x001	急性心包积液	表6-3-90
I30.900x003	急性心肌心包炎	表6-3-90
I31.000	慢性粘连性心包炎	表6-3-90
I31.000x002	慢性粘连性纵隔心包炎	表6-3-90
I31.001	心包粘连	表6-3-90
I31.200x001	心包积血	表6-3-90
I31.300	心包积液（非炎性）	表6-3-90
I31.300x005	甲状腺功能减低性心包积液	表6-3-90
I31.301	乳糜性心包积液	表6-3-90
I31.302	包裹性心包积液	表6-3-90
I33.000x001	恶性心内膜炎	表6-3-90
I33.000x004	感染性心内膜炎	表6-3-90
I33.000x006	革兰阳性杆菌性心内膜炎	表6-3-90
I33.000x007	急性细菌性心内膜炎	表6-3-90
I33.000x008	假单胞菌性心内膜炎	表6-3-90
I33.000x011	葡萄球菌性心内膜炎	表6-3-90
I33.000x012	奥斯勒结节	表6-3-90
I33.000x018	HIV性心内膜炎	表6-3-90
I33.000x019	吸毒性心内膜炎	表6-3-90
I33.000x020	二尖瓣瓣周脓肿	表6-3-90
I33.000x021	右心感染性心内膜炎	表6-3-90
I33.000x022	左心自体瓣膜性心内膜炎	表6-3-90
I33.000x024	机械相关性心内膜炎	表6-3-90
I33.001	急性感染性心内膜炎	表6-3-90
I33.002	亚急性感染性心内膜炎	表6-3-90
I33.003	链球菌性心内膜炎	表6-3-90
I33.004	真菌性心内膜炎	表6-3-90
I33.005	细菌性心内膜炎	表6-3-90
I33.006	感染性心内膜炎性赘生物	表6-3-90
I33.007	亚急性细菌性心内膜炎	表6-3-90
I33.008	二尖瓣赘生物	表6-3-90
I33.009	主动脉瓣赘生物	表6-3-90
I33.010	三尖瓣赘生物	表6-3-90
I33.011	肺动脉瓣赘生物	表6-3-90
I35.000	主动脉瓣狭窄	表6-3-90
I35.000x002	经导管主动脉瓣植入术后再狭窄	表6-3-90

续　表

疾病编码	疾病名称	排除内容
I35.000x003	主动脉瓣球囊扩张术后再狭窄	表6-3-90
I35.100	主动脉瓣关闭不全	表6-3-90
I35.100x003	经导管主动脉瓣植入术后关闭不全	表6-3-90
I35.101	心内膜炎伴主动脉瓣关闭不全	表6-3-90
I35.200	主动脉瓣狭窄伴有关闭不全	表6-3-90
I35.200x001	老年钙化性主动脉瓣狭窄伴关闭不全	表6-3-90
I40.900	急性心肌炎	表6-3-90
I42.000x001	家族性扩张性心肌病	表6-3-90
I42.001	扩张型心肌病（充血型心肌病）	表6-3-90
I42.100	梗阻性肥厚型心肌病	表6-3-90
I42.100x002	肥厚性主动脉瓣下狭窄	表6-3-90
I42.200x002	肥厚型心肌病	表6-3-90
I42.201	心尖肥厚型心肌病	表6-3-90
I42.401	先天性心肌病	表6-3-90
I42.500x001	限制性心肌病	表6-3-90
I42.501	缩窄性心肌病	表6-3-90
I42.800x001	心肌囊肿	表6-3-90
I42.800x002	致心律失常性右室心肌病	表6-3-90
I42.800x004	心肌炎后心肌病	表6-3-90
I42.800x005	右心心肌病	表6-3-90
I42.800x006	致心律失常性左室心肌病	表6-3-90
I42.800x007	应激性心肌病［心尖球形综合征］	表6-3-90
I42.801	心尖球囊样综合征	表6-3-90
I42.802	心动过速性心肌病	表6-3-90
I42.803	右室心肌病	表6-3-90
I44.100	Ⅱ度房室传导阻滞	表6-3-90
I44.101	二度Ⅰ型房室传导阻滞	表6-3-90
I44.102	二度Ⅱ型房室传导阻滞	表6-3-90
I45.400x001	室内传导阻滞	表6-3-90
I45.401	束支传导阻滞	表6-3-90
I45.900x002	家族性传导系统障碍	表6-3-90
I45.900x003	心脏传导系统退行性变	表6-3-90
I45.901	阿-斯综合征［Adams-Stokes综合征］	表6-3-90
I47.200	室性心动过速	表6-3-90
I47.200x001	尖端扭转型室性心动过速	表6-3-90
I47.200x003	右室室性心动过速	表6-3-90
I47.200x005	左室室性心动过速	表6-3-90
I47.200x006	宽QRS心动过速	表6-3-90
I47.200x007	非持续性室性心动过速	表6-3-90
I47.200x008	束支折返性室性心动过速	表6-3-90

续 表

疾病编码	疾病名称	排除内容
I47.200x009	儿茶酚胺敏感性室性心动过速	表 6-3-90
I47.200x010	多形性室性心动过速	表 6-3-90
I47.200x011	单形性室性心动过速	表 6-3-90
I47.200x013	双向性室性心动过速	表 6-3-90
I47.200x014	心律失常电风暴	表 6-3-90
I47.201	阵发性室性心动过速	表 6-3-90
I47.202	非阵发性室性心动过速	表 6-3-90
I47.203	持续性室性心动过速	表 6-3-90
I47.204	儿茶酚胺敏感性多形性室性心动过速	表 6-3-90
I48.000	阵发性心房颤动	表 6-3-90
I48.900x003	心房扑动	表 6-3-90
I48.900x004	心房颤动［心房纤颤］	表 6-3-90
I48.900x015	新诊断心房颤动	表 6-3-90
I49.001	心室颤动	表 6-3-90
I49.002	心室扑动	表 6-3-90
I51.000x001	后天性室间隔缺损	表 6-3-90
I51.001	后天性房间隔缺损	表 6-3-90
I51.100x001	心脏腱索断裂	表 6-3-90
I51.800x004	心肌功能不全	表 6-3-90
I51.800x005	心室肿物	表 6-3-90
I51.800x006	心房肿物	表 6-3-90
I51.801	心室假腱索	表 6-3-90
I51.802	全心炎	表 6-3-90
I51.803	乳头肌功能不全	表 6-3-90
I61.002	大脑皮质下出血	表 6-3-91
I61.003	豆纹动脉出血	表 6-3-91
I63.000	入脑前动脉血栓形成引起的脑梗死	表 6-3-91
I63.001	基底动脉血栓形成脑梗死	表 6-3-91
I63.002	颈动脉血栓形成脑梗死	表 6-3-91
I63.003	椎动脉血栓形成脑梗死	表 6-3-91
I63.200	入脑前动脉的闭塞或狭窄引起的脑梗死	表 6-3-91
I63.201	颈内动脉狭窄脑梗死	表 6-3-91
I63.202	颈总动脉狭窄脑梗死	表 6-3-91
I63.203	颈动脉狭窄脑梗死	表 6-3-91
I63.204	颈动脉闭塞脑梗死	表 6-3-91
I63.205	基底动脉闭塞脑梗死	表 6-3-91
I63.206	基底动脉狭窄脑梗死	表 6-3-91
I63.207	椎动脉闭塞脑梗死	表 6-3-91
I63.208	椎动脉狭窄脑梗死	表 6-3-91
I63.500	大脑动脉的闭塞或狭窄引起的脑梗死	表 6-3-91

续 表

疾病编码	疾病名称	排除内容
I63.500x002	丘脑穿支动脉梗死	表6-3-91
I63.501	大脑动脉狭窄脑梗死	表6-3-91
I63.502	大脑动脉闭塞脑梗死	表6-3-91
I65.000x004	椎动脉栓塞	表6-3-91
I65.000x005	椎动脉迂曲	表6-3-91
I65.001	椎动脉狭窄	表6-3-91
I65.002	椎动脉闭塞	表6-3-91
I65.003	椎动脉血栓形成	表6-3-91
I65.100x004	基底动脉栓塞	表6-3-91
I65.101	基底动脉闭塞	表6-3-91
I65.102	基底动脉狭窄	表6-3-91
I65.103	基底动脉血栓形成	表6-3-91
I65.200x001	颈动脉狭窄	表6-3-91
I65.200x009	颈动脉栓塞	表6-3-91
I65.200x010	颈动脉血栓形成	表6-3-91
I65.200x011	颈外动脉血栓形成	表6-3-91
I65.200x012	颈外动脉栓塞	表6-3-91
I65.200x013	颈总动脉栓塞	表6-3-91
I65.200x014	颈总动脉血栓形成	表6-3-91
I65.200x015	颈动脉闭塞	表6-3-91
I65.201	颈内动脉狭窄	表6-3-91
I65.202	颈总动脉狭窄	表6-3-91
I65.203	颈内动脉闭塞	表6-3-91
I65.204	颈外动脉狭窄	表6-3-91
I65.205	颈外动脉闭塞	表6-3-91
I65.206	颈内动脉血栓形成	表6-3-91
I65.207	颈总动脉闭塞	表6-3-91
I65.208	颈内动脉栓塞	表6-3-91
I65.300x001	多个入脑前动脉闭塞和狭窄	表6-3-91
I65.300x002	双侧入脑前动脉闭塞	表6-3-91
I65.300x003	双侧入脑前动脉狭窄	表6-3-91
I65.900x001	入脑前动脉栓塞	表6-3-91
I65.900x002	入脑前动脉狭窄	表6-3-91
I65.900x003	入脑前动脉闭塞	表6-3-91
I66.001	大脑中动脉狭窄	表6-3-91
I66.002	大脑中动脉闭塞	表6-3-91
I66.003	大脑中动脉血栓形成	表6-3-91
I66.004+G46.0*	大脑中动脉综合征	表6-3-91
I66.100x003	大脑前动脉血栓形成	表6-3-91
I66.101	大脑前动脉狭窄	表6-3-91

续 表

疾病编码	疾病名称	排除内容
I66.102	大脑前动脉闭塞	表6-3-91
I66.103+G46.1*	大脑前动脉综合征	表6-3-91
I66.200x002	大脑后动脉栓塞	表6-3-91
I66.201	大脑后动脉闭塞	表6-3-91
I66.202	大脑后动脉狭窄	表6-3-91
I66.203	红核丘脑综合征	表6-3-91
I66.204	大脑后动脉血栓形成	表6-3-91
I66.205+G46.2*	大脑后动脉综合征	表6-3-91
I66.300x005	迷路动脉栓塞	表6-3-91
I66.300x007	小脑后下动脉狭窄	表6-3-91
I66.300x008	小脑后下动脉闭塞	表6-3-91
I66.300x010	小脑前下动脉狭窄	表6-3-91
I66.300x011	小脑前下动脉闭塞	表6-3-91
I66.300x013	小脑上动脉狭窄	表6-3-91
I66.300x014	小脑上动脉闭塞	表6-3-91
I66.300x015	小脑动脉栓塞	表6-3-91
I66.301	小脑动脉狭窄	表6-3-91
I66.302	小脑动脉闭塞	表6-3-91
I66.303	小脑后下动脉血栓形成	表6-3-91
I66.304+G46.3*	瓦伦贝格综合征	表6-3-91
I66.400	多个和双侧大脑动脉闭塞和狭窄	表6-3-91
I66.400x002	双侧大脑动脉闭塞	表6-3-91
I66.400x003	双侧大脑动脉狭窄	表6-3-91
I66.401	多发性大脑动脉闭塞	表6-3-91
I66.900x003	脑栓塞	表6-3-91
I66.901	脑动脉狭窄	表6-3-91
I66.902	脑动脉闭塞	表6-3-91
I66.903	脑血栓形成	表6-3-91
I67.900	脑血管病	表6-3-91
I67.900x004+G46.3*	本尼迪克综合征	表6-3-91
I67.900x005	脑毛细血管扩张症	表6-3-91
I67.901+G46.3*	中脑红核综合征	表6-3-91
I67.902+G46.3*	韦伯综合征［大脑脚综合征］	表6-3-91
I69.200x001	颅内出血后遗症	表6-3-91
I69.300	脑梗死后遗症	表6-3-91
I69.300x002	陈旧性脑梗死	表6-3-91
I69.300x003	脑梗死恢复期	表6-3-91
I69.400	脑卒中后遗症	表6-3-91
I70.100x002	肾动脉动脉硬化症	表6-3-92
I70.101	肾动脉狭窄	表6-3-92

续 表

疾病编码	疾病名称	排除内容
I70.102	移植肾动脉狭窄	表6-3-92
I70.110	肾动脉粥样硬化伴坏疽	表6-3-92
I70.111	肾动脉狭窄伴坏疽	表6-3-92
I70.112	移植肾动脉狭窄伴坏疽	表6-3-92
I70.200x002	肢体动脉硬化	表6-3-92
I70.200x004	肢体闭塞性动脉硬化	表6-3-92
I70.200x005	动脉中层硬化症	表6-3-92
I70.200x011	肢体动脉粥样硬化伴间歇性跛行	表6-3-92
I70.200x021	肢体动脉粥样硬化伴疼痛	表6-3-92
I70.200x031	肢体动脉粥样硬化伴溃疡	表6-3-92
I70.200x061	肱动脉粥样硬化	表6-3-92
I70.200x062	股动脉粥样硬化	表6-3-92
I70.200x063	腘动脉粥样硬化	表6-3-92
I70.200x064	胫动脉粥样硬化	表6-3-92
I70.200x065	腓动脉粥样硬化	表6-3-92
I70.201	上肢动脉粥样硬化	表6-3-92
I70.203	下肢动脉粥样硬化	表6-3-92
I70.204	下肢动脉硬化闭塞症	表6-3-92
I70.206	蒙克贝格硬化	表6-3-92
I70.207	趾动脉粥样硬化	表6-3-92
I70.208	闭塞性周围动脉粥样硬化	表6-3-92
I70.209	肢体动脉硬化性闭塞症	表6-3-92
I70.210	四肢动脉的动脉粥样硬化伴坏疽	表6-3-92
I70.211	上肢动脉粥样硬化性坏疽	表6-3-92
I70.213	下肢动脉粥样硬化伴坏疽	表6-3-92
I70.214	下肢动脉硬化闭塞症伴坏疽	表6-3-92
I70.217	趾动脉粥样硬化性坏疽	表6-3-92
I70.218	闭塞性周围动脉粥样硬化伴坏疽	表6-3-92
I70.219	肢体动脉硬化性闭塞症伴坏疽	表6-3-92
I70.900x002	闭塞性动脉硬化	表6-3-92
I70.900x003	动脉硬化	表6-3-92
I70.900x004	动脉粥样硬化	表6-3-92
I70.900x006	老年性动脉炎	表6-3-92
I70.900x007	外周动脉粥样硬化	表6-3-92
I70.901	闭塞性动脉炎	表6-3-92
I70.902	周身性动脉硬化	表6-3-92
I70.910	全身性的动脉粥样硬化伴坏疽	表6-3-92
I70.911	闭塞性动脉炎伴坏疽	表6-3-92
I70.912	周身性动脉硬化伴坏疽	表6-3-92
I71.100x002	升主动脉瘤破裂	表6-3-92

续 表

疾病编码	疾病名称	排除内容
I71.100x003	主动脉弓动脉瘤破裂	表6-3-92
I71.101	主动脉弓破裂	表6-3-92
I71.200x006	主动脉根部假性动脉瘤	表6-3-92
I71.200x010	主动脉根部动脉瘤	表6-3-92
I71.200x011	胸主动脉瘤	表6-3-92
I71.200x014	主动脉弓扩张	表6-3-92
I71.201	升主动脉瘤	表6-3-92
I71.202	胸主动脉假性动脉瘤	表6-3-92
I71.203	升主动脉扩张	表6-3-92
I71.204	主动脉弓动脉瘤	表6-3-92
I71.205	主动脉弓假性动脉瘤	表6-3-92
I71.206	升主动脉假性动脉瘤	表6-3-92
I71.800	主动脉瘤破裂	表6-3-92
I71.801	主动脉破裂	表6-3-92
I71.900x002	主动脉瘤	表6-3-92
I71.900x004	真菌性主动脉瘤	表6-3-92
I71.901	主动脉扩张	表6-3-92
I71.902	降主动脉瘤	表6-3-92
I71.903	降主动脉假性动脉瘤	表6-3-92
I72.200	肾动脉瘤伴夹层	表6-3-92
I72.200x001	肾动脉瘤	表6-3-92
I72.200x003	肾动脉夹层	表6-3-92
I72.201	肾假性动脉瘤	表6-3-92
I72.500x001	基底动脉瘤	表6-3-92
I72.500x002	基底动脉顶端动脉瘤	表6-3-92
I72.501	基底动脉瘤伴夹层	表6-3-92
I72.800x023	锁骨下动脉夹层	表6-3-92
I72.800x042	腹腔动脉假性动脉瘤	表6-3-92
I72.800x051	腹腔干动脉瘤	表6-3-92
I72.800x053	腹腔干动脉夹层	表6-3-92
I72.800x061	肠系膜动脉瘤	表6-3-92
I72.800x063	肠系膜动脉夹层	表6-3-92
I72.800x072	肝动脉假性动脉瘤	表6-3-92
I72.800x093	脾动脉夹层	表6-3-92
I72.800x101	腋动脉瘤	表6-3-92
I72.800x102	腋动脉假性动脉瘤	表6-3-92
I72.800x103	腋动脉夹层	表6-3-92
I72.800x111	支气管动脉瘤	表6-3-92
I72.800x121	脊髓前动脉瘤	表6-3-92
I72.800x131	胃十二指肠动脉瘤	表6-3-92

续 表

疾病编码	疾病名称	排除内容
I72.800x132	胃十二指肠假性动脉瘤	表6-3-92
I72.800x142	肠系膜上动脉假性动脉瘤	表6-3-92
I72.800x151	胰十二指肠动脉瘤	表6-3-92
I72.801	肠系膜上动脉夹层动脉瘤	表6-3-92
I72.802	肠系膜上动脉动脉瘤	表6-3-92
I72.803	眶内动脉瘤	表6-3-92
I72.804	锁骨下动脉瘤	表6-3-92
I72.805	锁骨下动脉假性动脉瘤	表6-3-92
I72.806	无名动脉瘤	表6-3-92
I72.807	胃十二指肠动脉假性动脉瘤	表6-3-92
I72.808	胰十二指肠动脉假性动脉瘤	表6-3-92
I72.809	肝动脉瘤	表6-3-92
I72.811	脾动脉瘤	表6-3-92
I72.812	脾动脉假性动脉瘤	表6-3-92
I72.813	腹腔动脉瘤	表6-3-92
I72.814	腹腔干动脉假性动脉瘤	表6-3-92
I72.815	腹腔动脉瘤破裂	表6-3-92
I72.816	腹腔动脉夹层动脉瘤	表6-3-92
I73.100	血栓闭塞性血管炎［伯格］	表6-3-92
I74.300x030	下肢动脉闭塞	表6-3-92
I74.300x111	股总动脉血栓形成	表6-3-92
I74.300x112	股深动脉血栓形成	表6-3-92
I74.300x113	股浅动脉血栓形成	表6-3-92
I74.300x121	股总动脉栓塞	表6-3-92
I74.300x122	股深动脉栓塞	表6-3-92
I74.300x123	股浅动脉栓塞	表6-3-92
I74.300x131	股总动脉闭塞	表6-3-92
I74.300x132	股深动脉闭塞	表6-3-92
I74.300x133	股浅动脉闭塞	表6-3-92
I74.300x210	胫动脉血栓形成	表6-3-92
I74.300x212	胫前动脉血栓形成	表6-3-92
I74.300x213	胫后动脉血栓形成	表6-3-92
I74.300x220	胫动脉栓塞	表6-3-92
I74.300x222	胫前动脉栓塞	表6-3-92
I74.300x223	胫后动脉栓塞	表6-3-92
I74.300x230	胫动脉闭塞	表6-3-92
I74.300x232	胫前动脉闭塞	表6-3-92
I74.300x233	胫后动脉闭塞	表6-3-92
I74.300x310	腓动脉血栓形成	表6-3-92
I74.300x320	腓动脉栓塞	表6-3-92

续 表

疾病编码	疾病名称	排除内容
I74.300x330	腓动脉闭塞	表 6-3-92
I74.300x410	胫腓干动脉血栓形成	表 6-3-92
I74.300x420	胫腓干动脉栓塞	表 6-3-92
I74.300x430	胫腓干动脉闭塞	表 6-3-92
I74.300x510	腘动脉血栓形成	表 6-3-92
I74.300x520	腘动脉栓塞	表 6-3-92
I74.301	下肢动脉栓塞	表 6-3-92
I74.302	下肢动脉血栓形成	表 6-3-92
I74.303	创伤性股动脉血栓形成	表 6-3-92
I74.304	股动脉栓塞	表 6-3-92
I74.305	股动脉闭塞	表 6-3-92
I74.307	股动脉血栓形成	表 6-3-92
I74.308	腘动脉闭塞	表 6-3-92
I74.310	蓝趾综合征	表 6-3-92
I74.500x002	髂动脉闭塞	表 6-3-92
I74.500x007	髂总动脉闭塞	表 6-3-92
I74.500x008	髂动脉血栓形成	表 6-3-92
I74.500x009	髂内动脉血栓形成	表 6-3-92
I74.500x010	髂外动脉血栓形成	表 6-3-92
I74.500x011	髂动脉栓塞	表 6-3-92
I74.500x012	髂内动脉栓塞	表 6-3-92
I74.500x013	髂外动脉栓塞	表 6-3-92
I74.501	髂总动脉栓塞	表 6-3-92
I74.502	髂总动脉血栓形成	表 6-3-92
I74.503	髂内动脉闭塞	表 6-3-92
I74.504	髂外动脉闭塞	表 6-3-92
I74.800x001	腹腔动脉闭塞	表 6-3-92
I74.800x004	脾栓塞	表 6-3-92
I74.800x005	腋动脉栓塞	表 6-3-92
I74.800x006	腋动脉闭塞	表 6-3-92
I74.800x007	腋动脉血栓形成	表 6-3-92
I74.800x008	腹腔干动脉栓塞	表 6-3-92
I74.800x009	腹腔干动脉闭塞	表 6-3-92
I74.800x010	脾动脉闭塞	表 6-3-92
I74.800x011	肠系膜上动脉闭塞	表 6-3-92
I74.800x012	脾动脉血栓	表 6-3-92
I74.800x016	肝动脉闭塞	表 6-3-92
I74.801	锁骨下动脉闭塞	表 6-3-92
I74.802	锁骨下动脉血栓形成	表 6-3-92
I74.803	肝动脉栓塞	表 6-3-92

续 表

疾病编码	疾病名称	排除内容
I74.804	肝动脉血栓形成	表6-3-92
I74.805	脾动脉栓塞	表6-3-92
I74.806	腹腔动脉栓塞	表6-3-92
I74.807	腹腔动脉血栓形成	表6-3-92
I77.100x004	髂动脉狭窄	表6-3-92
I77.100x005	髂动脉迂曲	表6-3-92
I77.100x011	肝动脉狭窄	表6-3-92
I77.100x012	降主动脉狭窄	表6-3-92
I77.100x014	股深动脉狭窄	表6-3-92
I77.100x015	股浅动脉狭窄	表6-3-92
I77.100x018	胫动脉狭窄	表6-3-92
I77.100x027	股总动脉狭窄	表6-3-92
I77.100x028	胫腓干动脉狭窄	表6-3-92
I77.100x029	脾动脉狭窄	表6-3-92
I77.100x031	肠系膜下动脉狭窄	表6-3-92
I77.100x032	桡动脉狭窄	表6-3-92
I77.101	颈动脉迂曲	表6-3-92
I77.102	锁骨下动脉狭窄	表6-3-92
I77.103	无名动脉迂曲	表6-3-92
I77.104	无名动脉狭窄	表6-3-92
I77.105	肱动脉狭窄	表6-3-92
I77.106	肱动脉迂曲	表6-3-92
I77.107	腋动脉狭窄	表6-3-92
I77.108	上肢动脉狭窄	表6-3-92
I77.109	主动脉迂曲	表6-3-92
I77.110	后天性主动脉狭窄	表6-3-92
I77.111	胸主动脉狭窄	表6-3-92
I77.112	腹主动脉狭窄	表6-3-92
I77.113	主动脉弓狭窄	表6-3-92
I77.114	腹腔干动脉狭窄	表6-3-92
I77.115	股动脉狭窄	表6-3-92
I77.117	腘动脉狭窄	表6-3-92
I77.118	腘动脉挤压综合征	表6-3-92
I77.120	胫前动脉狭窄	表6-3-92
I77.121	胫后动脉狭窄	表6-3-92
I77.123	腓动脉狭窄	表6-3-92
I77.125	髂总动脉狭窄	表6-3-92
I77.126	髂外动脉狭窄	表6-3-92
I77.127	髂内动脉狭窄	表6-3-92
I77.129	下肢动脉狭窄	表6-3-92

续 表

疾病编码	疾病名称	排除内容
I77.131	移植肝动脉狭窄	表6-3-92
I77.200	动脉破裂	表6-3-92
I77.201	动脉瘘	表6-3-92
I77.202	支气管动脉-肺动脉瘘	表6-3-92
I77.203	肺动脉瘘	表6-3-92
I77.204	腹主动脉-空肠瘘	表6-3-92
I77.800x002	主动脉根部病变	表6-3-92
I77.800x006	颈动脉溃疡	表6-3-92
I77.800x007	锁骨下动脉溃疡	表6-3-92
I77.800x008	椎动脉溃疡	表6-3-92
I77.800x009	肾动脉溃疡	表6-3-92
I77.800x010	腹腔动脉溃疡	表6-3-92
I77.800x011	肠系膜动脉溃疡	表6-3-92
I77.800x012	腋动脉溃疡	表6-3-92
I77.800x013	肱动脉溃疡	表6-3-92
I77.800x014	髂动脉溃疡	表6-3-92
I77.800x015	股动脉溃疡	表6-3-92
I77.800x016	胫动脉溃疡	表6-3-92
I77.800x017	胫腓干动脉溃疡	表6-3-92
I77.800x018	腓动脉溃疡	表6-3-92
I77.800x019	腘动脉溃疡	表6-3-92
I77.800x020	升主动脉溃疡	表6-3-92
I77.800x021	主动脉弓溃疡	表6-3-92
I77.800x022	胸主动脉溃疡	表6-3-92
I77.800x024	胸腹主动脉溃疡	表6-3-92
I77.801	动脉溃疡	表6-3-92
I77.802	腹主动脉溃疡	表6-3-92
I77.803	主动脉溃疡	表6-3-92
I77.804	德戈病	表6-3-92
I77.805	后天性腹主动脉畸形	表6-3-92
I77.806	主动脉脓肿	表6-3-92
I77.807	动脉糜烂	表6-3-92
I77.900	动脉和小动脉的疾患	表6-3-92
I80.201	下肢深静脉血栓性静脉炎	表6-3-93
I80.202	下肢深静脉炎	表6-3-93
I80.203	髂内静脉血栓形成	表6-3-93
I80.204	髂外静脉血栓形成	表6-3-93
I80.206	髂静脉血栓形成	表6-3-93
I80.207	下肢深静脉血栓形成	表6-3-93
I80.208	下肢深静脉栓塞	表6-3-93

续 表

疾病编码	疾病名称	排除内容
I80.209	手术后下肢深静脉血栓形成	表6-3-93
I82.100x001	游走性血栓性静脉炎	表6-3-93
I83.200x001	下肢静脉曲张伴静脉炎和溃疡	表6-3-93
I85.900x001	食管静脉曲张	表6-3-93
I85.901	食管静脉瘤	表6-3-93
I87.100x003	腔静脉综合征	表6-3-93
I87.100x007	上腔静脉梗阻	表6-3-93
I87.100x008	锁骨下静脉压迫综合征	表6-3-93
I87.100x009	头臂静脉狭窄［无名静脉狭窄］	表6-3-93
I87.101	上肢静脉阻塞	表6-3-93
I87.102	上肢静脉狭窄	表6-3-93
I87.103	无名静脉狭窄	表6-3-93
I87.104	无名静脉阻塞	表6-3-93
I87.106	上腔静脉综合征	表6-3-93
I87.108	脾静脉狭窄	表6-3-93
I87.109	门静脉狭窄	表6-3-93
I87.110	肝静脉-下腔静脉阻塞	表6-3-93
I87.111	下腔静脉综合征	表6-3-93
I87.112	下腔静脉狭窄	表6-3-93
I87.113	下腔静脉阻塞	表6-3-93
I87.114	上下腔静脉回流障碍综合征	表6-3-93
I87.115	髂总静脉狭窄	表6-3-93
I87.116	髂总静脉压迫综合征［Cockett综合征］	表6-3-93
I87.117	左肾静脉压迫综合征［胡桃夹现象］	表6-3-93
I87.118	下肢静脉狭窄	表6-3-93
I87.119	下肢静脉阻塞	表6-3-93
I87.120	精索静脉压迫综合征	表6-3-93
I87.121	肝小静脉闭塞病	表6-3-93
I87.900	静脉疾患	表6-3-93
I88.800x001	其他非特异性淋巴结炎	表6-3-93
I89.800x002	非丝虫性乳糜胸	表6-3-93
I89.800x006	乳糜性腹水	表6-3-93
I89.800x007	乳糜性胸水	表6-3-93
I89.800x010	非丝虫性阴囊乳靡囊肿	表6-3-93
I89.800x011	脂肪黑变性网状细胞增多	表6-3-93
I89.800x012	乳糜回流障碍	表6-3-93
I89.800x013	乳糜反流	表6-3-93
I89.800x014	乳糜瘘	表6-3-93
I89.800x015	颈部乳糜瘘	表6-3-93
I89.800x016	原发性乳糜胸	表6-3-93

续 表

疾病编码	疾病名称	排除内容
I89.800x017	继发性乳糜胸	表6-3-93
I89.800x018	肺淋巴回流淤滞	表6-3-93
I89.800x019	腹膜后乳糜囊肿	表6-3-93
I89.800x020	颈部乳糜囊肿	表6-3-93
I89.800x021	纵隔乳糜囊肿	表6-3-93
I89.800x022	腋窝乳糜囊肿	表6-3-93
I89.800x023	胸壁乳糜囊肿	表6-3-93
I89.800x024	躯干乳糜囊肿	表6-3-93
I89.800x025	盆腔乳糜囊肿	表6-3-93
I89.800x026	会阴区乳糜囊肿	表6-3-93
I89.800x027	髂部乳糜囊肿	表6-3-93
I89.800x028	腹壁乳糜囊肿	表6-3-93
I89.800x029	腰背部乳糜囊肿	表6-3-93
I89.800x030	臀部乳糜囊肿	表6-3-93
I89.800x031	下肢乳糜囊肿	表6-3-93
I89.800x032	子宫乳糜反流	表6-3-93
I89.800x033	阴道乳糜反流	表6-3-93
I89.801	肠系膜乳糜囊肿	表6-3-93
I89.802	淋巴管瘘	表6-3-93
I89.803	非丝虫性乳糜性腹水	表6-3-93
I89.804	胸导管断裂	表6-3-93
I89.806	淋巴结钙化	表6-3-93
I89.807	乳糜胸	表6-3-93
I89.900	淋巴管和淋巴結非感染性疾患	表6-3-93
I95.200	药物性低血压	表6-3-94
I97.000	心脏切开术后综合征	表6-3-94
I97.000x002	心包切开术后综合征	表6-3-94
I97.001	心脏手术后低心排综合征	表6-3-94
I97.900	循环系统的操作后疾患	表6-3-94
J01.100	急性额窦炎	表6-3-95
J01.300	急性蝶窦炎	表6-3-95
J06.800x001	急性咽气管炎	表6-3-95
J12.000	腺病毒肺炎	表6-3-96
J12.200	副流感病毒肺炎	表6-3-96
J12.300	人类偏肺病毒肺炎	表6-3-96
J12.800	病毒性肺炎，其他的	表6-3-96
J12.900	病毒性肺炎	表6-3-96
J16.800x001	中东呼吸综合征	表6-3-96
J20.100	流感嗜血杆菌急性支气管炎	表6-3-97
J20.700	艾柯病毒急性支气管炎	表6-3-97

续 表

疾病编码	疾病名称	排除内容
J21.000	呼吸道合胞体病毒急性细支气管炎	表6-3-97
J32.400	慢性全鼻窦炎	表6-3-98
J32.400x001	全组鼻窦炎	表6-3-98
J33.000	鼻腔息肉	表6-3-98
J33.000x002	鼻咽部毛息肉	表6-3-98
J33.001	鼻咽息肉	表6-3-98
J33.002	鼻中隔息肉	表6-3-98
J33.003	鼻后孔息肉	表6-3-98
J33.100	鼻窦息肉样退行性变	表6-3-98
J33.900	鼻息肉	表6-3-98
J34.800x001	鼻部感染	表6-3-98
J34.800x002	鼻部瘘管	表6-3-98
J34.800x004	钩突肥大	表6-3-98
J34.800x006	铬鼻病	表6-3-98
J34.800x009	后天性鼻孔狭窄	表6-3-98
J34.800x019	鼻中隔血肿	表6-3-98
J34.800x020	泡性中鼻甲	表6-3-98
J34.800x033	鼻前庭肿物	表6-3-98
J34.800x034	鼻中隔肿物	表6-3-98
J34.801	鼻中隔-鼻甲粘连	表6-3-98
J34.802	后天性鼻腔闭锁	表6-3-98
J34.803	鼻漏	表6-3-98
J34.804	鼻石	表6-3-98
J34.805	鼻孔狭窄	表6-3-98
J34.806	鼻前庭炎	表6-3-98
J34.807	鼻甲粘连	表6-3-98
J34.809	鼻腔粘连	表6-3-98
J34.810	鼻腔肿物	表6-3-98
J34.811	鼻腔狭窄	表6-3-98
J34.812	鼻翼肥大	表6-3-98
J34.813	鼻中隔穿孔	表6-3-98
J38.000x001	喉上神经麻痹	表6-3-98
J38.000x002	喉神经麻痹	表6-3-98
J38.000x005	声门麻痹	表6-3-98
J38.000x006	声带活动不良	表6-3-98
J38.000x011	单侧不完全声带麻痹	表6-3-98
J38.000x012	单侧不完全喉麻痹	表6-3-98
J38.000x021	单侧完全声带麻痹	表6-3-98
J38.000x022	单侧完全喉麻痹	表6-3-98
J38.000x031	双侧不完全声带麻痹	表6-3-98

续　表

疾病编码	疾病名称	排除内容
J38.000x032	双侧不完全喉麻痹	表6-3-98
J38.001	喉麻痹	表6-3-98
J38.002	声带麻痹	表6-3-98
J43.100	全叶肺气肿	表6-3-99
J43.101	全腺泡性肺气肿	表6-3-99
J43.200	小叶中心性肺气肿	表6-3-99
J45.100	非变应性哮喘	表6-3-99
J45.100x002	月经期支气管哮喘	表6-3-99
J45.100x003	运动性支气管哮喘	表6-3-99
J45.800	混合性哮喘	表6-3-99
J63.300x001	石墨尘肺壹期	表6-3-100
J63.300x002	石墨尘肺贰期	表6-3-100
J63.300x003	石墨尘肺叁期	表6-3-100
J63.301	石墨尘肺	表6-3-100
J63.500	锡沉着病	表6-3-100
J67.000	农民肺	表6-3-100
J67.300	软木沉着病	表6-3-100
J67.900	有机粉尘引起的过敏性肺炎	表6-3-100
J70.001	放射性肺炎	表6-3-100
J70.800	外部物质引起的呼吸性情况，其他特指的	表6-3-100
J85.000x002	肺坏疽	表6-3-102
J85.001	肺坏死	表6-3-102
J85.002	坏疽性肺炎	表6-3-102
J85.100	肺脓肿伴有肺炎	表6-3-102
J85.200	肺脓肿不伴有肺炎	表6-3-102
J85.300	纵隔脓肿	表6-3-102
J92.000	胸膜斑伴有石棉沉着	表6-3-103
J94.200	血胸	表6-3-103
J94.201	血气胸	表6-3-103
J94.900x001	胸膜病变	表6-3-103
J94.901	胸膜肿物	表6-3-103
J95.400	门德尔松综合征	表6-3-104
J95.401	吸入性麻醉引起的化学性肺炎	表6-3-104
J98.300	代偿性肺气肿	表6-3-104
K00.000	无牙症	表6-3-105
K00.000x003	少牙畸形	表6-3-105
K00.000x004	先天缺牙	表6-3-105
K00.001	牙齿发育不全	表6-3-105
K00.002	牙齿缺少	表6-3-105
K00.400	牙形成障碍	表6-3-105

续 表

疾病编码	疾病名称	排除内容
K00.400x001	弯曲牙	表6-3-105
K00.400x002	特奈牙	表6-3-105
K00.400x004	牙根发育不良	表6-3-105
K00.401	区域性牙齿发育异常	表6-3-105
K00.402	釉质发育不全（新生儿）（生后）（生前）	表6-3-105
K00.500x002	壳状牙	表6-3-105
K00.501	牙本质发育不全	表6-3-105
K00.502	牙生长不全	表6-3-105
K00.503	釉质发生不全	表6-3-105
K00.800x002	四环素牙	表6-3-105
K00.801	牙齿形成期间颜色改变	表6-3-105
K02.100	牙本质龋	表6-3-105
K02.101	乳牙中龋	表6-3-105
K03.000	牙过度磨耗	表6-3-105
K03.000x002	牙齿颌面磨损	表6-3-105
K03.001	邻面磨损	表6-3-105
K03.100x001	牙齿磨损	表6-3-105
K03.101	牙齿楔状缺损	表6-3-105
K03.102	净齿剂牙磨损	表6-3-105
K03.103	习惯性牙磨损	表6-3-105
K03.104	职业性牙磨损	表6-3-105
K03.105	宗教仪式性牙磨损	表6-3-105
K03.106	传统性牙磨损	表6-3-105
K03.400	牙骨质增生	表6-3-105
K03.401	齿槽骨质增生	表6-3-105
K03.600x001	牙齿变色	表6-3-105
K03.601	牙石	表6-3-105
K03.602	龈下牙石（龈下垢）	表6-3-105
K03.603	龈上牙石（龈上垢）	表6-3-105
K03.604	牙上沉积物	表6-3-105
K04.500	慢性根尖牙周炎	表6-3-105
K04.500x001	慢性根尖周炎	表6-3-105
K04.501	根尖肉芽肿	表6-3-105
K05.400	牙周变性	表6-3-105
K05.400x002	幼年牙周变性	表6-3-105
K06.000	牙龈退缩	表6-3-105
K06.000x002	局部性牙龈退缩	表6-3-105
K06.000x003	感染后牙龈退缩	表6-3-105
K06.000x004	手术后牙龈退缩	表6-3-105
K06.900	牙龈和无牙牙槽嵴疾患	表6-3-105

续 表

疾病编码	疾病名称	排除内容
K06.901	牙龈肿物	表6-3-105
K07.900	牙面畸形	表6-3-105
K07.901	下颌畸形	表6-3-105
K07.902	颌骨畸形	表6-3-105
K07.903	颌骨先天畸形	表6-3-105
K09.900x001	口腔囊肿	表6-3-105
K10.000	颌的发育性疾患	表6-3-105
K10.000x002	腭隆凸	表6-3-105
K10.000x003	颌的潜伏性骨囊肿	表6-3-105
K10.000x004	斯塔夫尼囊肿	表6-3-105
K10.001	下颌隆凸	表6-3-105
K10.002	腭裂手术后畸形	表6-3-105
K11.000	涎腺萎缩	表6-3-105
K11.100x002	下颌下腺良性增生	表6-3-105
K11.100x004	唾液腺肥大	表6-3-105
K11.101	腮腺肥大	表6-3-105
K11.102	颌下腺肥大	表6-3-105
K11.400	涎腺瘘	表6-3-105
K11.400x003	唾液导管瘘	表6-3-105
K11.401	腮腺瘘	表6-3-105
K11.402	腮腺导管瘘	表6-3-105
K11.404	颌下腺瘘	表6-3-105
K11.800	涎腺的其他疾病	表6-3-105
K11.800x002	腮腺唾液潴留	表6-3-105
K11.800x006	坏死性唾液腺化生	表6-3-105
K11.800x007	唾液腺肉芽肿	表6-3-105
K11.800x010	腮腺结节病	表6-3-105
K11.801	涎腺管狭窄	表6-3-105
K11.802	米库利奇病	表6-3-105
K11.803	腮腺管扩张	表6-3-105
K11.804	腮腺肉芽肿	表6-3-105
K11.805	涎腺良性淋巴上皮损害	表6-3-105
K11.806	涎腺管扩张	表6-3-105
K11.807	涎腺导管阻塞	表6-3-105
K12.301	黏膜炎（口腔）（口咽）	表6-3-105
K12.302	药物性黏膜炎（口腔）（口咽）	表6-3-105
K12.303	放射性黏膜炎（口腔）（口咽）	表6-3-105
K12.304	病毒性黏膜炎（口腔）（口咽）	表6-3-105
K12.305	腭黏膜炎	表6-3-105
K13.300	毛状白斑	表6-3-105

续 表

疾病编码	疾病名称	排除内容
K14.000	舌炎	表6-3-105
K14.000x006	舌创伤性溃疡	表6-3-105
K14.000x007	舌部嗜酸性溃疡	表6-3-105
K14.001	舌脓肿	表6-3-105
K14.002	舌炎性肿块	表6-3-105
K14.003	舌溃疡	表6-3-105
K14.004	舌乳突炎	表6-3-105
K14.300	舌乳头肥大	表6-3-105
K14.300x001	毛舌	表6-3-105
K14.300x003	舌苔	表6-3-105
K14.300x004	叶状乳头肥大	表6-3-105
K14.301	舌叶乳头增生	表6-3-105
K14.302	黑毛舌	表6-3-105
K14.800x003	舌瘘管	表6-3-105
K14.800x005	舌畸形	表6-3-105
K14.800x010	舌牙痕	表6-3-105
K14.800x012	舌息肉	表6-3-105
K14.800x013	舌粘连	表6-3-105
K14.801	舌肉芽肿	表6-3-105
K14.802	舌出血	表6-3-105
K14.803	舌肥大	表6-3-105
K14.804	舌萎缩	表6-3-105
K14.805	舌囊肿	表6-3-105
K14.807	舌肌阵挛	表6-3-105
K14.808	舌瘢痕	表6-3-105
K14.809	舌尖瘘管	表6-3-105
K21.900x003	胃食管反流	表6-3-106
K21.901	食管反流	表6-3-106
K21.902	贲门松弛	表6-3-106
K21.903	喉咽反流	表6-3-106
K22.300	食管穿孔	表6-3-106
K22.301	食管破裂	表6-3-106
K22.600x001	贲门撕裂症	表6-3-106
K22.601	食管贲门黏膜撕裂综合征	表6-3-106
K26.300	急性十二指肠溃疡不伴有出血和穿孔	表6-3-106
K26.600	慢性十二指肠溃疡伴有出血和穿孔	表6-3-106
K29.400	慢性萎缩性胃炎	表6-3-106
K31.400	胃憩室	表6-3-106
K31.500	十二指肠梗阻	表6-3-106
K31.501	十二指肠狭窄	表6-3-106

续　表

疾病编码	疾病名称	排除内容
K31.502	十二指肠淤积	表6-3-106
K38.200	阑尾憩室	表6-3-107
K38.300	阑尾瘘	表6-3-107
K38.800x001	闭锁性阑尾	表6-3-107
K38.800x003	阑尾套叠	表6-3-107
K38.800x004	阑尾炎性假瘤	表6-3-107
K38.801	阑尾黏液囊肿	表6-3-107
K38.802	阑尾囊肿	表6-3-107
K41.200x001	双侧股疝	表6-3-108
K42.000x001	脐疝伴梗阻	表6-3-108
K42.001	嵌顿性脐疝	表6-3-108
K42.100x001	坏疽性脐疝	表6-3-108
K42.900	脐疝，不伴有梗阻或坏疽	表6-3-108
K42.901	脐旁疝	表6-3-108
K42.902	复发性脐疝	表6-3-108
K43.100	切口疝，伴有坏疽	表6-3-108
K43.500	造口旁疝，不伴梗阻和坏疽	表6-3-108
K43.601	上腹疝伴梗阻	表6-3-108
K43.602	下腹疝伴梗阻	表6-3-108
K43.603	腹中线疝伴梗阻	表6-3-108
K43.604	半月线疝伴梗阻	表6-3-108
K43.605	剑突下疝伴梗阻	表6-3-108
K43.700	其他未特指的坏疽性腹疝	表6-3-108
K45.000	腹疝，伴有梗阻，不伴有坏疽，其他特指的	表6-3-108
K45.002	嵌顿性闭孔疝	表6-3-108
K45.003	绞窄性腹疝伴肠梗阻	表6-3-108
K50.000	小肠克罗恩病	表6-3-109
K50.000x001	末端性回肠炎	表6-3-109
K50.000x005	十二指肠克罗恩病	表6-3-109
K50.001	空肠克罗恩病	表6-3-109
K50.002	回肠克罗恩病	表6-3-109
K50.900	克罗恩病	表6-3-109
K50.902+M07.4*	克罗恩病性关节病	表6-3-109
K51.000	溃疡性（慢性）全结肠炎	表6-3-109
K51.001	溃疡性全结肠炎，轻度	表6-3-109
K51.002	溃疡性全结肠炎，中度	表6-3-109
K51.003	溃疡性全结肠炎，重度	表6-3-109
K51.200x001	溃疡性直肠炎	表6-3-109
K51.201	溃疡性直肠炎，轻度	表6-3-109
K51.202	溃疡性直肠炎，中度	表6-3-109

续 表

疾病编码	疾病名称	排除内容
K51.203	溃疡性直肠炎，重度	表6-3-109
K51.500	左侧结肠炎	表6-3-109
K52.000	放射性胃肠炎和结肠炎	表6-3-109
K52.000x001	放射性肠炎	表6-3-109
K52.001	放射性结肠炎	表6-3-109
K52.101	中毒性胃肠炎	表6-3-109
K52.102	中毒性肠炎	表6-3-109
K52.103	中毒性腹泻	表6-3-109
K52.104	药物性胃肠炎和结肠炎	表6-3-109
K52.200x004	胃肠道过敏症	表6-3-109
K52.201	过敏性腹泻	表6-3-109
K52.202	过敏性结肠炎	表6-3-109
K52.203	过敏性肠炎	表6-3-109
K52.204	饮食性腹泻	表6-3-109
K55.200	结肠血管发育不良	表6-3-110
K55.200x013	肠血管增生	表6-3-110
K55.201	结肠血管扩张症	表6-3-110
K55.202	肠血管发育不良	表6-3-110
K57.300x006	大肠憩室	表6-3-110
K57.301	盲肠憩室	表6-3-110
K57.302	直肠憩室	表6-3-110
K57.303	结肠憩室	表6-3-110
K57.304	结肠憩室炎	表6-3-110
K57.305	盲肠憩室炎	表6-3-110
K58.100	腹泻型肠易激综合征［IBS-D］	表6-3-110
K58.300	混合型肠易激综合征［IBS-M］	表6-3-110
K59.400	肛门痉挛	表6-3-110
K59.400x002	痉挛性肛部痛	表6-3-110
K59.401	盆底肌痉挛综合征	表6-3-110
K59.800x002	肠扩张	表6-3-110
K59.800x005	结肠松弛	表6-3-110
K59.801	脾曲综合征	表6-3-110
K60.500	肛门直肠瘘	表6-3-110
K61.400	括约肌内脓肿	表6-3-110
K63.000	肠脓肿	表6-3-110
K63.001	小肠脓肿	表6-3-110
K63.500	结肠息肉	表6-3-110
K63.500x002	色素沉着性结肠息肉	表6-3-110
K63.500x084	横结肠息肉	表6-3-110
K63.501	升结肠息肉	表6-3-110

续 表

疾病编码	疾病名称	排除内容
K63.502	降结肠息肉	表6-3-110
K63.503	乙状结肠息肉	表6-3-110
K63.504	多发性结肠息肉	表6-3-110
K64.300	Ⅳ度痔	表6-3-110
K64.500	肛周静脉血栓形成	表6-3-110
K64.501	肛周血肿	表6-3-110
K66.100	腹腔积血	表6-3-111
K66.101	腹膜出血	表6-3-111
K66.102	腹膜后血肿	表6-3-111
K66.103	肠系膜出血	表6-3-111
K70.100	酒精性肝炎	表6-3-112
K71.200x001	中毒性肝病伴急性肝炎	表6-3-112
K71.300x001	中毒性肝病伴慢性迁延性肝炎	表6-3-112
K71.700	中毒性肝病伴有肝纤维化和肝硬化	表6-3-112
K71.701	药物性肝硬化	表6-3-112
K71.702	中毒性肝硬化	表6-3-112
K73.800x001	慢性复发性肝炎	表6-3-112
K73.801	慢性间质性肝炎	表6-3-112
K73.900	慢性肝炎	表6-3-112
K73.901	慢性重型肝炎	表6-3-112
K74.000	肝纤维化	表6-3-112
K74.100	肝硬化	表6-3-112
K74.200	肝纤维化伴有肝硬化	表6-3-112
K74.600	肝硬变	表6-3-112
K74.600x002	丙型肝炎肝硬化	表6-3-112
K74.600x003	乙型肝炎肝硬化	表6-3-112
K74.600x010	拉埃奈克肝硬化［Laennec肝硬化］	表6-3-112
K74.600x021	乙肝后肝硬化合并甲肝感染	表6-3-112
K74.600x025	乙肝后肝硬化合并戊肝感染	表6-3-112
K74.600x027	丙肝后肝硬化合并戊肝感染	表6-3-112
K74.600x029	乙丙肝炎后肝硬化合并甲肝感染	表6-3-112
K74.600x030	乙丁肝炎后肝硬化合并甲肝感染	表6-3-112
K74.600x031	乙肝后肝硬化甲戊肝感染	表6-3-112
K74.600x034	乙丙肝炎后肝硬化合并戊肝感染	表6-3-112
K74.600x036	乙丁肝炎后肝硬化戊肝感染	表6-3-112
K74.600x041	乙肝后肝硬化合并丙肝感染	表6-3-112
K74.600x042	丙肝后肝硬化合并乙肝感染	表6-3-112
K74.601	特指肝硬化	表6-3-112
K74.602	乙型肝炎后肝硬化失代偿期	表6-3-112
K74.603	丙型肝炎后肝硬化失代偿期	表6-3-112

续 表

疾病编码	疾病名称	排除内容
K74.604	自身免疫性肝炎后肝硬化失代偿期	表6-3-112
K74.605	肝炎后肝硬化失代偿期	表6-3-112
K74.606	混合型肝硬化失代偿期	表6-3-112
K74.607	肝硬化失代偿期	表6-3-112
K74.608	肝炎后肝硬化	表6-3-112
K74.610	结节性肝硬化	表6-3-112
K74.611	门脉性肝硬化	表6-3-112
K74.612	混合型肝硬化	表6-3-112
K74.613	隐源性肝硬化	表6-3-112
K74.614	自身免疫性肝硬化	表6-3-112
K74.615+I98.3*	肝硬化伴食管静脉曲张破裂出血	表6-3-112
K74.616+I98.2*	肝硬化伴食管静脉曲张	表6-3-112
K74.617+I98.3*	肝硬化伴食管胃底静脉曲张破裂出血	表6-3-112
K74.618+I98.3*	肝硬化伴胃底静脉曲张破裂出血	表6-3-112
K74.619+I98.2*	肝硬化伴食管胃底静脉曲张	表6-3-112
K74.620+I98.2*	肝硬化伴胃底静脉曲张	表6-3-112
K75.800x001	胆小管炎性肝炎	表6-3-112
K75.800x006	肝炎性肿物	表6-3-112
K75.801	肝旁炎性肿物	表6-3-112
K75.803	营养性肝炎	表6-3-112
K75.804	胆汁淤积性肝炎	表6-3-112
K75.805	肝胆管炎	表6-3-112
K75.806	非酒精性脂肪性肝炎	表6-3-112
K75.810	肝炎性假瘤	表6-3-112
K76.200	肝中心性出血性坏死	表6-3-112
K76.400	紫癜样肝病	表6-3-112
K76.401	肝血管瘤病	表6-3-112
K76.600x002	门脉高压	表6-3-112
K76.600x006	门静脉瘤栓	表6-3-112
K76.600x007	非肝硬化性门脉高压	表6-3-112
K76.601	胰源性门脉高压	表6-3-112
K76.602	特发性门脉高压	表6-3-112
K76.603	班蒂综合征	表6-3-112
K76.800x003	肝多发性再生肥大结节	表6-3-112
K76.800x006	肝功能不全	表6-3-112
K76.800x007	肝管出血	表6-3-112
K76.800x009	甲亢性肝损害	表6-3-112
K76.800x015	肝炎后黄疸	表6-3-112
K76.800x021	肝内型窦后阻塞	表6-3-112
K76.800x022	肝粘连	表6-3-112

续 表

疾病编码	疾病名称	排除内容
K76.800x023	肝溃疡	表6-3-112
K76.800x026	急性淤血性肝损害	表6-3-112
K76.800x027	代谢性肝病	表6-3-112
K76.801	自发性肝破裂出血	表6-3-112
K76.803	肝出血	表6-3-112
K76.804	肝结节	表6-3-112
K76.805	肝肺综合征	表6-3-112
K76.806	多发性肝囊肿	表6-3-112
K76.807	肝囊肿	表6-3-112
K76.808	肝结节性局灶性增生	表6-3-112
K76.809	肝下垂	表6-3-112
K76.810	缺血性肝病	表6-3-112
K76.811	肝血肿	表6-3-112
K76.813	肝内钙化点	表6-3-112
K76.814	肝癌破裂出血	表6-3-112
K76.815	肝管息肉	表6-3-112
K76.816	肝细胞性黄疸	表6-3-112
K76.817	后天性肝内血管分流	表6-3-112
K76.818	单纯性肝囊肿	表6-3-112
K76.819	先天性胆汁酸合成障碍	表6-3-112
K80.000x002	胆囊结石伴急性胆囊炎	表6-3-113
K80.000x004	胆囊结石伴慢性胆囊炎急性发作	表6-3-113
K80.001	胆囊结石伴坏疽性胆囊炎	表6-3-113
K80.002	胆囊结石伴急性化脓性胆囊炎	表6-3-113
K80.100x001	胆囊结石伴胆囊炎	表6-3-113
K80.101	胆囊结石伴慢性胆囊炎	表6-3-113
K80.400	胆管结石伴有胆囊炎	表6-3-113
K80.400x004	肝内胆管结石伴慢性胆囊炎	表6-3-113
K80.401	胆管结石伴急性胆囊炎	表6-3-113
K80.402	胆总管结石伴急性胆囊炎	表6-3-113
K80.403	胆管结石伴慢性胆囊炎	表6-3-113
K80.404	胆总管结石伴慢性胆囊炎	表6-3-113
K80.405	肝胆管结石伴胆囊炎	表6-3-113
K80.406	肝管结石伴慢性胆囊炎	表6-3-113
K81.801	胆囊周炎	表6-3-113
K82.200	胆囊穿孔	表6-3-113
K82.200x002	胆囊破裂	表6-3-113
K83.501	胆管囊肿	表6-3-113
K83.502	胆总管囊肿	表6-3-113
K85.000	特发性急性胰腺炎	表6-3-113

续 表

疾病编码	疾病名称	排除内容
K85.001	急性特发性胰腺炎，轻症	表6-3-113
K85.002	急性特发性胰腺炎，重症	表6-3-113
K85.100	胆汁型急性胰腺炎	表6-3-113
K85.101	急性胆源型胰腺炎，轻症	表6-3-113
K85.102	急性胆源型胰腺炎，重症	表6-3-113
K85.300	药物性急性胰腺炎	表6-3-113
K85.301	急性药物性胰腺炎，轻症	表6-3-113
K85.302	急性药物性胰腺炎，重症	表6-3-113
K85.900	急性胰腺炎	表6-3-113
K85.900x002	急性轻症胰腺炎	表6-3-113
K85.900x003	慢性胰腺炎急性发作	表6-3-113
K85.901	亚急性胰腺炎	表6-3-113
K85.902	急性重症胰腺炎	表6-3-113
K86.300	胰腺假囊肿	表6-3-113
K86.901	胰腺肿物	表6-3-113
K90.000	乳糜泻［腹腔病］	表6-3-114
K90.000x001	非热带性口炎性腹泻	表6-3-114
K90.001	谷胶肠病	表6-3-114
K90.002	特发性脂肪痢	表6-3-114
K90.200	盲袢综合征	表6-3-114
K90.200x001	非手术性盲袢综合征	表6-3-114
K90.400	不耐受引起的吸收不良	表6-3-114
K90.400x003	肠原性脂肪代谢障碍	表6-3-114
K90.401	脂肪痢	表6-3-114
K90.402	蛋白丢失性胃肠病	表6-3-114
K90.403	碳水化合物吸收不良	表6-3-114
K90.404	蛋白吸收不良	表6-3-114
K90.405	淀粉吸收不良	表6-3-114
K90.406	脂肪吸收不良	表6-3-114
K91.200x002	手术后吸收不良综合征	表6-3-114
K91.201	短肠综合征	表6-3-114
K91.202	手术后盲袢综合征	表6-3-114
K91.300	手术后肠梗阻	表6-3-114
K91.300x002	手术后肠道狭窄	表6-3-114
K91.301	回肠肛管吻合口狭窄	表6-3-114
K91.302	手术后小肠储袋梗阻	表6-3-114
K91.303	手术后肠肠吻合口狭窄	表6-3-114
K91.305	直肠吻合口狭窄	表6-3-114
K91.401	小肠造口术后功能障碍	表6-3-114
K91.402	肠造口术后功能障碍	表6-3-114

续 表

疾病编码	疾病名称	排除内容
K91.404	结肠造口术后狭窄	表6-3-114
K91.405	结肠造口脱垂	表6-3-114
K91.406	人工肛门脱垂	表6-3-114
K91.408	人工肛门狭窄	表6-3-114
K91.500	胆囊切除术后综合征	表6-3-114
L01.100	皮肤病的脓疱化，其他的	表6-3-115
L02.800	皮肤脓肿、疖和痈，其他部位的	表6-3-115
L02.801	头皮脓肿	表6-3-115
L02.802	帽状腱膜下脓肿	表6-3-115
L02.803	头部疖	表6-3-115
L02.804	头部痈	表6-3-115
L08.800x005	骶部炎性窦道	表6-3-115
L08.800x006	臀部感染性窦道	表6-3-115
L08.800x008	足跟感染性窦道	表6-3-115
L08.800x011	恶性脓皮病	表6-3-115
L08.801	皮肤感染性窦道	表6-3-115
L08.802	增殖性脓皮病	表6-3-115
L08.803	瘢痕感染	表6-3-115
L08.804	背部感染性窦道	表6-3-115
L08.805	腹壁感染性窦道	表6-3-115
L10.900	天疱疮	表6-3-116
L12.000	大疱性类天疱疮	表6-3-116
L12.200	儿童期慢性大疱性疾病	表6-3-116
L12.201	青少年疱疹样皮炎	表6-3-116
L12.202	线状IgA大疱性皮病	表6-3-116
L13.000	疱疹样皮炎	表6-3-116
L23.600	食物接触皮肤引起的变应性接触性皮炎	表6-3-117
L23.700	植物引起的变应性接触性皮炎，除外食物	表6-3-117
L23.801	毛皮变应性接触性皮炎	表6-3-117
L24.500	化学产品引起的刺激性接触性皮炎，其他的	表6-3-117
L24.501	碱刺激性接触性皮炎	表6-3-117
L24.502	尼龙刺激性接触性皮炎	表6-3-117
L24.503	砌砖工刺激性痒病	表6-3-117
L24.504	酸类刺激性接触性皮炎	表6-3-117
L25.000	化妆品引起的接触性皮炎	表6-3-117
L25.400	食物接触皮肤引起的接触性皮炎	表6-3-117
L25.800	接触性皮炎，其他物质引起的	表6-3-117
L27.000x004	剥脱性皮炎型药疹	表6-3-117
L27.000x006	大疱表皮松解症型药疹	表6-3-117
L27.002	红皮病型药疹	表6-3-117

续 表

疾病编码	疾病名称	排除内容
L27.003	荨麻疹型药疹	表6-3-117
L27.004	药物性红斑	表6-3-117
L27.005	药物性皮炎	表6-3-117
L28.000	慢性单纯性苔藓	表6-3-117
L28.000x006	小棘苔癣	表6-3-117
L28.000x007	金黄色苔癣	表6-3-117
L28.001	局限性神经性皮炎	表6-3-117
L28.002	苔藓样皮炎	表6-3-117
L28.003	苔藓	表6-3-117
L29.100	阴囊瘙痒（症）	表6-3-117
L29.200	外阴瘙痒（症）	表6-3-117
L30.000	钱币状皮炎	表6-3-117
L30.201	念珠菌疹	表6-3-117
L30.202	皮肤癣菌疹	表6-3-117
L30.203	湿疹样疹	表6-3-117
L30.204	自体过敏性皮炎	表6-3-117
L30.500	白色糠疹	表6-3-117
L30.500x003	渗出性慢性单纯性糠疹	表6-3-117
L30.800	皮炎，其他特指的	表6-3-117
L30.801	寒冷性皮炎	表6-3-117
L30.802	激素依赖性皮炎	表6-3-117
L30.803	季节性大疱性皮炎	表6-3-117
L30.804	嗜酸性粒细胞增多性皮病	表6-3-117
L40.100	全身脓疱性银屑病	表6-3-118
L40.101	冯-聪布施病	表6-3-118
L40.102	脓疱性银屑病	表6-3-118
L40.103	疱疹样脓疱病	表6-3-118
L40.300	掌跖脓疱病	表6-3-118
L40.301	掌跖脓疱性银屑病	表6-3-118
L40.900	银屑病	表6-3-118
L41.100	慢性苔藓样糠疹	表6-3-118
L41.300	小斑块副银屑病	表6-3-118
L41.500	网状副银屑病	表6-3-118
L43.800	扁平苔藓，其他的	表6-3-118
L44.100	光泽苔藓	表6-3-118
L50.100	特发性荨麻疹	表6-3-119
L50.300	皮肤划痕性荨麻疹	表6-3-119
L51.000	非大疱型多形性红斑	表6-3-119
L51.200	中毒性表皮坏死松解症［莱尔］	表6-3-119
L53.300	慢性回状红斑，其他的	表6-3-119

续　表

疾病编码	疾病名称	排除内容
L55.900	晒斑［晒伤］	表6-3-120
L56.100	药物光变应性反应	表6-3-120
L56.900	紫外线辐射引起的急性皮肤改变	表6-3-120
L57.000	光线性角化病	表6-3-120
L57.001	灰泥角化症	表6-3-120
L57.200	颈部菱形皮	表6-3-120
L59.000	火激红斑［火激皮炎］	表6-3-120
L59.900	与辐射有关的皮肤和皮下组织疾患	表6-3-120
L66.400	网状红斑性毛囊炎	表6-3-121
L68.300	多毛症（基因变异）	表6-3-121
L73.000	瘢瘤性痤疮	表6-3-121
L73.800	毛囊疾患，其他特指的	表6-3-121
L73.800x005	鼻毛假性毛囊炎	表6-3-121
L73.800x006	铜绿假单胞菌毛囊炎	表6-3-121
L73.800x007	细菌性毛囊炎	表6-3-121
L73.801	狼疮样须疮	表6-3-121
L73.802	毛囊闭锁三联征	表6-3-121
L73.803	皮脂腺增生	表6-3-121
L73.804	须疮	表6-3-121
L73.805	寻常须疮	表6-3-121
L74.100	晶状痱	表6-3-121
L75.000	臭汗症	表6-3-121
L81.400	其他黑色素沉着过度	表6-3-122
L81.400x001	着色病	表6-3-122
L81.401	黑皮病	表6-3-122
L81.402	黑变病	表6-3-122
L81.403	焦油性黑变病	表6-3-122
L81.404	里尔黑变病	表6-3-122
L81.405	雀斑痣	表6-3-122
L81.407	中毒性黑变病	表6-3-122
L81.800	色素沉着其他特指的疾患	表6-3-122
L81.800x003	色素分界线	表6-3-122
L81.800x005	斑蝥黄沉着	表6-3-122
L81.801	铁色素沉着	表6-3-122
L81.802	文身色素沉着	表6-3-122
L81.803	地方性砷中毒	表6-3-122
L85.200	点状角化病（掌跖）	表6-3-122
L85.800	表皮增厚，其他特指的	表6-3-122
L85.801	角化棘皮瘤	表6-3-122
L85.803	皮角	表6-3-122

续 表

疾病编码	疾病名称	排除内容
L85.804	砷角化病	表6-3-122
L85.900	表皮增厚	表6-3-122
L85.900x001	皮脂腺痣	表6-3-122
L87.100	反应性穿通性胶原病	表6-3-122
L90.000	硬化萎缩性苔藓	表6-3-122
L90.400	慢性萎缩性肢端皮炎	表6-3-122
L91.001	瘢痕疙瘩	表6-3-122
L91.002	瘤样瘢痕	表6-3-122
L91.900	皮肤肥厚性疾患	表6-3-122
L92.000	环状肉芽肿	表6-3-122
L92.800	皮肤和皮下组织其他肉芽肿性疾患	表6-3-122
L92.801	脐肉芽肿	表6-3-122
L94.100	线状硬皮病	表6-3-122
L94.200	皮肤钙质沉着症	表6-3-122
L94.500	血管萎缩性皮肤异色病	表6-3-122
L95.000	青斑血管炎	表6-3-122
L95.100	持久性隆起性红斑	表6-3-122
L98.500	皮肤黏蛋白沉积症	表6-3-122
L98.501	局部粘蛋白沉积症	表6-3-122
L98.502	黏液水肿性苔藓	表6-3-122
L98.503	网状红斑性黏蛋白沉积症	表6-3-122
M00.800	关节炎和多关节炎，其他特指的细菌性病原体引起的	表6-3-123
M02.300	赖特尔病	表6-3-123
M02.800	反应性关节病，其他的	表6-3-123
M05.301+G63.6*	类风湿性关节炎伴多神经病	表6-3-124
M05.302+I43.8*	类风湿性关节炎伴心肌病	表6-3-124
M05.303+G73.7*	类风湿性关节炎相关性肌病	表6-3-124
M05.304+I52.8*	类风湿性关节炎伴心炎	表6-3-124
M05.305+I32.8*	类风湿性关节炎伴心包炎	表6-3-124
M05.306+I41.8*	类风湿性关节炎伴心肌炎	表6-3-124
M05.307+I39.8*	类风湿性关节炎伴心内膜炎	表6-3-124
M05.308	累及全身类风湿性关节炎	表6-3-124
M06.000	血清反应阴性的类风湿性关节炎	表6-3-124
M06.001	复发性血清阴性对称性滑膜炎伴凹陷性水肿	表6-3-124
M06.002	缓解性血清阴性对称性滑膜炎伴凹陷性水肿综合征	表6-3-124
M06.003	滑膜炎-痤疮-脓疱疹-骨肥厚-骨炎综合征	表6-3-124
M06.400	炎性多关节病	表6-3-124
M06.800	类风湿性关节炎，其他特指的	表6-3-124
M06.800x051	类风湿性髋关节炎	表6-3-124
M06.800x071	类风湿性足关节炎	表6-3-124

续 表

疾病编码	疾病名称	排除内容
M08.200	幼年型关节炎伴有全身性发病	表6-3-124
M08.201	幼年型斯蒂尔病	表6-3-124
M08.800x091	幼年型特发性关节炎	表6-3-124
M11.201	软骨钙质沉着	表6-3-124
M12.200	绒毛结节性滑膜炎（色素沉着的）	表6-3-124
M12.200x011	肩关节色素沉着绒毛结节性滑膜炎	表6-3-124
M12.200x021	肘关节色素沉着绒毛结节性滑膜炎	表6-3-124
M12.200x031	腕关节色素沉着绒毛结节性滑膜炎	表6-3-124
M12.200x051	髋关节色素沉着绒毛结节性滑膜炎	表6-3-124
M12.200x061	膝色素沉着绒毛结节性滑膜炎	表6-3-124
M12.200x071	踝关节色素沉着绒毛结节性滑膜炎	表6-3-124
M12.300	复发性风湿病	表6-3-124
M15.100	赫伯登结节（伴有关节病）	表6-3-125
M15.300	继发性多发性关节病	表6-3-125
M15.301	创伤后多关节病	表6-3-125
M15.900	多关节病	表6-3-125
M15.900x003	重度多关节病	表6-3-125
M15.901	萎缩性多关节炎	表6-3-125
M15.902	全身性骨关节炎	表6-3-125
M18.000	双侧第一腕掌关节的原发性关节病	表6-3-125
M18.400x001	继发性双侧第一腕掌关节病	表6-3-125
M19.101	创伤后关节病	表6-3-125
M19.201	继发性关节病	表6-3-125
M19.800	关节病，其他特指的	表6-3-125
M21.400	后天性扁平足［平足］	表6-3-126
M21.401	足弓下陷	表6-3-126
M21.402	足弓松弛	表6-3-126
M21.600x071	后天性足变形	表6-3-126
M21.600x072	后天性踝变形	表6-3-126
M21.601	后天性弓形足	表6-3-126
M21.602	足旋前	表6-3-126
M21.603	足凹陷	表6-3-126
M21.604	后天性踝关节畸形	表6-3-126
M21.605	踝旋前	表6-3-126
M22.000	复发性髌骨脱位	表6-3-126
M22.100	复发性髌骨不全脱位	表6-3-126
M23.500x091	膝前内侧旋转不稳定	表6-3-126
M23.501	陈旧性膝韧带破裂	表6-3-126
M23.601	自发性膝韧带破裂	表6-3-126
M23.900	膝关节内紊乱	表6-3-126

续 表

疾病编码	疾病名称	排除内容
M24.600	关节强硬	表6-3-126
M24.601	多发性关节强硬	表6-3-126
M24.602	肩关节强硬	表6-3-126
M24.603	肘关节强硬	表6-3-126
M24.604	腕关节强硬	表6-3-126
M24.605	手骨间关节强硬	表6-3-126
M24.606	髋关节强硬	表6-3-126
M24.607	膝关节强硬	表6-3-126
M24.608	踝关节强硬	表6-3-126
M24.609	关节骨性强硬	表6-3-126
M24.610	关节纤维变性	表6-3-126
M24.700	髋臼前突	表6-3-126
M24.701	髋关节内陷	表6-3-126
M25.200	连枷状关节	表6-3-126
M25.201	关节松弛	表6-3-126
M25.301	关节不稳定	表6-3-126
M40.100	继发性脊柱后凸，其他的	表6-3-128
M40.100x051	继发性胸腰段脊柱后凸	表6-3-128
M40.101	强直性脊柱炎后凸畸形	表6-3-128
M40.401	后天性脊柱前凸	表6-3-128
M40.402	姿势性脊柱前凸	表6-3-128
M41.500	继发性脊柱侧弯，其他的	表6-3-128
M41.501	创伤性脊柱侧弯	表6-3-128
M41.900	脊柱侧弯	表6-3-128
M41.900x061	腰椎侧弯	表6-3-128
M41.901	脊柱后侧凸	表6-3-128
M43.201	寰枢椎关节强硬	表6-3-128
M43.202	骶髂关节强硬	表6-3-128
M43.203	后天性脊柱关节强硬	表6-3-128
M43.901	后天性脊柱变形	表6-3-128
M46.400	关节盘炎	表6-3-129
M46.401	颈椎椎间盘炎	表6-3-129
M46.402	胸椎椎间盘炎	表6-3-129
M46.403	腰椎椎间盘炎	表6-3-129
M46.500x091	椎体感染	表6-3-129
M46.500x092	化脓性脊柱炎	表6-3-129
M46.501	颈椎脓肿	表6-3-129
M46.502	胸椎脓肿	表6-3-129
M46.503	腰椎脓肿	表6-3-129
M46.504	骶尾椎脓肿	表6-3-129

续　表

疾病编码	疾病名称	排除内容
M46.900	炎性脊椎病	表6-3-129
M48.200	脊椎棘突吻合	表6-3-129
M48.200x021	颈椎棘突吻合	表6-3-129
M48.200x041	胸椎棘突吻合	表6-3-129
M48.200x061	腰椎棘突吻合	表6-3-129
M48.800x022	颈前纵韧带骨化	表6-3-129
M48.800x091	脊椎半切综合征	表6-3-129
M48.801	颈椎后纵韧带骨化	表6-3-129
M48.802	胸椎后纵韧带骨化	表6-3-129
M48.803	胸腰椎后纵韧带骨化	表6-3-129
M48.804	腰椎后纵韧带骨化	表6-3-129
M48.805	骶尾椎后纵韧带骨化	表6-3-129
M48.806	后纵韧带骨化	表6-3-129
M48.808	黄韧带骨化	表6-3-129
M48.810	棘突间韧带综合征	表6-3-129
M48.811	肌性脊柱炎	表6-3-129
M48.812	老年性脊椎萎缩	表6-3-129
M53.900	背部病	表6-3-130
M54.900	背痛	表6-3-130
M61.400	肌肉的其他钙化	表6-3-131
M61.900	肌肉钙化和骨化	表6-3-131
M62.400	肌肉挛缩	表6-3-131
M62.401	肩区肌肉挛缩	表6-3-131
M62.402	上臂肌肉挛缩	表6-3-131
M62.403	前臂肌肉挛缩	表6-3-131
M62.404	手部肌挛缩	表6-3-131
M62.405	臀肌挛缩	表6-3-131
M62.406	大腿肌肉挛缩	表6-3-131
M62.407	小腿肌肉挛缩	表6-3-131
M62.408	踝肌肉挛缩	表6-3-131
M62.409	足肌肉挛缩	表6-3-131
M62.410	头颈肌挛缩	表6-3-131
M62.411	躯干肌挛缩	表6-3-131
M62.501	上臂肌肉萎缩	表6-3-131
M62.502	前臂肌肉萎缩	表6-3-131
M62.503	手肌肉萎缩	表6-3-131
M62.504	大腿肌萎缩	表6-3-131
M62.505	小腿肌肉萎缩	表6-3-131
M62.506	咀嚼肌萎缩	表6-3-131
M62.507	头颈部肌萎缩	表6-3-131

续 表

疾病编码	疾病名称	排除内容
M62.508	单侧肢体肌萎缩	表6-3-131
M62.509	弥漫性肌肉萎缩	表6-3-131
M62.510	失用性肌肉萎缩	表6-3-131
M62.511	原发性肌肉萎缩	表6-3-131
M62.512	全身性肌萎缩	表6-3-131
M62.513	少肌症	表6-3-131
M62.800x002	肌肉血肿	表6-3-131
M62.800x051	股四头肌内侧头囊肿	表6-3-131
M62.800x053	髂肌囊肿	表6-3-131
M62.800x061	腓骨长肌腱滑脱	表6-3-131
M62.800x062	腓肠肌肥大	表6-3-131
M62.800x081	咬肌肥大	表6-3-131
M62.800x095	肌肉脂肪浸润	表6-3-131
M62.800x096	肌肉血肿机化	表6-3-131
M62.800x097	肌玻璃体变性	表6-3-131
M62.800x101	筋膜病	表6-3-131
M62.800x102	发作性四肢强直	表6-3-131
M62.802	大腿肌肥厚	表6-3-131
M62.803	横纹肌溶解症	表6-3-131
M62.804	后天性肌强直	表6-3-131
M62.805	后天性肌鞘疝	表6-3-131
M62.806	后天性肌肉畸形	表6-3-131
M62.807	后天性筋膜疝	表6-3-131
M62.808	肌肉瘢痕	表6-3-131
M62.809	肌肉变性	表6-3-131
M62.810	肌肉肥大	表6-3-131
M62.811	肌肉纤颤	表6-3-131
M62.812	肌软化	表6-3-131
M62.813	肌疝	表6-3-131
M62.814	肌纤维变性	表6-3-131
M62.815	肌张力缺失	表6-3-131
M62.817	阔筋膜挛缩症	表6-3-131
M62.819	膝关节肌肥大	表6-3-131
M62.821	足筋膜挛缩	表6-3-131
M62.822	疼痛性肌痉挛综合征	表6-3-131
M65.101	感染性滑膜炎	表6-3-132
M66.101	多关节滑膜破裂	表6-3-132
M66.102	肩锁关节滑膜破裂	表6-3-132
M66.103	盂肱关节滑膜破裂	表6-3-132
M66.104	胸锁关节滑膜破裂	表6-3-132

续 表

疾病编码	疾病名称	排除内容
M66.105	肘关节滑膜破裂	表6-3-132
M66.106	腕关节滑膜破裂	表6-3-132
M66.107	手骨间关节滑膜破裂	表6-3-132
M66.108	髋关节滑膜破裂	表6-3-132
M66.109	骶髂关节滑膜破裂	表6-3-132
M66.110	膝关节滑膜破裂	表6-3-132
M66.111	踝关节滑膜破裂	表6-3-132
M66.112	足关节滑膜破裂	表6-3-132
M66.113	滑膜囊肿破裂	表6-3-132
M66.201	肩区伸肌腱自发性破裂	表6-3-132
M66.202	上臂伸肌腱自发性破裂	表6-3-132
M66.203	前臂伸肌腱自发性破裂	表6-3-132
M66.204	手伸肌腱自发性破裂	表6-3-132
M66.205	骨盆区伸肌腱自发性破裂	表6-3-132
M66.206	大腿伸肌腱自发性破裂	表6-3-132
M66.207	小腿伸肌腱自发性破裂	表6-3-132
M66.208	踝伸肌腱自发性破裂	表6-3-132
M66.209	足伸肌腱自发性破裂	表6-3-132
M66.301	肩区屈肌腱自发性破裂	表6-3-132
M66.302	上臂屈肌腱自发性破裂	表6-3-132
M66.303	前臂屈肌腱自发性破裂	表6-3-132
M66.304	手屈肌腱自发性破裂	表6-3-132
M66.305	骨盆区屈肌腱自发性破裂	表6-3-132
M66.306	大腿屈肌腱自发性破裂	表6-3-132
M66.307	小腿屈肌腱自发性破裂	表6-3-132
M66.308	踝屈肌腱自发性破裂	表6-3-132
M66.309	足屈肌腱自发性破裂	表6-3-132
M67.001	跟腱挛缩	表6-3-132
M67.300	短暂性滑膜炎	表6-3-132
M67.301	中毒性滑膜炎	表6-3-132
M67.302	暂时性髋关节滑膜炎	表6-3-132
M70.500x002	膝假性滑囊炎	表6-3-133
M70.501	鹅趾滑囊炎	表6-3-133
M70.502	腘滑囊炎	表6-3-133
M70.503	过度打击膝	表6-3-133
M70.504	膝半膜肌肉滑囊炎	表6-3-133
M71.100	感染性滑囊炎，其他的	表6-3-133
M71.101	肩区感染性滑囊炎	表6-3-133
M71.102	上臂感染性滑囊炎	表6-3-133
M71.103	前臂感染性滑囊炎	表6-3-133

续 表

疾病编码	疾病名称	排除内容
M71.104	手感染性滑囊炎	表6-3-133
M71.105	骨盆区感染性滑囊炎	表6-3-133
M71.106	大腿感染性滑囊炎	表6-3-133
M71.107	小腿感染性滑囊炎	表6-3-133
M71.108	踝感染性滑囊炎	表6-3-133
M71.109	足感染性滑囊炎	表6-3-133
M72.400	假肉瘤性纤维瘤病	表6-3-133
M72.401	肩区结节性筋膜炎	表6-3-133
M72.402	上臂结节性筋膜炎	表6-3-133
M72.403	前臂结节性筋膜炎	表6-3-133
M72.404	手结节性筋膜炎	表6-3-133
M72.405	骨盆区结节性筋膜炎	表6-3-133
M72.406	大腿结节性筋膜炎	表6-3-133
M72.407	小腿结节性筋膜炎	表6-3-133
M72.408	踝结节性筋膜炎	表6-3-133
M72.409	足结节性筋膜炎	表6-3-133
M72.410	结节性筋膜炎	表6-3-133
M75.200	二头肌腱炎	表6-3-133
M75.201	肱二头肌长头肌腱炎	表6-3-133
M75.600	退行性肩关节盂唇撕裂	表6-3-133
M75.802	肩胛肱骨肌纤维变性	表6-3-133
M75.803	肩胛肱骨肌纤维鞘炎	表6-3-133
M75.804	肩腱鞘炎	表6-3-133
M75.900	肩损害	表6-3-133
M76.100	髂肌腱炎	表6-3-133
M76.200	髂嵴骨刺	表6-3-133
M76.600	跟腱炎	表6-3-133
M76.602	跟腱滑囊炎	表6-3-133
M76.603	跟腱痛	表6-3-133
M76.700	腓肌腱炎	表6-3-133
M76.701	腓肠肌内外侧头肌腱炎	表6-3-133
M76.800x072	踝关节撞击综合征	表6-3-133
M76.801	髋部肌腱端病	表6-3-133
M76.802	腓骨肌腱撞击综合征	表6-3-133
M76.803	膝肌腱端病	表6-3-133
M76.804	胫前综合征	表6-3-133
M76.805	胫后综合征	表6-3-133
M76.806	胫后肌腱炎	表6-3-133
M76.807	踝滑囊炎	表6-3-133
M77.500	足的其他肌腱端病	表6-3-133

续 表

疾病编码	疾病名称	排除内容
M77.501	踝肌腱端病	表6-3-133
M77.502	跟骨滑囊炎	表6-3-133
M77.503	脚趾滑囊炎	表6-3-133
M77.800x001	胫后肌腱失能	表6-3-133
M77.800x002	腓骨肌腱滑脱	表6-3-133
M77.801	肘肌腱端病	表6-3-133
M77.804	腕肌腱端病	表6-3-133
M79.200x001	多部位神经炎	表6-3-133
M79.201	多部位神经痛	表6-3-133
M79.203	下肢神经痛	表6-3-133
M79.204	神经束膜炎	表6-3-133
M79.205	慢性类风湿性神经炎	表6-3-133
M79.206	神经肌肉痛	表6-3-133
M79.207	神经痛	表6-3-133
M79.208	神经炎	表6-3-133
M79.209	神经病理性疼痛	表6-3-133
M79.300	脂膜炎	表6-3-133
M79.300x051	臀部脂膜炎	表6-3-133
M79.301	组织细胞吞噬性脂膜炎	表6-3-133
M79.302	结节性非化脓性脂膜炎	表6-3-133
M79.303	嗜酸性脂膜炎	表6-3-133
M79.700	纤维肌痛	表6-3-133
M79.701	肩部纤维肌炎	表6-3-133
M79.702	腰纤维肌炎	表6-3-133
M79.703	风湿性肌纤维组织炎	表6-3-133
M79.704	纤维织炎	表6-3-133
M79.705	肌纤维鞘炎	表6-3-133
M80.000	绝经后骨质疏松伴有病理性骨折	表6-3-134
M80.300	手术后吸收不良性骨质疏松伴有病理性骨折	表6-3-134
M81.000	绝经后骨质疏松	表6-3-134
M81.500	特发性骨质疏松	表6-3-134
M81.900	骨质疏松	表6-3-134
M81.900x101	脊椎松解	表6-3-134
M81.903	骨脱矿质	表6-3-134
M81.904	骨脱钙	表6-3-134
M85.100	氟骨症	表6-3-134
M85.300	致密性骨炎	表6-3-134
M85.500	动脉瘤性骨囊肿	表6-3-134
M86.000	急性血源性骨髓炎	表6-3-135
M86.300	慢性多病灶性骨髓炎	表6-3-135

续 表

疾病编码	疾病名称	排除内容
M86.600x061	小腿慢性化脓性骨髓炎	表6-3-135
M86.601	肘关节慢性化脓性骨髓炎	表6-3-135
M86.602	手慢性化脓性骨髓炎	表6-3-135
M86.603	骨盆区慢性化脓性骨髓炎	表6-3-135
M86.604	大腿慢性化脓性骨髓炎	表6-3-135
M86.605	膝关节慢性化脓性骨髓炎	表6-3-135
M86.606	踝慢性化脓性骨髓炎	表6-3-135
M86.607	足慢性化脓性骨髓炎	表6-3-135
M86.608	慢性骨髓炎	表6-3-135
M86.609	慢性化脓性骨髓炎	表6-3-135
M86.610	骨内死骨形成	表6-3-135
M86.800x071	跖骨籽骨形成	表6-3-135
M86.800x095	布罗迪脓肿	表6-3-135
M86.801	股骨肉芽肿	表6-3-135
M86.803	骨干炎	表6-3-135
M86.804	水肿性波特瘤	表6-3-135
M86.805	骨残留异物性肉芽肿	表6-3-135
M86.807	骨膜骨赘形成伴骨髓炎	表6-3-135
M86.808	骨脓肿	表6-3-135
M86.809	骨肉芽肿	表6-3-135
M86.810	加雷骨髓炎	表6-3-135
M86.811	硬化性骨髓炎	表6-3-135
M86.812	籽骨炎	表6-3-135
M87.300	继发性骨坏死，其他的	表6-3-135
M89.000	痛性神经营养不良	表6-3-135
M89.000x093	祖德克萎缩	表6-3-135
M89.001	肩手综合征	表6-3-135
M89.002	创伤后骨质疏松	表6-3-135
M89.003	交感反射性营养不良	表6-3-135
M89.401	肥大性肺性骨关节病	表6-3-135
M89.402	厚皮性骨膜病	表6-3-135
M89.403	普罗蒂斯综合征	表6-3-135
M89.404	继发性肥大性骨关节病	表6-3-135
M89.600	脊髓灰质炎后骨病	表6-3-135
M92.200	幼年型手部骨软骨病	表6-3-136
M92.201	幼年型腕骨骨软骨病	表6-3-136
M92.202	幼年型掌骨骨软骨病	表6-3-136
M93.100	成人金伯克病	表6-3-136
M94.801	化脓性软骨炎	表6-3-136
M94.802	老年性软骨骨化	表6-3-136

续 表

疾病编码	疾病名称	排除内容
M94.803	慢性萎缩性多软骨炎	表6-3-136
M94.804	软骨肥大	表6-3-136
M94.805	软骨脓肿	表6-3-136
M94.806	软骨实质丧失	表6-3-136
M94.807	软骨萎缩	表6-3-136
M94.808	软骨炎	表6-3-136
M95.901	后天性骨畸形	表6-3-137
M96.001	关节固定术后假关节形成	表6-3-137
M96.100	椎板切除术后综合征，不可归类在他处者	表6-3-137
M96.900	肌肉骨骼疾患，操作后的	表6-3-137
M99.400x001	枕颈椎管结缔组织性狭窄	表6-3-137
M99.400x002	颈胸椎管结缔组织性狭窄	表6-3-137
M99.400x003	胸腰椎管结缔组织性狭窄	表6-3-137
M99.400x004	腰骶椎管结缔组织性狭窄	表6-3-137
M99.400x005	骶尾椎管结缔组织性狭窄	表6-3-137
M99.400x006	骶髂椎管结缔组织性狭窄	表6-3-137
M99.700x002	椎间孔椎间盘狭窄	表6-3-137
N00.000	急性肾炎综合征伴有轻微的肾小球异常	表6-3-138
N00.100x001	局灶坏死性肾小球肾炎	表6-3-138
N00.200	急性肾炎综合征伴有弥漫性膜性肾小球肾炎	表6-3-138
N00.900	急性肾炎综合征	表6-3-138
N00.900x002	急性肾炎	表6-3-138
N00.900x006	急性肾小球病	表6-3-138
N00.900x008	急性肾病	表6-3-138
N00.900x009	慢性肾小球肾炎伴急进型肾小球性肾炎	表6-3-138
N00.901	急性链球菌感染后肾小球肾炎	表6-3-138
N00.902	急性肾小球肾炎	表6-3-138
N01.000	急进型肾炎综合征伴有轻微的肾小球异常	表6-3-138
N01.100x002	急进型肾炎综合征，局灶性和节段性肾小球损害	表6-3-138
N01.200x001	急进型肾炎综合征，弥漫性膜性肾小球肾炎	表6-3-138
N01.400x001	急进型肾炎，毛细血管内增殖性肾炎	表6-3-138
N01.500x001	急进型肾炎综合征，弥漫性肾小球膜毛细血管性肾小球肾炎	表6-3-138
N01.600x001	急进型肾炎综合征，密集沉积物病	表6-3-138
N01.700x001	急进性新月体性肾小球肾炎	表6-3-138
N01.900	急进型肾炎综合征	表6-3-138
N01.900x001	急进性肾炎	表6-3-138
N01.900x002	急进性肾小球病	表6-3-138
N01.900x003	急进性肾小球肾炎	表6-3-138
N02.301	血尿，弥漫性肾小球系膜增殖性肾小球损害	表6-3-138
N02.302	系膜增生性IgA肾病	表6-3-138

续 表

疾病编码	疾病名称	排除内容
N02.401	血尿，弥漫性毛细血管内增殖性肾炎	表6-3-138
N02.502	血尿，膜增殖性肾小球损害	表6-3-138
N02.600	复发性和持续性血尿伴有密集沉积物病	表6-3-138
N02.701	新月体性IgA肾病	表6-3-138
N02.702	血尿，新月体［形］肾小球肾炎	表6-3-138
N03.000	慢性肾炎综合征伴有轻微的肾小球异常	表6-3-138
N03.100	慢性肾炎综合征伴有局灶性和节段性肾小球损害	表6-3-138
N03.200x001	慢性膜性肾小球肾炎	表6-3-138
N03.300x001	慢性弥漫性系膜增殖性肾小球肾炎	表6-3-138
N03.400	慢性肾炎综合征伴有弥漫性毛细血管内增生性肾小球肾炎	表6-3-138
N03.500x003	慢性肾小球膜毛细血管性肾小球肾炎	表6-3-138
N03.501	膜增殖性肾小球肾炎Ⅰ型	表6-3-138
N03.502	膜增殖性肾小球肾炎Ⅲ型	表6-3-138
N03.503	膜性增生性肾小球肾炎	表6-3-138
N03.601	膜增殖性肾小球肾炎Ⅱ型	表6-3-138
N03.700	慢性肾炎综合征伴有弥漫性新月形肾小球肾炎	表6-3-138
N03.800x001	慢性弥漫性增殖性肾小球肾炎	表6-3-138
N03.800x003	慢性肾小球肾炎伴硬化性肾炎	表6-3-138
N03.800x004	慢性肾小球肾炎伴膜性增殖性肾小球肾炎	表6-3-138
N03.801	慢性增殖性肾小球肾炎	表6-3-138
N03.900	慢性肾炎综合征	表6-3-138
N03.900x002	慢性肾小球肾炎伴小管间质病变	表6-3-138
N03.900x003	慢性肾炎	表6-3-138
N03.900x004	隐匿型肾小球肾炎	表6-3-138
N03.900x005	肾小球内皮细胞病	表6-3-138
N03.900x006	慢性肾病	表6-3-138
N03.900x007	慢性肾小球病	表6-3-138
N03.901	慢性肾小球肾炎	表6-3-138
N04.200x001	肾病综合征伴膜性肾小球肾炎	表6-3-138
N04.300x001	肾病综合征伴膜增殖性肾小球肾炎	表6-3-138
N04.300x003	肾病综合征伴膜性增殖性IgA肾病	表6-3-138
N04.400x001	肾病综合征伴毛细血管增殖性肾炎	表6-3-138
N04.501	肾病综合征，膜增殖性肾小球肾炎Ⅰ型	表6-3-138
N04.502	肾病综合征，膜增殖性肾小球肾炎Ⅲ型	表6-3-138
N04.700	肾病综合征伴有弥漫性新月形肾小球肾炎	表6-3-138
N05.000x001	肾小球微小病变	表6-3-138
N05.000x003	肥胖相关性肾小球肥大症	表6-3-138
N05.000x004	微小病变性肾小球肾炎	表6-3-138
N05.101	局灶性肾炎	表6-3-138
N05.201	膜性肾病	表6-3-138

续 表

疾病编码	疾病名称	排除内容
N05.301	系膜增生性肾小球肾炎	表6-3-138
N05.400	肾炎综合征伴有弥漫性毛细血管内增生性肾小球肾炎	表6-3-138
N05.501	膜增殖性肾小球肾炎	表6-3-138
N05.701	新月体形肾小球肾炎	表6-3-138
N05.801	IgM肾病	表6-3-138
N05.802	增殖性肾小球肾炎	表6-3-138
N05.803	肾小球肾病	表6-3-138
N05.900	肾炎综合征	表6-3-138
N05.900x002	肾小球肾炎	表6-3-138
N05.900x003	肾炎	表6-3-138
N05.900x006	小血管炎肾损害	表6-3-138
N05.900x007	链球菌感染后肾小球肾炎	表6-3-138
N05.900x009	肾小球病	表6-3-138
N06.001	蛋白尿，肾小球轻微病变	表6-3-138
N06.200	孤立性蛋白尿伴有弥漫性膜性肾小球肾炎	表6-3-138
N06.300	孤立性蛋白尿伴有弥漫性肾小球系膜性增生性肾小球肾炎	表6-3-138
N06.400	孤立性蛋白尿伴有弥漫性毛细血管内增生性肾小球肾炎	表6-3-138
N06.500	孤立性蛋白尿伴有弥漫性肾小球系膜毛细血管性肾小球肾炎	表6-3-138
N06.700	孤立性蛋白尿伴有弥漫性新月形肾小球肾炎	表6-3-138
N07.200	遗传性肾病伴有弥漫性膜性肾小球肾炎，不可归类在他处者	表6-3-138
N07.300	遗传性肾病伴有弥漫性肾小球系膜增生性肾小球肾炎，不可归类在他处者	表6-3-138
N07.400	遗传性肾病伴有弥漫性毛细血管内增生性肾小球肾炎，不可归类在他处者	表6-3-138
N07.500	遗传性肾病伴有弥漫性肾小球系膜毛细血管性肾小球肾炎，不可归类在他处者	表6-3-138
N07.700	遗传性肾病伴有弥漫性新月形肾小球肾炎，不可归类在他处者	表6-3-138
N07.900x001	遗传性肾炎	表6-3-138
N11.000x001	返流性肾盂肾炎	表6-3-139
N11.100	慢性梗阻性肾盂肾炎	表6-3-139
N11.800x002	免疫相关的慢性间质性肾炎	表6-3-139
N11.800x003	代谢异常相关的慢性间质性肾炎	表6-3-139
N11.801	非梗阻性慢性肾盂肾炎	表6-3-139
N11.802	黄色肉芽肿性肾盂肾炎	表6-3-139
N11.900	慢性肾小管-间质肾炎	表6-3-139
N11.900x001	慢性肾盂肾炎	表6-3-139
N11.900x003	慢性肾盂炎	表6-3-139
N11.901	慢性间质性肾炎	表6-3-139
N13.701	膀胱输尿管反流	表6-3-139
N13.901	泌尿道梗阻	表6-3-139
N14.201	药物性肾病	表6-3-139
N14.301	汞中毒性肾病	表6-3-139
N18.100	慢性肾脏病1期	表6-3-140

续 表

疾病编码	疾病名称	排除内容
N25.100	肾性尿崩症	表6-3-141
N27.000	单侧小肾	表6-3-141
N27.900	小肾	表6-3-141
N30.800x004	膀胱炎性病变	表6-3-142
N30.801	膀胱脓肿	表6-3-142
N30.802	钙化性膀胱炎	表6-3-142
N30.803	化学性膀胱炎	表6-3-142
N30.804	黄色肉芽肿性膀胱炎	表6-3-142
N30.805	滤泡性膀胱炎	表6-3-142
N30.806	囊性膀胱炎	表6-3-142
N30.807	嗜酸细胞性膀胱炎	表6-3-142
N30.808	息肉样膀胱炎	表6-3-142
N30.809	腺性膀胱炎	表6-3-142
N30.810	增生性膀胱炎	表6-3-142
N31.901	神经源性膀胱	表6-3-142
N32.900x002	膀胱颈肿物	表6-3-142
N32.901	膀胱肿物	表6-3-142
N34.000	尿道脓肿	表6-3-142
N34.000x005	尿道腺脓肿	表6-3-142
N34.001	尿道旁腺脓肿	表6-3-142
N34.002	尿道球腺脓肿	表6-3-142
N36.100	尿道憩室	表6-3-142
N36.300	尿道黏膜脱垂	表6-3-142
N36.301	男性尿道膨出	表6-3-142
N36.302	尿道脱垂	表6-3-142
N41.000	急性前列腺炎	表6-3-143
N41.300	前列腺膀胱炎	表6-3-143
N42.200	前列腺萎缩	表6-3-143
N43.100	感染性鞘膜积液	表6-3-143
N43.101	感染性睾丸鞘膜积液	表6-3-143
N43.400	精子囊肿	表6-3-143
N48.400	器质性原因的阳痿	表6-3-143
N48.400x005	神经源性勃起功能障碍	表6-3-143
N48.400x006	糖尿病性勃起功能障碍	表6-3-143
N48.400x007	1型糖尿病性勃起功能障碍	表6-3-143
N48.400x008	2型糖尿病性勃起功能障碍	表6-3-143
N48.401	静脉性阳痿	表6-3-143
N48.402	外伤后阳痿	表6-3-143
N48.403	血管痿性阳痿	表6-3-143
N48.500	阴茎溃疡	表6-3-143

续 表

疾病编码	疾病名称	排除内容
N49.201	阴囊蜂窝织炎	表6-3-143
N49.202	阴囊坏疽	表6-3-143
N49.203	阴囊疖肿	表6-3-143
N49.204	阴囊脓肿	表6-3-143
N49.205	阴囊炎	表6-3-143
N50.900x005	冠状沟肿物	表6-3-143
N50.900x006	神经源性射精功能障碍	表6-3-143
N50.900x007	神经源性生育功能障碍	表6-3-143
N50.900x008	逆向射精症	表6-3-143
N50.901	睾丸肿物	表6-3-143
N50.902	阴囊肿物	表6-3-143
N50.903	附睾肿物	表6-3-143
N60.300	乳房纤维硬化	表6-3-144
N60.900	良性乳腺发育不良	表6-3-144
N64.100	乳房脂肪坏死	表6-3-144
N73.500	女性盆腔腹膜炎	表6-3-145
N73.501	子宫直肠陷凹脓肿	表6-3-145
N75.900	前庭大腺疾病	表6-3-145
N80.300	盆腔腹膜的子宫内膜异位症	表6-3-146
N80.301	腹膜子宫内膜异位症	表6-3-146
N80.302	盆腔子宫内膜异位症	表6-3-146
N80.303	子宫直肠凹子宫内膜异位症	表6-3-146
N80.800x007	鼻腔子宫内膜异位症	表6-3-146
N80.800x010	腹壁子宫内膜异位	表6-3-146
N80.800x011	胸了宫内膜异位症	表6-3-146
N80.801	外耳道子宫内膜异位症	表6-3-146
N80.802	肺子宫内膜异位症	表6-3-146
N80.803	肝子宫内膜异位症	表6-3-146
N80.804	输尿管子宫内膜异位症	表6-3-146
N80.805	膀胱子宫内膜异位症	表6-3-146
N80.806	子宫韧带子宫内膜异位症	表6-3-146
N80.807	腹膜后子宫内膜异位症	表6-3-146
N80.808	骶前子宫内膜异位症	表6-3-146
N80.809	胸腔子宫内膜异位症	表6-3-146
N81.300	完全性子宫阴道脱垂	表6-3-146
N81.301	Ⅲ度子宫脱垂	表6-3-146
N82.200	阴道小肠瘘	表6-3-146
N82.201	手术后小肠阴道瘘	表6-3-146
N82.401	子宫直肠瘘	表6-3-146
N82.500	女性生殖道-皮肤瘘	表6-3-146

续 表

疾病编码	疾病名称	排除内容
N82.501	子宫腹壁瘘	表6-3-146
N82.502	阴道会阴瘘	表6-3-146
N82.900	女性生殖道瘘	表6-3-146
N82.900x003	子宫颈窦道	表6-3-146
N82.901	阴道瘘	表6-3-146
N82.902	子宫瘘	表6-3-146
N83.300x001	卵巢萎缩	表6-3-146
N83.300x002	输卵管萎缩	表6-3-146
N83.700	阔韧带血肿	表6-3-146
N85.100	子宫内膜腺瘤性增生	表6-3-146
N85.101	子宫内膜非典型增生	表6-3-146
N85.700	子宫积血	表6-3-146
N87.200x001	重度宫颈发育不良	表6-3-146
N88.000	宫颈白斑	表6-3-146
N89.100	中度阴道发育不良	表6-3-146
N89.101	阴道上皮内肿瘤，Ⅱ级	表6-3-146
N89.400	阴道白斑	表6-3-146
N89.600	处女膜环过紧	表6-3-146
N89.600x001	强直性处女膜	表6-3-146
N89.600x002	阴道入口过紧	表6-3-146
N89.601	处女膜伞	表6-3-146
N90.300	外阴发育不良	表6-3-146
N90.301	外阴鳞状上皮增生	表6-3-146
N90.302	外阴上皮内肿瘤	表6-3-146
N90.500	外阴萎缩	表6-3-146
N90.501	外阴狭窄	表6-3-146
N90.700	外阴囊肿	表6-3-146
N90.701	阴蒂囊肿	表6-3-146
N90.901	会阴非炎性疾病	表6-3-146
N90.902	外阴肿物	表6-3-146
N91.100	继发闭经	表6-3-146
N91.300	原发性月经稀少	表6-3-146
N92.100x001	月经频多	表6-3-146
N92.101	子宫不规则出血	表6-3-146
N92.200	青春期月经过多	表6-3-146
N92.300	排卵期出血	表6-3-146
N92.500	月经不规则，其他特指的	表6-3-146
N94.300	经前紧张征	表6-3-146
N97.900	女性不孕症	表6-3-146
N97.901	女性原发性不育	表6-3-146

续 表

疾病编码	疾病名称	排除内容
N97.902	女性继发性不育	表6-3-146
N98.100	卵巢过度刺激	表6-3-146
O01.901	妊娠滋养细胞病	表6-3-148
O01.902	异位葡萄胎	表6-3-148
O03.800	完全性或未特指的自然流产，伴有其他的并发症	表6-3-148
O03.800x031	自然流产并发休克	表6-3-148
O03.800x041	自然流产并发肾衰竭	表6-3-148
O03.800x061	自然流产并发盆腔器官损伤	表6-3-148
O03.801	完全性自然流产伴有并发症	表6-3-148
O03.802	自然流产伴有并发症	表6-3-148
O04.000x003	不完全医疗性流产并发生殖道感染	表6-3-148
O04.001	不完全性医疗性流产并发盆腔感染	表6-3-148
O04.300	不完全性医疗性流产，伴有其他并发症	表6-3-148
O04.300x031	不完全医疗性流产并发休克	表6-3-148
O04.300x041	不完全医疗性流产并发子宫颈裂伤	表6-3-148
O04.300x081	不完全医疗性流产并发心率缓慢	表6-3-148
O04.800	完全性或未特指的医疗性流产，伴有其他并发症	表6-3-148
O04.800x031	医疗性流产并发休克	表6-3-148
O04.800x041	医疗性流产并发肾衰竭	表6-3-148
O04.800x061	医疗性流产并发子宫颈裂伤	表6-3-148
O04.801	医疗性流产并发会阴裂伤	表6-3-148
O04.802	医疗性流产并发阴道壁血肿	表6-3-148
O05.100	不完全性流产，其他的，并发延迟或过度出血	表6-3-148
O05.301	其他不完全性流产伴有并发症	表6-3-148
O05.400	不完全性流产，其他的，无并发症	表6-3-148
O05.500	完全性流产，其他的，并发生殖道和盆腔感染	表6-3-148
O05.801	其他完全性流产伴有并发症	表6-3-148
O06.400	不完全性流产，无并发症	表6-3-148
O07.401	人工流产失败	表6-3-148
O07.402	药物流产失败	表6-3-148
O08.800x006	腹腔妊娠后胎盘残留	表6-3-148
O08.800x007	流产后失血性贫血	表6-3-148
O08.801	流产后腹痛	表6-3-148
O08.802	流产后宫颈粘连	表6-3-148
O08.803	流产后宫腔粘连	表6-3-148
O08.805	流产后心脏停搏	表6-3-148
O08.806	异位妊娠后宫颈粘连	表6-3-148
O12.000	妊娠水肿	表6-3-149
O14.000x001	轻度先兆子痫	表6-3-149
O14.000x002	中度先兆子痫	表6-3-149

续 表

疾病编码	疾病名称	排除内容
O14.200	HELLP综合征	表6-3-149
O15.101	产时子痫	表6-3-149
O15.900	子痫	表6-3-149
O21.200	妊娠晚期呕吐	表6-3-150
O22.500	妊娠期大脑静脉血栓形成	表6-3-150
O22.801	妊娠期子宫旁静脉曲张	表6-3-150
O23.000x001	妊娠期肾炎	表6-3-150
O23.001	妊娠期肾盂肾炎	表6-3-150
O23.200	妊娠期尿道感染	表6-3-150
O24.200x001	妊娠合并原有营养不良性糖尿病	表6-3-150
O26.100	妊娠期体重增加过低	表6-3-150
O26.200	习惯性流产者的妊娠医疗	表6-3-150
O28.200	孕产妇产前筛查的细胞学异常所见	表6-3-150
O28.501	产前染色体筛查异常	表6-3-150
O28.502	唐氏筛查高风险	表6-3-150
O29.200	妊娠期间麻醉的中枢神经系统并发症	表6-3-150
O30.900	多胎妊娠	表6-3-151
O31.000	纸样胎	表6-3-151
O31.000x001	压扁胎	表6-3-151
O31.100	一个或多个胎儿流产后的继续妊娠	表6-3-151
O32.301	额先露	表6-3-151
O32.302	颏先露	表6-3-151
O32.303	面先露	表6-3-151
O32.601	复合先露	表6-3-151
O34.500x001	妊娠合并子宫扭转	表6-3-151
O34.500x002	妊娠合并子宫嵌顿	表6-3-151
O34.500x005	妊娠合并子宫腺肌病	表6-3-151
O34.500x007	妊娠合并腹壁子宫内膜异位症	表6-3-151
O34.501	妊娠合并子宫后倾	表6-3-151
O34.502	妊娠合并子宫脱垂	表6-3-151
O34.503	妊娠合并子宫内膜异位症	表6-3-151
O35.101	胎儿染色体异常	表6-3-151
O35.102	胎儿先天愚型	表6-3-151
O36.201	妊娠伴胎儿水肿	表6-3-151
O36.202	镜像综合征	表6-3-151
O36.203	双胎镜像综合征	表6-3-151
O36.401	胎死宫内	表6-3-151
O46.900	产前出血	表6-3-151
O61.000x001	后叶催产素引产失败	表6-3-152
O61.000x002	前列腺素引产失败	表6-3-152

续 表

疾病编码	疾病名称	排除内容
O61.100	器械引产失败	表6-3-152
O63.100	第二期（产程）延长	表6-3-152
O63.901	产程延长	表6-3-152
O65.401	头盆不称难产	表6-3-152
O66.001	肩位难产	表6-3-152
O67.000	产时出血伴有凝血缺陷	表6-3-152
O67.000x002	分娩期弥散性血管内凝血	表6-3-152
O69.301	脐带过短	表6-3-152
O69.400	产程和分娩并发前置血管	表6-3-152
O69.401	脐带血管前置	表6-3-152
O69.500x003	脐带血栓形成	表6-3-152
O69.500x004	脐带静脉曲张	表6-3-152
O69.501	脐带挫伤	表6-3-152
O69.503	脐带血肿	表6-3-152
O69.900x001	分娩伴脐带并发症	表6-3-152
O70.200	分娩时Ⅲ度会阴裂伤	表6-3-152
O70.200x001	分娩时会阴裂伤累及阴道直肠隔	表6-3-152
O70.200x003	分娩时会阴裂伤累及肛门括约肌	表6-3-152
O74.100	产程和分娩期间麻醉的其他肺部并发症	表6-3-152
O74.300	产程和分娩期间麻醉的中枢神经系统并发症	表6-3-152
O74.600	产程和分娩期间脊髓和硬膜外麻醉的其他并发症	表6-3-152
O74.800	产程和分娩期间麻醉的其他并发症	表6-3-152
O75.000	产程和分娩期间母体窘迫	表6-3-152
O75.401	产科术后心脏停搏	表6-3-152
O75.402	产科术中心脏停搏	表6-3-152
O75.403	分娩伴心力衰竭	表6-3-152
O75.600	自发或未特指的破膜后分娩延迟	表6-3-152
O80.100	臀位顺产	表6-3-153
O80.800	单胎顺产，其他的	表6-3-153
O81.100	中位产钳术	表6-3-153
O83.000	胎臀牵引术	表6-3-153
O86.400x001	产褥病率	表6-3-154
O86.401	产褥期不明原因发热	表6-3-154
O86.402	产褥期未特指的感染	表6-3-154
O87.900	产褥期的静脉并发症	表6-3-154
O87.900x003	产褥期血栓形成	表6-3-154
O87.901	产褥期静脉炎	表6-3-154
O90.300	产褥期心肌病	表6-3-154
O90.500	产后甲状腺炎	表6-3-154
O91.200x001	妊娠期实质性乳腺炎	表6-3-154

续 表

疾病编码	疾病名称	排除内容
O91.200x003	妊娠期间质性乳腺炎	表6-3-154
O91.200x004	妊娠期乳房淋巴管炎	表6-3-154
O91.200x005	产褥期实质性乳腺炎	表6-3-154
O91.200x007	产褥期间质性乳腺炎	表6-3-154
O91.200x008	产褥期乳房淋巴管炎	表6-3-154
O91.201	产褥期乳腺炎	表6-3-154
O91.202	妊娠期乳腺炎	表6-3-154
O92.100	与分娩有关的乳头皲裂	表6-3-154
O92.100x001	产褥期乳头皲裂	表6-3-154
O98.000	结核并发于妊娠、分娩和产褥期	表6-3-155
O98.000x021	分娩合并结核病	表6-3-155
O98.000x031	产褥期结核病	表6-3-155
O98.001	妊娠合并结核病	表6-3-155
O98.100	梅毒并发于妊娠、分娩和产褥期	表6-3-155
O98.100x021	分娩合并梅毒	表6-3-155
O98.100x031	产褥期梅毒	表6-3-155
O98.101	妊娠合并梅毒	表6-3-155
O98.200	淋病并发于妊娠、分娩和产褥期	表6-3-155
O98.200x021	分娩合并淋病	表6-3-155
O98.200x031	产褥期淋病	表6-3-155
O98.201	妊娠合并淋病	表6-3-155
O98.300	主要为性传播模式的其他感染并发于妊娠、分娩和产褥期	表6-3-155
O98.300x013	妊娠合并生殖道沙眼衣原体感染	表6-3-155
O98.300x014	妊娠合并泌尿生殖道支原体感染	表6-3-155
O98.301	妊娠合并滴虫性阴道炎	表6-3-155
O98.302	妊娠合并尖锐湿疣	表6-3-155
O98.400x005	妊娠合并乙型丁型病毒性肝炎	表6-3-155
O98.400x011	妊娠合并病毒性肝炎	表6-3-155
O98.400x021	分娩合并病毒性肝炎	表6-3-155
O98.400x031	产褥期病毒性肝炎	表6-3-155
O98.401	妊娠合并甲型肝炎	表6-3-155
O98.402	妊娠合并乙型肝炎	表6-3-155
O98.403	妊娠合并丙型肝炎	表6-3-155
O98.404	妊娠合并戊型肝炎	表6-3-155
O98.406	妊娠合并重症病毒性肝炎	表6-3-155
O98.500	其他病毒性疾病，并发于妊娠、分娩和产褥期	表6-3-155
O98.501	妊娠合并病毒性脑炎	表6-3-155
O98.502	妊娠合并风疹	表6-3-155
O98.503	妊娠合并巨细胞病毒感染	表6-3-155
O98.506	妊娠合并水痘	表6-3-155

续 表

疾病编码	疾病名称	排除内容
O98.600	原虫性疾病并发于妊娠、分娩和产褥期	表6-3-155
O98.600x001	孕妇疟疾	表6-3-155
O98.601	妊娠合并弓形虫病	表6-3-155
O98.700	HIV并发于妊娠、分娩和产褥期	表6-3-155
O98.800	孕产妇其他的传染病和寄生虫病并发于妊娠、分娩和产褥期	表6-3-155
O98.800x002	妊娠合并真菌性阴道炎	表6-3-155
O98.800x007	妊娠合并菌痢	表6-3-155
O98.800x009	妊娠合并沙眼衣原体感染	表6-3-155
O98.800x013	妊娠合并真菌性外阴炎	表6-3-155
O98.800x032	产褥期寄生虫病	表6-3-155
O98.800x033	妊娠合并肺毛霉菌病	表6-3-155
O98.800x035	妊娠合并急性胃肠炎	表6-3-155
O98.800x036	妊娠合并肠炎	表6-3-155
O98.800x037	妊娠合并腹泻	表6-3-155
O98.801	妊娠合并脓毒症	表6-3-155
O98.802	妊娠合并花斑癣	表6-3-155
O98.803	妊娠合并脊髓灰质炎后遗症	表6-3-155
O98.804	妊娠合并菌血症	表6-3-155
O98.805	妊娠合并利斯特菌病	表6-3-155
O98.806	妊娠合并霉菌性阴道炎	表6-3-155
O98.808	妊娠合并阴道溶血性链球菌感染	表6-3-155
O98.809	妊娠合并阴虱	表6-3-155
O98.810	妊娠合并急性传染性肠胃炎	表6-3-155
O98.811	妊娠合并传染性肠炎	表6-3-155
O98.900	孕产妇的传染病或寄生虫病并发于妊娠、分娩和产褥期	表6-3-155
P00.001	母体妊娠高血压新生儿	表6-3-156
P00.002	母体先兆子痫新生儿	表6-3-156
P00.500	胎儿和新生儿受母体损伤的影响	表6-3-156
P00.600	胎儿和新生儿受母体手术操作的影响	表6-3-156
P01.900	胎儿和新生儿受母体妊娠并发症的影响	表6-3-156
P02.000	胎儿和新生儿受前置胎盘的影响	表6-3-156
P02.100	胎儿和新生儿受胎盘剥离和出血的其他形式的影响	表6-3-156
P02.300x003	胎-母输血新生儿	表6-3-156
P02.301	新生儿双胎输血综合征	表6-3-156
P02.701	羊膜炎新生儿	表6-3-156
P03.101	头盆不称新生儿	表6-3-156
P03.201	产钳助产新生儿	表6-3-156
P03.501	急产婴儿	表6-3-156
P04.001	母体服麻醉药物新生儿	表6-3-156
P10.300	产伤引起的蛛网膜下隙出血	表6-3-158

续 表

疾病编码	疾病名称	排除内容
P13.000	产伤引起的颅骨骨折	表6-3-158
P13.300	长骨的产伤，其他的	表6-3-158
P13.301	产伤致新生儿肱骨骨折	表6-3-158
P15.000	肝的产伤	表6-3-158
P15.300	眼的产伤	表6-3-158
P20.000	在产程开始前首先察觉到的子宫内低氧症	表6-3-159
P20.100	在产程和分娩中首先察觉到的子宫内低氧症	表6-3-159
P23.100	衣原体性先天性肺炎	表6-3-159
P23.300	B族链球菌性先天性肺炎	表6-3-159
P23.600	先天性肺炎，其他细菌性病原体引起的	表6-3-159
P23.600x001	新生儿支原体肺炎	表6-3-159
P23.600x002	新生儿流感嗜血杆菌肺炎	表6-3-159
P23.600x003	新生儿肺炎杆菌肺炎	表6-3-159
P23.600x004	新生儿链球菌肺炎（非B族）	表6-3-159
P24.001	新生儿胎粪吸入综合征	表6-3-159
P24.002	新生儿胎粪吸入性肺炎	表6-3-159
P25.100	起源于围生期的气胸	表6-3-159
P25.801	新生儿肺大疱	表6-3-159
P27.100	起源于围生期的支气管肺发育不良	表6-3-159
P29.800x201	新生儿心脏生理性杂音	表6-3-159
P29.800x901	新生儿循环衰竭	表6-3-159
P29.800x902	新生儿心包积液	表6-3-159
P29.802	新生儿低血压	表6-3-159
P35.000	先天性风疹综合征	表6-3-160
P35.000x001	先天性风疹肺炎	表6-3-160
P39.000	新生儿感染性乳腺炎	表6-3-160
P39.300	新生儿泌尿道感染	表6-3-160
P39.401	新生儿脓皮病	表6-3-160
P39.402	新生儿皮肤霉菌感染	表6-3-160
P39.403	新生儿臀炎	表6-3-160
P39.800x004	新生儿沙门菌感染	表6-3-160
P39.800x005	新生儿鼠伤寒沙门菌感染	表6-3-160
P39.800x006	新生儿猪霍乱沙门菌感染	表6-3-160
P39.800x007	新生儿梭状芽胞杆菌感染	表6-3-160
P39.800x008	新生儿大肠杆菌感染	表6-3-160
P39.801	新生儿颅内感染	表6-3-160
P50.300	出血流入双胎之另一胎儿	表6-3-161
P52.000	胎儿和新生儿脑室内（非创伤性）出血，Ⅰ度	表6-3-161
P52.100	胎儿和新生儿脑室内（非创伤性）出血，Ⅱ度	表6-3-161
P52.200x001	新生儿脑室内出血Ⅲ度（非创伤性）	表6-3-161

续 表

疾病编码	疾病名称	排除内容
P52.200x002	新生儿脑室内出血Ⅳ度（非创伤性）	表6-3-161
P52.400	胎儿和新生儿大脑内（非创伤性）出血	表6-3-161
P52.801	非创伤性新生儿硬膜外出血	表6-3-161
P52.802	非创伤性新生儿硬膜下出血	表6-3-161
P54.400	新生儿肾上腺出血	表6-3-161
P54.900	新生儿出血	表6-3-161
P55.800x002	新生儿血型不合溶血病（Duffy系统）	表6-3-161
P55.801	新生儿MN溶血症	表6-3-161
P55.900	胎儿和新生儿的溶血性疾病	表6-3-161
P58.200	感染引起的新生儿黄疸	表6-3-161
P58.800	过度溶血引起的新生儿黄疸，其他特指的	表6-3-161
P58.800x001	新生儿葡萄糖-6-磷酸脱氢酶［G6PD］缺乏性溶血性贫血	表6-3-161
P59.100	胆汁浓缩综合征	表6-3-161
P61.300	胎儿失血所致的先天性贫血	表6-3-161
P61.900	围生期血液疾患	表6-3-161
P70.000	母亲伴有妊娠糖尿病的婴儿综合征	表6-3-162
P71.000	新生儿牛乳性低钙血症	表6-3-162
P71.300x001	新生儿手足搐搦	表6-3-162
P72.200x001	新生儿甲状腺功能减退症	表6-3-162
P72.900	新生儿暂时性内分泌疾患	表6-3-162
P74.301	新生儿高钾血症	表6-3-162
P74.302	新生儿低钾血症	表6-3-162
P76.100	新生儿暂时性肠梗阻	表6-3-163
P76.900	新生儿肠梗阻	表6-3-163
P78.200x001	新生儿咽下综合征	表6-3-163
P81.000	新生儿环境性高温	表6-3-164
P81.001	新生儿捂热综合征	表6-3-164
P81.800	新生儿其他特指的体温调节障碍	表6-3-164
P83.500	先天性鞘膜积液	表6-3-164
P83.500x002	先天性睾丸鞘膜积液	表6-3-164
P83.500x003	先天性精索鞘膜积液	表6-3-164
P91.200	新生儿脑白质软化	表6-3-165
P91.800x001	新生儿脑病	表6-3-165
P91.801	新生儿颅内静脉窦血栓形成	表6-3-165
P91.802	新生儿中毒性脑病	表6-3-165
P94.200x001	先天性肌张力减退	表6-3-165
P94.200x002	先天性肌弛缓综合征［松软儿］	表6-3-165
P94.900	新生儿肌张力疾患	表6-3-165
P96.100x001	新生儿撤药综合征（母亲药瘾）	表6-3-165
P96.100x002	新生儿药物戒断综合征（母亲药瘾）	表6-3-165

续 表

疾病编码	疾病名称	排除内容
P96.900x001	新生儿反应低下	表6-3-165
Q01.200	枕部脑膨出	表6-3-166
Q01.900	脑膨出	表6-3-166
Q01.900x001	脑膜脑膨出	表6-3-166
Q01.900x003	积水性脑膨出	表6-3-166
Q01.901	先天性脑疝	表6-3-166
Q03.800	先天性脑积水，其他的	表6-3-166
Q03.900	先天性脑积水	表6-3-166
Q04.500	巨脑	表6-3-166
Q04.800x002	先天性低脊髓畸形	表6-3-166
Q04.800x003	先天性胡桃脑	表6-3-166
Q04.800x005	先天性第五六脑室	表6-3-166
Q04.801	先天性巨大硬脊膜囊	表6-3-166
Q04.802	先天性脑灰质异位症	表6-3-166
Q04.803	先天性脑透明隔异常	表6-3-166
Q04.900	脑先天性畸形	表6-3-166
Q04.902	先天性脑发育异常	表6-3-166
Q05.400	脊柱裂伴有脑积水	表6-3-166
Q05.400x001	脊髓脊膜膨出伴脑积水	表6-3-166
Q05.900	脊柱裂	表6-3-166
Q05.900x002	脊柱裂伴脊膜膨出	表6-3-166
Q05.900x006	特发性脊髓疝	表6-3-166
Q05.900x007	脊膜膨出	表6-3-166
Q05.901	脑脊膜膨出	表6-3-166
Q05.902	脊膜脊髓膨出	表6-3-166
Q06.900	脊髓先天性畸形	表6-3-166
Q06.901	腰骶神经根囊肿	表6-3-166
Q07.000	阿-基综合征	表6-3-166
Q10.200	先天性睑内翻	表6-3-167
Q10.300	眼睑的其他先天性畸形	表6-3-167
Q10.300x008	先天性眼眦畸形	表6-3-167
Q10.300x011	先天性外眦赘皮	表6-3-167
Q10.300x012	先天性重睑不对称	表6-3-167
Q10.301	眼睑发育不全	表6-3-167
Q10.302	先天性睫毛倾斜度异常综合征	表6-3-167
Q10.303	先天性内眦赘皮	表6-3-167
Q10.304	先天性双行睫	表6-3-167
Q10.306	先天性小睑裂综合征	表6-3-167
Q10.307	先天性眼睑缺如	表6-3-167
Q11.000	囊状眼球	表6-3-167

续　表

疾病编码	疾病名称	排除内容
Q12.100	先天性晶状体移位	表6-3-167
Q12.300	先天性无晶状体	表6-3-167
Q12.400	球形晶状体	表6-3-167
Q12.800	先天性晶状体畸形，其他的	表6-3-167
Q12.801	先天性圆锥形晶状体	表6-3-167
Q13.300	先天性角膜混浊	表6-3-167
Q13.301	先天性角膜白斑	表6-3-167
Q13.500	蓝色巩膜	表6-3-167
Q13.500x002	巩膜色素斑	表6-3-167
Q13.900	眼前段先天性畸形	表6-3-167
Q14.100	视网膜先天性畸形	表6-3-167
Q14.100x003	晶状体血管膜	表6-3-167
Q14.101	视网膜发育不良	表6-3-167
Q14.102	先天性视网膜色素异常	表6-3-167
Q14.103	先天性视网膜动脉瘤	表6-3-167
Q14.104	先天性视网膜劈裂症	表6-3-167
Q15.801	先天性大角膜	表6-3-167
Q15.802	先天性小角膜	表6-3-167
Q15.803	先天性球形角膜	表6-3-167
Q20.300	心室动脉连接不协调	表6-3-168
Q20.300x002	主动脉右转位	表6-3-168
Q20.301	纠正性大动脉转位	表6-3-168
Q20.302	完全性大动脉转位	表6-3-168
Q22.000	肺动脉瓣闭锁	表6-3-168
Q22.500	埃布斯坦异常	表6-3-168
Q24.000x002	镜面右位心	表6-3-168
Q24.000x003	单发右位心	表6-3-168
Q26.000x001	先天性上下腔静脉狭窄	表6-3-168
Q26.000x002	先天性上腔静脉狭窄	表6-3-168
Q26.000x003	先天性下腔静脉狭窄	表6-3-168
Q26.000x004	先天性下腔静脉闭锁	表6-3-168
Q27.300x006	先天性脊髓动静脉瘘	表6-3-168
Q27.300x007	腮腺动静脉畸形	表6-3-168
Q27.300x008	硬膜外动静脉畸形	表6-3-168
Q27.300x009	子宫动静脉畸形	表6-3-168
Q27.300x010	颌骨动静脉畸形	表6-3-168
Q27.301	先天性动静脉瘘	表6-3-168
Q27.302	先天性头颈部动静脉瘘	表6-3-168
Q27.303	先天性腋动静脉瘘	表6-3-168
Q27.304	先天性肝动静脉瘘	表6-3-168

续 表

疾病编码	疾病名称	排除内容
Q27.305	先天性肾动静脉瘘	表6-3-168
Q27.306	先天性躯干部动静脉瘘	表6-3-168
Q27.307	先天性上肢动静脉瘘	表6-3-168
Q27.308	先天性下肢动静脉瘘	表6-3-168
Q27.309	先天性周围血管动静脉瘤	表6-3-168
Q27.900	周围血管系统先天性畸形	表6-3-168
Q28.200	大脑血管动静脉畸形	表6-3-168
Q28.200x006	颅内巨大动静脉畸形	表6-3-168
Q28.200x007	涉及功能区的动静脉畸形（Spetzler-Martin3级及以下）	表6-3-168
Q28.200x008	涉及功能区的动静脉畸形（Spetzler-Martin3级以上）	表6-3-168
Q28.201	先天性大脑动静脉瘤	表6-3-168
Q28.202	先天性硬脑膜动静脉瘘	表6-3-168
Q28.203	先天性脑动静脉瘘	表6-3-168
Q28.300x001	脑血管畸形	表6-3-168
Q28.300x005	基底动脉畸形	表6-3-168
Q28.300x007	脑静脉畸形	表6-3-168
Q28.301	先天性大脑动静脉畸形	表6-3-168
Q28.302	先天性大脑动脉瘤	表6-3-168
Q28.303	先天性大脑后动脉缺失	表6-3-168
Q28.304	先天性大脑中动脉动脉瘤	表6-3-168
Q28.305	先天性小脑动静脉畸形	表6-3-168
Q30.100x001	先天性鼻缺如	表6-3-169
Q30.101	鼻发育不良	表6-3-169
Q30.900	鼻先天性畸形	表6-3-169
Q31.900	喉先天性畸形	表6-3-169
Q32.200	先天性支气管软化	表6-3-169
Q32.300	先天性支气管狭窄	表6-3-169
Q33.100	副肺叶	表6-3-169
Q33.400	先天性支气管扩张	表6-3-169
Q33.500	肺的异位组织	表6-3-169
Q33.600	肺发育不全和发育异常	表6-3-169
Q33.900	肺先天性畸形	表6-3-169
Q34.801	先天性鼻咽闭锁	表6-3-169
Q35.700	腭垂裂	表6-3-170
Q37.800	腭裂伴有双侧唇裂	表6-3-170
Q38.000x003	先天性唇畸形	表6-3-171
Q38.000x005	先天性厚唇	表6-3-171
Q38.000x006	先天性薄唇	表6-3-171
Q38.000x007	先天性红唇缺如	表6-3-171
Q38.001	唇系带短缩	表6-3-171

续 表

疾病编码	疾病名称	排除内容
Q38.002	范德沃德综合征	表6-3-171
Q38.003	先天性重唇	表6-3-171
Q38.004	先天性唇瘘	表6-3-171
Q38.600x001	颊系带附着异常	表6-3-171
Q38.600x002	先天性齿龈畸形	表6-3-171
Q38.600x004	先天性颊沟过浅	表6-3-171
Q38.600x006	先天性牙槽嵴裂	表6-3-171
Q38.601	先天性口畸形	表6-3-171
Q39.000x001	先天性食管闭锁	表6-3-171
Q39.600	食管憩室	表6-3-171
Q39.601	先天性咽食管憩室	表6-3-171
Q39.602	先天性食管中段憩室	表6-3-171
Q40.100	先天性食管裂孔疝	表6-3-171
Q40.800	上消化道其他特指的先天性畸形	表6-3-171
Q41.201	先天性回肠缺如	表6-3-171
Q41.202	先天性回肠狭窄	表6-3-171
Q41.203	先天性回肠闭锁	表6-3-171
Q42.301	肛门先天性狭窄，不伴有瘘	表6-3-171
Q42.302	肛门先天性闭锁，不伴有瘘	表6-3-171
Q43.300x201	先天性肠粘连	表6-3-171
Q43.300x901	先天性杰克逊膜	表6-3-171
Q43.301	先天性肠旋转不良	表6-3-171
Q43.700	永存泄殖腔	表6-3-171
Q44.100x002	先天性肝内胆囊	表6-3-171
Q44.100x003	胆囊重复畸形	表6-3-171
Q44.101	先天性胆囊闭锁	表6-3-171
Q44.102	胆囊憩室	表6-3-171
Q50.200	卵巢先天性扭转	表6-3-172
Q50.501	先天性卵巢旁囊肿	表6-3-172
Q50.502	加特纳管囊肿	表6-3-172
Q50.503	先天性卵巢冠囊肿	表6-3-172
Q50.504	女性莫尔加尼囊肿	表6-3-172
Q51.000	子宫缺如和不发育	表6-3-172
Q51.000x001	始基子宫	表6-3-172
Q51.001	先天性子宫缺失	表6-3-172
Q51.400	单角子宫	表6-3-172
Q52.601	先天性阴蒂肥大	表6-3-172
Q52.800x004	女性中肾管囊肿	表6-3-172
Q52.901	女性生殖道畸形综合征	表6-3-172
Q54.200	阴茎阴囊部尿道下裂	表6-3-172

续 表

疾病编码	疾病名称	排除内容
Q54.800	尿道下裂，其他的	表6-3-172
Q55.501	阴茎不发育	表6-3-172
Q55.502	阴茎缺如	表6-3-172
Q55.800	男性生殖器官其他特指的先天性畸形	表6-3-172
Q55.800x001	前列腺囊	表6-3-172
Q55.801	先天性阴茎阴囊融合	表6-3-172
Q55.802	阴茎阴囊转位	表6-3-172
Q61.800	囊性肾病，其他的	表6-3-173
Q61.801	先天性纤维囊性肾	表6-3-173
Q61.900	囊性肾病	表6-3-173
Q61.901	麦克尔-格鲁贝尔综合征	表6-3-173
Q62.200	先天性巨输尿管	表6-3-173
Q62.201	先天性输尿管扩张	表6-3-173
Q62.202	单纯性输尿管膨出	表6-3-173
Q62.300x101	异位输尿管疝	表6-3-173
Q62.300x301	先天性输尿管息肉	表6-3-173
Q62.300x901	先天性输尿管疝	表6-3-173
Q62.300x902	先天性梗阻性肾病	表6-3-173
Q62.300x903	先天性泌尿道梗阻	表6-3-173
Q62.300x904	肾盂输尿管连接部瓣膜	表6-3-173
Q62.300x905	输尿管瓣膜	表6-3-173
Q62.301	先天性输尿管积水	表6-3-173
Q62.400	输尿管缺如	表6-3-173
Q62.400x001	先天性输尿管不发育	表6-3-173
Q62.400x002	先天性无输尿管	表6-3-173
Q62.500	重复输尿管	表6-3-173
Q62.700	先天性膀胱-输尿管-肾反流	表6-3-173
Q62.700x001	先天性膀胱输尿管反流	表6-3-173
Q62.700x101	先天性单侧膀胱输尿管反流	表6-3-173
Q62.700x201	先天性双侧膀胱输尿管反流	表6-3-173
Q63.200	异位肾	表6-3-173
Q63.201	肾旋转不良	表6-3-173
Q63.203	异位肾盂	表6-3-173
Q64.200	先天性后尿道瓣	表6-3-173
Q64.200x001	尿道瓣膜	表6-3-173
Q64.200x021	前尿道瓣膜	表6-3-173
Q64.301	先天性尿道瓣膜性狭窄	表6-3-173
Q64.302	先天性尿道闭锁	表6-3-173
Q64.303	先天性尿道狭窄	表6-3-173
Q64.304	先天性膀胱尿道口处狭窄	表6-3-173

续 表

疾病编码	疾病名称	排除内容
Q64.501	尿道缺如	表6-3-173
Q64.502	膀胱缺如	表6-3-173
Q64.600	先天性膀胱憩室	表6-3-173
Q65.200	先天性髋脱位	表6-3-174
Q65.400	先天性髋半脱位，双侧	表6-3-174
Q66.200	内翻跖	表6-3-174
Q66.400	仰趾外翻足	表6-3-174
Q66.600	足的其他先天性外翻变形	表6-3-174
Q66.601	先天性马蹄外翻足	表6-3-174
Q66.900	足先天性变形	表6-3-174
Q67.600	漏斗胸	表6-3-174
Q68.500	先天性腿长骨弯曲	表6-3-174
Q68.501	先天性弓形腿	表6-3-174
Q70.000	指融合	表6-3-174
Q70.001	先天性并指伴骨连接	表6-3-174
Q70.200	趾融合	表6-3-174
Q70.201	先天性并趾伴骨连接	表6-3-174
Q71.300x021	先天性拇指缺如	表6-3-174
Q71.300x031	先天性指缺如	表6-3-174
Q71.301	先天性掌骨缺如	表6-3-174
Q71.500	尺骨纵向短小缺陷	表6-3-174
Q71.501	先天性尺骨缺如	表6-3-174
Q71.801	先天性短上肢	表6-3-174
Q71.802	先天性桡尺骨缺如	表6-3-174
Q72.000	下肢先天性完全缺如	表6-3-174
Q72.000x001	先天性单侧下肢完全缺如	表6-3-174
Q73.000	四肢先天性缺如	表6-3-174
Q74.100x004	先天性膝关节发育不良	表6-3-174
Q74.100x006	先天性二分髌骨	表6-3-174
Q74.101	先天性膝内翻	表6-3-174
Q74.102	先天性膝外翻	表6-3-174
Q74.103	先天性发育不全髌骨	表6-3-174
Q74.104	先天性高位髌骨	表6-3-174
Q74.105	先天性髌骨缺如	表6-3-174
Q74.106	先天性髌骨脱位	表6-3-174
Q75.000	颅缝早闭	表6-3-174
Q75.001	先天性尖头	表6-3-174
Q75.002	先天性三角头	表6-3-174
Q75.300	大头畸形	表6-3-174
Q75.800x101	颅面裂	表6-3-174

续　表

疾病编码	疾病名称	排除内容
Q75.800x902	先天性颅骨缺损	表6-3-174
Q75.801	先天性面骨畸形	表6-3-174
Q75.802	扁平颅底	表6-3-174
Q75.803	颅底凹陷症	表6-3-174
Q75.804	颅裂畸形	表6-3-174
Q75.805	先天性额骨变形	表6-3-174
Q75.806	先天性前额畸形	表6-3-174
Q75.807	先天性茎突过长	表6-3-174
Q75.808	鸟嘴综合征	表6-3-174
Q75.809	先天性枕骨大孔区畸形	表6-3-174
Q76.300	骨先天性畸形引起的先天性脊柱侧弯	表6-3-174
Q76.300x011	先天性脊柱侧弯半椎体畸形	表6-3-174
Q76.500	颈肋	表6-3-174
Q76.900	胸廓先天性畸形	表6-3-174
Q77.200	短肋综合征	表6-3-174
Q77.201	窒息性胸廓发育不良	表6-3-174
Q77.300	点状软骨发育不良	表6-3-174
Q77.301	先天性多发性骨骺发育不良	表6-3-174
Q77.400	软骨发育不全	表6-3-174
Q77.500	弯曲变形性发育不良（骨骼）	表6-3-174
Q77.600	软骨外胚层发育不良	表6-3-174
Q78.500	干骺端发育不良	表6-3-174
Q78.500x001	派尔综合征［Pyle综合征］	表6-3-174
Q78.600	多发性先天性外生骨疣	表6-3-174
Q78.600x002	骨干续连症	表6-3-174
Q79.600	埃勒斯-当洛斯综合征	表6-3-174
Q80.100	性联鱼鳞病	表6-3-175
Q80.200	片层状鱼鳞癣	表6-3-175
Q80.200x002	胶样婴儿	表6-3-175
Q82.000	遗传性淋巴水肿	表6-3-175
Q82.100	着色性干皮病	表6-3-175
Q82.400	外胚层发育不良症（无汗的）	表6-3-175
Q84.000	先天性秃发	表6-3-175
Q84.600x001	先天性趾甲畸形	表6-3-175
Q84.600x002	先天性指甲畸形	表6-3-175
Q84.600x003	先天性反甲	表6-3-175
Q84.600x004	先天性杵状甲	表6-3-175
Q84.601	先天性甲营养不良	表6-3-175
Q84.602	趾甲的其他先天性畸形	表6-3-175
Q85.000	神经纤维瘤病（非恶性）	表6-3-175

续 表

疾病编码	疾病名称	排除内容
Q89.100	肾上腺先天性畸形	表6-3-175
Q89.101	异位肾上腺	表6-3-175
Q89.400	联体儿	表6-3-175
Q92.800	常染色体其他特指的三体性和部分三体型	表6-3-176
Q93.500	染色体其他部分缺失	表6-3-176
Q93.500x001	22号染色体缺如综合征	表6-3-176
Q93.501	天使综合征	表6-3-176
Q93.800	常染色体的其他缺失	表6-3-176
Q95.800	平衡重排和结构标记，其他的	表6-3-176
Q96.100	核型46，X同种（Xq），特纳综合征	表6-3-176
Q96.300	同源嵌合体，45，X/46，XX或XY，特纳综合征	表6-3-176
Q96.900	特纳综合征	表6-3-176
Q97.800	性染色体异常，其他特指的，女性表型	表6-3-176
Q98.000	克兰费尔特综合征，核型47，XXY	表6-3-176
Q98.400	克兰费尔特综合征	表6-3-176
R00.800	心脏搏动异常，其他和未特指的	表6-3-177
R00.800x001	三联律	表6-3-177
R00.800x003	四联律	表6-3-177
R00.801	心脏搏动异常	表6-3-177
R01.100	心脏杂音	表6-3-177
R07.300x002	肋软骨痛	表6-3-177
R07.301	前胸壁痛	表6-3-177
R26.800x001	异常步态	表6-3-178
R26.802	走路不稳	表6-3-178
R27.000	共济失调	表6-3-178
R29.000	手足搐搦	表6-3-178
R40.000	嗜眠	表6-3-180
R41.000	定向障碍	表6-3-180
R41.001	意识错乱	表6-3-180
R41.200	逆行性遗忘	表6-3-180
R44.100	幻视	表6-3-180
R45.800x091	癔症样发作	表6-3-180
R45.801	自杀倾向	表6-3-180
R47.801	言语不清	表6-3-181
R47.802	言语障碍	表6-3-181
R48.200	失用	表6-3-181
R48.800x001	计算不能	表6-3-181
R48.800x002	失写	表6-3-181
R48.800x004	计算困难	表6-3-181
R48.800x005	精神性聋	表6-3-181

续 表

疾病编码	疾病名称	排除内容
R48.801	符号识别功能障碍	表6-3-181
R49.800x003	声音改变	表6-3-181
R49.801	语音障碍	表6-3-181
R68.100x001	新生儿呻吟	表6-3-182
R68.100x002	易激惹婴儿	表6-3-182
R68.101	婴儿过度哭闹	表6-3-182
R76.200	梅毒血清学试验假阳性	表6-3-183
R76.200x002	瓦塞尔曼反应假阳性	表6-3-183
R76.800x001	高免疫球蛋白血症	表6-3-183
R76.801	低补体血症	表6-3-183
R76.802	免疫球蛋白升高	表6-3-183
R79.900	血液化学的异常所见	表6-3-183
R82.400	丙酮尿	表6-3-184
R82.401	酮尿	表6-3-184
R82.500x001	尿中药物水平升高	表6-3-184
R82.500x003	尿中生物制剂水平升高	表6-3-184
R82.500x004	尿中17-甾酮类水平升高	表6-3-184
R82.500x005	尿中儿茶酚胺水平升高	表6-3-184
R82.500x006	尿中吲哚乙酸水平升高	表6-3-184
R82.500x007	尿中甾类水平升高	表6-3-184
R83.600	脑脊液异常的细胞学所见	表6-3-185
R84.000	呼吸器官和胸腔标本的酶水平异常	表6-3-185
R84.400	呼吸器官和胸腔标本的异常的免疫学所见	表6-3-185
R84.500	呼吸器官和胸腔标本的异常的微生物学所见	表6-3-185
R85.100	消化器官和腹腔标本的激素水平异常	表6-3-185
R85.600	消化器官和腹腔标本的异常的细胞学所见	表6-3-185
R87.600	女性生殖器官标本的异常的细胞学所见	表6-3-185
R89.000	器官、系统和组织标本的酶水平异常，其他的	表6-3-185
R89.100	器官、系统和组织标本的激素水平异常，其他的	表6-3-185
R89.800	器官、系统和组织标本的其他异常所见，其他的	表6-3-185
R90.000	颅内占位性病变	表6-3-186
R90.000x003	脑干占位性病变	表6-3-186
R93.100x002	心脏异常阴影	表6-3-186
R93.101	超声心动图异常	表6-3-186
R93.102	冠状循环诊断性影像异常	表6-3-186
R93.103	主动脉占位性病变	表6-3-186
R94.000	中枢神经系统功能检查的异常结果	表6-3-186
R94.001	脑电图异常	表6-3-186
R94.200	肺功能检查的异常结果	表6-3-186
R94.201	通气功能障碍	表6-3-186

续　表

疾病编码	疾病名称	排除内容
R94.202	中枢性低通气	表6-3-186
R94.204	肺活量减低	表6-3-186
R94.700	内分泌功能检查的异常结果，其他的	表6-3-186
S00.100x001	眼睑挫伤	表6-3-187
S00.100x003	眼睑淤血	表6-3-187
S00.100x006	眉弓挫伤	表6-3-187
S00.101	眼周区挫伤	表6-3-187
S00.102	额部血肿	表6-3-187
S00.700	头部多处浅表损伤	表6-3-187
S00.900	头部的浅表损伤	表6-3-187
S01.000	头皮开放性伤口	表6-3-187
S01.000x002	眉弓裂伤	表6-3-187
S01.001	头皮裂伤	表6-3-187
S01.100	眼睑和眼周区开放性伤口	表6-3-187
S01.101	眼睑裂伤	表6-3-187
S01.102	开放性眼睑异物	表6-3-187
S01.103	眶部裂伤	表6-3-187
S01.200x011	鼻表皮开放性损伤	表6-3-187
S01.200x021	鼻孔开放性损伤	表6-3-187
S01.200x031	鼻中隔开放性损伤	表6-3-187
S01.200x091	鼻部开放性损伤伴蝶窦异物	表6-3-187
S01.200x092	创伤性鼻部缺损	表6-3-187
S01.300x002	耳道开放性损伤	表6-3-187
S01.300x011	外耳耳翼开放性损伤	表6-3-187
S01.300x012	耳廓开放性损伤	表6-3-187
S01.300x031	耳屏开放性损伤	表6-3-187
S01.300x051	耳咽管开放性损伤	表6-3-187
S01.300x061	听小骨开放性损伤	表6-3-187
S01.300x071	中耳开放性损伤	表6-3-187
S01.300x081	耳蜗开放性损伤	表6-3-187
S01.301	开放性外耳道损伤	表6-3-187
S01.302	开放性耳后损伤伴异物	表6-3-187
S01.400x011	颊部开放性损伤	表6-3-187
S01.400x021	上颌开放性损伤	表6-3-187
S01.400x031	腭部开放性损伤	表6-3-187
S01.401	开放性颞下颌损伤	表6-3-187
S01.500x001	口腔开放性损伤	表6-3-187
S01.500x021	口腔黏膜开放性损伤	表6-3-187
S01.500x022	脸颊内部开放性损伤	表6-3-187
S01.500x042	舌和口底开放性损伤	表6-3-187

续 表

疾病编码	疾病名称	排除内容
S01.500x051	上腭开放性损伤	表6-3-187
S01.500x052	软腭开放性损伤	表6-3-187
S01.501	舌裂伤	表6-3-187
S01.502	开放性舌部损伤	表6-3-187
S01.503	牙龈裂伤	表6-3-187
S01.504	开放性唇部损伤	表6-3-187
S01.505	软腭穿通伤	表6-3-187
S01.506	唇裂伤	表6-3-187
S01.700	头部多处开放性伤口	表6-3-187
S01.800x011	开放性脑损伤伴颅骨骨折	表6-3-187
S01.800x021	开放性脑损伤伴颈椎脱位	表6-3-187
S01.800x031	开放性脑损伤	表6-3-187
S01.800x083	头骨开放性损伤	表6-3-187
S01.800x085	面部异物	表6-3-187
S01.800x086	前额开放性损伤	表6-3-187
S01.800x087	下颚开放性损伤	表6-3-187
S01.801	开放性颅内异物	表6-3-187
S01.802	面部裂伤	表6-3-187
S01.803	开放性面部损伤	表6-3-187
S01.804	开放性腮腺管断裂	表6-3-187
S01.900	头部的开放性伤口	表6-3-187
S02.000	颅骨穹隆骨折	表6-3-187
S02.000x003	颞骨鳞部骨折	表6-3-187
S02.000x004	额骨和颞骨鳞部骨折	表6-3-187
S02.000x005	额骨和顶骨骨折	表6-3-187
S02.001	额骨骨折	表6-3-187
S02.002	顶骨骨折	表6-3-187
S02.011	开放性额骨骨折	表6-3-187
S02.012	开放性顶骨骨折	表6-3-187
S02.100	颅底骨骨折	表6-3-187
S02.100x002	前颅凹骨折	表6-3-187
S02.100x003	中颅凹骨折	表6-3-187
S02.100x004	后颅凹骨折	表6-3-187
S02.100x006	眶顶骨折	表6-3-187
S02.100x008	额窦骨折	表6-3-187
S02.100x009	蝶骨骨折	表6-3-187
S02.101	枕骨骨折	表6-3-187
S02.102	颞骨骨折	表6-3-187
S02.103	筛窦骨折	表6-3-187
S02.111	开放性颅底骨骨折	表6-3-187

续　表

疾病编码	疾病名称	排除内容
S02.112	开放性枕骨骨折	表6-3-187
S02.113	开放性颞骨骨折	表6-3-187
S02.114	开放性筛窦骨折	表6-3-187
S02.200	鼻骨骨折	表6-3-187
S02.201	鼻中隔骨折	表6-3-187
S02.211	开放性鼻骨骨折	表6-3-187
S02.300	眶底骨折	表6-3-187
S02.300x002	眶底粉碎性骨折	表6-3-187
S02.311	开放性眶底骨折	表6-3-187
S02.400x001	颧弓骨折	表6-3-187
S02.400x003	上颌骨骨折	表6-3-187
S02.400x005	上颌窦骨折	表6-3-187
S02.401	颧骨骨折	表6-3-187
S02.411	开放性上颌骨骨折	表6-3-187
S02.412	开放性颧骨骨折	表6-3-187
S02.500	创伤性牙折断	表6-3-187
S02.500x002	创伤性牙破损	表6-3-187
S02.501	创伤性牙齿脱落	表6-3-187
S02.600	下颌骨骨折	表6-3-187
S02.600x011	髁突骨折	表6-3-187
S02.600x021	髁突下部骨折	表6-3-187
S02.600x031	下颌骨冠突骨折	表6-3-187
S02.600x041	下颌骨支骨折	表6-3-187
S02.600x051	颌骨角骨折	表6-3-187
S02.600x061	下颌骨纤维软骨体骨折	表6-3-187
S02.600x081	下颌骨体骨折	表6-3-187
S02.600x091	下颌骨复合骨折	表6-3-187
S02.611	开放性下颌骨骨折	表6-3-187
S02.612	开放性髁状突骨折	表6-3-187
S02.700x001	颅骨多发性骨折	表6-3-187
S02.700x002	颅骨和面骨多发性骨折	表6-3-187
S02.700x004	鼻眶筛骨折	表6-3-187
S02.701	多发性面骨骨折	表6-3-187
S02.711	开放性多发性面骨骨折	表6-3-187
S02.712	开放性多发性颅骨骨折	表6-3-187
S02.800x003	上腭骨折	表6-3-187
S02.801	眶骨骨折	表6-3-187
S02.802	牙槽骨骨折	表6-3-187
S02.803	腭骨折	表6-3-187
S02.810	特指开放性颅骨和面骨骨折	表6-3-187

续 表

疾病编码	疾病名称	排除内容
S02.811	开放性眶骨骨折	表6-3-187
S02.812	开放性牙槽骨骨折	表6-3-187
S02.813	开放性腭骨折	表6-3-187
S02.900x002	颅骨骨折	表6-3-187
S02.901	面骨骨折	表6-3-187
S02.902	颅骨凹陷性骨折	表6-3-187
S02.911	开放性颅骨骨折	表6-3-187
S02.912	开放性面骨骨折	表6-3-187
S03.000	颌关节脱位	表6-3-187
S03.000x001	颌软骨脱位	表6-3-187
S03.100	鼻中隔软骨脱位	表6-3-187
S03.200	牙脱位	表6-3-187
S03.301	头部脱位	表6-3-187
S03.400	颌关节扭伤和劳损	表6-3-187
S03.400x001	颞下颌关节损伤	表6-3-187
S03.400x002	颞下颌韧带损伤	表6-3-187
S03.501	头部关节和韧带扭伤和劳损	表6-3-187
S04.000x001	视神经损伤	表6-3-187
S04.000x002	视交叉损伤	表6-3-187
S04.000x003	视路损伤	表6-3-187
S04.000x004	视皮质损伤	表6-3-187
S04.100	动眼神经损伤	表6-3-187
S04.200	滑车神经损伤	表6-3-187
S04.300	三叉神经损伤	表6-3-187
S04.400	展神经损伤	表6-3-187
S04.500	面神经损伤	表6-3-187
S04.501	面神经断裂	表6-3-187
S04.502	眶下神经损伤	表6-3-187
S04.600	听神经损伤	表6-3-187
S04.700	副神经损伤	表6-3-187
S04.801	舌下神经损伤	表6-3-187
S04.802	嗅神经损伤	表6-3-187
S04.803	舌咽神经损伤	表6-3-187
S04.804	迷走神经损伤	表6-3-187
S04.900	脑神经损伤	表6-3-187
S05.000x002	结膜损伤	表6-3-187
S05.001	角膜擦伤	表6-3-187
S05.002	角膜磨损	表6-3-187
S05.100x004	眼球挫伤	表6-3-187
S05.101	眼眶挫伤	表6-3-187

续 表

疾病编码	疾病名称	排除内容
S05.102	创伤性前房积血	表6-3-187
S05.103	晶状体挫伤	表6-3-187
S05.104	巩膜挫伤	表6-3-187
S05.200x003	外伤性玻璃体嵌顿	表6-3-187
S05.200x004	外伤性虹膜缺损	表6-3-187
S05.200x005	外伤性晶状体嵌顿	表6-3-187
S05.200x006	外伤性玻璃体溢出	表6-3-187
S05.200x007	外伤性虹膜根部离断	表6-3-187
S05.201	角膜穿通伤伴虹膜嵌顿	表6-3-187
S05.202	角膜穿通伤伴虹膜脱垂	表6-3-187
S05.203	角膜穿通伤伴晶状体嵌顿	表6-3-187
S05.204	角膜穿通伤伴玻璃体嵌顿	表6-3-187
S05.205	创伤性虹膜脱垂	表6-3-187
S05.206	创伤性虹膜嵌顿	表6-3-187
S05.207	创伤性虹膜疝	表6-3-187
S05.208	创伤性睫状体脱垂	表6-3-187
S05.209	创伤性玻璃体脱垂	表6-3-187
S05.210	创伤性玻璃体疝	表6-3-187
S05.300	眼撕裂伤不伴有眼内组织脱出或缺失	表6-3-187
S05.300x004	眼球破裂伤	表6-3-187
S05.300x005	外伤性前房角劈裂	表6-3-187
S05.300x010	眼撕裂伤	表6-3-187
S05.301	角膜裂伤	表6-3-187
S05.302	角膜全层裂伤	表6-3-187
S05.303	虹膜裂伤	表6-3-187
S05.304	巩膜裂伤	表6-3-187
S05.305	睫状体裂伤	表6-3-187
S05.306	结膜裂伤	表6-3-187
S05.307	角膜板层裂伤	表6-3-187
S05.400x001	眶内异物	表6-3-187
S05.400x002	眼肌异物	表6-3-187
S05.401	眶穿通伤	表6-3-187
S05.500x001	眼内异物	表6-3-187
S05.500x002	眼球穿通伤伴磁性异物	表6-3-187
S05.500x003	眼球穿通伤伴非磁性异物	表6-3-187
S05.600x002	眼球穿通伤	表6-3-187
S05.601	角膜穿通伤	表6-3-187
S05.602	虹膜穿通伤	表6-3-187
S05.603	晶状体穿通伤	表6-3-187
S05.604	巩膜穿通伤	表6-3-187

续 表

疾病编码	疾病名称	排除内容
S05.605	视网膜穿通伤	表6-3-187
S05.700	眼撕脱伤	表6-3-187
S05.800x001	外伤性虹膜脱离	表6-3-187
S05.800x007	眼外肌断裂	表6-3-187
S05.800x008	眼内直肌断裂	表6-3-187
S05.800x009	眼外直肌断裂	表6-3-187
S05.801	眼震荡	表6-3-187
S05.802	眼挫伤	表6-3-187
S05.803	角膜损伤	表6-3-187
S05.804	虹膜损伤	表6-3-187
S05.805	晶状体损伤	表6-3-187
S05.806	创伤性晶状体脱位	表6-3-187
S05.807	巩膜损伤	表6-3-187
S05.808	视网膜震荡	表6-3-187
S05.809	视网膜损伤	表6-3-187
S05.810	泪小管裂伤	表6-3-187
S05.811	泪管损伤	表6-3-187
S05.812	冲击波性失明	表6-3-187
S05.900	眼和眶的损伤	表6-3-187
S05.900x003	眼部开放性损伤	表6-3-187
S05.901	眼损伤	表6-3-187
S05.902	创伤性失明	表6-3-187
S05.903	玻璃体损伤	表6-3-187
S06.000	脑震荡	表6-3-187
S06.100	创伤性大脑水肿	表6-3-187
S06.200x001	弥散性大脑损伤	表6-3-187
S06.200x002	弥散性小脑损伤	表6-3-187
S06.200x011	弥散性大脑损伤伴出血	表6-3-187
S06.200x021	弥散性小脑损伤伴出血	表6-3-187
S06.200x031	多发性大脑内出血	表6-3-187
S06.200x032	多发性大脑血肿	表6-3-187
S06.200x033	多发性小脑血肿	表6-3-187
S06.200x081	多发性大脑挫裂伤	表6-3-187
S06.200x082	多发性小脑挫裂伤	表6-3-187
S06.201	脑干挫伤	表6-3-187
S06.202	脑挫伤	表6-3-187
S06.203	大脑撕裂伤	表6-3-187
S06.205	创伤性脑受压	表6-3-187
S06.206	弥漫性轴索损伤	表6-3-187
S06.211	开放性脑挫伤	表6-3-187

续 表

疾病编码	疾病名称	排除内容
S06.300x001	局灶性大脑损伤	表6-3-187
S06.300x002	局灶性小脑损伤	表6-3-187
S06.300x011	局灶性大脑挫伤伴出血	表6-3-187
S06.300x021	局灶性小脑挫伤伴出血	表6-3-187
S06.300x031	局灶性大脑挫伤伴血肿	表6-3-187
S06.300x032	局灶性大脑挫伤伴大量出血	表6-3-187
S06.300x041	局灶性小脑挫伤伴血肿	表6-3-187
S06.300x042	局灶性小脑挫伤伴大量出血	表6-3-187
S06.300x081	局灶性大脑挫裂伤	表6-3-187
S06.300x082	局灶性小脑挫裂伤	表6-3-187
S06.301	创伤性脑局灶出血	表6-3-187
S06.302	创伤性脑血肿	表6-3-187
S06.310	开放性局灶性脑损伤	表6-3-187
S06.410	开放性硬膜外出血	表6-3-187
S06.510	开放性硬膜下出血	表6-3-187
S06.600	创伤性蛛网膜下出血	表6-3-187
S06.600x002	创伤性蛛网膜下腔血肿	表6-3-187
S06.610	开放性蛛网膜下隙出血	表6-3-187
S06.800x005	创伤性小脑挫伤	表6-3-187
S06.800x009	创伤性颅内动脉瘤	表6-3-187
S06.800x010	创伤性脑梗塞	表6-3-187
S06.800x011	创伤性颅内积气	表6-3-187
S06.800x012	创伤性脑积水	表6-3-187
S06.800x013	创伤性硬脑膜下积液	表6-3-187
S06.803	创伤性脑干出血	表6-3-187
S06.805	创伤性颅内海绵窦损伤	表6-3-187
S06.811	开放性脑出血	表6-3-187
S06.812	开放性脑干出血	表6-3-187
S06.813	开放性小脑出血	表6-3-187
S06.814	开放性颅内出血	表6-3-187
S06.900	颅内损伤	表6-3-187
S06.901	脑干损伤	表6-3-187
S06.910	开放性颅内损伤	表6-3-187
S06.911	开放性脑干损伤	表6-3-187
S06.912	开放性颅内海绵窦损伤	表6-3-187
S07.000	面部挤压伤	表6-3-187
S07.100	颅骨挤压伤	表6-3-187
S07.800	头部其他部位的挤压伤	表6-3-187
S07.900	头部挤压伤	表6-3-187
S08.000	头皮撕脱	表6-3-187

续　表

疾病编码	疾病名称	排除内容
S08.100	耳创伤性切断	表6-3-187
S08.900	头部的创伤性切断	表6-3-187
S09.000x001	头部血管损伤	表6-3-187
S09.100x001	头部肌肉损伤	表6-3-187
S09.101	头部肌腱损伤	表6-3-187
S09.200	耳鼓膜创伤性破裂	表6-3-187
S09.700	头部多处损伤	表6-3-187
S09.800x002	创伤性乳牙损伤	表6-3-187
S09.800x003	创伤性鼻窦积血	表6-3-187
S09.801	创伤性鼻中隔血肿	表6-3-187
S09.900	头部的损伤	表6-3-187
S09.900x006	唇部损伤	表6-3-187
S09.901	面部损伤	表6-3-187
S09.902	眉部损伤	表6-3-187
S09.903	鼻损伤	表6-3-187
S09.904	耳损伤	表6-3-187
S09.905	耳廓损伤	表6-3-187
S09.906	舌损伤	表6-3-187
S09.907	唾液腺损伤	表6-3-187
S10.700	颈部多处浅表损伤	表6-3-188
S11.001	开放性气管损伤	表6-3-188
S11.002	开放性喉损伤	表6-3-188
S11.003	开放性颈部气管断裂	表6-3-188
S11.004	喉气管贯通伤	表6-3-188
S11.100x001	甲状腺开放性损伤	表6-3-188
S11.201	开放性咽部损伤	表6-3-188
S11.202	开放性颈部食管损伤	表6-3-188
S11.700	颈部多处开放性伤口	表6-3-188
S11.800x011	颈部开放性损伤伴颈椎骨折	表6-3-188
S11.800x021	颈部开放性损伤伴颈椎脱位	表6-3-188
S11.800x081	会厌开放性损伤	表6-3-188
S11.800x082	锁骨上区开放性损伤	表6-3-188
S11.900	颈部的开放性伤口	表6-3-188
S12.000	第一颈椎骨折	表6-3-188
S12.000x002	寰椎骨折	表6-3-188
S12.010	开放性第一颈椎骨折	表6-3-188
S12.100	第二颈椎骨折	表6-3-188
S12.100x002	枢椎骨折	表6-3-188
S12.100x003	枢椎椎弓根骨折［Hangman骨折］	表6-3-188
S12.110	开放性第二颈椎骨折	表6-3-188

续 表

疾病编码	疾病名称	排除内容
S12.200x011	颈椎骨折C3	表6-3-188
S12.200x021	颈椎骨折C4	表6-3-188
S12.200x031	颈椎骨折C5	表6-3-188
S12.200x041	颈椎骨折C6	表6-3-188
S12.200x051	颈椎骨折C7	表6-3-188
S12.210	开放性特指颈椎骨折	表6-3-188
S12.700	颈椎多处骨折	表6-3-188
S12.710	开放性多发性颈椎骨折	表6-3-188
S12.803	舌骨断裂	表6-3-188
S12.813	开放性舌骨断裂	表6-3-188
S12.814	开放性环状软骨断裂	表6-3-188
S12.815	开放性气管软骨断裂	表6-3-188
S12.900x001	颈椎骨折	表6-3-188
S12.900x003	颈椎神经弓骨折	表6-3-188
S12.900x004	颈椎棘突骨折	表6-3-188
S12.900x005	颈椎横突骨折	表6-3-188
S12.900x006	颈椎椎弓骨折	表6-3-188
S12.910	开放性颈椎骨折	表6-3-188
S13.000	颈椎间盘创伤性破裂	表6-3-188
S13.100	颈椎脱位	表6-3-188
S13.100x021	颈椎半脱位C2/C3	表6-3-188
S13.100x022	颈椎脱位C2/C3	表6-3-188
S13.100x031	颈椎半脱位C3/C4	表6-3-188
S13.100x032	颈椎脱位C3/C4	表6-3-188
S13.100x041	颈椎半脱位C4/C5	表6-3-188
S13.100x042	颈椎脱位C4/C5	表6-3-188
S13.100x051	颈椎半脱位C5/C6	表6-3-188
S13.100x052	颈椎脱位C5/C6	表6-3-188
S13.100x061	颈椎半脱位C6/C7	表6-3-188
S13.100x062	颈椎脱位C6/C7	表6-3-188
S13.100x071	颈胸椎半脱位C7/T1	表6-3-188
S13.100x072	颈胸椎脱位C7/T1	表6-3-188
S13.100x081	寰枕关节半脱位	表6-3-188
S13.100x082	寰枕关节脱位	表6-3-188
S13.101	颈椎半脱位	表6-3-188
S13.102	寰枢椎半脱位	表6-3-188
S13.103	寰枢椎脱位	表6-3-188
S13.104	枢椎脱位	表6-3-188
S13.200x003	甲状软骨脱位	表6-3-188
S13.201	颈部脱位	表6-3-188

续 表

疾病编码	疾病名称	排除内容
S13.202	环杓关节脱位	表6-3-188
S13.203	环甲软骨关节脱位	表6-3-188
S13.300	颈部多发性脱位	表6-3-188
S13.400	颈椎扭伤和劳损	表6-3-188
S13.400x003	颈部前纵韧带扭伤	表6-3-188
S13.400x005	寰枕关节扭伤	表6-3-188
S13.400x006	颈椎关节交锁	表6-3-188
S13.401	挥鞭伤	表6-3-188
S13.402	颈部韧带扭伤	表6-3-188
S13.403	寰枢关节扭伤	表6-3-188
S13.500	甲状腺区扭伤和劳损	表6-3-188
S13.500x003	环杓韧带扭伤	表6-3-188
S13.500x004	环甲关节扭伤	表6-3-188
S13.500x005	环甲韧带扭伤	表6-3-188
S13.500x006	喉软骨断裂	表6-3-188
S13.500x007	甲状软骨断裂	表6-3-188
S13.500x008	环状软骨断裂	表6-3-188
S13.500x009	气管软骨断裂	表6-3-188
S13.500x010	开放性喉软骨断裂	表6-3-188
S13.500x011	开放性甲状软骨断裂	表6-3-188
S13.501	甲状软骨扭伤	表6-3-188
S13.502	环杓关节扭伤	表6-3-188
S13.601	颈部扭伤	表6-3-188
S15.000x002	创伤性颈动脉瘘	表6-3-188
S15.001	颈内动脉裂伤	表6-3-188
S15.002	颈总动脉裂伤	表6-3-188
S15.003	颈外动脉裂伤	表6-3-188
S15.004	创伤性颈动脉瘤	表6-3-188
S15.005	创伤性颈动脉海绵窦瘘	表6-3-188
S15.100	椎动脉损伤	表6-3-188
S15.200	颈外静脉损伤	表6-3-188
S15.300	颈内静脉损伤	表6-3-188
S15.301	颈内静脉断裂	表6-3-188
S15.700x001	颈部多处血管损伤	表6-3-188
S15.800x002	创伤性椎动静脉瘘	表6-3-188
S15.800x003	创伤性甲状腺血管损伤	表6-3-188
S15.801	创伤性颈动静脉瘘	表6-3-188
S15.900x001	颈部血管损伤	表6-3-188
S17.000x001	喉气管挤压伤	表6-3-188
S17.000x002	喉挤压伤	表6-3-188

续 表

疾病编码	疾病名称	排除内容
S17.001	气管挤压伤	表6-3-188
S17.800	颈部其他部位的挤压伤	表6-3-188
S17.801	咽喉挤压伤	表6-3-188
S17.900	颈部挤压伤	表6-3-188
S19.700	颈部多处损伤	表6-3-188
S19.800x002	颈部气管损伤	表6-3-188
S19.800x004	颈部胸导管损伤	表6-3-188
S19.801	咽喉损伤	表6-3-188
S19.802	喉损伤	表6-3-188
S19.900	颈部损伤	表6-3-188
S20.400x001	胸后壁浅表损伤	表6-3-189
S21.000	乳房开放性伤口	表6-3-189
S21.100x002	胸骨前区开放性损伤	表6-3-189
S21.101	开放性肋部前壁损伤	表6-3-189
S21.200x001	背部开放性损伤	表6-3-189
S21.200x002	胸壁外部开放性损伤	表6-3-189
S21.201	开放性胸后壁损伤	表6-3-189
S21.202	开放性肋后壁损伤	表6-3-189
S21.203	开放性肩胛间区损伤	表6-3-189
S21.700	胸壁多处开放性伤口	表6-3-189
S21.800x011	胸部开放性损伤伴骨折	表6-3-189
S21.800x021	胸部开放性损伤伴脱位	表6-3-189
S21.800x031	胸部开放性损伤伴胸内损伤	表6-3-189
S21.900x001	胸壁开放性损伤	表6-3-189
S21.900x003	创伤性胸部异物	表6-3-189
S21.901	开放性胸部损伤	表6-3-189
S22.100	胸椎多处骨折	表6-3-189
S22.110	开放性多发性胸椎骨折	表6-3-189
S22.200	胸骨骨折	表6-3-189
S22.210	开放性胸骨骨折	表6-3-189
S22.300	肋骨骨折	表6-3-189
S22.300x011	第一肋骨骨折	表6-3-189
S22.310	开放性肋骨骨折	表6-3-189
S22.400	肋骨多处骨折	表6-3-189
S22.400x011	肋骨多发性骨折伴第一肋骨骨折	表6-3-189
S22.400x021	两根肋骨骨折不伴第一肋骨骨折	表6-3-189
S22.400x031	三根肋骨骨折不伴第一肋骨骨折	表6-3-189
S22.400x041	四根以上肋骨骨折不伴第一肋骨骨折	表6-3-189
S22.410	开放性多发性肋骨骨折	表6-3-189
S22.500	连枷胸	表6-3-189

续 表

疾病编码	疾病名称	排除内容
S22.800	骨性胸廓其他部位的骨折	表6-3-189
S22.810	开放性胸廓特指部位骨折	表6-3-189
S22.900	骨性胸廓的骨折	表6-3-189
S22.910	开放性胸廓骨折	表6-3-189
S23.000	胸椎间盘创伤性破裂	表6-3-189
S23.100x011	胸椎脱位T1/T2	表6-3-189
S23.100x012	胸椎脱位T2/T3	表6-3-189
S23.100x021	胸椎脱位T3/T4	表6-3-189
S23.100x022	胸椎脱位T4/T5	表6-3-189
S23.100x031	胸椎脱位T5/T6	表6-3-189
S23.100x032	胸椎脱位T6/T7	表6-3-189
S23.100x041	胸椎脱位T7/T8	表6-3-189
S23.100x042	胸椎脱位T8/T9	表6-3-189
S23.100x051	胸椎脱位T9/T10	表6-3-189
S23.100x052	胸椎脱位T10/T11	表6-3-189
S23.100x061	胸椎脱位T11/T12	表6-3-189
S23.100x071	胸腰椎脱位T12/L1	表6-3-189
S23.101	创伤性胸椎间盘突出	表6-3-189
S23.200x001	肋骨关节脱位	表6-3-189
S23.200x004	胸部气管脱位	表6-3-189
S23.200x005	剑状软骨脱位	表6-3-189
S23.201	气管脱位	表6-3-189
S23.202	肋软骨脱位	表6-3-189
S23.203	胸骨脱位	表6-3-189
S23.300	胸椎扭伤和劳损	表6-3-189
S23.400	肋骨和胸骨扭伤和劳损	表6-3-189
S23.401	胸骨扭伤和劳损	表6-3-189
S23.500	胸部其他和未特指部位的扭伤和劳损	表6-3-189
S23.501	胸部扭伤	表6-3-189
S24.000x002	胸部脊髓震荡	表6-3-189
S24.001	胸部脊髓水肿	表6-3-189
S24.100x011	胸部脊髓完全损伤	表6-3-189
S24.100x021	胸部脊髓前索综合征	表6-3-189
S24.100x022	胸部脊髓中央损伤综合征	表6-3-189
S24.100x023	胸部脊髓不完全损伤	表6-3-189
S24.100x024	胸部脊髓后索综合征	表6-3-189
S24.100x701	胸部脊髓功能损伤	表6-3-189
S24.100x711	胸部脊髓功能损伤T1	表6-3-189
S24.100x721	胸部脊髓功能损伤T2/T3	表6-3-189
S24.100x731	胸部脊髓功能损伤T4/T5	表6-3-189

续 表

疾病编码	疾病名称	排除内容
S24.100x741	胸部脊髓功能损伤T6/T7	表6-3-189
S24.100x751	胸部脊髓功能损伤T8/T9	表6-3-189
S24.100x761	胸部脊髓功能损伤T10/T11	表6-3-189
S24.100x771	胸部脊髓功能损伤T12	表6-3-189
S24.101	胸部脊髓损伤	表6-3-189
S24.200	胸椎神经根损伤	表6-3-189
S24.300	胸部周围神经损伤	表6-3-189
S24.300x001	肋间神经损伤	表6-3-189
S24.400	胸部交感神经损伤	表6-3-189
S24.400x001	心丛神经损伤	表6-3-189
S24.400x002	食管丛神经损伤	表6-3-189
S24.400x003	肺丛神经损伤	表6-3-189
S24.400x004	星状神经丛损伤	表6-3-189
S24.400x005	胸部交感神经节损伤	表6-3-189
S24.500	胸部其他神经的损伤	表6-3-189
S24.500x001	膈神经损伤	表6-3-189
S24.600	胸部神经的损伤	表6-3-189
S25.500	肋间血管损伤	表6-3-189
S25.501	创伤性肋间动脉破裂	表6-3-189
S25.700	胸部多处血管损伤	表6-3-189
S25.800x003	乳房静脉损伤	表6-3-189
S25.801	奇静脉损伤	表6-3-189
S25.802	创伤性乳房动脉破裂	表6-3-189
S25.900	胸部血管的损伤	表6-3-189
S27.000	创伤性气胸	表6-3-189
S27.010	开放性气胸	表6-3-189
S27.400	支气管损伤	表6-3-189
S27.401	创伤性支气管断裂	表6-3-189
S27.410	开放性支气管损伤	表6-3-189
S27.500	胸部气管损伤	表6-3-189
S27.501	创伤性胸部气管破裂	表6-3-189
S27.510	开放性胸部气管损伤	表6-3-189
S27.600	胸膜损伤	表6-3-189
S27.610	开放性胸膜损伤	表6-3-189
S27.700	胸内器官多处损伤	表6-3-189
S27.710	开放性胸内器官多处损伤	表6-3-189
S27.800x013	创伤性纵隔血肿	表6-3-189
S27.801	食管黏膜擦伤	表6-3-189
S27.802	胸部食管损伤	表6-3-189
S27.803	贲门损伤	表6-3-189

续 表

疾病编码	疾病名称	排除内容
S27.804	创伤性膈破裂	表6-3-189
S27.805	创伤性膈疝	表6-3-189
S27.806	胸部淋巴管损伤	表6-3-189
S27.807	胸腺损伤	表6-3-189
S27.808	创伤性胸腔积液	表6-3-189
S27.810	开放性特指胸内器官损伤	表6-3-189
S27.811	食管异物穿孔	表6-3-189
S27.812	开放性膈破裂	表6-3-189
S27.900	胸内器官的损伤	表6-3-189
S27.910	开放性胸腔异物	表6-3-189
S29.000x001	胸部肌腱损伤	表6-3-189
S29.000x002	胸部肌肉损伤	表6-3-189
S29.700	胸部多处损伤	表6-3-189
S29.800	胸部其他特指的损伤	表6-3-189
S29.900	胸部损伤	表6-3-189
S30.100	腹壁挫伤	表6-3-190
S30.100x001	腹部挫伤	表6-3-190
S30.100x002	肋腹挫伤	表6-3-190
S30.100x004	髂区挫伤	表6-3-190
S30.100x007	髂窝血肿	表6-3-190
S30.101	创伤性髂部血肿	表6-3-190
S30.102	创伤性髂腰肌血肿	表6-3-190
S30.104	腹股沟挫伤	表6-3-190
S31.000x003	骶骨区开放性损伤	表6-3-190
S31.000x004	骨盆开放性损伤	表6-3-190
S31.000x005	下背开放性损伤	表6-3-190
S31.000x006	臀部开放性损伤伴异物	表6-3-190
S31.001	创伤性会阴裂伤	表6-3-190
S31.002	腰背部皮肤撕脱伤	表6-3-190
S31.003	开放性会阴损伤	表6-3-190
S31.004	开放性臀部损伤	表6-3-190
S31.005	开放性腰背部损伤	表6-3-190
S31.006	臀部异物	表6-3-190
S31.100	腹壁开放性伤口	表6-3-190
S31.100x002	腹上部开放性损伤	表6-3-190
S31.100x003	肋腹开放性损伤	表6-3-190
S31.100x005	髂区开放性损伤	表6-3-190
S31.100x007	阴部开放性损伤	表6-3-190
S31.101	开放性季肋部损伤	表6-3-190
S31.102	开放性腹股沟损伤	表6-3-190

续 表

疾病编码	疾病名称	排除内容
S31.200	阴茎开放性伤口	表6-3-190
S31.300x001	阴囊开放性损伤	表6-3-190
S31.300x002	开放性精囊损伤	表6-3-190
S31.301	开放性睾丸损伤	表6-3-190
S31.400x001	阴道开放性损伤	表6-3-190
S31.400x002	阴蒂开放性损伤	表6-3-190
S31.400x003	外阴开放性损伤	表6-3-190
S31.401	创伤性外阴裂伤	表6-3-190
S31.402	处女膜裂伤	表6-3-190
S31.501	开放性外生殖器损伤	表6-3-190
S31.700	腹部、下背和骨盆多处开放性伤口	表6-3-190
S31.800x003	创放性腹部异物	表6-3-190
S31.800x011	下背开放性损伤伴骨折	表6-3-190
S31.800x012	骨盆开放性损伤伴骨折	表6-3-190
S31.800x021	下背开放性损伤伴脱位	表6-3-190
S31.800x022	骨盆开放性损伤伴脱位	表6-3-190
S31.800x031	腹部开放性损伤伴腹内器官损伤	表6-3-190
S31.801	开放性腹部损伤	表6-3-190
S31.802	开放性腹部异物	表6-3-190
S31.803	阴道直肠贯通伤	表6-3-190
S31.804	创伤性肛括约肌裂伤	表6-3-190
S31.805	创伤性肛门裂伤	表6-3-190
S32.000x002	腰椎压缩性骨折	表6-3-190
S32.000x011	腰椎骨折L1	表6-3-190
S32.000x021	腰椎骨折L2	表6-3-190
S32.000x031	腰椎骨折L3	表6-3-190
S32.000x041	腰椎骨折L4	表6-3-190
S32.000x051	腰椎骨折L5	表6-3-190
S32.010	开放性腰椎骨折	表6-3-190
S32.100	骶骨骨折	表6-3-190
S32.110	开放性骶骨骨折	表6-3-190
S32.200	尾骨骨折	表6-3-190
S32.210	开放性尾骨骨折	表6-3-190
S32.300	髂骨骨折	表6-3-190
S32.310	开放性髂骨骨折	表6-3-190
S32.400	髋臼骨折	表6-3-190
S32.410	开放性髋臼骨折	表6-3-190
S32.500x002	耻骨分支骨折	表6-3-190
S32.500x003	耻骨联合骨折	表6-3-190
S32.510	开放性耻骨骨折	表6-3-190

续 表

疾病编码	疾病名称	排除内容
S32.700	腰椎和骨盆多处骨折	表6-3-190
S32.701	多发性骨盆骨折	表6-3-190
S32.702	多发性腰椎骨折	表6-3-190
S32.710	开放性腰椎和骨盆多处骨折	表6-3-190
S32.711	开放性多发性骨盆骨折	表6-3-190
S32.712	开放性多发性腰椎骨折	表6-3-190
S32.800x021	腰骶棘突骨折	表6-3-190
S32.800x022	腰骶横突骨折	表6-3-190
S32.800x023	腰骶椎弓骨折	表6-3-190
S32.800x024	腰骶椎骨骨折	表6-3-190
S32.800x091	骨盆联合体骨折	表6-3-190
S32.800x092	骨盆侧方挤压骨折	表6-3-190
S32.800x093	骨盆开书样骨折	表6-3-190
S32.800x094	骨盆垂直剪切骨折	表6-3-190
S32.800x095	马耳盖尼骨折	表6-3-190
S32.801	坐骨骨折	表6-3-190
S32.802	骨盆骨折	表6-3-190
S32.810	开放性腰椎和骨盆特指部位骨折	表6-3-190
S32.811	开放性坐骨骨折	表6-3-190
S32.812	开放性骨盆骨折	表6-3-190
S32.813	开放性腰骶部脊柱骨折	表6-3-190
S33.000	腰椎间盘创伤性破裂	表6-3-190
S33.100x011	腰椎脱位L1/L2	表6-3-190
S33.100x021	腰椎脱位L2/L3	表6-3-190
S33.100x031	腰椎脱位L3/L4	表6-3-190
S33.100x041	腰椎脱位L4/L5	表6-3-190
S33.100x051	腰骶椎脱位L5/S1	表6-3-190
S33.200x001	尾骨脱位	表6-3-190
S33.200x002	骶骨脱位	表6-3-190
S33.200x003	骶髂关节脱位	表6-3-190
S33.201	骶尾关节脱位	表6-3-190
S33.300x001	耻骨联合脱位	表6-3-190
S33.300x004	骨盆脱位	表6-3-190
S33.301	腰椎和骨盆脱位	表6-3-190
S33.400	耻骨联合创伤性破裂	表6-3-190
S33.500	腰椎扭伤和劳损	表6-3-190
S33.500x011	腰骶关节扭伤	表6-3-190
S33.501	腰部扭伤	表6-3-190
S33.502	腰椎扭伤	表6-3-190
S33.600	骶髂关节扭伤和劳损	表6-3-190

续 表

疾病编码	疾病名称	排除内容
S33.600x001	骶髂关节扭伤	表6-3-190
S33.601	骶部关节扭伤	表6-3-190
S33.700x001	骶尾韧带劳损	表6-3-190
S33.700x002	棘上韧带损伤	表6-3-190
S33.700x003	腰部关节扭伤	表6-3-190
S33.701	骶髂区扭伤	表6-3-190
S33.702	耻骨联合扭伤	表6-3-190
S33.703	腰椎和骨盆部位的扭伤和劳损	表6-3-190
S34.200x001	骶脊神经根损伤	表6-3-190
S34.200x002	腰脊神经根损伤	表6-3-190
S34.300	马尾损伤	表6-3-190
S34.400	腰骶丛损伤	表6-3-190
S34.500	腰部、骶部和骨盆交感神经损伤	表6-3-190
S34.500x001	腹腔交感神经节损伤	表6-3-190
S34.500x004	肠系膜下丛交感神经损伤	表6-3-190
S34.500x005	肠系膜上丛交感神经损伤	表6-3-190
S34.501	腹腔丛损伤	表6-3-190
S34.502	腹下丛损伤	表6-3-190
S34.503	肠系膜丛损伤	表6-3-190
S34.504	内脏神经损伤	表6-3-190
S34.600	腹部、下背和骨盆周围神经损伤	表6-3-190
S34.601	下背周围神经损伤	表6-3-190
S34.602	骨盆周围神经损伤	表6-3-190
S34.800x001	腰骶神经损伤	表6-3-190
S34.801	腹部神经损伤	表6-3-190
S34.802	下背神经损伤	表6-3-190
S34.803	骨盆神经损伤	表6-3-190
S35.900x001	腹部血管损伤	表6-3-190
S35.901	下背血管损伤	表6-3-190
S35.902	骨盆血管损伤	表6-3-190
S35.903	创伤性肠系膜血管损伤	表6-3-190
S37.900	盆腔器官的损伤	表6-3-190
S37.910	开放性盆腔器官损伤	表6-3-190
S39.000x001	腹部肌肉损伤	表6-3-190
S39.000x002	腹部肌腱损伤	表6-3-190
S39.000x003	下背肌肉损伤	表6-3-190
S39.000x004	下背肌腱损伤	表6-3-190
S39.000x005	骨盆肌肉损伤	表6-3-190
S39.000x006	骨盆肌腱损伤	表6-3-190
S39.001	腹直肌断裂	表6-3-190

续 表

疾病编码	疾病名称	排除内容
S39.002	开放性腰大肌断裂	表6-3-190
S39.600	腹内器官伴有盆腔器官的损伤	表6-3-190
S39.700	腹部、下背和骨盆其他多处损伤	表6-3-190
S39.800x001	腹部软组织损伤	表6-3-190
S39.800x002	下背软组织损伤	表6-3-190
S39.800x003	骨盆软组织损伤	表6-3-190
S39.800x004	腹部和下背及骨盆软组织损伤	表6-3-190
S39.800x005	臀部软组织损伤	表6-3-190
S39.900x002	下背损伤	表6-3-190
S39.900x004	腹股沟损伤	表6-3-190
S39.900x007	阴囊损伤	表6-3-190
S39.900x009	附睾损伤	表6-3-190
S39.900x010	睾丸损伤	表6-3-190
S39.901	处女膜损伤	表6-3-190
S39.902	阴道损伤	表6-3-190
S39.903	会阴损伤	表6-3-190
S39.904	阴茎损伤	表6-3-190
S39.905	肛门损伤	表6-3-190
S39.906	腰部损伤	表6-3-190
S39.907	腹部损伤	表6-3-190
S39.908	盆腔损伤	表6-3-190
S39.909	腹部金属异物	表6-3-190
S39.910	腰部软组织损伤	表6-3-190
S39.911	腹壁软组织损伤	表6-3-190
S40.900	肩和上臂的浅表损伤	表6-3-191
S41.000	肩开放性伤口	表6-3-191
S41.000x002	肩胛带开放性损伤	表6-3-191
S41.100	上臂开放性伤口	表6-3-191
S41.700	肩和上臂多处开放性伤口	表6-3-191
S41.800x001	腋窝开放性损伤	表6-3-191
S41.800x011	肩部开放性损伤伴骨折	表6-3-191
S41.800x012	上臂开放性损伤伴骨折	表6-3-191
S41.800x021	肩部开放性损伤伴脱位	表6-3-191
S41.800x022	上臂开放性损伤伴脱位	表6-3-191
S41.801	开放性肩胛区损伤	表6-3-191
S41.802	开放性肩带损伤	表6-3-191
S42.000	锁骨骨折	表6-3-191
S42.000x011	锁骨胸骨端骨折	表6-3-191
S42.000x021	锁骨干骨折	表6-3-191
S42.000x031	锁骨肩峰端骨折	表6-3-191

续 表

疾病编码	疾病名称	排除内容
S42.000x091	锁骨多发性骨折	表6-3-191
S42.010	开放性锁骨骨折	表6-3-191
S42.100	肩胛骨骨折	表6-3-191
S42.100x011	肩胛骨体骨折	表6-3-191
S42.100x021	肩峰骨折	表6-3-191
S42.100x031	肩胛骨喙突骨折	表6-3-191
S42.100x041	肩胛骨颈和肩关节盂骨折	表6-3-191
S42.100x042	肩关节盂骨折	表6-3-191
S42.100x091	肩胛骨多发性骨折	表6-3-191
S42.110	开放性肩胛骨骨折	表6-3-191
S42.200x001	肱骨近端骨折	表6-3-191
S42.200x011	肱骨近端骨骺分离	表6-3-191
S42.200x031	肱骨解剖颈骨折	表6-3-191
S42.200x041	肱骨大结节骨折	表6-3-191
S42.200x091	肱骨小结节骨折	表6-3-191
S42.200x092	肱骨近端多发性骨折	表6-3-191
S42.202	肱骨外科颈骨折	表6-3-191
S42.203	肱骨头骨折	表6-3-191
S42.210	开放性肱骨上端骨折	表6-3-191
S42.300	肱骨干骨折	表6-3-191
S42.300x002	肱骨干多发性骨折	表6-3-191
S42.301	肱骨骨折	表6-3-191
S42.310	开放性肱骨干骨折	表6-3-191
S42.311	开放性肱骨骨折	表6-3-191
S42.400x001	肱骨远端骨折	表6-3-191
S42.400x041	肱骨内上髁骨折	表6-3-191
S42.400x042	肱骨外上髁骨折	表6-3-191
S42.400x043	肱骨远端骨骺分离	表6-3-191
S42.400x051	肱骨远端T型骨折	表6-3-191
S42.400x091	肱骨远端多发性骨折	表6-3-191
S42.400x092	肱骨滑车骨折	表6-3-191
S42.400x093	肱骨小头骨折	表6-3-191
S42.401	肱骨髁上骨折	表6-3-191
S42.402	肱骨外髁骨折	表6-3-191
S42.403	肱骨髁间骨折	表6-3-191
S42.404	肱骨内髁骨折	表6-3-191
S42.410	开放性肱骨下端骨折	表6-3-191
S42.700	锁骨、肩胛骨和肱骨多处骨折	表6-3-191
S42.710	开放性锁骨、肩胛骨和肱骨多处骨折	表6-3-191
S42.800	肩和上臂其他部位的骨折	表6-3-191

续 表

疾病编码	疾病名称	排除内容
S42.810	开放性肩和上臂特指部位骨折	表6-3-191
S42.900	肩胛带的骨折	表6-3-191
S42.910	开放性肩骨折	表6-3-191
S43.000	肩关节脱位	表6-3-191
S43.000x011	肱骨前脱位	表6-3-191
S43.000x021	肱骨后脱位	表6-3-191
S43.000x031	肱骨下脱位	表6-3-191
S43.001	肩关节半脱位	表6-3-191
S43.002	盂肱关节脱位	表6-3-191
S43.100	肩锁关节脱位	表6-3-191
S43.200	胸锁关节脱位	表6-3-191
S43.301	肩胛骨脱位	表6-3-191
S43.302	肩胛带脱位	表6-3-191
S43.400x001	肩关节扭伤	表6-3-191
S43.400x002	创伤性肩关节积血	表6-3-191
S43.400x003	肩袖关节囊扭伤	表6-3-191
S43.400x004	喙肱韧带扭伤	表6-3-191
S43.400x005	肩关节盂唇损伤	表6-3-191
S43.401	肩关节劳损	表6-3-191
S43.500	肩锁关节扭伤和劳损	表6-3-191
S43.500x001	肩锁关节扭伤	表6-3-191
S43.500x002	肩锁韧带扭伤	表6-3-191
S43.501	肩锁韧带损伤	表6-3-191
S43.600	胸锁关节扭伤和劳损	表6-3-191
S43.601	胸锁关节扭伤	表6-3-191
S43.700	肩胛带其他和未特指部位的扭伤和劳损	表6-3-191
S43.701	肩胛带扭伤	表6-3-191
S44.000x001	上臂尺神经损伤	表6-3-191
S44.100x001	上臂正中神经损伤	表6-3-191
S44.101	上臂正中神经断裂	表6-3-191
S44.200x001	上臂桡神经损伤	表6-3-191
S44.300	腋神经损伤	表6-3-191
S44.400	肌皮神经损伤	表6-3-191
S44.500	在肩和上臂水平的皮感觉神经损伤	表6-3-191
S44.500x001	臂内侧皮神经损伤	表6-3-191
S44.501	上臂皮感觉神经损伤	表6-3-191
S44.700x001	肩和上臂多处神经损伤	表6-3-191
S44.701	上臂多发神经损伤	表6-3-191
S44.800x001	肩胛上神经损伤	表6-3-191
S44.900x001	肩和上臂神经损伤	表6-3-191

续 表

疾病编码	疾病名称	排除内容
S44.901	上臂神经损伤	表6-3-191
S45.000	腋动脉损伤	表6-3-191
S45.001	创伤性腋动脉破裂	表6-3-191
S45.101	创伤性肱动脉损伤	表6-3-191
S45.200x002	肱静脉损伤	表6-3-191
S45.201	创伤性腋静脉损伤	表6-3-191
S45.300x001	肩和上臂浅表静脉损伤	表6-3-191
S45.300x002	肩部浅表静脉损伤	表6-3-191
S45.301	上臂浅表静脉损伤	表6-3-191
S45.700x001	肩和上臂多处血管损伤	表6-3-191
S45.701	上臂多发血管损伤	表6-3-191
S45.800	在肩和上臂水平的其他血管损伤	表6-3-191
S45.900x001	肩和上臂血管损伤	表6-3-191
S46.000	肩回旋套肌肉和肌腱损伤	表6-3-191
S46.000x001	肩袖肌腱损伤	表6-3-191
S46.002	肩袖损伤	表6-3-191
S46.100x001	肱二头肌长头肌肉损伤	表6-3-191
S46.100x003	肱二头肌长头肌肉和肌腱损伤	表6-3-191
S46.101	二头肌长头肌腱损伤	表6-3-191
S46.200x001	肱二头肌肌肉损伤	表6-3-191
S46.200x002	肱二头肌肌腱损伤	表6-3-191
S46.200x003	肱二头肌肌肉和肌腱损伤	表6-3-191
S46.201	创伤性肱二头肌断裂	表6-3-191
S46.300x001	肱三头肌肌肉损伤	表6-3-191
S46.300x002	肱三头肌肌腱损伤	表6-3-191
S46.300x003	肱三头肌肌肉和肌腱损伤	表6-3-191
S46.301	创伤性肱三头肌断裂	表6-3-191
S46.700x001	肩和上臂多处肌肉损伤	表6-3-191
S46.700x002	肩和上臂多处肌腱损伤	表6-3-191
S46.701	肩多发肌腱损伤	表6-3-191
S46.702	上臂多发肌腱损伤	表6-3-191
S46.800x001	三角肌损伤	表6-3-191
S46.800x002	冈上肌肌肉损伤	表6-3-191
S46.800x003	冈上肌肌腱损伤	表6-3-191
S46.800x004	冈下肌肌肉损伤	表6-3-191
S46.800x005	冈下肌肌腱损伤	表6-3-191
S46.800x006	肩胛下肌肌肉损伤	表6-3-191
S46.800x007	肩胛下肌肌腱损伤	表6-3-191
S46.801	创伤性冈上肌断裂	表6-3-191
S46.802	创伤性三角肌断裂	表6-3-191

续 表

疾病编码	疾病名称	排除内容
S46.900x001	肩和上臂肌肉损伤	表6-3-191
S46.900x002	肩和上臂肌腱损伤	表6-3-191
S49.700	肩和上臂多处损伤	表6-3-191
S49.800	肩和上臂其他特指的损伤	表6-3-191
S49.900x001	肩部损伤	表6-3-191
S49.901	上臂损伤	表6-3-191
S50.101	前臂挫伤	表6-3-192
S50.700	前臂的多处浅表损伤	表6-3-192
S50.701	前臂多处擦伤	表6-3-192
S51.000	肘开放性伤口	表6-3-192
S51.700	前臂多处开放性伤口	表6-3-192
S51.800x011	前臂开放性损伤伴骨折	表6-3-192
S51.800x021	前臂开放性损伤伴脱位	表6-3-192
S51.901	开放性前臂损伤	表6-3-192
S52.000x001	肘关节骨折	表6-3-192
S52.000x002	尺骨近端骨折	表6-3-192
S52.000x012	尺骨鹰嘴骨骺分离	表6-3-192
S52.000x021	尺骨冠突骨折	表6-3-192
S52.000x091	尺骨近端多发性骨折	表6-3-192
S52.001	鹰嘴骨折	表6-3-192
S52.002	蒙特贾骨折脱位	表6-3-192
S52.010	开放性尺骨上端骨折	表6-3-192
S52.011	开放性鹰嘴骨折	表6-3-192
S52.100x001	桡骨近端骨折	表6-3-192
S52.100x002	桡骨近端骨骺分离	表6-3-192
S52.100x012	桡骨头骨骺分离	表6-3-192
S52.100x091	桡骨近端多发性骨折	表6-3-192
S52.101	桡骨头骨折	表6-3-192
S52.102	桡骨颈骨折	表6-3-192
S52.110	开放性桡骨上端骨折	表6-3-192
S52.200	尺骨干骨折	表6-3-192
S52.200x011	孟氏骨折	表6-3-192
S52.201	尺骨骨折	表6-3-192
S52.210	开放性尺骨干骨折	表6-3-192
S52.211	开放性尺骨骨折	表6-3-192
S52.300	桡骨干骨折	表6-3-192
S52.300x011	盖氏骨折	表6-3-192
S52.310	开放性桡骨干骨折	表6-3-192
S52.400x001	桡尺骨骨干骨折	表6-3-192
S52.410	开放性尺骨桡骨骨干骨折	表6-3-192

续　表

疾病编码	疾病名称	排除内容
S52.500x001	桡骨远端骨折	表6-3-192
S52.500x002	桡骨茎突骨折	表6-3-192
S52.500x003	桡骨远端骨骺分离	表6-3-192
S52.500x011	科雷骨折	表6-3-192
S52.500x021	巴顿骨折	表6-3-192
S52.500x022	史密斯骨折	表6-3-192
S52.500x091	桡骨关节内骨折	表6-3-192
S52.501	屈曲型桡骨下端骨折	表6-3-192
S52.502	伸直型桡骨下端骨折	表6-3-192
S52.510	开放性桡骨下端骨折	表6-3-192
S52.600x001	尺骨远端骨折伴桡骨远端骨折	表6-3-192
S52.600x002	尺骨茎突骨折伴桡骨远端骨折	表6-3-192
S52.610	开放性尺骨桡骨远端骨折	表6-3-192
S52.700	前臂多处骨折	表6-3-192
S52.701	尺骨桡骨闭合性骨折	表6-3-192
S52.710	开放性多发性前臂骨折	表6-3-192
S52.711	开放性尺骨桡骨骨折	表6-3-192
S52.800x002	尺骨远端骨骺分离	表6-3-192
S52.801	桡骨骨折	表6-3-192
S52.802	尺骨茎突骨折	表6-3-192
S52.803	尺骨头骨折	表6-3-192
S52.804	尺骨下端骨折	表6-3-192
S52.810	开放性前臂特指部位骨折	表6-3-192
S52.811	开放性桡骨骨折	表6-3-192
S52.812	开放性尺骨茎突骨折	表6-3-192
S52.813	开放性尺骨头骨折	表6-3-192
S52.814	开放性尺骨下端骨折	表6-3-192
S52.900	前臂骨折	表6-3-192
S53.000	桡骨头脱位	表6-3-192
S53.000x003	桡骨头半脱位	表6-3-192
S53.001	桡肱关节脱位	表6-3-192
S53.002	尺桡关节脱位	表6-3-192
S53.100	肘关节脱位	表6-3-192
S53.100x011	肘关节前脱位	表6-3-192
S53.100x021	肘关节后脱位	表6-3-192
S53.100x031	肘关节内脱位	表6-3-192
S53.100x041	肘关节侧方脱位	表6-3-192
S53.101	尺肱关节脱位	表6-3-192
S53.102	尺骨头脱位	表6-3-192
S53.200x001	桡侧副韧带断裂	表6-3-192

续 表

疾病编码	疾病名称	排除内容
S53.300x001	尺侧副韧带断裂	表6-3-192
S53.400	肘关节扭伤和劳损	表6-3-192
S53.400x002	创伤性肘关节积血	表6-3-192
S53.400x012	桡侧副韧带扭伤	表6-3-192
S53.400x021	尺侧副韧带扭伤	表6-3-192
S53.400x031	桡肱关节扭伤	表6-3-192
S53.400x041	尺肱关节扭伤	表6-3-192
S53.401	桡骨环状韧带扭伤	表6-3-192
S53.402	肘关节扭伤	表6-3-192
S54.000x001	前臂尺神经损伤	表6-3-192
S54.001	前臂尺神经断裂	表6-3-192
S54.100x001	前臂正中神经损伤	表6-3-192
S54.101	前臂正中神经断裂	表6-3-192
S54.200x001	前臂桡神经损伤	表6-3-192
S54.300x001	前臂皮感觉神经损伤	表6-3-192
S54.700x001	前臂多处神经损伤	表6-3-192
S54.800	在前臂水平的其他神经损伤	表6-3-192
S54.900x001	前臂神经损伤	表6-3-192
S55.000x001	前臂尺动脉损伤	表6-3-192
S55.100x001	前臂桡动脉损伤	表6-3-192
S55.101	创伤性桡动脉断裂	表6-3-192
S55.200x001	前臂静脉损伤	表6-3-192
S55.700x001	前臂多处血管损伤	表6-3-192
S55.800	在前臂水平的其他血管损伤	表6-3-192
S55.900x001	前臂血管损伤	表6-3-192
S56.000x001	前臂拇指屈肌损伤	表6-3-192
S56.000x002	前臂拇指屈肌腱损伤	表6-3-192
S56.000x003	前臂拇指屈肌和肌腱损伤	表6-3-192
S56.001	前臂拇指屈肌断裂	表6-3-192
S56.100x001	前臂指屈肌损伤	表6-3-192
S56.100x002	前臂指屈肌腱损伤	表6-3-192
S56.100x003	前臂指屈肌和肌腱损伤	表6-3-192
S56.200x001	前臂屈肌损伤	表6-3-192
S56.200x002	前臂屈肌腱损伤	表6-3-192
S56.200x003	前臂屈肌和肌腱损伤	表6-3-192
S56.300x001	前臂拇指伸肌损伤	表6-3-192
S56.300x002	前臂拇指伸肌腱损伤	表6-3-192
S56.300x003	前臂拇指伸肌和肌腱损伤	表6-3-192
S56.300x004	前臂拇指外展肌损伤	表6-3-192
S56.300x005	前臂拇指外展肌腱损伤	表6-3-192

续 表

疾病编码	疾病名称	排除内容
S56.300x006	前臂拇指外展肌和肌腱损伤	表6-3-192
S56.301	前臂拇指外展肌和肌腱断裂	表6-3-192
S56.400x001	前臂指伸肌损伤	表6-3-192
S56.400x002	前臂手指伸肌腱损伤	表6-3-192
S56.400x003	前臂手指伸肌和肌腱损伤	表6-3-192
S56.500x001	前臂伸肌损伤	表6-3-192
S56.500x002	前臂伸肌腱损伤	表6-3-192
S56.500x003	前臂伸肌和肌腱损伤	表6-3-192
S56.700x001	前臂多处肌肉和肌腱损伤	表6-3-192
S56.801	前臂肌肉和肌腱损伤	表6-3-192
S57.000	肘挤压伤	表6-3-192
S57.800	前臂其他部位的挤压伤	表6-3-192
S57.900	前臂的挤压伤	表6-3-192
S59.700	前臂多处损伤	表6-3-192
S59.701	肘关节后脱位，桡骨头和尺骨冠状突骨折	表6-3-192
S59.800	前臂其他特指的损伤	表6-3-192
S59.900	前臂损伤	表6-3-192
S61.000x001	手指开放性损伤	表6-3-193
S61.000x002	拇指开放性损伤	表6-3-193
S61.100x001	手指开放性损伤伴指甲损伤	表6-3-193
S61.100x002	拇指开放性损伤伴指甲损伤	表6-3-193
S61.700	腕和手多处开放性伤口	表6-3-193
S61.701	开放性腕部多发损伤	表6-3-193
S61.702	开放性手多发损伤	表6-3-193
S61.800x011	腕和手开放性损伤伴骨折	表6-3-193
S61.800x012	手部开放性损伤伴骨折	表6-3-193
S61.800x013	腕部开放性损伤伴骨折	表6-3-193
S61.800x021	腕和手开放性损伤伴脱位	表6-3-193
S61.800x022	手部开放性损伤伴脱位	表6-3-193
S61.800x023	腕部开放性损伤伴脱位	表6-3-193
S61.800x081	手掌开放性损伤	表6-3-193
S61.900	腕和手的开放性伤口	表6-3-193
S61.900x002	腕部开放性损伤	表6-3-193
S61.900x004	手部爆炸伤	表6-3-193
S61.901	开放性手部损伤	表6-3-193
S61.902	手套撕脱伤	表6-3-193
S62.000x001	腕舟骨骨折	表6-3-193
S62.010	开放性手舟状骨骨折	表6-3-193
S62.100x011	月骨骨折	表6-3-193
S62.100x021	三角骨骨折	表6-3-193

续 表

疾病编码	疾病名称	排除内容
S62.100x031	豆骨骨折	表6-3-193
S62.100x041	大多角骨骨折	表6-3-193
S62.100x051	小多角骨骨折	表6-3-193
S62.100x061	头状骨骨折	表6-3-193
S62.100x071	钩骨骨折	表6-3-193
S62.100x091	腕骨多发性骨折	表6-3-193
S62.101	腕骨骨折	表6-3-193
S62.110	开放性特指腕骨骨折	表6-3-193
S62.111	开放性腕骨骨折	表6-3-193
S62.200	第一掌骨骨折	表6-3-193
S62.200x011	第一掌骨基底骨折	表6-3-193
S62.200x021	第一掌骨干骨折	表6-3-193
S62.200x031	第一掌骨颈骨折	表6-3-193
S62.200x041	第一掌骨头骨折	表6-3-193
S62.201	贝内特骨折	表6-3-193
S62.210	开放性第一掌骨骨折	表6-3-193
S62.300x002	掌骨骨骺分离	表6-3-193
S62.300x011	掌骨基底骨折	表6-3-193
S62.300x021	掌骨干骨折	表6-3-193
S62.300x031	掌骨颈骨折	表6-3-193
S62.300x041	掌骨头骨折	表6-3-193
S62.301	掌骨骨折	表6-3-193
S62.310	开放性特指掌骨骨折	表6-3-193
S62.311	开放性掌骨骨折	表6-3-193
S62.400	掌骨多处骨折	表6-3-193
S62.410	开放性多发性掌骨骨折	表6-3-193
S62.500	拇指骨折	表6-3-193
S62.500x002	拇指骨骺分离	表6-3-193
S62.500x011	拇指近节骨折	表6-3-193
S62.500x021	拇指远节骨折	表6-3-193
S62.510	开放性拇指骨折	表6-3-193
S62.600x002	指骨骨骺分离	表6-3-193
S62.600x011	指骨近节骨折	表6-3-193
S62.600x021	指骨中节骨折	表6-3-193
S62.600x031	指骨远节骨折	表6-3-193
S62.611	开放性指骨骨折	表6-3-193
S62.700	手指多处骨折	表6-3-193
S62.710	开放性多发性指骨骨折	表6-3-193
S62.801	手骨折	表6-3-193
S62.802	指骨骨折	表6-3-193

续 表

疾病编码	疾病名称	排除内容
S62.810	开放性腕和手其他和未特指部位骨折	表6-3-193
S62.811	开放性手骨折	表6-3-193
S63.000	腕关节脱位	表6-3-193
S63.000x002	桡骨远端关节脱位	表6-3-193
S63.000x003	尺骨远端关节脱位	表6-3-193
S63.000x011	下尺桡关节脱位	表6-3-193
S63.000x021	桡腕关节脱位	表6-3-193
S63.000x031	腕骨间关节脱位	表6-3-193
S63.000x041	掌骨近端关节脱位	表6-3-193
S63.000x042	腕掌关节脱位	表6-3-193
S63.000x081	腕骨脱位	表6-3-193
S63.000x082	腕舟骨脱位	表6-3-193
S63.000x083	腕舟骨月骨周围脱位	表6-3-193
S63.100	指关节脱位	表6-3-193
S63.100x001	指间关节脱位	表6-3-193
S63.100x002	拇指关节脱位	表6-3-193
S63.100x011	掌指关节脱位	表6-3-193
S63.100x012	掌骨远端关节脱位	表6-3-193
S63.100x013	拇掌关节脱位	表6-3-193
S63.100x021	手指远端指间关节脱位	表6-3-193
S63.200	手指多处脱位	表6-3-193
S63.200x001	指关节多发性脱位	表6-3-193
S63.300x001	腕副韧带断裂	表6-3-193
S63.300x002	桡腕韧带断裂	表6-3-193
S63.300x003	尺腕韧带断裂	表6-3-193
S63.300x004	腕和腕关节韧带断裂	表6-3-193
S63.400x001	掌指关节韧带断裂	表6-3-193
S63.400x002	掌指关节副韧带断裂	表6-3-193
S63.400x003	手掌韧带断裂	表6-3-193
S63.400x004	手掌板断裂	表6-3-193
S63.400x005	指间关节韧带断裂	表6-3-193
S63.400x006	指间关节副韧带断裂	表6-3-193
S63.401	创伤性掌关节韧带破裂	表6-3-193
S63.500	腕关节扭伤和劳损	表6-3-193
S63.500x002	腕关节损伤	表6-3-193
S63.500x003	创伤性腕关节积血	表6-3-193
S63.500x011	腕骨关节扭伤	表6-3-193
S63.500x012	腕骨关节损伤	表6-3-193
S63.500x021	桡腕关节扭伤	表6-3-193
S63.500x022	桡腕关节损伤	表6-3-193

续 表

疾病编码	疾病名称	排除内容
S63.500x031	腕掌关节扭伤	表6-3-193
S63.500x032	腕掌关节损伤	表6-3-193
S63.500x081	下尺桡关节扭伤	表6-3-193
S63.500x082	下尺桡关节损伤	表6-3-193
S63.500x101	腕关节三角纤维软骨损伤	表6-3-193
S63.501	腕关节扭伤	表6-3-193
S63.600	手指扭伤和劳损	表6-3-193
S63.600x001	拇指扭伤	表6-3-193
S63.600x002	指骨扭伤	表6-3-193
S63.601	指关节扭伤	表6-3-193
S63.602	掌指关节扭伤	表6-3-193
S63.700x001	腕中关节扭伤	表6-3-193
S63.701	手关节扭伤	表6-3-193
S64.000x001	腕部尺神经损伤	表6-3-193
S64.000x002	手部尺神经损伤	表6-3-193
S64.100x001	腕部正中神经损伤	表6-3-193
S64.100x002	手部正中神经损伤	表6-3-193
S64.200x001	腕部桡神经损伤	表6-3-193
S64.200x002	手部桡神经损伤	表6-3-193
S64.300	拇指指神经损伤	表6-3-193
S64.400x001	指神经损伤	表6-3-193
S64.700x001	腕和手多处神经损伤	表6-3-193
S64.800	在腕和手水平的其他神经损伤	表6-3-193
S64.900x001	腕和手神经损伤	表6-3-193
S65.000x001	手部尺动脉损伤	表6-3-193
S65.000x002	腕部尺动脉损伤	表6-3-193
S65.100x001	腕部桡动脉损伤	表6-3-193
S65.100x002	手部桡动脉损伤	表6-3-193
S65.200	掌浅动静脉弓损伤	表6-3-193
S65.300	掌深动静脉弓损伤	表6-3-193
S65.400	拇指血管损伤	表6-3-193
S65.401	创伤性拇指动脉破裂	表6-3-193
S65.500	手指血管损伤，其他的	表6-3-193
S65.501	创伤性指动脉破裂	表6-3-193
S65.700x001	腕和手多处血管损伤	表6-3-193
S65.800	在腕和手水平的其他血管损伤	表6-3-193
S65.900x001	腕和手血管损伤	表6-3-193
S66.000x001	腕和手拇指长屈肌和肌腱损伤	表6-3-193
S66.000x002	腕和手拇指长屈肌损伤	表6-3-193
S66.000x003	腕和手拇指长屈肌腱损伤	表6-3-193

续 表

疾病编码	疾病名称	排除内容
S66.000x004	腕部拇指长屈肌和肌腱损伤	表6-3-193
S66.000x005	腕部拇指长屈肌损伤	表6-3-193
S66.000x006	腕部拇指长屈肌腱损伤	表6-3-193
S66.000x007	手部拇指长屈肌和肌腱损伤	表6-3-193
S66.000x008	手部拇指长屈肌损伤	表6-3-193
S66.000x009	手部拇指长屈肌腱损伤	表6-3-193
S66.100x001	腕和手指屈肌和肌腱损伤	表6-3-193
S66.100x002	腕和手指屈肌损伤	表6-3-193
S66.100x003	腕和手指屈肌腱损伤	表6-3-193
S66.100x004	腕部指屈肌和肌腱损伤	表6-3-193
S66.100x005	腕部指屈肌损伤	表6-3-193
S66.100x006	腕部指屈肌腱损伤	表6-3-193
S66.100x007	手部指屈肌和肌腱损伤	表6-3-193
S66.100x008	手部指屈肌损伤	表6-3-193
S66.100x009	手部指屈肌腱损伤	表6-3-193
S66.200x001	腕和手拇指伸肌和肌腱损伤	表6-3-193
S66.200x002	腕和手拇指伸肌损伤	表6-3-193
S66.200x003	腕和手拇指伸肌腱损伤	表6-3-193
S66.200x004	腕部拇指伸肌和肌腱损伤	表6-3-193
S66.200x005	腕部拇指伸肌损伤	表6-3-193
S66.200x006	腕部拇指伸肌腱损伤	表6-3-193
S66.200x007	手部拇指伸肌和肌腱损伤	表6-3-193
S66.200x008	手部拇指伸肌损伤	表6-3-193
S66.200x009	手部拇指伸肌腱损伤	表6-3-193
S66.300x001	腕和手指伸肌和肌腱损伤	表6-3-193
S66.300x002	腕和手指伸肌损伤	表6-3-193
S66.300x003	腕和手指伸肌腱损伤	表6-3-193
S66.300x004	腕部指伸肌和肌腱损伤	表6-3-193
S66.300x005	腕部指伸肌损伤	表6-3-193
S66.300x006	腕部指伸肌腱损伤	表6-3-193
S66.300x007	手部指伸肌和肌腱损伤	表6-3-193
S66.300x008	手部指伸肌损伤	表6-3-193
S66.300x009	手部指伸肌腱损伤	表6-3-193
S66.400x001	腕和手拇指内在肌和肌腱损伤	表6-3-193
S66.400x002	腕和手拇指内在肌损伤	表6-3-193
S66.400x003	腕和手拇指内在肌腱损伤	表6-3-193
S66.400x004	腕部拇指内在肌和肌腱损伤	表6-3-193
S66.400x005	腕部拇指内在肌损伤	表6-3-193
S66.400x006	腕部拇指内在肌腱损伤	表6-3-193
S66.400x007	手部拇指内在肌和肌腱损伤	表6-3-193

续 表

疾病编码	疾病名称	排除内容
S66.400x008	手部拇指内在肌损伤	表6-3-193
S66.400x009	手部拇指内在肌腱损伤	表6-3-193
S66.500x001	腕和手指内在肌和肌腱损伤	表6-3-193
S66.500x002	腕和手指内在肌损伤	表6-3-193
S66.500x003	腕和手指内在肌腱损伤	表6-3-193
S66.500x004	腕部指内在肌和肌腱损伤	表6-3-193
S66.500x005	腕部指内在肌损伤	表6-3-193
S66.500x006	腕部指内在肌腱损伤	表6-3-193
S66.500x007	手部指内在肌和肌腱损伤	表6-3-193
S66.500x008	手部指内在肌损伤	表6-3-193
S66.500x009	手部指内在肌腱损伤	表6-3-193
S66.600x001	腕和手多处屈肌和肌腱损伤	表6-3-193
S66.601	多发性手屈肌断裂	表6-3-193
S66.700x001	腕和手多处伸肌和肌腱损伤	表6-3-193
S66.800	在腕和手水平的其他肌肉和肌腱的损伤	表6-3-193
S66.900x001	腕和手肌肉和肌腱损伤	表6-3-193
S66.900x002	腕部肌肉损伤	表6-3-193
S66.900x003	手部肌肉损伤	表6-3-193
S66.900x004	手指肌肉损伤	表6-3-193
S67.000x001	拇指挤压伤	表6-3-193
S67.000x003	手指碾挫伤	表6-3-193
S67.001	手指挤压伤	表6-3-193
S67.800x001	腕部挤压伤	表6-3-193
S67.800x003	手部碾挫伤	表6-3-193
S67.801	手挤压伤	表6-3-193
S69.700	腕和手多处损伤	表6-3-193
S69.800	腕和手其他特指的损伤	表6-3-193
S69.900x001	腕部损伤	表6-3-193
S69.900x002	手部损伤	表6-3-193
S69.900x003	拇指损伤	表6-3-193
S69.900x004	手指损伤	表6-3-193
S71.000	髋开放性伤口	表6-3-194
S71.100	大腿开放性伤口	表6-3-194
S71.101	大腿撕脱伤	表6-3-194
S71.700	髋和大腿多处开放性伤口	表6-3-194
S71.800x011	髋部开放性损伤伴骨折	表6-3-194
S71.800x012	股部开放性损伤伴骨折	表6-3-194
S71.800x021	髋部开放性损伤伴脱位	表6-3-194
S71.800x022	股部开放性损伤伴脱位	表6-3-194
S71.801	开放性骨盆带损伤	表6-3-194

续 表

疾病编码	疾病名称	排除内容
S72.000	股骨颈骨折	表6-3-194
S72.000x011	股骨关节囊内骨折	表6-3-194
S72.000x021	股骨头骨骺分离	表6-3-194
S72.000x031	股骨颈头下骨折	表6-3-194
S72.000x041	股骨颈经颈骨折	表6-3-194
S72.000x051	股骨颈基底骨折	表6-3-194
S72.000x081	股骨头骨折	表6-3-194
S72.000x082	股骨髋部骨折	表6-3-194
S72.010	开放性股骨颈骨折	表6-3-194
S72.100x001	股骨大粗隆骨折	表6-3-194
S72.100x002	股骨小粗隆骨折	表6-3-194
S72.101	股骨粗隆间骨折	表6-3-194
S72.110	开放性股骨粗隆间骨折	表6-3-194
S72.200x001	股骨粗隆下骨折	表6-3-194
S72.210	开放性股骨粗隆下骨折	表6-3-194
S72.300	股骨干骨折	表6-3-194
S72.310	开放性股骨干骨折	表6-3-194
S72.400x001	股骨远端骨折	表6-3-194
S72.400x012	股骨内髁骨折	表6-3-194
S72.400x013	股骨外髁骨折	表6-3-194
S72.400x021	股骨远端骨骺分离	表6-3-194
S72.400x031	股骨髁上骨折	表6-3-194
S72.400x041	股骨髁间骨折	表6-3-194
S72.401	股骨髁骨折	表6-3-194
S72.410	开放性股骨下端骨折	表6-3-194
S72.700	股骨多处骨折	表6-3-194
S72.710	开放性多发性股骨骨折	表6-3-194
S72.800	股骨其他部位的骨折	表6-3-194
S72.810	开放性股骨特指部位骨折	表6-3-194
S72.900	股骨骨折	表6-3-194
S72.900x002	股骨骨骺分离	表6-3-194
S72.910	开放性股骨骨折	表6-3-194
S73.000	髋脱位	表6-3-194
S73.000x003	髋臼脱位	表6-3-194
S73.000x011	髋关节后脱位	表6-3-194
S73.000x021	髋关节前脱位	表6-3-194
S73.001	髋关节半脱位	表6-3-194
S73.100	髋扭伤和劳损	表6-3-194
S73.100x002	创伤性髋关节积血	表6-3-194
S73.100x011	髂股韧带扭伤	表6-3-194

续 表

疾病编码	疾病名称	排除内容
S73.100x021	髂关节囊韧带扭伤	表6-3-194
S73.101	髋扭伤	表6-3-194
S74.000x001	坐骨神经损伤	表6-3-194
S74.000x002	髋部坐骨神经损伤	表6-3-194
S74.000x003	大腿坐骨神经损伤	表6-3-194
S74.100x001	股神经损伤	表6-3-194
S74.100x002	髋部股神经损伤	表6-3-194
S74.100x003	大腿股神经损伤	表6-3-194
S74.200x001	髋部皮感觉神经损伤	表6-3-194
S74.200x002	大腿皮感觉神经损伤	表6-3-194
S74.700x001	髋部多处神经损伤	表6-3-194
S74.700x002	大腿多处神经损伤	表6-3-194
S74.801	闭孔神经损伤	表6-3-194
S74.900x001	髋部神经损伤	表6-3-194
S74.900x002	大腿神经损伤	表6-3-194
S75.000	股动脉损伤	表6-3-194
S75.000x002	股浅动脉损伤	表6-3-194
S75.000x003	股深动脉损伤	表6-3-194
S75.000x004	创伤性股动脉瘤	表6-3-194
S75.000x005	创伤性股假性动脉瘤	表6-3-194
S75.001	创伤性股深动脉破裂	表6-3-194
S75.100x001	股静脉损伤	表6-3-194
S75.100x002	髋部股静脉损伤	表6-3-194
S75.100x003	大腿股静脉损伤	表6-3-194
S75.200	在髋和大腿水平的大隐静脉损伤	表6-3-194
S75.200x001	大腿大隐静脉损伤	表6-3-194
S75.700x001	髋部多处血管损伤	表6-3-194
S75.700x002	大腿多处血管损伤	表6-3-194
S75.800	在髋和大腿水平的其他血管损伤	表6-3-194
S75.900x001	髋部血管损伤	表6-3-194
S75.900x002	大腿血管损伤	表6-3-194
S75.901	创伤性股动静脉瘘	表6-3-194
S76.000x002	髋部肌肉损伤	表6-3-194
S76.000x003	髋部肌腱损伤	表6-3-194
S76.100x001	股四头肌和肌腱损伤	表6-3-194
S76.100x002	股四头肌肌肉损伤	表6-3-194
S76.100x003	股四头肌肌腱损伤	表6-3-194
S76.100x004	髌腱断裂	表6-3-194
S76.101	股四头肌腱断裂	表6-3-194
S76.102	髌韧带损伤	表6-3-194

续 表

疾病编码	疾病名称	排除内容
S76.200x002	大腿内收肌肌肉损伤	表6-3-194
S76.200x003	大腿内收肌肌腱损伤	表6-3-194
S76.300x001	大腿后部肌群和肌腱损伤	表6-3-194
S76.300x002	大腿后部肌群肌肉损伤	表6-3-194
S76.301	大腿后部肌腱损伤	表6-3-194
S76.401	大腿肌腱损伤	表6-3-194
S76.402	大腿肌断裂	表6-3-194
S76.700x001	髋和大腿多处肌肉和肌腱损伤	表6-3-194
S77.000	髋部挤压伤	表6-3-194
S77.100	大腿挤压伤	表6-3-194
S77.200	髋伴有大腿挤压伤	表6-3-194
S78.000	髋部创伤性切断	表6-3-194
S78.100x001	大腿部切断	表6-3-194
S78.900	髋和大腿水平的创伤性切断	表6-3-194
S79.700	髋和大腿多处损伤	表6-3-194
S79.701	多发性大腿损伤	表6-3-194
S79.800	髋和大腿其他特指的损伤	表6-3-194
S79.800x001	髋关节周围软组织损伤	表6-3-194
S79.900x001	髋部损伤	表6-3-194
S79.901	大腿损伤	表6-3-194
S79.902	髋周软组织损伤	表6-3-194
S80.100x002	小腿血肿	表6-3-195
S80.101	小腿挫伤	表6-3-195
S81.000	膝开放性伤口	表6-3-195
S81.700	小腿多处开放性伤口	表6-3-195
S81.800x011	小腿开放性损伤伴骨折	表6-3-195
S81.800x021	小腿开放性损伤伴脱位	表6-3-195
S81.800x081	腓部开放性损伤	表6-3-195
S81.800x082	腘窝开放性损伤	表6-3-195
S81.800x083	胫部开放性损伤	表6-3-195
S81.900	小腿开放性伤口	表6-3-195
S81.901	小腿撕脱伤	表6-3-195
S82.000	髌骨骨折	表6-3-195
S82.000x002	髌骨软骨骨折	表6-3-195
S82.000x004	髌骨袖套状骨折	表6-3-195
S82.010	开放性髌骨骨折	表6-3-195
S82.100x011	胫骨近端骨折伴腓骨骨折	表6-3-195
S82.100x012	胫骨平台伴腓骨骨折	表6-3-195
S82.100x081	胫骨近端骨折	表6-3-195
S82.100x082	胫骨近端骨骺分离	表6-3-195

续 表

疾病编码	疾病名称	排除内容
S82.100x084	胫骨髁骨折	表6-3-195
S82.100x085	胫骨髁间棘骨折	表6-3-195
S82.100x086	胫骨外髁骨折	表6-3-195
S82.100x087	胫骨平台骨折	表6-3-195
S82.100x088	胫骨平台伴髁间骨折	表6-3-195
S82.100x089	胫骨结节骨折	表6-3-195
S82.101	闭合性胫骨平台骨折	表6-3-195
S82.102	胫骨头骨折	表6-3-195
S82.110	开放性胫骨上端骨折	表6-3-195
S82.111	开放性胫骨头骨折	表6-3-195
S82.200x011	胫骨干骨折伴腓骨骨折	表6-3-195
S82.200x081	胫骨干骨折	表6-3-195
S82.201	胫腓骨干骨折	表6-3-195
S82.202	胫骨骨折	表6-3-195
S82.203	胫腓骨闭合性骨折	表6-3-195
S82.210	开放性胫骨骨干骨折	表6-3-195
S82.211	开放性胫骨骨折	表6-3-195
S82.212	开放性胫腓骨干骨折	表6-3-195
S82.300x011	胫骨远端骨折伴腓骨骨折	表6-3-195
S82.300x012	胫腓骨下端骨骺分离	表6-3-195
S82.300x081	胫骨远端骨折	表6-3-195
S82.300x082	胫骨远端骨骺分离	表6-3-195
S82.300x083	Pilon骨折	表6-3-195
S82.301	胫腓骨下端骨折	表6-3-195
S82.310	开放性胫骨下端骨折	表6-3-195
S82.311	开放性胫腓骨下端骨折	表6-3-195
S82.400x001	腓骨骨折	表6-3-195
S82.400x002	腓骨远端骨骺分离	表6-3-195
S82.400x011	腓骨近端骨折	表6-3-195
S82.400x012	腓骨头骨折	表6-3-195
S82.400x013	腓骨颈骨折	表6-3-195
S82.400x014	腓骨小头骨折	表6-3-195
S82.400x091	腓骨多发性骨折	表6-3-195
S82.401	腓骨干骨折	表6-3-195
S82.410	开放性腓骨骨折	表6-3-195
S82.411	开放性腓骨干骨折	表6-3-195
S82.500	内踝骨折	表6-3-195
S82.500x001	胫骨骨折伴踝骨折	表6-3-195
S82.501	胫骨骨折累及踝关节	表6-3-195
S82.510	开放性内踝骨折	表6-3-195

续 表

疾病编码	疾病名称	排除内容
S82.600	外踝骨折	表6-3-195
S82.600x001	腓骨骨折伴踝骨折	表6-3-195
S82.601	腓骨骨折累及踝关节	表6-3-195
S82.610	开放性外踝骨折	表6-3-195
S82.700	小腿多处骨折	表6-3-195
S82.710	开放性多发性小腿骨折	表6-3-195
S82.800x081	踝骨骨折	表6-3-195
S82.800x082	踝关节骨折	表6-3-195
S82.801	三踝骨折	表6-3-195
S82.802	双踝骨折	表6-3-195
S82.803	踝骨闭合性骨折	表6-3-195
S82.810	开放性小腿特指部位骨折	表6-3-195
S82.811	开放性三踝骨折	表6-3-195
S82.812	开放性双踝骨折	表6-3-195
S82.900	小腿骨折	表6-3-195
S82.910	开放性小腿骨折	表6-3-195
S83.000	髌骨脱位	表6-3-195
S83.001	髌骨半脱位	表6-3-195
S83.100	膝关节脱位	表6-3-195
S83.100x011	胫骨近端前脱位	表6-3-195
S83.100x012	股骨远端后脱位	表6-3-195
S83.100x021	胫骨近端后脱位	表6-3-195
S83.100x031	胫骨近端内侧脱位	表6-3-195
S83.100x041	胫骨近端外侧脱位	表6-3-195
S83.100x081	胫腓关节脱位	表6-3-195
S83.101	膝关节半脱位	表6-3-195
S83.102	胫腓关节近端脱位	表6-3-195
S83.200x001	膝半月板撕裂	表6-3-195
S83.200x002	膝外侧半月板桶柄状撕裂	表6-3-195
S83.200x003	膝内侧半月板桶柄状撕裂	表6-3-195
S83.200x004	膝半月板桶柄状撕裂	表6-3-195
S83.200x005	膝内侧半月板撕裂	表6-3-195
S83.200x006	膝外侧半月板撕裂	表6-3-195
S83.201	膝内侧半月板损伤	表6-3-195
S83.202	膝外侧半月板损伤	表6-3-195
S83.300x001	膝关节软骨撕裂	表6-3-195
S83.400x001	膝关节副韧带扭伤	表6-3-195
S83.400x002	膝关节副韧带断裂	表6-3-195
S83.400x003	膝关节副韧带损伤	表6-3-195
S83.400x011	膝关节外侧副韧带扭伤	表6-3-195

续 表

疾病编码	疾病名称	排除内容
S83.400x012	膝关节外侧副韧带损伤	表6-3-195
S83.400x021	膝关节内侧副韧带扭伤	表6-3-195
S83.400x022	膝关节内侧副韧带损伤	表6-3-195
S83.400x031	膝关节外侧副韧带部分断裂	表6-3-195
S83.400x032	膝关节外侧副韧带完全断裂	表6-3-195
S83.400x041	膝关节内侧副韧带部分断裂	表6-3-195
S83.400x042	膝关节内侧副韧带完全断裂	表6-3-195
S83.401	膝关节副韧带劳损	表6-3-195
S83.500x001	膝关节十字韧带断裂	表6-3-195
S83.500x002	膝关节十字韧带扭伤	表6-3-195
S83.500x003	膝关节十字韧带损伤	表6-3-195
S83.500x011	膝关节前十字韧带扭伤	表6-3-195
S83.500x012	膝关节前十字韧带损伤	表6-3-195
S83.500x021	膝关节后十字韧带扭伤	表6-3-195
S83.500x022	膝关节后十字韧带损伤	表6-3-195
S83.500x031	膝关节前十字韧带部分断裂	表6-3-195
S83.500x032	膝关节前十字韧带完全断裂	表6-3-195
S83.500x041	膝关节后十字韧带部分断裂	表6-3-195
S83.500x042	膝关节后十字韧带完全断裂	表6-3-195
S83.501	膝关节十字韧带劳损	表6-3-195
S83.600x002	膝关节损伤	表6-3-195
S83.600x003	创伤性膝关节积血	表6-3-195
S83.600x004	胫腓近端关节扭伤	表6-3-195
S83.600x005	胫腓近端关节损伤	表6-3-195
S83.600x006	胫腓近端韧带扭伤	表6-3-195
S83.600x007	胫腓近端韧带损伤	表6-3-195
S83.601	膝关节扭伤	表6-3-195
S83.602	胫腓韧带上端撕裂	表6-3-195
S83.603	上胫腓关节扭伤	表6-3-195
S83.700x001	膝外侧半月板伴副韧带损伤	表6-3-195
S83.700x002	膝外侧半月板伴十字韧带损伤	表6-3-195
S83.700x003	膝关节多处损伤	表6-3-195
S83.700x004	膝内侧半月板伴副韧带损伤	表6-3-195
S83.700x005	膝内侧半月板伴十字韧带损伤	表6-3-195
S83.700x006	膝关节多处韧带损伤	表6-3-195
S84.000x001	胫后神经损伤	表6-3-195
S84.000x002	胫神经损伤	表6-3-195
S84.100x001	腓神经损伤	表6-3-195
S84.200x001	小腿皮感觉神经损伤	表6-3-195
S84.700x001	小腿多处神经损伤	表6-3-195

续 表

疾病编码	疾病名称	排除内容
S84.800x001	腓总神经损伤	表6-3-195
S84.800x002	腓肠神经损伤	表6-3-195
S84.900x001	小腿神经损伤	表6-3-195
S85.000	腘动脉损伤	表6-3-195
S85.100x001	胫动脉损伤	表6-3-195
S85.100x002	胫前动脉损伤	表6-3-195
S85.101	胫后动脉损伤	表6-3-195
S85.102	创伤性胫后动脉血栓形成	表6-3-195
S85.200	腓动脉损伤	表6-3-195
S85.300x001	小腿大隐静脉损伤	表6-3-195
S85.400x001	小腿小隐静脉损伤	表6-3-195
S85.500	腘静脉损伤	表6-3-195
S85.700x001	小腿多处血管损伤	表6-3-195
S85.800x001	胫后血管损伤	表6-3-195
S85.801	创伤性胫后动静脉损伤	表6-3-195
S85.900x001	小腿血管损伤	表6-3-195
S86.001	跟腱断裂	表6-3-195
S86.100x001	小腿后部肌群和肌腱损伤	表6-3-195
S86.100x002	小腿后部肌群肌肉损伤	表6-3-195
S86.100x003	小腿后部肌群肌腱损伤	表6-3-195
S86.200x002	小腿前部肌群肌腱损伤	表6-3-195
S86.201	小腿水平前部肌群肌腱损伤	表6-3-195
S86.300x001	腓侧肌群和肌腱损伤	表6-3-195
S86.300x002	腓侧肌群肌肉损伤	表6-3-195
S86.300x003	腓侧肌群肌腱损伤	表6-3-195
S86.300x004	腓肠肌断裂	表6-3-195
S86.300x005	腓骨长短肌损伤	表6-3-195
S86.300x006	创伤性腓骨肌腱滑脱	表6-3-195
S86.301	小腿水平腓侧肌群肌腱损伤	表6-3-195
S86.700x001	小腿多处肌肉和肌腱损伤	表6-3-195
S86.700x002	胫腓肌腱断裂	表6-3-195
S86.701	小腿水平多发性肌腱损伤	表6-3-195
S86.800	在小腿水平的其他肌肉和肌腱损伤	表6-3-195
S86.901	小腿水平肌肉损伤	表6-3-195
S87.000	膝挤压伤	表6-3-195
S87.801	小腿挤压伤	表6-3-195
S88.000x001	膝部切断	表6-3-195
S88.100x001	小腿部切断	表6-3-195
S88.900	小腿水平的创伤性切断	表6-3-195
S89.700	小腿多处损伤	表6-3-195

续　表

疾病编码	疾病名称	排除内容
S89.800	小腿其他特指的损伤	表6-3-195
S89.900	小腿损伤	表6-3-195
S90.900x002	踝部浅表损伤	表6-3-196
S90.900x003	足部浅表损伤	表6-3-196
S90.901	趾甲血肿	表6-3-196
S91.000	踝开放性伤口	表6-3-196
S91.100	趾开放性伤口不伴有趾甲损坏	表6-3-196
S91.200	趾开放性伤口伴有趾甲损坏	表6-3-196
S91.300x002	足部套脱伤	表6-3-196
S91.300x003	跟部开放性损伤	表6-3-196
S91.300x811	踝和足开放性损伤伴骨折	表6-3-196
S91.300x812	踝部开放性损伤伴骨折	表6-3-196
S91.300x813	足部开放性损伤伴骨折	表6-3-196
S91.300x821	踝和足开放性损伤伴脱位	表6-3-196
S91.300x822	踝部开放性损伤伴脱位	表6-3-196
S91.300x823	足部开放性损伤伴脱位	表6-3-196
S91.301	开放性足损伤	表6-3-196
S91.302	足部皮肤撕裂伤	表6-3-196
S91.303	足裂伤	表6-3-196
S91.700x002	踝部多处开放性损伤	表6-3-196
S91.700x003	足部多处开放性损伤	表6-3-196
S92.000	跟骨骨折	表6-3-196
S92.010	开放性跟骨骨折	表6-3-196
S92.100	距骨骨折	表6-3-196
S92.101	距骨颈骨折	表6-3-196
S92.110	开放性距骨骨折	表6-3-196
S92.200x001	跗骨骨折	表6-3-196
S92.200x081	跗间关节骨折	表6-3-196
S92.201	骰骨骨折	表6-3-196
S92.202	足舟状骨骨折	表6-3-196
S92.203	楔状骨骨折（足）	表6-3-196
S92.210	开放性特指跗骨骨折	表6-3-196
S92.300	跖骨骨折	表6-3-196
S92.300x001	跖跗关节骨折	表6-3-196
S92.300x003	跖骨基底骨折	表6-3-196
S92.300x004	跖骨骨骺损伤	表6-3-196
S92.310	开放性跖骨骨折	表6-3-196
S92.400	拇趾骨折	表6-3-196
S92.410	开放性拇趾骨折	表6-3-196
S92.500x001	趾骨骨折	表6-3-196

续 表

疾病编码	疾病名称	排除内容
S92.500x002	趾骨骨骺损伤	表6-3-196
S92.510	开放性特指趾骨骨折	表6-3-196
S92.700	足多处骨折	表6-3-196
S92.710	开放性多发性足骨折	表6-3-196
S92.900	足骨折	表6-3-196
S92.910	开放性足骨折	表6-3-196
S93.000	踝关节脱位	表6-3-196
S93.000x004	距骨脱位	表6-3-196
S93.000x005	腓骨脱位	表6-3-196
S93.001	踝关节半脱位	表6-3-196
S93.002	胫距关节脱位	表6-3-196
S93.003	胫腓远端关节脱位	表6-3-196
S93.100x001	趾骨脱位	表6-3-196
S93.101	趾关节脱位	表6-3-196
S93.102	跖趾关节半脱位	表6-3-196
S93.103	跖趾关节脱位	表6-3-196
S93.200x001	踝和足韧带断裂	表6-3-196
S93.200x002	踝部韧带断裂	表6-3-196
S93.200x003	足部韧带断裂	表6-3-196
S93.200x004	踝距腓前韧带断裂	表6-3-196
S93.200x005	跟腓韧带断裂	表6-3-196
S93.300x011	跗骨脱位	表6-3-196
S93.300x021	中跗关节脱位	表6-3-196
S93.300x031	跗跖关节骨折脱位［Lisfranc骨折脱位］	表6-3-196
S93.300x032	跗跖关节脱位	表6-3-196
S93.300x081	距舟关节脱位	表6-3-196
S93.301	足部脱位	表6-3-196
S93.302	跖骨脱位	表6-3-196
S93.303	足舟骨脱位	表6-3-196
S93.400	踝扭伤和劳损	表6-3-196
S93.400x002	踝关节损伤	表6-3-196
S93.400x003	创伤性踝关节积血	表6-3-196
S93.400x004	踝内侧副韧带扭伤	表6-3-196
S93.400x012	踝三角韧带损伤	表6-3-196
S93.400x021	跟腓韧带扭伤	表6-3-196
S93.400x022	跟腓韧带损伤	表6-3-196
S93.400x031	胫腓远端韧带扭伤	表6-3-196
S93.400x032	胫腓远端韧带损伤	表6-3-196
S93.401	踝关节扭伤	表6-3-196
S93.402	踝内侧副韧带损伤	表6-3-196

续 表

疾病编码	疾病名称	排除内容
S93.403	三角韧带断裂	表6-3-196
S93.404	三角韧带扭伤	表6-3-196
S93.405	胫腓韧带远端撕裂	表6-3-196
S93.500	足趾扭伤和劳损	表6-3-196
S93.500x001	趾间关节扭伤	表6-3-196
S93.500x002	趾间关节损伤	表6-3-196
S93.500x003	跖趾关节扭伤	表6-3-196
S93.500x004	跖趾关节损伤	表6-3-196
S93.500x005	足趾扭伤	表6-3-196
S93.500x006	足趾损伤	表6-3-196
S93.600x001	跗骨韧带扭伤	表6-3-196
S93.600x002	跗骨韧带损伤	表6-3-196
S93.600x003	跗跖韧带扭伤	表6-3-196
S93.600x004	跗跖韧带损伤	表6-3-196
S93.601	足扭伤	表6-3-196
S94.000	足底外侧神经损伤	表6-3-196
S94.100	足底内侧神经损伤	表6-3-196
S94.200x001	踝和足腓深神经损伤	表6-3-196
S94.200x002	腓深神经外侧支末端损伤	表6-3-196
S94.300x001	踝和足皮感觉神经损伤	表6-3-196
S94.700x001	踝和足多处神经损伤	表6-3-196
S94.800x001	趾神经损伤	表6-3-196
S94.900x001	踝和足神经损伤	表6-3-196
S95.000	足背动脉损伤	表6-3-196
S95.100	足底动脉损伤	表6-3-196
S95.200	足背静脉损伤	表6-3-196
S95.700x001	踝和足多处血管损伤	表6-3-196
S95.800	在踝和足水平的其他血管损伤	表6-3-196
S95.900x001	踝和足血管损伤	表6-3-196
S96.000x001	踝和足趾长屈肌和肌腱损伤	表6-3-196
S96.100x001	踝和足趾长伸肌和肌腱损伤	表6-3-196
S96.100x002	足拇长肌腱损伤	表6-3-196
S96.101	足拇长伸肌腱断裂	表6-3-196
S96.102	趾伸肌腱断裂	表6-3-196
S96.200x001	踝和足内在肌和肌腱损伤	表6-3-196
S96.700x001	踝和足多处肌肉和肌腱损伤	表6-3-196
S96.701	踝和足水平多发性肌腱损伤	表6-3-196
S96.800x001	踝部胫后肌腱损伤	表6-3-196
S96.800x002	趾肌腱损伤	表6-3-196
S96.801	趾肌腱断裂	表6-3-196

续 表

疾病编码	疾病名称	排除内容
S96.900x002	踝和足肌肉和肌腱损伤	表6-3-196
S97.000	踝挤压伤	表6-3-196
S97.100	足趾挤压伤	表6-3-196
S97.800x002	踝和足挤压伤	表6-3-196
S97.801	足挤压伤	表6-3-196
S99.700x001	足部多处损伤	表6-3-196
S99.700x002	踝部多处损伤	表6-3-196
S99.800x001	足部软组织撕脱伤	表6-3-196
S99.900x001	足部损伤	表6-3-196
S99.900x002	踝部损伤	表6-3-196
T01.000x001	头和颈开放性损伤	表6-3-197
T01.100x001	胸伴腹和下背及骨盆开放性损伤	表6-3-197
T01.101	开放性胸腹损伤	表6-3-197
T01.200x001	上肢多处开放性损伤	表6-3-197
T01.300x001	下肢多处开放性损伤	表6-3-197
T01.301	下肢皮肤套脱伤	表6-3-197
T01.302	下肢多处裂伤	表6-3-197
T01.600x001	上肢和下肢多处开放性损伤	表6-3-197
T01.800x001	身体复合部位的开放性损伤	表6-3-197
T01.900	多处开放性伤口	表6-3-197
T01.901	多发性穿刺伤	表6-3-197
T01.902	多发性动物咬伤	表6-3-197
T01.903	多发性切割伤	表6-3-197
T01.904	多发性撕裂伤	表6-3-197
T02.000x001	头和颈骨折	表6-3-197
T02.010	开放性头部伴颈部骨折	表6-3-197
T02.100x001	躯干多发性骨折	表6-3-197
T02.200x001	单上肢多发性骨折	表6-3-197
T02.210	开放性多发性单上肢骨折	表6-3-197
T02.300x001	单下肢多发性骨折	表6-3-197
T02.310	开放性多发性单下肢骨折	表6-3-197
T02.400x001	双上肢多发性骨折	表6-3-197
T02.410	开放性多发性双上肢骨折	表6-3-197
T02.500x001	双下肢多发性骨折	表6-3-197
T02.510	开放性多发性双下肢骨折	表6-3-197
T02.600x001	上肢伴下肢多发性骨折	表6-3-197
T02.610	开放性多发性肢体骨折	表6-3-197
T02.700x001	胸伴下背和骨盆及四肢骨折	表6-3-197
T02.800x001	身体复合部位的骨折	表6-3-197
T02.810	开放性身体特指复合部位骨折	表6-3-197

续 表

疾病编码	疾病名称	排除内容
T02.900	多处骨折	表6-3-197
T02.910	开放性多发性骨折	表6-3-197
T03.000x001	头和颈脱位	表6-3-197
T03.000x002	头和颈扭伤	表6-3-197
T03.000x003	头和颈损伤	表6-3-197
T03.100x001	胸伴下背及骨盆脱位	表6-3-197
T03.100x002	胸伴下背及骨盆扭伤	表6-3-197
T03.100x003	胸伴下背及骨盆损伤	表6-3-197
T03.200x001	上肢多处脱位	表6-3-197
T03.200x002	上肢多处扭伤	表6-3-197
T03.200x003	上肢多处损伤	表6-3-197
T03.300x001	下肢多处脱位	表6-3-197
T03.300x002	下肢多处扭伤	表6-3-197
T03.300x003	下肢多处损伤	表6-3-197
T03.400x001	上肢和下肢多处脱位	表6-3-197
T03.400x002	上肢和下肢多处扭伤	表6-3-197
T03.400x003	上肢和下肢多处损伤	表6-3-197
T03.800x001	身体复合部位的脱位	表6-3-197
T03.800x002	身体复合部位的扭伤	表6-3-197
T03.900	多处脱位、扭伤和劳损	表6-3-197
T03.900x001	多处脱位	表6-3-197
T03.900x002	多处扭伤	表6-3-197
T06.100x001	多处神经和脊髓损伤	表6-3-197
T06.101	脊周围神经损伤	表6-3-197
T06.200x001	多处神经损伤	表6-3-197
T06.300x001	多处血管损伤	表6-3-197
T06.400x001	多处肌肉和肌腱损伤	表6-3-197
T06.400x002	多处肌肉损伤	表6-3-197
T06.401	多发性肌腱损伤	表6-3-197
T06.500x002	胸内器官伴腹内及盆腔器官损伤	表6-3-197
T06.501	多脏器损伤	表6-3-197
T06.800x001	身体复合部位的损伤	表6-3-197
T09.000	躯干浅表损伤	表6-3-198
T09.000x011	躯干浅表擦伤	表6-3-198
T09.000x021	躯干浅表水疱	表6-3-198
T09.000x031	躯干浅表昆虫咬伤	表6-3-198
T09.000x041	躯干浅表异物	表6-3-198
T09.000x051	躯干浅表挫伤	表6-3-198
T09.100	躯干开放性伤口	表6-3-198
T09.200	躯干关节和韧带脱位、扭伤和劳损	表6-3-198

续 表

疾病编码	疾病名称	排除内容
T09.200x001	躯干关节和韧带脱位	表6-3-198
T09.200x002	躯干关节脱位	表6-3-198
T09.200x003	躯干韧带脱位	表6-3-198
T09.200x004	躯干关节和韧带扭伤	表6-3-198
T09.200x005	躯干关节扭伤	表6-3-198
T09.200x006	躯干韧带扭伤	表6-3-198
T09.200x007	躯干关节和韧带损伤	表6-3-198
T09.200x008	躯干关节损伤	表6-3-198
T09.200x009	躯干韧带损伤	表6-3-198
T09.300	脊髓损伤	表6-3-198
T09.300x003	脊髓完全损伤	表6-3-198
T09.300x004	脊髓中央损伤综合征	表6-3-198
T09.300x005	脊髓前索综合征	表6-3-198
T09.300x006	脊髓后索综合征	表6-3-198
T09.300x007	脊髓血肿	表6-3-198
T09.301	创伤性截瘫	表6-3-198
T09.400	躯干神经、脊神经根和神经丛的损伤	表6-3-198
T09.400x001	脊神经损伤	表6-3-198
T09.400x002	脊神经根损伤	表6-3-198
T09.400x003	脊神经丛损伤	表6-3-198
T09.500	躯干肌肉和肌腱的损伤	表6-3-198
T09.500x002	躯干肌肉损伤	表6-3-198
T09.500x003	躯干肌腱损伤	表6-3-198
T09.600	躯干创伤性切断	表6-3-198
T09.800	躯干其他特指的损伤	表6-3-198
T09.900	躯干损伤	表6-3-198
T11.000	上肢浅表损伤	表6-3-198
T11.000x021	上肢浅表水疱	表6-3-198
T11.000x031	上肢浅表昆虫咬伤	表6-3-198
T11.000x041	上肢浅表异物	表6-3-198
T11.000x051	上肢浅表挫伤	表6-3-198
T11.001	上肢擦伤	表6-3-198
T11.100	上肢开放性伤口	表6-3-198
T11.101	上肢皮肤裂伤	表6-3-198
T11.102	上肢撕脱伤	表6-3-198
T11.200	上肢关节和韧带脱位、扭伤和劳损	表6-3-198
T11.200x001	上肢关节和韧带脱位	表6-3-198
T11.200x002	上肢关节脱位	表6-3-198
T11.200x003	上肢韧带脱位	表6-3-198
T11.200x004	上肢关节和韧带扭伤	表6-3-198
T11.200x005	上肢关节扭伤	表6-3-198

续　表

疾病编码	疾病名称	排除内容
T11.200x006	上肢韧带扭伤	表6-3-198
T11.200x007	上肢关节和韧带损伤	表6-3-198
T11.200x008	上肢关节损伤	表6-3-198
T11.200x009	上肢韧带损伤	表6-3-198
T11.300	上肢神经的损伤	表6-3-198
T11.400	上肢血管的损伤	表6-3-198
T11.500	上肢肌肉和肌腱的损伤	表6-3-198
T11.500x002	上肢肌肉损伤	表6-3-198
T11.500x003	上肢肌腱损伤	表6-3-198
T11.600	上肢创伤性切断	表6-3-198
T11.600x001	臂创伤性切断	表6-3-198
T11.800	上肢其他特指的损伤	表6-3-198
T11.900	上肢损伤	表6-3-198
T13.000	下肢浅表损伤	表6-3-198
T13.000x011	下肢浅表擦伤	表6-3-198
T13.000x021	下肢浅表水疱	表6-3-198
T13.000x031	下肢浅表昆虫咬伤	表6-3-198
T13.000x041	下肢浅表异物	表6-3-198
T13.000x051	下肢浅表挫伤	表6-3-198
T13.001	下肢血肿	表6-3-198
T13.100	下肢开放性伤口	表6-3-198
T13.100x003	下肢撕脱伤	表6-3-198
T13.100x004	下肢剥脱伤	表6-3-198
T13.101	下肢皮肤撕裂伤	表6-3-198
T13.200x002	下肢关节脱位	表6-3-198
T13.200x003	下肢韧带脱位	表6-3-198
T13.200x005	下肢关节扭伤	表6-3-198
T13.200x006	下肢韧带扭伤	表6-3-198
T13.200x007	下肢关节和韧带损伤	表6-3-198
T13.200x008	下肢关节损伤	表6-3-198
T13.200x009	下肢韧带损伤	表6-3-198
T13.201	下肢关节和韧带脱位	表6-3-198
T13.202	下肢关节和韧带扭伤	表6-3-198
T13.203	下肢关节和韧带劳损	表6-3-198
T13.300	下肢神经的损伤	表6-3-198
T13.400	下肢血管的损伤	表6-3-198
T13.501	下肢肌肉损伤	表6-3-198
T13.502	下肢肌腱损伤	表6-3-198
T13.600	下肢创伤性切断	表6-3-198
T13.800	下肢其他特指的损伤	表6-3-198
T13.900	下肢损伤	表6-3-198

续 表

疾病编码	疾病名称	排除内容
T14.000	浅表损伤	表6-3-198
T14.000x003	冲浪运动员结节	表6-3-198
T14.000x011	身体浅表擦伤	表6-3-198
T14.000x021	身体浅表水疱	表6-3-198
T14.000x031	身体浅表昆虫咬伤	表6-3-198
T14.000x041	身体浅表异物	表6-3-198
T14.001	皮肤挫伤	表6-3-198
T14.002	无毒蜘蛛咬伤	表6-3-198
T14.003	皮下血肿	表6-3-198
T14.101	皮肤裂伤	表6-3-198
T14.200	身体骨折	表6-3-198
T14.210	开放性骨折	表6-3-198
T14.300	脱位、扭伤和劳损	表6-3-198
T14.400	神经损伤	表6-3-198
T14.500	血管损伤	表6-3-198
T14.501	创伤性动脉瘤	表6-3-198
T14.601	肌腱损伤	表6-3-198
T14.602	肌肉损伤	表6-3-198
T14.701	挤压伤	表6-3-198
T14.702	创伤性切断	表6-3-198
T14.800	其他损伤	表6-3-198
T14.900	损伤	表6-3-198
T15.100x001	结膜异物	表6-3-199
T15.101	眼睑异物	表6-3-199
T17.300	喉内异物	表6-3-199
T17.801	多发性呼吸道异物	表6-3-199
T17.802	细支气管内异物	表6-3-199
T17.803	肺黏液栓塞	表6-3-199
T17.804	肺异物	表6-3-199
T18.200	胃内异物	表6-3-199
T18.400	结肠内异物	表6-3-199
T18.500x004	直肠乙状结肠连接部异物	表6-3-199
T18.501	肛门内异物	表6-3-199
T18.502	直肠内异物	表6-3-199
T18.801	多发性消化道异物	表6-3-199
T33.800x002	踝部浅表冻伤	表6-3-203
T33.800x003	足部浅表冻伤	表6-3-203
T36.500	氨基糖苷类中毒	表6-3-204
T36.500x003	链霉素中毒	表6-3-204
T36.501	丁胺卡那中毒	表6-3-204
T36.502	庆大霉素中毒	表6-3-204

续 表

疾病编码	疾病名称	排除内容
T36.900	全身性抗生素中毒	表6-3-204
T36.900x001	抗生素中毒	表6-3-204
T38.100	甲状腺激素类及其代用品中毒	表6-3-204
T38.100x001	甲状腺激素及其衍生物中毒	表6-3-204
T38.300	胰岛素和口服降血糖［抗糖尿病］药中毒	表6-3-204
T38.300x001	医源性高胰岛素血症	表6-3-204
T38.300x003	口服抗糖尿病药中毒	表6-3-204
T38.301	胰岛素中毒	表6-3-204
T38.400	口服避孕药中毒	表6-3-204
T38.401	棉酚中毒	表6-3-204
T38.600	抗促性腺激素药、抗雌激素药、抗雄激素药中毒，不可归类在他处者	表6-3-204
T38.600x001	三苯氧胺中毒	表6-3-204
T41.100	静脉内麻醉药中毒	表6-3-204
T41.100x002	硫巴比妥盐类中毒	表6-3-204
T41.400	麻醉药中毒	表6-3-204
T42.500x001	混合型抗癫痫药中毒	表6-3-204
T42.600	镇癫痫药和镇静催眠药中毒，其他的	表6-3-204
T42.600x002	佐匹克隆中毒	表6-3-204
T42.600x004	丙戊酸钠中毒	表6-3-204
T42.600x005	丙戊酸中毒	表6-3-204
T42.600x006	苯乙哌啶酮类中毒	表6-3-204
T42.601	安眠酮中毒	表6-3-204
T42.602	芬那露中毒	表6-3-204
T44.000	抗胆碱酯酶剂中毒	表6-3-204
T44.001	吡啶斯明中毒	表6-3-204
T44.300	副交感神经抑制剂［抗胆碱能药和抗毒蕈碱药］和解痉药中毒，其他的，不可归类在他处者	表6-3-204
T44.301	阿托品中毒	表6-3-204
T44.302	莨菪碱类植物中毒	表6-3-204
T44.303	安坦中毒	表6-3-204
T45.000x001	抗过敏药中毒	表6-3-204
T45.001	止吐药中毒	表6-3-204
T45.002	胃复安中毒	表6-3-204
T45.003	乘晕宁中毒	表6-3-204
T45.400	铁及其化合物中毒	表6-3-204
T45.700x001	抗凝拮抗剂中毒	表6-3-204
T45.700x002	维生素K中毒	表6-3-204
T45.700x003	凝血药中毒	表6-3-204
T45.800x001	天然血中毒	表6-3-204
T45.800x002	血制品中毒	表6-3-204
T45.800x003	血浆代用品中毒	表6-3-204
T46.100	钙通道阻滞剂中毒	表6-3-204

续 表

疾病编码	疾病名称	排除内容
T46.100x001	异搏定中毒	表6-3-204
T46.400	血管紧张素转换酶抑制剂中毒	表6-3-204
T46.500x002	胍乙啶中毒	表6-3-204
T46.500x003	萝芙木中毒	表6-3-204
T46.500x004	利血平中毒	表6-3-204
T46.500x005	降压药中毒	表6-3-204
T46.501	可乐定中毒	表6-3-204
T46.900x001	乌头碱中毒	表6-3-204
T46.901	主要影响心血管系统制剂中毒	表6-3-204
T47.000	组胺H2受体拮抗剂中毒	表6-3-204
T47.600	止泻药中毒	表6-3-204
T47.900	主要影响胃肠系统的制剂中毒	表6-3-204
T48.600	抗哮喘药中毒，不可归类在他处者	表6-3-204
T48.600x002	曼陀罗中毒	表6-3-204
T48.600x003	舒喘宁中毒	表6-3-204
T48.601	氨茶碱中毒	表6-3-204
T48.602	氨氯地平中毒	表6-3-204
T48.603	克仑特罗中毒	表6-3-204
T49.600	耳鼻喉科药物和制剂中毒	表6-3-204
T51.200	2-丙醇的毒性效应	表6-3-205
T51.200x001	异丙醇中毒	表6-3-205
T52.200	苯同类物的毒性效应	表6-3-205
T52.200x002	甲苯中毒	表6-3-205
T52.200x003	二甲苯中毒	表6-3-205
T52.800	毒性效应，其他有机溶剂的	表6-3-205
T52.800x001	二甲基甲酰胺中毒	表6-3-205
T52.800x002	甲醛水溶液中毒	表6-3-205
T52.800x003	二氯乙烷中毒	表6-3-205
T52.800x004	正己烷中毒	表6-3-205
T52.800x005	香蕉水中毒	表6-3-205
T52.800x006	硫酸二甲酯中毒	表6-3-205
T53.500	含氯氟烃类的毒性效应	表6-3-205
T53.600	脂环烃的其他卤素衍生物的毒性效应	表6-3-205
T53.600x001	氯乙烯中毒	表6-3-205
T53.600x002	三氯丙烷中毒	表6-3-205
T53.600x003	氯丁二烯中毒	表6-3-205
T53.600x004	氯丙烯中毒	表6-3-205
T54.100	腐蚀性有机化合物的毒性效应，其他的	表6-3-205
T57.000x001	砷中毒	表6-3-205
T57.000x002	砷化合物中毒	表6-3-205
T57.000x003	砷化氢中毒	表6-3-205

续 表

疾病编码	疾病名称	排除内容
T57.100x001	磷中毒	表6-3-205
T57.100x002	磷化合物中毒	表6-3-205
T57.100x003	磷化氢中毒	表6-3-205
T57.100x004	磷化锌中毒	表6-3-205
T57.100x005	磷化铝中毒	表6-3-205
T59.000	氧化氮类的毒性效应	表6-3-205
T59.000x001	氮气中毒	表6-3-205
T59.601	硫化氢中毒	表6-3-205
T59.700	二氧化碳的毒性效应	表6-3-205
T61.000	鱼肉中毒	表6-3-205
T61.001	鱼胆中毒	表6-3-205
T61.200x001	鱼类中毒	表6-3-205
T61.200x003	贝类中毒	表6-3-205
T61.201	河豚中毒	表6-3-205
T62.000x001	蘑菇类中毒	表6-3-205
T62.000x002	蕈类中毒	表6-3-205
T62.001	食入毒蘑菇中毒	表6-3-205
T62.002	牛肝菌中毒	表6-3-205
T63.000	蛇毒液的毒性效应	表6-3-205
T63.001	毒蛇咬伤	表6-3-205
T63.300	蜘蛛毒液的毒性效应	表6-3-205
T63.600x001	接触海蜇后中毒	表6-3-205
T63.600x002	接触海葵后中毒	表6-3-205
T63.600x003	接触水生贝壳类动物后中毒	表6-3-205
T63.600x004	接触海生动物后中毒	表6-3-205
T63.600x005	接触海星后中毒	表6-3-205
T65.300	苯及其同类物的氮衍生物和胺衍生物的毒性效应	表6-3-205
T65.300x001	苯胺中毒	表6-3-205
T65.300x002	硝基苯中毒	表6-3-205
T65.300x003	三硝基甲苯中毒	表6-3-205
T65.300x004	硝基化合物中毒	表6-3-205
T65.900	物质的毒性效应	表6-3-205
T65.900x001	防冻液中毒	表6-3-205
T65.901+F02.8*	中毒性痴呆	表6-3-205
T67.000x001	热射病	表6-3-206
T67.000x002	热卒中	表6-3-206
T67.001	热性发热	表6-3-206
T67.002	日射病	表6-3-206
T67.200	中暑痉挛	表6-3-206
T69.000x001	浸泡手	表6-3-206
T69.000x002	浸泡足	表6-3-206

续 表

疾病编码	疾病名称	排除内容
T69.000x003	战壕足	表6-3-206
T69.000x004	打猎反应	表6-3-206
T69.800x001	皲裂	表6-3-206
T69.800x002	手部皲裂	表6-3-206
T69.800x003	足部皲裂	表6-3-206
T70.300	潜水员病［减压病］	表6-3-206
T70.300x002	潜水员瘫痪	表6-3-206
T70.300x004	潜水员麻痹	表6-3-206
T73.000	饥饿效应	表6-3-206
T73.000x001	绝食	表6-3-206
T75.000	雷电效应	表6-3-206
T75.000x001	雷击	表6-3-206
T75.000x002	雷电休克	表6-3-206
T75.100	淹死和非致命性溺水	表6-3-206
T75.100x001	溺水	表6-3-206
T75.100x002	游泳者痉挛	表6-3-206
T75.101	溺水性肺水肿	表6-3-206
T78.800	有害效应，其他不可归类在他处者	表6-3-206
T79.100	脂肪栓塞（创伤性）	表6-3-207
T79.100x002	创伤性脑脂肪栓塞	表6-3-207
T79.101	脂肪栓塞综合征	表6-3-207
T79.500	创伤性无尿症	表6-3-207
T79.500x002	挤压后肾衰竭	表6-3-207
T79.501	挤压综合征	表6-3-207
T79.800x001	创伤性脂肪液化	表6-3-207
T79.800x002	创伤性下肢坏死	表6-3-207
T79.800x003	创伤性指坏死	表6-3-207
T79.800x004	创伤性头皮坏死	表6-3-207
T79.800x005	创伤性凝血病	表6-3-207
T79.800x006	创伤性低眼压	表6-3-207
T79.800x007	创伤性肺炎	表6-3-207
T79.801	创伤性脑膜炎	表6-3-207
T80.600x004	血清性皮疹	表6-3-208
T80.600x005	血清中毒	表6-3-208
T80.600x006	蛋白质过敏病	表6-3-208
T80.600x007	急性透析性脑病	表6-3-208
T80.600x008	慢性透析性脑病	表6-3-208
T80.600x009	透析性脑病	表6-3-208
T80.601	血清病	表6-3-208
T80.602	血清病样反应	表6-3-208
T80.603	血清反应性荨麻疹	表6-3-208

续 表

疾病编码	疾病名称	排除内容
T80.604	血清性药疹	表6-3-208
T81.400x001	操作后伤口感染	表6-3-208
T81.400x002	操作后伤口积液	表6-3-208
T81.400x004	手术后切口脂肪液化	表6-3-208
T81.400x005	操作后感染性发热	表6-3-208
T81.400x006	操作后脓毒症	表6-3-208
T81.400x007	操作后口腔感染	表6-3-208
T81.400x008	操作后耳部感染	表6-3-208
T81.400x009	操作后胸腔感染	表6-3-208
T81.400x010	操作后胆道感染	表6-3-208
T81.400x011	操作后膝关节感染	表6-3-208
T81.400x012	操作后腹壁感染	表6-3-208
T81.400x013	操作后腹腔感染	表6-3-208
T81.400x014	操作后盆腔感染	表6-3-208
T81.401	手术后口腔感染	表6-3-208
T81.402	手术后耳部感染	表6-3-208
T81.403	手术后胸腔感染	表6-3-208
T81.404	手术后胆道感染	表6-3-208
T81.405	手术后膝关节感染	表6-3-208
T81.406	手术后切口感染	表6-3-208
T81.407	手术后腹壁脓肿	表6-3-208
T81.408	手术后腹内脓肿	表6-3-208
T81.409	手术后盆腔脓肿	表6-3-208
T81.411	手术后脓毒症	表6-3-208
T81.412	手术后发热	表6-3-208
T83.200	泌尿器官移植物的机械性并发症	表6-3-208
T83.600	生殖道中的假体装置、植入物和移植物引起的感染和炎症性反应	表6-3-208
T83.601	阴茎假体植入感染	表6-3-208
T83.800	泌尿生殖系假体装置、植入物和移植物的其他并发症	表6-3-208
T83.800x001	插管引起的尿道损伤	表6-3-208
T83.801	尿道悬吊带脱出	表6-3-208
T83.802	阴道网片侵蚀	表6-3-208
T83.804	移植肾输尿管瘘	表6-3-208
T83.900	泌尿生殖系假体装置、植入物和移植物的并发症	表6-3-208
T85.000	脑室颅内（交通）分流的机械性并发症	表6-3-208
T85.001	脑室腹腔分流管障碍	表6-3-208
T85.002	脑室腹腔分流管脱位	表6-3-208
T85.003	脑室腹腔分流管阻塞	表6-3-208
T85.100	神经系统植入的电子刺激器的机械性并发症	表6-3-208
T85.100x001	脑电子神经刺激器引起的机械性并发症	表6-3-208
T85.100x002	周围神经电子神经刺激器引起的机械性并发症	表6-3-208

续 表

疾病编码	疾病名称	排除内容
T85.100x004	脊髓电子神经刺激器引起的机械性并发症	表6-3-208
T85.600	内部假体装置、植入物和移植物，其他特指的机械性并发症	表6-3-208
T85.600x001	硬膜外和硬膜下输注导管引起的机械性并发症	表6-3-208
T85.600x003	不可吸收性手术材料引起的机械性并发症	表6-3-208
T85.600x004	永久性缝线引起的机械性并发症	表6-3-208
T85.600x006	MEDPOR假体外露	表6-3-208
T85.600x007	扩张器外露	表6-3-208
T85.600x008	扩张器渗液	表6-3-208
T85.600x009	扩张器破裂	表6-3-208
T85.600x010	腹腔化疗泵外露	表6-3-208
T85.601	人工耳蜗松动	表6-3-208
T85.602	人工听骨移位	表6-3-208
T85.603	鼓膜置管移位	表6-3-208
T85.604	外耳道支架短缩	表6-3-208
T85.606	气管套管脱出	表6-3-208
T85.607	气管植入T管断裂	表6-3-208
T85.608	主支气管支架断裂	表6-3-208
T85.609	腹膜透析管移位	表6-3-208
T85.610	腹膜透析管阻塞	表6-3-208
T85.611	腹膜透析管并发症	表6-3-208
T86.300x001	心肺移植失败	表6-3-208
T86.300x002	心肺移植排斥	表6-3-208
T86.800x011	肺移植失败	表6-3-208
T86.800x021	胰移植失败	表6-3-208
T86.800x802	眼睑胶移植失败	表6-3-208
T86.800x804	角膜移植失败	表6-3-208
T86.800x805	骨移植失败	表6-3-208
T86.800x807	肠移植失败	表6-3-208
T86.800x808	肠移植排斥	表6-3-208
T86.800x809	皮肤移植失败	表6-3-208
T86.800x811	巩膜移植排斥	表6-3-208
T86.800x812	巩膜移植失败	表6-3-208
T86.800x813	皮瓣移植失败	表6-3-208
T86.800x814	皮瓣移植排斥	表6-3-208
T86.800x816	眼移植物失败	表6-3-208
T86.801	移植角膜排斥反应	表6-3-208
T86.802	舌移植皮瓣坏死	表6-3-208
T86.803	移植肺排斥反应	表6-3-208
T86.804	移植胰排斥反应	表6-3-208
T86.805	移植骨排斥反应	表6-3-208
T86.806	移植皮肤排斥反应	表6-3-208

续 表

疾病编码	疾病名称	排除内容
T86.807	皮瓣移植感染	表6-3-208
T86.808	移植皮瓣坏死	表6-3-208
T86.809	眼硅胶排斥反应	表6-3-208
T86.810	眼植入物排斥反应	表6-3-208
T86.811	尿道悬吊带排斥	表6-3-208
T87.000	上肢再植（部位）的并发症	表6-3-208
T87.001	上肢再植术后感染	表6-3-208
T87.200	再植身体部位的并发症，其他的	表6-3-208
T87.500	截断术残端的坏死	表6-3-208
T88.100x002	免疫接种后皮疹	表6-3-208
T88.101	疫苗接种反应	表6-3-208
T88.102	免疫接种后反应	表6-3-208
T88.400x001	插管失败	表6-3-208
T88.400x002	插管困难	表6-3-208
T90.000	头部浅表损伤后遗症	表6-3-209
T91.000x001	颈部浅表损伤后遗症	表6-3-209
T91.000x002	躯干浅表损伤后遗症	表6-3-209
T91.000x003	颈部开放性损伤后遗症	表6-3-209
T91.000x004	躯干开放性损伤后遗症	表6-3-209
T91.001	陈旧性颈部和躯干浅表损伤	表6-3-209
T91.002	陈旧性开放性颈部和躯干损伤	表6-3-209
T92.200	腕和手水平骨折后遗症	表6-3-209
T92.201	陈旧性腕骨骨折	表6-3-209
T92.202	陈旧性掌骨骨折	表6-3-209
T92.203	陈旧性手指骨折	表6-3-209
T92.204	手骨折后畸形	表6-3-209
T92.500x001	屈肌腱断裂后遗症	表6-3-209
T92.500x002	屈肌腱粘连后遗症	表6-3-209
T92.500x003	屈拇长肌腱损伤后遗症	表6-3-209
T92.500x004	屈指肌腱损伤后遗症	表6-3-209
T92.500x006	伸肌腱断裂后遗症	表6-3-209
T92.500x007	伸肌腱粘连后遗症	表6-3-209
T92.500x008	伸拇长肌腱损伤后遗症	表6-3-209
T92.500x009	伸指肌腱损伤后遗症	表6-3-209
T92.500x010	手部肌腱挛缩后遗症	表6-3-209
T92.500x011	手部肌腱损伤后遗症	表6-3-209
T92.500x012	上肢肌腱粘连后遗症	表6-3-209
T92.500x013	指伸肌腱粘连后遗症	表6-3-209
T92.500x014	手部肌肉损伤后遗症	表6-3-209
T92.500x015	指屈肌腱粘连后遗症	表6-3-209
T92.500x016	肩袖损伤后遗症	表6-3-209

续 表

疾病编码	疾病名称	排除内容
T92.500x017	上肢肌肉损伤后遗症	表6-3-209
T92.500x018	上肢肌腱损伤后遗症	表6-3-209
T92.501	陈旧性上肢肌腱断裂	表6-3-209
T92.502	陈旧性上肢肌肉撕裂	表6-3-209
T92.503	创伤后手指屈曲畸形	表6-3-209
T92.504	陈旧性腕关节肌腱损伤	表6-3-209
T92.505	陈旧性肱二头肌肌肉损伤	表6-3-209
T92.506	陈旧性肱二头肌建损伤	表6-3-209
T92.800x001	上肢血管损伤后遗症	表6-3-209
T92.800x002	陈旧性肩关节SLAP损伤	表6-3-209
T92.801	手其他损伤后遗症	表6-3-209
T93.000	下肢开放性伤口后遗症	表6-3-209
T93.001	陈旧性开放性下肢损伤	表6-3-209
T93.100	股骨骨折后遗症	表6-3-209
T93.100x007	陈旧性股骨头骨折	表6-3-209
T93.101	陈旧性股骨骨折	表6-3-209
T93.102	陈旧性股骨颈骨折	表6-3-209
T93.103	陈旧性股骨干骨折	表6-3-209
T93.104	陈旧性股骨粗隆间骨折	表6-3-209
T93.200	下肢其他骨折的后遗症	表6-3-209
T93.200x001	陈旧性距骨骨折	表6-3-209
T93.200x002	陈旧性胫骨平台骨折	表6-3-209
T93.200x007	陈旧性双踝骨折	表6-3-209
T93.200x008	陈旧性胫腓骨骨折	表6-3-209
T93.200x010	陈旧性跟骨骨折	表6-3-209
T93.200x011	陈旧性Pilon骨折	表6-3-209
T93.200x012	陈旧性跗骨骨折	表6-3-209
T93.200x013	陈旧性趾骨骨折	表6-3-209
T93.200x014	陈旧性跖骨骨折	表6-3-209
T93.201	陈旧性下肢骨折	表6-3-209
T93.202	陈旧性髌骨骨折	表6-3-209
T93.203	陈旧性胫骨骨折	表6-3-209
T93.204	陈旧性髁突骨折	表6-3-209
T93.205	陈旧性腓骨骨折	表6-3-209
T93.206	陈旧性踝关节骨折	表6-3-209
T93.207	陈旧性踝骨骨折	表6-3-209
T93.208	陈旧性足舟骨骨折	表6-3-209
T93.400	下肢神经损伤后遗症	表6-3-209
T93.400x002	坐骨神经损伤后遗症	表6-3-209
T93.400x003	股神经损伤后遗症	表6-3-209
T93.400x004	腓总神经损伤后遗症	表6-3-209

续 表

疾病编码	疾病名称	排除内容
T93.400x005	胫神经损伤后遗症	表6-3-209
T93.400x006	腓肠神经损伤后遗症	表6-3-209
T93.500x001	下肢肌肉损伤后遗症	表6-3-209
T93.500x002	下肢肌腱损伤后遗症	表6-3-209
T93.501	跟腱断裂后遗症	表6-3-209
T93.800	下肢其他特指损伤的后遗症	表6-3-209
T93.800x001	趾浅表挫伤后遗症	表6-3-209
T93.800x002	下肢创伤性动静脉瘘后遗症	表6-3-209
T93.800x003	下肢血管损伤后遗症	表6-3-209
T93.801	陈旧性趾挫伤	表6-3-209
T94.000	涉及多个身体部位损伤的后遗症	表6-3-209
T94.001	陈旧性多处身体部位损伤	表6-3-209
T94.002	陈旧性多部位骨折	表6-3-209
T95.400	仅根据涉及体表范围分类的烧伤和腐蚀伤后遗症	表6-3-209
T95.800x001	眼部烧伤后遗症	表6-3-209
T95.800x002	眼部冻伤后遗症	表6-3-209
T95.800x003	眼部腐蚀伤后遗症	表6-3-209
T95.800x004	上肢和下肢烧伤后遗症	表6-3-209
T95.800x005	上肢和下肢冻伤后遗症	表6-3-209
T95.800x006	上肢和下肢腐蚀伤后遗症	表6-3-209
T95.800x007	食管烧伤后遗症	表6-3-209
T95.800x008	食管腐蚀伤后遗症	表6-3-209
T95.801	陈旧性眼烧伤	表6-3-209
T95.802	陈旧性四肢烧伤	表6-3-209
T95.803	陈旧性食管烧伤	表6-3-209
T95.900	烧伤、腐蚀伤和冻伤后遗症	表6-3-209
T98.200	创伤的某些早期并发症的后遗症	表6-3-209
T98.200x011	开放性损伤伴异物	表6-3-209
T98.200x012	开放性损伤伴异物合并感染	表6-3-209
T98.200x021	开放性损伤伴感染	表6-3-209
T98.200x031	开放性损伤延期愈合	表6-3-209
T98.200x032	开放性损伤延期治疗	表6-3-209
T98.200x033	开放性损伤愈合不良	表6-3-209
Z20.801	脊髓灰质炎接触者	表6-3-210
Z20.802	天花接触者	表6-3-210
Z22.000	伤寒带菌者	表6-3-210
Z51.400x001	自体外周血干细胞动员	表6-3-211
Z51.400x002	随后治疗的准备医疗	表6-3-211
Z51.400x003	自体血准备	表6-3-211
Z51.401	造血干细胞动员	表6-3-211
Z51.600	对变应原脱敏	表6-3-211

（三）合并症或并发症排除列表

表6-3-1

A00.000x001　古典生物型霍乱
A00.100x001　埃尔托生物型霍乱
A00.900　霍乱
A00.900x002　霍乱轻型
A00.900x003　霍乱中型
A00.900x004　霍乱重型
A00.900x005　霍乱暴发型
A01.000　伤寒
A01.000x004　伤寒复发
A01.000x005+J17.0*　伤寒并发肺炎
A01.000x006　伤寒迁延型
A01.000x007　伤寒逍遥型
A01.000x008　伤寒并发腹膜炎
A01.000x009　伤寒并发肠穿孔
A01.000x010　伤寒并发肠出血
A01.000x011　伤寒并发中毒性肝炎
A01.000x012　伤寒并发支气管炎
A01.000x014　伤寒并发胆囊炎
A01.000x016+I41.0*　伤寒并发中毒性心肌炎
A01.000x017　伤寒轻型
A01.000x018　伤寒普通型
A01.000x019　伤寒暴发型
A01.000x020　伤寒再燃
A01.001+K77.0*　伤寒性肝炎
A01.002+G01*　伤寒性脑膜炎
A01.003　伤寒杆菌性脓毒症
A01.100　副伤寒甲
A01.200　副伤寒乙
A01.300　副伤寒丙
A01.400　副伤寒
A02.000　沙门菌肠炎
A02.000x005　婴儿沙门菌肠炎
A02.000x006　C群沙门菌肠炎
A02.000x007　B群沙门菌肠炎
A02.000x009　沙门菌小肠炎
A02.000x010　猪霍乱沙门菌肠炎
A02.001　阿哥拉沙门菌肠炎
A02.002　沙门菌伦敦血清型肠炎
A02.003　沙门菌胃肠炎
A02.004　鼠伤寒沙门菌肠炎
A02.100　沙门菌脓毒症
A02.100x002　鼠伤寒沙门菌脓毒症
A02.101　猪霍乱沙门菌脓毒症
A02.201+J17.0*　沙门菌肺炎
A02.202+M01.3*　沙门菌关节炎
A02.203+G01*　沙门菌脑膜炎
A02.204+M90.2*　沙门菌骨髓炎
A02.205+N16.0*　沙门菌性肾小管-间质病变
A02.800　沙门菌感染，其他特指的
A02.900x002　鼠伤寒沙门菌感染
A02.900x003　沙门菌属食物中毒
A02.900x004　亚利桑那菌感染
A02.901　猪霍乱沙门菌感染
A03.000x001　痢疾志贺菌痢疾
A03.100x001　福氏志贺菌痢疾
A03.200x001　鲍氏志贺菌痢疾
A03.300x001　宋内志贺菌痢疾
A03.800x001　不定型志贺菌痢疾
A03.800x002　菌痢混合感染
A03.900　细菌性痢疾
A03.900x002　慢性细菌性痢疾急性发作
A03.900x005　慢性隐匿型菌痢
A03.900x007　中毒型菌痢休克型
A03.900x008　中毒型菌痢脑型
A03.900x009　中毒型菌痢混合型
A03.901　急性细菌性痢疾
A03.902　慢性迁延型细菌性痢疾
A03.903　慢性细菌性痢疾
A03.904　中毒型细菌性痢疾
A04.000x001　新生儿肠致病性大肠杆菌肠炎
A04.000x002　肠致病性大肠杆菌肠炎
A04.100x001　肠毒性大肠杆菌肠炎
A04.100x002　新生儿肠毒性大肠杆菌肠炎
A04.200x001　肠侵袭性大肠杆菌肠炎
A04.200x002　新生儿肠侵袭性大肠杆菌肠炎
A04.300x001　肠出血性大肠杆菌肠炎
A04.301　新生儿肠出血性大肠杆菌肠炎
A04.400x003　新生儿肠粘附性大肠杆菌肠炎
A04.400x004　肠粘附性大肠杆菌肠炎
A04.401　大肠杆菌性肠炎
A04.402　新生儿大肠杆菌肠炎
A04.500　弯曲菌肠炎

A04.600　小肠结肠耶尔森菌性小肠炎
A04.600x001　耶尔森菌肠炎
A04.700　艰难梭状芽孢杆菌性小肠结肠炎
A04.700x002　抗生素相关性肠炎
A04.701　艰难梭状芽孢杆菌性食物中毒
A04.702　伪膜性结肠炎
A04.800x001　吡邻单胞菌肠炎
A04.800x003　产气杆菌肠炎
A04.800x006　副溶血弧菌肠炎
A04.800x007　金黄色葡萄球菌肠炎
A04.800x010　嗜水气单胞菌肠炎
A04.801　变形杆菌肠炎
A04.802　铜绿假单胞菌肠炎
A04.803　厌氧菌肠炎
A04.900　细菌性肠道感染
A04.901　细菌性结肠炎
A04.902　细菌性腹泻
A05.000　食物媒介的葡萄球菌性食物中毒
A05.000x001　葡萄球菌食物中毒
A05.100　肉毒中毒
A05.200　食物媒介的产气荚膜梭状芽孢杆菌［韦尔希梭状芽孢杆菌］食物中毒
A05.200x002　急性出血性坏死性肠炎
A05.202　急性坏死性肠炎
A05.300　食物媒介的副溶血性弧菌食物中毒
A05.300x001　副溶血性弧菌食物中毒
A05.400　食物媒介的蜡样芽孢杆菌食物中毒
A05.400x001　蜡样芽胞杆菌食物中毒
A05.800　食物中毒，其他特指的细菌性
A05.900　细菌性食物中毒
A06.000　急性阿米巴痢疾
A06.000x001　阿米巴肠炎
A06.001　阿米巴结肠炎
A06.002　阿米巴痢疾
A06.100　慢性肠阿米巴病
A06.100x002　阿米巴肠溃疡
A06.200　阿米巴非痢疾性结肠炎
A06.200x001　非痢疾性阿米巴结肠炎
A06.300　肠道阿米巴瘤
A06.300x001　阿米巴肉芽肿
A06.400+K77.0*　阿米巴肝脓肿
A06.500+J99.8*　阿米巴肺脓肿
A06.500x002+J99.8*　肺阿米巴病［阿米巴肺脓肿］
A06.501+J99.8*　阿米巴肝肺脓肿
A06.502+J17.3*　阿米巴肝肾囊肿伴肺炎
A06.600+G07*　阿米巴脑脓肿
A06.700　皮肤阿米巴病
A06.800x001　阿米巴膀胱炎
A06.800x002　阿米巴阑尾炎
A06.800x003　阿米巴精囊炎
A06.800x004+N51.2*　阿米巴龟头炎
A06.801　眼阿米巴病
A06.900　阿米巴病
A07.000　小袋纤毛虫病
A07.100　贾第虫病［兰伯鞭毛虫病］
A07.200　隐孢子虫病
A07.300　等孢球虫病
A07.300x002　肠道球虫病
A07.800x002　肉孢子虫病
A07.801　肠道滴虫病
A07.900x001　肠道原虫感染
A08.000　轮状病毒性肠炎
A08.100x001　诺如病毒性肠炎
A08.101　诺如病毒性急性胃肠病
A08.200　腺病毒性肠炎
A08.300　病毒性肠炎，其他的
A08.301　EB病毒性肠炎
A08.400　病毒性肠道感染
A08.400x003　病毒性小肠炎
A08.401　病毒性肠炎
A08.402　病毒性胃肠炎
A08.500　肠道感染，其他特指的
A09.000x001　肠道感染
A09.000x003　流行性肠炎
A09.000x006　出血性结肠炎
A09.001　感染性胃肠炎
A09.002　感染性结肠炎
A09.003　痢疾
A09.004　感染性腹泻
A09.005　脓毒性肠炎
A09.006　急性出血性肠炎
A09.007　急性感染性肠炎
A09.900x003　急性肠炎
A09.900x004　急性小肠炎
A09.900x005　新生儿腹泻
A09.900x006　肠炎
A09.900x007　腹泻
A09.901　胃肠炎
A09.902　结肠炎
A09.903　婴儿腹泻

A09.904　出血性肠炎

表6-3-2

A15.000x001　肺结核（显微镜检证实）
A15.000x002　肺结核（仅痰涂片证实）
A15.000x003　肺结核（痰涂片及培养均证实）
A15.000x010　继发性肺结核（初治，单耐药）涂阳培阳
A15.000x012　继发性肺结核（初治，多耐药）涂阳培阳
A15.000x014　继发性肺结核（初治，广泛耐药）涂阳培阳
A15.000x016　继发性肺结核（初治，耐多药）涂阳培阳
A15.000x018　继发性肺结核（初治，药物敏感）涂阳培阳
A15.000x020　继发性肺结核（复治，单耐药）涂阳培阳
A15.000x022　继发性肺结核（复治，多耐药）涂阳培阳
A15.000x024　继发性肺结核（复治，广泛耐药）涂阳培阳
A15.000x026　继发性肺结核（复治，耐多药）涂阳培阳
A15.000x028　继发性肺结核（复治，药物敏感）涂阳培阳
A15.001　肺结核瘤，痰镜检（+）
A15.002　肺干酪性结核，痰镜检（+）
A15.003　结核性肺纤维变性，痰镜检（+）
A15.004　结核性肺炎，痰镜检（+）
A15.005　结核性气胸，痰镜检（+）
A15.006　结核性支气管扩张，痰镜检（+）
A15.007　空洞型肺结核，痰镜检（+）
A15.100x001　肺结核（仅痰培养证实）
A15.100x002　继发性肺结核（初治，单耐药）涂阴培阳
A15.100x003　继发性肺结核（初治，多耐药）涂阴培阳
A15.100x004　继发性肺结核（初治，广泛耐药）涂阴培阳
A15.100x005　继发性肺结核（初治，耐多药）涂阴培阳
A15.100x006　继发性肺结核（初治，药物敏感）涂阴培阳
A15.100x007　继发性肺结核（复治，单耐药）涂阴培阳
A15.100x008　继发性肺结核（复治，多耐药）涂阴培阳
A15.100x009　继发性肺结核（复治，广泛耐药）涂阴培阳
A15.100x010　继发性肺结核（复治，耐多药）涂阴培阳
A15.100x011　继发性肺结核（复治，药物敏感）涂阴培阳
A15.101　肺结核瘤，痰培养（+）
A15.102　肺干酪性结核，痰培养（+）
A15.103　结核性肺纤维变性，痰培养（+）
A15.104　结核性肺炎，痰培养（+）
A15.105　结核性气胸，痰培养（+）
A15.106　结核性支气管扩张，痰培养（+）
A15.107　空洞型肺结核，痰培养（+）
A15.200x001　肺结核（组织学证实）
A15.200x002　结核性损毁肺（组织学+）
A15.201　肺结核瘤，病理（+）
A15.202　肺干酪性结核，病理（+）
A15.203　结核性肺纤维变性，病理（+）
A15.204　结核性肺炎，病理（+）
A15.205　结核性气胸，病理（+）
A15.206　结核性支气管扩张，病理（+）
A15.207　空洞型肺结核，病理（+）
A15.300x001　肺结核（分子诊断证实）
A15.301　肺结核瘤经证实（+）
A15.302　肺干酪性结核经证实（+）
A15.303　结核性肺纤维变性经证实（+）
A15.304　结核性肺炎经证实（+）
A15.305　结核性气胸经证实（+）
A15.306　结核性支气管扩张经证实（+）
A15.307　空洞型肺结核经证实（+）
A15.400x001　肺门淋巴结结核（细菌学和组织学证实）
A15.401　肺门淋巴结结核，病理（+）
A15.402　气管支气管淋巴结结核，细菌学（+）
A15.403　气管支气管淋巴结结核，病理（+）
A15.404　胸内淋巴结结核，细菌学（+）
A15.405　胸内淋巴结结核，病理（+）
A15.406　纵隔淋巴结结核，细菌学（+）
A15.407　纵隔淋巴结结核，病理（+）
A15.408　支气管淋巴结结核，细菌学（+）
A15.409　支气管淋巴结结核，病理（+）
A15.500x001　喉结核（细菌学和组织学证实）

A15.500x002　气管结核（细菌学和组织学证实）
A15.500x003　支气管结核（细菌学和组织学证实）
A15.500x004　声带结核（细菌学和组织学证实）
A15.500x010　支气管结核（初治，单耐药）涂阳培阳
A15.500x011　支气管结核（初治，单耐药）涂阴培阳
A15.500x012　支气管结核（初治，多耐药）涂阳培阳
A15.500x013　支气管结核（初治，多耐药）涂阴培阳
A15.500x014　支气管结核（初治，广泛耐药）涂阳培阳
A15.500x015　支气管结核（初治，广泛耐药）涂阴培阳
A15.500x016　支气管结核（初治，耐多药）涂阳培阳
A15.500x017　支气管结核（初治，耐多药）涂阴培阳
A15.500x018　支气管结核（初治，药物敏感）涂阳培阳
A15.500x019　支气管结核（初治，药物敏感）涂阴培阳
A15.500x020　支气管结核（复治，单耐药）涂阳培阳
A15.500x021　支气管结核（复治，单耐药）涂阴培阳
A15.500x022　支气管结核（复治，多耐药）涂阳培阳
A15.500x023　支气管结核（复治，多耐药）涂阴培阳
A15.500x024　支气管结核（复治，广泛耐药）涂阳培阳
A15.500x025　支气管结核（复治，广泛耐药）涂阴培阳
A15.500x026　支气管结核（复治，耐多药）涂阳培阳
A15.500x027　支气管结核（复治，耐多药）涂阴培阳
A15.500x028　支气管结核（复治，药物敏感）涂阳培阳
A15.500x029　支气管结核（复治，药物敏感）涂阴培阳
A15.501　喉结核，病理（+）
A15.502　会厌结核，细菌学（+）
A15.503　会厌结核，病理（+）
A15.504　声带结核，细菌学（+）
A15.505　声带结核，病理（+）
A15.506　气管结核，细菌学（+）
A15.507　气管结核，病理（+）
A15.508　支气管结核，细菌学（+）
A15.509　支气管结核，病理（+）
A15.601　结核性胸膜炎，病理（+）
A15.602　结核性脓胸，细菌学（+）
A15.603　结核性脓胸，病理（+）
A15.604　结核性胸腔积液，细菌学（+）
A15.605　结核性胸腔积液，病理（+）
A15.606　结核性渗出性胸膜炎，细菌学（+）
A15.607　结核性渗出性胸膜炎，病理（+）
A15.608　胸膜结核瘤，细菌学（+）
A15.609　胸膜结核瘤，病理（+）
A15.701　原发性呼吸道结核，病理（+）
A15.702　肺原发性结核性复征，细菌学（+）
A15.703　肺原发性结核性复征，病理（+）
A15.800x001　鼻咽结核性肉芽肿（组织学证实）
A15.801　结核性鼻窦炎，细菌学（+）
A15.802　结核性鼻窦炎，病理（+）
A15.803　鼻中隔结核，细菌学（+）
A15.804　鼻中隔结核，病理（+）
A15.805　鼻咽结核，细菌学（+）
A15.806　鼻咽结核，病理（+）
A15.807　鼻结核，细菌学（+）
A15.808　鼻结核，病理（+）
A15.809　扁桃体结核，细菌学（+）
A15.810　扁桃体结核，病理（+）
A15.811　咽部结核，细菌学（+）
A15.812　咽部结核，病理（+）
A15.813　纵隔结核，细菌学（+）
A15.814　纵隔结核，病理（+）
A15.900　呼吸道结核，经细菌学和组织学所证实的
A15.901　呼吸道结核，病理（+）
A16.000x001　肺结核（细菌学和组织学检查为阴性）
A16.000x002　支气管结核（细菌学和组织学证实均阴性）
A16.001　肺结核瘤，痰镜检（-）
A16.002　结核性肺炎，痰镜检（-）
A16.003　结核性肺纤维变性，痰镜检（-）
A16.004　结核性气胸，痰镜检（-）

A16.005　结核性支气管扩张，痰镜检（-）
A16.006　肺干酪性结核，痰镜检（-）
A16.007　空洞型肺结核，痰镜检（-）
A16.008　浸润型肺结核，痰镜检（-）
A16.009　增殖型肺结核，痰镜检（-）
A16.010　肺结核，痰培养（-）
A16.011　肺结核瘤，痰培养（-）
A16.012　结核性肺炎，痰培养（-）
A16.013　结核性肺纤维变性，痰培养（-）
A16.014　结核性气胸，痰培养（-）
A16.015　结核性支气管扩张，痰培养（-）
A16.016　肺干酪性结核，痰培养（-）
A16.017　空洞型肺结核，痰培养（-）
A16.018　浸润型肺结核，痰培养（-）
A16.019　增殖型肺结核，痰培养（-）
A16.020　肺结核，病理（-）
A16.021　肺结核瘤，病理（-）
A16.022　结核性肺炎，病理（-）
A16.023　结核性肺纤维变性，病理（-）
A16.024　结核性气胸，病理（-）
A16.025　结核性支气管扩张，病理（-）
A16.026　肺干酪性结核，病理（-）
A16.027　空洞型肺结核，病理（-）
A16.028　浸润型肺结核，病理（-）
A16.029　增殖型肺结核，病理（-）
A16.030　肺结核瘤，细胞学（组织学）（-）
A16.031　结核性肺炎，细胞学（组织学）（-）
A16.032　结核性肺纤维变性，细胞学（组织学）（-）
A16.033　结核性气胸，细胞学（组织学）（-）
A16.034　结核性支气管扩张，细胞学（组织学）（-）
A16.035　肺干酪性结核，细胞学（组织学）（-）
A16.036　空洞型肺结核，细胞学（组织学）（-）
A16.037　浸润型肺结核，细胞学（组织学）（-）
A16.038　增殖型肺结核，细胞学（组织学）（-）
A16.100x001　肺结核（未行细菌学和组织学检查）
A16.101　肺结核瘤，未做细菌学和组织学检查
A16.102　结核性肺炎，未做细菌学和组织学检查
A16.103　结核性肺纤维变性，未做细菌学和组织学检查
A16.104　结核性气胸，未做细菌学和组织学检查
A16.105　结核性支气管扩张，未做细菌学和组织学检查
A16.106　肺干酪性结核，未做细菌学和组织学检查
A16.107　空洞型肺结核，未做细菌学和组织学检查
A16.108　浸润型肺结核，未做细菌学和组织学检查
A16.109　增殖型肺结核，未做细菌学和组织学检查
A16.200x002　肺结核
A16.200x007　结节型肺结核
A16.200x012　结核性胸膜瘘
A16.200x013　结核性损毁肺
A16.200x014　结核性大咯血
A16.200x015　继发性肺结核
A16.201　肺结核瘤
A16.202　结核性肺炎
A16.203　结核性肺纤维变性
A16.204　结核性气胸
A16.205　结核性支气管扩张
A16.206　肺干酪性结核
A16.207　空洞型肺结核
A16.210　结核性肺不张
A16.300x002　结核性支气管淋巴瘘
A16.300x003　胸壁淋巴结结核
A16.300x007　结核性乳糜胸
A16.301　肺门淋巴结结核
A16.302　胸内淋巴结结核
A16.303　气管支气管淋巴结结核
A16.304　支气管淋巴结结核
A16.305　纵隔淋巴结结核
A16.400x005　孤立性气管支气管结核
A16.400x010　结核性气管狭窄
A16.400x011　结核性支气管狭窄
A16.401　会厌结核
A16.402　气管结核
A16.403　声带结核
A16.405　结核性支气管胸膜瘘
A16.406　喉结核
A16.500x001　结核性干性胸膜炎
A16.500x004　结核性胸膜炎
A16.500x008　结核性胸膜炎（初治）
A16.500x009　结核性胸膜炎（复治）
A16.500x010　结核性包裹性脓胸
A16.501　结核性脓胸
A16.503　结核性渗出性胸膜炎
A16.504　胸膜结核瘤

A16.505　结核性脓气胸
A16.700x001　肺结核原发综合征
A16.700x002　原发性肺结核
A16.800x002　干酪性鼻窦炎
A16.800x003　干酪性鼻炎［结核性鼻炎］
A16.801　结核性鼻窦炎
A16.802　鼻中隔结核
A16.803　鼻咽结核
A16.804　鼻结核
A16.805　扁桃体结核
A16.806　咽部结核
A16.807　纵隔结核
A16.900x001　结核病
A16.900x002　结核感染
A16.900x003　呼吸道结核病
A16.900x023　结核性胸壁窦
A17.000+G01*　结核性脑膜炎
A17.000x001+G05.0*　结核性脊膜炎
A17.000x005+G01*　蛛网膜结核病
A17.000x006+G01*　结核性脑膜粘连
A17.001+G01*　结核性脑脊髓膜炎
A17.100+G07*　脑膜结核瘤
A17.100x001+G07*　脑脊膜结核瘤
A17.800x007+G05.0*　结核性脊髓脊膜炎
A17.801+G07*　脑结核瘤
A17.802+G07*　结核性脑肉芽肿
A17.803+G05.0*　结核性脑膜脑炎
A17.804+G05.0*　结核性脑炎
A17.805+G07*　结核性脑脓肿
A17.806+G07*　脊髓结核
A17.807+G94.0*　结核性脑积水
A17.900+G99.8*　神经系统结核
A17.900x001+G99.8*　中枢神经系统结核
A18.000x002+M90.0*　腭骨结核
A18.000x003+M90.0*　颌骨结核
A18.000x004+H75.0*　乳突结核
A18.000x006+M90.0*　颧骨结核
A18.000x015+M01.1*　结核性风湿病［篷塞病］
A18.000x018+M49.0*　脊椎结核并椎旁脓肿
A18.000x019+M01.1*　关节寒性脓肿［关节结核脓肿］
A18.000x034+M90.0*　肢体骨结核
A18.000x035+M90.0*　骨结核病
A18.000x042+M90.0*　第三楔骨结核
A18.000x046+M68.0*　结核性滑膜炎
A18.000x047+M49.0*　结核性脊柱前凸
A18.000x048+M49.0*　结核性脊柱侧弯
A18.000x049+M49.0*　脊柱骨脓肿［结核性脊柱骨脓肿］
A18.000x053+M01.1*　胸锁关节结核
A18.000x057+M49.0*　骶骨结核
A18.000x058+M68.0*　腱鞘结核
A18.000x060+M90.0*　胸骨结核
A18.000x062+M68.0*　结核性腱鞘炎
A18.000x063+M90.0*　结核性骨炎
A18.000x064+M90.0*　结核性骨髓炎
A18.000x065+M90.0*　结核性骨坏死
A18.000x066+M49.0*　颈椎结核性截瘫
A18.000x067+M90.0*　骨髓结核
A18.001+M90.0*　骨结核
A18.002+M01.1*　关节结核
A18.003+M90.0*　鼻骨结核
A18.004+M90.0*　下颌结核
A18.005+M49.0*　颈椎结核
A18.006+M49.0*　胸椎结核
A18.007+M49.0*　腰椎结核
A18.008+M90.0*　腰椎结核性窦道
A18.009+M49.0*　脊柱结核
A18.010+M49.0*　脊柱结核性脓肿
A18.011+M49.0*　结核性脊柱后凸
A18.012+M49.0*　脊柱结核性截瘫
A18.013+M49.0*　结核性脊柱裂
A18.014+M90.0*　肋骨结核
A18.015+M90.0*　耻骨结核
A18.016+M90.0*　肱骨结核
A18.017+M90.0*　桡骨结核
A18.018+M90.0*　尺骨结核
A18.019+M90.0*　掌骨结核
A18.020+M90.0*　指骨结核
A18.021+M90.0*　股骨结核
A18.022+M90.0*　胫骨结核
A18.023+M90.0*　腓骨结核
A18.024+M90.0*　跟骨结核
A18.025+M90.0*　楔骨结核
A18.026+M90.0*　趾骨结核
A18.027+M01.1*　肩关节结核
A18.028+M01.1*　肘关节结核
A18.029+M01.1*　腕关节结核
A18.030+M01.1*　指关节结核
A18.031+M01.1*　髋关节结核

A18.032+M49.0* 骶髂关节结核
A18.033+M01.1* 髋关节结核性滑膜炎
A18.034+M01.1* 膝关节结核
A18.035+M01.1* 膝关节结核性滑膜炎
A18.036+M01.1* 踝关节结核
A18.037+M01.1* 跖趾关节结核
A18.038+M01.1* 趾关节结核
A18.039+M01.1* 关节结核性风湿病
A18.040+M01.1* 关节结核性窦道
A18.041+M68.0* 滑膜结核
A18.042+M68.0* 肌腱结核
A18.043+M01.1* 关节结核性脓肿
A18.044+M01.1* 结核性关节炎
A18.100x018+N51.8* 精囊结核
A18.100x019+N77.1* 外阴结核
A18.100x020+N51.8* 阴囊结核
A18.100x021+N37.8* 结核性会阴瘘
A18.100x022+N37.8* 结核性尿道瘘
A18.100x024+N74.1* 结核性直肠阴道瘘
A18.100x025+N29.1* 结核性肾盂炎
A18.100x026+N74.1* 结核性输卵管炎
A18.100x030+N77.0* 结核性外阴溃疡
A18.100x031 男性盆腔结核
A18.100x032 结核性盆腔炎
A18.101 泌尿系统结核
A18.102 生殖系统结核
A18.103+N29.1* 肾结核
A18.104+N29.1* 结核性肾脓肿
A18.105+N29.1* 结核性肾盂积水
A18.106+N29.1* 输尿管结核
A18.107+N29.1* 结核性输尿管狭窄
A18.108+N33.0* 膀胱结核
A18.109+N51.0* 前列腺结核
A18.110+N51.8* 输精管结核
A18.111+N74.1* 子宫内膜结核
A18.112+N74.0* 子宫颈结核
A18.113+N74.1* 输卵管结核
A18.114+N74.1* 卵巢结核
A18.115+N74.1* 女性盆腔结核
A18.116+N51.8* 结核性阴囊瘘
A18.117+N51.1* 睾丸结核
A18.118+N51.1* 附睾结核
A18.119+N51.8* 阴茎结核
A18.200x002 颌下淋巴结结核
A18.200x005 颏下淋巴结结核
A18.200x006 淋巴结结核
A18.200x010 周围淋巴结结核
A18.201 头颈部结核性淋巴结炎
A18.202 颊淋巴结结核
A18.203 腮腺淋巴结结核
A18.205 颈淋巴结结核
A18.206 锁骨上淋巴结结核
A18.207 腋下淋巴结结核
A18.208 食管旁淋巴结结核
A18.209 闭孔淋巴结结核
A18.210 腹股沟淋巴结结核
A18.211 结核性淋巴管炎
A18.212 全身多发淋巴结结核
A18.300x006+K67.3* 髂窝结核
A18.300x009+K93.0* 腹腔结核
A18.300x013+K93.0* 结核性胃结肠瘘
A18.300x014+K93.0* 结核性直肠瘘
A18.300x015+K93.0* 膈下结核性脓肿
A18.300x016 腹膜后结核
A18.301 肝门淋巴结结核
A18.302+K93.0* 阑尾结核
A18.303+K93.0* 肠结核
A18.304+K93.0* 结核性肠炎
A18.305+K93.0* 结肠结核瘤
A18.306+K93.0* 结核性肛瘘
A18.307+K93.0* 肛周结核
A18.308 腹腔淋巴结结核
A18.309 结核性腹腔积液
A18.310 腹膜后淋巴结结核
A18.311+K93.0* 腹膜结核
A18.312+K93.0* 腹部结核性脓肿
A18.313+K93.0* 腹部结核性窦道
A18.314+K67.3* 结核性腹膜炎
A18.315+K93.0* 肠系膜结核
A18.316+K93.0* 肠系膜淋巴结结核
A18.317 髂窝结核性脓肿
A18.318 髂窝淋巴结结核
A18.400x001 播散性粟粒性狼疮
A18.400x006 酒渣样结核疹
A18.400x010 臀部结核
A18.400x013 皮肤结核溃疡
A18.400x014 疣状皮肤结核
A18.400x018 外耳道结核
A18.400x019 中耳结核
A18.400x020 腰部结核性脓肿

A18.400x021　足结核
A18.400x022　肩部结核
A18.401　皮肤结核
A18.402　皮下组织结核
A18.403　皮肤结核性窦道
A18.404　瘰疬性皮肤结核
A18.405　结核性皮肤脓肿
A18.406　腹壁结核
A18.407　皮下组织结核性窦道
A18.408　结核性结节性红斑
A18.409　结核性狼疮
A18.410　寻常性狼疮
A18.411　巴赞病
A18.412　胸壁结核
A18.500x002　眼眶结核
A18.500x005+H32.0*　结核性视网膜脉络膜炎
A18.500x008+H13.1*　结膜结核
A18.500x010+H32.0*　脉络膜结核瘤
A18.500x013+H22.0*　结核性虹膜睫状体炎
A18.501+H32.0*　视网膜结核
A18.502+H32.0*　脉络膜结核
A18.503+H48.8*　视神经结核
A18.504+H22.0*　葡萄膜结核
A18.506+H19.2*　角膜结核
A18.507+H19.0*　巩膜结核
A18.600　耳结核
A18.601+H67.0*　结核性中耳炎
A18.700+E35.1*　肾上腺结核
A18.700x002+E35.1*　结核性艾迪生病
A18.800x001　肺外结核
A18.800x006+K93.8*　唇结核
A18.800x010+M63.0*　肌结核
A18.800x014+K23.0*　食管结核
A18.800x022+M63.0*　上臂内侧横纹肌结核
A18.800x025+K93.8*　牙龈结核
A18.800x027+M63.0*　腰大肌结核性脓肿
A18.800x028+M63.0*　腰肌结核
A18.800x034+K93.8*　结核性口腔溃疡
A18.801+E35.8*　垂体结核
A18.802+K93.8*　舌结核
A18.803+M63.0*　咀嚼肌结核
A18.804+K93.8*　腮腺结核
A18.805+K93.8*　颌下腺结核
A18.806+E35.0*　甲状腺结核
A18.807+K23.0*　结核性食管炎
A18.808+I32.0*　结核性心包炎
A18.809+I32.0*　结核性心包积液
A18.810+M63.0*　胸大肌结核
A18.811　乳腺结核
A18.812+K93.8*　胃结核
A18.813+D77*　脾结核
A18.814+K77.0*　肝结核
A18.815+K87.0*　胆管结核
A18.816+K87.0*　胆囊结核
A18.817+K87.1*　胰腺结核
A18.818+I79.8*　结核性腹主动脉炎
A18.819+M36.8*　结缔组织结核
A18.820+I39.8*　心内膜结核
A18.821+I41.0*　心肌结核
A18.822+I68.1*　结核性脑动脉炎
A19.000　单个特指部位的急性粟粒型结核
A19.000x001　血行播散性肺结核（初治，单耐药）涂阳培阳
A19.000x002　血行播散性肺结核（初治，单耐药）涂阴培阳
A19.000x003　血行播散性肺结核（初治，多耐药）涂阳培阳
A19.000x004　血行播散性肺结核（初治，多耐药）涂阴培阳
A19.000x005　血行播散性肺结核（初治，广泛耐药）涂阳培阳
A19.000x006　血行播散性肺结核（初治，广泛耐药）涂阴培阳
A19.000x007　血行播散性肺结核（初治，耐多药）涂阳培阳
A19.000x008　血行播散性肺结核（初治，耐多药）涂阴培阳
A19.000x009　血行播散性肺结核（初治，药物敏感）涂阳培阳
A19.000x010　血行播散性肺结核（初治，药物敏感）涂阴培阳
A19.000x011　血行播散性肺结核（复治，单耐药）涂阳培阳
A19.000x012　血行播散性肺结核（复治，单耐药）涂阴培阳
A19.000x013　血行播散性肺结核（复治，多耐药）涂阳培阳
A19.000x014　血行播散性肺结核（复治，多耐药）涂阴培阳
A19.000x015　血行播散性肺结核（复治，广泛耐

药）涂阳培阳
A19.000x016　血行播散性肺结核（复治，广泛耐药）涂阴培阳
A19.000x017　血行播散性肺结核（复治，耐多药）涂阳培阳
A19.000x018　血行播散性肺结核（复治，耐多药）涂阴培阳
A19.000x019　血行播散性肺结核（复治，药物敏感）涂阳培阳
A19.000x020　血行播散性肺结核（复治，药物敏感）涂阴培阳
A19.001　急性血行播散型肺结核
A19.100　多个部位的急性粟粒型结核
A19.200　急性粟粒型结核
A19.200x001　急性血行播散性结核
A19.800　粟粒型结核，其他的
A19.801　亚急性血行播散型肺结核
A19.802　慢性血行播散型肺结核
A19.803　亚急性血行播散型结核
A19.900　粟粒型结核
A19.900x004　全身血行播散性结核
A19.900x005　结核性多浆膜腔积液
A19.901　结核性多浆膜炎
A19.902　全身性粟粒型结核

表 6-3-3

A20.000　腺鼠疫［腹股沟淋巴结鼠疫］
A20.000x001　腺鼠疫
A20.100　蜂窝织皮下型鼠疫
A20.101　皮肤型鼠疫
A20.200　肺鼠疫
A20.300　脑膜炎型鼠疫
A20.700　脓毒症型鼠疫
A20.800x004　肠鼠疫
A20.800x005　眼鼠疫
A20.801　顿挫性鼠疫
A20.802　无症状鼠疫
A20.803　轻型鼠疫
A20.900x002　鼠疫菌病［鼠疫耶尔森菌病］
A21.000　溃疡腺型土拉菌病
A21.100　眼腺型土拉菌病
A21.201+J17.0*　肺型土拉菌病
A21.300　胃肠土拉菌病
A21.300x002　咽腺型土拉菌病
A21.301　腹部土拉菌病
A21.700　全身性土拉菌病
A21.700x002　土拉菌脓毒症
A21.800　土拉菌病，其他形式的
A21.800x001　伤寒中毒型土拉菌病
A21.900x001　兔热病
A22.000　皮肤炭疽
A22.100x003　职业性炭疽
A22.102+J17.0*　炭疽肺炎
A22.200　胃肠炭疽
A22.200x001　肠炭疽
A22.700　炭疽性脓毒症
A22.801+G01*　炭疽脑膜炎
A22.900　炭疽
A23.000　马耳他布氏菌病
A23.000x001　羊布氏杆菌病
A23.100　流产布氏菌病
A23.100x001　牛布氏菌病
A23.200　猪布氏菌病
A23.300　犬布氏菌病
A23.800　布氏菌病，其他的
A23.900x001　布氏杆菌病［波状热］
A23.900x003　布氏杆菌性葡萄膜炎
A23.900x004　慢性布氏杆菌病
A23.900x005+G05.0*　布氏杆菌性脑炎
A23.900x006　布氏杆菌多发性神经根神经病
A23.901+M49.1*　布氏菌病脊柱炎
A23.902+M01.3*　布氏菌病关节炎
A23.903+N16.0*　布氏菌病肾小管-间质病变
A24.000　鼻疽
A24.000x002　马皮疽伯克霍尔德菌感染
A24.001　鼻疽假单胞菌感染性鼻疽
A24.002　鼻疽伯克霍德菌感染性鼻疽
A24.100x002　类鼻疽脓毒症
A24.100x003　类鼻疽肺炎
A24.101　急性类鼻疽
A24.102　暴发性类鼻疽
A24.201　亚急性类鼻疽
A24.202　慢性类鼻疽
A24.300　类鼻疽，其他的
A24.400　类鼻疽
A25.000x001　小螺菌鼠咬热
A25.100x001　念珠状链杆菌鼠咬热
A25.900　鼠咬热
A26.000　皮肤类丹毒
A26.700　丹毒丝菌脓毒症

A26.700x001　类丹毒脓毒症
A26.800x001　播散性类丹毒
A26.900　类丹毒
A26.900x002　丹毒丝菌感染
A27.000　出血性黄疸钩端螺旋体病
A27.800　钩端螺旋体病，其他形式的
A27.800x001　流感伤寒型钩端螺旋体病
A27.900x002　钩端螺旋体病感染中毒型
A27.900x004　钩端螺旋体病肺出血型
A27.900x005　钩端螺旋体病肾衰竭型
A27.900x006　钩端螺旋体病脑膜脑炎型
A28.000　巴斯德菌病
A28.001　巴斯德菌脓毒症
A28.100　猫抓病
A28.200　肠外耶尔森菌病
A28.801　人感染猪链球菌
A28.900　动物源性细菌性疾病

表6-3-4

A30.000x001　未定类（I）麻风
A30.100x001　结核样型（TT）麻风
A30.100x003　麻风性穿孔性足溃疡
A30.200　偏结核样型界线类麻风
A30.200x001　界限结核样型（BT）麻风
A30.300　中间界线类麻风
A30.300x001　界线类（BB）麻风
A30.300x002　混合型麻风
A30.400　偏瘤型界线类麻风
A30.400x001　界限瘤型（BL）麻风
A30.400x002　近瘤型中间型麻风
A30.500　瘤型麻风
A30.500x001　瘤型（LL）麻风
A30.800　麻风，其他形式的
A30.900　麻风
A30.900x002　麻木型麻风
A30.900x003　斑疹麻木型麻风
A30.900x004　斑疹性麻风
A30.900x005　神经性麻风
A30.900x006+H19.2*　麻风性点状角膜炎
A30.900x007+H32.0*　麻风性脉络膜炎
A30.900x008　麻风性神经病
A31.000　肺分枝杆菌感染
A31.000x001　肺非结核分枝杆菌病
A31.000x004　堪萨斯分枝杆菌感染
A31.000x005　胞内分枝杆菌感染
A31.001　肺非典型分枝杆菌病
A31.002　鸟-胞内复合分枝杆菌感染
A31.100　皮肤分枝杆菌感染
A31.100x002　溃疡分枝杆菌感染
A31.101　伯鲁里溃疡
A31.102　海分枝杆菌感染
A31.800x001　猿猴分枝杆菌感染
A31.800x002　瘰疬分枝杆菌感染
A31.800x003　偶然分枝杆菌感染
A31.800x004　龟分枝杆菌感染
A31.800x005　土地分枝杆菌感染
A31.800x006　鸟分枝杆菌感染
A31.800x007　脓肿分枝杆菌感染
A31.801　淋巴结分枝杆菌感染
A31.802　足分枝杆菌病
A31.803　播散性非结核分枝杆菌病
A31.900x001　分枝杆菌病
A31.901　非典型分枝杆菌感染
A32.000　皮肤利斯特菌病
A32.101+G01*　利斯特菌性脑膜炎
A32.102+G05.0*　利斯特菌性脑膜脑炎
A32.700　利斯特菌脓毒症
A32.701　单核细胞增多性利斯特菌脓毒症
A32.801+I68.1*　利斯特菌性大脑动脉炎
A32.802+I39.8*　利斯特菌性心内膜炎
A32.803　眼腺利斯特菌病
A32.900　利斯特菌病
A33.x00　新生儿破伤风
A34.x00　产科破伤风
A35.x00x001　破伤风
A36.000　咽白喉
A36.000x002　扁桃体白喉
A36.000x003　白喉性膜性咽峡炎
A36.000x004　白喉性悬雍垂麻痹
A36.100　鼻咽白喉
A36.200　喉白喉
A36.200x002　白喉性喉麻痹
A36.201　白喉性喉气管炎
A36.300　皮肤白喉
A36.800x005+N33.8*　白喉性膀胱炎
A36.800x006+H22.8*　白喉性虹膜麻痹
A36.801+H13.1*　白喉性结膜炎
A36.802+I41.0*　白喉性心肌炎
A36.803+G63.0*　白喉性多神经炎
A36.804+N16.0*　白喉性肾小管-间质病变

A36.900　白喉
A36.900x002　播散性白喉
A37.000　百日咳博德特杆菌性百日咳
A37.100　副百日咳博德特杆菌性百日咳
A37.800x001　支气管败血性杆菌百日咳
A37.900　百日咳
A37.900x003　百日咳肺不张
A37.900x004　百日咳肺气肿
A37.900x005　百日咳脑病
A37.901+J17.0*　百日咳肺炎
A38.x00　猩红热
A38.x00x002+I41.0*　猩红热并发急性心肌炎
A38.x00x010　猩红热轻型
A38.x00x011　猩红热中毒型
A38.x00x012　猩红热脓毒型
A38.x00x013　猩红热外科型
A38.x00x014　猩红热产科型
A39.000+G01*　脑膜炎球菌性脑膜炎
A39.000x004+G01*　双球菌性脑膜炎
A39.000x005+G01*　脑膜炎球菌性蛛网膜炎
A39.000x006+G01*　流行性脑脊髓膜炎轻型
A39.000x007+G01*　流行性脑脊髓膜炎普通型
A39.000x008+G01*　流行性脑脊髓膜炎暴发型
A39.001+G01*　普通型流行性脑脊髓膜炎
A39.002+G01*　暴发型流行性脑脊髓膜炎
A39.003+G01*　流行性脑脊髓膜炎
A39.100+E35.1*　沃-弗综合征
A39.200　急性脑膜炎球菌血症
A39.300　慢性脑膜炎球菌血症
A39.400　脑膜炎球菌血症
A39.500　脑膜炎球菌性心脏病
A39.501+I32.0*　脑膜炎球菌性心包炎
A39.502+I39.8*　脑膜炎球菌性心内膜炎
A39.503+I41.0*　脑膜炎球菌性心肌炎
A39.504+I52.0*　脑膜炎球菌性心炎
A39.801+H13.1*　脑膜炎球菌性结膜炎
A39.802+G05.0*　脑膜炎球菌性脑炎
A39.803+G05.0*　脑膜炎球菌性脊髓脊膜炎
A39.804+M01.0*　脑膜炎球菌性关节炎
A39.805+M03.0*　脑膜炎球菌感染后关节炎
A39.900　脑膜炎球菌感染
A40.000　A 族链球菌性脓毒症
A40.100　B 族链球菌性脓毒症
A40.200　D 族链球菌和肠球菌所致脓毒症
A40.300　肺炎链球菌性脓毒症
A40.800　链球菌性脓毒症，其他的
A40.900　链球菌性脓毒症
A40.901+N08.0*　链球菌性脓毒症性肾小球病变
A40.903+N16.0*　链球菌性脓毒症性肾小管-间质病变
A41.000　金黄色葡萄球菌性脓毒症
A41.100x002　表皮葡萄球菌脓毒症
A41.101　凝固酶阴性葡萄球菌脓毒症
A41.200　葡萄球菌性脓毒症
A41.300　流感嗜血杆菌性脓毒症
A41.400　厌氧菌性脓毒症
A41.400x001　产气荚膜杆菌脓毒症
A41.500x083　革兰阴性杆菌脓毒症
A41.500x087　粘球杆菌脓毒症
A41.501　大肠杆菌脓毒症
A41.502　铜绿假单胞菌脓毒症
A41.503　克雷伯杆菌脓毒症
A41.504　阴沟肠杆菌脓毒症
A41.505　变形杆菌脓毒症
A41.506　不动杆菌属性脓毒症
A41.800x002　JK 组棒状杆菌脓毒病
A41.801　枯草杆菌脓毒症
A41.802　类酵母菌脓毒症
A41.803　新型隐球菌脓毒症
A41.804　真菌脓毒症
A41.805　革兰阳性菌脓毒症
A41.806　微球菌属性脓毒症
A41.807　肠球菌性脓毒症
A41.900　脓毒症
A41.900x004　内毒素血症
A41.902+N08.0*　脓毒症性肾小球病变
A41.904+N16.0*　脓毒症性肾小管-间质病变
A42.000　肺放线菌病
A42.100　腹放线菌病
A42.200　颈面部放线菌病
A42.200x002　颌骨放线菌病
A42.700　放线菌病性脓毒症
A42.800x002　放线菌皮肤感染
A42.800x003+G01*　放线菌脑膜炎
A42.801　涎腺放线菌病
A42.802　乳腺放线菌病
A42.803　肝放线菌病
A42.804　盆腔放线菌病
A42.805　阴道放线菌病
A42.900　放线菌病

A43.000x001+J99.8*　肺诺卡菌肺炎
A43.100　皮肤诺卡菌病
A43.800x001　播散性奴卡菌病
A43.801　脑诺卡菌病
A43.802　肾诺卡菌病
A43.900　诺卡菌病
A44.000　全身性巴尔通体病
A44.100　皮肤和黏膜皮肤的巴尔通体病
A44.800　巴尔通体病，其他形式的
A44.900　巴尔通体病
A46.x00　丹毒
A48.000　气性坏疽
A48.100　军团病
A48.100x001　嗜肺军团菌肺炎
A48.100x003　军团菌性脑炎
A48.200　非肺炎性军团病［庞蒂亚克热］
A48.300　中毒性休克综合征
A48.400　巴西紫热
A48.800　细菌性疾病，其他特指的
A48.800x002　坏死性杆菌病
A48.801　鼻硬结病
A49.000　葡萄球菌感染
A49.001　葡萄球菌感染性菌血症
A49.002　耐甲氧西林金黄色葡萄球菌感染
A49.003　耐甲氧西林凝固酶阴性葡萄球菌感染
A49.004　甲氧西林敏感金黄色葡萄球菌感染
A49.100x004　草绿色链球菌感染
A49.100x005　屎肠球菌感染
A49.100x006　粪肠球菌感染
A49.101　链球菌感染性菌血症
A49.102　肺炎球菌感染
A49.103　链球菌感染综合征
A49.200　流感嗜血杆菌感染
A49.201　流感嗜血杆菌感染性菌血症
A49.300　支原体感染
A49.301　支原体菌属感染性菌血症
A49.800x003　弗里德兰德杆菌感染
A49.800x014　产碱杆菌感染
A49.800x015　迟钝爱德华杆菌感染
A49.800x019　醋酸钙不动杆菌感染
A49.800x020　人苍白杆菌菌血症
A49.800x023　革兰阳性杆菌感染
A49.801　大肠杆菌感染
A49.802　肺炎杆菌感染
A49.803　不动杆菌感染性菌血症
A49.804　变形杆菌感染
A49.805　克雷伯杆菌感染
A49.806　肠杆菌感染性菌血症
A49.807　沙雷菌感染
A49.808　雷极普鲁菲登菌感染
A49.809　幽门螺杆菌感染
A49.810　阴沟肠杆菌感染
A49.811　嗜麦芽窄食单胞菌感染性菌血症
A49.812　鲍曼不动杆菌感染
A49.813　克雷伯杆菌感染性菌血症
A49.814　铜绿假单胞菌感染
A49.815　肺炎克雷伯杆菌感染
A49.817　气球菌感染
A49.900　细菌性感染
A49.901　菌血症
A49.902　革兰阴性杆菌感染

表6-3-5

A50.000　有症状的早期先天性梅毒
A50.000x001+H32.0*　早期先天性梅毒性脉络膜视网膜炎
A50.000x002+K77.0*　早期先天性梅毒性肝炎
A50.001+H58.8*　早期先天性梅毒性眼病
A50.100　潜伏性早期先天性梅毒
A50.200　早期先天性梅毒
A50.300+H58.8*　晚期先天性梅毒性眼病
A50.300x002+H19.2*　晚期先天性梅毒性间质性角膜炎
A50.300x003+H32.0*　晚期先天性梅毒性脉络膜视网膜炎
A50.301+H19.2*　梅毒性角膜炎
A50.400　晚期先天性神经梅毒［青少年神经梅毒］
A50.400x001　晚期先天性神经梅毒［幼年型神经梅毒］
A50.400x002+G01*　晚期先天性梅毒性脑膜炎
A50.400x003+G05.0*　晚期先天性梅毒性脑炎
A50.400x004+G63.0*　晚期先天性梅毒性多神经病
A50.401　幼年型麻痹性痴呆
A50.402+G01*　先天性梅毒性脑膜炎
A50.500　有症状的其他晚期先天性梅毒
A50.500x001　先天性梅毒牙
A50.600　潜伏性晚期先天性梅毒
A50.700　晚期先天性梅毒
A50.900　先天性梅毒
A51.000　初期生殖器梅毒

A51.000x002 梅毒性下疳
A51.001 阴茎下疳
A51.002 一期梅毒
A51.100x001 肛门梅毒
A51.200 初期梅毒，其他部位的
A51.201 唇下疳
A51.300x002 二期早发梅毒疹
A51.300x003 二期晚发梅毒疹
A51.300x004 二期复发梅毒疹
A51.300x005 二期梅毒湿疣
A51.301 皮肤二期梅毒
A51.302 黏膜二期梅毒
A51.303 皮肤梅毒
A51.304 外阴扁平湿疣
A51.400x001 二期梅毒
A51.400x002+M90.1* 二期梅毒性骨膜炎
A51.400x005+H22.0* 二期梅毒性虹膜睫状体炎
A51.400x007+M63.0* 二期梅毒性肌炎
A51.400x008+K77.0* 二期梅毒性肝炎
A51.400x009+N74.2* 女性二期梅毒性盆腔炎
A51.400x010 二期梅毒性淋巴结炎
A51.401+G01* 二期梅毒性脑膜炎
A51.402+H22.0* 二期梅毒性葡萄膜炎
A51.403+H32.0* 早期梅毒性视网膜炎
A51.404+H58.8* 早期梅毒性眼病
A51.405+H58.8* 二期梅毒性眼病
A51.500 潜伏性早期梅毒
A51.900 早期梅毒
A52.000+I98.0* 心血管梅毒
A52.000x001+I52.0* 梅毒性冠状动脉口狭窄
A52.000x006+I39.1* 梅毒性主动脉瓣狭窄
A52.000x007+I39.1* 梅毒性主动脉瓣狭窄关闭不全
A52.000x011+I39.0* 梅毒性二尖瓣狭窄
A52.001+I68.1* 梅毒性大脑动脉炎
A52.002+I79.1* 梅毒性主动脉炎
A52.003+I79.0* 梅毒性主动脉瘤
A52.004+I39.1* 梅毒性主动脉瓣关闭不全
A52.005+I52.0* 梅毒性心脏病
A52.006+I39.8* 梅毒性心内膜炎
A52.007+I41.0* 梅毒性心肌炎
A52.008+I32.0* 梅毒性心包炎
A52.009+I39.3* 梅毒性肺动脉反流
A52.100 有症状性神经梅毒
A52.100x005+G22* 梅毒性帕金森病
A52.100x006+G59.8* 梅毒性神经炎
A52.100x007+G05.0* 梅毒性脑炎
A52.100x008+G63.0* 梅毒性多神经病
A52.100x009+G01* 梅毒性脑膜炎
A52.100x010+G05.0* 梅毒性脑膜脑炎
A52.100x011 梅毒性痉挛性截瘫
A52.100x012+H48.1* 梅毒相关性视神经炎
A52.101 脊髓痨
A52.102+H58.0* 阿-罗瞳孔
A52.103+M14.6* 夏科关节病
A52.104+F02.8* 麻痹性痴呆
A52.105+G01* 三期梅毒性脑膜炎
A52.106+H48.0* 视神经梅毒
A52.200 无症状性神经梅毒
A52.300 神经梅毒
A52.700x001 梅毒瘤
A52.700x003+J99.8* 鼻梅毒
A52.700x004+J99.8* 鼻窦梅毒
A52.700x007+K77.0* 梅毒性肝病
A52.700x008+M68.0* 梅毒性滑膜炎
A52.700x009+M68.0* 梅毒性腱鞘炎
A52.700x010+M63.0* 梅毒性肌炎
A52.700x012+N08.0* 梅毒性肾炎
A52.700x015+H58.8* 梅毒性眼病
A52.701+H22.0* 三期梅毒性葡萄膜炎
A52.702+H32.0* 三期梅毒性视网膜炎
A52.703+J99.8* 梅毒性喉炎
A52.704+J99.8* 肺梅毒
A52.705+K77.0* 梅毒性肝硬化
A52.706+M01.3* 梅毒性关节病
A52.707+M90.2* 骨梅毒
A52.708+H58.8* 晚期梅毒性眼病
A52.709+N08.0* 梅毒性肾小球病变
A52.710+K67.2* 梅毒性腹膜炎
A52.800 潜伏性晚期梅毒
A52.801 潜伏性三期梅毒
A52.900 晚期梅毒
A53.000x001 隐性梅毒
A53.000x002 梅毒血清反应阳性
A53.900 梅毒
A54.001 淋球菌性膀胱炎
A54.002 淋球菌性尿道炎
A54.003 淋球菌性宫颈炎
A54.004 淋球菌性阴道炎
A54.005 淋球菌性外阴阴道炎
A54.100x002 淋球菌性尿道脓肿

A54.102　淋球菌性前庭大腺脓肿
A54.200x004+N74.3*　淋球菌性输卵管炎
A54.201+N74.3*　淋球菌性女性盆腔炎性疾病
A54.202+N51.0*　淋球菌性前列腺炎
A54.203+N51.1*　淋球菌性睾丸炎
A54.204+N51.1*　淋球菌性附睾炎
A54.300x002+H19.2*　先天性淋球菌性角膜炎
A54.301+H13.1*　淋球菌性新生儿眼炎
A54.302+H13.1*　淋球菌性结膜炎
A54.303+H22.0*　淋球菌性虹膜睫状体炎
A54.401+M01.3*　淋球菌性关节炎
A54.402+M73.0*　淋球菌性滑囊炎
A54.403+M90.2*　淋球菌性骨髓炎
A54.404+M68.0*　淋球菌性滑膜炎
A54.405+M68.0*　淋球菌性腱鞘炎
A54.500　淋球菌性咽炎
A54.600x001　淋球菌性直肠炎
A54.601　直肠淋球菌感染
A54.602　肛门淋球菌感染
A54.801+G07*　淋球菌性脑脓肿
A54.802+I39.8*　淋球菌性心内膜炎
A54.803+G01*　淋球菌性脑膜炎
A54.804+I41.0*　淋球菌性心肌炎
A54.805+I32.0*　淋球菌性心包炎
A54.806+J17.0*　淋球菌性肺炎
A54.807+K67.1*　淋球菌性腹膜炎
A54.808　淋球菌性脓毒症
A54.809　淋球菌性皮肤病
A54.900　淋球菌感染
A54.900x001　淋病
A54.900x002　慢性淋球菌感染
A55.x00　衣原体（性病性）淋巴肉芽肿
A56.000x003　衣原体性尿道炎
A56.001　衣原体性膀胱炎
A56.002　衣原体性宫颈炎
A56.003　衣原体性阴道炎
A56.004　衣原体性外阴阴道炎
A56.100x003+N74.4*　衣原体性输卵管炎
A56.100x004+N74.4*　衣原体性子宫内膜炎
A56.101+N74.4*　衣原体性女性盆腔炎性疾病
A56.102+N51.1*　衣原体性睾丸炎
A56.103+N51.1*　衣原体性附睾炎
A56.104+N74.4*　衣原体盆腔腹膜感染
A56.200　泌尿生殖道的衣原体感染
A56.300x001　衣原体性直肠炎
A56.301　直肠衣原体感染
A56.302　肛门衣原体感染
A56.400　咽的衣原体感染
A56.800　衣原体感染，其他部位的性传播的
A57.x00x002　外阴软下疳
A57.x00x003　阴茎软下疳
A58.x00　腹股沟肉芽肿
A58.x01　溃疡性腹股沟肉芽肿
A59.000　泌尿生殖系滴虫病
A59.000x003+N51.0*　滴虫性前列腺炎
A59.001+N37.0*　滴虫性尿道炎
A59.002+N77.1*　滴虫性阴道炎
A59.800x001　口腔毛滴虫感染
A59.900　滴虫病
A60.000x003+N77.1*　外阴疱疹
A60.000x004+N51.8*　阴囊单纯性疱疹
A60.001　生殖器疱疹
A60.002　泌尿生殖道疱疹病毒感染
A60.003+N51.8*　阴茎单纯疱疹
A60.100x002　肛周皮肤疱疹
A60.102+K93.8*　直肠疱疹病毒感染
A60.900　肛门生殖器的疱疹病毒感染
A63.000　肛门生殖器（性病性）疣
A63.001　肛门生殖器尖锐湿疣
A63.002　外阴尖锐湿疣
A63.003　喉尖锐湿疣
A63.800　主要为性传播的疾病，其他特指的
A64.x00　性传播疾病

表6-3-6

A65.x00　非性病性梅毒
A66.000　雅司病初发损害
A66.100　多发性乳头瘤和湿性角化过度性雅司病
A66.200　雅司病的其他早期皮肤损害
A66.300　雅司病角化过度
A66.400　雅司病的树胶样肿和溃疡
A66.501+J99.8*　毁形性鼻咽炎
A66.600　雅司病的骨和关节损害
A66.700　雅司病的其他表现
A66.800　潜伏性雅司病
A66.900　雅司病
A67.000　品他病初期损害
A67.100　品他病中期损害
A67.200　品他病晚期损害
A67.300　品他病的混合性损害

A67.900　品他病
A68.000　虱媒介的回归热
A68.100　蜱媒介的回归热
A68.900　回归热
A69.000　坏死性溃疡性口炎
A69.000x002　走马疳
A69.100x001　奋森咽峡炎
A69.100x002　梭菌螺旋体性咽炎
A69.100x003　急性坏死性溃疡性龈炎
A69.200　莱姆病
A69.200x002+G63.0*　莱姆病性神经病
A69.800　螺旋体感染，其他特指的
A69.900　螺旋体感染
A69.900x002+M01.8*　螺旋体感染性关节炎

表 6-3-7

A70.x00　鹦鹉热衣原体感染
A71.000　初期沙眼
A71.100　活动期沙眼
A71.100x002　沙眼性血管翳
A71.100x003　沙眼性结膜炎
A71.101　沙眼性角膜炎
A71.900　沙眼
A74.000+H13.1*　衣原体结膜炎
A74.801+K67.0*　衣原体腹膜炎
A74.900　衣原体感染

表 6-3-8

A75.000x002　轻型斑疹伤寒
A75.000x003　典型斑疹伤寒
A75.000x004　重型斑疹伤寒
A75.001　流行性斑疹伤寒
A75.100　再燃性斑疹伤寒［布里尔病］
A75.200x001　地方性斑疹伤寒
A75.300x001　恙虫病
A75.900　斑疹伤寒
A77.000　立氏立克次体性斑疹热
A77.000x001　落基山斑点热
A77.100　康诺尔立克次体性斑疹热
A77.100x001　南欧斑疹热［纽扣热］
A77.200　西伯利亚立克次体性斑疹热
A77.200x001　北亚蜱传斑点热
A77.300　澳洲立克次体性斑疹热
A77.300x001　昆士兰蜱传斑点热
A77.800　斑疹热，其他的
A77.900　斑疹热
A77.900x001　蜱传斑点热
A78.x00　Q 热
A79.000　战壕热
A79.100　螨立克次体性立克次体痘
A79.800x002　人粒细胞无形体病
A79.801　附红细胞体病
A79.900　立克次体病
A79.900x003+G05.2*　立克次体脑炎
A79.901　立克次体感染

表 6-3-9

A80.000　急性麻痹性脊髓灰质炎，与接种有关
A80.100　急性麻痹性脊髓灰质炎，（外地）移入性野病毒
A80.200　急性麻痹性脊髓灰质炎，本土性野病毒
A80.300x001　脊髓灰质炎瘫痪型
A80.301　急性麻痹性脊髓灰质炎
A80.400　急性非麻痹性脊髓灰质炎
A80.400x001　脊髓灰质炎无瘫痪型
A80.400x002　脊髓灰质炎顿挫型
A80.900　急性脊髓灰质炎
A81.000　克罗伊茨费尔特-雅各布病
A81.000x002　亚急性海绵状脑病
A81.000x004　可传播性海绵状脑病
A81.000x006　常染色体显性遗传朊蛋白病
A81.000x007　家族性致死性睡眠症
A81.001+F02.1*　克罗伊茨费尔特-雅各布病性痴呆
A81.100　亚急性硬化性全脑炎
A81.101　亚急性包涵体脑炎
A81.200　进行性多灶性白质脑病
A81.200x001　播散性坏死性脑白质病
A81.800　中枢神经系统其他的非典型病毒感染
A81.800x001　库鲁病［新几内亚震颤病］
A81.801　朊蛋白病
A81.900　中枢神经系统的非典型病毒感染
A82.000　森林狂犬病
A82.100　城市狂犬病
A82.900　狂犬病
A83.000　日本脑炎
A83.000x001　流行性乙型脑炎
A83.000x002　流行性乙型脑炎轻型
A83.000x003　流行性乙型脑炎普通型
A83.000x004　流行性乙型脑炎重型
A83.000x005　流行性乙型脑炎极重型

A83.100　西方马脑炎
A83.200　东方马脑炎
A83.300　圣路易斯脑炎
A83.400　澳大利亚脑炎
A83.500　加利福尼亚脑炎
A83.600　罗西欧病毒病
A83.800　蚊媒介病毒性脑炎，其他的
A83.900　蚊媒介的病毒性脑炎
A84.000　远东蜱媒介的脑炎［俄罗斯春-夏型脑炎］
A84.000x001　森林脑炎
A84.100　中部欧洲蜱媒介的脑炎
A84.800x001　羊跳跃脑炎
A84.900　蜱媒介的病毒性脑炎
A85.000+G05.1*　肠病毒性脑炎
A85.000x002+G05.1*　柯萨奇病毒性脑炎
A85.000x003+G05.1*　埃可病毒性脑炎
A85.001+G05.1*　肠病毒性脑脊髓炎
A85.100+G05.1*　腺病毒性脑炎
A85.101+G05.1*　腺病毒性脑脊髓炎
A85.200　节肢动物媒介的病毒性脑炎
A85.200x001　虫媒病毒性脑炎
A85.800　病毒性脑炎，其他特指的
A86.x00　病毒性脑炎
A86.x01　病毒性脑脊髓炎
A86.x02　病毒性脑膜脑炎
A87.000+G02.0*　肠病毒性脑膜炎
A87.000x001+G02.0*　肠道病毒性脑膜炎
A87.000x002+G02.0*　柯萨奇病毒性脑膜炎
A87.000x003+G02.0*　埃可病毒性脑膜炎
A87.100+G02.0*　腺病毒性脑膜炎
A87.200x001+G02.0*　淋巴细胞性脉络丛脑膜炎
A87.200x002+G02.0*　复发性淋巴细胞性脑膜炎
A87.800　病毒性脑膜炎，其他的
A87.801　乙脑病毒性脑膜炎
A87.900　病毒性脑膜炎
A87.901　病毒性脑脊髓膜炎
A88.000　肠病毒疹热［波士顿疹病］
A88.100　流行性眩晕
A88.800　中枢神经系统其他特指的病毒性感染
A88.800x001　脊髓灰质炎样综合征
A89.x00　中枢神经系统的病毒性感染

表6-3-10

A92.000　奇昆古尼亚病毒病
A92.001　基孔肯雅热
A92.100　奥尼昂-尼昂热
A92.200　委内瑞拉马型热
A92.300　西尼罗河病毒感染
A92.300x001　西尼罗热
A92.300x002　西尼罗脑炎
A92.300x003　西尼罗脑膜炎
A92.300x004　西尼罗病毒性脑膜脑炎
A92.400　裂谷热
A92.500　寨卡病毒病
A92.800　蚊媒介的病毒性发热，其他特指的
A92.900　蚊媒介的病毒性发热
A93.000　奥罗普什病毒病
A93.100　白蛉热
A93.200　科罗拉多蜱热
A93.801　疱疹性口炎病毒病
A93.802　发热伴血小板减少综合征
A94.x01　虫媒病毒性发热
A95.000　森林黄热病
A95.100　城市黄热病
A95.900　黄热病
A96.000　朱宁出血热
A96.100　马丘波出血热
A96.100x001　玻利维亚出血热
A96.200　拉沙热
A96.800　沙粒病毒性出血热，其他的
A96.900　沙粒病毒性出血热
A97.000　登革热不伴预警
A97.100　登革热伴预警
A97.200　重症登革热
A97.900　登革热，未特指
A98.000　克里米亚-刚果出血热
A98.100　鄂木斯克出血热
A98.200　基萨那［凯萨努］森林病
A98.300　马尔堡病毒病
A98.400　埃博拉病毒病
A98.400x001　埃博拉出血热
A98.500x001+N08.0*　流行性出血热［肾综合征出血热］
A98.800　病毒性出血热，其他特指的
A99.x00　病毒性出血热

表6-3-11

B00.000　疱疹性湿疹
B00.001　卡波西水疱样疹
B00.100　疱疹病毒性水疱皮炎

B00.100x001　单纯疱疹病毒性水疱皮炎
B00.100x004+H62.1*　耳部单纯疱疹HSV-Ⅱ型
B00.100x005　唇部单纯疱疹HSV-Ⅱ型
B00.101　唇单纯疱疹
B00.102　面单纯疱疹
B00.200x001　口腔疱疹
B00.201　疱疹病毒性龈口炎
B00.202　疱疹病毒性咽扁桃体炎
B00.203　疱疹病毒性口炎
B00.204　疱疹病毒性颌下腺炎
B00.205　疱疹病毒性咽炎
B00.300+G02.0*　疱疹病毒性脑膜炎
B00.400+G05.1*　疱疹病毒性脑炎
B00.400x001+G05.1*　单纯疱疹病毒性脑炎
B00.401+G05.1*　疱疹病毒性脑膜脑炎
B00.500x002+H58.8*　单纯疱疹病毒性眼病
B00.500x005+H19.1*　树枝状角膜炎
B00.500x007+H22.0*　单纯疱疹病毒性虹膜睫状体炎
B00.500x009+H22.0*　疱疹病毒性葡萄膜炎
B00.501+H19.1*　疱疹病毒性角膜炎
B00.502+H13.1*　疱疹病毒性结膜炎
B00.503+H58.8*　疱疹性眼炎
B00.504+H03.1*　疱疹病毒性眼睑皮炎
B00.505+H22.0*　疱疹性虹膜睫状体炎
B00.506+H22.0*　疱疹性虹膜炎
B00.507+H19.1*　疱疹性角膜结膜炎
B00.508+H22.0*　疱疹性前葡萄膜炎
B00.509+H03.1*　疱疹性眼睑炎
B00.700　播散性疱疹病毒病
B00.701　疱疹性脓毒症
B00.801+L99.8*　疱疹病毒性瘭疽
B00.802+K77.0*　疱疹病毒性肝炎
B00.803+K77.0*　EB病毒性肝炎
B00.804+L99.8*　疱疹病毒性甲沟炎
B00.900x005　播散性单纯疱疹［系统性单纯疱疹］
B00.900x007　接种性单纯疱疹
B00.901　EB病毒感染
B00.902　单纯疱疹
B01.000+G02.0*　水痘脑膜炎
B01.000x001+G02.0*　水痘性脑膜炎
B01.100+G05.1*　水痘脑炎
B01.200+J17.1*　水痘肺炎
B01.800x001+I41.1*　水痘并发心肌炎
B01.800x002+N08.0*　水痘并发肾炎
B01.800x004　痘感染相关性视神经炎
B01.801　水痘肝炎
B01.900x001　水痘
B01.900x002　出血性水痘
B02.000+G05.1*　带状疱疹脑炎
B02.000x002+G05.1*　带状疱疹性脑炎
B02.000x003+G05.1*　带状疱疹性脑膜脑炎
B02.001+G05.1*　带状疱疹神经根脊髓炎
B02.100+G02.0*　带状疱疹脑膜炎
B02.200x004+G53.0*　拉姆齐-亨特综合征［Ramsay-Hunt综合征］
B02.200x008+G63.0*　带状疱疹性多神经病
B02.201+G53.0*　带状疱疹性坐骨神经痛
B02.202+G53.0*　带状疱疹性神经痛
B02.203+G53.0*　带状疱疹性神经根炎
B02.204+G53.1*　带状疱疹性多脑神经麻痹
B02.206+G53.0*　带状疱疹性肋间神经痛
B02.207+G53.0*　疱疹后三叉神经痛
B02.301+H58.8*　带状疱疹性眼炎
B02.302+H19.2*　带状疱疹性角膜炎
B02.303+H03.1*　眼睑带状疱疹
B02.304+H13.1*　带状疱疹性结膜炎
B02.305+H22.0*　带状疱疹性虹膜睫状体炎
B02.306+H22.0*　带状疱疹性虹膜炎
B02.307+H19.2*　带状疱疹性角膜结膜炎
B02.308+H19.0*　带状疱疹性巩膜炎
B02.700　播散性带状疱疹
B02.800　带状疱疹伴有其他并发症
B02.800x001　内脏带状疱疹
B02.801+H62.1*　外耳带状疱疹
B02.900x001　带状疱疹
B02.900x002　不全性带状疱疹
B02.900x003　顿挫性带状疱疹
B03.x00　天花
B03.x00x002　变形天花
B03.x00x003　重型天花
B03.x00x004　类天花
B04.x00　猴痘
B05.000+G05.1*　麻疹并发脑炎
B05.100+G02.0*　麻疹并发脑膜炎
B05.200+J17.1*　麻疹并发肺炎
B05.300+H67.1*　麻疹并发中耳炎
B05.400　麻疹伴有肠道并发症
B05.800x001+H19.2*　麻疹并发角膜结膜炎
B05.800x003+K77.0*　麻疹并发肝炎

B05.800x008　麻疹综合征
B05.800x009　麻疹合并上呼吸道感染
B05.800x010　重型麻疹
B05.801　麻疹并发喉炎
B05.802　麻疹并发支气管炎
B05.803　麻疹并发心肌炎
B05.900x001　麻疹
B05.900x002　轻型麻疹
B05.900x005　出血性麻疹
B05.901　异型麻疹
B06.000x002+G05.1*　风疹性脑膜脑炎
B06.001+G05.1*　风疹性脑炎
B06.002+G02.0*　风疹性脑膜炎
B06.800　风疹伴有其他并发症
B06.801+J17.1*　风疹性肺炎
B06.802+M01.4*　风疹性关节炎
B06.900x001　风疹
B07.x00x006　丝状疣
B07.x00x008　镶嵌疣
B07.x00x009　咽喉疣
B07.x00x010　掌疣
B07.x00x011　掌跖疣
B07.x01　扁平疣
B07.x02　眼睑疣
B07.x03　寻常疣
B07.x04　疣
B07.x05　指状疣
B08.000x001　牛痘
B08.000x002　副牛痘
B08.000x003　牛丘疹性口腔炎病毒感染
B08.000x004　羊痘
B08.100　传染性软疣
B08.200　猝发疹［第六病］
B08.200x002　幼儿急疹
B08.300　传染性红斑［第五病］
B08.400x003　EV71感染
B08.401　手足口病
B08.500　肠病毒性水疱性咽炎
B08.501　疱疹性咽峡炎
B08.800x004　流行性粟疹热
B08.800x006　传染性水疱病
B08.800x007　柯萨奇湿疹
B08.801　口蹄疫
B08.802　肠病毒性淋巴结咽炎
B09.x00x002　黏膜病毒性感染
B09.x01　病毒疹

表6-3-12

B15.000　甲型肝炎，伴有肝昏迷
B15.001　急性甲型病毒性肝炎伴肝昏迷
B15.002　急性重型甲型病毒性肝炎伴肝昏迷
B15.003　亚急性重型甲型病毒性肝炎伴肝昏迷
B15.900　甲型肝炎，不伴有肝昏迷
B15.901　急性甲型病毒性肝炎
B15.902　急性黄疸型甲型病毒性肝炎
B15.903　急性淤胆型甲型病毒性肝炎
B15.905　急性无黄疸型甲型病毒性肝炎
B16.000　急性乙型肝炎，伴有δ因子（共同感染），并伴有肝昏迷
B16.000x001　病毒性肝炎乙型丁型亚急性重型
B16.001　急性乙型丁型病毒性肝炎伴肝昏迷
B16.100　急性乙型肝炎，伴有δ因子（共同感染），但不伴有肝昏迷
B16.100x002　病毒性肝炎乙型丁型急性黄疸型
B16.100x003　病毒性肝炎乙型丁型急性无黄疸型
B16.100x004　病毒性肝炎乙型丁型淤胆型
B16.101　急性乙型丁型病毒性肝炎，不伴有肝昏迷
B16.200　急性乙型肝炎，不伴有δ因子（共同感染），但伴有肝昏迷
B16.201　急性乙型病毒性肝炎伴肝昏迷
B16.202　亚急性重型乙型病毒性肝炎伴肝昏迷
B16.203　急性重型乙型病毒性肝炎伴肝昏迷
B16.204　急性无黄疸型乙型肝炎伴肝昏迷
B16.901　急性黄疸型乙型病毒性肝炎
B16.902　急性淤胆型乙型病毒性肝炎
B16.903　输血后乙型病毒性肝炎
B16.904　急性乙型病毒性肝炎
B16.905　急性无黄疸型乙型病毒性肝炎
B17.000　慢性乙型肝炎的急性δ因子（超级）感染
B17.100　急性丙型肝炎
B17.100x003　病毒性肝炎丙型急性无黄疸型
B17.100x006　病毒性肝炎丙型急性淤疸型
B17.101　急性黄疸型丙型病毒性肝炎
B17.102　急性重型丙型病毒性肝炎
B17.103　亚急性重型丙型病毒性肝炎
B17.200　急性戊型肝炎
B17.200x004　病毒性肝炎戊型急性无黄疸型
B17.200x005　病毒性肝炎戊型急性重型
B17.202　急性黄疸型戊型病毒性肝炎
B17.203　急性淤胆型戊型病毒性肝炎

B17.204　急性重型戊型病毒性肝炎
B17.205　亚急性重型戊型病毒性肝炎
B17.800x001　病毒性肝炎重叠感染
B17.800x002　病毒性肝炎双重感染
B17.800x003　病毒性肝炎三重感染（三重以上）
B17.801　急性病毒性肝炎混合感染
B17.803　急性重叠型黄疸型病毒性肝炎
B17.900　急性病毒性肝炎
B17.900x002　病毒性肝炎急性淤胆型
B17.900x004　病毒性肝炎急性无黄疸型
B17.900x005　病毒性肝炎急性重型（暴发型）
B17.900x006　病毒性肝炎亚急性重型
B17.902　急性黄疸型病毒性肝炎
B17.903　急性传染性肝炎，未特指
B17.904　急性肝炎，未特指
B18.000　慢性乙型病毒性肝炎，伴有δ因子
B18.001　慢性乙型丁型病毒性肝炎
B18.002　慢性乙型丁型病毒性肝炎轻度
B18.003　慢性乙型丁型病毒性肝炎中度
B18.004　慢性乙型丁型病毒性肝炎重度
B18.100　慢性乙型病毒性肝炎，不伴有δ因子
B18.100x007　病毒性肝炎乙型慢性淤胆型
B18.103+N08.0*　乙型肝炎相关性肾炎
B18.104　慢性轻度乙型病毒性肝炎
B18.105　慢性中度乙型病毒性肝炎
B18.106　慢性重度乙型病毒性肝炎
B18.107　未特指乙型病毒性肝炎
B18.200　慢性丙型病毒性肝炎
B18.200x009　病毒性肝炎丙型慢性淤疸型
B18.201　慢性黄疸型丙型病毒性肝炎
B18.202　慢性轻度丙型病毒性肝炎
B18.203　慢性中度丙型病毒性肝炎
B18.204　慢性重度丙型病毒性肝炎
B18.205+N08.0*　丙型肝炎相关性肾炎
B18.800x001　病毒性肝炎三重感染（三重以上）（慢性轻度）
B18.800x002　病毒性肝炎三重感染（三重以上）（慢性中度）
B18.800x003　病毒性肝炎三重感染（三重以上）（慢性重度）
B18.800x004　病毒性肝炎三重感染（三重以上）（慢性重型）
B18.800x005　慢性戊型病毒性肝炎
B18.801　慢性轻度重叠感染型病毒性肝炎
B18.802　慢性重叠型病毒性肝炎
B18.803　慢性重型重叠型病毒性肝炎
B18.804　慢性混合型病毒性肝炎
B18.805　慢性重型混合型病毒性肝炎
B18.900　慢性病毒性肝炎
B18.900x006　病毒性肝炎慢性淤胆型
B18.901　慢性轻度病毒性肝炎
B18.902　慢性中度病毒性肝炎
B18.903　慢性重度病毒性肝炎
B18.904+N08.0*　病毒性肝炎相关性肾病
B19.000　病毒性肝炎，伴有肝昏迷
B19.001　急性重型病毒性肝炎伴肝昏迷
B19.002　亚急性重型病毒性肝炎伴肝昏迷
B19.900　病毒性肝炎，不伴有肝昏迷
B19.900x001+M03.2*　病毒性肝炎相关性关节炎
B19.901　输血后肝炎

表 6-3-13

B20.000x001　艾滋病伴分枝杆菌感染
B20.001　人类免疫缺陷病毒病性结核菌感染
B20.002　人类免疫缺陷病毒病性颈淋巴结结核
B20.003　人类免疫缺陷病毒病性肺结核
B20.004　人类免疫缺陷病毒病性结核性胸膜炎
B20.005　人类免疫缺陷病毒病性肠结核
B20.006　人类免疫缺陷病毒病性结核性腹膜炎
B20.100x001　艾滋病伴细菌感染
B20.200x001　艾滋病伴巨细胞病毒感染
B20.300x001　艾滋病伴病毒感染
B20.301　人类免疫缺陷病毒病性带状疱疹
B20.400x001　艾滋病伴念珠菌病
B20.500x001　艾滋病伴真菌病
B20.600x001　艾滋病伴卡氏肺孢子虫肺炎
B20.700x001　艾滋病伴多发性感染
B20.801　人类免疫缺陷病毒病性弓形虫病
B20.901　人类免疫缺陷病毒病造成寄生虫病
B21.000x001　艾滋病伴卡波西肉瘤
B21.100x001　艾滋病伴伯基特淋巴瘤
B21.200x001　艾滋病伴非霍奇金淋巴瘤
B21.300　人类免疫缺陷病毒［HIV］病造成的淋巴造血和有关组织的其他恶性肿瘤
B21.700　人类免疫缺陷病毒［HIV］病造成的多发性恶性肿瘤
B21.800　人类免疫缺陷病毒［HIV］病造成的其他恶性肿瘤
B21.900　人类免疫缺陷病毒［HIV］病造成的恶性肿瘤

B22.000x001　艾滋病相关的脑病
B22.000x003　艾滋病性脑炎
B22.000x004　艾滋病性脑膜炎
B22.000x005　艾滋病性脑膜脑炎
B22.001+F02.4*　人类免疫缺陷病毒病性痴呆
B22.100　人类免疫缺陷病毒［HIV］病造成的淋巴组织间质性肺炎
B22.200　人类免疫缺陷病毒［HIV］病造成的消瘦综合征
B22.700　人类免疫缺陷病毒［HIV］病造成的分类于他处的多种疾病
B22.701　人类免疫缺陷病毒病性多发性疾病
B23.000　急性人类免疫缺陷病毒［HIV］感染综合征
B23.100　人类免疫缺陷病毒［HIV］病造成的（持续的）全身性淋巴结病
B23.100x001　持续性全身淋巴结肿大综合征
B23.100x002　HIV感染的不典型皮肤淋巴细胞增生性疾病
B23.200　人类免疫缺陷病毒［HIV］病造成的不可归类在他处的血液学和免疫学的异常
B23.201　人类免疫缺陷病毒病造成免疫学异常
B23.800　人类免疫缺陷病毒［HIV］病造成的其他特指的情况
B23.800x001　空泡样脊髓病
B23.800x002　艾滋病神经综合征
B23.801　免疫重建炎症综合征
B24.x01　艾滋病

表6-3-14

B25.000+J17.1*　巨细胞病毒性肺炎
B25.100+K77.0*　巨细胞病毒性肝炎
B25.101+K77.0*　巨细胞病毒性肝炎伴肝昏迷
B25.200+K87.1*　巨细胞病毒性胰腺炎
B25.800x001　巨细胞病毒血症
B25.800x002+H19.2*　巨细胞病毒性角膜炎
B25.801+G05.1*　巨细胞病毒性脑炎
B25.802+H32.0*　巨细胞病毒性视网膜炎
B25.803+I41.1*　巨细胞病毒性心肌炎
B25.900x001　巨细胞病毒感染
B25.900x002　巨细胞包涵体病
B26.000+N51.1*　流行性腮腺炎性睾丸炎
B26.100+G02.0*　流行性腮腺炎性脑膜炎
B26.200+G05.1*　流行性腮腺炎性脑炎
B26.201+G05.1*　流行性腮腺炎性脑膜脑炎
B26.202+G05.1*　流行性腮腺炎性脑脊髓炎
B26.300+K87.1*　流行性腮腺炎性胰腺炎
B26.800x001+M01.5*　流行性腮腺炎性关节炎
B26.800x003+G63.0*　流行性腮腺炎性多神经病
B26.800x004　流行性腮腺炎并发胸骨前水肿
B26.800x008+N08.0*　流行性腮腺炎性肾炎
B26.800x009+N74.8*　流行性腮腺炎并发卵巢炎
B26.800x010　流行性腮腺炎并发乳腺炎
B26.800x011　流行性腮腺炎并发甲状腺炎
B26.801+H13.1*　流行性腮腺炎性结膜炎
B26.802+K77.0*　流行性腮腺炎性肝炎
B26.803+I41.1*　流行性腮腺炎并心肌炎
B26.804　流行性腮腺炎伴颌下腺炎
B26.805+N08.0*　流行性腮腺炎性肾小球病变
B26.900x001　流行性腮腺炎
B27.000　γ疱疹病毒性单核细胞增多症
B27.001　EB病毒性单核细胞增多症
B27.100　巨细胞病毒性单核细胞增多症
B27.800　传染性单核细胞增多症，其他的
B27.900x001　传染性单核细胞增多症［腺性热］
B30.000+H19.2*　腺病毒性角膜结膜炎
B30.001+H19.2*　流行性角膜结膜炎
B30.100+H13.1*　腺病毒性结膜炎
B30.200+H13.1*　病毒性咽结膜炎
B30.201+H13.1*　咽结膜热
B30.300+H13.1*　急性流行性出血性（肠病毒性）结膜炎
B30.301+H13.1*　流行性出血性结膜炎
B30.800+H13.1*　病毒性结膜炎，其他的
B30.900　病毒性结膜炎
B33.000　流行性肌痛
B33.000x001　波恩霍尔姆病
B33.001　流行性胸肌痛
B33.100　罗斯河病
B33.200　病毒性心炎
B33.200x001+I32.1*　柯萨奇病毒性心包炎
B33.200x002+I39.8*　柯萨奇病毒性心内膜炎
B33.200x004+I41.1*　柯萨奇病毒性心肌炎
B33.201+I41.1*　新生儿无菌性心肌炎
B33.300x001　逆转录病毒感染
B33.400x001+J17.1*　汉坦病毒心肺综合征
B33.800　病毒性疾病，其他特指的
B33.801　急性传染性淋巴细胞增多症
B33.802　奥耶斯基病毒（伪狂犬病毒（PRV））感染
B34.000　腺病毒感染

B34.100　肠病毒感染
B34.101　柯萨奇病毒感染
B34.102　艾柯病毒感染
B34.200　冠状病毒感染
B34.300　细小病毒感染
B34.300x002　细小病毒B19感染
B34.400　乳头多瘤空泡病毒感染
B34.400x001　乳头状瘤多型空泡病毒感染
B34.400x002　人乳头瘤病毒感染
B34.800x002　副流感病毒感染
B34.800x003　呼吸道合胞病毒感染
B34.800x004　尼帕病毒感染
B34.801　鼻病毒感染
B34.900　病毒性感染

表 6-3-15

B35.000　须癣和头癣
B35.000x001　癣菌性须疮
B35.001　头癣
B35.002　须癣
B35.003　脓癣
B35.100　甲癣
B35.100x002　皮肤癣菌性甲床炎
B35.200　手癣
B35.300　脚癣
B35.400　体癣
B35.500　叠瓦癣
B35.600　股癣
B35.600x002　腹股沟癣
B35.800x002　肉芽肿性皮肤癣菌病
B35.800x003　面癣
B35.800x004　腋毛癣
B35.801　播散性皮真菌病
B35.901　黄癣
B36.000x001　花斑癣［花斑糠疹］
B36.000x003　马拉色菌毛囊炎
B36.100　黑癣
B36.200　白癣
B36.200x001　皮肤毛孢子菌病
B36.300　黑色发结节病
B36.300x002　毛结节菌病
B36.800　浅部真菌病，其他特指的
B36.801　播散性阿萨希毛孢子菌感染
B36.901　皮肤真菌感染
B36.902+H62.2*　耳真菌病
B36.903+H62.2*　真菌性外耳道炎
B37.000　念珠菌性口炎
B37.001　口腔念珠菌感染
B37.002　念珠菌性口角炎
B37.003　咽念珠菌感染
B37.100　肺念珠菌病
B37.101+J17.2*　念珠菌性肺炎
B37.200x003　肢端念珠菌病
B37.200x005+H62.2*　念珠菌性外耳炎
B37.201　念珠菌性指甲炎
B37.202　念珠菌性趾甲炎
B37.203　念珠菌性甲沟炎
B37.204　念珠菌性甲床炎
B37.205　皮肤念珠菌病
B37.300+N77.1*　外阴和阴道念珠菌病
B37.300x002+N77.1*　真菌性外阴炎
B37.301+N77.1*　念珠菌性阴道炎
B37.302+N77.1*　念珠菌性外阴阴道炎
B37.400x001+N37.0*　泌尿道念珠菌病
B37.401+N37.0*　念珠菌性尿道口炎
B37.402+N51.2*　念珠菌性龟头炎
B37.500+G02.1*　念珠菌性脑膜炎
B37.600+I39.8*　念珠菌性心内膜炎
B37.700　念珠菌性脓毒症
B37.700x001　念珠菌脓毒症
B37.800x083　呼吸道念珠菌感染
B37.800x084　念珠菌性唇炎
B37.800x085　脑念珠菌感染
B37.800x088　念珠菌性扁桃体炎
B37.800x089+M01.6*　念珠菌性髋关节炎
B37.800x090　腰椎念珠菌感染
B37.800x091　念珠菌性腹膜炎
B37.801　念珠菌性眼内炎
B37.802　念珠菌性中耳炎
B37.803　支气管念珠菌感染
B37.804　食管念珠菌病
B37.805　胃肠道念珠菌感染
B37.806　肠道念珠菌病
B37.807+H48.8*　视神经念珠菌感染
B37.808　播散性念珠菌病
B37.900　念珠菌病
B37.900x001　克柔念珠菌感染
B37.900x002　近平滑念珠菌感染
B37.900x003　光滑念珠菌感染
B37.901　热带白色念珠菌感染

B38.000　急性肺球孢子菌病
B38.000x001+J17.2*　急性肺球孢子菌肺炎
B38.100　慢性肺球孢子菌病
B38.100x001+J17.2*　慢性肺球孢子菌肺炎
B38.200　肺球孢子菌病
B38.200x001+J17.2*　肺球孢子菌肺炎
B38.300　皮肤球孢子菌病
B38.400+G02.1*　球孢子菌病脑膜炎
B38.700　播散性球孢子菌病
B38.800　球孢子菌病，其他形式的
B38.900　球孢子菌病
B39.000　急性肺荚膜组织胞浆菌病
B39.000x001+J17.2*　急性肺荚膜组织胞浆菌肺炎
B39.100　慢性肺荚膜组织胞浆菌病
B39.100x001+J17.2*　慢性肺荚膜组织胞浆菌肺炎
B39.200　肺荚膜组织胞浆菌病
B39.200x001+J17.2*　肺荚膜组织胞浆菌肺炎
B39.300　播散性荚膜组织胞浆菌病
B39.400　荚膜组织胞浆菌病
B39.400x001　美洲组织胞浆菌病
B39.500　杜波依西变种组织胞浆菌病
B39.500x001　非洲组织胞浆菌病
B39.900　组织胞浆菌病
B40.000　急性肺芽生菌病
B40.100　慢性肺芽生菌病
B40.200　肺芽生菌病
B40.300　皮肤芽生菌病
B40.301+L99.8*　芽生菌性皮炎
B40.302+L99.8*　芽生菌性脓皮病
B40.700　播散性芽生菌病
B40.800　芽生菌病，其他形式的
B40.900　芽生菌病
B41.000　肺副球孢子菌病
B41.700　播散性副球孢子菌病
B41.800x001　内脏型副球孢子菌病
B41.800x002　皮肤型副球孢子菌病
B41.800x003　淋巴管型副球孢子菌病
B41.900　副球孢子菌病
B42.000+J99.8*　肺孢子丝菌病
B42.100　淋巴皮肤的孢子丝菌病
B42.100x001　固定型孢子丝菌病
B42.100x002　淋巴管型孢子丝菌病
B42.100x003　黏膜型孢子丝菌病
B42.700　播散性孢子丝菌病
B42.800　孢子丝菌病，其他形式的
B42.900　孢子丝菌病
B43.000　皮肤着色真菌病
B43.100　棕色真菌病性脑脓肿
B43.101+G07*　大脑着色真菌病
B43.200　皮下棕色真菌病性脓肿和囊肿
B43.800　着色真菌病，其他形式的
B43.801　暗丝孢霉病
B43.900　着色真菌病
B44.000x001+J99.8*　侵袭性肺曲霉菌病
B44.100x003　曲霉球
B44.101+J99.8*　变态反应性支气管肺曲霉病
B44.102+J17.2*　曲霉菌性肺炎
B44.200x001+J99.8*　扁桃体曲霉菌病
B44.700　播散性曲霉病
B44.800x001　上颌窦曲霉菌病
B44.800x002　皮肤曲霉菌病
B44.800x003　眼曲霉菌病
B44.800x004+H62.2*　外耳道曲霉菌病
B44.800x005　脑曲霉菌病
B44.800x006　中耳曲霉菌病
B44.800x007　喉曲霉菌病
B44.801　声带曲霉病
B44.802　耳曲霉病
B44.803　肝曲霉病
B44.804　鼻窦曲霉菌病
B44.900x001　曲霉菌病
B45.000　肺隐球菌病
B45.000x002+J99.8*　新型隐球菌肺炎
B45.100　大脑隐球菌病
B45.100x002+G02.1*　新型隐球菌脑膜炎
B45.101+G02.1*　隐球菌性脑膜炎
B45.102+G05.2*　隐球菌性脑炎
B45.200　皮肤隐球菌病
B45.300　骨隐球菌病
B45.700　播散性隐球菌病
B45.800x001　胆道隐球菌病
B45.800x002　前列腺隐球菌病
B45.801　眼新型隐球菌病
B45.900　隐球菌病
B46.000x001+J99.8*　肺毛霉菌病
B46.100x001+G99.8*　鼻脑型毛霉菌病
B46.200x001+K93.8*　胃肠型毛霉菌病
B46.300x001+L99.8*　皮肤型毛霉菌病
B46.400　播散性毛霉病
B46.500　毛霉病

B46.800x001 蝇疫霉病
B46.800x002 虫霉病
B46.900x002 藻菌病
B47.000 真菌性足菌肿
B47.100 放线菌瘤
B47.100x001 放线菌性足菌肿
B47.900 足菌肿
B48.000 瘢痕疙瘩性芽生菌病
B48.000x001 洛博芽生菌病
B48.100 鼻孢子菌病
B48.200 阿利什利菌病
B48.201 霉样真菌病
B48.300 地霉病
B48.300x001 地丝菌病
B48.300x002+K93.8* 地丝菌口炎
B48.400 青霉病
B48.401 马尔尼菲蓝状菌病
B48.402 播散型青霉病
B48.500+J17.2* 肺孢子菌病
B48.501+J17.2* 卡氏肺孢子虫病
B48.502+J17.2* 耶氏肺孢子虫病
B48.700 机会性真菌病
B48.800x001 不育大孢子菌病
B49.x00x002 真菌性结肠炎
B49.x00x007 真菌感染
B49.x00x011 呼吸道真菌感染
B49.x00x013 脑真菌感染
B49.x00x021 肝脏真菌感染
B49.x01+G02.1* 真菌性脑膜炎
B49.x02+E35.8* 垂体真菌感染
B49.x03+H19.2* 真菌性角膜炎
B49.x04+H19.2* 真菌性角膜溃疡
B49.x05 真菌性鼻窦炎
B49.x06 真菌性额窦炎
B49.x07 真菌性筛窦炎
B49.x08 真菌性蝶窦炎
B49.x09 真菌性上颌窦炎
B49.x10 鼻真菌病
B49.x11 外耳道真菌病
B49.x12 真菌性食管炎
B49.x13 支气管真菌感染
B49.x14+J99.8* 肺真菌感染
B49.x15 真菌性心包炎
B49.x16 肠道真菌感染
B49.x17 真菌性腹膜炎
B49.x18 真菌性泌尿道感染
B49.x19+M01.6* 真菌性关节炎

表6-3-16

B50.000 恶性疟原虫疟疾伴有大脑并发症
B50.000x001+G94.8* 脑型疟疾
B50.800 恶性疟原虫疟疾，其他严重的和有并发症的
B50.801 黑水热
B50.900x001 恶性疟
B51.000 间日疟原虫疟疾伴有脾破裂
B51.000x001+D77* 间日疟伴脾破裂
B51.800 间日疟原虫疟疾伴有其他并发症
B51.900 间日疟原虫疟疾不伴有并发症
B52.000 三日疟原虫疟疾伴有肾病
B52.000x002+N08.0* 三日疟性肾小球肾炎
B52.001+N08.0* 三日疟原虫疟疾性肾小球病变
B52.800 三日疟原虫疟疾伴有其他并发症
B52.900x001 三日疟
B53.000x001 卵形疟
B53.100 猴疟原虫性疟疾
B53.800x001 寄生虫学性疟疾
B54.x00 疟疾
B54.x00x003+K77.0* 疟疾性肝炎
B54.x00x004 输血性疟疾
B54.x00x006 婴幼儿疟疾
B54.x00x008 疟疾复发
B55.000 内脏利什曼病
B55.000x001 黑热病
B55.000x003 黑热病后皮肤利什曼病
B55.100 皮肤利什曼病
B55.100x001 皮肤利什曼病［皮肤型黑热病］
B55.200 黏膜皮肤利什曼病
B55.200x001 淋巴结型黑热病
B55.900 利什曼病
B56.000x001 布氏冈比亚锥虫病［中西非睡眠病］
B56.100x001 布氏罗得西亚锥虫病［东非睡眠病］
B56.900x001 非洲锥虫病［非洲睡眠病］
B57.001+I98.1* 急性查加斯病累及心血管
B57.002+I41.2* 急性查加斯病伴心肌炎
B57.100 急性查加斯病，未累及心脏
B57.200x001 美洲锥虫病
B57.200x003 慢性恰加斯病
B57.201+I98.1* 心血管介入性慢性查加斯病
B57.202+I41.2* 慢性查加斯病性心肌炎

B57.300　慢性查加斯病累及消化系统
B57.400x001+G02.8*　慢性恰加斯病伴脑膜炎
B57.400x002+G05.2*　慢性恰加斯病伴脑炎
B57.401+F02.8*　慢性查加斯病性痴呆
B57.500　慢性查加斯病累及其他器官
B58.000　眼弓形虫病
B58.001+H32.0*　弓形虫脉络膜视网膜炎
B58.100+K77.0*　弓形虫肝炎
B58.200+G05.2*　弓形虫脑膜脑炎
B58.200x002+G05.2*　弓形虫脑炎
B58.201+G05.2*　脑弓形虫病
B58.300+J17.3*　肺弓形虫病
B58.800x001+I41.2*　弓形虫心肌炎
B58.800x002+M63.1*　弓形虫肌炎
B58.801+N16.0*　弓形虫病性肾小球病变
B58.900x001　弓形虫病［弓形体病］
B60.000　巴贝虫病
B60.000x001　梨浆虫病
B60.100x002+H13.1*　棘阿米巴性结膜炎
B60.100x003+H19.2*　棘阿米巴性角膜结膜炎
B60.100x004+H19.2*　棘阿米巴性角膜炎
B60.200x001+G05.2*　原发性阿米巴性脑膜脑炎
B60.200x002+G05.2*　肉芽肿性阿米巴脑炎
B60.201+G05.2*　阿米巴性脑膜脑炎
B60.800x001　肺蠊缨滴虫感染
B64.x00　原虫性疾病

表6-3-17

B65.000x001　埃及血吸虫病
B65.001　膀胱血吸虫病
B65.002+N22.0*　血吸虫病性尿结石
B65.100x001　曼氏血吸虫病
B65.101　慢性结肠血吸虫病
B65.200x001　日本血吸虫病
B65.202+K77.0*　血吸虫病性肝硬化
B65.300　尾蚴性皮炎
B65.800x001　湄公血吸虫病
B65.800x002　间插血吸虫病
B65.800x003　异位血吸虫病
B65.900x004+K77.0*　血吸虫性门静脉高压
B65.900x006　急性血吸虫病
B65.900x007　慢性血吸虫病
B65.900x008　晚期血吸虫病
B65.900x010+K77.0*　肝血吸虫病
B65.901+G07*　脑型血吸虫病
B65.902+J99.8*　肺血吸虫病
B65.903+K77.0*　血吸虫性肝炎
B65.904+I98.2*　血吸虫性食管静脉曲张
B65.905+N08.0*　血吸虫病性肾小球病变
B65.906+I98.3*　血吸虫性食管静脉曲张破裂出血
B65.907+I52.1*　血吸虫病性肺心病
B66.000　后睾吸虫病
B66.000x001　猫后睾吸虫病
B66.100　支睾吸虫病
B66.100x001+K77.0*　中华肝吸虫病
B66.101　华支睾吸虫感染
B66.200　支双腔吸虫病
B66.300　片吸虫病
B66.300x001　巨片吸虫病
B66.301　肝片吸虫病
B66.400　并殖吸虫病
B66.400x001　皮下组织并殖吸虫病
B66.401+J99.8*　肺吸虫病
B66.500　姜片虫病
B66.501　肠吸虫病
B66.800x001　棘口吸虫病
B66.800x002　异形吸虫病
B66.800x003　后殖吸虫病
B66.800x004　隐孔吸虫病
B66.800x005　沃森吸虫病
B66.800x006　横川吸虫病
B66.800x007　胰阔盘吸虫病
B66.900　吸虫感染
B66.901　脑吸虫病
B66.902　胆道吸虫病
B67.000x001+K77.0*　肝细粒棘球蚴病
B67.100x001+J99.8*　肺细粒棘球蚴病
B67.200x001+M90.2*　骨细粒棘球蚴病
B67.301　多部位细粒棘球蚴感染
B67.302+E35.0*　甲状腺细粒棘球蚴病
B67.400x001　细粒棘球蚴病
B67.401　犬绦虫感染
B67.500x001+K77.0*　肝泡型棘球蚴病
B67.600x001　肺泡型棘球蚴病
B67.600x002　脑泡型棘球蚴病
B67.600x003　骨泡型棘球蚴病
B67.601　多部位多房棘球蚴感染
B67.700x001　泡型棘球蚴病
B67.800x001+K77.0*　肝棘球蚴病［肝包虫病］
B67.901　棘球蚴病

B67.902　脑棘球蚴病
B67.903　心脏棘球蚴病
B67.904　肺棘球蚴病
B67.905　胸膜棘球蚴病
B67.906　纵隔棘球蚴病
B67.907　腹腔棘球蚴病
B68.000　猪肉绦虫的绦虫病
B68.100　牛肉绦虫的绦虫病
B68.900x002　脑绦虫病
B68.900x003　肠绦虫病
B68.900x004　带绦虫病
B68.901　马尾绦虫肉芽肿
B69.000x002+G94.8*　马尾神经囊虫病
B69.001+G94.8*　脑囊虫病
B69.002+G94.8*　囊虫病癫痫
B69.100　眼囊虫病
B69.800x003　肌肉囊虫病
B69.800x004　皮下组织囊虫病
B69.800x005　脊髓囊虫病
B69.800x008　胸膜包囊虫症
B69.801　肺囊尾蚴病
B69.802　肝囊虫病
B69.803　骨囊虫病
B69.804　肌肉囊尾蚴病
B69.805　皮肤囊尾蚴病
B69.900x001　囊虫病［囊尾蚴病］
B70.000　裂头绦虫病
B70.100　裂头蚴病
B71.000　膜壳绦虫病
B71.100　复孔绦虫病
B71.800　绦虫感染，其他特指的
B71.900　绦虫感染
B72.x00　龙线虫病
B72.x00x001　麦地那龙线虫病
B73.x00　盘尾丝虫病
B74.000x001　班氏丝虫病
B74.000x002　班氏丝虫性象皮肿
B74.000x003　班氏丝虫性乳糜尿
B74.100x001　马来丝虫病
B74.100x002　马来丝虫性象皮肿
B74.100x003　马来丝虫性乳糜尿
B74.200x001　帝汶丝虫病
B74.200x002　帝汶丝虫性象皮肿
B74.200x003　帝汶丝虫性乳糜尿
B74.300　罗阿丝虫病
B74.400　曼森丝虫病
B74.400x001　欧氏丝虫病
B74.400x002　常现丝虫病
B74.400x003　链尾丝虫病
B74.800x001　恶丝虫病
B74.900　丝虫病
B74.900x003　丝虫性外阴象皮肿
B74.900x005　淋巴丝虫病
B74.901　丝虫病性乳糜尿
B74.902　丝虫性象皮病
B75.x00　旋毛虫病
B76.000　十二指肠钩虫病
B76.100　美洲钩虫病
B76.800　钩虫病，其他的
B76.900　钩虫病
B76.900x003　皮肤蠕虫蚴移行症
B76.901　胃钩虫病
B76.902　肠道钩虫病
B77.000x001+K93.8*　肠蛔虫病
B77.001+K93.8*　蛔虫性肠穿孔
B77.800x002　肝管蛔虫病
B77.800x004　蛔虫病伴胆道并发症
B77.800x005　蛔虫病伴肝管并发症
B77.801+J17.3*　急性蛔蚴性肺炎
B77.803　胆道蛔虫病
B77.900　蛔虫病
B78.000　肠道类圆线虫病
B78.100x001+L99.8*　皮肤粪圆线虫病
B78.700　播散性类圆线虫病
B78.901　粪类圆线虫感染
B78.902+N08.0*　类圆线虫病性肾小球病变
B79.x00　鞭虫病
B80.x00　蛲虫病
B81.000　异尖线虫病
B81.100　肠道毛细线虫病
B81.200　毛圆线虫病
B81.300　肠道血管圆线虫病
B81.400　混合型肠道蠕虫病
B81.800x001　结节线虫病
B81.800x002　三齿线虫病
B81.801　食道口线虫病
B81.802　缩小三齿线虫病
B82.000　肠道蠕虫病
B82.900　肠道寄生虫病
B82.901　肠寄生虫性脓肿

B83.000　内脏幼虫移行症
B83.000x001　内脏蠕虫蚴移行症
B83.000x002　弓蛔虫病
B83.100　颚口线虫病
B83.200x001　广州管圆线虫病
B83.200x003　广州管圆线虫病性脑炎
B83.201　广州血管圆线虫病
B83.202+G05.2*　嗜酸细胞性脑膜脑炎
B83.300　比翼（线虫）病
B83.400　内部水蛭病
B83.800x001　棘头虫病
B83.800x002　美丽筒线虫病
B83.800x003　肝毛细线虫病
B83.800x004　后圆线虫病
B83.800x005　结膜吸吮线虫病
B83.800x006　管圆线虫病
B83.800x007　腹部管圆线虫病
B83.800x008　肾膨结线虫病
B83.800x009　猪巨吻棘头虫病
B83.900　蠕虫病

表 6-3-18

B85.000　头虱引起的虱病
B85.100　体虱引起的虱病
B85.200　虱病
B85.300　阴虱病
B85.400　混合型虱病和阴虱病
B86.x00　疥疮
B86.x00x003　绵羊疥疮
B86.x00x004　牛疥疮
B86.x00x005　犬疥疮
B86.x00x006　猪疥疮
B86.x00x007　动物疥疮
B87.000x001+L99.8*　皮肤蝇蛆病
B87.100　伤口蝇蛆病
B87.200x001+H58.8*　眼蝇蛆病
B87.300　鼻咽蝇蛆病
B87.300x002+J99.8*　喉蝇蛆病
B87.400x001+H94.8*　耳蝇蛆病
B87.800x001　泌尿生殖道蝇蛆病
B87.800x002+K93.8*　肠蝇蛆病
B87.900　蝇蛆病
B88.000x002　螨虫病
B88.000x003　蠕形螨病
B88.000x004+L99.8*　革螨皮炎
B88.000x006+L99.8*　恙螨皮炎
B88.001+L99.8*　螨性皮炎
B88.100　潜蚤病［沙蚤侵染］
B88.200x001　肠蜣螂病
B88.300　外部水蛭病
B88.800x001　舌形虫病
B88.800x002　蛇舌状虫病
B88.800x004　蚰蜒皮炎
B88.900x001　皮肤病虫侵染
B88.900x002　螨侵染
B88.900x003　皮肤寄生虫侵染
B89.x00　寄生虫病
B89.x00x002+G73.4*　寄生虫病并发肌病
B89.x01　颅内寄生虫感染
B89.x02+H06.1*　眼眶寄生虫病

表 6-3-19

B90.000　中枢神经系统结核的后遗症
B90.001　陈旧性结核性脑膜炎
B90.002　结核性脑膜炎后遗症
B90.100　泌尿生殖系结核的后遗症
B90.101　陈旧性肾结核
B90.102+N29.1*　肾自截
B90.200　骨和关节结核的后遗症
B90.200x002　陈旧性关节结核
B90.200x003　陈旧性脊柱结核
B90.201　陈旧性骨关节结核病
B90.202　陈旧性骨结核病
B90.800x004　陈旧性肠结核
B90.800x005　陈旧性支气管淋巴结核
B90.800x006　陈旧性心包结核
B90.801　陈旧性颈淋巴结核
B90.802　陈旧性肠系膜淋巴结核
B90.803　陈旧性腹腔结核
B90.804　结核性皮肤瘢痕
B90.901　陈旧性支气管结核
B90.902　陈旧性肺结核
B90.903　陈旧性胸膜结核
B90.904　陈旧性纵隔结核
B91.x00　脊髓灰质炎的后遗症
B92.x00　麻风的后遗症
B94.000　沙眼的后遗症
B94.100　病毒性脑炎的后遗症
B94.101　流行性乙型脑炎后遗症
B94.200　病毒性肝炎的后遗症

B94.201　肝炎后综合征
B94.800x001　破伤风后遗症
B94.800x003　流行性脑脊髓膜炎后遗症
B94.801　带状疱疹后遗症
B94.802　天花后遗症
B94.900　传染病或寄生虫病的后遗症

表 6-3-20

C00.000　外上唇恶性肿瘤
C00.001　外上唇口红区恶性肿瘤
C00.002　外上唇唇红缘恶性肿瘤
C00.100　外下唇恶性肿瘤
C00.101　外下唇口红区恶性肿瘤
C00.102　外下唇唇红缘恶性肿瘤
C00.200　外唇的恶性肿瘤
C00.200x002　外唇唇红缘恶性肿瘤
C00.300　上唇内面恶性肿瘤
C00.301　上唇内面颊侧面恶性肿瘤
C00.302　上唇内面系带恶性肿瘤
C00.303　上唇内面黏膜恶性肿瘤
C00.304　上唇内面口腔面恶性肿瘤
C00.400　下唇内面恶性肿瘤
C00.401　下唇内面颊侧面恶性肿瘤
C00.402　下唇内面系带恶性肿瘤
C00.403　下唇内面黏膜恶性肿瘤
C00.404　下唇内面口腔面恶性肿瘤
C00.500　唇内面的恶性肿瘤
C00.500x002　唇内面黏膜恶性肿瘤
C00.500x003　唇内面口腔面恶性肿瘤
C00.500x004　唇内面系带恶性肿瘤
C00.500x005　唇内面颊侧面恶性肿瘤
C00.600　唇连合的恶性肿瘤
C00.800　唇交搭跨越恶性肿瘤的损害
C00.900　唇恶性肿瘤
C01.x00　舌根恶性肿瘤
C01.x00x003　舌后三分之一恶性肿瘤
C01.x01　舌根背面恶性肿瘤
C02.000　舌背面恶性肿瘤
C02.000x002　舌前三分之二背面恶性肿瘤
C02.100　舌缘恶性肿瘤
C02.100x001　舌尖及侧缘的恶性肿瘤
C02.101　舌尖恶性肿瘤
C02.200　舌腹面恶性肿瘤
C02.200x002　舌前三分之二腹面恶性肿瘤
C02.201　舌系带恶性肿瘤
C02.300　舌前三分之二部位的恶性肿瘤
C02.300x002　舌中三分之一恶性肿瘤
C02.300x003　舌活动部分恶性肿瘤
C02.400　舌扁桃体恶性肿瘤
C02.800　舌交搭跨越恶性肿瘤的损害
C02.900　舌恶性肿瘤
C02.900x002　舌多处恶性肿瘤
C03.000　上牙龈恶性肿瘤
C03.000x002　上颌恶性肿瘤
C03.001　上颌软组织恶性肿瘤
C03.100　下牙龈恶性肿瘤
C03.100x002　下颌恶性肿瘤
C03.101　下颌软组织恶性肿瘤
C03.900　牙龈恶性肿瘤
C03.900x001　颌结缔组织恶性肿瘤
C03.901　颌软组织恶性肿瘤
C04.000　口底前部恶性肿瘤
C04.100　口底侧部恶性肿瘤
C04.800　口底交搭跨越恶性肿瘤的损害
C04.900　口底恶性肿瘤
C05.000　硬腭恶性肿瘤
C05.100　软腭恶性肿瘤
C05.200　悬雍垂恶性肿瘤
C05.800　腭交搭跨越恶性肿瘤的损害
C05.900　腭恶性肿瘤
C05.900x002　口顶恶性肿瘤
C06.000　颊黏膜恶性肿瘤
C06.001　颊内部恶性肿瘤
C06.100　口前庭恶性肿瘤
C06.100x002　上颊沟恶性肿瘤
C06.100x003　下颊沟恶性肿瘤
C06.100x004　上唇沟恶性肿瘤
C06.100x005　下唇沟恶性肿瘤
C06.101　颊龈沟恶性肿瘤
C06.102　唇龈沟恶性肿瘤
C06.200　磨牙后区恶性肿瘤
C06.800　口的其他和未特指部位交搭跨越恶性肿瘤的损害
C06.900　口恶性肿瘤
C06.901　小涎腺恶性肿瘤
C06.902　口腔黏膜恶性肿瘤
C07.x00　腮腺恶性肿瘤
C07.x00x003　副腮腺恶性肿瘤
C08.000　下颌下腺恶性肿瘤
C08.100　舌下腺恶性肿瘤

C08.800　大涎腺交搭跨越恶性肿瘤的损害
C08.800x001　舌下腺及下颌下腺恶性肿瘤
C08.900　大涎腺恶性肿瘤
C08.900x001　唾液腺恶性肿瘤
C09.000　扁桃体窝恶性肿瘤
C09.100　扁桃体柱恶性肿瘤（前）（后）
C09.100x001　舌腭弓恶性肿瘤
C09.100x002　前扁桃体柱恶性肿瘤
C09.100x003　后扁桃体柱恶性肿瘤
C09.800　扁桃体交搭跨越恶性肿瘤的损害
C09.900　扁桃体恶性肿瘤
C09.901　咽门扁桃体恶性肿瘤
C09.902　腭扁桃体恶性肿瘤
C10.000　会厌谷恶性肿瘤
C10.100　会厌前面恶性肿瘤
C10.101　会厌边缘恶性肿瘤
C10.102　舌会厌褶恶性肿瘤
C10.200　口咽侧壁恶性肿瘤
C10.300　口咽后壁恶性肿瘤
C10.400　鳃裂恶性肿瘤
C10.800　口咽交搭跨越恶性肿瘤的损害
C10.800x002　口咽连接部恶性肿瘤
C10.900　口咽恶性肿瘤
C11.000　鼻咽上壁恶性肿瘤
C11.001　鼻咽顶恶性肿瘤
C11.100　鼻咽后壁恶性肿瘤
C11.101　腺样体恶性肿瘤
C11.102　咽扁桃体恶性肿瘤
C11.200　鼻咽侧壁恶性肿瘤
C11.200x002　罗森米窝恶性肿瘤
C11.201　咽鼓管开口恶性肿瘤
C11.202　咽隐窝恶性肿瘤
C11.300　鼻咽前壁恶性肿瘤
C11.300x001　鼻中隔后缘恶性肿瘤
C11.300x004　软腭的鼻咽后面恶性肿瘤
C11.300x005　软腭的鼻咽上面恶性肿瘤
C11.300x006　鼻后缘恶性肿瘤
C11.301　鼻咽底恶性肿瘤
C11.302　鼻后孔恶性肿瘤
C11.800　鼻咽交搭跨越恶性肿瘤的损害
C11.801　鼻咽多壁恶性肿瘤
C11.900　鼻咽恶性肿瘤
C11.901　鼻咽壁恶性肿瘤
C12.x00x002　梨状窝恶性肿瘤
C13.000　环状软骨后部恶性肿瘤
C13.100x001　杓状会厌褶恶性肿瘤
C13.100x002　杓状会厌褶边缘区恶性肿瘤
C13.101　咽下面恶性肿瘤
C13.200　下咽后壁恶性肿瘤
C13.800　下咽交搭跨越恶性肿瘤的损害
C13.900　下咽恶性肿瘤
C13.901　下咽壁恶性肿瘤
C14.000　咽恶性肿瘤
C14.001　咽喉恶性肿瘤
C14.002　咽侧壁恶性肿瘤
C14.003　咽后壁恶性肿瘤
C14.200　瓦尔代尔扁桃体环恶性肿瘤
C14.800　唇、口腔和咽交搭跨越恶性肿瘤的损害
C14.800x001　颊部及牙龈恶性肿瘤
C14.800x002　舌根及咽部恶性肿瘤
C14.800x003　舌根和咽部及喉部恶性肿瘤
C14.800x004　舌部及口底恶性肿瘤
C14.800x005　口腔及咽部恶性肿瘤
C14.800x006　腭部及咽部恶性肿瘤
C14.800x007　舌下腺及舌根恶性肿瘤

表6-3-21

C15.000　颈部食管恶性肿瘤
C15.100　胸部食管恶性肿瘤
C15.100x002　食管胸上段恶性肿瘤
C15.100x003　食管胸中段恶性肿瘤
C15.100x004　食管胸下段恶性肿瘤
C15.200　腹部食管恶性肿瘤
C15.300　食管上三分之一的恶性肿瘤
C15.400　食管中三分之一的恶性肿瘤
C15.500　食管下三分之一的恶性肿瘤
C15.800x001　食管颈部及腹部恶性肿瘤
C15.800x002　食管颈部及胸部恶性肿瘤
C15.800x003　食管胸部及腹部恶性肿瘤
C15.800x004　食管颈部和胸部及腹部恶性肿瘤
C15.801　食管中上段恶性肿瘤
C15.802　食管中下段恶性肿瘤
C15.900　食管恶性肿瘤
C15.900x003　食管多处恶性肿瘤
C16.000　贲门恶性肿瘤
C16.000x003　贲门口恶性肿瘤
C16.000x004　胃角恶性肿瘤
C16.001　食管贲门连接处恶性肿瘤
C16.002　食管胃连接处恶性肿瘤
C16.100　胃底恶性肿瘤

C16.200　胃体恶性肿瘤
C16.301　胃窦恶性肿瘤
C16.400　幽门恶性肿瘤
C16.401　幽门前恶性肿瘤
C16.402　幽门管恶性肿瘤
C16.500　胃小弯恶性肿瘤
C16.600　胃大弯恶性肿瘤
C16.800　胃交搭跨越恶性肿瘤的损害
C16.800x002　胃体和胃窦及胃大弯恶性肿瘤
C16.800x003　胃底及胃体恶性肿瘤
C16.801　贲门胃底恶性肿瘤
C16.802　贲门胃体恶性肿瘤
C16.803　胃窦胃体恶性肿瘤
C16.804　胃底胃体恶性肿瘤
C16.900　胃恶性肿瘤
C16.900x003　胃多处恶性肿瘤
C16.902　胃溃疡癌变
C16.903　残胃恶性肿瘤
C17.000　十二指肠恶性肿瘤
C17.100　空肠恶性肿瘤
C17.200　回肠恶性肿瘤
C17.300　麦克尔憩室恶性肿瘤
C17.800　小肠交搭跨越恶性肿瘤的损害
C17.801　十二指肠及空肠恶性肿瘤
C17.900　小肠恶性肿瘤
C17.900x002　小肠多处恶性肿瘤
C18.000　盲肠恶性肿瘤
C18.001　回盲部恶性肿瘤
C18.100　阑尾恶性肿瘤
C18.200　升结肠恶性肿瘤
C18.300　结肠肝曲恶性肿瘤
C18.400　横结肠恶性肿瘤
C18.500　结肠脾曲恶性肿瘤
C18.600　降结肠恶性肿瘤
C18.700　乙状结肠恶性肿瘤
C18.800x002　盲肠及升结肠恶性肿瘤
C18.801　降结肠乙状结肠恶性肿瘤
C18.802　升结肠横结肠恶性肿瘤
C18.803　横结肠降结肠恶性肿瘤
C18.900　结肠恶性肿瘤
C18.900x001　结肠多处恶性肿瘤
C18.901　结肠腺瘤恶变
C19.x00　直肠乙状结肠连接处恶性肿瘤
C19.x01　结肠和直肠恶性肿瘤
C20.x00　直肠恶性肿瘤
C20.x00x003　直肠多处恶性肿瘤
C20.x01　直肠壶腹部恶性肿瘤
C21.000　肛门恶性肿瘤
C21.100　肛管恶性肿瘤
C21.101　肛门括约肌恶性肿瘤
C21.200　泄殖腔肛源区恶性肿瘤
C21.800　直肠、肛门和肛管交搭跨越恶性肿瘤的损害
C21.801　直肠肛管恶性肿瘤
C21.802　直肠肛门恶性肿瘤
C22.000　肝细胞癌
C22.001　肝恶性细胞瘤
C22.100　肝内胆管癌
C22.101　胆管癌
C22.200　肝母细胞瘤
C22.300　肝血管肉瘤
C22.301　肝巨噬细胞肉瘤
C22.400　肝的其他肉瘤
C22.700　肝恶性肿瘤，其他特指的
C22.900　肝恶性肿瘤
C23.x00　胆囊恶性肿瘤
C24.000　肝外胆管恶性肿瘤
C24.000x007　肝门胆管恶性肿瘤
C24.001　肝管恶性肿瘤
C24.002　胆管恶性肿瘤
C24.003　胆总管恶性肿瘤
C24.004　胆囊管恶性肿瘤
C24.100　法特壶腹恶性肿瘤
C24.101　法特壶腹周围恶性肿瘤
C24.800　胆道交搭跨越恶性肿瘤的损害
C24.800x001　肝内及肝外胆管恶性肿瘤
C24.900　胆道恶性肿瘤
C25.000　胰头恶性肿瘤
C25.100　胰体恶性肿瘤
C25.200　胰尾恶性肿瘤
C25.300　胰管恶性肿瘤
C25.400　胰腺内分泌的恶性肿瘤
C25.401　胰岛恶性肿瘤
C25.701　胰颈恶性肿瘤
C25.800x001　胰头和胰颈及胰体恶性肿瘤
C25.801　胰体胰尾部恶性肿瘤
C25.802　胰颈胰体部恶性肿瘤
C25.803　胰头胰颈部恶性肿瘤
C25.900　胰恶性肿瘤
C26.000　肠道部位的恶性肿瘤

C26.100 脾恶性肿瘤
C26.800 消化系统交搭跨越恶性肿瘤的损害
C26.800x001 小肠及结肠恶性肿瘤
C26.800x002 胃体及横结肠恶性肿瘤
C26.800x003 胆管及胆囊恶性肿瘤
C26.900 消化系统部位不明确的恶性肿瘤
C26.901 胃肠道恶性肿瘤

表6-3-22

C30.000 鼻腔恶性肿瘤
C30.001 鼻软骨恶性肿瘤
C30.002 鼻甲恶性肿瘤
C30.003 内鼻恶性肿瘤
C30.004 鼻中隔恶性肿瘤
C30.005 鼻前庭恶性肿瘤
C30.100 中耳恶性肿瘤
C30.101 咽鼓管恶性肿瘤
C30.102 乳突恶性肿瘤
C30.103 内耳恶性肿瘤
C31.000 上颌窦恶性肿瘤
C31.100 筛窦恶性肿瘤
C31.200 额窦恶性肿瘤
C31.300 蝶窦恶性肿瘤
C31.800 鼻旁窦交搭跨越恶性肿瘤的损害
C31.801 筛窦蝶窦恶性肿瘤
C31.900x001 鼻窦恶性肿瘤
C32.000 声门恶性肿瘤
C32.001 声带恶性肿瘤
C32.100 声门上恶性肿瘤
C32.100x004 会厌后面（喉面）恶性肿瘤
C32.101 会厌恶性肿瘤
C32.102 喉外部恶性肿瘤
C32.103 假声带恶性肿瘤
C32.104 喉室带恶性肿瘤
C32.200 声门下恶性肿瘤
C32.300 喉软骨恶性肿瘤
C32.800 喉交搭跨越恶性肿瘤的损害
C32.900 喉恶性肿瘤
C33.x00 气管恶性肿瘤
C34.000 主支气管恶性肿瘤
C34.000x002 左主支气管恶性肿瘤
C34.000x003 右主支气管恶性肿瘤
C34.001 肺门恶性肿瘤
C34.100x003 左肺上叶恶性肿瘤
C34.100x004 右肺上叶恶性肿瘤
C34.101 肺上叶恶性肿瘤
C34.102 肺上沟恶性肿瘤
C34.201 肺中叶恶性肿瘤
C34.300x003 左肺下叶恶性肿瘤
C34.300x004 右肺下叶恶性肿瘤
C34.301 肺下叶恶性肿瘤
C34.800 支气管和肺交搭跨越恶性肿瘤的损害
C34.800x001 右肺中上叶恶性肿瘤
C34.800x002 右肺中下叶恶性肿瘤
C34.800x003 左肺上下叶恶性肿瘤
C34.801 肺中上叶恶性肿瘤
C34.802 肺中下叶恶性肿瘤
C34.803 肺上下叶恶性肿瘤
C34.900x001 肺恶性肿瘤
C34.900x004 左肺恶性肿瘤
C34.900x005 右肺恶性肿瘤
C34.900x006 双肺恶性肿瘤
C34.900x008 肺多处恶性肿瘤
C34.901 支气管恶性肿瘤
C34.902 细支气管恶性肿瘤
C37.x00 胸腺恶性肿瘤
C38.000 心脏恶性肿瘤
C38.000x004 心室恶性肿瘤
C38.001 心包恶性肿瘤
C38.002 心房恶性肿瘤
C38.100 前纵隔恶性肿瘤
C38.200 后纵隔恶性肿瘤
C38.300 纵隔恶性肿瘤
C38.400 胸膜恶性肿瘤
C38.400x003 胸膜脏层恶性肿瘤
C38.401 胸膜壁层恶性肿瘤
C38.800 心脏、纵隔和胸膜交搭跨越恶性肿瘤的损害
C39.000 上呼吸道的恶性肿瘤
C39.800 呼吸和胸腔内器官交搭跨越恶性肿瘤的损害
C39.801 鼻腔，鼻窦恶性肿瘤
C39.900x001 呼吸系统恶性肿瘤

表6-3-23

C40.000x006 肩关节恶性肿瘤
C40.001 肩胛骨恶性肿瘤
C40.002 肱骨恶性肿瘤
C40.003 尺骨恶性肿瘤
C40.004 桡骨恶性肿瘤

C40.005　肘关节恶性肿瘤
C40.100x006　腕关节恶性肿瘤
C40.100x007　手关节恶性肿瘤
C40.101　腕骨恶性肿瘤
C40.102　指骨恶性肿瘤
C40.103　掌骨恶性肿瘤
C40.200x005　膝关节恶性肿瘤
C40.201　股骨恶性肿瘤
C40.202　胫骨恶性肿瘤
C40.203　腓骨恶性肿瘤
C40.300x003　踝骨恶性肿瘤
C40.300x004　距骨恶性肿瘤
C40.300x005　跟骨恶性肿瘤
C40.300x009　足骨恶性肿瘤
C40.300x010　踝关节恶性肿瘤
C40.300x011　足关节恶性肿瘤
C40.301　髌骨恶性肿瘤
C40.302　跗骨恶性肿瘤
C40.303　趾骨恶性肿瘤
C40.304　跖骨恶性肿瘤
C40.800　四肢骨和关节软骨交搭跨越恶性肿瘤的损害
C40.900x001　四肢骨恶性肿瘤
C40.901　四肢关节软骨恶性肿瘤
C41.000x018　颅骨恶性肿瘤
C41.000x019　斜坡恶性肿瘤
C41.000x020　舌骨恶性肿瘤
C41.000x021　犁骨恶性肿瘤
C41.000x023　颚骨恶性肿瘤
C41.000x025　鼻甲骨恶性肿瘤
C41.000x027　颌面骨恶性肿瘤
C41.001　面骨恶性肿瘤
C41.002　额骨恶性肿瘤
C41.003　顶骨恶性肿瘤
C41.004　枕骨恶性肿瘤
C41.005　蝶骨恶性肿瘤
C41.006　筛骨恶性肿瘤
C41.007　颞骨恶性肿瘤
C41.008　眶骨恶性肿瘤
C41.009　鼻骨恶性肿瘤
C41.010　颧骨恶性肿瘤
C41.011　上颌骨恶性肿瘤
C41.012　眉弓恶性肿瘤
C41.100　下颌骨恶性肿瘤
C41.100x002　髁突恶性肿瘤
C41.200x005　椎骨恶性肿瘤
C41.201　颈椎恶性肿瘤
C41.202　胸椎恶性肿瘤
C41.203　腰椎恶性肿瘤
C41.300x002　锁骨恶性肿瘤
C41.301　胸骨恶性肿瘤
C41.302　肋骨恶性肿瘤
C41.400x008　髋关节恶性肿瘤
C41.400x009　髋臼恶性肿瘤
C41.401　盆骨恶性肿瘤
C41.402　髋骨恶性肿瘤
C41.403　骶骨恶性肿瘤
C41.404　耻骨恶性肿瘤
C41.405　尾骨恶性肿瘤
C41.406　髂骨恶性肿瘤
C41.800　骨和关节软骨交搭跨越恶性肿瘤的损害
C41.800x001　腰椎及骶椎恶性肿瘤
C41.900x001　骨恶性肿瘤
C41.901　关节软骨恶性肿瘤

表 6-3-24

C43.000　唇恶性黑色素瘤
C43.100x001　眼睑恶性黑色素瘤
C43.101　眦恶性黑色素瘤
C43.200x001　耳廓恶性黑色素瘤
C43.200x003　耳恶性黑色素瘤
C43.201　外耳道恶性黑色素瘤
C43.300　面部恶性黑色素瘤
C43.302　鼻恶性黑色素瘤
C43.400x002　头皮恶性黑色素瘤
C43.401　颈部恶性黑色素瘤
C43.500　躯干恶性黑色素瘤
C43.501　乳房恶性黑色素瘤
C43.502　胸壁恶性黑色素瘤
C43.503　腹壁恶性黑色素瘤
C43.504　腹股沟恶性黑色素瘤
C43.505　背部恶性黑色素瘤
C43.506　臀部恶性黑色素瘤
C43.507　肛门恶性黑色素瘤
C43.508　肛周恶性黑色素瘤
C43.600　上肢（包括肩）恶性黑色素瘤
C43.600x002　手指恶性黑色素瘤
C43.601　肩部恶性黑色素瘤
C43.602　上臂恶性黑色素瘤
C43.603　前臂恶性黑色素瘤

C43.604　肘部恶性黑色素瘤
C43.605　腕部恶性黑色素瘤
C43.606　手恶性黑色素瘤
C43.700x001　下肢恶性黑色素瘤
C43.701　髋恶性黑色素瘤
C43.702　大腿恶性黑色素瘤
C43.703　小腿恶性黑色素瘤
C43.704　膝部恶性黑色素瘤
C43.705　腘部恶性黑色素瘤
C43.706　踝部恶性黑色素瘤
C43.707　足部恶性黑色素瘤
C43.800　皮肤交搭跨越的恶性黑色素瘤
C43.900　皮肤恶性黑色素瘤
C43.900x003　恶性雀斑样痣
C43.901　恶性蓝痣
C44.000　唇皮肤恶性肿瘤
C44.100x002　眼睑恶性肿瘤
C44.100x003　内眦恶性肿瘤
C44.100x004　外眦恶性肿瘤
C44.101　眦恶性肿瘤
C44.102　睑板腺恶性肿瘤
C44.200x001　耳部皮肤恶性肿瘤
C44.201　外耳道皮肤恶性肿瘤
C44.300　面部皮肤恶性肿瘤
C44.300x005　颞部皮肤恶性肿瘤
C44.300x006　鼻翼皮肤恶性肿瘤
C44.302　额部皮肤恶性肿瘤
C44.304　鼻部皮肤恶性肿瘤
C44.305　颌下皮肤恶性肿瘤
C44.306　鼻唇沟恶性肿瘤
C44.307　颏部恶性肿瘤
C44.400x004　头皮恶性肿瘤
C44.401　颈部皮肤恶性肿瘤
C44.500　躯干皮肤恶性肿瘤
C44.501　乳房皮肤恶性肿瘤
C44.502　胸部皮肤恶性肿瘤
C44.503　腹部皮肤恶性肿瘤
C44.504　背部皮肤恶性肿瘤
C44.505　肩胛区皮肤恶性肿瘤
C44.506　臀部皮肤恶性肿瘤
C44.507　肛门皮肤恶性肿瘤
C44.508　肛周皮肤恶性肿瘤
C44.509　腹股沟皮肤恶性肿瘤
C44.600　上肢（包括肩）皮肤恶性肿瘤
C44.601　肩部皮肤恶性肿瘤
C44.602　上臂皮肤恶性肿瘤
C44.603　前臂皮肤恶性肿瘤
C44.604　肘部皮肤恶性肿瘤
C44.605　腕部皮肤恶性肿瘤
C44.606　手皮肤恶性肿瘤
C44.700　下肢（包括髋）皮肤恶性肿瘤
C44.701　髋部皮肤恶性肿瘤
C44.702　大腿皮肤恶性肿瘤
C44.703　小腿皮肤恶性肿瘤
C44.704　膝部皮肤恶性肿瘤
C44.705　腘窝皮肤恶性肿瘤
C44.706　踝部皮肤恶性肿瘤
C44.707　足皮肤恶性肿瘤
C44.800　皮肤交搭跨越恶性肿瘤的损害
C44.900　皮肤恶性肿瘤
C44.901　汗腺恶性肿瘤

表6-3-25

C45.000　胸膜间皮瘤
C45.100　腹膜间皮瘤
C45.100x005　腹膜壁层间皮瘤
C45.101　肠系膜间皮瘤
C45.102　结肠系膜间皮瘤
C45.103　网膜间皮瘤
C45.200　心包间皮瘤
C45.700　间皮瘤，其他部位的
C45.700x002　腹膜后间皮瘤
C45.700x005　直肠间皮瘤
C45.701　肺间皮瘤
C45.702　纵隔间皮瘤
C45.703　胃间皮瘤
C45.704　肝间皮瘤
C45.705　结肠间皮瘤
C45.706　盆腔间皮瘤
C45.900　间皮瘤
C46.000　皮肤卡波西肉瘤
C46.100　软组织卡波西肉瘤
C46.200　腭卡波西肉瘤
C46.300　淋巴结卡波西肉瘤
C46.700　卡波西肉瘤，其他部位的
C46.700x001　外阴卡波西肉瘤
C46.701　肺卡波西肉瘤
C46.800　多器官的卡波西肉瘤
C46.900　卡波西肉瘤
C46.900x002　非洲型卡波西肉瘤

C46.900x003　经典（欧洲）型卡波西肉瘤
C46.900x004　同种异质移植型卡波西肉瘤
C47.000x001　头部周围神经和自主神经恶性肿瘤
C47.000x002　面部周围神经和自主神经恶性肿瘤
C47.000x003　颈部周围神经和自主神经恶性肿瘤
C47.000x004　耳部周围神经和自主神经恶性肿瘤
C47.000x005　颞下窝周围神经和自主神经恶性肿瘤
C47.000x006　翼腭窝周围神经和自主神经恶性肿瘤
C47.000x007　咽旁间隙周围神经和自主神经恶性肿瘤
C47.000x008　咽后间隙周围神经和自主神经恶性肿瘤
C47.000x009　眼睑周围神经和自主神经恶性肿瘤
C47.000x010　鼻部周围神经和自主神经恶性肿瘤
C47.000x011　颈丛恶性肿瘤
C47.100x001　上肢周围神经和自主神经恶性肿瘤
C47.100x004　腕周围神经和自主神经恶性肿瘤
C47.100x005　臂神经恶性肿瘤
C47.100x006　臂丛恶性肿瘤
C47.100x007　正中神经恶性肿瘤
C47.100x008　桡神经恶性肿瘤
C47.100x009　尺神经恶性肿瘤
C47.101　肩部神经恶性肿瘤
C47.102　手神经恶性肿瘤
C47.200x001　下肢周围神经和自主神经恶性肿瘤
C47.200x004　髂部周围神经和自主神经恶性肿瘤
C47.200x005　踝部周围神经和自主神经恶性肿瘤
C47.200x006　股神经恶性肿瘤
C47.200x007　闭孔神经恶性肿瘤
C47.200x008　坐骨神经恶性肿瘤
C47.201　髋神经恶性肿瘤
C47.202　足神经恶性肿瘤
C47.300　胸部周围神经恶性肿瘤
C47.300x002　腋部周围神经和自主神经恶性肿瘤
C47.300x003　膈部周围神经和自主神经恶性肿瘤
C47.300x004　肩胛区周围神经和自主神经恶性肿瘤
C47.300x005　肋间神经恶性肿瘤
C47.400　腹部周围神经恶性肿瘤
C47.400x002　脐部周围神经和自主神经恶性肿瘤
C47.500　盆腔周围神经恶性肿瘤
C47.500x001　骨盆周围神经和自主神经恶性肿瘤
C47.500x002　臀部周围神经和自主神经恶性肿瘤
C47.500x004　会阴周围神经和自主神经恶性肿瘤
C47.500x005　骶部周围神经和自主神经恶性肿瘤
C47.500x006　骶尾周围神经和自主神经恶性肿瘤
C47.500x007　直肠膀胱隔周围神经和自主神经恶性肿瘤
C47.500x008　直肠阴道隔周围神经和自主神经恶性肿瘤
C47.500x009　直肠周围神经和自主神经恶性肿瘤
C47.500x010　坐骨直肠窝周围神经和自主神经恶性肿瘤
C47.500x012　腰骶丛恶性肿瘤
C47.500x013　骶神经恶性肿瘤
C47.500x014　骶丛恶性肿瘤
C47.501　腹股沟神经恶性肿瘤
C47.600　躯干周围神经恶性肿瘤
C47.600x002　背部周围神经和自主神经恶性肿瘤
C47.600x003　腰部周围神经和自主神经恶性肿瘤
C47.800　周围神经和自主神经系统交搭跨越恶性肿瘤的损害
C47.900　周围神经和自主神经系统恶性肿瘤
C48.000　腹膜后腔恶性肿瘤
C48.000x002　肾上腺周围组织恶性肿瘤
C48.001　肾周恶性肿瘤
C48.100　腹膜特指部位的恶性肿瘤
C48.100x006　直肠子宫陷凹恶性肿瘤
C48.101　肠系膜恶性肿瘤
C48.102　结肠系膜恶性肿瘤
C48.103　盆腔腹膜恶性肿瘤
C48.104　网膜恶性肿瘤
C48.105　腹膜壁层恶性肿瘤
C48.200　腹膜恶性肿瘤
C48.201　腹膜腔恶性肿瘤
C48.800　腹膜后腔和腹膜交搭跨越恶性肿瘤的损害
C49.000x004　颞部结缔组织恶性肿瘤
C49.000x005　头部结缔组织恶性肿瘤
C49.001　面部结缔组织和软组织恶性肿瘤
C49.002　颈部结缔组织和软组织恶性肿瘤
C49.003　睑结缔组织恶性肿瘤
C49.004　耳部结缔组织恶性肿瘤
C49.005　翼腭窝结缔组织恶性肿瘤
C49.100x001　上肢结缔组织恶性肿瘤
C49.100x002　上肢软组织恶性肿瘤
C49.100x006　腕部结缔组织恶性肿瘤
C49.101　肩结缔组织和软组织恶性肿瘤
C49.102　肘结缔组织恶性肿瘤

C49.103　手结缔组织恶性肿瘤
C49.200x001　下肢结缔组织恶性肿瘤
C49.200x002　下肢软组织恶性肿瘤
C49.200x005　膝部结缔组织和软组织恶性肿瘤
C49.200x006　踝部结缔组织恶性肿瘤
C49.201　髋结缔组织和软组织恶性肿瘤
C49.202　足结缔组织恶性肿瘤
C49.300x001　横膈恶性肿瘤
C49.300x002　肩胛区结缔组织恶性肿瘤
C49.300x003　胸部结缔组织恶性肿瘤
C49.300x006　上腔静脉恶性肿瘤
C49.301　腋下结缔组织恶性肿瘤
C49.302　膈结缔组织恶性肿瘤
C49.400　腹部结缔组织和软组织恶性肿瘤
C49.400x003　腹壁结缔组织恶性肿瘤
C49.401　季肋部结缔组织恶性肿瘤
C49.402　下腔静脉恶性肿瘤
C49.500　盆腔结缔组织和软组织恶性肿瘤
C49.500x001　骶前结缔组织恶性肿瘤
C49.500x008　直肠周围结缔组织恶性肿瘤
C49.501　臀部结缔组织恶性肿瘤
C49.502　腹股沟结缔组织恶性肿瘤
C49.503　会阴结缔组织恶性肿瘤
C49.504　骶结缔组织恶性肿瘤
C49.505　直肠阴道隔结缔组织恶性肿瘤
C49.600　躯干结缔组织和软组织的恶性肿瘤
C49.601　背部结缔组织恶性肿瘤
C49.800　结缔组织和软组织交搭跨越恶性肿瘤的损害
C49.900x001　结缔组织恶性肿瘤
C49.900x003　软组织恶性肿瘤
C49.901　淋巴管恶性肿瘤

表6-3-26

C50.000　乳头和乳晕恶性肿瘤
C50.000x001　乳头恶性肿瘤
C50.001　乳晕恶性肿瘤
C50.100　乳房中央部恶性肿瘤
C50.200　乳房上内象限恶性肿瘤
C50.300　乳房下内象限恶性肿瘤
C50.400　乳房上外象限恶性肿瘤
C50.500　乳房下外象限恶性肿瘤
C50.600　乳房腋尾部恶性肿瘤
C50.800　乳房交搭跨越恶性肿瘤的损害
C50.800x005　异位乳腺恶性肿瘤
C50.801　乳腺恶性肿瘤，上部
C50.802　乳腺恶性肿瘤，下部
C50.803　乳腺恶性肿瘤，内侧
C50.804　乳腺恶性肿瘤，外侧
C50.900　乳房恶性肿瘤
C50.900x005　双侧乳腺恶性肿瘤
C50.901　男性乳腺恶性肿瘤
C50.902　副乳腺恶性肿瘤

表6-3-27

C51.000　大阴唇恶性肿瘤
C51.001　前庭大腺恶性肿瘤
C51.100　小阴唇恶性肿瘤
C51.200　阴蒂恶性肿瘤
C51.800　外阴交搭跨越恶性肿瘤的损害
C51.900　外阴恶性肿瘤
C52.x00　阴道恶性肿瘤
C53.000　宫颈内膜恶性肿瘤
C53.100　外宫颈恶性肿瘤
C53.800　宫颈交搭跨越恶性肿瘤的损害
C53.801　宫颈残端恶性肿瘤
C53.900　宫颈恶性肿瘤
C54.000　子宫峡部恶性肿瘤
C54.001　子宫下段恶性肿瘤
C54.100　子宫内膜恶性肿瘤
C54.200　子宫肌层恶性肿瘤
C54.300　子宫底部恶性肿瘤
C54.800　子宫体交搭跨越恶性肿瘤的损害
C54.900　子宫体恶性肿瘤
C55.x00　子宫恶性肿瘤
C56.x00　卵巢恶性肿瘤
C56.x00x003　双侧卵巢恶性肿瘤
C57.000　输卵管恶性肿瘤
C57.000x002　双侧输卵管恶性肿瘤
C57.100　阔韧带恶性肿瘤
C57.101　卵巢冠恶性肿瘤
C57.200　圆韧带恶性肿瘤
C57.300　子宫旁组织恶性肿瘤
C57.300x001　子宫骶骨韧带恶性肿瘤
C57.301　子宫韧带恶性肿瘤
C57.400　子宫附件恶性肿瘤
C57.700　女性生殖器官，其他特指的恶性肿瘤
C57.701　女性沃尔夫体恶性肿瘤
C57.702　女性沃尔夫管恶性肿瘤
C57.800x004　子宫颈及阴道恶性肿瘤

C57.800x005 子宫及输卵管恶性肿瘤
C57.801 输卵管卵巢恶性肿瘤
C57.802 子宫卵巢恶性肿瘤
C57.803 阴道外阴恶性肿瘤
C57.900 女性生殖器官恶性肿瘤
C58.x00 胎盘恶性肿瘤
C58.x00x002 绒毛膜癌
C58.x00x003 绒毛膜上皮癌

表 6-3-28

C60.000 包皮恶性肿瘤
C60.100 阴茎头恶性肿瘤
C60.200 阴茎体恶性肿瘤
C60.201 海绵体恶性肿瘤
C60.800 阴茎交搭跨越恶性肿瘤的损害
C60.900 阴茎恶性肿瘤
C60.901 阴茎皮肤恶性肿瘤
C61.x00 前列腺恶性肿瘤
C62.000 睾丸未降部的恶性肿瘤
C62.001 异位睾丸恶性肿瘤
C62.100 睾丸下降部的恶性肿瘤
C62.900 睾丸恶性肿瘤
C62.901 男性绒毛膜癌
C63.000 附睾恶性肿瘤
C63.100 精索恶性肿瘤
C63.200 阴囊恶性肿瘤
C63.201 阴囊皮肤恶性肿瘤
C63.700 男性生殖器官，其他特指的恶性肿瘤
C63.701 精囊恶性肿瘤
C63.702 鞘膜恶性肿瘤
C63.800 男性生殖器官交搭跨越恶性肿瘤的损害
C63.801 阴茎阴囊恶性肿瘤
C63.900 男性生殖器官恶性肿瘤

表 6-3-29

C64.x00x001 肾恶性肿瘤
C64.x00x003 双侧肾恶性肿瘤
C64.x00x004 肾多处恶性肿瘤
C65.x00 肾盂恶性肿瘤
C65.x01 肾盂输尿管连接处恶性肿瘤
C65.x02 肾盏恶性肿瘤
C66.x00 输尿管恶性肿瘤
C66.x00x002 双侧输尿管恶性肿瘤
C66.x00x003 输尿管多处恶性肿瘤
C67.000 膀胱三角区恶性肿瘤
C67.100 膀胱顶恶性肿瘤
C67.200 膀胱侧壁恶性肿瘤
C67.300 膀胱前壁恶性肿瘤
C67.400 膀胱后壁恶性肿瘤
C67.500 膀胱颈恶性肿瘤
C67.501 尿道内口恶性肿瘤
C67.600 输尿管口恶性肿瘤
C67.700 脐尿管恶性肿瘤
C67.800 膀胱交搭跨越恶性肿瘤的损害
C67.900 膀胱恶性肿瘤
C67.900x002 膀胱多处恶性肿瘤
C68.000 尿道恶性肿瘤
C68.100 尿道旁腺恶性肿瘤
C68.800 泌尿器官交搭跨越恶性肿瘤的损害
C68.800x003 膀胱和尿道及前列腺恶性肿瘤
C68.801 肾输尿管恶性肿瘤
C68.802 肾盂膀胱恶性肿瘤
C68.803 膀胱尿道恶性肿瘤
C68.804 输尿管膀胱恶性肿瘤
C68.805 肾盂输尿管恶性肿瘤
C68.900 泌尿器官恶性肿瘤

表 6-3-30

C69.000x001 结膜恶性肿瘤
C69.100 角膜恶性肿瘤
C69.200 视网膜恶性肿瘤
C69.300 脉络膜恶性肿瘤
C69.400 睫状体恶性肿瘤
C69.400x005 虹膜恶性肿瘤
C69.401 葡萄膜恶性肿瘤
C69.500x003 泪管恶性肿瘤
C69.501 泪腺恶性肿瘤
C69.502 泪囊恶性肿瘤
C69.503 鼻泪管恶性肿瘤
C69.600 眶恶性肿瘤
C69.600x001 眶内恶性肿瘤
C69.601 眶结缔组织恶性肿瘤
C69.602 眶周神经恶性肿瘤
C69.603 眼外肌恶性肿瘤
C69.604 眼球后组织恶性肿瘤
C69.800 眼和附器交搭跨越恶性肿瘤的损害
C69.900 眼恶性肿瘤
C69.900x001 眼内恶性肿瘤
C69.901 眼球恶性肿瘤
C70.000 脑膜恶性肿瘤

C70.000x002 硬脑膜恶性肿瘤
C70.100x001 脊膜恶性肿瘤
C70.100x003 硬脊膜恶性肿瘤
C70.900 脑脊膜恶性肿瘤
C70.901 硬膜下恶性肿瘤
C71.000 大脑（除外脑叶和脑室）恶性肿瘤
C71.000x001 下丘脑恶性肿瘤
C71.000x004 岛叶恶性肿瘤
C71.000x006 基底节恶性肿瘤
C71.000x007 脑白质恶性肿瘤
C71.001 幕上恶性肿瘤
C71.002 丘脑恶性肿瘤
C71.003 胼胝体恶性肿瘤
C71.100 额叶恶性肿瘤
C71.200 颞叶恶性肿瘤
C71.300 顶叶恶性肿瘤
C71.400 枕叶恶性肿瘤
C71.500 脑室恶性肿瘤
C71.500x003 侧脑室恶性肿瘤
C71.500x004 第三脑室恶性肿瘤
C71.501 脉络丛恶性肿瘤
C71.600 小脑恶性肿瘤
C71.601 小脑蚓部恶性肿瘤
C71.602 小脑扁桃体恶性肿瘤
C71.700 脑干恶性肿瘤
C71.701 脑桥恶性肿瘤
C71.702 延髓恶性肿瘤
C71.703 第四脑室恶性肿瘤
C71.704 幕下恶性肿瘤
C71.705 中脑恶性肿瘤
C71.800 脑交搭跨越恶性肿瘤的损害
C71.800x006 额颞岛叶恶性肿瘤
C71.800x007 额叶和丘脑及胼胝体恶性肿瘤
C71.800x008 大脑皮层多处恶性肿瘤
C71.801 额顶叶恶性肿瘤
C71.802 额颞顶叶恶性肿瘤
C71.803 顶枕叶恶性肿瘤
C71.804 顶颞叶恶性肿瘤
C71.805 颞顶枕叶恶性肿瘤
C71.806 额颞叶恶性肿瘤
C71.807 颞叶脑岛恶性肿瘤
C71.808 颞枕叶恶性肿瘤
C71.809 脑桥小脑角恶性肿瘤
C71.900 脑恶性肿瘤
C71.900x001 蝶鞍上恶性肿瘤
C71.900x002 颅内恶性肿瘤
C71.900x005 颅前窝恶性肿瘤
C71.900x006 颅底恶性肿瘤
C71.900x007 颅中窝恶性肿瘤
C71.900x008 颅后窝恶性肿瘤
C71.900x009 翼腭窝恶性肿瘤
C71.900x010 颞下窝恶性肿瘤
C71.901 鞍上区恶性肿瘤
C71.902 蝶鞍区恶性肿瘤
C71.903 颅底交通性恶性肿瘤
C72.000 脊髓恶性肿瘤
C72.000x006 骶髓恶性肿瘤
C72.001 脊髓颈段恶性肿瘤
C72.002 脊髓圆锥恶性肿瘤
C72.003 脊髓胸段恶性肿瘤
C72.004 脊髓腰段恶性肿瘤
C72.100 马尾恶性肿瘤
C72.200 嗅神经恶性肿瘤
C72.201 嗅球恶性肿瘤
C72.300 视神经恶性肿瘤
C72.400 听神经恶性肿瘤
C72.500 脑神经恶性肿瘤
C72.501 动眼神经恶性肿瘤
C72.502 滑车神经恶性肿瘤
C72.503 三叉神经恶性肿瘤
C72.504 展神经恶性肿瘤
C72.505 面神经恶性肿瘤
C72.506 前庭蜗神经恶性肿瘤
C72.507 舌咽神经恶性肿瘤
C72.508 迷走神经恶性肿瘤
C72.509 副神经恶性肿瘤
C72.510 舌下神经恶性肿瘤
C72.800 脑和中枢神经系统其他部位交搭跨越恶性肿瘤的损害
C72.800x001 颅眶沟通恶性肿瘤
C72.800x002 颅底沟通恶性肿瘤
C72.800x003 颅鼻眶沟通恶性肿瘤
C72.900 中枢神经系统恶性肿瘤
C72.900x004 椎管内恶性肿瘤
C72.900x005 蝶鞍旁恶性肿瘤
C72.900x006 颈静脉孔区恶性肿瘤
C72.901 硬膜外恶性肿瘤

表6-3-31

C73.x00 甲状腺恶性肿瘤

C73.x00x003　甲状腺多处恶性肿瘤
C74.000　肾上腺皮质恶性肿瘤
C74.100　肾上腺髓质恶性肿瘤
C74.900　肾上腺恶性肿瘤
C75.000　甲状旁腺恶性肿瘤
C75.100　垂体恶性肿瘤
C75.200　颅咽管恶性肿瘤
C75.300　松果体恶性肿瘤
C75.400　颈动脉体恶性肿瘤
C75.500x001　主动脉体恶性肿瘤
C75.501　节旁体恶性肿瘤
C75.800　累及多个腺体的恶性肿瘤
C75.900　内分泌腺恶性肿瘤

表 6-3-32

C76.000x002　头部恶性肿瘤
C76.000x007　颌下恶性肿瘤
C76.001　面部恶性肿瘤
C76.002　颈部恶性肿瘤
C76.003　颊恶性肿瘤
C76.004　鼻恶性肿瘤
C76.005　颌下恶性肿瘤
C76.006　颏下恶性肿瘤
C76.100　胸部恶性肿瘤
C76.100x003　胸腔恶性肿瘤
C76.101　腋恶性肿瘤
C76.200　腹部恶性肿瘤
C76.200x002　髂窝恶性肿瘤
C76.300　盆腔恶性肿瘤
C76.300x001　骶前恶性肿瘤
C76.300x009　骨盆恶性肿瘤
C76.301　膀胱直肠隔恶性肿瘤
C76.302　骶恶性肿瘤
C76.303　会阴部恶性肿瘤
C76.304　腹股沟恶性肿瘤
C76.305　骶尾部恶性肿瘤
C76.306　臀部恶性肿瘤
C76.307　直肠阴道隔恶性肿瘤
C76.400　上肢恶性肿瘤
C76.401　肩恶性肿瘤
C76.402　手部恶性肿瘤
C76.500　下肢恶性肿瘤
C76.501　髋恶性肿瘤
C76.502　腘窝恶性肿瘤
C76.503　足恶性肿瘤
C76.700　恶性肿瘤，其他不明确部位的
C76.700x002　腰部恶性肿瘤
C76.701　躯干部恶性肿瘤
C76.702　背部恶性肿瘤
C76.800　交搭跨越恶性肿瘤的损害，其他和不明确部位的
C76.801　不明确部位交搭跨越恶性肿瘤
C77.000x005　头部淋巴结继发恶性肿瘤
C77.001　面部淋巴结继发恶性肿瘤
C77.002　颈部淋巴结继发恶性肿瘤
C77.003　颏下淋巴结继发恶性肿瘤
C77.004　颌下淋巴结继发恶性肿瘤
C77.005　腮腺淋巴结继发恶性肿瘤
C77.006　耳淋巴结继发恶性肿瘤
C77.007　锁骨上淋巴结继发恶性肿瘤
C77.008　气管食管沟淋巴结继发恶性肿瘤
C77.100　胸腔内淋巴结继发性的恶性肿瘤
C77.100x004　支气管淋巴结继发恶性肿瘤
C77.101　胸骨旁淋巴结继发恶性肿瘤
C77.102　肺门淋巴结继发恶性肿瘤
C77.103　纵隔淋巴结继发恶性肿瘤
C77.104　气管淋巴结继发恶性肿瘤
C77.105　气管支气管淋巴结继发恶性肿瘤
C77.106　食管淋巴结继发恶性肿瘤
C77.107　膈淋巴结继发恶性肿瘤
C77.200　腹腔内淋巴结继发性的恶性肿瘤
C77.200x001　贲门淋巴结继发恶性肿瘤
C77.201　胃淋巴结继发恶性肿瘤
C77.202　脾淋巴结继发恶性肿瘤
C77.203　肝淋巴结继发恶性肿瘤
C77.204　胰淋巴结继发恶性肿瘤
C77.205　腹膜后淋巴结继发恶性肿瘤
C77.206　主动脉旁淋巴结继发恶性肿瘤
C77.207　肠系膜淋巴结继发恶性肿瘤
C77.208　肠周淋巴结继发恶性肿瘤
C77.300　腋下和上肢淋巴结继发性的恶性肿瘤
C77.300x001　腋窝淋巴结继发恶性肿瘤
C77.300x003　肱骨内上髁淋巴结继发恶性肿瘤
C77.301　腋下淋巴结继发恶性肿瘤
C77.302　锁骨下淋巴结继发恶性肿瘤
C77.303　胸壁淋巴结继发恶性肿瘤
C77.400x001　腹股沟淋巴结继发恶性肿瘤
C77.401　下肢淋巴结继发恶性肿瘤
C77.500　盆腔内淋巴结继发性的恶性肿瘤
C77.500x003　子宫旁淋巴结继发恶性肿瘤

C77.501 髂淋巴结继发恶性肿瘤
C77.502 骶骨淋巴结继发恶性肿瘤
C77.503 耻骨联合前淋巴结继发恶性肿瘤
C77.800 多个部位淋巴结继发性的恶性肿瘤
C77.900 淋巴结恶性肿瘤
C77.900x001 淋巴结继发恶性肿瘤
C78.000 肺部继发性恶性肿瘤
C78.000x003 支气管软骨继发恶性肿瘤
C78.001 支气管继发恶性肿瘤
C78.002 主支气管继发恶性肿瘤
C78.003 气管支气管继发恶性肿瘤
C78.100 纵隔继发性恶性肿瘤
C78.200 胸膜继发性恶性肿瘤
C78.201 恶性胸腔积液
C78.300x004 咽鼓管继发恶性肿瘤
C78.300x005 上颌窦继发恶性肿瘤
C78.300x006 声带继发恶性肿瘤
C78.300x008 乳突继发恶性肿瘤
C78.300x010 会厌继发恶性肿瘤
C78.301 鼻窦继发恶性肿瘤
C78.302 鼻腔继发恶性肿瘤
C78.303 中耳继发恶性肿瘤
C78.304 气管继发恶性肿瘤
C78.305 喉继发恶性肿瘤
C78.306 呼吸器官继发恶性肿瘤
C78.400 小肠继发性恶性肿瘤
C78.401 十二指肠继发恶性肿瘤
C78.402 空肠继发恶性肿瘤
C78.403 回肠继发恶性肿瘤
C78.500x004 乙状结肠继发恶性肿瘤
C78.500x006 直肠乙状结肠连接部继发恶性肿瘤
C78.500x008 肛门继发恶性肿瘤
C78.501 直肠继发恶性肿瘤
C78.502 盲肠继发恶性肿瘤
C78.503 阑尾继发恶性肿瘤
C78.504 结肠继发恶性肿瘤
C78.505 肛管继发恶性肿瘤
C78.600x004 腹膜继发恶性肿瘤
C78.601 腹膜后继发恶性肿瘤
C78.602 大网膜继发恶性肿瘤
C78.603 肠系膜继发恶性肿瘤
C78.604 恶性腹水
C78.605 道格拉斯陷凹继发恶性肿瘤
C78.700 肝部和肝内胆管继发性恶性肿瘤
C78.800x005 胃肠道继发恶性肿瘤
C78.800x009 胰头继发恶性肿瘤
C78.800x010 胃底继发恶性肿瘤
C78.800x013 胃食管连接部继发恶性肿瘤
C78.800x014 贲门食管连接部继发恶性肿瘤
C78.801 食管继发恶性肿瘤
C78.802 胃继发恶性肿瘤
C78.803 贲门继发恶性肿瘤
C78.804 壶腹继发恶性肿瘤
C78.805 脾继发恶性肿瘤
C78.806 胰腺继发恶性肿瘤
C78.807 胆囊继发恶性肿瘤
C78.808 胆管继发恶性肿瘤
C78.809 消化器官继发性恶性肿瘤
C79.000x001 肾继发恶性肿瘤
C79.001 肾盂继发恶性肿瘤
C79.100x002 泌尿系统继发恶性肿瘤
C79.101 膀胱继发恶性肿瘤
C79.102 输尿管继发恶性肿瘤
C79.103 尿道继发恶性肿瘤
C79.200 皮肤继发性恶性肿瘤
C79.200x001 腹壁皮肤继发恶性肿瘤
C79.200x002 眼睑继发恶性肿瘤
C79.200x005 臀部皮肤继发恶性肿瘤
C79.200x006 颌部皮肤继发恶性肿瘤
C79.200x007 乳房皮肤继发恶性肿瘤
C79.200x008 颏部皮肤继发恶性肿瘤
C79.201 头部皮肤继发恶性肿瘤
C79.202 面部皮肤继发恶性肿瘤
C79.203 颈部皮肤继发恶性肿瘤
C79.204 躯干皮肤继发恶性肿瘤
C79.205 四肢皮肤继发恶性肿瘤
C79.300 脑和脑膜继发性恶性肿瘤
C79.300x002 脑继发恶性肿瘤
C79.300x006 颅窝继发恶性肿瘤
C79.300x011 颅内继发恶性肿瘤
C79.300x012 颅内静脉窦继发恶性肿瘤
C79.300x013 颈静脉孔区继发恶性肿瘤
C79.300x016 脑白质继发恶性肿瘤
C79.300x017 硬脑膜下继发恶性肿瘤
C79.300x018 岛叶继发恶性肿瘤
C79.300x019 侧脑室继发恶性肿瘤
C79.300x020 第三脑室继发恶性肿瘤
C79.300x021 基底节继发恶性肿瘤
C79.300x023 胼胝体继发恶性肿瘤
C79.300x024 中脑继发恶性肿瘤

C79.300x025 脑桥继发恶性肿瘤
C79.300x026 延髓继发恶性肿瘤
C79.300x027 第四脑室继发恶性肿瘤
C79.300x028 小脑幕上继发恶性肿瘤
C79.300x029 小脑幕下继发恶性肿瘤
C79.300x030 癌性脑膜炎
C79.300x031 颅底继发恶性肿瘤
C79.300x032 颅前窝继发恶性肿瘤
C79.300x033 颅中窝继发恶性肿瘤
C79.300x034 颅后窝继发恶性肿瘤
C79.301 脑膜继发恶性肿瘤
C79.302 大脑继发恶性肿瘤
C79.303 额叶继发恶性肿瘤
C79.304 顶叶继发恶性肿瘤
C79.305 枕叶继发恶性肿瘤
C79.306 颞叶继发恶性肿瘤
C79.307 脑岛继发恶性肿瘤
C79.308 海马回继发恶性肿瘤
C79.309 小脑继发恶性肿瘤
C79.310 脑干继发恶性肿瘤
C79.311 丘脑继发恶性肿瘤
C79.400x012 硬膜外继发恶性肿瘤
C79.400x013 椎管内继发恶性肿瘤
C79.400x014 泪管继发恶性肿瘤
C79.400x018 马尾继发恶性肿瘤
C79.400x019 上肢周围神经继发恶性肿瘤
C79.400x020 下肢周围神经继发恶性肿瘤
C79.400x021 交感神经继发恶性肿瘤
C79.400x022 周围神经继发恶性肿瘤
C79.401 中枢神经系统继发恶性肿瘤
C79.402 脑神经继发恶性肿瘤
C79.403 脊髓继发恶性肿瘤
C79.404 脊膜继发恶性肿瘤
C79.405 眼继发恶性肿瘤
C79.406 眶内继发恶性肿瘤
C79.407 眼球继发恶性肿瘤
C79.408 眼外肌继发恶性肿瘤
C79.409 脉络膜继发恶性肿瘤
C79.500x001 骨继发恶性肿瘤
C79.500x004 上颌骨继发恶性肿瘤
C79.500x006 椎体继发恶性肿瘤
C79.500x007 斜坡继发恶性肿瘤
C79.500x008 指骨继发恶性肿瘤
C79.500x009 髂骨继发恶性肿瘤
C79.500x010 股骨继发恶性肿瘤
C79.500x011 关节继发恶性肿瘤
C79.500x012 桡骨继发恶性肿瘤
C79.500x013 胸骨继发恶性肿瘤
C79.500x016 眶骨继发恶性肿瘤
C79.500x021 肋骨继发恶性肿瘤
C79.500x022 锁骨继发恶性肿瘤
C79.500x024 盆骨继发恶性肿瘤
C79.500x025 骶骨继发恶性肿瘤
C79.500x026 尾骨继发恶性肿瘤
C79.500x028 舌骨继发恶性肿瘤
C79.500x030 颈椎继发恶性肿瘤
C79.500x031 胸椎继发恶性肿瘤
C79.500x032 腰椎继发恶性肿瘤
C79.501 骨髓继发恶性肿瘤
C79.502 颅骨继发恶性肿瘤
C79.503 面骨继发恶性肿瘤
C79.504 颌骨继发恶性肿瘤
C79.505 下颌骨继发恶性肿瘤
C79.506 躯干骨继发恶性肿瘤
C79.507 上肢骨继发恶性肿瘤
C79.508 下肢骨继发恶性肿瘤
C79.509 脊柱继发恶性肿瘤
C79.600 卵巢继发性恶性肿瘤
C79.700 肾上腺继发性恶性肿瘤
C79.800x202 输卵管继发恶性肿瘤
C79.800x205 子宫角继发恶性肿瘤
C79.800x206 子宫体继发恶性肿瘤
C79.800x209 子宫颈继发恶性肿瘤
C79.800x211 子宫旁继发恶性肿瘤
C79.800x213 子宫下段继发恶性肿瘤
C79.800x214 子宫韧带继发恶性肿瘤
C79.800x215 子宫圆韧带继发恶性肿瘤
C79.800x216 子宫阔韧带继发恶性肿瘤
C79.800x218 子宫卵巢韧带继发恶性肿瘤
C79.800x219 子宫骶骨韧带继发恶性肿瘤
C79.800x220 子宫内膜继发恶性肿瘤
C79.800x222 子宫附件继发恶性肿瘤
C79.800x223 子宫肌层继发恶性肿瘤
C79.800x228 生殖器官继发恶性肿瘤
C79.800x231 精索继发恶性肿瘤
C79.800x233 附睾继发恶性肿瘤
C79.800x804 躯干继发恶性肿瘤
C79.800x806 头部继发恶性肿瘤
C79.800x807 心包继发恶性肿瘤
C79.800x809 胸壁继发恶性肿瘤

C79.800x811　腋下继发恶性肿瘤
C79.800x812　颌部继发恶性肿瘤
C79.800x813　锁骨上继发恶性肿瘤
C79.800x816　臀部继发恶性肿瘤
C79.800x817　下肢继发恶性肿瘤
C79.800x818　骶尾区继发恶性肿瘤
C79.800x819　腹主动脉继发恶性肿瘤
C79.800x824　悬雍垂继发恶性肿瘤
C79.800x825　腭部继发恶性肿瘤
C79.800x826　臼齿后区继发恶性肿瘤
C79.800x828　鼻咽继发恶性肿瘤
C79.800x829　胸腺继发恶性肿瘤
C79.800x830　血管继发恶性肿瘤
C79.800x831　皮下继发恶性肿瘤
C79.800x833　面部继发恶性肿瘤
C79.800x834　腹股沟继发恶性肿瘤
C79.800x835　上肢继发恶性肿瘤
C79.800x836　肌肉继发恶性肿瘤
C79.800x837　鞘膜继发恶性肿瘤
C79.800x838　胸导管继发恶性肿瘤
C79.800x839　松果体继发恶性肿瘤
C79.800x840　唇部继发恶性肿瘤
C79.800x843　齿龈继发恶性肿瘤
C79.800x844　颊黏膜继发恶性肿瘤
C79.800x845　颊龈沟继发恶性肿瘤
C79.800x847　髂窝继发恶性肿瘤
C79.800x862　癌性淋巴管炎
C79.800x863　恶性心包积液
C79.801　口腔继发恶性肿瘤
C79.802　舌继发恶性肿瘤
C79.803　咽继发恶性肿瘤
C79.804　扁桃体继发恶性肿瘤
C79.805　甲状腺继发恶性肿瘤
C79.806　乳腺继发恶性肿瘤
C79.807　胸腔继发恶性肿瘤
C79.808　心脏继发恶性肿瘤
C79.809　腹腔继发恶性肿瘤
C79.810　膈继发恶性肿瘤
C79.811　盆腔继发恶性肿瘤
C79.812　子宫继发恶性肿瘤
C79.813　附件继发恶性肿瘤
C79.814　阴道继发恶性肿瘤
C79.815　输精管继发恶性肿瘤
C79.816　精囊继发恶性肿瘤
C79.817　睾丸继发恶性肿瘤
C79.818　前列腺继发恶性肿瘤
C79.819　阴囊继发恶性肿瘤
C79.820　阴茎继发恶性肿瘤
C79.821　会阴继发恶性肿瘤
C79.822　外阴继发恶性肿瘤
C79.823　前庭大腺继发恶性肿瘤
C79.824　直肠阴道隔继发恶性肿瘤
C79.825　垂体继发恶性肿瘤
C79.826　淋巴管继发恶性肿瘤
C79.827　结缔组织继发恶性肿瘤
C79.828　神经节继发恶性肿瘤
C79.829　骶尾部继发恶性肿瘤
C79.830　颌下腺继发恶性肿瘤
C79.831　腮腺继发恶性肿瘤
C79.832　拉特克囊继发恶性肿瘤
C79.833　纳博特腺继发恶性肿瘤
C79.834　颈部继发性恶性肿瘤
C79.835　舌下腺继发恶性肿瘤
C79.900　继发恶性肿瘤，未特指部位
C79.900x001　广泛转移性恶性肿瘤
C80.000　恶性肿瘤
C80.000x001　恶性肿瘤复发
C80.000x002+G13.1*　癌性脑白质病
C80.000x003+G13.1*　癌性脑病
C80.001　恶性恶病质
C80.002+G63.1*　恶性肿瘤性周围神经病
C80.004+G73.1*　伊顿-兰伯特综合征
C80.900　恶性肿瘤，原发部位未特指
C80.901　癌，未特指
C80.902　恶性上皮肿瘤，未特指
C80.903　恶性肿瘤，未特指
C80.904　恶性肿瘤恶病质，未特指
C80.905　复合癌，未特指

表6-3-33

C81.000　结节性淋巴细胞为主型霍奇金淋巴瘤
C81.100　结节性硬化型（经典型）霍奇金淋巴瘤
C81.200　混合细胞型（经典型）霍奇金淋巴瘤
C81.300　淋巴细胞减少型（经典型）霍奇金淋巴瘤
C81.400　富淋巴细胞性（经典型）霍奇金淋巴瘤
C81.700　经典型霍奇金淋巴瘤，其他类型的
C81.701　霍奇金副肉芽肿
C81.702　霍奇金肉芽肿
C81.703　霍奇金肉瘤
C81.900　霍奇金淋巴瘤，未特指

C81.900x005　皮肤霍奇金淋巴瘤
C82.000　滤泡性淋巴瘤Ⅰ级
C82.100　滤泡性淋巴瘤Ⅱ级
C82.200　滤泡性淋巴瘤Ⅲ级
C82.300　滤泡性淋巴瘤Ⅲa级
C82.400　滤泡性淋巴瘤Ⅲb级
C82.500　弥漫性滤泡中心细胞淋巴瘤
C82.600　皮肤滤泡中心细胞淋巴瘤
C82.700　滤泡性淋巴瘤，其他类型的
C82.701　恶性淋巴瘤，淋巴细胞性，高分化，结节性
C82.702　恶性淋巴瘤，淋巴细胞性，中分化，结节性
C82.703　恶性淋巴瘤，淋巴细胞性，低分化，结节性
C82.704　恶性淋巴瘤，中心母细胞性，滤泡性
C82.900　滤泡性淋巴瘤
C82.901　恶性淋巴瘤，滤泡中心性
C82.903　结节性淋巴瘤，未特指
C83.000　小B细胞淋巴瘤
C83.001　淋巴浆细胞性淋巴瘤
C83.002　结节边缘区淋巴瘤
C83.003　脾缘区淋巴瘤
C83.004　非白血病B-CLL变异
C83.100　曼特尔细胞淋巴瘤
C83.101　中心细胞性淋巴瘤
C83.102　恶性淋巴瘤性息肉病
C83.300　弥漫性大B细胞淋巴瘤
C83.300x006　原发中枢神经系统弥漫大B细胞淋巴瘤
C83.300x007　原发皮肤弥漫大B细胞淋巴瘤（腿型）
C83.300x008　老年人EBV阳性弥漫大B细胞淋巴瘤
C83.300x009　与慢性炎症相关弥漫大B细胞淋巴瘤
C83.301　间变型弥漫大B细胞淋巴瘤
C83.302　中心母细胞型弥漫大B细胞淋巴瘤
C83.303　浆母细胞性弥漫大B细胞淋巴瘤
C83.304　免疫母细胞型弥漫大B细胞淋巴瘤
C83.305　未特指亚型的弥漫大B细胞淋巴瘤
C83.306　富T细胞弥漫大B细胞淋巴瘤
C83.307　CD30阳性弥漫大B细胞淋巴瘤
C83.500　原淋巴细胞（弥漫性）淋巴瘤
C83.501　前体B细胞淋巴瘤
C83.502　B淋巴母细胞性淋巴瘤
C83.503　淋巴母细胞性淋巴瘤NOS
C83.504　T淋巴母细胞性淋巴瘤
C83.505　前体T细胞淋巴瘤
C83.700　伯基特淋巴瘤
C83.702　伯基特样淋巴瘤
C83.703　非典型伯基特淋巴瘤
C83.800　其他非滤泡性淋巴瘤
C83.800x006　脾红髓弥漫小B细胞淋巴瘤
C83.800x008　恶性淋巴瘤，淋巴浆细胞性
C83.800x009　起源于HHV8相关多中心性Castleman病的大B细胞淋巴瘤
C83.801　原发渗出性淋巴瘤
C83.802　血管内大B细胞淋巴瘤
C83.803　淋巴样肉芽肿病
C83.900　非滤泡（弥漫性）淋巴瘤，未特指
C84.000　蕈样真菌病
C84.000x002　原发性皮肤T细胞淋巴瘤［蕈样肉芽肿］
C84.000x003　嗜毛囊性蕈样肉芽肿
C84.100　塞扎里病
C84.400　周围T细胞淋巴瘤，不可分类在他处
C84.400x001　成熟T细胞淋巴瘤
C84.401　血管免疫母细胞性T-细胞淋巴瘤
C84.402　外周T-细胞淋巴瘤，多形性小细胞
C84.403　外周T-细胞淋巴瘤，多形性中等细胞和大细胞
C84.404　间变大细胞T-细胞淋巴瘤，ALK阴性
C84.405　外周T-细胞淋巴瘤，AILD
C84.406　Lennert淋巴瘤
C84.407　淋巴上皮样淋巴瘤
C84.500　其他成熟的T/NK细胞淋巴瘤
C84.500x004　儿童系统性EBV阳性T细胞增殖性疾病
C84.500x012　原发皮肤外周T细胞淋巴瘤（罕见类型）
C84.500x016　原发皮肤CD4+小/中多形性T细胞淋巴瘤
C84.502　皮肤淋巴瘤
C84.600　间变性大细胞淋巴瘤，ALK阳性
C84.601　间变性大细胞淋巴瘤，CD30阳性
C84.700　间变性大细胞淋巴瘤，ALK阴性
C84.800　皮肤T细胞淋巴瘤，未特指
C84.900　成熟T/NK细胞淋巴瘤，未特指
C84.901　T/NK细胞淋巴瘤，未特指
C85.100　B-细胞淋巴瘤
C85.100x010　富T细胞/富组织细胞大B细胞淋巴瘤
C85.100x017　ALK+大B细胞淋巴瘤

C85.100x021　原发皮肤B细胞淋巴瘤
C85.200　纵膈（胸腺）大B细胞淋巴瘤
C85.700　非霍奇金淋巴瘤的其他特指类型
C85.700x004　慢性NK细胞淋巴增殖性疾病
C85.700x016　皮下NK细胞淋巴瘤
C85.701　单核细胞样B细胞淋巴瘤
C85.704　血管中心性T-细胞淋巴瘤
C85.705　大细胞（ki-1+）淋巴瘤
C85.707　NK/T-细胞淋巴瘤
C85.709　间变大细胞淋巴瘤
C85.715　血管内皮瘤病
C85.900　非霍奇金淋巴瘤
C85.900x001　鼻窦淋巴瘤
C85.900x002　鼻腔淋巴瘤
C85.900x003　扁桃体淋巴瘤
C85.900x004　肠淋巴瘤
C85.900x005　肠系膜淋巴瘤
C85.900x006　淋巴瘤
C85.900x008　肺淋巴瘤
C85.900x009　腹膜后淋巴瘤
C85.900x010　腹腔淋巴瘤
C85.900x011　肝淋巴瘤
C85.900x012　睾丸淋巴瘤
C85.900x013　纵隔淋巴瘤
C85.900x014　回盲部淋巴瘤
C85.900x015　结肠淋巴瘤
C85.900x016　卵巢淋巴瘤
C85.900x017　盲肠淋巴瘤
C85.900x019　脑淋巴瘤
C85.900x020　脾淋巴瘤
C85.900x022　舌淋巴瘤
C85.900x023　胃淋巴瘤
C85.900x024　小肠淋巴瘤
C85.900x025　眼淋巴瘤
C85.900x026　硬膜外淋巴瘤
C85.900x027　肢体淋巴瘤
C85.900x028　直肠淋巴瘤
C85.900x029　骨淋巴瘤
C85.900x030　腹股沟淋巴瘤
C85.900x031　乳腺淋巴瘤
C85.900x034　周围神经血管内淋巴瘤
C85.900x036　甲状腺淋巴瘤
C85.900x037　脊髓淋巴瘤
C85.900x038　淋巴瘤结内侵及
C85.900x039　淋巴瘤结外侵及
C85.900x040　颈淋巴瘤
C85.900x041　心脏淋巴瘤
C85.900x042　胰腺淋巴瘤
C85.900x043　肾淋巴瘤
C85.901　复合性霍奇金和非霍奇金淋巴瘤
C86.000　结外NK/T细胞淋巴瘤，鼻型
C86.100　肝脾T细胞淋巴瘤
C86.200　肠型T细胞淋巴瘤
C86.300　皮下血管炎样T细胞淋巴瘤
C86.400　原始NK细胞淋巴瘤
C86.500　血管免疫母细胞性T细胞淋巴瘤
C86.600　原发性皮肤CD30阳性T细胞增殖性病变
C86.601　淋巴瘤样丘疹病
C86.602　原发性皮肤间变性大细胞淋巴瘤
C86.603　原发性皮肤CD30+间变性大细胞淋巴瘤
C88.000　瓦尔登斯特伦巨球蛋白血症
C88.000x002　高粘滞综合征
C88.000x011　巨球蛋白血症伴缓解
C88.000x012　高粘滞综合征伴缓解
C88.200　其他重链病
C88.200x011　γ重链病伴缓解
C88.200x012　富兰克林病伴缓解
C88.201　富兰克林病
C88.202　γ重链病
C88.203　Mμ重链病
C88.300　免疫增生性小肠病
C88.301　地中海淋巴瘤
C88.302　α重链病
C88.400　MALT-淋巴瘤
C88.401　与黏膜有关的淋巴样组织淋巴瘤
C88.402　与支气管有关的淋巴样组织淋巴瘤
C88.403　与皮肤有关的淋巴样组织淋巴瘤
C88.700　恶性免疫增生性疾病，其他的
C88.700x002　重链病
C88.700x003　μ重链病
C88.700x012　重链病伴缓解
C88.700x013　μ重链病伴缓解
C88.701　血管中心性免疫增生性病变，恶性
C88.900　恶性免疫增生性疾病
C88.900x001　原发性免疫疾病相关性淋巴增殖性疾病
C90.000　多发性骨髓瘤
C90.000x004　卡勒病
C90.000x005　浆细胞病
C90.000x008+M90.6*　多发性骨髓瘤引起的变形性

骨炎
C90.000x009 多发性骨髓瘤髓外浸润
C90.000x011 多发性骨髓瘤伴缓解
C90.000x012 浆细胞性骨髓瘤伴缓解
C90.000x014 卡勒病伴缓解
C90.000x021 多发性骨髓瘤（IgGλ型）
C90.000x022 多发性骨髓瘤（IgG κ 型）
C90.000x023 多发性骨髓瘤（轻链λ型）
C90.000x024 多发性骨髓瘤（轻链 κ 型）
C90.000x025 多发性骨髓瘤（无分泌型）
C90.000x026 多发性骨髓瘤（IgDλ型）
C90.000x027 多发性骨髓瘤（IgAλ型）
C90.000x028 多发性骨髓瘤（IgA κ 型）
C90.000x029 多发性骨髓瘤（IgD κ 型）
C90.000x030 多发性骨髓瘤（DS分期Ⅰ期）
C90.000x031 多发性骨髓瘤（DS分期Ⅱ期B组）
C90.000x032 多发性骨髓瘤（DS分期Ⅱ期）
C90.000x033 多发性骨髓瘤（DS分期Ⅲ期B组）
C90.000x034 多发性骨髓瘤（DS分期Ⅲ期）
C90.000x035 多发性骨髓瘤（DS分期Ⅰ期B组）
C90.000x036 多发性骨髓瘤（ISS分期Ⅲ期）
C90.000x037 多发性骨髓瘤（ISS分期Ⅲ期B组）
C90.000x038 多发性骨髓瘤（ISS分期Ⅱ期）
C90.000x039 多发性骨髓瘤（ISS分期Ⅱ期B组）
C90.000x040 多发性骨髓瘤（ISS分期Ⅰ期）
C90.000x041 多发性骨髓瘤（ISS分期Ⅰ期B组）
C90.001 骨髓瘤病
C90.002 浆细胞性骨髓瘤
C90.004+N16.1* 多发性骨髓瘤伴肾小管间质病
C90.005+N08.1* 骨髓瘤伴肾小球病变
C90.100 浆细胞白血病
C90.100x002 继发性浆细胞白血病
C90.100x011 浆细胞白血病伴缓解
C90.200 髓外浆细胞瘤
C90.200x008 软组织浆细胞瘤
C90.200x009 原发皮肤浆细胞瘤
C90.200x013 髓外的浆细胞瘤伴缓解
C90.300 孤立性浆细胞瘤
C90.300x001 浆细胞瘤伴缓解
C90.300x002 浆细胞肉瘤伴缓解
C90.300x003 浆细胞肉瘤
C90.300x004 孤立性骨髓瘤伴缓解
C90.301 局限性恶性浆细胞瘤
C90.302 浆细胞瘤
C90.303 孤立性骨髓瘤
C91.000 急性淋巴细胞白血病
C91.000x006 前B细胞急性淋巴细胞白血病
C91.000x007 前T细胞急性淋巴细胞白血病
C91.000x009 B淋巴母细胞性白血病/淋巴瘤
C91.000x012 急性淋巴细胞白血病L1伴缓解
C91.000x013 急性淋巴细胞白血病L2伴缓解
C91.000x014 急性淋巴细胞白血病L3伴缓解
C91.000x015 慢性粒细胞性白血病伴缓解（急淋变）
C91.000x016 T淋巴母细胞白血病/淋巴瘤
C91.000x017 前T细胞急性淋巴细胞白血病伴缓解
C91.001 急性淋巴细胞性白血病，L1型
C91.002 急性淋巴细胞性白血病，L2型
C91.003 急性淋巴细胞性白血病，L3型
C91.004 慢性粒细胞性白血病，急淋变
C91.006 急性淋巴细胞白血病，完全缓解
C91.007 成人Ph+急性淋巴细胞白血病（ALL）
C91.008 成人Ph-急性淋巴细胞白血病（ALL）
C91.100 B细胞型慢性淋巴细胞白血病
C91.100x011 慢性淋巴细胞白血病伴缓解
C91.100x012 慢性淋巴细胞性白血病，急性变
C91.101 淋巴浆细胞性白血病
C91.102 Richter综合征
C91.300 幼淋巴细胞白血病，B细胞型
C91.400 多毛细胞白血病
C91.400x004 毛细胞白血病（变异型）
C91.400x013 毛细胞白血病伴缓解
C91.401 白血病性网状内皮细胞增多症
C91.500 成人T-细胞淋巴瘤/白血病［HTLV-1-相关性］
C91.500x011 成人T细胞白血病伴缓解
C91.600 T细胞型早幼粒细胞白血病
C91.700 淋巴样白血病，其他的
C91.701 非白血性淋巴细胞性白血病
C91.704 T-细胞大颗粒淋巴细胞白血病
C91.800 伯基特型成熟B细胞白血病
C91.900 淋巴样白血病
C91.901 淋巴细胞白血病
C92.000 急性髓细胞白血病
C92.000x003 急性粒细胞性白血病
C92.000x006 急性嗜碱性粒细胞白血病
C92.000x011 急性粒细胞性白血病未分化型伴缓解（M1型）
C92.000x012 急性粒细胞性白血病部分分化型伴

缓解（M2型）
C92.000x013　急性粒细胞性白血病伴缓解
C92.000x014　急性髓系白血病，伴有异常的骨髓嗜酸性粒细胞
C92.000x015　急性髓系白血病，最低分化
C92.000x016　急性髓系白血病，伴有成熟
C92.000x017　急性髓系白血病，完全缓解
C92.000x018　急性髓系白血病，t (6; 9)(p23; q34); DEK::NUP214
C92.001　急性髓细胞白血病，微分化型
C92.002　急性髓细胞白血病，不伴有成熟
C92.003　急性髓细胞白血病，1/ETO型
C92.004　急性髓细胞白血病，M0型
C92.005　急性髓细胞白血病，M1型
C92.006　急性髓细胞白血病，M2型
C92.007　急性髓细胞白血病，t (8; 21)
C92.008　急性髓细胞白血病（没有FAB分类），未特指
C92.009　转化过程中难治性贫血伴原始细胞增多
C92.100　慢性髓系白血病（CML），BCR/ABL阳性
C92.100x001　慢性粒细胞性白血病
C92.100x002　慢性粒细胞性白血病（急性变）
C92.100x004　慢性髓单核细胞性白血病
C92.100x011　慢性粒细胞性白血病伴缓解
C92.100x012　慢性粒细胞性白血病伴缓解（急性变）
C92.100x014　慢性髓单核细胞性白血病伴缓解
C92.100x016　慢性髓系白血病伴缓解
C92.100x017　慢性髓系白血病，急性发作
C92.100x018　慢性中幼粒细胞性白血病
C92.100x019　慢性髓系白血病，BCR/ABL阳性
C92.101　费城染色体（Ph1）阳性慢性粒细胞白血病
C92.102　慢性粒细胞白血病伴t (9: 22)(q34; q11)
C92.103　慢性粒细胞白血病原始细胞危象
C92.200　非典型性慢性髓系白血病，BCR/ABL阴性
C92.200x001　慢性粒细胞白血病（加速期）
C92.200x011　慢性粒细胞白血病伴缓解（加速期）
C92.201　亚急性粒细胞性白血病
C92.300　髓样肉瘤
C92.300x001　绿色瘤
C92.300x003　粒细胞肉瘤
C92.300x011　绿色瘤伴缓解
C92.300x013　粒细胞肉瘤伴缓解
C92.400x011　急性早幼粒细胞白血病伴缓解（M3型）
C92.401　急性早幼粒细胞性白血病，完全缓解
C92.402　急性髓细胞白血病，M3型
C92.403　急性髓细胞白血病，M3伴t (15; 17)伴多样型
C92.500x011　急性粒单核细胞白血病伴缓解（M4型）
C92.501　急性髓细胞白血病，M4型
C92.502　急性髓细胞白血病，M4伴t (16; 16)伴多样型
C92.600　急性髓系白血病伴11q23异常
C92.601　急性髓系白血病伴MLL基因变异
C92.700　髓样白血病，其他的
C92.700x006　唐氏综合征相关的髓系白血病
C92.700x012　嗜碱细胞性白血病伴缓解
C92.700x013　嗜酸细胞性白血病伴缓解
C92.701　非白血性髓系白血病
C92.703　嗜碱细胞白血病
C92.706　嗜酸细胞白血病
C92.800　急性髓系白血病伴多系增生异常
C92.900　髓样白血病
C92.900x001　低增生性粒细胞性白血病
C92.900x011　低增生性粒细胞性白血病伴缓解
C92.901　粒细胞白血病
C93.000x011　急性单核细胞性白血病伴缓解（M5型）
C93.000x016　急性单核细胞白血病伴缓解
C93.001　急性髓细胞白血病，M5a型
C93.002　急性髓细胞白血病，M5b型
C93.003　急性髓细胞白血病，M5型
C93.100　慢性粒单核细胞白血病
C93.100x011　慢性单核细胞白血病伴缓解
C93.100x012　慢性单核细胞白血病，急性加重
C93.100x013　慢性粒单核细胞性白血病伴缓解
C93.101　慢性单核细胞白血病
C93.102　慢性粒单核细胞白血病-1
C93.103　慢性粒单核细胞白血病-2
C93.104　慢性粒单核细胞白血病伴嗜酸粒细胞增多
C93.300　幼年型骨髓单核细胞白血病
C93.300x001　幼年型粒单核细胞白血病伴缓解
C93.700　单核细胞白血病，其他的
C93.701　非白血性单核细胞白血病
C93.900　单核细胞白血病
C93.901　组织细胞白血病
C94.000x001　急性红白血病（M6型）
C94.000x011　急性红白血病伴缓解（M6型）
C94.001　红白血病

C94.004　急性髓系白血病，M6（a）（b）
C94.200　急性原巨核细胞白血病
C94.200x011　急性巨核细胞白血病伴缓解（M7型）
C94.201　急性巨核细胞性白血病
C94.202　急性髓系白血病，M7
C94.300　肥大细胞白血病
C94.300x011　肥大细胞白血病伴缓解
C94.400　急性全骨髓增殖症伴骨髓纤维化
C94.400x001　急性骨髓纤维化
C94.600　骨髓增生异常和骨髓增生性疾病，不可归类在他处者
C94.700　白血病，其他特指的
C94.700x004　中枢神经系统白血病
C94.700x014　中枢神经系统白血病伴缓解
C94.702　急性嗜碱细胞性白血病
C94.703　侵袭性NK细胞白血病
C95.000　急性白血病
C95.000x002　急性白血病髓外复发
C95.000x003　急性非淋巴细胞性白血病
C95.000x015　急性白血病（谱系未定）
C95.000x016　B淋巴细胞和髓系混合表型急性白血病
C95.000x017　T淋巴细胞和髓系混合表型急性白血病
C95.000x018　NK细胞淋巴母细胞性白血病/淋巴瘤
C95.000x101　急性白血病伴缓解
C95.000x102　急性白血病髓外复发伴缓解
C95.000x115　急性白血病伴缓解（谱系未定）
C95.000x116　B淋巴细胞和髓系混合表型急性白血病伴缓解
C95.000x117　T淋巴细胞和髓系混合表型急性白血病伴缓解
C95.000x118　NK细胞淋巴母细胞性白血病/淋巴瘤伴缓解
C95.002　干细胞白血病
C95.003　未分化细胞白血病
C95.004　急性双系白血病
C95.005　急性混合型单系白血病
C95.006　急性双表型白血病
C95.100　慢性白血病
C95.100x011　慢性白血病伴缓解
C95.100x012　慢性白血病急性加重
C95.700x001　高白细胞白血病
C95.700x002　先天性白血病
C95.700x003　皮肤白血病
C95.700x011　高白细胞白血病伴缓解
C95.900　白血病
C95.900x003+M36.1*　白血病性关节病
C95.900x005　难治性白血病
C95.900x007+N16.1*　白血病致肾小管间质疾患
C95.900x012　混合细胞性白血病伴缓解
C95.900x013+M36.1*　白血病性关节病伴缓解
C95.900x015　难治性白血病伴缓解
C95.900x017+N16.1*　白血病致肾小管间质疾患伴缓解
C95.901　混合细胞性白血病
C96.000　莱特雷尔-西韦病
C96.002　急性分化性进行性组织细胞增多症
C96.004　组织细胞增生症X，多系统
C96.200　恶性肥大细胞瘤
C96.200x005　全身性肥大细胞病
C96.200x006　皮肤外肥大细胞病
C96.200x013　肥大细胞肉瘤伴缓解
C96.201　侵袭性系统性肥大细胞增生症
C96.202　肥大细胞肉瘤
C96.400　树突细胞肉瘤
C96.400x001　滤泡树突状细胞肉瘤
C96.400x002　未定型树突细胞瘤
C96.400x003　母细胞性浆细胞样树状突细胞肿瘤
C96.400x004　指突状树突细胞肉瘤
C96.401　交错树突细胞肉瘤
C96.402　朗格汉斯细胞肉瘤
C96.403　小结树突细胞肉瘤
C96.500　朗格汉斯细胞组织细胞增生症，多病灶和单系统性
C96.501　汉-许-克病
C96.502　组织细胞增生症X，多病灶
C96.600　朗格汉斯细胞组织细胞增生症，单病灶
C96.601　嗜酸细胞性肉芽肿
C96.602　组织细胞增生症X，单病灶
C96.603　组织细胞增生症XNOS
C96.604　朗格汉斯细胞组织细胞增生症NOS
C96.700　淋巴、造血和有关组织其他特指的恶性肿瘤
C96.704　原发皮肤γδ-T细胞淋巴瘤
C96.705　种痘样水疱病样淋巴瘤
C96.800　组织细胞肉瘤
C96.801　恶性组织细胞增生症
C96.900　淋巴、造血和有关组织的恶性肿瘤

表6-3-34

D00.000x005 唇红缘原位癌
D00.000x007 鼻咽原位癌
D00.000x008 腮腺原位癌
D00.001 扁桃体原位癌
D00.002 唇原位癌
D00.003 口腔原位癌
D00.004 舌原位癌
D00.005 杓状会厌褶原位癌
D00.006 口底原位癌
D00.007 咽原位癌
D00.008 下咽原位癌
D00.009 舌下腺原位癌
D00.010 颌下腺原位癌
D00.011 颊黏膜原位癌
D00.012 臼齿后区原位癌
D00.013 硬腭原位癌
D00.100 食管原位癌
D00.200 胃原位癌
D00.200x002 贲门食管连接部原位癌
D00.200x003 胃角原位癌
D01.000 结肠原位癌
D01.100 直肠乙状结肠连接处原位癌
D01.200 直肠原位癌
D01.300x001 肛门原位癌
D01.301 肛管原位癌
D01.401 肠原位癌
D01.402 小肠原位癌
D01.403 空肠原位癌
D01.404 回肠原位癌
D01.405 十二指肠原位癌
D01.500x001 肝原位癌
D01.501 胆囊原位癌
D01.502 胆道原位癌
D01.503 法特壶腹原位癌
D01.700 消化器官其他特指的原位癌
D01.701 胰腺原位癌
D01.900 消化器官原位癌
D02.000 喉原位癌
D02.000x003 喉面杓状会厌褶原位癌
D02.000x004 会厌舌骨上原位癌
D02.001 会厌原位癌
D02.002 声带原位癌
D02.100 气管原位癌
D02.200x002 肺原位癌
D02.201 支气管原位癌
D02.300 呼吸系统其他部位的原位癌
D02.301 鼻腔原位癌
D02.302 鼻旁窦原位癌
D02.303 中耳原位癌
D02.400 呼吸系统的原位癌
D03.000 唇原位黑色素瘤
D03.100x002 眼睑原位黑色素瘤
D03.100x003 眦原位黑色素瘤
D03.200x002 耳原位黑色素瘤
D03.201 外耳道原位黑色素瘤
D03.301 面部原位黑色素瘤
D03.400x002 头皮原位黑色素瘤
D03.401 颈部原位黑色素瘤
D03.500 躯干原位黑色素瘤
D03.500x002 肛门原位黑色素瘤
D03.501 乳房原位黑色素瘤
D03.502 肛门边缘原位黑色素瘤
D03.503 肛门皮肤原位黑色素瘤
D03.504 肛周原位黑色素瘤
D03.600 上肢（包括肩）原位黑色素瘤
D03.600x002 上肢端原位黑色素瘤
D03.601 肩原位黑色素瘤
D03.602 手原位黑色素瘤
D03.700x001 下肢原位黑色素瘤
D03.700x002 下肢端原位黑色素瘤
D03.701 髋原位黑色素瘤
D03.800 原位黑色素瘤，其他部位的
D03.900 原位黑色素瘤
D03.900x002 浅表扩散性原位黑色素瘤
D04.000 唇皮肤原位癌
D04.100x001 眼皮肤原位癌
D04.101 眦原位癌
D04.200x001 耳皮肤原位癌
D04.201 外耳道皮肤原位癌
D04.300x001 鼻沟皮肤原位癌
D04.300x002 面皮肤原位癌
D04.400x001 头皮原位癌
D04.401 颈部皮肤原位癌
D04.500 躯干皮肤原位癌
D04.501 乳房皮肤原位癌
D04.502 肛门边缘皮肤原位癌
D04.503 肛门皮肤原位癌
D04.504 肛周皮肤原位癌

D04.600x001　上肢皮肤原位癌
D04.601　肩皮肤原位癌
D04.700x001　下肢皮肤原位癌
D04.701　髋皮肤原位癌
D04.800　皮肤其他部位的原位癌
D04.900x001　皮肤原位癌
D05.000　乳房小叶原位癌
D05.100　乳房导管原位癌
D05.700　乳房其他部位的原位癌
D05.900　乳房的原位癌
D06.000　宫颈内膜原位癌
D06.100　宫颈外膜原位癌
D06.700　宫颈其他部位的原位癌
D06.900　宫颈的原位癌
D06.900x002　子宫颈上皮内瘤变Ⅲ级［CIN Ⅲ级］
D07.000　子宫内膜原位癌
D07.100　外阴原位癌
D07.100x002　外阴上皮内瘤变Ⅲ级［VIN Ⅲ级］
D07.200　阴道原位癌
D07.200x002　阴道上皮内瘤变Ⅲ级［VAIN Ⅲ级］
D07.301　卵巢原位癌
D07.302　输卵管原位癌
D07.303　子宫体原位癌
D07.304　女性生殖器官原位癌
D07.400　阴茎原位癌
D07.401　凯拉增殖性红斑
D07.402　包皮原位癌
D07.500　前列腺原位癌
D07.601　阴囊原位癌
D07.602　睾丸原位癌
D07.603　男性生殖器官原位癌
D09.000　膀胱原位癌
D09.100x001　尿道原位癌
D09.101　肾原位癌
D09.102　肾盂原位癌
D09.103　输尿管原位癌
D09.104　泌尿器官原位癌
D09.200　眼原位癌
D09.201　眼球原位癌
D09.202　角膜原位癌
D09.300　甲状腺和其他和未特指内分泌腺原位癌
D09.301　甲状腺原位癌
D09.302　垂体原位癌
D09.303　肾上腺原位癌
D09.304　甲状旁腺原位癌
D09.700　原位癌，其他特指部位的
D09.700x001　骶尾原位癌
D09.700x002　腹腔原位癌
D09.701　颊原位癌
D09.900　原位癌

表 6-3-35

D37.000x001　扁桃体交界性肿瘤
D37.000x002　唇交界性肿瘤
D37.000x003　腮腺交界性肿瘤
D37.000x004　唾液腺交界性肿瘤
D37.000x005　咽部交界性肿瘤
D37.000x006　杓状会厌褶交界性肿瘤
D37.000x007　唇红缘交界性肿瘤
D37.000x008　大唾液腺交界性肿瘤
D37.000x009　小唾液腺交界性肿瘤
D37.000x010　齿龈交界性肿瘤
D37.000x011　鼻咽交界性肿瘤
D37.000x012　舌根交界性肿瘤
D37.000x013　口底交界性肿瘤
D37.000x014　腭交界性肿瘤
D37.000x015　颊黏膜交界性肿瘤
D37.001　唇肿瘤
D37.002　口腔动态未定肿瘤
D37.003　口腔肿瘤
D37.004　咽动态未定肿瘤
D37.005　咽肿瘤
D37.006　腭动态未定肿瘤
D37.007　腭肿瘤
D37.008　舌根动态未定肿瘤
D37.009　舌根肿瘤
D37.010　腮腺动态未定肿瘤
D37.011　腮腺肿瘤
D37.012　扁桃体动态未定肿瘤
D37.013　扁桃体肿瘤
D37.014　大涎腺动态未定肿瘤
D37.015　大涎腺肿瘤
D37.016　小涎腺动态未定肿瘤
D37.017　小涎腺肿瘤
D37.018　杓状会厌褶动态未定肿瘤
D37.019　杓状会厌褶肿瘤
D37.100x001　贲门交界性肿瘤
D37.100x002　胃交界性肿瘤
D37.100x003　胃角交界性肿瘤
D37.101　胃肿瘤

D37.102 贲门动态未定肿瘤
D37.103 贲门肿瘤
D37.200x001 十二指肠交界性肿瘤
D37.200x002 小肠交界性肿瘤
D37.200x003 空肠交界性肿瘤
D37.200x004 回肠交界性肿瘤
D37.201 小肠肿瘤
D37.202 十二指肠动态未定肿瘤
D37.203 十二指肠肿瘤
D37.204 空肠动态未定肿瘤
D37.205 空肠肿瘤
D37.206 回肠动态未定肿瘤
D37.207 回肠肿瘤
D37.300x001 阑尾交界性肿瘤
D37.301 阑尾肿瘤
D37.400x001 结肠交界性肿瘤
D37.400x002 乙状结肠交界性肿瘤
D37.401 结肠肿瘤
D37.402 升结肠动态未定肿瘤
D37.403 升结肠肿瘤
D37.404 横结肠动态未定肿瘤
D37.405 横结肠肿瘤
D37.406 降结肠动态未定肿瘤
D37.407 降结肠肿瘤
D37.408 乙状结肠动态未定肿瘤
D37.409 乙状结肠肿瘤
D37.410 盲肠动态未定肿瘤
D37.411 盲肠肿瘤
D37.500x001 直肠交界性肿瘤
D37.500x002 直肠乙状结肠连接部交界性肿瘤
D37.501 直肠肿瘤
D37.502 直肠乙状结肠交界处动态未定肿瘤
D37.503 直肠乙状结肠交界处肿瘤
D37.600x001 胆囊交界性肿瘤
D37.600x002 法特壶腹交界性肿瘤
D37.600x003 肝交界性肿瘤
D37.600x004 肝胆管交界性肿瘤
D37.601 肝肿瘤
D37.602 胆囊动态未定肿瘤
D37.603 胆囊肿瘤
D37.604 胆管动态未定肿瘤
D37.605 胆管肿瘤
D37.606 壶腹部动态未定肿瘤
D37.607 壶腹部肿瘤
D37.700x001 肠交界性肿瘤
D37.700x002 食管交界性肿瘤
D37.700x003 胰腺交界性肿瘤
D37.700x005 脾交界性肿瘤
D37.700x007 肛管交界性肿瘤
D37.701 食管动态未定肿瘤
D37.702 食管肿瘤
D37.703 脾动态未定肿瘤
D37.704 脾肿瘤
D37.705 胰腺动态未定肿瘤
D37.706 胰腺肿瘤
D37.707 肠动态未定肿瘤
D37.708 肠肿瘤
D37.709 肛门动态未定肿瘤
D37.710 肛门肿瘤
D37.900x001 消化器官交界性肿瘤
D37.901 消化器官肿瘤
D38.000x001 会厌交界性肿瘤
D38.000x002 喉交界性肿瘤
D38.001 喉肿瘤
D38.002 会厌动态未定肿瘤
D38.003 会厌肿瘤
D38.100x001 肺交界性肿瘤
D38.100x002 气管交界性肿瘤
D38.100x003 支气管交界性肿瘤
D38.101 肺肿瘤
D38.102 气管动态未定肿瘤
D38.103 气管肿瘤
D38.104 支气管动态未定肿瘤
D38.105 支气管肿瘤
D38.200x001 胸膜交界性肿瘤
D38.201 胸膜肿瘤
D38.300x001 纵隔交界性肿瘤
D38.300x002 前纵隔交界性肿瘤
D38.300x003 后纵隔交界性肿瘤
D38.301 纵隔肿瘤
D38.400x001 胸腺交界性肿瘤
D38.401 胸腺肿瘤
D38.500x001 鼻腔交界性肿瘤
D38.500x003 鼻窦交界性肿瘤
D38.500x004 鼻软骨交界性肿瘤
D38.500x005 中耳交界性肿瘤
D38.501 鼻腔动态未定肿瘤
D38.502 鼻腔肿瘤
D38.503 鼻旁窦动态未定肿瘤
D38.504 鼻旁窦肿瘤

D38.505　鼻软骨动态未定肿瘤
D38.506　鼻软骨肿瘤
D38.507　中耳动态未定肿瘤
D38.508　中耳肿瘤
D38.509　鼻颅底交通性肿瘤
D38.600x001　呼吸系统交界性肿瘤
D38.601　呼吸器官肿瘤
D39.000x001　子宫交界性肿瘤
D39.000x002　子宫内膜交界性肿瘤
D39.001　子宫肿瘤
D39.002　子宫体动态未定肿瘤
D39.003　子宫体肿瘤
D39.004　子宫颈动态未定肿瘤
D39.005　子宫颈肿瘤
D39.100x001　卵巢多房囊肿
D39.100x003　卵巢交界性肿瘤
D39.101　卵巢肿瘤
D39.200x001　侵蚀性葡萄胎
D39.200x002　胎盘交界性肿瘤
D39.201　胎盘肿瘤
D39.202　恶性葡萄胎
D39.203　侵袭性葡萄胎
D39.204　破坏性绒毛膜腺瘤
D39.700x001　输卵管交界性肿瘤
D39.700x002　阴道交界性肿瘤
D39.701　外阴动态未定肿瘤
D39.702　外阴肿瘤
D39.703　子宫韧带动态未定肿瘤
D39.704　子宫韧带肿瘤
D39.705　输卵管动态未定肿瘤
D39.706　输卵管肿瘤
D39.707　阴道动态未定肿瘤
D39.708　阴道肿瘤
D39.709　女性生殖器官皮肤动态未定肿瘤
D39.710　女性生殖器官皮肤肿瘤
D39.900x001　女性生殖器官交界性肿瘤
D39.901　女性生殖器官肿瘤
D39.902　尿道阴道隔动态未定肿瘤
D39.903　尿道阴道隔肿瘤
D40.000x001　前列腺交界性肿瘤
D40.001　前列腺肿瘤
D40.100x002　睾丸交界性肿瘤
D40.101　睾丸肿瘤
D40.700x001　附睾交界性肿瘤
D40.700x002　精囊交界性肿瘤
D40.700x003　阴茎纤维瘤病
D40.701　阴茎动态未定肿瘤
D40.702　阴茎肿瘤
D40.703　男性生殖器官皮肤动态未定肿瘤
D40.704　男性生殖器官皮肤肿瘤
D40.900x001　男性生殖器官交界性肿瘤
D40.901　男性生殖器官肿瘤
D41.000x001　肾交界性肿瘤
D41.001　肾肿瘤
D41.100x001　肾盂交界性肿瘤
D41.101　肾盂肿瘤
D41.200x001　输尿管交界性肿瘤
D41.201　输尿管肿瘤
D41.300x001　尿道交界性肿瘤
D41.301　尿道肿瘤
D41.400x001　膀胱交界性肿瘤
D41.400x004　膀胱息肉
D41.401　膀胱肿瘤
D41.700　泌尿器官动态未定或动态未知的肿瘤，其他的
D41.900x001　泌尿生殖系统交界性肿瘤
D41.901　泌尿系统肿瘤
D42.000x001　脑膜交界性肿瘤
D42.000x002　硬脑膜下交界性肿瘤
D42.001　脑膜肿瘤
D42.002　硬脑膜下动态未定肿瘤
D42.003　硬脑膜下肿瘤
D42.100x001　脊膜交界性肿瘤
D42.100x002　硬脊膜下交界性肿瘤
D42.101　脊膜肿瘤
D42.900x001　脑脊膜交界性肿瘤
D42.900x002　硬膜下交界性肿瘤
D42.901　脑脊膜肿瘤
D43.000x001　枕叶交界性肿瘤
D43.000x002　脑室交界性肿瘤
D43.000x003　额叶交界性肿瘤
D43.000x004　顶叶交界性肿瘤
D43.000x005　颞叶交界性肿瘤
D43.000x006　大脑交界性肿瘤
D43.001　脑幕上肿瘤
D43.002　脑室动态未定肿瘤
D43.003　脑室肿瘤
D43.004　大脑动态未定肿瘤
D43.005　大脑肿瘤
D43.006　额叶动态未定肿瘤

D43.007　额叶肿瘤
D43.008　枕叶动态未定肿瘤
D43.009　枕叶肿瘤
D43.010　顶叶动态未定肿瘤
D43.011　顶叶肿瘤
D43.012　颞叶动态未定肿瘤
D43.013　颞叶肿瘤
D43.100x001　脑干交界性肿瘤
D43.100x002　小脑交界性肿瘤
D43.100x003　延髓交界性肿瘤
D43.100x004　第四脑室交界性肿瘤
D43.101　脑幕下肿瘤
D43.102　脑干动态未定肿瘤
D43.103　脑干肿瘤
D43.104　小脑动态未定肿瘤
D43.105　小脑肿瘤
D43.106　延髓动态未定肿瘤
D43.107　延髓肿瘤
D43.200x001　颅内交界性肿瘤
D43.200x002　脑交界性肿瘤
D43.200x003　颅底沟通交界性肿瘤
D43.200x004　颅底交界性肿瘤
D43.200x005　斜坡交界性肿瘤
D43.201　脑肿瘤
D43.202　颅底交通性肿瘤
D43.300x001　脑神经交界性肿瘤
D43.300x002　嗅神经交界性肿瘤
D43.300x003　视神经交界性肿瘤
D43.300x004　动眼神经交界性肿瘤
D43.300x005　滑车神经交界性肿瘤
D43.300x006　三叉神经交界性肿瘤
D43.300x007　外展神经交界性肿瘤
D43.300x008　面神经交界性肿瘤
D43.300x009　听神经交界性肿瘤
D43.300x010　舌咽神经交界性肿瘤
D43.300x011　迷走神经交界性肿瘤
D43.300x012　副神经交界性肿瘤
D43.300x013　舌下神经交界性肿瘤
D43.301　脑神经肿瘤
D43.400x001　脊髓交界性肿瘤
D43.400x002　马尾交界性肿瘤
D43.401　脊髓肿瘤
D43.402　马尾动态未定肿瘤
D43.403　马尾肿瘤
D43.700　中枢神经系统其他部位动态未定或动态未知的肿瘤
D43.900x001　硬膜外交界性肿瘤
D43.900x002　椎管内交界性肿瘤
D43.900x003　硬脑膜外交界性肿瘤
D43.900x004　硬脊膜外交界性肿瘤
D43.901　中枢神经系统肿瘤
D43.902　硬脑膜外动态未定肿瘤
D43.903　硬脑膜外肿瘤
D44.000x001　甲状腺交界性肿瘤
D44.001　甲状腺肿瘤
D44.100x001　肾上腺交界性肿瘤
D44.101　肾上腺肿瘤
D44.200x001　甲状旁腺交界性肿瘤
D44.201　甲状旁腺肿瘤
D44.300x001　垂体交界性肿瘤
D44.301　垂体肿瘤
D44.400x001　颅咽管交界性肿瘤
D44.401　颅咽管肿瘤
D44.500x001　松果体交界性肿瘤
D44.500x003　松果体区交界性肿瘤
D44.501　松果体肿瘤
D44.600x002　颈动脉体交界性肿瘤
D44.601　颈动脉体肿瘤
D44.700　主动脉体和其他节旁体动态未定或动态未知的肿瘤
D44.700x002　主动脉体交界性肿瘤
D44.700x003　颈静脉体交界性肿瘤
D44.700x004　颈静脉球交界性肿瘤
D44.701　主动脉体肿瘤
D44.702　颈静脉球动态未定肿瘤
D44.703　颈静脉球肿瘤
D44.800　累及多个腺体动态未定或动态未知的肿瘤
D44.800x002　多内分泌腺瘤病
D44.801　累及多个腺体肿瘤
D44.802　多发性内分泌腺瘤病
D44.900x001　内分泌腺交界性肿瘤
D44.901　内分泌腺肿瘤
D45.x00　真性红细胞增多症
D46.000　难治性贫血不伴有环形铁粒幼细胞，如此述及的
D46.000x002　骨髓再生不良性贫血
D46.000x003　再生不良性贫血
D46.001　难治性贫血伴单系病态造血
D46.100　难治性贫血伴有环形铁粒幼细胞
D46.100x002　伴环形铁粒幼红细胞的难治性贫血

合并血小板显著增多
D46.100x012　伴环形铁粒幼红细胞的难治性贫血合并血小板显著增多伴缓解
D46.200　难治性贫血伴有胚细胞过多
D46.201x001　难治贫血伴有胚细胞过多-Ⅰ型
D46.203　难治性贫血伴有胚细胞过多-Ⅱ型
D46.400　难治性贫血
D46.500　难治性贫血伴多系病态造血
D46.600　MDS-5q-综合症
D46.700　骨髓增生异常综合征，其他的
D46.700x001　难治性血细胞减少伴单一系列病态造血
D46.700x002　难治性中性粒细胞减少症
D46.700x003　难治性血小板减少症
D46.700x006　不能分型的骨髓异常增生综合征
D46.700x007　儿童骨髓异常增生综合征
D46.700x008　儿童难治性血细胞减少
D46.900　骨髓增生异常综合征
D46.900x002　骨髓增生异常性贫血
D46.900x004　骨髓发育不良综合征
D46.900x006　治疗相关性AML和MDS
D46.901　白血病前期综合征
D47.000　动态未定和动态未知的组织细胞和肥大细胞瘤
D47.001　懒性系统性肥大细胞增多症
D47.002　肥大细胞肿瘤，未特指
D47.003　肥大细胞瘤，未特指
D47.004　非肥大细胞系的造血系统增生疾病
D47.100　慢性骨髓增生性疾病
D47.100x004　慢性骨髓增殖性肿瘤
D47.100x007　慢性骨髓增殖性疾病（不能分型）
D47.100x008　骨髓增生异常性/骨髓增殖性肿瘤（不能分型）
D47.100x009　唐氏综合征相关的骨髓增殖性疾病
D47.100x017　慢性骨髓增殖性疾病伴缓解（不能分型）
D47.100x018　骨髓增生异常性/骨髓增殖性肿瘤伴缓解（不能分型）
D47.100x019　慢性中性粒细胞性白血病伴缓解
D47.101　慢性中性粒细胞白血病
D47.200　意义未明的单克隆丙种球蛋白病
D47.200x003　单克隆免疫球蛋白沉积病
D47.200x004+G63.1*　副蛋白血症相关神经病
D47.200x005+G63.1*　神经病伴副蛋白血症
D47.300　特发性（出血性）血小板增多症
D47.400　骨髓纤维瘤
D47.401　慢性原发性（特发性）骨髓纤维化
D47.402　（特发性）（髓样化生性）骨髓纤维化
D47.403　（巨核细胞性）骨髓硬化伴有髓样化生的
D47.404　继发性骨髓纤维化骨髓增殖性疾病
D47.500　慢性嗜酸性粒细胞白血病
D47.700　淋巴、造血和有关组织其他特指的动态未定或动态未知的肿瘤
D47.700x005　B淋巴细胞克隆性疾病
D47.700x006　原发性系统性淀粉样变性
D47.700x007　Castleman病
D47.700x008　儿童Castleman病
D47.700x009　局限性Castleman病
D47.700x010　多中心性Castleman病
D47.700x011　血管滤泡性淋巴细胞增生病
D47.701　血管中心性免疫增生性损害
D47.702　血管免疫母细胞淋巴结病
D47.703　T-γ淋巴组织增生性疾病
D47.900　淋巴、造血和有关组织的动态未定或动态未知的肿瘤
D47.900x001　淋巴细胞增殖性疾病
D47.900x002　移植后淋巴增殖性疾病
D48.000x001　骨交界性肿瘤
D48.000x004　上颌骨交界性肿瘤
D48.000x028　髂骨交界性肿瘤
D48.001　骨肿瘤
D48.002　颅骨动态未定肿瘤
D48.003　颅骨肿瘤
D48.004　面骨动态未定肿瘤
D48.005　面骨肿瘤
D48.006　锁骨动态未定肿瘤
D48.007　锁骨肿瘤
D48.008　胸骨动态未定肿瘤
D48.009　胸骨肿瘤
D48.010　肋骨动态未定肿瘤
D48.011　肋骨肿瘤
D48.012　脊柱动态未定肿瘤
D48.013　脊柱肿瘤
D48.014　盆骨动态未定肿瘤
D48.015　盆骨肿瘤
D48.016　骶骨动态未定肿瘤
D48.017　骶骨肿瘤
D48.018　上肢骨动态未定肿瘤
D48.019　上肢骨肿瘤
D48.020　下肢骨动态未定肿瘤

D48.021　下肢骨肿瘤
D48.022　关节动态未定肿瘤
D48.023　关节肿瘤
D48.100x003　骶前结缔组织交界性肿瘤
D48.100x006　滑膜交界性肿瘤
D48.100x007　结缔组织交界性肿瘤
D48.100x008　颈静脉交界性肿瘤
D48.100x009　软组织交界性肿瘤
D48.100x018　腹部结缔组织交界性肿瘤
D48.100x020　盆腔结缔组织交界性肿瘤
D48.100x021　背部结缔组织交界性肿瘤
D48.100x023　脑血管交界性肿瘤
D48.100x024　血管交界性肿瘤
D48.100x025　肢端结缔组织交界性肿瘤
D48.101　头部结缔组织动态未定肿瘤
D48.102　头部结缔组织肿瘤
D48.103　面结缔组织动态未定肿瘤
D48.104　面结缔组织肿瘤
D48.105　耳结缔组织动态未定肿瘤
D48.106　耳结缔组织肿瘤
D48.107　颈部结缔组织动态未定肿瘤
D48.108　颈部结缔组织肿瘤
D48.109　躯干结缔组织动态未定肿瘤
D48.110　躯干结缔组织肿瘤
D48.111　腋下结缔组织动态未定肿瘤
D48.112　腋下结缔组织肿瘤
D48.113　肩结缔组织动态未定肿瘤
D48.114　肩结缔组织肿瘤
D48.115　胸壁结缔组织动态未定肿瘤
D48.116　胸壁结缔组织肿瘤
D48.117　腹壁结缔组织动态未定肿瘤
D48.118　腹壁结缔组织肿瘤
D48.119　腰结缔组织动态未定肿瘤
D48.120　腰结缔组织肿瘤
D48.121　腹股沟结缔组织动态未定肿瘤
D48.122　腹股沟结缔组织肿瘤
D48.123　骶结缔组织动态未定肿瘤
D48.124　骶结缔组织肿瘤
D48.125　臀结缔组织动态未定肿瘤
D48.126　臀结缔组织肿瘤
D48.127　会阴结缔组织动态未定肿瘤
D48.128　会阴结缔组织肿瘤
D48.129　直肠阴道隔结缔组织动态未定肿瘤
D48.130　直肠阴道隔结缔组织肿瘤
D48.131　上肢结缔组织动态未定肿瘤
D48.132　上肢结缔组织肿瘤
D48.133　下肢结缔组织动态未定肿瘤
D48.134　下肢结缔组织肿瘤
D48.200x001　周围神经和自主神经系统交界性肿瘤
D48.200x002　头周围神经和自主神经交界性肿瘤
D48.200x003　面周围神经和自主神经交界性肿瘤
D48.200x004　颈周围神经和自主神经交界性肿瘤
D48.200x005　耳周围神经和自主神经交界性肿瘤
D48.200x006　颞下窝周围神经和自主神经交界性肿瘤
D48.200x007　翼腭窝周围神经和自主神经交界性肿瘤
D48.200x008　咽旁间隙周围神经和自主神经交界性肿瘤
D48.200x009　咽后间隙周围神经和自主神经交界性肿瘤
D48.200x010　眼睑周围神经和自主神经交界性肿瘤
D48.200x011　鼻周围神经和自主神经交界性肿瘤
D48.200x012　上肢周围神经和自主神经交界性肿瘤
D48.200x013　肩周围神经和自主神经交界性肿瘤
D48.200x014　手周围神经和自主神经交界性肿瘤
D48.200x015　腕周围神经和自主神经交界性肿瘤
D48.200x016　臂神经交界性肿瘤
D48.200x017　臂丛交界性肿瘤
D48.200x018　正中神经交界性肿瘤
D48.200x019　桡神经交界性肿瘤
D48.200x020　尺神经交界性肿瘤
D48.200x022　髋周围神经和自主神经交界性肿瘤
D48.200x023　足周围神经和自主神经交界性肿瘤
D48.200x024　髂周围神经和自主神经交界性肿瘤
D48.200x025　踝周围神经和自主神经交界性肿瘤
D48.200x026　股神经交界性肿瘤
D48.200x027　闭孔神经交界性肿瘤
D48.200x028　坐骨神经交界性肿瘤
D48.200x029　胸周围神经和自主神经交界性肿瘤
D48.200x030　腋周围神经和自主神经交界性肿瘤
D48.200x031　膈周围神经和自主神经交界性肿瘤
D48.200x032　肩胛区周围神经和自主神经交界性肿瘤
D48.200x033　肋间神经交界性肿瘤
D48.200x034　腹周围神经和自主神经交界性肿瘤
D48.200x035　脐周围神经和自主神经交界性肿瘤

D48.200x036 骨盆周围神经和自主神经交界性肿瘤
D48.200x037 臀周围神经和自主神经交界性肿瘤
D48.200x038 腹股沟周围神经和自主神经交界性肿瘤
D48.200x039 会阴周围神经和自主神经交界性肿瘤
D48.200x040 骶周围神经和自主神经交界性肿瘤
D48.200x041 骶尾周围神经和自主神经交界性肿瘤
D48.200x042 直肠膀胱隔周围神经和自主神经交界性肿瘤
D48.200x043 直肠阴道隔周围神经和自主神经交界性肿瘤
D48.200x044 直肠周围神经和自主神经交界性肿瘤
D48.200x045 坐骨直肠窝周围神经和自主神经交界性肿瘤
D48.200x046 盆腔周围神经和自主神经交界性肿瘤
D48.200x047 腰骶丛交界性肿瘤
D48.200x048 骶神经交界性肿瘤
D48.200x049 骶丛交界性肿瘤
D48.200x051 背周围神经和自主神经交界性肿瘤
D48.200x052 腰周围神经和自主神经交界性肿瘤
D48.200x053 腰神经交界性肿瘤
D48.201 周围神经肿瘤
D48.202 自主神经肿瘤
D48.203 头颈部周围神经动态未定肿瘤
D48.204 头颈部周围神经肿瘤
D48.205 头颈部自主神经动态未定肿瘤
D48.206 头颈部自主神经肿瘤
D48.207 躯干周围神经动态未定肿瘤
D48.208 躯干周围神经肿瘤
D48.209 躯干自主神经动态未定肿瘤
D48.210 躯干自主神经肿瘤
D48.211 上肢周围神经动态未定肿瘤
D48.212 上肢周围神经肿瘤
D48.213 上肢自主神经动态未定肿瘤
D48.214 上肢自主神经肿瘤
D48.215 下肢周围神经动态未定肿瘤
D48.216 下肢周围神经肿瘤
D48.217 下肢自主神经动态未定肿瘤
D48.218 下肢自主神经肿瘤
D48.300x001 腹膜后交界性肿瘤
D48.301 腹膜后肿瘤
D48.400x002 腹膜交界性肿瘤
D48.400x003 直肠子宫陷凹交界性肿瘤
D48.401 腹膜肿瘤
D48.402 肠系膜动态未定肿瘤
D48.403 肠系膜肿瘤
D48.500x002 鼻部皮肤交界性肿瘤
D48.500x003 臀部皮肤交界性肿瘤
D48.500x004 耳部皮肤交界性肿瘤
D48.500x005 皮肤交界性肿瘤
D48.500x006 躯干皮肤交界性肿瘤
D48.500x007 眼睑交界性肿瘤
D48.500x008 头皮交界性肿瘤
D48.500x009 面部皮肤交界性肿瘤
D48.500x010 手部皮肤交界性肿瘤
D48.500x011 肢体皮肤交界性肿瘤
D48.500x012 毛囊漏斗部交界性肿瘤
D48.500x014 耵聍腺交界性肿瘤
D48.501 皮肤肿瘤
D48.502 头颈部皮肤动态未定肿瘤
D48.503 头颈部皮肤肿瘤
D48.504 躯干皮肤动态未定肿瘤
D48.505 躯干皮肤肿瘤
D48.506 乳房皮肤动态未定肿瘤
D48.507 乳房皮肤肿瘤
D48.508 肛门边缘动态未定肿瘤
D48.509 肛门边缘肿瘤
D48.510 肛门皮肤动态未定肿瘤
D48.511 肛门皮肤肿瘤
D48.512 肛周皮肤动态未定肿瘤
D48.513 肛周皮肤肿瘤
D48.514 上肢皮肤动态未定肿瘤
D48.515 上肢皮肤肿瘤
D48.516 下肢皮肤动态未定肿瘤
D48.517 下肢皮肤肿瘤
D48.518 鼻皮肤动态未定肿瘤
D48.519 耳皮肤动态未定肿瘤
D48.600x001 乳房交界性肿瘤
D48.601 乳腺肿瘤
D48.700x001 背部交界性肿瘤
D48.700x004 腹部交界性肿瘤
D48.700x005 腹股沟交界性肿瘤
D48.700x007 颊部交界性肿瘤
D48.700x010 肢端交界性肿瘤
D48.700x013 手部交界性肿瘤

D48.700x015 臀部交界性肿瘤
D48.700x016 腕部交界性肿瘤
D48.700x019 胸部交界性肿瘤
D48.700x021 眶交界性肿瘤
D48.700x023 腋下交界性肿瘤
D48.700x025 面部交界性肿瘤
D48.700x026 颅眶沟通交界性肿瘤
D48.700x027 颅鼻眶沟通交界性肿瘤
D48.701 头颈部动态未定肿瘤
D48.702 头颈部肿瘤
D48.703 眼动态未定肿瘤
D48.704 眼肿瘤
D48.705 眶周围神经动态未定肿瘤
D48.706 眶周围神经肿瘤
D48.707 躯干动态未定肿瘤
D48.708 躯干肿瘤
D48.709 胸腔动态未定肿瘤
D48.710 胸腔肿瘤
D48.711 心脏动态未定肿瘤
D48.712 心脏肿瘤
D48.713 腹腔动态未定肿瘤
D48.714 腹腔肿瘤
D48.715 盆腔动态未定肿瘤
D48.716 盆腔肿瘤
D48.717 上肢动态未定肿瘤
D48.718 上肢肿瘤
D48.719 下肢动态未定肿瘤
D48.720 下肢肿瘤
D48.721 骶动态未定或动态未知肿瘤
D48.722 背动态未定肿瘤
D48.723 臀动态未定肿瘤
D48.724 手动态未定肿瘤
D48.725 腋动态未定肿瘤
D48.900 动态未定或动态未知的肿瘤
D48.900x004+G94.1* 肿瘤引起的脑积水
D48.900x005+M90.6* 肿瘤引起的变形性骨炎
D48.900x010+G05.8* 副肿瘤相关性边缘叶脑炎
D48.900x011+G63.1* 副肿瘤相关性周围神经病
D48.900x012+G73.2* 副肿瘤综合征相关性肌无力综合征
D48.900x013+M63.8* 肿瘤相关性肌炎
D48.900x014+H36.8* 肿瘤相关性视网膜病
D48.901 瘤
D48.902 新生物
D48.903+M90.7* 肿瘤性病理性骨折
D48.904+M36.0* 肿瘤相关性皮肌炎
D48.905+G13.1* 副肿瘤性小脑共济失调
D48.906+D63.0* 肿瘤性贫血
D48.907+G13.0* 神经系统副肿瘤综合征

表6-3-36

D50.000 继发于（慢性）失血的缺铁性贫血
D50.001 慢性失血性贫血
D50.100 缺铁性吞咽困难
D50.101 普卢默-文森综合征
D50.102 凯利-佩特森综合征
D50.800x001 正细胞低色素性贫血
D50.801 小细胞低色素性贫血
D50.900 缺铁性贫血
D50.901 低色素性贫血
D51.000 内在因子缺乏引起的维生素B12缺乏性贫血
D51.001 恶性贫血
D51.002 亨特舌炎
D51.003+G32.0* 内在因子缺乏引起维生素B12缺乏性贫血性脊髓后侧索硬化
D51.100 选择性维生素B12吸收不良伴有蛋白尿引起的维生素B12缺乏性贫血
D51.101 巨幼细胞遗传性贫血
D51.102 伊梅斯隆德综合征
D51.200 转钴胺素Ⅱ缺乏
D51.200x001 转钴胺素Ⅱ缺乏性贫血
D51.300 饮食性维生素B12缺乏性贫血，其他的
D51.301 绝对素食者贫血
D51.302+G32.0* 饮食性维生素B12缺乏性贫血性脊髓后侧索硬化
D51.800 维生素B12缺乏性贫血，其他的
D51.900 维生素B12缺乏性贫血
D51.901+G32.0* 维生素B12缺乏性贫血性脊髓后侧索硬化
D52.000x001 营养性大细胞性贫血
D52.000x003 饮食性叶酸缺乏性贫血
D52.001 营养性巨幼细胞性贫血
D52.100 药物性叶酸盐缺乏性贫血
D52.800 叶酸缺乏性贫血，其他的
D52.900x001 叶酸缺乏性贫血
D53.000 蛋白缺乏性贫血
D53.001 乳清酸尿性贫血
D53.002 氨基酸缺乏性贫血
D53.100 巨幼细胞性贫血，其他的，不可归类在

他处者
D53.200 维生素C缺乏性贫血
D53.801 缺铜性贫血
D53.802 缺锌性贫血
D53.803 缺钼性贫血
D53.804 维生素D缺乏性贫血
D53.900 营养性贫血
D53.901 慢性单纯性贫血

表6-3-37

D55.000 葡萄糖6-磷酸脱氢酶［G6PD］缺乏性贫血
D55.001 蚕豆病
D55.100x001 谷胱甘肽代谢紊乱性贫血
D55.100x003 已糖磷酸盐酶缺乏性贫血
D55.101 遗传性非球形细胞性溶血性贫血Ⅰ型
D55.200 糖酵解酶代谢紊乱性贫血
D55.201 遗传性非球形细胞性溶血性贫血Ⅱ型
D55.202 己糖激酶缺乏性贫血
D55.203 磷酸丙糖异构酶缺乏性贫血
D55.204 丙酮酸激酶缺乏性贫血
D55.300 核苷酸代谢紊乱性贫血
D55.800 酶代谢紊乱性贫血，其他的
D55.900 酶代谢紊乱性贫血
D56.000 α型地中海贫血
D56.100 β型地中海贫血
D56.100x001 库利贫血
D56.100x003 重型β型地中海贫血
D56.101 中间型地中海贫血
D56.102 重型地中海贫血
D56.200 δ-β型地中海贫血
D56.300 地中海贫血特性
D56.301 （β型）地中海贫血轻型
D56.400 遗传性胎儿血红蛋白持续增多症［HPFH］
D56.800 地中海贫血，其他的
D56.900 地中海贫血
D56.901 混合型地中海贫血
D57.000x001 镰状细胞性贫血伴危象
D57.001 血红蛋白-SS病伴危象
D57.100 镰状细胞性贫血不伴有危象
D57.100x003 镰状细胞疾病
D57.200 双杂合镰状细胞形成疾患
D57.200x001 双杂合镰状细胞β型地中海贫血
D57.201 血红蛋白-SC病
D57.202 血红蛋白-SD病
D57.203 血红蛋白-SE病
D57.204 镰状细胞地中海贫血
D57.300 镰状细胞特性
D57.301 杂合血红蛋白S病
D57.302 血红蛋白S病
D57.800 镰状细胞疾患，其他的
D58.000 遗传性球形红细胞增多症
D58.000x001 先天性球形红细胞血性黄疸
D58.000x003 家族性无胆色素尿性黄疸
D58.001 先天性溶血性贫血
D58.002 明科夫斯基-消法尔综合征
D58.003 无胆色素尿性黄疸
D58.100 遗传性椭圆形红细胞增多症
D58.100x002 先天性椭圆形红细胞增多症
D58.100x004 遗传性卵形红细胞症
D58.101 先天性卵形红细胞症
D58.200x002 异常的血红蛋白
D58.200x004 血红蛋白病
D58.200x006 不稳定血红蛋白溶血病
D58.201 血红蛋白-C病
D58.202 血红蛋白-D病
D58.203 血红蛋白-E病
D58.204 先天性海因茨小体性贫血
D58.205 血红蛋白增高
D58.206 不稳定血红蛋白病
D58.800 遗传性溶血性贫血，其他特指的
D58.800x001 口形红细胞增多
D58.801 遗传性口形红细胞增多
D58.900 遗传性溶血性贫血
D58.901 溶血性贫血
D59.000 药物性自身免疫性溶血性贫血
D59.100x002 慢性冷性血细胞凝集素病
D59.100x005 冷凝集素性血红蛋白尿
D59.101 自身免疫性溶血性贫血
D59.102 冷抗体型自身免疫性溶血性贫血
D59.103 温抗体型自身免疫性溶血性贫血
D59.104 继发性冷性溶血性贫血
D59.105 冷凝集素病
D59.200 药物性非自身免疫性溶血性贫血
D59.201 药物性酶缺乏性贫血
D59.300x001 溶血-尿毒综合征
D59.301 非典型溶血性尿毒症
D59.400x001 非自身免疫性溶血性贫血
D59.400x002 感染性溶血性贫血
D59.401 继发性溶血性贫血

D59.402 传染性溶血性贫血
D59.403 微血管病性溶血性贫血
D59.404 机械性溶血性贫血
D59.500 阵发性夜间血红蛋白尿［马尔基亚法瓦-米凯利］
D59.500x001 阵发性睡眠性血红蛋白尿
D59.501 阵发性夜间性血红蛋白尿伴再生障碍性贫血
D59.600 血红蛋白尿，其他外因性溶血症引起的
D59.600x004 外因性溶血性血红蛋白尿
D59.601 劳力性血红蛋白尿
D59.602 行军性血红蛋白尿
D59.603 阵发性冷性血红蛋白尿
D59.604 血红蛋白尿伴溶血性贫血
D59.800 后天性溶血性贫血，其他的
D59.900 后天性溶血性贫血
D59.901 急性溶血性贫血
D59.902 溶血性黄疸
D59.903 慢性特发性溶血性贫血

表 6-3-38

D60.000x001 慢性后天性纯红细胞再生障碍性贫血
D60.100x001 短暂后天性纯红细胞再生障碍性贫血
D60.800 后天性纯红细胞再生障碍，其他的
D60.900x001 纯红细胞再生障碍性贫血
D61.000 体质性再生障碍性贫血
D61.000x006 全血细胞减少症伴畸形
D61.001 先天性纯红细胞再生障碍性贫血
D61.002 婴儿纯红细胞再生障碍性贫血
D61.003 原发性纯红细胞再生障碍性贫血
D61.004 布拉克凡-戴蒙德综合征
D61.005 家族性再生不良性贫血
D61.006 先天性再生障碍性贫血
D61.007 范科尼贫血
D61.101 化疗后骨髓抑制
D61.102 药物性骨髓抑制
D61.200x002 外因性再生障碍性贫血
D61.201 中毒性贫血
D61.202 放疗后骨髓抑制
D61.300 特发性再生障碍性贫血
D61.800x002 肝炎相关重型再生障碍性贫血
D61.801 肝炎后再生障碍性贫血
D61.802 继发性再生障碍性贫血
D61.900 再生障碍性贫血
D61.900x001 骨髓抑制
D61.901 骨髓抑制性贫血
D61.902 慢性再生障碍性贫血
D61.903 全血细胞减少
D61.904 增生低下性贫血
D61.905 重度再生障碍性贫血
D61.906 急性骨髓造血功能抑制
D61.907 全骨髓病
D61.908 髓性再生不良
D61.909 急性再生障碍性贫血
D62.x00 急性出血后贫血
D64.000 遗传性铁粒幼细胞贫血
D64.001 性连锁遗传低色素铁粒幼细胞贫血
D64.100 由疾病引起的继发性铁粒幼细胞贫血
D64.200 由药物和中毒引起的继发性铁粒幼细胞贫血
D64.300 铁粒幼细胞贫血，其他的
D64.300x002 吡哆醇有效性铁粒幼红细胞贫血
D64.400x001 先天性造血不良性贫血
D64.401 造血不良性贫血
D64.800x002 多红细胞的高粘稠综合征
D64.801 婴儿假白血病性贫血
D64.802 混合性贫血
D64.803 幼白红细胞贫血
D64.900 贫血
D64.900x006 婴儿贫血
D64.900x007 感染性贫血
D64.901 轻度贫血
D64.902 中度贫血
D64.903 重度贫血
D64.904 继发性贫血

表 6-3-39

D65.x00x001 弥散性血管内凝血
D65.x00x003 坏疽性紫癜
D65.x00x005 消耗性凝血障碍
D65.x01 后天性纤维蛋白原缺乏血症
D65.x02 后天性纤维蛋白溶解性出血
D65.x03 纤维蛋白溶解性紫癜
D65.x04 暴发性紫癜
D66.x00x001 获得性血友病
D66.x01 血友病A型
D66.x02 血友病
D66.x03+M36.2* 血友病性关节炎

D67.x00x003　克里斯马斯病
D67.x01　血友病B型
D68.000　冯·维勒布兰德病
D68.000x001　血管性血友病
D68.000x002　因子Ⅷ缺乏伴血管缺陷
D68.001　获得性血管性血友病
D68.100x001　血浆凝血致活酶前质缺乏
D68.101　血友病C型
D68.200x001　凝血酶原缺乏
D68.200x005　先天性纤维蛋白原缺乏血症
D68.200x006　AC球蛋白缺乏
D68.200x007　低前转变素血症
D68.200x008　奥夫伦病
D68.200x009　前加速因子缺乏
D68.200x010　先天性异常纤维蛋白原血症
D68.201　纤维蛋白原缺乏血症
D68.202　凝血因子Ⅰ缺乏症
D68.203　凝血因子Ⅱ缺乏症
D68.204　凝血因子Ⅴ缺乏症
D68.205　凝血因子Ⅶ缺乏症
D68.206　凝血因子Ⅹ缺乏症
D68.207　凝血因子Ⅻ缺乏症
D68.208　凝血因子ⅩⅢ缺乏症
D68.300　循环抗凝物引起的出血性疾患
D68.300x001　因子Ⅷ抗体形成
D68.300x003　血循环中抗凝物质存在
D68.300x004　抗凝血酶增多
D68.301　高肝素血症
D68.302　抗凝血酶增多导致的出血症
D68.303　长期使用抗凝剂引起的出血
D68.400　后天性凝血因子缺乏
D68.400x002　获得性维生素K依赖因子缺乏症
D68.400x003　由于肝病引起的凝血因子缺乏
D68.401　维生素K依赖因子缺乏症
D68.402　自身免疫性凝血酶原减少
D68.500　原发性血栓形成倾向
D68.501　抗活化蛋白C症
D68.502　抗凝血酶原Ⅲ缺乏症
D68.503　遗传性蛋白C缺陷症
D68.504　遗传性蛋白S缺陷症
D68.505　凝血酶原基因突变
D68.600x003　高凝状态
D68.601　抗心磷脂抗体综合征
D68.602　易栓症
D68.603　抗磷脂综合征
D68.604　狼疮抗凝物质出现
D68.605　抗磷脂抗体综合征
D68.801　凝血因子缺乏
D68.900x003　凝血功能异常
D68.900x005　高纤维蛋白原血症
D68.900x006　低纤维蛋白原血症
D68.901　出血倾向
D68.902　凝血障碍
D68.903　凝血时间延长
D69.000　变应性［过敏性］紫癜
D69.000x007　恶性紫癜
D69.000x008　感染性紫癜
D69.000x010　神经性紫癜
D69.000x011　细菌性紫癜
D69.000x013　中毒性紫癜
D69.001　皮肤型过敏性紫癜
D69.002　关节型过敏性紫癜
D69.003　风湿性紫癜
D69.004　过敏性紫癜
D69.005+N08.2*　肾型过敏性紫癜
D69.006　混合型过敏性紫癜
D69.007　血管性紫癜
D69.008　变应性血管炎
D69.009　腹型过敏性紫癜
D69.010　亨诺克紫癜
D69.100x001　血小板病
D69.100x002　出血性血小板功能不全
D69.100x003　贝尔纳德-苏利耶综合征［Bernard-Soulier综合征］
D69.100x004　格兰茨曼病
D69.101　血小板功能不全
D69.102　巨大血小板综合征
D69.103　灰色血小板综合征
D69.200　非血小板减少性紫癜、其他的
D69.200x003　精神性紫癜
D69.200x005　湿疹样紫癜
D69.200x006　糖皮质激素紫癜
D69.200x007　血小板增多性紫癜
D69.200x008　淤积性紫癜
D69.201　单纯性紫癜
D69.202　老年性紫癜
D69.203　紫癜
D69.300　特发性血小板减少性紫癜
D69.301　出血性紫癜
D69.302　埃文斯综合征

D69.400 血小板减少，其他原发性的
D69.400x001 巨核细胞再生不良
D69.400x002 免疫性血小板减少
D69.400x003 无巨核细胞性血小板减少
D69.400x006 先天性巨核细胞增生不良
D69.401 先天性血小板减少症
D69.403 原发性血小板减少症
D69.405 无巨核细胞性血小板减少性紫癜
D69.406 血小板减少性紫癜
D69.407 MYH9相关综合征
D69.500 继发性血小板减少
D69.500x003 症状性血小板减少性紫癜
D69.501 继发性血小板减少性紫癜
D69.502 药物性血小板减少症
D69.503 药物性血小板减少性紫癜
D69.504 获得性巨细胞性血小板减少症
D69.600 血小板减少
D69.800 出血性情况，其他特指的
D69.800x002 血管性假血友病
D69.801 卡-梅综合征
D69.802 毛细血管脆弱
D69.900 出血性情况

表 6-3-40

D70.x00 粒细胞缺乏
D70.x00x001 周期性中性粒细胞减少症
D70.x00x003 药物性中性粒细胞减少症
D70.x00x004 脾性中性粒细胞减少症
D70.x00x005 婴儿遗传性粒细胞缺乏
D70.x00x008 粒细胞缺乏性咽峡炎
D70.x00x010 先天性中性粒细胞减少症
D70.x00x011 TAFRO综合征
D70.x01 急性粒细胞缺乏症
D70.x02 药物性粒细胞减少
D70.x03 科斯特曼病
D70.x04 白细胞减少
D70.x05 中性粒细胞减少症
D70.x06 中性粒细胞减少性脾肿大
D70.x07 重症先天性粒细胞缺乏症
D71.x00 多形核中性粒细胞的功能紊乱
D71.x00x002 细胞膜受体复合体缺陷
D71.x00x003 儿童期慢性肉芽肿病
D71.x00x004 先天性吞噬细胞功能不良
D71.x00x005 进行性脓毒性肉芽肿病
D71.x01 慢性肉芽肿病

D72.000 白细胞遗传性异常
D72.001 佩尔格-许特综合征
D72.100 嗜酸性粒细胞增多
D72.101 反应性嗜酸性粒细胞增多症
D72.102 特发性嗜酸性粒细胞增多症
D72.104 遗传性嗜酸性粒细胞增多症
D72.105 继发性嗜酸性粒细胞增多
D72.800 白细胞的其他特指疾患
D72.800x003 症状性单核细胞增多
D72.801 浆细胞增多症
D72.802 白细胞增多症
D72.803 淋巴细胞减少症
D72.804 淋巴细胞增多症
D72.805 淋巴细胞性白血病样反应
D72.806 类白血病反应
D72.807 单核细胞增多症
D72.808 症状性淋巴细胞增多
D72.809 单核细胞性类白血病反应
D72.900 白细胞疾患
D73.000 脾功能减退症
D73.001 脾萎缩
D73.002 后天性脾缺失
D73.100 脾功能亢进
D73.200 慢性充血性脾大
D73.300 脾脓肿
D73.400 脾囊肿
D73.500 脾梗死
D73.501 非创伤性脾破裂
D73.502 脾出血
D73.503 脾坏死
D73.504 脾静脉血栓形成
D73.505 脾扭转
D73.800x002 脾血肿机化
D73.800x007 脾感染
D73.800x010 脾钙化
D73.800x011 脾瘘
D73.801 脾浆细胞性肉芽肿
D73.802 脾假性囊肿
D73.803 脾周围炎
D73.804 游走脾
D73.805 脾炎性假瘤
D73.807 脾纤维化
D73.808 脾疝
D73.900 脾疾病
D73.901 脾肿物

D74.000　先天性高铁血红蛋白血症
D74.000x002　先天性NADH高铁血红蛋白还原酶缺乏
D74.000x003　血红蛋白-M病
D74.000x004　遗传性高铁血红蛋白血症
D74.800x001　后天性高铁血红蛋白血症伴硫化血红蛋白血症
D74.800x003　硫化血红蛋白血症
D74.801　中毒性高铁血红蛋白血症
D74.900　高铁血红蛋白血症
D75.000　家族性红细胞增多症
D75.000x002　良性红细胞增多症
D75.100　继发性红细胞增多症
D75.101　一过性红细胞增多症
D75.102　后天性红细胞增多症
D75.103　高原性红细胞增多症
D75.104　应激性红细胞增多症
D75.105　相对性红细胞增多症
D75.106　红细胞增多症，未特指
D75.107　红细胞生成素性红细胞增多症
D75.108　血浆容量降低性红细胞增多症
D75.109　情绪性红细胞增多症
D75.110　血氧过低性红细胞增多症
D75.111　肾源性红细胞增多症
D75.800　血液和造血器官其他特指的疾病
D75.800x003　感染后骨髓抑制
D75.801　骨髓硬化
D75.802　骨髓坏死
D75.803　继发性骨髓纤维化
D75.804　骨髓增生
D75.805　继发性血小板增多症
D75.806　嗜碱粒细胞增多症
D75.807　红细胞生成障碍
D75.809　急性造血功能抑制
D75.901　造血功能停滞
D75.902　骨髓增生减低
D76.100x003　除朗格汉斯细胞外的单核吞噬细胞的组织细胞增多症
D76.100x004　家族性噬血细胞淋巴组织细胞增生症
D76.100x005　噬血细胞淋巴组织细胞增生症
D76.101　噬血细胞综合征
D76.102　家族性噬红细胞性网状细胞增多
D76.200　噬红细胞综合征，与感染有关的
D76.300　组织细胞增多综合征，其他的
D76.301　黄色肉芽肿
D76.302　网状组织细胞瘤
D76.303　窦性组织细胞增生伴巨大淋巴结病
D76.304　Erdheim-Chester病

表 6-3-41

D80.000　遗传性低丙球蛋白血症
D80.001　常染色体隐性无丙种球蛋白血症
D80.002　X-连锁无丙球蛋白血症
D80.100　非家族性低丙球蛋白血症
D80.100x003　无丙球蛋白血症伴载有免疫球蛋白的B型淋巴细胞
D80.101　低丙种球蛋白血症
D80.102　普通易变型无丙球蛋白血症
D80.200x001　lgA缺乏
D80.300　免疫球蛋白G［IgG］亚类的选择性缺乏
D80.400　免疫球蛋白M［IgM］的选择性缺乏
D80.500　伴有免疫球蛋白M［IgM］增多的免疫缺陷
D80.601　免疫缺陷伴高免疫球蛋白血症
D80.700　婴儿期短暂性低丙球蛋白血症
D80.800　抗体缺陷为主的其他免疫缺陷
D80.800x001　κ轻链缺乏
D80.900　抗体缺陷为主的免疫缺陷
D80.900x002　体液免疫缺陷
D80.901　免疫球蛋白缺乏
D81.000　重症联合免疫缺陷［SCID］伴有网状组织发育不全
D81.000x002　网状组织发育不全
D81.100　重症联合免疫缺陷［SCID］伴有低数量的T和B细胞
D81.200　重症联合免疫缺陷［SCID］伴有低或正常数量的B细胞
D81.300　腺苷脱氨酶［ADA］缺乏
D81.400　奈泽洛夫综合征
D81.500　嘌呤核苷磷酸化酶［PNP］缺乏
D81.600　主要组织相容性复合体一级缺乏
D81.601　淋巴细胞稀少综合征
D81.700　主要组织相容性复合体二级缺乏
D81.800　联合免疫缺陷，其他的
D81.801　生物素依赖羧化酶缺乏
D81.802　全羧化酶合成酶缺乏症
D81.803　生物素酶缺乏症
D81.900　联合免疫缺陷
D81.900x001　重症联合型免疫缺陷病

D81.901 获得性联合免疫缺陷
D82.000 威斯科特-奥尔德里奇综合征
D82.100 迪格奥尔格综合征
D82.200 免疫缺陷伴有短肢身材
D82.300 EB病毒遗传缺陷反应后的免疫缺陷
D82.300x002 EB病毒阳性T细胞淋巴增殖性疾病
D82.301 X-连锁淋巴增生性疾病
D82.400 高免疫球蛋白E［IgE］综合征
D82.800 与其他特指的严重缺陷有关的免疫缺陷
D82.800x001 Omenn综合征
D82.900 与严重缺陷有关的免疫缺陷
D83.000 常见变异型免疫缺陷伴有显著的B细胞数量和功能异常
D83.100 常见变异型免疫缺陷伴有显著的免疫调节的T细胞疾患
D83.200 常见变异型免疫缺陷伴有对B或T细胞的自身抗体
D83.800 常见变异型免疫缺陷，其他的
D83.900 常见变异型免疫缺陷
D84.000 淋巴细胞功能抗原-1［LFA-1］缺陷
D84.100 补体系统中的缺陷
D84.100x002 遗传性血管神经性水肿
D84.100x005 补体缺陷综合征
D84.101 补体成分缺乏
D84.102 补体1酯酶抑制剂［C1-INH］缺乏
D84.103 遗传性血管水肿
D84.800 免疫缺陷，其他特指的
D84.800x001 细胞免疫缺陷
D84.900 免疫缺陷
D84.900x002 原发性免疫缺陷
D84.900x003 重症免疫缺陷
D86.000 肺结节病
D86.100 淋巴结结节病
D86.101 良性淋巴肉芽肿
D86.200 肺结节病伴有淋巴结结节病
D86.300 皮肤结节病
D86.300x002 冻疮样狼疮型皮肤结节病
D86.800x002+G53.2* 结节病性多发性脑神经麻痹
D86.800x003+H22.1* 结节病性虹膜睫状体炎
D86.800x005+I41.8* 结节病性心肌炎
D86.800x006+M14.8* 结节病性关节病
D86.800x007 BLAU综合征
D86.801 眼眶结节病
D86.802 眼色素层腮腺炎
D86.803+M63.3* 结节病性肌炎
D86.900 结节病
D86.901 伯克结节病
D89.000 多克隆高丙球蛋白血症
D89.000x003 良性高丙球蛋白血症性紫癜
D89.000x004 多克隆丙球蛋白病
D89.001 高球蛋白血症性紫癜
D89.002 多克隆免疫球蛋白增多症
D89.100 冷球蛋白血症
D89.100x001 冷球蛋白血症性血管炎
D89.100x002 继发性冷球蛋白血症
D89.100x003 冷球蛋白血症性紫癜
D89.100x004 原发性冷球蛋白血症
D89.100x005 混合性冷球蛋白血症
D89.100x006 特发性冷球蛋白血症
D89.100x007 自发性冷球蛋白血症
D89.101+N08.2* 冷球蛋白血症性肾小球肾炎
D89.200 高丙球蛋白血症
D89.300 免疫重建综合征
D89.301 免疫重建炎性综合症
D89.800 涉及免疫机制其他特指的疾患，不可归类在他处者
D89.800x002 γ-球蛋白增高
D89.800x003 克罗-深濑综合征
D89.801 POEMS综合征
D89.900 涉及免疫机制的疾患

表6-3-42

E00.000 先天性碘缺乏综合征，神经病型
E00.000x002 神经病型地方性呆小病
E00.100 先天性碘缺乏综合征，黏液水肿型
E00.100x002 粘液水肿型地方性呆小病
E00.100x003 甲状腺功能减退型地方性呆小病
E00.200 先天性碘缺乏综合征，混合型
E00.200x002 混合型地方性呆小病
E00.900 先天性碘缺乏综合征
E00.900x002 先天性碘缺乏性甲状腺功能减退症
E00.900x004 地方性克汀病
E00.900x005 散发性克汀病
E00.901 呆小病
E01.000 碘缺乏相关性弥漫性（地方性）甲状腺肿
E01.000x002 碘缺乏相关性弥漫性锁骨下甲状腺肿
E01.000x003 碘缺乏相关性弥漫性胸骨后甲状腺肿
E01.100 碘缺乏相关性多结节性（地方性）甲状腺肿
E01.100x002 碘缺乏相关性多结节性胸骨后甲状

腺肿
E01.100x003　碘缺乏相关性结节性甲状腺肿
E01.200　碘缺乏相关性（地方性）甲状腺肿
E01.200x001　幼年期缺碘性甲状腺肿
E01.201　地方性甲状腺肿
E01.800x002　后天性碘缺乏性甲状腺功能减退症
E01.801　碘性甲状腺功能减退
E01.802+F02.8*　后天性甲状腺机能减退性痴呆
E02.x00　临床症状不明显［亚临床］的碘缺乏性甲状腺功能减退症
E03.000　先天性甲状腺功能减退症伴有弥漫性甲状腺肿
E03.000x002　先天性非毒性甲状腺肿
E03.000x004　先天性实质的甲状腺肿
E03.001　先天性甲状腺肿
E03.100　先天性甲状腺功能减退症不伴有甲状腺肿
E03.100x001　先天性甲状腺萎缩
E03.100x002　甲状腺发育不全伴粘液性水肿
E03.100x004　先天性甲状腺功能不全
E03.101　甲状腺发育不良
E03.200x003　外源性物质引起的甲状腺功能减退症
E03.201　药物性甲状腺功能减退症
E03.202　医源性甲状腺功能减退症
E03.300　感染后甲状腺功能减退症
E03.400　甲状腺萎缩（后天性）
E03.500　黏液性水肿昏迷
E03.801　继发性甲状腺功能减退症
E03.802　原发性甲状腺功能减退症
E03.803+F02.8*　其他特指的后天性甲状腺机能减退性痴呆
E03.900　甲状腺功能减退症
E03.900x004+I43.8*　甲状腺功能减退性心脏病
E03.900x005+M14.5*　甲状腺功能减退性关节炎
E03.900x006　亚临床甲状腺功能减退
E03.901　黏液性水肿
E03.902+G73.5*　甲状腺功能减退性肌病
E04.000　非毒性弥漫性甲状腺肿
E04.001　单纯性甲状腺肿
E04.100　非毒性单个甲状腺结节
E04.100x005　非毒性单结节性甲状腺肿
E04.101　甲状腺结节
E04.102　甲状腺囊肿
E04.103　胸骨后甲状腺囊肿
E04.104　胶性结节甲状腺肿
E04.200　非毒性多结节性甲状腺肿
E04.200x001　囊性甲状腺肿
E04.200x003　非毒性多个甲状腺结节
E04.201　甲状腺肿伴囊性变
E04.801　青春期甲状腺肿
E04.900x001　甲状腺肿
E04.900x006　甲状腺锥叶代偿性肿大
E04.901　胸骨后甲状腺肿
E04.902　结节性甲状腺肿
E04.903　胸骨后结节性甲状腺肿
E04.904　锁骨下甲状腺肿
E05.000　甲状腺毒症伴有弥漫性甲状腺肿
E05.001　弥漫性甲状腺肿伴甲状腺功能亢进症
E05.002+H06.2*　甲状腺功能障碍性突眼
E05.003　毒性弥漫性甲状腺肿
E05.100　甲状腺毒症伴有毒性单个甲状腺结节
E05.200　甲状腺毒症伴有毒性多结节性甲状腺肿
E05.200x004　高功能腺瘤伴甲状腺功能亢进症
E05.201　毒性结节性甲状腺肿
E05.202　结节性甲状腺肿伴甲状腺功能亢进症
E05.203　自主性高功能性甲状腺腺瘤伴甲状腺功能亢进症
E05.300　来自异位甲状腺组织的甲状腺毒症
E05.301　异位甲状腺肿
E05.302　纵隔甲状腺肿
E05.400　人为甲状腺毒症
E05.400x001　医源性甲状腺功能亢进症
E05.500　甲状腺危象
E05.800x001　TSH依赖性甲状腺功能亢进症
E05.800x005　亚临床甲状腺功能亢进
E05.801　促甲状腺激素分泌过度
E05.802　碘原性甲状腺功能亢进症
E05.804　药物性甲状腺功能亢进症
E05.805　原发性甲状腺功能亢进症
E05.806　促甲状腺激素不适当分泌综合征
E05.900x001　甲状腺功能亢进症
E05.900x002+G73.0*　甲状腺功能亢进症合并周期性麻痹
E05.900x004+I43.8*　甲状腺毒性心脏病
E05.900x005+M14.5*　甲状腺毒症性关节病
E05.900x007+G73.0*　甲亢性肌无力综合征
E05.902+H58.8*　甲状腺毒症性眼病
E05.903+I43.8*　甲状腺功能亢进性心脏病
E05.904+G73.5*　甲状腺功能亢进性肌病

E05.905　亚临床甲状腺功能亢进症
E06.906　甲亢性皮肤病
E06.000　急性甲状腺炎
E06.000x003　化脓性甲状腺炎
E06.001　急性化脓性甲状腺炎
E06.002　甲状腺脓肿
E06.100　亚急性甲状腺炎
E06.100x001　亚急性肉芽肿性甲状腺炎
E06.100x002　亚急性甲状腺炎［德奎尔万甲状腺炎］
E06.100x003　亚急性巨细胞性甲状腺炎
E06.100x004　亚急性非化脓性甲状腺炎
E06.200　慢性甲状腺炎伴有短暂性甲状腺毒症
E06.300　自身免疫性甲状腺炎
E06.300x001　短暂性桥本甲状腺毒症
E06.300x004　淋巴瘤性甲状腺肿
E06.300x005　淋巴细胞性甲状腺炎
E06.301　淋巴细胞性甲状腺肿
E06.302+G94.8*　桥本脑病
E06.303　淋巴瘤性甲状腺瘤
E06.304　桥本甲状腺炎
E06.400　药物性甲状腺炎
E06.400x002　医源性甲状腺炎
E06.500x001　慢性侵袭性甲状腺炎
E06.500x002　慢性纤维性甲状腺炎
E06.500x004　甲状腺炎性包块
E06.501　里德尔甲状腺炎
E06.502　慢性甲状腺炎
E06.900　甲状腺炎
E07.000　降钙素分泌过多
E07.000x001　高降钙素血症
E07.000x002　甲状腺降钙素分泌过多
E07.001　甲状腺C细胞增生
E07.100　激素生成障碍性甲状腺肿
E07.100x002　彭德莱综合征［家族性呆小聋哑症］
E07.100x003　家族性激素生成障碍性甲状腺肿
E07.800x001　甲状腺出血
E07.800x003　甲状腺功能正常的病态综合征
E07.800x004　甲状腺激素不敏感综合征［T4抵抗综合征］
E07.800x007　甲状腺结合球蛋白异常
E07.800x009　甲状腺梗死
E07.800x011　甲状腺不典型增生
E07.801　甲状腺激素抵抗综合征
E07.802　甲状腺钙化
E07.803　甲状腺囊肿出血
E07.804　低T3综合征
E07.805　手术后甲状腺瘘
E07.806　甲状腺病态综合征
E07.901　甲状腺肿物

表6-3-43

E10.000　1型糖尿病伴有昏迷
E10.000x001　1型糖尿病性高渗性高血糖状态昏迷
E10.000x002　1型糖尿病性高血糖状态昏迷
E10.000x005　1型糖尿病性乳酸性酸中毒并昏迷
E10.000x006　1型糖尿病性酮症酸中毒和乳酸性酸中毒并昏迷
E10.001　1型糖尿病性高渗性昏迷
E10.002　1型糖尿病性低血糖昏迷
E10.003　1型糖尿病性酮症酸中毒昏迷
E10.100　1型糖尿病伴有酮症酸中毒
E10.100x012　1型糖尿病性酮症
E10.100x031　1型糖尿病性乳酸性酸中毒
E10.100x051　1型糖尿病性酮症酸中毒和乳酸性酸中毒
E10.100x061　成人晚发自身免疫性糖尿病酮症
E10.101　1型糖尿病性酮症酸中毒
E10.102　1型糖尿病性乳酸酸中毒
E10.103　1型糖尿病酮症
E10.200x011+N08.3*　1型糖尿病性前期肾病
E10.200x012+N08.3*　1型糖尿病性前期肾小球肾病
E10.200x013+N08.3*　1型糖尿病性前期基膜肥厚性肾小球肾病
E10.200x014+N08.3*　1型糖尿病性前期肾小球系膜增殖性肾病
E10.200x015+N08.3*　1型糖尿病性前期可逆的肾病
E10.200x016+N08.3*　1型糖尿病性前期微白蛋白尿
E10.200x017+N08.3*　1型糖尿病性前期持续性微白蛋白尿
E10.200x023+N08.3*　1型糖尿病性肾小球硬化症
E10.200x024+N08.3*　1型糖尿病性弥漫性肾小球硬化症
E10.200x025+N08.3*　1型糖尿病性结节性肾小球硬化症
E10.200x026+N08.3*　1型糖尿病性难愈性肾小球硬化症
E10.200x027+N08.3*　1型糖尿病性大量白蛋白尿

E10.200x028+N08.3*　1 型糖尿病性递进性肾病
E10.200x029+N08.3*　1 型糖尿病性毛细管间性肾小球硬化症
E10.200x030+N08.3*　1 型糖尿病性持续蛋白尿
E10.200x031+N29.8*　1 型糖尿病性终末期肾脏病
E10.200x091+N08.3*　1 型糖尿病性急性肾功能衰竭
E10.200x092+N08.3*　1 型糖尿病性髓质乳头坏死
E10.200x211+N08.3*　1 型糖尿病肾病Ⅰ期
E10.200x212+N08.3*　1 型糖尿病肾病Ⅱ期
E10.200x213+N08.3*　1 型糖尿病肾病Ⅲ期
E10.200x214+N08.3*　1 型糖尿病肾病Ⅳ期
E10.200x215+N08.3*　1 型糖尿病肾病Ⅴ期
E10.201+N08.3*　1 型糖尿病性肾病
E10.300x011+H36.0*　1 型糖尿病性背景性视网膜病
E10.300x012+H36.0*　1 型糖尿病性背景性出血性视网膜病
E10.300x013+H36.0*　1 型糖尿病性背景性硬性渗出物性视网膜病
E10.300x014+H36.0*　1 型糖尿病性背景性小动脉瘤视网膜病
E10.300x015+H36.0*　1 型糖尿病性背景性静脉扩张性视网膜病
E10.300x021+H36.0*　1 型糖尿病性增殖性前期视网膜病
E10.300x022+H36.0*　1 型糖尿病性增殖性前期视网膜内微血管异常性视网膜病
E10.300x023+H36.0*　1 型糖尿病性增殖性前期絮状斑点性视网膜病
E10.300x024+H36.0*　1 型糖尿病性增殖性前期出血性视网膜病
E10.300x025+H36.0*　1 型糖尿病性增殖性前期局部缺血性视网膜病
E10.300x031+H36.0*　1 型糖尿病性增殖性视网膜病
E10.300x032+H36.0*　1 型糖尿病性增殖性出血性视网膜病
E10.300x033+H36.0*　1 型糖尿病性增殖性视网膜前出血性视网膜病
E10.300x034+H36.0*　1 型糖尿病性增殖性玻璃体出血性视网膜病
E10.300x035+H36.0*　1 型糖尿病性增殖性新生血管化性视网膜病
E10.300x036+H36.0*　1 型糖尿病性增殖性视网膜牵引性视网膜病
E10.300x041+H36.0*　1 型糖尿病性斑点性视网膜病
E10.300x042+H36.0*　1 型糖尿病性局部的水肿斑点性视网膜病
E10.300x043+H36.0*　1 型糖尿病性全面的水肿斑点性视网膜病
E10.300x044+H36.0*　1 型糖尿病性星状的斑点性视网膜病
E10.300x045+H36.0*　1 型糖尿病性环状的黄斑病性视网膜病
E10.300x046+H36.0*　1 型糖尿病性缺血性黄斑病性视网膜病
E10.300x047+H36.0*　1 型糖尿病性视网膜增厚性视网膜病
E10.300x051+H42.0*　1 型糖尿病性新生血管性青光眼
E10.300x052+H22.1*　1 型糖尿病性虹膜红变症
E10.300x053+H36.0*　1 型糖尿病性牵拉性视网膜脱离
E10.300x091+H28.0*　1 型糖尿病性早发的年龄相关性白内障
E10.301+H36.0*　1 型糖尿病性视网膜病变
E10.302+H28.0*　1 型糖尿病性白内障
E10.303+H22.1*　1 型糖尿病性虹膜炎
E10.400x021+G63.2*　1 型糖尿病性多发性神经病
E10.400x022+G63.2*　1 型糖尿病性胰岛素相关性神经炎
E10.400x024+G63.2*　1 型糖尿病性远端对称性周围神经病
E10.400x025+G63.2*　1 型糖尿病性小神经纤维周围神经病
E10.400x026+G63.2*　1 型糖尿病性感觉运动性周围神经病
E10.400x110+G59.0*　1 型糖尿病性单神经病
E10.400x111+G59.0*　1 型糖尿病性胸神经根病
E10.400x112+G59.0*　1 型糖尿病性躯干神经根病
E10.400x121+G73.0*　1 型糖尿病性肌无力综合征
E10.400x130+G59.0*　1 型糖尿病性脑神经麻痹
E10.400x140+G59.0*　1 型糖尿病性动眼神经麻痹
E10.400x150+G59.0*　1 型糖尿病性外展神经麻痹
E10.400x160+G59.0*　1 型糖尿病性股神经病
E10.400x170+G59.0*　1 型糖尿病性多发性单神经病
E10.400x180+G59.0*　1 型糖尿病性眼肌麻痹

E10.400x190+G59.0* 1型糖尿病性神经根病
E10.400x191+G59.0* 1型糖尿病腰骶神经根神经丛病
E10.400x310+G99.0* 1型糖尿病性出汗异常
E10.400x311+G99.0* 1型糖尿病性体位性低血压
E10.400x330+G99.0* 1型糖尿病性腹泻
E10.400x340+G99.0* 1型糖尿病性肛门直肠功能障碍
E10.400x350+G99.0* 1型糖尿病性食管功能障碍
E10.400x360+G99.0* 1型糖尿病性性无能
E10.400x370+G99.0* 1型糖尿病性胃轻瘫
E10.400x380+G99.0* 1型糖尿病性膀胱张力减弱
E10.400x381+N33.8* 1型糖尿病神经源性膀胱炎
E10.400x390+G99.0* 1型糖尿病性神经性水肿
E10.400x901+G99.0* 1型糖尿病性脊髓病
E10.400x910+G63.2* 1型糖尿病伴神经系统并发症
E10.401+G63.2* 1型糖尿病性周围神经病
E10.402+G99.0* 1型糖尿病性自主神经病变
E10.403+G63.2* 1型糖尿病性神经炎
E10.404+G99.0* 1型糖尿病性神经源性膀胱
E10.405+G73.0* 1型糖尿病性肌萎缩
E10.500x021+I79.2* 1型糖尿病性周围血管病及坏疽
E10.500x043 1型糖尿病性下肢溃疡
E10.500x044 1型糖尿病性足坏疽
E10.500x045 1型糖尿病性急性皮肤坏疽
E10.500x046 1型糖尿病性细菌性坏疽
E10.500x047 1型糖尿病性溶血性坏疽
E10.500x048 1型糖尿病性富尼埃坏疽
E10.500x049 1型糖尿病性曼莱尼坏疽
E10.500x051 1型糖尿病性下肢感染
E10.501+I79.2* 1型糖尿病性周围血管病变
E10.502+I79.2* 1型糖尿病性心肌病
E10.503 1型糖尿病性足病
E10.504 1型糖尿病性溃疡
E10.505 1型糖尿病性坏疽
E10.600x011+M14.6* 1型糖尿病性夏科关节病
E10.600x012+M14.2* 1型糖尿病性手关节综合征
E10.600x014+M14.2* 1型糖尿病性手掌筋膜纤维瘤病
E10.600x015+M14.2* 1型糖尿病性肩关节周围炎
E10.600x021 1型糖尿病性大疱症
E10.600x023 1型糖尿病性红斑
E10.600x024 1型糖尿病性潮红
E10.600x025 1型糖尿病性皮肤硬化
E10.600x026 1型糖尿病性皮肤增厚
E10.600x027+L99.8* 1型糖尿病性糖尿病脂性渐进性坏死
E10.600x028 1型糖尿病性甲周毛细血管扩张
E10.600x031 1型糖尿病性急性牙周脓肿
E10.600x032 1型糖尿病性牙周炎
E10.600x042 1型糖尿病性低血糖性癫痫发作
E10.600x043 1型糖尿病性低血糖症
E10.600x051 1型糖尿病伴血糖控制不佳
E10.600x910 1型糖尿病性肌坏死
E10.600x911 1型糖尿病性坏死性筋膜炎
E10.600x920 1型糖尿病性无菌性肌坏死
E10.600x930 1型糖尿病性缺血性肌坏死
E10.600x970 1型糖尿病性乳腺纤维化病变
E10.601+M14.2* 1型糖尿病性关节病
E10.602+M14.6* 1型糖尿病神经病性关节病
E10.603+L99.8* 1型糖尿病性皮肤病
E10.700 1型糖尿病伴有多个并发症
E10.700x011 1型糖尿病性多发性微血管并发症
E10.700x021 1型糖尿病性胰岛素抵抗
E10.700x022 1型糖尿病性高血压
E10.700x023 1型糖尿病性肥胖症性高血压
E10.700x024 1型糖尿病性内脏脂肪沉积增加
E10.700x025 1型糖尿病性黑棘皮症或血脂障碍或高胰岛素血症或肥胖症
E10.700x031 1型糖尿病性足溃疡和周围血管病
E10.700x032 1型糖尿病性足溃疡和周围神经病
E10.800 1型糖尿病伴有并发症
E10.900 1型糖尿病
E10.900x003 脆性糖尿病
E10.900x004 暴发性1型糖尿病
E10.901 成人隐匿性自身免疫性糖尿病
E11.000 2型糖尿病伴有昏迷
E11.000x001 2型糖尿病性高渗性高血糖状态昏迷
E11.000x005 2型糖尿病性乳酸性酸中毒并昏迷
E11.000x006 2型糖尿病性酮症酸中毒和乳酸性酸中毒并昏迷
E11.001 2型糖尿病性高渗性昏迷
E11.002 2型糖尿病性低血糖性昏迷
E11.003 2型糖尿病性酮症酸中毒昏迷
E11.100x051 2型糖尿病性酮症酸中毒和乳酸性酸中毒
E11.101 2型糖尿病性酮症酸中毒
E11.102 2型糖尿病性乳酸酸中毒

E11.103　2型糖尿病性酮症
E11.200x011+N08.3*　2型糖尿病性前期肾病
E11.200x012+N08.3*　2型糖尿病性前期肾小球肾病
E11.200x013+N08.3*　2型糖尿病性前期基膜肥厚性肾小球肾病
E11.200x014+N08.3*　2型糖尿病性前期肾小球系膜增殖性肾病
E11.200x015+N08.3*　2型糖尿病性前期可逆的肾病
E11.200x016+N08.3*　2型糖尿病性前期微白蛋白尿
E11.200x017+N08.3*　2型糖尿病性前期持续性微白蛋白尿
E11.200x023+N08.3*　2型糖尿病性肾小球硬化症
E11.200x024+N08.3*　2型糖尿病性弥漫性肾小球硬化症
E11.200x025+N08.3*　2型糖尿病性结节性肾小球硬化症
E11.200x026+N08.3*　2型糖尿病性难愈性肾小球硬化症
E11.200x027+N08.3*　2型糖尿病性大量白蛋白尿
E11.200x028+N08.3*　2型糖尿病性递进性肾病
E11.200x029+N08.3*　2型糖尿病性毛细管间性肾小球硬化症
E11.200x030+N08.3*　2型糖尿病性持续蛋白尿
E11.200x031+N29.8*　2型糖尿病性终末期肾脏病
E11.200x091+N08.3*　2型糖尿病性急性肾功能衰竭
E11.200x092+N08.3*　2型糖尿病性髓质乳头坏死
E11.200x211+N08.3*　2型糖尿病肾病Ⅰ期
E11.200x212+N08.3*　2型糖尿病肾病Ⅱ期
E11.200x213+N08.3*　2型糖尿病肾病Ⅲ期
E11.200x214+N08.3*　2型糖尿病肾病Ⅳ期
E11.200x215+N08.3*　2型糖尿病肾病Ⅴ期
E11.201+N08.3*　2型糖尿病性肾病
E11.300x011+H36.0*　2型糖尿病性背景性视网膜病
E11.300x012+H36.0*　2型糖尿病性背景性出血性视网膜病
E11.300x013+H36.0*　2型糖尿病性背景性硬性渗出物性视网膜病
E11.300x014+H36.0*　2型糖尿病性背景性小动脉瘤视网膜病
E11.300x015+H36.0*　2型糖尿病性背景性静脉扩张性视网膜病
E11.300x021+H36.0*　2型糖尿病性增殖性前期视网膜病
E11.300x022+H36.0*　2型糖尿病性增殖性前期视网膜内微血管异常性视网膜病
E11.300x023+H36.0*　2型糖尿病性增殖性前期絮状斑点性视网膜病
E11.300x024+H36.0*　2型糖尿病性增殖性前期出血性视网膜病
E11.300x025+H36.0*　2型糖尿病性增殖性前期局部缺血性视网膜病
E11.300x031+H36.0*　2型糖尿病性增殖性视网膜病
E11.300x032+H36.0*　2型糖尿病性增殖性出血性视网膜病
E11.300x033+H36.0*　2型糖尿病性增殖性视网膜前出血性视网膜病
E11.300x034+H36.0*　2型糖尿病性增殖性玻璃体出血性视网膜病
E11.300x035+H36.0*　2型糖尿病性增殖性新生血管化性视网膜病
E11.300x036+H36.0*　2型糖尿病性增殖性视网膜牵引性视网膜病
E11.300x041+H36.0*　2型糖尿病性斑点性视网膜病
E11.300x042+H36.0*　2型糖尿病性局部的水肿斑点性视网膜病
E11.300x043+H36.0*　2型糖尿病性全面的水肿斑点性视网膜病
E11.300x044+H36.0*　2型糖尿病性星状的斑点性视网膜病
E11.300x045+H36.0*　2型糖尿病性环状的黄斑病性视网膜病
E11.300x046+H36.0*　2型糖尿病性缺血性黄斑病性视网膜病
E11.300x047+H36.0*　2型糖尿病性视网膜增厚性视网膜病
E11.300x051+H42.0*　2型糖尿病性新生血管性青光眼
E11.300x052+H22.1*　2型糖尿病性虹膜红变症
E11.300x053+H36.0*　2型糖尿病性牵拉性视网膜脱离
E11.300x091+H28.0*　2型糖尿病性早发的年龄相关性白内障
E11.301+H36.0*　2型糖尿病性视网膜病变

E11.302+H28.0*　2型糖尿病性白内障
E11.303+H22.1*　2型糖尿病性虹膜炎
E11.400　2型糖尿病伴有神经的并发症
E11.400x021+G63.2*　2型糖尿病性多发性神经病
E11.400x022+G63.2*　2型糖尿病性胰岛素相关性神经炎
E11.400x024+G63.2*　2型糖尿病性远端对称性周围神经病
E11.400x025+G63.2*　2型糖尿病性小神经纤维周围神经病
E11.400x026+G63.2*　2型糖尿病性感觉运动性周围神经病
E11.400x110+G59.0*　2型糖尿病性单神经病
E11.400x111+G59.0*　2型糖尿病性胸神经根病
E11.400x112+G59.0*　2型糖尿病性躯干神经根病
E11.400x121+G73.0*　2型糖尿病性肌无力综合征
E11.400x130+G59.0*　2型糖尿病性脑神经麻痹
E11.400x140+G59.0*　2型糖尿病性动眼神经麻痹
E11.400x150+G59.0*　2型糖尿病性外展神经麻痹
E11.400x160+G59.0*　2型糖尿病性股神经病
E11.400x170+G59.0*　2型糖尿病性多发性单神经病
E11.400x180+G59.0*　2型糖尿病性眼肌麻痹
E11.400x190+G59.0*　2型糖尿病性神经根病
E11.400x191+G59.0*　2型糖尿病腰骶神经根神经丛病
E11.400x310+G99.0*　2型糖尿病性出汗异常
E11.400x311+G99.0*　2型糖尿病性体位性低血压
E11.400x330+G99.0*　2型糖尿病性腹泻
E11.400x340+G99.0*　2型糖尿病性肛门直肠功能障碍
E11.400x350+G99.0*　2型糖尿病性食管功能障碍
E11.400x360+G99.0*　2型糖尿病性性无能
E11.400x380+G99.0*　2型糖尿病性膀胱张力减弱
E11.400x381+N33.8*　2型糖尿病神经源性膀胱炎
E11.400x390+G99.0*　2型糖尿病性神经性水肿
E11.400x901+G99.0*　2型糖尿病性脊髓病
E11.401+G63.2*　2型糖尿病性周围神经病
E11.402+G99.0*　2型糖尿病性自主神经病变
E11.403+G63.2*　2型糖尿病性神经炎
E11.404+G99.0*　2型糖尿病性神经源性膀胱
E11.405+G73.0*　2型糖尿病性肌萎缩
E11.406+G99.0*　2型糖尿病性胃轻瘫
E11.500x021+I79.2*　2型糖尿病性周围血管病及坏疽
E11.500x043　2型糖尿病性下肢溃疡
E11.500x044　2型糖尿病性足坏疽
E11.500x045　2型糖尿病性急性皮肤坏疽
E11.500x046　2型糖尿病性细菌性坏疽
E11.500x047　2型糖尿病性溶血性坏疽
E11.500x048　2型糖尿病性富尼埃坏疽
E11.500x049　2型糖尿病性曼莱尼坏疽
E11.500x051　2型糖尿病性下肢感染
E11.501+I79.2*　2型糖尿病性周围血管病变
E11.502+I79.2*　2型糖尿病性心肌病
E11.503　2型糖尿病足病
E11.504　2型糖尿病性溃疡
E11.505　2型糖尿病性坏疽
E11.600x011+M14.6*　2型糖尿病性夏科关节病
E11.600x012+M14.2*　2型糖尿病性手关节综合征
E11.600x014+M14.2*　2型糖尿病性手掌筋膜纤维瘤病
E11.600x015+M14.2*　2型糖尿病性肩关节周围炎
E11.600x021　2型糖尿病性大疱症
E11.600x023　2型糖尿病性红斑
E11.600x024　2型糖尿病性潮红
E11.600x025　2型糖尿病性皮肤硬化
E11.600x026　2型糖尿病性皮肤增厚
E11.600x027+L99.8*　2型糖尿病性糖尿病脂性渐进性坏死
E11.600x028　2型糖尿病性甲周毛细血管扩张
E11.600x031　2型糖尿病性急性牙周脓肿
E11.600x032　2型糖尿病性牙周炎
E11.600x042　2型糖尿病性低血糖性癫痫发作
E11.600x043　2型糖尿病性低血糖症
E11.600x051　2型糖尿病伴血糖控制不佳
E11.600x910　2型糖尿病性肌坏死
E11.600x911　2型糖尿病性坏死性筋膜炎
E11.600x920　2型糖尿病性无菌性肌坏死
E11.600x930　2型糖尿病性缺血性肌坏死
E11.600x970　2型糖尿病性乳腺纤维化病变
E11.601+M14.2*　2型糖尿病性关节病
E11.602+M14.6*　2型糖尿病神经病性关节病
E11.603+L99.8*　2型糖尿病性皮肤病
E11.700x011　2型糖尿病性多发性微血管并发症
E11.700x021　2型糖尿病性胰岛素抵抗
E11.700x022　2型糖尿病性高血压
E11.700x023　2型糖尿病性肥胖症性高血压
E11.700x024　2型糖尿病性内脏脂肪沉积增加
E11.700x025　2型糖尿病性黑棘皮症或血脂障碍或

高胰岛素血症或肥胖症
E11.700x031　2型糖尿病性足溃疡和周围血管病
E11.700x032　2型糖尿病性足溃疡和周围神经病
E11.700x033　2型糖尿病伴多个并发症
E11.800　2型糖尿病伴有并发症
E11.900　2型糖尿病
E12.000　营养不良相关性糖尿病伴有昏迷
E12.100　营养不良相关性糖尿病伴有酮症酸中毒
E12.200　营养不良相关性糖尿病伴有肾的并发症
E12.300　营养不良相关性糖尿病伴有眼的并发症
E12.400　营养不良相关性糖尿病伴有神经的并发症
E12.400x001+G99.0*　营养不良相关性糖尿病伴自主神经病变
E12.400x002+N33.8*　营养不良相关性糖尿病伴神经源性膀胱炎
E12.500　营养不良相关性糖尿病伴有周围循环并发症
E12.600　营养不良相关性糖尿病伴有其他特指的并发症
E12.700　营养不良相关性糖尿病伴有多个并发症
E12.800　营养不良相关性糖尿病伴有并发症
E12.900　营养不良相关性糖尿病不伴有并发症
E13.000　糖尿病伴有昏迷，其他特指的
E13.101　继发性糖尿病性酮症酸中毒
E13.102　继发性糖尿病性酮症
E13.200x521+N08.3*　青少年发病的成人型糖尿病性肾病
E13.201+N08.3*　脂肪萎缩性糖尿病性肾病
E13.300x271+H36.0*　继发性糖尿病性视网膜病变
E13.300x571+H36.0*　青少年发病的成人型糖尿病性视网膜病变
E13.400x223+G63.2*　继发性糖尿病性周围神经病变
E13.500x241+I79.2*　继发性糖尿病大血管病变
E13.500x541+I79.2*　青少年发病的成人型糖尿病大血管病变
E13.600　糖尿病伴有其他特指的并发症，其他特指的
E13.700　糖尿病伴有多个并发症，其他特指的
E13.800　糖尿病伴并发症，其他特指的
E13.900x003　正确用药所致类固醇性糖尿病
E13.900x006　胰源性糖尿病
E13.901　肝性糖尿病
E13.902　线粒体糖尿病
E13.903　类固醇性糖尿病
E13.904　脂肪萎缩性糖尿病
E13.905　医源性糖尿病
E13.906　应激性高血糖状态
E13.907　继发性糖尿病
E14.000　糖尿病伴有昏迷
E14.000x001　糖尿病性高渗性高血糖状态昏迷
E14.000x002　糖尿病性高血糖状态昏迷
E14.000x003　糖尿病性低血糖昏迷
E14.000x004　糖尿病性酮症酸中毒并昏迷
E14.000x005　糖尿病性乳酸性酸中毒并昏迷
E14.000x006　糖尿病性酮症酸中毒和乳酸性酸中毒并昏迷
E14.100　糖尿病伴有酮症酸中毒
E14.100x012　糖尿病性酮症
E14.100x031　糖尿病性乳酸性酸中毒
E14.100x051　糖尿病性酮症酸中毒和乳酸性酸中毒
E14.200x011+N08.3*　糖尿病性前期肾病
E14.200x012+N08.3*　糖尿病性前期肾小球肾病
E14.200x013+N08.3*　糖尿病性前期基膜肥厚性肾小球肾病
E14.200x014+N08.3*　糖尿病性前期肾小球系膜增殖性肾病
E14.200x015+N08.3*　糖尿病性前期可逆的肾病
E14.200x016+N08.3*　糖尿病性前期微白蛋白尿
E14.200x017+N08.3*　糖尿病性前期持续性微白蛋白尿
E14.200x021+N08.3*　糖尿病性肾病
E14.200x023+N08.3*　糖尿病性肾小球硬化症
E14.200x024+N08.3*　糖尿病性弥漫性肾小球硬化症
E14.200x025+N08.3*　糖尿病性结节性肾小球硬化症
E14.200x026+N08.3*　糖尿病性难愈性肾小球硬化症
E14.200x027+N08.3*　糖尿病性大量白蛋白尿
E14.200x028+N08.3*　糖尿病性递进性肾病
E14.200x029+N08.3*　糖尿病性毛细管间性肾小球硬化症
E14.200x030+N08.3*　糖尿病性持续蛋白尿
E14.200x031+N29.8*　糖尿病性终末期肾脏病
E14.200x091+N08.3*　糖尿病性急性肾功能衰竭
E14.200x092+N08.3*　糖尿病性髓质乳头坏死
E14.200x211+N08.3*　糖尿病肾病Ⅰ期

E14.200x212+N08.3* 糖尿病肾病Ⅱ期
E14.200x213+N08.3* 糖尿病肾病Ⅲ期
E14.200x214+N08.3* 糖尿病肾病Ⅳ期
E14.200x215+N08.3* 糖尿病肾病Ⅴ期
E14.300x011+H36.0* 糖尿病性背景性视网膜病
E14.300x012+H36.0* 糖尿病性背景性出血性视网膜病
E14.300x013+H36.0* 糖尿病性背景性硬性渗出物性视网膜病
E14.300x014+H36.0* 糖尿病性背景性小动脉瘤视网膜病
E14.300x015+H36.0* 糖尿病性背景性静脉扩张性视网膜病
E14.300x021+H36.0* 糖尿病性增殖性前期视网膜病
E14.300x022+H36.0* 糖尿病性增殖性前期视网膜内微血管异常性视网膜病
E14.300x023+H36.0* 糖尿病性增殖性前期絮状斑点性视网膜病
E14.300x024+H36.0* 糖尿病性增殖性前期出血性视网膜病
E14.300x025+H36.0* 糖尿病性增殖性前期局部缺血性视网膜病
E14.300x031+H36.0* 糖尿病性增殖性视网膜病
E14.300x032+H36.0* 糖尿病性增殖性出血性视网膜病
E14.300x033+H36.0* 糖尿病性增殖性视网膜前出血性视网膜病
E14.300x034+H36.0* 糖尿病性增殖性玻璃体出血性视网膜病
E14.300x035+H36.0* 糖尿病性增殖性新生血管化性视网膜病
E14.300x036+H36.0* 糖尿病性增殖性视网膜牵引性视网膜病
E14.300x041+H36.0* 糖尿病性斑点性视网膜病
E14.300x042+H36.0* 糖尿病性局部的水肿斑点性视网膜病
E14.300x043+H36.0* 糖尿病性全面的水肿斑点性视网膜病
E14.300x044+H36.0* 糖尿病性星状的斑点性视网膜病
E14.300x045+H36.0* 糖尿病性环状的黄斑病性视网膜病
E14.300x046+H36.0* 糖尿病性缺血性黄斑病性视网膜病
E14.300x047+H36.0* 糖尿病性视网膜增厚性视网膜病
E14.300x051+H42.0* 糖尿病性新生血管性青光眼
E14.300x052+H22.1* 糖尿病性虹膜红变症
E14.300x053+H36.0* 糖尿病性牵拉性视网膜脱离
E14.300x054+H22.1* 糖尿病性虹膜炎
E14.300x061+H28.0* 糖尿病性白内障
E14.300x071+H36.0* 糖尿病性视网膜病变
E14.300x091+H28.0* 糖尿病性早发的年龄相关性白内障
E14.400 糖尿病伴有神经的并发症
E14.400x021+G63.2* 糖尿病性多发性神经病
E14.400x022+G63.2* 糖尿病性胰岛素相关性神经炎
E14.400x023+G63.2* 糖尿病性周围神经病
E14.400x024+G63.2* 糖尿病性远端对称性周围神经病
E14.400x025+G63.2* 糖尿病性小神经纤维周围神经病
E14.400x026+G63.2* 糖尿病性感觉运动性周围神经病
E14.400x110+G59.0* 糖尿病性单神经病
E14.400x111+G59.0* 糖尿病性胸神经根病
E14.400x112+G59.0* 糖尿病性躯干神经根病
E14.400x120+G73.0* 糖尿病性肌萎缩
E14.400x121+G73.0* 糖尿病性肌无力综合征
E14.400x130+G59.0* 糖尿病性脑神经麻痹
E14.400x140+G59.0* 糖尿病性动眼神经麻痹
E14.400x150+G59.0* 糖尿病性外展神经麻痹
E14.400x160+G59.0* 糖尿病性股神经病
E14.400x170+G59.0* 糖尿病性多发性单神经病
E14.400x180+G59.0* 糖尿病性眼肌麻痹
E14.400x190+G59.0* 糖尿病性神经根病
E14.400x191+G59.0* 糖尿病腰骶神经根神经丛病
E14.400x310+G99.0* 糖尿病性出汗异常
E14.400x311+G99.0* 糖尿病性体位性低血压
E14.400x312+G99.0* 糖尿病性自主神经病
E14.400x330+G99.0* 糖尿病性腹泻
E14.400x340+G99.0* 糖尿病性肛门直肠功能障碍
E14.400x350+G99.0* 糖尿病性食管功能障碍
E14.400x360+G99.0* 糖尿病性性无能
E14.400x370+G99.0* 糖尿病性胃轻瘫
E14.400x380+G99.0* 糖尿病性膀胱张力减弱
E14.400x381+N33.8* 糖尿病神经源性膀胱炎
E14.400x390+G99.0* 糖尿病性神经性水肿

E14.400x901+G99.0*　糖尿病性脊髓病
E14.500x011+I79.2*　糖尿病性周围血管病
E14.500x021+I79.2*　糖尿病性周围血管病及坏疽
E14.500x031+I43.8*　糖尿病性缺血性心肌病
E14.500x032+I43.8*　糖尿病性心肌病
E14.500x041　糖尿病性溃疡
E14.500x042　糖尿病性坏疽
E14.500x043　糖尿病性下肢溃疡
E14.500x044　糖尿病性足坏疽
E14.500x045　糖尿病性急性皮肤坏疽
E14.500x046　糖尿病性细菌性坏疽
E14.500x047　糖尿病性溶血性坏疽
E14.500x048　糖尿病性富尼埃坏疽
E14.500x049　糖尿病性曼莱尼坏疽
E14.500x050　糖尿病足
E14.500x051　糖尿病性下肢感染
E14.600x011+M14.6*　糖尿病性夏科关节病
E14.600x012+M14.2*　糖尿病性手关节综合征
E14.600x014+M14.2*　糖尿病性手掌筋膜纤维瘤病
E14.600x015+M14.2*　糖尿病性肩关节周围炎
E14.600x016+M14.2*　糖尿病性骨关节病
E14.600x021　糖尿病性大疱症
E14.600x022　糖尿病性皮肤病
E14.600x023　糖尿病性红斑
E14.600x024　糖尿病性潮红
E14.600x025　糖尿病性皮肤硬化
E14.600x026　糖尿病性皮肤增厚
E14.600x027+L99.8*　糖尿病性糖尿病脂性渐进性坏死
E14.600x028　糖尿病性甲周毛细血管扩张
E14.600x031　糖尿病性急性牙周脓肿
E14.600x032　糖尿病性牙周炎
E14.600x042　糖尿病性低血糖性癫痫发作
E14.600x043　糖尿病性低血糖症
E14.600x051　糖尿病伴血糖控制不佳
E14.600x910　糖尿病性肌坏死
E14.600x911　糖尿病性坏死性筋膜炎
E14.600x920　糖尿病性无菌性肌坏死
E14.600x930　糖尿病性缺血性肌坏死
E14.600x970　糖尿病性乳腺纤维化病变
E14.700　糖尿病伴有多个并发症
E14.700x011　糖尿病性多发性微血管并发症
E14.700x021　糖尿病性胰岛素抵抗
E14.700x022　糖尿病性高血压
E14.700x023　糖尿病性肥胖症性高血压
E14.700x024　糖尿病性内脏脂肪沉积增加
E14.700x025　糖尿病性黑棘皮症或血脂障碍或高胰岛素血症或肥胖症
E14.700x031　糖尿病性足溃疡和周围血管病
E14.700x032　糖尿病性足溃疡和周围神经病
E14.800　糖尿病伴有并发症
E14.900x001　糖尿病

表 6-3-44

E15.x00x001　低血糖性昏迷
E15.x00x002　非糖尿病引起的药物性胰岛素性昏迷
E15.x00x004　胰岛素分泌过多伴低血糖性昏迷
E16.000x001　药物性低血糖
E16.100x001　反应性低血糖症［餐后低血糖症］
E16.100x002　高胰岛素血症
E16.100x004　胰岛β细胞增生
E16.100x005　功能性非高胰岛素性低血糖
E16.100x006　功能性胰岛素分泌过多
E16.100x010　自身免疫性胰岛素综合征
E16.100x013　婴儿持续性高胰岛素血症性低血糖
E16.101　反应性低血糖症
E16.102　自身免疫性低血糖症
E16.103　功能性高胰岛素血症
E16.104　功能性非胰岛素性低血糖
E16.105　胰岛素自身免疫综合征
E16.106　婴儿低血糖症
E16.107+G94.8*　低血糖昏迷性脑病
E16.108+G94.8*　低血糖性脑病
E16.109　酒精性低血糖症
E16.110　先天性高胰岛素性低血糖血症
E16.111+G94.3*　低血糖性脑昏迷
E16.112　先天性高胰岛素血症
E16.200　低血糖
E16.300　高血糖素分泌增多
E16.300x001　胰腺内分泌细胞增生伴胰升糖素过多
E16.300x002　胰升糖素分泌过多
E16.300x003+L54.8*　坏死松解性游走性红斑
E16.301　胰高血糖素血症
E16.400　胃泌素分泌异常
E16.400x003　促胃液素分泌异常
E16.401　高胃泌素血症
E16.402　佐林格-埃利森综合征
E16.800x001　胰腺胰多肽分泌过多
E16.800x002　胰腺生长抑素分泌过多
E16.800x003　胰腺血管活性肠肽分泌过多

E16.800x004　胰腺生长激素释放激素分泌过多
E16.800x006　A型胰岛素抵抗综合征
E16.800x007　B型胰岛素抵抗综合征
E16.800x011　糖耐量受损伴周围血管病
E16.800x021　糖耐量受损伴周围血管病及坏疽
E16.800x101　糖耐量受损伴肥胖型高血压
E16.800x102　糖耐量受损伴高血压
E16.800x103　糖耐量受损伴内脏脂肪沉积增加
E16.800x104　糖耐量受损伴胰岛素抵抗
E16.800x105　糖耐量受损伴黑棘皮症或血脂障碍或高胰岛素血症或肥胖症
E16.800x901　糖耐量受损
E16.801　胰岛素抵抗
E16.802　胰腺生长抑素增加
E16.803　代谢综合征
E16.804　自身免疫性胰岛素受体病
E16.900x002　胰腺内分泌细胞增生
E16.901　胰岛细胞增生症

表6-3-45

E20.000　特发性甲状旁腺功能减退症
E20.100　假性甲状旁腺功能减退症
E20.801　继发性甲状旁腺功能减退症
E20.802　先天性甲状旁腺功能减退症
E20.900　甲状旁腺功能减退症
E20.900x004+G73.5*　甲状旁腺功能减低合并肌病
E20.901　甲状旁腺性手足搐搦
E20.902+H28.1*　甲状旁腺功能减退症性白内障
E21.000　原发性甲状旁腺功能亢进症
E21.000x007　股骨囊性纤维性骨炎
E21.001　甲状旁腺增生
E21.002　全身囊性纤维性骨炎
E21.003　下颌骨囊性纤维性骨炎
E21.004　脊柱囊性纤维性骨炎
E21.005　上肢骨囊性纤维性骨炎
E21.006　下肢骨囊性纤维性骨炎
E21.100x001　继发性甲状旁腺功能亢进
E21.201　三发性甲状旁腺功能亢进症
E21.300　甲状旁腺功能亢进症
E21.300x002　甲状旁腺激素升高
E21.300x003+M14.1*　甲状旁腺功能亢进症性晶体性关节病
E21.300x004+G73.5*　甲状旁腺亢进合并肌病
E21.301　甲状旁腺功能亢进危象
E21.400x001　甲状旁腺出血
E21.400x003　甲状旁腺炎
E21.401　甲状旁腺囊肿
E21.402　甲状旁腺囊肿出血
E21.500　甲状旁腺的疾患
E22.000x001　垂体性巨人症
E22.000x002　生长激素生成过多
E22.000x005　垂体生长激素瘤
E22.000x006+M14.5*　肢端肥大症性关节病
E22.001　肢端肥大症
E22.002　生长激素过度分泌综合征
E22.100　高催乳素血症
E22.200　抗利尿激素分泌失调综合征
E22.801　垂体多分泌功能瘤
E22.802　中枢性性早熟
E22.900　垂体功能亢进
E23.000　垂体功能减退症
E23.000x001+G73.5*　垂体功能减退性肌病
E23.000x005　产后垂体前叶功能减退危象
E23.000x007　腺垂体功能减退症
E23.000x008　垂体前叶功能减退
E23.000x011　孤立性促性腺激素缺乏症
E23.000x014　停经泌乳综合征
E23.000x015　低促性腺激素性性腺功能减退症
E23.001　卡尔曼综合征
E23.002　垂体前叶功能减退危象
E23.003　全垂体功能减退症
E23.004　席恩综合征
E23.005　垂体性矮小症
E23.006　低促性腺激素性腺功能减退症
E23.007　单一性促性腺激素缺乏症
E23.008　胰岛素样生长因子1缺乏
E23.009　生长激素缺乏症
E23.010　特发性低促性腺激素性性腺功能减退症
E23.100　药物性垂体功能减退症
E23.200　尿崩症
E23.200x003　中枢性尿崩症
E23.200x005　完全性尿崩症
E23.201　脑外伤后尿崩症
E23.202　部分性垂体性尿崩症
E23.203　完全性垂体性尿崩症
E23.204　继发性尿崩症
E23.300x001　垂体功能不良
E23.301　垂体功能紊乱
E23.302　下丘脑综合征
E23.600x001　鞍区病变

E23.600x005　垂体管囊肿
E23.600x008　垂体炎
E23.600x010　垂体增大
E23.600x011　下丘脑性肥胖
E23.600x014　蝶鞍扩大
E23.600x015　反馈性垂体瘤综合征
E23.600x016　肥胖-生殖无能综合征
E23.601　垂体脓肿
E23.602　垂体卒中
E23.603　空泡蝶鞍综合征
E23.604　垂体瘢痕
E23.605　垂体性肥胖
E23.606　垂体增生
E23.607　垂体囊肿
E23.608　拉特克囊肿
E23.610　垂体钙化
E23.611　垂体出血
E23.612　垂体假腺瘤
E23.613　淋巴细胞性垂体炎
E23.614　垂体萎缩
E23.615　肉芽肿性垂体炎
E23.616　垂体柄阻断综合征
E23.617　垂体危象
E23.618　间脑综合征
E23.619　自身免疫性垂体炎
E23.700x001　垂体瘢痕形成
E23.701　垂体肿物
E24.000　垂体依赖性库欣病
E24.000x001　垂体促肾上腺皮质激素分泌过多
E24.001　垂体性嗜碱性粒细胞增多症
E24.100　纳尔逊综合征
E24.200　药物性皮质醇增多症
E24.200x001　正确用药所致药物性皮质醇增多症
E24.201　医源性库欣综合征
E24.202　类库欣综合征
E24.300　异位促肾上腺皮质激素综合征
E24.400　醇诱发的假库欣综合征
E24.800x001　原发性色素性结节状肾上腺皮质病
E24.801　糖皮质激素过度敏感综合征
E24.900　库欣综合征
E24.901　亚临床库欣综合征
E24.902　肾上腺皮质功能亢进症
E25.000x007　早熟性巨睾症
E25.000x008　盐丢失性先天性肾上腺增生
E25.001　11β-羟化酶缺陷症
E25.002　17α-羟化酶缺陷症
E25.003　21-羟化酶缺乏症
E25.004　先天性肾上腺皮质增生症
E25.005　先天性肾上腺发育不良
E25.801　假性性早熟
E25.802　女性肾上腺性假两性畸形
E25.901　肾上腺增生伴女性男性化
E25.902　肾上腺性征综合征
E25.903　男性肾上腺增生性性早熟
E26.000　原发性醛固酮过多症
E26.000x003　康恩综合征［Conn综合征］
E26.001　特发性醛固酮增多症
E26.100　继发性醛固酮过多症
E26.800x002　高肾素性醛固酮增多症
E26.801　家族性醛固酮增多症
E26.802　巴特综合征
E26.803　吉特尔曼综合征
E26.900　醛固酮过多症
E27.000x001　肾上腺皮质功能亢进
E27.000x002　促肾上腺皮质激素生成过多
E27.000x003　肾上腺皮质功能亢进危象
E27.000x011　肾上腺来源高雄激素血症
E27.001　肾上腺皮质功能亢进，与库欣综合征无关
E27.100x003　自身免疫性肾上腺炎
E27.101　艾迪生病
E27.200　艾迪生病危象
E27.200x003　肾上腺危象
E27.300　药物性肾上腺皮质功能减退症
E27.400x005　肾上腺皮质萎缩
E27.400x006　肾上腺皮质功能不全
E27.401　肾上腺出血
E27.402　肾上腺坏死
E27.403　继发性肾上腺皮质功能减退症
E27.404　三发性肾上腺皮质功能减退症
E27.405　醛固酮缺乏症
E27.406　肾上腺钙化
E27.407　肾上腺皮质功能减退症
E27.500　肾上腺髓质功能亢进
E27.500x003　儿茶酚胺分泌过多
E27.501　肾上腺髓质增生
E27.800x005　肾上腺增生
E27.800x010　肾上腺结节性增生
E27.800x012　肾上腺血肿
E27.800x021　肾上腺病变
E27.801　肾上腺囊肿

E27.802 肾上腺脓肿
E27.803 肾上腺皮质增生
E27.804 肾上腺炎
E27.805 肾上腺皮质结节样增生
E27.806 皮质醇结合球蛋白异常
E27.807 大结节性肾上腺皮质增生
E27.808 原发性色素性结节性肾上腺皮质增生
E27.809 肾上腺囊肿伴囊内出血
E27.810 肾上腺假性囊肿
E27.901 肾上腺肿物
E28.000 雌激素过多
E28.100 雄激素过多
E28.200 多囊卵巢综合征
E28.200x003 卵巢硬化性囊性综合征
E28.300x001 早发绝经
E28.300x002 卵巢功能减退
E28.300x005 女性性腺功能低下
E28.300x008 抗卵巢综合征
E28.301 卵巢早衰
E28.302 雌激素减少
E28.303 卵巢功能衰竭
E28.800x002 卵巢功能亢进
E28.900 卵巢功能障碍
E29.000 睾丸功能亢进
E29.000x002 男性性腺功能亢进
E29.001 睾丸激素分泌过多
E29.002 雄激素分泌过多
E29.100 睾丸功能减退症
E29.100x002 男性性腺功能低下
E29.100x004 睾丸雄激素生物合成障碍
E29.101 原发性睾丸功能减退症
E29.102 继发性睾丸功能减退症
E29.103 幼稚型睾丸
E29.104 高促性腺激素性性腺功能减退症
E29.105 5α-还原酶缺陷症
E29.106 雄激素部分缺乏综合征
E29.800 睾丸功能障碍，其他的
E29.900 睾丸功能障碍
E30.000 青春期延迟
E30.000x003 性发育迟缓
E30.001 第二性征发育不全
E30.002 幼稚型子宫
E30.100 性早熟
E30.100x002 真性性早熟
E30.101 周围性性早熟
E30.102 早发月经
E30.103 青春期发育过早
E30.801 乳腺过早发育
E30.900 青春期疾患
E31.000 自身免疫性多腺体衰竭
E31.001 施密特综合征
E31.002 自身免疫性多内分泌腺病综合征
E31.100 多腺体功能亢进
E31.800 多腺体功能障碍，其他的
E31.900 多腺体功能障碍
E31.901 多发性内分泌腺病
E32.000 持续性胸腺增生
E32.000x003 胸腺肥大
E32.001 胸腺增生
E32.002 先天性胸腺肥大
E32.100 胸腺脓肿
E32.800x001 胸腺淋巴体质
E32.800x004 胸腺咽管瘘
E32.800x005 胸腺咽管囊肿
E32.801 胸腺囊肿
E32.802 胸腺萎缩
E32.900 胸腺病
E34.000 类癌瘤综合征
E34.100 肠激素分泌过多，其他的
E34.200 异位激素分泌，不可归类在他处者
E34.300x002 侏儒症
E34.300x003 体质性身材矮小症
E34.300x006 社会心理性矮小症
E34.301 矮小症
E34.302 家族性身材矮小症
E34.303 原基性矮小症
E34.304 生长激素不反应性侏儒症
E34.305 拉伦氏综合征
E34.400 体质性高身材
E34.500 雄激素抵抗综合征
E34.500x001 睾丸女性化
E34.500x002 男性假两性畸形伴睾丸女性化
E34.500x005 男性假两性同体伴雄激素抵抗
E34.501 赖芬斯坦综合征
E34.800x005 坏死性唾液腺组织化生
E34.800x006 妖精貌综合征
E34.801 松果体囊肿
E34.802 松果体功能障碍
E34.803 早老症
E34.804 多诺霍综合征

E34.805　松果体区肿物
E34.900x003　激素失调
E34.901+G73.5*　内分泌病性肌病
E34.902+M82.1*　内分泌病性骨质疏松
E34.903　内分泌功能障碍

表6-3-46

E50.000x001+H13.8*　维生素A缺乏伴结膜干燥症
E50.100x001+H13.8*　少年儿童的比托斑点
E50.100x002+H13.8*　维生素A缺乏伴比托斑点及结膜干燥症
E50.200x001+H19.8*　维生素A缺乏伴角膜干燥症
E50.300x001+H19.8*　维生素A缺乏伴角膜溃疡和干燥症
E50.400x001+H19.8*　维生素A缺乏伴角膜软化
E50.500x001+H58.1*　维生素A缺乏伴夜盲症
E50.600x001+H19.8*　维生素A缺乏伴角膜干眼瘢痕
E50.701+H19.8*　维生素A缺乏干眼症
E50.800x002+L86*　维生素A缺乏伴毛囊角化病
E50.801+L86*　维生素A缺乏合并皮肤干燥病
E50.900　维生素A缺乏病
E51.100　脚气病
E51.100x002+G63.4*　糙皮病性多神经病
E51.100x003+G63.4*　脚气病性多神经炎
E51.100x005+I98.8*　湿性脚气病
E51.100x006　干性脚气病
E51.200+G32.8*　韦尼克脑病
E51.800　硫胺素缺乏的其他表现
E51.900　硫胺素缺乏
E51.900x001　维生素B1缺乏［硫胺素缺乏］
E52.x00　烟酸缺乏［糙皮病］
E52.x00x002　酒精性糙皮病
E52.x00x003　眼睑粟粒红斑［睑糙皮病］
E53.000　核黄素缺乏
E53.100　吡哆醇缺乏
E53.100x001　维生素B6缺乏
E53.800x003+G32.0*　侧索联合变性病
E53.800x010　叶酸盐缺乏
E53.800x011　生物素缺乏
E53.800x012　氰钴胺素缺乏
E53.800x013　泛酸缺乏
E53.800x014+G32.0*　维生素B12缺乏性贫血性脊髓后侧索硬化症
E53.801+G32.0*　脊髓亚急性联合变性
E53.802　叶酸缺乏症
E53.803+G63.4*　维生素B12缺乏性周围神经病
E53.804　维生素B12缺乏症
E53.805+F02.8*　维生素B12缺乏性痴呆
E53.900　维生素B缺乏病
E53.900x002+G63.4*　维生素B缺乏性周围神经病
E53.901　复合性维生素B缺乏症
E54.x00　抗坏血酸缺乏
E55.000x002　佝偻病性骨软化
E55.000x003　幼年的骨软化性佝偻病
E55.000x004　婴儿的骨软化性佝偻病
E55.000x006　新生儿佝偻病
E55.000x007　先天性佝偻病
E55.001　佝偻病
E55.002　维生素D缺乏性手足搐搦症
E55.900　维生素D缺乏病
E56.000　维生素E缺乏病
E56.100　维生素K缺乏病
E56.800x001　维生素P缺乏
E56.900　维生素缺乏病
E56.900x003+G63.4*　维生素缺乏性周围神经病
E56.901+G63.4*　维生素缺乏性多神经炎
E58.x00　饮食性钙缺乏
E59.x00　饮食性硒缺乏
E59.x01　克山病
E60.x00　饮食性锌缺乏
E61.000　铜缺乏
E61.100　铁缺乏
E61.200　镁缺乏
E61.300　锰缺乏
E61.400　铬缺乏
E61.500　钼缺乏
E61.600　钒缺乏
E61.700　多种营养元素缺乏
E61.800　营养元素缺乏，其他特指的
E61.900　营养元素缺乏
E63.000　必需脂肪酸［EFA］缺乏
E63.100　摄入食物结构失衡
E63.800　营养缺乏，其他特指的
E63.900　营养缺乏
E63.900x001　营养缺乏性多神经炎
E63.901+I43.2*　营养性心肌病
E63.902+G63.4*　营养性周围神经病
E64.000　蛋白质-能量营养不良后遗症
E64.100　维生素A缺乏后遗症
E64.200　维生素C缺乏后遗症

E64.300　佝偻病后遗症
E64.800　营养缺乏后遗症，其他的
E64.900　营养缺乏后遗症

表6-3-47

E65.x00x002　局部性肥胖症
E65.x00x006　眼睑眶隔脂肪增多症
E65.x00x010　肩部脂肪增多症
E65.x00x011　腋部脂肪增多症
E65.x00x013　小腿脂肪增多症
E65.x01　腰部脂肪堆积
E65.x02　背部脂肪堆积
E65.x03　上肢脂肪堆积
E65.x04　脂肪垫
E65.x05　下颌脂肪袋
E65.x07　颈部脂肪堆积
E65.x08　面颊脂肪堆积
E65.x09　大腿脂肪堆积
E65.x10　腹部脂肪堆积
E65.x11　臀部脂肪堆积
E65.x12　盆腔脂肪增多症
E65.x13　硬膜外脂肪过多症
E66.000　过度热能引起的肥胖症
E66.100　药物性肥胖症
E66.200　极度肥胖症伴有小泡性肺换气不足
E66.201　极度肥胖伴低通气综合征
E66.801　病态性肥胖
E66.900　肥胖症
E66.900x001　单纯性肥胖
E66.901　重度肥胖
E66.902+N08.4*　肥胖相关性肾病
E67.000　维生素A过多症
E67.100　高胡萝卜素血症
E67.200　大剂量维生素B6综合征
E67.300　维生素D过多症
E67.800　营养过度，其他特指的
E68.x00　营养过度后遗症

表6-3-48

E70.000　典型的苯丙酮酸尿
E70.000x002　苯丙酮酸性精神幼稚病
E70.100x001　苯丙酮尿症
E70.100x004　苯丙氨酸羟化酶缺乏症
E70.101　高苯丙氨酸血症
E70.102　四氢生物蝶呤缺乏症
E70.200　酪氨酸代谢紊乱
E70.201　高酪氨酸血症
E70.202　黑尿酸症
E70.203　褐黄病
E70.204　酪氨酸尿症
E70.205　原发性酪氨酸血症
E70.300　白化病
E70.300x003　切迪阿克-施泰因布林克-东综合征［Chediak-Steinbrinck-Higashi综合征］
E70.300x004　克罗斯综合征［Cross综合征］
E70.300x005　赫日曼斯基-普德拉克综合征［Hermansky-Pudlak综合征］
E70.301　瓦登伯格综合征
E70.302　眼白化病
E70.800x001　组氨酸血症
E70.800x002　色氨酸代谢紊乱
E70.800x003　组氨酸代谢紊乱
E70.900　芳香氨基酸代谢紊乱
E71.000　槭糖尿病
E71.100x003　高缬氨酸血症
E71.100x004　异缬氨酸血症
E71.100x005　甲基丙二酸尿症
E71.101　丙酸血症
E71.102　甲基丙二酸血症
E71.103　异戊酸血症
E71.200　支链氨基酸代谢紊乱
E71.300　脂肪酸代谢紊乱
E71.300x005　继发性肉碱缺乏症
E71.300x006　新生儿肾上腺脑白质病
E71.300x011　肾上腺脑白质营养不良［Addison-Schilder综合征］
E71.301　肾上腺脑白质营养不良
E71.302　原发性肉碱缺乏症
E71.303　肾上腺脊髓周围神经病
E71.304　肉毒碱棕榈酰转移酶缺乏症
E71.305　极长链酰基辅酶A脱氢酶缺陷症
E71.307　中链酰基辅酶A脱氢酶缺乏症
E71.308　极长链酰基辅酶A脱氢酶缺乏症
E71.309　长链3-羟酰基辅酶A脱氢酶缺乏症
E71.310　多种酰基辅酶A脱氢酶缺乏症
E72.001　甘氨酸尿症
E72.002　范科尼综合征
E72.003　胱氨酸尿症
E72.004　哈特纳普病
E72.005　洛氏综合征

E72.006+N29.8*　胱氨酸沉积病性肾损害
E72.007　赖氨酸尿蛋白不耐受症
E72.100x003　胱硫醚尿症
E72.100x004　高胱氨酸尿症
E72.100x005　蛋氨酸血症
E72.100x006　亚硫酸盐氧化酶缺乏症
E72.100x007　同型半胱氨酸尿症
E72.101　高同型半胱氨酸血症
E72.102　同型半胱氨酸血症
E72.200x002　一过性高氨血症
E72.200x004　精氨酸血症
E72.200x007　先天性高氨血症
E72.200x008　尿素循环障碍
E72.201　高氨血症
E72.202　瓜氨酸血症
E72.203　精氨基琥珀酸尿症
E72.204　精氨酸酶缺乏症
E72.205　N-乙酰谷氨酸合成酶缺乏症
E72.300x001　羟赖氨酸血症
E72.300x002　高赖氨酸血症
E72.301　羟赖氨酸代谢紊乱
E72.302　戊二酸血症
E72.303　戊二酸尿症
E72.304　戊二酸血症Ⅰ型
E72.305　戊二酸血症Ⅱ型
E72.306　戊二酸血症Ⅲ型
E72.400　鸟氨酸代谢紊乱
E72.400x001　鸟氨酸血症Ⅰ型
E72.400x002　鸟氨酸血症Ⅱ型
E72.401　高鸟胺酸血症-高氨血症-高瓜胺酸血症候群
E72.402　鸟氨酸氨甲酰基转移酶缺乏症
E72.500　甘油酸代谢紊乱
E72.500x001　高羟氨酸血症
E72.500x002　高脯氨酸血症Ⅰ型
E72.500x003　高脯氨酸血症Ⅱ型
E72.500x004　非酮病性高甘胺酸血症
E72.500x005　肌氨酸血症
E72.800x001　脲环代谢紊乱
E72.800x002　直链氨基酸代谢障碍
E72.800x004　β氨基酸代谢紊乱
E72.800x005　γ氨基酸代谢紊乱
E72.900x002　氨基酸尿
E72.900x004　低氨基酸尿症
E72.900x006　氨基酸代谢病
E72.901　低氨基酸血症
E72.902　高氨基酸尿症
E73.000　先天性乳糖缺乏
E73.100　继发性乳糖缺乏
E73.800　乳糖不耐受，其他的
E73.900　乳糖不耐受
E74.000　糖原贮积病
E74.000x006　肝磷酸化酶缺乏
E74.000x007　安德森病
E74.000x008　科里病
E74.000x009　福布斯病
E74.000x010　赫尔病
E74.000x011　麦卡德尔病
E74.000x012　蓬佩病
E74.000x013　冯-吉尔克病
E74.000x016+I43.1*　Danon 病
E74.001　Ⅰ型糖原贮积症
E74.002　葡萄糖-6-磷酸酶缺乏
E74.003　Ⅱ型糖原贮积症
E74.004　Ⅲ型糖原贮积症
E74.005　Ⅴ型糖原贮积症
E74.006+K77.8*　肝糖原贮积症
E74.007+G73.6*　糖原贮积症肌病
E74.008+I43.1*　心脏糖原贮积症
E74.009　Ⅶ型糖原贮积症
E74.100　果糖代谢紊乱
E74.100x002　原发性果糖尿症
E74.100x004　果糖 1，6 二磷酸缺乏
E74.101　遗传性果糖不耐受症
E74.200　半乳糖代谢紊乱
E74.200x002　半乳糖激酶缺乏
E74.201　半乳糖血症
E74.300x001　葡萄糖及半乳糖吸收不良
E74.300x002　肠二糖酶缺乏及二糖吸收不良
E74.300x003　蔗糖酶缺乏
E74.400　丙酮酸盐代谢和糖异生紊乱
E74.400x005　丙酮酸脱羧酶缺乏
E74.401　丙酮酸羧化酶缺乏
E74.402　磷酸烯醇丙酮酸羧激酶缺乏
E74.403　丙酮酸脱氢酶缺乏
E74.800x006　高乳酸血症
E74.800x007　葡萄糖转运体 1 缺陷
E74.801　肾性糖尿
E74.802　原发性戊糖尿
E74.803　草酸盐沉着症

E74.804　草酸尿
E74.900x002　多羧酶缺乏
E74.901　糖代谢紊乱
E75.000x001　桑德霍夫病［Sandhoff病］
E75.000x002　泰-萨克斯病［Tay-Sachs病］
E75.000x003　成年型GM2神经节苷脂贮积症
E75.000x004　幼年型GM2神经节苷脂贮积症
E75.100x001　神经节苷脂贮积症
E75.100x002　GM1神经节苷脂贮积症
E75.100x004　粘脂贮积病Ⅳ型
E75.101　GM3神经节苷脂沉积症
E75.200x006　克拉贝病
E75.200x007　法伯综合征
E75.200x009　中枢神经系统海绵样变性［卡纳万病］
E75.200x010　海蓝组织细胞增生症
E75.200x011　戈谢病Ⅱ型
E75.200x012　尼曼-匹克病A型
E75.200x013　弥漫性体部血管角化瘤
E75.201　戈谢病
E75.202　脑白质营养不良
E75.203　尼曼-皮克病
E75.204　异染性脑白质营养不良
E75.205　法布里病
E75.206　硫酸酯酶缺乏
E75.300　神经鞘脂贮积症
E75.400　神经元蜡样脂褐质贮积症
E75.400x002　巴藤病
E75.400x003　比尔朔夫斯基-杨斯基病
E75.400x004　库夫斯病
E75.400x005　施皮格尔迈尔-沃格特病
E75.500x001　中性脂质贮积病
E75.501　黄色瘤
E75.502　幼年性黄色瘤
E75.503　原发性家族性黄瘤病
E75.504　脑腱胆固醇沉着病
E75.505　沃尔曼病
E75.600x001　脂贮积病
E75.600x002+G32.8*　全身性脂贮积症性大脑变性
E75.601+G73.6*　脂质沉积性肌病
E75.602+F02.8*　脑脂质沉积性痴呆
E76.000　黏多糖贮积症，Ⅰ型
E76.100　黏多糖贮积症，Ⅱ型
E76.200x001　粘多糖贮积病Ⅲ型
E76.200x002　B型圣菲利浦综合征
E76.200x003　C型圣菲利浦综合征
E76.200x004　D型圣菲利浦综合征
E76.200x006　粘多糖贮积病Ⅵ型
E76.200x007　粘多糖贮积病Ⅶ型
E76.200x008　类似莫固综合征
E76.200x009　典型莫固综合征
E76.200x010　轻度马罗托-拉米综合征
E76.200x011　重度马罗托-拉米综合征
E76.200x012　β葡萄糖醛酸酶缺乏
E76.201　黏多糖贮积症，Ⅳ型
E76.300　黏多糖贮积症
E76.300x002+I52.8*　粘多糖贮积性心脏病
E76.800　糖胺聚糖代谢紊乱，其他的
E76.900x001　氨基葡聚糖代谢紊乱
E77.000　溶酶体酶翻译后修饰缺陷
E77.000x002　粘脂贮积病Ⅱ型［I细胞病］
E77.000x003　粘脂贮积病Ⅲ型［假胡勒多种营养不良］
E77.100x002　天冬氨酰葡萄糖胺尿症
E77.100x003　岩藻糖苷贮积病
E77.100x004　甘露糖苷过多症
E77.100x005　粘脂贮积病Ⅰ型［唾液酸沉积病］
E77.100x006　β-甘露糖苷酶缺失
E77.801　低蛋白血症
E77.900　糖蛋白代谢紊乱
E78.000　纯高胆固醇血症
E78.000x003　A族高脂血症
E78.000x004　高β脂蛋白血症
E78.000x005　弗雷德里克森高脂蛋白血症Ⅱa型
E78.000x006　低密度脂蛋白型高脂蛋白血症
E78.000x007　胆固醇综合征
E78.001　家族性高胆固醇血症
E78.002　高低密度脂蛋白胆固醇血症
E78.003　纯合子家族性高胆固醇血症
E78.100　纯高甘油酯血症
E78.100x002　极低密度脂蛋白型高脂蛋白血症
E78.100x003　高前β脂蛋白血症
E78.100x004　内源性高甘油酯血症
E78.100x005　B族高脂血症
E78.100x007　弗雷德里克森高脂蛋白血症Ⅳ型
E78.100x008　家族性高甘油三酯血症
E78.200　混合性高脂血症
E78.200x008　高胆固醇血症伴内源性高甘油酯血症
E78.200x012　弗雷德里克森高脂蛋白血症Ⅲ型

E78.201 结节性黄色瘤
E78.202 扁平黄色瘤
E78.204 悬浮β脂蛋白血症
E78.205 高β脂蛋白血症伴高前β脂蛋白血症
E78.206 播散性黄色瘤
E78.207 疹性黄色瘤
E78.208 高脂血症C族
E78.209 Ⅱb型弗雷德里克森高脂蛋白血症
E78.210 结节疹性黄色瘤
E78.300x001 混合型高甘油酯血症
E78.300x002 弗雷德里克森高脂蛋白血症Ⅰ型
E78.300x003 弗雷德里克森高脂蛋白血症Ⅴ型
E78.300x004 D族高脂血症
E78.401 家族性混合性高脂血症
E78.402 谷固醇血症
E78.500 高脂血症
E78.500x001 高脂异常综合征
E78.600 脂蛋白缺乏
E78.600x001 棘红细胞增多症
E78.600x003 卵磷脂胆固醇酰基转移酶缺乏
E78.600x006 高密度脂蛋白缺乏
E78.600x007 低α脂蛋白血症
E78.600x008 丹吉尔病
E78.600x009 低β脂蛋白血症
E78.600x010 家族性低β脂蛋白血症
E78.600x011 低胆固醇血症
E78.601 载脂蛋白B缺乏
E78.602 无β脂蛋白血症
E78.800x002 脂性乌尔巴赫蛋白沉积症
E78.801 脂肪肉芽肿病
E78.900 脂蛋白代谢紊乱
E78.901 骨软骨营养不良
E79.001 高尿酸血症
E79.100 莱施-尼汉综合征
E79.800x001 遗传性黄嘌呤尿
E79.900 嘌呤和嘧啶代谢紊乱
E80.000 遗传性红细胞生成性卟啉症
E80.000x004 血卟啉病
E80.001 先天性红细胞生成性卟啉病
E80.002 红细胞生成性卟啉病
E80.003 肝性红细胞生成性卟啉病
E80.100 迟发性皮肤卟啉症
E80.100x002 肝性红细胞生成型卟啉病
E80.200x001 卟啉病［紫质病］
E80.200x004 急性间歇性卟啉病
E80.200x005 急性间歇性肝卟啉病
E80.200x006 卟啉病神经病
E80.200x007 X连锁显形原卟啉病
E80.200x008 假性卟啉病
E80.201 三羧基卟啉病
E80.202 混合型卟啉病
E80.203 遗传性粪卟啉病
E80.300x001 过氧化氢酶缺乏
E80.301 过氧化物酶缺乏
E80.302 δ-氨基酮戊酸脱水酶缺陷型卟啉病
E80.400 吉尔伯特综合征
E80.500 克里格勒-纳贾综合征
E80.501 葡萄糖醛酸转移酶缺乏
E80.600x005 体质性高胆红素血症
E80.600x006 胆红素排泄障碍
E80.600x007 肝炎后高胆红素血症
E80.600x008 家族性肝内胆汁淤积症［Byler病］
E80.601 迪宾-约翰逊综合征
E80.602 先天性高胆红素血症
E80.603 罗托综合征
E80.700 胆红素代谢紊乱
E83.000 铜代谢紊乱
E83.000x005 毛发组结型门克病
E83.000x006 坚硬发型门克病
E83.001 肝豆状核变性
E83.002 门克斯综合征
E83.003+F02.8* 肝豆状核变性痴呆
E83.100 铁代谢紊乱
E83.100x006+M14.5* 血色素沉着型关节病
E83.100x008+N16.3* 含铁血黄素沉积相关肾损害
E83.101 血色病
E83.102 肝含铁血黄素沉积症
E83.103 血色病性心肌病
E83.104+J99.8* 肺含铁血黄素沉积症
E83.200 锌代谢紊乱
E83.200x002 高锌血症
E83.201 肠病性肢端皮炎
E83.300x007 抗维生素D性佝偻病
E83.300x008+M90.8* 维生素D依赖性佝偻病
E83.300x010 家族性低磷酸盐血症
E83.300x012+M90.8* 维生素D抵抗性骨软化
E83.300x014 低磷酸脂酶症
E83.300x021+M90.8* 低磷抗D性软骨病
E83.301 高磷尿症
E83.302 酸性磷酸酶缺乏

E83.303　磷代谢紊乱
E83.304　低磷血症
E83.305　磷酸酶过少症
E83.306　低碱性磷酸酶血症
E83.307+M90.8*　低磷性骨软化症
E83.308+M90.8*　低磷性佝偻病
E83.309　高磷酸盐血症
E83.401　低镁血症
E83.402　高镁血症
E83.403　遗传性低镁血症
E83.500x001　低钙血性惊厥
E83.500x006+H28.1*　低钙血性白内障［手足搐搦性白内障］
E83.500x007　特发性高钙尿症
E83.500x008　家族性低尿钙性高钙血症
E83.500x009　钙质沉着症
E83.500x011　肿瘤样钙盐沉着症
E83.501　高钙危象
E83.502　高钙血症
E83.503　低钙血症
E83.504　高钙尿症
E83.505+F02.8*　高钙血症性痴呆
E83.800　矿物质代谢紊乱，其他的
E83.900　矿物质代谢紊乱
E84.001　肺囊性纤维化
E84.101+P75*　囊性纤维化性胎粪性肠梗阻
E84.102　远端肠梗阻综合症
E84.801　囊性纤维化伴混合表现
E84.900　囊性纤维化病
E84.901　胰腺囊性纤维变性
E85.000　非神经病性家族遗传性淀粉样变
E85.001　家族性地中海热
E85.002　遗传性淀粉样肾病
E85.100x002　淀粉样多发性神经病变
E85.101+G63.3*　淀粉样变性周围神经病
E85.200x001　家族遗传性淀粉样变性
E85.300x002　继发性淀粉样变性
E85.300x003　透析相关性淀粉样变病
E85.400x004　脾淀粉样变性
E85.400x005　上呼吸道淀粉样变性
E85.400x006　咽淀粉样变性
E85.400x008+G99.0*　淀粉样变性性周围神经病
E85.400x012　脑淀粉样变
E85.400x014　局限性淀粉样变性
E85.401　淀粉样变声带损害
E85.402　淀粉样变鼻咽损害
E85.403　淀粉样变膀胱损害
E85.404　淀粉样变支气管损害
E85.405　淀粉样变齿龈损害
E85.406　淀粉样变甲状腺损害
E85.407　淀粉样变气管损害
E85.408　淀粉样变血管损害
E85.409　淀粉样变喉损害
E85.410　淀粉样变胸膜损害
E85.411+N29.8*　淀粉样变肾损害
E85.412+J99.8*　淀粉样变肺损害
E85.413+L99.0*　淀粉样变皮肤损害
E85.414+I68.0*　淀粉样变脑血管损害
E85.415+K77.8*　淀粉样变肝损害
E85.416+I43.1*　淀粉样变心脏损害
E85.417+K93.8*　淀粉样变肠道损害
E85.418　眼睑淀粉样变性
E85.800　淀粉样变，其他的
E85.900　淀粉样变
E85.900x003　斑疹性淀粉样变性
E85.901　原发性淀粉样变性
E86.x00x001　低血容量
E86.x00x003　细胞外液缺失
E86.x00x004　血浆容量缺失
E86.x01　脱水
E87.001　高钠血症
E87.101　脑耗盐综合征
E87.102　低钠血症
E87.200x002　高血氯性酸中毒
E87.201　代谢性酸中毒
E87.202　混合性酸中毒
E87.203　呼吸性酸中毒
E87.204　乳酸性酸中毒
E87.205　有机酸血症
E87.206　先天性高乳酸血症
E87.301　代谢性碱中毒
E87.302　低钾性碱中毒
E87.303　呼吸性碱中毒
E87.400　混合性酸碱平衡失调
E87.500　高钾血症
E87.501　假性低醛固酮血症
E87.600　低钾血症
E87.600x002　低钾性抽搐
E87.600x003　钾缺乏
E87.600x004　低钾性肌病

E87.700　体液过多
E87.701　水中毒
E87.800x004　低钾钠氯综合征
E87.801　电解质代谢紊乱
E87.802　高氯血症
E87.803　低氯血症
E88.000x002　α1-抗胰蛋白酶缺乏症
E88.000x003　双白蛋白血症
E88.001　高蛋白血症
E88.100x001　部分性脂肪营养不良
E88.100x002　进行性脂肪营养不良
E88.100x004　脂肪营养不良
E88.100x005　胰岛素性脂肪营养不良
E88.100x006　蛋白酶抑制剂相关性脂肪营养不良
E88.101　全身性脂肪营养不良
E88.202　疼痛性脂肪过多症
E88.203　脂肪堆积
E88.300　肿瘤溶解综合征
E88.800x004　三甲胺尿症
E88.800x005　洛奴瓦-邦索德腺脂瘤病
E88.800x007　还原型烟酰胺腺嘌呤二核苷酸-辅酶Q还原酶缺乏
E88.800x008　还原辅酶Q-细胞色素水解酶还原酶缺乏
E88.800x009　琥珀酸-辅酶Q还原酶缺乏
E88.800x013　希特林蛋白缺乏症
E88.801　霍法病
E88.802　酮症
E88.803　饥饿性酮症
E88.804　良性对称性脂肪瘤病
E88.806　线粒体DNA缺失
E88.807　β-酮硫解酶缺乏症
E88.900x010　先天性遗传代谢病［先天性代谢缺陷］
E88.901　代谢障碍
E88.902+M90.8*　代谢性骨病
E88.903　遗传性代谢病
E88.904+G99.2*　代谢性脊髓病
E88.905+G99.0*　代谢性周围神经病
E88.906+H28.1*　代谢性白内障
E88.907+I43.1*　代谢性心肌病
E88.908+G73.6*　代谢性肌病
E89.000　操作后甲状腺功能减退症
E89.001　手术后甲状腺功能减退
E89.002　放射后甲状腺功能减退
E89.100　操作后血内胰岛素不足
E89.101　手术后低血糖昏迷
E89.102　手术后低胰岛素血症
E89.200x001　甲状旁腺缺失性手足搐搦
E89.201　手术后甲状旁腺功能减退
E89.300x002　医源性垂体功能减退症
E89.300x003　放射后垂体功能减退症
E89.301　手术后垂体功能减退
E89.302　后天性垂体缺失
E89.303　手术后尿崩症
E89.400x001　放射后卵巢功能衰竭
E89.400x002　手术后卵巢功能衰竭
E89.401　医源性卵巢功能衰竭
E89.501　手术后睾丸功能减退
E89.601　手术后肾上腺皮质功能减退
E89.800x002　肝移植术后糖尿病
E89.800x003　肝移植术后高脂血症
E89.801　血透失衡综合征
E89.802　后天性胸腺缺失
E89.900　内分泌和代谢紊乱，操作后的

表6-3-49

F01.000　急性发作的血管性痴呆
F01.100　多发脑梗死性痴呆
F01.101　常染色体显性遗传性脑动脉病
F01.102　遗传性多发脑梗死性痴呆
F01.200　皮层下血管性痴呆
F01.300　混合型皮层和皮层下血管性痴呆
F01.800x001　出血性痴呆
F01.900　血管性痴呆
F01.901　动脉硬化性痴呆
F01.902　脑动脉硬化性精神病
F03.x00　痴呆
F03.x01　老年性痴呆
F04.x00x001　脑器质性创伤后遗忘
F04.x00x901　器质性遗忘综合征
F05.000　谵妄，描述为并非附加于痴呆的
F05.000x001　药物中毒性意识障碍（包括谵妄状态）
F05.001　老年性谵妄
F05.100　谵妄，附加于痴呆的
F05.101　老年痴呆性谵妄
F05.801　癫痫性意识障碍
F05.802　手术后谵妄
F05.900　谵妄
F05.901　感染性精神病

F05.902　急性脑病综合征
F06.000　器质性幻觉症
F06.100　器质性紧张性障碍
F06.200　器质性妄想性［精神分裂症样］障碍
F06.300　器质性心境［情感］障碍
F06.300x002　器质性躁狂障碍
F06.300x010　器质性双相障碍
F06.300x020　器质性抑郁障碍
F06.300x021　卒中后抑郁
F06.300x030　器质性混合型情感障碍
F06.301　癫痫性情感障碍
F06.302　颅脑外伤性情感障碍
F06.400　器质性焦虑障碍
F06.400x003　卒中后焦虑
F06.500　器质性分离性障碍
F06.600　器质性情绪不稳定［衰弱］障碍
F06.700　轻度认知障碍
F06.800　脑损害和功能障碍及躯体疾病引起的其他特指的精神障碍
F06.800x002　胆道感染所致精神障碍
F06.800x003　胆道术后精神障碍
F06.800x004　低血糖所致精神障碍
F06.800x005　肺结核所致精神障碍
F06.800x006　肺气肿所致精神障碍
F06.800x007　肺炎所致精神障碍
F06.800x008　肝硬化所致精神障碍
F06.800x009　感冒所致精神障碍
F06.800x010　高热所致精神障碍
F06.800x011　高血压所致精神障碍
F06.800x012　过敏性紫癜所致精神障碍
F06.800x013　甲状腺功能亢进所致精神障碍
F06.800x014　疟疾所致精神障碍
F06.800x015　肾炎所致精神障碍
F06.800x016　细菌性痢疾所致精神障碍
F06.800x017　心脏病所致精神障碍
F06.800x018　营养不良所致精神障碍
F06.800x019　有害气体中毒后精神障碍
F06.800x020　中暑伴发精神障碍
F06.800x021　系统性红斑狼疮所致的精神障碍
F06.800x023　甲状腺功能减退所致精神障碍
F06.800x024　一氧化碳中毒所致精神障碍
F06.800x025　肠伤寒所致精神障碍
F06.800x026　血管性认知功能障碍
F06.800x027　认知障碍
F06.800x032　血液病所致精神障碍
F06.800x033　染色体异常所致精神障碍
F06.800x034　物理因素所致精神障碍
F06.800x037　肝脑病变所致精神障碍
F06.800x038　心脏病（心力衰竭）所致精神障碍
F06.800x039　肺脑综合征所致精神障碍
F06.800x040　尿毒症所致精神障碍
F06.800x041　内分泌疾病所致精神障碍
F06.800x042　甲低所致精神障碍
F06.800x043　脑下垂体疾病所致精神障碍
F06.800x044　Sheeham病所致精神障碍
F06.800x045　Addison氏病所致精神障碍
F06.800x046　肾上腺功能亢进所致精神障碍
F06.800x047　营养代谢疾病所致精神障碍
F06.800x048　糖尿病所致精神障碍
F06.800x049　胶原性疾病所致精神障碍
F06.800x050　Behcet氏病所致精神障碍
F06.801　癫痫性精神病
F06.802　颅脑外伤性精神病
F06.803　颅内感染所致精神障碍
F06.804　病毒性脑炎所致精神障碍
F06.805　脑瘤所致精神障碍
F06.806　肝豆核变性症所致精神障碍
F06.807　多发性硬化症所致精神障碍
F06.808　躯体疾病所致精神障碍
F06.809　脑血管病所致精神障碍
F06.810　卒中后精神病态
F06.811　脑炎后精神障碍
F06.900　脑损害和功能障碍及躯体疾病引起的精神障碍
F07.000　器质性人格障碍
F07.001　额叶综合征
F07.100　脑炎后综合征
F07.200　脑震荡后综合征
F07.201　脑外伤后综合征
F07.800x001　一氧化碳中毒致人格和行为障碍
F07.800x002　脑血管病所致的人格和行为障碍
F07.800x003　脑外伤所致的人格和行为障碍
F07.900　脑部疾病、损害和功能障碍引起的器质性人格和行为障碍
F07.900x001　器质性精神综合征
F07.901　癫痫性人格改变
F09.x00x003　器质性精神病
F09.x00x004　症状性精神病
F09.x01　症状性精神障碍
F09.x02　一氧化碳所致精神障碍

F09.x03　器质性精神障碍

表6-3-50

F10.000　急性酒精中毒引起的精神和行为障碍
F10.001　急性酒精中毒
F10.002　病理性醉酒
F10.003　复杂性醉酒
F10.100　有害性使用酒精引起的精神和行为障碍
F10.100x002　酒精非成瘾性滥用
F10.200　使用酒精引起的依赖综合征
F10.201　慢性酒精中毒
F10.300　使用酒精引起的戒断状态
F10.400　使用酒精引起的戒断状态伴有谵妄
F10.401　酒精性谵妄
F10.500　使用酒精引起的精神性障碍
F10.501　慢性酒精中毒性分裂样精神病
F10.502　慢性酒精中毒性妄想症
F10.503　慢性酒精中毒性幻觉症
F10.504　酒精中毒性抑郁状态
F10.505　酒精中毒性躁狂状态
F10.600　使用酒精引起的遗忘综合征
F10.600x002　酒精中毒性科尔萨科夫综合征
F10.601　慢性酒精性谵妄
F10.700　使用酒精引起的残留性和迟发性精神病性障碍
F10.700x091　慢性酒精性脑综合征
F10.701　酒精中毒性痴呆
F10.800　使用酒精引起的其他精神和行为障碍
F10.900　使用酒精引起的精神和行为障碍
F11.000　急性阿片类物质中毒引起的精神和行为障碍
F11.000x001　阿片类药急性中毒
F11.100　有害性使用阿片类物质引起的精神和行为障碍
F11.100x001　阿片类药有害使用
F11.200　使用阿片类物质引起的依赖综合征
F11.200x001　杜冷丁药物依赖
F11.200x003　镇痛药物成瘾
F11.201　吗啡型药物瘾
F11.202　哌替啶药物瘾
F11.203　咖啡型药物瘾
F11.204　海洛因药物瘾
F11.300　使用阿片类物质引起的戒断状态
F11.400　使用阿片类物质引起的戒断状态伴有谵妄
F11.500　使用阿片类物质引起的精神性障碍
F11.600　使用阿片类物质引起的遗忘综合征
F11.700　使用阿片类物质引起的残留性和迟发性精神病性障碍
F11.800　使用阿片类物质引起的其他精神和行为障碍
F11.900　使用阿片类物质引起的精神和行为障碍
F12.000　急性大麻类物质中毒引起的精神和行为障碍
F12.000x002　大麻类物质急性中毒
F12.100　有害性使用大麻类物质引起的精神和行为障碍
F12.100x001　大麻类物质非成瘾性滥用
F12.200　使用大麻类物质引起的依赖综合征
F12.300　使用大麻类物质引起的戒断状态
F12.400　使用大麻类物质引起的戒断状态伴有谵妄
F12.500　使用大麻类物质引起的精神性障碍
F12.600　使用大麻类物质引起的遗忘综合征
F12.700　使用大麻类物质引起的残留性和迟发性精神病性障碍
F12.800　使用大麻类物质引起的其他精神和行为障碍
F12.900　使用大麻类物质引起的精神和行为障碍
F13.000　急性镇静剂或催眠剂中毒引起的精神和行为障碍
F13.000x001　镇静剂或催眠剂急性中毒
F13.100　有害性使用镇静剂或催眠剂引起的精神和行为障碍
F13.100x001　镇静剂或催眠剂的有害使用
F13.200　使用镇静剂或催眠剂引起的依赖综合征
F13.200x001　巴比妥盐药物成瘾
F13.201　安眠药物成瘾
F13.300　使用镇静剂或催眠剂引起的戒断状态
F13.400　使用镇静剂或催眠剂引起的戒断状态伴有谵妄
F13.500　使用镇静剂或催眠剂引起的精神性障碍
F13.600　使用镇静剂或催眠剂引起的遗忘综合征
F13.700　使用镇静剂或催眠剂引起的残留性和迟发性精神病性障碍
F13.800　使用镇静剂或催眠剂质引起的其他精神和行为障碍
F13.900　使用镇静剂或催眠剂引起的精神和行为障碍
F14.000　急性可卡因中毒引起的精神和行为障碍

F14.000x001　可卡因急性中毒
F14.100　有害性使用可卡因引起的精神和行为障碍
F14.100x001　可卡因非成瘾性滥用
F14.200　使用可卡因引起的依赖综合征
F14.300　使用可卡因引起的戒断状态
F14.400　使用可卡因引起的戒断状态伴有谵妄
F14.400x001　伴有谵妄的可卡因戒断状态
F14.500　使用可卡因引起的精神性障碍
F14.600　使用可卡因引起的遗忘综合征
F14.700　使用可卡因引起的残留性和迟发性精神病性障碍
F14.800　使用可卡因质引起的其他精神和行为障碍
F14.900　使用可卡因引起的精神和行为障碍
F15.000　使用其他兴奋剂（包括咖啡因）急性中毒引起的精神和行为障碍
F15.000x002　含有咖啡因的兴奋剂急性中毒
F15.000x003　苯丙胺类兴奋剂急性中毒
F15.000x004　氯胺酮急性中毒
F15.100　有害性使用其他兴奋剂（包括咖啡因）引起的精神和行为障碍
F15.100x001　含有咖啡因的兴奋剂有害使用
F15.100x002　咖啡因的有害使用
F15.100x003　苯丙胺类兴奋剂的有害使用
F15.100x004　氯胺酮的有害使用
F15.200x001　含有咖啡因的兴奋剂依赖综合征
F15.200x002　咖啡因依赖综合征
F15.200x003　苯丙胺类兴奋剂依赖综合征
F15.200x004　氯胺酮依赖综合征
F15.300x001　含有咖啡因的兴奋剂戒断状态
F15.300x002　咖啡因戒断状态
F15.300x003　苯丙胺类兴奋剂戒断状态
F15.300x004　氯胺酮戒断状态
F15.400x001　伴有谵妄的含有咖啡因兴奋剂戒断状态
F15.400x002　伴有谵妄的咖啡因戒断状态
F15.400x003　伴有谵妄的苯丙胺类兴奋剂戒断状态
F15.400x004　伴有谵妄的氯胺酮戒断状态
F15.500x001　含有咖啡因的兴奋剂所致的精神病性障碍
F15.500x002　咖啡因所致的精神病性障碍
F15.500x003　苯丙胺类兴奋剂所致的精神病性障碍
F15.500x004　氯胺酮所致的精神病性障碍
F15.501　苯丙胺类中毒性精神病
F15.600x001　含有咖啡因的兴奋剂所致的遗忘综合征
F15.600x002　咖啡因所致的遗忘综合征
F15.600x003　苯丙胺类兴奋剂所致的遗忘综合征
F15.600x004　氯胺酮所致的遗忘综合征
F15.700x001　含有咖啡因的兴奋剂所致的残留性和迟发性精神病性障碍
F15.700x002　咖啡因所致的残留性和迟发性精神病性障碍
F15.700x003　苯丙胺类兴奋剂所致的残留性和迟发性精神病性障碍
F15.700x004　氯胺酮所致的残留性和迟发性精神病性障碍
F15.800　使用其他兴奋剂（包括咖啡因）引起的其他精神和行为障碍
F15.900x001　含有咖啡因的兴奋剂所致的精神和行为障碍
F15.900x002　咖啡因所致的精神和行为障碍
F15.900x003　苯丙胺类兴奋剂所致的精神和行为障碍
F15.900x004　氯胺酮所致的精神和行为障碍
F16.000　使用致幻剂急性中毒引起的精神和行为障碍
F16.000x002　致幻剂急性中毒
F16.100　有害性使用致幻剂引起的精神和行为障碍
F16.100x002　致幻剂非成瘾性滥用
F16.200　使用致幻剂引起的依赖综合征
F16.300　使用致幻剂引起的戒断状态
F16.400　使用致幻剂引起的戒断状态伴有谵妄
F16.400x001　伴有谵妄的致幻剂戒断状态
F16.500　使用致幻剂引起的精神性障碍
F16.600　使用致幻剂引起的遗忘综合征
F16.700　使用致幻剂引起的残留性和迟发性精神病性障碍
F16.800　使用致幻剂质引起的其他精神和行为障碍
F16.900　使用致幻剂引起的精神和行为障碍
F17.000　使用烟草急性中毒引起的精神和行为障碍
F17.000x001　烟草急性中毒
F17.100　有害性使用烟草引起的精神和行为障碍
F17.100x001　烟草的有害使用
F17.200　使用烟草引起的依赖综合征
F17.300　使用烟草引起的戒断状态
F17.400　使用烟草引起的戒断状态伴有谵妄
F17.400x001　伴有谵妄的烟草戒断状态

F17.500　使用烟草引起的精神性障碍
F17.600　使用烟草引起的遗忘综合征
F17.700　使用烟草引起的残留性和迟发性精神病性障碍
F17.800　使用烟草质引起的其他精神和行为障碍
F17.900　使用烟草引起的精神和行为障碍
F18.000　使用挥发性溶剂急性中毒引起的精神和行为障碍
F18.000x001　挥发性溶剂急性中毒
F18.100　有害性使用挥发性溶剂引起的精神和行为障碍
F18.100x001　挥发性溶剂的有害使用
F18.200　使用挥发性溶剂引起的依赖综合征
F18.300　使用挥发性溶剂引起的戒断状态
F18.400　使用挥发性溶剂引起的戒断状态伴有谵妄
F18.500　使用挥发性溶剂引起的精神性障碍
F18.600　使用挥发性溶剂引起的遗忘综合征
F18.700　使用挥发性溶剂引起的残留性和迟发性精神病性障碍
F18.800　使用挥发性溶剂引起的其他精神和行为障碍
F18.900　使用挥发性溶剂引起的精神和行为障碍
F19.000　使用多种药物和其他精神活性物质急性中毒引起的精神和行为障碍
F19.000x002　多种药物和其他精神活性物质急性中毒
F19.100　有害性使用多种药物和其他精神活性物质引起的精神和行为障碍
F19.100x004　多种药物和其他精神活性物质的有害使用
F19.200　使用多种药物和其他精神活性物质引起的依赖综合征
F19.200x001　A.P.C药物成瘾
F19.201　镇痛药物瘾
F19.300　使用多种药物和其他精神活性物质引起的戒断状态
F19.400　使用多种药物和其他精神活性物质引起的戒断状态伴有谵妄
F19.400x001　伴有谵妄的多种药物和其他精神活性物质戒断状态
F19.500　使用多种药物和其他精神活性物质引起的精神性障碍
F19.600　使用多种药物和其他精神活性物质引起的遗忘综合征
F19.700　使用多种药物和其他精神活性物质引起的残留性和迟发性精神病性障碍
F19.800　使用多种药物和其他精神活性物质引起的其他精神和行为障碍
F19.900　使用多种药物和其他精神活性物质引起的精神和行为障碍
F19.900x002　A.P.C中毒致精神障碍
F19.900x003　阿的平中毒致精神障碍
F19.900x004　合霉素中毒致精神障碍
F19.900x005　激素类药物致精神障碍
F19.900x006　眠尔通中毒致精神障碍
F19.900x007　药物源性精神障碍
F19.900x008　抗帕金森药物所致精神障碍
F19.900x009　利血平所致精神障碍

表 6-3-51

F20.000　偏执型精神分裂症
F20.100　青春型精神分裂症
F20.200　紧张型精神分裂症
F20.200x002　紧张性木僵
F20.201　紧张症综合征
F20.300　未分化型精神分裂症
F20.301　非典型精神分裂症
F20.400　精神分裂症后抑郁
F20.500　残留型精神分裂症
F20.501　慢性精神分裂症
F20.600　单纯型精神分裂症
F20.800x001　难治性精神分裂症
F20.800x002　精神分裂症衰退期
F20.800x003　精神分裂症缓解期
F20.801　体感异常性精神分裂症
F20.802　晚发性精神分裂症
F20.803　强迫型精神分裂症
F20.900　精神分裂症
F21.x00　分裂型障碍
F22.000　妄想性障碍
F22.001　偏执性精神病
F22.002　妄想狂
F22.003　偏执状态
F22.800　持久的妄想性障碍，其他的
F22.800x001　更年期偏执状态
F22.900　持久妄想性障碍
F23.000　不伴有精神分裂症症状的急性多形性精神病性障碍
F23.001　妄想阵发，急性妄想发作

F23.002　周期性精神病
F23.100　伴有精神分裂症症状的急性多形性精神病性障碍
F23.200　急性精神分裂症样精神病性障碍
F23.200x003　急性精神分裂样精神病性障碍，不伴急性应激反应
F23.200x011　急性精神分裂样精神病性障碍，伴有急性应激反应
F23.300x001　偏执性反应
F23.300x002　心因性偏执性精神障碍
F23.300x003　以妄想为主的急性精神病性障碍
F23.301　急性偏执性反应状态
F23.800　急性而短暂的精神病性障碍，其他的
F23.900　急性而短暂的精神病性障碍
F23.901　反应性精神病
F23.902　旅途精神病
F23.903　急性反应性木僵状态
F24.x00　感应性妄想性障碍
F25.000　分裂情感性障碍，躁狂型
F25.000x001　分裂情感性障碍躁狂发作
F25.100　分裂情感性障碍，抑郁型
F25.100x001　分裂情感性障碍抑郁发作
F25.200　分裂情感性障碍，混合型
F25.200x001　周期性精神病性障碍
F25.200x002　分裂情感性障碍混合发作
F25.800　分裂情感性障碍，其他的
F25.900　分裂情感性障碍
F28.x00x002　更年期精神病
F28.x00x011　违拗状态
F28.x00x012　木僵状态
F28.x01　幻觉症
F28.x02　幻觉妄想状态
F29.x00　非器质性精神病

表6-3-52

F30.000　轻躁狂
F30.100　不伴有精神病性症状的躁狂
F30.100x001　不伴有精神病性症状的躁狂发作
F30.200　伴有精神病性症状的躁狂
F30.200x001　伴有精神病性症状的躁狂发作
F30.200x002　躁狂性木僵
F30.201　谵妄性躁狂症
F30.800x002　兴奋状态
F30.900　躁狂发作
F30.901　兴奋躁动状态
F31.000　双相情感障碍，目前为轻躁狂发作
F31.100　双相情感障碍，目前为不伴有精神病性症状的躁狂发作
F31.200　双相情感障碍，目前为伴有精神病性症状的躁狂发作
F31.300x002　双相情感障碍，目前为轻度抑郁发作
F31.300x003　双相情感障碍，目前为不伴有躯体症状的轻度抑郁发作
F31.300x005　双相情感障碍，目前为不伴有躯体症状的中度抑郁发作
F31.300x011　双相情感障碍，目前为伴有躯体症状的轻度抑郁发作
F31.300x012　双相情感障碍，目前为伴有躯体症状的中度抑郁发作
F31.301　双相情感障碍，目前为中度抑郁发作
F31.400　双相情感障碍，目前为不伴有精神病性症状的重度抑郁发作
F31.500　双相情感障碍，目前为伴有精神病性症状的重度抑郁发作
F31.600　双相情感障碍，目前为混合性发作
F31.700　双相情感障碍，目前为缓解状态
F31.800x001　复发性躁狂发作
F31.800x002　双相情感障碍2型
F31.800x003　难治性双相情感障碍
F31.801　慢性躁狂症
F31.802　双相情感障碍，快速循环型
F31.803　非典型双相情感障碍
F31.900　双相情感障碍
F31.901　双相情感障碍Ⅰ型
F31.902　躁郁症
F32.000x002　不伴有躯体症状的轻度抑郁发作
F32.000x011　伴有躯体症状的轻度抑郁发作
F32.100x002　不伴有躯体症状的中度抑郁发作
F32.100x011　伴有躯体症状的中度抑郁发作
F32.200　不伴有精神病性症状的重度抑郁发作
F32.300　伴有精神病性症状的重度抑郁发作
F32.301　抑郁性精神病
F32.800x001　抑郁性木僵
F32.800x002　难治性抑郁症
F32.801　更年期抑郁症
F32.802　非典型抑郁症
F32.900　抑郁发作
F32.901　抑郁状态
F32.902　反应性抑郁症

F33.000　复发性抑郁障碍，目前为轻度发作
F33.000x002　复发性抑郁障碍，目前为伴有躯体症状的轻度发作
F33.000x011　复发性抑郁障碍，目前为不伴有躯体症状的轻度发作
F33.100　复发性抑郁障碍，目前为中度发作
F33.100x002　复发性抑郁障碍，目前为伴有躯体症状的中度发作
F33.100x011　复发性抑郁障碍，目前为不伴有躯体症状的中度发作
F33.200　复发性抑郁障碍，目前为不伴有精神病性症状的重度发作
F33.300　复发性抑郁障碍，目前为伴有精神病性症状的重度发作
F33.400　复发性抑郁障碍，目前为缓解状态
F33.800　复发性抑郁障碍，其他的
F33.900　复发性抑郁障碍
F34.000　环性气质
F34.001　环性心境人格
F34.002　情感性人格障碍
F34.100　恶劣心境
F34.101　神经官能性抑郁症
F34.102　抑郁性人格障碍
F34.800　持久的心境［情感］障碍，其他的
F34.900　心境［情感］障碍，持久的
F38.000x001　单次发作的心境［情感］障碍
F38.001　混合性情感发作
F38.100x001　复发心境［情感］障碍
F38.100x002　复发性短暂性抑郁障碍
F38.800　心境［情感］障碍，其他特指的
F39.x00　心境［情感］障碍

表 6-3-53

F40.000　广场恐怖
F40.100　社交恐怖
F40.200x001　高空恐怖
F40.200x002　动物恐怖
F40.200x003　幽闭恐怖
F40.200x004　单纯恐怖
F40.800　恐怖性焦虑障碍，其他的
F40.900　恐怖性焦虑障碍
F40.901　恐怖状态
F41.000　惊恐障碍［间歇发作性焦虑］
F41.001　惊恐发作
F41.100　广泛性焦虑障碍
F41.101　焦虑状态
F41.102　焦虑性神经症
F41.200　混合性焦虑和抑郁障碍
F41.200x002　焦虑抑郁状态
F41.201　焦虑性抑郁症
F41.300x001　混合性焦虑障碍
F41.800　焦虑障碍，其他特指的
F41.900　焦虑障碍
F42.000　以强迫思维或穷思竭虑为主
F42.001　强迫性思维
F42.003　强迫状态
F42.100　以强迫动作［强迫仪式］为主
F42.101　强迫性动作
F42.200　混合性强迫思维和动作
F42.800　强迫性障碍，其他的
F42.800x001　难治性强迫症
F42.900　强迫性障碍
F42.901　强迫性神经症
F43.000　急性应激反应
F43.001　过度惊吓反应症
F43.002　震吓性痴呆
F43.100　创伤后应激障碍
F43.101　脑外伤神经症性反应
F43.200　适应障碍
F43.200x031　适应障碍，情绪紊乱为主
F43.200x041　适应障碍，以品行障碍为主
F43.200x051　适应障碍，混合性情绪和品行障碍
F43.200x081　适应障碍，特定症状为主
F43.800x002　监护室综合征
F43.801　与文化相关的精神障碍
F43.802　气功所致精神障碍
F43.803　与迷信巫术相关的精神障碍
F43.804　恐缩症
F43.900　严重应激反应
F44.000　分离性遗忘
F44.100　分离性神游
F44.200　分离性木僵
F44.300　昼游和附体障碍
F44.301　附体综合征
F44.400　分离性运动障碍
F44.401　癔病性震颤
F44.402　心因性运动障碍
F44.403　癔病性失音
F44.404　癔病性瘫痪
F44.405　癔病性痉挛发作

F44.406　癔症性缄默症
F44.407　功能性截瘫
F44.500　分离性抽搐
F44.501　癔病性抽搐
F44.600　分离性感觉麻木和感觉丧失
F44.600x002　心因性耳聋
F44.601　癔病性耳聋
F44.602　癔症性失明
F44.603　癔症性视觉模糊
F44.700　混合性分离［转换］性障碍
F44.800x002　甘泽综合征［Ganser综合征］
F44.800x011　双重人格障碍
F44.800x012　多重人格障碍
F44.800x021　见于儿童和青少年的短暂分离［转换］性障碍
F44.801　心因性精神错乱
F44.802　心因性意识障碍
F44.804　癔症性情感暴发
F44.805　分离型癔症
F44.900　分离［转换］性障碍
F44.901　癔症性精神病
F44.902　转换型癔症
F44.903　癔症
F45.000　躯体化障碍
F45.100　未分化的躯体形式障碍
F45.200　疑病障碍
F45.201　疑病症
F45.202　癌病恐怖
F45.300　躯体形式的自主神经功能紊乱
F45.300x021　躯体化的自主神经功能障碍，上消化道
F45.300x022　咽异感症
F45.300x031　躯体化的自主神经功能障碍，下消化道
F45.300x041　躯体化的自主神经功能障碍，呼吸系统
F45.300x051　躯体化的自主神经功能障碍，泌尿生殖系统
F45.300x091　躯体化的自主神经功能障碍，多种器官系统
F45.301　心因性多尿症
F45.302　换气过度综合征
F45.303　功能性咳嗽
F45.304　心血管性神经官能症
F45.305　心因性吞气症
F45.306　心脏神经官能症
F45.307　心因性呃逆
F45.308　胃肠神经官能症
F45.309　肠神经官能症
F45.310　胃神经官能症
F45.400　持久的躯体形式的疼痛障碍
F45.401　精神性疼痛
F45.402　情绪性头痛
F45.403　功能性腹痛综合征
F45.800x002　磨牙症
F45.801　心因性瘙痒症
F45.802　精神源性风湿病
F45.803　功能性吞咽困难
F45.804　功能性肌无力
F45.805　精神性多饮
F45.806　婴儿阴部摩擦症
F45.807　精神源性痛经
F45.900　躯体形式障碍
F45.901　心因性幻觉症
F48.000　神经衰弱
F48.001　疲劳综合征
F48.100　人格解体-现实解体综合征
F48.100x002　解离状态
F48.801　精神衰弱
F48.802　混合型神经症
F48.900　神经症性障碍
F48.901　神经官能症

表6-3-54

F50.000　神经性厌食
F50.100　非典型神经性厌食
F50.200　神经性贪食
F50.300　非典型神经性贪食
F50.401　心因性暴食
F50.501　心因性呕吐
F50.502　神经性呕吐
F50.800x002　异食症
F50.801　心因性无食欲
F50.900　进食障碍
F51.000　非器质性失眠症
F51.100　非器质性睡眠过度
F51.200　非器质性睡眠-觉醒节律障碍
F51.200x002　睡眠时相后移综合征
F51.200x003　睡眠时相前移综合征
F51.300　睡行症［夜游症］

F51.400 睡惊症［夜惊症］
F51.500 梦魇
F51.800 非器质性睡眠障碍，其他的
F51.900 非器质性睡眠障碍
F52.000 性欲减退或缺失
F52.001 性欲缺失
F52.100 性厌恶和性乐缺乏
F52.100x002 性厌恶
F52.100x011 性乐缺乏
F52.200 生殖器反应丧失
F52.200x002 女性性唤起障碍
F52.201 心因性阳痿
F52.202 男性勃起障碍
F52.300 性高潮功能障碍
F52.400 早泄
F52.500 非器质性阴道痉挛
F52.600 非器质性性交疼痛
F52.700 性欲亢进
F52.800 性功能障碍，非由器质性障碍或疾病引起，其他的
F52.900 性功能障碍，非由器质性障碍或疾病引起的
F53.000x001 与产褥期有关的轻度精神和行为障碍
F53.001 产褥期抑郁
F53.002 产后抑郁症
F53.100x001 与产褥期有关的重度精神和行为障碍
F53.101 产褥期精神病
F53.800 精神和行为障碍，其他与产褥期有关的不可归类在他处者
F53.900 产褥期精神障碍
F54.x00 与归类在他处的障碍或疾病有关的心理和行为因素
F55.x00 非致依赖性物质滥用
F55.x00x001 滥用抗抑郁剂
F55.x00x101 滥用缓泻剂
F55.x00x201 滥用止疼药
F55.x00x301 滥用抑酸药
F55.x00x401 滥用维生素
F55.x00x501 滥用激素
F55.x00x601 滥用草药或民间验方
F55.x00x702 有机化合物所致精神障碍
F55.x00x703 重金属所致精神障碍
F55.x00x704 食物毒素所致精神障碍
F59.x00 与生理紊乱和躯体因素有关的行为综合征
F59.x00x001 心因性生理功能障碍

表 6-3-55

F60.000 偏执型人格障碍
F60.100 分裂样人格障碍
F60.200 社交紊乱型人格障碍
F60.201 反社会型人格障碍
F60.300 情绪不稳型人格障碍
F60.301 冲动型人格障碍
F60.302 边缘型人格障碍
F60.400 表演型人格障碍
F60.500 强迫型人格障碍
F60.600 焦虑［回避］型人格障碍
F60.700 依赖型人格障碍
F60.800x001 情感性人格
F60.800x002 抑郁性人格
F60.800x003 躁狂性人格
F60.801 妄想狂样人格障碍
F60.802 自恋型人格障碍
F60.900 人格障碍
F61.x00 混合型和其他人格障碍
F61.x00x011 烦扰型人格障碍
F62.000 灾难性经历后的持久性人格改变
F62.100 精神科疾病后持久性人格改变
F62.800 持久性人格改变，其他的
F62.900 人格改变，持久性的
F63.000 病理性赌博
F63.100 病理性纵火［纵火狂］
F63.200 病理性偷窃［偷窃狂］
F63.300 拔毛狂
F63.800 习惯和冲动障碍，其他的
F63.800x001 病理性网络使用
F63.801 青少年网络成瘾
F63.900 习惯和冲动障碍
F64.000x001 易性症，男
F64.000x002 易性症，女
F64.100 双重异装症
F64.200 童年期性身份障碍
F64.800 性身份障碍，其他的
F64.900 性身份障碍
F65.000 恋物症
F65.100 恋物性异装症
F65.200 露阴症

F65.300　窥淫症
F65.400　恋童症
F65.500　施虐受虐症
F65.500x001　施虐症
F65.500x002　受虐症
F65.600　性偏好多相障碍
F65.800　性偏好障碍，其他的
F65.900　性偏好障碍
F66.000　性成熟障碍
F66.100　自我不和谐的性取向
F66.200　性关系障碍
F66.800　性心理发育障碍，其他的
F66.900　性心理发育障碍
F68.000　由于心理原因渲染的躯体症状
F68.000x001　赔偿神经症
F68.100　有意制造或伪装的躯体或心理性的症状或残疾［做作性障碍］
F68.100x001　做作性障碍
F68.800　成人人格和行为障碍，其他特指的
F69.x00　成人人格和行为障碍

表6-3-56

F70.000　轻度精神发育迟缓，无或轻微行为缺陷的
F70.000x001　轻度精神发育迟滞
F70.100　轻度精神发育迟缓，需要加以关注或治疗的显著行为缺陷
F70.800　轻度精神发育迟缓，其他行为缺陷
F70.900　轻度精神发育迟缓，未提及行为缺陷的
F71.000　中度精神发育迟缓，无或轻微行为缺陷的
F71.000x001　中度精神发育迟滞
F71.100　中度精神发育迟缓，需要加以关注或治疗的显著行为缺陷
F71.800　中度精神发育迟缓，其他的行为缺陷
F71.900　中度精神发育迟缓，未提及行为缺陷的
F72.000　重度精神发育迟缓，无或轻微行为缺陷的
F72.000x001　重度精神发育迟滞
F72.100　重度精神发育迟缓，需要加以关注或治疗的显著行为缺陷
F72.800　重度精神发育迟缓，其他行为缺陷
F72.900　重度精神发育迟缓，未提及行为缺陷的
F73.000　极重度精神发育迟缓，无或轻微行为缺陷的
F73.000x001　极重度精神发育迟滞
F73.100　极重度精神发育迟缓，需要加以关注或治疗的显著行为缺陷
F73.800　极重度精神发育迟缓，其他行为缺陷
F73.900　极重度精神发育迟缓，未提及行为缺陷的
F78.000　其他的精神发育迟缓，无或轻微行为缺陷的
F78.100　其他精神发育迟缓，需要加以关注或治疗的显著行为缺陷
F78.800　其他精神发育迟缓，其他行为缺陷的
F78.900　精神发育迟缓其他的，未提及行为缺陷
F79.000　精神发育迟缓，无或轻微行为缺陷的
F79.000x001　精神发育迟滞
F79.100　精神发育迟缓，需要加以关注或治疗的显著行为缺陷
F79.800　精神发育迟缓引起的，其他的
F79.900　精神发育迟缓，未提及行为缺陷
F79.901　智力低下

表6-3-57

F80.000　特定性言语构音障碍
F80.100　表达性语言障碍
F80.200　感受性语言障碍
F80.201　感觉性失语
F80.202　韦尼克失语
F80.203　先天性听力无知觉
F80.204　接受型言语障碍或失语症
F80.205　辨语聋
F80.300　伴有癫痫的后天性失语［兰道-克勒夫纳综合征］
F80.800　言语和语言发育障碍，其他的
F80.900　言语和语言发育障碍
F81.000　特定性阅读障碍
F81.100　特定性拼写障碍
F81.200　特定性计算技能障碍
F81.201　格斯特曼综合征
F81.300　混合性学习技能障碍
F81.800　发育障碍，其他学习技能
F81.900　学习技能发育障碍
F82.x00　特定性运动功能发育障碍
F83.x00　混合性特定性发育障碍
F84.000　童年孤独症
F84.000x001　儿童孤独症
F84.001　婴儿孤独症
F84.002　儿童期精神症
F84.100　不典型孤独症

F84.200　雷特综合征
F84.300x001　童年瓦解性障碍
F84.301　婴儿痴呆
F84.400　与精神发育迟缓和刻板动作有关的多动障碍
F84.500　阿斯珀格综合征
F84.800　弥漫性［综合性］发育障碍，其他的
F84.900　弥漫性［综合性］发育障碍
F84.900x001　广泛性发育障碍
F88.x00　其他心理发育障碍
F88.x01　发育性失认症
F89.x00　心理发育障碍

表 6-3-58

F90.000　活动与注意失调
F90.000x001　注意缺陷与多动障碍
F90.100　多动性品行障碍
F90.800　多动性障碍，其他的
F90.900　多动性障碍
F91.000　局限于家庭的品行障碍
F91.100　非社会化的品行障碍
F91.100x002　孤独攻击性品行障碍
F91.200　社会化的品行障碍
F91.300　对立违抗性障碍
F91.800　品行障碍，其他的
F91.900　品行障碍
F92.000　抑郁性品行障碍
F92.800　品行和情绪混合性障碍，其他的
F92.900　品行和情绪混合性障碍
F93.000　童年离别焦虑障碍
F93.100　童年恐怖性焦虑障碍
F93.200　童年社交性焦虑障碍
F93.300　同胞竞争障碍
F93.800　童年情绪障碍，其他特指的
F93.900　童年情绪障碍
F94.000　选择性缄默症
F94.100　童年反应性依恋障碍
F94.200　童年脱抑制性依恋障碍
F94.800　童年其他社会功能障碍
F94.900　童年社会功能障碍
F95.000　一过性抽动障碍
F95.100　慢性运动或发声抽动障碍
F95.101　慢性运动抽动障碍
F95.200　发声和多种运动联合抽动障碍［德拉图雷特综合征］
F95.201　抽动秽语综合征
F95.800　抽动障碍，其他的
F95.801　眨眼症
F95.900　抽动障碍
F98.000　非器质性遗尿症
F98.001　功能性遗尿
F98.100　非器质性遗粪症
F98.101　功能性遗粪症
F98.200　婴儿和儿童期的喂养障碍
F98.300　婴幼儿和童年异食癖
F98.400　刻板性运动障碍
F98.500　口吃［结巴］
F98.600　言语急促杂乱
F98.800　通常在童年和青少年期发病的其他特指的行为和情绪障碍
F98.800x001　儿童情感交叉擦腿综合征
F98.801　吸吮拇指
F98.802　咬指甲
F98.803　挖鼻孔
F98.900　通常在童年和青少年期发病的行为和情绪障碍

表 6-3-59

G00.000　嗜血杆菌脑膜炎
G00.000x001　流感嗜血杆菌脑膜炎
G00.100　肺炎球菌性脑膜炎
G00.200　链球菌性脑膜炎
G00.300　葡萄球菌性脑膜炎
G00.800　细菌性脑膜炎，其他的
G00.800x002　大肠埃希杆菌脑膜炎
G00.800x003　弗里德伦德尔肺炎杆菌脑膜炎
G00.800x005　鲍曼不动杆菌性脑膜炎
G00.801　变形杆菌性脑膜炎
G00.802　大肠杆菌性脑膜炎
G00.803　克雷伯杆菌性脑膜炎
G00.900　细菌性脑膜炎
G00.900x003　颅底化脓性脑膜炎
G00.901　化脓性脑膜炎
G00.902　新生儿化脓性脑膜炎
G00.903　耳源性脑膜炎
G00.904　手术后化脓性脑膜炎
G03.000　非化脓性脑膜炎
G03.001　无菌性脑膜炎
G03.002　局限性脑膜炎
G03.100　慢性脑膜炎

G03.200　良性复发性脑膜炎［莫拉利特］
G03.800　脑膜炎，其他特指原因引起的
G03.800x003　肥厚性硬脑膜炎
G03.800x004　肥厚性硬脊膜炎
G03.800x005　肥厚性硬脑脊膜炎
G03.801　化学性脑膜炎
G03.802　反应性脑膜炎
G03.900　脑膜炎
G03.900x008　脑脊膜炎
G03.901　颅底蛛网膜炎
G03.902　脊髓蛛网膜炎
G03.903　硬脑膜炎
G03.904　蛛网膜炎
G03.905　原发性肥厚性硬脑膜炎
G03.906　非特异性脑脊膜炎
G03.907　急性脑膜炎
G04.000　急性播散性脑炎
G04.000x004　疫苗接种后脑脊髓炎
G04.001　急性播散性脑脊髓炎
G04.002　疫苗接种后脑炎
G04.100　人类T细胞淋巴病毒相关脊髓病
G04.101　热带痉挛性截瘫
G04.200　细菌性脑膜脑炎和脊髓脊膜炎，不可归类在他处者
G04.201　绿脓杆菌性脑膜脑炎
G04.800　脑炎、脊髓炎和脑脊髓炎，其他的
G04.800x003　化脓性脊髓炎
G04.800x004　抗NMDA受体脑炎
G04.800x005　脱髓鞘性脊髓炎
G04.800x007　边缘叶脑炎
G04.800x008　肺炎支原体性脑炎
G04.800x009　猫抓性脑炎
G04.800x010　感染性边缘叶脑炎
G04.800x012　免疫介导性脑脊髓炎
G04.800x013　免疫介导性脑炎
G04.800x014　免疫介导性脊髓炎
G04.800x015　免疫介导性脊髓神经根神经病
G04.800x016　免疫介导性脑干脑炎
G04.801　自体免疫性脑炎
G04.802　感染后脑炎
G04.803　感染后脑脊髓炎
G04.804　变态反应性脑炎
G04.805　化脓性脑炎
G04.807　化脓性脑膜脑炎
G04.808　化脓性脑室炎
G04.900x001　非特异性脑炎
G04.900x005　脊髓神经根病
G04.900x010　脑干脑炎
G04.900x011　脑脊髓神经根炎
G04.900x019　散发性脑炎
G04.900x021　脑室管膜炎
G04.900x024　急性脑膜脑炎
G04.900x025　急性小脑炎
G04.900x027　大脑性脑室炎
G04.900x031　脊髓神经根炎
G04.902　急性上行性脊髓炎
G04.903　脑室炎
G04.904　中枢神经系统感染
G04.905　急性神经根脊髓炎
G04.906　室管膜炎
G04.907　局灶性脑炎
G04.908　脊髓炎
G04.909　急性脊髓炎
G04.910　上行性脊髓炎
G04.911　脑脊髓炎
G04.912　神经根脊髓炎
G04.913　脑炎
G04.914　脑膜脑炎
G04.915　脑炎性假瘤
G04.916　脑炎性肿物
G04.917　脑炎性病变
G04.918　椎管内炎性肿物
G04.919　小脑炎
G04.920　复发性多灶性炎性脑病
G04.921　脑干炎
G04.922　脑性发热
G06.000x001　小脑脓肿
G06.000x002　额叶脓肿
G06.000x003　顶叶脓肿
G06.000x004　颞叶脓肿
G06.000x005　枕叶脓肿
G06.000x007　基底节脓肿
G06.000x008　丘脑脓肿
G06.000x009　下丘脑脓肿
G06.000x011　半卵圆中心脓肿
G06.000x012　胼胝体脓肿
G06.000x013　中脑脓肿
G06.000x014　脑桥脓肿
G06.000x015　延髓脓肿
G06.000x018　颅内硬脑膜外肉芽肿

G06.000x020　颅内硬脑膜下肉芽肿
G06.000x021　侧窦周围脓肿
G06.000x022　耳源性脑脓肿
G06.001　脑脓肿
G06.002　脑肉芽肿
G06.003　海绵窦脓肿
G06.004　颅内脓肿
G06.005　颅内炎性肉芽肿
G06.006　颅内感染
G06.008　硬脑膜下脓肿
G06.009　硬脑膜外脓肿
G06.100x002　椎管内脓肿
G06.100x003　脊髓脓肿
G06.100x004　脊髓肉芽肿
G06.100x006　硬脊膜外肉芽肿
G06.100x008　硬脊膜下肉芽肿
G06.100x009　椎管内感染
G06.101　椎管内肉芽肿
G06.102　硬脊膜下脓肿
G06.103　硬脊膜外脓肿
G06.200　硬膜外和硬膜下脓肿
G06.200x003　硬脑膜下炎性肉芽肿
G06.201　硬膜下脓肿
G06.202　硬膜下肉芽肿
G06.203　硬膜外脓肿
G08.x00　颅内和椎管内的静脉炎和血栓性静脉炎
G08.x00x001　化脓性矢状窦血栓形成
G08.x00x002　化脓性直窦血栓形成
G08.x00x003　化脓性乙状窦血栓形成
G08.x00x004　乙状窦栓塞
G08.x00x005　乙状窦血栓性静脉炎
G08.x00x006　化脓性海绵窦血栓形成
G08.x00x007　海绵窦血栓性静脉炎
G08.x00x008　海绵窦炎
G08.x00x009　化脓性横窦血栓形成
G08.x00x010　侧窦栓塞
G08.x00x011　颅内静脉窦静脉炎
G08.x00x013　耳源性颅内静脉窦血栓性静脉炎
G08.x01　颅内静脉窦化脓性血栓形成
G08.x02　耳源性乙状窦血栓性静脉炎
G09.x00　中枢神经系统炎性疾病的后遗症
G09.x00x001　脊髓炎后遗症
G09.x00x002　脑炎后遗症
G09.x00x003　脑膜炎后遗症
G09.x00x004　脑脊髓炎后遗症
G09.x01　感染中毒性脑病后遗症

表6-3-60

G10.x00　亨廷顿病
G10.x00x004　良性非进行性家族性舞蹈病
G10.x00x005　先天性舞蹈病
G10.x01+F02.2*　亨廷顿病性痴呆
G11.000　先天性非进行性共济失调
G11.000x002　小脑性发育不良及发育不全
G11.000x003　先天性小脑性共济失调
G11.000x004　先天性小脑性共济失调双侧瘫痪
G11.000x005　先天性小脑蚓部发育不全
G11.000x006　先天性小脑颗粒细胞发育不全
G11.000x007　先天性共济失调，精神发育迟缓及部分无虹膜
G11.000x008　先天性平衡失调综合征
G11.100　早期发病的小脑性共济失调
G11.100x002　脊髓小脑性共济失调
G11.100x003　早发型小脑性共济失调增加遗传性共济失调-侏儒-智力缺陷综合征［Marinesco-Sjogren综合征］
G11.100x004　周期性共济失调［发作性共济失调］
G11.100x005　肌阵挛小脑性共济失调［Ramsay-Hunt综合征］
G11.100x006　反射保留型Friedreich共济失调
G11.101　X-连锁隐性遗传脊髓小脑性共济失调
G11.102　弗里德赖希共济失调
G11.200　晚期发病的小脑性共济失调
G11.200x002　进行性小脑共济失调［橄榄体脑桥小脑萎缩］
G11.200x004　晚发型Friedreich共济失调
G11.201　遗传性小脑性共济失调［Marie共济失调］
G11.300　小脑共济失调伴有脱氧核糖核酸［DNA］修复缺陷
G11.300x001　共济失调性毛细血管扩张症
G11.300x002　小脑性共济失调，伴有脱氧核糖核酸修复缺陷［Kearn-Sayre综合征］
G11.301　路易斯-巴尔综合征
G11.400　遗传性痉挛性截瘫
G11.400x001　遗传性痉挛性截瘫［Strumpell-Lorrain病］
G11.800　遗传性共济失调，其他的
G11.801　共济失调-手笨拙综合征
G11.900　遗传性共济失调

G11.900x001　共济失调综合征
G11.900x005　常染色体显性小脑共济失调
G11.900x006　常染色体隐性遗传性共济失调
G11.901　小脑共济失调
G11.902　原发性小脑变性
G12.000　婴儿脊髓性肌萎缩，Ⅰ型［韦德尼希-霍夫曼］
G12.100　肌萎缩，其他遗传性脊髓性的
G12.100x001　成人型脊髓性肌萎缩（Ⅳ型）
G12.100x003　幼年型进行性球麻痹［Fazio-Londe病］
G12.100x004　远端型脊髓性肌萎缩
G12.100x008　青年上肢远端肌萎缩症［平山病］
G12.101　肩腓型脊髓性肌萎缩
G12.102　少年型脊髓性肌萎缩，Ⅲ型
G12.103　婴儿型脊髓性肌萎缩，Ⅱ型
G12.104　成人型进行性脊髓性肌萎缩
G12.200　运动神经元病
G12.200x002　继发性侧索硬化
G12.200x005　进行性肌萎缩
G12.200x007　遗传性运动神经元病
G12.200x008　进行性假性延髓麻痹
G12.200x009　运动神经元变性病
G12.200x010　连枷臂综合征
G12.200x011　上运动神经元综合征
G12.200x012　真性球麻痹
G12.200x013　下运动神经元综合征
G12.200x015　免疫介导性运动神经元病
G12.200x016　假性延髓麻痹
G12.201　肌萎缩侧索硬化症（ALS）
G12.202　锥体束变性
G12.203　球麻痹
G12.204　进行性球麻痹
G12.205　原发性侧索硬化症
G12.206　进行性脊髓性肌萎缩
G12.207　家族性运动神经元病
G12.208　假性球麻痹
G12.209　脊髓延髓肌萎缩症［肯尼迪病］
G12.800　脊髓性肌萎缩和有关的综合征，其他的
G12.800x001　发作性非运动源性运动障碍
G12.803　克吕韦耶病
G12.900　脊髓性肌萎缩
G14.x00　脊髓灰质炎后综合征

表6-3-61

G20.x00　帕金森病
G20.x00x006　少年型帕金森综合征
G20.x01　帕金森叠加综合征
G20.x02+F02.3*　帕金森病性痴呆
G20.x03　帕金森综合征
G20.x04　帕金森病3级
G20.x05　帕金森病4级
G20.x06　帕金森病5级
G20.x07　青年型帕金森病
G20.x08　早发型帕金森病
G21.000　恶性抗精神病药综合征
G21.001　恶性综合征
G21.100　帕金森综合征，其他药物性继发性的
G21.101　中毒性帕金森综合征
G21.102　药源性静坐不能
G21.200　继发性帕金森综合征，其他外部因素引起的
G21.201　外伤性帕金森综合征
G21.300　脑炎后帕金森综合征
G21.400　血管性帕金森综合征
G21.401　动脉硬化性帕金森综合征
G21.800　继发性帕金森综合征，其他的
G21.800x002　不典型帕金森综合征
G21.801　感染后帕金森综合征
G21.900　继发性帕金森综合征
G23.000　哈勒沃登-施帕茨病
G23.000x002　进行性苍白球变性
G23.000x003　苍白球黑质红核色素变性
G23.100　进行性核上性眼肌麻痹［斯蒂尔-里查森-奥尔谢夫斯基］
G23.101　进行性核上性麻痹
G23.200　帕金森型多系统萎缩
G23.300　小脑型多系统萎缩
G23.800　基底核变性疾病，其他特指的
G23.800x005　家族性特发性基底节钙化症［Fahr病］
G23.800x006　齿状红核苍白球丘脑底核萎缩症
G23.800x007　关岛肌萎缩侧索硬化-帕金森-痴呆综合征
G23.801　橄榄体脑桥小脑萎缩
G23.802　原发性基底节钙化
G23.803　皮质基底节变性
G23.804　神经源性直立性低血压
G23.900　基底核变性疾病
G24.000　药物性张力失常
G24.100　特发性家族性张力失常
G24.101　扭转痉挛

G24.102　特发性肌张力异常
G24.103　多巴胺反应性肌张力障碍
G24.104　特发性扭转性肌张力障碍
G24.105　原发性肌张力障碍
G24.106　原发性遗传性肌张力不全
G24.200　特发性非家族性张力失常
G24.200x001　婴儿大脑性手足徐动型轻瘫
G24.200x003　运动诱发性肌张力障碍
G24.201　继发性肌张力障碍
G24.202　症状性肌张力障碍
G24.300　痉挛性斜颈
G24.300x002　痉挛性颈后倾
G24.300x003　痉挛性颈前倾
G24.300x004　痉挛性颈侧倾
G24.400　特发性口面运动障碍
G24.400x002　无牙性口面运动障碍
G24.400x003　单纯口下颌张力障碍
G24.400x004　睑痉挛 - 口下颌肌张力障碍
G24.500　睑痉挛
G24.500x002　梅热睑痉挛［Meige综合征］
G24.501　眼睑痉挛 - 口下颌肌张力障碍
G24.800　张力失常，其他的
G24.800x008　非运动诱发性肌张力障碍
G24.801　发作性肌张力障碍
G24.804　局灶型肌张力障碍
G24.805　节段型肌张力障碍
G24.806　多灶型肌张力障碍
G24.807　全身型肌张力障碍
G24.808　偏身型肌张力障碍
G24.900　张力失常
G24.900x003　肌张力障碍
G24.901　迟发性运动障碍
G24.902　运动障碍
G25.000　特发性震颤
G25.000x002　家族性震颤
G25.000x003　单纯头部震颤
G25.000x004　单纯面部震颤
G25.000x005　单纯声音震颤
G25.000x006　单纯手震颤
G25.000x007　儿童的战栗发作
G25.000x008　红核震颤
G25.000x009　原发性震颤
G25.100　药物性震颤
G25.200　震颤，其他特指型的
G25.200x002　小脑性震颤
G25.200x003　任务特异性震颤
G25.200x004　原发性书写震颤
G25.200x005　直立性震颤
G25.200x006　周围神经病性震颤
G25.200x007　肌张力障碍性震颤
G25.200x008　静止性震颤
G25.200x009　姿势性震颤
G25.201　意向性震颤
G25.202　动作性震颤
G25.300　肌阵挛
G25.300x002　药物性肌阵挛
G25.300x003　非进展性脑病的肌阵挛持续状态
G25.300x004　睡眠肌阵挛
G25.400　药物性舞蹈症
G25.500　舞蹈症，其他的
G25.500x003　发作性运动诱发性舞蹈手足徐动症［阵发性运动神经源性运动障碍］
G25.500x005　老年性舞蹈病
G25.501　偏身舞蹈症
G25.502　神经棘红细胞增多症
G25.600　药物性抽搐和其他器质性原因的抽搐
G25.600x001　药物性抽搐
G25.601　面肌抽搐
G25.800x001　不安腿综合征［不宁腿综合征］
G25.800x004　器质性书写痉挛
G25.800x005　非药物性静坐不能
G25.802　僵人综合征
G25.803　静坐不能（药物引起）（治疗引起）
G25.900　锥体束外和运动疾患
G25.901　锥体外系综合征
G25.902　基底神经节综合征
G25.903　基底节病变

表 6-3-62

G30.000　阿尔茨海默病伴有早期发病
G30.000x002　家族性阿尔茨海默病（老年前期型）
G30.000x003+F00.0*　阿尔茨海默病性痴呆（老年前期型）
G30.000x004+F00.0*　家族性阿尔茨海默病性痴呆（老年前期型）
G30.100　阿尔茨海默病伴有晚期发病
G30.100x002+F00.1*　家族性阿尔茨海默病性痴呆（老年型）
G30.100x003+F00.1*　阿尔茨海默病性痴呆（老年型）

G30.800　阿尔茨海默病，其他的
G30.800x001　阿尔茨海默病（混合型）
G30.800x003+F00.2*　混合性痴呆
G30.801+F00.2*　混合型阿尔茨海默病性痴呆伴幻觉妄想状态
G30.802+F00.2*　混合型阿尔茨海默病性痴呆伴抑郁状态
G30.900　阿尔茨海默病
G30.901+F00.9*　阿尔茨海默病性痴呆
G31.000　局限性脑萎缩
G31.000x003　进行性孤立性失语症
G31.000x005+F02.8*　额颞叶痴呆
G31.000x006+F02.8*　语义性痴呆
G31.001　皮克病
G31.002+F02.0*　皮克病性痴呆
G31.100　老年性脑变性，不可归类在他处者
G31.100x007　额颞叶变性
G31.101　老年性脑萎缩
G31.200　酒精性神经系统变性
G31.200x001　慢性酒精中毒性神经系统损害
G31.200x005　酒精性大脑变性
G31.201　酒精中毒性小脑共济失调
G31.202　酒精性小脑变性
G31.203　酒精中毒性脑病
G31.800　神经系统其他特指的变性疾病
G31.800x004　灰质变性［阿尔珀斯］
G31.800x008　亚急性小脑变性
G31.801　额颞痴呆
G31.802　脊髓变性
G31.803　亚急性坏死性脑病
G31.804　皮质纹状体脊髓变性
G31.805+F02.8*　路易体痴呆
G31.806　婴儿进行性脑灰质营养不良综合征
G31.807　亚速尔病
G31.900　神经系统的变性性疾病
G31.900x003　儿童期脑萎缩
G31.900x004　脊髓小脑变性
G31.900x006　皮质延髓小脑萎缩
G31.900x008　婴儿进行性大脑变性
G31.900x009　中枢神经系统变性
G31.901　大脑变性
G31.902　脑萎缩
G31.903　小脑萎缩
G31.904　小脑变性

表 6-3-63

G35.x00　多发性硬化
G35.x00x002　脑干多发性硬化
G35.x00x003　脊髓多发性硬化
G35.x01　多发性硬化，复发缓解型
G35.x02　多发性硬化，原发进展型
G35.x03　多发性硬化，继发进展型
G35.x04　多发性硬化，进展复发型
G35.x05　多发性硬化，同心圆型
G35.x06+F02.8*　多发性硬化性痴呆
G36.000　视神经脊髓炎［德维克］
G36.000x002　视神经脊髓炎谱系疾病
G36.100　急性和亚急性出血性白质脑炎［赫斯特］
G36.101　急性出血性白质脑炎
G36.800　急性播散性脱髓鞘，其他特指的
G36.900　急性播散性脱髓鞘
G36.901　急性脱髓鞘性脊髓病
G37.000　弥漫性硬化
G37.000x002　轴周性脑炎
G37.100　胼胝体中枢性脱髓鞘
G37.100x002　原发性胼胝体变性
G37.200　中枢性脑桥髓鞘破坏
G37.200x001　脑桥中央髓鞘溶解症
G37.200x002　脑桥外髓鞘溶解症
G37.300　中枢神经系统脱髓鞘病的急性横贯性脊髓炎
G37.301　急性横贯性脊髓炎
G37.400　亚急性坏死性脊髓炎
G37.500　同心性硬化［鲍洛］
G37.800　中枢神经系统其他特指的脱髓鞘疾病
G37.800x006　脱髓鞘假瘤
G37.801　炎性脱髓鞘性假瘤综合征
G37.802　脱髓鞘性白质脑病
G37.803　脱髓鞘性脑病
G37.804　脱髓鞘性脊髓病
G37.805　临床孤立综合征
G37.900　中枢神经系统脱髓鞘病
G37.901　脱髓鞘病

表 6-3-64

G40.000　局部相关性（局灶性）（部分）特发性癫痫和伴有局限性发作的癫痫综合征
G40.001　儿童良性癫痫伴中央颞区棘波
G40.002　常染色体显性遗传夜间额叶癫痫

G40.003　偏侧抽搐偏瘫综合征
G40.004　早发性良性儿童枕叶癫痫
G40.005　迟发性儿童枕叶癫痫
G40.100　局部相关性（局灶性）（部分）症状性癫痫和伴有简单部分发作的癫痫综合征
G40.100x001　癫痫部分性发作
G40.100x002　癫痫单纯部分性运动性发作伴Jackson发作
G40.100x003　癫痫单纯部分性感觉性发作
G40.100x004　癫痫单纯部分性运动性发作
G40.100x005　癫痫单纯部分性感觉性发作伴视觉症状
G40.100x006　癫痫单纯部分性发作继发全面发作
G40.100x007　额叶癫痫
G40.100x008　顶叶癫痫
G40.100x009　局灶性癫痫半侧阵挛性发作
G40.100x010　癫痫单纯部分性发作
G40.100x011　单纯部分性癫痫自主神经性发作
G40.100x012　简单部分性癫痫伴听觉症状
G40.101　家族性局灶性癫痫
G40.102　新皮质癫痫
G40.103　症状性局灶性癫痫
G40.200　局部相关性（局灶性）（部分）症状性癫痫和伴有复杂部分发作的癫痫综合征
G40.200x001　癫痫单纯部分性发作伴精神症状性发作
G40.200x002　颞叶性癫痫
G40.200x003　枕叶性癫痫
G40.200x004　癫痫复杂部分性发作继发全面发作
G40.200x005　下丘脑（痴笑性）癫痫
G40.200x006　癫痫复杂部分性发作
G40.200x010　家族性颞叶癫痫
G40.200x011　癫痫复杂部分性发作伴意识障碍和自动症
G40.200x013　癫痫复杂部分性发作伴意识障碍和运动症状
G40.201　边缘叶癫痫
G40.202　伴海马硬化颞叶内侧癫痫
G40.203　颞叶内侧癫痫
G40.204　边缘性癫痫持续状态
G40.300　全身性特发性癫痫和癫痫综合征
G40.300x001　发作性肌阵挛
G40.300x002　混合型癫痫
G40.300x003　癫痫全面性发作肌阵挛发作
G40.300x004　翁韦里希特-伦德伯格病［波罗的海肌阵挛］［青少年肌阵挛癫痫］
G40.300x006　癫痫全面性发作强直性发作
G40.300x007　仅全面性强直-阵挛发作的癫痫
G40.300x008　全身性非惊厥性癫痫
G40.300x009　全身性惊厥性疾病
G40.300x010　癫痫全面性发作阵挛性发作
G40.300x012　新生儿睡眠肌阵挛
G40.300x013　儿童良性癫痫
G40.300x014　婴儿重度肌阵挛癫痫［Dravet综合征］
G40.300x017　新生儿癫痫
G40.300x018　新生儿癫痫综合征
G40.300x019　全面性癫痫伴热性惊厥附加症
G40.300x020　癫痫全面性发作失张力发作
G40.300x023　癫痫全面性发作强直阵挛性发作
G40.300x025　良性家族性新生儿癫痫
G40.301　青少年肌阵挛癫痫
G40.302　良性婴儿肌阵挛性癫痫
G40.303　特发性全面性癫痫
G40.304　儿童失神癫痫
G40.305　良性家族性新生儿惊厥
G40.306　青少年失神癫痫
G40.307　肌阵挛失神癫痫
G40.308　全面惊厥性癫痫持续状态
G40.309　良性新生儿惊厥
G40.310　进行性肌阵挛性癫痫
G40.311　良性非家族性婴儿惊厥
G40.400　全身性癫痫和癫痫综合征，其他的
G40.400x001　婴儿痉挛症［West综合征］
G40.400x002　伦诺克斯-加斯托综合征［Lennox-Gastaut综合征］
G40.400x003　早发性肌阵挛性脑病
G40.400x005　早期婴儿癫痫性脑病伴暴发抑制
G40.400x008　肌阵挛癫痫伴破碎肌红纤维
G40.401　儿童期弥漫性慢棘-慢波（小发作变异型）癫痫性脑病
G40.402　婴儿早期肌阵挛性脑病
G40.403　肌阵挛站立不能发作性癫痫
G40.404　婴儿严重肌阵挛性癫痫
G40.405　韦斯特综合征
G40.406　大田原综合征
G40.500　特指的癫痫综合征
G40.500x001　慢性进行性部分癫痫持续状态［Rasmussen综合征］
G40.500x003　间脑性癫痫［自主神经性癫痫］
G40.500x008　睡眠癫痫

G40.500x009　惊吓性癫痫
G40.502　特发性光敏性枕叶癫痫
G40.503　拉斯穆森综合征
G40.504　儿童期慢性进行性部分连续性癫痫
G40.505　药源性癫痫发作
G40.600　癫痫大发作（伴有或不伴有小发作）
G40.601　癫痫大发作伴小发作
G40.700　癫痫小发作，不伴有大发作
G40.700x001　癫痫小发作［典型失神发作］
G40.700x002　癫痫小发作［非典型失神发作］
G40.800x003　简单部分性癫痫伴躯体感觉症状
G40.800x004　症状性癫痫［继发性癫痫］
G40.800x008　呕吐型癫痫
G40.800x010　反射性癫痫光敏性发作
G40.800x013　觉醒时伴有全面强直阵挛性发作的癫痫
G40.801　反射性癫痫
G40.802　视觉敏感性癫痫
G40.803　原发性阅读性癫痫
G40.804　婴儿游走性部分性发作
G40.805　难治性癫痫
G40.900　癫痫
G40.900x005　癫痫性脑病
G40.903+F02.8*　癫痫性痴呆
G41.000　癫痫大发作持续状态
G41.000x002　癫痫全面性强直-阵挛发作持续状态
G41.000x003　癫痫阵挛发作持续状态
G41.000x004　癫痫强直性发作持续状态
G41.000x005　癫痫肌阵挛发作持续状态
G41.001　全面性强直阵挛性癫痫持续状态
G41.100　癫痫小发作持续状态
G41.101　失神性癫痫持续状态
G41.200　复杂部分性癫痫持续状态
G41.200x002　癫痫偏侧抽搐状态伴偏侧轻瘫
G41.200x003　边缘叶性癫痫持续状态
G41.200x004　癫痫单纯部分性发作持续状态
G41.801　慢波睡眠中持续棘慢复合波癫痫
G41.802　全面性癫痫持续状态
G41.806　局灶性癫痫持续状态
G41.807　局灶性癫痫持续性先兆
G41.900　癫痫持续状态
G43.000　偏头痛不伴有先兆［普通偏头痛］
G43.100　偏头痛伴有先兆［典型偏头痛］
G43.100x002　偏头痛性先兆［偏头痛等位症］
G43.100x005　有迁延性先兆的偏头痛
G43.100x006　有先兆急性发作的偏头痛
G43.100x011　典型先兆不伴头痛
G43.102　基底动脉型偏头痛
G43.103　典型先兆伴非偏头痛性头痛
G43.105　家族性偏瘫性偏头痛
G43.106　散发性偏瘫性偏头痛
G43.200　偏头痛状态
G43.300　复杂性偏头痛
G43.800x002　眼肌麻痹型偏头痛
G43.801　持续性先兆不伴脑梗死
G43.802　腹型偏头痛
G43.803　视网膜性偏头痛
G43.804　儿童周期性综合征
G43.900　偏头痛
G44.000　丛集性头痛综合征
G44.000x002　发作性丛集性头痛
G44.000x004　慢性阵发性偏头痛
G44.001　慢性偏头痛
G44.002　复发性丛集性头痛
G44.003　慢性丛集性头痛
G44.004　神经性头痛
G44.005　神经血管性头痛
G44.100　血管性头痛，不可归类在他处者
G44.100x004　颈源性头痛［颈神经后支源性头痛］
G44.200　紧张型头痛
G44.200x003　发作性紧张型头痛
G44.200x005　慢性紧张型头痛不伴颅骨膜压痛
G44.201　少发复发性紧张型头痛
G44.202　少发复发性紧张型头痛伴颅骨膜压痛
G44.204　频发复发性紧张型头痛
G44.205　频发复发性紧张型头痛伴颅骨膜压痛
G44.207　慢性紧张型头痛
G44.208　慢性紧张型头痛伴颅骨膜压痛
G44.300　慢性创伤后头痛
G44.400　药物性头痛，不可归类在他处者
G44.800　头痛综合征，其他特指的
G44.800x001　自发性低颅压综合征［原发性低颅压］
G44.800x002　急性外伤后头痛
G44.800x006　慢性每日头痛
G45.000　椎基底动脉综合征
G45.001　基底动脉尖综合征
G45.002　椎-基底动脉供血不足
G45.003　椎-基底动脉盗血综合征
G45.004　后循环缺血

G45.100　颈动脉综合征（大脑半球的）
G45.100x002　颈内动脉缺血
G45.101　颈内动脉供血不足
G45.102　颈动脉闭塞综合征
G45.200　多发性和双侧入脑前动脉综合征
G45.300　一过性黑矇
G45.400　短暂性完全性遗忘
G45.800　短暂性大脑缺血性发作和相关的综合征，其他的
G45.800x002　无名动脉盗血综合征
G45.800x003　锁骨下盗血综合征伴锁骨下动脉闭塞
G45.800x004　锁骨下盗血综合征伴锁骨下动脉狭窄
G45.801　锁骨下动脉盗血综合征
G45.802　脑血管供血不足伴短暂性局灶性神经症状
G45.900　短暂性大脑缺血性发作
G45.901　脑动脉痉挛
G47.000　初发性或维持性睡眠障碍［失眠症］
G47.000x001　失眠
G47.000x002　继发性失眠
G47.100　过度嗜眠障碍［睡眠过度］
G47.200　睡眠-觉醒节律障碍
G47.200x002　延迟睡眠阶段综合征
G47.200x003　日节律性睡眠障碍
G47.300　睡眠呼吸暂停
G47.300x001　睡眠呼吸暂停低通气综合征
G47.300x031　睡眠低通气综合征
G47.300x033　混合性睡眠呼吸暂停低通气综合征
G47.300x034　原发性肺泡低通气综合征
G47.300x035　中枢性低通气综合征
G47.300x036　中枢性睡眠呼吸暂停低通气综合征
G47.300x037　阻塞性睡眠呼吸暂停低通气综合征
G47.301　阻塞性睡眠呼吸暂停综合征
G47.302　中枢性睡眠呼吸暂停综合征
G47.303　混合性睡眠呼吸暂停综合征
G47.304　上气道阻力综合征
G47.400x002　发作性睡病
G47.400x003　昏睡
G47.401　猝倒发作
G47.800x001　周期性瞌睡［Kleine-Levin综合征］
G47.800x002　快动眼睡眠行为障碍
G47.801　发作性嗜睡强食综合征
G47.900　睡眠障碍

表 6-3-65

G50.000　三叉神经痛
G50.001　眶上神经痛
G50.002　筛前神经痛
G50.003　原发性三叉神经痛
G50.004　继发性三叉神经痛
G50.100　非典型性面部痛
G50.801　味觉性出汗综合征
G50.802　三叉神经麻痹
G50.803　三叉神经炎
G50.900　三叉神经疾患
G51.000　贝尔面瘫
G51.000x003　眼轮匝肌麻痹
G51.002　中枢性面神经麻痹
G51.003　周围性面神经麻痹
G51.100　膝状神经节炎
G51.200　梅尔克松综合征
G51.201　梅尔克松-罗森塔尔综合征
G51.300　阵挛性半面痉挛
G51.301　面肌痉挛
G51.400　面肌纤维抽搐
G51.800x003　颜面萎缩症
G51.800x006　鳄鱼泪综合征
G51.801　面肌萎缩
G51.802　半侧颜面萎缩症
G51.803　面神经炎
G51.900　面神经疾患
G52.000　嗅神经疾患
G52.100　舌咽神经疾患
G52.100x003　原发性舌咽神经痛
G52.100x004　继发性舌咽神经痛
G52.101　舌咽神经痛
G52.102　舌咽神经麻痹
G52.200　迷走神经疾患
G52.201　喉返神经麻痹
G52.202　喉返神经疾患
G52.203　迷走神经麻痹
G52.204　喉返神经炎
G52.205　迷走神经功能亢进
G52.300　舌下神经疾患
G52.301　舌下神经痛
G52.302　舌下神经麻痹
G52.700　多发脑神经疾患
G52.700x005　维拉雷综合征
G52.701　多发性脑神经麻痹
G52.702　多发性脑神经炎
G52.703　多发性脑神经损害

G52.704　颈静脉孔综合征
G52.705　眶尖综合征
G52.800x004　枕神经痛
G52.800x005　枕小神经痛
G52.800x006　枕大神经炎
G52.801　副神经疾患
G52.802　斜方肌麻痹
G52.900　脑神经疾患
G52.901　脑神经炎
G52.902　脑神经麻痹
G54.000　臂丛疾患
G54.000x001　臂丛神经损害
G54.000x004　颈肋综合征
G54.000x006　过度外展综合征
G54.001　肋锁综合征
G54.002　胸廓出口综合征
G54.003　臂丛神经麻痹
G54.004　前斜角肌综合征
G54.100　腰骶丛疾患
G54.100x001　腰骶丛损害
G54.100x002　臀上皮神经卡压综合征［臀上皮神经炎］
G54.200　颈神经根疾患，不可归类在他处者
G54.200x001　颈神经根损害
G54.201　颈神经根囊肿
G54.300　胸神经根疾患，不可归类在他处者
G54.300x001　胸神经根损害
G54.400　腰骶神经根疾患，不可归类在他处者
G54.400x001　腰骶神经根损害
G54.500　神经痛性肌萎缩
G54.600　幻肢综合征伴有疼痛
G54.700　幻肢综合征不伴有疼痛
G54.800x003　手术后神经根粘连
G54.800x004　脊神经嵌压综合征
G54.801　骶神经根囊肿
G54.900　神经根和神经丛疾患
G54.900x001　周围神经卡压综合征
G54.901　神经根压迫症
G56.000　腕管综合征
G56.100　正中神经的其他损害
G56.100x001　正中神经损害
G56.100x002　正中神经卡压综合征
G56.100x003　骨间背侧神经卡压综合征
G56.100x004　旋前圆肌综合征
G56.101　正中神经麻痹
G56.200　尺神经损害
G56.200x001　迟发性尺神经炎
G56.201　尺神经麻痹
G56.202　肘管综合征
G56.203　尺神经炎
G56.300　桡神经损害
G56.301　桡神经麻痹
G56.800x001　指间神经瘤
G56.900　上肢单神经病
G57.000　坐骨神经损害
G57.000x003　坐骨神经粘连
G57.001　梨状肌综合征
G57.100　感觉异样性股痛
G57.100x001　股外侧皮神经炎
G57.200　股神经损害
G57.200x003　髂腹股沟神经痛［髂腹股综合征］
G57.201　股神经麻痹
G57.300　外腘神经损害
G57.300x001　腓深神经麻痹
G57.300x005　腓总神经损害
G57.301　腓神经麻痹
G57.302　腓神经损害
G57.303　腓总神经麻痹
G57.304　腓浅神经卡压
G57.400　中腘神经损害
G57.400x001　腘内侧神经损害
G57.401　胫神经麻痹
G57.500　跗管综合征
G57.500x001　胫后神经卡压综合征
G57.600　跖神经损害
G57.600x002　足底神经损害
G57.600x003　莫顿跖痛症［Morton病］
G57.601　跖趾神经炎
G57.603　足底内侧神经卡压征
G57.604　足底外侧神经卡压征
G57.800x001　趾间神经瘤
G57.800x002　手术后下肢神经粘连
G57.900　下肢单神经病
G57.901　下肢单神经炎
G58.000　肋间神经病
G58.001　肋间神经痛
G58.002　肋间神经炎
G58.700　多发性单神经炎
G58.800x001　膈神经麻痹
G58.800x004　手术后皮神经粘连

G58.800x006 肩胛上卡压综合征
G58.800x007 胸长神经麻痹
G58.800x008 耳大神经痛
G58.801 枕大神经痛
G58.900 单神经病
G58.900x002 神经功能障碍
G58.900x003 神经麻痹

表 6-3-66

G60.000 遗传性运动和感觉神经病
G60.000x002 遗传性共济失调伴肌萎缩［鲁西-莱维综合征］
G60.000x003 肥大性间质神经病［德热里纳-索塔病］
G60.000x005 婴儿肥大性神经病
G60.000x008 沙尔科-玛丽-图斯病
G60.001 脱髓鞘型腓骨肌萎缩
G60.002 轴索型腓骨肌萎缩
G60.003 腓骨肌萎缩
G60.100 植烷酸贮积症
G60.200 与遗传性共济失调有关的神经病
G60.300 特发性进行性神经病
G60.800x001 感觉性多发性神经病
G60.800x002 里吉综合征
G60.800x003 色素沉着，水肿，多发性神经病综合征
G60.800x004 遗传性感觉性神经病
G60.800x005 内拉东综合征［Nelaton 综合征］
G60.800x006 莫旺病［Morvan 病］
G60.800x007 巨轴索神经病
G60.800x010 遗传性感觉自主神经病
G60.801 先天性无痛无汗症
G60.802 感觉性周围神经病
G60.803 遗传性压力易感性周围神经病
G60.900 遗传性和特发性神经病
G60.900x001 遗传性周围神经病
G61.000 吉兰-巴雷［格林-巴利］综合征
G61.000x003 急性运动轴索性神经病
G61.000x004 急性炎性脱髓鞘性多发神经根神经病
G61.000x005 急性运动感觉轴索性神经病
G61.000x006 急性感觉神经病
G61.001 费舍综合征
G61.002 吉兰-巴雷综合征轴索型
G61.003 吉兰-巴雷综合征脱髓鞘型
G61.100 血清性神经病变
G61.800x003 获得性多灶性感觉运动神经病
G61.800x004 急性感觉运动神经病
G61.800x005 亚急性感觉神经病
G61.800x006 亚急性或慢性感觉运动神经病
G61.801 慢性炎症性脱髓鞘性多发性神经病
G61.900 炎性多神经病
G62.000 药物性多神经病
G62.001 药物性周围神经病
G62.100 酒精性多神经病
G62.100x002 慢性酒精中毒性神经病
G62.101 酒精中毒性周围神经病
G62.200 毒性物质引起的多神经病，其他的
G62.200x001 化学性多神经病
G62.200x003 中毒性多神经病
G62.201 有机磷中毒迟发性神经病
G62.800x005 感觉神经元病
G62.800x007 血管炎相关神经病
G62.800x008 轴索性周围神经病
G62.800x009 小纤维神经病
G62.803 放射性多神经病
G62.804 运动性周围神经病
G62.805 混合性周围神经病
G62.806 感染性周围神经病
G62.807 免疫相关性周围神经病
G62.808 缺血性周围神经病
G62.809 创伤性周围神经病
G62.810 后天获得性周围神经病
G62.900 多神经病
G62.900x002 末梢神经病［末梢神经炎］
G62.900x003 末稍神经退行性改变
G62.900x004 炎性和中毒性神经病
G62.900x011 痛性周围神经病
G62.901 周围神经病
G62.908 多灶性感觉运动神经病
G62.909 多灶性运动神经病
G64.x00 周围神经系统的其他疾患
G64.x00x001 肌颤搐多汗综合征

表 6-3-67

G70.000 重症肌无力
G70.000x002 重症肌无力危象
G70.000x004 胆碱能危象
G70.000x005 反拗性危象
G70.001 重症肌无力，肌萎缩型
G70.002 重症肌无力，眼肌型

G70.003 重症肌无力，轻度全身型
G70.004 重症肌无力，中度全身型
G70.005 重症肌无力，急性重症型
G70.006 重症肌无力，迟发重症型
G70.007 肌无力危象
G70.008 儿童型重症肌无力
G70.100 中毒性肌神经疾患
G70.200 先天性和发育性肌无力
G70.200x004 少年型重症肌无力
G70.200x005 儿童型重症肌无力，眼肌型
G70.201 先天性重症肌无力
G70.202 先天性肌无力综合征
G70.800x001 非癌性肌无力综合征
G70.900 肌神经疾患
G70.900x001 喉肌无力
G70.900x003 面肌肌无力
G70.901 肌无力综合征
G70.902 肌无力
G71.000 肌营养不良
G71.000x005 杜氏肌营养不良症［Duchenne型肌营养不良症］
G71.000x006 Becker型肌营养不良症［贝氏肌营养不良症］
G71.000x010 Emery-dreifuss型肌营养不良症
G71.000x011 眼肌型肌营养不良症
G71.001 进行性肌营养不良
G71.002 眼咽型肌营养不良症
G71.003 假肥大型肌营养不良症
G71.004 远端型肌营养不良症
G71.005 迪谢纳型肌营养不良症
G71.006 面肩肱型肌营养不良症
G71.007 肢带型肌营养不良症
G71.100 肌强直性疾患
G71.101 神经性肌强直
G71.102 萎缩性肌强直
G71.103 营养不良性肌强直
G71.104 先天性肌强直
G71.105 先天性副肌强直
G71.106 非营养不良性肌强直综合征
G71.200 先天性肌病
G71.200x002 先天性肌营养不良
G71.200x003 多微小轴空病
G71.200x004 先天性肌纤维类型不均衡
G71.200x005 中央轴空病
G71.300 线粒体肌病，不可归类在他处者
G71.300x001 线粒体脑肌病伴高乳酸血症和卒中样发作
G71.300x003 线粒体肌病
G71.301 线粒体脑肌病
G71.800 肌肉的其他原发性疾患
G71.800x002 肌-眼-脑病
G71.801 肌萎缩
G71.900 肌肉的原发性疾患
G71.900x001 遗传性肌病
G72.000 药物性肌病
G72.100 酒精性肌病
G72.200 毒性物质引起的肌病，其他的
G72.200x001 中毒性肌病
G72.300 周期性瘫痪
G72.301 低钾型周期性麻痹
G72.302 高钾性周期性麻痹
G72.304 正常钾型周期性麻痹
G72.400 炎性肌病，不可归类在他处者
G72.401 包涵体肌炎
G72.402 遗传性包涵体肌病
G72.403 散发性包涵体肌炎
G72.404 症状性炎性肌病
G72.800x001 肌麻痹
G72.800x002 血管源性肌病
G72.800x003 缺血缺氧性肌病
G72.800x006 风湿免疫病合并肌病
G72.800x007 杆状体肌病
G72.800x008 还原体肌病
G72.800x009 肌管肌病
G72.800x010 肌球蛋白缺乏性肌病
G72.800x011 肌小管肌病
G72.800x012 远端性肌病
G72.800x013 指印体肌病
G72.900 肌病

表6-3-68

G80.000 痉挛性四肢麻痹性脑瘫
G80.000x011 双侧痉挛型脑性瘫痪
G80.000x021 偏侧痉挛型脑性瘫痪
G80.100 痉挛性双侧脑瘫
G80.101 痉挛型脑性瘫痪
G80.200 痉挛性偏侧脑瘫
G80.200x001 婴儿性偏瘫
G80.300 运动障碍性脑瘫
G80.300x003 强直型脑性瘫痪

G80.301　双侧手足徐动症
G80.302　手足徐动型脑性瘫痪
G80.303　肌张力低下型脑性瘫痪
G80.305　发作性舞蹈-手足徐动症
G80.400　共济失调性脑瘫
G80.800　大脑性瘫痪［脑瘫］，其他的
G80.801　震颤型脑性瘫痪
G80.802　混合型脑性瘫痪
G80.900　大脑性瘫痪［脑瘫］
G81.000　松弛性偏瘫
G81.100　痉挛性偏瘫
G81.900　偏瘫
G81.900x002　轻偏瘫
G81.901　交替性偏瘫
G81.902　完全性偏瘫
G81.903　不完全性偏瘫
G82.000　松弛性截瘫
G82.000x011　急性驰缓性截瘫
G82.000x021　慢性驰缓性截瘫
G82.000x031　急性完全性驰缓性截瘫
G82.000x041　慢性完全性驰缓性截瘫
G82.000x051　急性不完全性驰缓性截瘫
G82.000x061　慢性不完全性驰缓性截瘫
G82.100　痉挛性截瘫
G82.100x021　慢性痉挛性截瘫
G82.100x031　急性完全性痉挛性截瘫
G82.100x041　慢性完全性痉挛性截瘫
G82.100x051　急性不完全性痉挛性截瘫
G82.100x061　慢性不完全性痉挛性截瘫
G82.101　急性痉挛性截瘫
G82.200　截瘫
G82.200x021　慢性截瘫
G82.200x031　急性完全性截瘫
G82.200x041　慢性完全性截瘫
G82.201　慢性不完全性截瘫
G82.202　急性截瘫
G82.203　急性不完全性截瘫
G82.204　高位截瘫
G82.300　松弛性四肢瘫痪
G82.300x021　慢性驰缓性四肢瘫
G82.300x031　急性完全性驰缓性四肢瘫
G82.300x041　慢性完全性驰缓性四肢瘫
G82.300x051　急性不完全性驰缓性四肢瘫
G82.300x061　慢性不完全性驰缓性四肢瘫
G82.301　急性弛缓性四肢瘫
G82.400　痉挛性四肢瘫痪
G82.400x011　急性痉挛性四肢瘫
G82.400x031　急性完全性痉挛性四肢瘫
G82.400x041　慢性完全性痉挛性四肢瘫
G82.400x051　急性不完全性痉挛性四肢瘫
G82.400x061　慢性不完全性痉挛性四肢瘫
G82.401　慢性痉挛性四肢瘫
G82.500　四肢瘫痪
G82.500x031　急性完全性四肢瘫
G82.500x041　慢性完全性四肢瘫
G82.501　急性四肢瘫
G82.502　慢性四肢瘫
G82.503　急性不完全性四肢瘫
G82.504　慢性不完全性四肢瘫
G83.000　双上肢瘫
G83.000x002　完全性双上肢瘫
G83.000x003　不完全性双上肢瘫
G83.100　下肢单瘫
G83.100x002　完全性下肢单瘫
G83.100x003　不完全性下肢单瘫
G83.200　上肢单瘫
G83.200x002　完全性上肢单瘫
G83.200x003　不完全性上肢单瘫
G83.300　单瘫
G83.300x002　完全性单瘫
G83.300x003　不完全性单瘫
G83.400　马尾综合征
G83.500　闭锁综合征
G83.600　上运动神经元性面瘫
G83.800x001　脊髓半切综合征［布朗-塞卡尔氏综合征］
G83.800x003　交叉性瘫痪
G83.801　布朗-塞卡尔综合征
G83.802　脊髓完全性瘫痪
G83.803　托德瘫痪
G83.900　麻痹［瘫痪］综合征
G83.900x001　痉挛性瘫痪［中枢性瘫痪］
G83.900x002　瘫痪
G83.900x003　完全性瘫痪
G83.900x004　不完全性瘫痪
G83.900x005　弛缓性瘫痪［周围性瘫痪］
G83.901　轻度瘫痪

表 6-3-69

G90.000　特发性周围自主神经病

G90.001　颈动脉窦性晕厥
G90.100　家族性自主神经功能异常［赖利-戴］
G90.200　霍纳综合征
G90.400　自主性高反射
G90.500　复杂性区域疼痛综合征Ⅰ型
G90.501　反射性交感神经营养不良综合征
G90.600　复杂性区域疼痛综合征Ⅱ型
G90.700　其他和未明确类型的复杂区域性疼痛综合征
G90.800x001　交感神经炎
G90.800x002　直立不耐受
G90.800x003　直立性调节障碍
G90.800x004　β受体亢进综合征［β受体过敏综合征］
G90.800x005　胆碱能神经功能亢进
G90.801　交感神经链综合征
G90.900　自主神经系统疾患
G90.900x001　自主神经功能紊乱
G90.900x002　植物神经功能紊乱
G91.000　交通性脑积水
G91.000x002　颅内出血后脑积水
G91.000x003　感染性脑积水
G91.100　梗阻性脑积水
G91.100x002　中脑导水管梗阻
G91.100x003　孤立性第四脑室［第四脑室积水］
G91.200　正常压力脑积水
G91.300　创伤后脑积水
G91.301　创伤后硬脑膜下积液
G91.800x001　继发性脑积水
G91.800x003　脑外脑积水
G91.800x004　脑内脑积水
G91.800x006　蛛网膜下腔出血后脑积水
G91.801　耳源性脑积水
G91.802　硬脑膜下积液
G91.900　脑积水
G92.x00　中毒性脑病
G92.x00x002　急性中毒性脑病
G92.x00x003　慢性中毒性脑病
G92.x01　一氧化碳中毒性脑病
G92.x02　一氧化碳中毒迟发性脑病
G93.000　大脑囊肿
G93.000x002　脑囊肿
G93.000x006　小脑囊肿
G93.000x007　侧脑室囊肿
G93.000x009　脉络丛囊肿
G93.000x010　外侧裂蛛网膜囊肿
G93.000x011　颅骨板障内蛛网膜囊肿
G93.000x012　鞍上蛛网膜囊肿
G93.000x013　桥小脑角蛛网膜囊肿
G93.000x014　蛛网膜憩室
G93.000x015　颅内囊肿
G93.001　蛛网膜囊肿
G93.002　透明隔囊肿
G93.003　后天性脑穿通畸形
G93.004　第四脑室囊肿
G93.005　硬膜下囊肿
G93.100　缺氧性脑损害，不可归类在他处者
G93.100x002　脑缺氧症
G93.101　肺性脑病
G93.102　缺氧缺血性脑病
G93.200　良性颅内高压
G93.200x003　弥漫性颅内压增高
G93.200x004　局限性颅内压增高
G93.201　良性颅内压增高综合征
G93.300　病毒感染后疲劳综合征
G93.300x002　良性肌痛性脑脊髓炎
G93.301　肌痛性脑脊髓炎
G93.400　脑病
G93.400x001　白质灰质性脑病
G93.400x002　弥散性脑病
G93.400x004　枕叶脑白质病变
G93.400x005　脑病［器质性脑病］
G93.400x006　脑干病变
G93.400x007　可逆性后部白质脑病综合征
G93.400x008　自身免疫相关性脑病
G93.401　低颅压综合征
G93.402　脑白质病
G93.403　代谢性脑病
G93.404　器质性脑病
G93.405　可逆性后部白质脑病
G93.500　脑受压
G93.500x001　枕骨大孔疝［小脑扁桃体疝］
G93.500x002　脑干受压
G93.500x005　外侧型小脑幕裂孔疝［钩回疝］
G93.500x006　中央型小脑幕裂孔疝［中心疝/中线疝］
G93.500x007　小脑幕孔下降疝
G93.500x008　小脑幕孔上升疝
G93.500x009　大脑镰下疝［扣带回疝］
G93.500x010　蝶骨嵴疝
G93.501　脑疝
G93.503　小脑幕裂孔疝

G93.504　后天性脑膜膨出
G93.600　脑水肿
G93.600x002　脑干水肿
G93.600x003　血管源性脑水肿
G93.600x004　细胞性脑水肿［细胞毒性脑水肿］
G93.600x005　脑积水性脑水肿［间质性脑水肿］
G93.600x006　缺血性脑水肿
G93.600x007　渗透压性脑水肿
G93.600x008　粒细胞性脑水肿
G93.600x009　离子性脑水肿
G93.700　赖氏综合征
G93.800x007　胰性脑病
G93.800x009　脑室憩室
G93.800x010　颅内积气［气颅症］
G93.800x012　无动性缄默［睁眼昏迷］
G93.800x013　脑死亡
G93.801　室管膜病
G93.802　放射性脑病
G93.803　去脑强直
G93.804　大脑功能障碍
G93.805　脑钙化
G93.806　脑软化
G93.807　脑胶质细胞增生
G93.808　脑室扩张
G93.809　颅内静脉窦狭窄
G93.810　丘脑综合征
G93.811　视丘反应综合征
G93.812　中枢性呼吸衰竭
G93.814　颅内胆脂瘤
G93.815　去皮层状态
G93.900　脑疾患
G93.900x001　脑干功能衰竭
G93.901　间脑病变
G93.902　脑肿物
G93.903　鞍区肿物
G93.904　顶叶综合征
G95.000　脊髓空洞症和延髓空洞症
G95.001　延髓空洞症
G95.002+M49.4*　脊髓空洞性夏科关节病
G95.003　脊髓空洞症
G95.100　血管性脊髓病
G95.100x003　脊髓前动脉栓塞
G95.100x004　脊髓前动脉血栓形成
G95.100x007　缺血性脊髓病
G95.100x008　缺血性脊髓血管病
G95.100x013　缺氧缺血性脊髓病
G95.101　脊髓出血
G95.102　急性脊髓梗死
G95.103　脊髓缺血
G95.104　脊髓坏死
G95.105　脊髓动脉血栓形成
G95.106　脊髓水肿
G95.107　脊髓后动脉综合征
G95.108　脊髓栓塞
G95.109　脊髓前动脉闭塞综合征
G95.200　脊髓受压
G95.800　脊髓其他特指的疾病
G95.800x003　脊髓神经根囊肿
G95.800x004　脊髓内囊肿
G95.800x005　脊髓前角病变
G95.800x007　脊髓性膀胱
G95.800x010　椎管内囊肿
G95.800x011　硬脊膜外囊肿
G95.800x012　骶椎神经根袖囊肿
G95.800x014　非创伤性脊髓不全横贯性损害
G95.800x015　脊髓软化
G95.800x016　脊髓胶质细胞增生
G95.800x017　药物性脊髓病
G95.801　中毒性脊髓病
G95.802　脊髓硬化症
G95.803　放射性脊髓病
G95.804　脊髓萎缩
G95.805　脊髓病性膀胱
G95.806　椎管内纤维组织增生
G95.807　肝性脊髓病
G95.808　脊髓囊肿
G95.900　脊髓病
G95.900x003　椎管内占位性病变
G95.900x004　椎管内外占位性病变
G95.901　椎管内肿物
G96.000　脑脊液漏
G96.000x005　脑脊液眼漏
G96.000x006　创伤性脑脊液漏
G96.001　脑脊液鼻漏
G96.002　脑脊液耳漏
G96.003　手术后脑脊液漏
G96.100　脑脊膜疾患，不可归类在他处者
G96.100x001　脊髓蛛网膜粘连
G96.100x002　蛛网膜粘连
G96.100x003　马尾粘连

G96.100x004　脊髓粘连
G96.100x005　脑膜粘连
G96.100x007　髓外硬膜外囊肿
G96.100x008　硬脊膜外粘连
G96.100x009　椎管内胆脂瘤
G96.100x010　椎管内蛛网膜囊肿
G96.100x013　硬脊膜内囊肿
G96.101　脊膜粘连
G96.103　脑室粘连
G96.104　硬膜外囊肿
G96.800x002　脑叶炎性病变
G96.800x003　营养不良性神经病［营养障碍性神经病］
G96.800x005　类固醇激素反应性慢性淋巴细胞性炎症伴脑桥血管周围强化症［CLIPPERS综合征］
G96.800x006　脊髓损伤后体温调节功能障碍
G96.800x007　海绵窦综合征
G96.900　中枢神经系统疾患
G96.900x002　脑脊髓神经病
G96.900x003　脑脊髓神经根病
G96.900x004　中枢神经系统并发症
G96.901　脑脊髓病
G96.902　中枢性疼痛
G97.000　腰椎穿刺引起的脑脊液漏
G97.100　对腰椎穿刺的其他反应
G97.100x002　腰椎穿刺术后感染
G97.100x003　腰椎穿刺术后脑疝
G97.101　腰椎穿刺术后头痛
G97.200　脑室分流后颅内低压
G97.800x001　手术后马尾神经损伤
G97.800x002　手术后脑膜膨出
G97.800x003　手术后肢体功能障碍
G97.800x004　手术后瘫痪
G97.800x005　手术后颅内积气
G97.800x006　手术后脑积水
G97.800x008　手术后脑神经损伤
G97.800x009　脑部手术后皮下积液
G97.801　操作后缺氧性脑损害
G97.802　脑血管造影后脑血管痉挛
G97.803　裂隙脑室综合征
G97.900　神经系统的操作后疾患
G98.x00　神经系统的其他疾患，不可归类在他处者
G98.x00x001　神经系统病变
G98.x00x002　神经系统萎缩

表6-3-70

H00.000x001　眼睑疖肿
H00.001　睑腺炎
H00.002　眼睑脓肿
H00.003　眼睑蜂窝织炎
H00.100　睑板腺囊肿
H01.000　睑缘炎
H01.100　眼睑的非感染性皮肤病
H01.100x003　眼睑变应性皮炎
H01.100x004　眼睑接触性皮炎
H01.100x005　眼睑湿疹性皮炎
H01.100x006　眼睑盘形红斑狼疮性皮炎
H01.100x007　眼睑干皮病
H01.101　眼睑皮炎
H01.801　眼睑瘘
H01.802　眼睑肉芽肿
H01.900　眼睑炎症
H01.901　眼睑炎性假瘤
H02.000　睑内翻和倒睫
H02.000x004　瘢痕性睑内翻
H02.001　先天性倒睫
H02.002　瘢痕性倒睫
H02.003　睑内翻
H02.004　倒睫
H02.100　睑外翻
H02.101　麻痹性睑外翻
H02.102　瘢痕性睑外翻
H02.103　老年性睑外翻
H02.200　兔眼
H02.300　眼睑皮肤松弛症
H02.300x004　下睑袋
H02.301　眼睑皮赘
H02.400　上睑下垂
H02.500　影响眼睑功能的其他疾患
H02.500x008　睑板腺功能障碍
H02.501　睑裂狭小
H02.502　睑缘粘连
H02.503　眼睑退缩
H02.504　眼睑粘连性瘢痕
H02.506　眼睑闭锁
H02.600　睑黄斑瘤
H02.700　眼睑和眼周区域的其他变性性疾患
H02.700x001　睑板腺脂肪变性
H02.700x008　眼睑白癜风

H02.702　眼睑萎缩
H02.703　眼睑坏死
H02.704　眼睑黄褐斑
H02.705　眼睑睫毛脱落
H02.800x011　眼睑皮脂腺囊肿
H02.800x014　内眦移位
H02.800x016　外眦移位
H02.800x018　眼睑皮下淤血
H02.801　眼睑多毛症
H02.802　乱睫
H02.803　眼睑角化病
H02.804　后天性眼睑畸形
H02.805　眼睑结石
H02.806　眼睑水肿
H02.807　后天性眼内眦畸形
H02.808　陈旧性眼睑异物
H02.809　后天性眼外眦畸形
H02.810　眼睑出血
H02.811　眼睑黑变病
H02.812　眼睑囊肿
H02.813　眼睑新生物
H02.900　眼睑疾患
H02.900x003　眼睑细胞组织增生症
H02.901　眼睑肿物
H04.000　泪腺炎
H04.000x004　慢性泪腺肥大
H04.001　急性泪腺炎
H04.002　慢性泪腺炎
H04.003　泪腺炎性假瘤
H04.100　泪腺的其他疾患
H04.101　泪液分泌过少
H04.102　泪腺脱垂
H04.103　干眼综合征
H04.104　泪腺萎缩
H04.105　泪腺囊肿
H04.200　溢泪
H04.300　泪道急性炎症
H04.300x004　泪囊炎
H04.300x005　泪小管炎
H04.302　急性泪囊炎
H04.303　泪囊脓肿
H04.304　急性泪囊周围炎
H04.305　急性泪小管炎
H04.400　泪道慢性炎症
H04.401　慢性泪囊炎
H04.402　慢性泪小管炎
H04.500x001　泪小点闭塞
H04.500x004　泪道狭窄
H04.501　泪道关闭不全
H04.502　泪小点外翻
H04.503　鼻泪管阻塞
H04.504　鼻泪管闭锁
H04.505　泪小管阻塞
H04.506　泪小点狭窄
H04.507　泪石
H04.508　鼻泪管狭窄
H04.509　泪道阻塞
H04.600　泪道的其他改变
H04.600x003　泪囊粘液囊肿
H04.601　泪囊囊肿
H04.602　泪囊瘘
H04.603　泪小管瘘
H04.604　泪管肉芽肿
H04.800x002　泪小管息肉
H04.800x003　泪囊憩室
H04.801　泪小管断裂
H04.900　泪器系疾患
H04.900x001　泪腺肿物
H04.901　泪囊肿物
H05.000　眼眶急性炎症
H05.000x002　眼眶脓肿
H05.000x006　眼眶感染
H05.001　眶蜂窝织炎
H05.002　眼球筋膜炎
H05.003　眼眶骨髓炎
H05.004　眼眶内脓肿
H05.005　眼眶骨膜炎
H05.100　眼眶慢性炎性疾患
H05.100x003　眼眶非特异性炎症
H05.100x005　眼球后炎
H05.100x008　眼眶慢性炎症
H05.101　眼眶内肉芽肿
H05.102　眶内炎
H05.103　眼眶炎性假瘤
H05.104　眶肌炎
H05.200　突眼性情况
H05.201　眼球突出
H05.202　眼球移位
H05.203　眼眶出血
H05.204　眶内血肿

H05.205　眼眶水肿
H05.300　眼眶畸形
H05.300x003　眼眶外生骨疣
H05.301　眼眶萎缩
H05.400　眼球内陷
H05.500　眼眶贯通伤后残留（陈旧性）异物
H05.500x001　陈旧性眶内异物
H05.500x002　陈旧性球后异物
H05.800　眼眶的其他疾患
H05.800x002　眼眶粘液囊肿
H05.800x003　眶内上皮样囊肿
H05.800x005　眼眶溃疡
H05.800x006　眼眶瘘管
H05.801　眼眶囊肿
H05.802　眶脂肪脱垂
H05.900　眼眶疾患
H05.900x002　眶内肿物
H05.900x003　眶外肿物
H05.900x004　眶上肿物
H05.901　眼眶肿物

表6-3-71

H10.000　黏液脓性结膜炎
H10.100　急性变应性结膜炎
H10.101　变应性结膜炎
H10.102　春季角结膜炎
H10.103　泡性结膜炎
H10.200　急性结膜炎，其他的
H10.200x001　急性卡他性结膜炎
H10.300　急性结膜炎
H10.400　慢性结膜炎
H10.401　结膜肉芽肿
H10.500　睑缘结膜炎
H10.500x001　眼眦脓肿
H10.800x001　感染性结膜炎
H10.801　结膜溃疡
H10.900　结膜炎
H10.901　细菌性结膜炎
H11.000　翼状胬肉
H11.100　结膜变性和沉着物
H11.100x001　结膜变性
H11.100x007　结膜黑变病
H11.101　结膜沉着物
H11.102　睑裂斑
H11.103　结膜铁质沉着症
H11.104　结膜干燥
H11.105　结膜结石
H11.106　结膜角化
H11.107　结膜银质沉着病
H11.108　结膜色素沉着病
H11.200　结膜瘢痕
H11.201　睑球粘连
H11.300　结膜出血
H11.301　结膜下出血
H11.400　结膜血管疾患和囊肿，其他的
H11.401　结膜囊肿
H11.402　结膜水肿
H11.403　结膜充血
H11.404　结膜动脉瘤
H11.405　结膜血管增生
H11.800x005　结膜囊挛缩
H11.800x006　结膜囊狭窄
H11.801　结膜淋巴管扩张
H11.802　假性翼状胬肉
H11.803　角结膜增生
H11.804　结膜囊畸形
H11.805　结膜松弛
H11.806　结膜息肉
H11.807　结膜脱垂
H11.808　结膜溶解
H11.900　结膜疾患
H11.901　结膜肿物

表6-3-72

H15.000　巩膜炎
H15.000x002　巩膜脓肿
H15.001　巩膜溃疡
H15.100　巩膜外层炎
H15.800x008　巩膜缺损
H15.800x009　巩膜钙化
H15.800x010　巩膜膨隆
H15.801　巩膜囊肿
H15.802　巩膜黑变病
H15.803　巩膜葡萄肿
H15.804　巩膜肉芽肿
H15.805　巩膜粘连
H15.806　巩膜坏死
H15.900　巩膜疾患
H16.000　角膜溃疡
H16.000x001　病毒性角膜溃疡

H16.000x006　环形角膜溃疡
H16.000x010　角膜糜烂
H16.001　角膜溃疡性穿孔
H16.002　中心性角膜溃疡
H16.003　蚕蚀性角膜溃疡
H16.004　边缘性角膜溃疡
H16.005　前房积脓性角膜溃疡
H16.006　细菌性角膜溃疡
H16.007　角膜穿孔
H16.100　浅层角膜炎，其他不伴有结膜炎的
H16.100x004　晕性角膜炎
H16.100x005　星状角膜炎
H16.100x006　条纹状角膜炎
H16.100x007　钱币状角膜炎
H16.100x008　光敏性角膜炎
H16.100x009　雪盲
H16.101　电光性眼炎
H16.102　浅层点状角膜炎
H16.103　丝状角膜炎
H16.200　角膜结膜炎
H16.200x001　暴露性角膜结膜炎
H16.200x006　结节性眼炎
H16.201　小泡性角膜结膜炎
H16.203　神经营养性角膜结膜炎
H16.204　浅层角膜结膜炎
H16.205　暴露性角膜炎
H16.300x004　硬化性角膜炎
H16.300x005　角膜基质炎
H16.301　深层角膜炎
H16.302　角膜脓肿
H16.303　科根综合征
H16.400　角膜新血管形成
H16.401　角膜血管翳
H16.402　角膜血管影
H16.800x003　疫苗接种角膜炎
H16.800x005　粘连性角膜炎
H16.800x006　反应性角膜炎
H16.800x010　束状角膜炎
H16.800x014　陈旧性角膜炎
H16.801　药物性角膜结膜炎
H16.802　大泡性角膜炎
H16.803　细菌性角膜炎
H16.804　化脓性角膜炎
H16.805　神经麻痹性角膜炎
H16.900　角膜炎
H17.000　粘连性白斑
H17.100　角膜混浊，其他中心性
H17.801　角膜白斑
H17.802　角膜云翳
H17.803　角膜斑翳
H17.901　角膜瘢痕
H17.902　角膜混浊
H18.000　角膜色素沉着和沉着物
H18.000x004　角膜Kayser-Fleischer环［凯泽-弗莱舍尔环］
H18.000x005　克鲁肯贝格梭
H18.000x006　施特里线
H18.001　角膜沉着物
H18.002　角膜黑变病
H18.003　角膜血染
H18.100　大泡性角膜病变
H18.200　角膜水肿，其他的
H18.300　角膜层改变
H18.300x001　特塞梅特膜皱折
H18.300x002　特塞梅特膜破裂
H18.400　角膜变性
H18.400x003　角膜角化病
H18.400x004　角膜软化症
H18.401　角膜老年环
H18.402　带状角膜病变
H18.403　Salzmann结节状角膜变性
H18.404　边缘性角膜变性
H18.405　滴状角膜
H18.500　遗传性角膜营养不良
H18.500x005　颗粒状角膜基质营养不良
H18.500x007　斑状角膜营养不良
H18.501　上皮基底膜营养不良
H18.502　角膜营养不良
H18.504　格子状角膜营养不良
H18.506　Fuchs角膜内皮营养不良
H18.600　圆锥角膜
H18.700　角膜畸形，其他的
H18.700x005　角膜突出
H18.701　角膜葡萄肿
H18.702　角膜后弹性层膨出
H18.800x005　角膜切口瘘
H18.800x007　角膜炎性肿物
H18.800x009　角膜上皮损伤
H18.800x012　角膜知觉减退
H18.800x014　角膜内皮炎

H18.801　角膜溶解
H18.802　角膜囊肿
H18.803　角膜干燥症
H18.804　复发性角膜糜烂
H18.805　角膜皮赘
H18.806　角膜上皮脱落
H18.807　角膜结膜化
H18.808　角膜内皮失代偿
H18.900　角膜疾患
H18.901　角膜肿物
H20.000x003　前房积脓
H20.000x004　急性虹膜睫状体炎
H20.001　亚急性虹膜睫状体炎
H20.002　复发性虹膜睫状体炎
H20.003　变态反应性虹膜睫状体炎
H20.004　前房积脓性虹膜睫状体炎
H20.100　慢性虹膜睫状体炎
H20.100x002　慢性虹膜炎
H20.101　慢性眼色素膜炎
H20.102　肉芽肿性葡萄膜炎
H20.200　晶体诱发性虹膜睫状体炎
H20.200x001　晶状体相关性葡萄膜炎
H20.800　虹膜睫状体炎，其他的
H20.801　眼色素层脑膜炎
H20.802　创伤性虹膜睫状体炎
H20.803　Fuchs综合征
H20.804　虹膜脓肿
H20.900　虹膜睫状体炎
H20.900x002　虹膜炎
H20.900x004　葡萄膜炎［色素膜炎］
H20.900x006　陈旧性葡萄膜炎
H20.901　角膜葡萄膜炎
H21.000　前房积血
H21.002　虹膜出血
H21.003　睫状体出血
H21.100　虹膜和睫状体的其他血管疾患
H21.101　虹膜新生血管
H21.102　虹膜红变
H21.103　睫状体新生血管
H21.104　前房角新生血管
H21.200　虹膜和睫状体变性
H21.200x005　缩瞳性瞳孔囊肿
H21.200x006　虹膜半透明
H21.200x007　瞳孔缘变性
H21.200x008　特发性虹膜萎缩
H21.200x009　进行性虹膜萎缩
H21.201　虹膜萎缩
H21.202　虹膜变性
H21.203　虹膜劈裂症
H21.204　睫状体变性
H21.300x005　炎症渗出性虹膜囊肿
H21.300x006　外伤植入性虹膜囊肿
H21.300x007　寄生虫性虹膜囊肿
H21.300x008　炎症渗出性睫状体囊肿
H21.300x009　外伤植入性睫状体囊肿
H21.300x010　寄生虫性睫状体囊肿
H21.300x011　炎症渗出性前房囊肿
H21.300x012　外伤植入性前房囊肿
H21.300x013　寄生虫性前房囊肿
H21.301　虹膜囊肿
H21.302　睫状体囊肿
H21.303　前房囊肿
H21.400　瞳孔膜
H21.401　瞳孔闭锁
H21.402　瞳孔闭合
H21.403　虹膜膨隆
H21.500　虹膜和睫状体的其他粘连和破裂
H21.500x003　虹膜根部离断
H21.500x004　虹膜前粘连
H21.500x011　瞳孔前粘连
H21.500x013　虹膜后粘连
H21.500x015　睫状体脱离
H21.501　虹膜离断
H21.502　虹膜粘连
H21.503　睫状体离断
H21.504　瞳孔后粘连
H21.505　瞳孔移位
H21.506　前房角后退
H21.507　前房角粘连
H21.508　前房角破裂
H21.510　陈旧性虹膜睫状体炎
H21.800　虹膜和睫状体其他特指的疾患
H21.800x001　前房积液
H21.801　虹膜前增殖膜
H21.802　虹膜脱出
H21.900　虹膜和睫状体疾患
H21.901　虹膜肿物

表6-3-73

H25.000　老年性初期白内障

H25.000x002 前极白内障
H25.000x003 冠状老年性白内障
H25.000x005 点状老年性白内障
H25.000x006 后极白内障
H25.000x007 皮质性白内障初发期
H25.001 后囊下白内障
H25.002 皮质性白内障成熟期
H25.004 皮质性白内障膨胀期
H25.100 老年核性白内障
H25.200 老年性白内障，莫尔加尼型
H25.800 老年性白内障，其他的
H25.800x001 其他的老年性白内障
H25.800x002 联合性老年性白内障
H25.900 老年性白内障
H26.000x001 早老性白内障
H26.000x002 青年期白内障
H26.000x005 发育性白内障
H26.001 婴儿期白内障
H26.002 幼年性白内障
H26.003 老年前期白内障
H26.100 外伤性白内障
H26.100x002 晶体后囊膜破裂
H26.200 并发性白内障
H26.200x005 慢性虹膜睫状体炎性白内障
H26.201 虹膜异色性白内障
H26.202 青光眼性白内障
H26.300 药物性白内障
H26.300x001 激素性白内障
H26.300x004 三硝基甲苯性白内障
H26.301 中毒性白内障
H26.400 后发性白内障
H26.400x002 继发性白内障
H26.400x003 膜性白内障
H26.401 泽默林环
H26.801 混合性白内障
H26.802 放射性白内障
H26.900 白内障
H26.901 晶体混浊
H27.000 无晶状体
H27.100 晶状体脱位
H27.101 晶状体半脱位
H27.102 晶状体全脱位
H27.800 晶状体其他特指的疾患
H27.800x001 真性晶状体囊膜剥脱
H27.900 晶状体疾患

表 6-3-74

H30.000 局灶性脉络膜视网膜炎
H30.000x002 渗出性脉络膜炎
H30.000x004 局灶性脉络膜炎
H30.000x005 局灶性视网膜炎
H30.001 近乳头性脉络膜视网膜炎
H30.100 播散性脉络膜视网膜炎
H30.100x002 播散性视网膜炎
H30.100x003 播散性脉络膜炎
H30.200 后睫状体炎
H30.201 睫状体平坦部炎
H30.800x002 急性视网膜色素上皮炎
H30.801 原田病
H30.900 脉络膜视网膜炎
H30.900x001 陈旧性脉络膜视网膜炎
H30.900x002 结节性脉络膜炎
H30.901 视神经视网膜炎
H30.902 脉络膜炎
H30.903 视网膜炎
H31.000 脉络膜视网膜瘢痕
H31.000x001 视网膜瘢痕
H31.000x002 日光性视网膜病
H31.000x004 炎症后黄斑瘢痕
H31.000x005 外伤后黄斑瘢痕
H31.100 脉络膜变性
H31.101 脉络膜萎缩
H31.102 脉络膜硬化
H31.200 遗传性脉络膜营养障碍
H31.200x002 无脉络膜症
H31.200x003 中心小区性脉络膜营养不良
H31.200x004 广泛性脉络膜营养不良
H31.200x005 视乳头周围脉络膜营养不良
H31.200x006 回旋状脉络膜萎缩
H31.300 脉络膜出血和破裂
H31.300x004 驱逐性脉络膜出血
H31.301 脉络膜破裂
H31.302 脉络膜出血
H31.400 脉络膜脱离
H31.400x003 化脓性脉络膜脱离
H31.401 出血性脉络膜脱离
H31.402 手术后脉络膜脱离
H31.403 创伤性脉络膜脱离
H31.404 渗出性脉络膜脱离
H31.800x001 脉络膜缺血

H31.800x002　脉络膜渗出
H31.800x003　脉络膜水肿
H31.800x004　特发性息肉样脉络膜血管病变
H31.801　葡萄膜渗漏综合征
H31.802　脉络膜新生血管
H31.900　脉络膜疾患
H31.901　脉络膜肿物
H33.000　视网膜脱离伴视网膜断裂
H33.000x005　巨大裂孔性视网膜脱离
H33.000x006　脉络膜脱离型视网膜脱离
H33.000x007　黄斑裂孔性视网膜脱离
H33.001　孔源性视网膜脱离
H33.002　锯齿缘离断
H33.100　视网膜劈裂症及视网膜囊肿
H33.100x004　假性视网膜囊肿
H33.100x005　寄生虫性视网膜囊肿
H33.100x006　锯齿缘囊肿
H33.101　视网膜囊肿
H33.102　视网膜劈裂症
H33.200　浆液性视网膜脱离
H33.200x002　出血性视网膜脱离
H33.200x004　渗出性视网膜脱离
H33.300　视网膜断裂不伴有脱离
H33.300x006　视网膜撕裂
H33.301　视网膜缺损
H33.302　创伤性视网膜裂孔
H33.303　视网膜破裂
H33.304　视网膜裂孔
H33.400　牵引性视网膜脱离
H33.401　增生性玻璃体视网膜病伴视网膜脱离
H33.500　视网膜脱离，其他的
H33.500x002　大泡性视网膜脱离
H33.500x006　医源性视网膜脱离
H33.500x008　局限性视网膜脱离
H33.501　继发性视网膜脱离
H33.502　陈旧性视网膜脱离
H33.503　创伤性视网膜脱离
H33.504　复发性视网膜脱离
H33.506　原发性视网膜脱离
H34.000　短暂性视网膜动脉阻塞
H34.100　视网膜中央动脉阻塞
H34.200　视网膜动脉阻塞，其他的
H34.200x002　视网膜血管痉挛
H34.200x004　视网膜粥样栓塞［侯兰荷思特斑］
H34.200x005　视网膜微栓塞
H34.201　视网膜部分性动脉阻塞
H34.202　视网膜分支动脉阻塞
H34.203　视网膜动脉供血不足
H34.204　视网膜动脉栓塞
H34.800　视网膜血管阻塞，其他的
H34.800x001　颞上支静脉阻塞
H34.801　视网膜分支静脉阻塞
H34.802　视网膜静脉阻塞
H34.803　视网膜中心性静脉阻塞
H34.804　视网膜部分性静脉阻塞
H34.900　未特指的视网膜血管阻塞
H34.900x001　视网膜血管阻塞
H35.000　背景性视网膜病变和视网膜血管改变
H35.000x004　肾病眼底改变
H35.000x014　视网膜血管白鞘
H35.000x017　缺血性视网膜病变
H35.000x019　急性区域性隐匿性外层视网膜病变
H35.000x020　IRVAN综合征
H35.000x021　中心性渗出性脉络膜视网膜病
H35.001　视网膜血管病变
H35.002　视网膜静脉周围炎
H35.004　高血压性视网膜病变
H35.005　科茨病
H35.006　环状视网膜病
H35.007　视网膜血管曲张
H35.008　视网膜血管炎
H35.009　视网膜微动脉瘤
H35.010　家族性渗出性玻璃体视网膜病变
H35.011　视网膜大动脉瘤
H35.012　视网膜新生血管
H35.013　视网膜动脉炎
H35.014　视网膜静脉炎
H35.015　背景性视网膜病变
H35.100　早产儿视网膜病
H35.200　增生性视网膜病变，其他的
H35.200x001　外伤性增殖性视网膜病
H35.300　黄斑和后极变性
H35.300x007　黄斑血管样纹
H35.300x008　库恩特-尤尼乌斯变性
H35.300x009　中毒性黄斑病
H35.300x010　干性年龄相关性黄斑变性
H35.300x011　湿性年龄相关性黄斑变性
H35.300x012　近视性黄斑变性
H35.301　黄斑玻璃样疣
H35.302　黄斑皱褶

H35.303　黄斑裂孔
H35.304　黄斑囊肿
H35.305　年龄相关性黄斑变性
H35.306　黄斑前膜
H35.307　视网膜黄斑变性
H35.400　周围性视网膜变性
H35.400x001　视网膜变性
H35.400x003　视网膜格状变性
H35.400x004　视网膜微囊样变性
H35.400x005　视网膜栅栏状变性
H35.400x006　视网膜铺路石状变性
H35.400x007　视网膜网状变性
H35.500　遗传性视网膜变性
H35.500x003　遗传性视网膜营养障碍
H35.500x004　眼底黄色斑点症［Stargardt病］
H35.500x005　色素性视网膜炎
H35.500x006　毯样视网膜营养障碍
H35.500x007　白点状视网膜营养障碍
H35.500x008　色素性视网膜营养障碍
H35.500x009　卵黄性视网膜营养障碍
H35.501　视网膜色素变性
H35.502　视网膜营养障碍
H35.503　施塔加特病
H35.600　视网膜出血
H35.601　黄斑出血
H35.602　眼底出血
H35.700　视网膜层分离
H35.700x005　视网膜神经上皮层脱离
H35.701　中心性浆液性脉络膜视网膜病变
H35.702　视网膜色素上皮脱离
H35.703　创伤性脉络膜视网膜病
H35.800x005　急性视网膜坏死综合征
H35.800x008　外伤性视网膜病
H35.800x009　药物性视网膜病变
H35.800x010　肾病性视网膜病
H35.800x011　黑色素瘤相关性视网膜病
H35.801　继发性视网膜病变
H35.802　眼缺血综合征
H35.803　远达性视网膜病
H35.804　黄斑囊样水肿
H35.805　视网膜萎缩
H35.806　视网膜黑变病
H35.807　视网膜前机化膜
H35.808　视网膜坏死
H35.809　急性坏死性视网膜炎
H35.900　视网膜疾患

表6-3-75

H40.000　可疑青光眼
H40.000x001　交界性青光眼
H40.000x002　青光眼临床前期
H40.000x004　青光眼术后眼压失控
H40.001　高眼压症
H40.002　前房角狭窄
H40.100　原发性开角型青光眼
H40.100x001　开角型青光眼
H40.100x004　残余性青光眼
H40.101　色素性青光眼
H40.102　假性囊膜剥脱综合征
H40.103　正常眼压性青光眼
H40.200　原发性闭角型青光眼
H40.200x006　急性闭角性青光眼急性发作期
H40.200x007　急性闭角型青光眼间歇期
H40.200x009　急性闭角型青光眼临床前期
H40.200x010　急性闭角型青光眼先兆期
H40.200x011　急性闭角型青光眼慢性期
H40.200x012　急性闭角型青光眼绝对期
H40.202　慢性闭角型青光眼
H40.203　原发性急性闭角型青光眼
H40.300　继发于眼外伤的青光眼
H40.400　继发于眼部炎症的青光眼
H40.401　虹膜睫状体炎继发性青光眼
H40.403　青光眼睫状体炎综合征
H40.500　继发于其他眼部疾患的青光眼
H40.500x001　虹膜角膜内皮综合征
H40.500x002　继发性青光眼
H40.500x008　晶状体过敏性青光眼
H40.500x009　恶性青光眼［睫状环阻滞性青光眼］
H40.501　新生血管性青光眼
H40.502　无晶状体性青光眼
H40.503　晶状体性青光眼
H40.504　晶状体脱位性青光眼
H40.505　晶状体溶解性青光眼
H40.506　Schwartz综合征
H40.600　药物性青光眼
H40.600x002　糖皮质激素性青光眼
H40.800x002　血影细胞性青光眼
H40.800x004　发育性青光眼
H40.800x005　分泌过多性青光眼
H40.801　混合型青光眼

H40.900　青光眼

表6-3-76

H43.000　玻璃体脱出
H43.001　玻璃体疝
H43.100　玻璃体积血
H43.100x003　蛛网膜下腔出血合并玻璃体积血［Terson综合征］
H43.200　玻璃体内结晶沉积
H43.200x001　星状玻璃体变性
H43.300　玻璃体混浊，其他的
H43.800x003　玻璃体脱离
H43.800x004　玻璃体萎缩
H43.800x005　闪辉性玻璃体液化
H43.801　玻璃体囊肿
H43.802　玻璃体黄斑牵拉综合征
H43.803　玻璃体变性
H43.804　玻璃体机化
H43.805　增殖性玻璃体病变
H43.806　玻璃体增生
H43.900　玻璃体疾患
H44.000　化脓性眼内炎
H44.000x002　感染性眼内炎
H44.000x005　眼内炎
H44.000x007　转移性眼内炎
H44.001　玻璃体脓肿
H44.002　全眼球炎
H44.003　眼脓肿
H44.100　眼内炎，其他的
H44.100x003　眼小梁炎
H44.101　全色素膜炎
H44.102　眼炎性假瘤
H44.103　交感性眼炎
H44.104　寄生虫性眼内炎
H44.200　变性近视
H44.200x001　病理性近视
H44.300　眼球的其他变性性疾患
H44.300x001　虹膜铁质沉着症
H44.300x002　晶状体铁质沉着症
H44.300x003　视网膜铁质沉着症
H44.301　眼铁质沉着病
H44.302　眼铜屑沉着病
H44.400　低眼压症
H44.401　角膜瘘
H44.402　巩膜瘘
H44.500　眼球的变性性情况
H44.501　绝对期青光眼
H44.502　眼球萎缩
H44.503　眼球痨
H44.600　眼内残留（陈旧性）磁性异物
H44.600x002　陈旧性前房磁性异物
H44.600x003　陈旧性睫状体磁性异物
H44.600x004　陈旧性虹膜磁性异物
H44.600x005　陈旧性晶状体磁性异物
H44.600x006　陈旧性眼球磁性异物
H44.600x007　陈旧性玻璃体磁性异物
H44.700　眼内残留（陈旧性）非磁性异物
H44.700x002　陈旧性玻璃体非磁性异物
H44.700x003　陈旧性巩膜非磁性异物
H44.700x004　陈旧性前房非磁性异物
H44.700x005　陈旧性眼球非磁性异物
H44.700x007　陈旧性睫状体非磁性异物
H44.700x008　陈旧性虹膜非磁性异物
H44.700x009　陈旧性晶状体非磁性异物
H44.800　眼球的其他疾患
H44.801　眼内出血
H44.802　眼球脱位
H44.803　眼球粘连
H44.900　眼球疾患
H44.901　眼球肿物

表6-3-77

H46.x00　视神经炎
H46.x01　球后视神经炎
H46.x02　视盘炎
H47.000　视神经疾患，不可归类在他处者
H47.000x009　视神经病
H47.001　视神经麻痹
H47.002　视神经鞘膜内出血
H47.003　视神经受压
H47.004　缺血性视神经病变
H47.005　中毒性视神经损害
H47.006　肯尼迪综合征
H47.100　视神经盘水肿
H47.101　视盘水肿
H47.200　视神经萎缩
H47.200x003　原发性视神经萎缩
H47.200x004　继发性视神经萎缩
H47.203　家族遗传性视神经萎缩
H47.300　视神经盘的其他疾患

H47.300x005　视盘血管炎［视神经乳头静脉炎］
H47.301　视神经盘玻璃疣
H47.302　视盘前膜
H47.303　假性视盘水肿
H47.304　视盘肿物
H47.400　视交叉疾患
H47.401　视交叉综合征
H47.500　视路疾患，其他的
H47.500x002　视放射病变
H47.500x003　视束病变
H47.500x004　外侧膝状体病变
H47.600　视皮层疾患
H47.600x001　枕叶病变
H47.601　皮质盲
H47.700　视路疾患

表 6-3-78

H49.000　第三［动眼］神经麻痹
H49.001　动眼神经炎
H49.100　第四［滑车］神经麻痹
H49.200　第六［展］神经麻痹
H49.201　展神经炎
H49.300　全部（外部）眼肌麻痹
H49.400　进行性眼外肌麻痹
H49.400x001　慢性进行性眼外肌麻痹
H49.800　麻痹性斜视，其他的
H49.800x002　麻痹性外斜视
H49.800x007　眼外肌麻痹
H49.801　卡恩斯-塞尔综合征
H49.803　眶上裂综合征
H49.804　眼内直肌麻痹
H49.805　眼上斜肌麻痹
H49.806　眼上直肌麻痹
H49.807　痛性眼肌麻痹
H49.808　眼外直肌麻痹
H49.809　眼下斜肌麻痹
H49.810　眼下直肌麻痹
H49.900　麻痹性斜视
H49.901　先天性麻痹性斜视
H50.000　会聚性共同性斜视
H50.000x002　共同性内斜视
H50.000x004　内斜视
H50.000x009　残余性内斜视
H50.001　调节性内斜视
H50.002　交替性内斜视
H50.003　失用性内斜视
H50.004　连续性内斜视
H50.005　先天性内斜视
H50.006　继发性内斜视
H50.007　知觉性内斜视
H50.008　运动性内斜视
H50.100　散开性共同性斜视
H50.100x002　共同性外斜视
H50.100x004　外斜视
H50.100x007　残余性外斜视
H50.101　交替性外斜视
H50.102　失用性外斜视
H50.103　连续性外斜视
H50.104　先天性外斜视
H50.105　继发性外斜视
H50.106　知觉性外斜视
H50.107　运动性外斜视
H50.200　垂直斜视
H50.200x004　下斜肌亢进
H50.200x006　分离性水平性偏斜
H50.201　上斜视
H50.202　下斜视
H50.300　间歇性斜视
H50.300x002　交替性间歇性外斜视
H50.300x004　交替性间歇性内斜视
H50.301　间歇性外斜视
H50.302　间歇性内斜视
H50.400　斜视，其他和未特指的
H50.401　旋转斜视
H50.402　分离性垂直斜视
H50.403　微斜视
H50.404　单眼固定综合征
H50.405　共同性斜视
H50.500　隐斜
H50.500x002　内隐斜
H50.500x003　外隐斜
H50.500x004　交替性上隐斜
H50.600　机械性斜视
H50.600x003　外伤性麻痹性斜视
H50.600x004　继发性斜视
H50.600x005　先天性眼外肌纤维化综合征
H50.601　上斜肌肌鞘综合征［Brown 综合征］
H50.602　粘连性斜视
H50.603　眼肌纤维化
H50.800x002　急性肌炎性斜视

H50.800x003　痉挛性斜视
H50.800x006　盲点综合征
H50.800x007　A-V征
H50.800x010　固定性斜视
H50.801　外斜V征
H50.802　眼球后退综合征
H50.803　外斜A征
H50.804　Helveston综合征
H50.805　失用性斜视
H50.806　内斜V征
H50.807　内斜A征
H50.900　斜视
H51.000　同向性注视麻痹
H51.000x001　先天性水平注视麻痹
H51.100　集合不全和过度
H51.200　核间性眼肌瘫痪
H51.800　双眼运动疾患，其他特指的
H51.801　眼球运动障碍
H51.900　双眼运动疾患
H52.000　远视
H52.100　近视
H52.101　高度近视
H52.200　散光
H52.300x002　屈光参差
H52.301　影像不等
H52.400　老视
H52.500　调节疾患
H52.500x001　眼内肌麻痹
H52.500x003　调节痉挛
H52.500x004　调节麻痹
H52.501　瞳孔括约肌麻痹
H52.600　屈光的其他疾患
H52.700　屈光疾患
H52.701　屈光不正

表6-3-79

H53.000　失用性弱视
H53.000x001　废用性弱视
H53.000x004　形觉剥夺性弱视
H53.000x005　斜视性弱视
H53.001　弱视
H53.002　屈光参差性弱视
H53.100　主观视觉障碍
H53.100x001　眼疲劳
H53.100x004　闪光性暗点
H53.101　畏光
H53.102　突然视力丧失
H53.103　视觉性晕
H53.104　视物变形
H53.105　昼盲
H53.200　复视
H53.300　双眼视力的其他疾患
H53.300x001　异常视网膜对应
H53.300x002　融合及立体视觉障碍
H53.300x003　同步性视觉感受不伴融合
H53.300x004　双眼视觉抑制
H53.400　视野缺损
H53.400x003　双鼻侧偏盲
H53.400x004　弓形暗点
H53.400x005　比耶鲁姆暗点
H53.400x006　中心性暗点
H53.400x007　环形暗点
H53.401　扩大盲点
H53.402　偏盲
H53.500　色觉缺陷
H53.500x002　全色盲
H53.500x003　后天性色觉缺陷
H53.500x004　绿色弱
H53.500x005　绿色盲
H53.500x006　红色弱
H53.500x007　红色盲
H53.500x008　蓝色弱
H53.500x009　蓝色盲
H53.501　色盲
H53.600　夜盲
H53.800x001　潜水黑视
H53.800x002　缺血性视觉障碍
H53.801　视物模糊
H53.802　中毒性弱视
H53.803　烟草性弱视
H53.900　视觉障碍
H54.000　盲，双眼
H54.001　黑矇
H54.100　重度视力缺损，双眼
H54.200　中度视力缺损，双眼
H54.300　轻度或无视力缺损，双眼
H54.400　盲，单眼
H54.400x002　单眼盲伴另一眼视力低下
H54.500　重度视力缺损，单眼
H54.600　中度视力缺损，单眼

H54.601 单眼视力低下
H54.900 视力缺损，双眼

表 6-3-80

H55.x00 眼震和其他不规则眼运动
H55.x00x001 先天性眼球震颤
H55.x00x002 眼球震颤
H55.x00x005 隐性眼球震颤
H55.x01 不规则眼运动
H57.000 瞳孔功能异常
H57.000x003 虹膜麻痹
H57.001 瞳孔缩小
H57.002 瞳孔散大
H57.003 埃迪瞳孔
H57.100 眼痛
H57.100x002 眼眶痛
H57.800x003 眼眶综合征
H57.800x004 眼球旁囊肿
H57.800x007 眼窝凹陷
H57.900 眼和附器疾患
H59.000 白内障术后（大泡性无晶状体的）角膜病变
H59.001 白内障术后玻璃体综合征
H59.002 玻璃体（触摸）综合征
H59.003 玻璃体角膜综合征
H59.800x003 手术后角膜后弹力层脱离
H59.800x004 手术后浅前房
H59.800x007 手术后无前房
H59.800x008 睑下垂矫正术后过矫
H59.800x009 玻璃体切除术后视网膜脱离
H59.800x010 视网膜脱离术后未复位
H59.800x011 睑下垂矫正术后低矫
H59.800x013 玻璃体内晶状体皮质残留
H59.800x014 囊袋阻滞综合征
H59.800x015 手术后眉下垂
H59.801 青光眼术后无前房
H59.802 毒性眼前节综合征
H59.803 手术后结膜瘘
H59.804 手术后视网膜瘢痕
H59.805 手术后脉络膜视网膜瘢痕
H59.806 手术后虹膜嵌顿
H59.807 手术后虹膜脱垂
H59.808 青光眼术后浅前房
H59.809 青光眼术后滤过泡漏
H59.810 手术后巩膜坏死
H59.811 疱疹相关性眼内炎
H59.812 操作后后疱疹感染
H59.813 操作后滤过泡感染
H59.900 眼和附器的操作后疾患

表 6-3-81

H60.000 外耳脓肿
H60.000x002 外耳道脓肿
H60.000x004 耳廓痈
H60.000x005 耳廓疖
H60.001 外耳疖
H60.002 外耳痈
H60.100 外耳蜂窝织炎
H60.100x001 外耳道蜂窝织炎
H60.100x002 耳廓蜂窝织炎
H60.200 恶性外耳炎
H60.300 感染性外耳炎，其他的
H60.300x002 耳廓感染
H60.300x003 耳廓瘘感染
H60.300x005 弥漫性外耳道炎
H60.300x006 外耳继发性感染
H60.301 出血性外耳炎
H60.302 弥漫性外耳炎
H60.303 游泳者耳病
H60.400 外耳胆脂瘤
H60.400x004 外耳道胆脂瘤
H60.401 外耳肉芽肿
H60.500x006 急性接触性外耳炎
H60.500x007 急性反应性外耳炎
H60.501 外耳湿疹
H60.502 急性光化性外耳炎
H60.503 急性化学性外耳炎
H60.801 慢性外耳炎
H60.900 外耳炎
H60.901 外耳道炎
H61.000 外耳软骨膜炎
H61.001 慢性结节性耳轮软骨皮炎
H61.100x002 后天性耳廓畸形
H61.100x005 烧伤后耳廓缺损
H61.100x006 烧伤后小耳畸形
H61.100x007 耳廓钙化
H61.100x009 耳廓瘢痕
H61.101 后天性外耳畸形
H61.102 耳廓瘘
H61.103 耳廓假性囊肿
H61.104 耳后血肿骨化

H61.105　耳廓肿物
H61.200　耵聍栓塞
H61.300　后天性外耳道狭窄
H61.800x005　外耳道瘢痕
H61.801　颞下颌关节外耳道疝
H61.802　外耳道外生骨疣
H61.803　外耳瘘
H61.804　外耳道角化症
H61.805　外耳道坏死
H61.806　外耳道囊肿
H61.901　外耳道肿物
H61.902　后天性外耳道闭锁

表 6-3-82

H65.000x002　急性分泌性中耳炎
H65.101　蓝鼓膜综合征
H65.102　急性变应性中耳炎
H65.200　慢性浆液性中耳炎
H65.300　慢性黏液样中耳炎
H65.300x001　慢性分泌性中耳炎
H65.400　慢性非化脓性中耳炎，其他的
H65.400x001　其他的慢性非化脓性中耳炎
H65.900　非化脓性中耳炎
H65.900x001　分泌性中耳炎
H65.901　浆液性中耳炎
H66.000　急性化脓性中耳炎
H66.001　岩尖综合征
H66.101　慢性鼓室化脓性中耳炎
H66.102　良性慢性化脓性中耳炎
H66.200　慢性鼓窦隐窝化脓性中耳炎
H66.301　慢性化脓性中耳炎
H66.400　化脓性中耳炎
H66.900　中耳炎
H66.900x002　急性中耳炎
H66.900x003　慢性中耳炎
H68.000　咽鼓管炎
H68.100　咽鼓管阻塞
H68.100x003　咽鼓管受压
H68.101　咽鼓管狭窄
H69.000　咽鼓管开放症
H69.800　咽鼓管其他特指的疾患
H69.900　咽鼓管疾患
H70.000　急性乳突炎
H70.000x007　乳突脓肿
H70.000x009　急性乳突积脓
H70.001　耳后脓肿
H70.002　急性化脓性乳突炎
H70.003　颈部贝佐尔德脓肿
H70.004　乳突囊肿
H70.100　慢性乳突炎
H70.101　耳后瘘管
H70.102　乳突骨疽
H70.103　乳突瘘
H70.200　岩锥炎
H70.201　岩锥脓肿
H70.800　乳突炎和有关情况，其他的
H70.800x001　岩尖病变
H70.800x002　颞部感染
H70.900　乳突炎
H71.x00　中耳胆脂瘤
H71.x01　慢性化脓性中耳炎胆脂瘤型
H71.x02　中耳肉芽肿
H71.x03　鼓室胆脂瘤
H71.x04　乳突胆脂瘤
H71.x05　颞骨胆脂瘤
H72.000　鼓膜中心穿孔
H72.001　鼓膜紧张部穿孔
H72.100　鼓膜鼓室上隐窝穿孔
H72.101　鼓膜松弛部穿孔
H72.200　鼓膜其他边缘性穿孔
H72.800　鼓膜的其他穿孔
H72.900　鼓膜穿孔
H73.000　急性鼓膜炎
H73.001　大疱性鼓膜炎
H73.100　慢性鼓膜炎
H73.101　慢性鼓室炎
H73.102　慢性肉芽性鼓膜炎
H73.800x005　血鼓室
H73.801　鼓室粘连
H73.802　鼓膜炎
H73.803　鼓室炎
H73.804　鼓膜萎缩
H73.900　鼓膜疾患
H74.000　鼓室硬化
H74.101　粘连性中耳炎
H74.201　听骨链中断
H74.300　听骨其他后天性异常
H74.300x003　听骨部分丧失
H74.300x004　听骨关节强硬
H74.400　中耳息肉

H74.801　中耳瘘
H74.802　慢性化脓性中耳炎骨疡型
H74.900　中耳和乳突疾患

表 6-3-83

H80.000x001　非闭塞性耳硬化累及前庭窗
H80.000x002　非闭塞性镫骨耳硬化
H80.100x001　闭塞性耳硬化累及前庭窗
H80.100x002　闭塞性镫骨耳硬化
H80.200　耳蜗性耳硬化症
H80.800x001　其他耳硬化
H80.900　耳硬化
H81.000　梅尼埃［美尼尔］病
H81.100　良性阵发性眩晕
H81.101　儿童良性阵发性眩晕
H81.200　前庭神经元炎
H81.301　莱穆瓦耶综合征
H81.302　耳源性眩晕
H81.303　前庭周围性眩晕
H81.400　中枢性眩晕
H81.400x003　中枢性位置性眼球震颤
H81.800　前庭功能的其他疾患
H81.900　前庭功能疾患
H81.901　眩晕综合征
H81.902　前庭系统病变
H83.000　迷路炎
H83.000x001　迷路炎［内耳炎］
H83.000x002　迷路周围炎
H83.100　迷路瘘管
H83.101　半规管瘘
H83.200　迷路功能障碍
H83.200x001　半规管轻瘫
H83.200x002　迷路机能减退
H83.200x003　前庭功能丧失
H83.300x001　爆震性聋
H83.301　声创伤
H83.302　噪音性耳聋
H83.800x002　自发性圆窗膜破裂
H83.800x003　迷路卒中
H83.800x004　上半规管裂综合征
H83.801　迷路出血
H83.900x001　内耳道肿物

表 6-3-84

H90.000　双侧传导性听觉丧失
H90.100　单侧传导性听觉丧失，对侧听觉不受限制
H90.200　传导性听觉丧失
H90.300　双侧感音神经性听觉丧失
H90.400　单侧感音神经性听觉丧失，对侧听觉不受限制
H90.500　感音神经性听觉丧失
H90.501　先天性耳聋
H90.502　非综合征性耳聋
H90.600　双侧混合性传导性和感音神经性听觉丧失
H90.700　单侧混合性传导性和感音神经性听觉丧失，对侧听觉不受限制
H90.801　混合性耳聋
H91.000　耳毒性听觉丧失
H91.001　药物性耳聋
H91.100　老年聋
H91.200　突发特发性听觉丧失
H91.200x001　突发性聋
H91.300x001　聋哑症
H91.801　创伤性耳聋
H91.900　听觉丧失
H91.900x002　听力减退
H91.900x004　低频率耳聋
H91.901　高频率耳聋
H92.000　耳痛
H92.100　耳漏
H92.100x001　耳流脓
H92.200　耳出血
H93.001　短暂缺血性聋
H93.100　耳鸣
H93.101　血管性耳鸣
H93.102　神经性耳鸣
H93.103　噪声性耳鸣
H93.200x002　听功能障碍
H93.200x005　听觉过敏
H93.201　复听
H93.300　听神经疾患
H93.301　听神经炎
H93.800x001　耳廓血肿机化
H93.900x001　耳甲腔囊肿
H93.901　耳后肿物
H95.000x001　胆脂瘤术后复发
H95.101　乳突切除术后空腔肉芽形成
H95.102　乳突切除术后空腔感染
H95.800　耳和乳突的其他操作后疾患

H95.900 耳和乳突的操作后疾患操作后并发症
H95.900x001 鼓室成形术后操作后疾患
H95.900x002 乳突根治术后操作后疾患

表6-3-85

I00.x00x004 急性风湿热
I00.x00x005 急性风湿性关节炎
I00.x00x007+J17.8* 风湿性肺炎
I00.x01 风湿性关节炎
I01.000 急性风湿性心包炎
I01.100 急性风湿性心内膜炎
I01.200 急性风湿性心肌炎
I01.800x001 急性风湿性全心炎
I01.900 急性风湿性心脏病
I02.000x001 风湿性舞蹈病伴急性风湿性心脏病
I02.900x001 风湿性舞蹈症［小舞蹈症］
I02.900x003 慢性风湿性舞蹈症

表6-3-86

I05.000 二尖瓣狭窄
I05.000x001 风湿性二尖瓣狭窄
I05.100 风湿性二尖瓣关闭不全
I05.200 二尖瓣狭窄伴有关闭不全
I05.200x001 风湿性二尖瓣狭窄伴关闭不全
I05.800 二尖瓣疾病，其他的
I05.900 二尖瓣疾病
I05.900x001 风湿性二尖瓣病
I06.000 风湿性主动脉瓣狭窄
I06.100 风湿性主动脉瓣关闭不全
I06.200 风湿性主动脉瓣狭窄伴有关闭不全
I06.800x001 其他风湿性主动脉瓣疾病
I06.900 风湿性主动脉瓣疾病
I07.000 三尖瓣狭窄
I07.000x001 风湿性三尖瓣狭窄
I07.100 三尖瓣关闭不全
I07.100x001 风湿性三尖瓣关闭不全
I07.200 三尖瓣狭窄伴有关闭不全
I07.200x001 风湿性三尖瓣狭窄伴关闭不全
I07.800 三尖瓣疾病，其他的
I07.900 三尖瓣疾病
I07.900x001 风湿性三尖瓣病
I08.000 二尖瓣和主动脉瓣的疾患
I08.000x001 风湿性二尖瓣主动脉瓣联合瓣膜病
I08.000x002 风湿性二尖瓣狭窄伴主动脉瓣关闭不全
I08.000x003 风湿性二尖瓣关闭不全伴主动脉瓣狭窄
I08.000x004 风湿性二尖瓣关闭不全伴主动脉瓣狭窄关闭不全
I08.000x005 风湿性二尖瓣狭窄伴主动脉瓣狭窄关闭不全
I08.000x006 风湿性二尖瓣狭窄关闭不全伴主动脉瓣关闭不全
I08.000x007 风湿性二尖瓣及主动脉瓣关闭不全
I08.000x008 风湿性二尖瓣及主动脉瓣狭窄伴关闭不全
I08.000x009 风湿性二尖瓣及主动脉瓣狭窄
I08.000x010 风湿性二尖瓣狭窄关闭不全伴主动脉瓣狭窄
I08.001 二尖瓣狭窄伴主动脉瓣关闭不全
I08.002 二尖瓣关闭不全伴主动脉瓣狭窄
I08.003 二尖瓣关闭不全伴主动脉瓣狭窄关闭不全
I08.004 二尖瓣狭窄伴主动脉瓣狭窄关闭不全
I08.005 二尖瓣狭窄关闭不全伴主动脉瓣关闭不全
I08.006 二尖瓣及主动脉瓣关闭不全
I08.007 二尖瓣及主动脉瓣狭窄伴关闭不全
I08.008 二尖瓣及主动脉瓣狭窄
I08.009 二尖瓣狭窄关闭不全伴主动脉瓣狭窄
I08.100 二尖瓣和三尖瓣的疾患
I08.100x001 风湿性二尖瓣三尖瓣联合瓣膜病
I08.100x002 风湿性二尖瓣狭窄伴三尖瓣关闭不全
I08.100x003 风湿性二尖瓣狭窄关闭不全伴三尖瓣关闭不全
I08.100x004 风湿性二尖瓣及三尖瓣关闭不全
I08.100x005 风湿性二尖瓣及三尖瓣狭窄
I08.101 二尖瓣狭窄伴三尖瓣关闭不全
I08.102 二尖瓣狭窄关闭不全伴三尖瓣关闭不全
I08.103 二尖瓣及三尖瓣关闭不全
I08.104 二尖瓣及三尖瓣狭窄
I08.200 主动脉瓣和三尖瓣的疾患
I08.200x001 风湿性主动脉瓣三尖瓣联合瓣膜病
I08.200x002 风湿性主动脉瓣及三尖瓣关闭不全
I08.201 主动脉瓣及三尖瓣关闭不全
I08.300 二尖瓣、主动脉瓣和三尖瓣的合并疾患
I08.300x001 风湿性二尖瓣主动脉瓣三尖瓣联合瓣膜病
I08.300x002 风湿性二尖瓣狭窄关闭不全伴主动脉瓣及三尖瓣关闭不全
I08.300x003 风湿性二尖瓣狭窄及主动脉瓣三尖瓣关闭不全

I08.300x004　风湿性二尖瓣主动脉瓣及三尖瓣关闭不全
I08.300x005　风湿性二尖瓣主动脉瓣及三尖瓣狭窄关闭不全
I08.300x006　风湿性二尖瓣狭窄关闭不全伴主动脉瓣三尖瓣狭窄
I08.300x007　风湿性二尖瓣主动脉瓣狭窄关闭不全伴三尖瓣关闭不全
I08.301　二尖瓣狭窄关闭不全伴主动脉瓣及三尖瓣关闭不全
I08.302　二尖瓣狭窄及主动脉瓣三尖瓣关闭不全
I08.303　二尖瓣主动脉瓣及三尖瓣关闭不全
I08.304　二尖瓣主动脉瓣及三尖瓣狭窄关闭不全
I08.305　二尖瓣狭窄关闭不全伴主动脉瓣三尖瓣狭窄
I08.306　二尖瓣主动脉瓣狭窄关闭不全伴三尖瓣关闭不全
I08.800　多个心瓣膜疾病，其他的
I08.800x002　风湿性二尖瓣狭窄伴三尖瓣关闭不全及肺动脉瓣关闭不全
I08.800x003　风湿性二尖瓣狭窄及关闭不全肺动脉瓣关闭不全
I08.801　二尖瓣狭窄及关闭不全肺动脉瓣关闭不全
I08.900　多个心瓣膜疾病
I08.901　风湿性联合瓣膜病
I09.000　风湿性心肌炎
I09.100x001　慢性风湿性心内膜炎
I09.100x002　慢性风湿性心瓣膜炎
I09.200　慢性风湿性心包炎
I09.200x001　风湿性粘连性心包炎
I09.200x003　慢性风湿性心肌心包炎
I09.200x004　慢性风湿性纵隔心包炎
I09.801　风湿性肺动脉瓣狭窄
I09.802　风湿性肺动脉瓣关闭不全
I09.900　风湿性心脏病
I09.900x002　风湿性全心炎

表6-3-87

I10.x00x002　高血压
I10.x00x007　老年收缩期高血压
I10.x00x008　良性高血压
I10.x00x009　临界性高血压
I10.x00x015　青春期高血压
I10.x00x016　白大衣高血压
I10.x00x017　假性高血压
I10.x01　正常高值血压
I10.x02　恶性高血压
I10.x03　高血压1级
I10.x04　高血压2级
I10.x05　高血压3级
I10.x06　高血压危象
I10.x08　单纯收缩期高血压
I10.x09　原发性高血压
I10.x10　高血压急症
I10.x12　难治性高血压
I10.x13　低肾素性高血压
I10.x14　高血压亚急症
I11.001　高血压性心力衰竭
I11.002　高血压心脏病伴心力衰竭
I11.901　高血压性心脏病
I12.000x001　高血压性肾衰竭
I12.900x001　动脉硬化性肾病
I12.900x002　动脉硬化性肾炎
I12.900x003　高血压性肾病
I12.900x005　肾萎缩伴高血压
I12.900x006　小动脉性肾病
I12.900x008　恶性肾小动脉硬化症
I12.900x009　良性肾小动脉硬化症
I12.902　肾动脉硬化
I12.904　肾小动脉硬化症
I13.000x001　高血压性心脏病和肾脏病伴心力衰竭
I13.100x001　高血压性心脏病和肾脏病伴肾衰竭
I13.200x001　高血压性心脏病和肾脏病伴心力衰竭和肾衰竭
I13.900x001　高血压性心脏病和肾脏病
I15.000　肾血管性高血压
I15.100x001　肾实质性高血压
I15.101　利德尔综合征
I15.102　肾性高血压
I15.103　肾萎缩性高血压
I15.200x001　原发性醛固酮增多症性高血压
I15.200x002　肾上腺皮质醇增多症性高血压
I15.200x003　肾上腺髓质增生性高血压
I15.200x004　糖皮质激素增多综合征性高血压
I15.200x005　嗜铬细胞瘤性高血压
I15.800x001　口服避孕药性高血压
I15.800x002　大动脉炎性高血压
I15.800x003　医源性高血压
I15.800x004　围手术期高血压
I15.800x006　阻塞性睡眠呼吸暂停低通气综合征性高血压

I15.900　继发性高血压

表6-3-88

I20.000　不稳定型心绞痛
I20.000x004　中间型冠状动脉综合征
I20.000x005　混合型心绞痛
I20.001　增强型心绞痛
I20.002　初发型劳力性心绞痛
I20.003　恶化劳力性心绞痛
I20.004　卧位型心绞痛
I20.005　心肌梗死后心绞痛
I20.006　心肌梗死前综合征
I20.101　变异型心绞痛
I20.102　冠状动脉痉挛
I20.800x006　自发型心绞痛
I20.800x007　微血管性心绞痛
I20.801　稳定型心绞痛
I20.802　X综合征
I20.803　劳力性心绞痛
I20.806　慢性稳定型心绞痛
I20.807　稳定劳力性心绞痛
I20.808　冠状动脉慢血流综合征
I20.900　心绞痛
I21.000x005　急性前壁尖部心肌梗死
I21.001　急性前壁心肌梗死
I21.002　急性前侧壁心肌梗死
I21.003　急性前间壁心肌梗死
I21.004　急性广泛前壁心肌梗死
I21.103　急性下壁心肌梗死
I21.104　急性下间壁心肌梗死
I21.105　急性下侧壁心肌梗死
I21.106　急性下后壁心肌梗死
I21.200x003　急性后壁心肌梗死
I21.200x009　急性心房心肌梗死
I21.200x010　急性心尖部心肌梗死
I21.200x011　急性后间壁心肌梗死
I21.200x014　急性侧壁正后壁心肌梗死
I21.200x015　急性尖-侧壁心肌梗死
I21.200x016　急性下壁高侧壁心肌梗死
I21.200x017　急性下壁高侧壁正后壁心肌梗死
I21.200x018　急性下壁后壁右心室心肌梗死
I21.200x019　急性广泛前壁高侧壁心肌梗死
I21.200x020　急性前侧壁下壁心肌梗死
I21.200x021　急性前壁高侧壁心肌梗死
I21.200x022　急性前间壁高侧壁心肌梗死
I21.200x023　急性广泛前壁下壁心肌梗死
I21.200x024　急性前壁高侧壁下壁心肌梗死
I21.200x025　急性广泛前壁下壁高侧壁心肌梗死
I21.200x026　急性前间壁下壁心肌梗死
I21.200x027　急性高侧壁正后壁心肌梗死
I21.200x029　急性下壁侧壁心肌梗死
I21.200x030　急性下后壁右心室心肌梗死
I21.204　急性高侧壁心肌梗死
I21.205　急性正后壁心肌梗死
I21.206　急性右室心肌梗死
I21.207　急性下壁右心室心肌梗死
I21.208　急性下壁正后壁心肌梗死
I21.210　急性侧壁心肌梗死
I21.211　急性前壁下壁心肌梗死
I21.212　急性下壁侧壁正后壁心肌梗死
I21.213　急性多壁心肌梗死
I21.300x003　手术后心肌梗死
I21.300x004　急性ST段抬高型心肌梗死
I21.300x005　围手术期心肌梗死
I21.300x008　支架内血栓相关性心肌梗死
I21.302　冠状动脉旁路术后心肌梗死
I21.303　冠状动脉介入治疗术后心肌梗死
I21.400x003　急性小灶心肌梗死
I21.401　急性非ST段抬高型心肌梗死
I21.402　非透壁性心肌梗死
I21.900　急性心肌梗死
I21.900x001　非冠心病性心肌梗死
I21.901　冠状动脉破裂
I22.000x001　急性前壁再发心肌梗死
I22.000x002　急性广泛前壁再发心肌梗死
I22.000x003　急性前间壁再发心肌梗死
I22.000x004　急性前尖壁再发心肌梗死
I22.000x005　急性前侧壁再发心肌梗死
I22.100x001　急性下壁再发心肌梗死
I22.100x002　急性下后壁再发心肌梗死
I22.100x003　急性下侧壁再发心肌梗死
I22.800x001　急性后壁再发心肌梗死
I22.800x002　急性后间壁再发心肌梗死
I22.800x003　急性间壁再发心肌梗死
I22.800x004　急性侧壁再发心肌梗死
I22.800x005　急性高侧壁再发心肌梗死
I22.800x006　急性前壁高侧壁再发心肌梗死
I22.800x007　急性下壁侧壁正后壁再发心肌梗死
I22.800x008　急性下壁右心室再发心肌梗死
I22.800x009　急性下壁正后壁再发心肌梗死

I22.800x010　急性正后壁再发心肌梗死
I22.800x011　急性前壁下壁再发心肌梗死
I22.800x012　急性右心室再发心肌梗死
I22.800x013　急性广泛前壁下壁高侧壁再发心肌梗死
I22.800x014　急性下壁高侧壁正后壁再发心肌梗死
I22.800x015　急性下壁高侧壁再发心肌梗死
I22.800x016　急性侧壁正后壁再发心肌梗死
I22.800x017　急性前间壁高侧壁再发心肌梗死
I22.800x018　急性前间壁下壁再发心肌梗死
I22.900x001　急性再发心肌梗死
I23.000x001　急性心肌梗死后心脏破裂伴心包积血
I23.100x001　急性心肌梗死后房间隔缺损
I23.200x001　急性心肌梗死后室间隔穿孔
I23.300x001　急性心肌梗死后心脏破裂
I23.400x001　急性心肌梗死后腱索断裂
I23.500x001　急性心肌梗死后乳头肌断裂
I23.601　急性心肌梗死后心室附壁血栓形成
I23.800x001　急性心肌梗死后的近期并发症
I24.000x003　冠状动脉血栓形成
I24.000x004　急性冠状动脉支架内血栓形成
I24.000x005　亚急性冠状动脉支架内血栓形成
I24.000x009　冠状动脉支架后并发冠状动脉血栓栓塞
I24.000x010　冠状动脉支架后并发冠状动脉分支闭塞
I24.001　冠状动脉支架内血栓形成
I24.002　冠状动脉闭塞
I24.003　冠状动脉栓塞
I24.100x001　心肌梗死后综合征［德雷斯勒综合征］［Dressler综合征］
I24.800x001　冠状动脉供血不足
I24.800x004　冠状动脉支架后并发冠状动脉无再流
I24.800x007　急性非ST段抬高型急性冠脉综合征
I24.801　急性冠状动脉供血不足
I24.900x001　急性心肌缺血
I24.901　急性冠脉综合征
I25.000x001　动脉硬化性心血管病
I25.100x003　冠状动脉狭窄
I25.102　冠状动脉粥样硬化
I25.103　冠状动脉粥样硬化性心脏病
I25.104　冠心病心律失常型
I25.300　心脏动脉瘤
I25.300x005　室间隔动脉瘤
I25.300x006　左心室假性室壁瘤
I25.300x007　左心室前壁心尖假性室壁瘤
I25.300x008　左心室前壁心尖室壁瘤
I25.300x009　左心室室壁瘤
I25.300x010　左心室下壁假性室壁瘤
I25.300x011　左心室下壁室壁瘤
I25.300x012　右室室壁瘤
I25.300x013　假性室壁瘤
I25.301　心室壁瘤
I25.302　心房壁瘤
I25.400　冠状动脉动脉瘤
I25.400x001　冠状动脉窦动脉瘤
I25.400x005　冠状动脉夹层
I25.401　后天性冠状动脉动静脉瘘
I25.402　冠状动脉扩张
I25.403　冠状动脉扩张病
I25.500　缺血性心肌病
I25.600x001　隐匿性冠状动脉粥样硬化性心脏病
I25.800x002　冠状动脉左房瘘
I25.800x003　慢性冠状动脉供血不足
I25.800x004　心肌供血不足
I25.800x005　冠状动脉瘘
I25.800x006　冠状动脉左室瘘
I25.800x009　冠状动脉成形术后再狭窄
I25.800x010　冠状动脉支架植入术后再狭窄
I25.800x011　冠状动脉右室瘘
I25.800x012　冠状动脉无再流
I25.802　冠状动脉炎
I25.900　慢性缺血性心脏病
I25.901　冠状动脉性心脏病
I25.902　冠状动脉缺血

表6-3-89

I26.001　急性肺源性心脏病
I26.900x001　肺栓塞
I26.900x002　肺动脉血栓形成
I26.900x003　肺血栓栓塞症
I26.900x005　大面积肺血栓栓塞症
I26.900x006　次大面积肺血栓肺栓塞症
I26.900x007　非血栓性肺栓塞症
I26.900x008　肺梗死
I26.900x009　慢性肺动脉栓塞
I26.900x010　急性肺栓塞
I26.900x011　急性大面积肺血栓栓塞症
I26.900x012　急性次大面积肺血栓栓塞症
I26.900x013　急性低风险性肺血栓栓塞症

I26.900x015　急性肺血栓栓塞症
I26.900x016　慢性肺血栓栓塞急性再发
I26.900x017　感染性肺栓塞
I26.900x018　肺动脉菌栓栓塞
I26.901　肺血栓形成
I26.902　慢性肺血栓栓塞症
I27.000x007　可遗传性肺动脉高压
I27.000x008　原发性轻度肺动脉高压
I27.000x009　原发性中度肺动脉高压
I27.000x010　原发性重度肺动脉高压
I27.001　特发性肺动脉高压［原发性肺动脉高压］
I27.100　脊柱后侧凸性心脏病
I27.200x002　结缔组织病相关性肺动脉高压
I27.200x003　门静脉高压性肺动脉高压
I27.200x004　甲状腺相关性肺动脉高压
I27.200x005　药物性肺动脉高压
I27.200x006　食物抑制剂相关性肺动脉高压
I27.200x009　危险因素相关性肺动脉高压
I27.200x012　肺动脉高压
I27.200x013　肺动脉高压危象
I27.200x015　轻度肺动脉高压
I27.200x016　低氧相关性肺动脉高压
I27.200x017　脾切除相关性肺动脉高压
I27.200x018　疾病相关性肺动脉高压
I27.200x019　毒物相关性肺动脉高压
I27.200x020　左心疾病相关性肺动脉高压
I27.200x021　中度肺动脉高压
I27.200x022　重度肺动脉高压
I27.201　继发性肺动脉高压
I27.202　慢性血栓栓塞性肺动脉高压症
I27.801　艾森门格综合征
I27.900　肺源性心脏病
I27.900x002　慢性肺源性心脏病
I28.000x002　经皮肺动静脉瘘栓塞术后再通
I28.000x003　肺动静脉瘘
I28.100　肺动脉的动脉瘤
I28.800x003　肺小静脉炎
I28.800x005　肺毛细血管瘤样病变
I28.800x007　肺血管炎
I28.800x008　特发性肺动脉扩张
I28.800x010　肺动脉闭塞
I28.801　肺动脉扩张
I28.802　肺静脉狭窄
I28.803　后天性肺动脉狭窄
I28.804　肺静脉闭塞症
I28.900x001　肺血管病

表6-3-90

I30.000　急性非特异性特发性心包炎
I30.100　感染性心包炎
I30.100x005　肺炎球菌性心包炎
I30.100x006　急性感染心包积液
I30.100x007　链球菌性心包炎
I30.100x008　葡萄球菌性心包炎
I30.101　化脓性心包炎
I30.102　细菌性心包炎
I30.103　病毒性心包炎
I30.801　纤维蛋白性心包炎
I30.900　急性心包炎
I30.900x001　急性心包积液
I30.900x003　急性心肌心包炎
I31.000　慢性粘连性心包炎
I31.000x002　慢性粘连性纵隔心包炎
I31.001　心包粘连
I31.100　慢性缩窄性心包炎
I31.100x001　慢性化脓性缩窄性心包炎
I31.101　心包钙化
I31.200x001　心包积血
I31.300　心包积液（非炎性）
I31.300x005　甲状腺功能减低性心包积液
I31.301　乳糜性心包积液
I31.302　包裹性心包积液
I31.800x001　心包破裂
I31.800x003　心包积气
I31.900x008　纵隔心包炎
I31.900x009　放射性心包炎
I31.900x010　肿瘤性心包炎
I31.901　心包压塞
I31.902　心包炎
I31.903　非特异性心包炎
I31.904　慢性心包炎
I33.000x001　恶性心内膜炎
I33.000x004　感染性心内膜炎
I33.000x006　革兰阳性杆菌性心内膜炎
I33.000x007　急性细菌性心内膜炎
I33.000x008　假单胞菌性心内膜炎
I33.000x011　葡萄球菌性心内膜炎
I33.000x012　奥斯勒结节
I33.000x018　HIV性心内膜炎
I33.000x019　吸毒性心内膜炎

I33.000x020　二尖瓣瓣周脓肿
I33.000x021　右心感染性心内膜炎
I33.000x022　左心自体瓣膜性心内膜炎
I33.000x024　机械相关性心内膜炎
I33.001　急性感染性心内膜炎
I33.002　亚急性感染性心内膜炎
I33.003　链球菌性心内膜炎
I33.004　真菌性心内膜炎
I33.005　细菌性心内膜炎
I33.006　感染性心内膜炎性赘生物
I33.007　亚急性细菌性心内膜炎
I33.008　二尖瓣赘生物
I33.009　主动脉瓣赘生物
I33.010　三尖瓣赘生物
I33.011　肺动脉瓣赘生物
I33.900　急性心内膜炎
I34.000　二尖瓣关闭不全
I34.000x001　非风湿性二尖瓣关闭不全
I34.001　二尖瓣反流
I34.100　二尖瓣脱垂
I34.101　二尖瓣脱垂综合征
I34.102　二尖瓣后叶脱垂
I34.200　非风湿性二尖瓣狭窄
I34.201　二尖瓣术后狭窄
I34.202　老年钙化性二尖瓣狭窄
I34.800x002　二尖瓣裂
I34.800x003　手术后二尖瓣狭窄伴关闭不全
I34.800x005　心内膜炎并二尖瓣穿孔
I34.800x006　二尖瓣钙化
I34.801　非风湿性二尖瓣狭窄伴关闭不全
I34.802　二尖瓣腱索断裂
I34.803　二尖瓣退行性变
I34.900　非风湿性二尖瓣疾患
I35.000　主动脉瓣狭窄
I35.000x002　经导管主动脉瓣植入术后再狭窄
I35.000x003　主动脉瓣球囊扩张术后再狭窄
I35.100　主动脉瓣关闭不全
I35.100x003　经导管主动脉瓣植入术后关闭不全
I35.101　心内膜炎伴主动脉瓣关闭不全
I35.200　主动脉瓣狭窄伴有关闭不全
I35.200x001　老年钙化性主动脉瓣狭窄伴关闭不全
I35.800x003　心内膜炎伴主动脉瓣脱垂
I35.801　主动脉瓣硬化
I35.802　主动脉瓣松软综合征
I35.803　心内膜炎伴主动脉瓣穿孔
I35.804　退行性主动脉瓣疾患
I35.805　主动脉瓣增厚
I35.806　主动脉瓣钙化
I35.807　主动脉瓣周脓肿
I35.808　主动脉瓣脱垂
I35.900　主动脉瓣疾患
I36.000　非风湿性三尖瓣狭窄
I36.100　非风湿性三尖瓣关闭不全
I36.200　非风湿性三尖瓣狭窄伴有关闭不全
I36.800x002　三尖瓣脱垂
I36.800x003　三尖瓣下移
I36.800x004　三尖瓣腱索断裂
I36.800x005　三尖瓣钙化
I36.801　非风湿性三尖瓣脱垂
I36.900　非风湿性三尖瓣疾患
I37.000　肺动脉瓣狭窄
I37.100　肺动脉瓣关闭不全
I37.200　肺动脉瓣狭窄伴有关闭不全
I37.800　肺动脉瓣疾患，其他的
I37.900　肺动脉瓣疾患
I38.x00x002　老年性心脏瓣膜病
I38.x00x005　心瓣膜破裂
I38.x00x006　心内膜炎
I38.x00x007　慢性心脏瓣膜炎
I38.x01　心脏瓣膜病
I38.x02　心脏瓣膜穿孔
I38.x03　心脏瓣膜钙化
I40.000x003　细菌性心肌炎
I40.000x004　心肌脓肿
I40.000x005　暴发性心肌炎
I40.000x006　原虫性心肌炎
I40.000x007　真菌性心肌炎
I40.001　病毒性心肌炎
I40.002　急性细菌性心肌炎
I40.100　孤立性心肌炎
I40.800x001　中毒性心肌炎
I40.800x002　药物性心肌炎
I40.800x003　过敏性心肌炎
I40.900　急性心肌炎
I42.000x001　家族性扩张性心肌病
I42.001　扩张型心肌病（充血型心肌病）
I42.100　梗阻性肥厚型心肌病
I42.100x002　肥厚性主动脉瓣下狭窄
I42.200x002　肥厚型心肌病
I42.201　心尖肥厚型心肌病

I42.300　心内膜心肌（嗜酸性）病
I42.301　心内膜心肌纤维化
I42.401　先天性心肌病
I42.500x001　限制性心肌病
I42.501　缩窄性心肌病
I42.600　酒精性心肌病
I42.701　药物性心肌病
I42.800x001　心肌囊肿
I42.800x002　致心律失常性右室心肌病
I42.800x004　心肌炎后心肌病
I42.800x005　右心心肌病
I42.800x006　致心律失常性左室心肌病
I42.800x007　应激性心肌病［心尖球形综合征］
I42.801　心尖球囊样综合征
I42.802　心动过速性心肌病
I42.803　右室心肌病
I42.900　心肌病
I42.901　继发性心肌病
I42.902　家族性心肌病
I42.904　特异性心肌病
I42.905　特发性心肌病
I44.000　Ⅰ度房室传导阻滞
I44.100　Ⅱ度房室传导阻滞
I44.101　二度Ⅰ型房室传导阻滞
I44.102　二度Ⅱ型房室传导阻滞
I44.200　Ⅲ度房室传导阻滞
I44.201　高度房室传导阻滞
I44.300x003　特发性房室束支退化症［lengre病］
I44.302　部分房室传导阻滞
I44.303　房室传导阻滞
I44.304　左室支架硬化症
I44.400　左前分支传导阻滞
I44.500　左后分支传导阻滞
I44.601　不完全性左束支传导阻滞
I44.602　完全性左束支传导阻滞
I44.700　左束支传导阻滞
I45.000　右分支传导阻滞
I45.101　不完全性右束支传导阻滞
I45.102　完全性右束支传导阻滞
I45.103　右束支传导阻滞
I45.200　双分支传导阻滞
I45.300　三分支传导阻滞
I45.400x001　室内传导阻滞
I45.401　束支传导阻滞
I45.500x002　窦房结功能低下
I45.500x004　房内传导阻滞
I45.500x005　中隔束支传导阻滞
I45.501　窦房传导阻滞
I45.502　窦性停搏
I45.600　预激综合征
I45.600x003　间歇性预激综合征
I45.600x004　A型预激综合征
I45.600x005　B型预激综合征
I45.600x007　心室预激
I45.601　劳恩-加农-莱文综合征
I45.602　隐性预激综合征
I45.800x002　干扰性房室分离
I45.800x004　R-R长间歇
I45.801　短QT综合征
I45.804　先天性QT间期延长
I45.900x002　家族性传导系统障碍
I45.900x003　心脏传导系统退行性变
I45.901　阿-斯综合征［Adams-Stokes综合征］
I46.000　心脏停搏复苏成功
I46.100x001　心源性猝死
I46.901　呼吸心跳骤停
I47.000　折返性室性心律失常
I47.100　室上性心动过速
I47.100x001　窦房折返性心动过速
I47.100x004　房室结折返性心动过速
I47.100x005　房室折返性心动过速
I47.100x013　自律性增高性房性心动过速
I47.100x014　窄QRS心动过速
I47.101　房性心动过速
I47.102　阵发性室上性心动过速
I47.103　阵发性交界性心动过速
I47.104　阵发性房室折返性心动过速
I47.105　交界性心动过速
I47.106　阵发性房室结内折返性心动过速
I47.107　非阵发性交界性心动过速
I47.108　阵发性房性心动过速
I47.109　阵发性房室性心动过速
I47.110　房内折返性心动过速
I47.111　局灶性房性心动过速
I47.200　室性心动过速
I47.200x001　尖端扭转型室性心动过速
I47.200x003　右室室性心动过速
I47.200x005　左室室性心动过速
I47.200x006　宽QRS心动过速
I47.200x007　非持续性室性心动过速

I47.200x008　束支折返性室性心动过速
I47.200x009　儿茶酚胺敏感性室性心动过速
I47.200x010　多形性室性心动过速
I47.200x011　单形性室性心动过速
I47.200x013　双向性室性心动过速
I47.200x014　心律失常电风暴
I47.201　阵发性室性心动过速
I47.202　非阵发性室性心动过速
I47.203　持续性室性心动过速
I47.204　儿茶酚胺敏感性多形性室性心动过速
I47.900　阵发性心动过速
I48.000　阵发性心房颤动
I48.100　持续性心房颤动
I48.100x002　永久性心房颤动
I48.100x003　长程持续性心房颤动
I48.200　慢性心房颤动
I48.300　典型心房扑动
I48.301　Ⅰ型心房扑动
I48.400　非典型心房扑动
I48.401　Ⅱ型心房扑动
I48.900x003　心房扑动
I48.900x004　心房颤动［心房纤颤］
I48.900x015　新诊断心房颤动
I49.001　心室颤动
I49.002　心室扑动
I49.100x001　房性期前收缩［房性早搏］
I49.101　频发性房性期外收缩
I49.200x001　结性期前收缩［交界性过早搏动］
I49.300x002　室性期前收缩
I49.300x005　加速性室性自主心律
I49.301　频发性室性期外收缩
I49.302　室性自搏
I49.303　阵发性室性期外收缩
I49.400x001　期前收缩
I49.401　频发性期外收缩
I49.402　偶发房室性期外收缩
I49.403　结性逸搏
I49.404　过早除极
I49.500　病态窦房结综合征
I49.501　快慢综合征
I49.800x001　室性并行心律
I49.800x002　窦房结-房室结游走节律
I49.800x003　窦房结游走性心律
I49.800x005　反复心律（逆节律）
I49.800x006　房性心律
I49.800x007　结性心律
I49.800x010　紊乱性房性心律
I49.800x015　房性逸搏
I49.800x016　室性逸搏
I49.801　窦性心律失常
I49.802　室性心律失常
I49.804　长QT间期综合征
I49.805　布鲁咯哒综合征［Brugada综合征］
I49.900　心律失常
I50.000　充血性心力衰竭
I50.000x005　右心室衰竭（继发于左心衰竭）
I50.000x006　急性右心衰竭
I50.001　右心衰竭
I50.002　全心衰竭
I50.100　左心室衰竭
I50.100x006　左心衰竭
I50.101　急性左心衰竭
I50.102　左心房衰竭
I50.103　左心衰竭合并肺水肿
I50.104　心源性哮喘
I50.105　慢性左心功能不全
I50.900　心力衰竭
I50.900x001　低心排综合征
I50.900x002　心功能不全
I50.900x017　难治性心力衰竭
I50.900x018　慢性心功能不全急性加重
I50.900x019　舒张性心力衰竭
I50.906　心肌损害
I50.907　急性心力衰竭
I50.908　慢性心力衰竭
I51.000x001　后天性室间隔缺损
I51.001　后天性房间隔缺损
I51.100x001　心脏腱索断裂
I51.200x001　心脏乳头肌断裂
I51.301　心室血栓
I51.302　心房血栓
I51.303　心耳血栓
I51.304　心尖部血栓
I51.400　心肌炎
I51.400x005　肉芽肿型心肌炎
I51.400x006　巨细胞型心肌炎
I51.401　老年性心肌炎
I51.402　老年性心脏病
I51.403　心肌炎后遗症
I51.404　间质性心肌炎

I51.500x002　心肌劳损
I51.500x006　老年性心肌病
I51.501　老年性心肌变性
I51.502　心肌脂肪变性
I51.600x002　心血管意外
I51.600x003　心血管硬化
I51.700　心脏肥大
I51.700x003　心房扩大
I51.700x004　心肌肥大
I51.700x006　心室肥厚
I51.700x007　心室扩大
I51.700x009　心脏扩大
I51.700x014　左室扩大
I51.700x015　右室扩大
I51.701　左室肥大
I51.702　右室肥大
I51.703　左房扩大
I51.704　右房扩大
I51.705　运动员心脏综合征
I51.706　室间隔肥大
I51.707　心房肥大
I51.708　心肌肥厚
I51.709　心室肥大
I51.800x004　心肌功能不全
I51.800x005　心室肿物
I51.800x006　心房肿物
I51.801　心室假腱索
I51.802　全心炎
I51.803　乳头肌功能不全
I51.900　心脏病
I51.900x001　肝源性心脏病
I51.901　心脏肿物
I51.903　贫血性心脏病

表6-3-91

I60.000　颈动脉弯管和杈的蛛网膜下出血
I60.000x001　颈内动脉虹吸弯和分叉部蛛网膜下腔出血
I60.000x002　颈内动脉分叉段动脉瘤破裂伴蛛网膜下腔出血
I60.000x003　颈内动脉眼动脉段动脉瘤破裂伴蛛网膜下腔出血
I60.000x004　脉络膜前动脉动脉瘤破裂伴蛛网膜下腔出血
I60.000x006　颈内动脉海绵窦段动脉瘤破裂伴蛛网膜下腔出血
I60.000x007　颈内动脉床突段动脉瘤破裂伴蛛网膜下腔出血
I60.000x008　颈内动脉背侧动脉瘤破裂伴蛛网膜下腔出血
I60.001　颈动脉动脉瘤破裂伴蛛网膜下隙出血
I60.100　大脑中动脉的蛛网膜下出血
I60.101　大脑中动脉瘤破裂伴蛛网膜下腔出血
I60.200　前交通动脉的蛛网膜下出血
I60.200x002　大脑前-前交通动脉瘤破裂伴蛛网膜下腔出血
I60.200x003　大脑前动脉近侧段（A1）动脉瘤破裂伴蛛网膜下腔出血
I60.200x004　大脑前动脉近侧段（A2）动脉瘤破裂伴蛛网膜下腔出血
I60.200x005　大脑前动脉远侧段（A2-A5）动脉瘤破裂伴蛛网膜下腔出血
I60.200x007　胼胝体动脉瘤破裂伴蛛网膜下腔出血
I60.201　前交通动脉瘤破裂伴蛛网膜下腔出血
I60.300　后交通动脉的蛛网膜下出血
I60.301　后交通动脉瘤破裂伴蛛网膜下腔出血
I60.400　基底动脉的蛛网膜下出血
I60.400x002　椎动脉与基底动脉结合部动脉瘤破裂伴蛛网膜下腔出血
I60.400x003　基底动脉顶端动脉瘤破裂伴蛛网膜下腔出血
I60.400x004　基底动脉干动脉瘤破裂伴蛛网膜下腔出血
I60.401　基底动脉瘤破裂伴蛛网膜下腔出血
I60.500x003　椎动脉动脉瘤破裂伴蛛网膜下腔出血
I60.500x004　脊髓前动脉瘤破裂伴蛛网膜下腔出血
I60.600x001　大脑后动脉动脉瘤破裂伴蛛网膜下腔出血
I60.600x003　小脑前下动脉动脉瘤破裂伴蛛网膜下腔出血
I60.600x004　小脑上动脉动脉瘤破裂伴蛛网膜下腔出血
I60.600x005　迷路动脉动脉瘤破裂伴蛛网膜下腔出血
I60.600x006　多发颅内动脉瘤破裂伴蛛网膜下腔出血
I60.600x007　颅内镜像动脉瘤破裂伴蛛网膜下腔出血
I60.600x008　脑干前非动脉瘤出血［中脑周围非动脉瘤性出血］
I60.601　小脑后下动脉动脉瘤破裂伴蛛网膜下隙出血
I60.602　垂体上动脉动脉瘤破裂伴蛛网膜下腔出血
I60.700x001　脑动脉瘤破裂伴蛛网膜下腔出血

I60.701　颅内动脉瘤破裂伴蛛网膜下隙出血
I60.800x002　脑动脉畸形伴蛛网膜下腔出血
I60.800x003　脑静脉畸形伴蛛网膜下腔出血
I60.800x004　脑海绵状血管畸形伴蛛网膜下腔出血
I60.800x005　脑干海绵状血管畸形伴蛛网膜下腔出血
I60.800x006　小脑幕下海绵状血管畸形伴蛛网膜下腔出血
I60.800x008　硬脑膜动静脉瘘伴蛛网膜下腔出血
I60.800x010　脑动脉夹层伴蛛网膜下腔出血
I60.800x013　脊髓动静脉畸形伴蛛网膜下腔出血
I60.800x014　脊髓髓周动静脉瘘伴蛛网膜下腔出血
I60.800x015　颅脑肿瘤伴蛛网膜下腔出血
I60.801　脑动静脉畸形破裂伴蛛网膜下腔出血
I60.802　脑膜出血
I60.900x004　脑实质出血继发蛛网膜下腔出血
I60.900x005　感染性颅内动脉瘤破裂伴蛛网膜下腔出血
I60.900x006　蛛网膜下腔出血
I60.902+H45.0*　眼-脑综合征
I61.000x006　胼胝体出血
I61.000x007　尾状核头出血
I61.000x008　壳核出血
I61.000x009　尾状核出血
I61.000x011　最外囊出血
I61.001　豆状核出血
I61.002　大脑皮质下出血
I61.003　豆纹动脉出血
I61.004　基底节出血
I61.005　内囊出血
I61.006　外囊出血
I61.100x001　顶叶出血
I61.100x002　多处脑叶出血
I61.100x003　额叶出血
I61.100x004　额颞叶出血
I61.100x005　枕叶出血
I61.100x006　颞叶出血
I61.100x007　额顶叶脑出血
I61.100x008　顶枕叶脑出血
I61.100x009　额顶枕叶脑出血
I61.100x010　额颞顶叶脑出血
I61.100x011　额颞顶枕叶脑出血
I61.100x012　额颞枕叶脑出血
I61.100x013　颞顶叶脑出血
I61.100x014　颞枕叶脑出血
I61.101　脑叶出血
I61.200x001　大脑半球出血
I61.300x002　脑干出血
I61.300x003　延髓出血
I61.300x004　中脑出血
I61.301　脑桥出血
I61.400x001　小脑出血
I61.400x002　小脑扁桃体出血
I61.400x003　小脑蚓部出血
I61.500x002　侧脑室出血
I61.500x003　第三脑室出血
I61.500x004　第四脑室出血
I61.500x005　多个脑室出血
I61.500x006　继发性脑室出血
I61.500x007　原发性脑室出血
I61.500x008　脑室出血
I61.600x001　多灶性脑出血
I61.800x001　脑穿支动脉出血
I61.801　间脑出血
I61.802　丘脑出血
I61.803　丘脑下部出血
I61.900x002　脑出血
I61.900x004　脑出血血肿扩大
I61.900x005　脑静脉闭塞后出血
I61.900x006　脑血管炎性脑出血
I61.900x007　脑肿瘤卒中
I61.900x008　凝血功能障碍性脑出血
I61.901　大脑中动脉出血
I61.902　高血压脑出血
I61.903　脑血肿
I61.904　出血性脑软化
I61.905　脑血管破裂
I62.000　非创伤性硬膜下出血
I62.000x005　亚急性非创伤性硬脑膜下出血
I62.001　急性非创伤性硬膜下血肿
I62.003　慢性硬膜下血肿
I62.100　非创伤性硬膜外出血
I62.100x001　急性非创伤性硬脑膜外出血
I62.100x003　亚急性非创伤性硬脑膜外出血
I62.100x004　慢性非创伤性硬膜外血肿
I62.101　硬膜外血肿
I62.900x001　非创伤性颅内出血
I63.000　入脑前动脉血栓形成引起的脑梗死
I63.001　基底动脉血栓形成脑梗死
I63.002　颈动脉血栓形成脑梗死
I63.003　椎动脉血栓形成脑梗死

I63.100　入脑前动脉栓塞引起的脑梗死
I63.101　基底动脉栓塞脑梗死
I63.102　颈动脉栓塞脑梗死
I63.103　椎动脉栓塞脑梗死
I63.200　入脑前动脉的闭塞或狭窄引起的脑梗死
I63.201　颈内动脉狭窄脑梗死
I63.202　颈总动脉狭窄脑梗死
I63.203　颈动脉狭窄脑梗死
I63.204　颈动脉闭塞脑梗死
I63.205　基底动脉闭塞脑梗死
I63.206　基底动脉狭窄脑梗死
I63.207　椎动脉闭塞脑梗死
I63.208　椎动脉狭窄脑梗死
I63.300　大脑动脉血栓形成引起的脑梗死
I63.301　血栓形成性脑软化
I63.302　血栓性偏瘫
I63.401　大脑动脉栓塞引起的偏瘫
I63.402　大脑动脉栓塞引起脑梗死
I63.500　大脑动脉的闭塞或狭窄引起的脑梗死
I63.500x002　丘脑穿支动脉梗死
I63.501　大脑动脉狭窄脑梗死
I63.502　大脑动脉闭塞脑梗死
I63.600x001　非生脓性大脑静脉血栓形成引起的脑梗死
I63.801　腔隙性脑梗死
I63.802　动脉硬化性脑软化
I63.900　脑梗死
I63.900x007　分水岭脑梗死［边缘带脑梗死］
I63.901　脑干梗死
I63.902　大面积脑梗死
I63.903　出血性脑梗死
I63.904　小脑梗死
I63.905　多发性脑梗死
I63.906　基底节脑梗死
I63.907　丘脑梗死
I63.908　创伤性脑梗死
I63.909　无症状性脑梗死
I64.x01　脑血管意外
I65.000x004　椎动脉栓塞
I65.000x005　椎动脉迂曲
I65.001　椎动脉狭窄
I65.002　椎动脉闭塞
I65.003　椎动脉血栓形成
I65.100x004　基底动脉栓塞
I65.101　基底动脉闭塞
I65.102　基底动脉狭窄
I65.103　基底动脉血栓形成
I65.200x001　颈动脉狭窄
I65.200x009　颈动脉栓塞
I65.200x010　颈动脉血栓形成
I65.200x011　颈外动脉血栓形成
I65.200x012　颈外动脉栓塞
I65.200x013　颈总动脉栓塞
I65.200x014　颈总动脉血栓形成
I65.200x015　颈动脉闭塞
I65.201　颈内动脉狭窄
I65.202　颈总动脉狭窄
I65.203　颈内动脉闭塞
I65.204　颈外动脉狭窄
I65.205　颈外动脉闭塞
I65.206　颈内动脉血栓形成
I65.207　颈总动脉闭塞
I65.208　颈内动脉栓塞
I65.300x001　多个入脑前动脉闭塞和狭窄
I65.300x002　双侧入脑前动脉闭塞
I65.300x003　双侧入脑前动脉狭窄
I65.800x001　无名动脉斑块
I65.800x002　锁骨下动脉斑块
I65.800x007　无名动脉闭塞
I65.900x001　入脑前动脉栓塞
I65.900x002　入脑前动脉狭窄
I65.900x003　入脑前动脉闭塞
I66.001　大脑中动脉狭窄
I66.002　大脑中动脉闭塞
I66.003　大脑中动脉血栓形成
I66.004+G46.0*　大脑中动脉综合征
I66.100x003　大脑前动脉血栓形成
I66.101　大脑前动脉狭窄
I66.102　大脑前动脉闭塞
I66.103+G46.1*　大脑前动脉综合征
I66.200x002　大脑后动脉栓塞
I66.201　大脑后动脉闭塞
I66.202　大脑后动脉狭窄
I66.203　红核丘脑综合征
I66.204　大脑后动脉血栓形成
I66.205+G46.2*　大脑后动脉综合征
I66.300x005　迷路动脉栓塞
I66.300x007　小脑后下动脉狭窄
I66.300x008　小脑后下动脉闭塞
I66.300x010　小脑前下动脉狭窄

I66.300x011　小脑前下动脉闭塞
I66.300x013　小脑上动脉狭窄
I66.300x014　小脑上动脉闭塞
I66.300x015　小脑动脉栓塞
I66.301　小脑动脉狭窄
I66.302　小脑动脉闭塞
I66.303　小脑后下动脉血栓形成
I66.304+G46.3*　瓦伦贝格综合征
I66.400　多个和双侧大脑动脉闭塞和狭窄
I66.400x002　双侧大脑动脉闭塞
I66.400x003　双侧大脑动脉狭窄
I66.401　多发性大脑动脉闭塞
I66.800x001　大脑穿支动脉闭塞
I66.800x002　大脑穿支动脉狭窄
I66.800x003　后交通动脉狭窄
I66.800x004　后交通动脉闭塞
I66.800x005　前交通动脉狭窄
I66.800x006　前交通动脉闭塞
I66.800x007　脑桥动脉栓塞
I66.800x008　脉络膜前动脉栓塞
I66.900x003　脑栓塞
I66.901　脑动脉狭窄
I66.902　脑动脉闭塞
I66.903　脑血栓形成
I67.000x001　脑动脉夹层
I67.000x002　大脑前动脉夹层
I67.000x003　大脑中动脉夹层
I67.000x005　颅内颈内动脉夹层
I67.000x007　脉络膜前动脉夹层
I67.000x009　颅内椎动脉夹层
I67.000x010　大脑后动脉夹层
I67.100x001　脑动脉瘤
I67.100x005　脑膜动静脉瘘
I67.100x007　海绵窦动静脉瘘
I67.100x008　垂体上动脉瘤
I67.100x010　颅内多发动脉瘤
I67.100x011　脉络膜前动脉瘤
I67.100x012　细菌性颅内动脉瘤
I67.100x013　前循环动脉瘤
I67.100x017　颅内巨大动脉瘤
I67.100x018　颅内镜像动脉瘤
I67.100x019　颈内动脉分叉段动脉瘤
I67.100x020　大脑前 - 前交通动脉瘤
I67.100x021　大脑前动脉近侧段（A1）动脉瘤
I67.100x023　大脑前动脉远侧段（A2-A5）动脉瘤
I67.100x026　椎动脉与基底动脉结合部动脉瘤
I67.100x029　小脑前下动脉动脉瘤
I67.100x030　小脑后下动脉动脉瘤
I67.100x032　后循环动脉瘤
I67.100x033　大脑后动脉动脉瘤
I67.100x035　小脑上动脉动脉瘤
I67.101　脑动静脉瘘，后天性
I67.103　后交通动脉瘤
I67.106　颈内动脉海绵窦瘘
I67.107　前交通动脉瘤
I67.108　大脑中动脉瘤
I67.109　脑假性动脉瘤
I67.110　颅内动脉瘤
I67.111　小脑动脉瘤
I67.200　大脑动脉粥样硬化
I67.200x002　皮层下动脉硬化性脑病
I67.200x003　颈动脉斑块
I67.200x004　颈动脉硬化
I67.201　动脉硬化性脑病
I67.202　颈内动脉粥样硬化
I67.203　椎动脉粥样硬化
I67.301　宾斯旺格病
I67.400x001　高血压性脑病
I67.500　烟雾病
I67.600x003　乙状窦憩室
I67.600x007　颅内静脉非化脓性血栓形成
I67.600x008　非化脓性直窦血栓形成
I67.601　颅内静脉窦非脓性血栓形成
I67.602　横窦非脓性血栓形成
I67.603　海绵窦非脓性血栓形成
I67.604　上矢状窦非脓性血栓形成
I67.605　乙状窦非脓性血栓形成
I67.606　大脑静脉非脓性血栓形成
I67.700x001　脑动脉炎
I67.700x002　中枢神经系统原发性血管炎
I67.800x003　脑血管供血不足
I67.800x004　缺血性脑血管病
I67.800x005　伴有皮层下梗塞和白质脑病的常染色体显性脑动脉病
I67.801　复发性脑血管病
I67.802　急性脑血管病
I67.803　脑动脉供血不足
I67.804　脑坏死
I67.805　慢性缺血性脑血管病
I67.806　可逆性缺血性神经功能缺损

I67.900　脑血管病
I67.900x004+G46.3*　本尼迪克综合征
I67.900x005　脑毛细血管扩张症
I67.901+G46.3*　中脑红核综合征
I67.902+G46.3*　韦伯综合征［大脑脚综合征］
I69.000x001　蛛网膜下腔出血后遗症
I69.000x002　蛛网膜下腔出血恢复期
I69.000x003　陈旧性蛛网膜下腔出血
I69.100x001　脑出血后遗症
I69.100x002　脑出血恢复期
I69.100x003　陈旧性脑出血
I69.200x001　颅内出血后遗症
I69.300　脑梗死后遗症
I69.300x002　陈旧性脑梗死
I69.300x003　脑梗死恢复期
I69.400　脑卒中后遗症
I69.800x002　脑血管病恢复期
I69.800x003　缺血缺氧性脑病后遗症
I69.801　脑血栓后遗症
I69.802　脑血管病后遗症

表6-3-92

I70.000x003　主动脉硬化
I70.000x005　升主动脉粥样硬化
I70.000x006　主动脉弓粥样硬化
I70.000x007　胸主动脉粥样硬化
I70.000x008　胸腹主动脉粥样硬化
I70.000x009　升主动脉钙化
I70.000x010　主动脉弓钙化
I70.000x011　胸主动脉钙化
I70.000x012　腹主动脉钙化
I70.000x013　胸腹主动脉钙化
I70.001　主动脉钙化
I70.002　腹主动脉粥样硬化
I70.003　升主动脉狭窄
I70.004　髂总动脉粥样硬化
I70.010　主动脉的动脉粥样硬化伴坏疽
I70.011　主动脉钙化伴坏疽
I70.012　腹主动脉粥样硬化伴坏疽
I70.013　升主动脉狭窄伴坏疽
I70.014　髂总动脉粥样硬化伴坏疽
I70.100x002　肾动脉动脉硬化症
I70.101　肾动脉狭窄
I70.102　移植肾动脉狭窄
I70.110　肾动脉粥样硬化伴坏疽
I70.111　肾动脉狭窄伴坏疽
I70.112　移植肾动脉狭窄伴坏疽
I70.200x002　肢体动脉硬化
I70.200x004　肢体闭塞性动脉硬化
I70.200x005　动脉中层硬化症
I70.200x011　肢体动脉粥样硬化伴间歇性跛行
I70.200x021　肢体动脉粥样硬化伴疼痛
I70.200x031　肢体动脉粥样硬化伴溃疡
I70.200x061　肱动脉粥样硬化
I70.200x062　股动脉粥样硬化
I70.200x063　腘动脉粥样硬化
I70.200x064　胫动脉粥样硬化
I70.200x065　腓动脉粥样硬化
I70.201　上肢动脉粥样硬化
I70.203　下肢动脉粥样硬化
I70.204　下肢动脉硬化闭塞症
I70.206　蒙克贝格硬化
I70.207　趾动脉粥样硬化
I70.208　闭塞性周围动脉粥样硬化
I70.209　肢体动脉硬化性闭塞症
I70.210　四肢动脉的动脉粥样硬化伴坏疽
I70.211　上肢动脉粥样硬化性坏疽
I70.213　下肢动脉粥样硬化伴坏疽
I70.214　下肢动脉硬化闭塞症伴坏疽
I70.217　趾动脉粥样硬化性坏疽
I70.218　闭塞性周围动脉粥样硬化伴坏疽
I70.219　肢体动脉硬化性闭塞症伴坏疽
I70.800x003　眼底动脉硬化
I70.800x005　髂动脉硬化
I70.800x006　腋动脉粥样硬化
I70.800x007　闭塞性视网膜动脉炎
I70.801　视网膜动脉粥样硬化
I70.802　髂动脉闭塞性粥样硬化
I70.804　锁骨下动脉粥样硬化
I70.805　乳内动脉粥样硬化
I70.810　其他动脉粥样硬化伴坏疽
I70.812　髂动脉闭塞性粥样硬化伴坏疽
I70.900x002　闭塞性动脉硬化
I70.900x003　动脉硬化
I70.900x004　动脉粥样硬化
I70.900x006　老年性动脉炎
I70.900x007　外周动脉粥样硬化
I70.901　闭塞性动脉炎
I70.902　周身性动脉硬化
I70.910　全身性的动脉粥样硬化伴坏疽

I70.911　闭塞性动脉炎伴坏疽
I70.912　周身性动脉硬化伴坏疽
I71.000x002　主动脉夹层
I71.000x003　主动脉壁内血肿
I71.000x004　升主动脉壁内血肿
I71.000x005　主动脉弓壁内血肿
I71.000x006　胸主动脉壁内血肿
I71.000x007　腹主动脉壁内血肿
I71.000x008　胸腹主动脉壁内血肿
I71.000x011　主动脉夹层 A 型
I71.000x012　主动脉夹层 A1S 型
I71.000x013　主动脉夹层 A2S 型
I71.000x014　主动脉夹层 A3S 型
I71.000x015　主动脉夹层 A1C 型
I71.000x016　主动脉夹层 A2C 型
I71.000x017　主动脉夹层 A3C 型
I71.000x021　主动脉夹层 B 型
I71.000x022　主动脉夹层 B1S 型
I71.000x023　主动脉夹层 B2S 型
I71.000x024　主动脉夹层 B3S 型
I71.000x025　主动脉夹层 B1C 型
I71.000x026　主动脉夹层 B2C 型
I71.000x027　主动脉夹层 B3C 型
I71.000x028　主动脉弓夹层
I71.000x029　胸腹主动脉夹层
I71.001　主动脉夹层动脉瘤破裂
I71.002　降主动脉夹层
I71.003　升主动脉夹层
I71.004　腹主动脉夹层
I71.005　主动脉夹层壁间血肿
I71.006　腹主动脉壁间出血
I71.007　胸主动脉夹层
I71.100　胸主动脉瘤破裂
I71.100x002　升主动脉瘤破裂
I71.100x003　主动脉弓动脉瘤破裂
I71.101　主动脉弓破裂
I71.200x006　主动脉根部假性动脉瘤
I71.200x010　主动脉根部动脉瘤
I71.200x011　胸主动脉瘤
I71.200x014　主动脉弓扩张
I71.201　升主动脉瘤
I71.202　胸主动脉假性动脉瘤
I71.203　升主动脉扩张
I71.204　主动脉弓动脉瘤
I71.205　主动脉弓假性动脉瘤
I71.206　升主动脉假性动脉瘤
I71.300　腹主动脉瘤破裂
I71.400x002　腹主动脉瘤
I71.401　腹主动脉假性动脉瘤
I71.402　腹主动脉扩张
I71.500　胸腹主动脉瘤破裂
I71.600x001　胸腹主动脉瘤
I71.600x004　胸腹主动脉假性动脉瘤
I71.600x005　胸腹主动脉扩张
I71.800　主动脉瘤破裂
I71.801　主动脉破裂
I71.900x002　主动脉瘤
I71.900x004　真菌性主动脉瘤
I71.901　主动脉扩张
I71.902　降主动脉瘤
I71.903　降主动脉假性动脉瘤
I72.000　颈动脉瘤伴夹层
I72.000x011　颈总动脉瘤
I72.000x012　颈总动脉假性动脉瘤
I72.000x013　颈总动脉夹层
I72.000x022　颈内动脉假性动脉瘤
I72.000x023　颈内动脉夹层
I72.000x031　颈外动脉瘤
I72.000x032　颈外动脉假性动脉瘤
I72.000x033　颈外动脉夹层
I72.000x034　颈内动脉海绵窦段动脉瘤
I72.000x035　颈内动脉床突段动脉瘤
I72.000x036　颈内动脉眼动脉段动脉瘤
I72.000x038　颈内动脉背侧动脉瘤
I72.000x321　颞浅动脉假性动脉瘤
I72.001　颈动脉假性动脉瘤
I72.002　颈内动脉瘤
I72.003　颈动脉扩张
I72.004　颈内动脉颅内段动脉瘤
I72.005　颈动脉夹层
I72.006　颈动脉动脉瘤
I72.100　上肢动脉瘤伴夹层
I72.100x003　肱动脉瘤
I72.100x004　肱动脉假性动脉瘤
I72.100x005　肱动脉夹层
I72.100x006　上肢动脉瘤破裂
I72.100x007　上肢动脉瘤
I72.101　上肢假性动脉瘤
I72.103　上肢假性动脉瘤破裂
I72.200　肾动脉瘤伴夹层

I72.200x001　肾动脉瘤
I72.200x003　肾动脉夹层
I72.201　肾假性动脉瘤
I72.300　髂动脉瘤伴夹层
I72.300x003　髂动脉夹层
I72.300x006　髂动脉瘤
I72.300x012　髂总动脉假性动脉瘤
I72.300x013　髂总动脉夹层
I72.300x021　髂内动脉瘤
I72.300x022　髂内动脉假性动脉瘤
I72.300x023　髂内动脉夹层
I72.300x031　髂外动脉瘤
I72.300x032　髂外动脉假性动脉瘤
I72.300x033　髂外动脉夹层
I72.301　髂总动脉瘤
I72.302　髂动脉假性动脉瘤破裂
I72.303　髂动脉假性动脉瘤
I72.304　髂动脉瘤破裂
I72.305　髂动脉扩张
I72.400　下肢动脉瘤伴夹层
I72.400x010　下肢动脉瘤
I72.400x030　下肢动脉瘤破裂
I72.400x110　股动脉瘤
I72.400x111　股总动脉瘤
I72.400x112　股深动脉瘤
I72.400x113　股浅动脉瘤
I72.400x121　股总动脉假性动脉瘤
I72.400x122　股深动脉假性动脉瘤
I72.400x123　股浅动脉假性动脉瘤
I72.400x130　股动脉夹层
I72.400x131　股总动脉夹层
I72.400x132　股深动脉夹层
I72.400x133　股浅动脉夹层
I72.400x210　胫动脉瘤
I72.400x212　胫前动脉瘤
I72.400x213　胫后动脉瘤
I72.400x220　胫动脉假性动脉瘤
I72.400x222　胫前动脉假性动脉瘤
I72.400x223　胫后动脉假性动脉瘤
I72.400x230　胫动脉夹层
I72.400x232　胫前动脉夹层
I72.400x233　胫后动脉夹层
I72.400x310　腓动脉瘤
I72.400x320　腓动脉假性动脉瘤
I72.400x330　腓动脉夹层
I72.400x410　胫腓干动脉瘤
I72.400x420　胫腓干动脉假性动脉瘤
I72.400x430　胫腓干动脉夹层
I72.400x520　腘动脉假性动脉瘤
I72.400x530　腘动脉夹层
I72.401　下肢假性动脉瘤
I72.402　下肢假性动脉瘤破裂
I72.403　股动脉假性动脉瘤破裂
I72.404　股动脉假性动脉瘤
I72.405　腘动脉瘤
I72.500x001　基底动脉瘤
I72.500x002　基底动脉顶端动脉瘤
I72.501　基底动脉瘤伴夹层
I72.600　椎动脉瘤伴夹层
I72.600x002　椎动脉动脉瘤
I72.800x023　锁骨下动脉夹层
I72.800x042　腹腔动脉假性动脉瘤
I72.800x051　腹腔干动脉瘤
I72.800x053　腹腔干动脉夹层
I72.800x061　肠系膜动脉瘤
I72.800x063　肠系膜动脉夹层
I72.800x072　肝动脉假性动脉瘤
I72.800x093　脾动脉夹层
I72.800x101　腋动脉瘤
I72.800x102　腋动脉假性动脉瘤
I72.800x103　腋动脉夹层
I72.800x111　支气管动脉瘤
I72.800x121　脊髓前动脉瘤
I72.800x131　胃十二指肠动脉瘤
I72.800x132　胃十二指肠假性动脉瘤
I72.800x142　肠系膜上动脉假性动脉瘤
I72.800x151　胰十二指肠动脉瘤
I72.801　肠系膜上动脉夹层动脉瘤
I72.802　肠系膜上动脉动脉瘤
I72.803　眶内动脉瘤
I72.804　锁骨下动脉瘤
I72.805　锁骨下动脉假性动脉瘤
I72.806　无名动脉瘤
I72.807　胃十二指肠动脉假性动脉瘤
I72.808　胰十二指肠动脉假性动脉瘤
I72.809　肝动脉瘤
I72.811　脾动脉瘤
I72.812　脾动脉假性动脉瘤
I72.813　腹腔动脉瘤
I72.814　腹腔干动脉假性动脉瘤

I72.815　腹腔动脉瘤破裂
I72.816　腹腔动脉夹层动脉瘤
I72.900　动脉瘤伴夹层
I72.900x002　肢端小动脉扩张
I72.900x003　动脉瘤
I72.900x004　动脉夹层
I72.901　假性动脉瘤
I73.001　雷诺现象
I73.100　血栓闭塞性血管炎［伯格］
I73.800x001　股绀红皮病
I73.800x003　四肢供血不足
I73.800x006　肢端血管功能失调
I73.800x007　腘动脉陷迫综合征
I73.800x008　肢端发绀
I73.802　上肢缺血
I73.803　下肢缺血
I73.804　红斑性肢痛症
I73.805　肢端绀红皮病
I73.901　间歇性跛行
I73.902　血管痉挛
I73.903　动脉痉挛
I74.000x003　勒里施综合征［Leriche综合征］
I74.001　腹主动脉栓塞
I74.002　腹主动脉血栓形成
I74.003　主动脉分叉综合征
I74.004　平肾腹主动脉闭塞
I74.005　肾下腹主动脉闭塞
I74.006　腹主动脉闭塞
I74.101　主动脉栓塞
I74.102　主动脉血栓形成
I74.200x001　上肢动脉闭塞
I74.200x004　肱动脉栓塞
I74.200x005　肱动脉血栓形成
I74.200x006　桡动脉闭塞
I74.200x007　肱动脉闭塞
I74.201　上肢动脉栓塞
I74.202　上肢动脉血栓形成
I74.300x030　下肢动脉闭塞
I74.300x111　股总动脉血栓形成
I74.300x112　股深动脉血栓形成
I74.300x113　股浅动脉血栓形成
I74.300x121　股总动脉栓塞
I74.300x122　股深动脉栓塞
I74.300x123　股浅动脉栓塞
I74.300x131　股总动脉闭塞
I74.300x132　股深动脉闭塞
I74.300x133　股浅动脉闭塞
I74.300x210　胫动脉血栓形成
I74.300x212　胫前动脉血栓形成
I74.300x213　胫后动脉血栓形成
I74.300x220　胫动脉栓塞
I74.300x222　胫前动脉栓塞
I74.300x223　胫后动脉栓塞
I74.300x230　胫动脉闭塞
I74.300x232　胫前动脉闭塞
I74.300x233　胫后动脉闭塞
I74.300x310　腓动脉血栓形成
I74.300x320　腓动脉栓塞
I74.300x330　腓动脉闭塞
I74.300x410　胫腓干动脉血栓形成
I74.300x420　胫腓干动脉栓塞
I74.300x430　胫腓干动脉闭塞
I74.300x510　腘动脉血栓形成
I74.300x520　腘动脉栓塞
I74.301　下肢动脉栓塞
I74.302　下肢动脉血栓形成
I74.303　创伤性股动脉血栓形成
I74.304　股动脉栓塞
I74.305　股动脉闭塞
I74.307　股动脉血栓形成
I74.308　腘动脉闭塞
I74.310　蓝趾综合征
I74.401　四肢动脉栓塞
I74.402　四肢动脉血栓形成
I74.500x002　髂动脉闭塞
I74.500x007　髂总动脉闭塞
I74.500x008　髂动脉血栓形成
I74.500x009　髂内动脉血栓形成
I74.500x010　髂外动脉血栓形成
I74.500x011　髂动脉栓塞
I74.500x012　髂内动脉栓塞
I74.500x013　髂外动脉栓塞
I74.501　髂总动脉栓塞
I74.502　髂总动脉血栓形成
I74.503　髂内动脉闭塞
I74.504　髂外动脉闭塞
I74.800x001　腹腔动脉闭塞
I74.800x004　脾栓塞
I74.800x005　腋动脉栓塞
I74.800x006　腋动脉闭塞

I74.800x007　腋动脉血栓形成
I74.800x008　腹腔干动脉栓塞
I74.800x009　腹腔干动脉闭塞
I74.800x010　脾动脉闭塞
I74.800x011　肠系膜上动脉闭塞
I74.800x012　脾动脉血栓
I74.800x016　肝动脉闭塞
I74.801　锁骨下动脉闭塞
I74.802　锁骨下动脉血栓形成
I74.803　肝动脉栓塞
I74.804　肝动脉血栓形成
I74.805　脾动脉栓塞
I74.806　腹腔动脉栓塞
I74.807　腹腔动脉血栓形成
I74.901　多发性动脉栓塞
I74.902　动脉栓塞
I77.000x008　子宫旁动静脉瘘
I77.000x011　动静脉内瘘血栓形成
I77.000x012　脊髓动静脉瘘
I77.000x013　硬脊膜下髓周动静脉瘘
I77.000x014　桡动静脉瘘
I77.000x015　肱动静脉瘘
I77.000x017　肝动静脉瘘
I77.001　头面部动静脉瘘
I77.002　硬脊膜动静脉瘘
I77.003　耳廓动静脉瘘
I77.004　眶动静脉瘘
I77.005　锁骨下动静脉瘘
I77.006　支气管动静脉瘘
I77.007　腹主动脉下腔静脉瘘
I77.008　脾动静脉瘘
I77.009　子宫动静脉瘘
I77.010　肾动静脉瘘
I77.011　盆腔动静脉瘘
I77.012　股动静脉瘘
I77.013　下肢动静脉瘘
I77.014　多发性动静脉瘘
I77.100x004　髂动脉狭窄
I77.100x005　髂动脉迂曲
I77.100x011　肝动脉狭窄
I77.100x012　降主动脉狭窄
I77.100x014　股深动脉狭窄
I77.100x015　股浅动脉狭窄
I77.100x018　胫动脉狭窄
I77.100x027　股总动脉狭窄
I77.100x028　胫腓干动脉狭窄
I77.100x029　脾动脉狭窄
I77.100x031　肠系膜下动脉狭窄
I77.100x032　桡动脉狭窄
I77.101　颈动脉迂曲
I77.102　锁骨下动脉狭窄
I77.103　无名动脉迂曲
I77.104　无名动脉狭窄
I77.105　肱动脉狭窄
I77.106　肱动脉迂曲
I77.107　腋动脉狭窄
I77.108　上肢动脉狭窄
I77.109　主动脉迂曲
I77.110　后天性主动脉狭窄
I77.111　胸主动脉狭窄
I77.112　腹主动脉狭窄
I77.113　主动脉弓狭窄
I77.114　腹腔干动脉狭窄
I77.115　股动脉狭窄
I77.117　腘动脉狭窄
I77.118　腘动脉挤压综合征
I77.120　胫前动脉狭窄
I77.121　胫后动脉狭窄
I77.123　腓动脉狭窄
I77.125　髂总动脉狭窄
I77.126　髂外动脉狭窄
I77.127　髂内动脉狭窄
I77.129　下肢动脉狭窄
I77.131　移植肝动脉狭窄
I77.200　动脉破裂
I77.201　动脉瘘
I77.202　支气管动脉-肺动脉瘘
I77.203　肺动脉瘘
I77.204　腹主动脉-空肠瘘
I77.300x002　动脉肌纤维发育不良
I77.300x003　锁骨下动脉纤维肌性结构发育不良
I77.301　肾动脉纤维肌肉发育不良
I77.302　脑血管纤维性肌发育不良
I77.400　腹腔动脉压迫综合征
I77.500　动脉坏死
I77.600　动脉炎
I77.600x001　大动脉炎
I77.600x004　多发性大动脉炎
I77.600x012　药物性血管炎
I77.600x013　脓疱性血管炎

I77.600x014　重症血管炎
I77.600x015　肺动脉炎
I77.600x016　中枢神经系统血管炎
I77.601　主动脉炎
I77.602　动脉内膜炎
I77.603　血管炎
I77.604　上肢动脉炎
I77.605　下肢动脉炎
I77.800x002　主动脉根部病变
I77.800x006　颈动脉溃疡
I77.800x007　锁骨下动脉溃疡
I77.800x008　椎动脉溃疡
I77.800x009　肾动脉溃疡
I77.800x010　腹腔动脉溃疡
I77.800x011　肠系膜动脉溃疡
I77.800x012　腋动脉溃疡
I77.800x013　肱动脉溃疡
I77.800x014　髂动脉溃疡
I77.800x015　股动脉溃疡
I77.800x016　胫动脉溃疡
I77.800x017　胫腓干动脉溃疡
I77.800x018　腓动脉溃疡
I77.800x019　腘动脉溃疡
I77.800x020　升主动脉溃疡
I77.800x021　主动脉弓溃疡
I77.800x022　胸主动脉溃疡
I77.800x024　胸腹主动脉溃疡
I77.801　动脉溃疡
I77.802　腹主动脉溃疡
I77.803　主动脉溃疡
I77.804　德戈病
I77.805　后天性腹主动脉畸形
I77.806　主动脉脓肿
I77.807　动脉糜烂
I77.900　动脉和小动脉的疾患
I78.000　遗传性出血性毛细血管扩张
I78.101　老年痣
I78.102　蜘蛛痣
I78.801　毛细血管渗漏综合征
I78.802　胃肠道毛细血管扩张症
I78.803　毛细血管扩张症
I78.900　毛细血管疾病

表 6-3-93

I80.001　下肢浅表静脉炎
I80.002　下肢化脓性浅表血栓静脉炎
I80.100x003　髂股静脉炎
I80.101　股静脉炎
I80.102　股静脉血栓性静脉炎
I80.103　髂股静脉血栓形成
I80.104　股静脉血栓形成
I80.201　下肢深静脉血栓性静脉炎
I80.202　下肢深静脉炎
I80.203　髂内静脉血栓形成
I80.204　髂外静脉血栓形成
I80.206　髂静脉血栓形成
I80.207　下肢深静脉血栓形成
I80.208　下肢深静脉栓塞
I80.209　手术后下肢深静脉血栓形成
I80.300x005　下肢静脉闭塞
I80.300x006　下肢静脉肌间血栓形成
I80.301　下肢静脉炎
I80.302　下肢血栓性静脉炎
I80.303　下肢静脉血栓形成
I80.800　静脉炎和血栓性静脉炎，其他部位的
I80.800x002　胸壁血栓性静脉炎［蒙道尔病］
I80.800x006　腹壁静脉炎
I80.800x007　肾静脉周围炎
I80.801　眶内血栓性静脉炎
I80.802　乳腺血栓性静脉炎
I80.803　上肢静脉炎
I80.804　上肢血栓性静脉炎
I80.901　静脉炎
I80.902　血栓性静脉炎
I81.x00　门静脉血栓形成
I81.x00x003　门静脉栓塞
I82.000x001　布-加综合征［budd-chiari 综合征］
I82.001　肝静脉血栓形成
I82.100x001　游走性血栓性静脉炎
I82.200x001　腔静脉栓塞
I82.201　腔静脉瘤栓
I82.202　上腔静脉血栓形成
I82.203　下腔静脉血栓形成
I82.204　下腔静脉栓塞
I82.300x001　肾静脉栓塞
I82.301　肾静脉血栓形成
I82.302　肾静脉瘤栓
I82.800x002　脾静脉栓塞
I82.800x003　髂静脉栓塞
I82.800x004　髂内静脉栓塞

I82.800x005　髂外静脉栓塞
I82.800x009　腋静脉栓塞
I82.801　颈内静脉血栓形成
I82.802　颈静脉血栓形成
I82.803　锁骨下静脉血栓形成
I82.804　腋静脉血栓形成
I82.805　上肢深静脉血栓形成
I82.806　上肢静脉血栓形成
I82.900x001　静脉栓塞
I82.900x002　静脉血栓形成
I82.900x003　非化脓性血栓形成
I82.900x004　静脉血栓栓塞症
I83.000　下肢静脉曲张伴有溃疡
I83.001　大隐静脉曲张伴有溃疡
I83.100x001　下肢静脉曲张性皮炎
I83.101　下肢静脉曲张伴静脉炎
I83.102　淤积性皮炎
I83.200x001　下肢静脉曲张伴静脉炎和溃疡
I83.900x004　下肢静脉曲张
I83.901　下肢静脉瘤
I83.902　下肢静脉曲张破裂
I83.903　大隐静脉曲张
I83.904　大隐静脉瘤
I83.905　小隐静脉曲张
I85.000x001　食管静脉曲张破裂出血
I85.900x001　食管静脉曲张
I85.901　食管静脉瘤
I86.000　舌下静脉曲张
I86.100　阴囊静脉曲张
I86.101　精索静脉曲张
I86.200　盆腔静脉曲张
I86.201　膀胱静脉曲张
I86.300　外阴静脉曲张
I86.400　胃静脉曲张
I86.400x001　胃底静脉曲张
I86.400x002　胃血管扩张
I86.400x004　胃静脉瘤
I86.401　胃底静脉曲张伴出血
I86.800x005　颈外静脉扩张
I86.800x010　椎管内静脉曲张
I86.800x011　上肢静脉瘤
I86.800x014　食管胃底静脉曲张破裂出血
I86.800x015　静脉湖
I86.800x017　鼻中隔静脉曲张性溃疡
I86.800x022　乙状结肠静脉瘤
I86.801　颞静脉曲张
I86.802　颞静脉瘤
I86.803　眼眶静脉曲张
I86.804　颈总静脉瘤
I86.805　颈外静脉瘤
I86.806　颈静脉曲张
I86.807　冠状静脉窦扩张
I86.808　肝静脉瘤
I86.809　肝静脉曲张
I86.810　脾静脉曲张
I86.811　肾静脉瘤
I86.812　十二指肠静脉曲张伴出血
I86.813　腹壁静脉曲张
I86.814　躯干静脉瘤
I86.815　颈静脉扩张
I86.816　颈内静脉扩张
I87.000　血栓形成后综合征
I87.001　静脉炎后综合征
I87.100x003　腔静脉综合征
I87.100x007　上腔静脉梗阻
I87.100x008　锁骨下静脉压迫综合征
I87.100x009　头臂静脉狭窄［无名静脉狭窄］
I87.101　上肢静脉阻塞
I87.102　上肢静脉狭窄
I87.103　无名静脉狭窄
I87.104　无名静脉阻塞
I87.106　上腔静脉综合征
I87.108　脾静脉狭窄
I87.109　门静脉狭窄
I87.110　肝静脉-下腔静脉阻塞
I87.111　下腔静脉综合征
I87.112　下腔静脉狭窄
I87.113　下腔静脉阻塞
I87.114　上下腔静脉回流障碍综合征
I87.115　髂总静脉狭窄
I87.116　髂总静脉压迫综合征［Cockett综合征］
I87.117　左肾静脉压迫综合征［胡桃夹现象］
I87.118　下肢静脉狭窄
I87.119　下肢静脉阻塞
I87.120　精索静脉压迫综合征
I87.121　肝小静脉闭塞病
I87.200x001　慢性周围静脉功能不全
I87.201　下肢静脉功能不全
I87.202　下肢深静脉瓣膜功能不全
I87.801　静脉硬化

I87.802　静脉石
I87.803　门静脉海绵样变
I87.804　阴茎静脉纤维化
I87.805　下肢静脉回流障碍
I87.900　静脉疾患
I88.000x003　慢性肠系膜淋巴结炎
I88.001　急性肠系膜淋巴结炎
I88.100　慢性淋巴结炎，除外肠系膜
I88.101　慢性颈淋巴结炎
I88.102　慢性颌下淋巴结炎
I88.103　慢性颏下淋巴结炎
I88.104　慢性腮腺淋巴结炎
I88.105　慢性食管旁淋巴结炎
I88.106　慢性肺门淋巴结炎
I88.107　慢性纵隔淋巴结炎
I88.108　慢性腹股沟淋巴结炎
I88.800x001　其他非特异性淋巴结炎
I88.900x002　肺门淋巴结炎
I88.900x003　腹股沟淋巴结炎
I88.900x004　颌下淋巴结炎
I88.900x005　颈淋巴结炎
I88.900x006　淋巴结炎
I88.900x007　腮腺肉芽肿性淋巴结炎
I88.900x008　纵隔淋巴结炎
I88.901　反应性淋巴结炎
I89.000x004　淋巴水肿
I89.000x013　继发性淋巴水肿
I89.000x014　头面部淋巴水肿
I89.000x015　颈部淋巴水肿
I89.000x016　胸壁淋巴水肿
I89.000x017　腹壁淋巴水肿
I89.000x018　会阴淋巴水肿
I89.000x019　阴唇淋巴水肿
I89.000x020　臀部淋巴水肿
I89.000x021　下肢淋巴水肿
I89.000x022　包皮淋巴水肿
I89.000x023　右淋巴导管梗阻
I89.000x024　阴囊橡皮肿
I89.000x025　阴唇橡皮肿
I89.000x026　象皮腿
I89.000x027　胸导管颈段梗阻
I89.000x028　胸导管胸段梗阻
I89.000x029　肺淋巴管扩张症
I89.001　原发性淋巴水肿
I89.002　淋巴管闭塞
I89.003　胸导管梗阻
I89.004　上肢淋巴水肿
I89.005　肠淋巴管扩张
I89.006　小肠淋巴管扩张
I89.007　盆腔淋巴管阻塞
I89.008　阴囊淋巴水肿
I89.009　非丝虫性象皮肿
I89.010　淋巴回流障碍
I89.100x002　慢性淋巴管炎
I89.100x003　亚急性淋巴管炎
I89.800x002　非丝虫性乳糜胸
I89.800x006　乳糜性腹水
I89.800x007　乳糜性胸水
I89.800x010　非丝虫性阴囊乳靡囊肿
I89.800x011　脂肪黑变性网状细胞增多
I89.800x012　乳糜回流障碍
I89.800x013　乳糜反流
I89.800x014　乳糜瘘
I89.800x015　颈部乳糜瘘
I89.800x016　原发性乳糜胸
I89.800x017　继发性乳糜胸
I89.800x018　肺淋巴回流淤滞
I89.800x019　腹膜后乳糜囊肿
I89.800x020　颈部乳糜囊肿
I89.800x021　纵隔乳糜囊肿
I89.800x022　腋窝乳糜囊肿
I89.800x023　胸壁乳糜囊肿
I89.800x024　躯干乳糜囊肿
I89.800x025　盆腔乳糜囊肿
I89.800x026　会阴区乳糜囊肿
I89.800x027　髂部乳糜囊肿
I89.800x028　腹壁乳糜囊肿
I89.800x029　腰背部乳糜囊肿
I89.800x030　臀部乳糜囊肿
I89.800x031　下肢乳糜囊肿
I89.800x032　子宫乳糜反流
I89.800x033　阴道乳糜反流
I89.801　肠系膜乳糜囊肿
I89.802　淋巴管瘘
I89.803　非丝虫性乳糜性腹水
I89.804　胸导管断裂
I89.806　淋巴结钙化
I89.807　乳糜胸
I89.900　淋巴管和淋巴结非感染性疾患

表6-3-94

I95.000　特发性低血压
I95.100　直立性低血压
I95.101　体位性低血压
I95.200　药物性低血压
I95.800x001　慢性低血压
I95.900　低血压
I97.000　心脏切开术后综合征
I97.000x002　心包切开术后综合征
I97.001　心脏手术后低心排综合征
I97.100x004　手术后心力衰竭伴肺水肿
I97.101　瓣膜置换术后心脏功能衰竭
I97.102　心脏手术后心力衰竭
I97.200　乳房切除术后淋巴水肿综合征
I97.800x001　动脉导管未闭结扎术后残余分流
I97.800x002　动脉导管未闭封堵术后残余分流
I97.800x004　上肢动脉穿刺后痉挛
I97.800x005　室间隔缺损修补术后残余分流
I97.800x006　手术后腹主动脉阻塞
I97.800x008　房间隔缺损修补术后残余分流
I97.800x009　右室外管道狭窄
I97.800x010　右室流出道疏通术后残余狭窄
I97.800x011　左室流出道疏通术后残余狭窄
I97.800x013　心脏瓣膜置换术后瓣周漏
I97.800x014　房间隔缺损封堵术后残余分流
I97.800x015　室间隔缺损封堵术后残余分流
I97.800x016　心脏机械瓣膜置换术后功能障碍
I97.800x017　生物瓣膜置换术后功能衰竭
I97.800x018　手术后乳糜胸
I97.800x020　二尖瓣闭式扩张术后再狭窄
I97.801　手术后淋巴水肿
I97.802　手术后会阴部静脉回流障碍
I97.803　手术后心力衰竭
I97.804　人工动静脉瘘瘤形成
I97.900　循环系统的操作后疾患
I99.x01　循环系统疾患

表6-3-95

J00.x00　急性鼻咽炎［感冒］
J00.x00x004　急性鼻炎
J00.x00x006　感染性鼻炎
J00.x00x007　感染性鼻咽炎
J00.x00x008　急性卡他性鼻炎
J01.000　急性上颌窦炎
J01.001　急性化脓性上颌窦炎
J01.100　急性额窦炎
J01.200　急性筛窦炎
J01.300　急性蝶窦炎
J01.400　急性全鼻窦炎
J01.800　急性鼻窦炎，其他的
J01.900　急性鼻窦炎
J01.900x003　急性鼻窦脓肿
J01.901　急性化脓性鼻窦炎
J02.000　链球菌性咽炎
J02.801　病毒性咽炎
J02.802　病毒性咽喉痛
J02.900　急性咽炎
J02.900x002　急性化脓性咽峡炎
J02.900x005　急性咽喉痛
J02.901　急性化脓性咽炎
J02.902　急性咽峡炎
J02.903　溃疡性咽炎
J02.905　咽喉痛
J03.000　链球菌性扁桃体炎
J03.800　急性扁桃体炎，其他特指病原体引起的
J03.900　急性扁桃体炎
J03.900x001　扁桃体残根炎
J03.900x006　急性滤泡性扁桃体炎
J03.901　急性化脓性扁桃体炎
J03.902　急性腺样体炎
J04.000　急性喉炎
J04.000x004　急性感染性喉炎
J04.000x006　急性声门下喉炎
J04.000x008　急性溃疡性喉炎
J04.001　急性化脓性喉炎
J04.002　急性水肿性喉炎
J04.003　急性痉挛性喉炎
J04.004　链球菌性喉炎
J04.005　溃疡性喉炎
J04.100　急性气管炎
J04.200　急性喉气管炎
J05.000　急性梗阻性喉炎［哮吼］
J05.100　急性会厌炎
J06.000　急性咽喉炎
J06.000x002　过敏性咽喉炎
J06.800x001　急性咽气管炎
J06.900　急性上呼吸道感染
J06.900x001　病毒性上呼吸道感染

表6-3-96

J09.x00 被标明的人畜共患或大流行性流感病毒引起的流感
J09.x01 人感染H5N1禽流感
J09.x02 人感染H7N9禽流感
J09.x03+I41.1* 已确认的人畜共病或大流行性流感病毒性心肌炎
J09.x04+G05.1* 已确认的人畜共病或大流行性流感病毒性脑炎
J09.x05+H67.1* 流感，人畜共患或大流行性流感病毒性中耳炎
J10.000 流行性感冒伴有肺炎，季节性流感病毒
J10.000x001 已知病毒的流感性肺炎
J10.001 甲型H1N1流行性感冒性肺炎
J10.100 流行性感冒伴有其他呼吸道表现，季节性流感病毒被标明
J10.100x001 已知病毒的流行性感冒
J10.100x002 已知病毒的流感性急性上呼吸道感染
J10.100x003 已知病毒的流感性咽炎
J10.100x004 已知病毒的流感性喉炎
J10.100x005 已知病毒的流感性胸膜炎
J10.101 甲型H1N1流行性感冒
J10.800 流行性感冒伴有其他表现，季节性流感病毒被标明
J10.800x001+G94.8* 已知病毒的流感性脑病
J10.800x002 已知病毒的流感性胃肠炎
J10.800x003+I41.1* 已知病毒的流感性心肌炎
J10.801+G94.8* 甲型H1N1型流行性感冒性脑病
J10.802+I41.1* 甲型H1N1型流行性感冒性心肌炎
J10.803+H67.1* 已确认的季节性流感病毒性中耳炎
J10.804+G05.1* 已确认的季节性流感病毒性脑炎
J10.805+G05.1* 流行性感冒性脑炎，其他流感病毒被标明
J11.000x001 未知病毒的流感性肺炎
J11.100x001 未知病毒的流感性感冒
J11.100x002 未知病毒的流感性急性上呼吸道感染
J11.100x003 未知病毒的流感性咽炎
J11.100x004 未知病毒的流感性喉炎
J11.100x005 未知病毒的流感性胸膜炎
J11.102 流行性感冒伴胸膜渗漏
J11.800x001+G94.8* 未知病毒的流感性脑病
J11.800x002 未知病毒的流感性胃肠炎
J11.801+I41.1* 未明确病毒性流行性感冒性心肌炎
J11.802+H67.1* 未确认的流感病毒性中耳炎
J11.803+G05.1* 未确认的季节性流感病毒性脑炎
J12.000 腺病毒肺炎
J12.100 呼吸道合胞体病毒肺炎
J12.200 副流感病毒肺炎
J12.300 人类偏肺病毒肺炎
J12.800 病毒性肺炎，其他的
J12.900 病毒性肺炎
J13.x00 链球菌性肺炎
J14.x00 流感嗜血杆菌性肺炎
J15.000 肺炎杆菌性肺炎
J15.000x002 克雷伯杆菌肺炎
J15.100 假单胞菌性肺炎
J15.101 铜绿假单胞菌性肺炎
J15.200 葡萄球菌性肺炎
J15.300 B族链球菌性肺炎
J15.400 链球菌性肺炎，其他的
J15.402 肠球菌属性肺炎
J15.500 大肠杆菌性肺炎
J15.600x002 革兰阴性细菌性肺炎
J15.600x003 粘质沙雷菌性肺炎
J15.600x005 鲍曼不动杆菌性肺炎
J15.600x006 坂崎肠杆菌性肺炎
J15.601 变形杆菌性肺炎
J15.602 阴沟杆菌性肺炎
J15.700 肺炎支原体性肺炎
J15.800x001 革兰阳性细菌性肺炎
J15.800x002 产气杆菌性肺炎
J15.900 细菌性肺炎
J15.901 细菌性支气管肺炎
J15.902 社区获得性肺炎，非重症
J15.903 社区获得性肺炎，重症
J16.000 衣原体肺炎
J16.800x001 中东呼吸综合征
J18.000 支气管肺炎
J18.000x001 喘息性支气管肺炎
J18.000x002 毛细管支气管性肺炎
J18.001 弥漫性肺炎
J18.002 支气管肺炎，非重症
J18.100 大叶性肺炎
J18.200 坠积性肺炎
J18.800x001 多重感染的肺炎
J18.800x002 节段性肺炎
J18.800x004 中毒性肺炎

J18.800x006　中叶性肺炎
J18.800x012　免疫抑制宿主性肺炎
J18.801　肺泡性肺炎
J18.802　医院获得性肺炎
J18.803　阻塞性肺炎
J18.900　肺炎
J18.901　非典型性肺炎
J18.902　迁延性肺炎
J18.903　重症肺炎

表6-3-97

J20.000　肺炎支原体急性支气管炎
J20.100　流感嗜血杆菌急性支气管炎
J20.200　链球菌急性支气管炎
J20.300　柯萨奇病毒急性支气管炎
J20.400　副流感病毒急性支气管炎
J20.500　呼吸道合胞体病毒急性支气管炎
J20.600　鼻病毒急性支气管炎
J20.700　艾柯病毒急性支气管炎
J20.800　急性支气管炎，其他特指病原体引起的
J20.900　急性支气管炎
J20.901　急性化脓性支气管炎
J20.902　急性气管支气管炎
J21.000　呼吸道合胞体病毒急性细支气管炎
J21.100　人类偏肺病毒急性细支气管炎
J21.801　急性肺炎支原体性细支气管炎
J21.900　急性细支气管炎
J21.900x002　急性毛细支气管炎
J21.901　急性喘息性支气管炎
J22.x00　急性下呼吸道感染

表6-3-98

J30.000　血管运动性鼻炎
J30.100　花粉引起的变应性鼻炎
J30.101　花粉症
J30.200　季节性变应性鼻炎，其他的
J30.300x001　药物性鼻炎
J30.300x002　全年性变应性鼻炎
J30.400　变应性鼻炎
J31.000　慢性鼻炎
J31.001　肥大性鼻炎
J31.002　溃疡性鼻炎
J31.003　肉芽肿性鼻炎
J31.004　萎缩性鼻炎
J31.005　干燥性鼻炎
J31.100　慢性鼻咽炎
J31.200　慢性咽炎
J31.201　慢性咽喉痛
J31.202　慢性咽峡炎
J31.203　肥大性咽炎
J31.204　萎缩性咽炎
J32.000　慢性上颌窦炎
J32.000x005　上颌窦肉芽肿
J32.000x009　出血性坏死性上颌窦炎
J32.001　慢性化脓性上颌窦炎
J32.002　坏死性上颌窦炎
J32.003　上颌窦瘘
J32.004　上颌窦脓肿
J32.005　口腔上颌窦瘘
J32.006　隐匿性鼻窦综合征
J32.100　慢性额窦炎
J32.100x005　额窦肉芽肿
J32.101　慢性化脓性额窦炎
J32.102　额窦脓肿
J32.200　慢性筛窦炎
J32.200x004　筛窦脓肿
J32.200x005　筛窦肉芽肿
J32.201　慢性化脓性筛窦炎
J32.300　慢性蝶窦炎
J32.300x004　蝶窦脓肿
J32.301　慢性化脓性蝶窦炎
J32.302　蝶窦肉芽肿
J32.400　慢性全鼻窦炎
J32.400x001　全组鼻窦炎
J32.800x001　额窦上颌窦炎
J32.800x002　额窦筛窦炎
J32.800x003　额窦蝶窦炎
J32.800x004　上颌窦蝶窦炎
J32.800x006　额窦筛窦上颌窦炎
J32.800x007　额窦上颌窦蝶窦炎
J32.800x008　筛窦上颌窦蝶窦炎
J32.800x009　筛窦蝶窦炎
J32.800x011　额窦筛窦蝶窦炎
J32.801　上颌窦筛窦炎
J32.802　额筛窦脓肿
J32.803　慢性多鼻窦炎
J32.900　慢性鼻窦炎
J32.900x007　鼻窦滴漏综合征
J32.900x008　上颌窦肿物
J32.900x009　筛窦肿物

J32.900x010　额窦肿物
J32.900x011　蝶窦肿物
J32.901　慢性化脓性鼻窦炎
J32.902　慢性牙源性鼻窦炎
J32.903　鼻窦瘘
J32.904　鼻窦肉芽肿
J32.905　鼻窦脓肿
J32.906　鼻窦肿物
J33.000　鼻腔息肉
J33.000x002　鼻咽部毛息肉
J33.001　鼻咽息肉
J33.002　鼻中隔息肉
J33.003　鼻后孔息肉
J33.100　鼻窦息肉样退行性变
J33.800x002　额窦息肉
J33.801　鼻窦息肉
J33.802　鼻甲息肉
J33.803　蝶窦息肉
J33.804　筛窦息肉
J33.805　上颌窦息肉
J33.900　鼻息肉
J34.000x004　鼻坏死
J34.000x010　鼻中隔肉芽肿
J34.001　鼻部脓肿
J34.002　鼻疖
J34.003　鼻溃疡
J34.004　鼻痈
J34.005　鼻中隔坏死
J34.006　鼻中隔溃疡
J34.007　鼻中隔脓肿
J34.008　鼻蜂窝织炎
J34.100x008　鼻窦粘液囊肿
J34.101　蝶窦囊肿
J34.102　额窦囊肿
J34.103　筛窦囊肿
J34.104　上颌窦囊肿
J34.105　鼻囊肿
J34.106　鼻窦囊肿
J34.107　鼻甲囊肿
J34.108　鼻前庭囊肿
J34.200　鼻中隔偏曲
J34.300　鼻甲肥大
J34.800x001　鼻部感染
J34.800x002　鼻部瘘管
J34.800x004　钩突肥大
J34.800x006　铬鼻病
J34.800x009　后天性鼻孔狭窄
J34.800x019　鼻中隔血肿
J34.800x020　泡性中鼻甲
J34.800x033　鼻前庭肿物
J34.800x034　鼻中隔肿物
J34.801　鼻中隔-鼻甲粘连
J34.802　后天性鼻腔闭锁
J34.803　鼻漏
J34.804　鼻石
J34.805　鼻孔狭窄
J34.806　鼻前庭炎
J34.807　鼻甲粘连
J34.809　鼻腔粘连
J34.810　鼻腔肿物
J34.811　鼻腔狭窄
J34.812　鼻翼肥大
J34.813　鼻中隔穿孔
J35.000　慢性扁桃体炎
J35.100　扁桃体肥大
J35.200　腺样体肥大
J35.300　扁桃体肥大伴有腺样体肥大
J35.800x008　扁桃体瘢痕
J35.800x009　腺样体瘢痕
J35.801　扁桃体残体
J35.802　扁桃体溃疡
J35.803　扁桃体囊肿
J35.804　扁桃体结石
J35.805　扁桃体息肉
J35.806　扁桃体角化病
J35.807　扁桃体腺样体瘢痕
J35.808　腺样体残体
J35.809　腺样体赘生物
J35.901　扁桃体肿物
J36.x00　扁桃体周脓肿
J36.x00x001　扁桃体脓肿
J36.x00x003　扁桃体周围炎
J36.x00x004　扁桃体周围蜂窝组织炎
J37.000　慢性喉炎
J37.001　慢性喉咽炎
J37.002　慢性会厌炎
J37.003　肥厚性喉炎
J37.004　会厌炎性假瘤
J37.005　干燥性喉炎
J37.100　慢性喉气管炎

J38.000x001　喉上神经麻痹
J38.000x002　喉神经麻痹
J38.000x005　声门麻痹
J38.000x006　声带活动不良
J38.000x011　单侧不完全声带麻痹
J38.000x012　单侧不完全喉麻痹
J38.000x021　单侧完全声带麻痹
J38.000x022　单侧完全喉麻痹
J38.000x031　双侧不完全声带麻痹
J38.000x032　双侧不完全喉麻痹
J38.001　喉麻痹
J38.002　声带麻痹
J38.101　喉息肉
J38.102　声带息肉
J38.200　声带结节
J38.200x001　歌手结节
J38.200x002　教师结节
J38.201　声带炎
J38.300x008　声带粘连
J38.300x011　声带增生
J38.300x013　声带蜂窝织炎
J38.300x015　声带鳞状上皮不典型性增生
J38.300x016　声带沟
J38.300x018　声带闭合不全
J38.301　声带白斑
J38.302　声带出血
J38.303　声带固定
J38.304　声带囊肿
J38.305　声带脓肿
J38.307　声带松弛
J38.308　声带肿物
J38.309　声带角化症
J38.310　声带瘢痕粘连
J38.311　声带不典型性增生
J38.312　声带肉芽肿
J38.313　声带肥厚
J38.400　喉水肿
J38.400x002　声门下水肿
J38.400x003　声门上水肿
J38.400x004　声门水肿
J38.401　声带任克氏间隙水肿
J38.402　声带水肿
J38.500　喉痉挛
J38.600　喉狭窄
J38.601　喉梗阻
J38.700x001　喉室带囊肿
J38.700x003　喉肌弱症
J38.700x007　喉内炎性肿物
J38.700x009　喉坏死
J38.700x013　环杓关节炎
J38.700x017　室带肥厚
J38.700x021　喉蜂窝织炎
J38.700x022　喉软骨膜炎
J38.700x027　喉粘膜不典型增生
J38.701　后天性喉瘘
J38.702　创伤性喉蹼
J38.703　喉瘢痕
J38.704　喉溃疡
J38.705　喉囊肿
J38.706　喉白斑
J38.707　喉脓肿
J38.708　喉肿物
J38.709　喉皮肥厚
J38.710　喉肉芽肿
J38.711　喉硬结病
J38.712　喉角化症
J38.714　会厌溃疡
J38.715　会厌囊肿
J38.716　会厌脓肿
J38.717　会厌肉芽肿
J38.718　会厌增生
J38.719　声门狭窄
J38.720　环杓关节强硬
J38.721　舌骨大角综合征
J39.000x001　咽侧壁炎性肿物
J39.001　咽后脓肿
J39.002　咽周脓肿
J39.003　咽旁脓肿
J39.101　咽蜂窝织炎
J39.200x004　咽下部囊肿
J39.200x008　喉咽部狭窄
J39.200x009　咽下部狭窄
J39.200x015　咽肌麻痹
J39.200x016　鼻咽肿物
J39.200x020　鼻咽溃疡
J39.201　瘢痕性咽狭窄
J39.202　鼻咽瘘
J39.203　鼻咽囊肿
J39.204　鼻咽狭窄
J39.205　鼻咽粘连

J39.206 鼻咽黏膜溃疡
J39.207 腭咽增生
J39.208 梨状窝囊肿
J39.209 梨状窝息肉
J39.210 咽瘘
J39.212 咽水肿
J39.213 咽狭窄
J39.214 咽角化症
J39.215 咽部囊肿
J39.216 咽喉溃疡
J39.217 咽喉粘连
J39.218 咽肌痉挛
J39.219 咽部肿物
J39.220 咽旁间隙感染
J39.221 咽旁间隙囊肿
J39.222 环咽肌痉挛
J39.223 手术后咽瘘
J39.224 鼻咽部病变
J39.225 鼻咽淋巴组织增生
J39.300 上呼吸道过敏反应
J39.801 喉气管狭窄
J39.802 气管瘢痕
J39.803 气管周围脓肿
J39.804 气管囊肿
J39.805 气管狭窄
J39.806 气管肉芽肿
J39.807 气管受压
J39.808 气管软化症
J39.809 气管坏死
J39.810 气管息肉
J39.811 后天性气管憩室
J39.900 上呼吸道疾病

表 6-3-99

J40.x00 支气管炎
J40.x00x002 纤维素性支气管炎
J40.x01 气管支气管炎
J41.000 单纯性慢性支气管炎
J41.100 黏液脓性慢性支气管炎
J41.800 混合的单纯性和黏液脓性慢性支气管炎
J42.x00 慢性支气管炎
J42.x00x001 慢性气管炎
J42.x00x003 慢性气管支气管炎
J42.x00x004 慢性支气管炎急性加重期
J42.x00x005 慢性支气管炎临床缓解期
J42.x00x006 慢性支气管炎慢性迁延期
J42.x01 弥漫性泛细支气管炎
J43.000 麦克劳德综合征
J43.000x003 透明肺
J43.001 单侧肺气肿
J43.100 全叶肺气肿
J43.101 全腺泡性肺气肿
J43.200 小叶中心性肺气肿
J43.800x001 瘢痕性肺气肿
J43.900 肺气肿
J43.900x001 大疱性肺气肿
J43.901 肺大疱
J43.902 肺大疱破裂
J43.903 老年性肺气肿
J43.904 阻塞性肺气肿
J44.000 慢性阻塞性肺病伴有急性下呼吸道感染
J44.100 慢性阻塞性肺病伴有急性加重
J44.800x001 闭塞性细支气管炎
J44.801 慢性支气管炎伴肺气肿
J44.802 慢性喘息性支气管炎
J44.803 慢性气肿性支气管炎
J44.805 慢性细支气管炎
J44.806 慢性阻塞性支气管炎
J44.807 哮喘-慢阻肺重叠综合征
J44.900 慢性阻塞性肺病
J44.900x002 慢性阻塞性肺疾病Ⅰ级
J44.900x003 慢性阻塞性肺疾病Ⅱ级
J44.900x004 慢性阻塞性肺疾病Ⅲ级
J44.900x005 慢性阻塞性肺疾病Ⅳ级
J45.000 主要为变应性哮喘
J45.000x001 药物性支气管哮喘
J45.000x003 职业性支气管哮喘
J45.002 阿司匹林哮喘
J45.003 变态反应性支气管哮喘
J45.004 过敏性鼻炎伴哮喘
J45.005 咳嗽变异性哮喘
J45.006 儿童期哮喘
J45.007 外源性支气管哮喘
J45.100 非变应性哮喘
J45.100x002 月经期支气管哮喘
J45.100x003 运动性支气管哮喘
J45.800 混合性哮喘
J45.900 哮喘
J45.900x001 支气管哮喘
J45.900x002 难治性支气管哮喘

J45.900x011　支气管哮喘（完全控制）
J45.900x012　支气管哮喘（部分控制）
J45.900x013　支气管哮喘（未控制）
J45.900x021　支气管哮喘（急性发作期）
J45.900x023　支气管哮喘（临床缓解期）
J45.900x031　支气管哮喘（间歇发作）
J45.900x041　哮喘性肺炎
J45.901　哮喘性支气管炎
J45.902　迟发型哮喘
J45.903　支气管哮喘，非危重
J46.x00x002　支气管哮喘急性发作（轻度）
J46.x00x003　支气管哮喘急性发作（中度）
J46.x00x006　闭锁肺综合征
J46.x00x008　支气管哮喘（慢性持续期）
J46.x00x009　支气管哮喘（轻度持续）
J46.x00x010　支气管哮喘（中度持续）
J46.x01　支气管哮喘，重度
J46.x02　支气管哮喘，危重
J47.x00　支气管扩张（症）
J47.x01　支气管扩张伴咯血
J47.x02　细支气管扩张
J47.x03　支气管扩张伴感染

表 6-3-100

J60.x00　煤炭工肺尘埃沉着病
J60.x00x002　碳末沉着病［炭肺］
J60.x00x003　煤工尘肺壹期
J60.x00x004　煤工尘肺贰期
J60.x00x005　煤工尘肺叁期
J60.x01　煤矽肺
J61.x00x001　石棉肺壹期
J61.x00x002　石棉肺贰期
J61.x00x003　石棉肺叁期
J61.x01　石棉肺
J62.000x001　滑石尘肺壹期
J62.000x002　滑石尘肺贰期
J62.000x003　滑石尘肺叁期
J62.001　滑石粉尘肺
J62.800x002　矽肺性肺纤维化
J62.800x003　矽肺［硅肺］Ⅰ期
J62.800x004　矽肺［硅肺］Ⅱ期
J62.800x005　矽肺［硅肺］Ⅲ期
J62.800x006　陶工尘肺壹期
J62.800x007　陶工尘肺贰期
J62.800x008　陶工尘肺叁期
J62.801　陶工尘肺
J62.802　硅沉着病
J62.803　矽肺
J62.804　石匠哮喘
J63.000　矾土肺（肺的）
J63.000x001　铝尘肺壹期
J63.000x002　铝尘肺贰期
J63.000x003　铝尘肺叁期
J63.001　铝尘肺
J63.100　铁矾土纤维化（肺的）
J63.200　铍中毒
J63.201　铍肺
J63.300x001　石墨尘肺壹期
J63.300x002　石墨尘肺贰期
J63.300x003　石墨尘肺叁期
J63.301　石墨尘肺
J63.400　肺铁末沉着病
J63.500　锡沉着病
J63.800　无机粉尘引起的肺尘埃沉着病，其他特指的
J63.800x001　铸工尘肺
J63.800x003　电焊工尘肺
J63.800x005　云母尘肺
J63.800x009　锑尘肺
J63.800x010　钡尘肺
J63.800x011　硬金属肺病
J63.800x012　水泥尘肺壹期
J63.800x013　水泥尘肺贰期
J63.800x014　水泥尘肺叁期
J63.800x015　铸工尘肺壹期
J63.800x016　铸工尘肺贰期
J63.800x017　铸工尘肺叁期
J63.800x018　电焊工尘肺壹期
J63.800x019　电焊工尘肺贰期
J63.800x020　电焊工尘肺叁期
J63.800x021　云母尘肺壹期
J63.800x022　云母尘肺贰期
J63.800x023　云母尘肺叁期
J63.800x024　炭黑尘肺壹期
J63.800x025　炭黑尘肺贰期
J63.800x026　炭黑尘肺叁期
J63.801　磨工尘肺
J63.802　水泥尘肺
J63.803　炭黑尘肺
J64.x00　肺尘埃沉着病

J65.x00　与结核有关的肺尘埃沉着病
J66.000　棉屑沉着病
J66.100　亚麻清铲工病
J66.200　大麻沉着病
J66.800　有机粉尘引起的气道疾病，其他特指的
J67.000　农民肺
J67.100　蔗尘肺
J67.200　好鸟者肺
J67.200x002　鹦鹉肺
J67.200x003　饲鸽者肺
J67.300　软木沉着病
J67.400　麦芽工人肺
J67.400x002　棒状曲霉菌性肺泡炎
J67.500　蘑菇工人肺
J67.600　剥枫树皮者肺
J67.600x001　皮质隐子座菌性肺泡炎
J67.700x001　空调肺
J67.700x002　加湿器肺
J67.800x001　过敏性鱼食肺
J67.800x002　过敏性红杉锯屑病
J67.800x003　过敏性洗奶酪肺
J67.800x004　过敏性皮毛肺
J67.800x005　过敏性咖啡肺
J67.900　有机粉尘引起的过敏性肺炎
J68.000x001　吸入有毒气体性肺炎
J68.000x002　急性化学性支气管炎
J68.001　化学性肺炎
J68.002　化学性支气管炎
J68.101　化学性肺水肿
J68.201　化学性上呼吸道炎症
J68.301　反应性气道功能障碍综合征
J68.400　化学制剂、气体、烟雾和蒸气引起的慢性呼吸性情况
J68.800　化学制剂、气体、烟雾和蒸气引起的其他呼吸性情况
J68.900　化学制剂、气体、烟雾和蒸气引起的呼吸性情况
J69.000　食物和呕吐物引起的肺炎
J69.000x002　吸入胃分泌物引起的肺炎
J69.000x004　吸入奶引起的肺炎
J69.001　吸入性肺炎
J69.100x001　吸入油引起的肺炎
J69.101　脂质性肺炎
J69.800x001　吸入血引起的肺炎
J70.001　放射性肺炎
J70.101　放射性肺纤维化
J70.200　急性药物性间质性肺疾患
J70.200x002　亚急性药物性肺疾病
J70.300　慢性药物性间质性肺疾患
J70.400　药物性间质性肺疾患
J70.800　外部物质引起的呼吸性情况，其他特指的
J70.900　外部物质引起的呼吸性情况

表 6-3-101

J80.x00　成人型呼吸窘迫综合征
J80.x01　急性呼吸窘迫综合征
J81.x00　肺水肿
J81.x00x002　急性肺水肿
J82.x00x001　肺嗜酸性粒细胞增多症
J82.x00x002　热带性肺嗜酸性粒细胞增多症
J82.x00x004　哮喘性肺嗜酸性粒细胞增多症
J82.x00x005　吕弗勒综合征
J82.x01　嗜酸细胞性肺炎
J84.000x003　弥漫性肺泡出血综合征
J84.001　肺泡蛋白沉积症
J84.002　肺泡微结石症
J84.100x006　致纤维化肺泡炎
J84.100x007　继发性肺间质纤维化
J84.100x008　弥漫性肺间质纤维化
J84.101　肺间质纤维化
J84.102　肺肉芽肿
J84.103　哈曼 - 里奇综合征
J84.104　特发性肺间质纤维化
J84.105　间质性纤维化性肺泡炎
J84.108　机化性肺炎
J84.109　炎症后肺纤维化
J84.110　肺硬化
J84.800x003　寻常型间质性肺炎
J84.800x004　隐源性机化性肺炎
J84.800x005　非特异性间质性肺炎
J84.800x006　呼吸性细支气管炎伴间质性肺病
J84.800x007　急性间质性肺炎
J84.800x008　肺淋巴管瘤病
J84.801　脱屑性间质性肺炎
J84.802　胆固醇肺炎
J84.803　肺弥漫性间质病变
J84.804　淋巴细胞性间质性肺炎
J84.805　内源性脂质性肺炎
J84.900　间质性肺病

表6-3-102

J85.000x002　肺坏疽
J85.001　肺坏死
J85.002　坏疽性肺炎
J85.100　肺脓肿伴有肺炎
J85.200　肺脓肿不伴有肺炎
J85.300　纵隔脓肿
J86.000　脓胸伴有瘘
J86.000x006　支气管胃瘘
J86.000x012　肝胆支气管瘘
J86.000x013　支气管胆管瘘
J86.001　肝胸膜瘘
J86.002　结肠胸腔瘘
J86.003　气管食管瘘
J86.004　食管纵隔瘘
J86.005　食管胸腔瘘
J86.006　食管胸膜皮肤瘘
J86.007　食管支气管瘘
J86.008　食管胃支气管瘘
J86.009　手术后支气管胸膜瘘
J86.010　胸腹瘘
J86.011　胸胃瘘
J86.012　胸壁瘘
J86.013　胸壁窦道
J86.014　支气管肝脓肿瘘
J86.015　支气管胃结肠瘘
J86.016　支气管瘘
J86.017　支气管胸膜瘘
J86.018　支气管内脏瘘
J86.019　纵隔瘘
J86.020　纵隔支气管瘘
J86.901　化脓性胸膜炎
J86.902　包裹性脓胸
J86.903　脓气胸

表6-3-103

J90.x00　胸腔积液，不可归类在他处者
J90.x00x002　渗出性胸膜炎
J90.x00x003　胸膜炎伴积液
J90.x00x004　浆液性胸膜炎
J90.x00x005　化学性胸浆膜炎
J90.x01　包裹性胸膜炎
J90.x02　急性渗出性胸膜炎
J92.000　胸膜斑伴有石棉沉着
J92.900x002　胸膜斑
J92.901　胸膜肥厚
J93.003　张力性气胸
J93.100x001　自发性气胸
J93.100x002　闭合性气胸
J93.800x001　包裹性气胸
J93.900　气胸
J94.000　乳糜性渗出
J94.101　胸膜纤维化
J94.200　血胸
J94.201　血气胸
J94.800x003　特发性胸腔积液
J94.800x004　胸膜囊肿
J94.800x010　血性胸水
J94.801　液气胸
J94.802　包裹性胸腔积液
J94.804　胸腔积液
J94.805　胸膜粘连
J94.806　胸膜钙化
J94.807　胸膜纤维样增生
J94.900x001　胸膜病变
J94.901　胸膜肿物

表6-3-104

J95.000　气管造口术功能不全
J95.000x001　气管造口术后吻合口脓毒病
J95.000x002　气管切开术后拔管困难
J95.000x007　气管造口术后口出血
J95.001　气管造口术后气管皮肤瘘
J95.002　气管造口感染
J95.003　气管造口术后狭窄
J95.004　气管造口术后气管食管瘘
J95.005　气管造口术后气道阻塞
J95.100　胸腔手术后的急性肺功能不全
J95.200　非胸腔手术后的急性肺功能不全
J95.300　手术后慢性肺功能不全
J95.400　门德尔松综合征
J95.401　吸入性麻醉引起的化学性肺炎
J95.500　操作后的声门下狭窄
J95.501　手术后喉狭窄
J95.800x001　气管插管后喉水肿
J95.800x004　手术操作后呼吸衰竭
J95.800x009　主支气管吻合口狭窄
J95.800x010　气管吻合口狭窄
J95.800x012　手术后气管食管瘘

J95.800x013　手术后气管瘘
J95.800x016　手术后脓胸
J95.800x021　手术后成人呼吸窘迫综合症
J95.801　手术后胸腔积液
J95.802　呼吸机相关性肺炎
J95.803　空鼻综合征
J95.804　手术后气胸
J95.805　手术后喉水肿
J95.806　手术后声带麻痹
J95.807　手术后声带粘连
J95.808　手术后气管狭窄
J95.809　手术后喉粘连
J95.810　手术后支气管吻合口狭窄
J95.811　手术后肺水肿
J95.900　呼吸性疾患，操作后的
J96.000　急性呼吸衰竭
J96.100　慢性呼吸衰竭
J96.900x001　呼吸衰竭
J96.900x002　Ⅰ型呼吸衰竭
J96.900x003　Ⅱ型呼吸衰竭
J98.000x009　支气管软化
J98.000x011　支气管痉挛
J98.000x012　气管支气管肥大症
J98.000x013　气管支气管软骨骨形成症
J98.001　支气管黏膜纤维组织增生
J98.002　支气管憩室
J98.003　支气管结石
J98.004　支气管息肉
J98.005　支气管狭窄
J98.006　支气管肉芽肿
J98.007　支气管溃疡
J98.008　支气管钙化
J98.009　支气管阻塞
J98.010　支气管骨化
J98.011　支气管囊肿
J98.100　肺萎陷
J98.101　肺不张
J98.102　肺中叶综合征
J98.200　间质性肺气肿
J98.201　纵隔气肿
J98.300　代偿性肺气肿
J98.400x001　肺病
J98.400x005　肺厚壁空洞
J98.400x008　肺假性肿瘤
J98.400x012　过敏性支气管肺疾患
J98.400x013　炎症性损毁肺
J98.400x016　肺炎性肿物
J98.400x019　血管炎性肺损害
J98.401　多囊肺
J98.402　肺不典型增生
J98.403　肺功能不全
J98.404　肺假性淋巴瘤
J98.405　肺炎性假瘤
J98.407　肺假性囊肿
J98.408　肺膨出
J98.409　肺囊肿
J98.410　肺空洞
J98.411　肺钙化
J98.412　肺损伤
J98.413　肺石病
J98.414　肺部感染
J98.415　蜂窝肺
J98.416　毁损肺
J98.417　支气管源性囊肿
J98.418　后天性肺疝
J98.500x001　慢性纵隔炎
J98.500x007　纵隔萎缩［Retraction of mediastinum］
J98.500x008　纵隔肉芽肿
J98.501　急性纵隔炎
J98.502　纵隔感染
J98.503　纵隔炎
J98.504　纵隔疝
J98.505　纵隔囊肿
J98.506　纵隔纤维化
J98.507　纵隔肿物
J98.508　纵隔炎性假瘤
J98.600x001　膈膨升
J98.601　膈肌麻痹
J98.602　膈肌囊肿
J98.700　呼吸道感染
J98.800x001　气管肿物
J98.800x003　气管憩室
J98.800x004　大气道狭窄
J98.800x006　气管梗阻
J98.800x007　气管假性淋巴瘤
J98.800x009　气管脓肿
J98.800x014　气管瘘口狭窄
J98.800x016　气管角化病
J98.800x018　纤毛不动综合征
J98.801　呼吸道梗阻

J98.802　胸腔感染
J98.901　胸腔肿物

表 6-3-105

K00.000　无牙症
K00.000x003　少牙畸形
K00.000x004　先天缺牙
K00.001　牙齿发育不全
K00.002　牙齿缺少
K00.100x001　多生牙
K00.101　第四臼齿
K00.200x001　巨牙症
K00.200x002　釉珠
K00.200x003　过小牙
K00.200x005　牛牙症
K00.200x009　畸形中央尖
K00.200x010　牙内陷
K00.201　双生牙
K00.202　结合齿
K00.203　套叠齿
K00.204　融合齿
K00.205　圆锥齿
K00.206　齿前突
K00.207　齿中突
K00.300x002　无氟釉质不透明
K00.301　氟牙症
K00.400　牙形成障碍
K00.400x001　弯曲牙
K00.400x002　特奈牙
K00.400x004　牙根发育不良
K00.401　区域性牙齿发育异常
K00.402　釉质发育不全（新生儿）（生后）（生前）
K00.500x002　壳状牙
K00.501　牙本质发育不全
K00.502　牙生长不全
K00.503　釉质发生不全
K00.600x002　诞生牙
K00.600x006　恒牙萌出过迟
K00.600x007　恒牙早萌
K00.600x008　低位乳牙
K00.601　个别乳磨牙早失
K00.602　新生儿牙
K00.603　牙齿萌出过早
K00.604　牙齿萌出过晚
K00.605　乳齿过早脱落
K00.608　乳牙滞留
K00.700　出牙综合征
K00.800x002　四环素牙
K00.801　牙齿形成期间颜色改变
K00.900　牙发育疾患
K01.000　埋伏牙
K01.100　阻生牙
K02.000　牙釉质龋
K02.001　牙齿白斑点损害
K02.100　牙本质龋
K02.101　乳牙中龋
K02.200　牙骨质龋
K02.300　静止龋
K02.400x001　牙折断
K02.400x002　婴儿黑牙病
K02.400x003　黑牙折断
K02.500　龋齿伴牙髓暴露
K02.800x001　继发龋
K02.800x002　急性龋
K02.800x003　乳牙浅龋
K02.800x005　乳牙深龋
K02.800x006　恒牙浅龋
K02.800x007　恒牙中龋
K02.800x008　恒牙深龋
K02.900x001　龋病
K02.901　蔓延性龋
K03.000　牙过度磨耗
K03.000x002　牙齿颌面磨损
K03.001　邻面磨损
K03.100x001　牙齿磨损
K03.101　牙齿楔状缺损
K03.102　净齿剂牙磨损
K03.103　习惯性牙磨损
K03.104　职业性牙磨损
K03.105　宗教仪式性牙磨损
K03.106　传统性牙磨损
K03.200x002　牙酸蚀病
K03.201　特发性牙腐蚀
K03.202　药物性牙腐蚀
K03.203　职业性牙腐蚀
K03.204　持续性呕吐致牙腐蚀
K03.300　牙病理性吸收
K03.300x001　牙髓内部肉芽肿
K03.300x002　牙根外吸收
K03.300x003　牙内吸收

K03.400　牙骨质增生
K03.401　齿槽骨质增生
K03.500　牙骨粘连
K03.600x001　牙齿变色
K03.601　牙石
K03.602　龈下牙石（龈下垢）
K03.603　龈上牙石（龈上垢）
K03.604　牙上沉积物
K03.700　牙硬组织萌出后颜色改变
K03.800x001　辐照性牙釉质
K03.800x002　牙本质过敏症
K03.800x003　牙隐裂
K03.800x005　牙震荡
K03.801　牙根纵裂
K03.900　牙硬组织疾病
K04.000　牙髓炎
K04.000x007　溃疡性牙髓炎
K04.000x008　增生性牙髓炎
K04.001　急性牙髓炎
K04.002　慢性牙髓炎
K04.006　可逆性牙髓炎
K04.007　不可逆性牙髓炎
K04.100　牙髓坏死
K04.101　牙髓坏疽
K04.200　牙髓变性
K04.200x003　牙髓钙化
K04.201　牙髓石
K04.300　牙髓异常硬组织形成
K04.400　急性牙髓源性根尖牙周炎
K04.401　急性根尖周炎
K04.500　慢性根尖牙周炎
K04.500x001　慢性根尖周炎
K04.501　根尖肉芽肿
K04.600　根尖周脓肿伴有窦道
K04.700　根尖周脓肿不伴有窦道
K04.701　根尖脓肿
K04.702　牙槽脓肿
K04.703　剩余牙根脓肿
K04.800　牙根囊肿
K04.801　根尖囊肿
K04.802　根尖周囊肿
K04.803　残余牙根囊肿
K04.900　牙髓和根尖周组织其他和未特指的疾病
K04.901　牙髓和根尖周组织疾病
K04.902　牙周牙髓综合征
K05.000　急性龈炎
K05.000x002　急性龈乳头炎
K05.100　慢性龈炎
K05.100x005　龈炎
K05.100x008　青春期龈炎
K05.100x010　龈乳头炎
K05.100x011　菌斑性龈炎
K05.100x012　萌出性龈炎
K05.100x013　浆细胞龈炎
K05.101　化脓性牙龈炎
K05.102　增生性牙龈炎
K05.103　溃疡性龈炎
K05.104　边缘性龈炎
K05.105　肥大性龈炎
K05.106　脱屑性龈炎
K05.200　急性牙周炎
K05.200x002　急性多发性龈脓肿
K05.201　牙周脓肿
K05.202　牙冠周脓肿
K05.203　牙龈脓肿
K05.204　急性冠周炎
K05.300　慢性牙周炎
K05.300x002　复合性牙周炎
K05.301　单纯性牙周炎
K05.400　牙周变性
K05.400x002　幼年牙周变性
K05.500x001　咬合创伤
K05.500x002　侵袭性牙周炎
K05.500x003　根分歧病变
K05.500x005　种植体周围炎
K05.600　牙周病
K06.000　牙龈退缩
K06.000x002　局部性牙龈退缩
K06.000x003　感染后牙龈退缩
K06.000x004　手术后牙龈退缩
K06.100　牙龈增厚
K06.100x001　牙龈增生
K06.100x002　药物性牙龈增生
K06.100x003　遗传性龈纤维瘤病
K06.200　与创伤有关的牙龈和无牙牙槽嵴损害
K06.800x009　牙周巨细胞肉芽肿
K06.800x012　牙龈黑斑
K06.800x013　牙龈粘膜色素沉着
K06.800x014　种植体周围黏膜炎
K06.800x015　白血病的龈病损

K06.801　牙龈化脓性肉芽肿
K06.802　巨细胞性牙龈瘤
K06.803　牙龈瘤
K06.804　牙龈出血
K06.805　牙龈瘘管
K06.806　牙龈溃疡
K06.807　牙龈息肉
K06.808　牙槽嵴松弛
K06.809　纤维性牙龈瘤
K06.810　龈沟赘生物
K06.900　牙龈和无牙牙槽嵴疾患
K06.901　牙龈肿物
K07.000x002　上颌骨纤维增生
K07.000x004　下颌骨增生
K07.000x007　巨上颌
K07.000x008　小下颌
K07.000x009　小上颌
K07.000x011　颏后缩
K07.000x012　方颏畸形
K07.000x013　颏部畸形
K07.002　巨颌症
K07.003　颌骨发育不全
K07.004　上颌骨骨质增生
K07.005　上颌骨发育不全
K07.006　下颌骨骨质增生
K07.007　下颌发育不全
K07.008　下颌角肥大
K07.009　下颌角肥大伴咬肌肥大
K07.010　小颌畸形
K07.011　小颏畸形
K07.012　唇腭裂术后颌骨发育不全
K07.100x008　错殆畸形骨性Ⅰ类
K07.100x009　错殆畸形骨性Ⅱ类
K07.100x010　错殆畸形骨性Ⅲ类
K07.100x011　颏部前突
K07.100x012　上颌前突下颌后缩
K07.100x014　上颌后缩下颌前突
K07.100x015　长面综合征
K07.100x016　短面综合征
K07.100x017　下颌前突偏斜
K07.101　偏颌畸形
K07.102　双突颌畸形
K07.103　上颌后缩
K07.104　上颌前突
K07.105　上下颌前突畸形
K07.106　下颌后缩
K07.107　下颌偏斜
K07.108　下颌前突
K07.109　颌后缩
K07.110　颌骨不对称
K07.200x001　后牙开殆
K07.200x002　后牙锁合
K07.200x003　前牙反殆
K07.200x005　深覆殆
K07.200x011　错殆畸形安氏Ⅰ类
K07.200x012　错殆畸形安氏Ⅱ类
K07.200x013　错殆畸形安氏Ⅲ类
K07.200x014　深覆盖
K07.201　覆咬合
K07.202　前牙开殆
K07.203　牙弓中线偏离
K07.204　咬合异常
K07.205　反殆
K07.300x003　牙齿位置异常
K07.300x005　牙齿间隙
K07.300x006　牙齿扭转
K07.300x007　牙齿移位
K07.300x008　第一恒磨牙异位萌出
K07.300x009　牙的病理性移位
K07.301　牙错位
K07.302　牙列不齐
K07.303　牙体缺损
K07.304　牙拥挤
K07.305　异位牙
K07.400x001　错殆畸形
K07.500x002　颌骨闭合异常
K07.600　颞下颌关节疾患
K07.600x001　颞下颌关节紊乱病
K07.600x003　颞下颌关节强直
K07.601　陈旧性颞下颌关节脱位
K07.602　颞颌关节综合征
K07.603　颞颌关节骨关节病
K07.604　颞颌关节炎
K07.800x001　颜面部缺损
K07.900　牙面畸形
K07.901　下颌畸形
K07.902　颌骨畸形
K07.903　颌骨先天畸形
K08.000　全身性疾病引起的牙脱落
K08.101　单颌牙列缺失

K08.102　外伤性牙齿缺失
K08.103　后天性牙齿缺失
K08.104　牙列部分缺失
K08.201　无牙牙槽突萎缩
K08.202　牙槽骨萎缩
K08.203　牙槽嵴萎缩
K08.204　牙槽突萎缩
K08.300x002　残留牙根
K08.302　残冠
K08.801　牙痛
K08.802　牙槽嵴裂
K08.803　牙槽突不齐
K08.804　牙槽嵴黏膜角化过度
K08.805　牙槽突裂
K08.806　牙槽出血
K08.807　牙槽隐性裂
K08.808　牙槽嵴增大
K08.809　牙槽骨缺损
K08.900　牙及支持结构疾患
K09.000　发育性牙源性囊肿
K09.000x005　颌骨发育性牙源性囊肿
K09.000x007　颌骨始基囊肿
K09.001　含牙囊肿
K09.002　萌牙囊肿
K09.003　牙龈囊肿
K09.004　颌骨含牙囊肿
K09.005　始基囊肿
K09.100x001　腭骨囊肿
K09.100x003　球上颌囊肿
K09.100x004　口腔发育性（非牙源性）囊肿
K09.100x006　鼻腭囊肿
K09.102　鼻牙槽囊肿
K09.103　鼻腭管囊肿
K09.200　颌的其他囊肿
K09.200x001　颌骨囊肿
K09.201　颌出血性囊肿
K09.202　颌动脉瘤性囊肿
K09.203　髁状突囊肿
K09.204　上颌骨囊肿
K09.205　下颌骨囊肿
K09.800x005　爱泼斯坦小结［口底皮样囊肿］
K09.801　腮腺淋巴上皮囊肿
K09.804　颏部皮样囊肿
K09.805　颊囊肿
K09.806　口腔表皮样囊肿
K09.807　口腔皮样囊肿
K09.808　口腔黏液腺囊肿
K09.809　口腔淋巴上皮囊肿
K09.900x001　口腔囊肿
K10.000　颌的发育性疾患
K10.000x002　腭隆凸
K10.000x003　颌的潜伏性骨囊肿
K10.000x004　斯塔夫尼囊肿
K10.001　下颌隆凸
K10.002　腭裂手术后畸形
K10.100　中心性巨细胞肉芽肿
K10.100x001　颌骨中枢性巨细胞病变
K10.100x003　颌下区肉芽肿
K10.101　颌骨巨细胞修复性肉芽肿
K10.102　颌骨巨细胞肉芽肿
K10.103　颌肉芽肿
K10.200　颌的炎性情况
K10.200x009　新生儿颌骨骨髓炎
K10.201　放射性颌骨坏死
K10.202　颌骨骨髓炎
K10.203　颌骨放射性骨髓炎
K10.204　颌骨炎性增生
K10.205　颌骨骨炎
K10.206　颌骨死骨
K10.207　化脓性颌骨髓炎
K10.208　髁状突炎
K10.209　慢性下颌骨边缘性骨髓炎
K10.210　慢性下颌骨中央性骨髓炎
K10.211　慢性颌骨炎
K10.212　下颌炎性窦道
K10.213　下颌骨局限坏死
K10.214　翼腭窝炎
K10.300x003　颌骨牙槽炎
K10.301　牙槽骨骨炎
K10.302　干槽症
K10.800x002　腭血肿
K10.800x005　颌骨纤维异常增殖症
K10.800x006　颌骨骨质增生
K10.800x008　家族性巨颌症
K10.800x010　颌骨单侧髁突增生
K10.800x011　颌骨单侧髁突发育不全
K10.800x012　髁突肥大
K10.801　单侧髁状突肥大
K10.802　髁状突骨疣
K10.803　后天性腭畸形

K10.804 颌骨纤维结构发育不良
K10.805 颌外生性骨疣
K10.808 上腭穿孔
K10.809 颌部瘤样纤维组织增生
K10.900x002 颌骨缺损
K10.901 颌骨肿物
K11.000 涎腺萎缩
K11.100x002 下颌下腺良性增生
K11.100x004 唾液腺肥大
K11.101 腮腺肥大
K11.102 颌下腺肥大
K11.200 涎腺炎
K11.200x009 下颌下腺炎
K11.200x011 舌下腺炎
K11.200x012 慢性唾液腺炎
K11.200x014 硬化性唾液腺炎
K11.201 急性腮腺炎
K11.202 急性颌下腺炎
K11.203 急性舌下腺炎
K11.204 慢性腮腺炎
K11.205 慢性颌下腺炎
K11.206 慢性舌下腺炎
K11.207 腮腺炎性假瘤
K11.208 硬化性涎腺炎
K11.209 阻塞性颌下腺炎
K11.210 阻塞性腮腺炎
K11.211 化脓性腮腺炎
K11.300 涎腺脓肿
K11.301 腮腺脓肿
K11.302 颌下腺脓肿
K11.303 舌下腺脓肿
K11.400 涎腺瘘
K11.400x003 唾液导管瘘
K11.401 腮腺瘘
K11.402 腮腺导管瘘
K11.404 颌下腺瘘
K11.500x003 舌下管结石
K11.500x005 唾液腺导管结石
K11.501 腮腺导管结石
K11.503 颌下腺导管结石
K11.600 涎腺黏液囊肿
K11.600x005 口腔黏膜粘液囊肿
K11.600x008 舌下腺粘液囊肿
K11.601 腮腺囊肿
K11.602 腮腺涎液潴留
K11.603 舌下腺囊肿
K11.604 舌下囊肿
K11.605 颌下腺囊肿
K11.606 颌下腺黏液囊肿
K11.700x001 唾液分泌紊乱
K11.700x002 唾液分泌过少
K11.700x003 流涎症
K11.701 口干燥症
K11.800 涎腺的其他疾病
K11.800x002 腮腺唾液潴留
K11.800x006 坏死性唾液腺化生
K11.800x007 唾液腺肉芽肿
K11.800x010 腮腺结节病
K11.801 涎腺管狭窄
K11.802 米库利奇病
K11.803 腮腺管扩张
K11.804 腮腺肉芽肿
K11.805 涎腺良性淋巴上皮损害
K11.806 涎腺管扩张
K11.807 涎腺导管阻塞
K11.900x004 唾液腺病
K11.901 腮腺区肿物
K11.902 涎腺肿物
K11.903 颌下腺肿物
K12.000 复发性口腔阿弗他溃疡
K12.000x001 轻型阿弗他溃疡
K12.001 复发性坏死性黏膜腺周炎
K12.002 口腔阿弗他溃疡
K12.003 疱疹样口炎
K12.100x002 过敏性口炎
K12.100x011 尼古丁口炎
K12.100x012 药物性口炎
K12.100x013 糜烂性口炎
K12.101 创伤性口腔黏膜溃疡
K12.102 腭部溃疡
K12.103 腭溃疡穿孔
K12.105 腭部炎性假瘤
K12.106 变应性口炎
K12.107 溃疡性口炎
K12.108 义齿性口炎
K12.109 口腔黏膜溃疡
K12.110 口底炎性假瘤
K12.111 口腔感染
K12.112 口腔炎
K12.114 小疱性口炎

K12.115 颊溃疡
K12.116 口腔炎性肿块
K12.117 上腭炎性肿物
K12.200x003 颏下间隙感染
K12.200x011 口底多间隙感染
K12.200x012 颌下感染
K12.200x017 口腔内脓肿
K12.200x018 软腭脓肿
K12.200x019 硬腭脓肿
K12.201 口腔脓肿
K12.202 颌下间隙感染
K12.203 颊部脓肿
K12.204 颊间隙感染
K12.205 颊瘘
K12.206 腭瘘
K12.207 颌下瘘管
K12.208 口腔瘘管
K12.209 口腔皮肤瘘
K12.210 眶下间隙感染
K12.211 颞下间隙感染
K12.212 舌下间隙感染
K12.213 咬肌间隙感染
K12.214 口蜂窝织炎
K12.215 翼下颌间隙感染
K12.216 牙源性面部皮肤瘘
K12.217 颌面间隙感染
K12.218 颊黏膜脓肿
K12.301 黏膜炎（口腔）（口咽）
K12.302 药物性黏膜炎（口腔）（口咽）
K12.303 放射性黏膜炎（口腔）（口咽）
K12.304 病毒性黏膜炎（口腔）（口咽）
K12.305 腭黏膜炎
K13.000x001 感染性口角炎
K13.000x006 剥脱性唇炎
K13.000x007 腺性唇炎
K13.000x012 唇表皮化
K13.000x014 唇黏液囊肿
K13.000x016 烧伤后唇畸形
K13.000x017 变应性接触性唇炎
K13.000x018 唇脓肿
K13.000x023 唇结节病
K13.001 唇瘘
K13.002 唇瘢痕
K13.003 唇肥厚
K13.004 唇畸形
K13.005 唇溃疡
K13.006 唇囊肿
K13.007 唇息肉
K13.008 唇外翻
K13.009 唇肉芽肿
K13.010 唇部肿物
K13.011 唇蜂窝织炎
K13.012 唇鳞状上皮增生
K13.013 唇炎
K13.014 口角炎
K13.015 唇皲裂
K13.016 唇疼
K13.100 颊和唇咬伤
K13.101 颊咬伤
K13.200x004 口腔灶性上皮增生
K13.200x005 烟斑
K13.200x006 白色角化症
K13.200x007 口腔黏膜红斑
K13.200x009 口腔黏膜白色水肿
K13.200x010 颊鳞状上皮增生
K13.200x011 腭黏膜上皮增生
K13.201 腭黏膜角化不良
K13.202 腭白斑
K13.203 口腔白斑
K13.204 口腔黏膜过度角化
K13.205 舌白斑
K13.206 舌白色水肿
K13.207 舌良性过度角化症
K13.208 牙龈白斑
K13.209 颊白斑
K13.210 舌鳞状上皮增生
K13.300 毛状白斑
K13.400 口腔黏膜肉芽肿和类肉芽肿损害
K13.400x001 口腔黏膜结节病
K13.400x002 口腔黏膜浆细胞肉芽肿
K13.400x004 口腔黏膜化脓性肉芽肿
K13.401 口腔黏膜肉芽肿
K13.402 口腔黏膜嗜酸性肉芽肿
K13.403 口腔黏膜疣状黄瘤
K13.500 口腔黏膜下纤维化
K13.500x002 腭部黏膜下纤维化
K13.600 口腔黏膜刺激性增生
K13.600x001 口腔黏膜炎性增生
K13.601 口腔黏膜增生
K13.602 腭增生症

K13.603　腭黏膜息肉
K13.700　口腔黏膜其他的损害
K13.700x001　腭部瘢痕
K13.700x003　腭黏膜炎症
K13.700x004　后天性颊沟畸形
K13.700x006　口腔毛息肉
K13.700x007　颊部炎症
K13.700x009　慢性颊黏膜下炎症
K13.700x010　口腔内血管增生
K13.700x011　口腔黏膜出血
K13.700x013　后天性软腭畸形
K13.700x018　翼沟过长
K13.700x019　腭垂囊肿
K13.700x021　软腭肥厚
K13.700x022　腭麻痹
K13.700x023　软腭麻痹
K13.700x024　软腭震颤
K13.700x025　金属引起的口腔黏膜病变
K13.700x026　颊部息肉
K13.702　口腔肿物
K13.703　口腔瘢痕
K13.704　口腔黏蛋白沉积症
K13.705　口腔出血
K13.706　后天性小口畸形
K13.707　颊部炎性假瘤
K13.709　腭咽闭合不全
K13.710　悬雍垂（腭垂）肥大
K13.711　悬雍垂（腭垂）息肉
K13.714　软腭肿瘤放疗后畸形
K13.715　下颌前庭沟过浅
K14.000　舌炎
K14.000x006　舌创伤性溃疡
K14.000x007　舌部嗜酸性溃疡
K14.001　舌脓肿
K14.002　舌炎性肿块
K14.003　舌溃疡
K14.004　舌乳突炎
K14.100x001　地图舌
K14.102　移行性舌炎
K14.200　正中菱形舌炎
K14.300　舌乳头肥大
K14.300x001　毛舌
K14.300x003　舌苔
K14.300x004　叶状乳头肥大
K14.301　舌叶乳头增生
K14.302　黑毛舌
K14.400　舌乳头萎缩
K14.400x001　光面舌
K14.401　萎缩性舌炎
K14.500x001　裂纹舌
K14.500x002　沟纹舌
K14.600x001　舌痛症
K14.800x003　舌瘘管
K14.800x005　舌畸形
K14.800x010　舌牙痕
K14.800x012　舌息肉
K14.800x013　舌粘连
K14.801　舌肉芽肿
K14.802　舌出血
K14.803　舌肥大
K14.804　舌萎缩
K14.805　舌囊肿
K14.807　舌肌阵挛
K14.808　舌瘢痕
K14.809　舌尖瘘管
K14.900x002　强直舌
K14.900x003　舌的静脉曲张
K14.900x004　舌缺损
K14.901　舌肿物

表6-3-106

K20.x00　食管炎
K20.x00x001　贲门炎
K20.x00x003　创伤性食管炎
K20.x00x006　食管脓肿
K20.x01　化学性食管炎
K20.x02　放射性食管炎
K20.x03　手术后食管炎
K21.001　反流性食管炎
K21.900x003　胃食管反流
K21.901　食管反流
K21.902　贲门松弛
K21.903　喉咽反流
K22.000x001　贲门痉挛
K22.000x002　贲门失弛缓
K22.100　食管溃疡
K22.101　贲门糜烂
K22.102　贲门溃疡
K22.103　食管糜烂
K22.200　食管梗阻

K22.201　贲门梗阻
K22.202　贲门狭窄
K22.203　食管受压
K22.204　食管挛缩
K22.205　食管狭窄
K22.206　胡桃夹食管
K22.207　创伤性食管狭窄
K22.208　手术后食管狭窄
K22.209　后天性食管蹼
K22.300　食管穿孔
K22.301　食管破裂
K22.400　食管运动障碍
K22.400x003　螺旋状食管
K22.401　食管痉挛
K22.500　后天性食管憩室
K22.600x001　贲门撕裂症
K22.601　食管贲门黏膜撕裂综合征
K22.700x001　巴氏食管
K22.800x003　食管肌性肥厚
K22.800x011　贲门息肉
K22.801　食管隆起性病变
K22.802　创伤后食管瘘
K22.803　食管白斑
K22.804　食管出血
K22.805　食管囊肿
K22.806　食管扩张
K22.807　食管息肉
K22.808　食管肠上皮化生
K22.809　食管黏膜剥脱症
K22.811　食管瘘
K22.812　食管黏膜不典型增生
K22.813　手术后食管瘘
K22.814　食管炎性肉芽肿
K22.815　食管黏膜鳞状上皮增生
K22.900x001　食管功能不全
K22.901　食管肿物
K25.000　急性胃溃疡伴有出血
K25.000x001　胃黏膜下恒径动脉破裂出血
K25.000x002　急性胃黏膜病变伴出血
K25.001　迪厄拉富瓦溃疡
K25.100x001　胃溃疡伴急性穿孔
K25.200x001　胃溃疡伴出血和急性穿孔
K25.300x001　急性胃溃疡
K25.400x001　胃溃疡伴出血
K25.400x002　胃窦部溃疡伴出血
K25.401　幽门溃疡伴出血
K25.500x001　胃溃疡伴穿孔
K25.501　幽门穿孔
K25.600　慢性胃溃疡伴有出血和穿孔
K25.700　慢性胃溃疡不伴有出血或穿孔
K25.900x001　胃溃疡
K25.901　残胃溃疡
K25.902　胃小弯溃疡
K25.903　幽门管溃疡
K26.000　急性十二指肠溃疡伴有出血
K26.001　急性十二指肠球部溃疡并出血
K26.100　急性十二指肠溃疡伴有穿孔
K26.200x001　十二指肠溃疡伴出血和急性穿孔
K26.200x002　十二指肠球部溃疡伴出血和急性穿孔
K26.300　急性十二指肠溃疡不伴有出血和穿孔
K26.400x003　十二指肠糜烂出血
K26.401　十二指肠球部溃疡伴出血
K26.500x001　十二指肠溃疡伴穿孔
K26.501　十二指肠球部溃疡伴穿孔
K26.600　慢性十二指肠溃疡伴有出血和穿孔
K26.701　慢性十二指肠溃疡
K26.900x001　十二指肠溃疡
K26.900x002　十二指肠球部溃疡
K27.000　急性消化性溃疡伴有出血
K27.100x001　消化性溃疡伴急性穿孔
K27.200　急性消化性溃疡伴有出血和穿孔
K27.300　急性消化性溃疡不伴有出血和穿孔
K27.400　慢性消化性溃疡伴有出血
K27.400x001　多发性溃疡伴出血
K27.400x002　复合性溃疡伴出血
K27.400x004　消化性溃疡伴出血
K27.401　应激性溃疡伴出血
K27.500　慢性消化性溃疡伴有穿孔
K27.500x001　多发性溃疡伴穿孔
K27.500x002　复合性溃疡伴穿孔
K27.500x005　上消化道溃疡伴穿孔
K27.501　消化性溃疡伴穿孔
K27.502　应激性溃疡伴穿孔
K27.503　上消化道穿孔
K27.600　慢性消化性溃疡伴有出血和穿孔
K27.600x001　复合性溃疡伴出血和穿孔
K27.700x001　慢性消化性溃疡
K27.900x001　多发性复合性溃疡
K27.900x002　复合性溃疡
K27.900x005　NSAIDs 相关溃疡

K27.901　消化性溃疡
K27.902　应激性溃疡
K28.000　急性胃空肠溃疡伴有出血
K28.100　急性胃空肠溃疡伴有穿孔
K28.200　急性胃空肠溃疡伴有出血和穿孔
K28.300x001　急性胃空肠溃疡
K28.400x002　吻合口溃疡伴出血
K28.401　空肠溃疡伴出血
K28.500　慢性胃空肠溃疡伴有穿孔
K28.500x001　吻合口溃疡伴穿孔
K28.600　慢性胃空肠溃疡伴有出血和穿孔
K28.600x001　空肠溃疡伴出血和穿孔
K28.700　慢性胃空肠溃疡不伴有出血或穿孔
K28.900x001　吻合口溃疡
K28.900x002　吻合口溃疡伴梗阻
K28.901　空肠溃疡
K29.000　急性出血性胃炎
K29.001　急性糜烂出血性胃炎
K29.100x001　急性胃炎
K29.101　急性糜烂性胃炎
K29.200　酒精性胃炎
K29.300　慢性浅表性胃炎
K29.400　慢性萎缩性胃炎
K29.500　慢性胃炎
K29.501　慢性胃窦炎
K29.600　胃炎，其他的
K29.600x006　反流性胃炎
K29.600x007　应激性胃炎
K29.601　变应性胃炎
K29.602　肥厚性胃炎
K29.603　糜烂性胃炎
K29.604　梅内特里耶病
K29.605　肉芽肿性胃炎
K29.606　胃黏膜肥厚
K29.608　药物性胃炎
K29.700　胃炎
K29.700x002　胃炎性假瘤
K29.701　残胃炎
K29.800　十二指肠炎
K29.801　十二指肠球炎
K29.802　十二指肠乳头炎
K29.900　胃十二指肠炎
K30.x00　功能性消化不良
K30.x00x001　肠消化不良
K30.x00x002　新生儿消化不良
K31.000　急性胃扩张
K31.100　成人肥厚性幽门狭窄
K31.100x002　幽门梗阻
K31.101　瘢痕性幽门梗阻
K31.102　幽门不全梗阻
K31.103　幽门肥大
K31.104　幽门狭窄
K31.200　胃沙漏状狭窄及缩窄
K31.300　幽门痉挛
K31.400　胃憩室
K31.500　十二指肠梗阻
K31.501　十二指肠狭窄
K31.502　十二指肠淤积
K31.600x004　胃小肠结肠瘘
K31.600x005　胃瘘
K31.601　胃空肠结肠瘘
K31.602　胃结肠瘘
K31.603　胃腹壁瘘
K31.604　十二指肠瘘
K31.605　手术后食管胃瘘
K31.606　手术后胃瘘
K31.607　手术后胃小肠瘘
K31.608　手术后胃大肠瘘
K31.609　手术后十二指肠瘘
K31.701　十二指肠息肉
K31.702　十二指肠球部息肉
K31.703　胃息肉
K31.800x801　低张力胃
K31.800x802　十二指肠白点征
K31.800x806　十二指肠穿孔
K31.800x808　胃假性淋巴瘤
K31.801　胃黏膜肠上皮化生
K31.802　高张力胃
K31.803　沙漏状胃痉挛
K31.804　胃酸过多
K31.805　胃酸缺乏
K31.806　胃狭窄
K31.807　胃痉挛
K31.808　胃结石
K31.809　胃麻痹
K31.810　胃囊肿
K31.811　胃下垂
K31.812　胃扭转
K31.813　胃破裂
K31.814　胃穿孔

K31.815　胃黄色斑
K31.816　胃黏膜脱垂
K31.818　十二指肠球变形
K31.819　胃潴留
K31.820　胃-心综合征
K31.821　胃粘膜不典型增生
K31.901　胃排空障碍
K31.902　胃肿物
K31.903　十二指肠肿物
K31.904　急性胃黏膜病变
K31.905　胃黏膜病变

表 6-3-107

K35.200　急性阑尾炎伴有弥漫性腹膜炎
K35.201　急性阑尾炎破裂或穿孔后伴有弥漫性腹膜炎
K35.300　急性阑尾炎伴局限性腹膜炎
K35.301　急性阑尾炎伴腹膜脓肿
K35.800x001　急性阑尾炎
K36.x00x003　亚急性阑尾炎
K36.x00x004　阑尾残端炎
K36.x01　复发性阑尾炎
K36.x02　慢性阑尾炎
K37.x00　阑尾炎
K37.x00x002　阑尾周围炎
K38.000　阑尾增生
K38.000x002　阑尾包块
K38.100　阑尾结石
K38.200　阑尾憩室
K38.300　阑尾瘘
K38.800x001　闭锁性阑尾
K38.800x003　阑尾套叠
K38.800x004　阑尾炎性假瘤
K38.801　阑尾黏液囊肿
K38.802　阑尾囊肿
K38.900　阑尾疾病

表 6-3-108

K40.000x001　双侧腹股沟疝伴梗阻
K40.001　双侧腹股沟斜疝伴梗阻
K40.002　双侧腹股沟直疝伴梗阻
K40.100x001　双侧腹股沟疝伴坏疽
K40.101　双侧腹股沟斜疝伴坏死
K40.102　双侧腹股沟直疝伴坏死
K40.200x001　双侧腹股沟疝
K40.201　双侧腹股沟斜疝
K40.202　双侧腹股沟直疝
K40.203　双侧滑动性腹股沟斜疝
K40.204　双侧腹股沟疝（一侧直疝、一侧斜疝）
K40.300　单侧或未特指的腹股沟疝，伴有梗阻，不伴有坏疽
K40.301　单侧绞窄性腹股沟斜疝
K40.302　单侧绞窄性腹股沟直疝
K40.303　单侧难复性腹股沟直疝
K40.304　单侧难复性腹股沟斜疝
K40.305　单侧嵌顿性腹股沟直疝
K40.306　单侧嵌顿性腹股沟斜疝
K40.307　单侧嵌顿性腹股沟疝伴梗阻
K40.308　单侧滑动性腹股沟疝伴梗阻
K40.309　腹股沟嵌顿性滑疝
K40.310　绞窄性腹股沟疝
K40.311　难复性腹股沟疝
K40.312　嵌顿性腹股沟疝
K40.313　嵌顿性腹股沟疝伴梗阻
K40.314　嵌顿性腹股沟斜疝
K40.315　腹股沟直疝嵌顿
K40.400x001　单侧腹股沟疝伴坏疽
K40.401　单侧腹股沟斜疝伴坏疽
K40.402　单侧腹股沟直疝伴坏疽
K40.900x001　腹股沟环松弛
K40.900x002　单侧腹股沟疝
K40.900x003　单侧腹股沟斜疝
K40.900x004　单侧腹股沟直疝
K40.900x005　腹股沟斜疝合并直疝
K40.900x006　先天性腹股沟斜疝
K40.901　腹股沟斜疝
K40.902　腹股沟直疝
K40.903　腹股沟滑动疝
K40.904　复发性腹股沟斜疝
K40.905　复发性腹股沟直疝
K40.906　复发性腹股沟疝
K40.907　阴囊疝
K41.000　双侧股疝，伴有梗阻，不伴有坏疽
K41.100x001　双侧股疝伴坏疽
K41.200x001　双侧股疝
K41.300x002　单侧绞窄性股疝
K41.300x003　单侧股疝伴梗阻
K41.301　绞窄性股疝
K41.302　嵌顿性股疝
K41.400x001　单侧股疝伴坏疽

K41.900x001　股疝
K42.000x001　脐疝伴梗阻
K42.001　嵌顿性脐疝
K42.100x001　坏疽性脐疝
K42.900　脐疝，不伴有梗阻或坏疽
K42.901　脐旁疝
K42.902　复发性脐疝
K43.000　切口疝，伴有梗阻，不伴有坏疽
K43.001　梗阻性切口疝
K43.002　嵌顿性切口疝伴梗阻
K43.003　不可复性切口疝
K43.004　狭窄性切口疝
K43.100　切口疝，伴有坏疽
K43.200　切口疝，不伴有梗阻和坏疽
K43.301　梗阻性造口旁疝
K43.302　嵌顿性造口旁疝，不伴坏疽
K43.303　不可复性造口旁疝
K43.304　狭窄性造口旁疝
K43.400　坏疽性造口旁疝
K43.500　造口旁疝，不伴梗阻和坏疽
K43.601　上腹疝伴梗阻
K43.602　下腹疝伴梗阻
K43.603　腹中线疝伴梗阻
K43.604　半月线疝伴梗阻
K43.605　剑突下疝伴梗阻
K43.700　其他未特指的坏疽性腹疝
K44.000x001　膈疝伴梗阻
K44.000x002　绞窄性膈疝伴梗阻
K44.100x001　坏疽性膈疝
K44.900x001　膈疝
K44.901　食管裂孔疝
K45.000　腹疝，伴有梗阻，不伴有坏疽，其他特指的
K45.002　嵌顿性闭孔疝
K45.003　绞窄性腹疝伴肠梗阻
K45.100　腹疝，伴有坏疽，其他特指的
K45.800　腹疝，不伴有梗阻或坏疽，其他特指的
K45.801　坐骨大孔疝
K45.802　闭孔疝
K45.804　绞窄性闭孔疝
K45.805　库珀疝
K45.806　人工肛门处疝
K45.807　腰疝
K45.808　特赖茨窝上疝
K46.000　腹疝，伴有梗阻，不伴有坏疽
K46.000x002　腹内疝伴肠梗阻
K46.001　绞窄性小肠疝
K46.002　嵌顿性小肠疝
K46.100　腹疝，伴有坏疽
K46.100x001　腹内疝伴坏疽
K46.101　坏疽性小肠疝
K46.900　腹疝，不伴有梗阻或坏疽
K46.900x002　腹内疝
K46.900x003　输入袢内疝
K46.900x004　网膜裂孔疝
K46.900x012　大肠疝
K46.901　肠系膜裂孔疝
K46.902　肠系膜内疝
K46.903　阑尾疝
K46.905　小肠疝

表 6-3-109

K50.000　小肠克罗恩病
K50.000x001　末端性回肠炎
K50.000x005　十二指肠克罗恩病
K50.001　空肠克罗恩病
K50.002　回肠克罗恩病
K50.101　肉芽肿性结肠炎
K50.102　结肠克罗恩病
K50.103　直肠克罗恩病
K50.104　肉芽肿性盲肠炎
K50.800　克罗恩病，其他的
K50.800x001　大肠和小肠克罗恩病
K50.801　食管克罗恩病
K50.900　克罗恩病
K50.902+M07.4*　克罗恩病性关节病
K51.000　溃疡性（慢性）全结肠炎
K51.001　溃疡性全结肠炎，轻度
K51.002　溃疡性全结肠炎，中度
K51.003　溃疡性全结肠炎，重度
K51.200x001　溃疡性直肠炎
K51.201　溃疡性直肠炎，轻度
K51.202　溃疡性直肠炎，中度
K51.203　溃疡性直肠炎，重度
K51.300　慢性溃疡性直肠乙状结肠炎
K51.301　溃疡性直肠乙状结肠炎，轻度
K51.302　溃疡性直肠乙状结肠炎，中度
K51.303　溃疡性直肠乙状结肠炎，重度
K51.400　炎性息肉
K51.401　结肠炎性息肉

K51.500　左侧结肠炎
K51.800x001　溃疡性结肠炎伴出血
K51.900　溃疡性结肠炎
K51.901　溃疡性结肠炎，轻度
K51.902　溃疡性结肠炎，中度
K51.903　溃疡性结肠炎，重度
K51.904+M07.5*　溃疡性结肠炎性关节病
K52.000　放射性胃肠炎和结肠炎
K52.000x001　放射性肠炎
K52.001　放射性结肠炎
K52.101　中毒性胃肠炎
K52.102　中毒性肠炎
K52.103　中毒性腹泻
K52.104　药物性胃肠炎和结肠炎
K52.200x004　胃肠道过敏症
K52.201　过敏性腹泻
K52.202　过敏性结肠炎
K52.203　过敏性肠炎
K52.204　饮食性腹泻
K52.300　未定型结肠炎
K52.800x003　嗜酸细胞性小肠炎
K52.801　胶原性结肠炎
K52.802　淋巴细胞性结肠炎
K52.803　嗜酸性细胞性胃炎
K52.804　嗜酸细胞性胃肠炎
K52.901　非感染性胃肠炎
K52.902　非感染性腹泻
K52.903　非感染性回盲部炎症
K52.904　非感染性急性肠炎
K52.907　慢性肠炎
K52.908　慢性腹泻
K52.909　慢性胃肠炎
K52.910　慢性结肠炎
K52.911　盲肠炎
K52.912　非感染性乙状结肠炎
K52.913+M07.6*　肠病性关节炎
K52.914　肠炎性包块
K52.917　非感染性小儿肠炎
K52.918　非感染性婴儿肠炎
K52.919　非感染性幼儿腹泻

表 6-3-110

K55.000　肠急性血管疾患
K55.000x005　缺血性结肠炎
K55.000x010　肠系膜上静脉血栓形成
K55.000x011　肠缺血梗死
K55.000x015　肠系膜静脉瘤栓
K55.001　急性肠血管梗死
K55.002　急性缺血性肠坏死
K55.003　出血性肠梗死
K55.004　肠坏死
K55.005　肠系膜坏疽
K55.006　肠系膜动脉栓塞
K55.007　肠系膜静脉血栓形成伴肠坏死
K55.008　肠系膜动脉血栓形成
K55.009　肠系膜动脉栓塞伴肠坏死
K55.010　肠系膜静脉血栓形成
K55.011　肠系膜静脉栓塞
K55.012　肠系膜梗死
K55.013　大网膜坏死
K55.100　肠慢性血管疾患
K55.100x001　肠道慢性缺血性综合征
K55.100x005　慢性肠道血管功能不全
K55.100x006　慢性缺血性结肠炎
K55.100x008　慢性缺血性结肠小肠炎
K55.101　肠系膜动脉狭窄
K55.102　肠系膜上动脉狭窄
K55.103　肠系膜动脉硬化
K55.104　肠系膜动脉供血不足
K55.105　肠系膜上动脉压迫综合征
K55.106　慢性缺血性小肠炎
K55.200　结肠血管发育不良
K55.200x013　肠血管增生
K55.201　结肠血管扩张症
K55.202　肠血管发育不良
K55.300　小肠血管发育不良
K55.300x001　小肠毛细血管扩张
K55.800x003　十二指肠动脉破裂
K55.800x004　十二指肠动脉压迫综合征
K55.801　肠系膜动脉炎
K55.900　肠血管疾患
K55.900x004　缺血性肠病伴出血
K55.901　缺血性小肠炎
K55.902　缺血性肠病
K56.000　麻痹性肠梗阻
K56.001　神经源性肠梗阻
K56.100　肠套叠
K56.101　结肠套叠
K56.102　直肠套叠
K56.200　肠扭转

K56.200x003　肠系膜扭转
K56.200x011　空肠扭转
K56.201　绞窄性肠梗阻
K56.202　肠绞窄
K56.203　结肠扭转
K56.300　胆石性肠梗阻
K56.400x001　粪便嵌塞
K56.400x003　肠嵌塞
K56.401　肠结石
K56.500x003　粘连性肠梗阻
K56.501　腹膜粘连伴肠梗阻
K56.503　肠粘连性狭窄
K56.600x001　肠绞窄坏死
K56.600x005　痉挛性肠梗阻
K56.600x008　结肠梗阻
K56.601　肠狭窄
K56.602　乙状结肠狭窄
K56.603　肠梗阻伴坏死
K56.604　机械性肠梗阻
K56.700　肠梗阻
K56.700x003　完全性肠梗阻
K56.701　不完全性肠梗阻
K57.000　小肠憩室病伴有穿孔和脓肿
K57.001　小肠憩室伴脓肿
K57.002　小肠憩室病伴腹膜炎
K57.003　十二指肠憩室伴穿孔
K57.100x005　小肠憩室
K57.101　十二指肠憩室梗阻性黄疸综合征
K57.102　回盲部憩室
K57.103　空肠憩室
K57.104　十二指肠憩室
K57.105　回肠憩室
K57.106　小肠憩室炎
K57.107　空肠憩室炎
K57.108　十二指肠憩室炎
K57.200x001　大肠憩室伴穿孔
K57.201　大肠憩室病伴有脓肿
K57.202　结肠憩室伴腹膜炎
K57.300x006　大肠憩室
K57.301　盲肠憩室
K57.302　直肠憩室
K57.303　结肠憩室
K57.304　结肠憩室炎
K57.305　盲肠憩室炎
K57.400　小肠和大肠憩室病伴有穿孔和脓肿
K57.401　小肠和大肠憩室病伴腹膜炎
K57.500　小肠和大肠憩室病不伴有穿孔或脓肿
K57.800　肠憩室病，伴有穿孔和脓肿
K57.800x001　肠憩室病伴有穿孔和脓肿
K57.801　肠憩室病伴腹膜炎
K57.900　肠憩室病，不伴有穿孔或脓肿
K57.900x001　肠憩室伴憩室炎
K58.100　腹泻型肠易激综合征［IBS-D］
K58.200　便秘型肠易激综合征［IBS-C］
K58.300　混合型肠易激综合征［IBS-M］
K58.800　其他和未特指的肠易激综合征
K58.801　肠易激综合征
K59.000　便秘
K59.002　粪便潴留
K59.003　慢传输型便秘
K59.100　功能性腹泻
K59.101　肠道菌群失调
K59.200　神经源性肠
K59.200x002　神经源性直肠
K59.200x003　神经源性肠道功能障碍
K59.301　结肠扩张
K59.302　后天性巨结肠
K59.303　中毒性巨结肠
K59.400　肛门痉挛
K59.400x002　痉挛性肛部痛
K59.401　盆底肌痉挛综合征
K59.800x002　肠扩张
K59.800x005　结肠松弛
K59.801　脾曲综合征
K59.900x001　肠功能紊乱
K59.900x002　结肠功能紊乱
K60.000　急性肛裂
K60.100　慢性肛裂
K60.200　肛裂
K60.300　肛瘘
K60.301　高位肛瘘
K60.302　低位肛瘘
K60.303　复杂性肛瘘
K60.400　直肠瘘
K60.400x003　肛门会阴瘘
K60.401　直肠会阴瘘
K60.402　直肠皮肤瘘
K60.403　直肠阴囊皮肤瘘
K60.500　肛门直肠瘘
K61.000　肛门脓肿

K61.001　肛周脓肿
K61.002　肛门蜂窝织炎
K61.100　直肠脓肿
K61.101　直肠周围脓肿
K61.200　肛门直肠脓肿
K61.300　坐骨直肠窝脓肿
K61.400　括约肌内脓肿
K62.000　肛门息肉
K62.001　肛管息肉
K62.100　直肠息肉
K62.100x002　直肠息肉伴出血
K62.200　脱肛
K62.200x001　肛门脱垂
K62.201　肛管脱垂
K62.202　肛门括约肌脱垂
K62.300　直肠脱垂
K62.300x003　直肠黏膜松弛
K62.301　直肠黏膜脱垂
K62.400x002　直肠狭窄
K62.400x003　肛门括约肌失缓症
K62.400x004　肛门闭锁
K62.401　肛门狭窄
K62.402　直肠梗阻
K62.500x001　直肠出血
K62.501　肛门出血
K62.600x002　直肠溃疡
K62.601　肛管溃疡
K62.602　肛门周围溃疡
K62.700　放射性直肠炎
K62.800x001　出血性直肠炎
K62.800x005　肛周感染
K62.800x009　慢性直肠炎
K62.800x010　直肠穿孔
K62.800x012　直肠前突
K62.800x017　耻骨直肠肌肥厚症
K62.800x021　直肠周围炎
K62.801　肛窦炎
K62.802　肛管炎
K62.803　巨直肠
K62.804　直肠吻合口瘢痕
K62.805　直肠不典型增生
K62.806　直肠纤维钙化
K62.807　直肠吻合口炎
K62.808　直肠肉芽肿
K62.809　直肠瘢痕
K62.810　直肠囊肿
K62.811　直肠炎
K62.812　直肠痛
K62.813　肛门括约肌松弛
K62.814　肛管炎性肿物
K62.815　肛周炎
K62.816　肛乳头肥大
K62.817　肛门白斑
K62.818　肛管囊肿
K62.819　肛门囊肿
K62.820　肛门痛
K62.821　肛门炎
K62.822　慢性肛管直肠炎
K62.901　肛旁肿物
K62.902　肛管肿物
K62.903　直肠肿物
K63.000　肠脓肿
K63.001　小肠脓肿
K63.100x001　非创伤性肠穿孔
K63.101　空肠穿孔
K63.102　回肠穿孔
K63.103　结肠穿孔
K63.104　回盲部溃疡伴穿孔
K63.105　乙状结肠穿孔
K63.107　肠破裂
K63.108　小肠穿孔
K63.200　肠瘘
K63.200x003　盲管瘘
K63.200x008　盆腔腹壁瘘
K63.201　腹壁肠瘘
K63.202　腹壁盲肠瘘
K63.203　腹壁窦道
K63.204　结肠瘘
K63.205　手术后结肠瘘
K63.206　手术后盲肠瘘
K63.207　手术后空肠瘘
K63.208　手术后回肠瘘
K63.209　手术后肠腹壁瘘
K63.210　手术后肠吻合口瘘
K63.211　手术后小肠结肠瘘
K63.212　手术后结直肠瘘
K63.213　手术后肠瘘
K63.214　腹壁瘘
K63.215　手术后大肠瘘
K63.216　手术后小肠瘘

K63.301　回肠溃疡
K63.302　小肠溃疡
K63.303　小肠黏膜糜烂
K63.304　原发性小肠溃疡
K63.305　结肠溃疡
K63.306　盲肠溃疡
K63.307　直肠乙状结肠溃疡
K63.308　肠糜烂
K63.400　肠下垂
K63.401　结肠下垂
K63.402　回肠黏膜脱垂
K63.403　内脏下垂
K63.500　结肠息肉
K63.500x002　色素沉着性结肠息肉
K63.500x084　横结肠息肉
K63.501　升结肠息肉
K63.502　降结肠息肉
K63.503　乙状结肠息肉
K63.504　多发性结肠息肉
K63.801　肠脂肪垂
K63.802　小肠囊肿
K63.803　小肠息肉
K63.804　小肠肿物
K63.805　小肠肉芽肿
K63.806　小肠不典型增生
K63.807　十二指肠囊肿
K63.809　结肠积气
K63.810　结肠囊肿
K63.812　结肠黑变病
K63.813　回盲部息肉
K63.814　回盲部肉芽肿
K63.815　回盲部黏液性囊肿
K63.816　盲肠息肉
K63.817　直肠乙状结肠炎
K63.818　大肠不典型增生
K63.819　肠肉芽肿
K63.900x001　结肠肿物
K63.900x002　肠上皮化生
K63.900x003　肠系膜肿物
K63.900x005　盲肠瘀滞症
K63.901　回盲部肿物
K63.902　功能性肠病
K64.000　Ⅰ度痔
K64.100　Ⅱ度痔
K64.200　Ⅲ度痔
K64.300　Ⅳ度痔
K64.400　残留痔皮赘
K64.401　肛门皮赘
K64.402　直肠皮赘
K64.500　肛周静脉血栓形成
K64.501　肛周血肿
K64.801　血栓性内痔
K64.802　出血性内痔
K64.803　脱垂性内痔
K64.804　直肠静脉曲张破裂
K64.805　内痔
K64.806　血栓性外痔
K64.807　出血性外痔
K64.808　溃疡性外痔
K64.809　外痔
K64.810　血栓性痔
K64.811　混合痔
K64.900　痔
K64.901　出血性痔

表6-3-111

K65.000　急性腹膜炎
K65.000x014　盲肠脓肿
K65.001　急性化脓性弥漫性腹膜炎
K65.002　急性化脓性腹膜炎
K65.003　急性弥漫性腹膜炎
K65.004　腹膜脓肿
K65.005　腹腔脓肿
K65.006　腹膜后脓肿
K65.007　肝下脓肿
K65.008　肝周脓肿
K65.009　膈下脓肿
K65.010　网膜脓肿
K65.011　盲肠后脓肿
K65.012　肠系膜脓肿
K65.013　男性盆腔脓肿
K65.014　男性盆腔炎
K65.015　男性盆腔炎性包块
K65.016　细菌性腹膜炎
K65.017　继发性腹膜炎
K65.800x001　肠系膜炎
K65.800x002　出血性腹膜炎
K65.801　肠系膜脂肪坏死
K65.802　慢性腹膜炎
K65.803　胆汁性腹膜炎

K65.804　硬化性腹膜炎
K65.805　多浆膜炎
K65.806　多浆膜腔积液
K65.807　嗜酸性粒细胞性腹膜炎
K65.900　腹膜炎
K65.901　局限性腹膜炎
K65.902　自发性腹膜炎
K65.903　腹腔感染
K65.904　腹膜后感染
K65.905　大网膜炎
K65.906　原发性腹膜炎
K66.000　腹膜粘连
K66.000x007　腹壁粘连
K66.001　回盲部粘连
K66.002　肠粘连
K66.003　胃粘连
K66.004　肠系膜粘连
K66.005　膈肌粘连
K66.006　大网膜粘连
K66.007　腹腔粘连
K66.008　十二指肠粘连
K66.100　腹腔积血
K66.101　腹膜出血
K66.102　腹膜后血肿
K66.103　肠系膜出血
K66.200　腹膜后纤维化
K66.201　奥蒙德病
K66.800　腹膜其他特指的疾患
K66.800x008　网膜肉芽肿性炎
K66.800x009　腹膜憩室
K66.801　网膜囊肿
K66.802　肠系膜囊肿
K66.803　肠系膜钙化
K66.805　腹膜后囊肿
K66.806　腹壁肉芽肿
K66.807　腹腔囊肿
K66.808　腹膜囊肿
K66.809　腹膜肉芽肿
K66.810　腹膜后肉芽肿
K66.811　膈下囊肿
K66.812　骶前囊肿
K66.901　腹膜后肿物

表 6-3-112

K70.000　酒精性脂肪肝
K70.001　齐夫综合征
K70.100　酒精性肝炎
K70.201　酒精性肝纤维化
K70.300　酒精性肝硬化
K70.301+I98.2*　酒精性肝硬化伴食管静脉曲张
K70.302+I98.3*　酒精性肝硬化伴食管静脉曲张破裂出血
K70.303+I98.2*　酒精性肝硬化伴胃底静脉曲张
K70.304+I98.2*　酒精性肝硬化伴食管胃底静脉曲张
K70.305+I98.3*　酒精性肝硬化伴胃底静脉曲张破裂出血
K70.306+I98.3*　酒精性肝硬化伴食管胃底静脉曲张破裂出血
K70.400x002　亚急性酒精性肝衰竭
K70.401　急性酒精性肝衰竭
K70.402　慢性酒精性肝衰竭
K70.403　酒精性肝衰竭伴肝昏迷
K70.900　酒精性肝病
K70.901　酒精性肝损害
K71.000x002　中毒性肝病伴胆汁淤积
K71.001　药物性肝炎伴胆汁淤积
K71.002　进行性家族性肝内胆汁淤积症
K71.100　中毒性肝病伴有肝坏死
K71.100x003　药物性慢性肝衰竭
K71.100x005　中毒性肝病伴肝衰竭（慢性轻度）
K71.100x006　中毒性肝病伴肝衰竭（慢性中度）
K71.100x007　中毒性肝病伴肝衰竭（慢性重度）
K71.100x008　中毒性肝病伴肝衰竭（慢性重型）
K71.101　药物性肝炎伴肝衰竭
K71.102　急性药物性肝衰竭
K71.103　中毒性肝衰竭
K71.104　亚急性药物性肝衰竭
K71.200x001　中毒性肝病伴急性肝炎
K71.300x001　中毒性肝病伴慢性迁延性肝炎
K71.400x001　中毒性肝病伴慢性小叶性肝炎
K71.500x001　中毒性肝病伴慢性活动性肝炎
K71.500x002　中毒性肝病伴狼疮状肝炎
K71.600　中毒性肝病伴有肝炎
K71.600x002　中毒性肝炎
K71.601　药物性肝炎
K71.700　中毒性肝病伴有肝纤维化和肝硬化
K71.701　药物性肝硬化
K71.702　中毒性肝硬化
K71.800　中毒性肝病伴有肝的其他疾患
K71.900　中毒性肝病

K71.900x003　化学毒物肝损害
K71.901　药物性肝损害
K71.902+I98.2*　中毒性肝病伴食管静脉曲张
K71.903+I98.3*　中毒性肝病伴食管静脉曲张破裂出血
K72.000x004　慢加急性肝衰竭
K72.000x005　慢加亚急性肝衰竭
K72.000x013　重症肝炎
K72.001　亚急性肝衰竭
K72.002　急性黄色肝萎缩
K72.003　急性肝衰竭
K72.004　急性非病毒性肝炎
K72.005　晚发性肝衰竭
K72.100　慢性肝衰竭
K72.900x001　肝功能衰竭
K72.900x003+G94.3*　肝性脑病
K72.902　肝萎缩
K72.904　肝坏死
K73.000x001　慢性迁延性肝炎
K73.100　慢性小叶性肝炎，不可归类在他处者
K73.200x002　慢性活动性肝炎
K73.800x001　慢性复发性肝炎
K73.801　慢性间质性肝炎
K73.900　慢性肝炎
K73.901　慢性重型肝炎
K74.000　肝纤维化
K74.100　肝硬化
K74.200　肝纤维化伴有肝硬化
K74.300　原发性胆汁型肝硬化
K74.300x005+I98.2*　原发性胆汁型肝硬化伴胃底静脉曲张
K74.300x006+I98.3*　原发性胆汁型肝硬化伴胃底静脉曲张破裂出血
K74.300x007+I98.2*　原发性胆汁型肝硬化伴食管胃底静脉曲张
K74.300x008+I98.3*　原发性胆汁型肝硬化伴食管胃底静脉曲张破裂出血
K74.301+I98.2*　原发性胆汁性肝硬化伴食管静脉曲张
K74.302+I98.3*　原发性胆汁性肝硬化伴食管静脉曲张破裂出血
K74.400　继发性胆汁型肝硬化
K74.500　胆汁型肝硬化
K74.600　肝硬变
K74.600x002　丙型肝炎肝硬化
K74.600x003　乙型肝炎肝硬化
K74.600x010　拉埃奈克肝硬化［Laennec肝硬化］
K74.600x021　乙肝后肝硬化合并甲肝感染
K74.600x025　乙肝后肝硬化合并戊肝感染
K74.600x027　丙肝后肝硬化合并戊肝感染
K74.600x029　乙丙肝炎后肝硬化合并甲肝感染
K74.600x030　乙丁肝炎后肝硬化合并甲肝感染
K74.600x031　乙肝后肝硬化甲戊肝感染
K74.600x034　乙丙肝炎后肝硬化合并戊肝感染
K74.600x036　乙丁肝炎后肝硬化戊肝感染
K74.600x041　乙肝后肝硬化合并丙肝感染
K74.600x042　丙肝后肝硬化合并乙肝感染
K74.601　特指肝硬化
K74.602　乙型肝炎后肝硬化失代偿期
K74.603　丙型肝炎后肝硬化失代偿期
K74.604　自身免疫性肝炎后肝硬化失代偿期
K74.605　肝炎后肝硬化失代偿期
K74.606　混合型肝硬化失代偿期
K74.607　肝硬化失代偿期
K74.608　肝炎后肝硬化
K74.610　结节性肝硬化
K74.611　门脉性肝硬化
K74.612　混合型肝硬化
K74.613　隐源性肝硬化
K74.614　自身免疫性肝硬化
K74.615+I98.3*　肝硬化伴食管静脉曲张破裂出血
K74.616+I98.2*　肝硬化伴食管静脉曲张
K74.617+I98.3*　肝硬化伴食管胃底静脉曲张破裂出血
K74.618+I98.3*　肝硬化伴胃底静脉曲张破裂出血
K74.619+I98.2*　肝硬化伴食管胃底静脉曲张
K74.620+I98.2*　肝硬化伴胃底静脉曲张
K75.000　肝脓肿
K75.000x002　胆管炎性肝脓肿
K75.000x003　门静脉炎性肝脓肿
K75.001　胆源性肝脓肿
K75.002　血源性肝脓肿
K75.003　细菌性肝脓肿
K75.100　门静脉炎
K75.200　非特异反应性肝炎
K75.300　肉芽肿性肝炎
K75.300x001　肝肉芽肿
K75.400　自身免疫性肝炎
K75.401　狼疮性肝炎
K75.800x001　胆小管炎性肝炎

K75.800x006　肝炎性肿物
K75.801　肝旁炎性肿物
K75.803　营养性肝炎
K75.804　胆汁淤积性肝炎
K75.805　肝胆管炎
K75.806　非酒精性脂肪性肝炎
K75.810　肝炎性假瘤
K75.901　肝炎
K76.000　脂肪肝
K76.001　非酒精性脂肪性肝病
K76.101　心源性肝硬化
K76.102　慢性淤血性肝损害
K76.200　肝中心性出血性坏死
K76.300　肝梗死
K76.400　紫癜样肝病
K76.401　肝血管瘤病
K76.500　肝静脉梗阻症
K76.500x001　肝门静脉闭塞
K76.500x002　肝小静脉闭塞
K76.600x002　门脉高压
K76.600x006　门静脉瘤栓
K76.600x007　非肝硬化性门脉高压
K76.601　胰源性门脉高压
K76.602　特发性门脉高压
K76.603　班蒂综合征
K76.700　肝肾综合征
K76.700x001　肝肾功能衰竭
K76.700x003　肝性肾病
K76.800x003　肝多发性再生肥大结节
K76.800x006　肝功能不全
K76.800x007　肝管出血
K76.800x009　甲亢性肝损害
K76.800x015　肝炎后黄疸
K76.800x021　肝内型窦后阻塞
K76.800x022　肝粘连
K76.800x023　肝溃疡
K76.800x026　急性淤血性肝损害
K76.800x027　代谢性肝病
K76.801　自发性肝破裂出血
K76.803　肝出血
K76.804　肝结节
K76.805　肝肺综合征
K76.806　多发性肝囊肿
K76.807　肝囊肿
K76.808　肝结节性局灶性增生
K76.809　肝下垂
K76.810　缺血性肝病
K76.811　肝血肿
K76.813　肝内钙化点
K76.814　肝癌破裂出血
K76.815　肝管息肉
K76.816　肝细胞性黄疸
K76.817　后天性肝内血管分流
K76.818　单纯性肝囊肿
K76.819　先天性胆汁酸合成障碍
K76.900x002　肝损害
K76.901　肝肿物

表 6-3-113

K80.000x002　胆囊结石伴急性胆囊炎
K80.000x004　胆囊结石伴慢性胆囊炎急性发作
K80.001　胆囊结石伴坏疽性胆囊炎
K80.002　胆囊结石伴急性化脓性胆囊炎
K80.100x001　胆囊结石伴胆囊炎
K80.101　胆囊结石伴慢性胆囊炎
K80.200x001　残余胆囊结石
K80.200x003　胆囊结石
K80.201　胆囊管结石
K80.202　胆囊绞痛
K80.203　胆囊结石嵌顿
K80.300x002　胆管结石伴胆管炎
K80.300x005　胆总管结石伴急性化脓性梗阻性胆管炎
K80.301　胆总管结石伴急性化脓性胆管炎
K80.302　胆总管结石伴胆管炎
K80.303　肝胆管结石伴胆管炎
K80.304　胆总管结石伴急性胆管炎
K80.305　肝内胆管结石伴胆管炎
K80.306　肝外胆管结石伴胆管炎
K80.400　胆管结石伴有胆囊炎
K80.400x004　肝内胆管结石伴慢性胆囊炎
K80.401　胆管结石伴急性胆囊炎
K80.402　胆总管结石伴急性胆囊炎
K80.403　胆管结石伴慢性胆囊炎
K80.404　胆总管结石伴慢性胆囊炎
K80.405　肝胆管结石伴胆囊炎
K80.406　肝管结石伴慢性胆囊炎
K80.500x001　胆道术后残留结石
K80.500x002　胆管结石
K80.501　胆总管结石

K80.502　胆绞痛
K80.503　肝内胆管结石
K80.504　肝胆管结石
K80.505　胆总管残余结石
K80.506　胆肠吻合口结石
K80.507　肝管结石
K80.800x001　胆石症
K80.801　米里齐综合征
K81.000　急性胆囊炎
K81.000x008　胆囊积脓
K81.001　胆囊脓肿
K81.002　急性化脓性胆囊炎
K81.003　急性坏疽性胆囊炎
K81.004　胆囊周围脓肿
K81.005　胆囊坏死
K81.006　慢性胆囊炎急性发作
K81.007　急性梗阻性化脓性胆囊炎
K81.008　胆囊坏疽
K81.100　慢性胆囊炎
K81.101　慢性残余胆囊炎
K81.801　胆囊周炎
K81.900　胆囊炎
K81.900x001　黄色肉芽肿性胆囊炎
K82.000　胆囊梗阻
K82.000x003　胆囊管残株炎
K82.001　胆囊管梗阻
K82.100x002　胆囊积液
K82.101　胆囊黏液囊肿
K82.200　胆囊穿孔
K82.200x002　胆囊破裂
K82.300　胆囊瘘
K82.301　胆囊肠瘘
K82.302　胆囊胃瘘
K82.303　胆囊十二指肠瘘
K82.304　胆囊结肠瘘
K82.305　手术后胆囊瘘
K82.306　胆囊腹壁瘘
K82.400　胆囊胆固醇沉着症
K82.800x002　胆囊出血
K82.800x004　胆囊肉芽肿
K82.800x009　胆囊功能障碍
K82.801　胆囊肿大
K82.802　胆囊息肉
K82.803　胆囊腺肌症
K82.804　胆囊管扩张
K82.805　胆囊肥大
K82.806　胆囊钙化
K82.807　胆囊萎缩
K82.808　胆囊扭转
K82.900x001　胆囊病变
K82.900x002　胆囊肿物
K83.000　胆管炎
K83.000x007　急性化脓性胆管炎
K83.000x012　IgG4相关性胆管炎
K83.001　急性胆管炎
K83.004　胆总管炎
K83.005　急性梗阻性胆管炎
K83.006　慢性胆管炎
K83.007　复发性胆管炎
K83.008　梗阻性胆管炎
K83.009　淤积性胆管炎
K83.010　反流性胆管炎
K83.011　化脓性胆管炎
K83.012　硬化性胆管炎
K83.013　原发性胆管炎
K83.014　胆管周围炎
K83.015　继发性胆管炎
K83.016　急性化脓性肝胆管炎
K83.017　狭窄性胆管炎
K83.018　缺血性胆管炎
K83.019　胆道感染
K83.100　胆管梗阻
K83.100x001　肝管狭窄
K83.100x008　肝内胆管狭窄
K83.101　胆囊内胆汁淤积
K83.102　胆汁淤积症
K83.103　肝管梗阻
K83.104　肝胆管狭窄
K83.105　胆管狭窄
K83.106　胆管闭塞
K83.107　胆总管狭窄
K83.108　胆总管梗阻
K83.109　梗阻性黄疸
K83.200x001　胆管破裂
K83.300　胆管瘘
K83.301　胆总管十二指肠瘘
K83.302　胆管十二指肠瘘
K83.303　胆总管胃瘘
K83.304　手术后胆总管肠瘘
K83.305　手术后胆总管小肠瘘

K83.306　手术后肝总管肠瘘
K83.307　手术后肝总管小肠瘘
K83.400x001　奥狄括约肌痉挛
K83.401　法特壶腹痉挛
K83.501　胆管囊肿
K83.502　胆总管囊肿
K83.800x009　胆管息肉
K83.800x012　胆汁反流
K83.800x022　肝内胆管积气
K83.800x023　胆管积气
K83.802　奥迪括约肌狭窄
K83.803　法特壶腹部不典型增生
K83.804　缩窄性十二指肠乳头炎
K83.805　肝胆管扩张
K83.807　胆管扩张
K83.808　胆管溃疡
K83.809　胆管出血
K83.810　胆管肥大
K83.811　胆管粘连
K83.813　胆管萎缩
K83.814　胆管瘢痕
K83.815　胆管消失综合征
K83.816　胆总管痉挛
K83.817　胆总管扩张
K83.818　胆总管不典型增生
K83.819　肝内胆管缺失综合征
K83.820　胆-心综合征
K83.901　胆管肿物
K83.902　胆总管肿物
K85.000　特发性急性胰腺炎
K85.001　急性特发性胰腺炎，轻症
K85.002　急性特发性胰腺炎，重症
K85.100　胆汁型急性胰腺炎
K85.101　急性胆源型胰腺炎，轻症
K85.102　急性胆源型胰腺炎，重症
K85.200　酒精性急性胰腺炎
K85.201　急性酒精性胰腺炎，轻症
K85.202　急性酒精性胰腺炎，重症
K85.300　药物性急性胰腺炎
K85.301　急性药物性胰腺炎，轻症
K85.302　急性药物性胰腺炎，重症
K85.800x001　化脓性胰腺炎
K85.800x002　急性出血坏死性胰腺炎
K85.800x003　胰腺脓肿
K85.801　急性操作后胰腺炎，轻症
K85.802　急性创伤性胰腺炎，轻症
K85.803　急性复发性胰腺炎，轻症
K85.807　急性水肿性胰腺炎，轻症
K85.808　急性手术后胰腺炎，轻症
K85.809　急性自身免疫性胰腺炎，轻症
K85.813　急性操作后胰腺炎，重症
K85.814　急性出血性胰腺炎，重症
K85.815　急性创伤性胰腺炎，重症
K85.816　急性复发性胰腺炎，重症
K85.817　急性化脓性胰腺炎，重症
K85.818　急性坏死性胰腺炎，重症
K85.821　急性手术后胰腺炎，重症
K85.822　急性自身免疫性胰腺炎，重症
K85.900　急性胰腺炎
K85.900x002　急性轻症胰腺炎
K85.900x003　慢性胰腺炎急性发作
K85.901　亚急性胰腺炎
K85.902　急性重症胰腺炎
K86.000　酒精性慢性胰腺炎
K86.100x001　复发性胰腺炎
K86.100x002　慢性胰腺炎
K86.100x004　高脂血症性胰腺炎
K86.101　慢性复发性胰腺炎
K86.102　慢性创伤性胰腺炎
K86.103　慢性自身免疫性胰腺炎
K86.104　慢性胆石性胰腺炎
K86.105　慢性间质性胰腺炎
K86.106　慢性囊性胰腺炎
K86.107　慢性纤维性胰腺炎
K86.200　胰腺囊肿
K86.300　胰腺假囊肿
K86.800x001　胰腺肿大
K86.800x002　胰胆管扩张
K86.800x013　胰腺囊性纤维性变
K86.800x015　胰腺功能不全并中性粒细胞减少综合征［Shwachman-Diamond综合征］
K86.801　胰腺坏死
K86.802　胰腺纤维化
K86.803　胰岛组织硬化
K86.804　胰管狭窄
K86.805　胰腺组织增生
K86.806　胰腺钙化
K86.807　胰管痉挛
K86.808　胰管扩张
K86.809　胰管结石

K86.810 胰瘘
K86.811 胰管梗阻
K86.812 胰腺脂肪浸润
K86.813 胰腺肉芽肿
K86.814 胰腺功能不全
K86.815 手术后胰腺瘘
K86.816 胰腺积液
K86.817 胰腺萎缩
K86.818 胰-心综合征
K86.901 胰腺肿物

表 6-3-114

K90.000 乳糜泻［腹腔病］
K90.000x001 非热带性口炎性腹泻
K90.001 谷胶肠病
K90.002 特发性脂肪痢
K90.100x001 热带性口炎性腹泻
K90.100x002 口炎性腹泻
K90.100x003 热带性脂肪痢
K90.200 盲袢综合征
K90.200x001 非手术性盲袢综合征
K90.300x001 胰源性腹泻
K90.400 不耐受引起的吸收不良
K90.400x003 肠原性脂肪代谢障碍
K90.401 脂肪痢
K90.402 蛋白丢失性胃肠病
K90.403 碳水化合物吸收不良
K90.404 蛋白吸收不良
K90.405 淀粉吸收不良
K90.406 脂肪吸收不良
K90.801 原发性小肠吸收不良综合征
K90.802+M14.8* 惠普尔病
K90.900x002 肠吸收障碍
K90.901 小肠吸收不良综合征（非手术性）
K91.000 胃肠手术后呕吐
K91.100 胃手术后综合征
K91.100x001 迟发型倾倒综合征
K91.101 倾倒综合征
K91.102 残窦综合征
K91.103 迷走神经切断后综合征
K91.200x002 手术后吸收不良综合征
K91.201 短肠综合征
K91.202 手术后盲袢综合征
K91.300 手术后肠梗阻
K91.300x002 手术后肠道狭窄
K91.301 回肠肛管吻合口狭窄
K91.302 手术后小肠储袋梗阻
K91.303 手术后肠肠吻合口狭窄
K91.305 直肠吻合口狭窄
K91.401 小肠造口术后功能障碍
K91.402 肠造口术后功能障碍
K91.404 结肠造口术后狭窄
K91.405 结肠造口脱垂
K91.406 人工肛门脱垂
K91.408 人工肛门狭窄
K91.500 胆囊切除术后综合征
K91.800x007 手术后食管破裂
K91.800x102 残胃炎伴出血
K91.800x103 残胃溃疡伴出血
K91.800x106 胃肠吻合口炎伴出血
K91.800x111 胃肠吻合术后输入袢梗阻
K91.800x116 手术后胃缺血性坏死
K91.800x117 手术后急性胃扩张
K91.800x206 手术后结肠-直肠瘘
K91.800x301 肝断面胆道残端漏
K91.800x304 手术后肝外胆管狭窄
K91.800x401 胆肠吻合口反流
K91.800x402 胆道吻合口漏
K91.800x403 胆道吻合口狭窄
K91.800x407 胆囊切除术后粘连
K91.800x411 手术后缺血性胆道病
K91.800x412 手术后胆肠吻合口炎
K91.800x501 胰腺空肠吻合口溃疡伴出血
K91.800x601 手术后造瘘口旁疝
K91.800x602 手术后造瘘口狭窄
K91.800x702 人工肛门出血
K91.801 胰胃吻合口狭窄
K91.802 残胃吻合口炎
K91.803 肠代食管吻合口狭窄
K91.804 肠造瘘术后肠黏膜脱垂
K91.805 胆囊空肠吻合口狭窄
K91.806 胆总管空肠吻合口狭窄
K91.807 胆漏
K91.808 结肠吻合口炎
K91.809 食管胃吻合口狭窄
K91.810 食管胃吻合口瘘
K91.811 食管胃吻合口炎
K91.812 食管空肠吻合口狭窄
K91.813 食管空肠吻合口瘘
K91.814 食管空肠吻合口炎

K91.815　食管吻合口瘘
K91.816　食管十二指肠吻合口瘘
K91.817　食管结肠吻合口狭窄
K91.818　手术后胃肠功能紊乱
K91.819　手术后胃肠吻合口狭窄
K91.820　手术后肠粘连
K91.821　手术后肠吻合口炎
K91.822　手术后胆管狭窄
K91.823　手术后胆管十二指肠吻合口狭窄
K91.824　手术后肛门括约肌失禁
K91.825　手术后肝衰竭
K91.826　手术后肝总管狭窄
K91.827　手术后肝管-空肠吻合口狭窄
K91.828　手术后胃排空障碍
K91.829　手术后胃肠吻合口炎
K91.830　手术后胃瘫综合征
K91.831　手术后幽门梗阻
K91.832　胃肠吻合口功能障碍
K91.833　胃肠吻合口水肿
K91.834　胃肠吻合口炎
K91.835　胃肠道手术后腹泻
K91.836　输入袢综合征
K91.837　手术后腹膜炎
K91.839　肠吻合口狭窄
K91.840　手术后胆管闭锁
K91.841　手术后肝管狭窄
K91.842　胃肠吻合术后输出袢梗阻
K91.900　消化系统的操作后疾患
K92.000　呕血
K92.100x001　黑便
K92.200x001　便血
K92.200x005　胃肠道出血
K92.201　胃出血
K92.202　残胃出血
K92.203　十二指肠出血
K92.204　肠出血
K92.205　盲肠出血
K92.206　结肠出血
K92.207　急性上消化道出血
K92.208　上消化道出血
K92.209　下消化道出血
K92.210　消化道出血
K92.800x001　食管癌伴出血
K92.800x002　胃癌伴出血
K92.800x003　残胃溃疡癌变伴出血
K92.800x004　小肠淋巴瘤伴出血
K92.800x005　结肠癌伴出血
K92.800x006　肝癌伴出血
K92.800x007　直肠癌伴出血
K92.800x009　胆囊癌伴出血
K92.800x010　胆管癌伴出血
K92.800x011　十二指肠癌伴出血
K92.800x012　胰腺癌伴出血
K92.801　门脉高压性胃肠病
K92.901　胃肠功能紊乱

表 6-3-115

L00.x00　葡萄球菌性烫伤样皮肤综合征
L00.x01　新生儿天疱疮
L01.000x011　急性泛发性发疹型脓疱病
L01.000x012　急性发热性发疹样脓疱病
L01.000x013　脓疱疮
L01.001　伯克哈特脓疱病
L01.002　大疱性脓疱病
L01.003　单纯性脓疱病
L01.004　溃疡性脓疱病
L01.005　毛囊性脓疱病
L01.006　新生儿大疱性脓疱疮
L01.008　寻常性脓疱病
L01.100　皮肤病的脓疱化，其他的
L02.000　面部皮肤脓肿、疖和痈
L02.100　颈部皮肤脓肿、疖和痈
L02.200　躯干皮肤脓肿、疖和痈
L02.200x004　会阴部炎性疖
L02.200x009　背部痈
L02.200x010　胸壁脓肿
L02.201　背部脓肿
L02.202　腹壁脓肿
L02.203　腹股沟脓肿
L02.205　髂窝脓肿
L02.206　会阴脓肿
L02.300　臀部皮肤脓肿、疖和痈
L02.401　腘窝脓肿
L02.402　下肢皮肤脓肿、疖和痈
L02.403　上肢皮肤脓肿、疖和痈
L02.800　皮肤脓肿、疖和痈，其他部位的
L02.801　头皮脓肿
L02.802　帽状腱膜下脓肿
L02.803　头部疖
L02.804　头部痈

L02.900x001　多发性疖肿
L02.900x002　多发性脓肿
L02.900x006　新生儿疖肿
L02.901　皮肤疖
L02.902　皮肤脓肿
L02.903　皮肤痈
L03.000　指和趾的蜂窝织炎
L03.000x015　指甲沟脓肿
L03.001　趾蜂窝织炎
L03.002　甲周炎
L03.003　甲沟炎
L03.004　甲床炎
L03.101　急性上肢淋巴管炎
L03.102　急性下肢淋巴管炎
L03.103　上肢蜂窝织炎
L03.104　肩蜂窝织炎
L03.105　臂蜂窝织炎
L03.106　手蜂窝织炎
L03.107　下肢蜂窝织炎
L03.108　腿蜂窝织炎
L03.109　足蜂窝织炎
L03.200　面部蜂窝织炎
L03.300　躯干蜂窝织炎
L03.301　胸壁蜂窝织炎
L03.302　背部蜂窝织炎
L03.303　腹壁蜂窝织炎
L03.304　腹股沟蜂窝织炎
L03.305　脐部蜂窝织炎
L03.306　会阴蜂窝织炎
L03.800　蜂窝织炎，其他部位的
L03.801　头部蜂窝织炎
L03.802　头皮蜂窝织炎
L03.900　蜂窝织炎
L03.901　急性淋巴管炎
L04.001　急性头面部淋巴结炎
L04.002　急性颈部淋巴结炎
L04.003　急性颌下淋巴结炎
L04.100　躯干急性淋巴结炎
L04.200　上肢急性淋巴结炎
L04.201　急性肩淋巴结炎
L04.202　急性腋下淋巴结炎
L04.300　下肢急性淋巴结炎
L04.301　急性髋淋巴结炎
L04.800　急性淋巴结炎，其他部位的
L04.900　急性淋巴结炎
L04.900x002　坏死性淋巴结炎
L04.900x005　淋巴结坏死
L04.900x007　亚急性坏死性淋巴结炎
L04.901　急性化脓性淋巴结炎
L04.902　组织细胞坏死性淋巴结炎
L05.000　藏毛囊肿伴有脓肿
L05.000x001　先天性胸壁皮肤窦道伴脓肿
L05.900　藏毛囊肿不伴有脓肿
L05.901　先天性背部皮肤窦道
L08.000x001　脓疱性细菌疹
L08.000x005　手浅表性大疱性脓皮病
L08.000x006　下疳样脓皮病
L08.000x007　慢性乳头状溃疡性脓皮病
L08.000x008　头皮糜烂脓疱性皮病
L08.000x009　芽生菌病样脓皮病
L08.000x010　足浅表性大疱性脓皮病
L08.001　化脓性皮炎
L08.002　脓疱性皮疹
L08.003　坏疽性皮炎
L08.100　红癣
L08.800x005　骶部炎性窦道
L08.800x006　臀部感染性窦道
L08.800x008　足跟感染性窦道
L08.800x011　恶性脓皮病
L08.801　皮肤感染性窦道
L08.802　增殖性脓皮病
L08.803　瘢痕感染
L08.804　背部感染性窦道
L08.805　腹壁感染性窦道
L08.900　皮肤和皮下组织的局部感染
L08.900x028　皮肤软化斑
L08.901　头面颈部皮肤感染
L08.902　躯干皮肤感染
L08.903　上肢皮肤感染
L08.904　下肢皮肤感染
L08.905　脐炎
L08.906　颈部软组织感染
L08.907　腹壁软组织感染
L08.908　会阴部软组织感染
L08.909　会阴炎性包块
L08.910　足皮肤感染
L08.911　足软组织感染

表6-3-116

L10.000　寻常型天疱疮

L10.100　增生型天疱疮
L10.200　落叶型天疱疮
L10.300　巴西天疱疮
L10.400　红斑性天疱疮
L10.500　药物性天疱疮
L10.800　天疱疮，其他特指的
L10.800x001　副肿瘤性天疱疮
L10.800x002　家族性良性慢性天疱疮
L10.801　疱疹样天疱疮
L10.900　天疱疮
L11.000　后天性毛囊角化病
L11.100　短暂性棘皮松解皮肤病［格罗弗］
L11.800　皮肤棘层松解性疾患，其他特指的
L11.900　皮肤棘层松解性疾患
L12.000　大疱性类天疱疮
L12.100　瘢痕性类天疱疮
L12.101　良性黏膜类天疱疮
L12.102+H13.3*　结膜天疱疹
L12.103+H13.3*　眼天疱疹
L12.200　儿童期慢性大疱性疾病
L12.201　青少年疱疹样皮炎
L12.202　线状 IgA 大疱性皮病
L12.300　后天性大疱性表皮松解
L12.800　类天疱疮，其他的
L12.900　类天疱疮
L13.000　疱疹样皮炎
L13.100　角质层下小脓疱性皮炎
L13.101　斯内登-威尔金森病
L13.800　大疱性疾患，其他特指的
L13.900　大疱性疾患
L13.901　大疱性皮炎

表 6-3-117

L20.000　贝尼耶痒疹
L20.801　泛发性神经性皮炎
L20.802　变应性湿疹
L20.803　特应性神经性皮炎
L20.804　婴儿湿疹
L20.806　新生儿湿疹
L20.900　特应性皮炎
L21.000　头皮皮脂溢
L21.001　乳痂
L21.002　头皮糠疹
L21.100　婴儿脂溢性皮炎
L21.800　脂溢性皮炎，其他的
L21.900　脂溢性皮炎
L21.901　脂溢性湿疹
L22.x00　尿布皮炎
L22.x01　银屑病样尿布疹
L23.000　金属引起的变应性接触性皮炎
L23.001　铬变应性接触性皮炎
L23.002　镍变应性接触性皮炎
L23.100　粘贴剂引起的变应性接触性皮炎
L23.101　橡皮膏变应性接触性皮炎
L23.200　化妆品引起的变应性接触性皮炎
L23.300　药物接触皮肤引起的变应性接触性皮炎
L23.400　染料引起的变应性接触性皮炎
L23.500　化学产品引起的变应性接触性皮炎，其他的
L23.501　水泥变应性接触性皮炎
L23.502　塑料变应性接触性皮炎
L23.503　橡胶变应性接触性皮炎
L23.504　杀虫剂变应性接触性皮炎
L23.600　食物接触皮肤引起的变应性接触性皮炎
L23.700　植物引起的变应性接触性皮炎，除外食物
L23.801　毛皮变应性接触性皮炎
L23.900　变应性接触性皮炎
L23.901　过敏性皮炎
L24.000　去污剂引起的刺激性接触性皮炎
L24.100　油脂类引起的刺激性接触性皮炎
L24.200　溶剂类引起的刺激性接触性皮炎
L24.201　丙酮刺激性接触性皮炎
L24.202　醇类刺激性接触性皮炎
L24.203　二硫化碳刺激性接触性皮炎
L24.204　甲苯刺激性接触性皮炎
L24.205　溶剂类刺激性接触性皮炎
L24.206　松脂刺激性接触性皮炎
L24.300　化妆品引起的刺激性接触性皮炎
L24.400　药物接触皮肤引起的刺激性接触性皮炎
L24.500　化学产品引起的刺激性接触性皮炎，其他的
L24.501　碱刺激性接触性皮炎
L24.502　尼龙刺激性接触性皮炎
L24.503　砌砖工刺激性痒病
L24.504　酸类刺激性接触性皮炎
L24.600　食物接触皮肤引起的刺激性接触性皮炎
L24.601　揉面刺激性痒病
L24.700　植物引起的刺激性接触性皮炎，除外食物
L24.800　刺激性接触性皮炎，其他物质引起的
L24.800x001　隐翅虫皮炎

L24.800x002　刺胞皮炎
L24.801　松毛虫皮炎
L24.900　刺激性接触性皮炎
L24.901　刺激性皮炎
L25.000　化妆品引起的接触性皮炎
L25.100　药物接触皮肤引起的接触性皮炎
L25.200　染料引起的接触性皮炎
L25.201　染发性皮炎
L25.300　化学产品引起的接触性皮炎，其他的
L25.400　食物接触皮肤引起的接触性皮炎
L25.500　植物引起的接触性皮炎，除外食物
L25.800　接触性皮炎，其他物质引起的
L25.900　接触性皮炎
L26.x00　剥脱性皮炎
L26.x01　黑布拉糠疹
L27.000x004　剥脱性皮炎型药疹
L27.000x006　大疱表皮松解症型药疹
L27.002　红皮病型药疹
L27.003　荨麻疹型药疹
L27.004　药物性红斑
L27.005　药物性皮炎
L27.100　药物和药剂引起的局限性皮疹
L27.101　固定性药疹
L27.200　摄入食物引起的皮炎
L27.201　牛奶过敏性皮炎
L27.800　内服物质引起的皮炎，其他的
L27.801　砷过敏性皮炎
L27.900　内服物质引起的皮炎
L28.000　慢性单纯性苔藓
L28.000x006　小棘苔癣
L28.000x007　金黄色苔癣
L28.001　局限性神经性皮炎
L28.002　苔藓样皮炎
L28.003　苔藓
L28.100　结节性痒疹
L28.200　痒疹，其他的
L28.201　黑布拉痒疹
L28.202　轻症痒疹
L28.203　丘疹性荨麻疹
L29.000　肛门瘙痒（症）
L29.100　阴囊瘙痒（症）
L29.200　外阴瘙痒（症）
L29.300　肛门生殖器瘙痒（症）
L29.800　瘙痒（症），其他的
L29.801　冬令瘙痒症
L29.802　老年瘙痒症
L29.900　瘙痒（症）
L30.000　钱币状皮炎
L30.100　汗疱疹
L30.201　念珠菌疹
L30.202　皮肤癣菌疹
L30.203　湿疹样疹
L30.204　自体过敏性皮炎
L30.300　感染性皮炎
L30.301　传染性湿疹样皮炎
L30.400　擦烂红斑
L30.400x004　色素性玫瑰疹
L30.500　白色糠疹
L30.500x003　渗出性慢性单纯性糠疹
L30.800　皮炎，其他特指的
L30.801　寒冷性皮炎
L30.802　激素依赖性皮炎
L30.803　季节性大疱性皮炎
L30.804　嗜酸性粒细胞增多性皮病
L30.900　皮炎
L30.901　泛发性湿疹
L30.902　湿疹
L30.903　外阴湿疹
L30.904　阴囊湿疹
L30.905　湿疹样皮炎

表6-3-118

L40.000　寻常性银屑病
L40.001　斑块状银屑病
L40.002　蛎壳状银屑病
L40.003　钱币形银屑病
L40.100　全身脓疱性银屑病
L40.101　冯-聪布施病
L40.102　脓疱性银屑病
L40.103　疱疹样脓疱病
L40.200　持续性肢端皮炎
L40.300　掌跖脓疱病
L40.301　掌跖脓疱性银屑病
L40.400　滴状银屑病
L40.500　关节病型银屑病
L40.501+M07.3*　银屑病性关节炎
L40.502+M09.0*　银屑病性幼年型关节炎
L40.800　银屑病，其他的
L40.801　反常性银屑病
L40.802　红皮病性银屑病

L40.900　银屑病
L41.000　急性苔藓痘疮样糠疹
L41.000x002　急性发热坏死溃疡性痘疮样糠疹
L41.100　慢性苔藓样糠疹
L41.300　小斑块副银屑病
L41.400　大斑块副银屑病
L41.500　网状副银屑病
L41.801　斑状副银屑病
L41.900　副银屑病
L42.x00　玫瑰糠疹
L43.000　肥厚性扁平苔藓
L43.100　大疱性扁平苔藓
L43.200　苔藓样药物反应
L43.300　亚急性（活动性）扁平苔藓
L43.301　热带扁平苔藓
L43.800　扁平苔藓，其他的
L43.901　口腔扁平苔藓
L43.902　舌扁平苔藓
L44.000　毛发红糠疹
L44.100　光泽苔藓
L44.200　条纹状苔藓
L44.300　念珠状红苔藓
L44.400　婴儿丘疹性肢皮炎［詹诺托-克罗斯蒂］
L44.800　丘疹鳞屑性疾患，其他特指的
L44.900　丘疹鳞屑性疾患

表 6-3-119

L50.000　变应性荨麻疹
L50.100　特发性荨麻疹
L50.200　冷和热引起的荨麻疹
L50.201　寒冷性荨麻疹
L50.202　热性荨麻疹
L50.300　皮肤划痕性荨麻疹
L50.400　振动荨麻疹
L50.500　胆碱能性荨麻疹
L50.600　接触性荨麻疹
L50.801　急性荨麻疹
L50.802　慢性荨麻疹
L50.803　胃肠型荨麻疹
L50.900　荨麻疹
L51.000　非大疱型多形性红斑
L51.100　大疱型多形性红斑
L51.200　中毒性表皮坏死松解症［莱尔］
L51.802　渗出性多形红斑
L51.900　多形性红斑
L52.x00　结节性红斑
L53.000　中毒性红斑
L53.100　离心性环状红斑
L53.101　风湿性环形红斑
L53.200　边缘性红斑
L53.300　慢性回状红斑，其他的
L53.800　红斑性情况，其他特指的
L53.801　猩红热样红斑
L53.900　红斑性情况
L53.901　红皮病

表 6-3-120

L55.000　Ⅰ度晒斑［晒伤］
L55.100　Ⅱ度晒斑［晒伤］
L55.200　Ⅲ度晒斑［晒伤］
L55.800　晒斑［晒伤］，其他的
L55.900　晒斑［晒伤］
L56.000　药物光毒性反应
L56.100　药物光变应性反应
L56.200　光接触性皮炎［香料皮炎］
L56.300　日光性荨麻疹
L56.400　多形性日光疹
L56.401　牛痘样水疱
L56.800　紫外线辐射引起的其他特指的急性皮肤改变
L56.900　紫外线辐射引起的急性皮肤改变
L57.000　光线性角化病
L57.001　灰泥角化症
L57.100　光线性类网状细胞增多症
L57.200　颈部菱形皮
L57.300　西瓦特皮肤异色病
L57.400　老年性皮肤松垂
L57.500　光线性肉芽肿
L57.800x004　非年龄性上肢皮肤松弛
L57.800x005　非年龄性下肢皮肤松弛
L57.800x006　非年龄性躯干皮肤松弛
L57.801　慢性光化性皮炎
L57.802　日光性皮炎
L57.803　光线性痒疹
L57.900　慢性暴露于非电离辐射下引起的皮肤改变
L58.000　急性放射性皮炎
L58.100　慢性放射性皮炎
L58.101　放射性皮肤溃疡
L58.900　放射性皮炎
L59.000　火激红斑［火激皮炎］

L59.801 慢性光化性皮炎，与辐射相关
L59.900 与辐射有关的皮肤和皮下组织疾患

表6-3-121

L60.000 嵌甲
L60.100 甲剥离
L60.200 甲弯曲
L60.201 甲肥厚
L60.300 甲营养不良
L60.301 脆甲症
L60.400 博氏线
L60.500 黄甲综合征
L60.800x004 白甲
L60.800x005 甲萎缩
L60.800x006 甲纵沟
L60.800x007 甲纵裂
L60.800x008 甲纵嵴
L60.800x009 甲胬肉
L60.800x010 对半甲
L60.800x011 黑甲和褐甲
L60.800x012 红甲
L60.800x013 甲横沟
L60.800x014 甲凹点
L60.800x015 软甲
L60.800x016 绿甲综合征
L60.800x017 绿色条纹甲
L60.800x018 马克尔线
L60.800x019 特里甲
L60.800x020 天蓝甲半月
L60.800x021 多甲
L60.800x022 红色甲半月
L60.800x023 甲反向胬肉
L60.800x024 蓝甲
L60.800x025 米斯线
L60.800x026 逆剥
L60.800x027 薄甲
L60.800x028 扁平甲
L60.800x029 黄甲
L60.800x030 灰甲
L60.800x031 甲板染色
L60.800x032 甲层裂
L60.800x033 甲床紫癜
L60.800x034 球拍状甲
L60.801 甲床角化过度
L60.802 指甲下出血
L60.803 趾甲下出血
L60.900 甲疾患
L63.000 头部全秃
L63.100 普秃
L63.200 匐行性脱发
L63.800 斑秃，其他的
L63.900 斑秃
L64.000 药物性雄激素性脱发
L64.801 早老性脱发
L64.900 雄激素性脱发
L65.000 静止期脱发
L65.100 再生期脱发
L65.200 黏蛋白性脱发
L65.800x003 牵拉性脱发
L65.800x004 生长期头发松动
L65.800x005 生长期脱发
L65.801 感染后脱发
L65.802 神经性脱发
L65.901 眉缺损
L65.902 脱发
L65.903 脂溢性脱发
L65.904 毛发稀少症
L65.905 眉毛脱落
L66.000 假性斑秃
L66.100 毛发扁平苔藓
L66.200 脱发性毛囊炎
L66.300 脓肿性头部毛囊周围炎
L66.400 网状红斑性毛囊炎
L66.800 瘢痕性脱发，其他的
L66.900 瘢痕性脱发
L67.000 结节性脆发病
L67.100 发色变异
L67.101 白发
L67.102 白睫毛
L67.103 白眉毛
L67.104 后天性白发
L67.105 灰发
L67.106 局限性白发
L67.800 毛色和毛干异常，其他的
L67.900 毛色和毛干异常
L68.000 男性型多毛症
L68.100 后天性胎毛过多
L68.200 局限性多毛症
L68.300 多毛症（基因变异）
L68.800 多毛症，其他的

L68.900　多毛症
L70.000　寻常痤疮
L70.001　粉刺
L70.002　结节性痤疮
L70.003　囊肿型痤疮
L70.004　脓疱性痤疮
L70.005　硬结性痤疮
L70.100　聚会性痤疮
L70.200　痘样痤疮
L70.201　额面痤疮
L70.202　粟粒坏死性痤疮
L70.203　萎缩性痤疮
L70.300　热带痤疮
L70.400　婴儿痤疮
L70.500　表皮脱落性痤疮
L70.801　恶病质痤疮
L70.802　人工性痤疮
L70.803　职业性痤疮
L70.900　痤疮
L70.900x002　成簇性眼眶周围痤疮
L71.000　口周皮炎
L71.100　肥大性酒渣鼻
L71.800　酒渣鼻，其他的
L71.900　酒渣鼻
L72.000　表皮囊肿
L72.000x006　脓疱性粟粒疹
L72.000x007　红色粟粒疹
L72.000x010　晶形粟粒疹
L72.000x011　深部粟粒疹
L72.100　毛根鞘囊肿
L72.101　面部皮脂腺囊肿
L72.102　头颈皮脂腺囊肿
L72.103　躯干皮脂腺囊肿
L72.104　四肢皮脂腺囊肿
L72.105　皮脂腺囊肿
L72.106　会阴皮脂腺囊肿
L72.200　多发性皮脂腺囊肿
L72.800x001　发疹性毳毛囊肿
L72.800x003　色素性毛囊囊肿
L72.800x004　皮肤黏液样囊肿
L72.900x001　耳后囊肿
L72.900x002　皮下囊肿
L72.900x003　皮肤纤毛性囊肿
L72.901　头颈部囊肿
L72.902　面部囊肿
L72.903　躯干囊肿
L72.904　腹股沟区皮肤囊肿
L72.905　四肢囊肿
L73.000　瘢瘤性痤疮
L73.100　须部假性毛囊炎
L73.200　化脓性汗腺炎
L73.800　毛囊疾患，其他特指的
L73.800x005　鼻毛假性毛囊炎
L73.800x006　铜绿假单胞菌毛囊炎
L73.800x007　细菌性毛囊炎
L73.801　狼疮样须疮
L73.802　毛囊闭锁三联征
L73.803　皮脂腺增生
L73.804　须疮
L73.805　寻常须疮
L73.900　毛囊疾患
L74.000　红痱
L74.001　痱子
L74.100　晶状痱
L74.200　深部痱
L74.300　痱
L74.400　无汗症
L74.801　红鼻肉芽肿
L74.900　外分泌汗腺疾患
L75.000　臭汗症
L75.100　色汗症
L75.200　顶浆分泌腺粟疹
L75.201　福克斯-福代斯病
L75.800　顶浆分泌汗腺疾患，其他的
L75.900　顶浆分泌汗腺疾患

表 6-3-122

L80.x00　白癜风
L81.000　炎症后色素沉着过度
L81.100　黄褐斑
L81.200　雀斑
L81.300　咖啡牛乳色斑
L81.400　其他黑色素沉着过度
L81.400x001　着色病
L81.401　黑皮病
L81.402　黑变病
L81.403　焦油性黑变病
L81.404　里尔黑变病
L81.405　雀斑痣
L81.407　中毒性黑变病

L81.500　白斑病，不可归类在他处者
L81.600　黑色素形成减少的其他疾患
L81.601　皮肤异色病
L81.700x002　匍行性血管瘤
L81.701　进行性色素性皮肤病
L81.702　毛细血管扩张性环状紫癜
L81.703　尚贝格色素皮肤病
L81.800　色素沉着其他特指的疾患
L81.800x003　色素分界线
L81.800x005　斑蝥黄沉着
L81.801　铁色素沉着
L81.802　文身色素沉着
L81.803　地方性砷中毒
L81.900　色素沉着的疾患
L82.x00　脂溢性角化病
L82.x01　黑色丘疹性皮肤病
L82.x02　莱泽-特雷拉特病
L83.x00　黑棘皮病
L83.x01　融合性网状乳头瘤病
L83.x02　假黑棘皮病
L84.x00x001　鸡眼
L84.x00x002　胼胝
L84.x01　感染性胼胝
L85.000　获得性鱼鳞癣
L85.100　后天性掌跖角化病［皮肤角化病］
L85.200　点状角化病（掌跖）
L85.300　皮肤干燥症
L85.800　表皮增厚，其他特指的
L85.801　角化棘皮瘤
L85.803　皮角
L85.804　砷角化病
L85.900　表皮增厚
L85.900x001　皮脂腺痣
L87.001　穿入性毛囊角化过度
L87.100　反应性穿通性胶原病
L87.200　匐行穿孔性弹性组织变性
L87.800　经表皮排除疾患，其他的
L87.900　经表皮排除疾患
L88.x00　坏疽性脓皮症
L89.000　受压区Ⅰ期压疮
L89.001　骶尾区Ⅰ期压疮
L89.002　坐骨区Ⅰ期压疮
L89.003　股骨区Ⅰ期压疮
L89.004　跟骨区Ⅰ期压疮
L89.005　足踝区Ⅰ期压疮
L89.006　肩胛区Ⅰ期压疮
L89.007　枕骨区Ⅰ期压疮
L89.008　多处Ⅰ期压疮
L89.100　受压区Ⅱ期压疮
L89.101　骶尾区Ⅱ期压疮
L89.102　坐骨区Ⅱ期压疮
L89.103　股骨区Ⅱ期压疮
L89.104　跟骨区Ⅱ期压疮
L89.105　足踝区Ⅱ期压疮
L89.106　肩胛区Ⅱ期压疮
L89.107　枕骨区Ⅱ期压疮
L89.108　多处Ⅱ期压疮
L89.200　受压区Ⅲ期压疮
L89.201　骶尾区Ⅲ期压疮
L89.202　坐骨区Ⅲ期压疮
L89.203　股骨区Ⅲ期压疮
L89.204　跟骨区Ⅲ期压疮
L89.205　足踝区Ⅲ期压疮
L89.206　肩胛区Ⅲ期压疮
L89.207　枕骨区Ⅲ期压疮
L89.208　多处Ⅲ期压疮
L89.300　受压区Ⅳ期压疮
L89.301　骶尾区Ⅳ期压疮
L89.302　坐骨区Ⅳ期压疮
L89.303　股骨区Ⅳ期压疮
L89.304　跟骨区Ⅳ期压疮
L89.305　足踝区Ⅳ期压疮
L89.306　肩胛区Ⅳ期压疮
L89.307　枕骨区Ⅳ期压疮
L89.308　多处Ⅳ期压疮
L89.900　受压区压疮
L90.000　硬化萎缩性苔藓
L90.100　施韦宁格-布齐皮肤松弛
L90.200　雅达松-佩利扎里皮肤松弛
L90.300　特发性皮肤萎缩
L90.400　慢性萎缩性肢端皮炎
L90.401　特发性弥漫性皮肤萎缩
L90.500x006　头皮瘢痕
L90.500x007　枕部瘢痕
L90.500x008　鬓角瘢痕
L90.500x009　面部瘢痕
L90.500x010　额部瘢痕
L90.500x011　颞部瘢痕
L90.500x012　颧部瘢痕
L90.500x013　颌部瘢痕

L90.500x014　颏部瘢痕
L90.500x015　颊部瘢痕
L90.500x016　眼睑瘢痕
L90.500x017　内眦瘢痕
L90.500x018　上睑瘢痕
L90.500x019　下睑瘢痕
L90.500x020　外眦瘢痕
L90.500x021　眼眶瘢痕
L90.500x022　眉部瘢痕
L90.500x023　鼻部瘢痕
L90.500x024　鼻翼瘢痕
L90.500x025　口部瘢痕
L90.500x026　上唇瘢痕
L90.500x027　下唇瘢痕
L90.500x028　口角瘢痕
L90.500x029　耳部瘢痕
L90.500x030　耳垂瘢痕
L90.500x031　上肢瘢痕
L90.500x032　肩部瘢痕
L90.500x033　腋部瘢痕
L90.500x034　上臂瘢痕
L90.500x035　肘部瘢痕
L90.500x036　前臂瘢痕
L90.500x037　腕部瘢痕
L90.500x038　下肢瘢痕
L90.500x039　大腿瘢痕
L90.500x040　膝部瘢痕
L90.500x041　小腿瘢痕
L90.500x042　踝部瘢痕
L90.500x043　臀部瘢痕
L90.500x044　腘窝瘢痕
L90.500x045　乳房瘢痕
L90.500x046　乳头瘢痕
L90.500x047　乳晕瘢痕
L90.500x048　手部瘢痕
L90.500x049　手背瘢痕
L90.500x050　手掌瘢痕
L90.500x051　虎口瘢痕
L90.500x052　手指瘢痕
L90.500x053　拇指瘢痕
L90.500x054　足部瘢痕
L90.500x055　足背瘢痕
L90.500x056　足掌瘢痕
L90.500x057　足跟瘢痕
L90.500x058　足趾瘢痕
L90.500x059　踇趾瘢痕
L90.500x060　躯干瘢痕
L90.500x061　颈部瘢痕
L90.500x062　胸部瘢痕
L90.500x063　腹部瘢痕
L90.500x064　背部瘢痕
L90.500x065　腰部瘢痕
L90.500x066　脐部瘢痕
L90.500x067　全身多处瘢痕
L90.500x071　男性生殖器瘢痕
L90.500x072　睾丸瘢痕
L90.500x073　阴囊瘢痕
L90.500x074　男性外阴瘢痕
L90.501　瘢痕
L90.502　瘢痕挛缩
L90.503　瘢痕粘连
L90.504　痛性瘢痕
L90.505　手术后瘢痕
L90.600　萎缩纹
L90.800　皮肤的其他萎缩性疾患
L90.801　斑疹性皮肤萎缩
L90.803　老年性皮肤萎缩
L90.804　神经性皮肤萎缩
L90.805　Moulin线状皮肤萎缩
L90.900x001　糖皮质激素局部注射引起的皮肤萎缩
L90.901　面部萎缩
L90.902　斑状皮肤萎缩
L91.001　瘢痕疙瘩
L91.002　瘤样瘢痕
L91.800　皮肤其他的肥厚性疾患
L91.801　皮肤赘生物
L91.900　皮肤肥厚性疾患
L92.000　环状肉芽肿
L92.100　脂质渐进性坏死，不可归类在他处者
L92.200　面部肉芽肿［皮肤嗜酸细胞肉芽肿］
L92.300　皮肤和皮下组织异物性肉芽肿
L92.301　皮肤硅肉芽肿
L92.302　皮肤铍肉芽肿
L92.800　皮肤和皮下组织其他肉芽肿性疾患
L92.801　脐肉芽肿
L92.901　皮下组织肉芽肿
L92.903　皮肤肉芽肿
L93.000　盘状红斑狼疮
L93.001　红斑狼疮
L93.100　亚急性皮肤红斑狼疮

L93.200　局限性红斑狼疮，其他的
L93.200x003　肿胀性（瘤样）狼疮
L93.201　狼疮性脂膜炎
L93.202　深在性红斑狼疮
L94.000　局限性硬皮病［硬斑病］
L94.100　线状硬皮病
L94.200　皮肤钙质沉着症
L94.300　指端硬化
L94.301　趾端硬化
L94.400　戈特龙丘疹
L94.500　血管萎缩性皮肤异色病
L94.600　阿洪病
L94.800　局限性结缔组织疾患，其他特指的
L94.900　局限性结缔组织疾患
L95.000　青斑血管炎
L95.100　持久性隆起性红斑
L95.800　局限于皮肤的其他血管炎
L95.800x004　恶性萎缩性丘疹病
L95.801　结节性血管炎
L95.802　皮肤变应性血管炎
L95.900　局限于皮肤的血管炎
L95.900x001　白细胞碎裂性血管炎
L95.901　荨麻疹性血管炎
L97.x00　下肢溃疡，不可归类在他处者
L98.000　生脓性肉芽肿
L98.001　毛细管扩张性肉芽肿
L98.101　神经性表皮脱落
L98.200　热性中性粒细胞皮肤病［斯威特］
L98.300　嗜酸细胞性蜂窝织炎［韦尔斯］
L98.400　皮肤慢性溃疡，不可归类在他处者
L98.401　热带溃疡
L98.500　皮肤黏蛋白沉积症
L98.501　局部粘蛋白沉积症
L98.502　黏液水肿性苔藓
L98.503　网状红斑性黏蛋白沉积症
L98.600　皮肤和皮下组织其他的浸润性疾患
L98.700x001　获得性皮肤松弛症
L98.701　皮肤松弛，未特指
L98.702　皮肤松弛伴随减重（减肥手术）（饮食）
L98.800　皮肤和皮下组织其他特指的疾患
L98.800x001　Kimurus病（伴嗜酸性白细胞的血管增生）
L98.800x007　月经疹
L98.800x010　黑色萎缩
L98.800x011　扩张孔
L98.800x012　弥漫性皮肤肥大细胞增生病
L98.800x013　系统性肥大细胞增生病
L98.800x014　贫血痣
L98.800x015　粟丘疹
L98.800x016　女阴假性湿疣
L98.800x017　症状性苔藓样疹
L98.800x018　皮脂缺乏症
L98.800x020　具脂肪瘤样痣的褶皱皮肤
L98.800x021　丘疹性血管增生
L98.800x022　粘蛋白性汗管化生
L98.800x023　丘疹型血管角化瘤
L98.800x026　发疹性假性血管瘤病
L98.800x027　儿童不对称性曲侧周围疹
L98.801　面颊部痣样增生
L98.802　皮肤窦道
L98.803　皮肤淋巴细胞瘤
L98.804　皮肤瘘管
L98.900x002　胶样粟丘疹

表6-3-123

M00.000x091　葡萄球菌性关节炎
M00.000x092　葡萄球菌性多关节炎
M00.001　葡萄球菌性肩关节炎
M00.002　葡萄球菌性肘关节炎
M00.003　葡萄球菌性腕关节炎
M00.004　葡萄球菌性髋关节炎
M00.005　葡萄球菌性膝关节炎
M00.006　葡萄球菌性踝关节炎
M00.100x001　肺炎球菌性多关节炎
M00.100x011　肺炎球菌性肩关节炎
M00.100x021　肺炎球菌性肘关节炎
M00.100x031　肺炎球菌性腕关节炎
M00.100x051　肺炎球菌性髋关节炎
M00.100x061　肺炎球菌性膝关节炎
M00.100x071　肺炎球菌性踝关节炎
M00.100x091　肺炎球菌性关节炎
M00.200x001　链球菌性多关节炎
M00.200x011　链球菌性肩关节炎
M00.200x021　链球菌性肘关节炎
M00.200x031　链球菌性腕关节炎
M00.200x051　链球菌性髋关节炎
M00.200x061　链球菌性膝关节炎
M00.200x071　链球菌性踝关节炎
M00.200x091　链球菌性关节炎
M00.800　关节炎和多关节炎，其他特指的细菌性

病原体引起的
M00.900　化脓性关节炎
M00.900x011　感染性肩关节炎
M00.900x021　感染性肘关节炎
M00.900x031　感染性腕关节炎
M00.900x051　感染性髋关节炎
M00.900x061　感染性膝关节炎
M00.900x071　感染性踝关节炎
M00.901　感染性关节炎
M02.000　肠旁路术后关节病
M02.100　痢疾后关节病
M02.200　免疫后关节病
M02.201　血清性关节炎
M02.300　赖特尔病
M02.800　反应性关节病，其他的
M02.900　反应性关节病

表6-3-124

M05.000　费尔蒂综合征
M05.100+J99.0*　类风湿性肺病
M05.101+J99.0*　类风湿性关节炎伴肺泡炎
M05.102+J99.0*　类风湿性关节炎伴肺间质纤维化
M05.103+J99.0*　类风湿尘肺
M05.200　类风湿性脉管炎
M05.200x092　类风湿性血管炎
M05.301+G63.6*　类风湿性关节炎伴多神经病
M05.302+I43.8*　类风湿性关节炎伴心肌病
M05.303+G73.7*　类风湿性关节炎相关性肌病
M05.304+I52.8*　类风湿性关节炎伴心炎
M05.305+I32.8*　类风湿性关节炎伴心包炎
M05.306+I41.8*　类风湿性关节炎伴心肌炎
M05.307+I39.8*　类风湿性关节炎伴心内膜炎
M05.308　累及全身类风湿性关节炎
M05.800　血清反应阳性的类风湿性关节炎，其他的
M05.900　血清反应阳性的类风湿性关节炎
M05.900x093　累及内脏的类风湿性关节炎
M06.000　血清反应阴性的类风湿性关节炎
M06.001　复发性血清阴性对称性滑膜炎伴凹陷性水肿
M06.002　缓解性血清阴性对称性滑膜炎伴凹陷性水肿综合征
M06.003　滑膜炎-痤疮-脓疱疹-骨肥厚-骨炎综合征
M06.100　成年型斯蒂尔病
M06.200　类风湿性滑囊炎
M06.300　类风湿性结节
M06.400　炎性多关节病
M06.800　类风湿性关节炎，其他特指的
M06.800x051　类风湿性髋关节炎
M06.800x071　类风湿性足关节炎
M06.900　类风湿性关节炎
M06.901　类风湿性肩关节炎
M06.902　类风湿性肘关节炎
M06.903　类风湿性腕关节炎
M06.904　类风湿性手骨间关节炎
M06.906　类风湿性膝关节炎
M06.907　类风湿性踝关节炎
M06.908　类风湿性斜颈
M06.909　类风湿性多部位关节炎
M08.000　幼年型类风湿性关节炎
M08.001　幼年型类风湿因子阴性关节炎
M08.002　幼年型类风湿因子阳性关节炎
M08.100　幼年型关节强硬性脊椎炎
M08.100x092　幼年型脊椎关节炎
M08.200　幼年型关节炎伴有全身性发病
M08.201　幼年型斯蒂尔病
M08.300　幼年型多关节炎（血清反应阴性）
M08.300x001　多关节型儿童类风湿病
M08.301　慢性幼年型多关节炎
M08.400　少关节性幼年型关节炎
M08.800x091　幼年型特发性关节炎
M08.900　幼年型关节炎
M10.000　特发性痛风
M10.000x094　原发性痛风
M10.001+N16.8*　尿酸性肾病
M10.002　痛风性关节炎
M10.003　痛风性滑囊炎
M10.004+I43.8*　心脏尿酸盐痛风石
M10.005+N22.8*　痛风性肾结石
M10.100　铅性痛风
M10.200　药物性痛风
M10.300　肾功能损害引起的痛风
M10.400　继发性痛风，其他的
M10.900　痛风
M10.900x093　痛风石
M10.901　痛风体质
M10.902+H62.8*　耳痛风石
M10.903　痛风结节
M11.000　羟磷灰石沉着病
M11.100　家族性软骨钙沉着
M11.201　软骨钙质沉着

M11.800x093　假性痛风性关节炎
M11.801　焦磷酸盐结晶性关节炎（病）
M11.802　磷酸二钙结晶性关节炎（病）
M11.900　结晶性关节病
M12.000　慢性风湿病后关节病［雅库综合征］
M12.100　卡斯钦-贝克病［大骨节病］
M12.200　绒毛结节性滑膜炎（色素沉着的）
M12.200x011　肩关节色素沉着绒毛结节性滑膜炎
M12.200x021　肘关节色素沉着绒毛结节性滑膜炎
M12.200x031　腕关节色素沉着绒毛结节性滑膜炎
M12.200x051　髋关节色素沉着绒毛结节性滑膜炎
M12.200x061　膝色素沉着绒毛结节性滑膜炎
M12.200x071　踝关节色素沉着绒毛结节性滑膜炎
M12.300　复发性风湿病
M12.400　间歇性关节积水
M12.500　创伤性关节病
M12.500x011　肩关节创伤性关节病
M12.500x021　肘关节创伤性关节病
M12.500x031　腕关节创伤性关节病
M12.500x051　髋关节创伤性关节病
M12.500x061　膝关节创伤性关节病
M12.500x071　踝关节创伤性关节病
M12.801　短暂性关节炎（病）
M13.000　多关节炎
M13.100　单关节炎
M13.100x011　胸锁关节炎
M13.800x001　变应性关节炎
M13.802　更年期关节炎
M13.900　关节炎

表6-3-125

M15.000　原发性全身性（骨）关节病
M15.100　赫伯登结节（伴有关节病）
M15.200　布沙尔结节（伴有关节病）
M15.300　继发性多发性关节病
M15.301　创伤后多关节病
M15.400　侵蚀性（骨）关节病
M15.401　糜烂性骨关节病
M15.801　海加思结节
M15.900　多关节病
M15.900x003　重度多关节病
M15.901　萎缩性多关节炎
M15.902　全身性骨关节炎
M16.000　原发性双侧髋关节病
M16.101　原发性单侧髋关节病
M16.200　发育异常导致的双侧髋关节病
M16.301　发育异常性单侧髋关节病
M16.400　创伤后双侧髋关节病
M16.501　创伤后单侧髋关节病
M16.600　继发性双侧髋关节病，其他的
M16.701　继发性单侧髋关节病
M16.900　髋关节病
M16.900x002　双侧髋关节骨性关节病
M16.900x011　髋关节周围炎
M16.900x012　髋关节退行性病变
M16.901　老年性髋关节病
M17.000　原发性双侧膝关节病
M17.101　原发性单侧膝关节病
M17.200　创伤后双侧膝关节病
M17.301　创伤后单侧膝关节病
M17.400　继发性双侧膝关节病，其他的
M17.500x002　独眼征（膝CYCLOPS形成）
M17.501　继发性单侧膝关节病
M17.900　膝关节病
M17.900x002　膝关节退行性病变
M17.900x003　双侧膝关节骨性关节病
M17.900x004　单侧膝关节骨性关节病
M18.000　双侧第一腕掌关节的原发性关节病
M18.101　单侧第一腕掌关节原发性关节病
M18.200　双侧第一腕掌关节的创伤后关节病
M18.301　单侧第一腕掌关节创伤后关节病
M18.400x001　继发性双侧第一腕掌关节病
M18.501　单侧第一腕掌关节继发性关节病
M18.900　第一腕掌关节的关节病
M18.900x002　双侧腕关节骨性关节病
M19.001　原发性关节病
M19.101　创伤后关节病
M19.201　继发性关节病
M19.800　关节病，其他特指的
M19.900　关节病
M19.900x092　重度骨关节病
M19.900x093　指骨关节病
M19.900x094　趾骨关节病
M19.900x095　跖骨关节病
M19.900x096　距下关节骨性关节病
M19.900x097　跖趾关节骨性关节病
M19.901　肩关节关节病
M19.902　肘关节关节病
M19.903　腕关节关节病
M19.904　手骨间关节病

M19.905 踝关节关节病
M19.906 足关节关节病
M19.907 肥厚性关节炎
M19.908 老年性关节炎
M19.909 变形性关节炎
M19.910 萎缩性关节炎

表 6-3-126

M20.000 手指变形
M20.000x004 拇外展功能障碍
M20.000x005 后天性拇变形
M20.000x011 后天性槌状指
M20.002 后天性手指畸形
M20.003 后天性手指重叠
M20.005 手指挛缩
M20.006 手指钮孔状变形
M20.007 手指天鹅颈状变形
M20.100x001 踇囊炎
M20.100x002 后天性踇外翻
M20.200x001 僵踇
M20.301 后天性踇内翻
M20.302 后天性槌状趾
M20.400x001 后天性锤状趾
M20.501 后天性仰趾畸形
M20.502 后天性脚趾重叠
M20.503 后天性脚趾肥大
M20.504 后天性爪形趾
M20.505 鸡趾
M20.506 脚趾挛缩
M20.507 脚趾下垂
M20.508 竖起趾
M20.600 趾后天性变形
M21.000x051 后天性髋外翻
M21.000x071 后天性马蹄外翻足
M21.001 后天性肘外翻
M21.002 后天性膝外翻
M21.003 后天性足外翻
M21.100x011 后天性肩内翻
M21.100x051 后天性髋内翻
M21.100x072 后天性踝内翻
M21.101 弓形腿
M21.102 后天性肘内翻
M21.103 髋关节内翻变形
M21.104 后天性膝内翻
M21.105 后天性足内翻
M21.200x001 后天性肢体屈曲变形
M21.200x021 后天性肘关节屈曲变形
M21.200x031 后天性前臂屈曲变形
M21.200x032 后天性腕关节屈曲变形
M21.200x041 后天性手屈曲变形
M21.200x061 后天性膝关节屈曲变形
M21.201 手屈曲畸形
M21.202 膝关节屈曲畸形
M21.301 后天性腕下垂
M21.302 后天性足下垂
M21.400 后天性扁平足［平足］
M21.401 足弓下陷
M21.402 足弓松弛
M21.501 后天性爪形手
M21.502 后天性手畸形
M21.503 后天性爪形足
M21.504 后天性足畸形
M21.505 后天性马蹄内翻足
M21.600x071 后天性足变形
M21.600x072 后天性踝变形
M21.601 后天性弓形足
M21.602 足旋前
M21.603 足凹陷
M21.604 后天性踝关节畸形
M21.605 踝旋前
M21.700 四肢（后天性）长度不等
M21.700x031 后天性尺骨短缩变形
M21.700x061 后天性胫骨短缩变形
M21.701 后天性上臂短缩畸形
M21.702 后天性前臂短缩畸形
M21.703 后天性股骨短缩畸形
M21.704 后天性大腿短缩畸形
M21.705 后天性髋短缩畸形
M21.706 后天性小腿短缩畸形
M21.801 后天性锁骨畸形
M21.802 后天性肩胛骨畸形
M21.803 翼状肩胛
M21.804 后天性肱骨畸形
M21.805 后天性股骨畸形
M21.806 后天性胫骨畸形
M21.807 后天性腓骨畸形
M21.808 布鲁克病
M21.900 四肢后天性变形
M21.900x011 后天性肩关节变形
M21.900x041 后天性腕关节变形

M21.900x051　后天性上肢变形
M21.901　后天性上臂畸形
M21.902　后天性尺骨畸形
M21.903　后天性桡骨畸形
M21.904　后天性前臂畸形
M21.905　后天性掌骨畸形
M21.906　后天性髋关节畸形
M21.907　后天性膝关节畸形
M21.908　后天性下肢畸形
M22.000　复发性髌骨脱位
M22.100　复发性髌骨不全脱位
M22.200x001　髌股关节病
M22.201　髌骨关节病
M22.300x001　髌骨不稳定
M22.301　髌骨滑脱
M22.400　髌骨软骨软化
M22.801　髌骨外侧过度挤压综合征
M22.802　髌骨畸形
M22.900　髌骨疾患
M23.000x031　膝内侧半月板囊肿
M23.000x061　膝外侧半月板囊肿
M23.001　膝半月板囊肿
M23.100　盘状半月板（先天性）
M23.200x092　陈旧性桶柄状撕裂
M23.201　陈旧性前十字韧带损伤
M23.202　陈旧性内侧半月板前角损伤
M23.203　陈旧性后十字韧带损伤
M23.204　陈旧性内侧半月板后角损伤
M23.205　陈旧性膝内侧半月板损伤
M23.206　陈旧性膝内侧副韧带损伤
M23.207　陈旧性膝外侧副韧带损伤
M23.208　陈旧性膝外侧半月板前角损伤
M23.209　陈旧性膝外侧半月板后角损伤
M23.210　陈旧性膝外侧半月板损伤
M23.211　陈旧性膝关节囊韧带损伤
M23.212　陈旧性膝半月板断裂
M23.213　陈旧性膝半月板损伤
M23.214　陈旧性膝韧带损伤
M23.215　陈旧性膝内多发性损伤
M23.300x061　膝外侧半月板紊乱
M23.300x062　膝内侧半月板紊乱
M23.301　内侧半月板前角损伤
M23.302　内侧半月板后角损伤
M23.303　内侧半月板损伤
M23.304　外侧半月板前角损伤
M23.305　外侧半月板后角损伤
M23.306　外侧半月板损伤
M23.307　半月板变性
M23.308　半月板损伤
M23.309　半月板运动过度
M23.310　遗留的半月板
M23.311　复发性半月板紊乱
M23.400　膝关节游离体
M23.500x091　膝前内侧旋转不稳定
M23.501　陈旧性膝韧带破裂
M23.601　自发性膝韧带破裂
M23.800x001　膝后外复合体损伤
M23.800x011　陈旧性膝前十字韧带断裂
M23.800x021　陈旧性膝后十字韧带断裂
M23.800x031　陈旧性膝内侧副韧带断裂
M23.800x041　陈旧性膝外侧副韧带断裂
M23.800x094　陈旧性膝关节韧带损伤
M23.800x095　陈旧性膝关节软骨损伤
M23.801　前十字韧带松弛
M23.802　后十字韧带松弛
M23.803　内侧副韧带松弛
M23.804　外侧副韧带松弛
M23.805　膝关节囊韧带松弛
M23.806　膝韧带松弛
M23.807　弹响膝
M23.808　膝关节滑膜嵌顿
M23.809　膝韧带囊肿
M23.810　膝关节锁定
M23.811　膝关节粘连
M23.812　髌韧带粘连
M23.900　膝关节内紊乱
M24.000　关节游离体
M24.001　肩关节游离体
M24.002　肘关节游离体
M24.003　腕关节游离体
M24.004　指关节游离体
M24.005　髋关节游离体
M24.006　踝关节游离体
M24.100x071　陈旧性踝距骨软骨损伤
M24.100x072　陈旧性踝胫骨软骨损伤
M24.100x091　陈旧性关节软骨损伤
M24.101　关节软骨变性
M24.102　陈旧性关节软骨撕裂
M24.202　陈旧性踝外侧副韧带断裂
M24.203　项韧带肥厚

M24.204　黄韧带肥厚
M24.205　寰枢横韧带松弛
M24.206　韧带钙化
M24.207　韧带后天性畸形
M24.208　韧带挛缩
M24.209　韧带内囊肿
M24.210　韧带松弛
M24.300x091　关节病理性脱位
M24.301　自发性寰枢椎脱位
M24.302　自发性寰枢椎半脱位
M24.303　髋关节病理性脱位
M24.304　髋关节病理性不全脱位
M24.305　膝关节病理性脱位
M24.306　膝关节病理性不全脱位
M24.307　踝关节病理性脱位
M24.308　踝关节病理性不全脱位
M24.309　足关节病理性脱位
M24.310　足关节病理性不全脱位
M24.311　自发性关节脱位
M24.401　复发性肩关节脱位
M24.402　复发性肩关节不全脱位
M24.403　复发性肘关节脱位
M24.404　复发性肘关节不全脱位
M24.405　复发性腕关节脱位
M24.406　复发性腕关节不全脱位
M24.407　复发性手骨间关节脱位
M24.408　复发性手骨间关节不全脱位
M24.409　复发性髋关节脱位
M24.410　复发性髋关节不全脱位
M24.411　复发性膝关节脱位
M24.412　复发性膝关节不全脱位
M24.414　复发性踝关节脱位
M24.415　复发性踝关节不全脱位
M24.416　关节习惯性脱位
M24.417　关节习惯性不全脱位
M24.500　关节挛缩
M24.500x001　多发关节挛缩
M24.501　髋关节挛缩
M24.502　膝关节挛缩
M24.503　踝关节挛缩
M24.600　关节强硬
M24.601　多发性关节强硬
M24.602　肩关节强硬
M24.603　肘关节强硬
M24.604　腕关节强硬
M24.605　手骨间关节强硬
M24.606　髋关节强硬
M24.607　膝关节强硬
M24.608　踝关节强硬
M24.609　关节骨性强硬
M24.610　关节纤维变性
M24.700　髋臼前突
M24.701　髋关节内陷
M24.800x052　髋关节撞击综合征
M24.801　陈旧性肩关节脱位
M24.802　肩关节粘连
M24.803　陈旧性肘关节脱位
M24.804　肘关节粘连
M24.805　陈旧性腕关节脱位
M24.806　陈旧性手骨间关节脱位
M24.807　陈旧性髋关节脱位
M24.808　陈旧性膝关节脱位
M24.810　陈旧性踝关节脱位
M24.811　关节粘连
M24.812　尺骨撞击综合征
M24.900　关节紊乱
M24.900x052　骶髂关节紊乱
M24.901　肩关节紊乱
M24.902　肘关节紊乱
M24.903　腕关节紊乱
M24.904　手骨间关节紊乱
M24.905　髋关节紊乱
M24.906　踝关节紊乱
M24.907　腰椎关节滑膜嵌顿
M24.908　腰椎小关节紊乱
M25.000　关节积血
M25.001　肩关节积血
M25.002　肘关节积血
M25.003　腕关节积血
M25.004　手骨间关节积血
M25.005　髋关节积血
M25.006　膝关节积血
M25.007　踝关节积血
M25.100　关节瘘
M25.100x011　肩关节瘘
M25.100x021　肘关节瘘
M25.100x031　腕关节瘘
M25.100x051　髋关节瘘
M25.100x061　膝关节瘘
M25.100x071　踝关节瘘

M25.200　连枷状关节
M25.201　关节松弛
M25.301　关节不稳定
M25.400　关节渗出
M25.401　肩关节积液
M25.402　肩关节肿胀
M25.403　肘关节积液
M25.404　肘关节肿胀
M25.405　腕关节积液
M25.406　腕关节肿胀
M25.407　手骨间关节积液
M25.408　手骨间关节肿胀
M25.409　髋关节积液
M25.410　髋关节肿胀
M25.411　膝关节积液
M25.412　膝关节肿胀
M25.413　踝关节积液
M25.414　踝关节肿胀
M25.415　关节积液
M25.416　关节肿胀
M25.500　关节痛
M25.501　肩关节痛
M25.502　肘关节痛
M25.503　腕关节痛
M25.504　手骨间关节痛
M25.505　髋关节痛
M25.506　膝关节痛
M25.507　踝关节痛
M25.600x091　关节僵硬
M25.601　肢体僵硬
M25.602　肩关节僵硬
M25.603　肘关节僵硬
M25.604　腕关节僵硬
M25.605　指关节僵硬
M25.606　髋关节僵硬
M25.607　膝关节僵硬
M25.608　踝关节僵硬
M25.700　骨赘
M25.800x092　关节周围骨化
M25.801　多部位关节钙化
M25.802　肩关节钙化
M25.803　肩关节囊肿
M25.804　肘关节囊肿
M25.805　腕关节囊肿
M25.807　髋关节囊肿
M25.808　膝关节囊肿
M25.809　踝关节囊肿
M25.810　关节周围异位骨化
M25.900x031　腕关节肿物
M25.900x061　膝关节肿物
M25.901　关节肿物

表6-3-127

M30.000　结节性多动脉炎
M30.001+G73.7*　结节性多动脉炎性肌病
M30.002+G63.5*　结节性多动脉炎性多神经病
M30.003+G63.5*　结节性多动脉炎性周围神经病
M30.004　多脉管炎
M30.005+F02.8*　结节性多动脉炎性痴呆
M30.100　多动脉炎伴有肺受累［丘格-斯特劳斯］
M30.100x001　嗜酸性肉芽肿性血管炎
M30.101　变应性肉芽肿性血管炎
M30.200　幼年型多动脉炎
M30.300　黏膜皮肤淋巴结综合征［川崎病］
M30.301　IVIG无应答型川崎病
M30.801　多脉管炎重叠综合征
M31.000　过敏性血管炎
M31.000x002　免疫性血管炎
M31.000x005　变应性皮肤血管炎
M31.001　古德帕斯丘综合征
M31.002+N08.5*　抗肾小球基底膜抗体病
M31.003+N08.5*　肺出血肾炎综合征相关肾小球肾炎
M31.100　血栓性微血管病
M31.101　血栓性血小板减少性紫癜
M31.102+N08.5*　血栓性血小板减少性紫癜相关肾小球肾炎
M31.300　韦格纳肉芽肿病
M31.300x002　坏死性呼吸道肉芽肿病
M31.301　口腔黏膜韦格纳肉芽肿
M31.302+J99.1*　韦格纳肉芽肿病累及肺
M31.304+J99.1*　多发性血管炎性肉芽肿病累及肺
M31.305+N08.5*　肉芽肿性血管炎相关肾小球肾炎
M31.400　主动脉弓综合征［高安病］
M31.500　巨细胞动脉炎伴有风湿性多肌痛
M31.600　巨细胞动脉炎，其他的
M31.700　显微镜下多脉管炎
M31.701+N08.5*　ANCA相关性肾炎
M31.702+G63.5*　显微镜下多血管炎性周围神经病
M31.703+N08.5*　血管炎性肾小球肾炎

M31.801　HCV感染相关血管炎
M31.802　ANCA相关性血管炎
M31.803　低补体血症血管炎
M31.804　系统性血管炎
M31.900x001　坏死性脉管炎
M32.000　药物性系统性红斑狼疮
M32.100x016　狼疮性关节炎
M32.101+N08.5*　狼疮性肾炎
M32.102+N16.4*　狼疮性肾小管间质肾炎
M32.103+J99.1*　狼疮性肺炎
M32.104+I43.8*　狼疮性心肌病
M32.105+I32.8*　狼疮性心包炎
M32.106+G63.5*　狼疮性周围神经病
M32.107+G99.2*　狼疮性脊髓病变
M32.108+K77.8*　狼疮性肝损害
M32.109+I39.8*　利布曼-萨克斯病
M32.110+G73.7*　狼疮性肌病
M32.111+D77*　狼疮性血液系统损害
M32.112+K93.8*　狼疮性胃肠道损害
M32.113+H36.8*　狼疮性视网膜病变
M32.114+G94.8*　狼疮性脑病
M32.115+K67.8*　狼疮性浆膜炎
M32.116+F02.8*　狼疮性痴呆
M32.800　系统性红斑狼疮，其他形式的
M32.900　系统性红斑狼疮
M32.901　隐匿性系统性红斑狼疮
M33.000　幼年型皮肌炎
M33.001+J99.1*　幼年型皮肌炎累及肺
M33.100x001　儿童皮肌炎
M33.100x004　成人皮肌炎
M33.101　皮肌炎
M33.102+G63.5*　皮肌炎性周围神经病
M33.103+J99.1*　皮肌炎性肺间质纤维化
M33.104　无肌病性皮肌炎
M33.105　异色皮肌炎
M33.200　多肌炎
M33.201+J99.1*　多肌炎伴肺间质纤维化
M33.900　皮多肌炎
M33.901+J99.1*　皮多肌炎累及肺
M34.000　进行性全身性硬皮病
M34.100　全身性钙质沉着综合征［CR（E）ST］
M34.200　药物和化学物质诱发的全身性硬皮病
M34.800x001+J99.1*　系统性硬化症性肺病变
M34.800x002+G73.7*　系统性硬化症性肌病
M34.800x004+N08.5*　系统性硬化症肾脏危象
M34.800x005+G53.8*　系统性硬化症累及脑神经
M34.800x006+K23.8*　系统性硬化症累及食管
M34.800x007+N08.5*　系统性硬化症肾损害
M34.800x009+I52.8*　系统性硬化症心脏损害
M34.801+J99.1*　硬皮病性肺间质纤维化
M34.802　布施克硬肿病
M34.803　蒂比耶日-魏森巴赫综合征
M34.804+G73.7*　全身性硬化性肌病
M34.805　肢端硬肿病
M34.806+G63.5*　全身性硬化性多神经病变
M34.900　全身性硬皮病
M34.900x001　系统性硬化症
M35.000　干燥综合征［舍格伦］
M35.001　继发性干燥综合征
M35.002+J99.1*　干燥综合征伴肺间质纤维化
M35.003+K77.8*　干燥综合征性肝损害
M35.004+G73.7*　干燥综合征性肌病
M35.005+H19.3*　干燥综合征性角膜结膜炎
M35.006+N16.4*　干燥综合征性肾小管间质肾炎
M35.007+N16.4*　干燥综合征性肾盂肾炎
M35.008+G94.8*　干燥综合征性中枢神经损害
M35.009+G63.5*　干燥综合征性周围神经病
M35.101　混合性结缔组织病
M35.102　混合性结缔组织病肾损害
M35.200　贝赫切特［贝切特］病
M35.201　贝赫切特病性关节炎
M35.202+N77.8*　贝赫切特病性外阴溃疡
M35.203　神经贝赫切特病
M35.300　风湿性多肌痛
M35.400　弥漫性（嗜酸细胞性）筋膜炎
M35.500　多病灶性纤维硬化病
M35.600　复发性脂膜炎［韦伯-克里斯琴］
M35.700　过度活动综合征
M35.701　家族性韧带松弛
M35.800x001　抗合成酶综合征
M35.801　嗜酸性粒细胞增多-肌痛综合征
M35.802　近端指间关节周围胶原沉积症
M35.900x002+G63.5*　胶原病性神经炎
M35.900x006+G63.5*　继发于结缔组织病的周围神经病
M35.900x007　高IgD综合征
M35.900x011　Satoxoshi综合征
M35.901　结缔组织病
M35.902　胶原病
M35.903+G63.5*　胶原血管性多神经病

M35.904+J99.1* 结缔组织病肺间质纤维化
M35.905 抗J0-1综合征
M35.906 IgG4相关疾病
M35.907 自身免疫病

表6-3-128

M40.000 姿势性脊柱后凸
M40.000x091 青年型姿势性脊柱后凸
M40.100 继发性脊柱后凸，其他的
M40.100x051 继发性胸腰段脊柱后凸
M40.101 强直性脊柱炎后凸畸形
M40.200x021 颈椎后凸
M40.200x041 胸椎后凸
M40.200x061 腰椎后凸
M40.201 脊柱后凸
M40.300 直背综合征
M40.401 后天性脊柱前凸
M40.402 姿势性脊柱前凸
M40.500 脊柱前凸
M40.501 鞍状背
M41.000 婴儿特发性脊柱侧弯
M41.101 青少年特发性脊柱侧弯
M41.200 特发性脊柱侧弯，其他的
M41.300 胸源性脊柱侧弯
M41.400 神经肌肉性脊柱侧弯
M41.400x091 脊髓灰质炎后脊柱侧弯
M41.401 麻痹性脊柱侧弯
M41.500 继发性脊柱侧弯，其他的
M41.501 创伤性脊柱侧弯
M41.800 脊柱侧弯，其他形式的
M41.900 脊柱侧弯
M41.900x061 腰椎侧弯
M41.901 脊柱后侧凸
M42.000x091 卡尔韦病
M42.002 幼年椎骨骺骨软骨病
M42.100 成年脊柱骨软骨病
M42.900 脊柱骨软骨病
M43.001 枕寰枢滑脱
M43.002 颈椎滑脱
M43.003 颈椎胸椎滑脱
M43.004 胸椎滑脱
M43.005 胸椎腰椎滑脱
M43.006 腰椎滑脱
M43.007 腰骶部脊椎滑脱
M43.008 骶尾部滑脱
M43.009 腰椎峡部裂
M43.100x011 后天性寰枢椎滑脱
M43.100x021 颈椎前移
M43.100x041 胸椎前移
M43.100x061 腰椎前移
M43.100x062 后天性腰椎滑脱
M43.100x071 腰骶脊椎前移
M43.100x091 后天性脊椎滑脱
M43.101 创伤性脊椎前移
M43.102 变性性脊椎前移
M43.201 寰枢椎关节强硬
M43.202 骶髂关节强硬
M43.203 后天性脊柱关节强硬
M43.300 复发性寰枢不完全性脱位伴有脊髓病
M43.400 复发性寰枢不完全性脱位，其他的
M43.501 复发性颈椎不完全性脱位
M43.502 复发性颈椎胸椎不完全性脱位
M43.503 复发性胸椎不完全性脱位
M43.504 复发性胸椎腰椎不完全性脱位
M43.505 复发性腰椎不完全性脱位
M43.600 斜颈
M43.601 肌性斜颈
M43.602 僵颈
M43.801 脊柱旋转不足
M43.802 腰骶关节畸形
M43.803 骶髂关节畸形
M43.804 骶骨畸形
M43.805 尾骨畸形
M43.901 后天性脊柱变形

表6-3-129

M45.x00 强直性脊柱炎
M45.x01 类风湿性脊椎炎
M45.x02 萎缩性脊柱炎
M45.x03+H22.1* 强直性脊柱炎伴虹膜睫状体炎
M46.000 脊柱肌腱端病
M46.000x093 棘间韧带发育不良
M46.000x094 棘上韧带炎
M46.001 颈椎肌腱端炎
M46.002 胸椎肌腱端炎
M46.003 腰椎肌腱端炎
M46.004 颈椎棘上韧带炎
M46.100 骶髂关节炎，不可归类在他处者
M46.200 椎骨骨髓炎
M46.200x021 颈椎骨髓炎

M46.200x041　胸椎骨髓炎
M46.200x061　腰椎骨髓炎
M46.300　椎间盘感染（脓性）
M46.300x021　颈椎间盘感染
M46.300x041　胸椎间盘感染
M46.300x061　腰椎间盘感染
M46.301　化脓性胸椎间盘感染
M46.302　化脓性腰椎间盘感染
M46.400　关节盘炎
M46.401　颈椎椎间盘炎
M46.402　胸椎椎间盘炎
M46.403　腰椎椎间盘炎
M46.500x091　椎体感染
M46.500x092　化脓性脊柱炎
M46.501　颈椎脓肿
M46.502　胸椎脓肿
M46.503　腰椎脓肿
M46.504　骶尾椎脓肿
M46.800x091　肥大性脊柱炎
M46.800x093　变形性脊柱炎
M46.802　退行性脊柱炎
M46.803　增生性脊柱炎
M46.900　炎性脊椎病
M47.001+G99.2*　椎动脉型颈椎病
M47.002+G99.2*　椎动脉压迫综合征
M47.003+G99.2*　脊髓前动脉压迫综合征
M47.101+G99.2*　脊髓型颈椎病
M47.102+G99.2*　胸椎关节强硬伴脊髓病
M47.103+G99.2*　腰椎关节强硬伴脊髓病
M47.104+G99.2*　脊椎关节强硬伴脊髓病
M47.201　神经根型颈椎病
M47.202　交感神经型颈椎病
M47.203　神经根型胸椎病
M47.204　神经根型腰椎病
M47.205　颈-心综合征
M47.800x024　食管型颈椎病
M47.800x031　脊柱关节滑膜嵌顿
M47.800x032　齿状突骨质增生
M47.801　颈椎关节强硬
M47.802　混合型颈椎病
M47.803　胸椎关节强硬
M47.804　腰椎关节强硬
M47.806　腰骶关节强硬
M47.900　脊椎关节强硬
M47.900x091　脊柱骨关节病
M47.901　肥厚性脊柱炎
M47.902　脊柱变性
M47.903　老年性脊柱炎
M47.904　椎骨关节面破坏
M48.000x081　尾部狭窄
M48.001　枕寰枢椎管狭窄
M48.002　颈椎椎管狭窄
M48.003　胸椎椎管狭窄
M48.004　胸腰椎管狭窄
M48.005　腰椎椎管狭窄
M48.006　颈腰综合征
M48.100　强直性骨肥厚［福雷斯蒂尔］
M48.100x091　弥漫性特发性骨肥厚［DISH病］
M48.200　脊椎棘突吻合
M48.200x021　颈椎棘突吻合
M48.200x041　胸椎棘突吻合
M48.200x061　腰椎棘突吻合
M48.300x091　创伤后脊椎病
M48.301　颈椎椎间盘创伤性退变
M48.302　胸椎椎间盘创伤性退变
M48.303　腰椎椎间盘创伤性退变
M48.304　创伤性腰椎病
M48.305　屈梅尔脊柱炎
M48.401　脊椎应力性骨折
M48.500x092　脊椎楔入
M48.501　颈椎楔形变
M48.502　胸椎楔形变
M48.503　腰椎楔形变
M48.800x022　颈前纵韧带骨化
M48.800x091　脊椎半切综合征
M48.801　颈椎后纵韧带骨化
M48.802　胸椎后纵韧带骨化
M48.803　胸腰椎后纵韧带骨化
M48.804　腰椎后纵韧带骨化
M48.805　骶尾椎后纵韧带骨化
M48.806　后纵韧带骨化
M48.808　黄韧带骨化
M48.810　棘突间韧带综合征
M48.811　肌性脊柱炎
M48.812　老年性脊椎萎缩
M48.900x002　腰椎骨质增生
M48.901　颈椎退行性病变
M48.902　胸椎退行性病变
M48.903　腰椎退行性病变
M48.904　脊椎退行性病变

表6-3-130

M50.000+G99.2* 颈椎间盘疾患伴有脊髓病
M50.001+G99.2* 颈椎间盘突出伴脊髓病
M50.100 颈椎间盘疾患伴有神经根病
M50.101+G55.1* 颈椎间盘突出伴有神经根病
M50.200x001 颈椎间盘脱出
M50.201 颈椎间盘突出
M50.202 颈椎胸椎椎间盘突出
M50.300x001 颈椎骨质增生
M50.301 颈椎胸椎椎间盘变性
M50.800 颈椎间盘疾患，其他的
M50.900 颈椎间盘疾患
M50.901 颈椎胸椎椎间盘疾患
M51.001+G99.2* 胸椎间盘突出伴脊髓病
M51.002+G99.2* 胸椎腰椎椎间盘突出伴脊髓病
M51.003+G99.2* 腰椎间盘突出伴脊髓病
M51.004+G99.2* 腰骶椎间盘突出伴脊髓病
M51.100x002+G55.1* 腰椎间盘突出伴神经根病
M51.101+G55.1* 腰椎间盘脱出伴坐骨神经痛
M51.102+G55.1* 髓核疝性神经炎
M51.103+G55.1* 椎间盘疾患性腰痛伴坐骨神经痛
M51.104+G55.1* 椎间盘破裂性神经炎
M51.105+G55.1* 椎间盘移位性脊髓神经根压迫
M51.106+G55.1* 椎间盘移位性神经炎
M51.200x001 胸椎间盘脱出
M51.200x004 腰骶椎间盘脱出
M51.200x005 颈胸间盘突出
M51.201 胸椎间盘突出
M51.202 腰椎间盘突出
M51.203 胸腰椎椎间盘突出
M51.204 腰骶椎间盘突出
M51.205 椎间盘移位性腰痛
M51.301 胸椎间盘变性
M51.302 胸腰椎间盘变性
M51.303 腰椎间盘变性
M51.304 腰骶椎间盘变性
M51.305 椎间盘变性
M51.400 施莫尔结
M51.800x003 椎间盘囊肿
M51.800x004 椎间盘突出
M51.801 椎间盘膨隆
M51.802 椎间盘钙化
M51.803 椎间盘畸形
M51.901 腰椎间盘退行性病变
M53.000 颈颅综合征
M53.001 颈后交感神经综合征
M53.002 颅椎综合征
M53.100 颈臂综合征
M53.101 颈肩综合征
M53.201 多发性脊柱不稳定
M53.202 枕寰枢椎不稳定
M53.203 颈椎不稳定
M53.204 颈胸椎不稳定
M53.205 胸椎不稳定
M53.206 胸腰椎不稳定
M53.207 腰椎不稳定
M53.208 腰骶关节不稳定
M53.209 骶髂关节不稳定
M53.210 尾骨运动过度
M53.211 背部韧带松弛
M53.212 病理性脊柱关节脱位
M53.301 尾骨痛
M53.302 骶髂关节改变
M53.303 骶髂关节僵硬
M53.304 骶髂关节面破坏
M53.305 骶尾部痛
M53.306 非创伤性骶髂关节损害
M53.801 脊柱强直
M53.802 脊柱关节僵硬
M53.900 背部病
M54.001 颈部脂膜炎
M54.002 骶部脂膜炎
M54.003 背部脂膜炎
M54.100 神经根病
M54.100x021 颈神经根炎
M54.101 臂丛神经炎
M54.102 胸神经根炎
M54.103 腰神经根炎
M54.104 腰骶神经根炎
M54.105 神经根炎
M54.106 神经根痛
M54.107 神经根综合征
M54.200 颈痛
M54.300 坐骨神经痛
M54.400 腰痛伴有坐骨神经痛
M54.500 下背痛
M54.501 第三腰椎横突综合征
M54.502 腰痛
M54.503 腰背痛

M54.504 腰背肌筋膜炎
M54.505 腰肌劳损
M54.507 低背综合征
M54.600 胸段背痛
M54.801 脊椎源性痛综合征
M54.900 背痛

表 6-3-131

M60.000 感染性肌炎
M60.000x051 大腿感染性肌炎
M60.000x061 小腿感染性肌炎
M60.000x092 热带化脓性肌炎
M60.000x093 肌肉脓肿
M60.001 肩区感染性肌炎
M60.002 上臂感染性肌炎
M60.003 前臂感染性肌炎
M60.004 手感染性肌炎
M60.005 大腿肌间脓肿
M60.006 膝关节肌间脓肿
M60.007 足感染性肌炎
M60.008 腰大肌脓肿
M60.100 间质性肌炎
M60.200x091 肌肉肉芽肿
M60.201 滑石粉肉芽肿
M60.800x061 腓肠肌炎
M60.800x081 腹壁慢性肌炎
M60.801 坏死性肌炎
M60.802 陈旧性肌炎
M60.803 腰大肌炎
M60.804 增生性肌炎
M60.805 姿势性肌炎
M60.900 肌炎
M60.901 嗜酸性肌筋膜炎
M60.902 肌筋膜炎
M60.903 巨噬细胞肌筋膜炎
M61.000 外伤性骨化性肌炎
M61.000x051 髋关节创伤后骨化性肌炎
M61.100 进行性骨化性肌炎
M61.101 进行性骨化性纤维发育不良
M61.102 弥漫性进行性骨化性多肌炎
M61.201 肌肉麻痹性骨化
M61.301 烧伤后肌肉骨化
M61.400 肌肉的其他钙化
M61.501 骨化性肌炎
M61.502 骑士骨
M61.900 肌肉钙化和骨化
M62.000 肌肉分离
M62.100 肌肉的其他（非创伤性）破裂
M62.200 肌肉缺血性梗死
M62.200x001 骨筋膜室综合征
M62.202 非创伤性腔隙综合征
M62.203 肌间隙综合征
M62.300 不动综合征（截瘫性）
M62.400 肌肉挛缩
M62.401 肩区肌肉挛缩
M62.402 上臂肌肉挛缩
M62.403 前臂肌肉挛缩
M62.404 手部肌挛缩
M62.405 臀肌挛缩
M62.406 大腿肌肉挛缩
M62.407 小腿肌肉挛缩
M62.408 踝肌肉挛缩
M62.409 足肌肉挛缩
M62.410 头颈肌挛缩
M62.411 躯干肌挛缩
M62.501 上臂肌肉萎缩
M62.502 前臂肌肉萎缩
M62.503 手肌肉萎缩
M62.504 大腿肌萎缩
M62.505 小腿肌肉萎缩
M62.506 咀嚼肌萎缩
M62.507 头颈部肌萎缩
M62.508 单侧肢体肌萎缩
M62.509 弥漫性肌肉萎缩
M62.510 失用性肌肉萎缩
M62.511 原发性肌肉萎缩
M62.512 全身性肌萎缩
M62.513 少肌症
M62.600 肌肉劳损
M62.600x081 陈旧性腰肌劳损
M62.601 上臂肌肉劳损
M62.602 前臂肌肉劳损
M62.603 大腿肌肉劳损
M62.604 小腿肌肉劳损
M62.605 头颈部肌肉劳损
M62.606 胸肌劳损
M62.607 躯干肌肉劳损
M62.800x002 肌肉血肿
M62.800x051 股四头肌内侧头囊肿
M62.800x053 髂肌囊肿

M62.800x061　腓骨长肌腱滑脱
M62.800x062　腓肠肌肥大
M62.800x081　咬肌肥大
M62.800x095　肌肉脂肪浸润
M62.800x096　肌肉血肿机化
M62.800x097　肌玻璃体变性
M62.800x101　筋膜病
M62.800x102　发作性四肢强直
M62.802　大腿肌肥厚
M62.803　横纹肌溶解症
M62.804　后天性肌强直
M62.805　后天性肌鞘疝
M62.806　后天性肌肉畸形
M62.807　后天性筋膜疝
M62.808　肌肉瘢痕
M62.809　肌肉变性
M62.810　肌肉肥大
M62.811　肌肉纤颤
M62.812　肌软化
M62.813　肌疝
M62.814　肌纤维变性
M62.815　肌张力缺失
M62.817　阔筋膜挛缩症
M62.819　膝关节肌肥大
M62.821　足筋膜挛缩
M62.822　疼痛性肌痉挛综合征
M62.901　肌肉肿物

表6-3-132

M65.000　腱鞘脓肿
M65.001　肩区腱鞘脓肿
M65.002　上臂腱鞘脓肿
M65.003　前臂腱鞘脓肿
M65.004　手腱鞘脓肿
M65.005　骨盆区腱鞘脓肿
M65.006　大腿腱鞘脓肿
M65.007　小腿腱鞘脓肿
M65.008　踝腱鞘脓肿
M65.009　足腱鞘脓肿
M65.010　特指部位腱鞘脓肿
M65.101　感染性滑膜炎
M65.200　钙化性肌腱炎
M65.300　扳机指
M65.301　结节性腱鞘病
M65.400　桡骨茎突腱鞘炎［德奎尔万］
M65.800x093　创伤后滑膜炎
M65.802　指肌腱粘连
M65.803　肌腱钙化
M65.804　粘连性肌腱炎
M65.805　趾肌腱粘连
M65.806　应激性髋
M65.900x062　膝关节滑膜皱襞综合征
M65.900x093　狭窄性腱鞘炎
M65.901　肩关节滑膜炎
M65.902　肘关节滑膜炎
M65.903　腕关节滑膜炎
M65.904　手关节滑膜炎
M65.905　髋关节滑膜炎
M65.906　膝关节滑膜炎
M65.907　踝关节滑膜炎
M65.908　跖趾关节滑膜炎
M65.909　滑膜炎
M65.910　腱鞘炎
M66.000　腘囊肿破裂
M66.101　多关节滑膜破裂
M66.102　肩锁关节滑膜破裂
M66.103　盂肱关节滑膜破裂
M66.104　胸锁关节滑膜破裂
M66.105　肘关节滑膜破裂
M66.106　腕关节滑膜破裂
M66.107　手骨间关节滑膜破裂
M66.108　髋关节滑膜破裂
M66.109　骶髂关节滑膜破裂
M66.110　膝关节滑膜破裂
M66.111　踝关节滑膜破裂
M66.112　足关节滑膜破裂
M66.113　滑膜囊肿破裂
M66.201　肩区伸肌腱自发性破裂
M66.202　上臂伸肌腱自发性破裂
M66.203　前臂伸肌腱自发性破裂
M66.204　手伸肌腱自发性破裂
M66.205　骨盆区伸肌腱自发性破裂
M66.206　大腿伸肌腱自发性破裂
M66.207　小腿伸肌腱自发性破裂
M66.208　踝伸肌腱自发性破裂
M66.209　足伸肌腱自发性破裂
M66.301　肩区屈肌腱自发性破裂
M66.302　上臂屈肌腱自发性破裂
M66.303　前臂屈肌腱自发性破裂
M66.304　手屈肌腱自发性破裂

M66.305　骨盆区屈肌腱自发性破裂
M66.306　大腿屈肌腱自发性破裂
M66.307　小腿屈肌腱自发性破裂
M66.308　踝屈肌腱自发性破裂
M66.309　足屈肌腱自发性破裂
M66.400　肌腱的自发性破裂，其他的
M66.501　非创伤性肌腱断裂
M66.502　非创伤性肌腱连接点断裂
M67.001　跟腱挛缩
M67.100x041　掌腱膜挛缩
M67.100x051　髂胫束挛缩
M67.101　肌腱挛缩
M67.102　腓肠肌腱膜挛缩症
M67.103　拇指屈肌肌腱挛缩
M67.104　足趾腱膜挛缩
M67.200　滑膜肥大，不可归类在他处者
M67.300　短暂性滑膜炎
M67.301　中毒性滑膜炎
M67.302　暂时性髋关节滑膜炎
M67.400　腱鞘囊肿
M67.400x031　腕腱鞘囊肿
M67.401　肌腱腱鞘囊肿
M67.402　关节腱鞘囊肿
M67.800x041　手指屈肌肌腱粘连
M67.800x091　滑膜脂肪疝
M67.800x092　肌腱滑脱
M67.800x093　肌腱松弛
M67.800x094　滑膜嵌顿
M67.800x095　瘢痕性肌腱粘连
M67.800x096　肌腱囊肿
M67.803　滑膜增生
M67.804　滑膜皱襞综合征
M67.805　肌腱疝
M67.806　腱鞘游离体
M67.807　韧带骨化
M67.901　肌腱疾患

表 6-3-133

M70.001　腕慢性碎裂音滑膜炎
M70.002　手慢性碎裂音滑膜炎
M70.100　手滑囊炎
M70.101　腕滑囊炎
M70.102　过度打击手
M70.200　鹰嘴囊炎
M70.201　矿工肘
M70.202　学生肘
M70.301　过度打击肘
M70.400　髌前囊炎
M70.402　努恩膝
M70.403　髌前水囊瘤
M70.500x002　膝假性滑囊炎
M70.501　鹅趾滑囊炎
M70.502　腘滑囊炎
M70.503　过度打击膝
M70.504　膝半膜肌肉滑囊炎
M70.600　转子滑囊炎
M70.600x001　转子腱炎
M70.700　髋的其他滑囊炎
M70.700x002　髂耻滑囊炎
M70.701　坐骨滑囊炎
M70.702　大粗隆滑囊炎
M70.800　与使用、过度使用和压迫有关的其他软组织疾患
M70.800x001　手指滑囊炎
M70.901　体位性劳损
M70.902　职业性滑囊炎
M71.000　黏液囊脓肿
M71.001　肩区黏液囊脓肿
M71.002　上臂黏液囊脓肿
M71.003　前臂黏液囊脓肿
M71.004　手黏液囊脓肿
M71.005　骨盆区黏液囊脓肿
M71.006　大腿黏液囊脓肿
M71.007　小腿黏液囊脓肿
M71.008　踝黏液囊脓肿
M71.009　足黏液囊脓肿
M71.100　感染性滑囊炎，其他的
M71.101　肩区感染性滑囊炎
M71.102　上臂感染性滑囊炎
M71.103　前臂感染性滑囊炎
M71.104　手感染性滑囊炎
M71.105　骨盆区感染性滑囊炎
M71.106　大腿感染性滑囊炎
M71.107　小腿感染性滑囊炎
M71.108　踝感染性滑囊炎
M71.109　足感染性滑囊炎
M71.200　腘间隙滑膜囊肿［贝克］
M71.200x001　腘窝囊肿
M71.300x021　肘窝囊肿
M71.301　肩区滑膜囊肿

M71.302　肘窝滑膜囊肿
M71.303　腕关节滑膜囊肿
M71.304　手关节滑膜囊肿
M71.305　坐骨滑膜囊肿
M71.306　髋关节滑膜囊肿
M71.307　膝关节滑膜囊肿
M71.308　踝关节滑膜囊肿
M71.309　足滑膜囊肿
M71.310　滑膜囊肿
M71.400　黏液囊钙沉着
M71.401　上臂滑膜钙化
M71.402　前臂滑膜钙化
M71.403　手部滑膜钙化
M71.404　骨盆区滑膜钙化
M71.405　大腿滑膜钙化
M71.406　小腿滑膜钙化
M71.407　踝关节滑膜钙化
M71.408　足滑膜钙化
M71.501　肘关节粘连性滑囊炎
M71.502　腕关节粘连性滑囊炎
M71.503　手骨间关节粘连性滑囊炎
M71.504　髋关节粘连性滑囊炎
M71.505　骶髂关节粘连性滑囊炎
M71.506　膝关节粘连性滑囊炎
M71.507　踝关节粘连性滑囊炎
M71.508　足粘连性滑囊炎
M71.801　异位滑囊
M71.900　黏液囊病
M71.900x001　肘关节粘液囊病
M71.900x002　腕关节粘液囊病
M71.900x003　手骨间关节粘液囊病
M71.900x004　髋关节粘液囊病
M71.900x005　骶髂关节粘液囊病
M71.900x006　膝关节粘液囊病
M71.900x007　踝关节粘液囊病
M71.909　滑囊炎
M72.000　掌腱膜纤维瘤病［迪皮特朗］
M72.001　掌筋膜挛缩症
M72.100　指节垫
M72.200　跖筋膜纤维瘤病
M72.201　足底筋膜纤维瘤病
M72.202　跖筋膜炎
M72.400　假肉瘤性纤维瘤病
M72.401　肩区结节性筋膜炎
M72.402　上臂结节性筋膜炎
M72.403　前臂结节性筋膜炎
M72.404　手结节性筋膜炎
M72.405　骨盆区结节性筋膜炎
M72.406　大腿结节性筋膜炎
M72.407　小腿结节性筋膜炎
M72.408　踝结节性筋膜炎
M72.409　足结节性筋膜炎
M72.410　结节性筋膜炎
M72.600　坏死性筋膜炎
M72.601　肩区坏死性筋膜炎
M72.602　上臂坏死性筋膜炎
M72.603　前臂坏死性筋膜炎
M72.604　手坏死性筋膜炎
M72.605　骨盆区坏死性筋膜炎
M72.606　大腿坏死性筋膜炎
M72.607　小腿坏死性筋膜炎
M72.608　踝坏死性筋膜炎
M72.609　足坏死性筋膜炎
M72.800x091　硬化性筋膜炎
M72.800x092　缺血性筋膜炎
M72.801　肩关节筋膜脓肿
M72.802　肘关节筋膜脓肿
M72.803　腕关节筋膜脓肿
M72.804　指纤维组织瘤样增生
M72.805　筋膜脓肿
M72.806　陈旧性筋膜炎
M72.900x051　臀部纤维瘤病
M72.900x052　臀肌筋膜炎
M72.900x071　趾筋膜炎
M72.900x073　掌跖纤维瘤病
M72.900x081　腰背部筋膜炎
M72.900x082　躯干纤维瘤病
M72.900x083　椎管内纤维瘤病
M72.900x084　颈部纤维瘤病
M72.900x093　下肢纤维瘤病
M72.901　多部位筋膜炎
M72.903　肩区筋膜炎
M72.904　肩区纤维瘤病
M72.905　上臂筋膜炎
M72.906　上臂纤维瘤病
M72.907　前臂筋膜炎
M72.908　前臂纤维瘤病
M72.909　手筋膜炎
M72.910　手纤维瘤病
M72.911　骨盆区筋膜炎

M72.912　骨盆区纤维瘤病
M72.913　大腿筋膜炎
M72.914　大腿纤维瘤病
M72.915　小腿筋膜炎
M72.916　小腿纤维瘤病
M72.917　踝筋膜炎
M72.918　踝纤维瘤病
M72.919　足筋膜炎
M72.920　足纤维瘤病
M72.921　纤维瘤病
M72.922　筋膜炎
M75.000　粘连性肩关节囊炎
M75.000x001　冻结肩
M75.001　肩周炎
M75.002　迪普莱关节周炎
M75.003　肱肩胛关节周炎
M75.004　肩黏性肌腱炎
M75.100　旋转袖综合征
M75.101　非创伤性冈上肌撕裂
M75.102　冈上肌综合征
M75.103　肩袖自发性破裂
M75.200　二头肌腱炎
M75.201　肱二头肌长头肌腱炎
M75.300　肩钙化性肌腱炎
M75.301　肩钙化性黏液囊
M75.302　冈上肌肌腱钙化
M75.400　肩撞击综合征
M75.500　肩滑囊炎
M75.501　肩峰下滑囊炎
M75.502　肩胛肱骨滑囊炎
M75.503　三角肌下滑囊炎
M75.504　喙突下滑囊炎
M75.600　退行性肩关节盂唇撕裂
M75.802　肩胛肱骨肌纤维变性
M75.803　肩胛肱骨肌纤维鞘炎
M75.804　肩腱鞘炎
M75.900　肩损害
M76.000　臀肌腱炎
M76.100　髂肌腱炎
M76.200　髂嵴骨刺
M76.300　髂胫带综合征
M76.301　涉及髂胫带弹响髋
M76.302　涉及髂胫带弹响膝
M76.400　胫侧滑囊炎［佩莱格里尼-施蒂达］
M76.400x001　胫骨侧粘液囊炎
M76.500　髌肌腱炎
M76.600　跟腱炎
M76.602　跟腱滑囊炎
M76.603　跟腱痛
M76.700　腓肌腱炎
M76.701　腓肠肌内外侧头肌腱炎
M76.800x072　踝关节撞击综合征
M76.801　髋部肌腱端病
M76.802　腓骨肌腱撞击综合征
M76.803　膝肌腱端病
M76.804　胫前综合征
M76.805　胫后综合征
M76.806　胫后肌腱炎
M76.807　踝滑囊炎
M76.900　下肢肌腱端病
M77.000　内上髁炎
M77.001　肱骨内上髁炎
M77.100　外上髁炎
M77.101　肱骨外上髁炎
M77.200　腕关节周围炎
M77.300　跟骨骨刺
M77.400　跖痛症
M77.500　足的其他肌腱端病
M77.501　踝肌腱端病
M77.502　跟骨滑囊炎
M77.503　脚趾滑囊炎
M77.800x001　胫后肌腱失能
M77.800x002　腓骨肌腱滑脱
M77.801　肘肌腱端病
M77.804　腕肌腱端病
M77.900　肌腱端病
M77.901　关节周围炎
M77.902　肌腱炎
M77.903　骨刺
M77.905　肌腱周围炎
M77.906　关节囊炎
M79.000　风湿病
M79.000x092　关节风湿病
M79.000x093　风湿性肌痛
M79.000x095　成纤维细胞性风湿病
M79.002　软组织风湿
M79.100　肌痛
M79.101　肩区肌痛
M79.102　上臂肌痛
M79.103　前臂肌痛

M79.104 手肌痛
M79.105 骨盆区肌痛
M79.106 大腿肌痛
M79.107 小腿肌痛
M79.108 踝肌痛
M79.109 足肌痛
M79.200x001 多部位神经炎
M79.201 多部位神经痛
M79.203 下肢神经痛
M79.204 神经束膜炎
M79.205 慢性类风湿性神经炎
M79.206 神经肌肉痛
M79.207 神经痛
M79.208 神经炎
M79.209 神经病理性疼痛
M79.300 脂膜炎
M79.300x051 臀部脂膜炎
M79.301 组织细胞吞噬性脂膜炎
M79.302 结节性非化脓性脂膜炎
M79.303 嗜酸性脂膜炎
M79.400 髌下脂肪垫肥大
M79.401 膝脂肪垫肥大
M79.403 髌前脂肪垫肥大
M79.404 髌后脂肪垫肥大
M79.500 软组织内残留异物
M79.500x061 小腿软组织异物残留
M79.500x082 躯干软组织异物残留
M79.501 肩区软组织异物残留
M79.502 上臂软组织异物残留
M79.503 前臂软组织异物残留
M79.504 手软组织异物残留
M79.505 骨盆区软组织异物残留
M79.506 大腿软组织异物残留
M79.507 膝关节软组织异物残留
M79.508 踝软组织异物残留
M79.509 足软组织异物残留
M79.510 头颈部软组织异物残留
M79.511 胸壁异物
M79.600 肢痛
M79.600x002 跟痛症
M79.600x011 肩痛
M79.600x021 上臂疼痛
M79.600x051 下肢疼痛
M79.601 手痛
M79.602 跗骨痛
M79.603 脚趾痛
M79.604 足痛
M79.700 纤维肌痛
M79.701 肩部纤维肌炎
M79.702 腰纤维肌炎
M79.703 风湿性肌纤维组织炎
M79.704 纤维织炎
M79.705 肌纤维鞘炎
M79.800x001 肢体肿胀
M79.800x081 椎旁脓肿
M79.800x082 面部软组织下垂
M79.800x083 面部软组织增生性病变
M79.800x091 脂肪疝
M79.800x096 纤维结缔组织炎
M79.801 上肢肿胀
M79.802 下肢肿胀
M79.803 巨手
M79.804 手肿胀
M79.805 脚趾肿胀
M79.806 足肿胀
M79.807 筋膜腐坏
M79.808 脂肪坏死
M79.809 普罗菲谢病
M79.810 结缔组织炎
M79.811 脂肪液化
M79.812 脂肪萎缩
M79.900x001 肢体肿物
M79.901 肩区软组织疾患
M79.902 上臂软组织疾患
M79.903 前臂软组织疾患
M79.904 手软组织疾患
M79.905 骨盆区软组织疾患
M79.906 大腿软组织疾患
M79.907 小腿软组织疾患
M79.908 踝软组织疾患
M79.909 足软组织疾患

表6-3-134

M80.000 绝经后骨质疏松伴有病理性骨折
M80.100 卵巢切除术后骨质疏松伴有病理性骨折
M80.200 失用性骨质疏松伴有病理性骨折
M80.300 手术后吸收不良性骨质疏松伴有病理性骨折
M80.400 药物性骨质疏松伴有病理性骨折
M80.500 特发性骨质疏松伴有病理性骨折

M80.800　骨质疏松伴有病理性骨折，其他的
M80.801　老年性骨质疏松伴病理性骨折
M80.900　骨质疏松伴有病理性骨折
M81.000　绝经后骨质疏松
M81.100　卵巢切除术后骨质疏松
M81.200　失用性骨质疏松
M81.300　手术后吸收不良性骨质疏松
M81.400　药物性骨质疏松
M81.500　特发性骨质疏松
M81.600　局限性骨质疏松［勒凯纳］
M81.800x091　老年性骨质疏松
M81.801　肝性骨营养不良
M81.900　骨质疏松
M81.900x101　脊椎松解
M81.903　骨脱矿质
M81.904　骨脱钙
M83.000　产褥期骨软化症
M83.100　老年性骨软化症
M83.200　吸收不良引起的成人骨软化症
M83.200x092　成人手术后吸收障碍性骨软化症
M83.300　营养不良引起的成人骨软化症
M83.400　铝骨病
M83.500　成人其他药物性骨软化症
M83.801　麦角甾醇缺乏（维生素D2）伴成人骨软化
M83.802　全身骨内多发性吸收
M83.900　成人骨软化症
M83.900x091　骨软化症
M84.000　骨折连接不正
M84.000x021　肱骨骨折连接不正
M84.000x031　尺骨骨折连接不正
M84.000x032　桡骨骨折连接不正
M84.000x041　指骨骨折连接不正
M84.000x042　腕舟骨骨折连接不正
M84.000x043　掌骨骨折连接不正
M84.000x051　股骨骨折连接不正
M84.000x052　骨盆骨折连接不正
M84.000x061　胫骨骨折连接不正
M84.000x062　髌骨骨折连接不正
M84.000x063　腓骨骨折连接不正
M84.000x071　跟骨骨折连接不正
M84.000x072　踝关节骨折连接不正
M84.000x073　足舟骨连接不正
M84.000x074　足骨骨折连接不正
M84.000x081　下颌骨骨折连接不正
M84.000x082　面骨骨折连接不正
M84.100　骨折不连接［假关节］
M84.100x011　锁骨骨折不连接
M84.100x012　肩胛骨骨折不连接
M84.100x021　肱骨骨折不连接
M84.100x031　尺骨骨折不连接
M84.100x032　桡骨骨折不连接
M84.100x041　指骨骨折不连接
M84.100x042　掌骨骨折不连接
M84.100x043　舟骨骨折不连接
M84.100x044　腕骨骨折不连接
M84.100x051　股骨骨折不连接
M84.100x052　髋臼骨折不连接
M84.100x061　腓骨骨折不连接
M84.100x062　胫骨骨折不连接
M84.100x063　髌骨骨折不连接
M84.100x071　跖骨骨折不连接
M84.100x072　跟骨骨折不连接
M84.100x073　踝关节骨折不连接
M84.100x074　距骨骨折不连接
M84.100x075　趾骨骨折不连接
M84.100x081　腰椎骨折不连接
M84.200　骨折延迟愈合
M84.300x091　应力性骨折
M84.301　疲劳性骨折
M84.401　自发性骨折
M84.801　颅骨分离
M84.900　骨的连续性疾患
M85.000x001　额骨纤维性结构不良
M85.000x002　枕骨纤维性结构不良
M85.000x004　肩胛骨纤维结构不良
M85.000x007　尺骨纤维结构不良
M85.000x008　掌指骨纤维性结构不良
M85.000x011　锁骨纤维异常增殖症
M85.000x031　桡骨纤维异常增殖症
M85.000x051　股骨纤维结构不良
M85.000x052　髋骨纤维异常增殖症
M85.000x053　骨盆骨纤维结构不良
M85.000x054　坐骨纤维异常增殖症
M85.000x061　胫骨纤维结构不良
M85.000x062　腓骨纤维结构不良
M85.000x071　跟骨纤维结构不良
M85.000x081　颅骨纤维增殖症
M85.000x082　肋骨纤维异常增殖症
M85.000x083　颧骨纤维异常增殖症
M85.000x084　椎骨纤维异常增殖症

M85.001 骨纤维异样增殖症
M85.002 贾菲利希滕斯坦（-尤林格）综合征
M85.003 肱骨纤维结构不良
M85.100 氟骨症
M85.200 颅骨肥大
M85.201 额骨内面骨肥厚
M85.202 狮面骨
M85.300 致密性骨炎
M85.400 单一性骨囊肿
M85.500 动脉瘤性骨囊肿
M85.600x021 肱骨骨囊肿
M85.600x031 桡骨骨囊肿
M85.600x032 尺骨骨囊肿
M85.600x041 腕骨骨囊肿
M85.600x042 指骨骨囊肿
M85.600x043 掌骨骨囊肿
M85.600x051 股骨骨囊肿
M85.600x052 坐骨结节囊肿
M85.600x053 髂骨骨囊肿
M85.600x061 腓骨骨囊肿
M85.600x062 胫骨骨囊肿
M85.600x071 距骨骨囊肿
M85.600x072 跟骨骨囊肿
M85.600x081 颞骨囊肿
M85.600x092 单纯性骨囊肿
M85.600x093 孤立性骨囊肿
M85.602 躯干骨囊肿
M85.603 骨囊肿
M85.801 肢骨纹状肥大
M85.802 骨密度增加
M85.803 骨实质丧失
M85.900 骨密度和结构的疾患

表6-3-135

M86.000 急性血源性骨髓炎
M86.100 急性骨髓炎，其他的
M86.200 亚急性骨髓炎
M86.300 慢性多病灶性骨髓炎
M86.400 慢性骨髓炎伴有引流窦道
M86.500 慢性血源性骨髓炎，其他的
M86.600x061 小腿慢性化脓性骨髓炎
M86.601 肘关节慢性化脓性骨髓炎
M86.602 手慢性化脓性骨髓炎
M86.603 骨盆区慢性化脓性骨髓炎
M86.604 大腿慢性化脓性骨髓炎
M86.605 膝关节慢性化脓性骨髓炎
M86.606 踝慢性化脓性骨髓炎
M86.607 足慢性化脓性骨髓炎
M86.608 慢性骨髓炎
M86.609 慢性化脓性骨髓炎
M86.610 骨内死骨形成
M86.800x071 跖骨籽骨形成
M86.800x095 布罗迪脓肿
M86.801 股骨肉芽肿
M86.803 骨干炎
M86.804 水肿性波特瘤
M86.805 骨残留异物性肉芽肿
M86.807 骨膜骨赘形成伴骨髓炎
M86.808 骨脓肿
M86.809 骨肉芽肿
M86.810 加雷骨髓炎
M86.811 硬化性骨髓炎
M86.812 籽骨炎
M86.900 骨髓炎
M86.900x001 多发性骨髓炎
M86.900x071 跗骨骨髓炎
M86.900x073 跖骨骨髓炎
M86.901 锁骨骨髓炎
M86.902 肩胛骨骨髓炎
M86.903 肱骨骨髓炎
M86.904 桡骨骨髓炎
M86.905 尺骨骨髓炎
M86.906 腕骨骨髓炎
M86.907 手指骨髓炎
M86.908 掌骨骨髓炎
M86.909 骨盆骨髓炎
M86.910 股骨骨髓炎
M86.911 膝关节骨髓炎
M86.912 腓骨骨髓炎
M86.913 胫骨骨髓炎
M86.914 足部骨髓炎
M86.915 趾骨骨髓炎
M86.916 跟骨骨髓炎
M86.917 颅骨骨髓炎
M86.918 肋骨骨髓炎
M86.919 躯干骨骨髓炎
M86.920 胸骨骨髓炎
M86.921 骨炎
M86.923 骨膜炎
M87.000 特发性无菌性骨坏死

M87.001　肱骨头无菌性坏死
M87.002　股骨头无菌性坏死
M87.100　药物性骨坏死
M87.101　药物性肱骨头坏死
M87.102　药物性股骨头坏死
M87.200　以前创伤引起的骨坏死
M87.200x021　创伤后肱骨坏死
M87.200x042　创伤后腕骨坏死
M87.200x072　创伤后距骨坏死
M87.200x073　创伤后足舟骨坏死
M87.201　外伤后腕舟骨骨质疏松及萎缩
M87.202　创伤后指骨坏死
M87.203　创伤后股骨头坏死
M87.204　创伤后趾骨坏死
M87.300　继发性骨坏死，其他的
M87.800x021　肱骨头缺血性坏死
M87.800x041　月骨缺血性坏死
M87.800x051　股骨头缺血性坏死
M87.800x091　骨缺血性坏死
M87.800x101　足舟骨坏死
M87.900　骨坏死
M87.900x021　肱骨骨坏死
M87.900x061　胫骨骨坏死
M87.900x071　距骨骨坏死
M87.901　股骨骨坏死
M88.000　颅骨佩吉特病
M88.800　骨的佩吉特病，其他的
M88.900　指骨的佩吉特病
M89.000　痛性神经营养不良
M89.000x093　祖德克萎缩
M89.001　肩手综合征
M89.002　创伤后骨质疏松
M89.003　交感反射性营养不良
M89.100　骨骺生长停止
M89.101　骺横线
M89.200x071　足舟骨过度生长
M89.201　软骨内骨生长迟缓
M89.202　多发性偏心性多中心骨化
M89.300　骨肥大
M89.301　跖骨肥大
M89.302　跗骨肥大
M89.303　面骨骨质增生
M89.304　剑突骨质增生
M89.305　颧骨肥大
M89.306　骨过度生长
M89.307　骨膜肥厚
M89.308　骨皮质肥厚
M89.309　骨质增生
M89.310　腕背隆突综合征
M89.401　肥大性肺性骨关节病
M89.402　厚皮性骨膜病
M89.403　普罗蒂斯综合征
M89.404　继发性肥大性骨关节病
M89.500　骨质溶解
M89.500x091　大块溶骨病
M89.600　脊髓灰质炎后骨病
M89.800x501　股骨非骨化性纤维瘤
M89.800x601　膝关节籽骨炎
M89.800x906　蜡油样骨病
M89.800x908　骨瘢痕
M89.802　肩胛擦响症
M89.803　肩胛痛
M89.804　肱骨破坏
M89.808　股骨头变平
M89.810　胫骨非骨化性纤维瘤
M89.813　足副舟骨痛
M89.816　肋骨滑脱
M89.817　非骨化性纤维瘤
M89.818　骨质破坏
M89.819　婴儿型骨皮质肥厚
M89.820　骨外露
M89.821　创伤后骨膜下骨化
M89.823　骨痛
M89.824　骨膜下出血
M89.825　骨膜骨赘形成
M89.900x063　膝股骨内侧骨疣
M89.900x072　趾骨肿物
M89.900x091　外生骨疣
M89.900x101　桡骨病变
M89.900x102　骶骨病变
M89.900x103　髂骨病变
M89.900x104　距骨病变
M89.901　锁骨肿物
M89.902　肩胛骨肿物
M89.903　肱骨肿物
M89.904　腕骨病变
M89.905　指骨病变
M89.906　股骨病变
M89.907　骨盆区骨肿物
M89.908　大腿骨肿物

M89.909　膝关节骨肿物
M89.910　腓骨肿物
M89.911　胫骨肿物
M89.912　跖骨肿物
M89.913　踝骨肿物
M89.914　足骨肿物
M89.915　胸骨病变
M89.916　头颈部骨肿物
M89.917　椎骨病变
M89.918　肋骨肿物
M89.919　骨肿物
M89.920　骨病变
M89.921　肩胛骨骨疣
M89.922　肱骨骨疣
M89.923　尺骨骨疣
M89.924　桡骨骨疣
M89.925　股骨骨疣
M89.926　胫骨骨疣
M89.927　趾骨骨疣
M89.928　额骨骨疣
M89.929　脊柱骨疣

表 6-3-136

M91.000　幼年型骨盆骨软骨病
M91.000x051　耻骨联合幼年型骨软骨病
M91.001　坐骨软骨结合
M91.002　耻骨软骨结合
M91.003　髂嵴软骨病
M91.004　髋臼骨软骨病
M91.100　幼年型股骨头骨软骨病［莱格-卡尔韦-佩尔特斯］
M91.101　幼年型股骨骺骨软骨病
M91.102　幼年型髋关节骨软骨病
M91.200　扁平髋
M91.201　幼年骨软骨病性髋关节畸形
M91.300　假性髋关节痛
M91.800　幼年型髋关节和骨盆骨软骨病，其他的
M91.800x051　先天性髋关节脱位复位后幼年型骨软骨病
M91.900　幼年型髋关节和骨盆骨软骨病
M92.000x001　幼年型肱骨头骨软骨病
M92.001　幼年型肱骨小头骨软骨病
M92.101　尺骨下段幼年型骨软骨病
M92.102　桡骨头骨软骨病
M92.200　幼年型手部骨软骨病
M92.201　幼年型腕骨骨软骨病
M92.202　幼年型掌骨骨软骨病
M92.300　上肢其他的幼年型骨软骨病
M92.301　幼年型臂软骨病
M92.302　幼年型锁骨骨软骨病
M92.303　幼年型胸骨骨软骨病
M92.400　幼年型髌骨骨软骨病
M92.401　髌骨克勒病
M92.402　辛丁-拉森软骨病
M92.501　胫骨粗隆骨软骨病
M92.502　胫骨内翻骨软骨病
M92.503　胫骨幼年型骨软骨病
M92.504　腓骨幼年型骨软骨病
M92.600　幼年型跗骨骨软骨病
M92.600x002　距骨幼年型骨软骨病
M92.601　幼年型跟骨骨软骨病
M92.602　幼年型跗舟骨骨软骨病
M92.604　幼年型外胫骨软骨病
M92.605　幼年型内侧楔骨软骨病
M92.606　幼年型舟骨软骨病
M92.700x003　跖骨幼年型骨软骨病
M92.701　幼年型第二跖骨骨软骨病
M92.702　幼年型第五跖骨骨软骨病
M92.703　跖骨头不全骨折
M92.801　幼年型下肢骨软骨炎
M92.802　幼年型足骨软骨病
M92.803　跟骨骺炎
M92.804　跟骨骨突炎
M92.900　幼年型骨软骨病
M92.901　幼年型骨骺炎
M92.902　幼年型骨软骨炎
M92.903　幼年型骨突炎
M93.000　股骨上端（非创伤性）骨骺滑脱
M93.100　成人金伯克病
M93.200x001　踝距骨剥脱性骨软骨炎
M93.200x002　肱骨小头剥脱性骨软骨炎
M93.200x003　分离性骨软骨炎［剥脱性骨软骨炎］
M93.201　肩关节分离性骨软骨病
M93.202　膝关节分离性骨软骨病
M93.800x001　桡骨小头骨骺炎
M93.800x002　膝关节骨软骨炎
M93.800x003　耻骨骨软骨炎
M93.901　骨骺炎
M93.902　骨软骨炎
M93.903　骺脱离

M93.904　骨骺滑脱
M93.905　骨突炎
M94.000　肋骨与肋软骨连接处综合征［蒂策］
M94.001　肋骨软骨炎
M94.100　复发性多软骨炎
M94.200　软骨软化
M94.300　软骨溶解
M94.300x051　特发性髋关节软骨溶解症
M94.801　化脓性软骨炎
M94.802　老年性软骨骨化
M94.803　慢性萎缩性多软骨炎
M94.804　软骨肥大
M94.805　软骨脓肿
M94.806　软骨实质丧失
M94.807　软骨萎缩
M94.808　软骨炎
M94.900　软骨疾患

表 6-3-137

M95.001　鞍鼻
M95.002　凹陷性鼻
M95.003　鼻萎陷
M95.005　后天性歪鼻
M95.006　驼峰鼻
M95.007　压扁鼻
M95.100　菜花状耳
M95.201　后天性头部畸形
M95.202　后天性颅骨畸形
M95.203　后天性额骨畸形
M95.204　后天性前额畸形
M95.205　后天性面部畸形
M95.206　后天性面骨畸形
M95.207　茎突过长
M95.208　后天性颊畸形
M95.209　后天性颏畸形
M95.210　翼钩过长
M95.301　颈部畸形
M95.401　后天性胸廓畸形
M95.402　制鞋工胸
M95.403　后天性漏斗胸
M95.404　桶状胸
M95.405　胸壁畸形
M95.406　胸壁凹陷
M95.407　胸骨凹陷
M95.408　后天性胸骨回缩
M95.409　后天性鸡胸
M95.410　后天性肋骨畸形
M95.501　扁骨盆
M95.502　后天性骨盆畸形
M95.503　后天性骨盆倾斜
M95.504　后天性骨盆狭窄
M95.505　后天性漏斗骨盆
M95.506　内格勒骨盆
M95.507　尖骨盆
M95.508　婴儿型骨盆
M95.509　后天性髂骨畸形
M95.510　后天性坐骨畸形
M95.801　后天性躯干畸形
M95.802　后天性腹壁畸形
M95.901　后天性骨畸形
M96.001　关节固定术后假关节形成
M96.100　椎板切除术后综合征，不可归类在他处者
M96.200　放射后脊柱后凸
M96.300　椎板切除术后脊柱后凸
M96.400　手术后脊柱前凸
M96.500　放射后脊柱侧弯
M96.600x001　假体周围骨折
M96.600x002　股骨假体周围骨折
M96.601　插入矫形外科关节假体后骨折
M96.602　插入矫形外科骨板后骨折
M96.801　继发于关节假体取出后关节不稳定
M96.802　手术后腰椎间盘粘连
M96.803　腰椎间盘切除术后状态关节紊乱
M96.900　肌肉骨骼疾患，操作后的
M99.000　节段性和躯体性功能障碍
M99.100x001　枕颈椎骨不全脱位
M99.100x002　颈胸椎骨不全脱位
M99.100x003　胸腰椎骨不全脱位
M99.100x004　腰骶椎骨不全脱位
M99.100x005　骶尾椎骨不全脱位
M99.100x006　骶髂椎骨不全脱位
M99.200x001　枕颈椎管不全脱位性狭窄
M99.200x002　颈胸椎管不全脱位性狭窄
M99.200x003　胸腰椎管不全脱位性狭窄
M99.200x004　腰骶椎管不全脱位性狭窄
M99.200x005　骶尾椎管不全脱位性狭窄
M99.200x006　骶髂椎管不全脱位性狭窄
M99.300x001　枕颈椎管骨性狭窄
M99.300x002　颈胸椎管骨性狭窄

M99.300x003　胸腰椎管骨性狭窄
M99.300x004　腰骶椎管骨性狭窄
M99.300x005　骶尾椎管骨性狭窄
M99.300x006　骶髂椎管骨性狭窄
M99.400x001　枕颈椎管结缔组织性狭窄
M99.400x002　颈胸椎管结缔组织性狭窄
M99.400x003　胸腰椎管结缔组织性狭窄
M99.400x004　腰骶椎管结缔组织性狭窄
M99.400x005　骶尾椎管结缔组织性狭窄
M99.400x006　骶髂椎管结缔组织性狭窄
M99.500x001　枕颈椎管椎间盘狭窄
M99.500x002　颈胸椎管椎间盘狭窄
M99.500x003　胸腰椎管椎间盘狭窄
M99.500x004　腰骶椎管椎间盘狭窄
M99.500x005　骶尾椎管椎间盘狭窄
M99.500x006　骶髂椎管椎间盘狭窄
M99.600　椎间孔骨性和不全脱位性狭窄
M99.700x002　椎间孔椎间盘狭窄
M99.800　生物力学损害，其他的
M99.900　生物力学损害

表6-3-138

N00.000　急性肾炎综合征伴有轻微的肾小球异常
N00.100x001　局灶坏死性肾小球肾炎
N00.200　急性肾炎综合征伴有弥漫性膜性肾小球肾炎
N00.301　急性系膜增殖性肾小球肾炎
N00.400　急性肾炎综合征伴有弥漫性毛细血管内增生性肾小球肾炎
N00.500　急性肾炎综合征伴有弥漫性肾小球系膜毛细血管性肾小球肾炎
N00.600　急性肾炎综合征伴有密集沉积物病
N00.700　急性肾炎综合征伴有弥漫性新月形肾小球肾炎
N00.800x001　急性肾炎伴坏死性肾小球肾炎损害
N00.801　急性肾小球肾炎，IgA肾病
N00.802　急性增殖性肾小球肾炎
N00.900　急性肾炎综合征
N00.900x002　急性肾炎
N00.900x006　急性肾小球病
N00.900x008　急性肾病
N00.900x009　慢性肾小球肾炎伴急进型肾小球性肾炎
N00.901　急性链球菌感染后肾小球肾炎
N00.902　急性肾小球肾炎
N01.000　急进型肾炎综合征伴有轻微的肾小球异常
N01.100x002　急进型肾炎综合征，局灶性和节段性肾小球损害
N01.200x001　急进型肾炎综合征，弥漫性膜性肾小球肾炎
N01.300x001　急进型肾炎综合征，弥漫性肾小球膜性增生性肾小球肾炎
N01.400x001　急进型肾炎，毛细血管内增殖性肾炎
N01.500x001　急进型肾炎综合征，弥漫性肾小球膜毛细血管性肾小球肾炎
N01.600x001　急进型肾炎综合征，密集沉积物病
N01.700x001　急进性新月体性肾小球肾炎
N01.800　急进型肾炎综合征，其他的
N01.900　急进型肾炎综合征
N01.900x001　急进性肾炎
N01.900x002　急进性肾小球病
N01.900x003　急进性肾小球肾炎
N02.001　血尿，肾小球轻微病变
N02.002　IgA肾病，肾小球轻微病变
N02.101　IgA肾病，局灶和节段性肾小球损害
N02.102　血尿，局灶和节段性肾小球损害
N02.201　IgA肾病，膜性肾小球损害
N02.203　血尿，弥漫性膜性肾小球损害
N02.301　血尿，弥漫性肾小球系膜增殖性肾小球损害
N02.302　系膜增生性IgA肾病
N02.401　血尿，弥漫性毛细血管内增殖性肾炎
N02.502　血尿，膜增殖性肾小球损害
N02.600　复发性和持续性血尿伴有密集沉积物病
N02.701　新月体性IgA肾病
N02.702　血尿，新月体［形］肾小球肾炎
N02.800x003　良性家族性儿童期血尿
N02.801　IgA肾病
N02.802　薄基底膜肾病
N02.900　复发性和持续性血尿
N02.900x001　复发性血尿
N02.900x002　持续性血尿
N03.000　慢性肾炎综合征伴有轻微的肾小球异常
N03.100　慢性肾炎综合征伴有局灶性和节段性肾小球损害
N03.200x001　慢性膜性肾小球肾炎
N03.300x001　慢性弥漫性系膜增殖性肾小球肾炎
N03.400　慢性肾炎综合征伴有弥漫性毛细血管内增生性肾小球肾炎
N03.500x003　慢性肾小球膜毛细血管性肾小球肾炎

N03.501　膜增殖性肾小球肾炎Ⅰ型
N03.502　膜增殖性肾小球肾炎Ⅲ型
N03.503　膜性增生性肾小球肾炎
N03.601　膜增殖性肾小球肾炎Ⅱ型
N03.700　慢性肾炎综合征伴有弥漫性新月形肾小球肾炎
N03.800x001　慢性弥漫性增殖性肾小球肾炎
N03.800x003　慢性肾小球肾炎伴硬化性肾炎
N03.800x004　慢性肾小球肾炎伴膜性增殖性肾小球肾炎
N03.801　慢性增殖性肾小球肾炎
N03.900　慢性肾炎综合征
N03.900x002　慢性肾小球肾炎伴小管间质病变
N03.900x003　慢性肾炎
N03.900x004　隐匿型肾小球肾炎
N03.900x005　肾小球内皮细胞病
N03.900x006　慢性肾病
N03.900x007　慢性肾小球病
N03.901　慢性肾小球肾炎
N04.001　肾病综合征伴微小病变性肾小球肾炎
N04.101　肾病综合征伴局灶硬化性肾小球肾炎
N04.102　肾病综合征伴节段硬化性肾小球肾炎
N04.200x001　肾病综合征伴膜性肾小球肾炎
N04.300x001　肾病综合征伴膜增殖性肾小球肾炎
N04.300x003　肾病综合征伴膜性增殖性 IgA 肾病
N04.400x001　肾病综合征伴毛细血管增殖性肾炎
N04.501　肾病综合征，膜增殖性肾小球肾炎Ⅰ型
N04.502　肾病综合征，膜增殖性肾小球肾炎Ⅲ型
N04.601　肾病综合征，膜增殖性肾小球肾炎Ⅱ型
N04.700　肾病综合征伴有弥漫性新月形肾小球肾炎
N04.800x002　病毒性肾炎
N04.801　肾病综合征，增殖性肾小球肾炎
N04.900　肾病综合征
N04.901　脂性肾病
N04.902　先天性肾病综合征
N04.903　肾病型肾炎
N05.000x001　肾小球微小病变
N05.000x003　肥胖相关性肾小球肥大症
N05.000x004　微小病变性肾小球肾炎
N05.101　局灶性肾炎
N05.201　膜性肾病
N05.301　系膜增生性肾小球肾炎
N05.400　肾炎综合征伴有弥漫性毛细血管内增生性肾小球肾炎
N05.501　膜增殖性肾小球肾炎
N05.600　肾炎综合征伴有密集沉积物病
N05.701　新月体形肾小球肾炎
N05.801　IgM 肾病
N05.802　增殖性肾小球肾炎
N05.803　肾小球肾病
N05.900　肾炎综合征
N05.900x002　肾小球肾炎
N05.900x003　肾炎
N05.900x006　小血管炎肾损害
N05.900x007　链球菌感染后肾小球肾炎
N05.900x009　肾小球病
N06.001　蛋白尿，肾小球轻微病变
N06.100　孤立性蛋白尿伴有局灶性和节段性肾小球损害
N06.200　孤立性蛋白尿伴有弥漫性膜性肾小球肾炎
N06.300　孤立性蛋白尿伴有弥漫性肾小球系膜性增生性肾小球肾炎
N06.400　孤立性蛋白尿伴有弥漫性毛细血管内增生性肾小球肾炎
N06.500　孤立性蛋白尿伴有弥漫性肾小球系膜毛细血管性肾小球肾炎
N06.600　孤立性蛋白尿伴有密集沉积物病
N06.700　孤立性蛋白尿伴有弥漫性新月形肾小球肾炎
N06.800　孤立性蛋白尿，其他的
N06.900　孤立性蛋白尿伴肾小球损害
N07.000　遗传性肾病伴有轻微的肾小球异常，不可归类在他处者
N07.100　遗传性肾病伴有局灶性和节段性肾小球损害，不可归类在他处者
N07.200　遗传性肾病伴有弥漫性膜性肾小球肾炎，不可归类在他处者
N07.300　遗传性肾病伴有弥漫性肾小球系膜增生性肾小球肾炎，不可归类在他处者
N07.400　遗传性肾病伴有弥漫性毛细血管内增生性肾小球肾炎，不可归类在他处者
N07.500　遗传性肾病伴有弥漫性肾小球系膜毛细血管性肾小球肾炎，不可归类在他处者
N07.600　遗传性肾病伴有密集沉积物病，不可归类在他处者
N07.700　遗传性肾病伴有弥漫性新月形肾小球肾炎，不可归类在他处者
N07.800　遗传性肾病，其他的，不可归类在他处者
N07.900x001　遗传性肾炎

表6-3-139

N10.x00　急性肾小管-间质肾炎
N10.x01　急性间质性肾炎
N10.x02　急性肾盂肾炎
N11.000x001　返流性肾盂肾炎
N11.100　慢性梗阻性肾盂肾炎
N11.800x002　免疫相关的慢性间质性肾炎
N11.800x003　代谢异常相关的慢性间质性肾炎
N11.801　非梗阻性慢性肾盂肾炎
N11.802　黄色肉芽肿性肾盂肾炎
N11.900　慢性肾小管-间质肾炎
N11.900x001　慢性肾盂肾炎
N11.900x003　慢性肾盂炎
N11.901　慢性间质性肾炎
N12.x00　肾小管-间质肾炎
N12.x01　间质性肾炎
N12.x02　肾盂肾炎
N12.x03　肾小管病变
N13.000　肾盂积水伴有输尿管肾盂连接处梗阻
N13.100x001　肾积水伴输尿管狭窄
N13.201　肾积水伴肾结石
N13.202　肾积水伴输尿管结石
N13.203　肾积水伴肾输尿管结石
N13.204　肾积水伴结石性肾盂肾炎
N13.300x005　肾盂囊肿
N13.301　肾积水
N13.302　肾盏颈部狭窄
N13.400　输尿管积水
N13.500x010　输尿管痉挛
N13.501　肾盂输尿管连接处狭窄
N13.502　手术后输尿管膀胱吻合口梗阻
N13.503　输尿管梗阻
N13.504　输尿管狭窄
N13.506　腹膜后纤维化伴输尿管狭窄
N13.600　肾积脓
N13.600x001　肾盂脓肿
N13.600x002　肾盂积脓
N13.600x004　腹膜后纤维化伴感染
N13.601　肾结石伴有积水和感染
N13.602　输尿管结石伴有积水和感染
N13.603　肾输尿管结石伴有积水和感染
N13.604　输尿管肾盂连接处狭窄伴有感染
N13.605　输尿管狭窄伴有感染
N13.701　膀胱输尿管反流
N13.801　梗阻性肾病
N13.901　泌尿道梗阻
N14.000　镇痛剂肾病
N14.101　马兜铃酸肾病
N14.102　造影剂肾病
N14.201　药物性肾病
N14.301　汞中毒性肾病
N14.400　毒性肾病，不可归类在他处者
N15.000　巴尔干肾病
N15.101　肾脓肿
N15.102　肾周脓肿
N15.801　肾肉芽肿
N15.900x002　肾周围感染
N15.900x003　肾皮质化脓性感染
N15.900x004　感染性肾炎
N15.901　肾感染

表6-3-140

N17.000　急性肾衰竭伴有肾小管坏死
N17.001　急性肾小管坏死
N17.002　缺血性肾病
N17.100　急性肾衰竭伴有急性肾皮质坏死
N17.101　急性肾皮质坏死
N17.200　急性肾衰竭伴有肾髓质坏死
N17.200x002　急性髓质乳头状坏死
N17.200x003　肾乳头坏死
N17.800　急性肾衰竭，其他的
N17.900　急性肾衰竭
N17.900x002　急性肾功能不全尿毒症期
N17.900x003　急性肾功能不全
N17.900x004　急性肾功能不全氮质血症期
N17.901　急性肾损害
N18.100　慢性肾脏病1期
N18.200　慢性肾脏病2期
N18.300　慢性肾脏病3期
N18.300x001+D63.8*　慢性肾脏病3期相关性贫血
N18.400　慢性肾脏病4期
N18.400x001+D63.8*　慢性肾脏病4期相关性贫血
N18.500　慢性肾脏病5期
N18.500x001+D63.8*　慢性肾脏病5期相关性贫血
N18.501　肾终末期疾病
N18.502+F02.8*　尿毒症性痴呆
N18.503+G63.8*　尿毒症性神经病变
N18.504+H32.8*　肾性视网膜炎
N18.505+I68.8*　尿毒症性脑血管病

N18.506+I32.8*　尿毒症性心包炎
N18.507+G99.8*　尿毒症性偏瘫
N18.508+H32.8*　蛋白尿性视网膜炎
N18.900x011　慢性肾损害
N18.900x012+D63.8*　肾性贫血
N18.901　弥漫性硬化性肾小球肾炎
N18.902　慢性肾衰竭
N18.904　慢性肾功能不全
N19.x00　肾衰竭
N19.x01　尿毒症
N19.x02　肾无功能
N19.x03　肾功能不全

表 6-3-141

N25.001　肾性佝偻病
N25.002+M90.8*　肾性骨病
N25.003+M90.8*　肾性骨软化
N25.004　肾性矮小症
N25.100　肾性尿崩症
N25.800x006　莱特伍德-奥尔布赖特综合征［Lightwood-Albright综合征］
N25.801　继发性肾源性甲状旁腺功能亢进
N25.802　肾小管酸中毒
N25.803　肾小管酸中毒Ⅰ型
N25.804　肾小管酸中毒Ⅱ型
N25.805　肾小管酸中毒Ⅲ型
N25.806　肾小管酸中毒Ⅳ型
N25.900　肾小管功能损害所致的疾患
N26.x00　肾挛缩
N26.x01　肾小球硬化
N26.x02　肾硬化
N27.000　单侧小肾
N27.100　双侧小肾
N27.900　小肾
N28.001　肾梗死
N28.002　肾缺血
N28.003　肾动脉闭塞
N28.004　肾动脉栓塞
N28.005　肾动脉血栓形成
N28.100　肾囊肿
N28.101　单纯性肾囊肿
N28.102　获得性肾囊肿
N28.800x001　脂蛋白肾病
N28.801　囊性肾盂炎
N28.802　肾盂扩张
N28.803　肾盂息肉
N28.804　肾盂瘘
N28.805　肾包膜下积液
N28.806　肾出血
N28.807　肾肥大
N28.808　肾钙化
N28.809　肾瘘
N28.810　肾憩室
N28.811　肾危象
N28.812　肾下垂
N28.813　肾炎性肿物
N28.814　肾盏憩室
N28.815　肾肿物
N28.816　肾周积液
N28.817　失盐综合征
N28.818　游走肾
N28.819　自发性肾破裂
N28.820　囊性肾盂输尿管炎
N28.821　巨输尿管
N28.822　手术后输尿管瘘
N28.823　手术后输尿管粘连
N28.824　输尿管腹壁瘘
N28.825　输尿管坏死
N28.826　输尿管扩张
N28.827　输尿管瘘
N28.828　输尿管囊肿
N28.829　输尿管膨出
N28.830　输尿管破裂
N28.831　输尿管憩室
N28.832　输尿管疝
N28.833　输尿管息肉
N28.834　输尿管炎
N28.835　输尿管直肠瘘
N28.836　囊性输尿管炎
N28.837　被动性肾充血
N28.838　输尿管周围炎
N28.839　肾周围炎
N28.900x004　非传染性肝炎相关性肾病
N28.900x010　肾炎性假瘤
N28.900x013　继发性肾损害
N28.900x017　高血压肾损害
N28.900x026　IgG相关性肾病
N28.901　肾病
N28.902　输尿管肿物

表6-3-142

N30.000　急性膀胱炎
N30.100　间质性膀胱炎（慢性）
N30.201　慢性膀胱炎
N30.300　膀胱三角区炎
N30.400　放射性膀胱炎
N30.800x004　膀胱炎性病变
N30.801　膀胱脓肿
N30.802　钙化性膀胱炎
N30.803　化学性膀胱炎
N30.804　黄色肉芽肿性膀胱炎
N30.805　滤泡性膀胱炎
N30.806　囊性膀胱炎
N30.807　嗜酸细胞性膀胱炎
N30.808　息肉样膀胱炎
N30.809　腺性膀胱炎
N30.810　增生性膀胱炎
N30.900　膀胱炎
N30.901　膀胱周围炎
N30.902　出血性膀胱炎
N31.000x001　无抑制神经病性膀胱
N31.100x001　反射性神经病性膀胱
N31.200x001　迟缓性神经病性膀胱
N31.200x002　迟缓性运动神经病性膀胱
N31.200x003　迟缓性感觉神经病性膀胱
N31.200x006　自主性神经病性膀胱
N31.200x007　非反射性神经病性膀胱
N31.201　膀胱逼尿肌无力
N31.202　膀胱松弛
N31.203　低顺应性膀胱
N31.800　膀胱其他的神经肌肉功能不良
N31.901　神经源性膀胱
N32.000　膀胱颈梗阻
N32.001　膀胱颈挛缩
N32.002　膀胱颈狭窄
N32.004　女性前列腺病
N32.100　膀胱肠瘘
N32.101　膀胱小肠瘘
N32.102　膀胱结肠瘘
N32.103　膀胱乙状结肠瘘
N32.104　膀胱直肠瘘
N32.200　膀胱瘘，不可归类在他处者
N32.201　膀胱腹壁瘘
N32.202　膀胱输尿管瘘
N32.203　膀胱尿道瘘
N32.204　膀胱会阴瘘
N32.300　膀胱憩室
N32.301　膀胱憩室炎
N32.400　非创伤性膀胱破裂
N32.800x003　膀胱假憩室
N32.800x008　膀胱颈部充血
N32.800x009　膀胱痉挛
N32.800x012　膀胱无菌性坏死
N32.800x014　膀胱粘膜脱垂
N32.800x019　后天性膀胱外翻
N32.801　膀胱白斑
N32.802　膀胱瘢痕
N32.803　膀胱出血
N32.804　膀胱钙化
N32.805　膀胱过度活动症
N32.806　膀胱溃疡
N32.807　膀胱扩张
N32.808　膀胱挛缩
N32.809　膀胱囊肿
N32.810　膀胱软斑病
N32.811　膀胱纤维化
N32.812　膀胱小梁形成
N32.813　膀胱硬化
N32.814　膀胱黏膜不典型增生
N32.815　男性膀胱疝
N32.900x002　膀胱颈肿物
N32.901　膀胱肿物
N34.000　尿道脓肿
N34.000x005　尿道腺脓肿
N34.001　尿道旁腺脓肿
N34.002　尿道球腺脓肿
N34.100　非特异性尿道炎
N34.101　非淋球菌性尿道炎
N34.102　非性病性尿道炎
N34.200x003　尿道溃疡
N34.200x004　尿道口溃疡
N34.200x006　尿路软斑症
N34.201　绝经后尿道炎
N34.202　尿道口炎
N34.203　尿道球腺炎
N34.204　急性尿道炎
N34.205　慢性尿道炎
N34.300　尿道综合征
N35.000　创伤后尿道狭窄

N35.000x001 分娩后尿道狭窄
N35.100x001 感染后尿道狭窄
N35.800 尿道狭窄，其他的
N35.900 尿道狭窄
N35.901 针孔状尿道口
N36.000 尿道瘘
N36.000x007 假尿道通道
N36.001 尿道直肠瘘
N36.002 尿道会阴瘘
N36.003 创伤后尿道瘘
N36.004 手术后尿道会阴瘘
N36.005 手术后尿道直肠瘘
N36.100 尿道憩室
N36.200 尿道肉阜
N36.201 尿道息肉
N36.300 尿道黏膜脱垂
N36.301 男性尿道膨出
N36.302 尿道脱垂
N36.801 精阜肥大
N36.802 尿道白斑
N36.803 尿道瘢痕
N36.804 尿道出血
N36.805 尿道梗阻
N36.806 尿道囊肿
N36.807 尿道旁管囊肿
N36.808 尿道旁腺囊肿
N36.809 尿道肉芽肿
N36.901 尿道肿物
N39.000 泌尿道感染
N39.001 无症状性菌尿
N39.100 持续性蛋白尿
N39.200 直立性蛋白尿
N39.300 压力性尿失禁
N39.300x002 女性压力性尿失禁
N39.400 尿失禁，其他特指的
N39.401 充盈性尿失禁
N39.402 创伤后尿失禁
N39.403 混合性尿失禁
N39.404 解剖性尿失禁
N39.405 紧迫性尿失禁
N39.800 泌尿系统其他特指的疾患
N39.800x001 心肾综合征
N39.900 泌尿系统疾患

表6-3-143

N40.x00 前列腺增生
N40.x01 前列腺结节
N41.000 急性前列腺炎
N41.100 慢性前列腺炎
N41.101 肉芽肿性前列腺炎
N41.200 前列腺脓肿
N41.300 前列腺膀胱炎
N41.800 前列腺炎性疾病，其他的
N41.900x001 前列腺炎
N41.900x002 化脓性前列腺炎
N42.000 前列腺结石
N42.101 前列腺充血
N42.102 前列腺出血
N42.200 前列腺萎缩
N42.300 前列腺不典型增生
N42.301 前列腺低级别不典型增生
N42.801 前列腺瘢痕
N42.802 前列腺囊肿
N42.901 前列腺肿物
N43.000 包绕性鞘膜积液
N43.001 包绕性睾丸鞘膜积液
N43.100 感染性鞘膜积液
N43.101 感染性睾丸鞘膜积液
N43.201 创伤后睾丸鞘膜积液
N43.300 鞘膜积液
N43.301 睾丸鞘膜积液
N43.302 精索鞘膜积液
N43.400 精子囊肿
N44.x00 睾丸扭转
N44.x01 附睾扭转
N44.x02 精索扭转
N45.000 睾丸炎、附睾炎和附睾-睾丸炎，伴有脓肿
N45.001 附睾脓肿
N45.002 睾丸脓肿
N45.901 附睾精子肉芽肿
N45.902 附睾肉芽肿
N45.903 附睾炎
N45.904 附睾炎性包块
N45.905 睾丸肉芽肿
N45.906 睾丸炎
N45.907 急性附睾炎
N45.908 附睾-睾丸炎
N46.x00 男性不育症

N46.x00x007　畸形精子症
N46.x01　无精症
N46.x02　少精症
N47.x00x001　包茎
N47.x01　包皮过长
N47.x02　包皮嵌顿
N47.x03　包皮粘连
N48.000　阴茎白斑
N48.000x003　阴茎干皱症
N48.001　干燥闭塞性龟头炎
N48.100　龟头包皮炎
N48.101　包皮溃疡
N48.102　龟头炎
N48.201　阴茎蜂窝织炎
N48.202　阴茎海绵体炎
N48.203　阴茎脓肿
N48.204　阴茎炎
N48.300　阴茎异常勃起
N48.301　阴茎痛性勃起
N48.400　器质性原因的阳痿
N48.400x005　神经源性勃起功能障碍
N48.400x006　糖尿病性勃起功能障碍
N48.400x007　1型糖尿病性勃起功能障碍
N48.400x008　2型糖尿病性勃起功能障碍
N48.401　静脉性阳痿
N48.402　外伤后阳痿
N48.403　血管瘘性阳痿
N48.500　阴茎溃疡
N48.600　阴茎海绵体硬结症
N48.800x005　包皮脓肿
N48.800x009　阴茎水肿
N48.801　包皮瘢痕
N48.802　包皮囊肿
N48.803　包皮血肿
N48.804　非感染性阴茎海绵体坏疽
N48.805　后天性阴茎畸形
N48.806　后天性阴茎隐匿
N48.807　泰森腺囊肿
N48.808　阴茎瘢痕
N48.809　阴茎海绵体静脉瘘
N48.810　阴茎瘘
N48.811　阴茎囊肿
N48.812　阴茎萎缩
N48.813　阴茎血栓形成
N48.901　阴茎肿物
N49.001　精囊炎
N49.002　精囊周围炎
N49.101　精索炎
N49.102　鞘膜脓肿
N49.103　鞘膜炎
N49.104　输精管炎
N49.201　阴囊蜂窝织炎
N49.202　阴囊坏疽
N49.203　阴囊疖肿
N49.204　阴囊脓肿
N49.205　阴囊炎
N49.800　男性生殖器官其他特指的炎性疾患
N49.900　男性生殖器官的炎性疾患
N50.000　睾丸萎缩
N50.100x001　精索血肿
N50.101　睾丸血肿
N50.102　血精
N50.103　阴囊血肿
N50.800　男性生殖器官其他特指的疾患
N50.800x001　精索狭窄
N50.800x002　鞘膜狭窄
N50.800x012　外生殖器发育异常
N50.800x014　睾丸间质细胞增生
N50.800x016　非丝虫性睾丸鞘膜乳糜囊肿
N50.800x023　阴囊水肿
N50.800x024　睾丸自发破裂
N50.800x025　男性生殖器皮脂腺囊肿
N50.800x027　精囊结石
N50.800x028　射精管狭窄
N50.800x038　男性更年期综合征
N50.800x041　精液肉芽肿
N50.800x042　小肠阴囊瘘
N50.801　膀胱输精管阴囊瘘
N50.802　附睾管扩张
N50.803　附睾囊肿
N50.804　附睾阴囊瘘
N50.805　附睾淤积症
N50.806　附睾肿大
N50.807　睾丸坏死
N50.808　睾丸结节
N50.809　睾丸结石
N50.810　睾丸囊肿
N50.811　睾丸疼痛
N50.812　睾丸纤维化
N50.813　精阜囊肿

N50.814　精囊瘢痕
N50.815　精囊囊肿
N50.816　精索囊肿
N50.817　尿道阴囊瘘
N50.818　鞘膜结石
N50.819　鞘膜囊肿
N50.820　射精管梗阻
N50.821　射精管囊肿
N50.822　输精管梗阻
N50.823　输精管囊肿
N50.824　输精管狭窄
N50.825　阴囊窦道
N50.826　阴囊溃疡
N50.827　阴囊肿大
N50.900x005　冠状沟肿物
N50.900x006　神经源性射精功能障碍
N50.900x007　神经源性生育功能障碍
N50.900x008　逆向射精症
N50.901　睾丸肿物
N50.902　阴囊肿物
N50.903　附睾肿物

表 6-3-144

N60.000　乳房孤立囊肿
N60.000x001　乳腺囊肿
N60.000x002　乳腺单发囊肿
N60.100　弥漫性囊性乳腺病
N60.100x002　慢性囊性乳腺病
N60.100x003　乳腺囊性增生病
N60.101　男性乳腺囊性增生
N60.200　乳房纤维囊性乳腺病
N60.201　乳腺腺病
N60.202　乳腺纤维囊性增生
N60.300　乳房纤维硬化
N60.400　乳管扩张症
N60.801　乳腺不典型增生
N60.900　良性乳腺发育不良
N61.x00x004　乳头炎
N61.x00x013　乳腺窦道
N61.x00x014　慢性乳腺炎
N61.x01　乳房炎性肉芽肿
N61.x02　乳腺导管瘘
N61.x03　乳腺脓肿
N61.x04　乳腺炎
N61.x05　急性乳腺炎
N61.x06　浆细胞性乳腺炎
N61.x07　乳房炎性肿物
N62.x00　乳房肥大
N62.x00x001　巨乳症
N62.x00x004　乳腺增生
N62.x00x007　乳头肥大
N62.x01　青春期乳房肥大
N62.x02　男性乳房发育
N63.x00　乳房肿块
N63.x01　乳房结节
N64.001　乳头皲裂
N64.002　乳头瘘
N64.100　乳房脂肪坏死
N64.200　乳房萎缩
N64.200x001　乳房松弛症
N64.300x001　非哺乳期溢乳
N64.400　乳痛症
N64.501　乳房硬结
N64.502　乳头凹陷
N64.503　乳头溢血
N64.504　乳头溢液
N64.801　乳房复旧不全
N64.802　乳房下垂
N64.803　乳房血肿
N64.804　乳头变性
N64.805　乳液囊肿
N64.900　乳房疾患

表 6-3-145

N70.000　急性输卵管炎和卵巢炎
N70.001　急性输卵管炎
N70.002　急性卵巢炎
N70.100　慢性输卵管炎和卵巢炎
N70.101　慢性输卵管炎
N70.102　慢性卵巢炎
N70.103　输卵管积水
N70.104　卵巢积水
N70.900　输卵管炎和卵巢炎
N70.900x003　输卵管积脓
N70.900x007　输卵管脓肿
N70.901　卵巢坏死
N70.902　卵巢脓肿
N70.903　卵巢炎
N70.904　输卵管炎
N70.905　输卵管卵巢脓肿

N70.906　输卵管周围炎
N71.001　急性子宫内膜炎
N71.002　急性子宫炎
N71.101　慢性子宫内膜炎
N71.102　慢性子宫炎
N71.900x001　子宫肌炎
N71.901　子宫积脓
N71.902　子宫内膜炎
N72.x00x003　慢性子宫颈炎
N72.x00x006　子宫颈潴留囊肿
N72.x01　宫颈外膜炎
N72.x02　宫颈内膜炎
N72.x03　宫颈积脓
N73.001　急性阔韧带脓肿
N73.002　急性女性盆腔蜂窝织炎
N73.003　急性女性盆腔炎
N73.101　慢性女性盆腔炎
N73.102　慢性盆腔蜂窝织炎
N73.103　慢性子宫韧带脓肿
N73.104　慢性子宫韧带炎
N73.201　盆腔蜂窝织炎
N73.202　子宫韧带炎
N73.203　子宫周围炎
N73.300　女性急性盆腔腹膜炎
N73.400　女性慢性盆腔腹膜炎
N73.500　女性盆腔腹膜炎
N73.501　子宫直肠陷凹脓肿
N73.600　女性盆腔腹膜粘连
N73.600x006　子宫粘连闭锁综合征
N73.601　卵巢粘连
N73.602　女性盆腔粘连
N73.603　输卵管粘连
N73.604　子宫粘连
N73.605　子宫周围粘连
N73.606　卵巢-输卵管粘连
N73.800x002　盆腔感染综合征
N73.801　盆腔炎性肿物
N73.902　女性盆腔炎
N73.903　女性盆腔脓肿
N75.000　前庭大腺囊肿
N75.100　前庭大腺脓肿
N75.801　前庭大腺肥大
N75.802　前庭大腺炎
N75.900　前庭大腺疾病
N76.000　急性阴道炎
N76.000x001　阴道炎
N76.000x003　细菌性阴道炎
N76.000x004　急性外阴阴道炎
N76.000x006　阴道壁脓肿
N76.001　阴道脓肿
N76.100x001　慢性外阴阴道炎
N76.100x002　亚急性外阴阴道炎
N76.101　慢性阴道炎
N76.200　急性外阴炎
N76.201　外阴蜂窝织炎
N76.300x001　亚急性外阴炎
N76.301　慢性外阴炎
N76.400　外阴肿脓
N76.401　外阴疖
N76.500　阴道溃疡
N76.600　外阴溃疡
N76.601　复发性阿弗他女性生殖器官溃疡
N76.801　外阴炎性肿块
N76.802　阴道肉芽肿

表6-3-146

N80.000　子宫的子宫内膜异位症
N80.001　子宫腺肌病
N80.100　卵巢的子宫内膜异位症
N80.100x001　卵巢巧克力样囊肿
N80.200　输卵管的子宫内膜异位症
N80.200x001　输卵管子宫内膜异位症
N80.300　盆腔腹膜的子宫内膜异位症
N80.301　腹膜子宫内膜异位症
N80.302　盆腔子宫内膜异位症
N80.303　子宫直肠凹子宫内膜异位症
N80.401　直肠阴道隔子宫内膜异位症
N80.500　肠的子宫内膜异位症
N80.501　直肠子宫内膜异位症
N80.600　皮肤瘢痕的子宫内膜异位症
N80.601　腹壁瘢痕子宫内膜异位症
N80.602　会阴子宫内膜异位症
N80.603　外阴子宫内膜异位症
N80.800x007　鼻腔子宫内膜异位症
N80.800x010　腹壁子宫内膜异位
N80.800x011　胸子宫内膜异位症
N80.801　外耳道子宫内膜异位症
N80.802　肺子宫内膜异位症
N80.803　肝子宫内膜异位症
N80.804　输尿管子宫内膜异位症

N80.805　膀胱子宫内膜异位症
N80.806　子宫韧带子宫内膜异位症
N80.807　腹膜后子宫内膜异位症
N80.808　骶前子宫内膜异位症
N80.809　胸腔子宫内膜异位症
N80.900　子宫内膜异位症
N81.000　女性尿道膨出
N81.100　膀胱膨出
N81.101　阴道前壁脱垂
N81.102　女性膀胱脱垂
N81.200　子宫阴道不完全性脱垂
N81.201　Ⅰ度子宫脱垂
N81.202　Ⅱ度子宫脱垂
N81.203　宫颈脱垂
N81.300　完全性子宫阴道脱垂
N81.301　Ⅲ度子宫脱垂
N81.400　子宫阴道脱垂
N81.500　阴道小肠膨出
N81.500x002　小肠阴道疝
N81.500x003　阴道后疝
N81.600　直肠膨出
N81.601　阴道后壁脱垂
N81.602　阴道后壁脱垂伴直肠膨出
N81.800x004　会阴缺陷
N81.800x005　盆底肌肉陈旧性裂伤
N81.800x006　陈旧性会阴损伤
N81.801　陈旧性会阴裂伤
N81.802　阴道前后壁脱垂
N81.803　阴道松弛
N81.900　女性生殖器脱垂
N82.000　膀胱阴道瘘
N82.100x001　子宫输尿管瘘
N82.101　尿道阴道瘘
N82.102　输尿管阴道瘘
N82.103　子宫膀胱瘘
N82.200　阴道小肠瘘
N82.201　手术后小肠阴道瘘
N82.300　阴道大肠瘘
N82.301　直肠膀胱阴道瘘
N82.302　直肠舟状窝瘘
N82.303　直肠阴道瘘
N82.401　子宫直肠瘘
N82.500　女性生殖道-皮肤瘘
N82.501　子宫腹壁瘘
N82.502　阴道会阴瘘
N82.801　子宫阴道瘘
N82.900　女性生殖道瘘
N82.900x003　子宫颈窦道
N82.901　阴道瘘
N82.902　子宫瘘
N83.000　卵巢滤泡囊肿
N83.000x002　格拉夫卵泡囊肿
N83.001　出血性卵巢滤泡囊肿
N83.100　黄体囊肿
N83.100x002　卵巢黄体破裂
N83.100x003　卵巢黄体血肿
N83.101　出血性卵巢黄体囊肿
N83.102　卵巢黄素化囊肿
N83.201　卵巢囊肿
N83.202　卵巢白体囊肿
N83.203　卵巢包涵囊肿
N83.204　卵巢浆液性囊肿
N83.205　卵巢黏液性囊肿
N83.206　卵巢潴留囊肿
N83.207　副卵巢囊肿
N83.300x001　卵巢萎缩
N83.300x002　输卵管萎缩
N83.401　输卵管脱垂
N83.500x004　卵巢子宫内膜异位囊肿伴扭转
N83.500x007　副卵管扭转
N83.501　卵巢蒂扭转
N83.502　卵巢扭转
N83.503　输卵管扭转
N83.504　莫尔加尼囊状附件扭转
N83.600　输卵管血肿
N83.601　输卵管出血
N83.700　阔韧带血肿
N83.800x012　泡状附件
N83.800x013　输卵管上皮增生
N83.800x015　阔韧带息肉
N83.800x016　输卵管憩室
N83.800x017　卵巢冠囊肿
N83.800x021　输卵管嵌顿
N83.801　阔韧带囊肿
N83.802　阔韧带撕裂综合征
N83.803　卵巢出血
N83.804　卵巢钙化
N83.805　卵巢破裂
N83.806　卵巢增生
N83.807　卵巢脂肪坏死

N83.808 输卵管坏死
N83.809 输卵管囊肿
N83.810 输卵管旁囊肿
N83.811 圆韧带囊肿
N83.812 子宫韧带囊肿
N83.901 卵巢肿物
N83.902 输卵管肿物
N83.903 阔韧带肿物
N84.000 子宫体息肉
N84.001 子宫内膜息肉
N84.100 宫颈息肉
N84.200 阴道息肉
N84.300 外阴息肉
N84.301 处女膜息肉
N84.302 阴唇息肉
N84.800x002 输卵管息肉
N84.900 女性生殖道息肉
N85.000 子宫内膜腺性增生
N85.000x002 子宫内膜囊性增生
N85.000x004 子宫内膜腺性囊性增生
N85.001 子宫内膜单纯性增生
N85.002 子宫内膜复杂性增生
N85.003 子宫内膜息肉样增生
N85.100 子宫内膜腺瘤性增生
N85.101 子宫内膜非典型增生
N85.200 子宫肥大
N85.300 子宫复旧不全
N85.300x001 慢性子宫复旧不全
N85.400 子宫错位
N85.401 子宫侧倾
N85.402 子宫后倾
N85.403 子宫前倾
N85.404 子宫移位
N85.500 子宫内翻
N85.600 子宫内粘连
N85.600x001 阿谢曼综合征
N85.700 子宫积血
N85.800x003 后天性子宫萎缩
N85.801 瘢痕子宫
N85.802 子宫破裂
N85.803 子宫白斑
N85.804 子宫穿孔
N85.805 子宫钙化
N85.806 子宫肌层囊肿
N85.807 子宫积水
N85.808 子宫溃疡
N85.809 子宫糜烂
N85.810 子宫内膜发育不全
N85.811 子宫内膜囊肿
N85.812 子宫内膜萎缩
N85.813 子宫囊肿
N85.814 子宫憩室
N85.815 子宫萎缩
N85.816 子宫纤维化
N85.901 子宫肿物
N86.x00x004 子宫颈糜烂
N86.x01 宫颈外翻
N86.x02 宫颈溃疡
N87.000 轻度宫颈发育不良
N87.001 宫颈上皮内肿瘤，Ⅰ级
N87.002 低级别鳞状上皮内病变
N87.100 中度宫颈发育不良
N87.101 宫颈上皮内肿瘤，Ⅱ级
N87.200x001 重度宫颈发育不良
N87.900 宫颈发育不良
N87.901 宫颈上皮内肿瘤
N88.000 宫颈白斑
N88.100 宫颈陈旧性裂伤
N88.101 宫颈阴道粘连
N88.102 宫颈粘连
N88.200x001 子宫颈狭窄
N88.201 宫颈闭锁
N88.300 宫颈功能不全
N88.400 宫颈肥厚性延长
N88.800x010 子宫颈钙化
N88.801 宫颈残端出血
N88.802 宫颈肥大
N88.803 宫颈囊肿
N88.804 宫颈水肿
N88.805 宫颈萎缩
N88.806 宫颈腺囊肿
N88.807 宫颈赘生物
N88.808 子宫颈鳞状上皮增生
N88.900 宫颈非炎性疾患
N89.000 轻度阴道发育不良
N89.001 阴道上皮内肿瘤，Ⅰ级
N89.100 中度阴道发育不良
N89.101 阴道上皮内肿瘤，Ⅱ级
N89.200 重度阴道发育不良，不可归类在他处者
N89.300 阴道发育不良

N89.400　阴道白斑
N89.501　阴道闭锁
N89.502　阴道狭窄
N89.503　阴道粘连
N89.600　处女膜环过紧
N89.600x001　强直性处女膜
N89.600x002　阴道入口过紧
N89.601　处女膜伞
N89.700　阴道积血
N89.800x009　阴道排液
N89.801　处女膜囊肿
N89.802　非创伤性处女膜破裂
N89.803　阴道瘢痕
N89.804　阴道结石
N89.805　阴道裂伤
N89.806　阴道囊肿
N89.807　阴道皮赘
N89.808　阴道血肿
N89.809　阴道赘生物
N89.810　阴道子宫托溃疡
N89.811　陈旧性阴道裂伤
N89.901　阴道肿物
N90.000　轻度外阴发育不良
N90.001　外阴上皮内肿瘤Ⅰ级
N90.100　中度外阴发育不良
N90.101　外阴上皮内肿瘤Ⅱ级
N90.200　重度外阴发育不良，不可归类在他处者
N90.300　外阴发育不良
N90.301　外阴鳞状上皮增生
N90.302　外阴上皮内肿瘤
N90.400　外阴白斑
N90.401　外阴干皱症
N90.402　外阴角化症
N90.403　外阴营养不良
N90.404　外阴硬化性苔藓
N90.500　外阴萎缩
N90.501　外阴狭窄
N90.600　外阴肥大
N90.601　阴唇肥大
N90.700　外阴囊肿
N90.701　阴蒂囊肿
N90.800x009　外阴粘连
N90.800x010　外阴非典型增生
N90.800x011　会阴囊肿
N90.800x012　会阴切口疝
N90.800x024　大阴唇瘢痕
N90.800x025　小阴唇瘢痕
N90.801　会阴瘢痕
N90.802　外阴瘢痕
N90.803　外阴陈旧性裂伤
N90.804　外阴假性湿疣
N90.805　外阴皮赘
N90.806　外阴水肿
N90.807　外阴血肿
N90.808　阴唇粘连
N90.809　阴蒂肥大
N90.810　外阴象皮病
N90.811　外阴白癜风
N90.901　会阴非炎性疾病
N90.902　外阴肿物
N91.000　原发闭经
N91.100　继发闭经
N91.200　闭经
N91.200x002　下丘脑性闭经
N91.300　原发性月经稀少
N91.400　继发性月经稀少
N91.500　月经稀少
N92.000x001　月经过多
N92.000x002　月经频繁
N92.100x001　月经频多
N92.101　子宫不规则出血
N92.200　青春期月经过多
N92.300　排卵期出血
N92.400　绝经前期出血过多
N92.400x001　更年期月经过多
N92.400x003　绝经期子宫不规则出血
N92.400x004　更年前期月经过多
N92.401　绝经期出血
N92.500　月经不规则，其他特指的
N92.600　月经不规则
N92.601　经期延长
N93.000x001　性交后出血
N93.801　功能障碍性子宫出血
N93.900　异常的子宫和阴道出血
N93.901　异常子宫出血
N94.000　经间痛
N94.100　性交疼痛
N94.200　阴道痉挛
N94.300　经前紧张征
N94.400　原发性痛经

N94.500　继发性痛经
N94.600　痛经
N94.800x009　女性生殖器皮脂腺囊肿
N94.802　女性盆腔血肿
N94.803　女性盆腔静脉充血综合征
N94.804　交通性腹膜鞘突管积液
N94.805　经血潴留
N94.806　盆腔积液
N94.807　盆腔囊肿
N94.808　盆腔假囊肿
N94.900　与女性生殖器官和月经周期有关的情况
N95.000　绝经后出血
N95.100　绝经期和女性更年期状态
N95.101　女性更年期综合征
N95.200　绝经后萎缩性阴道炎
N95.201　老年性阴道炎
N95.300x001　人工绝经后综合征
N95.800　绝经期和围绝经期的疾患，其他特指的
N95.900x001　绝经后卵巢可扪及综合征
N96.x00　习惯性流产
N96.x00x002　早期习惯性流产
N96.x00x003　晚期习惯性流产
N97.000x001　不排卵性不孕
N97.100x001　输卵管阻塞性不孕
N97.100x003　输卵管狭窄性不孕
N97.101　后天性输卵管闭锁
N97.200x001　子宫粘连性不孕
N97.200x002　卵子不植入
N97.300　宫颈起因的女性不孕症
N97.400x001　男方无精性不孕
N97.400x002　男方少精性不孕
N97.800x004　女性生殖器官血囊肿性不孕
N97.801　不育由于阴道畸形
N97.900　女性不孕症
N97.901　女性原发性不育
N97.902　女性继发性不育
N98.000　与人工授精有关的感染
N98.100　卵巢过度刺激
N98.200　试管内授精后企图植入受精卵的并发症
N98.300　在胚胎转移中企图植入胚胎的并发症
N98.800　与人工授精有关的其他并发症
N98.900　与人工授精有关的并发症

表6-3-147

N99.000　操作后肾衰竭
N99.001　手术后肾衰竭
N99.100　操作后尿道狭窄
N99.100x003　手术后瘢痕性尿道闭锁
N99.100x005　手术后尿道口畸形
N99.101　手术后尿道狭窄
N99.200　阴道手术后粘连
N99.201　手术后阴道狭窄
N99.300　子宫切除术后阴道穹隆脱垂
N99.400　操作后盆腔腹膜粘连
N99.401　手术后盆腔腹膜粘连
N99.500　泌尿道外口功能不良
N99.800x003　绝育后腹痛
N99.800x005　阴道成形术后阴道短小
N99.800x006　手术后尿道瘘
N99.800x007　手术后会阴瘘
N99.800x010　子宫切口憩室
N99.800x011　膀胱造瘘口狭窄
N99.801　残余卵巢综合征
N99.803　手术后尿潴留
N99.805　输尿管膀胱吻合口狭窄
N99.806　输尿管造口狭窄
N99.807　阴道残端出血
N99.808　手术后尿道综合征
N99.900　泌尿生殖系统的操作后疾患

表6-3-148

O00.000　腹腔妊娠
O00.001　大网膜妊娠
O00.100　输卵管妊娠
O00.101　输卵管妊娠流产
O00.102　输卵管妊娠破裂
O00.103　输卵管残端妊娠破裂
O00.104　输卵管壶腹部妊娠
O00.105　输卵管壶腹部妊娠流产
O00.106　输卵管壶腹部妊娠破裂
O00.107　输卵管间质部妊娠
O00.108　输卵管间质部妊娠流产
O00.109　输卵管间质部妊娠破裂
O00.110　输卵管伞部妊娠
O00.111　输卵管伞部妊娠流产
O00.112　输卵管伞端妊娠破裂
O00.113　输卵管峡部妊娠
O00.114　输卵管峡部妊娠流产
O00.115　输卵管峡部妊娠破裂
O00.116　陈旧性输卵管妊娠

O00.117　输卵管复合妊娠
O00.200　卵巢妊娠
O00.201　卵巢妊娠破裂
O00.800x006　子宫下段妊娠
O00.801　残角子宫妊娠
O00.802　残角子宫妊娠破裂
O00.803　宫颈妊娠
O00.804　宫内外复合妊娠
O00.805　阔韧带妊娠
O00.807　子宫瘢痕处妊娠
O00.808　子宫壁妊娠
O00.809　子宫角妊娠
O00.900　异位妊娠
O00.901　持续性异位妊娠
O00.902　陈旧性异位妊娠
O01.001　完全性葡萄胎
O01.101　部分性葡萄胎
O01.102　不完全葡萄胎
O01.901　妊娠滋养细胞病
O01.902　异位葡萄胎
O02.000x001　胎停育
O02.001　萎缩卵
O02.002　子宫内胎块
O02.100　稽留流产
O02.100x002　石胎（胎儿石化）
O02.800　受孕的其他特指的异常产物
O02.800x001　绒毛膜血管瘤
O02.900　受孕的异常产物
O03.001　不完全性自然流产并发盆腔感染
O03.002　不完全自然流产并发生殖道感染
O03.100x001　不完全自然流产并发播散性血管内凝血
O03.101　不完全性自然流产并发过度出血
O03.102　不完全性自然流产并发延迟出血
O03.200x001　不完全自然流产并发栓塞
O03.300　不完全性自然流产，伴有其他和未特指的并发症
O03.300x031　不完全自然流产并发休克
O03.300x041　不完全自然流产并发肾衰竭
O03.300x061　不完全自然流产并发盆腔器官损伤
O03.400x001　不完全自然流产
O03.501　完全性自然流产并发盆腔感染
O03.502　完全性自然流产并发子宫内感染
O03.503　自然流产并发盆腔感染
O03.504　自然流产并发生殖道感染
O03.600x001　完全自然流产并发播散性血管内凝血
O03.601　完全性自然流产并发出血
O03.602　完全性自然流产并发延迟出血
O03.603　自然流产并发出血
O03.604　自然流产并发延迟出血
O03.701　完全性自然流产并发栓塞
O03.702　自然流产并发栓塞
O03.800　完全性或未特指的自然流产，伴有其他的并发症
O03.800x031　自然流产并发休克
O03.800x041　自然流产并发肾衰竭
O03.800x061　自然流产并发盆腔器官损伤
O03.801　完全性自然流产伴有并发症
O03.802　自然流产伴有并发症
O03.900x001　生化妊娠
O03.900x002　自然流产
O03.901　难免性流产
O03.902　习惯性流产伴近期流产
O03.903　孕晚期自然流产
O03.904　孕早期自然流产
O04.000x003　不完全医疗性流产并发生殖道感染
O04.001　不完全性医疗性流产并发盆腔感染
O04.100x002　不完全医疗性流产并发播散性血管内凝血
O04.101　不完全性医疗性流产并发过度出血
O04.200x001　不完全医疗性流产并发栓塞
O04.300　不完全性医疗性流产，伴有其他并发症
O04.300x031　不完全医疗性流产并发休克
O04.300x041　不完全医疗性流产并发子宫颈裂伤
O04.300x081　不完全医疗性流产并发心率缓慢
O04.400　不完全性医疗性流产，无并发症
O04.401　不完全性药物流产
O04.402　早期不完全性医疗性流产
O04.500x001　医疗性流产并发生殖道感染
O04.500x002　医疗性流产并发盆腔感染
O04.502　晚期医疗性流产并发盆腔感染
O04.503　早期医疗性流产并发盆腔感染
O04.600x001　医疗性流产并发出血
O04.601　医疗性流产并发播散性血管内凝血
O04.602　早期医疗性流产并发过度出血
O04.700x001　医疗性流产并发栓塞
O04.701　医疗性流产并发羊水栓塞
O04.800　完全性或未特指的医疗性流产，伴有其他并发症

O04.800x031　医疗性流产并发休克
O04.800x041　医疗性流产并发肾衰竭
O04.800x061　医疗性流产并发子宫颈裂伤
O04.801　医疗性流产并发会阴裂伤
O04.802　医疗性流产并发阴道壁血肿
O04.900x001　医疗性流产
O04.901　中期人工流产
O04.902　晚期人工流产
O04.905　早期人工流产
O05.000　不完全性流产，其他的，并发生殖道和盆腔感染
O05.100　不完全性流产，其他的，并发延迟或过度出血
O05.200　不完全性流产，其他的，并发栓塞
O05.301　其他不完全性流产伴有并发症
O05.400　不完全性流产，其他的，无并发症
O05.500　完全性流产，其他的，并发生殖道和盆腔感染
O05.600　完全性流产，其他的，并发延迟或过度出血
O05.700　完全性流产，其他的，并发栓塞
O05.801　其他完全性流产伴有并发症
O05.900　完全性流产，其他的，无并发症
O06.000　不完全性流产，并发生殖道和盆腔感染
O06.100　不完全性流产，并发延迟或过度出血
O06.200　不完全性流产，并发栓塞
O06.301　未特指的不完全性流产伴有并发症
O06.400　不完全性流产，无并发症
O06.500　完全性流产，并发生殖道和盆腔感染
O06.600　完全性流产，并发延迟或过度出血
O06.700　完全性流产，并发栓塞
O06.801　未特指的流产伴有并发症
O06.900　完全性流产，无并发症
O07.000　医疗性流产失败，并发生殖道和盆腔感染
O07.000x001　医疗性流产失败并发盆腔感染
O07.000x002　医疗性流产失败并发生殖道感染
O07.100x001　医疗性流产失败并发出血
O07.200x001　医疗性流产失败并发栓塞
O07.300　医疗性流产失败，伴有其他的并发症
O07.300x001　医疗性流产失败并发代谢紊乱
O07.300x002　医疗性流产失败并发休克
O07.401　人工流产失败
O07.402　药物流产失败
O07.500　企图流产失败，其他或未特指的，并发生殖道和盆腔感染
O07.600　企图流产失败，其他的，并发延迟或过度出血
O07.700　企图流产失败，其他的，并发栓塞
O07.800　企图流产失败，其他的，伴有其他的并发症
O07.900x001　企图流产失败
O08.000　流产、异位妊娠和葡萄胎妊娠后生殖道和盆腔感染
O08.000x002　流产后卵巢炎
O08.000x004　流产后输卵管炎
O08.000x005　流产后输卵管卵巢炎
O08.000x006　流产后脓毒症
O08.000x007　葡萄胎妊娠后盆腔感染
O08.000x009　异位妊娠后生殖道感染
O08.000x010　葡萄胎妊娠后生殖道感染
O08.000x011　流产后发热
O08.002　流产后腹膜炎
O08.004　流产后盆腔感染
O08.005　流产后子宫内膜炎
O08.006　异位妊娠后盆腔感染
O08.100x002　流产后出血
O08.100x003　异位妊娠后出血
O08.100x004　葡萄胎妊娠后出血
O08.101　流产后播散性血管内凝血
O08.102　流产后过度出血
O08.103　葡萄胎妊娠后过度出血
O08.104　异位妊娠后播散性血管内凝血
O08.105　异位妊娠后腹腔内出血
O08.106　异位妊娠后过度出血
O08.200x001　流产后栓塞
O08.200x002　异位妊娠后栓塞
O08.200x003　葡萄胎妊娠后栓塞
O08.202　流产后羊水栓塞
O08.203　流产后空气栓塞
O08.204　流产后肺栓塞
O08.300x003　流产后循环性虚脱
O08.300x004　葡萄胎妊娠后休克
O08.301　流产后休克
O08.302　异位妊娠后休克
O08.400x003　流产后肾小管坏死
O08.400x004　异位妊娠后肾衰竭
O08.400x005　葡萄胎妊娠后肾衰竭
O08.401　流产后肾衰竭
O08.500　流产、异位妊娠和葡萄胎妊娠后的代谢疾患

O08.600x004　流产后子宫颈裂伤
O08.600x005　异位妊娠后子宫破裂
O08.600x006　流产后盆腔器官损伤
O08.601　人工流产后肠穿孔
O08.602　人工流产后子宫穿孔
O08.603　人工流产后子宫韧带血肿
O08.604　人工流产并发穹隆穿孔
O08.700　流产、异位妊娠和葡萄胎妊娠后的其他静脉并发症
O08.800x006　腹腔妊娠后胎盘残留
O08.800x007　流产后失血性贫血
O08.801　流产后腹痛
O08.802　流产后宫颈粘连
O08.803　流产后宫腔粘连
O08.805　流产后心脏停搏
O08.806　异位妊娠后宫颈粘连
O08.900　流产、异位妊娠和葡萄胎妊娠后的并发症

表6-3-149

O10.001　妊娠合并原有特发性高血压
O10.101　妊娠合并原有高血压性心脏病
O10.201　妊娠合并原有高血压性肾病
O10.301　妊娠合并原有高血压性心脏病和肾病
O10.401　妊娠合并原有继发性高血压
O10.900x001　妊娠合并原有高血压
O11.x01　慢性高血压并发子痫前期
O12.000　妊娠水肿
O12.100　妊娠蛋白尿
O12.200　妊娠水肿伴有蛋白尿
O13.x00　妊娠［妊娠引起的］高血压
O13.x01　妊娠期短暂性高血压
O14.000x001　轻度先兆子痫
O14.000x002　中度先兆子痫
O14.100x002　重度子痫前期
O14.200　HELLP综合征
O14.900　子痫前期
O15.001　产前子痫
O15.101　产时子痫
O15.201　产后子痫
O15.900　子痫
O16.x00　孕产妇高血压

表6-3-150

O20.000　先兆流产
O20.800　妊娠早期的其他出血
O20.900　妊娠早期出血
O21.000　轻度妊娠剧吐
O21.001　早期轻度妊娠剧吐
O21.100　妊娠剧吐伴有代谢紊乱
O21.100x002　妊娠剧吐伴酸中毒
O21.100x003　妊娠剧吐伴脱水
O21.100x004　妊娠剧吐伴碳水化合物缺失
O21.100x005　妊娠剧吐伴电解质失衡
O21.100x006　妊娠剧吐伴酮症
O21.200　妊娠晚期呕吐
O21.800　并发于妊娠的其他呕吐
O21.900　妊娠呕吐
O22.000　妊娠期下肢静脉曲张
O22.101　妊娠期会阴静脉曲张
O22.102　妊娠期外阴静脉曲张
O22.103　妊娠期阴道静脉曲张
O22.200　妊娠期血栓性浅静脉炎
O22.300　妊娠期深静脉血栓形成
O22.400　妊娠期痔
O22.500　妊娠期大脑静脉血栓形成
O22.801　妊娠期子宫旁静脉曲张
O22.900　妊娠期静脉并发症
O22.901　妊娠期静脉炎
O22.902　妊娠期静脉血栓形成
O23.000x001　妊娠期肾炎
O23.001　妊娠期肾盂肾炎
O23.101　妊娠期膀胱炎
O23.200　妊娠期尿道感染
O23.300　妊娠期泌尿道其他部位感染
O23.400　妊娠期泌尿道感染
O23.500　妊娠期生殖道感染
O23.500x001　妊娠期宫腔感染
O23.500x002　妊娠期输卵管炎
O23.500x007　妊娠期细菌性阴道病
O23.500x009　妊娠期前庭大腺脓肿
O23.500x010　妊娠期输卵管卵巢炎
O23.501　妊娠合并盆腔炎
O23.502　妊娠合并盆腔粘连
O23.503　妊娠合并输卵管坏死
O23.504　妊娠期宫颈炎
O23.505　妊娠期外阴炎
O23.506　妊娠期阴道炎
O23.901　妊娠期泌尿生殖道感染
O24.000　妊娠期伴原有的1型糖尿病
O24.000x021　妊娠合并原有1型糖尿病（胰岛素

治疗）
O24.100　妊娠期伴原有的2型糖尿病
O24.100x011　妊娠合并原有2型糖尿病（非胰岛素治疗）
O24.100x021　妊娠合并原有2型糖尿病（胰岛素治疗）
O24.200x001　妊娠合并原有营养不良性糖尿病
O24.300x001　妊娠合并原有糖尿病
O24.301　妊娠期伴原有糖尿病性酮症
O24.400　妊娠期发生的糖尿病
O24.900　妊娠糖尿病
O25.x00　妊娠期营养不良
O25.x01　产褥期营养不良
O26.000　妊娠期体重增加过度
O26.100　妊娠期体重增加过低
O26.200　习惯性流产者的妊娠医疗
O26.300　具有子宫内避孕装置的妊娠
O26.400　妊娠疱疹
O26.501　妊娠期并发低血压综合征
O26.600x010　妊娠合并肝脓肿
O26.600x011　妊娠合并肝炎
O26.601　妊娠合并肝病
O26.602　妊娠合并肝功能衰竭
O26.603　妊娠合并肝损害
O26.604　妊娠合并肝硬化
O26.605　妊娠合并脂肪肝
O26.606　妊娠期肝内胆汁淤积症
O26.607　妊娠期急性脂肪肝
O26.608　妊娠合并自身免疫性肝炎
O26.609　妊娠合并肝囊肿
O26.701　妊娠合并耻骨联合分离
O26.800　与妊娠有关的情况，其他特指的
O26.800x011　妊娠合并肾病
O26.800x013　妊娠合并慢性肾功能不全
O26.800x015　妊娠合并急性肾功能不全
O26.800x016　妊娠合并输尿管积水
O26.801　妊娠合并肾病综合征
O26.802　妊娠合并肾衰竭
O26.803　妊娠合并肾积水
O26.804　妊娠合并肾小球肾炎
O26.806　妊娠合并周围神经炎
O28.000　孕产妇产前筛查的血液学异常所见
O28.100　孕产妇产前筛查的生物化学异常所见
O28.200　孕产妇产前筛查的细胞学异常所见
O28.300　孕产妇产前筛查的超声波异常所见
O28.300x001　脐动脉血流比值升高
O28.400　孕产妇产前筛查的放射学异常所见
O28.501　产前染色体筛查异常
O28.502　唐氏筛查高风险
O28.800　孕产妇产前筛查的其他异常所见
O28.900　孕产妇产前筛查异常所见
O29.000x001　妊娠期麻醉相关的吸入性肺炎
O29.000x002　妊娠期麻醉相关的胃内容物吸入
O29.000x003　妊娠期麻醉相关的门德尔松综合征
O29.000x004　妊娠期麻醉相关的肺压迫性萎陷
O29.000x005　妊娠期麻醉相关的分泌物吸入
O29.100x001　妊娠期麻醉相关的心脏停搏
O29.100x002　妊娠期麻醉相关的心力衰竭
O29.200　妊娠期间麻醉的中枢神经系统并发症
O29.300　妊娠期间局部麻醉的中毒反应
O29.400　妊娠期间脊髓和硬膜外麻醉诱发的头痛
O29.500　妊娠期间脊髓和硬膜外麻醉的其他并发症
O29.600　妊娠期间插管失败或困难
O29.800　妊娠期间麻醉的其他并发症
O29.900　妊娠期间麻醉并发症

表6-3-151

O30.000　双胎妊娠
O30.100　三胎妊娠
O30.200　四胎妊娠
O30.800　多胎妊娠，其他的
O30.801　五胎妊娠
O30.900　多胎妊娠
O31.000　纸样胎
O31.000x001　压扁胎
O31.100　一个或多个胎儿流产后的继续妊娠
O31.200　一个或多个胎儿宫内死亡后的继续妊娠
O31.201　双胎妊娠一胎宫内死亡
O31.800　特发于多胎妊娠的其他并发症
O31.800x003　无心双胎
O31.800x004　双胎交锁
O31.800x005　选择性宫内生长受限
O31.800x007　双胎选择性生长不一致
O32.000x001　不稳定产式
O32.100x004　膝先露
O32.101　臀先露
O32.102　足先露
O32.201　肩先露
O32.202　斜位
O32.301　额先露

O32.302　颏先露
O32.303　面先露
O32.401　初产头浮
O32.500　为多胎妊娠伴有一个或多个胎儿先露异常给予的孕产妇医疗
O32.601　复合先露
O32.801　后不均倾
O32.802　前不均倾
O32.803　枕后位
O32.900　为胎儿先露异常给予的孕产妇医疗
O33.000x002　骨盆倾斜
O33.000x003　扁平骨盆
O33.002　畸形骨盆
O33.101　骨盆狭窄
O33.102　均小骨盆
O33.201　骨盆入口狭窄
O33.300x003　横径狭窄型骨盆
O33.300x004　中骨盆狭窄
O33.300x005　男性骨盆
O33.301　骨盆出口狭窄
O33.400　为母体和胎儿混合性原因的胎盆不称给予的孕产妇医疗
O33.501　巨大儿伴头盆不称
O33.600　为脑积水胎儿引起的胎盆不称给予的孕产妇医疗
O33.700　为其他胎儿变形引起的胎盆不称给予的孕产妇医疗
O33.700x004　胎儿脊髓脊膜膨出引起胎盆不称
O33.700x005　胎儿骶部畸胎瘤引起胎盆不称
O33.700x006　胎儿肿瘤引起胎盆不称
O33.800　为其他原因的胎盆不称给予的孕产妇医疗
O33.900　为胎盆不称给予的孕产妇医疗
O34.000x003　妊娠合并残角子宫
O34.000x006　妊娠合并双子宫双子宫颈双阴道
O34.000x007　妊娠合并双子宫双子宫颈
O34.000x008　妊娠合并双子宫双阴道
O34.000x009　妊娠合并子宫不全纵隔
O34.000x011　妊娠合并鞍状子宫
O34.000x012　妊娠合并双子宫颈
O34.000x013　妊娠合并双子宫颈双阴道
O34.001　妊娠合并单角子宫
O34.002　妊娠合并双角子宫
O34.003　妊娠合并双子宫
O34.004　妊娠合并子宫畸形
O34.005　妊娠合并子宫纵隔
O34.100x001　妊娠合并子宫肌瘤
O34.100x003　妊娠合并子宫内膜息肉
O34.100x011　妊娠合并子宫肿瘤
O34.101　妊娠合并子宫韧带良性肿瘤
O34.102　妊娠合并子宫体肿瘤
O34.200x002　剖宫产史的妊娠
O34.201　妊娠合并子宫瘢痕
O34.301　妊娠合并宫颈功能不全
O34.400x005　妊娠合并子宫颈幼稚
O34.400x009　妊娠合并子宫颈水肿
O34.400x010　妊娠合并子宫颈术后宫颈异常
O34.400x011　妊娠合并子宫颈环扎后
O34.400x013　妊娠合并子宫颈肌瘤
O34.400x014　妊娠合并子宫颈高度病变
O34.401　妊娠合并宫颈瘢痕
O34.402　妊娠合并宫颈非典型性增生
O34.403　妊娠合并宫颈糜烂
O34.404　妊娠合并宫颈息肉
O34.405　妊娠合并宫颈狭窄
O34.406　妊娠合并宫颈肿瘤
O34.500x001　妊娠合并子宫扭转
O34.500x002　妊娠合并子宫嵌顿
O34.500x005　妊娠合并子宫腺肌病
O34.500x007　妊娠合并腹壁子宫内膜异位症
O34.501　妊娠合并子宫后倾
O34.502　妊娠合并子宫脱垂
O34.503　妊娠合并子宫内膜异位症
O34.600x004　妊娠合并阴道肿瘤
O34.600x005　妊娠合并阴道囊肿
O34.600x006　妊娠合并阴道斜隔
O34.601　妊娠合并双阴道畸形
O34.602　妊娠合并阴道横隔
O34.603　妊娠合并阴道狭窄
O34.604　妊娠合并阴道纵隔
O34.700　为外阴和会阴异常给予的孕产妇医疗
O34.700x002　妊娠合并外阴水肿
O34.700x004　妊娠合并会阴瘢痕
O34.700x005　妊娠合并外阴瘢痕
O34.701　妊娠伴外阴畸形
O34.800　为盆腔器官其他异常给予的孕产妇医疗
O34.800x004　妊娠合并输卵管扭转
O34.800x005　妊娠合并输卵管系膜囊肿
O34.800x006　妊娠合并卵巢肿瘤
O34.800x010　妊娠合并泡状附件

O34.800x011　妊娠合并附件肿物
O34.800x012　妊娠合并盆腔子宫内膜异位
O34.800x013　妊娠合并输卵管肿瘤
O34.800x014　妊娠合并卵巢囊肿蒂扭转
O34.800x015　妊娠合并卵巢肿瘤蒂扭转
O34.800x017　妊娠合并输卵管积水
O34.800x018　妊娠合并卵巢黄体囊肿破裂
O34.800x019　妊娠合并附件扭转
O34.800x021　妊娠合并输卵管囊肿
O34.800x022　妊娠合并输卵管卵巢囊肿
O34.801　妊娠合并膀胱膨出
O34.802　妊娠合并卵巢囊肿
O34.803　妊娠合并盆底僵直
O34.804　妊娠合并悬垂腹
O34.805　妊娠合并直肠膨出
O34.806　妊娠合并卵巢扭转
O34.807　妊娠合并卵巢子宫内膜异位症
O34.900　为盆腔器官异常给予的孕产妇医疗
O35.002　胎儿侧脑室增宽
O35.003　胎儿脊柱裂
O35.004　胎儿脑发育异常
O35.005　胎儿脑积水
O35.006　胎儿脑脊膜膨出
O35.007　胎儿脑囊肿
O35.008　胎儿神经管缺陷
O35.009　胎儿无脑畸形
O35.010　胎儿Dandy-walker综合征
O35.101　胎儿染色体异常
O35.102　胎儿先天愚型
O35.200x002　胎儿基因异常
O35.200x003　胎儿单基因病
O35.200x004　胎儿遗传代谢病
O35.201　胎儿α地中海贫血
O35.202　胎儿β地中海贫血
O35.203　胎儿亨廷顿舞蹈病
O35.204　胎儿克拉伯病
O35.205　胎儿血友病
O35.206　胎儿遗传性疾病
O35.300x002　为妊娠合并风疹病毒感染所致胎儿的（可疑）损害给予的孕产妇医疗
O35.300x003　为妊娠合并巨细胞病毒感染所致胎儿的（可疑）损害给予的孕产妇医疗
O35.400　为酒精所致胎儿的（可疑）损害给予的孕产妇医疗
O35.500　为药物所致胎儿的（可疑）损害给予的孕产妇医疗
O35.600x001　放射后的孕产妇医疗
O35.700x001　羊膜穿刺后的孕产妇医疗
O35.700x002　活组织检查后的孕产妇医疗
O35.700x003　侵入性胎儿手术后的孕产妇医疗
O35.700x006　手术对胎儿损害的孕产妇医疗
O35.701　胎儿损害由于子宫内避孕器妊娠
O35.800x001　胎儿多发畸形
O35.800x002　为妊娠合并李斯特菌所致胎儿的（可疑）损害给予的孕产妇医疗
O35.800x003　胎儿畸形
O35.800x005　寄生胎
O35.800x006　胎儿结构畸形
O35.800x007　胎儿食管闭锁
O35.800x009　胎儿肾盂积水
O35.800x010　胎儿轻度肾盂积水
O35.800x011　胎儿腭裂
O35.800x012　胎儿唇裂
O35.800x015　胎儿肛门闭锁
O35.800x017　胎儿膀胱外翻
O35.800x018　胎儿马蹄内翻足
O35.800x019　胎儿多指
O35.800x020　胎儿多趾
O35.800x023　胎儿重度肾盂积水
O35.800x025　胎儿缺指
O35.800x026　胎儿缺趾
O35.800x027　胎儿心包积液
O35.800x028　为妊娠合并阴道溶血性链球菌感染所致胎儿的（可疑）损害给予的孕产妇医疗
O35.800x029　为妊娠合并弓形虫病所致胎儿的（可疑）损害给予的孕产妇医疗
O35.800x030　胎儿单脐动脉
O35.801　胎儿唇腭裂
O35.803　胎儿耳畸形
O35.804　胎儿肺畸形
O35.805　胎儿腹裂
O35.806　胎儿腹腔囊肿
O35.807　胎儿腹水
O35.808　胎儿肝占位
O35.809　胎儿膈疝
O35.810　胎儿颈部囊性淋巴管瘤
O35.811　胎儿联体双胎畸形
O35.812　胎儿尿道下裂
O35.813　胎儿皮下组织增厚
O35.814　胎儿脐膨出

O35.816　胎儿软骨畸形
O35.817　胎儿肾畸形
O35.818　胎儿消化道闭锁
O35.819　胎儿心脏畸形
O35.820　胎儿胸腔积液
O35.821　胎儿眼附器畸形
O35.822　胎儿幽门梗阻
O35.823　胎儿肢体畸形
O35.900　为（可疑）胎儿异常和损害给予的孕产妇医疗
O36.001　Rh血型不合
O36.002　Rh阴性抗D抗体异常
O36.100　为其他同种免疫给予的孕产妇医疗
O36.100x002　同种免疫伴胎儿水肿
O36.101　ABO血型不合
O36.201　妊娠伴胎儿水肿
O36.202　镜像综合征
O36.203　双胎镜像综合征
O36.300x007　胎动频繁
O36.300x008　胎动消失
O36.300x009　胎动减少
O36.301　慢性混合型胎儿宫内窘迫
O36.302　慢性胎儿宫内窘迫
O36.303　胎儿心律异常
O36.304　慢性胎心型胎儿宫内窘迫
O36.305　慢性羊水型胎儿宫内窘迫
O36.401　胎死宫内
O36.501　妊娠合并低体重儿
O36.502　妊娠合并胎盘功能不全
O36.503　胎儿生长发育迟缓
O36.504　妊娠合并小样儿
O36.601　妊娠合并巨大儿
O36.700x001　腹腔妊娠活胎
O36.800　为其他特指的胎儿问题给予的孕产妇医疗
O36.900　为胎儿问题给予的孕产妇医疗
O40.x00　羊水过多
O41.000　羊水过少
O41.000x002　无羊水
O41.100　羊膜囊和胎膜的感染
O41.101　胎膜炎
O41.102　胎盘炎
O41.103　蜕膜炎
O41.104　羊膜炎
O41.800　羊水和胎膜其他特指的疾患
O41.800x001　羊膜带综合征
O41.800x004　绒毛膜下血肿
O41.801　羊膜囊肿
O41.803　羊膜粘连
O41.900　羊水和胎膜疾患
O42.000x001　足月胎膜早破（在24小时之内产程开始）
O42.000x002　早产胎膜早破（在24小时之内产程开始）
O42.100x011　足月胎膜早破（在1-7天内产程开始）
O42.100x012　早产胎膜早破（在1-7天内产程开始）
O42.200x001　由于治疗而使产程延迟的胎膜早破
O42.900　胎膜早破
O43.001　双胎输血综合征
O43.002　胎儿母体输血综合征
O43.003　双胎脐动脉返流序列征
O43.004　双胎动脉反向灌注综合征
O43.005　双胎贫血-红细胞增多序列症
O43.100　胎盘畸形
O43.101　帆状胎盘
O43.102　副胎盘
O43.103　巨大胎盘
O43.104　轮状胎盘
O43.105　球拍状胎盘
O43.106　三叶胎盘
O43.107　双叶胎盘
O43.110　胎盘血管瘤
O43.111　异常胎盘
O43.112　有缘胎盘
O43.200　病态胎盘粘连
O43.200x001　胎盘植入
O43.200x002　胎盘植入（穿透型）
O43.800　胎盘疾患，其他的
O43.800x007　胎盘血窦
O43.801　胎盘梗死
O43.802　胎盘坏死
O43.803　胎盘功能障碍
O43.804　胎盘纤维化
O43.805　胎盘血肿
O43.806　胎盘老化
O43.807　胎盘囊肿
O43.900　胎盘疾患
O44.000x001　低置胎盘
O44.000x002　凶险性前置胎盘
O44.000x003　前置胎盘

O44.001　边缘性前置胎盘
O44.002　部分性前置胎盘
O44.003　完全性前置胎盘
O44.100　前置胎盘伴有出血
O44.100x001　低置胎盘伴出血
O44.100x002　凶险性前置胎盘伴出血
O44.101　边缘性前置胎盘伴出血
O44.102　部分性前置胎盘伴出血
O44.103　完全性前置胎盘伴出血
O45.000　胎盘早期剥离伴有凝血缺陷
O45.000x001　胎盘早期剥离伴纤维蛋白原缺乏血症
O45.000x003　胎盘早期剥离伴纤维蛋白溶解亢进
O45.000x004　胎盘早期剥离伴低纤维蛋白原血症
O45.001　胎盘早剥伴播散性血管内凝血
O45.801　子宫胎盘卒中
O45.900　胎盘早期剥离
O46.000　产前出血伴有凝血缺陷
O46.000x001　产前出血伴纤维蛋白原缺乏血症
O46.000x003　产前出血伴纤维蛋白溶解亢进
O46.000x004　产前出血伴低纤维蛋白原血症
O46.001　产前播散性血管内凝血
O46.801　胎盘边缘血窦破裂
O46.900　产前出血
O47.000　妊娠37整周之前的假临产
O47.100　妊娠37整周或以后的假临产
O47.900　假临产
O47.900x002　先兆临产
O48.x00　过期妊娠

表6-3-152

O60.001　先兆早产不伴分娩
O60.100x001　早产伴分娩
O60.100x002　早产伴自然临产经剖宫产
O60.200　提前自然临产伴有足月产
O60.300x001　早产经剖宫产
O60.300x002　早产经引产
O61.000x001　后叶催产素引产失败
O61.000x002　前列腺素引产失败
O61.100　器械引产失败
O61.800　引产失败，其他的
O61.900　引产失败
O62.000　原发性宫缩乏力
O62.001　宫颈扩张失败
O62.100　继发性宫缩乏力
O62.101　产程活跃期受阻
O62.201　宫缩乏力
O62.202　子宫松弛
O62.300　急产
O62.400x005　协调性子宫收缩过强
O62.400x006　子宫痉挛性狭窄环
O62.400x007　不协调性子宫收缩过强
O62.401　高张力子宫功能不良
O62.402　宫颈痉挛
O62.403　子宫病理性收缩环
O62.404　子宫难产
O62.405　子宫强直性收缩
O62.406　先兆子宫破裂
O62.800　产力异常，其他的
O62.900　产力异常
O63.000　第一期（产程）延长
O63.001　活跃期停滞
O63.002　活跃期延长
O63.003　潜伏期延长
O63.100　第二期（产程）延长
O63.201　多胎延迟性分娩
O63.901　产程延长
O64.001　持续性枕横位难产
O64.002　持续性枕后位难产
O64.100x002　足先露引起的梗阻性分娩
O64.100x003　膝先露难产
O64.101　臀先露难产
O64.200　面先露引起的梗阻性分娩
O64.200x002　颏先露引起的梗阻性分娩
O64.301　额先露难产
O64.401　肩先露难产
O64.501　复合先露难产
O64.800　胎位不正和先露异常引起的梗阻性分娩，其他的
O64.801　高直后位难产
O64.802　高直前位难产
O64.803　高直位难产
O64.900　胎位不正和先露异常引起的梗阻性分娩
O65.000x001　扁平骨盆难产
O65.000x002　类人猿骨盆难产
O65.001　变形骨盆难产
O65.101　均小骨盆难产
O65.201　骨盆入口狭窄难产
O65.300x002　男性骨盆难产
O65.301　漏斗骨盆难产

O65.401　头盆不称难产
O65.500x002　子宫瘢痕引起的梗阻性分娩
O65.501　宫颈水肿难产
O65.800　母体骨盆异常引起的梗阻性分娩，其他的
O65.900　母体骨盆异常引起的梗阻性分娩
O66.001　肩位难产
O66.101　双胎交锁难产
O66.201　巨大儿难产
O66.300x001　联体双胎引起的梗阻性分娩
O66.300x002　胎儿水肿引起的梗阻性分娩
O66.300x003　胎儿骶部畸胎瘤引起的梗阻性分娩
O66.300x004　胎儿脊髓脊膜膨出引起的梗阻性分娩
O66.300x005　胎儿肿瘤引起的梗阻性分娩
O66.300x006　胎儿腹水引起的梗阻性分娩
O66.300x007　胎儿脑积水引起的梗阻性分娩
O66.401　试产失败后剖宫产
O66.500x001　真空吸引器应用失败
O66.500x002　产钳应用失败
O66.800　梗阻性分娩，其他特指的
O66.901　难产
O67.000　产时出血伴有凝血缺陷
O67.000x002　分娩期弥散性血管内凝血
O67.800　产时出血，其他的
O67.900　产时出血
O68.001　分娩并发胎儿心动过速
O68.002　分娩并发胎儿心率异常
O68.003　急性胎心型胎儿宫内窘迫
O68.101　急性羊水型胎儿宫内窘迫
O68.201　急性混合型胎儿宫内窘迫
O68.300x001　分娩伴胎儿酸碱平衡紊乱
O68.800　产程和分娩并发胎儿应激反应的其他证据
O68.901　急性胎儿宫内窘迫
O69.001　脐带脱垂
O69.002　脐带先露
O69.101　脐带绕颈
O69.200　产程和分娩并发其他脐带缠绕
O69.200x006　脐带狭窄
O69.200x007　脐带扭转
O69.201　脐带过长
O69.202　脐带绕臂
O69.203　脐带绕踝
O69.204　脐带绕肩
O69.205　脐带绕身
O69.206　脐带绕手
O69.207　脐带绕腿
O69.208　脐带真结
O69.209　双胎脐带缠绕
O69.210　脐带假结
O69.301　脐带过短
O69.400　产程和分娩并发前置血管
O69.401　脐带血管前置
O69.500x003　脐带血栓形成
O69.500x004　脐带静脉曲张
O69.501　脐带挫伤
O69.503　脐带血肿
O69.800x004　脐带水肿
O69.800x005　脐带绕颈不伴受压
O69.802　脐带囊肿
O69.804　脐带帆状附着
O69.900x001　分娩伴脐带并发症
O70.000　分娩时Ⅰ度会阴裂伤
O70.000x002　分娩时会阴裂伤累及阴唇系带
O70.000x003　分娩时会阴裂伤累及皮肤
O70.000x005　分娩时会阴裂伤累及阴道
O70.100　分娩时Ⅱ度会阴裂伤
O70.100x002　分娩时会阴裂伤累及盆底
O70.100x003　分娩时会阴裂伤累及会阴肌肉
O70.100x004　分娩时会阴裂伤累及阴道肌肉
O70.100x005　分娩时会阴-阴道复杂裂伤
O70.200　分娩时Ⅲ度会阴裂伤
O70.200x001　分娩时会阴裂伤累及阴道直肠隔
O70.200x003　分娩时会阴裂伤累及肛门括约肌
O70.300　分娩时Ⅳ度会阴裂伤
O70.300x001　分娩时会阴裂伤累及肛门粘膜
O70.300x002　分娩时会阴裂伤累及直肠粘膜
O70.900　分娩时会阴裂伤
O71.001　分娩前子宫破裂
O71.100x001　分娩期子宫破裂
O71.101　分娩中不完性子宫破裂
O71.200　产后子宫内翻
O71.201　产后子宫外翻
O71.202　分娩并发子宫内翻
O71.301　产伤性宫颈裂伤
O71.400　产科高位阴道裂伤
O71.401　产伤性中上三分之一阴道裂伤
O71.402　产伤性阴道后穹隆裂伤
O71.403　分娩伴阴道沟裂伤
O71.500　伤及盆腔器官的其他产科损伤
O71.500x004　分娩伴盆腔器官损伤
O71.501　产伤性膀胱损伤

O71.502 产伤性尿道裂伤
O71.600 伤及骨盆关节和韧带的产科损害
O71.601 产伤性耻骨联合分离
O71.700x001 分娩伴阔韧带血肿
O71.700x002 分娩伴子宫壁血肿
O71.701 产伤性会阴血肿
O71.702 产伤性盆腔血肿
O71.703 产伤性外阴血肿
O71.704 产伤性阴道血肿
O71.801 产伤性腹直肌分离
O71.802 产伤性腰骶神经根损害
O71.900 产科创伤
O72.000 第三产程出血
O72.000x003 胎盘嵌顿伴出血
O72.001 胎盘粘连伴出血
O72.002 胎盘滞留伴出血
O72.003 胎盘植入伴出血
O72.100 即刻产后出血，其他的
O72.101 产后即时出血
O72.201 胎膜滞留伴出血
O72.202 延迟性产后出血
O72.300 产后凝血缺陷
O72.300x002 产后纤维蛋白原缺乏血症
O72.300x003 产后纤维蛋白溶解
O72.301 产后播散性血管内凝血
O73.000 胎盘滞留不伴有出血
O73.001 胎盘粘连不伴出血
O73.002 胎盘植入不伴出血
O73.101 胎膜滞留不伴出血
O73.102 胎盘部分滞留不伴出血
O74.000x001 分娩期麻醉引起的吸入性肺炎
O74.000x002 分娩期麻醉相关的门德尔松综合征
O74.100 产程和分娩期间麻醉的其他肺部并发症
O74.200x001 分娩期麻醉相关的心脏停搏
O74.200x002 分娩期麻醉相关的心力衰竭
O74.300 产程和分娩期间麻醉的中枢神经系统并发症
O74.400 产程和分娩期间局部麻醉的毒性反应
O74.500 产程和分娩期间脊髓和硬膜外麻醉诱发的头痛
O74.600 产程和分娩期间脊髓和硬膜外麻醉的其他并发症
O74.700 产程和分娩期间插管失败或困难
O74.800 产程和分娩期间麻醉的其他并发症
O74.900x001 分娩期麻醉并发症
O75.000 产程和分娩期间母体窘迫
O75.101 产科休克
O75.200 产程期间发热，不可归类在他处者
O75.300x001 分娩期脓毒症
O75.300x002 分娩期宫内感染
O75.401 产科术后心脏停搏
O75.402 产科术中心脏停搏
O75.403 分娩伴心力衰竭
O75.500 人工破膜后分娩延迟
O75.600 自发或未特指的破膜后分娩延迟
O75.700x001 剖宫产后阴道分娩
O75.800x002 分娩期血尿
O75.800x004 分娩期子宫颈水肿
O75.801 产后尿潴留
O75.900 产程和分娩并发症

表6-3-153

O80.000 头位顺产
O80.100 臀位顺产
O80.800 单胎顺产，其他的
O80.900 单胎顺产
O81.000 低位产钳术
O81.100 中位产钳术
O81.200 中位产钳术伴有旋转
O81.301 产钳助产
O81.401 吸引器助产分娩
O81.500 同时借助产钳和真空吸引器分娩
O82.000 经选择性剖宫产术的分娩
O82.100 经急症剖宫产术的分娩
O82.201 经剖宫产子宫切除术的单胎分娩
O82.800 经其他剖宫产术的单胎分娩
O82.900 经剖宫产术分娩
O83.000 胎臀牵引术
O83.101 臀位助产的单胎分娩
O83.200 手法助产的分娩，其他的
O83.300 腹腔妊娠中能活胎儿的分娩
O83.400 毁胎手术分娩
O83.800 助产的单胎分娩，其他特指的
O83.900 助产的单胎分娩
O84.000 多胎分娩均为顺产
O84.100 多胎分娩均借助产钳和真空吸引器
O84.200 多胎分娩均经剖宫产术
O84.800 多胎分娩，其他的
O84.900 多胎分娩

表 6-3-154

O85.x00　产褥期脓毒病
O85.x00x006　产褥期菌血症
O85.x01　产褥期腹膜炎
O85.x03　产褥期子宫内膜炎
O86.000　产科手术伤口的感染
O86.001　分娩后会阴切口感染
O86.002　剖宫产后伤口感染
O86.100x002　产褥期子宫颈炎
O86.101　产褥期输卵管 - 卵巢炎
O86.102　产褥期阴道炎
O86.201　产褥期泌尿系感染
O86.300x001　产褥期泌尿生殖道感染
O86.400x001　产褥病率
O86.401　产褥期不明原因发热
O86.402　产褥期未特指的感染
O86.800x001　剖宫产后腹内感染
O86.801　产褥期丹毒
O86.802　产褥期盆腔炎
O87.000　产褥期血栓性浅静脉炎
O87.100　产褥期深静脉血栓形成
O87.200　产褥期痔
O87.300　产褥期大脑静脉血栓形成
O87.301　产褥期大脑静脉窦血栓形成
O87.801　产褥期外阴静脉曲张
O87.802　产褥期下肢静脉曲张
O87.900　产褥期的静脉并发症
O87.900x003　产褥期血栓形成
O87.901　产褥期静脉炎
O88.000　产科空气栓塞
O88.100　羊水栓塞
O88.101　妊娠过敏样综合征
O88.200　产科血凝块栓塞
O88.201　产科肺栓塞
O88.300x001　产科脓血性栓塞
O88.300x002　产科脓毒性栓塞
O88.800x001　产科脂肪栓塞
O89.000x001　产褥期麻醉相关的吸入性肺炎
O89.000x002　产褥期麻醉相关的胃内容物或分泌物吸入
O89.000x003　产褥期麻醉相关的门德尔松综合征
O89.000x004　产褥期麻醉相关的肺压力性萎陷
O89.100x001　产褥期麻醉相关的心脏停搏
O89.100x002　产褥期麻醉相关的心力衰竭
O89.200　产褥期中麻醉的中枢神经系统并发症
O89.300　产褥期中局部麻醉的中毒反应
O89.400　产褥期中脊髓和硬膜外麻醉诱发的头痛
O89.500　产褥期中脊髓和硬膜外麻醉的其他并发症
O89.600　产褥期中插管失败或困难
O89.800　产褥期中麻醉的其他并发症
O89.900　产褥期中麻醉并发症
O90.000　剖宫产术的伤口破裂
O90.101　产褥期继发性会阴撕裂
O90.102　会阴切开伤口裂开
O90.201　产后会阴伤口血肿
O90.202　产后阴道伤口血肿
O90.300　产褥期心肌病
O90.400　产后急性肾衰竭
O90.400x002　产褥期肝肾综合征
O90.500　产后甲状腺炎
O90.800x004　产褥期尿潴留
O90.800x005　产褥期肾炎
O90.800x006　产褥期胎盘息肉
O90.800x007　剖宫产后子宫切口愈合不良
O90.800x008　会阴侧切伤口愈合不良
O90.800x009　会阴裂伤伤口愈合不良
O90.801　产后子宫复旧不良
O90.802　剖宫产后伤口愈合不良
O90.900　产褥期并发症
O91.000　与分娩有关的乳头感染
O91.001　产褥期乳头感染
O91.100x001　妊娠期化脓性乳腺炎
O91.101　产褥期乳腺脓肿
O91.102　产褥期化脓性乳腺炎
O91.200x001　妊娠期实质性乳腺炎
O91.200x003　妊娠期间质性乳腺炎
O91.200x004　妊娠期乳房淋巴管炎
O91.200x005　产褥期实质性乳腺炎
O91.200x007　产褥期间质性乳腺炎
O91.200x008　产褥期乳房淋巴管炎
O91.201　产褥期乳腺炎
O91.202　妊娠期乳腺炎
O92.000　与分娩有关的乳头内缩
O92.100　与分娩有关的乳头皲裂
O92.100x001　产褥期乳头皲裂
O92.200　与分娩有关的乳房其他和未特指的疾患
O92.300　无乳
O92.400　乳汁过少

O92.500x001　治疗性无乳
O92.500x002　继发性无乳
O92.600　乳溢
O92.700　哺乳的其他和未特指的疾患
O92.700x002　产褥期乳汁淤积
O92.701　产褥期积乳囊肿

表6-3-155

O94.x00　妊娠、分娩和产褥期并发症的后遗症
O95.x00　产科死亡
O96.000　直接产科原因的死亡，发生于分娩后42天以上一年以内
O96.100　间接产科原因的死亡，发生于分娩后42天以上一年以内
O96.900　未特指产科原因的死亡，发生于分娩后42天以上一年以内
O97.000　直接产科原因后遗症的死亡
O97.100　间接产科原因后遗症的死亡
O97.900　产科原因后遗症的死亡
O98.000　结核并发于妊娠、分娩和产褥期
O98.000x021　分娩合并结核病
O98.000x031　产褥期结核病
O98.001　妊娠合并结核病
O98.100　梅毒并发于妊娠、分娩和产褥期
O98.100x021　分娩合并梅毒
O98.100x031　产褥期梅毒
O98.101　妊娠合并梅毒
O98.200　淋病并发于妊娠、分娩和产褥期
O98.200x021　分娩合并淋病
O98.200x031　产褥期淋病
O98.201　妊娠合并淋病
O98.300　主要为性传播模式的其他感染并发于妊娠、分娩和产褥期
O98.300x013　妊娠合并生殖道沙眼衣原体感染
O98.300x014　妊娠合并泌尿生殖道支原体感染
O98.301　妊娠合并滴虫性阴道炎
O98.302　妊娠合并尖锐湿疣
O98.400x005　妊娠合并乙型丁型病毒性肝炎
O98.400x011　妊娠合并病毒性肝炎
O98.400x021　分娩合并病毒性肝炎
O98.400x031　产褥期病毒性肝炎
O98.401　妊娠合并甲型肝炎
O98.402　妊娠合并乙型肝炎
O98.403　妊娠合并丙型肝炎
O98.404　妊娠合并戊型肝炎
O98.406　妊娠合并重症病毒性肝炎
O98.500　其他病毒性疾病，并发于妊娠、分娩和产褥期
O98.501　妊娠合并病毒性脑炎
O98.502　妊娠合并风疹
O98.503　妊娠合并巨细胞病毒感染
O98.506　妊娠合并水痘
O98.600　原虫性疾病并发于妊娠、分娩和产褥期
O98.600x001　孕妇疟疾
O98.601　妊娠合并弓形虫病
O98.700　HIV并发于妊娠、分娩和产褥期
O98.800　孕产妇其他的传染病和寄生虫病并发于妊娠、分娩和产褥期
O98.800x002　妊娠合并真菌性阴道炎
O98.800x007　妊娠合并菌痢
O98.800x009　妊娠合并沙眼衣原体感染
O98.800x013　妊娠合并真菌性外阴炎
O98.800x032　产褥期寄生虫病
O98.800x033　妊娠合并肺毛霉菌病
O98.800x035　妊娠合并急性胃肠炎
O98.800x036　妊娠合并肠炎
O98.800x037　妊娠合并腹泻
O98.801　妊娠合并脓毒症
O98.802　妊娠合并花斑癣
O98.803　妊娠合并脊髓灰质炎后遗症
O98.804　妊娠合并菌血症
O98.805　妊娠合并利斯特菌病
O98.806　妊娠合并霉菌性阴道炎
O98.808　妊娠合并阴道溶血性链球菌感染
O98.809　妊娠合并阴虱
O98.810　妊娠合并急性传染性肠胃炎
O98.811　妊娠合并传染性肠炎
O98.900　孕产妇的传染病或寄生虫病并发于妊娠、分娩和产褥期
O99.000x021　分娩合并贫血
O99.000x031　产褥期贫血
O99.002　妊娠合并全血细胞减少
O99.003　妊娠合并再生障碍性贫血
O99.004　妊娠合并地中海贫血
O99.005　妊娠合并轻度贫血
O99.006　妊娠合并中度贫血
O99.007　妊娠合并重度贫血
O99.008　妊娠合并贫血
O99.100x005　妊娠合并白细胞减少
O99.100x012　妊娠合并血液和造血器官疾病

O99.100x013　妊娠合并涉及免疫机制疾患
O99.100x022　分娩合并血液和造血器官疾病
O99.100x023　分娩合并涉及免疫机制疾患
O99.100x032　产褥期血液和造血器官疾病
O99.100x033　产褥期涉及免疫机制疾患
O99.101　妊娠合并血小板减少
O99.102　妊娠合并血小板减少性紫癜
O99.103　妊娠合并过敏性紫癜
O99.104　妊娠合并血友病
O99.105　妊娠合并凝血功能异常
O99.106　妊娠合并脾功能亢进
O99.107　妊娠合并家族性红细胞增多症
O99.108　妊娠合并类白血病反应
O99.109　妊娠合并抗磷脂抗体综合征
O99.200x002　妊娠合并多囊卵巢
O99.200x011　妊娠合并内分泌、营养和代谢疾病
O99.200x014　产褥期低蛋白血症
O99.200x017　妊娠合并低钠血症
O99.200x018　妊娠合并单纯性肥胖
O99.200x021　分娩合并内分泌、营养和代谢疾病
O99.200x031　产褥期内分泌、营养和代谢疾病
O99.201　妊娠合并 21-羟化酶缺乏症
O99.202　妊娠合并垂体侏儒
O99.203　妊娠合并代谢性酸中毒
O99.204　妊娠合并低蛋白血症
O99.205　妊娠合并低钾血症
O99.206　妊娠合并杜宾-约翰逊综合征
O99.207　妊娠合并肥胖症
O99.208　妊娠合并肝豆状核变性
O99.209　妊娠合并高胆红素血症
O99.210　妊娠合并高泌乳素血症
O99.211　妊娠合并高雄激素血症
O99.212　妊娠合并高脂血症
O99.213　妊娠合并饥饿性酮症
O99.214　妊娠合并甲状旁腺功能减退
O99.215　妊娠合并甲状腺功能减退
O99.216　妊娠合并甲状腺功能亢进
O99.217　妊娠合并甲状腺功能障碍
O99.218　妊娠合并甲状腺炎
O99.219　妊娠合并甲状腺肿
O99.220　妊娠合并库欣综合征
O99.221　妊娠合并尿崩症
O99.222　妊娠合并肾上腺皮质功能减退
O99.223　妊娠合并肾上腺肿物
O99.224　妊娠合并先天性肾上腺皮质增生
O99.225　妊娠合并原发性醛固酮增多症
O99.300x012　妊娠合并神经系统疾病
O99.300x016　妊娠合并颅内动脉瘤
O99.300x021　分娩合并精神和行为障碍
O99.300x022　分娩合并神经系统疾病
O99.300x031　产褥期合并精神障碍
O99.300x032　产褥期神经系统疾病
O99.301　妊娠合并多发性脑神经疾病
O99.302　妊娠合并脑白质病
O99.303　妊娠合并脊髓病
O99.304　妊娠合并面神经麻痹
O99.305　妊娠合并面神经炎
O99.306　妊娠合并癫痫
O99.307　妊娠合并焦虑症
O99.308　妊娠合并截瘫
O99.309　妊娠合并脑瘫
O99.310　妊娠合并重症肌无力
O99.311　妊娠合并精神病
O99.312　妊娠合并精神障碍
O99.313　妊娠合并强迫症
O99.314　妊娠合并智力障碍
O99.315　妊娠合并多发性硬化
O99.400x004　妊娠合并肺动脉高压
O99.400x008　妊娠合并心力衰竭
O99.400x010　妊娠合并大动脉炎
O99.400x011　妊娠合并循环系统疾病
O99.400x021　分娩合并循环系统疾病
O99.400x022　妊娠合并交界性心动过速
O99.400x023　妊娠合并左心衰竭
O99.400x027　妊娠合并心房颤动（心房纤颤）
O99.400x030　妊娠合并心室肥厚
O99.400x031　妊娠合并感染性心包炎
O99.400x032　产褥期肺动脉高压
O99.400x033　妊娠合并急性心肌梗死
O99.400x034　产褥期循环系统疾病
O99.401　产褥期脑血管病
O99.402　产褥期心功能不全
O99.403　妊娠合并窦性心动过速
O99.404　妊娠合并二尖瓣关闭不全
O99.405　妊娠合并二尖瓣脱垂
O99.406　妊娠合并房性期前收缩
O99.407　妊娠合并频发室性期前收缩
O99.408　妊娠合并风湿性心脏病
O99.409　妊娠合并冠状动脉供血不足
O99.410　妊娠合并室上性心动过速

O99.411　妊娠合并室性心动过速
O99.412　妊娠合并室性期前收缩
O99.413　妊娠合并心包积液
O99.414　妊娠合并心功能不全
O99.415　妊娠合并心肌病
O99.416　妊娠合并心肌炎后遗症
O99.418　妊娠合并心律失常
O99.419　妊娠合并心血管病
O99.420　妊娠合并心脏病
O99.421　妊娠合并心脏扩大
O99.422　妊娠合并右束支传导阻滞
O99.423　妊娠合并预激综合征
O99.424　妊娠合并左束支传导阻滞
O99.425　妊娠合并风湿性关节炎
O99.426　妊娠合并肾下腔静脉压迫
O99.427　妊娠合并血栓形成
O99.428　妊娠合并原发性肺动脉高压
O99.429　妊娠合并颈动脉狭窄
O99.430　妊娠合并脑出血
O99.431　妊娠合并脑梗死
O99.432　妊娠合并脑血管病
O99.433　妊娠合并烟雾病
O99.434　妊娠合并子宫动静脉瘘
O99.500x008　产后并发急性肺水肿
O99.500x011　妊娠合并呼吸系统疾病
O99.500x021　分娩合并呼吸系统疾病
O99.500x031　产褥期呼吸系统疾病
O99.501　妊娠合并慢性气管炎
O99.502　妊娠合并支气管扩张
O99.503　妊娠合并支气管炎
O99.504　妊娠期合并支气管哮喘
O99.505　妊娠合并肺不张
O99.506　妊娠合并肺部感染
O99.507　妊娠合并肺水肿
O99.508　妊娠合并过敏性哮喘
O99.509　妊娠合并呼吸衰竭
O99.510　妊娠合并上呼吸道感染
O99.511　妊娠合并胸水
O99.512　妊娠合并急性呼吸窘迫综合征
O99.600x001　妊娠合并急性阑尾炎
O99.600x011　妊娠合并消化系统疾病
O99.600x012　妊娠合并胃痉挛
O99.600x014　妊娠合并牙髓炎
O99.600x016　产褥期肠梗阻
O99.600x017　产褥期不完全性肠梗阻
O99.600x018　妊娠合并非感染性腹泻
O99.600x021　分娩合并消化系统疾病
O99.600x031　产褥期消化系统疾病
O99.601　妊娠合并上消化道出血
O99.602　妊娠合并牙周炎
O99.603　妊娠合并急性胃炎
O99.604　妊娠合并胃炎
O99.605　妊娠合并出血性胃炎
O99.607　妊娠合并肠梗阻
O99.609　妊娠合并小肠疝
O99.610　妊娠合并阑尾穿孔
O99.611　妊娠合并阑尾炎
O99.614　妊娠合并门脉高压
O99.615　妊娠合并胆囊结石
O99.616　妊娠合并胆囊息肉
O99.617　妊娠合并胆囊炎
O99.618　妊娠合并硬化性胆管炎
O99.619　妊娠合并急性胰腺炎
O99.620　妊娠合并腹膜囊肿
O99.621　妊娠合并腹膜炎
O99.622　妊娠合并肛瘘
O99.623　妊娠合并腹股沟疝
O99.624　妊娠合并胃穿孔
O99.700x006　妊娠合并颈部脓肿
O99.700x008　妊娠合并瘙痒性毛囊炎
O99.700x009　妊娠合并瘙痒性荨麻疹性丘疹
O99.700x010　妊娠合并线状IgM皮病
O99.700x011　妊娠合并丘疹性皮炎
O99.700x012　妊娠合并瘙痒性荨麻疹性斑块
O99.700x013　妊娠合并皮肤和皮下组织的疾病
O99.700x021　分娩合并皮肤和皮下组织的疾病
O99.700x031　产褥期皮肤和皮下组织的疾病
O99.701　妊娠合并过敏性皮炎
O99.702　妊娠合并黑棘皮病
O99.703　妊娠合并红皮病
O99.704　妊娠合并疖肿
O99.705　妊娠合并结节性红斑
O99.706　妊娠合并玫瑰糠疹
O99.707　妊娠合并银屑病
O99.708　妊娠合并皮炎
O99.709　妊娠合并荨麻疹
O99.710　妊娠合并湿疹
O99.711　妊娠合并痒疹
O99.800　疾病和情况，其他特指的，并发于妊娠、分娩和产褥期

O99.800x012　妊娠合并原位肿瘤
O99.800x014　妊娠合并交界性肿瘤
O99.800x016　妊娠合并垂体瘤
O99.800x017　妊娠合并骨髓异常增生综合征
O99.800x018　妊娠合并脑肿瘤
O99.800x019　妊娠合并血管瘤
O99.800x021　分娩合并恶性肿瘤
O99.800x022　分娩合并原位肿瘤
O99.800x023　分娩合并良性肿瘤
O99.800x024　分娩合并交界性肿瘤
O99.800x031　产褥期恶性肿瘤
O99.800x032　产褥期原位肿瘤
O99.800x033　产褥期良性肿瘤
O99.800x034　产褥期交界性肿瘤
O99.800x111　妊娠合并眼和附器疾病
O99.800x112　妊娠合并耳和乳突疾病
O99.800x113　妊娠合并高度近视
O99.800x114　妊娠合并视网膜病
O99.800x115　妊娠合并黄斑区囊肿
O99.800x116　妊娠合并视野缺损
O99.800x121　分娩合并眼和附器疾病
O99.800x122　分娩合并耳和乳突疾病
O99.800x131　产褥期眼和附器疾病
O99.800x132　产褥期耳和乳突疾病
O99.800x211　妊娠合并肌肉骨骼系统和结缔组织疾病
O99.800x213　妊娠合并硬皮病
O99.800x215　妊娠合并腰椎间盘突出
O99.800x216　妊娠合并强直性脊柱炎
O99.800x217　产褥期股内收肌腱炎
O99.800x221　分娩合并肌肉骨骼系统和结缔组织疾病
O99.800x231　产褥期肌肉骨骼系统和结缔组织疾病
O99.800x312　妊娠合并外阴白斑
O99.800x314　妊娠合并尿道结石
O99.800x315　妊娠合并肾小管酸中毒
O99.800x316　妊娠合并输尿管结石
O99.800x317　妊娠合并外阴营养不良
O99.800x318　妊娠合并卵巢过度刺激综合征
O99.800x319　妊娠期前庭大腺囊肿
O99.800x321　分娩合并泌尿生殖系统疾病
O99.800x331　产褥期泌尿生殖系统疾病
O99.800x411　妊娠合并先天性畸形、变形和染色体异常
O99.800x412　妊娠合并先天性心脏病
O99.800x413　妊娠合并先天性脑血管畸形
O99.800x414　妊娠合并先天性房间隔缺损
O99.800x415　妊娠合并肾畸形
O99.800x416　妊娠合并先天性脊柱畸形
O99.800x417　妊娠合并先天性肾缺失
O99.800x421　分娩合并先天性畸形、变形和染色体异常
O99.800x431　产褥期先天性畸形、变形和染色体异常
O99.800x511　妊娠合并糖耐量异常
O99.801　妊娠合并良性肿瘤
O99.802　妊娠合并恶性肿瘤
O99.803　妊娠合并眼疾病
O99.804　妊娠合并肌肉骨骼疾病
O99.805　妊娠合并结缔组织疾病
O99.806　妊娠合并泌尿生殖系统疾病
O99.807　妊娠合并先天性畸形
O99.808　妊娠合并染色体异常
O99.809　妊娠合并白血病
O99.810　妊娠合并肾结石
O99.811　妊娠合并系统性红斑狼疮
O99.812　妊娠合并干燥综合征
O99.813　妊娠合并风湿病
O99.814　妊娠合并视网膜剥离

表6-3-156

P00.807　母体系统性红斑狼疮新生儿

表6-3-157

P05.001　低体重儿
P05.100　小于胎龄
P05.102　足月小样低体重儿
P05.200　胎儿营养不良
P05.900　胎儿生长缓慢
P05.900x001　胎儿宫内生长迟缓
P07.000　极低出生体重（小于999克）
P07.001　极低出生体重儿（500-999克）
P07.002　极低出生体重儿（小于499克）
P07.100　其他低出生体重（1000-2499克）
P07.101　低出生体重儿（1500-2499克）
P07.102　低出生体重儿（1000-1499克）
P07.200　极度不成熟
P07.200x011　未成熟儿（孕期小于24整周）
P07.200x021　未成熟儿（孕期等于或大于24整周

以上，但小于28整周）
P07.300　早产婴儿，其他的
P07.300x001　早产儿
P07.300x011　早产儿（孕期等于或大于28整周，但小于32整周）
P07.300x021　早产儿（孕期等于或大于32整周，但小于37整周）
P08.000　特大婴儿
P08.100x001　大于胎龄儿
P08.100x002　巨大儿
P08.200x002　过期产儿

表6-3-158

P10.000　产伤引起的硬膜下出血
P10.100　产伤引起的大脑出血
P10.200　产伤引起的脑室内出血
P10.300　产伤引起的蛛网膜下隙出血
P10.400　产伤引起的脑幕撕裂
P10.800　产伤引起的其他颅内撕裂和出血
P10.901　产伤致新生儿颅内出血
P11.000　产伤引起的脑水肿
P11.100　产伤引起的其他特指的脑损害
P11.101　产伤致新生儿脑白质损伤
P11.200　产伤引起的脑损害
P11.300　面神经产伤
P11.400　脑神经的产伤，其他的
P11.500x002　新生儿脊髓损伤
P11.500x003　新生儿脊柱损伤
P11.900x001　新生儿中枢神经系统损伤
P12.000x001　新生儿头颅血肿
P12.100　产伤引起的热带毛孢子菌病
P12.201　产伤引起的帽状腱膜下血肿
P12.300　产伤引起的头皮挫伤
P12.400　新生儿头皮监测性损伤
P12.801　产伤致新生儿头皮水肿
P12.900　头皮产伤
P13.000　产伤引起的颅骨骨折
P13.100　颅骨的其他产伤
P13.200　股骨产伤
P13.300　长骨的产伤，其他的
P13.301　产伤致新生儿肱骨骨折
P13.400　产伤引起的锁骨骨折
P13.800　骨骼其他部位的产伤
P13.801　产伤致新生儿肋骨骨折
P13.900　骨骼产伤
P14.000　产伤引起的埃尔布麻痹
P14.100　产伤引起的克隆普克麻痹
P14.200　产伤引起的膈神经麻痹
P14.300　臂丛神经的产伤，其他的
P14.800x001　新生儿喉返神经麻痹
P14.800x002　新生儿桡神经麻痹
P14.900　周围神经系统的产伤
P15.000　肝的产伤
P15.100　脾的产伤
P15.201　产伤致新生儿斜颈
P15.300　眼的产伤
P15.400　面部产伤
P15.500　外生殖器产伤
P15.600　产伤引起的皮下脂肪坏死
P15.800x004　新生儿软组织挤压伤
P15.801　产伤致新生儿咽部损伤
P15.802　产伤致新生儿肛门裂伤
P15.803　产伤致新生儿足挫伤
P15.804　产伤致新生儿皮肤损伤
P15.900　产伤
P15.901　新生儿挤压综合征

表6-3-159

P20.000　在产程开始前首先察觉到的子宫内低氧症
P20.100　在产程和分娩中首先察觉到的子宫内低氧症
P20.900　子宫内低氧症
P20.901　新生儿子宫内低氧酸中毒
P21.000　严重的出生窒息
P21.101　新生儿中度出生窒息
P21.102　新生儿轻度出生窒息
P21.900　出生窒息
P21.900x002　新生儿低氧血症
P22.000　新生儿呼吸窘迫综合征
P22.000x001　新生儿肺透明膜病
P22.100x003　新生儿肺水肿
P22.101　新生儿湿肺
P22.801　新生儿呼吸困难
P22.900　新生儿的呼吸窘迫
P23.000x001　新生儿病毒性肺炎
P23.100　衣原体性先天性肺炎
P23.200　葡萄球菌性先天性肺炎
P23.300　B族链球菌性先天性肺炎
P23.400　大肠杆菌性先天性肺炎
P23.500　假单胞菌性先天性肺炎

P23.600　先天性肺炎，其他细菌性病原体引起的
P23.600x001　新生儿支原体肺炎
P23.600x002　新生儿流感嗜血杆菌肺炎
P23.600x003　新生儿肺炎杆菌肺炎
P23.600x004　新生儿链球菌肺炎（非B族）
P23.800　先天性肺炎，其他病原体引起的
P23.900　先天性肺炎
P24.001　新生儿胎粪吸入综合征
P24.002　新生儿胎粪吸入性肺炎
P24.101　新生儿羊水吸入性肺炎
P24.102　新生儿羊水吸入综合征
P24.200　新生儿吸入血液
P24.300　新生儿吸入奶和反流食物
P24.800　新生儿吸入综合征，其他的
P24.900　新生儿吸入综合征
P24.901　新生儿吸入性肺炎
P25.000　起源于围生期的间质肺气肿
P25.100　起源于围生期的气胸
P25.200　起源于围生期的纵隔气肿
P25.300　起源于围生期的心包积气
P25.801　新生儿肺大疱
P26.000　起源于围生期的气管支气管出血
P26.100　起源于围生期的大量肺出血
P26.800　起源于围生期的其他肺出血
P26.900　起源于围生期的肺出血
P27.000　威尔逊-米基迪综合征
P27.000x001　肺发育未成熟
P27.100　起源于围生期的支气管肺发育不良
P27.801　新生儿通气机肺
P27.802　先天性肺纤维化
P27.900　起源于围生期的慢性呼吸性疾病
P28.000　新生儿原发性肺不张
P28.102　新生儿肺不张
P28.200　新生儿青紫发作
P28.300　新生儿原发性睡眠呼吸暂停
P28.301　中枢性新生儿睡眠呼吸暂停
P28.302　阻塞性新生儿睡眠呼吸暂停
P28.303　未特指新生儿睡眠呼吸暂停
P28.400　新生儿的其他呼吸暂停
P28.401　阻塞性新生儿呼吸暂停
P28.402　早产儿呼吸暂停
P28.500　新生儿呼吸衰竭
P28.800x101　新生儿鼻塞
P28.800x201　新生儿插管后声门下狭窄
P28.800x202　新生儿后天性声门下狭窄
P28.800x901　新生儿周期性呼吸
P28.800x903　新生儿上呼吸道感染
P28.801　先天性喉喘鸣
P28.900　新生儿的呼吸性情况
P29.000　新生儿心力衰竭
P29.100　新生儿心律失常
P29.200　新生儿高血压
P29.300　持久的胎儿循环
P29.301　新生儿持续性肺动脉高压
P29.400　新生儿短暂性心肌缺血
P29.401　新生儿缺血缺氧性心肌损害
P29.800x201　新生儿心脏生理性杂音
P29.800x901　新生儿循环衰竭
P29.800x902　新生儿心包积液
P29.802　新生儿低血压
P29.900　起源于围生期心血管疾患

表6-3-160

P35.000　先天性风疹综合征
P35.000x001　先天性风疹肺炎
P35.100　先天性巨细胞病毒感染
P35.200　先天性疱疹病毒［单纯疱疹］感染
P35.300　先天性病毒性肝炎
P35.400　先天性寨卡病毒病
P35.401　先天性寨卡病毒病引起的小头畸形
P35.800x001　先天性水痘
P35.900　先天性病毒性疾病
P35.900x001　新生儿病毒血症
P36.000　B族链球菌性新生儿脓毒症
P36.101　链球菌性新生儿脓毒症
P36.200　金黄色酿脓葡萄球菌性新生儿脓毒症
P36.301　葡萄球菌性新生儿脓毒症
P36.400　大肠杆菌性新生儿脓毒症
P36.500　厌氧菌性新生儿脓毒症
P36.800x001　新生儿铜绿假单胞菌脓毒症
P36.800x002　新生儿肺炎克雷伯菌脓毒症
P36.800x003　新生儿阴沟肠杆菌脓毒症
P36.800x004　新生儿不动杆菌脓毒症
P36.800x005　新生儿枸橼酸杆菌脓毒症
P36.900　新生儿的细菌性脓毒症
P36.901　新生儿脓毒症
P36.902　新生儿菌血症
P37.000　先天性结核病
P37.100　先天性弓形虫病
P37.200　新生儿（播散性）利斯特菌病

P37.300　先天性恶性疟
P37.400　先天性疟疾，其他的
P37.500　新生儿念珠菌病
P37.800x001　新生儿真菌性脑膜炎
P37.800x002　新生儿真菌性脓毒症
P37.900　先天性传染病和寄生虫病
P37.901　先天性寄生虫病
P38.x00x001　新生儿脐炎伴有出血
P38.x01　新生儿脐炎
P39.000　新生儿感染性乳腺炎
P39.100x003　新生儿眼炎
P39.100x004　新生儿结膜炎
P39.101　新生儿泪囊炎
P39.102　新生儿衣原体性结膜炎
P39.200　胎儿羊膜腔内感染，不可归类在他处者
P39.300　新生儿泌尿道感染
P39.401　新生儿脓皮病
P39.402　新生儿皮肤霉菌感染
P39.403　新生儿臀炎
P39.800x004　新生儿沙门菌感染
P39.800x005　新生儿鼠伤寒沙门菌感染
P39.800x006　新生儿猪霍乱沙门菌感染
P39.800x007　新生儿梭状芽胞杆菌感染
P39.800x008　新生儿大肠杆菌感染
P39.801　新生儿颅内感染
P39.900　特发于围生期的感染

表6-3-161

P50.000　前置血管所致的胎儿失血
P50.100　脐带破裂所致的胎儿失血
P50.200　胎盘所致的胎儿失血
P50.300　出血流入双胎之另一胎儿
P50.400　出血流入母体循环
P50.500　双胎之另一胎儿的脐带断端所致的胎儿失血
P50.800　胎儿失血，其他的
P50.900　胎儿失血
P51.000　新生儿脐带大量出血
P51.801　新生儿脐带结扎滑脱
P51.900　新生儿的脐带出血
P52.000　胎儿和新生儿脑室内（非创伤性）出血，Ⅰ度
P52.100　胎儿和新生儿脑室内（非创伤性）出血，Ⅱ度
P52.200x001　新生儿脑室内出血Ⅲ度（非创伤性）
P52.200x002　新生儿脑室内出血Ⅳ度（非创伤性）
P52.300　胎儿和新生儿的脑室内（非创伤性）出血
P52.400　胎儿和新生儿大脑内（非创伤性）出血
P52.500　胎儿和新生儿蛛网膜下（非创伤性）出血
P52.600x001　新生儿小脑出血（非创伤性）
P52.600x002　新生儿后颅凹出血（非创伤性）
P52.801　非创伤性新生儿硬膜外出血
P52.802　非创伤性新生儿硬膜下出血
P52.900　胎儿和新生儿的颅内（非创伤性）出血
P53.x00x001　新生儿出血病
P53.x00x002　新生儿维生素K缺乏性出血症
P54.000　新生儿呕血
P54.100　新生儿黑粪症
P54.200　新生儿直肠出血
P54.300x001　新生儿胃肠道出血
P54.300x002　新生儿胃出血
P54.300x003　新生儿肠出血
P54.400　新生儿肾上腺出血
P54.500　新生儿皮肤出血
P54.600　新生儿阴道出血
P54.800x002　新生儿结膜出血
P54.800x003　新生儿心包积血
P54.801　新生儿视网膜出血
P54.802　新生儿鼻出血
P54.900　新生儿出血
P55.000x002　新生儿Rh血型不合溶血性贫血
P55.001　新生儿抗D抗体增高
P55.002　新生儿RH溶血症
P55.101　新生儿ABO溶血性黄疸
P55.102　新生儿ABO溶血性贫血
P55.800x002　新生儿血型不合溶血病（Duffy系统）
P55.801　新生儿MN溶血症
P55.900　胎儿和新生儿的溶血性疾病
P56.000　同种免疫引起的胎儿水肿
P56.900　溶血性疾病引起的胎儿水肿，其他和未特指的
P57.000　同种免疫引起的核黄疸
P57.800　核黄疸，其他特指的
P57.900　核黄疸
P57.901　新生儿胆红素脑病
P58.000　挫伤引起的新生儿黄疸
P58.100　出血引起的新生儿黄疸
P58.200　感染引起的新生儿黄疸
P58.300　红细胞增多引起的新生儿黄疸
P58.401　母体传新生儿黄疸

P58.402　服用药物致新生儿黄疸
P58.403　毒素致新生儿黄疸
P58.500　吞咽母血引起的新生儿黄疸
P58.800　过度溶血引起的新生儿黄疸，其他特指的
P58.800x001　新生儿葡萄糖-6-磷酸脱氢酶［G6PD］缺乏性溶血性贫血
P58.900　过度溶血引起的新生儿黄疸
P59.000　与早产有关的新生儿黄疸
P59.100　胆汁浓缩综合征
P59.201　新生儿肝炎
P59.202　婴儿肝炎综合征
P59.203　胎儿或新生儿巨细胞肝炎
P59.301　新生儿母乳性黄疸
P59.801　新生儿病理性黄疸
P59.901　新生儿高胆红素血症
P59.902　新生儿生理性黄疸
P60.x00　胎儿和新生儿播散性血管内凝血
P61.000　短暂性新生儿血小板减少
P61.001　新生儿血小板减少性紫癜
P61.100　新生儿红细胞增多症
P61.200　早产性贫血
P61.300　胎儿失血所致的先天性贫血
P61.401　新生儿贫血
P61.500　短暂性新生儿中性粒细胞减少
P61.601　新生儿低凝血酶原血症
P61.800　围生期血液疾患，其他特指的
P61.900　围生期血液疾患

表 6-3-162

P70.000　母亲伴有妊娠糖尿病的婴儿综合征
P70.100　糖尿病母亲的婴儿综合征
P70.200　新生儿糖尿病
P70.300　医源性新生儿低血糖症
P70.400x001　新生儿低血糖症
P70.400x002　新生儿短暂性低血糖症
P70.401　新生儿顽固性低血糖
P70.801　新生儿高血糖症
P70.900　胎儿和新生儿的暂时性碳水化合物代谢疾患
P71.000　新生儿牛乳性低钙血症
P71.100　新生儿低钙血症，其他的
P71.100x001　新生儿低钙血症
P71.200　新生儿低镁血症
P71.300x001　新生儿手足搐搦
P71.400　暂时性新生儿甲状旁腺功能减退症
P71.800　暂时性新生儿钙和镁代谢紊乱，其他的
P71.901　新生儿暂时性镁代谢紊乱
P71.902　新生儿暂时性钙代谢紊乱
P72.000　新生儿甲状腺肿，不可归类在他处者
P72.100　新生儿暂时性甲状腺功能亢进症
P72.200x001　新生儿甲状腺功能减退症
P72.800　新生儿其他特指的暂时性内分泌疾患
P72.900　新生儿暂时性内分泌疾患
P74.001　新生儿短暂性代谢性酸中毒
P74.002　新生儿呼吸性酸中毒
P74.100　新生儿脱水
P74.201　新生儿低钠血症
P74.202　新生儿高钠血症
P74.301　新生儿高钾血症
P74.302　新生儿低钾血症
P74.400　新生儿其他的暂时性电解质失调
P74.401　新生儿低氯血症
P74.402　新生儿代谢性碱中毒
P74.403　新生儿呼吸性碱中毒
P74.501　新生儿高酪氨酸血症
P74.800x003　新生儿乳糖代谢紊乱
P74.801　新生儿低磷血症
P74.802　新生儿低蛋白血症
P74.900　新生儿暂时性代谢紊乱

表 6-3-163

P76.000　胎粪堵塞综合征
P76.100　新生儿暂时性肠梗阻
P76.200　浓缩乳汁引起的肠梗阻
P76.801　新生儿肠麻痹
P76.900　新生儿肠梗阻
P77.x01　新生儿坏死性小肠结肠炎
P78.000x003　新生儿空肠穿孔
P78.000x004　新生儿回肠穿孔
P78.000x005　新生儿结肠穿孔
P78.000x006　新生儿乙状结肠穿孔
P78.000x007　新生儿直肠穿孔
P78.001　新生儿肠穿孔
P78.002　胎粪性腹膜炎
P78.100x001　新生儿腹膜炎
P78.200x001　新生儿咽下综合征
P78.300x001　新生儿非感染性腹泻
P78.300x002　非感染新生儿性肠炎
P78.300x003　新生儿生理性腹泻
P78.300x005　非感染性新生儿结肠炎

P78.800x004　新生儿贲门失弛缓
P78.800x005　新生儿幽门痉挛
P78.800x006　新生儿便秘
P78.800x007　新生儿阑尾炎
P78.800x008　新生儿胆汁淤积症
P78.800x009　新生儿胃穿孔
P78.800x010　新生儿气胀
P78.800x012　新生儿吞咽动作不协调
P78.801　新生儿胆囊结石
P78.802　新生儿腹胀
P78.803　先天性肝硬化
P78.804　新生儿消化性溃疡
P78.805　新生儿暂时性胃扭转
P78.806　新生儿食管反流
P78.807　新生儿胃肠功能紊乱
P78.900　围生期消化系统疾患
P78.901　新生儿胎粪延迟排出

表6-3-164

P80.000　冷伤综合征
P80.800x001　新生儿轻度低体温
P80.801　新生儿环境性低体温
P80.900　新生儿低温症
P81.000　新生儿环境性高温
P81.001　新生儿捂热综合征
P81.800　新生儿其他特指的体温调节障碍
P81.901　新生儿脱水热
P81.902　新生儿发热
P83.000　新生儿硬化病［硬肿症］
P83.100　新生儿中毒性红斑
P83.200　非溶血性疾病引起的胎儿水肿
P83.301　新生儿水肿
P83.302　胎儿水肿
P83.400　新生儿乳房肿胀
P83.401　新生儿非感染性乳腺炎
P83.500　先天性鞘膜积液
P83.500x002　先天性睾丸鞘膜积液
P83.500x003　先天性精索鞘膜积液
P83.600　新生儿脐息肉
P83.800x004　新生儿硬皮病
P83.800x005　青铜症［婴儿青铜综合征］
P83.800x006　蓝莓松饼状婴儿
P83.800x007　新生儿皮肤附属器息肉
P83.801　新生儿红斑
P83.802　新生儿皮下脂肪坏疽
P83.803　新生儿荨麻疹
P83.901　新生儿骶尾肿物

表6-3-165

P90.x00　新生儿惊厥
P91.000x002　新生儿脑梗死
P91.100　新生儿后天性脑室周围囊肿
P91.200　新生儿脑白质软化
P91.300　新生儿大脑兴奋增盛
P91.400　新生儿大脑抑制
P91.500　新生儿昏迷
P91.600　新生儿缺氧缺血性脑病
P91.700　后天性新生儿脑积水
P91.800x001　新生儿脑病
P91.801　新生儿颅内静脉窦血栓形成
P91.802　新生儿中毒性脑病
P91.900　新生儿大脑障碍
P91.900x001　围生期脑损伤
P92.000　新生儿呕吐
P92.001　新生儿贲门松弛
P92.100x001　新生儿胃食管反流
P92.200　新生儿进食缓慢
P92.300　新生儿喂养不足
P92.400　新生儿喂养过量
P92.500　新生儿母乳喂养困难
P92.800x001　新生儿喂养不当
P92.800x003　新生儿喂养不耐受
P92.900　新生儿喂养问题
P93.x00　胎儿和新生儿用药引起的反应和中毒
P93.x01　新生儿用药中毒
P93.x02　新生儿灰白综合征
P94.000　短暂性新生儿重症肌无力
P94.100x001　先天性肌张力增高
P94.200x001　先天性肌张力减退
P94.200x002　先天性肌弛缓综合征［松软儿］
P94.800　新生儿其他的肌张力疾患
P94.900　新生儿肌张力疾患
P95.x00　胎儿死亡
P96.000x001　先天性肾功能衰竭
P96.000x002　新生儿尿毒症
P96.100x001　新生儿撤药综合征（母亲药瘾）
P96.100x002　新生儿药物戒断综合征（母亲药瘾）
P96.200　新生儿使用治疗性药物所致的脱瘾性症状
P96.300　新生儿宽颅缝
P96.301　新生儿颅骨软化

P96.400　妊娠终止，影响到胎儿和新生儿
P96.500　子宫内操作的并发症，不可归类在他处者
P96.800x101　新生儿颤抖
P96.800x904　高危儿
P96.801　新生儿多器官功能损害
P96.802　新生儿缺血缺氧性肾损害
P96.803　新生儿死亡
P96.804　新生儿休克
P96.900x001　新生儿反应低下

表 6-3-166

Q00.000　无脑儿
Q00.000x001　无脑畸形
Q00.100　颅脊柱裂
Q00.200x101　开放性枕骨裂脑露畸形
Q00.200x201　闭合性枕骨裂脑露畸形
Q01.000　额部脑膨出
Q01.100　鼻根部脑膨出
Q01.200　枕部脑膨出
Q01.800x101　顶骨脑膨出
Q01.800x201　眶部脑膨出
Q01.800x301　鼻部脑膨出
Q01.800x401　鼻咽脑膨出
Q01.801　先天性枕骨大孔疝
Q01.900　脑膨出
Q01.900x001　脑膜脑膨出
Q01.900x003　积水性脑膨出
Q01.901　先天性脑疝
Q02.x00　小头畸形
Q03.001　西尔维于斯导水管狭窄
Q03.002　西尔维于斯导水管梗阻
Q03.101　第四脑室外侧孔闭锁
Q03.102　第四脑室孔闭塞综合征
Q03.103　第四脑室正中孔闭锁
Q03.800　先天性脑积水，其他的
Q03.900　先天性脑积水
Q04.000　胼胝体先天性畸形
Q04.000x011　胼胝体发育不全
Q04.100　无嗅脑畸形
Q04.200　前脑无裂畸形
Q04.300x011　先天性大脑萎缩
Q04.300x021　先天性下丘脑萎缩
Q04.300x031　先天性小脑萎缩
Q04.300x502　先天性双侧外侧裂综合征
Q04.301　大脑皮层发育不全
Q04.302　巨脑回
Q04.303　脑发育不全
Q04.304　脑回小
Q04.305　无脑回
Q04.306　朱伯特综合征
Q04.307　先天性脑萎缩
Q04.400　视（神经）中隔发育不良
Q04.500　巨脑
Q04.600　先天性大脑囊肿
Q04.600x202　先天性硬膜下囊肿
Q04.601　脑穿通畸形
Q04.602　脑裂畸形
Q04.603　先天性第三脑室囊肿
Q04.604　先天性蛛网膜囊肿
Q04.800x002　先天性低脊髓畸形
Q04.800x003　先天性胡桃脑
Q04.800x005　先天性第五六脑室
Q04.801　先天性巨大硬脊膜囊
Q04.802　先天性脑灰质异位症
Q04.803　先天性脑透明隔异常
Q04.900　脑先天性畸形
Q04.902　先天性脑发育异常
Q05.000　颈段脊柱裂伴有脑积水
Q05.000x002　颈段脊髓脊膜膨出伴脑积水
Q05.100　胸段脊柱裂伴有脑积水
Q05.100x002　胸段脊髓脊膜膨出伴脑积水
Q05.200　腰段脊柱裂伴有脑积水
Q05.200x002　腰段脊髓脊膜膨出伴脑积水
Q05.300　骶段脊柱裂伴有脑积水
Q05.300x002　骶段脊髓脊膜膨出伴脑积水
Q05.400　脊柱裂伴有脑积水
Q05.400x001　脊髓脊膜膨出伴脑积水
Q05.500　颈段脊柱裂不伴有脑积水
Q05.500x002　颈段脊髓脊膜膨出
Q05.600　胸段脊柱裂不伴有脑积水
Q05.600x002　胸段脊髓脊膜膨出
Q05.700　腰段脊柱裂不伴有脑积水
Q05.700x002　腰骶段脊柱裂
Q05.700x003　腰段脊髓脊膜膨出
Q05.700x004　腰骶段脊髓脊膜膨出
Q05.700x005　人类尾巴
Q05.800　骶段脊柱裂不伴有脑积水
Q05.801　骶椎椎板裂
Q05.900　脊柱裂
Q05.900x002　脊柱裂伴脊膜膨出

Q05.900x006　特发性脊髓疝
Q05.900x007　脊膜膨出
Q05.901　脑脊膜膨出
Q05.902　脊膜脊髓膨出
Q06.000　无脊髓畸形
Q06.100　脊髓发育不全和发育异常
Q06.101　脊髓发育异常
Q06.200　脊髓纵裂
Q06.300　先天性马尾畸形，其他的
Q06.400　脊髓积水
Q06.400x002　先天性椎管积水
Q06.800x002　双脊髓畸形
Q06.800x003　先天性脊髓低位
Q06.800x005　椎管内肠源性囊肿
Q06.801　先天性脊髓栓系综合征
Q06.900　脊髓先天性畸形
Q06.901　腰骶神经根囊肿
Q07.000　阿-基综合征
Q07.800　神经系统其他特指的先天性畸形
Q07.800x202　先天性视神经萎缩
Q07.800x901　先天性臂丛神经移位
Q07.800x902　先天性面瘫
Q07.800x903　先天性脑神经异常支配性疾病
Q07.800x904　神经胶质异位
Q07.801　下颌瞬目综合征［MarcusGunn综合征］
Q07.900　神经系统先天性畸形

表6-3-167

Q10.000　先天性上睑下垂
Q10.100　先天性睑外翻
Q10.200　先天性睑内翻
Q10.300　眼睑的其他先天性畸形
Q10.300x008　先天性眼眦畸形
Q10.300x011　先天性外眦赘皮
Q10.300x012　先天性重睑不对称
Q10.301　眼睑发育不全
Q10.302　先天性睫毛倾斜度异常综合征
Q10.303　先天性内眦赘皮
Q10.304　先天性双行睫
Q10.306　先天性小睑裂综合征
Q10.307　先天性眼睑缺如
Q10.400　泪器缺如或发育不全
Q10.401　先天性泪器发育不全
Q10.402　先天性泪点缺失
Q10.403　先天性泪小点闭锁
Q10.404　先天性鼻泪管缺如
Q10.500　先天性泪管狭窄
Q10.500x003　先天性鼻泪管闭锁
Q10.500x004　先天性泪道阻塞
Q10.600　泪器其他的先天性畸形
Q10.600x002　先天性副泪腺
Q10.601　先天性泪道畸形
Q10.602　先天性泪小阜畸形
Q10.700　眼眶先天性畸形
Q10.701　先天性眶距增宽症
Q11.000　囊状眼球
Q11.100　无眼畸形，其他的
Q11.200　小眼畸形
Q11.200x001　先天性小眼球
Q11.201　眼发育不全
Q11.202　隐眼
Q11.203　真性小眼球
Q11.300　巨眼畸形
Q12.000　先天性白内障
Q12.001　绕核性白内障
Q12.002　先天性核性白内障
Q12.100　先天性晶状体移位
Q12.200　晶状体缺损
Q12.300　先天性无晶状体
Q12.400　球形晶状体
Q12.800　先天性晶状体畸形，其他的
Q12.801　先天性圆锥形晶状体
Q12.900　先天性晶状体畸形
Q13.000　虹膜缺损
Q13.100　虹膜缺如
Q13.101+H42.8*　无虹膜青光眼
Q13.201　先天性瞳孔闭锁
Q13.202　先天性瞳孔大小不等
Q13.203　先天性瞳孔异位
Q13.300　先天性角膜混浊
Q13.301　先天性角膜白斑
Q13.400x001　先天性扁平角膜
Q13.400x004　先天性角膜异常
Q13.400x006　先天性角膜巩膜化
Q13.401　先天性角膜畸形
Q13.405　彼得异常
Q13.500　蓝色巩膜
Q13.500x002　巩膜色素斑
Q13.801　里格尔异常
Q13.802　永存瞳孔膜

Q13.803 阿克森费尔德-里格尔综合征
Q13.900 眼前段先天性畸形
Q14.000 玻璃体先天性畸形
Q14.000x006 眼永存胚胎血管膜
Q14.001 先天性玻璃体发育异常
Q14.002 先天性玻璃体混浊
Q14.003 永存原发性玻璃体增生症
Q14.100 视网膜先天性畸形
Q14.100x003 晶状体血管膜
Q14.101 视网膜发育不良
Q14.102 先天性视网膜色素异常
Q14.103 先天性视网膜动脉瘤
Q14.104 先天性视网膜劈裂症
Q14.200 视神经盘先天性畸形
Q14.200x001 先天性视神经乳头缺损
Q14.200x002 先天性视神经乳头小凹
Q14.200x004 先天性视神经乳头发育不全
Q14.200x005 有髓鞘视神经纤维
Q14.201 牵牛花综合征
Q14.202 视盘发育不良
Q14.203 视盘小凹
Q14.300x001 先天性脉络膜畸形
Q14.301 先天性脉络膜缺损
Q14.801 眼底缺损
Q14.900 眼后段先天性畸形
Q15.000 先天性青光眼
Q15.000x001 先天性水眼［眼积水］
Q15.002 先天性球形角膜伴青光眼
Q15.003 新生儿青光眼
Q15.004 婴幼儿型青光眼
Q15.005 青少年型青光眼
Q15.801 先天性大角膜
Q15.802 先天性小角膜
Q15.803 先天性球形角膜
Q15.900 眼先天性畸形
Q16.000 先天性无（耳）郭
Q16.101 先天性外耳道缺如
Q16.102 先天性外耳道闭锁
Q16.103 先天性外耳道狭窄
Q16.200 无咽鼓管
Q16.300 听小骨先天性畸形
Q16.301 砧镫关节异常
Q16.400 中耳其他的先天性畸形
Q16.401 中耳缺失
Q16.500 内耳先天性畸形
Q16.501 大前庭导水管综合征
Q16.900 引起听力缺陷的耳先天性畸形
Q16.901 先天性无耳
Q17.000 副耳廓
Q17.000x003 先天性副耳垂
Q17.000x005 先天性颊部副耳
Q17.001 多耳畸形
Q17.002 先天性耳赘
Q17.003 先天性耳前附件
Q17.100 巨耳畸形
Q17.200 小耳畸形
Q17.300x002 先天性尖耳
Q17.300x004 先天性卷曲耳
Q17.300x005 先天性扁平耳
Q17.300x006 先天性猿耳
Q17.301 杯状耳
Q17.302 先天性耳廓畸形
Q17.303 先天性耳垂畸形
Q17.400 移位耳
Q17.400x002 先天性低位耳
Q17.500 凸耳
Q17.501 招风耳
Q17.800x004 先天性隐耳
Q17.801 先天性耳垂裂
Q17.802 先天性耳垂缺如
Q17.803 咽鼓管异常
Q17.900 耳先天性畸形
Q18.001 先天性鳃裂瘘管
Q18.002 先天性鳃裂囊肿
Q18.003 梨状窝瘘
Q18.100x003 先天性颈前瘘管
Q18.100x006 先天性耳后瘘
Q18.100x008 先天性颈外侧瘘
Q18.100x009 先天性颈外侧囊肿
Q18.101 先天性耳廓瘘
Q18.102 先天性耳前瘘管
Q18.103 先天性耳前囊肿
Q18.104 先天性外耳囊肿
Q18.200 鳃裂畸形，其他的
Q18.200x003 无下颌并耳畸形
Q18.200x004 颈部副耳
Q18.300 颈蹼
Q18.301 翼状颈皮综合征
Q18.400 大口畸形
Q18.400x004 面中裂

Q18.500　小口畸形
Q18.600　巨唇
Q18.700　小唇
Q18.800x001　先天性颈部囊肿
Q18.800x002　先天性面部瘘
Q18.800x003　先天性面部囊肿
Q18.800x004　先天性颈部瘘
Q18.801　先天性半面短小症
Q18.802　面横裂
Q18.803　眼-耳廓发育不全
Q18.804　面和颈近中囊肿
Q18.805　面部先天性畸形，其他的
Q18.806　颈部先天性畸形，其他的
Q18.807　面斜裂
Q18.900x002　先天性鼻唇沟畸形
Q18.902　先天性颜面畸形
Q18.903　颈部先天性畸形

表6-3-168

Q20.000　共同动脉干
Q20.100　右心室双出口
Q20.101　陶-宾综合征
Q20.200　左心室双出口
Q20.200x002　先天性左心室瘘
Q20.300　心室动脉连接不协调
Q20.300x002　主动脉右转位
Q20.301　纠正性大动脉转位
Q20.302　完全性大动脉转位
Q20.400　双入口心室
Q20.500　房室连接不协调
Q20.500x001　心室反位
Q20.600　心耳异构
Q20.600x001　心房异构
Q20.601　先天性心耳畸形
Q20.800x003　先天性小心室
Q20.801　单房心脏
Q20.802　双腔心
Q20.900　心腔和心连接的先天性畸形
Q21.000　室间隔缺损
Q21.100　房间隔缺损
Q21.100x001　共同心房
Q21.101　中央型房间隔缺损（卵圆孔型）
Q21.102　房间隔缺损（继发孔型）
Q21.103　上腔型房间隔缺损（高位缺损或静脉窦缺损）
Q21.104　混合型房间隔缺损
Q21.105　下腔型房间隔缺损（低位缺损）
Q21.106　鲁登巴赫综合征
Q21.200　房室间隔缺损
Q21.201　Ⅰ型房间隔缺损
Q21.202　房室管型室间隔缺损
Q21.203　部分性房室隔缺损
Q21.204　过渡性房室隔缺损
Q21.205　完全性房室隔缺损
Q21.206　单心房
Q21.300x001　法洛四联症
Q21.300x002　法洛四联症，肺动脉瓣缺如
Q21.300x003　法洛四联症，心内膜垫缺损
Q21.400x001　主肺动脉窗
Q21.800　心间隔的其他先天性畸形
Q21.800x003　室间隔膜部瘤
Q21.802　室间隔膨胀瘤
Q21.804　法洛五联症
Q21.805　法洛三联症
Q21.900　心间隔先天性畸形
Q22.000　肺动脉瓣闭锁
Q22.100　先天性肺动脉瓣狭窄
Q22.102　右室流出道狭窄
Q22.200　先天性肺动脉瓣关闭不全
Q22.301　先天性肺动脉瓣畸形
Q22.302　先天性肺动脉瓣缺如
Q22.400　先天性三尖瓣狭窄
Q22.400x003　先天性三尖瓣闭锁
Q22.500　埃布斯坦异常
Q22.600　右心发育不全综合征
Q22.800x004　先天性三尖瓣乳头肌起源异常
Q22.800x005　先天性三尖瓣骑跨
Q22.800x007　先天性三尖瓣裂
Q22.801　先天性三尖瓣关闭不全
Q22.802　先天性三尖瓣缺如
Q22.900　三尖瓣先天性畸形
Q23.000　先天性主动脉瓣狭窄
Q23.001　左室流出道狭窄
Q23.100　先天性主动脉瓣关闭不全
Q23.101　先天性主动脉瓣二叶瓣畸形
Q23.200　先天性二尖瓣狭窄
Q23.200x002　先天性二尖瓣闭锁
Q23.200x003　先天性二尖瓣狭窄，二尖瓣上环
Q23.200x004　先天性二尖瓣狭窄，瓣下，降落伞型
Q23.300　先天性二尖瓣关闭不全

Q23.300x002　先天性二尖瓣关闭不全并狭窄
Q23.400　左心发育不全综合征
Q23.401　先天性升主动脉发育不良
Q23.800　主动脉瓣和二尖瓣的其他先天性畸形
Q23.800x004　先天性主动脉瓣穿孔
Q23.800x008　先天性二尖瓣穿孔
Q23.801　先天性主动脉瓣脱垂
Q23.802　先天性二尖瓣脱垂
Q23.803　先天性二尖瓣腱索过长
Q23.804　先天性主动脉瓣瓣上隔膜
Q23.805　先天性二尖瓣裂
Q23.900x001　先天性主动脉瓣畸形
Q23.901　先天性二尖瓣畸形
Q24.000x002　镜面右位心
Q24.000x003　单发右位心
Q24.100　左位心
Q24.200　三房心
Q24.300　肺动脉漏斗部狭窄
Q24.300x002　肺动脉瓣狭窄，瓣下
Q24.400　先天性主动脉下狭窄
Q24.400x003　先天性主动脉瓣下隔膜
Q24.501　冠状动脉肌桥
Q24.502　冠状动脉起源异常
Q24.503　冠状动脉-右心房瘘
Q24.504　冠状动脉-右心室瘘
Q24.505　先天性冠状动脉动脉瘤
Q24.506　先天性冠状动脉发育不良
Q24.507　先天性冠状动脉肺动脉瘘
Q24.508　先天性冠状动脉畸形
Q24.509　先天性冠状动静脉瘘
Q24.510　无顶冠状静脉窦综合征
Q24.511　冠状动脉-左心室瘘
Q24.512　冠状动脉单冠畸形
Q24.513　冠状动脉-左心房瘘
Q24.600x002　先天性长QT间期综合征
Q24.601　先天性一度房室阻滞
Q24.602　先天性二度房室阻滞
Q24.603　先天性三度房室阻滞
Q24.800　心脏其他特指的先天性畸形
Q24.800x010　单组房室瓣
Q24.800x011　先天性房室瓣骑跨
Q24.800x012　先天性房室瓣关闭不全
Q24.800x014　先天性右心室憩室
Q24.800x017　先天性心脏憩室
Q24.800x018　先天性心包憩室
Q24.800x025　右旋心
Q24.800x026　左旋心
Q24.800x027　心脏转位不全
Q24.800x028　心房畸形
Q24.800x030　心室憩室
Q24.803　假腱索
Q24.804　十字交叉心
Q24.805　左室流出道肌束肥厚
Q24.806　心室肌致密化不全
Q24.807　先天性心包囊肿
Q24.808　先天性心包缺损
Q24.809　先天性心室肥厚
Q24.810　先天性心脏肥大
Q24.811　先天性右心房憩室
Q24.812　左室憩室
Q24.813　中位心
Q24.814　心室异常肌束
Q24.815　心脏缺如
Q24.900　先天性心脏畸形
Q24.901　小心脏
Q25.000　动脉导管未闭
Q25.100　主动脉缩窄
Q25.200　主动脉闭锁
Q25.300　主动脉狭窄
Q25.301　先天性主动脉瓣上狭窄
Q25.302　先天性降主动脉狭窄
Q25.303　左室流出道梗阻
Q25.400x009　先天性主动脉憩室
Q25.400x010　先天性主动脉骑跨
Q25.400x012　先天性主动脉窦畸形
Q25.400x013　先天性主动脉左房分流
Q25.401　先天性高主动脉弓
Q25.402　先天性双主动脉弓
Q25.403　先天性主动脉窦动脉瘤破裂
Q25.404　先天性主动脉弓断离
Q25.405　先天性主动脉弓发育不良
Q25.406　先天性主动脉扩张
Q25.407　先天性主动脉右位
Q25.408　主动脉窦动脉瘤
Q25.500　肺动脉闭锁
Q25.600　肺动脉狭窄
Q25.601　先天性肺动脉瓣上狭窄
Q25.700x006　先天性肺动脉瘤
Q25.700x007　先天性肺动脉起源于升主动脉
Q25.700x008　先天性肺动脉扩张

Q25.700x011　先天性支气管动脉肺动脉瘘
Q25.700x012　肺体动脉间异常侧支
Q25.701　先天性肺动静脉瘘
Q25.702　先天性肺动脉发育不全
Q25.703　先天性肺动脉缺如
Q25.704　先天性肺动脉异常
Q25.705　肺动脉吊带
Q25.800x002　先天性头臂动脉畸形
Q25.800x003　先天性颈总动脉狭窄
Q25.800x004　先天性左锁骨下动脉畸形
Q25.900　大动脉先天性畸形
Q26.000x001　先天性上下腔静脉狭窄
Q26.000x002　先天性上腔静脉狭窄
Q26.000x003　先天性下腔静脉狭窄
Q26.000x004　先天性下腔静脉闭锁
Q26.100　永存左上腔静脉
Q26.200x001　完全型肺静脉异位引流
Q26.200x002　完全性肺静脉异位引流，混合型
Q26.200x003　完全性肺静脉异位引流，心内型
Q26.200x004　完全性肺静脉异位引流，心上型
Q26.200x005　完全性肺静脉异位引流，心下型
Q26.300　肺静脉连接部分异常
Q26.301　肺静脉闭锁
Q26.302　肺体静脉间异常侧支静脉
Q26.400　肺静脉连接异常
Q26.500　门静脉连接异常
Q26.500x001　先天性门静脉畸形
Q26.600　门静脉-肝动脉瘘
Q26.800x001　部分型肺静脉异位引流，镰刀综合征
Q26.800x002　先天性下腔静脉入左房
Q26.800x003　先天性下腔静脉肝段缺如
Q26.800x004　先天性左上腔静脉入左房
Q26.800x005　先天性双下腔静脉
Q26.800x006　先天性右上腔静脉缺如
Q26.800x007　先天性无名静脉异常走行
Q26.800x008　先天性下腔静脉缺如
Q26.800x010　先天性双上腔静脉
Q26.801　先天性肺静脉狭窄
Q26.901　上腔静脉畸形
Q26.902　下腔静脉畸形
Q27.000　先天性脐动脉缺如和发育不全
Q27.001　先天性脐动脉缺如
Q27.100　先天性肾动脉狭窄
Q27.200x002　先天性肾动脉畸形
Q27.200x003　多肾动脉
Q27.300x006　先天性脊髓动静脉瘘
Q27.300x007　腮腺动静脉畸形
Q27.300x008　硬膜外动静脉畸形
Q27.300x009　子宫动静脉畸形
Q27.300x010　颌骨动静脉畸形
Q27.301　先天性动静脉瘘
Q27.302　先天性头颈部动静脉瘘
Q27.303　先天性腋动静脉瘘
Q27.304　先天性肝动静脉瘘
Q27.305　先天性肾动静脉瘘
Q27.306　先天性躯干部动静脉瘘
Q27.307　先天性上肢动静脉瘘
Q27.308　先天性下肢动静脉瘘
Q27.309　先天性周围血管动静脉瘤
Q27.400　先天性静脉扩张
Q27.800x004　肝门血管畸形
Q27.800x007　髂动脉畸形
Q27.800x008　躯干血管畸形
Q27.800x018　迷走锁骨下动脉畸形
Q27.800x020　永久性右脐静脉
Q27.800x021　唇血管畸形
Q27.800x024　口腔血管畸形
Q27.800x025　颅骨血管畸形
Q27.800x026　腮腺血管畸形
Q27.800x027　上颌骨血管畸形
Q27.800x028　唾液腺血管畸形
Q27.800x030　头面血管畸形
Q27.800x031　先天性静脉缺如
Q27.800x032　颈静脉球异位症
Q27.800x033　支气管黏膜血管畸形
Q27.800x034　腹壁血管畸形
Q27.800x035　肛周血管畸形
Q27.800x036　咽后壁血管畸形
Q27.800x037　腹膜后血管畸形
Q27.800x039　肾球门血管病
Q27.800x040　面部血管畸形
Q27.800x041　周围动脉畸形
Q27.800x042　周围静脉畸形
Q27.801　先天性脊髓血管畸形
Q27.802　先天性舌血管畸形
Q27.803　先天性胃血管畸形
Q27.804　先天性胆囊血管畸形
Q27.805　先天性肝血管畸形
Q27.806　先天性肾血管畸形
Q27.807　先天性脾血管畸形

Q27.808　先天性脐动脉畸形
Q27.809　先天性小肠血管畸形
Q27.810　先天性大肠血管畸形
Q27.811　先天性肠系膜血管畸形
Q27.812　先天性腹腔动脉畸形
Q27.813　先天性子宫血管畸形
Q27.814　先天性卵巢血管畸形
Q27.815　先天性睾丸血管畸形
Q27.816　先天性盆腔血管畸形
Q27.817　先天性上肢血管畸形
Q27.818　先天性下肢血管畸形
Q27.819　先天性头颈部血管畸形
Q27.900　周围血管系统先天性畸形
Q28.000　入脑前血管动静脉畸形
Q28.001　先天性入脑前动静脉瘤
Q28.100　入脑前血管的其他畸形
Q28.103　先天性椎动脉畸形
Q28.104　先天性颈内动脉动脉瘤
Q28.105　先天性基底动脉畸形
Q28.106　先天性入脑前动脉瘤
Q28.200　大脑血管动静脉畸形
Q28.200x006　颅内巨大动静脉畸形
Q28.200x007　涉及功能区的动静脉畸形（Spetzler-Martin3 级及以下）
Q28.200x008　涉及功能区的动静脉畸形（Spetzler-Martin3 级以上）
Q28.201　先天性大脑动静脉瘤
Q28.202　先天性硬脑膜动静脉瘘
Q28.203　先天性脑动静脉瘘
Q28.300x001　脑血管畸形
Q28.300x005　基底动脉畸形
Q28.300x007　脑静脉畸形
Q28.301　先天性大脑动静脉畸形
Q28.302　先天性大脑动脉瘤
Q28.303　先天性大脑后动脉缺失
Q28.304　先天性大脑中动脉动脉瘤
Q28.305　先天性小脑动静脉畸形
Q28.800x003　髓内动静脉畸形
Q28.800x004　髓内血管畸形
Q28.800x005　椎体海绵状血管畸形
Q28.800x006　颅骨膜窦
Q28.800x007　支气管动脉畸形
Q28.801　肺血管畸形
Q28.900　循环系统先天性畸形
Q28.900x001　血管畸形

表 6-3-169

Q30.000　鼻后孔闭锁
Q30.001　先天性前鼻孔狭窄
Q30.100x001　先天性鼻缺如
Q30.101　鼻发育不良
Q30.200x001　鼻裂
Q30.201　鼻切迹
Q30.300　先天性鼻中隔穿孔
Q30.800x003　先天性鼻头肥大
Q30.800x004　上颌梨状孔发育不良
Q30.800x005　先天性副鼻
Q30.800x006　先天性鼻正中瘘
Q30.800x007　先天性鼻瘘
Q30.800x008　鼻神经胶质瘤
Q30.801　鼻窦发育异常
Q30.802　鼻窦异常骨间隔
Q30.804　鼻中隔气化
Q30.805　鼻翼畸形
Q30.900　鼻先天性畸形
Q31.000　喉蹼
Q31.100　先天性声门下狭窄
Q31.200　喉发育不全
Q31.301　先天性喉囊肿
Q31.500　先天性喉软骨软化病
Q31.800x003　先天性环状软骨后裂
Q31.800x004　先天性喉结突出
Q31.800x005　先天性声门闭合不良
Q31.801　先天性会厌裂
Q31.802　先天性声门关闭不全
Q31.803　先天性声带沟
Q31.804　先天性喉闭锁
Q31.805　先天性喉隔
Q31.806　先天性喉狭窄
Q31.900　喉先天性畸形
Q32.000　先天性气管软化
Q32.100　气管的其他先天性畸形
Q32.101　先天性气管发育异常
Q32.102　先天性气管狭窄
Q32.200　先天性支气管软化
Q32.300　先天性支气管狭窄
Q32.400x002　先天性支气管发育不全
Q32.400x004　先天性支气管憩室
Q32.400x005　气管支气管巨大症
Q32.401　先天性支气管畸形

Q32.402　先天性支气管闭锁
Q33.000　先天性囊性肺
Q33.002　先天性肺囊状腺样畸形
Q33.003　先天性支气管囊肿
Q33.100　副肺叶
Q33.200　肺分离
Q33.301　先天性肺叶缺如
Q33.400　先天性支气管扩张
Q33.500　肺的异位组织
Q33.600　肺发育不全和发育异常
Q33.800x001　肺奇静脉裂
Q33.800x002　先天性肺大泡
Q33.900　肺先天性畸形
Q34.000　胸膜异常
Q34.100　纵隔先天性囊肿
Q34.801　先天性鼻咽闭锁
Q34.900　呼吸系统先天性畸形

表6-3-170

Q35.100　硬腭裂
Q35.101　双侧部分硬腭裂
Q35.300　软腭裂
Q35.301　软腭穿孔
Q35.302　隐性腭裂
Q35.500　硬腭裂伴有软腭裂
Q35.500x004　先天性双侧三度腭裂
Q35.501　单侧硬腭裂伴软腭裂
Q35.502　单侧硬腭裂伴软腭裂和齿槽裂
Q35.700　腭垂裂
Q35.900　腭裂
Q35.901　双侧完全性腭裂
Q35.902　单侧完全性腭裂
Q35.903　不完全性腭裂
Q35.907　口鼻瘘
Q36.000　双侧唇裂
Q36.001　双侧完全唇裂
Q36.002　双侧混合型唇裂
Q36.003　双侧不完全唇裂
Q36.004　双侧Ⅰ度唇裂
Q36.005　双侧Ⅱ度唇裂
Q36.006　双侧Ⅲ度唇裂
Q36.100　正中唇裂
Q36.900　单侧唇裂
Q36.900x003　先天性唇裂术后继发畸形
Q36.901　单侧完全唇裂
Q36.902　单侧不完全唇裂
Q36.903　隐性单侧唇裂
Q36.904　单侧Ⅰ度唇裂
Q36.905　单侧Ⅱ度唇裂
Q36.906　单侧Ⅲ度唇裂
Q37.000　硬腭裂伴有双侧唇裂
Q37.100　硬腭裂伴有单侧唇裂
Q37.200　软腭裂伴有双侧唇裂
Q37.300　软腭裂伴有单侧唇裂
Q37.400　硬腭和软腭裂伴有双侧唇裂
Q37.500　硬腭和软腭裂伴有单侧唇裂
Q37.800　腭裂伴有双侧唇裂
Q37.900　腭裂伴有单侧唇裂

表6-3-171

Q38.000x003　先天性唇畸形
Q38.000x005　先天性厚唇
Q38.000x006　先天性薄唇
Q38.000x007　先天性红唇缺如
Q38.001　唇系带短缩
Q38.002　范德沃德综合征
Q38.003　先天性重唇
Q38.004　先天性唇瘘
Q38.100　舌系带过短
Q38.200　巨舌
Q38.300　舌的其他先天性畸形
Q38.300x003　先天性小舌
Q38.300x005　皱襞舌
Q38.300x007　先天性舌粘连
Q38.301　先天性舌发育不全
Q38.303　无舌症
Q38.304　舌裂
Q38.305　舌系带过长
Q38.400　涎腺和导管先天性畸形
Q38.400x001　先天性唾液腺瘘
Q38.400x002　先天性唾液腺畸形
Q38.500x002　先天性无悬雍垂
Q38.500x003　先天性腭畸形
Q38.500x005　悬雍垂过长
Q38.500x006　高腭弓
Q38.500x007　先天性软腭缺如
Q38.500x009　先天性腭咽闭合过度
Q38.501　软腭发育不全
Q38.502　先天性腭瘘
Q38.600x001　颊系带附着异常

Q38.600x002　先天性齿龈畸形
Q38.600x004　先天性颊沟过浅
Q38.600x006　先天性牙槽嵴裂
Q38.601　先天性口畸形
Q38.700　咽囊
Q38.701　先天性咽憩室
Q38.801　先天性腭咽闭合不全
Q38.802　咽部畸形
Q39.000x001　先天性食管闭锁
Q39.100　食管闭锁伴有气管食管瘘
Q39.100x011　先天性食管闭锁伴气管和食管上段瘘
Q39.100x021　先天性食管闭锁伴气管和食管下段瘘
Q39.200x011　先天性气管食管瘘
Q39.300　先天性食管狭窄
Q39.400　先天性食管蹼
Q39.501　先天性食管失弛缓症
Q39.600　食管憩室
Q39.601　先天性咽食管憩室
Q39.602　先天性食管中段憩室
Q39.800x201　先天性食管假梗阻
Q39.800x903　先天性食管缺如
Q39.800x904　先天性食管移位
Q39.800x905　食管异位组织
Q39.801　食管重复畸形
Q39.802　先天性短食管
Q39.803　先天性食管囊肿
Q39.900　食管先天性畸形
Q40.000　先天性肥大性幽门狭窄
Q40.002　先天性幽门闭锁
Q40.003　先天性幽门痉挛
Q40.100　先天性食管裂孔疝
Q40.200x004　先天性贲门痉挛
Q40.200x005　先天性沙漏状胃
Q40.200x010　十二指肠隔膜
Q40.201　胃重复畸形
Q40.202　先天性小胃畸形
Q40.203　先天性巨胃
Q40.204　先天性胃壁肌层缺损
Q40.205　先天性胃黏膜异位
Q40.206　先天性胃扭转
Q40.207　先天性胃憩室
Q40.208　先天性胃移位
Q40.209　食管胃黏膜异位
Q40.300　胃先天性畸形
Q40.800　上消化道其他特指的先天性畸形
Q40.900　上消化道先天性畸形
Q41.001　先天性十二指肠缺如
Q41.002　先天性十二指肠狭窄
Q41.003　先天性十二指肠闭锁
Q41.101　先天性空肠狭窄
Q41.102　先天性空肠闭锁
Q41.103　苹果皮综合征
Q41.104　先天性空肠缺如
Q41.201　先天性回肠缺如
Q41.202　先天性回肠狭窄
Q41.203　先天性回肠闭锁
Q41.800　小肠其他特指部位的先天性缺如、闭锁和狭窄
Q41.901　先天性小肠狭窄
Q41.902　先天性小肠缺如
Q41.903　先天性小肠闭锁
Q42.000x101　先天性直肠闭锁伴直肠尿道瘘
Q42.000x201　先天性直肠闭锁伴直肠膀胱瘘
Q42.000x301　先天性直肠闭锁伴直肠外阴瘘
Q42.000x401　先天性直肠闭锁伴直肠皮肤瘘
Q42.000x501　先天性直肠闭锁伴直肠结肠瘘
Q42.001　直肠先天性狭窄，伴有瘘
Q42.002　直肠先天性闭锁，伴有瘘
Q42.101　直肠先天性狭窄，不伴有瘘
Q42.102　直肠先天性闭锁，不伴有瘘
Q42.200x201　先天性肛门闭锁伴直肠膀胱瘘
Q42.200x901　先天性肛门闭锁伴直肠尿道瘘
Q42.200x902　先天性肛门闭锁伴直肠阴道瘘
Q42.200x903　先天性肛门闭锁伴直肠外阴瘘
Q42.200x904　先天性肛门闭锁伴直肠前庭瘘
Q42.200x905　先天性肛门闭锁伴直肠皮肤瘘
Q42.201　肛门先天性狭窄，伴有瘘
Q42.202　肛门先天性闭锁，伴有瘘
Q42.301　肛门先天性狭窄，不伴有瘘
Q42.302　肛门先天性闭锁，不伴有瘘
Q42.800x002　先天性结肠缺如
Q42.800x003　先天性结肠狭窄
Q42.801　阑尾闭锁
Q42.802　阑尾缺如
Q42.803　先天性结肠闭锁
Q42.901　先天性大肠闭锁
Q42.902　先天性大肠狭窄
Q42.903　先天性大肠缺如
Q43.000　麦克尔憩室
Q43.001　先天性卵黄管囊肿

Q43.002　先天性脐窦
Q43.003　先天性脐瘘
Q43.004　先天性脐茸
Q43.100　先天无神经节性巨结肠［赫希施斯普龙病］
Q43.101　先天性短段型巨结肠
Q43.102　先天性长段型巨结肠
Q43.103　先天性普通型巨结肠
Q43.104　先天性超短段型巨结肠
Q43.105　先天性巨结肠类源病
Q43.106　先天性全结肠型巨结肠
Q43.200　结肠的其他先天性功能性疾患
Q43.200x002　巨结肠类缘病
Q43.200x003　巨膀胱-小结肠-肠蠕动不良综合征
Q43.201　先天性结肠扩张
Q43.300x201　先天性肠粘连
Q43.300x901　先天性杰克逊膜
Q43.301　先天性肠旋转不良
Q43.401　结肠重复畸形
Q43.402　双阑尾
Q43.403　小肠重复畸形
Q43.404　直肠重复畸形
Q43.500　异位肛门
Q43.601　先天性肛瘘
Q43.602　先天性直肠瘘
Q43.700　永存泄殖腔
Q43.800x006　先天性小结肠
Q43.800x008　先天性游离盲肠
Q43.800x009　先天性空肠异位
Q43.800x012　先天性小肠发育异常
Q43.800x014　先天性十二指肠憩室
Q43.800x015　先天性小肠憩室
Q43.800x017　先天性盲肠憩室
Q43.800x018　先天性乙状结肠憩室
Q43.800x019　先天性直肠憩室
Q43.801　肠源性囊肿
Q43.802　先天性小肠黏膜异位
Q43.803　小左结肠综合征
Q43.804　先天性巨十二指肠
Q43.805　先天性十二指肠瓣膜
Q43.806　盲肠异位
Q43.807　先天性盲袢综合征
Q43.808　先天性巨阑尾
Q43.809　间位结肠
Q43.810　先天性短结肠
Q43.811　先天性结肠憩室
Q43.812　先天性长结肠
Q43.900　肠先天性畸形
Q43.901　先天性肛门畸形
Q44.001　先天性胆囊不发育
Q44.002　先天性胆囊发育不全
Q44.003　胆囊分隔
Q44.004　先天性无胆囊
Q44.100x002　先天性肝内胆囊
Q44.100x003　胆囊重复畸形
Q44.101　先天性胆囊闭锁
Q44.102　胆囊憩室
Q44.200　胆管闭锁
Q44.200x003　先天性胆总管下端闭锁
Q44.201　先天性胆总管闭锁
Q44.300　先天性胆管狭窄
Q44.301　先天性胆管闭塞性黄疸
Q44.400　先天性胆总管囊肿
Q44.500x005　先天性胆总管狭窄
Q44.500x006　胆管重复畸形
Q44.500x007　先天性肝内胆管囊状扩张症［Caroli病］
Q44.500x008　先天性胃内胆管异位
Q44.501　先天性胆总管畸形
Q44.502　先天性胆管畸形
Q44.503　先天性胆总管扩张
Q44.504　先天性胆管扩张症
Q44.505　卡罗莱综合征
Q44.600　肝囊性病
Q44.601　多囊肝
Q44.700x002　阿拉杰里综合征［Alagille综合征］
Q44.700x003　肝异位
Q44.700x004　先天性多囊肝
Q44.701　先天性肝内胆管发育不良征
Q44.702　先天性肝脏畸形
Q44.703　先天性肝纤维化
Q44.704　肝发育不良
Q44.705　先天性肝囊肿
Q45.001　胰腺不发育
Q45.002　胰腺发育不全
Q45.003　胰腺缺如
Q45.100　环状胰腺
Q45.200　胰腺先天性囊肿
Q45.300x102　食道异位胰腺
Q45.300x103　十二指肠异位胰腺
Q45.300x104　胃内异位胰腺
Q45.300x105　空肠异位胰腺

Q45.300x901　先天性多囊胰
Q45.300x902　胰腺分裂症
Q45.300x904　迷走胰腺
Q45.301　异位胰腺
Q45.801　肝脾异位
Q45.802　胰胆管合流异常
Q45.900　消化系统先天性畸形

表 6-3-172

Q50.000　先天性无卵巢
Q50.000x011　先天性单侧卵巢缺如
Q50.000x021　先天性双侧卵巢缺如
Q50.100　发育性卵巢囊肿
Q50.200　卵巢先天性扭转
Q50.300x101　先天性卵巢条索状
Q50.301　副卵巢
Q50.302　卵巢异位
Q50.303　小卵巢
Q50.400　输卵管胚胎性囊肿
Q50.401　苗勒管囊肿
Q50.501　先天性卵巢旁囊肿
Q50.502　加特纳管囊肿
Q50.503　先天性卵巢冠囊肿
Q50.504　女性莫尔加尼囊肿
Q50.600　输卵管和阔韧带的其他先天性畸形
Q50.600x903　输卵管异位
Q50.600x904　先天性阔韧带缺如
Q50.601　先天性输卵管缺失
Q50.602　先天性阔韧带缺失
Q50.603　先天性输卵管闭锁
Q51.000　子宫缺如和不发育
Q51.000x001　始基子宫
Q51.001　先天性子宫缺失
Q51.100　双子宫伴有双宫颈和双阴道
Q51.100x001　双子宫颈
Q51.201　先天性双子宫单宫颈
Q51.202　子宫纵隔
Q51.203　子宫不全纵隔
Q51.300　双角子宫
Q51.400　单角子宫
Q51.501　先天性宫颈缺如
Q51.502　先天性宫颈不发育
Q51.600　宫颈胚胎性囊肿
Q51.701　先天性子宫尿道瘘
Q51.702　先天性子宫直肠瘘
Q51.800x007　先天性子宫内膜缺如
Q51.800x011　子宫横隔
Q51.800x012　子宫斜隔
Q51.801　先天性宫颈发育不良
Q51.802　弓形子宫
Q51.803　先天性残角子宫
Q51.804　先天性宫颈闭锁
Q51.805　先天性宫颈隔
Q51.806　先天性宫颈狭窄
Q51.808　子宫发育不全
Q51.900　子宫和宫颈先天性畸形
Q51.901　先天性宫颈畸形
Q52.000　先天性无阴道
Q52.101　阴道斜隔
Q52.103　阴道纵隔
Q52.104　阴道横膈
Q52.200　先天性直肠阴道瘘
Q52.300　处女膜闭锁
Q52.400x006　阴道苗勒管囊肿
Q52.400x007　阴道加特纳囊肿
Q52.401　阴道腺病
Q52.402　先天性阴道闭锁
Q52.403　先天性阴道狭窄
Q52.404　先天性阴道努克管囊肿
Q52.405　处女膜过长
Q52.406　尿道口处女膜病
Q52.407　伞状尿道口处女膜病
Q52.408　先天性处女膜增厚
Q52.500x001　先天性小阴唇粘连
Q52.601　先天性阴蒂肥大
Q52.700x003　先天性阴唇肥厚
Q52.700x004　先天性外阴缺如
Q52.700x005　先天性直肠会阴瘘
Q52.701　女性会阴发育异常
Q52.702　女性外阴发育异常
Q52.703　先天性外阴囊肿
Q52.800x004　女性中肾管囊肿
Q52.901　女性生殖道畸形综合征
Q53.000　异位睾丸
Q53.000x002　单侧睾丸异位
Q53.000x003　双侧睾丸异位
Q53.100　单侧睾丸未降
Q53.100x001　单侧睾丸下降不全
Q53.101　单侧腹股沟型隐睾
Q53.102　单侧腹腔型隐睾

Q53.200　双侧睾丸未降
Q53.200x001　双侧睾丸下降不全
Q53.201　双侧腹腔型隐睾
Q53.202　双侧腹股沟型隐睾
Q53.900　睾丸未降
Q53.901　睾丸下降不全
Q53.902　隐睾
Q54.000　尿道下裂，龟头的
Q54.001　先天性尿道冠状沟下裂
Q54.100　阴茎部尿道下裂
Q54.200　阴茎阴囊部尿道下裂
Q54.300　会阴部尿道下裂
Q54.400　先天性痛性阴茎勃起
Q54.800　尿道下裂，其他的
Q54.900　尿道下裂
Q54.901　尿道旁裂
Q55.001　睾丸不发育
Q55.002　睾丸退化
Q55.003　先天性单睾丸
Q55.004　睾丸缺如
Q55.100x002　先天性睾丸发育不良
Q55.101　睾丸融合
Q55.200x901　多睾畸形
Q55.201　先天性男性中肾管囊肿
Q55.202　移行睾丸
Q55.203　先天性可回缩睾丸
Q55.300　输精管闭锁
Q55.400x006　先天性附睾缺如
Q55.400x008　前列腺膀胱内异位
Q55.401　先天性输精管缺失
Q55.402　先天性附睾分离
Q55.403　输精管发育不良
Q55.404　男性莫尔加尼囊肿
Q55.405　前列腺缺如
Q55.501　阴茎不发育
Q55.502　阴茎缺如
Q55.600x007　重复阴茎
Q55.600x008　双阴茎头畸形
Q55.600x009　阴茎系带短缩
Q55.601　阴茎发育不全
Q55.602　小阴茎
Q55.603　先天性阴茎屈曲畸形
Q55.604　先天性阴茎下弯
Q55.605　先天性包皮囊肿
Q55.606　隐匿性阴茎
Q55.800　男性生殖器官其他特指的先天性畸形
Q55.800x001　前列腺囊
Q55.801　先天性阴茎阴囊融合
Q55.802　阴茎阴囊转位
Q55.900　男性生殖器官先天性畸形
Q55.901　男性生殖器官发育不全
Q56.000　两性畸形，不可归类在他处者
Q56.001　女性男性化
Q56.002　卵睾体
Q56.100　男性假两性畸形，不可归类在他处者
Q56.200　女性假两性畸形，不可归类在他处者
Q56.300　假两性畸形
Q56.400　性别不清

表6-3-173

Q60.000　单侧肾缺如
Q60.100　双侧肾缺如
Q60.200　肾缺如
Q60.300　单侧肾发育不全
Q60.400　双侧肾发育不全
Q60.400x001　双侧肾不发育
Q60.500　肾发育不全
Q60.501　先天性肾萎缩
Q60.600　波特综合征
Q61.000　先天性单个肾囊肿
Q61.100　多囊肾，常染色体隐性
Q61.200　多囊肾，常染色体显性
Q61.300　多囊肾
Q61.400　肾发育不良
Q61.401　肾多囊性发育不良
Q61.402　多囊肾（进展型）
Q61.403　多囊性肾病
Q61.404　多囊肾发育不良
Q61.500　髓部囊性肾
Q61.800　囊性肾病，其他的
Q61.801　先天性纤维囊性肾
Q61.900　囊性肾病
Q61.901　麦克尔-格鲁贝尔综合征
Q62.000　先天性肾盂积水
Q62.100　输尿管闭锁和狭窄
Q62.100x802　先天性单侧输尿管闭锁
Q62.100x902　先天性双侧输尿管闭锁
Q62.101　先天性肾盂输尿管连接部梗阻
Q62.103　先天性输尿管膀胱开口处狭窄
Q62.104　先天性输尿管狭窄

Q62.200　先天性巨输尿管
Q62.201　先天性输尿管扩张
Q62.202　单纯性输尿管膨出
Q62.300x101　异位输尿管疝
Q62.300x301　先天性输尿管息肉
Q62.300x901　先天性输尿管疝
Q62.300x902　先天性梗阻性肾病
Q62.300x903　先天性泌尿道梗阻
Q62.300x904　肾盂输尿管连接部瓣膜
Q62.300x905　输尿管瓣膜
Q62.301　先天性输尿管积水
Q62.400　输尿管缺如
Q62.400x001　先天性输尿管不发育
Q62.400x002　先天性无输尿管
Q62.500　重复输尿管
Q62.600　输尿管错位
Q62.601　下腔静脉后输尿管
Q62.602　先天性输尿管开口移位
Q62.700　先天性膀胱-输尿管-肾反流
Q62.700x001　先天性膀胱输尿管反流
Q62.700x101　先天性单侧膀胱输尿管反流
Q62.700x201　先天性双侧膀胱输尿管反流
Q62.800　输尿管的其他先天性畸形
Q63.000　副肾
Q63.001　重复肾
Q63.002　双肾双肾盂
Q63.101　融合肾
Q63.102　马蹄形肾
Q63.103　分叶肾
Q63.200　异位肾
Q63.201　肾旋转不良
Q63.203　异位肾盂
Q63.301　先天性巨大肾
Q63.302　先天性增生性肾
Q63.800x101　先天性肾盏憩室
Q63.800x902　双肾盂
Q63.801　先天性肾结石
Q63.900　肾先天性畸形
Q64.000　尿道上裂
Q64.100　膀胱外翻
Q64.100x091　异位膀胱
Q64.200　先天性后尿道瓣
Q64.200x001　尿道瓣膜
Q64.200x021　前尿道瓣膜
Q64.301　先天性尿道瓣膜性狭窄
Q64.302　先天性尿道闭锁
Q64.303　先天性尿道狭窄
Q64.304　先天性膀胱尿道口处狭窄
Q64.400x301　先天性脐尿管憩室
Q64.400x902　先天性脐尿管脱垂
Q64.401　脐尿管瘘
Q64.402　脐尿管囊肿
Q64.403　脐尿管未闭
Q64.501　尿道缺如
Q64.502　膀胱缺如
Q64.600　先天性膀胱憩室
Q64.700x201　先天性膀胱脱垂
Q64.700x601　先天性巨尿道
Q64.700x701　巨膀胱-巨输尿管综合征
Q64.700x801　先天性尿道空洞性脊髓突出
Q64.700x901　先天性脐膀胱瘘
Q64.700x902　先天性膀胱疝
Q64.700x904　先天性尿道粘膜脱垂
Q64.701　先天性尿道畸形
Q64.702　双尿道
Q64.703　双尿道口
Q64.704　先天性尿道直肠瘘
Q64.705　先天性尿道憩室
Q64.706　异位尿道口
Q64.707　双膀胱
Q64.708　先天性尿道膨出
Q64.800x001　先天性尿道旁裂
Q64.900　泌尿系统先天性畸形

表6-3-174

Q65.000　先天性髋脱位，单侧
Q65.100　先天性髋脱位，双侧
Q65.200　先天性髋脱位
Q65.300　先天性髋半脱位，单侧
Q65.400　先天性髋半脱位，双侧
Q65.500　先天性髋半脱位
Q65.600　不稳定髋
Q65.600x011　先天性单侧髋关节不稳定
Q65.600x021　先天性双侧髋关节不稳定
Q65.800x004　先天性髋关节外展挛缩
Q65.801　先天性髋关节发育不良
Q65.802　先天性髋臼发育不良
Q65.803　先天性髋内翻
Q65.804　先天性髋外翻
Q65.900　髋先天性变形

Q66.000　马蹄内翻足
Q66.100　仰趾内翻足
Q66.200　内翻跖
Q66.300　足的其他先天性内翻变形
Q66.400　仰趾外翻足
Q66.500　先天性平足
Q66.600　足的其他先天性外翻变形
Q66.601　先天性马蹄外翻足
Q66.700　高弓足
Q66.701　先天性第四跖骨短畸形
Q66.702　先天性弓形足
Q66.800x006　先天性垂直距骨
Q66.800x007　先天性足副舟骨
Q66.800x008　先天性跟距骨桥
Q66.800x009　先天性跗骨畸形
Q66.800x010　先天性趾畸形
Q66.800x012　先天性跖骨内收
Q66.800x013　先天性跖骨短缩
Q66.800x014　先天性跗骨联合
Q66.800x015　小趾内翻
Q66.800x016　第5跖骨外翻
Q66.801　先天性足畸形
Q66.802　先天性锤状趾
Q66.803　先天性马蹄足
Q66.804　先天性外翻
Q66.805　先天性仰趾足
Q66.900　足先天性变形
Q67.000　面不对称
Q67.100　面受压［扁脸］
Q67.100x001　先天性面中部凹陷
Q67.200　长头
Q67.300　斜形头
Q67.400x202　先天性鼻中隔气化
Q67.400x906　先天性颌骨缺损
Q67.401　先天性塌鼻
Q67.402　先天性颅骨凹陷
Q67.403　先天性鼻中隔偏曲
Q67.404　先天性半面萎缩
Q67.405　半侧小面畸形
Q67.406　先天性扁鼻
Q67.407　先天性驼峰鼻
Q67.500　脊柱先天性变形
Q67.501　先天性脊柱侧凸
Q67.502　先天性脊柱后凸侧弯
Q67.503　先天性姿势性脊柱侧凸
Q67.600　漏斗胸
Q67.700　鸡胸
Q67.800x001　先天性胸廓畸形
Q67.801　剑突畸形
Q67.802　先天性胸壁变形
Q68.001　先天性胸锁乳突肌性斜颈
Q68.002　先天性斜颈
Q68.100　手先天性变形
Q68.100x002　先天性杵状指
Q68.100x009　先天性拇指发育不良
Q68.100x010　先天性拇指内收畸形
Q68.101　先天性铲状手
Q68.102　先天性指畸形
Q68.103　先天性爪形手
Q68.104　先天性分裂手
Q68.200　膝先天性变形
Q68.201　先天性膝关节脱位
Q68.300　先天性股骨弯曲
Q68.300x001　先天性弓形股骨
Q68.300x002　先天性股骨短缩畸形
Q68.401　先天性腓骨弯曲
Q68.402　先天性胫骨弯曲
Q68.500　先天性腿长骨弯曲
Q68.501　先天性弓形腿
Q68.800x006　先天性桡骨小头半脱位
Q68.800x014　先天性前臂畸形
Q68.800x015　先天性桡骨畸形
Q68.800x016　先天性尺骨畸形
Q68.800x018　先天性胫骨假关节
Q68.800x019　先天性腓骨假关节
Q68.800x020　先天性胫腓骨假关节
Q68.800x021　先天性腕关节半脱位
Q68.800x022　先天性尺桡关节脱位
Q68.800x023　先天性肘关节挛缩
Q68.800x024　先天性多发性关节挛缩症
Q68.800x025　先天性下肢关节挛缩
Q68.801　先天性关节畸形
Q68.802　先天性肩关节脱位
Q68.803　先天性高肩胛症
Q68.804　先天性肩胛骨变形
Q68.805　先天性锁骨变形
Q68.807　先天性上肢畸形
Q68.808　先天性肘关节发育不良
Q68.809　先天性肘关节畸形
Q68.810　先天性肘关节脱位

Q68.811　先天性肘外翻
Q68.812　先天性下肢畸形
Q68.813　先天性踝关节畸形
Q69.000　副指
Q69.100　副拇指
Q69.200　副趾
Q69.200x001　副蹞趾
Q69.900x001　多指
Q69.900x002　多趾
Q70.000　指融合
Q70.001　先天性并指伴骨连接
Q70.100　蹼状指
Q70.200　趾融合
Q70.201　先天性并趾伴骨连接
Q70.300　蹼状趾
Q70.400x001　并指和多指
Q70.400x002　并趾和多趾
Q70.900x001　并指
Q70.900x002　并趾
Q70.901　指关节粘连
Q71.000　上肢先天性完全缺如
Q71.100　上臂和前臂先天性缺如伴有手的存在
Q71.200x001　先天性前臂缺如
Q71.200x002　先天性手缺如
Q71.300x021　先天性拇指缺如
Q71.300x031　先天性指缺如
Q71.301　先天性掌骨缺如
Q71.400　桡骨纵向短小缺陷
Q71.401　先天性桡骨缺如
Q71.500　尺骨纵向短小缺陷
Q71.501　先天性尺骨缺如
Q71.600　虾爪状手
Q71.801　先天性短上肢
Q71.802　先天性桡尺骨缺如
Q71.900　上肢短小缺陷
Q72.000　下肢先天性完全缺如
Q72.000x001　先天性单侧下肢完全缺如
Q72.100　大腿和小腿先天性缺如伴有足的存在
Q72.200　小腿和足先天性缺如
Q72.300x301　先天性趾缺如
Q72.300x302　先天性单足缺如
Q72.400　股骨纵向短小缺陷
Q72.400x001　先天性股骨头缺如
Q72.400x002　先天性股骨近端局灶性缺损
Q72.401　先天性股骨缺如
Q72.500　胫骨纵向短小缺陷
Q72.501　先天性胫骨缺如
Q72.600　腓骨纵向短小缺陷
Q72.601　先天性腓骨缺如
Q72.700　足裂
Q72.800　下肢的其他短小缺陷
Q72.800x002　先天性股骨发育不良
Q72.800x003　股骨滑车发育不良
Q72.900　下肢短小缺陷
Q73.000　四肢先天性缺如
Q73.100　四肢短肢［海豹肢畸形］
Q73.800　四肢其他短小缺陷
Q74.000x902　先天性肘内翻
Q74.000x906　先天性上肢骨发育异常
Q74.000x907　先天性扳机指
Q74.001　马德隆畸形
Q74.002　锁骨颅骨发育不良
Q74.003　肩胛骨发育异常
Q74.004　先天性锁骨假关节
Q74.005　先天性尺桡关节融合
Q74.007　副腕骨
Q74.008　细长指
Q74.009　先天性巨指
Q74.010　先天性狭窄性腱鞘炎
Q74.100x004　先天性膝关节发育不良
Q74.100x006　先天性二分髌骨
Q74.101　先天性膝内翻
Q74.102　先天性膝外翻
Q74.103　先天性发育不全髌骨
Q74.104　先天性高位髌骨
Q74.105　先天性髌骨缺如
Q74.106　先天性髌骨脱位
Q74.200x001　先天性股骨颈纤维结构不良
Q74.200x003　先天性骶骨假关节
Q74.200x004　先天性胫骨纤维结构不良
Q74.200x005　先天性耻骨分离
Q74.200x006　先天性腓骨结构不良
Q74.201　先天性骶髂关节融合
Q74.202　先天性胫腓骨纤维结构不良
Q74.203　先天性下肢骨假关节
Q74.204　先天性巨趾
Q74.300　先天性多发性关节弯曲
Q74.300x001　居林-施特恩综合征［Guerin-Stern 综合征］
Q74.800x001　先天性短指畸形

Q74.800x201　先天性单侧下肢肥大症
Q74.800x202　先天性单侧上肢肥大症
Q74.800x203　偏侧肢体肥大
Q74.800x301　先天性四肢生长缓慢
Q74.800x401　先天性四肢生长不对称
Q74.800x402　先天性上肢生长不对称
Q74.800x403　先天性下肢生长不对称
Q74.800x501　拉森综合征［Larsen综合征］
Q74.801　先天性偏侧肢体肥大
Q74.900　四肢先天性畸形
Q75.000　颅缝早闭
Q75.001　先天性尖头
Q75.002　先天性三角头
Q75.100　颅面骨发育不全
Q75.101　克鲁宗病
Q75.200　器官距离过远
Q75.200x001　眶距增宽症
Q75.300　大头畸形
Q75.400　下颌骨颜面发育不全
Q75.400x001　颌面骨发育不全及耳聋综合征［TreacherCollins综合征］
Q75.500　眼下颌发育不全
Q75.800x101　颅面裂
Q75.800x902　先天性颅骨缺损
Q75.801　先天性面骨畸形
Q75.802　扁平颅底
Q75.803　颅底凹陷症
Q75.804　颅裂畸形
Q75.805　先天性额骨变形
Q75.806　先天性前额畸形
Q75.807　先天性茎突过长
Q75.808　鸟嘴综合征
Q75.809　先天性枕骨大孔区畸形
Q75.900　颅和面骨先天性畸形
Q75.900x001　先天性头颅凹陷
Q75.900x002　先天性头颅畸形
Q75.900x005　先天性颌骨畸形
Q76.000　隐性脊柱裂
Q76.000x002　先天性颈椎峡部裂
Q76.000x003　先天性腰椎峡部裂
Q76.000x004　先天性腰椎隐裂
Q76.000x005　先天性腰骶椎隐裂
Q76.001　隐性骶裂
Q76.100　先天性短颈综合征
Q76.100x004　先天性环枕融合
Q76.200　先天性脊椎前移症
Q76.200x103　先天性腰椎体滑脱
Q76.201　先天性脊柱脱位
Q76.202　先天性脊椎滑脱
Q76.203　先天性腰骶脊椎前移症
Q76.300　骨先天性畸形引起的先天性脊柱侧弯
Q76.300x011　先天性脊柱侧弯半椎体畸形
Q76.400x101　先天性半椎体畸形
Q76.400x102　先天性椎骨缺如
Q76.400x201　先天性第一骶椎腰化
Q76.400x203　先天性骶椎腰化
Q76.400x301　先天性寰枢椎脱位
Q76.400x302　先天性颈椎脱位
Q76.400x303　颈椎横突过长
Q76.400x304　环椎椎弓发育不全
Q76.400x305　先天性环椎后弓肥大
Q76.400x306　先天性齿状突发育不良
Q76.400x307　先天性移行椎
Q76.400x308　先天性胸椎腰化
Q76.400x310　先天性椎管狭窄
Q76.400x313　先天性骶椎畸形
Q76.400x324　腰椎椎体后缘续连症
Q76.400x903　先天性脊柱畸形
Q76.400x905　先天性直背综合征
Q76.400x906　先天性脊柱前凸
Q76.401　先天性寰枕畸形
Q76.402　先天性寰枢椎畸形
Q76.403　先天性颈椎畸形
Q76.404　先天性颈椎体融合
Q76.405　先天性齿突发育不良
Q76.406　先天性齿状突移位
Q76.407　先天性颈椎横突过长
Q76.408　先天性脊柱融合
Q76.409　先天性脊柱扁椎骨
Q76.412　先天性脊柱后凸畸形
Q76.413　先天性脊椎缺失
Q76.414　先天性胸椎畸形
Q76.415　先天性椎板闭合不全
Q76.416　先天性胸椎脱位
Q76.417　先天性腰椎畸形
Q76.418　先天性第五腰椎骶化
Q76.419　先天性尾骨畸形
Q76.500　颈肋
Q76.600x101　先天性肋骨缺如
Q76.600x301　副肋

Q76.600x901　先天性肋骨外翻
Q76.600x902　先天性叉状肋
Q76.600x903　先天性肋骨畸形
Q76.600x904　肋骨纤维性结构不良
Q76.601　先天性分叉肋
Q76.602　先天性肋骨融合
Q76.700　胸骨先天性畸形
Q76.700x101　先天性胸骨缺如
Q76.700x201　先天性胸骨裂
Q76.700x902　剑突过长综合征
Q76.800　胸廓的其他先天性畸形
Q76.900　胸廓先天性畸形
Q77.000　软骨成长不全
Q77.100　致死性身材矮小症
Q77.200　短肋综合征
Q77.201　窒息性胸廓发育不良
Q77.300　点状软骨发育不良
Q77.301　先天性多发性骨骺发育不良
Q77.400　软骨发育不全
Q77.500　弯曲变形性发育不良（骨骼）
Q77.600　软骨外胚层发育不良
Q77.700　脊椎骨骺发育不良
Q77.701　进行性假性类风湿发育不良症
Q77.800　骨软骨发育不良伴有管状骨和脊柱发育缺陷，其他的
Q77.801　Leri-Weill综合征
Q77.900　骨软骨发育不良伴有管状骨和脊柱发育缺陷
Q78.000　成骨不全
Q78.100　多骨纤维性结构不良
Q78.100x001　先天性弥漫性纤维性骨炎
Q78.100x002　多发性骨纤维发育不良伴性早熟综合征［Albright综合征］
Q78.200　骨硬化症
Q78.201　播散性骨硬化病
Q78.300　进行性骨干发育异常
Q78.400　内生软骨瘤病
Q78.400x002　先天性膝关节滑膜骨软骨瘤病
Q78.400x006　先天性多发性骨软骨瘤
Q78.401　奥利埃病
Q78.403　马富奇综合征
Q78.404　先天性髋关节滑膜骨软骨瘤病
Q78.405　先天性膝滑膜骨软骨瘤病
Q78.500　干骺端发育不良
Q78.500x001　派尔综合征［Pyle综合征］
Q78.600　多发性先天性外生骨疣
Q78.600x002　骨干续连症
Q78.800　骨软骨发育不良，其他特指的
Q78.900　骨软骨发育不良
Q78.900x001　软骨营养障碍
Q78.900x002　先天性软骨增生
Q78.900x003　增生性软骨营养障碍
Q78.900x004　骨骼发育不良
Q78.901　多发性骨骼发育不全
Q79.000　先天性膈疝
Q79.101　先天性膈畸形
Q79.102　先天性膈膨升
Q79.103　先天性膈缺如
Q79.200　脐疝
Q79.201　先天性脐膨出
Q79.300　腹裂
Q79.301　先天性腹壁缺损
Q79.400　干梅腹综合征
Q79.500　腹壁的其他先天性畸形
Q79.501　先天性脐畸形
Q79.600　埃勒斯-当洛斯综合征
Q79.800x004　先天性跟腱短缩
Q79.800x005　胸大肌缺损并指综合征［Poland综合征］
Q79.800x006　先天性束带畸形
Q79.800x007　纤维肌性发育不良
Q79.801　肯林卡综合征
Q79.803　波伦综合征
Q79.804　先天性肌萎缩
Q79.805　先天性胸大肌缺如
Q79.900　肌肉骨骼系统先天性畸形

表6-3-175

Q80.000　寻常性鱼鳞病
Q80.100　性联鱼鳞病
Q80.200　片层状鱼鳞癣
Q80.200x002　胶样婴儿
Q80.300　先天性大疱性鱼鳞病样红皮病
Q80.400　斑色胎儿
Q80.800　先天性鱼鳞病，其他的
Q80.800x001　非大疱型红皮病型鱼鳞病
Q80.900　先天性鱼鳞病
Q81.000　单纯性大疱性表皮松解症
Q81.100　致死性大疱性表皮松解症
Q81.200　营养不良性大疱性表皮松解症

Q81.800　大疱性表皮松解症，其他的
Q81.900　大疱性表皮松解症
Q82.000　遗传性淋巴水肿
Q82.100　着色性干皮病
Q82.200　肥大细胞增生病
Q82.201　色素性荨麻疹
Q82.300　色素失调症
Q82.400　外胚层发育不良症（无汗的）
Q82.500x005　蒙古斑
Q82.501　单侧痣
Q82.502　粉刺样痣
Q82.503　葡萄酒色斑
Q82.504　葡萄酒色痣
Q82.505　胎记
Q82.506　血管痣
Q82.507　疣状表皮痣
Q82.508　小汗腺痣
Q82.800x001　先天性弹性纤维假黄瘤
Q82.800x003　先天性掌跖角化病
Q82.800x004　先天性掌皱褶异常
Q82.800x006　先天性腋蹼
Q82.800x010　毛发苔藓
Q82.800x011　先天性面部皮肤松弛
Q82.800x015　血管瘤病
Q82.800x016　全身性血管瘤病
Q82.800x017　大头、假性视盘水肿及多发性血管瘤病
Q82.800x018　遗传性对称性色素异常症
Q82.800x019　类着色性干皮病
Q82.801　蓝色橡皮-疱痣综合征
Q82.802　良性家族性天疱疮
Q82.803　毛囊角化病
Q82.804　汗管角化症
Q82.805　疣状肢端角化症
Q82.806　遗传性掌跖角化症
Q82.807　先天性皮肤赘片
Q82.808　异常手掌皱褶
Q82.809　弹性组织瘤
Q82.810　弹性纤维假黄瘤
Q82.811　血管内血管瘤病
Q82.812　肺毛细血管瘤病
Q82.900　皮肤先天性畸形
Q83.000　先天性无乳房和乳头
Q83.100　副乳房
Q83.100x001　副乳腺囊性增生
Q83.100x002　副乳腺腺病
Q83.200　无乳头
Q83.300　副乳头
Q83.800x004　先天性小乳
Q83.800x005　先天性乳头肥大
Q83.801　乳房异位
Q83.802　先天性乳头内陷
Q83.803　乳房发育不良
Q83.900　乳房先天性畸形
Q84.000　先天性秃发
Q84.100　先天性毛发形态障碍，不可归类在他处者
Q84.101　先天性念珠状发
Q84.200　毛发的其他先天性畸形
Q84.201　先天性多毛症
Q84.202　先天性眉畸形
Q84.300　甲缺如
Q84.400　先天性白甲
Q84.500　指甲增大和增生
Q84.501　先天性甲肥厚
Q84.502　趾甲增大和增生
Q84.600x001　先天性趾甲畸形
Q84.600x002　先天性指甲畸形
Q84.600x003　先天性反甲
Q84.600x004　先天性杵状甲
Q84.601　先天性甲营养不良
Q84.602　趾甲的其他先天性畸形
Q84.800x012　先天性皮肤缺失
Q84.801　先天性皮肤发育不全
Q84.900　体被先天性畸形
Q85.000　神经纤维瘤病（非恶性）
Q85.100　结节性硬化症
Q85.801　息肉-色素沉着-脱发-爪甲营养不良综合征
Q85.802　波伊茨-耶格综合征
Q85.804　冯·希佩尔-林道综合征
Q85.805　斯特奇-卡利舍-韦伯综合征
Q85.806　脑膜血管瘤病
Q85.900　斑痣性错构瘤病
Q85.900x002　肠错构瘤
Q85.900x006　甲状腺错构瘤
Q85.900x008　前臂错构瘤
Q85.900x009　乳房错构瘤
Q85.900x012　面部错构瘤
Q85.900x013　肾错构瘤破裂出血

Q85.900x014　足错构瘤
Q85.900x015　胸壁错构瘤
Q85.900x016　外阴错构瘤
Q85.900x019　胆囊错构瘤
Q85.900x022　神经皮肤综合征
Q85.900x023　横纹肌间质错构瘤
Q85.900x024　毛囊皮脂腺囊性错构瘤
Q85.900x025　毛盘瘤
Q85.900x026　念珠状错构瘤
Q85.900x027　平滑肌错构瘤
Q85.900x028　神经毛囊错构瘤
Q85.900x029　先天性中胚叶肾瘤
Q85.900x030　下肢错构瘤
Q85.900x031　外耳道错构瘤
Q85.900x032　精囊错构瘤
Q85.900x034　背部错构瘤
Q85.900x035　腮腺错构瘤
Q85.900x036　腹壁错构瘤
Q85.900x037　耳错构瘤
Q85.900x038　腭部错构瘤
Q85.900x039　膝部错构瘤
Q85.900x040　肢体错构瘤
Q85.900x041　颅内错构瘤
Q85.900x042　下丘脑错构瘤病
Q85.900x043　硬脊膜下错构瘤
Q85.900x044　胆管错构瘤
Q85.900x045　盆腔错构瘤
Q85.900x046　眼睑错构瘤
Q85.900x047　会阴错构瘤
Q85.900x048　小汗腺血管错构瘤
Q85.900x049　色素血管性斑痣性错构瘤病
Q85.900x051　骨错构瘤
Q85.900x052　椎管内错构瘤
Q85.900x057　软骨间叶性错构瘤
Q85.901　肺错构瘤
Q85.902　腹膜后错构瘤
Q85.903　肾错构瘤
Q85.904　支气管错构瘤
Q85.905　鼻错构瘤
Q85.906　胃错构瘤
Q85.907　脾错构瘤
Q85.908　胸膜错构瘤
Q85.909　错构瘤病
Q85.910　脑错构瘤
Q85.911　肝错构瘤
Q85.912　胰腺错构瘤
Q85.913　结肠错构瘤
Q85.914　婴儿纤维性错构瘤
Q85.915　乳腺错构瘤
Q86.000　胎儿酒精综合征（畸形的）
Q86.100　胎儿乙内酰脲综合征
Q86.200　苄丙酮香豆素引起的同质异形
Q86.800　已知的外源性原因引起的其他先天性畸形综合征
Q87.000x201　阿佩尔综合征［Apert综合征］
Q87.000x301　隐眼综合征［Frasher综合征］
Q87.000x501　哈勒曼-斯特雷夫综合征［Hallerman-Streiff综合征］
Q87.000x904　腭心面综合征［Velo-Cardio-Facia综合征］
Q87.000x905　歌舞伎面谱综合征［Kabuki综合征］
Q87.000x906　默比乌斯综合征［Moebius综合征］
Q87.000x907　短指-球状晶体异位综合征［马尔凯萨尼综合征］
Q87.000x909　口-面-指综合征
Q87.001　戈尔登哈尔综合征
Q87.002　马尔凯萨尼（-魏尔）综合征
Q87.003　皮-罗综合征
Q87.004　哨型面综合征
Q87.005　先天性隐眼综合征
Q87.006　第一二腮弓发育不良
Q87.100x601　塞克尔综合征［Seckel综合征］
Q87.100x701　史密斯-莱尔米-奥皮茨综合征［Smith-Lemli-Opitz综合征］
Q87.100x901　奥斯科格综合征［Aarskog综合征］
Q87.100x903　罗比诺-西尔弗曼-史密斯综合征［Robinow-Silverman-Smith综合征］
Q87.100x904　面部红斑侏儒综合征［Bloom综合征］
Q87.101　德朗热综合征
Q87.102　杜博维茨综合征
Q87.103　科凯恩综合征
Q87.104　鲁塞尔-西尔弗综合征
Q87.105　努南综合征
Q87.106　普拉德-威利综合征
Q87.200　主要涉及四肢的先天性畸形综合征
Q87.200x601　桡骨发育不全-血小板减少综合征［TAR综合征］
Q87.200x701　VATER综合征
Q87.202　甲-髌综合征
Q87.203　克利佩尔-特脑纳-韦伯综合征

Q87.204　鲁宾斯坦-塔比综合征
Q87.300x301　韦弗综合征［Weaver综合征］
Q87.300x901　普罗特斯综合征［Proteus综合征］
Q87.300x902　CLOVES综合征
Q87.301　贝克威思-威德曼综合征
Q87.302　索托斯综合征
Q87.400　马方综合征
Q87.500　其他先天性畸形综合征，伴有其他骨改变
Q87.800　其他先天性畸形综合征，不可归类在他处者
Q87.800x301　脑肝肾综合征［Bowen-Lee-Zellweger综合征］
Q87.800x902　Frasier综合征
Q87.800x903　Denys-Drash综合征
Q87.800x905　Cantrell综合征
Q87.800x907　豹皮综合征［Leopard综合征］
Q87.800x910　肥胖视网膜变性糖尿病综合征［Alstrom综合征］
Q87.800x911　劳-穆-比［Laurence-Moon-Biedl］综合征
Q87.801　奥尔波特综合征
Q87.802　策尔韦格综合征
Q87.803　颈-眼-听神经综合征
Q87.805　类马方综合征
Q87.806　先天性歪嘴哭综合征
Q87.807　性幼稚-肥胖-多趾畸形综合征
Q87.808　甲状旁腺功能减低-感音神经性耳聋-肾发育不良综合征
Q87.809　Williams综合征
Q89.000　脾先天性畸形
Q89.001　多囊脾
Q89.002　副脾
Q89.003　先天性脾大
Q89.004　先天性脾缺如
Q89.100　肾上腺先天性畸形
Q89.101　异位肾上腺
Q89.200x012　先天性垂体发育异常
Q89.200x203　副甲状腺
Q89.200x204　甲状腺下降不全
Q89.200x601　胸腺发育不全
Q89.201　垂体发育不良
Q89.202　甲状舌管囊肿
Q89.203　异位甲状腺
Q89.205　异位甲状旁腺
Q89.206　甲状舌管瘘
Q89.207　异位垂体
Q89.208　异位胸腺
Q89.209　先天性胸腺囊肿
Q89.300　内脏反位
Q89.300x001　内脏移位
Q89.301　卡塔格内综合征
Q89.302　原发性纤毛运动障碍综合征
Q89.400　联体儿
Q89.700　多发性先天性畸形，不可归类在他处者
Q89.800x903　唇部淋巴管畸形
Q89.800x904　颈部淋巴管畸形
Q89.800x905　口腔淋巴管畸形
Q89.800x906　腮腺淋巴管畸形
Q89.800x907　舌淋巴管畸形
Q89.800x908　头面颈淋巴管畸形
Q89.800x909　咽淋巴管畸形
Q89.800x910　胸导管发育不全
Q89.800x911　上肢淋巴管发育不全
Q89.800x912　下肢淋巴管发育不全
Q89.801　先天性淋巴管畸形
Q89.900　先天性畸形
Q89.901　离子通道病

表6-3-176

Q90.000　三体性21，减数分裂不分离，唐氏综合征
Q90.100　三体性21，（同源）嵌合体（有丝分裂不分离），唐氏综合征
Q90.200　三体性21，易位，唐氏综合征
Q90.900　唐氏综合征［先天愚型］
Q91.000　三体性18，减数分裂不分离，爱德华兹综合征
Q91.100　三体性18，（同源）嵌合体（有丝分裂不分离），爱德华兹综合征
Q91.200　三体性18，易位，爱德华兹综合征
Q91.300　爱德华兹综合征
Q91.400　三体性13，减数分裂不分离，帕套综合征
Q91.500　三体性13，（同源）嵌合体（有丝分裂不分离），帕套综合征
Q91.600　三体性13，易位，帕套综合征
Q91.700　帕套综合征
Q92.000　全染色体三体性，减数分裂不分离
Q92.100　全染色体三体性，（同源）嵌合体（有丝

分裂不分离）
Q92.200　常染色体大部分三体性
Q92.300　常染色体小部分三体性
Q92.400　常染色体仅出现于前中期的重复
Q92.500　常染色体伴有其他复杂性重排的重复
Q92.600　常染色体额外标记染色体
Q92.700　常染色体三倍体和多倍体
Q92.800　常染色体其他特指的三体性和部分三体型
Q92.900　常染色体三体性和部分三体型
Q93.000　全染色体单体性，减数分裂不分离
Q93.100　全染色体单体性，（同源）嵌合体（有丝分裂不分离）
Q93.200　环状染色体或双着丝粒染色体替换
Q93.300　染色体4短臂缺失
Q93.400　染色体5短臂缺失
Q93.500　染色体其他部分缺失
Q93.500x001　22号染色体缺如综合征
Q93.501　天使综合征
Q93.600　常染色体仅出现于前中期的缺失
Q93.700　常染色体缺失伴有其他复杂性的重排
Q93.800　常染色体的其他缺失
Q93.900　常染色体的缺失
Q95.000　正常个体中平衡易位和插入
Q95.100　正常个体中染色体倒位
Q95.200　异常个体中平衡常染色体重排
Q95.300　异常个体中平衡性染色体或常染色体重排
Q95.400　具有标记异染色质的个体
Q95.500　具有常染色体脆性位点的个体
Q95.800　平衡重排和结构标记，其他的
Q95.900　平衡重排和结构标记
Q96.000　核型45，X，特纳综合征
Q96.100　核型46，X同种（Xq），特纳综合征
Q96.200　核型46，X，伴有异常的性染色体，除外同种（Xq），特纳综合征
Q96.300　同源嵌合体，45，X/46，XX或XY，特纳综合征
Q96.400　同源嵌合体，45，X/其他细胞系，伴有异常的性染色体，特纳综合征
Q96.800　特纳综合征的其他变型
Q96.900　特纳综合征
Q97.000　染色体核型47，XXX
Q97.100　女性，伴有多于三个X染色体的
Q97.200　同源嵌合体，细胞系伴有不同数量的X染色体
Q97.300　女性，染色体伴有46，XY核型
Q97.800　性染色体异常，其他特指的，女性表型
Q97.900　性染色体异常，女性表型
Q98.000　克兰费尔特综合征，核型47，XXY
Q98.100　克兰费尔特综合征，男性，伴有多于两个X染色体的
Q98.200　克兰费尔特综合征，男性，伴有46，XX核型的
Q98.300　男性，染色体伴有46，XX核型的，其他的
Q98.400　克兰费尔特综合征
Q98.500　核型47，XYY
Q98.600　男性，伴有结构异常的性染色体
Q98.700　男性，伴有性染色体（同源）嵌合体
Q98.800　性染色体异常，其他特指的，男性表型
Q98.900　性染色体异常，男性表型
Q99.000　异源嵌合体46，XX/46，XY
Q99.100　46，XX真两性同体
Q99.100x003　46，XY性发育异常
Q99.101　单纯性性腺发育不全
Q99.102　单纯性性腺发育障碍症
Q99.200　脆性X染色体
Q99.800　染色体异常，其他特指的
Q99.801　性发育畸形
Q99.802　Wolfram综合征
Q99.900　染色体异常

表6-3-177

R00.000　心动过速
R00.001　窦性心动过速
R00.100　心动过缓
R00.100x001　窦性心动过缓
R00.200　心悸
R00.300　无脉电活动，不可归类在他处者
R00.800　心脏搏动异常，其他和未特指的
R00.800x001　三联律
R00.800x003　四联律
R00.801　心脏搏动异常
R01.000　良性和无害的心脏杂音
R01.100　心脏杂音
R01.200x003　心前区摩擦音
R02.x00　坏疽，不可归类在他处者
R03.001　应激性高血压
R03.100　非特异性低血压读数
R04.000　鼻出血
R04.100　咽喉出血

R04.200　咯血
R04.800x002　支气管内出血
R04.800x004　弥漫性肺泡出血
R04.801　鼻咽部出血
R04.802　肺出血
R04.900　呼吸道出血
R05.x00　咳嗽
R05.x01　咳嗽晕厥综合征
R05.x02　类百日咳综合征
R06.000　呼吸困难
R06.000x002　端坐呼吸
R06.000x003　气短
R06.100　喘鸣
R06.200　喘息
R06.300　周期性呼吸
R06.301　切恩-斯托克斯呼吸
R06.400　通气过度
R06.501　鼾症
R06.600　呃逆
R06.700　喷嚏
R06.800x005　叹息
R06.801　屏气
R06.802　低通气综合征
R06.803　呼吸肌麻痹
R06.804　呼吸异常
R06.805　呼吸暂停
R06.806　高碳酸血症
R07.000　咽痛
R07.101　痛性呼吸
R07.200　心前区痛
R07.300x002　肋软骨痛
R07.301　前胸壁痛
R07.400　胸痛
R09.000　窒息
R09.100　胸膜炎
R09.100x002　慢性胸膜炎
R09.101　胆汁性胸膜炎
R09.200　呼吸停止
R09.201　心脏呼吸衰竭
R09.300　痰异常
R09.800x081　动脉性杂音
R09.800x082　脉搏弱
R09.800x091　啰音
R09.800x092　胸腔鼓音
R09.800x093　胸腔异常敲击音
R09.800x094　胸膜摩擦音
R09.800x095　喘憋
R09.801　胸闷

表6-3-178

R25.000　异常的头部运动
R25.001　发作性点头症
R25.100　震颤
R25.100x001　下肢震颤
R25.100x002　上肢震颤
R25.100x003　头部震颤
R25.200x001　痛性痉挛
R25.200x002　痉挛
R25.200x004　痉挛0级
R25.200x005　痉挛1级
R25.200x006　痉挛1+级
R25.200x007　痉挛2级
R25.200x008　痉挛3级
R25.200x009　痉挛4级
R25.300　肌束震颤
R25.300x002　颤搐
R25.800x001　不自主运动
R25.801　反射性发作
R25.802　手足徐动症
R25.803　异常不随意运动
R26.000　共济失调步态
R26.000x001　蹒跚性步态
R26.100　麻痹步态
R26.100x001　痉挛性步态
R26.200x001　行走困难
R26.300　固态［不动］
R26.301　卧床不起
R26.800x001　异常步态
R26.802　走路不稳
R27.000　共济失调
R27.800x001　协调障碍
R27.800x002　中枢性协调障碍
R27.801　协调缺乏
R29.000　手足搐搦
R29.100　假性脑膜炎
R29.200　异常反射
R29.300　异常姿势
R29.400　弹响髋
R29.600　跌倒倾向，不可归类在他处者
R29.800　累及神经和肌肉骨骼系统其他和未特指

的症状和体征
R29.800x502　半侧运动不能
R29.800x503　半侧注意不能
R29.800x504　半侧空间忽略
R29.800x505　左侧忽略
R29.800x507　感觉忽略
R29.800x508　视空间忽略
R29.802　短暂性肢体麻痹
R29.803　短暂性单瘫

表6-3-179

R30.000　排尿困难
R30.000x002　痛性尿淋漓
R30.100　排尿里急后重
R30.100x001　尿急
R30.900x001　尿痛
R31.x00　血尿
R32.x00　尿失禁
R32.x01　遗尿
R33.x00　尿潴留
R34.x01　少尿
R34.x02　无尿
R35.x00　多尿
R35.x00x001　尿频
R35.x00x003　夜尿增多
R36.x01　尿道溢液
R39.000　尿外渗
R39.100x001　尿线分叉
R39.100x002　尿线不佳
R39.101　排尿踌躇
R39.200　肾外性尿毒症
R39.200x001　肾前性尿毒症
R39.801　累及泌尿系统症状和体征

表6-3-180

R40.000　嗜眠
R40.100　木僵
R40.100x002　中昏迷
R40.100x003　浅昏迷
R40.100x005　亚木僵
R40.200　昏迷
R40.200x002　一过性意识丧失
R40.200x004　深昏迷
R40.200x005　意识模糊
R40.201　意识丧失
R41.000　定向障碍
R41.001　意识错乱
R41.100　顺行性遗忘
R41.200　逆行性遗忘
R41.300x001　遗忘
R41.800x002　逻辑障碍
R41.801　智能减退
R42.x00x001　眩晕
R42.x00x002　周期性眩晕
R42.x00x004　头晕
R43.000　嗅觉丧失
R43.100　嗅觉倒错
R43.200　味觉倒错
R43.800x001　嗅觉障碍
R43.800x002　嗅觉与味觉混合障碍
R43.800x003　味觉障碍
R43.800x004　味觉丧失
R44.000　幻听
R44.100　幻视
R44.201　幻嗅
R44.300　幻觉
R44.801　累及一般感觉和知觉症状和体征
R45.000　神经质
R45.100x001　不安
R45.100x002　激越状态
R45.200　不愉快
R45.200x001　忧虑
R45.200x003　烦恼
R45.300x001　淡漠
R45.300x002　沮丧
R45.400x001　急躁
R45.400x002　愤怒
R45.500　敌视
R45.600　凶暴
R45.700x001　情绪冲动
R45.700x002　紧张状态
R45.800x091　癔症样发作
R45.801　自杀倾向
R46.000　个人卫生水平极差
R46.100　不正常的个人外貌
R46.200x002　行为异常
R46.300　过度活动
R46.400　迟钝和反应不良
R46.500　多疑和明显逃避
R46.600　对应激事件的过分担心和偏见

R46.700　用啰嗦和详细叙述的语言使交往的理由含糊不清
R46.800x001　缄默状态
R46.801　自我忽视

表 6-3-181

R47.000x001　失语
R47.000x005　完全性失语
R47.000x006　传导性失语
R47.000x008　丘脑性失语
R47.001　语言困难
R47.002　命名性失语
R47.003　运动性失语
R47.004　混合性失语
R47.100x001　构音障碍
R47.100x002　言语讷吃
R47.101　构音不全
R47.801　言语不清
R47.802　言语障碍
R48.000x002　诵读困难
R48.001　失读
R48.100　失认
R48.200　失用
R48.800x001　计算不能
R48.800x002　失写
R48.800x004　计算困难
R48.800x005　精神性聋
R48.801　符号识别功能障碍
R49.000　发声困难
R49.001　声嘶
R49.100　失声
R49.201　鼻音过重
R49.202　鼻音过轻
R49.800x003　声音改变
R49.801　语音障碍

表 6-3-182

R50.200　药物性发热
R50.800x002　发热伴强直
R50.801　发热伴恶寒
R50.802　发热伴寒颤
R50.803　持续性发热
R50.900　发热
R50.900x002　高热
R50.901　夏季热
R51.x00　头痛
R51.x00x002　低颅压性头痛
R51.x00x003　面部疼痛
R52.000　急性疼痛
R52.100　慢性顽固性疼痛
R52.200　慢性疼痛，其他的
R52.900　疼痛
R52.901　全身性疼痛
R53.x00x001　肢体无力
R53.x00x002　乏力
R53.x00x003　偏侧肢体无力
R53.x00x004　全身衰退
R53.x00x005　不适
R53.x00x006　慢性虚弱
R53.x00x008　虚弱
R53.x00x009　嗜睡
R53.x00x010　疲劳
R53.x00x011　特发性嗜睡
R53.x00x012　周期性嗜睡
R54.x00　衰老
R54.x00x002　老年性无力
R54.x00x003　老年性虚弱
R54.x01　老年性震颤
R55.x00x001　晕厥
R55.x00x002　心源性晕厥
R55.x00x003　排尿性晕厥
R55.x00x004　脑源性晕厥
R55.x00x005　情景性晕厥
R55.x00x006　反射性晕厥
R55.x00x007　器质性晕厥
R55.x00x008　情境性晕厥
R55.x00x009　血管抑制性晕厥
R55.x00x010　血管迷走性晕厥（混合型）
R55.x00x011　血管迷走性晕厥（心脏抑制型）
R55.x00x012　血管迷走性晕厥（血管型）
R55.x00x013　血管迷走性晕厥
R55.x00x014　迷走神经性晕厥
R55.x02　虚脱
R56.000　发热性惊厥
R56.800x001　抽搐状态
R56.800x003　不明原因抽搐
R56.800x005　良性惊厥
R56.801　癫痫样发作
R56.802　婴儿惊厥
R56.803　惊厥

R57.000　心源性休克
R57.100　血容量不足性休克
R57.101　失血性休克
R57.200　脓毒性休克
R57.800x003　内毒素性休克
R57.801　梗阻性休克
R57.802　血管舒张性休克
R57.803　神经源性休克
R57.900　休克
R57.900x002　周围循环衰竭
R57.901　循环衰竭
R58.x00x002　内脏出血
R58.x00x004　粘膜出血
R58.x00x005　肿瘤破裂出血
R58.x00x006　出血
R58.x00x007　肿瘤伴出血
R58.x01　腹腔内出血
R58.x02　瘀斑
R59.000x004　咽部淋巴结肿大
R59.000x009　局部淋巴结肿大
R59.000x010　面部淋巴结肿大
R59.000x012　肝门淋巴结肿大
R59.000x013　肝脾淋巴结肿大
R59.002　鼻咽淋巴结肿大
R59.003　舌根淋巴结肿大
R59.004　耳后淋巴结肿大
R59.005　颈淋巴结肿大
R59.006　颌下淋巴结肿大
R59.007　锁骨上淋巴结肿大
R59.008　腋下淋巴结肿大
R59.009　肺门淋巴结肿大
R59.010　纵隔淋巴结肿大
R59.011　腹腔淋巴结肿大
R59.012　腹膜后淋巴结肿大
R59.013　盆腔淋巴结肿大
R59.014　腹股沟淋巴结肿大
R59.100　全身性淋巴结增大
R59.100x002　淋巴结病
R59.900　淋巴结增大
R59.901　淋巴结反应性增生
R60.000　局限性水肿
R60.001　下肢水肿
R60.100　全身性水肿
R60.900　水肿
R60.900x003　流行性水肿
R60.900x004　儿童急性出血性水肿
R60.901　体液潴留
R61.000　局限性多汗症
R61.001　手汗症
R61.100　全身性多汗症
R61.900　多汗症
R61.901　盗汗
R62.000x002　学语延迟
R62.000x003　学步延迟
R62.801　生长发育迟缓
R62.802　儿童型生长不足
R62.803　成年型生长不足
R62.900　未达到预期的正常生理发育水平
R63.000　食欲缺乏
R63.100　烦渴
R63.100x002　多饮
R63.200　贪食
R63.200x002　营养过度
R63.300x002　喂养困难
R63.300x003　照管不当
R63.400　异常的体重减轻
R63.500　异常的体重增加
R63.601　（由于自我忽视引起）进食不足和饮水不足
R63.801　营养风险
R64.x00　恶病质
R64.x00x002　消瘦
R68.000　低温，与低温环境无关
R68.100x001　新生儿呻吟
R68.100x002　易激惹婴儿
R68.101　婴儿过度哭闹
R68.200　口干
R68.300　杵状指
R68.300x002　杵状甲
R68.800x001　多脏器功能衰竭
R68.800x002　衰弱状态
R68.800x003　非婴儿哭闹
R68.801　毒血症
R68.803　神游症
R69.x00　原因不知的发病

表 6-3-183

R70.000　红细胞沉降率升高
R70.100　血浆黏［滞］度异常
R70.101　高黏滞血症

R71.x00　红细胞异常
R71.x00x004　红细胞形态学异常
R71.x00x005　红细胞体积异常
R72.x00x002　白细胞分类计数异常
R73.000　葡萄糖耐量试验异常
R73.001　化学性糖尿病
R73.002　糖尿病前期
R73.003　潜伏性糖尿病
R73.900x001　血糖升高
R74.000x001　转氨酶升高
R74.001　乳酸脱氢酶升高
R74.800x003　酸性磷酸酶异常
R74.800x005　淀粉酶异常
R74.800x006　脂酶（三酰基甘油脂酶）异常
R74.800x007　肌酸激酶增高
R74.800x008　CPK酶过多症
R74.800x009　高脂肪酶血症
R74.801　血清碱性磷酸酶异常
R74.802　血淀粉酶增高
R74.803　心肌酶谱异常
R74.804　巨淀粉酶血症
R74.900x001　血清肌酶异常
R75.x00x001　人类免疫缺陷病毒阳性［HIV阳性］
R76.000x001　抗体滴度升高
R76.100　结核菌素试验的异常反应
R76.100x001　芒图试验异常
R76.200　梅毒血清学试验假阳性
R76.200x002　瓦塞尔曼反应假阳性
R76.800x001　高免疫球蛋白血症
R76.801　低补体血症
R76.802　免疫球蛋白升高
R76.900　血清免疫学异常所见
R77.000　清蛋白［白蛋白］异常
R77.100　球蛋白异常
R77.101　高球蛋白血症
R77.200　甲胎蛋白异常
R77.200x001　高甲胎蛋白血症
R77.800x001　血脂异常
R77.800x002　PSA升高
R77.800x003　CA199升高
R77.800x004　CA125升高
R77.800x006　肿瘤标记物升高
R77.801　D-二聚体升高
R77.802　M蛋白血症
R77.803　癌胚抗原CEA升高
R77.900　血浆蛋白异常
R77.901　蛋白血症
R78.000　血中发现酒精
R78.100　血中发现阿片药物
R78.200　血中发现可卡因
R78.300　血中发现致幻剂
R78.400　血中发现其他可能成瘾的药物
R78.500　血中发现精神药物
R78.600　血中发现类固醇剂
R78.700　血中发现重金属水平异常
R78.801　血锂异常
R78.900　血中发现通常不出现的物质
R79.000　血液矿物质水平异常
R79.000x001　血液钴异常
R79.000x002　血液铜异常
R79.000x003　血液铁异常
R79.000x004　血液镁异常
R79.000x006　血液锌异常
R79.800x003　低血氧症
R79.800x005　血清铁蛋白异常
R79.801　丙酮血症
R79.802　低尿酸血症
R79.803　氮质血症
R79.804　血清肉毒碱缺乏
R79.805　血气异常
R79.900　血液化学的异常所见

表6-3-184

R80.x00　孤立性蛋白尿
R80.x00x003　白蛋白尿
R80.x01　本周蛋白尿
R80.x02　蛋白尿
R81.x00x001　尿糖增高
R82.000　乳糜尿
R82.100　肌红蛋白尿
R82.200　胆汁尿
R82.300　血红蛋白尿
R82.400　丙酮尿
R82.401　酮尿
R82.500x001　尿中药物水平升高
R82.500x003　尿中生物制剂水平升高
R82.500x004　尿中17-甾酮类水平升高
R82.500x005　尿中儿茶酚胺水平升高
R82.500x006　尿中吲哚乙酸水平升高
R82.500x007　尿中甾类水平升高

R82.600x001　尿中重金属水平异常
R82.700　尿的微生物学检查的异常所见
R82.800　尿的细胞学和组织学检查的异常所见
R82.900x002　黑尿
R82.900x003　结晶尿
R82.901　钙尿
R82.902　低比重尿

表 6-3-185

R83.000　脑脊液酶水平异常
R83.100　脑脊液激素水平异常
R83.200　脑脊液其他药物、药剂和生物制剂水平异常
R83.300　脑脊液主要为非药用性物质的水平异常
R83.400　脑脊液异常的免疫学所见
R83.500　脑脊液异常的微生物学所见
R83.600　脑脊液异常的细胞学所见
R83.700　脑脊液异常的组织学所见
R83.800　脑脊液其他异常所见
R83.900　脑脊液异常所见
R84.000　呼吸器官和胸腔标本的酶水平异常
R84.100　呼吸器官和胸腔标本的激素水平异常
R84.200　呼吸器官和胸腔标本的其他药物、药剂和生物制剂水平异常
R84.300　呼吸器官和胸腔标本的主要为非药用性物质的水平异常
R84.400　呼吸器官和胸腔标本的异常的免疫学所见
R84.500　呼吸器官和胸腔标本的异常的微生物学所见
R84.600　呼吸器官和胸腔标本的异常的细胞学所见
R84.700　呼吸器官和胸腔标本的异常的组织学所见
R84.800　呼吸器官和胸腔标本的其他异常所见
R84.900x004　痰标本异常
R84.901　鼻分泌物异常
R84.902　咽喉刮屑异常
R84.903　支气管洗出物异常
R84.904　胸水异常
R85.000　消化器官和腹腔标本的酶水平异常
R85.100　消化器官和腹腔标本的激素水平异常
R85.200　消化器官和腹腔标本的其他药物、药剂和生物制剂水平异常
R85.300　消化器官和腹腔标本的主要为非药用性物质的水平异常
R85.400　消化器官和腹腔标本的异常的免疫学所见
R85.500　消化器官和腹腔标本的异常的微生物学所见
R85.600　消化器官和腹腔标本的异常的细胞学所见
R85.700　消化器官和腹腔标本的异常的组织学所见
R85.800　消化器官和腹腔标本的其他异常所见
R85.901　唾液异常
R85.902　腹水异常
R86.000　男性生殖器官标本的酶水平异常
R86.100　男性生殖器官标本的激素水平异常
R86.200　男性生殖器官标本的其他药物、药剂和生物制剂水平异常
R86.300　男性生殖器官标本的主要为非药用性物质的水平异常
R86.400　男性生殖器官标本的异常的免疫学所见
R86.500　男性生殖器官标本的异常的微生物学所见
R86.600　男性生殖器官标本的异常的细胞学所见
R86.700　男性生殖器官标本的异常的组织学所见
R86.800　男性生殖器官标本的其他异常所见
R86.900x003　精液标本异常
R86.901　精子异常
R86.902　前列腺分泌物异常
R86.903　弱精子症
R87.000　女性生殖器官标本的酶水平异常
R87.100　女性生殖器官标本的激素水平异常
R87.200　女性生殖器官标本的其他药物、药剂和生物制剂水平异常
R87.300　女性生殖器官标本的主要为非药用性物质的水平异常
R87.400　女性生殖器官标本的异常的免疫学所见
R87.500　女性生殖器官标本的异常的微生物学所见
R87.600　女性生殖器官标本的异常的细胞学所见
R87.700　女性生殖器官标本的异常的组织学所见
R87.800　女性生殖器官标本的其他异常所见
R87.900x001　子宫颈标本异常
R87.900x002　阴道标本异常
R87.900x003　外阴标本异常
R89.000　器官、系统和组织标本的酶水平异常，其他的
R89.100　器官、系统和组织标本的激素水平异常，其他的
R89.200　器官、系统和组织标本的其他药物、药剂和生物制剂水平异常，其他的
R89.300　器官、系统和组织标本的主要为非药用性物质的水平异常，其他的
R89.400　器官、系统和组织标本的异常的免疫学

所见，其他的
R89.500　器官、系统和组织标本的异常的微生物学所见，其他的
R89.600　器官、系统和组织标本的异常的细胞学所见，其他的
R89.700　器官、系统和组织标本的异常的组织学所见，其他的
R89.800　器官、系统和组织标本的其他异常所见，其他的
R89.900x001　乳头流出物标本异常
R89.900x002　滑膜液标本异常
R89.900x003　伤口分泌物标本异常

表6-3-186

R90.000　颅内占位性病变
R90.000x003　脑干占位性病变
R90.800x003　脑沟增宽
R90.801　脑超声波图异常
R90.803　脑缺血灶
R90.804　脑软化灶
R90.805　垂体柄增粗
R90.806　脊髓占位性病变
R90.807　白质病变
R91.x00x001　肺部阴影
R91.x00x005　肺门增大
R91.x01　肺钱币形损害
R91.x03　肺占位性病变
R91.x04　孤立性肺结节
R92.x00　乳房诊断性影像检查的异常所见
R93.000x001　颅骨诊断性检查异常
R93.000x002　头部诊断性检查异常
R93.100x002　心脏异常阴影
R93.101　超声心动图异常
R93.102　冠状循环诊断性影像异常
R93.103　主动脉占位性病变
R93.200x001　肝诊断性影像异常
R93.200x002　胆道诊断性影像异常
R93.201　肝钙化灶
R93.202　肝回声不均
R93.203　肝占位性病变
R93.204　胆囊占位性病变
R93.205　胆管占位性病变
R93.300x001　消化道诊断性影像异常
R93.300x002　脾占位性病变
R93.300x003　结肠占位性病变
R93.300x004　直肠占位性病变
R93.301　胰腺影像检查异常
R93.302　胰腺占位性病变
R93.303　胃占位性病变
R93.400x001　膀胱充盈缺损
R93.400x002　肾充盈缺损
R93.400x003　输尿管充盈缺损
R93.401　肾超声检查异常
R93.402　肾动脉走行异常
R93.403　肾占位性病变
R93.404　输尿管占位性病变
R93.405　膀胱占位性病变
R93.500x001　腹部诊断性影像异常
R93.501　肾上腺诊断性影像异常
R93.600　肢体诊断性影像检查的异常所见
R93.700　肌肉骨骼系统其他部位诊断性影像检查的异常所见
R93.800x002　皮肤诊断性影像异常
R93.800x003　皮下组织诊断性影像异常
R93.800x006　宫腔占位
R93.800x007　卵巢占位性病变
R93.800x008　眼占位性病变
R93.801　胸腔占位性病变
R93.802　前列腺钙化灶
R93.803　子宫内膜增厚
R93.804　纵隔移位
R93.805　纵隔阴影
R94.000　中枢神经系统功能检查的异常结果
R94.001　脑电图异常
R94.101　视觉激发电位异常
R94.102　特殊感觉功能检查异常
R94.103　神经刺激反应异常
R94.104　肌电图异常
R94.105　眼电图异常
R94.106　视网膜电图异常
R94.200　肺功能检查的异常结果
R94.201　通气功能障碍
R94.202　中枢性低通气
R94.204　肺活量减低
R94.300　心血管功能检查的异常结果
R94.300x003　Q-T间期延长
R94.300x007　非特异性ST-T改变
R94.300x010　Brugada波样心电图改变
R94.300x011　房室结双径路
R94.300x012　房室结三径路

R94.301　复极综合征
R94.303　心电图异常
R94.304　RR间期延长
R94.305　心音图异常
R94.306　心电向量图异常
R94.307　心内电生理学检查异常
R94.308　继发性QT间期延长
R94.400　肾功能检查的异常结果
R94.401　肾小球滤过率下降
R94.402　血肌酐升高
R94.500　肝功能检查的异常结果
R94.600　甲状腺功能检查的异常结果
R94.700　内分泌功能检查的异常结果，其他的
R94.800x001　脾功能异常
R94.801　基础代谢率异常
R94.802　逼尿肌内减弱
R94.803　膀胱功能检查异常

表6-3-187

S00.000x053　头皮血肿机化
S00.001　头皮挫伤
S00.002　头皮擦伤
S00.003　头皮异物
S00.004　头皮血肿
S00.100x001　眼睑挫伤
S00.100x003　眼睑淤血
S00.100x006　眉弓挫伤
S00.101　眼周区挫伤
S00.102　额部血肿
S00.200　眼睑和眼周区其他浅表损伤
S00.201　眶区浅表损伤
S00.202　眼睑血肿
S00.300　鼻浅表损伤
S00.300x051　鼻部挫伤
S00.302　鼻血肿
S00.400　耳浅表损伤
S00.400x052　外耳挫伤
S00.401　耳廓挫伤
S00.402　耳廓血肿
S00.403　鼓室挫伤
S00.404　鼓膜挫伤
S00.500　唇和口腔浅表损伤
S00.500x051　唇挫伤
S00.500x052　下颌挫伤
S00.501　口腔浅表损伤
S00.700　头部多处浅表损伤
S00.800x053　颊挫伤
S00.800x054　下颚挫伤
S00.800x055　前额挫伤
S00.800x056　颞部挫伤
S00.801　面部软组织挫伤
S00.802　面部擦伤
S00.803　面部挫伤
S00.804　面部浅表异物
S00.900　头部的浅表损伤
S01.000　头皮开放性伤口
S01.000x002　眉弓裂伤
S01.001　头皮裂伤
S01.100　眼睑和眼周区开放性伤口
S01.101　眼睑裂伤
S01.102　开放性眼睑异物
S01.103　眶部裂伤
S01.200x011　鼻表皮开放性损伤
S01.200x021　鼻孔开放性损伤
S01.200x031　鼻中隔开放性损伤
S01.200x091　鼻部开放性损伤伴蝶窦异物
S01.200x092　创伤性鼻部缺损
S01.300x002　耳道开放性损伤
S01.300x011　外耳耳翼开放性损伤
S01.300x012　耳廓开放性损伤
S01.300x031　耳屏开放性损伤
S01.300x051　耳咽管开放性损伤
S01.300x061　听小骨开放性损伤
S01.300x071　中耳开放性损伤
S01.300x081　耳蜗开放性损伤
S01.301　开放性外耳道损伤
S01.302　开放性耳后损伤伴异物
S01.400x011　颊部开放性损伤
S01.400x021　上颌开放性损伤
S01.400x031　腭部开放性损伤
S01.401　开放性颞下颌损伤
S01.500x001　口腔开放性损伤
S01.500x021　口腔黏膜开放性损伤
S01.500x022　脸颊内部开放性损伤
S01.500x042　舌和口底开放性损伤
S01.500x051　上腭开放性损伤
S01.500x052　软腭开放性损伤
S01.501　舌裂伤
S01.502　开放性舌部损伤
S01.503　牙龈裂伤

S01.504　开放性唇部损伤
S01.505　软腭穿通伤
S01.506　唇裂伤
S01.700　头部多处开放性伤口
S01.800x011　开放性脑损伤伴颅骨骨折
S01.800x021　开放性脑损伤伴颈椎脱位
S01.800x031　开放性脑损伤
S01.800x083　头骨开放性损伤
S01.800x085　面部异物
S01.800x086　前额开放性损伤
S01.800x087　下颚开放性损伤
S01.801　开放性颅内异物
S01.802　面部裂伤
S01.803　开放性面部损伤
S01.804　开放性腮腺管断裂
S01.900　头部的开放性伤口
S02.000　颅骨穹隆骨折
S02.000x003　颞骨鳞部骨折
S02.000x004　额骨和颞骨鳞部骨折
S02.000x005　额骨和顶骨骨折
S02.001　额骨骨折
S02.002　顶骨骨折
S02.011　开放性额骨骨折
S02.012　开放性顶骨骨折
S02.100　颅底骨骨折
S02.100x002　前颅凹骨折
S02.100x003　中颅凹骨折
S02.100x004　后颅凹骨折
S02.100x006　眶顶骨折
S02.100x008　额窦骨折
S02.100x009　蝶骨骨折
S02.101　枕骨骨折
S02.102　颞骨骨折
S02.103　筛窦骨折
S02.111　开放性颅底骨骨折
S02.112　开放性枕骨骨折
S02.113　开放性颞骨骨折
S02.114　开放性筛窦骨折
S02.200　鼻骨骨折
S02.201　鼻中隔骨折
S02.211　开放性鼻骨骨折
S02.300　眶底骨折
S02.300x002　眶底粉碎性骨折
S02.311　开放性眶底骨折
S02.400x001　颧弓骨折
S02.400x003　上颌骨骨折
S02.400x005　上颌窦骨折
S02.401　颧骨骨折
S02.411　开放性上颌骨骨折
S02.412　开放性颧骨骨折
S02.500　创伤性牙折断
S02.500x002　创伤性牙破损
S02.501　创伤性牙齿脱落
S02.600　下颌骨骨折
S02.600x011　髁突骨折
S02.600x021　髁突下部骨折
S02.600x031　下颌骨冠突骨折
S02.600x041　下颌骨支骨折
S02.600x051　颌骨角骨折
S02.600x061　下颌骨纤维软骨体骨折
S02.600x081　下颌骨体骨折
S02.600x091　下颌骨复合骨折
S02.611　开放性下颌骨骨折
S02.612　开放性髁状突骨折
S02.700x001　颅骨多发性骨折
S02.700x002　颅骨和面骨多发性骨折
S02.700x004　鼻眶筛骨折
S02.701　多发性面骨骨折
S02.711　开放性多发性面骨骨折
S02.712　开放性多发性颅骨骨折
S02.800x003　上腭骨折
S02.801　眶骨骨折
S02.802　牙槽骨骨折
S02.803　腭骨折
S02.810　特指开放性颅骨和面骨骨折
S02.811　开放性眶骨骨折
S02.812　开放性牙槽骨骨折
S02.813　开放性腭骨折
S02.900x002　颅骨骨折
S02.901　面骨骨折
S02.902　颅骨凹陷性骨折
S02.911　开放性颅骨骨折
S02.912　开放性面骨骨折
S03.000　颌关节脱位
S03.000x001　颌软骨脱位
S03.100　鼻中隔软骨脱位
S03.200　牙脱位
S03.301　头部脱位
S03.400　颌关节扭伤和劳损
S03.400x001　颞下颌关节损伤

S03.400x002　颞下颌韧带损伤
S03.501　头部关节和韧带扭伤和劳损
S04.000x001　视神经损伤
S04.000x002　视交叉损伤
S04.000x003　视路损伤
S04.000x004　视皮质损伤
S04.100　动眼神经损伤
S04.200　滑车神经损伤
S04.300　三叉神经损伤
S04.400　展神经损伤
S04.500　面神经损伤
S04.501　面神经断裂
S04.502　眶下神经损伤
S04.600　听神经损伤
S04.700　副神经损伤
S04.801　舌下神经损伤
S04.802　嗅神经损伤
S04.803　舌咽神经损伤
S04.804　迷走神经损伤
S04.900　脑神经损伤
S05.000x002　结膜损伤
S05.001　角膜擦伤
S05.002　角膜磨损
S05.100x004　眼球挫伤
S05.101　眼眶挫伤
S05.102　创伤性前房积血
S05.103　晶状体挫伤
S05.104　巩膜挫伤
S05.200x003　外伤性玻璃体嵌顿
S05.200x004　外伤性虹膜缺损
S05.200x005　外伤性晶状体嵌顿
S05.200x006　外伤性玻璃体溢出
S05.200x007　外伤性虹膜根部离断
S05.201　角膜穿通伤伴虹膜嵌顿
S05.202　角膜穿通伤伴虹膜脱垂
S05.203　角膜穿通伤伴晶状体嵌顿
S05.204　角膜穿通伤伴玻璃体嵌顿
S05.205　创伤性虹膜脱垂
S05.206　创伤性虹膜嵌顿
S05.207　创伤性虹膜疝
S05.208　创伤性睫状体脱垂
S05.209　创伤性玻璃体脱垂
S05.210　创伤性玻璃体疝
S05.300　眼撕裂伤不伴有眼内组织脱出或缺失
S05.300x004　眼球破裂伤
S05.300x005　外伤性前房角劈裂
S05.300x010　眼撕裂伤
S05.301　角膜裂伤
S05.302　角膜全层裂伤
S05.303　虹膜裂伤
S05.304　巩膜裂伤
S05.305　睫状体裂伤
S05.306　结膜裂伤
S05.307　角膜板层裂伤
S05.400x001　眶内异物
S05.400x002　眼肌异物
S05.401　眶穿通伤
S05.500x001　眼内异物
S05.500x002　眼球穿通伤伴磁性异物
S05.500x003　眼球穿通伤伴非磁性异物
S05.600x002　眼球穿通伤
S05.601　角膜穿通伤
S05.602　虹膜穿通伤
S05.603　晶状体穿通伤
S05.604　巩膜穿通伤
S05.605　视网膜穿通伤
S05.700　眼撕脱伤
S05.800x001　外伤性虹膜脱离
S05.800x007　眼外肌断裂
S05.800x008　眼内直肌断裂
S05.800x009　眼外直肌断裂
S05.801　眼震荡
S05.802　眼挫伤
S05.803　角膜损伤
S05.804　虹膜损伤
S05.805　晶状体损伤
S05.806　创伤性晶状体脱位
S05.807　巩膜损伤
S05.808　视网膜震荡
S05.809　视网膜损伤
S05.810　泪小管裂伤
S05.811　泪管损伤
S05.812　冲击波性失明
S05.900　眼和眶的损伤
S05.900x003　眼部开放性损伤
S05.901　眼损伤
S05.902　创伤性失明
S05.903　玻璃体损伤
S06.000　脑震荡
S06.100　创伤性大脑水肿

S06.200x001　弥散性大脑损伤
S06.200x002　弥散性小脑损伤
S06.200x011　弥散性大脑损伤伴出血
S06.200x021　弥散性小脑损伤伴出血
S06.200x031　多发性大脑内出血
S06.200x032　多发性大脑血肿
S06.200x033　多发性小脑血肿
S06.200x081　多发性大脑挫裂伤
S06.200x082　多发性小脑挫裂伤
S06.201　脑干挫伤
S06.202　脑挫伤
S06.203　大脑撕裂伤
S06.204　创伤性脑疝
S06.205　创伤性脑受压
S06.206　弥漫性轴索损伤
S06.211　开放性脑挫伤
S06.300x001　局灶性大脑损伤
S06.300x002　局灶性小脑损伤
S06.300x011　局灶性大脑挫伤伴出血
S06.300x021　局灶性小脑挫伤伴出血
S06.300x031　局灶性大脑挫伤伴血肿
S06.300x032　局灶性大脑挫伤伴大量出血
S06.300x041　局灶性小脑挫伤伴血肿
S06.300x042　局灶性小脑挫伤伴大量出血
S06.300x081　局灶性大脑挫裂伤
S06.300x082　局灶性小脑挫裂伤
S06.301　创伤性脑局灶出血
S06.302　创伤性脑血肿
S06.310　开放性局灶性脑损伤
S06.400　硬膜外出血
S06.401　创伤性闭合性硬膜外血肿
S06.410　开放性硬膜外出血
S06.500　创伤性硬膜下出血
S06.500x002　创伤性硬脑膜下血肿
S06.500x004　急性创伤性硬脑膜下血肿
S06.500x005　亚急性创伤性硬脑膜下出血
S06.500x006　亚急性创伤性硬脑膜下血肿
S06.500x007　慢性创伤性硬脑膜下出血
S06.501　创伤性急性硬膜下出血
S06.502　创伤性慢性硬膜下血肿
S06.510　开放性硬膜下出血
S06.600　创伤性蛛网膜下出血
S06.600x002　创伤性蛛网膜下腔血肿
S06.610　开放性蛛网膜下隙出血
S06.700　颅内损伤伴有延长的昏迷
S06.700x001　闭合性颅脑损伤轻型
S06.700x002　闭合性颅脑损伤中型
S06.700x003　闭合性颅脑损伤重型
S06.700x004　闭合性颅脑损伤特重型
S06.700x005　开放性颅脑损伤轻型
S06.700x006　开放性颅脑损伤中型
S06.700x007　开放性颅脑损伤重型
S06.700x008　开放性颅脑损伤特重型
S06.710　开放性颅内损伤伴长时间昏迷
S06.800x002　创伤性脑内血肿
S06.800x004　创伤性小脑血肿
S06.800x005　创伤性小脑挫伤
S06.800x007　创伤性颅内血肿
S06.800x009　创伤性颅内动脉瘤
S06.800x010　创伤性脑梗塞
S06.800x011　创伤性颅内积气
S06.800x012　创伤性脑积水
S06.800x013　创伤性硬脑膜下积液
S06.801　创伤性小脑出血
S06.802　创伤性脑出血
S06.803　创伤性脑干出血
S06.804　创伤性颅内出血
S06.805　创伤性颅内海绵窦损伤
S06.811　开放性脑出血
S06.812　开放性脑干出血
S06.813　开放性小脑出血
S06.814　开放性颅内出血
S06.900　颅内损伤
S06.901　脑干损伤
S06.910　开放性颅内损伤
S06.911　开放性脑干损伤
S06.912　开放性颅内海绵窦损伤
S07.000　面部挤压伤
S07.100　颅骨挤压伤
S07.800　头部其他部位的挤压伤
S07.900　头部挤压伤
S08.000　头皮撕脱
S08.100　耳创伤性切断
S08.800　头部其他部位的创伤性切断
S08.801　创伤性鼻切断
S08.900　头部的创伤性切断
S09.000x001　头部血管损伤
S09.100x001　头部肌肉损伤
S09.101　头部肌腱损伤
S09.200　耳鼓膜创伤性破裂

S09.700　头部多处损伤
S09.800x002　创伤性乳牙损伤
S09.800x003　创伤性鼻窦积血
S09.801　创伤性鼻中隔血肿
S09.900　头部的损伤
S09.900x006　唇部损伤
S09.901　面部损伤
S09.902　眉部损伤
S09.903　鼻损伤
S09.904　耳损伤
S09.905　耳廓损伤
S09.906　舌损伤
S09.907　唾液腺损伤

表 6-3-188

S10.000x003　咽部挫伤
S10.001　喉挫伤
S10.002　声带挫伤
S10.003　颈部食管挫伤
S10.004　气管挫伤
S10.101　咽血肿
S10.102　咽喉浅表损伤
S10.700　颈部多处浅表损伤
S10.801　会厌浅表损伤
S10.900　颈部的浅表损伤
S10.901　颈部挫伤
S10.902　颈部异物
S11.001　开放性气管损伤
S11.002　开放性喉损伤
S11.003　开放性颈部气管断裂
S11.004　喉气管贯通伤
S11.100x001　甲状腺开放性损伤
S11.201　开放性咽部损伤
S11.202　开放性颈部食管损伤
S11.700　颈部多处开放性伤口
S11.800x011　颈部开放性损伤伴颈椎骨折
S11.800x021　颈部开放性损伤伴颈椎脱位
S11.800x081　会厌开放性损伤
S11.800x082　锁骨上区开放性损伤
S11.900　颈部的开放性伤口
S12.000　第一颈椎骨折
S12.000x002　寰椎骨折
S12.010　开放性第一颈椎骨折
S12.100　第二颈椎骨折
S12.100x002　枢椎骨折
S12.100x003　枢椎椎弓根骨折［Hangman骨折］
S12.110　开放性第二颈椎骨折
S12.200x011　颈椎骨折C3
S12.200x021　颈椎骨折C4
S12.200x031　颈椎骨折C5
S12.200x041　颈椎骨折C6
S12.200x051　颈椎骨折C7
S12.210　开放性特指颈椎骨折
S12.700　颈椎多处骨折
S12.710　开放性多发性颈椎骨折
S12.803　舌骨断裂
S12.813　开放性舌骨断裂
S12.814　开放性环状软骨断裂
S12.815　开放性气管软骨断裂
S12.900x001　颈椎骨折
S12.900x003　颈椎神经弓骨折
S12.900x004　颈椎棘突骨折
S12.900x005　颈椎横突骨折
S12.900x006　颈椎椎弓骨折
S12.910　开放性颈椎骨折
S13.000　颈椎间盘创伤性破裂
S13.100　颈椎脱位
S13.100x021　颈椎半脱位C2/C3
S13.100x022　颈椎脱位C2/C3
S13.100x031　颈椎半脱位C3/C4
S13.100x032　颈椎脱位C3/C4
S13.100x041　颈椎半脱位C4/C5
S13.100x042　颈椎脱位C4/C5
S13.100x051　颈椎半脱位C5/C6
S13.100x052　颈椎脱位C5/C6
S13.100x061　颈椎半脱位C6/C7
S13.100x062　颈椎脱位C6/C7
S13.100x071　颈胸椎半脱位C7/T1
S13.100x072　颈胸椎脱位C7/T1
S13.100x081　寰枕关节半脱位
S13.100x082　寰枕关节脱位
S13.101　颈椎半脱位
S13.102　寰枢椎半脱位
S13.103　寰枢椎脱位
S13.104　枢椎脱位
S13.200x003　甲状软骨脱位
S13.201　颈部脱位
S13.202　环杓关节脱位
S13.203　环甲软骨关节脱位
S13.300　颈部多发性脱位

S13.400　颈椎扭伤和劳损
S13.400x003　颈部前纵韧带扭伤
S13.400x005　寰枕关节扭伤
S13.400x006　颈椎关节交锁
S13.401　挥鞭伤
S13.402　颈部韧带扭伤
S13.403　寰枢关节扭伤
S13.500　甲状腺区扭伤和劳损
S13.500x003　环杓韧带扭伤
S13.500x004　环甲关节扭伤
S13.500x005　环甲韧带扭伤
S13.500x006　喉软骨断裂
S13.500x007　甲状软骨断裂
S13.500x008　环状软骨断裂
S13.500x009　气管软骨断裂
S13.500x010　开放性喉软骨断裂
S13.500x011　开放性甲状软骨断裂
S13.501　甲状软骨扭伤
S13.502　环杓关节扭伤
S13.601　颈部扭伤
S14.001　颈部脊髓水肿
S14.002　颈部脊髓震荡
S14.100x011　颈部脊髓完全损伤
S14.100x021　颈部脊髓中央损伤综合征
S14.100x022　脊髓中央管综合征
S14.100x031　颈部脊髓前索综合征
S14.100x032　颈部脊髓不完全损伤
S14.100x033　颈部脊髓后索综合征
S14.100x701　颈部脊髓功能损伤
S14.100x711　颈部脊髓功能损伤C1
S14.100x721　颈部脊髓功能损伤C2
S14.100x731　颈部脊髓功能损伤C3
S14.100x741　颈部脊髓功能损伤C4
S14.100x751　颈部脊髓功能损伤C5
S14.100x761　颈部脊髓功能损伤C6
S14.100x771　颈部脊髓功能损伤C7
S14.100x781　颈胸段脊髓功能损伤
S14.101　颈部脊髓损伤
S14.200　颈椎棘突神经根的损伤
S14.200x001　颈脊神经根损伤
S14.300　臂丛损伤
S14.400　颈部周围神经损伤
S14.500　颈部交感神经损伤
S14.601　颈部神经损伤
S15.000x002　创伤性颈动脉瘘
S15.001　颈内动脉裂伤
S15.002　颈总动脉裂伤
S15.003　颈外动脉裂伤
S15.004　创伤性颈动脉瘤
S15.005　创伤性颈动脉海绵窦瘘
S15.100　椎动脉损伤
S15.200　颈外静脉损伤
S15.300　颈内静脉损伤
S15.301　颈内静脉断裂
S15.700x001　颈部多处血管损伤
S15.800x002　创伤性椎动静脉瘘
S15.800x003　创伤性甲状腺血管损伤
S15.801　创伤性颈动静脉瘘
S15.900x001　颈部血管损伤
S16.x00x001　颈部肌肉损伤
S16.x00x002　颈部肌腱损伤
S17.000x001　喉气管挤压伤
S17.000x002　喉挤压伤
S17.001　气管挤压伤
S17.800　颈部其他部位的挤压伤
S17.801　咽喉挤压伤
S17.900　颈部挤压伤
S18.x00x001　砍头
S19.700　颈部多处损伤
S19.800x002　颈部气管损伤
S19.800x004　颈部胸导管损伤
S19.801　咽喉损伤
S19.802　喉损伤
S19.900　颈部损伤

表6-3-189

S20.000　乳房挫伤
S20.101　乳房浅表损伤
S20.200　胸部挫伤
S20.200x003　胸骨前区挫伤
S20.201　胸壁挫伤
S20.202　肩胛间区挫伤
S20.300x001　胸前壁浅表损伤
S20.301　胸部皮肤擦伤
S20.400x001　胸后壁浅表损伤
S20.700　胸部多处浅表损伤
S20.800x002　胸前缘域浅表损伤
S20.801　胸壁浅表损伤
S20.802　胸部浅表损伤
S20.803　胸壁擦伤

S21.000　乳房开放性伤口
S21.100x002　胸骨前区开放性损伤
S21.101　开放性肋部前壁损伤
S21.200x001　背部开放性损伤
S21.200x002　胸壁外部开放性损伤
S21.201　开放性胸后壁损伤
S21.202　开放性肋后壁损伤
S21.203　开放性肩胛间区损伤
S21.700　胸壁多处开放性伤口
S21.800x011　胸部开放性损伤伴骨折
S21.800x021　胸部开放性损伤伴脱位
S21.800x031　胸部开放性损伤伴胸内损伤
S21.900x001　胸壁开放性损伤
S21.900x003　创伤性胸部异物
S21.901　开放性胸部损伤
S22.000x003　胸椎压缩性骨折
S22.000x005　胸椎神经弓骨折
S22.000x006　胸椎棘突骨折
S22.000x007　胸椎横突骨折
S22.000x009　胸椎椎弓骨折
S22.000x011　胸椎骨折 T1/T2
S22.000x021　胸椎骨折 T3/T4
S22.000x031　胸椎骨折 T5/T6
S22.000x041　胸椎骨折 T7/T8
S22.000x051　胸椎骨折 T9/T10
S22.000x061　胸椎骨折 T11/T12
S22.010　开放性胸椎骨折
S22.100　胸椎多处骨折
S22.110　开放性多发性胸椎骨折
S22.200　胸骨骨折
S22.210　开放性胸骨骨折
S22.300　肋骨骨折
S22.300x011　第一肋骨骨折
S22.310　开放性肋骨骨折
S22.400　肋骨多处骨折
S22.400x011　肋骨多发性骨折伴第一肋骨骨折
S22.400x021　两根肋骨骨折不伴第一肋骨骨折
S22.400x031　三根肋骨骨折不伴第一肋骨骨折
S22.400x041　四根以上肋骨骨折不伴第一肋骨骨折
S22.410　开放性多发性肋骨骨折
S22.500　连枷胸
S22.800　骨性胸廓其他部位的骨折
S22.810　开放性胸廓特指部位骨折
S22.900　骨性胸廓的骨折
S22.910　开放性胸廓骨折
S23.000　胸椎间盘创伤性破裂
S23.100x011　胸椎脱位 T1/T2
S23.100x012　胸椎脱位 T2/T3
S23.100x021　胸椎脱位 T3/T4
S23.100x022　胸椎脱位 T4/T5
S23.100x031　胸椎脱位 T5/T6
S23.100x032　胸椎脱位 T6/T7
S23.100x041　胸椎脱位 T7/T8
S23.100x042　胸椎脱位 T8/T9
S23.100x051　胸椎脱位 T9/T10
S23.100x052　胸椎脱位 T10/T11
S23.100x061　胸椎脱位 T11/T12
S23.100x071　胸腰椎脱位 T12/L1
S23.101　创伤性胸椎间盘突出
S23.200x001　肋骨关节脱位
S23.200x004　胸部气管脱位
S23.200x005　剑状软骨脱位
S23.201　气管脱位
S23.202　肋软骨脱位
S23.203　胸骨脱位
S23.300　胸椎扭伤和劳损
S23.400　肋骨和胸骨扭伤和劳损
S23.401　胸骨扭伤和劳损
S23.500　胸部其他和未特指部位的扭伤和劳损
S23.501　胸部扭伤
S24.000x002　胸部脊髓震荡
S24.001　胸部脊髓水肿
S24.100x011　胸部脊髓完全损伤
S24.100x021　胸部脊髓前索综合征
S24.100x022　胸部脊髓中央损伤综合征
S24.100x023　胸部脊髓不完全损伤
S24.100x024　胸部脊髓后索综合征
S24.100x701　胸部脊髓功能损伤
S24.100x711　胸部脊髓功能损伤 T1
S24.100x721　胸部脊髓功能损伤 T2/T3
S24.100x731　胸部脊髓功能损伤 T4/T5
S24.100x741　胸部脊髓功能损伤 T6/T7
S24.100x751　胸部脊髓功能损伤 T8/T9
S24.100x761　胸部脊髓功能损伤 T10/T11
S24.100x771　胸部脊髓功能损伤 T12
S24.101　胸部脊髓损伤
S24.200　胸椎神经根损伤
S24.300　胸部周围神经损伤
S24.300x001　肋间神经损伤
S24.400　胸部交感神经损伤

S24.400x001　心丛神经损伤
S24.400x002　食管丛神经损伤
S24.400x003　肺丛神经损伤
S24.400x004　星状神经丛损伤
S24.400x005　胸部交感神经节损伤
S24.500　胸部其他神经的损伤
S24.500x001　膈神经损伤
S24.600　胸部神经的损伤
S25.000　胸主动脉损伤
S25.001　创伤性胸主动脉瘤
S25.100x002　无名动脉损伤
S25.101　锁骨下动脉损伤
S25.200x001　腔静脉损伤
S25.201　创伤性上腔静脉破裂
S25.300x001　无名静脉损伤
S25.301　锁骨下静脉损伤
S25.400　肺血管损伤
S25.401　创伤性肺动脉破裂
S25.500　肋间血管损伤
S25.501　创伤性肋间动脉破裂
S25.700　胸部多处血管损伤
S25.800x003　乳房静脉损伤
S25.801　奇静脉损伤
S25.802　创伤性乳房动脉破裂
S25.900　胸部血管的损伤
S26.000x001　创伤性心包积血
S26.000x002　创伤性心包填塞
S26.010　开放性心包积血
S26.800x011　心脏挫伤
S26.800x021　心脏撕裂伤
S26.800x031　心脏撕裂伤伴心室穿透
S26.800x082　心脏穿透性损伤
S26.800x083　创伤性心脏破裂
S26.801　创伤性心包破裂
S26.810　开放性心脏特指损伤
S26.811　开放性心脏穿通伤
S26.812　开放性心脏破裂
S26.813　心脏异物
S26.900　心脏损伤
S26.910　开放性心脏损伤
S27.000　创伤性气胸
S27.010　开放性气胸
S27.100　创伤性血胸
S27.110　开放性血胸
S27.200　创伤性血气胸
S27.210　开放性血气胸
S27.300x012　肺血肿
S27.301　肺挫伤
S27.302　创伤性肺破裂
S27.303　创伤性肺韧带撕裂
S27.310　开放性肺特指损伤
S27.311　开放性肺破裂
S27.312　开放性肺内异物
S27.313　肺穿透伤
S27.400　支气管损伤
S27.401　创伤性支气管断裂
S27.410　开放性支气管损伤
S27.500　胸部气管损伤
S27.501　创伤性胸部气管破裂
S27.510　开放性胸部气管损伤
S27.600　胸膜损伤
S27.610　开放性胸膜损伤
S27.700　胸内器官多处损伤
S27.710　开放性胸内器官多处损伤
S27.800x013　创伤性纵隔血肿
S27.801　食管黏膜擦伤
S27.802　胸部食管损伤
S27.803　贲门损伤
S27.804　创伤性膈破裂
S27.805　创伤性膈疝
S27.806　胸部淋巴管损伤
S27.807　胸腺损伤
S27.808　创伤性胸腔积液
S27.810　开放性特指胸内器官损伤
S27.811　食管异物穿孔
S27.812　开放性膈破裂
S27.900　胸内器官的损伤
S27.910　开放性胸腔异物
S28.000　胸部挤压伤
S28.100　胸的部分创伤性切断
S29.000x001　胸部肌腱损伤
S29.000x002　胸部肌肉损伤
S29.700　胸部多处损伤
S29.800　胸部其他特指的损伤
S29.900　胸部损伤

表6-3-190

S30.000x001　背部挫伤
S30.000x003　腰部挫伤
S30.000x004　骶骨区挫伤

S30.001　腰背部挫伤
S30.002　骶尾部挫伤
S30.003　臀部挫伤
S30.100　腹壁挫伤
S30.100x001　腹部挫伤
S30.100x002　胁腹挫伤
S30.100x004　髂区挫伤
S30.100x007　髂窝血肿
S30.101　创伤性髂部血肿
S30.102　创伤性髂腰肌血肿
S30.104　腹股沟挫伤
S30.200x005　会阴挫伤
S30.200x006　外阴挫伤
S30.200x007　大阴唇挫伤
S30.200x008　小阴唇挫伤
S30.200x010　创伤性外阴血肿
S30.201　创伤性会阴血肿
S30.202　创伤性阴囊血肿
S30.203　创伤性附睾血肿
S30.205　阴囊挫伤
S30.206　阴茎挫伤
S30.207　阴道挫伤
S30.208　睾丸挫伤
S30.700　腹部、下背和骨盆多处浅表损伤
S30.800x001　臀部浅表损伤
S30.800x002　腹上部浅表损伤
S30.800x003　外生殖器浅表损伤
S30.800x004　胁腹浅表损伤
S30.801　腹壁浅表异物
S30.900x001　腹部浅表损伤
S30.900x002　下背浅表损伤
S30.900x003　骨盆浅表损伤
S31.000x003　骶骨区开放性损伤
S31.000x004　骨盆开放性损伤
S31.000x005　下背开放性损伤
S31.000x006　臀部开放性损伤伴异物
S31.001　创伤性会阴裂伤
S31.002　腰背部皮肤撕脱伤
S31.003　开放性会阴损伤
S31.004　开放性臀部损伤
S31.005　开放性腰背部损伤
S31.006　臀部异物
S31.100　腹壁开放性伤口
S31.100x002　腹上部开放性损伤
S31.100x003　胁腹开放性损伤
S31.100x005　髂区开放性损伤
S31.100x007　阴部开放性损伤
S31.101　开放性季肋部损伤
S31.102　开放性腹股沟损伤
S31.200　阴茎开放性伤口
S31.300x001　阴囊开放性损伤
S31.300x002　开放性精囊损伤
S31.301　开放性睾丸损伤
S31.400x001　阴道开放性损伤
S31.400x002　阴蒂开放性损伤
S31.400x003　外阴开放性损伤
S31.401　创伤性外阴裂伤
S31.402　处女膜裂伤
S31.501　开放性外生殖器损伤
S31.700　腹部、下背和骨盆多处开放性伤口
S31.800x003　创放性腹部异物
S31.800x011　下背开放性损伤伴骨折
S31.800x012　骨盆开放性损伤伴骨折
S31.800x021　下背开放性损伤伴脱位
S31.800x022　骨盆开放性损伤伴脱位
S31.800x031　腹部开放性损伤伴腹内器官损伤
S31.801　开放性腹部损伤
S31.802　开放性腹部异物
S31.803　阴道直肠贯通伤
S31.804　创伤性肛括约肌裂伤
S31.805　创伤性肛门裂伤
S32.000x002　腰椎压缩性骨折
S32.000x011　腰椎骨折 L1
S32.000x021　腰椎骨折 L2
S32.000x031　腰椎骨折 L3
S32.000x041　腰椎骨折 L4
S32.000x051　腰椎骨折 L5
S32.010　开放性腰椎骨折
S32.100　骶骨骨折
S32.110　开放性骶骨骨折
S32.200　尾骨骨折
S32.210　开放性尾骨骨折
S32.300　髂骨骨折
S32.310　开放性髂骨骨折
S32.400　髋臼骨折
S32.410　开放性髋臼骨折
S32.500x002　耻骨分支骨折
S32.500x003　耻骨联合骨折
S32.510　开放性耻骨骨折
S32.700　腰椎和骨盆多处骨折

S32.701　多发性骨盆骨折
S32.702　多发性腰椎骨折
S32.710　开放性腰椎和骨盆多处骨折
S32.711　开放性多发性骨盆骨折
S32.712　开放性多发性腰椎骨折
S32.800x021　腰骶棘突骨折
S32.800x022　腰骶横突骨折
S32.800x023　腰骶椎弓骨折
S32.800x024　腰骶椎骨骨折
S32.800x091　骨盆联合体骨折
S32.800x092　骨盆侧方挤压骨折
S32.800x093　骨盆开书样骨折
S32.800x094　骨盆垂直剪切骨折
S32.800x095　马耳盖尼骨折
S32.801　坐骨骨折
S32.802　骨盆骨折
S32.810　开放性腰椎和骨盆特指部位骨折
S32.811　开放性坐骨骨折
S32.812　开放性骨盆骨折
S32.813　开放性腰骶部脊柱骨折
S33.000　腰椎间盘创伤性破裂
S33.100x011　腰椎脱位L1/L2
S33.100x021　腰椎脱位L2/L3
S33.100x031　腰椎脱位L3/L4
S33.100x041　腰椎脱位L4/L5
S33.100x051　腰骶椎脱位L5/S1
S33.200x001　尾骨脱位
S33.200x002　骶骨脱位
S33.200x003　骶髂关节脱位
S33.201　骶尾关节脱位
S33.300x001　耻骨联合脱位
S33.300x004　骨盆脱位
S33.301　腰椎和骨盆脱位
S33.400　耻骨联合创伤性破裂
S33.500　腰椎扭伤和劳损
S33.500x011　腰骶关节扭伤
S33.501　腰部扭伤
S33.502　腰椎扭伤
S33.600　骶髂关节扭伤和劳损
S33.600x001　骶髂关节扭伤
S33.601　骶部关节扭伤
S33.700x001　骶尾韧带劳损
S33.700x002　棘上韧带损伤
S33.700x003　腰部关节扭伤
S33.701　骶髂区扭伤
S33.702　耻骨联合扭伤
S33.703　腰椎和骨盆部位的扭伤和劳损
S34.000x002　腰部脊髓震荡
S34.001　腰部脊髓水肿
S34.100x001　腰部脊髓损伤
S34.100x002　腰部脊髓完全损伤
S34.100x003　腰部脊髓不完全损伤
S34.100x701　腰部脊髓功能损伤
S34.100x711　腰部脊髓功能损伤L1
S34.100x721　腰部脊髓功能损伤L2
S34.100x731　腰部脊髓功能损伤L3
S34.100x741　腰部脊髓功能损伤L4
S34.100x751　腰部脊髓功能损伤L5
S34.100x761　骶部脊髓功能损伤
S34.200x001　骶脊神经根损伤
S34.200x002　腰脊神经根损伤
S34.300　马尾损伤
S34.400　腰骶丛损伤
S34.500　腰部、骶部和骨盆交感神经损伤
S34.500x001　腹腔交感神经节损伤
S34.500x004　肠系膜下丛交感神经损伤
S34.500x005　肠系膜上丛交感神经损伤
S34.501　腹腔丛损伤
S34.502　腹下丛损伤
S34.503　肠系膜丛损伤
S34.504　内脏神经损伤
S34.600　腹部、下背和骨盆周围神经损伤
S34.601　下背周围神经损伤
S34.602　骨盆周围神经损伤
S34.800x001　腰骶神经损伤
S34.801　腹部神经损伤
S34.802　下背神经损伤
S34.803　骨盆神经损伤
S35.000　腹主动脉损伤
S35.001　创伤性腹主动脉瘤
S35.100　下腔静脉损伤
S35.100x003　肝静脉损伤
S35.101　创伤性下腔静脉破裂
S35.102　创伤性肝静脉破裂
S35.200x001　腹腔动脉损伤
S35.200x003　胃十二指肠动脉损伤
S35.200x004　肝动脉损伤
S35.200x005　肠系膜下动脉损伤
S35.200x006　肠系膜上动脉损伤
S35.200x007　脾动脉损伤

S35.201 肠系膜动脉损伤
S35.202 胃动脉损伤
S35.203 创伤性胃动脉破裂
S35.204 创伤性肝动脉破裂
S35.205 创伤性脾动脉破裂
S35.300x001 门静脉损伤
S35.300x002 脾静脉损伤
S35.300x003 肠系膜下静脉损伤
S35.300x004 肠系膜上静脉损伤
S35.300x005 肠系膜静脉损伤
S35.301 创伤性肠系膜静脉破裂
S35.302 创伤性脾静脉破裂
S35.400x001 肾动脉损伤
S35.400x002 肾静脉损伤
S35.401 创伤性肾静脉破裂
S35.402 创伤性肾动脉破裂
S35.500x001 髂动脉损伤
S35.500x002 创伤性髂总动脉血栓形成
S35.500x003 创伤性髂动静脉瘘
S35.500x004 髂静脉损伤
S35.500x005 子宫动脉损伤
S35.500x006 子宫静脉损伤
S35.500x007 下腹动脉损伤
S35.500x008 下腹静脉损伤
S35.501 创伤性髂动脉破裂
S35.502 创伤性髂静脉破裂
S35.503 创伤性子宫动静脉破裂
S35.700x001 腹部和下背及骨盆多处血管损伤
S35.700x003 骶前静脉丛损伤
S35.700x004 肠系膜血管损伤
S35.701 腹部多处血管损伤
S35.800x001 卵巢动脉损伤
S35.800x002 卵巢静脉损伤
S35.801 卵巢动静脉损伤
S35.900x001 腹部血管损伤
S35.901 下背血管损伤
S35.902 骨盆血管损伤
S35.903 创伤性肠系膜血管损伤
S36.000 脾损伤
S36.000x021 脾被膜撕裂
S36.000x031 脾撕裂伴软组织损伤
S36.000x081 脾穿透伤
S36.001 创伤性脾血肿
S36.002 创伤性脾破裂
S36.011 开放性脾破裂
S36.100x001 肝损伤
S36.100x011 肝挫伤
S36.100x013 创伤性肝血肿
S36.100x021 肝撕裂伤
S36.100x031 肝轻度撕裂伤
S36.100x041 肝中度撕裂伤
S36.100x051 肝重度撕裂伤
S36.100x081 胆管损伤
S36.101 胆囊损伤
S36.102 创伤性肝破裂
S36.103 创伤性胆总管破裂
S36.110 开放性肝破裂
S36.111 开放性胆囊损伤
S36.112 开放性胆管损伤
S36.113 开放性胆总管损伤
S36.200 胰损伤
S36.200x001 胰腺损伤
S36.200x011 胰头损伤
S36.200x021 胰体损伤
S36.200x031 胰尾损伤
S36.200x091 胰管损伤
S36.200x092 胰腺和胰管损伤
S36.201 创伤性胰腺破裂
S36.202 胰腺包膜撕裂
S36.210 开放性胰损伤
S36.300 胃损伤
S36.301 创伤性胃破裂
S36.310 开放性胃破裂
S36.400 小肠损伤
S36.400x091 空肠损伤
S36.400x093 回肠损伤
S36.400x095 小肠多处损伤
S36.401 创伤性十二指肠破裂
S36.402 创伤性空肠破裂
S36.403 创伤性回肠破裂
S36.404 创伤性小肠破裂
S36.405 十二指肠损伤
S36.411 开放性小肠破裂
S36.412 开放性十二指肠破裂
S36.413 开放性空肠破裂
S36.414 开放性回肠破裂
S36.500 结肠损伤
S36.500x011 升结肠损伤
S36.500x021 横结肠损伤
S36.500x031 降结肠损伤

S36.500x041　乙状结肠损伤
S36.500x091　结肠多处损伤
S36.500x092　阑尾损伤
S36.500x093　盲肠损伤
S36.501　创伤性结肠破裂
S36.511　开放性结肠破裂
S36.600　直肠损伤
S36.600x003　直肠多处损伤
S36.601　创伤性直肠破裂
S36.611　开放性直肠破裂
S36.700　多个腹内器官损伤
S36.701　创伤性腹内多器官破裂
S36.800x022　肠系膜损伤
S36.801　腹膜损伤
S36.802　肠系膜裂伤
S36.803　创伤性腹膜后血肿
S36.810　开放性特指腹内器官损伤
S36.811　开放性肠系膜血肿
S36.812　开放性肠系膜裂伤
S36.813　开放性腹膜后血肿
S36.814　开放性大网膜破裂
S36.900　腹内器官的损伤
S36.901　创伤性肠破裂
S36.910　开放性腹内器官损伤
S37.000　肾损伤
S37.000x012　肾囊挫伤
S37.000x013　肾盂挫伤
S37.000x015　肾包膜下血肿
S37.000x016　肾盂积血
S37.000x022　肾囊破裂
S37.000x023　肾盂裂伤
S37.000x031　肾粉碎伤
S37.000x032　肾蒂损伤
S37.001　创伤性肾破裂
S37.002　肾挫伤
S37.003　创伤性肾血肿
S37.004　创伤性肾周血肿
S37.010　开放性肾损伤
S37.011　开放性肾破裂
S37.100　输尿管损伤
S37.101　创伤性输尿管断裂
S37.111　开放性输尿管断裂
S37.200　膀胱损伤
S37.200x011　膀胱挫伤
S37.200x022　腹膜外膀胱破裂
S37.200x023　腹膜内膀胱破裂
S37.200x024　混合型膀胱破裂
S37.200x081　膀胱裂伤
S37.201　创伤性膀胱破裂
S37.211　开放性膀胱破裂
S37.300　尿道损伤
S37.300x004　尿道完全断裂
S37.300x005　尿道部分断裂
S37.300x011　尿道膜部损伤
S37.300x021　尿道阴茎部损伤
S37.300x031　尿道前列腺部损伤
S37.300x081　尿道球部断裂
S37.300x082　尿道球部挫裂伤
S37.300x083　后尿道损伤
S37.301　创伤性尿道断裂
S37.302　尿道挫伤
S37.303　尿道损伤伴狭窄
S37.310　开放性尿道损伤
S37.400　卵巢损伤
S37.410　开放性卵巢损伤
S37.500　输卵管损伤
S37.510　开放性输卵管损伤
S37.600　子宫损伤
S37.600x002　创伤性子宫破裂
S37.601　创伤性宫颈裂伤
S37.602　创伤性子宫穿孔
S37.610　开放性子宫损伤
S37.700　多个盆腔器官损伤
S37.710　开放性盆腔多个器官损伤
S37.801　输精管损伤
S37.802　精囊损伤
S37.803　肾上腺损伤
S37.804　前列腺损伤
S37.810　开放性特指盆腔器官损伤
S37.811　开放性输精管损伤
S37.813　开放性肾上腺损伤
S37.814　开放性前列腺损伤
S37.900　盆腔器官的损伤
S37.910　开放性盆腔器官损伤
S38.000　外生殖器挤压伤
S38.001　阴茎挤压伤
S38.100x002　腹部挤压伤
S38.100x003　下背挤压伤
S38.100x004　骨盆挤压伤
S38.101　腹部、下背和骨盆挤压伤

S38.200x001　大阴唇切断
S38.200x002　小阴唇切断
S38.200x003　阴茎离断
S38.200x004　阴囊离断
S38.200x005　睾丸离断
S38.200x006　外阴切断
S38.300x001　躯干切断
S38.300x002　腹部切断
S38.301　创伤性腹背部切断
S38.302　创伤性下背切断
S38.303　创伤性骨盆切断
S39.000x001　腹部肌肉损伤
S39.000x002　腹部肌腱损伤
S39.000x003　下背肌肉损伤
S39.000x004　下背肌腱损伤
S39.000x005　骨盆肌肉损伤
S39.000x006　骨盆肌腱损伤
S39.001　腹直肌断裂
S39.002　开放性腰大肌断裂
S39.600　腹内器官伴有盆腔器官的损伤
S39.700　腹部、下背和骨盆其他多处损伤
S39.800x001　腹部软组织损伤
S39.800x002　下背软组织损伤
S39.800x003　骨盆软组织损伤
S39.800x004　腹部和下背及骨盆软组织损伤
S39.800x005　臀部软组织损伤
S39.900x002　下背损伤
S39.900x004　腹股沟损伤
S39.900x007　阴囊损伤
S39.900x009　附睾损伤
S39.900x010　睾丸损伤
S39.901　处女膜损伤
S39.902　阴道损伤
S39.903　会阴损伤
S39.904　阴茎损伤
S39.905　肛门损伤
S39.906　腰部损伤
S39.907　腹部损伤
S39.908　盆腔损伤
S39.909　腹部金属异物
S39.910　腰部软组织损伤
S39.911　腹壁软组织损伤

表 6-3-191

S40.000x001　肩部挫伤
S40.000x002　肩胛区挫伤
S40.000x003　腋窝区挫伤
S40.001　上臂挫伤
S40.700　肩和上臂多处浅表损伤
S40.701　肩臂多处挫伤
S40.800x011　肩部擦伤
S40.800x012　上臂擦伤
S40.800x021　肩部水泡
S40.800x022　上臂水泡
S40.800x031　肩部虫咬伤
S40.800x032　上臂虫咬伤
S40.800x041　肩部浅表异物
S40.800x042　上臂浅表异物
S40.900　肩和上臂的浅表损伤
S41.000　肩开放性伤口
S41.000x002　肩胛带开放性损伤
S41.100　上臂开放性伤口
S41.700　肩和上臂多处开放性伤口
S41.800x001　腋窝开放性损伤
S41.800x011　肩部开放性损伤伴骨折
S41.800x012　上臂开放性损伤伴骨折
S41.800x021　肩部开放性损伤伴脱位
S41.800x022　上臂开放性损伤伴脱位
S41.801　开放性肩胛区损伤
S41.802　开放性肩带损伤
S42.000　锁骨骨折
S42.000x011　锁骨胸骨端骨折
S42.000x021　锁骨干骨折
S42.000x031　锁骨肩峰端骨折
S42.000x091　锁骨多发性骨折
S42.010　开放性锁骨骨折
S42.100　肩胛骨骨折
S42.100x011　肩胛骨体骨折
S42.100x021　肩峰骨折
S42.100x031　肩胛骨喙突骨折
S42.100x041　肩胛骨颈和肩关节盂骨折
S42.100x042　肩关节盂骨折
S42.100x091　肩胛骨多发性骨折
S42.110　开放性肩胛骨骨折
S42.200x001　肱骨近端骨折
S42.200x011　肱骨近端骨骺分离
S42.200x031　肱骨解剖颈骨折
S42.200x041　肱骨大结节骨折
S42.200x091　肱骨小结节骨折
S42.200x092　肱骨近端多发性骨折

S42.202　肱骨外科颈骨折
S42.203　肱骨头骨折
S42.210　开放性肱骨上端骨折
S42.300　肱骨干骨折
S42.300x002　肱骨干多发性骨折
S42.301　肱骨骨折
S42.310　开放性肱骨干骨折
S42.311　开放性肱骨骨折
S42.400x001　肱骨远端骨折
S42.400x041　肱骨内上髁骨折
S42.400x042　肱骨外上髁骨折
S42.400x043　肱骨远端骨骺分离
S42.400x051　肱骨远端T型骨折
S42.400x091　肱骨远端多发性骨折
S42.400x092　肱骨滑车骨折
S42.400x093　肱骨小头骨折
S42.401　肱骨髁上骨折
S42.402　肱骨外髁骨折
S42.403　肱骨髁间骨折
S42.404　肱骨内髁骨折
S42.410　开放性肱骨下端骨折
S42.700　锁骨、肩胛骨和肱骨多处骨折
S42.710　开放性锁骨、肩胛骨和肱骨多处骨折
S42.800　肩和上臂其他部位的骨折
S42.810　开放性肩和上臂特指部位骨折
S42.900　肩胛带的骨折
S42.910　开放性肩骨折
S43.000　肩关节脱位
S43.000x011　肱骨前脱位
S43.000x021　肱骨后脱位
S43.000x031　肱骨下脱位
S43.001　肩关节半脱位
S43.002　盂肱关节脱位
S43.100　肩锁关节脱位
S43.200　胸锁关节脱位
S43.301　肩胛骨脱位
S43.302　肩胛带脱位
S43.400x001　肩关节扭伤
S43.400x002　创伤性肩关节积血
S43.400x003　肩袖关节囊扭伤
S43.400x004　喙肱韧带扭伤
S43.400x005　肩关节盂唇损伤
S43.401　肩关节劳损
S43.500　肩锁关节扭伤和劳损
S43.500x001　肩锁关节扭伤
S43.500x002　肩锁韧带扭伤
S43.501　肩锁韧带损伤
S43.600　胸锁关节扭伤和劳损
S43.601　胸锁关节扭伤
S43.700　肩胛带其他和未特指部位的扭伤和劳损
S43.701　肩胛带扭伤
S44.000x001　上臂尺神经损伤
S44.100x001　上臂正中神经损伤
S44.101　上臂正中神经断裂
S44.200x001　上臂桡神经损伤
S44.300　腋神经损伤
S44.400　肌皮神经损伤
S44.500　在肩和上臂水平的皮感觉神经损伤
S44.500x001　臂内侧皮神经损伤
S44.501　上臂皮感觉神经损伤
S44.700x001　肩和上臂多处神经损伤
S44.701　上臂多发神经损伤
S44.800x001　肩胛上神经损伤
S44.900x001　肩和上臂神经损伤
S44.901　上臂神经损伤
S45.000　腋动脉损伤
S45.001　创伤性腋动脉破裂
S45.101　创伤性肱动脉损伤
S45.200x002　肱静脉损伤
S45.201　创伤性腋静脉损伤
S45.300x001　肩和上臂浅表静脉损伤
S45.300x002　肩部浅表静脉损伤
S45.301　上臂浅表静脉损伤
S45.700x001　肩和上臂多处血管损伤
S45.701　上臂多发血管损伤
S45.800　在肩和上臂水平的其他血管损伤
S45.900x001　肩和上臂血管损伤
S46.000　肩回旋套肌肉和肌腱损伤
S46.000x001　肩袖肌腱损伤
S46.002　肩袖损伤
S46.100x001　肱二头肌长头肌肉损伤
S46.100x003　肱二头肌长头肌肉和肌腱损伤
S46.101　二头肌长头肌腱损伤
S46.200x001　肱二头肌肌肉损伤
S46.200x002　肱二头肌肌腱损伤
S46.200x003　肱二头肌肌肉和肌腱损伤
S46.201　创伤性肱二头肌断裂
S46.300x001　肱三头肌肌肉损伤
S46.300x002　肱三头肌肌腱损伤
S46.300x003　肱三头肌肌肉和肌腱损伤

S46.301　创伤性肱三头肌断裂
S46.700x001　肩和上臂多处肌肉损伤
S46.700x002　肩和上臂多处肌腱损伤
S46.701　肩多发肌腱损伤
S46.702　上臂多发肌腱损伤
S46.800x001　三角肌损伤
S46.800x002　冈上肌肌肉损伤
S46.800x003　冈上肌肌腱损伤
S46.800x004　冈下肌肌肉损伤
S46.800x005　冈下肌肌腱损伤
S46.800x006　肩胛下肌肌肉损伤
S46.800x007　肩胛下肌肌腱损伤
S46.801　创伤性冈上肌断裂
S46.802　创伤性三角肌断裂
S46.900x001　肩和上臂肌肉损伤
S46.900x002　肩和上臂肌腱损伤
S47.x00x002　肩部挤压伤
S47.x01　上臂挤压伤
S48.000　肩关节处创伤性切断
S48.100x001　上臂切断
S48.900　在肩和上臂水平的创伤性切断
S49.700　肩和上臂多处损伤
S49.800　肩和上臂其他特指的损伤
S49.900x001　肩部损伤
S49.901　上臂损伤

表 6-3-192

S50.000　肘挫伤
S50.101　前臂挫伤
S50.700　前臂的多处浅表损伤
S50.701　前臂多处擦伤
S50.800x011　前臂擦伤
S50.800x021　前臂水泡
S50.800x031　前臂虫咬伤
S50.800x041　前臂浅表异物
S50.800x081　肘关节浅表损伤
S50.900　前臂浅表损伤
S50.901　肘浅表损伤
S51.000　肘开放性伤口
S51.700　前臂多处开放性伤口
S51.800x011　前臂开放性损伤伴骨折
S51.800x021　前臂开放性损伤伴脱位
S51.901　开放性前臂损伤
S52.000x001　肘关节骨折
S52.000x002　尺骨近端骨折
S52.000x012　尺骨鹰嘴骨骺分离
S52.000x021　尺骨冠突骨折
S52.000x091　尺骨近端多发性骨折
S52.001　鹰嘴骨折
S52.002　蒙特贾骨折脱位
S52.010　开放性尺骨上端骨折
S52.011　开放性鹰嘴骨折
S52.100x001　桡骨近端骨折
S52.100x002　桡骨近端骨骺分离
S52.100x012　桡骨头骨骺分离
S52.100x091　桡骨近端多发性骨折
S52.101　桡骨头骨折
S52.102　桡骨颈骨折
S52.110　开放性桡骨上端骨折
S52.200　尺骨干骨折
S52.200x011　孟氏骨折
S52.201　尺骨骨折
S52.210　开放性尺骨干骨折
S52.211　开放性尺骨骨折
S52.300　桡骨干骨折
S52.300x011　盖氏骨折
S52.310　开放性桡骨干骨折
S52.400x001　桡尺骨骨干骨折
S52.410　开放性尺骨桡骨骨干骨折
S52.500x001　桡骨远端骨折
S52.500x002　桡骨茎突骨折
S52.500x003　桡骨远端骨骺分离
S52.500x011　科雷骨折
S52.500x021　巴顿骨折
S52.500x022　史密斯骨折
S52.500x091　桡骨关节内骨折
S52.501　屈曲型桡骨下端骨折
S52.502　伸直型桡骨下端骨折
S52.510　开放性桡骨下端骨折
S52.600x001　尺骨远端骨折伴桡骨远端骨折
S52.600x002　尺骨茎突骨折伴桡骨远端骨折
S52.610　开放性尺骨桡骨远端骨折
S52.700　前臂多处骨折
S52.701　尺骨桡骨闭合性骨折
S52.710　开放性多发性前臂骨折
S52.711　开放性尺骨桡骨骨折
S52.800x002　尺骨远端骨骺分离
S52.801　桡骨骨折
S52.802　尺骨茎突骨折
S52.803　尺骨头骨折

S52.804　尺骨下端骨折
S52.810　开放性前臂特指部位骨折
S52.811　开放性桡骨骨折
S52.812　开放性尺骨茎突骨折
S52.813　开放性尺骨头骨折
S52.814　开放性尺骨下端骨折
S52.900　前臂骨折
S53.000　桡骨头脱位
S53.000x003　桡骨头半脱位
S53.001　桡肱关节脱位
S53.002　尺桡关节脱位
S53.100　肘关节脱位
S53.100x011　肘关节前脱位
S53.100x021　肘关节后脱位
S53.100x031　肘关节内脱位
S53.100x041　肘关节侧方脱位
S53.101　尺肱关节脱位
S53.102　尺骨头脱位
S53.200x001　桡侧副韧带断裂
S53.300x001　尺侧副韧带断裂
S53.400　肘关节扭伤和劳损
S53.400x002　创伤性肘关节积血
S53.400x012　桡侧副韧带扭伤
S53.400x021　尺侧副韧带扭伤
S53.400x031　桡肱关节扭伤
S53.400x041　尺肱关节扭伤
S53.401　桡骨环状韧带扭伤
S53.402　肘关节扭伤
S54.000x001　前臂尺神经损伤
S54.001　前臂尺神经断裂
S54.100x001　前臂正中神经损伤
S54.101　前臂正中神经断裂
S54.200x001　前臂桡神经损伤
S54.300x001　前臂皮感觉神经损伤
S54.700x001　前臂多处神经损伤
S54.800　在前臂水平的其他神经损伤
S54.900x001　前臂神经损伤
S55.000x001　前臂尺动脉损伤
S55.100x001　前臂桡动脉损伤
S55.101　创伤性桡动脉断裂
S55.200x001　前臂静脉损伤
S55.700x001　前臂多处血管损伤
S55.800　在前臂水平的其他血管损伤
S55.900x001　前臂血管损伤
S56.000x001　前臂拇指屈肌损伤
S56.000x002　前臂拇指屈肌腱损伤
S56.000x003　前臂拇指屈肌和肌腱损伤
S56.001　前臂拇指屈肌断裂
S56.100x001　前臂指屈肌损伤
S56.100x002　前臂指屈肌腱损伤
S56.100x003　前臂指屈肌和肌腱损伤
S56.200x001　前臂屈肌损伤
S56.200x002　前臂屈肌腱损伤
S56.200x003　前臂屈肌和肌腱损伤
S56.300x001　前臂拇指伸肌损伤
S56.300x002　前臂拇指伸肌腱损伤
S56.300x003　前臂拇指伸肌和肌腱损伤
S56.300x004　前臂拇指外展肌损伤
S56.300x005　前臂拇指外展肌腱损伤
S56.300x006　前臂拇指外展肌和肌腱损伤
S56.301　前臂拇指外展肌和肌腱断裂
S56.400x001　前臂指伸肌损伤
S56.400x002　前臂手指伸肌腱损伤
S56.400x003　前臂手指伸肌和肌腱损伤
S56.500x001　前臂伸肌损伤
S56.500x002　前臂伸肌腱损伤
S56.500x003　前臂伸肌和肌腱损伤
S56.700x001　前臂多处肌肉和肌腱损伤
S56.801　前臂肌肉和肌腱损伤
S57.000　肘挤压伤
S57.800　前臂其他部位的挤压伤
S57.900　前臂的挤压伤
S58.000x001　肘创伤性切断
S58.100x001　肘和腕关节之间水平创伤性切断
S58.900x001　前臂创伤性切断
S59.700　前臂多处损伤
S59.701　肘关节后脱位，桡骨头和尺骨冠状突骨折
S59.800　前臂其他特指的损伤
S59.900　前臂损伤

表6-3-193

S60.000x001　手指挫伤
S60.100x001　手指挫伤伴指甲损伤
S60.201　腕部挫伤
S60.202　手挫伤
S60.700　腕和手多处浅表损伤
S60.701　手多发浅表损伤
S60.800x011　腕和手擦伤
S60.800x012　腕部擦伤
S60.800x021　腕和手水泡

S60.800x022　手部水泡
S60.800x023　腕部水泡
S60.800x031　腕和手虫咬伤
S60.800x032　腕部虫咬伤
S60.800x033　手部虫咬伤
S60.800x041　腕和手浅表异物
S60.800x042　腕部浅表异物
S60.800x043　手部浅表异物
S60.801　手指浅表异物
S60.900　腕和手的浅表损伤
S60.900x002　腕部浅表损伤
S60.901　手浅表损伤
S60.902　手擦伤
S61.000x001　手指开放性损伤
S61.000x002　拇指开放性损伤
S61.100x001　手指开放性损伤伴指甲损伤
S61.100x002　拇指开放性损伤伴指甲损伤
S61.700　腕和手多处开放性伤口
S61.701　开放性腕部多发损伤
S61.702　开放性手多发损伤
S61.800x011　腕和手开放性损伤伴骨折
S61.800x012　手部开放性损伤伴骨折
S61.800x013　腕部开放性损伤伴骨折
S61.800x021　腕和手开放性损伤伴脱位
S61.800x022　手部开放性损伤伴脱位
S61.800x023　腕部开放性损伤伴脱位
S61.800x081　手掌开放性损伤
S61.900　腕和手的开放性伤口
S61.900x002　腕部开放性损伤
S61.900x004　手部爆炸伤
S61.901　开放性手部损伤
S61.902　手套撕脱伤
S62.000x001　腕舟骨骨折
S62.010　开放性手舟状骨骨折
S62.100x011　月骨骨折
S62.100x021　三角骨骨折
S62.100x031　豆骨骨折
S62.100x041　大多角骨骨折
S62.100x051　小多角骨骨折
S62.100x061　头状骨骨折
S62.100x071　钩骨骨折
S62.100x091　腕骨多发性骨折
S62.101　腕骨骨折
S62.110　开放性特指腕骨骨折
S62.111　开放性腕骨骨折
S62.200　第一掌骨骨折
S62.200x011　第一掌骨基底骨折
S62.200x021　第一掌骨干骨折
S62.200x031　第一掌骨颈骨折
S62.200x041　第一掌骨头骨折
S62.201　贝内特骨折
S62.210　开放性第一掌骨骨折
S62.300x002　掌骨骨骺分离
S62.300x011　掌骨基底骨折
S62.300x021　掌骨干骨折
S62.300x031　掌骨颈骨折
S62.300x041　掌骨头骨折
S62.301　掌骨骨折
S62.310　开放性特指掌骨骨折
S62.311　开放性掌骨骨折
S62.400　掌骨多处骨折
S62.410　开放性多发性掌骨骨折
S62.500　拇指骨折
S62.500x002　拇指骨骺分离
S62.500x011　拇指近节骨折
S62.500x021　拇指远节骨折
S62.510　开放性拇指骨折
S62.600x002　指骨骨骺分离
S62.600x011　指骨近节骨折
S62.600x021　指骨中节骨折
S62.600x031　指骨远节骨折
S62.611　开放性指骨骨折
S62.700　手指多处骨折
S62.710　开放性多发性指骨骨折
S62.801　手骨折
S62.802　指骨骨折
S62.810　开放性腕和手其他和未特指部位骨折
S62.811　开放性手骨折
S63.000　腕关节脱位
S63.000x002　桡骨远端关节脱位
S63.000x003　尺骨远端关节脱位
S63.000x011　下尺桡关节脱位
S63.000x021　桡腕关节脱位
S63.000x031　腕骨间关节脱位
S63.000x041　掌骨近端关节脱位
S63.000x042　腕掌关节脱位
S63.000x081　腕骨脱位
S63.000x082　腕舟骨脱位
S63.000x083　腕舟骨月骨周围脱位
S63.100　指关节脱位

S63.100x001　指间关节脱位
S63.100x002　拇指关节脱位
S63.100x011　掌指关节脱位
S63.100x012　掌骨远端关节脱位
S63.100x013　拇掌关节脱位
S63.100x021　手指远端指间关节脱位
S63.200　手指多处脱位
S63.200x001　指关节多发性脱位
S63.300x001　腕副韧带断裂
S63.300x002　桡腕韧带断裂
S63.300x003　尺腕韧带断裂
S63.300x004　腕和腕关节韧带断裂
S63.400x001　掌指关节韧带断裂
S63.400x002　掌指关节副韧带断裂
S63.400x003　手掌韧带断裂
S63.400x004　手掌板断裂
S63.400x005　指间关节韧带断裂
S63.400x006　指间关节副韧带断裂
S63.401　创伤性掌关节韧带破裂
S63.500　腕关节扭伤和劳损
S63.500x002　腕关节损伤
S63.500x003　创伤性腕关节积血
S63.500x011　腕骨关节扭伤
S63.500x012　腕骨关节损伤
S63.500x021　桡腕关节扭伤
S63.500x022　桡腕关节损伤
S63.500x031　腕掌关节扭伤
S63.500x032　腕掌关节损伤
S63.500x081　下尺桡关节扭伤
S63.500x082　下尺桡关节损伤
S63.500x101　腕关节三角纤维软骨损伤
S63.501　腕关节扭伤
S63.600　手指扭伤和劳损
S63.600x001　拇指扭伤
S63.600x002　指骨扭伤
S63.601　指关节扭伤
S63.602　掌指关节扭伤
S63.700x001　腕中关节扭伤
S63.701　手关节扭伤
S64.000x001　腕部尺神经损伤
S64.000x002　手部尺神经损伤
S64.100x001　腕部正中神经损伤
S64.100x002　手部正中神经损伤
S64.200x001　腕部桡神经损伤
S64.200x002　手部桡神经损伤
S64.300　拇指指神经损伤
S64.400x001　指神经损伤
S64.700x001　腕和手多处神经损伤
S64.800　在腕和手水平的其他神经损伤
S64.900x001　腕和手神经损伤
S65.000x001　手部尺动脉损伤
S65.000x002　腕部尺动脉损伤
S65.100x001　腕部桡动脉损伤
S65.100x002　手部桡动脉损伤
S65.200　掌浅动静脉弓损伤
S65.300　掌深动静脉弓损伤
S65.400　拇指血管损伤
S65.401　创伤性拇指动脉破裂
S65.500　手指血管损伤，其他的
S65.501　创伤性指动脉破裂
S65.700x001　腕和手多处血管损伤
S65.800　在腕和手水平的其他血管损伤
S65.900x001　腕和手血管损伤
S66.000x001　腕和手拇指长屈肌和肌腱损伤
S66.000x002　腕和手拇指长屈肌损伤
S66.000x003　腕和手拇指长屈肌腱损伤
S66.000x004　腕部拇指长屈肌和肌腱损伤
S66.000x005　腕部拇指长屈肌损伤
S66.000x006　腕部拇指长屈肌腱损伤
S66.000x007　手部拇指长屈肌和肌腱损伤
S66.000x008　手部拇指长屈肌损伤
S66.000x009　手部拇指长屈肌腱损伤
S66.100x001　腕和手指屈肌和肌腱损伤
S66.100x002　腕和手指屈肌损伤
S66.100x003　腕和手指屈肌腱损伤
S66.100x004　腕部指屈肌和肌腱损伤
S66.100x005　腕部指屈肌损伤
S66.100x006　腕部指屈肌腱损伤
S66.100x007　手部指屈肌和肌腱损伤
S66.100x008　手部指屈肌损伤
S66.100x009　手部指屈肌腱损伤
S66.200x001　腕和手拇指伸肌和肌腱损伤
S66.200x002　腕和手拇指伸肌损伤
S66.200x003　腕和手拇指伸肌腱损伤
S66.200x004　腕部拇指伸肌和肌腱损伤
S66.200x005　腕部拇指伸肌损伤
S66.200x006　腕部拇指伸肌腱损伤
S66.200x007　手部拇指伸肌和肌腱损伤
S66.200x008　手部拇指伸肌损伤
S66.200x009　手部拇指伸肌腱损伤

S66.300x001　腕和手指伸肌和肌腱损伤
S66.300x002　腕和手指伸肌损伤
S66.300x003　腕和手指伸肌腱损伤
S66.300x004　腕部指伸肌和肌腱损伤
S66.300x005　腕部指伸肌损伤
S66.300x006　腕部指伸肌腱损伤
S66.300x007　手部指伸肌和肌腱损伤
S66.300x008　手部指伸肌损伤
S66.300x009　手部指伸肌腱损伤
S66.400x001　腕和手拇指内在肌和肌腱损伤
S66.400x002　腕和手拇指内在肌损伤
S66.400x003　腕和手拇指内在肌腱损伤
S66.400x004　腕部拇指内在肌和肌腱损伤
S66.400x005　腕部拇指内在肌损伤
S66.400x006　腕部拇指内在肌腱损伤
S66.400x007　手部拇指内在肌和肌腱损伤
S66.400x008　手部拇指内在肌损伤
S66.400x009　手部拇指内在肌腱损伤
S66.500x001　腕和手指内在肌和肌腱损伤
S66.500x002　腕和手指内在肌损伤
S66.500x003　腕和手指内在肌腱损伤
S66.500x004　腕部指内在肌和肌腱损伤
S66.500x005　腕部指内在肌损伤
S66.500x006　腕部指内在肌腱损伤
S66.500x007　手部指内在肌和肌腱损伤
S66.500x008　手部指内在肌损伤
S66.500x009　手部指内在肌腱损伤
S66.600x001　腕和手多处屈肌和肌腱损伤
S66.601　多发性手屈肌断裂
S66.700x001　腕和手多处伸肌和肌腱损伤
S66.800　在腕和手水平的其他肌肉和肌腱的损伤
S66.900x001　腕和手肌肉和肌腱损伤
S66.900x002　腕部肌肉损伤
S66.900x003　手部肌肉损伤
S66.900x004　手指肌肉损伤
S67.000x001　拇指挤压伤
S67.000x003　手指碾挫伤
S67.001　手指挤压伤
S67.800x001　腕部挤压伤
S67.800x003　手部碾挫伤
S67.801　手挤压伤
S68.000x002　拇指不全切断
S68.001　拇指完全切断
S68.100x001　单指不全切断
S68.100x002　单指完全离断
S68.200x001　多指不全切断
S68.201　多手指完全切断
S68.300　手指（一部分）伴有腕和手其他部分的合并创伤性切断
S68.400x001　手腕部创伤性切断
S68.800x001　掌部创伤性切断
S68.900　腕和手水平的创伤性切断
S69.700　腕和手多处损伤
S69.800　腕和手其他特指的损伤
S69.900x001　腕部损伤
S69.900x002　手部损伤
S69.900x003　拇指损伤
S69.900x004　手指损伤

表 6-3-194

S70.000　髋挫伤
S70.100　大腿挫伤
S70.700x001　大腿多处浅表损伤
S70.700x002　髋部多处浅表损伤
S70.800x011　髋部擦伤
S70.800x012　股部擦伤
S70.800x021　髋部水泡
S70.800x022　股部水泡
S70.800x031　髋部虫咬伤
S70.800x032　股部虫咬伤
S70.800x041　髋部浅表异物
S70.800x042　股部浅表异物
S70.900x001　髋部浅表损伤
S70.900x002　大腿浅表损伤
S70.900x003　股部浅表损伤
S70.901　大腿血肿
S71.000　髋开放性伤口
S71.100　大腿开放性伤口
S71.101　大腿撕脱伤
S71.700　髋和大腿多处开放性伤口
S71.800x011　髋部开放性损伤伴骨折
S71.800x012　股部开放性损伤伴骨折
S71.800x021　髋部开放性损伤伴脱位
S71.800x022　股部开放性损伤伴脱位
S71.801　开放性骨盆带损伤
S72.000　股骨颈骨折
S72.000x011　股骨关节囊内骨折
S72.000x021　股骨头骨骺分离
S72.000x031　股骨颈头下骨折
S72.000x041　股骨颈经颈骨折

S72.000x051　股骨颈基底骨折
S72.000x081　股骨头骨折
S72.000x082　股骨髋部骨折
S72.010　开放性股骨颈骨折
S72.100x001　股骨大粗隆骨折
S72.100x002　股骨小粗隆骨折
S72.101　股骨粗隆间骨折
S72.110　开放性股骨粗隆间骨折
S72.200x001　股骨粗隆下骨折
S72.210　开放性股骨粗隆下骨折
S72.300　股骨干骨折
S72.310　开放性股骨干骨折
S72.400x001　股骨远端骨折
S72.400x012　股骨内髁骨折
S72.400x013　股骨外髁骨折
S72.400x021　股骨远端骨骺分离
S72.400x031　股骨髁上骨折
S72.400x041　股骨髁间骨折
S72.401　股骨髁骨折
S72.410　开放性股骨下端骨折
S72.700　股骨多处骨折
S72.710　开放性多发性股骨骨折
S72.800　股骨其他部位的骨折
S72.810　开放性股骨特指部位骨折
S72.900　股骨骨折
S72.900x002　股骨骨骺分离
S72.910　开放性股骨骨折
S73.000　髋脱位
S73.000x003　髋臼脱位
S73.000x011　髋关节后脱位
S73.000x021　髋关节前脱位
S73.001　髋关节半脱位
S73.100　髋扭伤和劳损
S73.100x002　创伤性髋关节积血
S73.100x011　髂股韧带扭伤
S73.100x021　髂关节囊韧带扭伤
S73.101　髋扭伤
S74.000x001　坐骨神经损伤
S74.000x002　髋部坐骨神经损伤
S74.000x003　大腿坐骨神经损伤
S74.100x001　股神经损伤
S74.100x002　髋部股神经损伤
S74.100x003　大腿股神经损伤
S74.200x001　髋部皮感觉神经损伤
S74.200x002　大腿皮感觉神经损伤
S74.700x001　髋部多处神经损伤
S74.700x002　大腿多处神经损伤
S74.801　闭孔神经损伤
S74.900x001　髋部神经损伤
S74.900x002　大腿神经损伤
S75.000　股动脉损伤
S75.000x002　股浅动脉损伤
S75.000x003　股深动脉损伤
S75.000x004　创伤性股动脉瘤
S75.000x005　创伤性股假性动脉瘤
S75.001　创伤性股深动脉破裂
S75.100x001　股静脉损伤
S75.100x002　髋部股静脉损伤
S75.100x003　大腿股静脉损伤
S75.200　在髋和大腿水平的大隐静脉损伤
S75.200x001　大腿大隐静脉损伤
S75.700x001　髋部多处血管损伤
S75.700x002　大腿多处血管损伤
S75.800　在髋和大腿水平的其他血管损伤
S75.900x001　髋部血管损伤
S75.900x002　大腿血管损伤
S75.901　创伤性股动静脉瘘
S76.000x002　髋部肌肉损伤
S76.000x003　髋部肌腱损伤
S76.100x001　股四头肌和肌腱损伤
S76.100x002　股四头肌肌肉损伤
S76.100x003　股四头肌肌腱损伤
S76.100x004　髌腱断裂
S76.101　股四头肌腱断裂
S76.102　髌韧带损伤
S76.200x002　大腿内收肌肌肉损伤
S76.200x003　大腿内收肌肌腱损伤
S76.300x001　大腿后部肌群和肌腱损伤
S76.300x002　大腿后部肌群肌肉损伤
S76.301　大腿后部肌腱损伤
S76.401　大腿肌腱损伤
S76.402　大腿肌断裂
S76.700x001　髋和大腿多处肌肉和肌腱损伤
S77.000　髋部挤压伤
S77.100　大腿挤压伤
S77.200　髋伴有大腿挤压伤
S78.000　髋部创伤性切断
S78.100x001　大腿部切断
S78.900　髋和大腿水平的创伤性切断
S79.700　髋和大腿多处损伤

S79.701 多发性大腿损伤
S79.800 髋和大腿其他特指的损伤
S79.800x001 髋关节周围软组织损伤
S79.900x001 髋部损伤
S79.901 大腿损伤
S79.902 髋周软组织损伤

表 6-3-195

S80.000 膝挫伤
S80.100x002 小腿血肿
S80.101 小腿挫伤
S80.700 小腿多处浅表损伤
S80.800x011 小腿擦伤
S80.800x012 膝部擦伤
S80.800x013 腘窝擦伤
S80.800x021 小腿水泡
S80.800x022 膝部水泡
S80.800x023 腘窝水泡
S80.800x031 小腿虫咬伤
S80.800x032 膝部虫咬伤
S80.800x033 腘窝虫咬伤
S80.800x041 小腿浅表异物
S80.800x042 膝部浅表异物
S80.800x043 腘窝浅表异物
S80.900 小腿浅表损伤
S80.901 膝部血肿
S81.000 膝开放性伤口
S81.700 小腿多处开放性伤口
S81.800x011 小腿开放性损伤伴骨折
S81.800x021 小腿开放性损伤伴脱位
S81.800x081 腓部开放性损伤
S81.800x082 腘窝开放性损伤
S81.800x083 胫部开放性损伤
S81.900 小腿开放性伤口
S81.901 小腿撕脱伤
S82.000 髌骨骨折
S82.000x002 髌骨软骨骨折
S82.000x004 髌骨袖套状骨折
S82.010 开放性髌骨骨折
S82.100x011 胫骨近端骨折伴腓骨骨折
S82.100x012 胫骨平台伴腓骨骨折
S82.100x081 胫骨近端骨折
S82.100x082 胫骨近端骨骺分离
S82.100x084 胫骨髁骨折
S82.100x085 胫骨髁间棘骨折
S82.100x086 胫骨外髁骨折
S82.100x087 胫骨平台骨折
S82.100x088 胫骨平台伴髁间骨折
S82.100x089 胫骨结节骨折
S82.101 闭合性胫骨平台骨折
S82.102 胫骨头骨折
S82.110 开放性胫骨上端骨折
S82.111 开放性胫骨头骨折
S82.200x011 胫骨干骨折伴腓骨骨折
S82.200x081 胫骨干骨折
S82.201 胫腓骨干骨折
S82.202 胫骨骨折
S82.203 胫腓骨闭合性骨折
S82.210 开放性胫骨骨干骨折
S82.211 开放性胫骨骨折
S82.212 开放性胫腓骨干骨折
S82.300x011 胫骨远端骨折伴腓骨骨折
S82.300x012 胫腓骨下端骨骺分离
S82.300x081 胫骨远端骨折
S82.300x082 胫骨远端骨骺分离
S82.300x083 Pilon 骨折
S82.301 胫腓骨下端骨折
S82.310 开放性胫骨下端骨折
S82.311 开放性胫腓骨下端骨折
S82.400x001 腓骨骨折
S82.400x002 腓骨远端骨骺分离
S82.400x011 腓骨近端骨折
S82.400x012 腓骨头骨折
S82.400x013 腓骨颈骨折
S82.400x014 腓骨小头骨折
S82.400x091 腓骨多发性骨折
S82.401 腓骨干骨折
S82.410 开放性腓骨骨折
S82.411 开放性腓骨干骨折
S82.500 内踝骨折
S82.500x001 胫骨骨折伴踝骨折
S82.501 胫骨骨折累及踝关节
S82.510 开放性内踝骨折
S82.600 外踝骨折
S82.600x001 腓骨骨折伴踝骨折
S82.601 腓骨骨折累及踝关节
S82.610 开放性外踝骨折
S82.700 小腿多处骨折
S82.710 开放性多发性小腿骨折
S82.800x081 踝骨骨折

S82.800x082 踝关节骨折
S82.801 三踝骨折
S82.802 双踝骨折
S82.803 踝骨闭合性骨折
S82.810 开放性小腿特指部位骨折
S82.811 开放性三踝骨折
S82.812 开放性双踝骨折
S82.900 小腿骨折
S82.910 开放性小腿骨折
S83.000 髌骨脱位
S83.001 髌骨半脱位
S83.100 膝关节脱位
S83.100x011 胫骨近端前脱位
S83.100x012 股骨远端后脱位
S83.100x021 胫骨近端后脱位
S83.100x031 胫骨近端内侧脱位
S83.100x041 胫骨近端外侧脱位
S83.100x081 胫腓关节脱位
S83.101 膝关节半脱位
S83.102 胫腓关节近端脱位
S83.200x001 膝半月板撕裂
S83.200x002 膝外侧半月板桶柄状撕裂
S83.200x003 膝内侧半月板桶柄状撕裂
S83.200x004 膝半月板桶柄状撕裂
S83.200x005 膝内侧半月板撕裂
S83.200x006 膝外侧半月板撕裂
S83.201 膝内侧半月板损伤
S83.202 膝外侧半月板损伤
S83.300x001 膝关节软骨撕裂
S83.400x001 膝关节副韧带扭伤
S83.400x002 膝关节副韧带断裂
S83.400x003 膝关节副韧带损伤
S83.400x011 膝关节外侧副韧带扭伤
S83.400x012 膝关节外侧副韧带损伤
S83.400x021 膝关节内侧副韧带扭伤
S83.400x022 膝关节内侧副韧带损伤
S83.400x031 膝关节外侧副韧带部分断裂
S83.400x032 膝关节外侧副韧带完全断裂
S83.400x041 膝关节内侧副韧带部分断裂
S83.400x042 膝关节内侧副韧带完全断裂
S83.401 膝关节副韧带劳损
S83.500x001 膝关节十字韧带断裂
S83.500x002 膝关节十字韧带扭伤
S83.500x003 膝关节十字韧带损伤
S83.500x011 膝关节前十字韧带扭伤
S83.500x012 膝关节前十字韧带损伤
S83.500x021 膝关节后十字韧带扭伤
S83.500x022 膝关节后十字韧带损伤
S83.500x031 膝关节前十字韧带部分断裂
S83.500x032 膝关节前十字韧带完全断裂
S83.500x041 膝关节后十字韧带部分断裂
S83.500x042 膝关节后十字韧带完全断裂
S83.501 膝关节十字韧带劳损
S83.600x002 膝关节损伤
S83.600x003 创伤性膝关节积血
S83.600x004 胫腓近端关节扭伤
S83.600x005 胫腓近端关节损伤
S83.600x006 胫腓近端韧带扭伤
S83.600x007 胫腓近端韧带损伤
S83.601 膝关节扭伤
S83.602 胫腓韧带上端撕裂
S83.603 上胫腓关节扭伤
S83.700x001 膝外侧半月板伴副韧带损伤
S83.700x002 膝外侧半月板伴十字韧带损伤
S83.700x003 膝关节多处损伤
S83.700x004 膝内侧半月板伴副韧带损伤
S83.700x005 膝内侧半月板伴十字韧带损伤
S83.700x006 膝关节多处韧带损伤
S84.000x001 胫后神经损伤
S84.000x002 胫神经损伤
S84.100x001 腓神经损伤
S84.200x001 小腿皮感觉神经损伤
S84.700x001 小腿多处神经损伤
S84.800x001 腓总神经损伤
S84.800x002 腓肠神经损伤
S84.900x001 小腿神经损伤
S85.000 腘动脉损伤
S85.100x001 胫动脉损伤
S85.100x002 胫前动脉损伤
S85.101 胫后动脉损伤
S85.102 创伤性胫后动脉血栓形成
S85.200 腓动脉损伤
S85.300x001 小腿大隐静脉损伤
S85.400x001 小腿小隐静脉损伤
S85.500 腘静脉损伤
S85.700x001 小腿多处血管损伤
S85.800x001 胫后血管损伤
S85.801 创伤性胫后动静脉损伤
S85.900x001 小腿血管损伤
S86.001 跟腱断裂

S86.100x001　小腿后部肌群和肌腱损伤
S86.100x002　小腿后部肌群肌肉损伤
S86.100x003　小腿后部肌群肌腱损伤
S86.200x002　小腿前部肌群肌腱损伤
S86.201　小腿水平前部肌群肌腱损伤
S86.300x001　腓侧肌群和肌腱损伤
S86.300x002　腓侧肌群肌肉损伤
S86.300x003　腓侧肌群肌腱损伤
S86.300x004　腓肠肌断裂
S86.300x005　腓骨长短肌损伤
S86.300x006　创伤性腓骨肌腱滑脱
S86.301　小腿水平腓侧肌群肌腱损伤
S86.700x001　小腿多处肌肉和肌腱损伤
S86.700x002　胫腓肌腱断裂
S86.701　小腿水平多发性肌腱损伤
S86.800　在小腿水平的其他肌肉和肌腱损伤
S86.901　小腿水平肌肉损伤
S87.000　膝挤压伤
S87.801　小腿挤压伤
S88.000x001　膝部切断
S88.100x001　小腿部切断
S88.900　小腿水平的创伤性切断
S89.700　小腿多处损伤
S89.800　小腿其他特指的损伤
S89.900　小腿损伤

表 6-3-196

S90.000　踝挫伤
S90.100　趾挫伤不伴有趾甲损坏
S90.200　趾挫伤伴有趾甲损坏
S90.300x001　副舟骨损伤
S90.300x002　距骨骨软骨损伤
S90.300x003　距骨后三角骨损伤
S90.301　足挫伤
S90.700　踝和足多处浅表损伤
S90.800x011　踝和足擦伤
S90.800x012　踝部擦伤
S90.800x013　足部擦伤
S90.800x021　踝足部水泡
S90.800x022　踝部水泡
S90.800x023　足部水泡
S90.800x031　踝和足虫咬伤
S90.800x032　踝部虫咬伤
S90.800x033　足部虫咬伤
S90.800x041　踝和足浅表异物
S90.800x042　踝部浅表异物
S90.800x043　足部浅表异物
S90.900x002　踝部浅表损伤
S90.900x003　足部浅表损伤
S90.901　趾甲血肿
S91.000　踝开放性伤口
S91.100　趾开放性伤口不伴有趾甲损坏
S91.200　趾开放性伤口伴有趾甲损坏
S91.300x002　足部套脱伤
S91.300x003　跟部开放性损伤
S91.300x811　踝和足开放性损伤伴骨折
S91.300x812　踝部开放性损伤伴骨折
S91.300x813　足部开放性损伤伴骨折
S91.300x821　踝和足开放性损伤伴脱位
S91.300x822　踝部开放性损伤伴脱位
S91.300x823　足部开放性损伤伴脱位
S91.301　开放性足损伤
S91.302　足部皮肤撕裂伤
S91.303　足裂伤
S91.700x002　踝部多处开放性损伤
S91.700x003　足部多处开放性损伤
S92.000　跟骨骨折
S92.010　开放性跟骨骨折
S92.100　距骨骨折
S92.101　距骨颈骨折
S92.110　开放性距骨骨折
S92.200x001　跗骨骨折
S92.200x081　跗间关节骨折
S92.201　骰骨骨折
S92.202　足舟状骨骨折
S92.203　楔状骨骨折（足）
S92.210　开放性特指跗骨骨折
S92.300　跖骨骨折
S92.300x001　跖跗关节骨折
S92.300x003　跖骨基底骨折
S92.300x004　跖骨骨骺损伤
S92.310　开放性跖骨骨折
S92.400　拇趾骨折
S92.410　开放性拇趾骨折
S92.500x001　趾骨骨折
S92.500x002　趾骨骨骺损伤
S92.510　开放性特指趾骨骨折
S92.700　足多处骨折
S92.710　开放性多发性足骨折
S92.900　足骨折

S92.910　开放性足骨折
S93.000　踝关节脱位
S93.000x004　距骨脱位
S93.000x005　腓骨脱位
S93.001　踝关节半脱位
S93.002　胫距关节脱位
S93.003　胫腓远端关节脱位
S93.100x001　趾骨脱位
S93.101　趾关节脱位
S93.102　跖趾关节半脱位
S93.103　跖趾关节脱位
S93.200x001　踝和足韧带断裂
S93.200x002　踝部韧带断裂
S93.200x003　足部韧带断裂
S93.200x004　踝距腓前韧带断裂
S93.200x005　跟腓韧带断裂
S93.300x011　跗骨脱位
S93.300x021　中跗关节脱位
S93.300x031　跗跖关节骨折脱位［Lisfranc骨折脱位］
S93.300x032　跗跖关节脱位
S93.300x081　距舟关节脱位
S93.301　足部脱位
S93.302　跖骨脱位
S93.303　足舟骨脱位
S93.400　踝扭伤和劳损
S93.400x002　踝关节损伤
S93.400x003　创伤性踝关节积血
S93.400x004　踝内侧副韧带扭伤
S93.400x012　踝三角韧带损伤
S93.400x021　跟腓韧带扭伤
S93.400x022　跟腓韧带损伤
S93.400x031　胫腓远端韧带扭伤
S93.400x032　胫腓远端韧带损伤
S93.401　踝关节扭伤
S93.402　踝内侧副韧带损伤
S93.403　三角韧带断裂
S93.404　三角韧带扭伤
S93.405　胫腓韧带远端撕裂
S93.500　足趾扭伤和劳损
S93.500x001　趾间关节扭伤
S93.500x002　趾间关节损伤
S93.500x003　跖趾关节扭伤
S93.500x004　跖趾关节损伤
S93.500x005　足趾扭伤
S93.500x006　足趾损伤
S93.600x001　跗骨韧带扭伤
S93.600x002　跗骨韧带损伤
S93.600x003　跗跖韧带扭伤
S93.600x004　跗跖韧带损伤
S93.601　足扭伤
S94.000　足底外侧神经损伤
S94.100　足底内侧神经损伤
S94.200x001　踝和足腓深神经损伤
S94.200x002　腓深神经外侧支末端损伤
S94.300x001　踝和足皮感觉神经损伤
S94.700x001　踝和足多处神经损伤
S94.800x001　趾神经损伤
S94.900x001　踝和足神经损伤
S95.000　足背动脉损伤
S95.100　足底动脉损伤
S95.200　足背静脉损伤
S95.700x001　踝和足多处血管损伤
S95.800　在踝和足水平的其他血管损伤
S95.900x001　踝和足血管损伤
S96.000x001　踝和足趾长屈肌和肌腱损伤
S96.100x001　踝和足趾长伸肌和肌腱损伤
S96.100x002　足拇长肌腱损伤
S96.101　足拇长伸肌腱断裂
S96.102　趾伸肌腱断裂
S96.200x001　踝和足内在肌和肌腱损伤
S96.700x001　踝和足多处肌肉和肌腱损伤
S96.701　踝和足水平多发性肌腱损伤
S96.800x001　踝部胫后肌腱损伤
S96.800x002　趾肌腱损伤
S96.801　趾肌腱断裂
S96.900x002　踝和足肌肉和肌腱损伤
S97.000　踝挤压伤
S97.100　足趾挤压伤
S97.800x002　踝和足挤压伤
S97.801　足挤压伤
S98.000x001　踝部切断
S98.100x001　单趾切断
S98.200x001　两趾切断
S98.200x002　多趾切断
S98.300　足其他部位的创伤性切断
S98.400　足创伤性切断
S99.700x001　足部多处损伤
S99.700x002　踝部多处损伤
S99.800x001　足部软组织撕脱伤

S99.900x001　足部损伤
S99.900x002　踝部损伤

表 6-3-197

T00.000x001　头和颈浅表损伤
T00.100x001　胸伴腹和下背及骨盆浅表损伤
T00.200x001　上肢多处浅表损伤
T00.300x001　下肢多处浅表损伤
T00.600x001　上肢和下肢多处浅表损伤
T00.800x001　身体复合部位的浅表损伤
T00.900　多处浅表损伤
T00.900x002　多处皮肤浅表擦伤
T00.900x003　多处皮肤浅表水疱
T00.900x004　多处皮肤浅表青肿
T00.900x005　多处皮肤浅表挫伤
T00.900x006　多处皮肤浅表血肿
T00.900x007　多处皮肤浅表无毒昆虫咬伤
T00.901　多处挫伤
T00.902　多处皮肤破损
T01.000x001　头和颈开放性损伤
T01.100x001　胸伴腹和下背及骨盆开放性损伤
T01.101　开放性胸腹损伤
T01.200x001　上肢多处开放性损伤
T01.300x001　下肢多处开放性损伤
T01.301　下肢皮肤套脱伤
T01.302　下肢多处裂伤
T01.600x001　上肢和下肢多处开放性损伤
T01.800x001　身体复合部位的开放性损伤
T01.900　多处开放性伤口
T01.901　多发性穿刺伤
T01.902　多发性动物咬伤
T01.903　多发性切割伤
T01.904　多发性撕裂伤
T02.000x001　头和颈骨折
T02.010　开放性头部伴颈部骨折
T02.100x001　躯干多发性骨折
T02.110　开放性多发性躯干骨折
T02.200x001　单上肢多发性骨折
T02.210　开放性多发性单上肢骨折
T02.300x001　单下肢多发性骨折
T02.310　开放性多发性单下肢骨折
T02.400x001　双上肢多发性骨折
T02.410　开放性多发性双上肢骨折
T02.500x001　双下肢多发性骨折
T02.510　开放性多发性双下肢骨折
T02.600x001　上肢伴下肢多发性骨折
T02.600x011　上肢伴下肢多发性开放性骨折
T02.610　开放性多发性肢体骨折
T02.700x001　胸伴下背和骨盆及四肢骨折
T02.710　开放性胸部伴有下背和骨盆及四肢骨折
T02.800x001　身体复合部位的骨折
T02.810　开放性身体特指复合部位骨折
T02.900　多处骨折
T02.910　开放性多发性骨折
T03.000x001　头和颈脱位
T03.000x002　头和颈扭伤
T03.000x003　头和颈损伤
T03.100x001　胸伴下背及骨盆脱位
T03.100x002　胸伴下背及骨盆扭伤
T03.100x003　胸伴下背及骨盆损伤
T03.200x001　上肢多处脱位
T03.200x002　上肢多处扭伤
T03.200x003　上肢多处损伤
T03.300x001　下肢多处脱位
T03.300x002　下肢多处扭伤
T03.300x003　下肢多处损伤
T03.400x001　上肢和下肢多处脱位
T03.400x002　上肢和下肢多处扭伤
T03.400x003　上肢和下肢多处损伤
T03.800x001　身体复合部位的脱位
T03.800x002　身体复合部位的扭伤
T03.900　多处脱位、扭伤和劳损
T03.900x001　多处脱位
T03.900x002　多处扭伤
T04.000x001　头和颈挤压伤
T04.100x001　躯干挤压伤
T04.200x001　上肢多处挤压伤
T04.300x001　下肢多处挤压伤
T04.400x001　上肢和下肢多处挤压伤
T04.700x001　胸伴腹和下背及骨盆四肢挤压伤
T04.800x001　身体复合部位的挤压伤
T04.901　全身性挤压伤
T05.000　双手创伤性切断
T05.100x001　手和对侧臂创伤性切断
T05.200x001　双臂创伤性切断
T05.300　双足创伤性切断
T05.300x002　双足部分创伤性切断
T05.400x001　足和对侧小腿创伤性切断
T05.500x001　双小腿创伤性切断
T05.600x001　上肢和下肢创伤性切断

T05.800x001　胸部创伤性切断
T05.800x002　腹部创伤性切断
T05.800x003　身体复合部位的创伤性切断
T05.900　多处创伤性切断
T06.000x001　脑神经损伤伴颈神经和脊髓损伤
T06.100x001　多处神经和脊髓损伤
T06.101　脊周围神经损伤
T06.200x001　多处神经损伤
T06.300x001　多处血管损伤
T06.400x001　多处肌肉和肌腱损伤
T06.400x002　多处肌肉损伤
T06.401　多发性肌腱损伤
T06.500x001　胸内器官伴腹内及盆腔器官开放性损伤
T06.500x002　胸内器官伴腹内及盆腔器官损伤
T06.501　多脏器损伤
T06.800x001　身体复合部位的损伤
T07.x00　多处损伤

表 6-3-198

T08.x00　脊柱骨折
T08.x10　开放性脊柱骨折
T09.000　躯干浅表损伤
T09.000x011　躯干浅表擦伤
T09.000x021　躯干浅表水疱
T09.000x031　躯干浅表昆虫咬伤
T09.000x041　躯干浅表异物
T09.000x051　躯干浅表挫伤
T09.100　躯干开放性伤口
T09.200　躯干关节和韧带脱位、扭伤和劳损
T09.200x001　躯干关节和韧带脱位
T09.200x002　躯干关节脱位
T09.200x003　躯干韧带脱位
T09.200x004　躯干关节和韧带扭伤
T09.200x005　躯干关节扭伤
T09.200x006　躯干韧带扭伤
T09.200x007　躯干关节和韧带损伤
T09.200x008　躯干关节损伤
T09.200x009　躯干韧带损伤
T09.300　脊髓损伤
T09.300x003　脊髓完全损伤
T09.300x004　脊髓中央损伤综合征
T09.300x005　脊髓前索综合征
T09.300x006　脊髓后索综合征
T09.300x007　脊髓血肿
T09.301　创伤性截瘫
T09.400　躯干神经、脊神经根和神经丛的损伤
T09.400x001　脊神经损伤
T09.400x002　脊神经根损伤
T09.400x003　脊神经丛损伤
T09.500　躯干肌肉和肌腱的损伤
T09.500x002　躯干肌肉损伤
T09.500x003　躯干肌腱损伤
T09.600　躯干创伤性切断
T09.800　躯干其他特指的损伤
T09.900　躯干损伤
T10.x00　上肢骨折
T10.x10　开放性上肢骨折
T11.000　上肢浅表损伤
T11.000x021　上肢浅表水疱
T11.000x031　上肢浅表昆虫咬伤
T11.000x041　上肢浅表异物
T11.000x051　上肢浅表挫伤
T11.001　上肢擦伤
T11.100　上肢开放性伤口
T11.101　上肢皮肤裂伤
T11.102　上肢撕脱伤
T11.200　上肢关节和韧带脱位、扭伤和劳损
T11.200x001　上肢关节和韧带脱位
T11.200x002　上肢关节脱位
T11.200x003　上肢韧带脱位
T11.200x004　上肢关节和韧带扭伤
T11.200x005　上肢关节扭伤
T11.200x006　上肢韧带扭伤
T11.200x007　上肢关节和韧带损伤
T11.200x008　上肢关节损伤
T11.200x009　上肢韧带损伤
T11.300　上肢神经的损伤
T11.400　上肢血管的损伤
T11.500　上肢肌肉和肌腱的损伤
T11.500x002　上肢肌肉损伤
T11.500x003　上肢肌腱损伤
T11.600　上肢创伤性切断
T11.600x001　臂创伤性切断
T11.800　上肢其他特指的损伤
T11.900　上肢损伤
T12.x00　下肢骨折
T12.x10　开放性下肢骨折
T13.000　下肢浅表损伤
T13.000x011　下肢浅表擦伤

T13.000x021　下肢浅表水疱
T13.000x031　下肢浅表昆虫咬伤
T13.000x041　下肢浅表异物
T13.000x051　下肢浅表挫伤
T13.001　下肢血肿
T13.100　下肢开放性伤口
T13.100x003　下肢撕脱伤
T13.100x004　下肢剥脱伤
T13.101　下肢皮肤撕裂伤
T13.200x002　下肢关节脱位
T13.200x003　下肢韧带脱位
T13.200x005　下肢关节扭伤
T13.200x006　下肢韧带扭伤
T13.200x007　下肢关节和韧带损伤
T13.200x008　下肢关节损伤
T13.200x009　下肢韧带损伤
T13.201　下肢关节和韧带脱位
T13.202　下肢关节和韧带扭伤
T13.203　下肢关节和韧带劳损
T13.300　下肢神经的损伤
T13.400　下肢血管的损伤
T13.501　下肢肌肉损伤
T13.502　下肢肌腱损伤
T13.600　下肢创伤性切断
T13.800　下肢其他特指的损伤
T13.900　下肢损伤
T14.000　浅表损伤
T14.000x003　冲浪运动员结节
T14.000x011　身体浅表擦伤
T14.000x021　身体浅表水疱
T14.000x031　身体浅表昆虫咬伤
T14.000x041　身体浅表异物
T14.001　皮肤挫伤
T14.002　无毒蜘蛛咬伤
T14.003　皮下血肿
T14.101　皮肤裂伤
T14.200　身体骨折
T14.210　开放性骨折
T14.300　脱位、扭伤和劳损
T14.400　神经损伤
T14.500　血管损伤
T14.501　创伤性动脉瘤
T14.601　肌腱损伤
T14.602　肌肉损伤
T14.701　挤压伤
T14.702　创伤性切断
T14.800　其他损伤
T14.900　损伤

表 6-3-199

T15.000　角膜异物
T15.100x001　结膜异物
T15.101　眼睑异物
T15.800x001　眼球异物
T15.800x002　泪点内异物
T15.801　多发性外眼异物
T15.900　外眼异物
T16.x00　耳内异物
T16.x00x001　耳道异物
T16.x00x002　中耳异物
T17.000　鼻窦内异物
T17.001　上颌窦异物
T17.002　筛窦异物
T17.101　鼻腔异物
T17.200　咽内异物
T17.200x001　鼻咽内异物
T17.300　喉内异物
T17.400　气管内异物
T17.500　支气管内异物
T17.501　塑型性支气管炎
T17.801　多发性呼吸道异物
T17.802　细支气管内异物
T17.803　肺黏液栓塞
T17.804　肺异物
T17.900　呼吸道内异物
T17.901　异物吸入性窒息
T18.000　口内异物
T18.001　口腔软组织异物
T18.002　舌异物
T18.100　食管内异物
T18.200　胃内异物
T18.300　小肠内异物
T18.300x003　空肠内异物
T18.301　十二指肠异物
T18.400　结肠内异物
T18.500x004　直肠乙状结肠连接部异物
T18.501　肛门内异物
T18.502　直肠内异物
T18.801　多发性消化道异物
T18.900　消化道内异物

T19.000　尿道内异物
T19.100　膀胱内异物
T19.201　外阴异物
T19.202　阴道内异物
T19.300x001　子宫内异物
T19.800x001　输尿管内异物
T19.800x002　阴茎内异物
T19.801　多发性泌尿生殖道异物
T19.900　泌尿生殖道内异物

表6-3-200

T20.000　头和颈的烧伤
T20.000x002　头部烧伤
T20.000x003　颈部烧伤
T20.000x004　头皮烧伤
T20.000x006　鼻部烧伤
T20.000x007　颞部烧伤
T20.000x008　唇部烧伤
T20.000x010　眼伴头烧伤
T20.000x011　眼伴颈烧伤
T20.000x012　眼伴面烧伤
T20.002　耳烧伤
T20.003　面部烧伤
T20.100　头和颈一度烧伤
T20.100x002　头部一度烧伤
T20.100x003　颈部一度烧伤
T20.100x004　头皮一度烧伤
T20.100x005　面部一度烧伤
T20.100x006　鼻部一度烧伤
T20.100x007　颞部一度烧伤
T20.100x008　唇部一度烧伤
T20.100x009　耳部一度烧伤
T20.100x010　眼伴头一度烧伤
T20.100x011　眼伴颈一度烧伤
T20.100x012　眼伴面一度烧伤
T20.200　头和颈二度烧伤
T20.200x002　头部二度烧伤
T20.200x003　颈部二度烧伤
T20.200x004　头皮二度烧伤
T20.200x006　鼻部二度烧伤
T20.200x007　颞部二度烧伤
T20.200x008　唇部二度烧伤
T20.200x009　耳部二度烧伤
T20.200x010　眼伴头二度烧伤
T20.200x011　眼伴颈二度烧伤
T20.200x012　眼伴面二度烧伤
T20.201　面部二度烧伤
T20.300　头和颈三度烧伤
T20.300x002　头部三度烧伤
T20.300x003　颈部三度烧伤
T20.300x004　头皮三度烧伤
T20.300x005　面部三度烧伤
T20.300x006　鼻部三度烧伤
T20.300x007　颞部三度烧伤
T20.300x008　唇部三度烧伤
T20.300x009　耳部三度烧伤
T20.300x010　眼伴头三度烧伤
T20.300x011　眼伴颈三度烧伤
T20.300x012　眼伴面三度烧伤
T20.400　头和颈腐蚀伤
T20.400x002　头部腐蚀伤
T20.400x003　颈部腐蚀伤
T20.400x004　头皮腐蚀伤
T20.400x005　面部腐蚀伤
T20.400x006　鼻部腐蚀伤
T20.400x007　颞部腐蚀伤
T20.400x008　唇部腐蚀伤
T20.400x009　耳部腐蚀伤
T20.400x010　眼伴头腐蚀伤
T20.400x011　眼伴颈腐蚀伤
T20.400x012　眼伴面腐蚀伤
T20.401　耳化学性烧伤
T20.500　头和颈一度腐蚀伤
T20.500x002　头部一度腐蚀伤
T20.500x003　颈部一度腐蚀伤
T20.500x004　头皮一度腐蚀伤
T20.500x005　面部一度腐蚀伤
T20.500x006　鼻部一度腐蚀伤
T20.500x007　颞部一度腐蚀伤
T20.500x008　唇部一度腐蚀伤
T20.500x009　耳部一度腐蚀伤
T20.500x010　眼伴头一度腐蚀伤
T20.500x011　眼伴颈一度腐蚀伤
T20.500x012　眼伴面一度腐蚀伤
T20.600　头和颈二度腐蚀伤
T20.600x002　头部二度腐蚀伤
T20.600x003　颈部二度腐蚀伤
T20.600x004　头皮二度腐蚀伤
T20.600x005　面部二度腐蚀伤
T20.600x006　鼻部二度腐蚀伤

T20.600x007　颞部二度腐蚀伤
T20.600x008　唇部二度腐蚀伤
T20.600x009　耳部二度腐蚀伤
T20.600x010　眼伴头二度腐蚀伤
T20.600x011　眼伴颈二度腐蚀伤
T20.600x012　眼伴面二度腐蚀伤
T20.700　头和颈三度腐蚀伤
T20.700x002　头部三度腐蚀伤
T20.700x003　颈部三度腐蚀伤
T20.700x004　头皮三度腐蚀伤
T20.700x005　面部三度腐蚀伤
T20.700x006　鼻部三度腐蚀伤
T20.700x007　颞部三度腐蚀伤
T20.700x008　唇部三度腐蚀伤
T20.700x009　耳部三度腐蚀伤
T20.700x010　眼伴头三度腐蚀伤
T20.700x011　眼伴颈三度腐蚀伤
T20.700x012　眼伴面三度腐蚀伤
T21.000　躯干烧伤
T21.000x011　乳房烧伤
T21.000x021　胸壁烧伤
T21.000x031　腹壁烧伤
T21.000x032　胁腹烧伤
T21.000x033　腹股沟烧伤
T21.000x041　臀部烧伤
T21.000x042　背部烧伤
T21.000x043　肩胛间区烧伤
T21.000x051　大阴唇烧伤
T21.000x052　小阴唇烧伤
T21.000x053　阴茎烧伤
T21.000x054　会阴烧伤
T21.000x055　阴囊烧伤
T21.000x056　睾丸烧伤
T21.000x057　外阴烧伤
T21.000x091　肛门烧伤
T21.100　躯干一度烧伤
T21.100x011　乳房一度烧伤
T21.100x021　胸壁一度烧伤
T21.100x031　腹壁一度烧伤
T21.100x032　胁腹一度烧伤
T21.100x033　腹股沟一度烧伤
T21.100x041　臀部一度烧伤
T21.100x042　背部一度烧伤
T21.100x043　肩胛间区一度烧伤
T21.100x051　大阴唇一度烧伤
T21.100x052　小阴唇一度烧伤
T21.100x053　阴茎一度烧伤
T21.100x054　会阴一度烧伤
T21.100x055　阴囊一度烧伤
T21.100x056　睾丸一度烧伤
T21.100x057　外阴一度烧伤
T21.100x091　肛门一度烧伤
T21.200　躯干二度烧伤
T21.200x011　乳房二度烧伤
T21.200x021　胸壁二度烧伤
T21.200x031　腹壁二度烧伤
T21.200x032　胁腹二度烧伤
T21.200x033　腹股沟二度烧伤
T21.200x041　臀部二度烧伤
T21.200x042　背部二度烧伤
T21.200x043　肩胛间区二度烧伤
T21.200x051　大阴唇二度烧伤
T21.200x052　小阴唇二度烧伤
T21.200x053　阴茎二度烧伤
T21.200x054　会阴二度烧伤
T21.200x055　阴囊二度烧伤
T21.200x056　睾丸二度烧伤
T21.200x057　外阴二度烧伤
T21.200x091　肛门二度烧伤
T21.300　躯干三度烧伤
T21.300x011　乳房三度烧伤
T21.300x021　胸壁三度烧伤
T21.300x031　腹壁三度烧伤
T21.300x032　胁腹三度烧伤
T21.300x033　腹股沟三度烧伤
T21.300x041　臀部三度烧伤
T21.300x042　背部三度烧伤
T21.300x043　肩胛间区三度烧伤
T21.300x051　大阴唇三度烧伤
T21.300x052　小阴唇三度烧伤
T21.300x053　阴茎三度烧伤
T21.300x054　会阴三度烧伤
T21.300x055　阴囊三度烧伤
T21.300x056　睾丸三度烧伤
T21.300x057　外阴三度烧伤
T21.300x091　肛门三度烧伤
T21.400　躯干腐蚀伤
T21.400x011　乳房腐蚀伤
T21.400x021　胸壁腐蚀伤
T21.400x031　腹壁腐蚀伤

T21.400x032　胁腹腐蚀伤
T21.400x033　腹股沟腐蚀伤
T21.400x041　臀部腐蚀伤
T21.400x042　背部腐蚀伤
T21.400x043　肩胛间区腐蚀伤
T21.400x051　大阴唇腐蚀伤
T21.400x052　小阴唇腐蚀伤
T21.400x053　阴茎腐蚀伤
T21.400x054　会阴腐蚀伤
T21.400x055　阴囊腐蚀伤
T21.400x056　睾丸腐蚀伤
T21.400x057　外阴腐蚀伤
T21.400x091　肛门腐蚀伤
T21.500　躯干一度腐蚀伤
T21.500x011　乳房一度腐蚀伤
T21.500x021　胸壁一度腐蚀伤
T21.500x031　腹壁一度腐蚀伤
T21.500x032　胁腹一度腐蚀伤
T21.500x033　腹股沟一度腐蚀伤
T21.500x041　臀部一度腐蚀伤
T21.500x042　背部一度腐蚀伤
T21.500x043　肩胛间区一度腐蚀伤
T21.500x051　大阴唇一度腐蚀伤
T21.500x052　小阴唇一度腐蚀伤
T21.500x053　阴茎一度腐蚀伤
T21.500x054　会阴一度腐蚀伤
T21.500x055　阴囊一度腐蚀伤
T21.500x056　睾丸一度腐蚀伤
T21.500x057　外阴一度腐蚀伤
T21.500x091　肛门一度腐蚀伤
T21.600　躯干二度腐蚀伤
T21.600x011　乳房二度腐蚀伤
T21.600x021　胸壁二度腐蚀伤
T21.600x031　腹壁二度腐蚀伤
T21.600x032　胁腹二度腐蚀伤
T21.600x033　腹股沟二度腐蚀伤
T21.600x041　臀部二度腐蚀伤
T21.600x042　背部二度腐蚀伤
T21.600x043　肩胛间区二度腐蚀伤
T21.600x051　大阴唇二度腐蚀伤
T21.600x052　小阴唇二度腐蚀伤
T21.600x053　阴茎二度腐蚀伤
T21.600x054　会阴二度腐蚀伤
T21.600x055　阴囊二度腐蚀伤
T21.600x056　睾丸二度腐蚀伤
T21.600x057　外阴二度腐蚀伤
T21.600x091　肛门二度腐蚀伤
T21.700　躯干三度腐蚀伤
T21.700x011　乳房三度腐蚀伤
T21.700x021　胸壁三度腐蚀伤
T21.700x031　腹壁三度腐蚀伤
T21.700x032　胁腹三度腐蚀伤
T21.700x033　腹股沟三度腐蚀伤
T21.700x041　臀部三度腐蚀伤
T21.700x042　背部三度腐蚀伤
T21.700x043　肩胛间区三度腐蚀伤
T21.700x051　大阴唇三度腐蚀伤
T21.700x052　小阴唇三度腐蚀伤
T21.700x053　阴茎三度腐蚀伤
T21.700x054　会阴三度腐蚀伤
T21.700x055　阴囊三度腐蚀伤
T21.700x056　睾丸三度腐蚀伤
T21.700x057　外阴三度腐蚀伤
T21.700x091　肛门三度腐蚀伤
T22.000x001　肩和上肢烧伤
T22.000x002　上肢烧伤
T22.000x003　肩部烧伤
T22.000x004　肩胛区烧伤
T22.000x005　臂烧伤
T22.000x006　腋烧伤
T22.100x001　肩和上肢一度烧伤
T22.100x002　上肢一度烧伤
T22.100x003　肩部一度烧伤
T22.100x004　肩胛区一度烧伤
T22.100x005　臂一度烧伤
T22.100x006　腋一度烧伤
T22.200x001　肩和上肢二度烧伤
T22.200x002　上肢二度烧伤
T22.200x003　肩部二度烧伤
T22.200x004　肩胛区二度烧伤
T22.200x005　臂二度烧伤
T22.200x006　腋二度烧伤
T22.300x001　肩和上肢三度烧伤
T22.300x002　上肢三度烧伤
T22.300x003　肩部三度烧伤
T22.300x004　肩胛区三度烧伤
T22.300x005　臂三度烧伤
T22.300x006　腋三度烧伤
T22.400x001　肩和上肢腐蚀伤
T22.400x002　上肢腐蚀伤

T22.400x003 肩部腐蚀伤
T22.400x004 肩胛区腐蚀伤
T22.400x005 臂腐蚀伤
T22.400x006 腋腐蚀伤
T22.500x001 肩和上肢一度腐蚀伤
T22.500x002 上肢一度腐蚀伤
T22.500x003 肩部一度腐蚀伤
T22.500x004 肩胛区一度腐蚀伤
T22.500x005 臂一度腐蚀伤
T22.500x006 腋一度腐蚀伤
T22.600x001 肩和上肢二度腐蚀伤
T22.600x002 上肢二度腐蚀伤
T22.600x003 肩部二度腐蚀伤
T22.600x004 肩胛区二度腐蚀伤
T22.600x005 臂二度腐蚀伤
T22.600x006 腋二度腐蚀伤
T22.700x001 肩和上肢三度腐蚀伤
T22.700x002 上肢三度腐蚀伤
T22.700x003 肩部三度腐蚀伤
T22.700x004 肩胛区三度腐蚀伤
T22.700x005 臂三度腐蚀伤
T22.700x006 腋三度腐蚀伤
T23.000x001 腕和手烧伤
T23.000x002 腕部烧伤
T23.000x003 手部烧伤
T23.000x004 手掌烧伤
T23.000x005 拇指烧伤
T23.000x006 手指烧伤
T23.000x007 指甲烧伤
T23.100 腕和手一度烧伤
T23.100x002 腕部一度烧伤
T23.100x003 手部一度烧伤
T23.100x004 手掌一度烧伤
T23.100x005 拇指一度烧伤
T23.100x006 手指一度烧伤
T23.100x007 指甲一度烧伤
T23.200 腕和手二度烧伤
T23.200x002 腕部二度烧伤
T23.200x003 手部二度烧伤
T23.200x004 手掌二度烧伤
T23.200x005 拇指二度烧伤
T23.200x006 手指二度烧伤
T23.200x007 指甲二度烧伤
T23.300 腕和手三度烧伤
T23.300x002 腕部三度烧伤
T23.300x003 手部三度烧伤
T23.300x004 手掌三度烧伤
T23.300x005 拇指三度烧伤
T23.300x006 手指三度烧伤
T23.300x007 指甲三度烧伤
T23.400 腕和手腐蚀伤
T23.400x002 腕部腐蚀伤
T23.400x003 手部腐蚀伤
T23.400x004 手掌腐蚀伤
T23.400x005 拇指腐蚀伤
T23.400x006 手指腐蚀伤
T23.400x007 指甲腐蚀伤
T23.500 腕和手一度腐蚀伤
T23.500x002 腕部一度腐蚀伤
T23.500x003 手部一度腐蚀伤
T23.500x004 手掌一度腐蚀伤
T23.500x005 拇指一度腐蚀伤
T23.500x006 手指一度腐蚀伤
T23.500x007 指甲一度腐蚀伤
T23.600 腕和手二度腐蚀伤
T23.600x002 腕部二度腐蚀伤
T23.600x003 手部二度腐蚀伤
T23.600x004 手掌二度腐蚀伤
T23.600x005 拇指二度腐蚀伤
T23.600x006 手指二度腐蚀伤
T23.600x007 指甲二度腐蚀伤
T23.700 腕和手三度腐蚀伤
T23.700x002 腕部三度腐蚀伤
T23.700x003 手部三度腐蚀伤
T23.700x004 手掌三度腐蚀伤
T23.700x005 拇指三度腐蚀伤
T23.700x006 手指三度腐蚀伤
T23.700x007 指甲三度腐蚀伤
T24.000x001 髋和下肢烧伤
T24.000x002 髋部烧伤
T24.000x003 下肢烧伤
T24.000x004 小腿烧伤
T24.100x001 髋和下肢一度烧伤
T24.100x002 髋部一度烧伤
T24.100x003 下肢一度烧伤
T24.100x004 小腿一度烧伤
T24.200x001 髋和下肢二度烧伤
T24.200x002 髋部二度烧伤
T24.200x003 下肢二度烧伤
T24.200x004 小腿二度烧伤

T24.300x001　髋和下肢三度烧伤
T24.300x002　髋部三度烧伤
T24.300x003　下肢三度烧伤
T24.300x004　小腿三度烧伤
T24.400x001　髋和下肢腐蚀伤
T24.400x002　髋部腐蚀伤
T24.400x003　下肢腐蚀伤
T24.400x004　小腿腐蚀伤
T24.500x001　髋和下肢一度腐蚀伤
T24.500x002　髋部一度腐蚀伤
T24.500x003　下肢一度腐蚀伤
T24.500x004　小腿一度腐蚀伤
T24.600x001　髋和下肢二度腐蚀伤
T24.600x002　髋部二度腐蚀伤
T24.600x003　下肢二度腐蚀伤
T24.600x004　小腿二度腐蚀伤
T24.700x001　髋和下肢三度腐蚀伤
T24.700x002　髋部三度腐蚀伤
T24.700x003　下肢三度腐蚀伤
T24.700x004　小腿三度腐蚀伤
T25.000　踝和足烧伤
T25.000x002　踝部烧伤
T25.000x003　足部烧伤
T25.100　踝和足一度烧伤
T25.100x002　踝部一度烧伤
T25.100x003　足部一度烧伤
T25.200　踝和足二度烧伤
T25.200x002　踝部二度烧伤
T25.200x003　足部二度烧伤
T25.300　踝和足三度烧伤
T25.300x002　踝部三度烧伤
T25.300x003　足部三度烧伤
T25.400　踝和足腐蚀伤
T25.400x002　踝部腐蚀伤
T25.400x003　足部腐蚀伤
T25.500　踝和足一度腐蚀伤
T25.500x002　踝部一度腐蚀伤
T25.500x003　足部一度腐蚀伤
T25.600　踝和足二度腐蚀伤
T25.600x002　踝部二度腐蚀伤
T25.600x003　足部二度腐蚀伤
T25.700　踝和足三度腐蚀伤
T25.700x002　踝部三度腐蚀伤
T25.700x003　足部三度腐蚀伤

表6-3-201

T26.000　眼睑和眼周区烧伤
T26.001　眼睑烧伤
T26.002　眼周区烧伤
T26.100x001　角膜和结膜烧伤
T26.100x003　结膜烧伤
T26.101　角膜烧伤
T26.102　结合膜囊烧伤
T26.200x001　眼部烧伤伴眼球破裂
T26.301　巩膜烧伤
T26.400　眼和附器烧伤
T26.400x001　眼部烧伤
T26.401　眼球烧伤
T26.500　睑和眼周区腐蚀伤
T26.500x002　眼睑腐蚀伤
T26.500x003　眼周区腐蚀伤
T26.600x001　角膜和结膜腐蚀伤
T26.600x002　角膜腐蚀伤
T26.600x003　结膜腐蚀伤
T26.601　角膜伴结膜酸性烧伤
T26.602　角膜化学性烧伤
T26.603　角膜碱性烧伤
T26.604　角膜酸性烧伤
T26.605　结膜酸性烧伤
T26.700x001　眼部腐蚀伤伴眼球破裂
T26.800x001　巩膜腐蚀伤
T26.900　眼和附器腐蚀伤
T26.900x001　眼部腐蚀伤
T26.901　眼球酸性烧伤
T26.902　眼球碱性烧伤
T27.000x002　喉部烧伤
T27.000x003　气管烧伤
T27.100x001　喉和气管及肺烧伤
T27.200x001　胸腔烧伤
T27.300　呼吸道烧伤
T27.401　喉化学性烧伤
T27.402　气管化学性烧伤
T27.500x001　喉和气管及肺腐蚀伤
T27.600x001　胸腔腐蚀伤
T27.700　呼吸道腐蚀伤
T28.000x002　口腔烧伤
T28.000x003　咽部烧伤
T28.100　食管烧伤
T28.200x001　胃部烧伤

T28.200x002　消化道烧伤
T28.300　泌尿生殖器官内部烧伤
T28.300x001　阴道和子宫烧伤
T28.300x002　阴道烧伤
T28.300x003　子宫烧伤
T28.401　内部器官烧伤
T28.501　口腔黏膜化学性烧伤
T28.502　咽化学性烧伤
T28.600　食管腐蚀伤
T28.700x002　消化道腐蚀伤
T28.701　胃化学性烧伤
T28.702　肠道的腐蚀伤
T28.800　泌尿生殖器官内部腐蚀伤
T28.800x001　阴道和子宫腐蚀伤
T28.800x002　阴道腐蚀伤
T28.800x003　子宫腐蚀伤
T28.901　内部器官化学性烧伤

表 6-3-202

T29.000　多个部位烧伤
T29.100x001　多处一度烧伤
T29.200x001　多处二度烧伤
T29.300x001　多处三度烧伤
T29.400　多个部位腐蚀伤
T29.500x001　多处一度腐蚀伤
T29.600x001　多处二度腐蚀伤
T29.700x001　多处三度腐蚀伤
T30.000　身体烧伤
T30.100　一度烧伤
T30.200　二度烧伤
T30.300　三度烧伤
T30.400　身体腐蚀伤
T30.500　一度腐蚀伤
T30.600　二度腐蚀伤
T30.700　三度腐蚀伤

表 6-3-203

T33.000　头部浅表冻伤
T33.100　颈部浅表冻伤
T33.200　胸部浅表冻伤
T33.300x001　腹壁浅表冻伤
T33.300x002　背部浅表冻伤
T33.300x003　骨盆浅表冻伤
T33.400　臂浅表冻伤
T33.500x002　腕部浅表冻伤
T33.500x003　手部浅表冻伤
T33.600x002　髋部浅表冻伤
T33.600x003　大腿浅表冻伤
T33.700x002　膝部浅表冻伤
T33.700x003　小腿浅表冻伤
T33.800x002　踝部浅表冻伤
T33.800x003　足部浅表冻伤
T33.900x003　躯干浅表冻伤
T33.901　浅表冻伤
T34.000　头部冻伤伴有组织坏死
T34.100　颈部冻伤伴有组织坏死
T34.200　胸部冻伤伴有组织坏死
T34.300x001　腹壁冻伤伴组织坏死
T34.300x002　背部冻伤伴组织坏死
T34.300x003　骨盆冻伤伴组织坏死
T34.400　臂冻伤伴有组织坏死
T34.500x002　腕部冻伤伴组织坏死
T34.500x003　手部冻伤伴组织坏死
T34.600x002　髋部冻伤伴组织坏死
T34.600x003　大腿冻伤伴组织坏死
T34.700x002　膝部冻伤伴组织坏死
T34.700x003　小腿冻伤伴组织坏死
T34.800x002　踝部冻伤伴组织坏死
T34.800x003　足部冻伤伴组织坏死
T34.900x002　冻伤伴组织坏死
T34.900x003　躯干冻伤伴组织坏死
T35.000x001　多处浅表冻伤
T35.100x001　多处冻伤伴组织坏死
T35.200　头和颈部的冻伤
T35.300x001　躯干冻伤
T35.300x002　胸部冻伤
T35.300x003　腹部冻伤
T35.300x004　背部冻伤
T35.300x005　骨盆冻伤
T35.300x006　腹壁和下背及骨盆冻伤
T35.400　上肢的冻伤
T35.500　下肢的冻伤
T35.600x001　多处冻伤
T35.700x002　冷伤
T35.700x003　职业性冻伤
T35.700x004　全身冷伤
T35.700x005　局部冻伤
T35.700x006　局部一度冻伤
T35.700x007　局部二度冻伤
T35.700x008　局部三度冻伤

T35.700x009　局部四度冻伤

表6-3-204

T36.000　青霉素类中毒
T36.100x003　β内酰胺类抗生素中毒
T36.101　头孢类抗菌素中毒
T36.102　先锋霉素中毒
T36.200　氯霉素族中毒
T36.300　大环内酯类中毒
T36.300x001　红霉素中毒
T36.400　四环素类中毒
T36.500　氨基糖苷类中毒
T36.500x003　链霉素中毒
T36.501　丁胺卡那中毒
T36.502　庆大霉素中毒
T36.600　利福霉素类中毒
T36.700　全身性抗真菌性抗生素中毒
T36.800　全身性抗生素中毒，其他的
T36.900　全身性抗生素中毒
T36.900x001　抗生素中毒
T37.000　磺胺类中毒
T37.100　抗分枝杆菌药中毒
T37.100x001　异烟肼中毒
T37.200　抗疟疾和对其他血液原虫有作用的药中毒
T37.300　抗原虫药中毒，其他的
T37.300x001　抗原生动物药中毒
T37.400　驱蠕虫药中毒
T37.500　抗病毒药中毒
T37.800　全身性抗感染药和抗寄生虫药中毒，其他特指的
T37.800x001　羟基喹啉衍生物中毒
T37.900x001　全身性抗感染药中毒
T37.900x002　全身性抗寄生虫药中毒
T38.000　糖［肾上腺］皮质激素类及其合成的类似物中毒
T38.000x001　医源性类固醇性糖尿病
T38.000x002　糖皮质激素类及其合成的类似物中毒
T38.100　甲状腺激素类及其代用品中毒
T38.100x001　甲状腺激素及其衍生物中毒
T38.200　抗甲状腺药中毒
T38.300　胰岛素和口服降血糖［抗糖尿病］药中毒
T38.300x001　医源性高胰岛素血症
T38.300x003　口服抗糖尿病药中毒
T38.301　胰岛素中毒
T38.400　口服避孕药中毒
T38.401　棉酚中毒
T38.500　雌激素和孕激素中毒，其他的
T38.500x001　雌激素中毒
T38.500x002　孕激素中毒
T38.501　已烯雌酚中毒
T38.600　抗促性腺激素药、抗雌激素药、抗雄激素药中毒，不可归类在他处者
T38.600x001　三苯氧胺中毒
T38.700　雄激素类及其促组成代谢的同类药中毒
T38.800x001　垂体前叶激素类中毒
T38.801　激素类及其合成代用品中毒
T38.901　激素类拮抗剂中毒
T39.000　水杨酸盐类中毒
T39.100　4-氨基苯酚衍生物中毒
T39.101　对乙酰氨基酚中毒
T39.200　吡唑啉酮衍生物中毒
T39.200x001　安乃近中毒
T39.201　氨基比林中毒
T39.300　非类固醇性消炎药［NSAID］中毒
T39.300x002　曲马多中毒
T39.300x003　吲哚美辛中毒
T39.400x001　抗风湿药中毒
T39.800　非阿片样镇痛药和解热药中毒，其他的，不可归类在他处者
T39.801　痛可宁中毒
T39.802　山豆根中毒
T39.900　非阿片样镇痛药、解热药和抗风湿药中毒
T39.901　非阿片样镇痛药中毒
T39.902　解热药中毒
T40.000　阿片类中毒
T40.100　海洛因中毒
T40.200　阿片样物质中毒，其他的
T40.200x001　可待因中毒
T40.201　吗啡中毒
T40.300　美散痛中毒
T40.400　合成的麻醉品中毒，其他的
T40.400x002　马兜铃（万丈龙）中毒
T40.401　杜冷丁中毒
T40.500　可卡因中毒
T40.601　麻醉品中毒
T40.700　大麻类（衍生物）中毒
T40.800　二乙麦角酰胺［LSD］中毒
T40.900x001　南美仙人掌毒碱中毒
T40.900x002　二甲-4-羟色胺中毒
T40.900x003　西洛西宾中毒

T40.901　致幻药中毒
T41.000　吸入性麻醉药中毒
T41.100　静脉内麻醉药中毒
T41.100x002　硫巴比妥盐类中毒
T41.200x002　氯胺酮中毒
T41.201　全身麻醉药中毒
T41.300　局部麻醉药中毒
T41.400　麻醉药中毒
T41.500　治疗性气体中毒
T41.500x001　治疗性氧气中毒
T41.500x003　治疗性二氧化碳中毒
T42.000　乙内酰脲衍生物中毒
T42.001　苯妥英钠中毒
T42.100　亚氨基二苯乙烯类中毒
T42.101　卡马西平中毒
T42.200x001　恶唑烷二铜类中毒
T42.200x002　琥珀酰亚胺类中毒
T42.300　巴比妥盐类中毒
T42.301　苯巴比妥中毒
T42.302　速可眠中毒
T42.400　苯二氮类中毒
T42.401　安定中毒
T42.402　佳静安定中毒
T42.403　舒乐安定中毒
T42.404　利眠宁中毒
T42.405　硝基安定中毒
T42.406　氯氮平中毒
T42.500x001　混合型抗癫痫药中毒
T42.600　镇癫痫药和镇静催眠药中毒，其他的
T42.600x002　佐匹克隆中毒
T42.600x004　丙戊酸钠中毒
T42.600x005　丙戊酸中毒
T42.600x006　苯乙哌啶酮类中毒
T42.601　安眠酮中毒
T42.602　芬那露中毒
T42.700x001　催眠药中毒
T42.700x003　镇静剂中毒
T42.701　镇静催眠药中毒
T42.702　安眠药中毒
T42.800　抗帕金森病药和其他中枢神经系统肌肉张力抑制剂中毒
T42.800x001　抗震颤麻痹药中毒
T42.800x002　中枢神经系统肌肉张力抑制剂中毒
T42.800x003　金刚烷胺中毒
T43.000x002　三环抗抑郁药中毒
T43.000x003　四环抗抑郁药中毒
T43.001　阿米替林中毒
T43.002　多虑平中毒
T43.100　单胺-氧化酶-抑制剂抗抑郁药中毒
T43.200x001　氟西汀中毒
T43.201　抗抑郁药中毒
T43.300　酚噻嗪抗精神病药和精神安定剂中毒
T43.300x001　奋乃静中毒
T43.300x003　酚噻嗪基类安定药中毒
T43.301　非那根中毒
T43.302　氯丙嗪中毒
T43.400x002　丁酰苯中毒
T43.400x003　硫蒽精神安定剂中毒
T43.401　氟哌啶醇中毒
T43.500x001　安宁中毒
T43.500x002　富马酸喹硫平中毒
T43.500x003　碳酸锂中毒
T43.500x004　抗精神病药中毒
T43.500x005　五氟利多中毒
T43.501　抗精神病药和精神安定剂中毒
T43.502　眠尔通中毒
T43.600　精神兴奋剂中毒伴有滥用潜势
T43.600x003　冰毒中毒
T43.600x004　摇头丸中毒
T43.601　咖啡因中毒
T43.800　对精神有影响的药物中毒，其他的，不可归类在他处者
T43.900　对精神有影响的药物中毒
T44.000　抗胆碱酯酶剂中毒
T44.001　吡啶斯明中毒
T44.100x001　拟副交感神经药中毒
T44.200x001　神经节阻滞药中毒
T44.300　副交感神经抑制剂［抗胆碱能药和抗毒蕈碱药］和解痉药中毒，其他的，不可归类在他处者
T44.301　阿托品中毒
T44.302　莨菪碱类植物中毒
T44.303　安坦中毒
T44.400x001　α肾上腺素能受体显效药中毒
T44.400x002　阿拉明中毒
T44.500x001　β肾上腺素能受体显效药中毒
T44.600x001　α肾上腺素能受体拮抗剂中毒
T44.700x001　β肾上腺素能受体拮抗剂中毒
T44.701　普萘洛尔中毒
T44.800x001　中枢作用和肾上腺素能-神经元-阻

滞剂中毒
T44.900x001　α和β肾上腺素能受体药中毒
T44.900x002　麻黄碱中毒
T44.900x003　血管紧张素受体抑制剂中毒
T44.901　主要影响自主神经系统药物中毒
T45.000x001　抗过敏药中毒
T45.001　止吐药中毒
T45.002　胃复安中毒
T45.003　乘晕宁中毒
T45.100　抗肿瘤药和免疫抑制剂中毒
T45.100x001　抗肿瘤性抗生素中毒
T45.100x002　阿糖胞苷中毒
T45.100x003　环孢素中毒
T45.100x004　高氨甲喋呤血症
T45.101　甲氨蝶呤中毒
T45.102　长春新碱中毒
T45.200x001　维生素类中毒
T45.201　维生素A中毒
T45.202　维生素D中毒
T45.300x001　酶类中毒
T45.400　铁及其化合物中毒
T45.500x002　抗凝血药中毒
T45.501　新抗凝片中毒
T45.600　影响纤维蛋白分解药中毒
T45.700x001　抗凝拮抗剂中毒
T45.700x002　维生素K中毒
T45.700x003　凝血药中毒
T45.800x001　天然血中毒
T45.800x002　血制品中毒
T45.800x003　血浆代用品中毒
T45.900　主要为全身性和血液学制剂中毒
T46.000　心脏兴奋苷和相似作用药中毒
T46.001　地高辛中毒
T46.002　洋地黄中毒
T46.100　钙通道阻滞剂中毒
T46.100x001　异搏定中毒
T46.200x001　抗心律失常药中毒
T46.300x002　冠状血管扩张剂中毒
T46.300x003　潘生丁中毒
T46.301　硝酸甘油中毒
T46.302　依姆多中毒
T46.400　血管紧张素转换酶抑制剂中毒
T46.500x002　胍乙啶中毒
T46.500x003　萝芙木中毒
T46.500x004　利血平中毒
T46.500x005　降压药中毒
T46.501　可乐定中毒
T46.600　抗高脂血症和抗动脉硬化药中毒
T46.600x001　抗动脉硬化药中毒
T46.700　周围血管扩张剂中毒
T46.700x001　复方降压片中毒
T46.700x002　烟酸中毒
T46.800x001　抗静脉曲张药中毒
T46.900x001　乌头碱中毒
T46.901　主要影响心血管系统制剂中毒
T47.000　组胺H2受体拮抗剂中毒
T47.100x001　抗酸药和抗胃分泌药类中毒
T47.200　刺激性轻泻剂中毒
T47.200x002　芦荟中毒
T47.300　盐水和渗透性轻泻剂中毒
T47.300x001　渗透性轻泻剂中毒
T47.400　轻泻剂中毒，其他的
T47.400x001　肠弛缓药中毒
T47.500　助消化药中毒
T47.600　止泻药中毒
T47.700　催吐药中毒
T47.800　主要影响胃肠系统的其他制剂中毒
T47.900　主要影响胃肠系统的制剂中毒
T48.000　催产药中毒
T48.100　骨骼肌松弛剂［神经肌肉阻滞剂］中毒
T48.201　作用于肌肉制剂中毒
T48.300　镇咳剂中毒
T48.400　祛痰剂中毒
T48.500　抗感冒药中毒
T48.600　抗哮喘药中毒，不可归类在他处者
T48.600x002　曼陀罗中毒
T48.600x003　舒喘宁中毒
T48.601　氨茶碱中毒
T48.602　氨氯地平中毒
T48.603　克仑特罗中毒
T48.701　呼吸系统制剂中毒
T49.000　局部抗真菌、抗感染和消炎药中毒，不可归类在他处者
T49.000x003　碘酒中毒
T49.000x005　新洁尔灭中毒
T49.001　甲酚中毒
T49.002　氯化亚汞中毒
T49.003　来苏中毒
T49.100　止痒药中毒
T49.200x001　局部收敛药中毒

T49.201　局部去污剂中毒
T49.300x001　润滑剂中毒
T49.300x002　缓和剂中毒
T49.300x003　胃粘膜保护剂中毒
T49.400x001　角质层分离药中毒
T49.400x002　角质层增生药中毒
T49.400x003　毛发治疗的药物和制剂中毒
T49.500　眼科用药和制剂中毒
T49.600　耳鼻喉科药物和制剂中毒
T49.700x001　口腔科局部药物中毒
T49.800　局部制剂中毒，其他的
T49.800x001　杀精子药中毒
T49.801　化妆品中毒
T49.900　局部制剂中毒
T50.000　盐（肾上腺）皮质激素类及其拮抗剂中毒
T50.100　袢［强效］利尿剂中毒
T50.200　碳酸脱水酶抑制剂、苯并噻二嗪类和其他利尿剂中毒
T50.200x001　乙酰醋胺中毒
T50.200x002　汞利尿药类中毒
T50.300　电解质、热量和水平衡剂中毒
T50.300x001　氯化钾中毒
T50.300x002　口服再水化盐类中毒
T50.400x001　尿酸代谢药中毒
T50.500　食欲抑制剂中毒
T50.600x001　解酒药中毒
T50.600x002　解毒剂中毒
T50.600x003　螯合剂中毒
T50.700x001　兴奋药中毒
T50.700x002　阿片样物质受体拮抗剂中毒
T50.800　诊断性制剂中毒
T50.900　药物、药剂和生物制品中毒，其他和未特指的
T50.900x001　药物中毒
T50.900x002　酸化剂中毒
T50.900x003　碱化剂中毒
T50.900x004　免疫球蛋白中毒
T50.900x005　免疫制剂中毒
T50.900x006　调脂药物中毒
T50.900x007　甲状旁腺激素类中毒

表 6-3-205

T51.000　乙醇的毒性效应
T51.001　酒精中毒
T51.100　甲醇的毒性效应
T51.200　2-丙醇的毒性效应
T51.200x001　异丙醇中毒
T51.300　杂醇油的毒性效应
T51.300x002　戊基醇中毒
T51.300x003　丁基醇中毒
T51.300x004　丙基醇中毒
T51.800　醇类的毒性效应，其他的
T51.800x001　三氯吡啶醇钠中毒
T51.900　醇的毒性效应
T52.000　石油产品的毒性效应
T52.000x002　石脑油中毒
T52.000x003　煤油中毒
T52.000x004　汽油中毒
T52.000x005　醚中毒
T52.000x006　石油精中毒
T52.101　苯中毒
T52.200　苯同类物的毒性效应
T52.200x002　甲苯中毒
T52.200x003　二甲苯中毒
T52.300　脂肪族二元醇类的毒性效应
T52.400　酮类的毒性效应
T52.800　毒性效应，其他有机溶剂的
T52.800x001　二甲基甲酰胺中毒
T52.800x002　甲醛水溶液中毒
T52.800x003　二氯乙烷中毒
T52.800x004　正己烷中毒
T52.800x005　香蕉水中毒
T52.800x006　硫酸二甲酯中毒
T52.900　有机溶剂的毒性效应
T53.000　四氯化碳的毒性效应
T53.000x002　四氯代甲烷中毒
T53.100　氯仿的毒性效应
T53.100x002　三氯甲烷中毒
T53.200　三氯乙烯的毒性效应
T53.200x002　三氯乙烷中毒
T53.300　四氯乙烯的毒性效应
T53.300x001　全氯乙烯中毒
T53.400　二氯甲烷的毒性效应
T53.500　含氯氟烃类的毒性效应
T53.600　脂环烃的其他卤素衍生物的毒性效应
T53.600x001　氯乙烯中毒
T53.600x002　三氯丙烷中毒
T53.600x003　氯丁二烯中毒
T53.600x004　氯丙烯中毒

T53.700　芳香族烃的其他卤素衍生物的毒性效应
T53.700x001　氯酚中毒
T53.900　脂环烃和芳香族烃的卤素衍生物的毒性效应
T54.000　酚及其同类物的毒性效应
T54.000x002　苯酚中毒
T54.100　腐蚀性有机化合物的毒性效应，其他的
T54.201　硫酸中毒
T54.202　酸性物质中毒
T54.203　亚硝酸中毒
T54.300　腐蚀性碱和碱样物质的毒性效应
T54.300x002　氢氧化钾毒性效应
T54.300x003　氢氧化钠毒性效应
T54.301　苛性碱中毒
T54.900　腐蚀性物质的毒性效应
T54.900x002　卤水中毒
T55.x00x001　皂类中毒
T55.x00x002　清洁剂中毒
T55.x00x003　洗涤剂中毒
T56.000x002　铅化合物中毒
T56.000x003　四乙基铅中毒
T56.001　铅中毒
T56.100x002　汞化合物中毒
T56.101　汞中毒
T56.200x001　铬中毒
T56.200x002　铬化合物中毒
T56.300x001　镉中毒
T56.300x002　镉化合物中毒
T56.400x002　铜化合物中毒
T56.401　铜中毒
T56.500x001　锌中毒
T56.500x002　锌化合物中毒
T56.600x001　锡中毒
T56.600x002　锡化合物中毒
T56.700　铍及其化合物的毒性效应
T56.700x002　铍化合物中毒
T56.800　金属的毒性效应，其他的
T56.800x001　钒中毒
T56.800x002　钒化合物中毒
T56.800x003　铀中毒
T56.800x004　铀化合物中毒
T56.800x005　羰基镍中毒
T56.800x006　铟中毒
T56.800x007　铟化合物中毒
T56.800x008　硒中毒
T56.801　铊中毒
T56.900　金属的毒性效应
T56.900x002　金属烟热
T56.900x003　金属蒸气中毒
T57.000x001　砷中毒
T57.000x002　砷化合物中毒
T57.000x003　砷化氢中毒
T57.100x001　磷中毒
T57.100x002　磷化合物中毒
T57.100x003　磷化氢中毒
T57.100x004　磷化锌中毒
T57.100x005　磷化铝中毒
T57.200x001　锰中毒
T57.200x002　锰化合物中毒
T57.300　氰化氢的毒性效应
T57.800　无机物质的毒性效应，其他特指的
T57.800x002　钡化合物中毒
T57.800x003　钡中毒
T57.900　无机物的毒性效应
T58.x00　一氧化碳的毒性效应
T59.000　氧化氮类的毒性效应
T59.000x001　氮气中毒
T59.100　二氧化硫的毒性效应
T59.101　烟雾中毒
T59.200　甲醛的毒性效应
T59.300　催泪气体的毒性效应
T59.401　氯气中毒
T59.500x001　氟气中毒
T59.500x002　氟化合物中毒
T59.601　硫化氢中毒
T59.700　二氧化碳的毒性效应
T59.800　气体、烟雾和蒸气的毒性效应，其他特指的
T59.800x001　沼气中毒
T59.800x002　液化石油气中毒
T59.800x004　天然气中毒
T59.800x005　溴甲烷中毒
T59.800x006　芥子气中毒
T59.800x007　光气中毒
T59.800x008　一甲胺中毒
T59.800x009　溴丙烷中毒
T59.800x010　环氧乙烷中毒
T59.801　氨气中毒
T59.802　液化气中毒
T59.803　总烃油蒸气中毒

T59.900　气体、烟雾和蒸气的毒性效应
T59.900x001　刺激性气体中毒
T59.900x002　气雾剂中毒
T59.900x003　挥发剂中毒
T59.900x004　混合性气体中毒
T59.900x005　窒息性气体中毒
T60.000x003　辛硫磷中毒
T60.000x004　氨基甲酸酯杀虫剂中毒
T60.001　有机磷中毒
T60.002　敌敌畏中毒
T60.100　卤化杀虫剂的毒性效应
T60.101　溴氰菊酯中毒
T60.200　杀虫剂的毒性效应，其他未特指的
T60.200x001　杀蟑螂药中毒
T60.300x001　除莠剂中毒
T60.300x002　杀真菌药中毒
T60.300x003　氯乙酸中毒
T60.400　杀啮齿类剂的毒性效应
T60.401　杀鼠剂中毒
T60.800　农作物杀虫剂的毒性效应，其他的
T60.900　杀虫剂的毒性效应
T60.900x002　农药中毒
T60.900x003　木材防腐剂中毒
T61.000　鱼肉中毒
T61.001　鱼胆中毒
T61.100　鲭亚目鱼中毒
T61.100x002　组织胺样综合征
T61.200x001　鱼类中毒
T61.200x003　贝类中毒
T61.201　河豚中毒
T61.800　海产品的毒性效应，其他的
T61.900　海产品的毒性效应
T62.000x001　蘑菇类中毒
T62.000x002　蕈类中毒
T62.001　食入毒蘑菇中毒
T62.002　牛肝菌中毒
T62.100x001　浆果类中毒
T62.200x002　蓖麻子中毒
T62.200x003　植物类中毒
T62.202　龙葵果中毒
T62.800　摄入食物中其他特指有害物质的毒性效应
T62.800x002　亚硝酸盐中毒
T62.801　苦杏仁中毒
T62.802　扁豆中毒
T62.900x002　食物中毒
T63.000　蛇毒液的毒性效应
T63.001　毒蛇咬伤
T63.100　爬行动物类毒液的毒性效应，其他的
T63.100x001　蜥蜴毒液中毒
T63.200　蝎子毒液的毒性效应
T63.300　蜘蛛毒液的毒性效应
T63.400　节肢动物的毒液的毒性效应，其他的
T63.400x002　有毒昆虫咬伤
T63.400x003　有毒昆虫螫伤
T63.400x004　白蛉叮咬
T63.401　蜂蜇伤
T63.402　节肢动物咬伤
T63.500x001　接触鱼后中毒
T63.600x001　接触海蜇后中毒
T63.600x002　接触海葵后中毒
T63.600x003　接触水生贝壳类动物后中毒
T63.600x004　接触海生动物后中毒
T63.600x005　接触海星后中毒
T63.800x001　两栖动物毒液中毒
T63.900　与有毒动物接触的毒性效应
T64.x00x001　黄曲霉毒素中毒
T64.x00x002　真菌毒素污染食物毒性效应
T64.x01　其他真菌毒素污染食物毒性效应
T64.x02　黄曲霉毒素污染食物的毒性效应
T65.000　氰化物的毒性效应
T65.100　士的年及其盐类的毒性效应
T65.200x001　烟草中毒
T65.200x002　尼古丁中毒
T65.300　苯及其同类物的氮衍生物和胺衍生物的毒性效应
T65.300x001　苯胺中毒
T65.300x002　硝基苯中毒
T65.300x003　三硝基甲苯中毒
T65.300x004　硝基化合物中毒
T65.400　二硫化碳的毒性效应
T65.500x001　硝基甘油醇中毒
T65.500x002　三硝酸甘油中毒
T65.501　特指硝酸及酯类毒性效应
T65.600x001　清漆中毒
T65.600x002　油漆中毒
T65.600x003　染料中毒
T65.800　物质的毒性效应，其他特指
T65.800x002　染发液中毒
T65.800x003　高锰酸钾中毒
T65.800x004　偏二甲基肼中毒

T65.800x005　消毒剂中毒
T65.800x006　丙烯酰胺中毒
T65.800x007　碘甲烷中毒
T65.801　加湿器消毒剂中毒
T65.900　物质的毒性效应
T65.900x001　防冻液中毒
T65.901+F02.8*　中毒性痴呆

表 6-3-206

T66.x00x001　放射病
T66.x00x002　职业性放射性疾病
T66.x01　放射性损伤
T66.x02+H47.5*　放射性视神经损害
T67.000x001　热射病
T67.000x002　热卒中
T67.001　热性发热
T67.002　日射病
T67.100　热性晕厥
T67.100x002　热性虚脱
T67.200　中暑痉挛
T67.300　脱水性中暑衰竭
T67.300x001　中暑脱水
T67.300x002　脱水性中暑虚脱
T67.400　盐缺失引起的中暑衰竭
T67.400x001　盐缺失性中暑虚脱
T67.500　中暑衰竭
T67.500x001　中暑虚脱
T67.600　短暂性中暑疲劳
T67.700　中暑水肿
T67.800　热和光的其他效应
T67.900　热和光的效应
T67.901　中暑
T68.x00　低体温
T69.000x001　浸泡手
T69.000x002　浸泡足
T69.000x003　战壕足
T69.000x004　打猎反应
T69.100　冻疮
T69.100x002　耳廓冻疮
T69.100x003　足部冻疮
T69.100x004　面部冻疮
T69.100x005　手部冻疮
T69.800x001　皲裂
T69.800x002　手部皲裂
T69.800x003　足部皲裂
T69.900　降温的效应
T70.000　航空中耳炎
T70.100　航空鼻窦炎
T70.200x005　气压伤
T70.200x006　阿尔卑斯山病
T70.200x007　高原性心脏病
T70.201　高原性肺水肿
T70.202　高原性高血压
T70.203　高原性脑水肿
T70.204　高山病
T70.205　航空病
T70.206　飞行员病（由于飞行气压改变引起的）
T70.207　高海拔效应
T70.300　潜水员病［减压病］
T70.300x002　潜水员瘫痪
T70.300x004　潜水员麻痹
T70.400　高压液体的效应
T70.800　气压和水压的其他效应
T70.800x001　冲击波损伤综合征
T70.900　气压和水压的效应
T71.x00　外因性窒息
T71.x00x001　缺氧性窒息
T71.x00x002　创伤性窒息
T71.x00x003　绞窄性窒息
T71.x00x004　机械性窒息
T73.000　饥饿效应
T73.000x001　绝食
T73.100　口渴效应
T73.200　暴露于不良环境引起的衰竭
T73.300　过度劳累引起的衰竭
T73.800　缺乏的其他效应
T73.900　缺乏的效应
T74.000x001　被忽视综合征
T74.000x002　被遗弃综合征
T74.100　躯体虐待
T74.100x001　幼儿受虐综合征
T74.100x002　儿童受虐综合征
T74.100x003　配偶受虐综合征
T74.200　性虐待
T74.300　心理上的虐待
T74.800x001　混合型虐待综合征
T74.900x001　虐待成人综合征
T74.900x002　虐待儿童综合征
T75.000　雷电效应
T75.000x001　雷击

T75.000x002 雷电休克
T75.100 淹死和非致命性溺水
T75.100x001 溺水
T75.100x002 游泳者痉挛
T75.101 溺水性肺水肿
T75.200 振动效应
T75.200x001 气锤综合征
T75.200x002 亚声波眩晕
T75.200x003 创伤性血管痉挛综合征
T75.200x004 局部振动病
T75.200x005 手臂振动病
T75.300 晕动病
T75.300x002 空晕病［晕机病］
T75.300x003 晕船病
T75.300x004 晕车病
T75.400 电流效应
T75.400x001 电击伤
T75.800x001 异常重力效应
T75.800x002 失重效应
T76.x00 外部原因未特指的影响
T78.000 有害食物反应引起的过敏性休克
T78.101 牛奶过敏反应
T78.102 食物过敏
T78.200 过敏性休克
T78.201 赫克斯海默反应
T78.300 血管神经性水肿
T78.300x003 耳廓血管神经性反应
T78.300x004 巨大荨麻疹
T78.301 急性特发性水肿
T78.400 变态反应
T78.400x002 过敏反应
T78.800 有害效应，其他不可归类在他处者
T78.900 有害效应

表 6-3-207

T79.000 空气栓塞（创伤性）
T79.100 脂肪栓塞（创伤性）
T79.100x002 创伤性脑脂肪栓塞
T79.101 脂肪栓塞综合征
T79.201 创伤性复发性出血
T79.202 创伤性继发性出血
T79.300x001 创伤后伤口感染
T79.400 创伤性休克
T79.500 创伤性无尿症
T79.500x002 挤压后肾衰竭
T79.501 挤压综合征
T79.600 创伤性肌肉缺血
T79.600x003 腔隙综合征
T79.600x004 上肢骨筋膜室综合征
T79.600x006 下肢骨筋膜室综合征
T79.601 创伤性骨筋膜室综合征
T79.602 福耳克曼缺血性挛缩
T79.603 腹腔间隔室综合征
T79.700 创伤性皮下气肿
T79.800x001 创伤性脂肪液化
T79.800x002 创伤性下肢坏死
T79.800x003 创伤性指坏死
T79.800x004 创伤性头皮坏死
T79.800x005 创伤性凝血病
T79.800x006 创伤性低眼压
T79.800x007 创伤性肺炎
T79.801 创伤性脑膜炎
T79.900 创伤的早期并发症

表 6-3-208

T80.000 输注、输血和治疗性注射后的空气栓塞
T80.000x001 输注后空气栓塞
T80.100 输注、输血和治疗性注射后的血管并发症
T80.100x001 输注后血栓性静脉炎
T80.100x002 输注后静脉炎
T80.200 输注、输血和治疗性注射后的感染
T80.200x001 腹膜透析相关性腹膜炎
T80.200x003 治疗性注射后脓毒症性休克
T80.200x004 输注后感染
T80.201 输注后脓毒症
T80.202 输液后感染
T80.203 造影后胆道感染
T80.300 ABO 血型不配合性反应
T80.300x001 血型不配合性输血
T80.400 Rh 不配合性反应
T80.500 血清引起的过敏性休克
T80.500x001 血清过敏反应
T80.600x004 血清性皮疹
T80.600x005 血清中毒
T80.600x006 蛋白质过敏病
T80.600x007 急性透析性脑病
T80.600x008 慢性透析性脑病
T80.600x009 透析性脑病
T80.601 血清病

T80.602　血清病样反应
T80.603　血清反应性荨麻疹
T80.604　血清性药疹
T80.800　输注、输血和治疗性注射后的其他并发症
T80.801　透析失衡综合征
T80.900　输注、输血和治疗性注射后的并发症
T80.900x003　输注反应
T80.901　输液反应
T80.902　血液透析并发症
T80.903　输血反应
T81.000x001　操作后出血
T81.000x002　操作后颅内血肿
T81.000x004　操作后胸腔出血
T81.000x005　操作后扁桃体出血
T81.000x009　操作后血肿
T81.000x010　操作后阴道残端出血
T81.000x011　操作后膀胱出血
T81.000x013　操作后腹腔出血
T81.000x014　操作后前列腺出血
T81.000x018　操作后腹壁出血
T81.000x019　操作后腹腔血肿
T81.000x020　操作后肛门出血
T81.000x021　操作后宫颈出血
T81.000x022　操作后尿道出血
T81.000x023　操作后切口出血
T81.000x024　操作后眼底出血
T81.000x026　动静脉瘘破裂出血
T81.000x027　操作后眼前房出血
T81.000x028　操作后视网膜出血
T81.000x029　操作后鼻出血
T81.000x030　操作后咽出血
T81.000x031　操作后甲状腺出血
T81.000x032　操作中肺出血
T81.000x033　操作后胃出血
T81.000x034　操作后胃吻合口出血
T81.000x035　操作后胆管出血
T81.000x036　操作后胆囊出血
T81.000x037　操作后盆腔出血
T81.000x038　操作后肾出血
T81.000x039　肠造口出血
T81.000x041　操作后肝出血
T81.000x042　操作后胰腺出血
T81.001　手术后硬脑膜外出血
T81.002　手术后眼前房出血
T81.003　手术后视网膜出血
T81.004　手术后鼻出血
T81.005　手术后扁桃体出血
T81.006　手术后咽出血
T81.007　手术后甲状腺出血
T81.008　手术后胸腔出血
T81.009　手术中肺出血
T81.010　手术后腹腔出血
T81.011　手术后胃出血
T81.012　手术后胃吻合口出血
T81.013　手术后胆管出血
T81.014　手术后胆囊出血
T81.015　手术后肠出血
T81.016　手术后肠吻合口出血
T81.017　手术后盆腔出血
T81.018　手术后肾出血
T81.019　手术后膀胱出血
T81.020　手术后尿道出血
T81.021　手术后前列腺出血
T81.022　手术后伤口出血
T81.023　手术后颅内血肿
T81.024　手术后切口血肿
T81.025　操作后十二指肠乳头出血
T81.026　操作后肠出血
T81.027　拔牙创口出血
T81.028　食管静脉曲张术后出血
T81.029　结肠造口出血
T81.030　膀胱造口出血
T81.031　治疗后宫颈出血
T81.032　肾穿刺后血肿
T81.033　血管穿刺后血肿
T81.034　手术后肝出血
T81.035　手术后子宫出血
T81.036　手术后胰腺出血
T81.101　操作中休克
T81.102　手术后休克
T81.200x001　操作中意外损伤
T81.200x002　操作中膀胱损伤
T81.200x005　操作中肠损伤
T81.200x009　操作中肌腱损伤
T81.200x010　操作中血管损伤
T81.200x012　操作中器官损伤
T81.200x013　操作中食管损伤
T81.200x014　操作中心脏损伤
T81.200x015　操作中胃损伤

T81.200x016 操作中子宫损伤
T81.200x017 操作中胆总管损伤
T81.201 食管穿孔，操作中
T81.202 心脏穿孔，操作中
T81.203 胃穿孔，操作中
T81.204 肠穿孔，操作中
T81.205 子宫穿孔，操作中
T81.206 胆总管断裂，操作中
T81.207 膀胱撕裂，操作中
T81.208 肌腱断裂，操作中
T81.209 动脉破裂，操作中
T81.210 血管破裂，操作中
T81.211 胸腔损伤，操作中
T81.212 胸导管损伤，操作中
T81.213 胆管损伤，操作中
T81.214 输尿管损伤，操作中
T81.215 阴道损伤，操作中
T81.216 静脉损伤，操作中
T81.217 神经损伤，操作中
T81.218 气胸，操作中
T81.219 尿道损伤，操作中
T81.220 喉损伤，操作中
T81.221 肺损伤，操作中
T81.301 手术后伤口裂开
T81.400x001 操作后伤口感染
T81.400x002 操作后伤口积液
T81.400x004 手术后切口脂肪液化
T81.400x005 操作后感染性发热
T81.400x006 操作后脓毒症
T81.400x007 操作后口腔感染
T81.400x008 操作后耳部感染
T81.400x009 操作后胸腔感染
T81.400x010 操作后胆道感染
T81.400x011 操作后膝关节感染
T81.400x012 操作后腹壁感染
T81.400x013 操作后腹腔感染
T81.400x014 操作后盆腔感染
T81.401 手术后口腔感染
T81.402 手术后耳部感染
T81.403 手术后胸腔感染
T81.404 手术后胆道感染
T81.405 手术后膝关节感染
T81.406 手术后切口感染
T81.407 手术后腹壁脓肿
T81.408 手术后腹内脓肿
T81.409 手术后盆腔脓肿
T81.411 手术后脓毒症
T81.412 手术后发热
T81.500x001 操作后子宫内残留异物
T81.500x002 操作后伤口内残留异物
T81.500x006 操作后血管内残留异物
T81.500x007 操作后残留异物
T81.501 手术后腹内异物遗留
T81.502 手术后吻合口缝线残留
T81.503 手术后子宫内异物遗留
T81.504 手术切口异物肉芽肿
T81.505 手术切口异物遗留
T81.600x001 操作中残留异物反应
T81.601 化学性腹膜炎
T81.700x002 操作后脂肪栓塞
T81.700x003 操作后周围血管狭窄
T81.700x004 操作后动-静脉瘘
T81.700x005 皮瓣血管危象
T81.700x101 经皮球囊扩瓣术后冠状动脉分支闭塞
T81.700x102 经皮球囊扩瓣术后腹膜后血肿
T81.700x103 经皮球囊扩瓣术后穿刺血管血肿
T81.700x104 经皮球囊扩瓣术后穿刺假性动脉瘤
T81.700x105 经皮球囊扩瓣术后动静脉瘘
T81.700x106 经皮球囊扩瓣术后冠状动脉撕裂
T81.700x107 经皮球囊扩瓣术后冠状动脉穿孔
T81.700x108 经皮球囊扩瓣术后冠状动脉急性闭塞
T81.700x201 射频消融术后冠状动脉分支闭塞
T81.700x202 射频消融术后腹膜后血肿
T81.700x203 射频消融术后穿刺血管血肿
T81.700x204 射频消融术后穿刺假性动脉瘤
T81.700x205 射频消融术后动静脉瘘
T81.700x206 射频消融术后冠状动脉撕裂
T81.700x207 射频消融术后冠状动脉穿孔
T81.700x208 射频消融术后冠状动脉急性闭塞
T81.700x301 心导管检查术后腹膜后血肿
T81.700x302 心导管检查术后穿刺血管血肿
T81.700x303 心导管检查术后穿刺假性动脉瘤
T81.700x304 心导管检查术后动静脉瘘
T81.700x305 心导管检查术后冠状动脉撕裂
T81.700x306 心导管检查术后冠状动脉穿孔
T81.700x307 心导管检查术后冠状动脉急性闭塞
T81.700x308 心导管检查术后冠状动脉分支闭塞
T81.700x401 心导管造影术后冠状动脉分支闭塞
T81.700x402 心导管造影术后腹膜后血肿
T81.700x403 心导管造影术后穿刺血管血肿

T81.700x404　心导管造影术后穿刺假性动脉瘤
T81.700x405　心导管造影术后动静脉瘘
T81.700x406　心导管造影术后冠状动脉撕裂
T81.700x407　心导管造影术后冠状动脉穿孔
T81.700x408　心导管造影术后冠状动脉急性闭塞
T81.701　操作后动脉血栓形成
T81.702　动静脉造瘘后静脉炎
T81.703　操作后的空气栓塞
T81.800x001　操作后窦道
T81.800x002　操作后瘘
T81.800x003　操作后皮下气肿
T81.800x004　操作后积液
T81.800x005　操作后伤口肉芽肿
T81.800x006　操作后胰腺炎
T81.800x008　操作后软腭穿孔
T81.800x009　操作后假性囊肿
T81.800x010　操作后心力衰竭
T81.800x011　手术后尿失禁
T81.800x012　手术后胸骨哆开
T81.800x013　操作中环-杓关节脱位
T81.800x014　透析器首次使用综合征
T81.800x017　手术后切口愈合不良
T81.801　开颅术后窦道形成
T81.804　气管造口肉芽
T81.805　动脉导管结扎手术后残余漏
T81.806　手术后腹痛
T81.807　手术后皮下瘘
T81.808　手术后伤口肉芽肿
T81.809　手术后皮下气肿
T81.810　手术后伤口持续性瘘
T81.811　手术后伤口愈合不良
T81.812　手术后伤口脂肪液化
T81.813　手术后皮肤坏死
T81.900　操作的并发症
T82.000　心脏瓣膜假体的机械性并发症
T82.000x001　心脏瓣膜置换术后瓣膜故障
T82.000x002　心脏植入物脱落
T82.001　机械瓣膜置换术后瓣周漏
T82.002　二尖瓣机械瓣周漏
T82.003　主动脉机械瓣周漏
T82.100　心脏电子装置的机械性并发症
T82.100x002　起搏器起搏功能不良
T82.100x003　起搏器感知功能不良
T82.100x005　心房导线穿孔
T82.100x006　心室导线穿孔
T82.100x007　心脏电子装置电极导线绝缘层破裂
T82.100x008　心脏电子装置电极导线脱位
T82.100x009　心脏电子装置电极导线断裂
T82.100x010　除颤器起搏功能不良
T82.100x011　除颤器感知功能不良
T82.100x012　心脏电子装置周围组织慢性疼痛
T82.100x013　心脏电子装置囊袋血肿
T82.100x014　心脏电子装置囊袋积液
T82.100x015　心脏电子装置囊袋破溃
T82.101　心脏起搏器导线突出
T82.102　心脏起搏器电极功能异常
T82.103　心脏起搏器电极移位
T82.201　冠状动脉搭桥术机械性并发症
T82.202　瓣膜移植物机械性并发症
T82.300　血管移植物的机械性并发症，其他的
T82.301　主动脉移植物（置换）的机械性并发症
T82.302　动脉移植物的机械性并发症
T82.303　主动脉移植物（置换）术后内漏
T82.400　血管透析导管的机械性并发症
T82.401　静脉透析管阻塞
T82.500x001　心血管封堵器移位
T82.500x002　心血管封堵器渗漏
T82.500x003　心脏和血管装置植入物引起的机械性并发症
T82.501　下腔静脉支架脱落
T82.502　移植血管坏死
T82.503　室间隔缺损手术后残余漏
T82.504　房间隔缺损手术后残余漏
T82.600　心脏瓣膜假体引起的感染和炎症性反应
T82.600x001　心脏瓣膜假体引起的感染
T82.601　人工瓣膜心内膜炎
T82.700　心脏和血管装置、植入物和移植物引起的感染和炎症性反应，其他的
T82.700x001　血管导管相关性感染
T82.700x002　起搏器周围组织感染
T82.700x003　心脏导管相关性感染
T82.700x004　心脏电子装置感染
T82.700x005　心脏电子装置囊袋感染
T82.700x007　肾透析的动静脉瘘感染
T82.700x008　肾透析的静脉导管感染
T82.700x009　肾透析的血管通路感染
T82.700x010　肾透析的人造血管感染
T82.700x011　肾透析的移植血管感染
T82.701　化疗泵植入感染
T82.702　人工血管感染

T82.703　心脏起搏器植入感染
T82.704　支架植入感染
T82.800x001　前臂动静脉瘘栓塞
T82.800x003　人工动静脉瘘闭塞
T82.800x004　人工动静脉瘘狭窄
T82.800x005　人工动静脉瘘血栓形成
T82.800x006　肾透析的移植血管血栓形成
T82.800x008　肾透析的人工血管血栓形成
T82.800x009　肾透析的血管通路血栓形成
T82.800x101　心脏和血管假体装置植入物和移植物引起的栓塞
T82.800x102　心脏和血管假体装置植入物和移植物引起的纤维化
T82.800x103　心脏和血管假体装置植入物和移植物引起的出血
T82.800x104　心脏和血管假体装置植入物和移植物引起的疼痛
T82.800x105　心脏和血管假体装置植入物和移植物引起的血管狭窄
T82.800x106　心脏和血管假体装置植入物和移植物引起的血栓形成
T82.800x201　经皮房缺-室缺矫治术后冠状动脉分支闭塞
T82.800x202　经皮房缺-室缺矫治术后腹膜后血肿
T82.800x203　经皮房缺-室缺矫治术后穿刺血管血肿
T82.800x204　经皮房缺-室缺矫治术后穿刺假性动脉瘤
T82.800x205　经皮房缺-室缺矫治术后动静脉瘘
T82.800x206　经皮房缺-室缺矫治术后冠状动脉撕裂
T82.800x207　经皮房缺-室缺矫治术后冠状动脉穿孔
T82.800x208　经皮房缺-室缺矫治术后冠状动脉急性闭塞
T82.800x301　经皮冠状动脉狭窄矫治术后腹膜后血肿
T82.800x302　经皮冠状动脉狭窄矫治术后穿刺血管血肿
T82.800x303　经皮冠状动脉狭窄矫治术后穿刺假性动脉瘤
T82.800x304　经皮冠状动脉狭窄矫治术后动静脉瘘
T82.800x305　经皮冠状动脉狭窄矫治术后冠状动脉撕裂
T82.800x306　经皮冠状动脉狭窄矫治术后冠状动脉穿孔
T82.800x307　经皮冠状动脉狭窄矫治术后冠状动脉急性闭塞
T82.800x308　经皮冠状动脉狭窄矫治术后冠状动脉分支闭塞
T82.800x401　股动脉支架内再狭窄
T82.800x402　腘动脉支架内再狭窄
T82.800x403　胫动脉支架内再狭窄
T82.800x404　腓动脉支架内再狭窄
T82.800x405　髂动脉支架内再狭窄
T82.800x406　腘动脉支架闭塞
T82.800x407　髂动脉支架闭塞
T82.800x408　股动脉支架闭塞
T82.800x409　为肾透析的肿胀手综合征
T82.800x410　为肾透析的动静脉内瘘高流量
T82.800x411　为肾透析的静脉导管功能不良
T82.801　下腔静脉滤器血栓形成
T82.803　操作中动静脉瘘
T82.804　动脉支架内血栓形成
T82.805　二尖瓣机械瓣膜老化
T82.806　腹主动脉支架内血栓形成
T82.807　颈内动脉支架植入后再狭窄
T82.808　静脉插管血栓形成
T82.809　人工血管闭塞
T82.810　人工血管吻合口狭窄
T82.811　人工血管血栓形成
T82.812　输注泵植入疼痛
T82.813　肝移植后肝动脉假性动脉瘤破裂
T82.814　人工血管破裂
T82.900x001　心脏假体装置植入物和移植物的并发症
T82.900x002　血管假体装置植入物和移植物的并发症
T82.901　人工心脏瓣膜失常
T82.903　心脏起搏器失灵
T82.904　起搏器综合征
T83.000x001　泌尿系导管引起的机械性并发症
T83.001　肾盂引流管阻塞
T83.002　肾造瘘管移位
T83.003　膀胱造瘘管阻塞
T83.004　导尿管阻塞
T83.100　泌尿系装置和植入物的机械性并发症，其他的
T83.100x001　泌尿系支架引起的机械性并发症
T83.100x002　泌尿系电子刺激装置引起的机械性

并发症
T83.100x003　泌尿系括约肌植入物引起的机械性并发症
T83.100x004　尿道悬吊术后引起的机械性并发症
T83.101　输尿管支架断裂
T83.102　输尿管支架移位
T83.103　输尿管支架管阻塞
T83.200　泌尿器官移植物的机械性并发症
T83.301　子宫内节育器残留
T83.302　子宫内节育器断裂
T83.303　子宫内节育器嵌顿
T83.304　子宫内节育器脱落
T83.305　子宫内节育器移位
T83.400　生殖道中其他假体装置、植入物和移植物的机械性并发症
T83.400x001　阴道植入物脱出
T83.401　阴茎假体引起的并发症
T83.500　泌尿系统中的假体装置、植入物和移植物引起的感染和炎症性反应
T83.500x002　输尿管支架感染
T83.500x003　导管相关性尿路感染
T83.501　泌尿道引流管植入感染
T83.600　生殖道中的假体装置、植入物和移植物引起的感染和炎症性反应
T83.601　阴茎假体植入感染
T83.800　泌尿生殖系假体装置、植入物和移植物的其他并发症
T83.800x001　插管引起的尿道损伤
T83.801　尿道悬吊带脱出
T83.802　阴道网片侵蚀
T83.804　移植肾输尿管瘘
T83.900　泌尿生殖系假体装置、植入物和移植物的并发症
T84.000　内部关节假体的机械性并发症
T84.000x004　人工关节置换术后假体功能障碍
T84.000x005　人工髋关节置换术后髋臼松动
T84.000x006　人工关节置换术后假体松动
T84.000x007　人工髋关节置换术后异位骨化
T84.000x008　人工膝关节置换术后假体松动
T84.000x012　人工股骨头置换术后假体松动
T84.000x013　人工股骨头置换术后假体功能障碍
T84.001　关节假体并发症
T84.002　髋关节假体松动
T84.003　髋关节假体障碍
T84.004　膝关节假体障碍
T84.005　肩关节假体障碍
T84.006　肘关节假体障碍
T84.100　肢骨内部固定装置的机械性并发症
T84.200x003　骨内固定装置障碍
T84.200x004　胸骨的金属丝引起的机械性并发症
T84.201　骨折内固定装置障碍
T84.202　脊柱内固定装置障碍
T84.203　胸骨内固定钢丝断裂
T84.300　骨的装置、植入物和移植物的机械性并发症，其他的
T84.300x001　骨移植物引起的机械性并发症
T84.300x002　骨刺激器引起的机械性并发症
T84.301　上颌骨假体露出
T84.400　矫形外科装置、植入物和移植物的机械性并发症，其他内部的
T84.401　肌肉移植物引起的机械性并发症
T84.402　肌腱移植物引起的机械性并发症
T84.500　内部关节假体引起的感染和炎症性反应
T84.500x002　关节假体引起的感染
T84.501　髋关节假体植入感染
T84.502　膝关节假体植入感染
T84.503　肩关节假体植入物感染
T84.504　肘关节假体植入物感染
T84.600　内部固定装置［任何部位］引起的感染和炎症性反应
T84.600x003　内固定装置引起的感染
T84.601　舌骨固定物植入感染
T84.602　下颌骨内固定物植入感染
T84.603　脊柱内固定物植入感染
T84.604　骨折内固定物植入感染
T84.605　肌肉内固定物的感染
T84.700　矫形外科假体装置、植入物和移植物引起的感染和炎症性反应，其他内部的
T84.700x001　矫形外科假体装置植入物和移植物引起的感染
T84.701　下颌骨假体植入感染
T84.800　内部矫形外科假体装置、植入物和移植物的其他并发症
T84.800x003　膝关节内固定术后疼痛
T84.800x005　髋关节内固定术后疼痛
T84.800x007　关节内固定术后疼痛
T84.800x009　关节置换术后异位骨化
T84.800x010　关节内固定术后异位骨化
T84.801　腕假体装置术后皮肤破溃
T84.802　骨折内固定术后疼痛

T84.803　脊柱内固定术后疼痛
T84.804　脊柱内固定物排斥
T84.805　人工关节置换术后疼痛
T84.806　髋关节置换术后疼痛
T84.807　膝关节置换术后疼痛
T84.900　内部矫形外科假体装置、植入物和移植物的并发症
T84.901　鼻咽部内固定装置障碍
T85.000　脑室颅内（交通）分流的机械性并发症
T85.001　脑室腹腔分流管障碍
T85.002　脑室腹腔分流管脱位
T85.003　脑室腹腔分流管阻塞
T85.100　神经系统植入的电子刺激器的机械性并发症
T85.100x001　脑电子神经刺激器引起的机械性并发症
T85.100x002　周围神经电子神经刺激器引起的机械性并发症
T85.100x004　脊髓电子神经刺激器引起的机械性并发症
T85.200　眼内透镜的机械性并发症
T85.200x001　人工晶体脱位
T85.200x002　人工晶体引起的机械性并发症
T85.201　人工晶体夹持
T85.202　人工晶体移位
T85.300x001　眼前房引流管脱出
T85.300x003　眼假体眶引起的机械性并发症
T85.300x004　角膜移植物引起的机械性并发症
T85.300x005　眼硅油乳化
T85.300x006　人工泪管移位
T85.300x007　人工泪管阻塞
T85.300x008　巩膜环扎带暴露
T85.300x009　眼假体装置植入物和移植物引起的机械性并发症
T85.301　义眼台暴露
T85.302　玻璃体气体泄漏
T85.303　玻璃体硅油移位
T85.304　人工玻璃体障碍
T85.308　前房植入硅管障碍
T85.309　巩膜环扎带障碍
T85.310　角膜缝线外露
T85.311　角膜移植片溶解
T85.312　义眼座外露
T85.400　乳房假体和植入物的机械性并发症
T85.401　乳房假体障碍
T85.500　胃肠道假体装置、植入物和移植物的机械性并发症
T85.500x001　胆管假体引起的机械性并发症
T85.500x002　食管抗反流装置引起的机械性并发症
T85.500x003　胃肠道植入物引起的机械性并发症
T85.501　胆总管内支架脱出
T85.600　内部假体装置、植入物和移植物，其他特指的机械性并发症
T85.600x001　硬膜外和硬膜下输注导管引起的机械性并发症
T85.600x003　不可吸收性手术材料引起的机械性并发症
T85.600x004　永久性缝线引起的机械性并发症
T85.600x006　MEDPOR假体外露
T85.600x007　扩张器外露
T85.600x008　扩张器渗液
T85.600x009　扩张器破裂
T85.600x010　腹腔化疗泵外露
T85.601　人工耳蜗松动
T85.602　人工听骨移位
T85.603　鼓膜置管移位
T85.604　外耳道支架短缩
T85.606　气管套管脱出
T85.607　气管植入T管断裂
T85.608　主支气管支架断裂
T85.609　腹膜透析管移位
T85.610　腹膜透析管阻塞
T85.611　腹膜透析管并发症
T85.700　假体装置、植入物和移植物引起的感染和炎症性反应，其他内部的
T85.700x103　腹膜透析导管隧道感染
T85.700x104　腹膜透析导管外口感染
T85.700x804　胸部硅胶板植入感染
T85.700x808　植入装置后感染
T85.700x809　鼻假体植入后感染
T85.701　脑室腹腔分流管置入感染
T85.702　人工硬脑膜植入感染
T85.703　导管相关性感染
T85.704　巩膜硅胶带环扎植入感染
T85.705　人工耳蜗植入感染
T85.706　鼻硅胶植入感染
T85.708　胆道造影术后感染
T85.709　腹腔插管感染
T85.710　腹膜透析中腹腔感染

T85.711　腹膜透析后腹膜炎
T85.712　皮肤扩张器植入感染
T85.713　颅骨人工骨板植入感染
T85.800　内部假体装置、植入物和移植物的其他并发症，不可归类在他处者
T85.800x801　扩张器植入术后皮瓣破裂
T85.800x802　TIPSS肝内支架狭窄
T85.800x803　植入物脱出
T85.800x804　插管引起的气管内出血
T85.800x805　人工角膜前膜
T85.800x806　人工角膜后膜
T85.800x807　人工晶体前膜
T85.800x808　眼硅油残留
T85.800x809　眼植入物并发症
T85.800x810　鼻整形术后并发症
T85.800x811　鼻整形术后假体外露
T85.801　腹膜透析管内血栓
T85.802　化疗管植入后皮肤溃疡
T85.803　支架植入后出血
T85.806　疝补片排斥反应
T85.807　颅骨补片排斥反应
T85.900　内部假体装置、植入物和移植物的并发症
T85.901　腹膜透析装置并发症
T85.902　不可吸收缝线并发症
T85.903　人工晶体障碍
T86.000　骨髓移植排斥
T86.000x003　急性移植物抗宿主病
T86.000x004　慢性移植物抗宿主病
T86.001　移植物抗宿主反应
T86.100x001　肾移植失败
T86.100x002　肾移植排斥
T86.100x003　肾移植后肾衰竭
T86.100x005　肾移植急性排斥
T86.100x006　肾移植慢性排斥
T86.100x007　肾移植急性体液性排斥
T86.100x008　肾移植急性细胞性排斥
T86.102　移植肾功能不全
T86.103　移植肾破裂
T86.104　移植肾死亡
T86.105　移植肾萎缩
T86.106　移植肾无功能
T86.107　肾移植术后少尿
T86.200x001　心脏移植失败
T86.200x002　心脏移植排斥
T86.300x001　心肺移植失败
T86.300x002　心肺移植排斥
T86.400x001　肝移植失败
T86.400x003　肝移植排斥
T86.400x004　肝移植物急性抗宿主病
T86.400x005　肝移植物慢性抗宿主病
T86.400x006　肝移植急性排斥
T86.400x007　肝移植慢性排斥
T86.400x009　肝移植后肝动脉血栓形成
T86.400x010　肝移植后肝动脉狭窄
T86.400x011　肝移植后肝动脉假性动脉瘤
T86.400x012　肝移植后门静脉血栓形成
T86.400x013　肝移植后门静脉狭窄
T86.400x014　肝移植后下腔静脉血栓形成
T86.400x015　肝移植后下腔静脉狭窄
T86.400x016　肝移植后肝静脉回流障碍
T86.400x017　肝移植后肝功能不全
T86.400x018　肝移植后门静脉闭塞
T86.401　移植肝功能衰竭
T86.800x011　肺移植失败
T86.800x021　胰移植失败
T86.800x802　眼硅胶移植失败
T86.800x804　角膜移植失败
T86.800x805　骨移植失败
T86.800x807　肠移植失败
T86.800x808　肠移植排斥
T86.800x809　皮肤移植失败
T86.800x811　巩膜移植排斥
T86.800x812　巩膜移植失败
T86.800x813　皮瓣移植失败
T86.800x814　皮瓣移植排斥
T86.800x816　眼移植物失败
T86.801　移植角膜排斥反应
T86.802　舌移植皮瓣坏死
T86.803　移植肺排斥反应
T86.804　移植胰排斥反应
T86.805　移植骨排斥反应
T86.806　移植皮肤排斥反应
T86.807　皮瓣移植感染
T86.808　移植皮瓣坏死
T86.809　眼硅胶排斥反应
T86.810　眼植入物排斥反应
T86.811　尿道悬吊带排斥
T86.900　移植器官和组织的失败和排斥
T87.000　上肢再植（部位）的并发症
T87.001　上肢再植术后感染

T87.100　下肢再植（部位）的并发症
T87.101　下肢再植术后感染
T87.200　再植身体部位的并发症，其他的
T87.300　截断术残端的神经瘤
T87.300x001　创伤性神经瘤
T87.300x002　指创伤性神经瘤
T87.400　截断术残端的感染
T87.500　截断术残端的坏死
T87.600x002　截断术残端挛缩
T87.600x003　截断术残端血肿
T87.600x004　截断术残端水肿
T87.601　截肢残端溃疡
T87.602　残端综合征
T88.000　免疫接种后的感染
T88.100x002　免疫接种后皮疹
T88.101　疫苗接种反应
T88.102　免疫接种后反应
T88.200　麻醉引起的休克
T88.300　麻醉引起的恶性高热
T88.400x001　插管失败
T88.400x002　插管困难
T88.500x001　麻醉后低体温
T88.501　麻醉意外
T88.600　适当应用正确药物或药剂的有害效应引起的过敏性休克
T88.601　药物过敏性休克
T88.700　药物和药剂的有害效应
T88.700x002　药物不良反应
T88.700x003　避孕药药物反应
T88.700x004　药物超敏综合征
T88.700x007　氨茶碱药物反应
T88.700x010　氨基糖甙类抗菌素药物反应
T88.700x012　苯妥英钠药物反应
T88.700x014　草酸爱司西酞普兰药物反应
T88.701　药物过敏反应
T88.702　类固醇激素并发症
T88.703　维甲酸综合征
T88.800　手术和医疗其他特指的并发症，不可归类在他处者
T88.800x001　医源性脊髓损伤
T88.900　手术和医疗的并发症
T88.901　超声治疗并发症

表 6-3-209

T90.000　头部浅表损伤后遗症
T90.100　头部开放性伤口后遗症
T90.101　陈旧性眼睑损伤
T90.102　创伤后唇缺损
T90.200　颅骨和面骨骨折后遗症
T90.200x008　陈旧性颧弓颧骨骨折
T90.200x012　陈旧性颧弓骨折
T90.201　陈旧性颅骨骨折
T90.202　陈旧性鼻骨骨折
T90.203　陈旧性颧骨骨折
T90.204　陈旧性上颌骨骨折
T90.205　陈旧性下颌骨骨折
T90.206　陈旧性颌骨骨折
T90.207　陈旧性颏部骨折
T90.208　陈旧性面骨骨折
T90.300　脑神经损伤后遗症
T90.300x003　视神经损伤后遗症
T90.301　陈旧性脑神经损伤
T90.302　陈旧性面神经损伤
T90.400x001　眼部开放性损伤后遗症
T90.400x002　眼部浅表损伤后遗症
T90.400x003　眼眶损伤后遗症
T90.400x004　眼部损伤后遗症
T90.401　陈旧性眼损伤
T90.500　颅内损伤后遗症
T90.500x002　脑外伤后遗症
T90.500x003　颅内开放性损伤后遗症
T90.501　陈旧性颅脑损伤
T90.502　陈旧性颅内损伤
T90.503　创伤性癫痫
T90.800　头部其他特指损伤的后遗症
T90.800x002　腭部损伤后遗症
T90.900　头部损伤的后遗症
T90.901　陈旧性头部损伤
T91.000x001　颈部浅表损伤后遗症
T91.000x002　躯干浅表损伤后遗症
T91.000x003　颈部开放性损伤后遗症
T91.000x004　躯干开放性损伤后遗症
T91.001　陈旧性颈部和躯干浅表损伤
T91.002　陈旧性开放性颈部和躯干损伤
T91.100　脊柱骨折后遗症
T91.101　陈旧性脊柱骨折
T91.102　陈旧性颈椎骨折
T91.103　陈旧性胸椎骨折
T91.104　陈旧性腰椎骨折
T91.200　胸和骨盆的其他骨折后遗症

T91.200x002　陈旧性骶骨骨折
T91.200x005　陈旧性胸骨骨折
T91.201　陈旧性肋骨骨折
T91.202　陈旧性骨盆骨折
T91.204　陈旧性髋臼骨折
T91.205　陈旧性耻骨骨折
T91.206　陈旧性尾骨骨折
T91.300　脊髓损伤后遗症
T91.300x002　颈部脊髓损伤后遗症
T91.300x003　胸部脊髓损伤后遗症
T91.300x004　腰部脊髓损伤后遗症
T91.301　陈旧性脊髓损伤
T91.400　胸内器官损伤后遗症
T91.401　陈旧性胸内器官损伤
T91.500x001　腹内器官损伤后遗症
T91.500x003　盆腔器官损伤后遗症
T91.501　陈旧性腹内器官损伤
T91.502　陈旧性盆腔器官损伤
T91.800x001　膈神经损伤后遗症
T91.800x002　陈旧性环枢椎脱位
T91.800x003　陈旧性颈椎脱位
T91.800x004　腰丛神经损伤后遗症
T91.800x005　骶丛神经损伤后遗症
T91.800x006　陈旧性脊柱脱位
T91.800x007　躯干神经损伤后遗症
T91.800x008　脊柱韧带扭伤后遗症
T91.800x009　脊柱损伤后遗症
T91.800x010　陈旧性颈部和躯干损伤
T91.802　陈旧性躯干神经损伤
T91.803　陈旧性脊柱韧带扭伤
T91.900　颈部和躯干损伤的后遗症
T91.900x002　会阴损伤后遗症
T91.900x003　躯干损伤后遗症
T92.000　上肢开放性伤口后遗症
T92.001　陈旧性开放性上肢损伤
T92.100　臂骨折后遗症
T92.100x004　陈旧性肩峰骨折
T92.100x005　陈旧性肩盂骨折
T92.100x008　陈旧性上肢骨折
T92.100x009　陈旧性锁骨骨折
T92.100x010　陈旧性盖氏骨折
T92.100x011　陈旧性孟氏骨折
T92.101　陈旧性肩胛骨骨折
T92.102　陈旧性臂骨折
T92.103　陈旧性肱骨骨折
T92.104　陈旧性尺桡骨骨折
T92.105　陈旧性尺骨骨折
T92.106　陈旧性桡骨骨折
T92.200　腕和手水平骨折后遗症
T92.201　陈旧性腕骨骨折
T92.202　陈旧性掌骨骨折
T92.203　陈旧性手指骨折
T92.204　手骨折后畸形
T92.300　上肢脱位、扭伤和劳损后遗症
T92.300x001　上肢脱位后遗症
T92.300x002　上肢扭伤后遗症
T92.300x005　陈旧性腕掌关节脱位
T92.300x006　陈旧性掌指关节脱位
T92.300x007　陈旧性指关节脱位
T92.300x008　陈旧性桡骨头脱位
T92.300x011　指韧带损伤后遗症
T92.300x012　陈旧性下尺桡关节损伤
T92.300x013　陈旧性舟骨月骨周围脱位
T92.300x015　掌板侧副韧带损伤后遗症
T92.300x016　肘关节韧带损伤后遗症
T92.300x017　上肢韧带损伤后遗症
T92.301　陈旧性手部关节韧带损伤
T92.302　陈旧性桡尺关节脱位
T92.303　肩关节扭伤后遗症
T92.304　肩关节劳损后遗症
T92.305　肘关节脱位后遗症
T92.306　肘关节扭伤后遗症
T92.307　肘关节劳损后遗症
T92.400　上肢神经损伤后遗症
T92.400x002　桡神经损伤后遗症
T92.400x003　正中神经损伤后遗症
T92.400x004　指神经损伤后遗症
T92.400x005　肌皮神经损伤后遗症
T92.400x006　腋神经损伤后遗症
T92.400x007　臂丛神经损伤后遗症
T92.400x008　尺神经损伤后遗症
T92.401　陈旧性上肢神经损伤
T92.402　陈旧性手部神经损伤
T92.500x001　屈肌腱断裂后遗症
T92.500x002　屈肌腱粘连后遗症
T92.500x003　屈拇长肌腱损伤后遗症
T92.500x004　屈指肌腱损伤后遗症
T92.500x006　伸肌腱断裂后遗症
T92.500x007　伸肌腱粘连后遗症
T92.500x008　伸拇长肌腱损伤后遗症

T92.500x009　伸指肌腱损伤后遗症
T92.500x010　手部肌腱挛缩后遗症
T92.500x011　手部肌腱损伤后遗症
T92.500x012　上肢肌腱粘连后遗症
T92.500x013　指伸肌腱粘连后遗症
T92.500x014　手部肌肉损伤后遗症
T92.500x015　指屈肌腱粘连后遗症
T92.500x016　肩袖损伤后遗症
T92.500x017　上肢肌肉损伤后遗症
T92.500x018　上肢肌腱损伤后遗症
T92.501　陈旧性上肢肌腱断裂
T92.502　陈旧性上肢肌肉撕裂
T92.503　创伤后手指屈曲畸形
T92.504　陈旧性腕关节肌腱损伤
T92.505　陈旧性肱二头肌肌肉损伤
T92.506　陈旧性肱二头肌建损伤
T92.600　上肢挤压伤和创伤性切断后遗症
T92.600x002　创伤性手指缺如
T92.600x003　创伤性上肢骨缺损
T92.601　陈旧性上肢挤压伤
T92.602　创伤性上肢切断后遗症
T92.603　陈旧性手压伤
T92.800x001　上肢血管损伤后遗症
T92.800x002　陈旧性肩关节 SLAP 损伤
T92.801　手其他损伤后遗症
T92.900　上肢损伤的后遗症
T93.000　下肢开放性伤口后遗症
T93.001　陈旧性开放性下肢损伤
T93.100　股骨骨折后遗症
T93.100x007　陈旧性股骨头骨折
T93.101　陈旧性股骨骨折
T93.102　陈旧性股骨颈骨折
T93.103　陈旧性股骨干骨折
T93.104　陈旧性股骨粗隆间骨折
T93.200　下肢其他骨折的后遗症
T93.200x001　陈旧性距骨骨折
T93.200x002　陈旧性胫骨平台骨折
T93.200x007　陈旧性双踝骨折
T93.200x008　陈旧性胫腓骨骨折
T93.200x010　陈旧性跟骨骨折
T93.200x011　陈旧性 Pilon 骨折
T93.200x012　陈旧性跗骨骨折
T93.200x013　陈旧性趾骨骨折
T93.200x014　陈旧性跖骨骨折
T93.201　陈旧性下肢骨折
T93.202　陈旧性髌骨骨折
T93.203　陈旧性胫骨骨折
T93.204　陈旧性髁突骨折
T93.205　陈旧性腓骨骨折
T93.206　陈旧性踝关节骨折
T93.207　陈旧性踝骨骨折
T93.208　陈旧性足舟骨骨折
T93.300x001　下肢脱位后遗症
T93.300x002　下肢扭伤后遗症
T93.300x003　下肢劳损后遗症
T93.300x005　陈旧性趾间关节脱位
T93.300x008　陈旧性足舟骨脱位
T93.300x009　陈旧性跖趾关节脱位
T93.301　陈旧性髌骨脱位
T93.400　下肢神经损伤后遗症
T93.400x002　坐骨神经损伤后遗症
T93.400x003　股神经损伤后遗症
T93.400x004　腓总神经损伤后遗症
T93.400x005　胫神经损伤后遗症
T93.400x006　腓肠神经损伤后遗症
T93.500x001　下肢肌肉损伤后遗症
T93.500x002　下肢肌腱损伤后遗症
T93.501　跟腱断裂后遗症
T93.600　下肢挤压伤和创伤性切断后遗症
T93.600x001　创伤性下肢骨缺损
T93.600x002　陈旧性下肢挤压伤
T93.600x003　创伤性下肢切断后遗症
T93.800　下肢其他特指损伤的后遗症
T93.800x001　趾浅表挫伤后遗症
T93.800x002　下肢创伤性动静脉瘘后遗症
T93.800x003　下肢血管损伤后遗症
T93.801　陈旧性趾挫伤
T93.900　下肢损伤的后遗症
T94.000　涉及多个身体部位损伤的后遗症
T94.001　陈旧性多处身体部位损伤
T94.002　陈旧性多部位骨折
T94.100　损伤后遗症
T94.102　陈旧性损伤
T95.000x001　外耳道烧伤后遗症
T95.000x002　外耳道冻伤后遗症
T95.000x003　外耳道腐蚀伤后遗症
T95.000x004　头和颈烧伤后遗症
T95.000x005　头部烧伤后遗症
T95.000x006　颈部烧伤后遗症
T95.000x007　头和颈冻伤后遗症

T95.000x008　头部冻伤后遗症
T95.000x009　颈部冻伤后遗症
T95.000x010　头和颈腐蚀伤后遗症
T95.000x011　头部腐蚀伤后遗症
T95.000x012　颈部腐蚀伤后遗症
T95.001　陈旧性耳化学烧伤
T95.002　陈旧性外耳道烧伤
T95.100x001　躯干烧伤后遗症
T95.100x002　躯干冻伤后遗症
T95.100x003　躯干腐蚀伤后遗症
T95.101　陈旧性躯干烧伤
T95.102　陈旧性躯干化学性烧伤
T95.103　陈旧性躯干冻伤
T95.200x001　上肢烧伤后遗症
T95.200x002　手部烧伤后遗症
T95.200x003　上肢冻伤后遗症
T95.200x004　手部冻伤后遗症
T95.200x005　上肢腐蚀伤后遗症
T95.200x006　手部腐蚀伤后遗症
T95.201　陈旧性上肢烧伤
T95.202　陈旧性手烧伤
T95.300x001　下肢烧伤后遗症
T95.300x002　下肢冻伤后遗症
T95.300x003　下肢腐蚀伤后遗症
T95.301　陈旧性下肢烧伤
T95.400　仅根据涉及体表范围分类的烧伤和腐蚀伤后遗症
T95.800x001　眼部烧伤后遗症
T95.800x002　眼部冻伤后遗症
T95.800x003　眼部腐蚀伤后遗症
T95.800x004　上肢和下肢烧伤后遗症
T95.800x005　上肢和下肢冻伤后遗症
T95.800x006　上肢和下肢腐蚀伤后遗症
T95.800x007　食管烧伤后遗症
T95.800x008　食管腐蚀伤后遗症
T95.801　陈旧性眼烧伤
T95.802　陈旧性四肢烧伤
T95.803　陈旧性食管烧伤
T95.900　烧伤、腐蚀伤和冻伤后遗症
T96.x00x001　药物中毒后遗症
T96.x00x002　药剂中毒后遗症
T96.x00x003　生物制品中毒后遗症
T97.x00x001　非药用物质毒性效应的后遗症
T97.x00x003　中毒性脑病后遗症
T97.x01　一氧化碳中毒后遗症
T97.x02　非药用物质中毒性脑病后遗症
T98.000　通过自然腔口进入的异物效应的后遗症
T98.100　外因的其他和未特指效应的后遗症
T98.100x001　电击伤后遗症
T98.200　创伤的某些早期并发症的后遗症
T98.200x011　开放性损伤伴异物
T98.200x012　开放性损伤伴异物合并感染
T98.200x021　开放性损伤伴感染
T98.200x031　开放性损伤延期愈合
T98.200x032　开放性损伤延期治疗
T98.200x033　开放性损伤愈合不良
T98.300x001　闸门综合征
T98.300x002　眼植入物暴露的后遗症
T98.300x003　手术后坐骨神经损伤的后遗症
T98.300x004　手术后心脏异物残留的后遗症
T98.300x005　人工耳蜗植入后电极脱出的后遗症
T98.300x006　手术后颌骨异物残留的后遗症
T98.300x007　手术后缺氧性脑损害的后遗症
T98.301　陈旧性手术后缺氧性脑损害

表6-3-210

Z20.000　接触和暴露于肠道传染病
Z20.001　霍乱接触者
Z20.100　接触和暴露于结核病
Z20.200　接触和暴露于主要为性传播模式的传染病
Z20.300　接触和暴露于狂犬病
Z20.400　接触和暴露于风疹
Z20.500　接触和暴露于病毒性肝炎
Z20.600　接触和暴露于人类免疫缺陷病毒［HIV］
Z20.701　接触虱病病虫侵染
Z20.702　接触螨病病虫侵染
Z20.801　脊髓灰质炎接触者
Z20.802　天花接触者
Z20.900　接触和暴露于传染病
Z21.x00x001　无症状人类免疫缺陷病毒阳性
Z22.000　伤寒带菌者
Z22.100　肠道传染病带菌者，其他的
Z22.101　阿米巴病带菌者
Z22.102　鼠伤寒带菌者
Z22.103　霍乱带菌者
Z22.200　白喉带菌者
Z22.300　细菌性疾病带菌者，其他特指的
Z22.301　链球菌带菌者
Z22.302　脑膜炎双球菌带菌者
Z22.303　葡萄球菌带菌者

Z22.400　主要为性传播模式感染的病原携带者
Z22.401　淋病病原携带者
Z22.402　梅毒病原携带者
Z22.600　人T-亲淋巴1型病毒［HTLV-1］感染的病原携带者
Z22.700　潜伏性结核
Z22.800　传染病病原携带者，其他的
Z22.801　风疹传染病病原携带者
Z22.900x001　传染病带菌者
Z23.000　仅为抗霍乱采取必要的免疫
Z23.100　仅为抗伤寒-副伤寒采取必要的免疫［TAB］
Z23.200　为抗结核采取必要的免疫［BCG］
Z23.300　为抗鼠疫采取必要的免疫
Z23.400　为抗土拉菌病［兔热病］采取必要的免疫
Z23.500　仅为抗破伤风采取必要的免疫
Z23.600　仅为抗白喉采取必要的免疫
Z23.700　仅为抗百日咳采取必要的免疫
Z23.800x001　为抗单一的细菌性疾病采取必要的免疫
Z24.001　接种脊髓灰质炎疫苗
Z24.100　为抗节肢动物媒介的病毒性脑炎采取必要的免疫
Z24.200　为抗狂犬病采取必要的免疫
Z24.300　为抗黄热病采取必要的免疫
Z24.400　仅为抗麻疹采取必要的免疫
Z24.500　仅为抗风疹采取必要的免疫
Z24.600　为抗病毒性肝炎采取必要的免疫
Z24.601　接种乙型病毒性肝炎疫苗
Z25.000　仅为抗流行性腮腺炎采取必要的免疫
Z25.100　为抗流感采取必要的免疫
Z25.800x001　为抗单一病毒性疾病采取必要的免疫
Z26.000　为抗利什曼病采取必要的免疫
Z26.800　为抗其他特指的单一的传染病采取必要的免疫
Z26.900　为抗传染病采取必要的免疫
Z27.000　为抗霍乱伴有伤寒-副伤寒采取必要的免疫［霍乱+TAB］
Z27.100　为抗白喉-破伤风-百日咳联合采取必要的免疫［DTP］
Z27.200　为抗白喉-破伤风-百日咳伴有伤寒-副伤寒采取必要的免疫［DTP+TAB］
Z27.300　为抗白喉-破伤风-百日咳伴有脊髓灰质炎采取必要的免疫［DTP+脊灰］
Z27.400x001　麻疹-流行性腮腺炎-风疹联合预防接种
Z27.800　为抗其他多种传染病采取必要的联合免疫
Z27.900　为抗多种传染病采取必要的联合免疫
Z28.000　由于禁忌证未进行免疫
Z28.100　由于信仰或群体压力使病人决定不进行免疫
Z28.101　由于群体压力使病人决定不进行免疫
Z28.201　病人决定不进行免疫
Z28.800　由于其他原因未进行免疫
Z28.900　未进行免疫
Z29.000　隔离
Z29.100　预防性免疫治疗
Z29.101　术后免疫治疗
Z29.200x001　化学预防
Z29.201　预防性抗生素治疗
Z29.800　预防措施，其他特指的
Z29.900　预防措施

表6-3-211

Z40.000x001　为预防恶性肿瘤的手术医疗
Z40.800　预防性手术，其他的
Z40.900x001　预防性手术医疗
Z41.000　头发移植
Z41.100x002　乳房整形
Z41.100x003　眼皮整形
Z41.100x004　颧骨突出整形
Z41.100x005　颞部凹陷整形
Z41.100x006　低眉弓整形
Z41.100x007　眉凹陷整形
Z41.100x008　眉弓突出整形
Z41.100x009　低额整形
Z41.100x010　颊部凹陷整形
Z41.100x011　臀部扁平整形
Z41.100x012　腿部凹陷整形
Z41.100x013　发际过高整形
Z41.100x014　额部窄整形
Z41.100x015　髋过宽整形
Z41.100x016　眶整形
Z41.100x017　上唇整形
Z41.100x018　下颌整形
Z41.100x019　臀部整形
Z41.100x020　耳垂整形
Z41.100x021　颏部整形
Z41.100x022　腹壁整形
Z41.100x023　鼻整形

Z41.100x024　吸脂
Z41.101　重睑
Z41.102　鼻梁成形
Z41.103　颧骨增高
Z41.104　面部皱纹整容
Z41.105　隆胸
Z41.200　常规和宗教仪式的包皮环切术
Z41.300　穿耳孔
Z41.800x002　处女膜修复
Z41.801　文身
Z41.900　非以改善健康状况为目的操作
Z42.000　涉及头和颈整形手术的随诊医疗
Z42.000x002　颌面术后整形
Z42.000x011　开颅术后骨瓣凹陷整形
Z42.000x015　耳术后整形
Z42.000x019　头皮外伤后整形
Z42.001　颅骨缺损修补
Z42.002　面部矫形术后整形
Z42.003　眼睑术后畸形整形
Z42.004　结膜囊瘢痕修复
Z42.005　头颈部瘢痕修复
Z42.006　唇裂术后畸形整形
Z42.007　唇腭裂术后畸形整形
Z42.008　腭裂术后整形
Z42.009　颌面术后畸形整形
Z42.010　耳再造术后整形
Z42.100x001　乳房术后整形
Z42.200x001　腹部术后整形
Z42.200x002　胸部术后整形
Z42.200x003　背部术后整形
Z42.201　胸部瘢痕修复
Z42.202　腹部瘢痕修复
Z42.203　背部瘢痕修复
Z42.204　臀部瘢痕修复
Z42.205　会阴瘢痕修复
Z42.300x001　上肢术后整形
Z42.301　上肢瘢痕修复
Z42.302　上肢残端修整
Z42.303　臂部瘢痕修复
Z42.304　手部瘢痕修复
Z42.400x001　下肢术后整形
Z42.401　下肢瘢痕修复
Z42.402　足部瘢痕修复
Z42.403　下肢残端修整
Z42.800x001　截肢残端修整
Z42.800x002　肛门术后整形
Z42.801　人工阴道成形术后整形
Z42.900　涉及整形手术的随诊医疗
Z43.000　气管造口维护
Z43.000x002　气管套管拔除
Z43.001　关闭气管造口
Z43.100　胃造口维护
Z43.101　更换胃造瘘导管
Z43.102　关闭胃造口
Z43.200　回肠造口维护
Z43.201　关闭回肠造口
Z43.300　结肠造口维护
Z43.301　关闭结肠造口
Z43.302　巨结肠术后肠造瘘
Z43.400x002　去除T型引流管
Z43.400x003　T型引流管置换
Z43.400x004　胰管内支架维护
Z43.400x005　胆管内支架维护
Z43.401　关闭消化道人工造口
Z43.402　更换胆管引流管
Z43.403　胆道引流术后T管拔管
Z43.500　膀胱造口维护
Z43.600x002　输尿管造口维护
Z43.601　肾造口维护
Z43.602　取除肾盂造瘘管
Z43.603　取除输尿管支架
Z43.604　尿道造口维护
Z43.700　人工阴道维护
Z43.801　脑室引流管维护
Z43.802　关闭动静脉造口
Z43.900x001　人工造口维护
Z44.000x001　人工臂安装
Z44.000x002　人工臂调整
Z44.100x001　人工腿的安装
Z44.100x002　人工腿的调整
Z44.200x002　人工眼的调整
Z44.201　安装义眼
Z44.300　外部假乳房的安装和调整
Z44.800　安装和调整，其他外部假体装置的
Z44.800x001　骨折外固定装置的安装
Z44.800x002　骨折外固定装置的调整
Z44.900　安装和调整，外部假体装置的
Z45.001　安装心脏起搏器
Z45.002　更换心脏起搏器
Z45.003　更换心脏起搏器电极

Z45.005 更换心脏起搏器脉冲发生器
Z45.006 起搏器安装术后调整
Z45.101 取除输注泵
Z45.200 血管通路装置的调整和管理
Z45.201 取除下腔静脉滤器
Z45.202 取除输液港
Z45.301 安装人工耳蜗
Z45.302 调整人工耳蜗装置
Z45.303 取除人工耳蜗装置
Z45.304 取除鼓膜置管
Z45.800x002 脊柱侧弯术后生长棒调节
Z45.800x006 除颤器更换
Z45.800x007 腹膜透析管取出
Z45.800x011 骨内固定装置调整
Z45.801 安装发音钮
Z45.802 取除喉模
Z45.803 取除胃内支架
Z45.804 更换胆管支架
Z45.805 取除胆管支架
Z45.806 取除宫颈管支架
Z45.807 安装阴道模具
Z45.900 植入装置的调整和管理
Z46.000 眼镜和接触镜片的安装和调整
Z46.100 助听器的安装和调整
Z46.200x001 取出神经系统治疗装置
Z46.200x002 神经刺激器更换
Z46.201 听觉代替装置
Z46.202 视觉代替装置
Z46.300x001 假牙的安装和调整
Z46.400 正牙装置的安装和调整
Z46.500x001 回肠造口的安装和调整
Z46.501 更换空肠造口导管
Z46.502 调整或更换回肠造口导管
Z46.503 调整或更换结肠造口导管
Z46.600x001 取出输尿管 D-J 管
Z46.601 更换肾盂造瘘导管
Z46.602 更换输尿管支架
Z46.603 更换膀胱造瘘导管
Z46.700 矫形外科用装置的安装和调整
Z46.701 调整外固定支架
Z46.800x001 为肾透析半永久静脉拔管
Z46.800x002 为肾透析的临时静脉拔管
Z46.900 安装和调整
Z47.000x002 取出内固定装置
Z47.001 取除骨折内固定装置
Z47.800x003 合成植入物植入术后随诊医疗
Z47.800x004 乳房假体植入术后随诊医疗
Z47.800x005 隆鼻术后随诊医疗
Z47.800x006 瘢痕切除术后随诊医疗
Z47.800x007 耳再造术后随诊医疗
Z47.800x008 乳房英捷尔法勒注射术后随诊医疗
Z47.800x009 尿道下裂术后随诊医疗
Z47.800x010 鼻再造术后随诊医疗
Z47.800x011 乳房再造术后随诊医疗
Z47.800x012 磨削术后随诊医疗
Z47.800x013 阴道再造术后随诊医疗
Z47.800x014 下颌骨延长器植入术后随诊医疗
Z47.800x015 睑再造术后随诊医疗
Z47.800x016 眼睑整形术后随诊医疗
Z47.800x017 重睑术后随诊医疗
Z47.800x018 吸脂术后随诊医疗
Z47.800x019 整形外科术后随诊医疗
Z47.800x020 尿道术后随诊医疗
Z47.800x021 阴道英捷尔法勒注射术后随诊医疗
Z47.800x022 阴茎再造术后随诊医疗
Z47.800x023 面部除皱术后随诊医疗
Z47.800x024 颏英捷尔法勒注射术后随诊医疗
Z47.800x025 颌骨手术后随诊医疗
Z47.800x026 皮肤英捷尔法勒注射后随诊医疗
Z47.800x027 脂肪注射术后随诊医疗
Z47.800x028 皮管成形术后随诊医疗
Z47.800x029 乳房人工材料注射术后随诊医疗
Z47.800x030 颧骨截骨术后随诊医疗
Z47.800x031 皮肤奥美定注射术后随诊医疗
Z47.800x032 外耳义耳植入术后随诊医疗
Z47.800x033 上颌后缩截骨牵引术后随诊医疗
Z47.800x034 骨固定装置植入术后随诊医疗
Z47.800x035 颏部水平截骨术后随诊医疗
Z47.800x036 扩张器植入术后随诊医疗
Z47.801 更换外固定装置
Z47.802 检查外固定装置
Z47.803 取除外固定装置
Z47.900 矫形外科的随诊医疗
Z48.000x001 手术后拆除缝线
Z48.000x002 手术后更换敷料
Z48.801 取出眼内硅油
Z48.900x001 手术后随诊医疗
Z49.000 透析的准备性医疗
Z49.000x002 为肾透析的静脉插管
Z49.000x004 为肾透析的动静脉造瘘

Z49.101　血液透析
Z49.201　腹膜透析
Z50.000　心脏病康复
Z50.100x001　物理治疗
Z50.101　脑出血后物理康复训练
Z50.200　酒精滥用康复
Z50.300　药物滥用康复
Z50.400x001　心理治疗
Z50.500　言语治疗
Z50.501　脑出血后语言康复训练
Z50.600　视轴矫正训练
Z50.700x001　职业康复训练和治疗
Z50.800x002　烟草滥用康复
Z50.801　烧伤后康复治疗
Z50.900x001　康复医疗
Z51.000x003　放射治疗
Z51.000x008　恶性肿瘤放射性粒子置入治疗
Z51.000x012　恶性肿瘤术中放疗
Z51.000x013　恶性肿瘤终末期放疗
Z51.001　恶性肿瘤术前放射治疗
Z51.002　恶性肿瘤术后放射治疗
Z51.003　恶性肿瘤放射治疗
Z51.100x004　恶性肿瘤终末期化疗
Z51.101　手术前恶性肿瘤化学治疗
Z51.102　手术后恶性肿瘤化学治疗
Z51.103　恶性肿瘤维持性化学治疗
Z51.104　姑息性化疗
Z51.200x008　化学治疗
Z51.300　（无诊断报告的）输血
Z51.400x001　自体外周血干细胞动员
Z51.400x002　随后治疗的准备医疗
Z51.400x003　自体血准备
Z51.401　造血干细胞动员
Z51.500x001　姑息医疗
Z51.500x002　恶性肿瘤支持治疗
Z51.500x003　恶性肿瘤终末期维持治疗
Z51.600　对变应原脱敏
Z51.800　医疗照顾，其他特指的
Z51.800x001　冲击治疗
Z51.800x092　恶性肿瘤介入治疗
Z51.800x094　恶性肿瘤内分泌治疗
Z51.800x095　恶性肿瘤免疫治疗
Z51.800x096　恶性肿瘤生物治疗
Z51.800x097　恶性肿瘤射频治疗
Z51.800x921　恶性肿瘤冷冻治疗
Z51.800x922　恶性肿瘤灌注治疗
Z51.800x924　恶性肿瘤热疗
Z51.800x925　恶性肿瘤激光治疗
Z51.800x927　恶性肿瘤光动力治疗
Z51.800x951　恶性肿瘤术前免疫治疗
Z51.800x952　恶性肿瘤术后免疫治疗
Z51.800x953　恶性肿瘤终末期免疫治疗
Z51.800x981　恶性肿瘤术前靶向治疗
Z51.800x983　恶性肿瘤终末期靶向治疗
Z51.801　恶性肿瘤靶向治疗
Z51.802　恶性肿瘤中医治疗
Z51.804　肿瘤内分泌治疗
Z51.805　肿瘤术后免疫治疗
Z51.806　肿瘤术后同位素治疗
Z51.807　恶性肿瘤术后靶向治疗
Z51.808　恶性肿瘤术后中医治疗
Z51.809　肿瘤术后内分泌治疗
Z51.810　肿瘤免疫治疗
Z51.811　肿瘤同位素治疗
Z51.901　对症治疗
Z52.000　供血者
Z52.001　供干细胞者
Z52.100　供皮者
Z52.200　供骨者
Z52.300x002　骨髓干细胞供者
Z52.400　供肾者
Z52.500　供角膜者
Z52.600x001　供肝脏者
Z52.700　供心者
Z52.800x001　供卵者
Z52.900　器官或组织的供者
Z54.000　手术后恢复期
Z54.000x002　睑袋术后恢复期
Z54.000x003　吸脂术后恢复期
Z54.000x004　隆鼻术后恢复期
Z54.000x005　重睑术后恢复期
Z54.000x006　毛发移植术后恢复期
Z54.000x007　瘢痕切除术后恢复期
Z54.000x008　痣切除术后恢复期
Z54.000x009　睑闭合不全矫正术后恢复期
Z54.000x010　开放性外伤术后恢复期
Z54.000x012　面部瘢痕磨削术后恢复期
Z54.000x013　上睑下垂术后恢复期
Z54.000x014　拆线术后恢复期
Z54.000x015　假体取出术后恢复期

Z54.000x016　扩张器植入术后恢复期
Z54.000x017　除皱术后恢复期
Z54.000x018　皮肤异物取出术后恢复期
Z54.000x019　睑外翻术后恢复期
Z54.000x020　隆颏术后恢复期
Z54.000x021　内眦成形术后恢复期
Z54.000x022　骨折术后恢复期
Z54.001　恶性肿瘤术后恢复期
Z54.100　放疗后恢复期
Z54.200x001　恶性肿瘤化学治疗后恢复期
Z54.300　心理治疗后恢复期
Z54.400　骨折治疗后恢复期
Z54.700　联合治疗后恢复期
Z54.800x001　风疹恢复期
Z54.800x002　肝炎恢复期
Z54.800x003　脊髓灰质炎恢复期
Z54.800x004　脑外伤恢复期
Z54.800x005　脑炎恢复期
Z54.800x006　沙眼恢复期
Z54.800x007　天花恢复期
Z54.800x008　乙肝恢复期
Z54.800x009　脑膜炎恢复期
Z54.800x010　肺炎恢复期
Z54.900x001　治疗后恢复期